土地资源管理与土地整治工程专业系列教材

土地管理学总论（第六版）	陆红生
土地经济学（第四版）	曲福田　诸培新
土地信息系统（第三版）	刘耀林
土地资源学（第三版）	王秋兵
房地产经营与管理（第三版）	叶剑平　张跃松
地籍管理（第三版）	杨朝现
测量学（第二版）	卞正富
测量学实践教程（第二版）	卞正富
土地政策学（第五版）	黄贤金
土地资源调查与评价（第二版）	吴次芳　吴宇哲
土地复垦学	白中科
土地生态学（第二版）	黄炎和
不动产估价	吴　群
土地整治学	胡振琪
遥感基础与应用（第三版）	邓良基　赵小敏
地理信息系统（第二版）	刘耀林
土地整理课程设计	胡振琪
土地利用规划学（第八版）	王万茂　韩桐魁
土地利用规划学实习手册	王万茂　王　群
土地法学（第三版）	陈利根
土地资源管理专业英语（第二版）	谭淑豪
土地保护学	张凤荣
地籍管理实务	雷国平
土地利用管理（第三版）	欧名豪
土地行政管理学（第二版）	曲福田

封面设计　姜　欧

测量学 第二版

卞正富　主编

中

普通高等教

普通高等教育

全国高等学校

测

CEL

卞正

非测

中国奶業年鉴

2020

中华人民共和国农业农村部　主管
中国奶业年鉴编辑委员会　编

中国农业出版社
北　京

图书在版编目（CIP）数据

中国奶业年鉴. 2020 / 中华人民共和国农业农村部，中国奶业年鉴编辑委员会编. -- 北京：中国农业出版社，2021.11

ISBN 978-7-109-28914-7

Ⅰ. ①中… Ⅱ. ①中… ②中… Ⅲ ①乳品工业－中国－2020－年鉴 Ⅳ. ① F426.82-54

中国版本图书馆 CIP 数据核字 (2021) 第 223508 号

中国奶业年鉴 2020
ZHONGGUO NAIYE NIANJIAN 2020

中国农业出版社出版
地址：北京市朝阳区麦子店街 18 号楼
邮编：100125
责任编辑：程燕　张雪娇
责任校对：周丽芳
印刷：中农印务有限公司
版次：2021 年 11 月第 1 版
印次：2021 年 11 月北京第 1 次印刷
发行：新华书店北京发行所
开本：889mm×1194mm 1/16
印张：38.25　　插页：24
字数：1750 千字
定价：580.00 元

编辑说明

《中国奶业年鉴》是反映我国奶业发展情况的综合性年刊，也是农业农村部（原农业部）年鉴系列中的一部重要产业年鉴，2002年经原农业部批准由中国奶业协会组织编纂，已经连续出版了18卷，2020 卷为第19卷本。《中国奶业年鉴》自出版发行以来，客观记述了我国奶业的发展历程，反映了奶业生产的实际情况，为行业管理部门制定规划、政策和实施决策提供了依据，为奶业生产经营者提供了技术和数据支持，为广大消费者提供了市场和信息引导，是连续出版的资料性工具书，是中国奶业发展的编年史册，也是奶业行业发展的公报。

《中国奶业年鉴》实行编辑委员会领导下的编辑负责制，编辑委员会由农业农村部等部委和各省（自治区、直辖市）农业农村厅（局）、农委、农牧厅、畜牧局等部门的负责人，中国农业科学院、中国农业大学等院校学者专家以及奶业相关企业人士组成，编辑部设在中国奶业协会。为拓宽《中国奶业年鉴》的服务功能，增强其权威性、史存性、科学性和连续性，《中国奶业年鉴》2012卷调整了栏目的名称、结构和顺序；2013卷修订了编纂大纲，增加了条目和附录，细化了条目内容；2014卷增加了索引，进一步方便读者查阅；2019卷增加了D20奶业部分。农业农村部、海关总署、工业和信息化部相关部门为本卷撰写了有关条目。行业数据主要采用国家统计局、海关总署、国家发展和改革委员会的统计数据，部分数据资料由农业农村部畜牧兽医局、全国畜牧总站、中国奶业协会和中国乳制品工业协会等单位提供。国内数据资料范围仅限于内地31个省、自治区、直辖市以及新疆生产建设兵团，不包括香港、澳门特别行政区和台湾地区。各地奶业中的数据有些省份采用畜牧行业统计数据，与本年鉴行业统计栏目中数据有差异，请注意引用。

亩、斤、公里、马力均为非法定计量单位。1亩=1/15公顷，1斤=0.5千克，1公里=1千米，1马力≈0.735千瓦。

《中国奶业年鉴》2020卷中各省、自治区、直辖市按行政区划顺序排列。

《中国奶业年鉴》2020卷所刊载数据一般截至2019年年底，其他部分时效性较强的资料不限于2019年，政策法规及大事记栏目为2020年资料。

《中国奶业年鉴》2020卷的编辑、出版和发行工作得到了各级畜牧兽医行政主管部门、奶业行业协会、国家产业技术体系、科研院校、乳品企业等有关单位和奶业知名专家的大力支持和帮助，在此表示诚挚的感谢！

中国奶业年鉴编辑委员会名单

左玲玲　农业农村部畜牧兽医局畜禽废弃物利用处处长
谷　红　农业农村部畜牧兽医局药政药械处处长
王林昌　农业农村部农垦局行业发展处处长
窦树龙　海关总署动植物检疫监管司动检处处长
颜起斌　农业农村部畜牧兽医局防疫处一级调研员
范运峰　农业农村部畜牧兽医局综合处二级调研员
孙永健　农业农村部畜牧兽医局奶业处四级调研员
江红旗　重庆海关动植物检疫处处长
张军民　中国农业科学院北京畜牧兽医研究所副所长
刘丑生　全国畜牧总站畜禽种业指导处处长
闫奎友　全国畜牧总站奶业与畜产品加工处处长
李蕾蕾　全国畜牧总站体系建设与推广处处长
胡广东　全国畜牧总站饲料行业指导处处长
杨红杰　全国畜牧总站统计信息处处长
王加亭　全国畜牧总站草业处处长
张书义　全国畜牧总站奶业与畜产品加工处研究员
史怀平　西北农林科技大学教授
黄　勇　中国农垦经济发展中心副处长
张养东　中国农科院北京畜牧兽医研究所副研究员
赵连生　中国农科院北京畜牧兽医研究所副研究员
李　姣　全国畜牧总站畜禽种业指导处高级畜牧师
姚　琨　国家奶牛产业技术体系首席科学家办公室
张运婷　国家牧草产业技术体系首席科学家办公室
夏兆刚　中绿华夏有机食品认证中心常务副主任
刘光磊　光明牧业有限公司首席畜牧师
杨钰琪　光明牧业有限公司媒体经理

地方特约编辑（按行政区划排序）

任　康　北京市畜牧总站正高级畜牧师
孟庆江　天津市农业发展服务中心副主任
李贺峰　河北省奶业协会副秘书长
荆　彪　山西省农业农村厅畜牧兽医局副局长
杜　哲　内蒙古自治区农牧厅畜牧局副局长
祁茂彬　辽宁省农业农村厅畜牧产业发展处正处级调研员

林广宇　辽宁省农业发展服务中心高级畜牧师
迟桂凤　吉林省畜牧业管理局二级调研员
张维银　黑龙江省奶业协会常务副会长
阿晓辉　黑龙江省奶业协会高级畜牧师
季爱华　上海奶业行业协会主任
贡玉清　江苏省畜牧业协会牛业分会副会长
侯庆永　江苏省畜牧业协会牛业分会副秘书长
朱志谦　江苏省畜牧业协会副秘书长
杨金勇　浙江省畜牧技术推广总站副站长
王明辉　安徽省农业农村厅畜牧处处长
管殿彪　安徽省农业农村厅畜牧处一级调研员
吴大新　福建省奶业协会秘书长
吴　妍　福建省奶业协会副秘书长
甄丽卿　江西省农业农村厅畜牧兽医局副局长
王　文　山东省畜牧兽医局畜牧处二级调研员
蒋吉红　山东省畜牧兽医局畜牧处
宋洛文　河南省农业农村厅奶业管理处二级调研员
付　聪　湖北省农业农村厅畜牧兽医处
刘海林　湖南省奶业协会秘书长
陈三有　广东省农业技术推广中心副主任
刘建营　广东省农业技术推广中心科长
唐善生　广西壮族自治区畜牧站
刘　云　海南省农业农村厅畜牧兽医处处长
潘　川　重庆市农业农村委员会畜牧业处副处长
林胜华　四川省农业农村厅畜牧兽医局副局长
李自成　四川省奶业协会会长
杨　嵩　四川省畜牧总站高级畜牧师
焦仁刚　贵州省农业农村厅总畜牧师
黄艾祥　云南省奶业协会会长
边　珍　西藏自治区农业农村厅畜牧水产处调研员
王鹏飞　陕西省农业农村厅畜牧兽医局
唐　煜　甘肃省畜牧兽医局畜牧处副处长
张亚君　青海省畜牧总站高级畜牧师

吴彦虎　宁夏回族自治区畜牧工作站站长、研究员
王　瑜　宁夏回族自治区畜牧工作站研究员
齐新林　新疆维吾尔自治区畜牧兽医局产业发展处处长
胡永青　新疆畜牧科学院畜牧业质量标准研究所
沙　磊　新疆生产建设兵团农业农村局畜牧兽医处处长
杨　华　新疆生产建设兵团畜牧兽医总站高级畜牧师

企业特约编辑

赵明星　内蒙古伊利实业集团股份有限公司企业事务总监
张永霞　内蒙古蒙牛乳业（集团）股份有限公司高级总监
王国文　光明乳业股份有限公司行政经理
齐芳华　现代牧业（集团）有限公司集团办公室高级总监
吴冰雪　君乐宝乳业集团媒体事务部长
夏志春　北京三元食品股份有限公司公共事务副总监
闵　杨　西安银桥乳业（集团）有限公司董事长秘书兼总经办主任
赵国柱　内蒙古圣牧高科牧业有限公司人力资源总监
邵　娜　黑龙江飞鹤乳业有限公司对外事务主管
梁学武　黑龙江省完达山乳业股份有限公司副科长
蔡青青　新希望乳业股份有限公司行政部行政经理
刘云祥　中地乳业集团有限公司副总裁
张成柱　济南佳宝乳业有限公司办公室主任
范庆伟　中垦乳业股份有限公司办公室主任
杨　永　河南花花牛乳业集团股份有限公司副总裁
贾　靖　南京卫岗乳业有限公司品牌总监
林　淇　贝因美股份有限公司政府事务经理
翁子帅　广东燕塘乳业股份有限公司投资发展部项目主管
刘西宏　新疆天润乳业股份有限公司行政管理部部长
蓝珍妹　福建长富乳品有限公司外联部长
傅万夫　辽宁越秀辉山控股股份有限公司办公室主任
谭　馨　皇氏集团股份有限公司中级工程师
房现波　山东得益乳业股份有限公司总裁办主任
何玉婷　新疆西域春乳业有限责任公司行政办主任
周　娟　天津嘉立荷牧业集团有限公司副总经理

中国奶业年鉴编辑部

2020 10 月 12 日，2020 中国奶业 20 强（D20）峰会在河北省石家庄市隆重召开，时任农业农村部副部长于康震在峰会上作主旨演讲。

2020 年 10 月 11-13 日，第十一届中国奶业大会暨 2020 中国奶业展览会，2020 中国奶业 20 强（D20）峰会同期在河北省石家庄市隆重举行。农业农村部副部长马有祥（时任农业农村部总畜牧师）全程参加会议。图为马有祥主持 2020 中国奶业 20 强（D20）峰会。

农业农村部副部长马有祥（时任农业农村部总畜牧师）、河北省副省长时清霜在农业农村部畜牧兽医局局长杨振海的陪同下，参观 2020 中国奶业展览会展厅。

2020 年 10 月 12 日，2020 中国奶业 20 强（D20）峰会在河北省石家庄市隆重召开。图为峰会会场。

2020 中国奶业 20 强（D20）峰会上，原农业部常务副部长、中国奶业协会原会长刘成果，中国工程院院士、中国奶业协会会长李德发为奶业大型画册《引领发展》揭幕。

第十一届中国奶业大会开幕式上，中国奶业协会向新冠肺炎疫情防控中表现突出的奶业企业颁奖。

2020中国奶业20强（D20）峰会上，中国奶业协会会长李德发院士致欢迎辞，并介绍了峰会创新策划的一系列活动。

第十一届中国奶业大会开幕式上，中国奶业协会向入选奶业行业“融智创优”品牌的企业颁发证书。

2020 年 7 月 29 日，现代奶业评价体系建设工作在北京正式启动，原农业部副部长、中国奶业协会名誉会长高鸿宾在启动仪式上发表重要讲话。

2020 年 7 月 29 日，由中国奶业协会主持的现代奶业评价体系建设工作在北京举行正式启动仪式。图为启动仪式现场。

农业农村部畜牧兽医局局长杨振海在2020中国奶业20强（D20）峰会上介绍“中国小康牛奶行动”推广成效。

2020年10月12日，第十一届中国奶业大会暨2020中国奶业展览会在河北省石家庄市隆重开幕，中国奶业协会副会长兼秘书长刘亚清主持开幕仪式。

第十一届中国奶业大会开幕式上，“中国乳品消费节”同时盛大开幕，“乳品新国货”消费专场正式上线。

农业农村部倡导的、以D20企业为主导的、积极为贫困地区学校捐赠牛奶的小康牛奶行动，累计捐赠总价值2亿多元的乳制品，惠及近600万学子。图为2020中国奶业20强（D20）峰会上，D20企业和观察员企业荣获营养健康扶贫捐赠奖牌。

目　录

五、D20奶业

六、政策法规

七、科学技术

八、国际奶业

九、奶业大事记

十、行业统计

一、特　载

TEZAI

中共中央　国务院关于全面推进乡村振兴加快农业农村现代化的意见

（2021年1月4日）

党的十九届五中全会审议通过的《中共中央关于制定国民经济和社会发展第十四个五年规划和二〇三五年远景目标的建议》，对新发展阶段优先发展农业农村、全面推进乡村振兴作出总体部署，为做好当前和今后一个时期“三农”工作指明了方向。

“十三五”时期，现代农业建设取得重大进展，乡村振兴实现良好开局。粮食年产量连续保持在1.3万亿斤*以上，农民人均收入较2010年翻一番多。新时代脱贫攻坚目标任务如期完成，现行标准下农村贫困人口全部脱贫，贫困县全部摘帽，易地扶贫搬迁任务全面完成，消除了绝对贫困和区域性整体贫困，创造了人类减贫史上的奇迹。农村人居环境明显改善，农村改革向纵深推进，农村社会保持和谐稳定，农村即将同步实现全面建成小康社会目标。农业农村发展取得新的历史性成就，为党和国家战胜各种艰难险阻、稳定经济社会发展大局，发挥了“压舱石”作用。实践证明，以习近平同志为核心的党中央驰而不息重农强农的战略决策完全正确，党的“三农”政策得到亿万农民衷心拥护。

“十四五”时期，是乘势而上开启全面建设社会主义现代化国家新征程、向第二个百年奋斗目标进军的第一个五年。民族要复兴，乡村必振兴。全面建设社会主义现代化国家，实现中华民族伟大复兴，最艰巨最繁重的任务依然在农村，最广泛最深厚的基础依然在农村。解决好发展不平衡不充分问题，重点难点在“三农”，迫切需要补齐农业农村短板弱项，推动城乡协调发展；构建新发展格局，潜力后劲在“三农”，迫切需要扩大农村需求，畅通城乡经济循环；应对国内外各种风险挑战，基础支撑在“三农”，迫切需要稳住农业基本盘，守好“三农”基础。党中央认为，新发展阶段“三农”工作依然极端重要，须臾不可放松，务必抓紧抓实。要坚持把解决好“三农”问题作为全党工作重中之重，把全面推进乡村振兴作为实现中华民族伟大复兴的一项重大任务，举全党全社会之力加快农业农村现代化，让广大农民过上更加美好的生活。

一、总体要求

（一）指导思想。以习近平新时代中国特色社会主义思想为指导，全面贯彻党的十九大和十九届二中、三中、四中、五中全会精神，贯彻落实中央经济工作会议精神，统筹推进“五位一体”总体布局，协调推进“四个全面”战略布局，坚定不移贯彻新发展理念，坚持稳中求进工作总基调，坚持加强党对“三农”工作的全面领导，坚持农业农村优先发展，坚持农业现代化与农村现代化一

* 斤为非法定计量单位，1斤=500g。——编者注

体设计、一并推进，坚持创新驱动发展，以推动高质量发展为主题，统筹发展和安全，落实加快构建新发展格局要求，巩固和完善农村基本经营制度，深入推进农业供给侧结构性改革，把乡村建设摆在社会主义现代化建设的重要位置，全面推进乡村产业、人才、文化、生态、组织振兴，充分发挥农业产品供给、生态屏障、文化传承等功能，走中国特色社会主义乡村振兴道路，加快农业农村现代化，加快形成工农互促、城乡互补、协调发展、共同繁荣的新型工农城乡关系，促进农业高质高效、乡村宜居宜业、农民富裕富足，为全面建设社会主义现代化国家开好局、起好步提供有力支撑。

（二）目标任务。2021年，农业供给侧结构性改革深入推进，粮食播种面积保持稳定、产量达到1.3万亿斤以上，生猪产业平稳发展，农产品质量和食品安全水平进一步提高，农民收入增长继续快于城镇居民，脱贫攻坚成果持续巩固。农业农村现代化规划启动实施，脱贫攻坚政策体系和工作机制同乡村振兴有效衔接、平稳过渡，乡村建设行动全面启动，农村人居环境整治提升，农村改革重点任务深入推进，农村社会保持和谐稳定。

到2025年，农业农村现代化取得重要进展，农业基础设施现代化迈上新台阶，农村生活设施便利化初步实现，城乡基本公共服务均等化水平明显提高。农业基础更加稳固，粮食和重要农产品供应保障更加有力，农业生产结构和区域布局明显优化，农业质量效益和竞争力明显提升，现代乡村产业体系基本形成，有条件的地区率先基本实现农业现代化。脱贫攻坚成果巩固拓展，城乡居民收入差距持续缩小。农村生产生活方式绿色转型取得积极进展，化肥农药使用量持续减少，农村生态环境得到明显改善。乡村建设行动取得明显成效，乡村面貌发生显著变化，乡村发展活力充分激发，乡村文明程度得到新提升，农村发展安全保障更加有力，农民获得感、幸福感、安全感明显提高。

二、实现巩固拓展脱贫攻坚成果同乡村振兴有效衔接

（三）设立衔接过渡期。脱贫攻坚目标任务完成后，对摆脱贫困的县，从脱贫之日起设立5年过渡期，做到扶上马送一程。过渡期内保持现有主要帮扶政策总体稳定，并逐项分类优化调整，合理把握节奏、力度和时限，逐步实现由集中资源支持脱贫攻坚向全面推进乡村振兴平稳过渡，推动“三农”工作重心历史性转移。抓紧出台各项政策完善优化的具体实施办法，确保工作不留空档、政策不留空白。

（四）持续巩固拓展脱贫攻坚成果。健全防止返贫动态监测和帮扶机制，对易返贫致贫人口及时发现、及时帮扶，守住防止规模性返贫底线。以大中型集中安置区为重点，扎实做好易地搬迁后续帮扶工作，持续加大就业和产业扶持力度，继续完善安置区配套基础设施、产业园区配套设施、公共服务设施，切实提升社区治理能力。加强扶贫项目资产管理和监督。

（五）接续推进脱贫地区乡村振兴。实施脱贫地区特色种养业提升行动，广泛开展农产品产销对接活动，深化拓展消费帮扶。持续做好有组织劳务输出工作。统筹用好公益岗位，对符合条件的就业困难人员进行就业援助。在农业农村基础设施建设领域推广以工代赈方式，吸纳更多脱贫人口和低收入人口就地就近就业。在脱贫地区重点建设一批区域性和跨区域重大基础设施工程。加大对脱贫县乡村振兴支持力度。在西部地区脱贫县中确定一批国家乡村振兴重点帮扶县集中支持。支持各地自主选择部分脱贫县作为乡村振兴重点帮扶县。坚持和完善东西部协作和对口支援、社会力量参与帮扶等机制。

（六）加强农村低收入人口常态化帮扶。开展农村低收入人口动态监测，实行分层分类帮扶。对有劳动能力的农村低收入人口，坚持开发式帮扶，帮助其提高内生发展能力，发展产业、参与就业，依靠双手勤劳致富。对脱贫人口中丧失劳动能力且无法通过产业就业获得稳定收入的人口，以现有社会保障体系为基础，按规定纳入农村低保或特困人员救助供养范围，并按困难类型及时给予专项救助、临时救助。

三、加快推进农业现代化

（七）提升粮食和重要农产品供给保障能力。地方各级党委和政府要切实扛起粮食安全政治责任，实行粮食安全党政同责。深入实施重要农产品保障战略，完善粮食安全省长责任制和“菜篮子”市长负责制，确保粮、棉、油、糖、肉等供给安全。“十四五”时期各省（自治区、直辖市）要稳定粮食播种面积、提高单产水平。加强粮食生产功能区和重要农产品生产保护区建设。建设国家粮食安全产业带。稳定种粮农民补贴，让种粮有合理收益。坚持并完善稻谷、小麦最低收购价政策，完善玉米、大豆生产者补贴政策。深入推进农业结构调整，推动品种培优、品质提升、品牌打造和标准化生产。鼓励发展青贮玉米等优质饲草饲料，稳定大豆生产，多措并举发展油菜、花生等油料作物。健全产粮大县支持政策体系。扩大稻谷、小麦、玉米三大粮食作物完全成本保险和收入保险试点范围，支持有条件的省份降低产粮大县三大粮食作物农业保险保费县级补贴比例。深入推进优质粮食工程。加快构建现代养殖体系，保护生猪基础产能，健全生猪产业平稳有序发展长效机制，积极发展牛羊产业，继续实施奶业振兴行动，推进水产绿色健康养殖。推进渔港建设和管理改革。促进木本粮油和林下经济发展。优化农产品贸易布局，实施农产品进口多元化战略，支持企业融入全球农产品供应链。保持打击重点农产品走私高压态势。加强口岸检疫和外来入侵物种防控。开展粮食节约行动，减少生产、流通、加工、存储、消费环节粮食损耗浪费。

（八）打好种业翻身仗。农业现代化，种子是基础。加强农业种质资源保护开发利用，加快第三次农作物种质资源、畜禽种质资源调查收集，加强国家作物、畜禽和海洋渔业生物种质资源库建设。对育种基础性研究以及重点育种项目给予长期稳定支持。加快实施农业生物育种重大科技项目。深入实施农作物和畜禽良种联合攻关。实施新一轮畜禽遗传改良计划和现代种业提升工程。尊重科学、严格监管，有序推进生物育种产业化应用。加强育种领域知识产权保护。支持种业龙头企业建立健全商业化育种体系，加快建设南繁硅谷，加强制种基地和良种繁育体系建设，研究重大品种研发与推广后补助政策，促进育繁推一体化发展。

（九）坚决守住18亿亩*耕地红线。统筹布局生态、农业、城镇等功能空间，科学划定各类空间管控边界，严格实行土地用途管制。采取“长牙齿”的措施，落实最严格的耕地保护制度。严禁违规占用耕地和违背自然规律绿化造林、挖湖造景，严格控制非农建设占用耕地，深入推进农村乱占耕地建房专项整治行动，坚决遏制耕地“非农化”、防止“非粮化”。明确耕地利用优先序，永久基本农田重点用于粮食特别是口粮生产，一般耕地主要用于粮食和棉、油、糖、蔬菜等农产品及饲草饲料生产。明确耕地和永久基本农田不同的管制目标和管制强度，严格控制耕地转为林地、园地等其他类型农用地，强化土地流转用途监管，确保耕地数量不减少、质量有提高。实施新一轮高标准农田建设规划，提高建设标准和质量，健全管护机制，多渠道筹集建设资金，中央和地方共同加大粮食主产区高标准农田建设投入，2021年建设1亿亩旱涝保收、高产稳产高标准农田。在高标准农田建设中增加的耕地作为占补平衡补充耕地指标在省域内调剂，所得收益用于高标准农田建设。加强和改进建设占用耕地占补平衡管理，严格新增耕地核实认定和监管。健全耕地数量和质量监测监管机制，加强耕地保护督察和执法监督，开展“十三五”时期省级政府耕地保护责任目标考核。

（十）强化现代农业科技和物质装备支撑。实施大中型灌区续建配套和现代化改造。到2025年全部完成现有病险水库除险加固。坚持农业科技自立自强，完善农业科技领域基础研究稳定支持机制，深化体制改革，布局建设一批创新基地平台。深入开展乡村振兴科技支撑行动。支持高校为乡村振兴提供智力服务。加强农业科技社会化服务体系建设，深入推行科技特派员制度。打造国家热带农业科学中心。提高农机装备自主研制能力，支持高端智能、丘陵山区农机装备研发制造，加大购置补贴力度，开展农机作业补贴。强化动物防疫和农作物病虫害防治体系建设，提升防控能力。

* 亩为非法定计量单位，1亩≈667平方米。——编者注

（十一）构建现代乡村产业体系。依托乡村特色优势资源，打造农业全产业链，把产业链主体留在县城，让农民更多分享产业增值收益。加快健全现代农业全产业链标准体系，推动新型农业经营主体按标生产，培育农业龙头企业标准“领跑者”。立足县域布局特色农产品产地初加工和精深加工，建设现代农业产业园、农业产业强镇、优势特色产业集群。推进公益性农产品市场和农产品流通骨干网络建设。开发休闲农业和乡村旅游精品线路，完善配套设施。推进农村一二三产业融合发展示范园和科技示范园区建设。把农业现代化示范区作为推进农业现代化的重要抓手，围绕提高农业产业体系、生产体系、经营体系现代化水平，建立指标体系，加强资源整合、政策集成，以县（市、区）为单位开展创建，到2025年创建500个左右示范区，形成梯次推进农业现代化的格局。创建现代林业产业示范区。组织开展“万企兴万村”行动。稳步推进反映全产业链价值的农业及相关产业统计核算。

（十二）推进农业绿色发展。实施国家黑土地保护工程，推广保护性耕作模式。健全耕地休耕轮作制度。持续推进化肥农药减量增效，推广农作物病虫害绿色防控产品和技术。加强畜禽粪污资源化利用。全面实施秸秆综合利用和农膜、农药包装物回收行动，加强可降解农膜研发推广。在长江经济带、黄河流域建设一批农业面源污染综合治理示范县。支持国家农业绿色发展先行区建设。加强农产品质量和食品安全监管，发展绿色农产品、有机农产品和地理标志农产品，试行食用农产品达标合格证制度，推进国家农产品质量安全县创建。加强水生生物资源养护，推进以长江为重点的渔政执法能力建设，确保十年禁渔令有效落实，做好退捕渔民安置保障工作。发展节水农业和旱作农业。推进荒漠化、石漠化、坡耕地水土流失综合治理和土壤污染防治、重点区域地下水保护与超采治理。实施水系连通及农村水系综合整治，强化河湖长制。巩固退耕还林还草成果，完善政策、有序推进。实行林长制。科学开展大规模国土绿化行动。完善草原生态保护补助奖励政策，全面推进草原禁牧轮牧休牧，加强草原鼠害防治，稳步恢复草原生态环境。

（十三）推进现代农业经营体系建设。突出抓好家庭农场和农民合作社两类经营主体，鼓励发展多种形式适度规模经营。实施家庭农场培育计划，把农业规模经营户培育成有活力的家庭农场。推进农民合作社质量提升，加大对运行规范的农民合作社扶持力度。发展壮大农业专业化社会化服务组织，将先进适用的品种、投入品、技术、装备导入小农户。支持市场主体建设区域性农业全产业链综合服务中心。支持农业产业化龙头企业创新发展、做大做强。深化供销合作社综合改革，开展生产、供销、信用“三位一体”综合合作试点，健全服务农民生产生活综合平台。培育高素质农民，组织参加技能评价、学历教育，设立专门面向农民的技能大赛。吸引城市各方面人才到农村创业创新，参与乡村振兴和现代农业建设。

四、大力实施乡村建设行动

（十四）加快推进村庄规划工作。2021年基本完成县级国土空间规划编制，明确村庄布局分类。积极有序推进“多规合一”实用性村庄规划编制，对有条件、有需求的村庄尽快实现村庄规划全覆盖。对暂时没有编制规划的村庄，严格按照县乡两级国土空间规划中确定的用途管制和建设管理要求进行建设。编制村庄规划要立足现有基础，保留乡村特色风貌，不搞大拆大建。按照规划有序开展各项建设，严肃查处违规乱建行为。健全农房建设质量安全法律法规和监管体制，3年内完成安全隐患排查整治。完善建设标准和规范，提高农房设计水平和建设质量。继续实施农村危房改造和地震高烈度设防地区农房抗震改造。加强村庄风貌引导，保护传统村落、传统民居和历史文化名村名镇。加大农村地区文化遗产遗迹保护力度。乡村建设是为农民而建，要因地制宜、稳扎稳打，不刮风搞运动。严格规范村庄撤并，不得违背农民意愿、强迫农民上楼，把好事办好、把实事办实。

（十五）加强乡村公共基础设施建设。继续把公共基础设施建设的重点放在农村，着力推进往村覆盖、往户延伸。实施农村道路畅通工程。有序实施较大人口规模自然村（组）通硬化路。加强农村资源路、产业路、旅游路和村内主干道建设。推进农村公路建设项目更多向进村入户倾斜。继续通过中央车购税补助地方资金、成品油税费改革转移支付、地方政府债券等渠道，按规定支持农村道路发展。继续开展“四好农村路”示范创建。全面实施路长制。开展城乡交通一体化示范创建工作。加强农村道路桥梁安全隐患排查，落实管养主体责任。强化农村道路交通安全监管。实施农村供水保障工程。加强中小型水库等稳定水源工程建设和水源保护，实施规模化供水工程建设和小型工程标准化改造，有条件的地区推进城乡供水一体化，到2025年农村自来水普及率达到88%。完善农村水价水费形成机制和工程长效运营机制。实施乡村清洁能源建设工程。加大农村电网建设力度，全面巩固提升农村电力保障水平。推进燃气下乡，支持建设安全可靠的乡村储气罐站和微管网供气系统。发展农村生物质能源。加强煤炭清洁化利用。实施数字乡村建设发展工程。推动农村千兆光网、第五代移动通信（5G）、移动物联网与城市同步规划建设。完善电信普遍服务补偿机制，支持农村及偏远地区信息通信基础设施建设。加快建设农业农村遥感卫星等天基设施。发展智慧农业，建立农业农村大数据体系，推动新一代信息技术与农业生产经营深度融合。完善农业气象综合监测网络，提升农业气象灾害防范能力。加强乡村公共服务、社会治理等数字化智能化建设。实施村级综合服务设施提升工程。加强村级客运站点、文化体育、公共照明等服务设施建设。

（十六）实施农村人居环境整治提升五年行动。分类有序推进农村厕所革命，加快研发干旱、寒冷地区卫生厕所适用技术和产品，加强中西部地区农村户用厕所改造。统筹农村改厕和污水、黑臭水体治理，因地制宜建设污水处理设施。健全农村生活垃圾收运处置体系，推进源头分类减量、资源化处理利用，建设一批有机废弃物综合处置利用设施。健全农村人居环境设施管护机制。有条件的地区推广城乡环卫一体化第三方治理。深入推进村庄清洁和绿化行动。开展美丽宜居村庄和美丽庭院示范创建活动。

（十七）提升农村基本公共服务水平。建立城乡公共资源均衡配置机制，强化农村基本公共服务供给县乡村统筹，逐步实现标准统一、制度并轨。提高农村教育质量，多渠道增加农村普惠性学前教育资源供给，继续改善乡镇寄宿制学校办学条件，保留并办好必要的乡村小规模学校，在县城和中心镇新建改扩建一批高中和中等职业学校。完善农村特殊教育保障机制。推进县域内义务教育学校校长教师交流轮岗，支持建设城乡学校共同体。面向农民就业创业需求，发展职业技术教育与技能培训，建设一批产教融合基地。开展耕读教育。加快发展面向乡村的网络教育。加大涉农高校、涉农职业院校、涉农学科专业建设力度。全面推进健康乡村建设，提升村卫生室标准化建设和健康管理水平，推动乡村医生向执业（助理）医师转变，采取派驻、巡诊等方式提高基层卫生服务水平。提升乡镇卫生院医疗服务能力，选建一批中心卫生院。加强县级医院建设，持续提升县级疾控机构应对重大疫情及突发公共卫生事件能力。加强县域紧密型医共体建设，实行医保总额预算管理。加强妇幼、老年人、残疾人等重点人群健康服务。健全统筹城乡的就业政策和服务体系，推动公共就业服务机构向乡村延伸。深入实施新生代农民工职业技能提升计划。完善统一的城乡居民基本医疗保险制度，合理提高政府补助标准和个人缴费标准，健全重大疾病医疗保险和救助制度。落实城乡居民基本养老保险待遇确定和正常调整机制。推进城乡低保制度统筹发展，逐步提高特困人员供养服务质量。加强对农村留守儿童和妇女、老年人以及困境儿童的关爱服务。健全县乡村衔接的三级养老服务网络，推动村级幸福院、日间照料中心等养老服务设施建设，发展农村普惠型养老服务和互助性养老。推进农村公益性殡葬设施建设。推进城乡公共文化服务体系一体建设，创新实施文化惠民工程。

（十八）全面促进农村消费。加快完善县乡村三级农村物流体系，改造提升农村寄递物流基础设施，深入推进电子商务进农村和农产品出村进城，推动城乡生产与消费有效对接。促进农村居民耐用消费品更新换代。加快实施农产品仓储保鲜冷链物流设施建设工程，推进田头小型仓储保鲜冷链设施、产地低温直销配送中心、国家骨干冷链物流基地建设。完善农村生活性服务业支持政策，发展线上线下相结合的服务网点，推动便利化、精细化、品质化发展，满足农村居民消费升级需要，吸引城市居民下乡消费。

（十九）加快县域内城乡融合发展。推进以人为核心的新型城镇化，促进大中小城市和小城镇协调发展。把县域作为城乡融合发展的重要切入点，强化统筹谋划和顶层设计，破除城乡分割的体制弊端，加快打通城乡要素平等交换、双向流动的制度性通道。统筹县域产业、基础设施、公共服务、基本农田、生态保护、城镇开发、村落分布等空间布局，强化县城综合服务能力，把乡镇建设成为服务农民的区域中心，实现县乡村功能衔接互补。壮大县域经济，承接适宜产业转移，培育支柱产业。加快小城镇发展，完善基础设施和公共服务，发挥小城镇连接城市、服务乡村作用。推进以县城为重要载体的城镇化建设，有条件的地区按照小城市标准建设县城。积极推进扩权强镇，规划建设一批重点镇。开展乡村全域土地综合整治试点。推动在县域就业的农民工就地市民化，增加适应进城农民刚性需求的住房供给。鼓励地方建设返乡入乡创业园和孵化实训基地。

（二十）强化农业农村优先发展投入保障。继续把农业农村作为一般公共预算优先保障领域。中央预算内投资进一步向农业农村倾斜。制定落实提高土地出让收益用于农业农村比例考核办法，确保按规定提高用于农业农村的比例。各地区各部门要进一步完善涉农资金统筹整合长效机制。支持地方政府发行一般债券和专项债券用于现代农业设施建设和乡村建设行动，制定出台操作指引，做好高质量项目储备工作。发挥财政投入引领作用，支持以市场化方式设立乡村振兴基金，撬动金融资本、社会力量参与，重点支持乡村产业发展。坚持为农服务宗旨，持续深化农村金融改革。运用支农支小再贷款、再贴现等政策工具，实施最优惠的存款准备金率，加大对机构法人在县域、业务在县域的金融机构的支持力度，推动农村金融机构回归本源。鼓励银行业金融机构建立服务乡村振兴的内设机构。明确地方政府监管和风险处置责任，稳妥规范开展农民合作社内部信用合作试点。保持农村信用合作社等县域农村金融机构法人地位和数量总体稳定，做好监督管理、风险化解、深化改革工作。完善涉农金融机构治理结构和内控机制，强化金融监管部门的监管责任。支持市县构建域内共享的涉农信用信息数据库，用3年时间基本建成比较完善的新型农业经营主体信用体系。发展农村数字普惠金融。大力开展农户小额信用贷款、保单质押贷款、农机具和大棚设施抵押贷款业务。鼓励开发专属金融产品支持新型农业经营主体和农村新产业新业态，增加首贷、信用贷。加大对农业农村基础设施投融资的中长期信贷支持。加强对农业信贷担保放大倍数的量化考核，提高农业信贷担保规模。将地方优势特色农产品保险以奖代补做法逐步扩大到全国。健全农业再保险制度。发挥“保险＋期货”在服务乡村产业发展中的作用。

（二十一）深入推进农村改革。完善农村产权制度和要素市场化配置机制，充分激发农村发展内生动力。坚持农村土地农民集体所有制不动摇，坚持家庭承包经营基础性地位不动摇，有序开展第二轮土地承包到期后再延长30年试点，保持农村土地承包关系稳定并长久不变，健全土地经营权流转服务体系。积极探索实施农村集体经营性建设用地入市制度。完善盘活农村存量建设用地政策，实行负面清单管理，优先保障乡村产业发展、乡村建设用地。根据乡村休闲观光等产业分散布局的实际需要，探索灵活多样的供地新方式。加强宅基地管理，稳慎推进农村宅基地制度改革试点，探索宅基地所有权、资格权、使用权分置有效实现形式。规范开展房地一体宅基地日常登记颁证工作。规范开展城乡建设用地增减挂钩，完善审批实施程序、节余指标调剂及收益分配机制。2021年基本完成农村集体产权制度改革阶段性任务，发展壮大新型农村集体经济。保障进城落户农民土地承包权、宅基地使用权、集体收益分配权，研究制定依法自愿有偿转让的具体办法。加强农村产权流转交易和管理信息网络平台建设，提供综合性交易服务。加快农业综合行政执法信息化建设。深入推进农业水价综合改革。继续深化农村集体林权制度改革。

五、加强党对“三农”工作的全面领导

（二十二）强化五级书记抓乡村振兴的工作机制。全面推进乡村振兴的深度、广度、难度都不亚于脱贫攻坚，必须采取更有力的举措，汇聚更强大的力量。要深入贯彻落实《中国共产党农村工作条例》，健全中央统筹、省负总责、市县乡抓落实的农村工作领导体制，将脱贫攻坚工作中形成的组织推动、要素保障、政策支持、协作帮扶、考核督导等工作机制，根据实际需要运用到推进乡村振兴，建立健全上下贯通、精准施策、一抓到底的乡村振兴工作体系。省、市、县级党委要定期研究乡村振兴工作。县委书记应当把主要精力放在“三农”工作上。建立乡村振兴联系点制度，省、市、县级党委和政府负责同志都要确定联系点。开展县乡村三级党组织书记乡村振兴轮训。加强党对乡村人才工作的领导，将乡村人才振兴纳入党委人才工作总体部署，健全适合乡村特点的人才培养机制，强化人才服务乡村激励约束。加快建设政治过硬、本领过硬、作风过硬的乡村振兴干部队伍，选派优秀干部到乡村振兴一线岗位，把乡村振兴作为培养锻炼干部的广阔舞台，对在艰苦地区、关键岗位工作表现突出的干部优先重用。

（二十三）加强党委农村工作领导小组和工作机构建设。充分发挥各级党委农村工作领导小组牵头抓总、统筹协调作用，成员单位出台重要涉农政策要征求党委农村工作领导小组意见并进行备案。各地要围绕“五大振兴”目标任务，设立由党委和政府负责同志领导的专项小组或工作专班，建立落实台账，压实工作责任。强化党委农村工作领导小组办公室决策参谋、统筹协调、政策指导、推动落实、督促检查等职能，每年分解“三农”工作重点任务，落实到各责任部门，定期调度工作进展。加强党委农村工作领导小组办公室机构设置和人员配置。

（二十四）加强党的农村基层组织建设和乡村治理。充分发挥农村基层党组织领导作用，持续抓党建促乡村振兴。有序开展乡镇、村集中换届，选优配强乡镇领导班子、村“两委”成员特别是村党组织书记。在有条件的地方积极推行村党组织书记通过法定程序担任村民委员会主任，因地制宜、不搞“一刀切”。与换届同步选优配强村务监督委员会成员，基层纪检监察组织加强与村务监督委员会的沟通协作、有效衔接。坚决惩治侵害农民利益的腐败行为。坚持和完善向重点乡村选派驻村第一书记和工作队制度。加大在优秀农村青年中发展党员力度，加强对农村基层干部激励关怀，提高工资补助待遇，改善工作生活条件，切实帮助解决实际困难。推进村委会规范化建设和村务公开“阳光工程”。开展乡村治理试点示范创建工作。创建民主法治示范村，培育农村学法用法示范户。加强乡村人民调解组织队伍建设，推动就地化解矛盾纠纷。深入推进平安乡村建设。建立健全农村地区扫黑除恶常态化机制。加强县乡村应急管理和消防安全体系建设，做好对自然灾害、公共卫生、安全隐患等重大事件的风险评估、监测预警、应急处置。

（二十五）加强新时代农村精神文明建设。弘扬和践行社会主义核心价值观，以农民群众喜闻乐见的方式，深入开展习近平新时代中国特色社会主义思想学习教育。拓展新时代文明实践中心建设，深化群众性精神文明创建活动。建强用好县级融媒体中心。在乡村深入开展“听党话、感党恩、跟党走”宣讲活动。深入挖掘、继承创新优秀传统乡土文化，把保护传承和开发利用结合起来，赋予中华农耕文明新的时代内涵。持续推进农村移风易俗，推广积分制、道德评议会、红白理事会等做法，加大高价彩礼、人情攀比、厚葬薄养、铺张浪费、封建迷信等不良风气治理，推动形成文明乡风、良好家风、淳朴民风。加大对农村非法宗教活动和境外渗透活动的打击力度，依法制止利用宗教干预农村公共事务。办好中国农民丰收节。

（二十六）健全乡村振兴考核落实机制。各省（自治区、直辖市）党委和政府每年向党中央、国务院报告实施乡村振兴战略进展情况。对市县党政领导班子和领导干部开展乡村振兴实绩考核，纳入党政领导班子和领导干部综合考核评价内容，加强考核结果应用，注重提拔使用乡村振兴实绩突出的市县党政领导干部。对考核排名落后、履职不力的市县党委和政府主要负责同志进行约谈，

建立常态化约谈机制。将巩固拓展脱贫攻坚成果纳入乡村振兴考核。强化乡村振兴督查，创新完善督查方式，及时发现和解决存在的问题，推动政策举措落实落地。持续纠治形式主义、官僚主义，将减轻村级组织不合理负担纳入中央基层减负督查重点内容。坚持实事求是、依法行政，把握好农村各项工作的时度效。加强乡村振兴宣传工作，在全社会营造共同推进乡村振兴的浓厚氛围。

让我们紧密团结在以习近平同志为核心的党中央周围，开拓进取，真抓实干，全面推进乡村振兴，加快农业农村现代化，努力开创“三农”工作新局面，为全面建设社会主义现代化国家、实现第二个百年奋斗目标作出新的贡献！

（新华社北京2月21日电）

农业农村部关于落实好党中央、国务院2021年农业农村重点工作部署的实施意见

农发〔2021〕1号

各省、自治区、直辖市农业农村（农牧）、畜牧兽医、农垦、渔业厅（局、委），新疆生产建设兵团农业农村局，部机关各司局、派出机构、各直属单位：

“十三五”以来，农业农村发展取得历史性成就、发生历史性变革。粮食连年丰收、多年保持在1.3万亿斤以上，农民人均收入提前实现比2010年翻一番，脱贫攻坚目标任务如期完成，农业现代化建设迈上新台阶，乡村振兴实现良好开局。“十四五”时期，“三农”工作重心将转向全面推进乡村振兴、加快农业农村现代化。必须深入贯彻落实党中央、国务院关于“三农”工作决策部署，突出保供固安全、振兴畅循环，稳住农业基本盘，确保到2025年农业基础更加稳固，质量效益和竞争力明显提升，乡村面貌发生显著变化，城乡居民收入差距持续缩小，农业农村现代化取得重要进展，为开启全面建设社会主义现代化国家新征程奠定坚实基础。

2021年是“十四五”开局之年，是建党100周年，做好农业农村工作具有特殊重要意义。各级农业农村部门要以习近平新时代中国特色社会主义思想为指导，全面贯彻党的十九大和十九届二中、三中、四中、五中全会精神，认真贯彻落实中央经济工作会议、中央农村工作会议精神和2021年中央一号文件部署，坚持稳中求进工作总基调，立足新发展阶段，贯彻新发展理念，构建新发展格局，坚持创新驱动发展，深化农业供给侧结构性改革，全力保障国家粮食安全和重要农产品有效供给，巩固拓展脱贫攻坚成果，全面推进乡村振兴，加快农业农村现代化，为全面建设社会主义现代化国家开好局、起好步提供有力支撑。

一、全力抓好粮食和农业生产，保障粮食等重要农产品有效供给

（一）奋力夺取全年粮食丰收。守住国家粮食安全底线，落实藏粮于地、藏粮于技战略，加大粮食生产政策扶持力度，确保面积稳定，确保产量保持在1.3万亿斤以上。实行粮食安全党政同责，完善省长责任制，下达各省粮食面积、产量目标任务。稳定和加强种粮补贴，落实稻谷、小麦最低收购价，完善玉米、大豆生产者补贴政策。对粮食大省、大县予以奖励，对完成任务较好、增幅增量较大的省份加大倾斜支持和奖励力度。实施稻谷、小麦、玉米、大豆等重要农产品区域布局和生产供给方案，分作物分区域抓好落实。东北和黄淮海等地区增加玉米面积1 000万亩以上。继续实施大豆振兴计划，稳定大豆生产。巩固南方双季稻面积，大力发展优质稻、强筋弱筋优质小麦。大规模开展粮食生产高质高效创建示范，集成推广标准化技术模式。选择产粮大县集中、基础条件良好的区域，建设稳产高产、产业集聚、成龙配套、优质高效的国家粮食安全产业带。制止耕地“非农化”，防止耕地“非粮化”，开展全国耕地种粮情况监测评价，建立耕地“非粮化”情况通报机制，制定统筹利用撂荒地指导意见。

（二）促进生猪等畜禽生产平稳发展。落实省负总责要求和“菜篮子”市长负责制，确保生猪产能恢复到常年水平。稳定生猪产业发展扶持政策，推动将养殖用地、环评承诺制、抵押贷款等政策制度化。加强生猪生产监测预警和形势研判，建立生猪产能储备机制，稳定猪场、能繁母猪、大

省大县和大企业生产。坚持抓大不放小，加强对小养殖场户的指导服务。深入推进养殖、屠宰标准化示范创建，引导生猪屠宰产能向养殖集中区域布局，加快由“运猪”向“运肉”转变。实施牛羊发展五年行动计划，增加基础母畜存栏，因地制宜发展青贮玉米、苜蓿等优质饲草。持续推进奶业振兴，加快奶牛养殖装备改造升级，支持有条件的奶农发展乳制品加工。保持家禽业稳定发展。

（三）推进渔业提质增效。创建水产健康养殖和生态养殖示范区，大力发展循环水、深远海和大水面等生态渔业，推进盐碱水养殖，规范发展稻渔综合种养。推进渔港建设和管理改革，建设渔港经济区。确定新一轮海洋渔业资源总量管理目标，稳步推进限额捕捞和减船转产。建设海洋牧场，开展增殖放流。鼓励发展水产品加工和休闲渔业，规范有序发展远洋渔业。

（四）统筹抓好棉油糖等生产。鼓励长江流域开发利用冬闲田扩种冬油菜，在黄淮海及东北适宜地区适当扩大花生种植面积。建设优质棉生产基地，稳定新疆棉花种植面积，优化黄河和长江流域棉花种植布局。建设糖料标准化生产基地，在广西、云南优势区推广糖料蔗脱毒种苗，提高机收水平。建设一批果菜茶、中药材绿色标准化生产基地，推进园艺作物提质增效。加强天然橡胶生产基地建设。

（五）科学做好农业防灾减灾。制定发布应对极端天气确保农业丰收预案，加强干旱洪涝台风和农作物病虫害等灾害监测预警，及早做好技术和物资准备。完善草地贪夜蛾阻截带布防，强化统防统治、联防联控。全面推开非洲猪瘟等重大动物疫病分区防控，建设无疫区和无疫小区，加快非洲猪瘟疫苗研发。统筹抓好禽流感、口蹄疫、布鲁氏菌病等防控，实施乡镇动物防疫员特聘计划。制定外来入侵物种名录和管理方案，开展普查检测，制定海南自贸港外来生物安全防控方案。建立健全灾害应急机制，保障农业生产安全。

（六）深化农业对外合作。实施农产品进口多元化战略，加快培育国际大粮商和农业企业集团，鼓励企业融入全球农产品供应链。建设农业对外开放合作试验区和国际贸易高质量发展基地，推动果、菜、茶、鱼等优势农产品出口。实施农业服务贸易促进行动，支持我国农业技术、农业机械、农业生产资料等优势服务和产品走出去，加强境外农业合作示范区建设。在华设立全球人道主义应急仓库和枢纽。办好国际粮食减损大会。做好国际组织人才培养工作。

二、提升物质技术装备水平，强化现代农业基础支撑

（七）加强高标准农田建设。实施新一轮高标准农田建设规划，以粮食生产功能区和重要农产品生产保护区为重点，提高投入标准和建设质量，完成1亿亩高标准农田建设任务，统筹发展高效节水灌溉1 500万亩。推动地方将高标准农田建设新增耕地作为占补平衡耕地指标调剂所得收益，优先用于高标准农田建设。建立农田建设监测监管平台，建立有效管护机制，明确管护主体，落实管护责任。加强粮食生产功能区和重要农产品生产保护区建设，开展“两区”划定情况“回头看”。

（八）打好种业翻身仗。实施打好种业翻身仗行动方案。启动重点种源关键核心技术攻关和农业生物育种重大科技项目，实施新一轮畜禽水产遗传改良计划，自主培育突破性优良品种。深入实施现代种业提升工程，提高南繁基地、制种大县和区域性良种繁育基地建设水平，扶持国家畜禽核心育种场（站）发展。尊重科学、严格监管，有序推进生物育种产业化应用工作。推进科企深度融合，支持种业龙头企业健全商业化育种体系，加大制种大县支持力度，积极推动南繁硅谷建设。加快第三次全国农作物种质资源普查与收集，启动全国畜禽水产种质资源调查，开展农业种质资源精准鉴定。建好国家作物种质库和海洋渔业生物种质资源库，启动建设国家畜禽种质资源库。严格品种审定登记，加强种业市场监管整治，严厉查处假冒侵权行为。

（九）大力推进农业机械化。实施新一轮农机购置补贴政策，加大粮食生产薄弱环节、丘陵山区和绿色智能农机等机具补贴力度，推进农机报废更新。发布主要农作物、丘陵山区等技术装备薄弱环节需求目录，引导企业生产农民急用、产业急需的农机产品，加快丘陵山区农田宜机化改造。

开展主要农作物生产全程机械化示范创建，推广“全程机械化 + 综合农事”“机械化 + 数字化”等服务新模式。实施深松整地作业面积 1 亿亩。扩大薄弱环节农机作业补贴。推进农机作业社会化服务、农机维修与配件供应、农机技能培训等产业发展，做强做大农业机械化产业群和产业链。

（十）强化农业科技支撑服务。实施农业关键核心技术攻关。深化农业科技体制机制改革，布局建设一批创新基地平台，加快建设农业科研领军人才队伍。提升现代农业产业技术体系创新与服务能力，推进农业科技创新联盟实体化运行。推动国家现代农业产业科技创新中心建设，引进优质创新要素资源，打造科企融合创新联合体。建设国家现代农业科技展示基地和国家农业科教云平台。深入开展乡村振兴科技支撑行动，落实国家农技推广机构公益性法定责任，创新农业科技社会化服务新模式。建设 100 个国家农业科学观测实验站，打造一批农业科技强镇。加快国家热带农业科学中心建设。

（十一）加快发展智慧农业。建设一批国家数字农业农村创新中心和数字农业应用推广基地，推进物联网、人工智能、区块链等信息技术集成应用。开展智慧农（牧、渔）场建设、智慧农机应用示范。建设农业农村大数据中心，完善重要农产品监测预警体系。深入推进“互联网 +”农产品出村进城工程，加快 110 个试点县建设。强化益农信息社服务功能，发挥电商平台作用，推动绿色优质农产品生产与消费的有效对接。加快建设农业农村遥感卫星等天基设施。

三、深入推进农业绿色发展，持续改善农业生态环境

（十二）推行农业绿色生产方式。继续推进化肥农药减量化，优化实施果菜茶有机肥替代化肥试点，研究制定大田作物有机肥施用政策，构建有机肥施用长效机制。扶持发展植保社会化服务组织，推广绿色防控产品和技术，创建 100 个绿色防控示范县。开展科学安全用药技能培训，推广精准高效施药、轮换用药技术，稳妥推进高毒农药淘汰。抓好农业深度节水控水，支持黄河流域等重点区域发展节水农业、旱作农业，分区域分作物推行定额灌溉。实施新一轮草原生态保护奖励补助政策。推进兽用抗菌药使用减量化，推广养殖减抗模式。加强水产养殖用投入品分类监管。支持农业绿色发展先行区建设，构建农业绿色发展支撑体系，推进农业绿色发展综合试点，认定一批国家农业绿色发展长期固定观测试验站。

（十三）全面实施长江“十年禁渔”。开展专项打击整治行动，加强长江渔政执法队伍和装备条件建设，建设部省共建共管渔政基地，确保“禁渔令”有效落实。严格巡查督查，强化绩效考核，完善通报约谈制度，建立网格化执法监管责任制，构建分层分级、全面覆盖、责任到人的管理机制。跟踪监测退捕渔民转产转业情况，指导各地落实养老保障政策，健全就业帮扶台账，开发设置公益性岗位，支持相关产业合作社吸收退捕渔民加入。启动实施长江生物多样性保护工程，深入推进中华鲟、长江江豚等珍稀濒危物种拯救计划，建立健全资源监测网络体系，开展长江水生生物完整性评价和禁捕效果评估。

（十四）切实加强耕地质量建设。实施国家黑土地保护工程，建设一批综合治理示范区。持续推进东北黑土地保护性耕作行动计划，实施面积 6 500 万亩以上。制定实施耕地保护和质量提升行动方案，建设一批国家耕地质量长期定位监测点，开展国家耕地质量等级调查评价。推进退化耕地治理，建设 200 个集中连片示范区。实行污染耕地分类管理，治理面积 5 000 万亩。扩大耕地轮作休耕试点范围，面积达到 4 000 万亩。

（十五）强化农业废弃物资源化利用。制定实施种养结合建设规划，深入推进畜禽粪污资源化利用，指导大型规模养殖场建立粪肥还田计划和粪肥施用台账，培育粪肥施用社会化服务组织。建设 200 个秸秆综合利用重点县，秸秆综合利用率达到 86%。加快推广应用可降解农膜，建设 100 个农膜回收利用县，开展农膜区域性绿色补偿制度试点，农膜回收率达到 80% 以上。推进农药包装物回收利用。在长江、黄河等重点流域建设一批农业面源污染综合治理示范县。统筹抓好农业农村

减排固碳。

（十六）强化农产品质量安全。推进品种培优、品质提升、品牌打造和标准化生产，开展现代农业全产业链标准化试点，推动新型农业经营主体按标生产。制定修订农兽药残留等食品安全国家标准 1 000 项、营养品质等农业行业标准 200 项。实施农产品质量安全风险监测计划，全面推行食用农产品达标合格证制度，认定一批质量安全追溯标杆企业。创建 100 个国家农产品质量安全县，认定登记 1 万个绿色、有机、地理标志农产品，支持 200 个地理标志农产品发展。加强特色农产品优势区建设，制定农业品牌建设标准，打造一批精品区域公用品牌。开展“治违禁促提升”行动，严厉查处禁限用农兽药使用及超标问题。

四、大力发展乡村富民产业，提升产业链供应链现代化水平

（十七）打造农业全产业链。引导农产品加工企业向县域布局，发展产地初加工、精深加工和副产物综合利用，完善利益联结机制，让农民更多分享产业增值收益。建设一批农产品加工技术集成科研基地和农产品加工园。认定第七批农业产业化国家重点龙头企业，支持有条件的企业牵头组建农业产业化联合体。建设一批休闲农业重点县，推介一批美丽休闲乡村、休闲农业和乡村旅游精品景点路线，认定一批全国“一村一品”示范村镇。统筹推进现代农业产业园、农业产业强镇和优势特色产业集群建设，新创建和认定一批国家现代农业产业园，全面开展省、市、县产业园建设，建设一批农业产业强镇和优势特色产业集群，提升县域农业主导产业全产业链现代化水平。

（十八）加强农产品流通体系建设。制定促进农产品流通业发展的意见。全面实施农产品仓储保鲜冷链物流设施建设工程，加大蔬菜、水果、茶叶、中药材等鲜活农产品仓储保鲜补贴力度，建设一批田头小型仓储保鲜冷链设施，鼓励有条件的地方建设产地低温直销配送中心。选择 50 个特色农产品优势县区开展全程建设试点。建立农产品仓储保鲜冷链物流技术指导和经营服务体系。认定一批国家级专业产地市场，建设一批田头市场。办好中国国际农产品交易会、中国国际茶叶博览会等农业展会。

（十九）建设农业现代化示范区。把农业现代化示范区作为推进农业现代化的重要抓手，围绕提高农业产业体系、生产体系和经营体系现代化水平，制定评价指标体系，由各省对涉农县逐县开展评估，确定基本实现农业现代化的时间表，补短板、强弱项，梯次推进。加强资源整合、政策集成，以县为单位创建农业现代化示范区，首批创建 100 个左右。

（二十）推动脱贫地区特色产业可持续发展。制定推进脱贫地区特色产业可持续发展指导意见，组织脱贫地区编制特色产业发展规划。实施脱贫地区特色种养业提升行动，支持发展农产品加工和生产性服务，农产品仓储保鲜冷链物流设施建设工程向脱贫地区新型经营主体倾斜。引导农产品流通企业、电商平台、批发市场等与脱贫地区生产经营主体精准对接，建立稳定产销对接关系。脱贫地区巩固脱贫攻坚成果项目重点用于特色产业发展，完善小额信贷政策。

五、推进乡村建设行动，建设美丽宜居乡村

（二十一）启动实施农村人居环境整治提升五年行动。重点推动中西部地区农村户用厕所改造，引导新改户用厕所入院入室。指导各地科学选择农村改厕技术模式，开展干旱、寒冷地区改厕适用技术试点示范。统筹建设农村厕所粪污和污水处理设施，推进农村生活污水便捷低成本处理。健全农村生活垃圾收运处置体系，推动有条件地方开展农村生活垃圾源头分类减量和处理利用，建设一批有机废弃物综合处置设施。健全农村人居环境设施运行管护机制。持续推进村庄清洁行动，创建一批美丽宜居村庄。

（二十二）推动乡村基础设施和公共服务建设。协调有关部门加快村庄规划工作，推动各地基本完成县域村庄分类布局，指导有条件的村庄编制“多规合一”的村庄规划。配合有关部门加强农

村供水、乡村清洁能源、数字乡村、村级综合服务等公共基础设施建设，推动较大人口规模自然村组、抵边自然村通硬化路。

（二十三）加强和改进乡村治理。深化全国乡村治理体系建设试点示范，新创建一批全国示范村镇，鼓励各地开展省级示范创建。加强文明乡风建设，持续推进农村移风易俗。进一步总结乡村治理典型范例，推广“积分制”“清单制”等做法，推进乡村治理数字化。建立乡村治理统计调查制度。以“庆丰收感党恩”为主题，办好第四个中国农民丰收节。认定第六批中国重要农业文化遗产，推动优秀农耕文化展示区建设，加大优秀乡土文化宣传。

六、推进农村重点领域改革，增强农业农村发展活力

（二十四）完善农村土地承包管理制度。将第二轮土地承包到期后再延长30年试点范围扩大到乡镇层级，研究制定延包配套政策。修订《农村土地经营权流转管理办法》，健全土地经营权流转服务体系。制定《土地承包经营合同管理办法》，建立农村土地承包合同日常服务管理机制。巩固用好承包地确权成果，推进承包土地经营权抵押贷款、入股农业产业化经营。加强农村改革试验区建设，拓展试点试验内容，加强成果转化推广。

（二十五）稳慎推进农村宅基地制度改革。在104个县（市、区）和3个地级市开展新一轮农村宅基地制度改革试点，探索宅基地所有权、资格权、使用权分置有效实现形式。制定宅基地管理办法，建立健全农民宅基地合理需求保障机制。完善农村宅基地统计调查制度，建设宅基地管理信息平台。积极稳妥开展农村闲置宅基地和闲置住宅盘活利用试点工作。推动各地建立宅基地管理人员队伍。

（二十六）基本完成农村集体产权制度改革任务。推进经营性资产股份合作制改革，规范集体经济组织登记赋码和成员证书发放，发展壮大新型农村集体经济。修订集体经济组织财务制度和会计制度，建设全国农村集体资产监督管理平台。推动开展农村集体产权制度改革先进地区、集体和优秀个人表彰。

（二十七）培育壮大家庭农场和农民合作社。深入实施家庭农场培育计划，把符合条件的规模经营户纳入家庭农场名录。创建一批示范家庭农场和家庭农场示范县，引导组建一批家庭农场协会或联盟。开展农民合作社规范提升行动，推进国家、省、市、县示范社四级联创，加大对运行规范的农民合作社扶持力度。鼓励发展多种形式适度规模经营。支持农民合作社由种养业向产加销一体化拓展，引导建立合作社联合社，搭建社企对接服务平台。加强农民合作社服务中心和县乡农民合作社辅导员队伍建设。

（二十八）大力发展农业专业化社会化服务。制定加快推进农业专业化社会化服务发展的指导意见，培育壮大农业专业化社会化服务组织，创新服务模式，推进资源整合，创建一批农业专业化社会化服务示范基地和示范主体。支持发展面向小农户和粮食等大宗农产品薄弱环节的生产托管，服务面积达到17亿亩次，建设区域性农业全产业链综合服务中心。

（二十九）深入推进农垦改革发展。深化垦区集团化农场企业化改革，加快解决农垦办社会职能改革遗留问题，培育壮大一批现代农业企业集团。推行稻米、生鲜乳、标杆牧场等农垦团体标准，加强公共品牌建设。加强农垦国有农用地保护和利用管理，创新农垦农业经营体系。巩固提升困难农场、边境农场、生态脆弱区农场基础设施建设水平。

七、强化支撑保障，落实落细各项决策部署

（三十）健全乡村振兴工作推进机制。借鉴脱贫攻坚经验做法，推动构建全面推进乡村振兴的政策体系、工作体系和督导体系。协调推进乡村振兴战略规划实施，发布年度实施报告，开展乡村振兴战略实施情况督查。支持东部沿海发达地区、大中城市郊区和其他有条件的地区建设乡村振兴

引领区，探索农业农村现代化的路径模式。研究提出到2035年、21世纪中叶农业农村现代化目标任务。加大对脱贫县乡村振兴支持，巩固拓展脱贫攻坚成果同乡村振兴有效衔接。

（三十一）建立“十四五”农业农村规划落实机制。印发农业农村发展“十四五”规划，出台配套专项规划和建设规划，强化规划衔接协调。建立规划落实机制，制定规划实施年度任务清单和工作台账，跟踪督促规划各项任务落实。加强农业农村统计调查，将农业及相关产业增加值纳入农业现代化评价指标体系，推进省市县开展增加值统计核算工作。

（三十二）加强乡村振兴人才队伍建设。深入实施高素质农民培育计划和学历提升行动，重点培养家庭农场主、农民合作社负责人，推介一批乡村振兴优质院校。加大农村实用人才培养力度，推动设立专门面向农民的技能大赛，选树一批乡村能工巧匠。实施农业企业家、农村创业创新人才培育工程，建设一批农村创业创新园区和孵化实训基地，吸引外出务工的农村青壮年劳动力、大学生、退役军人返乡入乡创业。落实乡村人才振兴政策，吸引城市各类人才服务乡村发展。

（三十三）扩大农业农村有效投资。推动财政支农投入稳定增加，落实土地出让收益提高用于农业农村比例政策要求，集中用于乡村振兴重点任务。推进大幅增加地方政府一般债券、专项债券用于现代农业设施和乡村建设行动的规模与比例。鼓励以市场化方式设立乡村振兴基金，引导社会资本积极投资农业农村。鼓励创新开发金融支农模式，有效支持新型农业经营主体和农村新产业新业态，大力推进畜禽活体、农机具和大棚设施抵押贷款业务，加强农业信贷担保“双控”业务考核，扩大政策性担保业务规模。推动扩大三大粮食作物完全成本保险和收入保险试点，增加中央财政对地方优势特色农产品保险以奖代补试点覆盖范围。加快农业农村现代化重大工程项目库建设。强化农业投资整合，提高地方和农民获得感。

（三十四）强化农业农村法治建设。推动出台乡村振兴促进法和粮食安全保障法，加快农产品质量安全法、动物防疫法、渔业法等制定修订。全面完成农业综合行政执法改革，强化执法人员培训和信息化建设，改善执法装备条件，推进执法人员统一着装。加强农资质量、品种权保护、动物防疫、长江禁捕、农产品质量安全、植物检疫等重点领域执法。创建农村法治教育基地，培育农村学法用法示范带头人。编制农业农村部权责清单，全面推行证明事项告知承诺制。

各级农业农村部门要深入学习贯彻习近平总书记关于“三农”工作重要论述，提高政治站位，坚持系统观念，增强能力素质，强化作风建设，勇于担当、真抓实干，扎实做好农业农村各项工作，为全面实施乡村振兴战略，加快推进农业农村现代化，谱写新时代“三农”工作新篇章作出更大贡献！

农业农村部

2021年1月8日

奶业发展要成为农业现代化的先行军

“十四五”期间，要抢抓战略机遇，坚持把奶业发展作为农业现代化的先行军，着力降成本、优结构、提质量、创品牌、增活力。

一要产出高效率，着力提高奶业竞争力。组织实施第二轮奶牛遗传改良计划，构建现代奶业生产体系，全面提升奶业生产效率和组织化水平。坚持从源头抓起，加大粮改饲、优质苜蓿基地建设支持力度，不断提高饲草料品种专业化、生产规模化、销售市场化水平。加强技术示范、资金支持、政策引导，每年支持建设 1 500 个现代家庭牧场，培育壮大一批奶农合作社，提高奶牛规模化标准化养殖和精准化智能化管理水平。

二要管出高质量，筑牢奶业全面振兴基石。打造生产、运输、加工、流通等全环节全链条的乳品质量安全监管网络，对标国际先进水平，修订完善乳品标准体系，实施更加严格规范的监管制度，对全国所有奶站和运输车实行精准化、全时段管理，用最严格的标准、最先进的技术、最规范的管理，确保上市的每一滴牛奶都安全放心。

三要联出高收益，拉紧产业融合发展纽带。坚持建机制、促融合，引导乳企严格履行收购合同，推广订单生产、长期合同等稳定购销方式，健全乳企与奶农长期稳定的利益联结机制。支持有条件的家庭牧场、奶牛合作社发展乳制品加工，发展民族奶食品，鼓励乳企通过自建、收购、参股、托管等方式加强奶源基地建设管理，促进养殖加工融合发展。

四要亮出高品质，打造国际知名奶业品牌。以 D20 企业为主体，支持奶牛养殖升级、乳品加工提升和产品创新研发，建设一批国际化乳品企业集团，引领带动民族奶业做大做强。实施奶业品牌提升行动，以婴幼儿配方奶粉为重点，着力培育一批具有国际影响力的民族奶业“金字招牌”。继续实施国家“学生饮用奶计划”、小康牛奶公益助学行动等活动，宣传科学饮奶知识，提高国内乳品的美誉度和市场占有率。

——摘自农业农村部副部长于康震在 2020 中国奶业 20 强（D20）峰会上的主旨演讲

努力提升奶业产业链现代化水平

在今后一个时期，我们要以新发展理念为指导，以《国务院办公厅关于推进奶业振兴保障乳品质量安全的意见》为遵循，扎实推进奶业全面振兴，以扩大绿色优质安全乳制品供给为目标，大幅提升奶业综合生产能力，继续优化产业结构和产品结构，显著提升国产奶的竞争力和美誉度，提升产业链现代化水平。

一是持续加强优质奶源基地建设。优化调整奶源布局，打造我国黄金奶源带。继续实施奶牛遗传改良计划，支持高产优质苜蓿等优质饲草料生产。加大培训力度，推广提质增效的典型模式，引导适度规模养殖，不断提高奶牛养殖规模化水平。

二是加快完善乳品加工流通体系。优化乳制品产品结构，统筹发展液态乳制品和干乳制品，推进乳制品线上线下销售新模式，拓展乳品消费增长点。密切养殖加工利益联结，探索建立生鲜乳价格协商机制，建立公平合理的生鲜乳购销秩序。

三是切实强化乳品质量安全监管。加快健全乳品质量安全标准体系，压实乳品企业质量安全第一责任，加强对生鲜乳收购站和生鲜乳运输车实行精准化、全时段管理，建立健全养殖、加工、流通等全过程乳品质量安全追溯体系，加大婴幼儿配方奶粉监管力度。

四是积极引导乳品市场消费。我国奶业发展有完善的政策支持，有健全的监管保障，已经完全具备生产优质安全产品的能力，关键是要让消费者了解和信任。通过多种渠道、活动，推介和展示国产乳制品良好品质，提升中国奶业品牌影响力，扩大乳品消费市场，助力民族奶业振兴，践行健康中国战略。

——摘自农业农村部总畜牧师马有祥在第十一届中国奶业大会暨2020中国奶业展览会上的讲话

中国奶业发生了脱胎换骨的变化

奶业作为国民健康的支柱型产业，近年来取得了长足的进步，现代化水平不断提高，生产规模稳步增长，乳制品品质持续提升，消费需求不断升级。在我国从奶业大国向乳业强国迈进的关键阶段，不仅需要加强现代化建设、提高产业各项标准，也需要排除一些行业发展杂音，凝聚上下游力量推动奶业振兴。在7月底的现代奶业评价体系建设启动会上，中国奶业协会名誉会长、原农业部副部长高鸿宾就奶业发展相关问题进行了阐述。

"中国奶业不敢说一枝独秀，但是绝对是逆势上扬"

在突如其来的新冠肺炎疫情影响下，世界范围处于"疫病大流行，经济大衰退"的不利局面，各行各业备受重创，但是在这种情况下，高鸿宾认为"唯独中国奶业不敢说一枝独秀，但是绝对是逆势上扬"。2020年1—6月全国生鲜乳产量1 431万t，实现比上年同期增长7.9%，这是可圈可点的一个成绩。

高鸿宾认为，这样的发展"可以骄傲，可以自豪，体现了中国奶业对战胜疫情的重大保障和支持，是十几年来中国奶业不断良性发展后的自然结果。"而且更为重要的是，"最近这十几年，中国奶业以极大的决心和魄力，用壮士断腕的决心，对整个行业进行了彻底的改造，发生了脱胎换骨的历史性变化，从而为经济发展和国民健康做出了重要的贡献。"

"中国奶业达到世界一流水平，有目共睹"

高鸿宾表示， 中国奶业之所以有今天的成就，之所以能在"三聚氰胺"事件后转危为安，是中国奶业人共同努力奋斗的结果，更是党中央、国务院的重视、关心、支持、推动的结果。国家相关部委发出一系列奶业指导性文件，引领和推进奶业的健康发展。

如果去奶企实地考察交流，"可以说达到世界一流水平，有目共睹。"高鸿宾说，"中国奶业还在进步之中，还在发展之中，还有更高的目标，还要继续前进。希望在2025年基本实现现代化，整体进入世界一流水平。"

"不去看奶业的发展成就，是视而不见"

目前一些有炒作意味的舆论称中国奶业走上了不可挽回的歧路。"这是对中国奶业发展成就的视而不见。"高鸿宾认为，中国乳业发展过程中，有缺点有毛病，我们要无则加勉，有则改之，可以坦率地承认自己的缺点，认真地进行整改。但如果遇到无中生有、造谣诽谤，或者谩骂、曲解、歪曲，也可以诉诸法律。

“标准制定充分考虑了中国奶业发展的实际情况”

谈及 2010 年生鲜乳标准，高鸿宾坦言，第一点，2010 年的标准是充分考虑中国奶业在当年的发展现状。当时，中国奶牛养殖规模化程度极低，如果按照西方的标准制，那 50%~70% 的奶牛养殖者都要被淘汰，中国的奶业就会垮掉。从这点来看，这个标准具有积极意义。

第二点，这个标准只是一个最低标准。实际上，企业始终坚持高收购标准，引导了中国奶业质量水平的一路上扬。2018 年，规模牧场生鲜乳平均乳蛋白率 3.25%，菌落数 35 万 CFU/mL，远高于国家标准并达到国际先进水平。

第三点，生鲜乳标准是动态标准，目前根据中国乳业的发展情况，新的标准正在制定中。水涨船高，新的标准自然会升高。企业应该努力达到并超过这个标准，不辜负广大消费者的期望。

——摘自 2020 年 8 月 6 日中国经济网，中国奶业协会名誉会长、原农业部副部长高鸿宾在现代奶业评价体系建设启动会上的讲话

D20 企业率先实现奶业全面振兴

贯彻落实习近平总书记关于提升产业链供应链稳定性和竞争力重要讲话精神，按照国办《关于推进奶业振兴保障乳品质量安全的意见》有关要求，中国奶业协会组织制定了《中国奶业 20 强企业“赋能产业链供应链稳定性和竞争力”三年行动计划》。

到 2023 年，D20 企业率先实现奶业全面振兴，奶源基地、产品加工、乳品质量和产业竞争力整体水平进入世界先进行列。力争国产奶源自给率保持在 70% 以上，规模养殖比重超过 90%，养殖废弃物综合利用率达到 90% 以上，乳品监督抽检合格率达到 99% 以上，自有牧场和控股牧场奶牛年均单产超过 9 吨，生鲜乳菌落总数小于 10 万 CFU/mL，体细胞数小于 40 万个 /mL。

——摘自中国工程院院士、中国奶业协会会长李德发在 2020 中国奶业 20 强（D20）峰会上的讲话

坚守一条底线　推进两个转变　用好三大抓手
全力以赴做好今年动物防疫工作

动物防疫事关畜牧业高质量发展、畜产品稳定有效供给和人民群众生命健康。当前，在各地各有关方面的共同努力下，非洲猪瘟常态化防控取得阶段性成效，全国动物疫情形势总体平稳。但动物防疫工作仍然存在短板和不确定性，形势仍然复杂严峻，必须增强危机意识，以高度的政治自觉、思想自觉和行动自觉，坚持目标导向、问题导向和结果导向，采取切实有效的措施，打好“组合拳”，全力以赴做好今年动物防疫工作。

做好今年动物防疫工作意义重大

2021 年是我国现代化建设进程中具有特殊重要性的一年，是实施“十四五”规划、开启全面建设社会主义现代化国家新征程的第一年，也是中国共产党建党 100 周年。要从讲政治的高度，充分认识做好今年动物防疫工作的重要意义。

从产业发展角度看，促进畜牧业高质量发展和畜产品稳产保供，成败在动物防疫。习近平总书记指出，越是面对风险挑战，越要稳住农业，越要确保粮食和重要副食品安全。畜牧业是关系国计民生的重要产业，猪肉是老百姓“菜篮子”的重要品种。当前非洲猪瘟已在我国定殖，在未来较长一段时期内疫情发生风险仍然存在。今年猪肉等畜产品稳产保供责任重大，能否按期实现生猪生产完全恢复的既定目标，动物防疫工作是基础保障。据统计，我国已经报告发生过的动物疫病超过 300 种，其中危害较大、需要依法加以控制的一二三类疫病 157 种；近年来，全国每年报告发生动物疫病近 100 种，发病畜禽约 400 万头（只、羽），病死畜禽约 60 万头（只、羽），是畜牧业高质量发展的重要制约因素。要下更大工夫做好动物防疫工作，全面降低疫情损失和影响，促进产业高质量发展，确保全年肉蛋奶充足、多样、高质量供给。

从公共卫生角度看，防控人畜共患病和保障畜产品质量安全，成效看动物防疫。习近平总书记强调，要把人民健康放在优先发展战略地位，努力全方位全周期保障人民健康。研究表明，75% 的人类新发传染病源自动物，70% 的动物疫病可以传染人。《人畜共患传染病名录》列出了我国常见的 26 种人畜共患病，病原在国内广泛存在，家畜家禽是重要的感染宿主和传播源头。2020 年，全国报告发生高致病性禽流感疫情 7 起，同时在多地检出病原；25 个省份报告发生布鲁氏菌病疫情，疫情数同比大幅增加，连续多年位居牛羊发病数首位；炭疽、牛结核病、狂犬病、血吸虫病、包虫病等人畜共患病风险也不容低估。养殖环节兽药乱用、滥用和超量使用现象依然存在，屠宰环节私屠滥宰、“注水肉”等问题仍有发生，无害化处理环节收集、转运、处理体系不健全，个别地区随意抛弃病死畜禽情况依然存在，是动物防疫、食品安全和生态环境领域的重要隐患。做好动物防疫工作，推行“人病兽防、关口前移”，实施人畜共患病源头防治，阻断传播途径，同时推进抗菌药使用减量化行动，加强残留监控，具有重要的公共卫生意义。

准确把握今年动物防疫工作的思路和目标任务

坚持以习近平新时代中国特色社会主义思想为指导，深入贯彻党的十九大和十九届二中、三中、四中、五中全会精神，以及中央经济工作会议、中央农村工作会议精神，认真落实党中央、国务院决策部署，立足新发展阶段，贯彻新发展理念，构建新发展格局，牢牢把握动物防疫工作的主动权和规律性，按照“保供固安全，振兴畅循环”的“三农”工作定位，实行以预防为主，预防与控制、净化、消灭相结合的方针，坚守“一条底线”，推进“两个转变”，用好“三大抓手”，做实、做细、做好今年动物防疫工作，为加快农业农村现代化开好局、起好步提供有力支撑。

坚守“一条底线”，就是确保不发生区域性重大动物疫情。既要抓好非洲猪瘟常态化防控，稳步推进分区防控，坚决防止疫情反弹，又要统筹抓好高致病性禽流感、牛羊布鲁氏菌病等重大动物疫病和人畜共患病防控，保持动物疫情平稳态势。

推进“两个转变”，就是进一步推动落实动物防疫主体责任，督促引导从业主体由“要我防”向“我要防”转变；加快推进动物疫病区域化管理，鼓励具备条件的地区和养殖场净化消灭特定动物疫病，推动防控工作由“总体控制”向“区域净化”转变。

用好“三大抓手”，就是抓好春秋季集中免疫和检查评价，努力构筑有效防疫屏障；抓好产地检疫和调运监管，推进检打联动，严打违法违规调运畜禽的行为，降低疫情跨区域传播风险；抓好屠宰环节管理，落实“两项制度”，严把畜产品上市关，保障人民群众“舌尖上的安全”。

高质高效推进今年动物防疫重点工作

要紧紧围绕畜牧业生产安全和畜产品稳产保供，紧盯动物疫情动态主动应变，及时跟进各项防控措施，把讲政治的要求落实到动物防疫工作的各方面和全过程。始终坚持底线思维，聚焦重点任务，以钉钉子精神推动关键举措全面落地，确保取得实效。

毫不松懈抓好非洲猪瘟常态化防控。非洲猪瘟不是人畜共患病，常态化防控的核心是精准、规范和可持续。要完善和落实非洲猪瘟疫情应急实施方案，及时规范处置疫情和监测阳性场点。严格执行现行有效的常态化防控措施，强化养殖、运输、屠宰、无害化处理等闭环监管。完善规模猪场和高风险区域入场采样监测，实施养殖龙头企业非洲猪瘟自检报告制度，实行动物疫情周报。严密跟踪监测非洲猪瘟病毒变异情况，掌握变异规律，开展针对性防控。积极稳妥推进非洲猪瘟疫苗研发。

切实做好人畜共患病防控。从前端和源头抓好人畜共患病的防范，可以事半功倍。要加强高致病性禽流感、布鲁氏菌病等主要人畜共患病防控，统筹抓好包虫病、血吸虫病、牛结核病和狂犬病等防控。加强高致病性禽流感监测，规范处置突发疫情，及时掌握病毒变异情况，加快更换疫苗毒株。实施牛羊布鲁氏菌病防治计划，开展分区防治，遏制疫情跨区传播。

统筹抓好其他重点动物疫病防控。口蹄疫、小反刍兽疫、牛结节性皮肤病、仔猪腹泻等疫病仍是今年的防控重点，要持之以恒抓好各项防控措施落实。要实施国家动物疫病强制免疫计划、监测和流行病学调查计划，围绕口蹄疫、小反刍兽疫等优先防治病种落实好关键防控措施。加大牛结节性皮肤病防控力度，严格落实防治技术规范要求，确保将风险遏制在疫点上。指导养殖场户加强饲养管理，适时开展秋冬季仔猪腹泻等常见病防控。密切关注周边国家和地区疯牛病、非洲马瘟等重点防范的境外动物疫情动态，严防输入和扩散。推进马传染性贫血消灭进程。

大力推进动物疫病区域化管理。实施区域化管理，是有效阻断病毒传播、防控动物疫病的国际通行做法，我国也已开展了一些实践探索。要抓紧在全国试行非洲猪瘟等重大动物疫病分区防控，建立健全分区防控联席会议制度，不断完善分区防控政策措施。支持有条件的地区和规模养殖场户建设无疫区与无疫小区，创建一批非洲猪瘟无疫小区和牛羊布鲁氏菌病无疫小区。推进动物疫病净化，以省级以上畜禽核心育种场为重点，优先净化垂直传播性动物疫病，建设一批净化示范场。推动构建“分区防控、无疫区与无疫小区建设、净化场示范”三位一体的动物疫病区域化管理新格局。

加强调运和屠宰环节监管。调运和屠宰环节，是动物防疫全流程的两个“漏斗颈”，屠宰环节更是关系到畜产品质量安全的“总闸门”。要落实检疫申报主体责任，严格按规程实施检疫。持续强化畜禽调运监管，改造升级指定运输通道，加强运输车辆备案动态管理。开展动物检疫监督规范化行动，完善动物卫生监督与农业综合执法衔接机制，严厉打击违法违规行为。切实落实好屠宰环节“两项制度”，确保非洲猪瘟检测“批批检、全覆盖”，对发现的阳性猪和生猪产品，严格按要求处置，不能让屠宰厂成为病毒的“集散地”。加强屠宰环节质量安全监管，规范委托屠宰行为，开展风险监测，强化行刑衔接，严厉打击私屠滥宰行为。

加快健全病死畜禽无害化处理体系。无害化处理环节是病死畜禽流向的“终点”，绝不能成为动物疫病传播的“起点”。要按照职责分工，制定病死畜禽无害化处理管理办法。根据畜禽养殖规模、无害化处理场可持续运行等因素，合理布局建设无害化处理场，推动建成专业化集中处理为主的处理体系。加强病死畜禽收集、转运、处理、利用等环节监管，严厉打击买卖、加工或随意丢弃病死畜禽行为。深入开展病死猪无害化处理与保险联动机制建设试点，探索构建政府、养殖场户、保险公司、无害化处理场四方联动机制。

强化兽药质量安全监管。兽药质量既影响动物疫病免疫和临床治疗效果，也事关养殖业健康绿色发展和公共卫生安全。要贯彻落实新版兽药良好生产规范（GMP），规范兽药生产经营活动。开展兽药质量监督抽检和风险监测，加大兽药中非法添加物筛查检测力度。严格“检打联动”，严厉打击非洲猪瘟疫苗有关违法行为。推进新型疫苗、诊断试剂和标准物质研发和评审。开展兽药残留监控和动物源细菌耐药性监测，深入开展兽用抗菌药使用减量化行动。

强化动物防疫保障措施

做好今年的动物防疫工作，关键是加强组织领导，落实各方防控责任，加强协作配合，强化政策条件保障，汇聚形成强大的防控合力，不折不扣地完成各项任务。

落实动物防疫责任。动物防疫的三方责任十分明确。要切实落实地方各级人民政府对本地区动物疫病防控工作负总责、主要负责人是第一责任人的属地管理责任，对辖区内防控工作实施集中统一指挥，加强工作督导，将工作责任明确到人、措施落实到位。要逐级落实各有关部门动物防疫监督责任，逐项明确各环节监督责任单位和职责分工，进一步强化部门联防联控机制。要依法督促落实畜禽养殖、运输、屠宰、无害化处理等环节生产经营者履行动物防疫主体责任，引导养殖场户改善动物防疫条件，严格按规定做好强制免疫、清洗消毒、疫情报告、畜禽标识等工作，督促规模养殖场户和屠宰场配备相应的动物防疫人员。

提升防疫服务保障能力。加强动物防疫体系建设，实施动物防疫特聘计划，持续为基层防疫队伍输送专业人才。改革执业兽医资格考试方式，做好执业兽医继续教育，加强官方兽医业务培训。培育发展兽医社会化服务体系。实施动植物保护能力提升工程，升级更新动物防疫基础设施设备。加强兽医实验室建设，组织考核与检测能力比对。开展动物防疫机构效能评估。

强化数字化信息化建设。做好顶层设计，研究谋划动物疫病防控数字化管理系统，建立大数据集成应用体系，推进主体数字化与管理数字化协同衔接。推进全链条监管信息闭环管理，打通监测、免疫、产地检疫、屠宰检疫、无害化处理等环节数据共享通道。完善兽医卫生综合信息平台，推进动物检疫无纸化出证试点。加强疫情监测预警，注重运用大数据手段，完善疫情监测分析制度。鼓励研究推广信息化、智能化的采样技术设备，提高工作效率。

务实开展国际合作。推动落实动物防疫领域多双边合作协定，做好进口动物和动物产品风险评估。积极开展动物疫病区域化管理合作，推进边境跨境动物疫病控制区建设。积极参与联合国粮农组织（FAO）、世界动物卫生组织（OIE）、世界贸易组织（WTO）相关技术议题和国际动物卫生标准制修订。统筹利用好国际国内两个市场、两种资源，补充和调剂国内畜产品市场供应。

深入推进依法防疫。贯彻落实新修订的《动物防疫法》，立足建立健全长效机制，进一步完善配套法规和规章制度。完善动物病原微生物生物安全管理制度，组织开展实验室生物安全监督检查。加大普法宣传力度，引导全社会特别是从业人员自觉守法，共同营造良好法治环境。强化部门协作，严打造谣传谣，及时澄清不实信息。

打造干净担当的干部队伍。不断增强干部队伍责任意识，知责于心、担责于身。加强培训演练，提升业务能力，在打赢生猪稳产保供、非洲猪瘟疫情防控等硬仗中砥砺品质、增长才干。切实转变工作作风，力戒形式主义、官僚主义，深入实际、深入基层、深入群众，对标年度任务目标，逐项制定工作措施，狠抓落实落地。严格执行中央八项规定精神，将外部要求转化为内在主动，构建“亲”“清”新型政商关系，树立风清气正的良好政风行风。

——摘自《农民日报》2021 年 4 月 10 日第 5 版，农业农村部畜牧兽医局局长杨振海署名文章

编制《中国奶业“十四五”战略发展指导意见》意义重大而深远*

承前启后，“十三五”奶业发展成就显著

历经70余年的发展、改革和创新，经过“十三五”时期的调整、转型和升级，我国奶业产业素质全面提升，质量安全水平大幅提高，转型升级明显加快，现代奶业格局初步形成，为“十四五”奶业质的飞跃奠定了坚实的基础。

（一）发展数量稳中有增，综合能力跃上新台阶

2020年，全国牛奶产量3 440万t，比2015年增长8.2%；接近全球牛奶总产量的5%，位居世界前列。全国规模以上乳品企业主营业务收入4 195.6亿元，比2015年增长26.1%，高于食品工业平均增速。2019年，我国人均奶类消费35.8kg，比2015年增长4.9kg。奶业是现代农业和食品工业中最具活力、增长最快的产业之一。

（二）产业素质全面提升，转型升级迈出新步伐

标准化、规模化牧场已经成为发展主流。2019年，存栏100头以上的规模养殖比重达到64%，比2015年提高15.7个百分点；全国荷斯坦奶牛单产水平达到7.8t，比2015年增加1.8t；规模牧场100%实现机械化挤奶；规模以上乳制品企业565家，比2015年减少73家，产业结构逐步优化，规模奶业企业技术装备水平达到世界先进水平。

（三）监管体系逐步完善，质量安全实现新提升

奶业全产业链质量安全监管体系日趋完善，生鲜乳抽检覆盖所有奶站和运输车，乳制品实行出厂批批检验制度。2020年上半年，乳制品和婴幼儿配方奶粉的抽检合格率分别为99.8%和99.9%，在食品行业中名列前茅；生鲜乳中的乳蛋白、乳脂肪抽检平均值分别为3.25%和3.82%，规模牧场营养和卫生指标达到发达国家水平。

（四）企业发展突飞猛进，品牌建设取得新突破

一批骨干龙头奶业企业脱颖而出。伊利、蒙牛分别跃居全球乳品企业第五位和第八位，在亚洲排第一位和第二位，取得新突破；中国奶业20强企业市场份额达到70%，国产品牌婴幼儿配方奶粉市场占有率超过60%，多款产品在国际乳制品质量评比中获奖，通过国际权威机构认证，中国的奶业品牌世界知名度显著提升。

（五）聚焦聚势科技创新，产业发展赢来新动能

企业把科技创新摆在首要和核心位置。科技创新对奶业发展的作用日益显现和逐步增强。通过技术创新、模式创新和管理创新，企业优化了工艺流程，提高了生产效率，提升了产品质量，丰富了产品种类，实现了降本、提质和增效。

---

*《编制〈中国奶业“十四五”战略发展指导意见〉意义重大而深远》一文，是2021年2月3日，中国奶业协会副会长兼秘书长刘亚清在北京召开的《中国奶业“十四五”战略发展指导意见》（简称《指导意见》）编制工作筹备会上的讲话。文章标题为年鉴编辑部所加。

继往开来，“十四五”奶业发展的几点思考

辉煌“十三五”完美收官，壮阔“十四五”顺利启航。历史性的成就让我们对中国奶业振兴充满信心，但奶业仍然存在产业竞争力不强、养殖加工发展不平衡、产品供需结构不平衡、市场消费培育不充分等突出问题。我们要深刻认识肩负的使命与责任，积极贯彻落实十九届五中全会精神，遵循“十四五”规划建议，昂首阔步迎接新挑战，风雨无阻迈向新征程。要准确把握《中共中央关于制定国民经济和社会发展第十四个五年规划和二〇三五年远景目标的建议》，谋定新方向、谋划新思路、谋求新作为。具体而言，把握五大发展脉络，紧扣三大方向定位。

一、关于五大发展脉络

一是贯彻新发展理念，谋划发展新战略。贯彻创新、协调、绿色、开放、共享的发展理念，逐步打造新业态下的绿色奶业、生态奶业、和谐奶业和共享奶业。推进种养结合，草畜配套，促进养殖废弃物资源化利用，有效开发利用本土饲草饲料资源，构建集约化、标准化、组织化、社会化相结合的种养加协调发展模式，推动奶业更高质量、更有效率、更加公平、更可持续的发展。

二是依靠创新驱动，挖掘发展新优势。依靠科技创新和技术进步，提升设施装备和信息化水平，努力突破资源环境约束。把奶业科技创新摆上更加突出的位置，推动大数据、云计算、物联网、人工智能、生物技术、冷杀菌技术、新型检测技术等同奶业创新深度融合，努力降低成本，提升效益，为奶业数量增、质量升注入强劲动力，助推奶业向更高层次、更广维度变革与发展，提高奶业综合竞争力。

三是夯实现代化建设，谋求发展新格局。构建现代化的奶业生产体系、经营体系、供应链体系、质量监管体系和支持保护体系。推进奶畜良种化、饲草优质化、养殖设施化、生产规范化；积极争取完善并落实好奶业扶持政策，争取加大财政、金融和保险等方面的支持力度。启动实施奶业现代化评价工作，全面提升全产业链各环节的现代化水准。

四是优化产业结构，释放发展新动能。优化调整养殖加工布局，巩固发展北方主产区，打造我国黄金奶源带，开辟发展南方产区，促进奶源与加工合理布局。优化乳制品产品结构，在发展超高温灭菌乳的基础上，大力发展巴氏杀菌乳、发酵乳等本土优势产品，开发奶酪等高附加值产品，充分挖掘乳成分中有助于人体健康的功能成分，实现乳成分的精细化和最大化利用，为奶业发展释放新活力。

五是坚持对外开放，开创发展新局面。全面提高奶业对外开放水平，开拓好国内国际两个市场，利用好国内国际两个资源；抓好重要战略机遇，畅通国内大循环，促进国内国际双循环，持续做强做优奶业，坚持国内供给为主，进口调剂为辅，满足乳品多元化消费需求。中奶业企业在国内积极发展的同时，也要寻求国外发展机会，内外结合形成合力，实现合作共赢，让行业发展动力与活力竞相迸发。

二、关于三大方向定位

第一点，谋势借势，构建现代化产业体系。推进奶业基础高级化、奶业链条现代化，持续提高奶业质量效益和核心竞争力。一是构建现代化基础设施体系。基础设施是经济社会发展的基石。习近平总书记指出，要以整体优化、协同融合为导向，统筹存量和增量、传统和新型基础设施发展，打造集约高效、经济适用、智能绿色、安全可靠的现代化基础设施体系。奶业是设施设备和科学技术密集的产业，是农业现代化的标志性产业，要创新完善投融资机制，为奶业现代化基础设施建设创造良好发展环境。要积极应用大数据、人工智能等技术，推动人工智能等新业态与传统基础设施功能的融合。构建系统完备、高效实用、智能绿色、安全可靠的奶业现代化基础设施体系。二是加强科技创新引领。变革创新是推动人类社会向前发展的根本动力。抓创新就是抓发展，谋创新就是谋未来。习近平总书记强调，必须把创新摆在国家发展全局的核心位置。“十三五”奶业发展成就

辉煌，源于创新，得益于在调整、转型和升级中创新。面向发展的不充分、不平衡问题，面向国际不稳定、不确定因素问题，构建现代化奶业产业体系，必须始终将创新摆在战略发展的首位。要瞄准世界奶业科技前沿，强化基础研究，实现前瞻性基础研究、引领性原创成果重大突破。加强应用基础研究，拓展实施国家重大科技项目，突出关键共性技术、前沿引领技术、现代工程技术、颠覆性技术创新，为建设科技奶业、数字奶业和智慧奶业提供有力支撑。要引导建立以企业为主体、市场为导向，产学研深度融合的技术创新体系，加强对中小企业创新的支持，促进科技成果转化。三是开展奶业现代化评价。构建现代化产业体系，必须配套现代化评价体系。没有全面、系统、科学和严谨的评价体系，构建现代化奶业产业体系就是一句空话。完善的评价体系不仅要评价发展的水平、发展的质量、发展的进程，还要评价发展的潜力、发展的成本、发展的生态。

第二点，稳局布局，谋划奶业双循环发展格局。面对疫情对经济环境的冲击，习近平总书记指出，"要逐步形成以国内大循环为主体、国内国际双循环相互促进的新发展格局"，为我国经济发展增添动力。一是畅通国内大循环。我国有强大的人口资源优势，国内消费需求潜力巨大。奶业发展要依托强大国内市场，优化区域布局，优化产品结构，改善供给结构，改善供给质量，提升供给体系对国内需求的适配性。顺应消费升级趋势，提升传统消费，培育新型消费，形成需求牵引供给、供给创造需求的更高水平动态平衡。健全现代流通体系，降低企业流通成本，促进线上线下消费融合发展，开拓城乡消费市场。加强产业扶持，从政策、金融、管理、协调等方面增加产业发展动能，降低产业运营成本，推动产业持续健康发展。二是促进国内国际双循环。立足国内大循环，发挥比较优势，协同推进强大国内市场和贸易强国建设，以国内大循环吸引全球资源要素，充分利用国内国际两个市场两种资源，积极促进内需和外需、进口和出口、引进外资和对外投资协调发展，促进国际收支基本平衡。中国奶业国际化程度高、依存度高，就更要促进国内国际双循环。既要积极应用国际先进的经验、一流的设备、创新的成果，实现中国奶业高质量引进来；更要增强内功，提升核心竞争力，充分利用好"一带一路""区域贸易协定""进口博览会"等平台，实现中国奶业高水平走出去。

第三点，借机生机，回应人民对美好生活需求。坚持把实现好、维护好、发展好最广大人民根本利益作为发展的出发点和落脚点，借机生机，顺应人民对美好生活需求的回应。一是加强引导提高人民奶类消费水平。奶类是最接近完美、最为理想的食物，奶业发展惠及国家、惠及民族，造福亿万人民。目前我国人均奶类消费较低，不足世界平均水平的三分之一，不足亚洲平均水平的二分之一，与人民对美好生活的需求不匹配。要加强科普宣传，引导人民青睐乳品，放心消费。二是积极优化丰富乳品供给结构。从全球看，80%左右的生乳加工成奶酪、奶粉等干乳制品，20%左右的生乳加工成液态奶，液态奶中又以巴氏杀菌乳为主。积极借鉴国际奶业发展经验，充分考虑国内实际情况，我们既要积极稳妥巩固并壮大原有品类，也要努力开拓创新开发新的品类，有条件、有计划地增加巴氏杀菌乳、奶酪、黄油、奶粉、乳清粉等品类，满足人民对多种乳品的消费需求。

编制《指导意见》意义重大而深远

奶业对健康中国、强壮民族不可或缺，是现代农业和食品工业有机融合的重要产业，更是全面实现社会主义现代化建设大有可为的创新领域。"十四五"时期，奶业人如何在两个百年交汇期承前启后，继往开来？如何在百年未有大变局态势下聚焦聚势、实现飞跃？如何在顺应时代发展要求下把握好定位、确立好目标、谋划好策略？是时代赋予我们的历史使命，是社会赋予我们的责任担当。

一、助力国家"十四五"畜牧兽医规划和二〇三五年远景目标

"十四五"时期是我国在全面建成小康社会、实现第一个百年奋斗目标之后，乘势而上开启全面建设社会主义现代化国家新征程、向第二个百年奋斗目标进军的第一个五年。在"两个一百年"历史交汇点上，全面总结"十三五"奶业发展的成就、经验、挑战和机遇，系统谋划"十四五"奶业战略发展的定位、方向、目标和任务，科学编制《中国奶业“十四五”战略发展指导意见》，旨在将奶业发展统筹融入国家“十四五”畜牧兽医规划与二〇三五年远景目标，对动员和激励奶业同仁，战胜前进道路上的各种风险挑战，为全面建设社会现代化国家开好局、起好步，具有十分重要的意义。

二、服务人民日益增长的对美好生活的需求

进入新时代，我国社会主要矛盾已经转化为人民日益增长的美好生活需要和不平衡不充分的发展之间的矛盾。奶业是一二三产业协调发展的战略性产业，乳品是惠及亿万家庭的食品，编制《指导意见》，引领产业高质量发展，奉献充足优质乳品，扎实服务人民对美好生活的需求，是解决不平衡不充分发展矛盾的重要力量之一。

三、回应社会各界的共同心声和行业发展的必然要求

统筹中华民族伟大复兴战略全局和世界百年未有之大变局，深刻认识我国社会主要矛盾变化带来的新特征新要求，深刻认识错综复杂的国际环境带来的新矛盾新挑战，奶业必须准确总结发展成就和经验，科学研判发展环境和形势，系统谋划发展战略和举措，社会各界有呼声，行业发展有需求。回应社会各界诉求，满足行业发展期盼，中国奶业协会组织编制《指导意见》，旨在为政策制定、战略抉择、调整乳品结构、提升产业竞争力、促进乳品消费等提供指导性建议。

编制《指导意见》的总体要求

编制《指导意见》既是一项全面而系统的工作，又是一项艰巨而繁重的任务。

（一）指导思想要与时俱进

认真领悟国家领导人相关指示精神，积极贯彻各级会议相关意见，统筹推进经济发展、社会进步和奶业振兴，坚定不移贯彻创新、协调、绿色、开放、共享的新发展理念，以推动高质量发展为主题，以深化供给侧结构性改革为主线，以改革创新为根本动力，以满足人民日益增长的美好生活需要为根本目的，加快建设现代化奶业体系，加快构建以国内大循环为主体、国内国际双循环相互促进的新发展格局，为全面建设现代化奶业开好局、起好步。

（二）遵循原则要统筹兼顾

一是统筹性原则。奶业发展要统筹贯彻落实《中共中央关于制定国民经济和社会发展第十四个五年规划和二〇三五年远景目标的建议》精神。

二是全局性原则。奶业发展要积极落实《健康中国行动（2019—2030年）》《国务院办公厅关于推进奶业振兴保障乳品质量安全的意见》总体部署。

三是前瞻性原则。立足高远，以战略眼光审视大势和大局，认清机遇和挑战，进而系统谋划、趋利避害，促进我国奶业赢得发展主动权。

四是系统性原则。以系统论思想为指导，将奶业产业作为一个有机整体，分析协调其组成部分或要素，确保我国奶业发展战略的完整和平衡。

五是科学性原则。在科学理论的指导下，运用科学的方法，遵循科学的程序，分析研究我国奶业在发展中遇到的新情况、新问题。

六是创新性原则。聚焦新目标、新问题，创新性制定战略战术，解决我国奶业发展中出现的关键问题，帮助我国奶业提升核心竞争力。

（三）结构内容要全面系统

一是理念要先进，融入健康中国建设、绿色低碳发展、全面促进消费、增强产业链供应链稳定性和竞争力、提升产业链供应链现代化水平、畅通国内大循环、促进国内国际双循环等理念。

二是结构要合理，有“十三五”奶业发展成就的总结和展示，也有“十四五”奶业发展的研究和谋划。有战略分析、战略思想，也有战略目标、战略战术。

三是内容要广泛，包括种植、养殖、加工、消费、贸易等全产业链各环节，涵盖结构调整、转型升级、科技创新、兼并重组、国际融入等各关键点。

四是分析要到位，从发展环境到发展概况，从市场到产业链，全方位多角度深度分析，准确把握奶业发展新机遇和新挑战，提出具有可执行性的目标任务和对策建议。

（四）部署安排要科学合理

拟于第十二届中国奶业大会暨2021中国奶业展览会开幕式对外发布。时间紧、任务重，希望科学部署、合理安排，按时保量保质完成《指导意见》编制。编制工作由中国奶业协会战略发展委员会牵头，以各专业委员会为依靠，相关企业或相关单位参与，共同完成编制工作。目前《指导意见》框架已广泛征求意见并进一步完善，会后将把任务分配给各专业委员会和相关单位，请大家及时向编制组提交高质量的专题内容。编制出有高度、有深度、有广度、有引领、有指导、能落地、可执行的《指导意见》。

聚焦健康 创新求变 谋划未来
国家“学生饮用奶计划”推广任重而道远*

第一，要充分借鉴世界学生饮用奶推广的基本经验

据2015年联合国粮农组织、国际乳品联合会联合调查，全球60多个国家推广学生饮用奶，约有1.4亿名儿童受益。总体看，各国政府积极支持学生饮用奶推广，设立了学生饮用奶专项计划，主要供应小学生和中学生，有些国家还扩展到学龄前儿童和大学生。学生饮用奶是世界公认的，改善和提高学生营养健康和身体素质的重要途径。总结世界各国学生饮用奶推广的经验和做法，虽然各有特点，但是改善和提高学生营养健康的初衷一致，不同中又有许多共同之处。

一是有政策法规保障，许多国家都通过国会、议会等立法机构，制定和颁布专门的、或相关的法令，学生饮用奶推广有法可依。日本1954年颁布了《学校营养午餐法》，以法律形式规定，学生午餐必须有牛奶，创造了举世公认的“一杯牛奶强壮一个民族”的范例。

二是有推广专项支撑，主要有两种类型：一种是将学生饮用奶纳入学校供餐，典型国家有欧洲国家、美国、日本等。美国把学生饮用奶纳入学校午餐、早餐，要求每餐必须供应牛奶，是世界学校供餐与学生饮用奶结合规模最大的国家。另一种是实行学生饮用奶专项计划，典型国家有澳大利亚、泰国等。泰国学生饮用奶消费量占全国原料奶产量的40%，创典型案例。

研究世界学生饮用奶推广做法和经验，有以下四点共识，值得借鉴和参考：一是牛奶是世界公认最为完美、最为理想的食物，是改善儿童营养健康，不可或缺的重要食品。二是健全政策法规和设立推广专项，是学生饮用奶计划长远发展的重要保障，凡是颁布配套法规的国家、凡是设立推广专项的国家，学生饮用奶推广范围广、效果好，操作规范、持续运行。三是学生饮用奶功在当代，利在千秋，既营养健康，又拉动消费，对奶业发展，对经济发展意义深远。四是国家学生饮用奶计划推广是系统工程，要广泛动员，多方参与。

第二，要科学研判我国“学生饮用奶计划”推广的现状和形势

2000年11月15日，农业部、中共中央宣传部、财政部等九个部委，在人民大会堂召开新闻发布会，正式宣布实施国家“学生饮用奶计划”。2013年9月5日，农业部、国家发改委、教育部等七部委联合发布《关于调整学生饮用奶计划推广工作方式的通知》（以下简称《调整通知》），将国家“学生饮用奶计划”推广工作整体移交给中国奶业协会。时光荏苒，弹指一挥间，国家“学生饮用奶计划”推广已19个春秋。19年来，学生饮用奶从无到有，从少到多，从局部试点到全面推广，从大中城市到城镇农村，推广范围不断扩大，推广数量不断增加。目前全国学生饮用奶日均供应量1 850万份以上，惠及2 200万名中小学生，覆盖全国31个省、自治区、直辖市的6万所学校。在册学生饮用奶生产企业117家，隶属70家集团公司，分布在全国28个省、自治区、直辖市，日处理生鲜乳总能力5万多t。备案学生饮用奶奶源基地366家，分布在全国29个省、自治区、直辖市，泌乳奶牛总存栏近40万头，日均供应生鲜乳1万多t。规范学校操作，中国奶业协会联合中国学生

*《聚焦健康 创新求变 谋划未来 国家“学生饮用奶计划”推广任重而道远》一文为2019年11月6日，中国奶业协会副会长兼秘书长刘亚清在杭州召开的国家学生饮用奶计划推广工作会议上的讲话。标题为年鉴编辑部所加。

营养与健康促进会，开展“国家学生饮用奶计划推广示范学校”认定，2015—2019年，共认定示范学校有5批263所。“学生饮用奶计划”的顺利实施，对改善和提高我国中小学生营养健康水平，促进乳品消费和奶业振兴起到了积极作用。

营养健康，人人有责。自承接国家“学生饮用奶计划”推广工作以来，中国奶业协会认真贯彻落实《调整通知》精神，严格按照食品安全、奶业管理等相关法律法规的要求，积极加强国家“学生饮用奶计划”的推广，主要开展了以下工作。

一是健全《推广办法》，制定《团体标准》。依据七部委《调整通知》，按照《食品安全法》和奶业相关法规的要求，2014年组织专家制定了《国家“学生饮用奶计划”推广管理办法（试行）》，2017年依据发展需求进行了修订。同时，对标国家标准，对接国际标准，制定了学生饮用奶《生牛乳》《纯牛奶》《灭菌调制乳》《奶源基地管理规范》《中国学生饮用奶标志》5项团体标准。办法和标准的制定，规范了生产，保障了质量安全，让学生饮用奶计划推广工作有法可依、有标可循。

二是创新管理方式，强化质量安全意识。质量安全是奶业持续健康发展的生命线，学生饮用奶既是普通乳品，更是特殊乳品，作为计划推广部门，中国奶业协会积极配合质量安全监管部门，加强学生饮用奶原料奶和产品的监督检验。2016年，国家卫生计生委将学生饮用奶列入了国家食品安全风险监测计划；农业农村部在生鲜乳质量安全监管中，特别重视学生饮用奶原料奶的质量安全；国家市场监督管理总局曾专项抽检了177批次入校乳制品，全部检验合格。同时，中国奶业协会积极倡导学生饮用奶生产企业，要严把原料关、加工关和运输关，把质量安全放在首位。另外，加强“中国学生饮用奶标志”管理，实行多层把关认定，先是政府主管部门的生产许可审查，后是第三方质量管理体系认证，再是省级学生饮用奶工作机构推荐，然后是中国奶业协会组织专家现场考核，最终是综合评定合格，核准注册使用。并建立“国家学生饮用奶计划推广管理信息系统”，对推广工作实施全程信息化管理。

三是强化媒体宣传，动员各方力量。联合中央电视台、人民日报、经济日报、农民日报、中国教育报等媒体，结合中国奶业协会网站、微信公众号，《中国奶牛》杂志、《中国奶业年鉴》等自有平台，通过视频报道、发表文章、开辟专栏等，对国家“学生饮用奶计划”进行宣传。在“中国学生营养日”“世界学生饮奶日”等重要节日，组织宣传展示活动。在历届中国奶业大会和展览以及中国奶业20强峰会上，宣传和展示学生饮用奶计划推广实施情况。同时，动员各方力量，实现了多元推广。沟通联系各级两会代表，起草和提交国家“学生饮用奶计划”推广提案。融合农村义务教育学生营养改善计划，联合中国教育学会体育卫生分会，积极支持“饮奶加运动，健康伴成长”学生体质升级计划主题活动，培养孩子健康意识。联合营养、教育、基金会等其他组织推动学生营养立法进程。联合科研机构、高校、企业等组织有关培训，提高了奶源基地和加工企业的管理水平，保障了学生饮用奶质量安全水平。2019年7月，在第十届中国奶业大会期间，举办了乳品质量安全提升论坛暨2019国家学饮用奶计划工作会议，宣贯了国家关于乳品质量安全监管政策和制度，交流了乳品质量安全管理经验与做法。

总之，国家“学生饮用奶计划”实施的19年来，孩子们在学校喝到了质优价廉的牛奶，增强了身体素质，得到了健康教育，树立了健康意识。这些成绩的背后，有各级政府、专家学者和社会各界力量的支持，有各地工作机构、生产企业的努力。

虽比高飞雁，犹未及青云。19年孜孜不倦，19年戮力同心，国家“学生饮用奶计划”推广取得阶段性辉煌，但放眼全球发展，立足国内实际需求，国家“学生饮用奶计划”推广还刚刚起步，还任重而道远。据《2018年全国教育事业发展统计公报》，我国义务教育阶段在校学生1.5亿人，学生饮用奶普及率不到15%，相比日本普及率90%以上、美国80%以上、瑞典95%，差距大、任务重。

我国已进入新时代，当前社会主要矛盾已发生深刻变革，适应新变革，要有新思维、要有新战略。儿童是祖国的花朵，是民族的未来，要全面和深刻地领悟，实施国家“学生饮用奶计划”推广的重要意义：第一，它是实施健康中国行动的需要。在党的十九大报告中，习近平总书记提出健康中国发展战略，他强调，人民健康是民族昌盛、国家富强的重要标志，要完善国民健康政策，为人民群众提供全方位、全周期的健康服务。实施国家“学生饮用奶计划”，推荐科学合理膳食，促进学生营养健康，促进全民营养健康。第二，它是贯彻国务院办公厅《关于推进奶业振兴保障乳品质量安全的意见》（以下简称《意见》）精神，促进乳品消费、推动奶业振兴的需要。大力推广国家“学生饮用奶计划”，是贯彻落实国办《意见》精神的重要体现。推广国家“学生饮用奶计划”，一方面是改善中小学生的营养和体质，另一方面是通过在中小学生中推广饮用牛奶，引导消费习惯，培育消费市场，促进我国的奶业发展。加大学生饮用奶推广，对增强乳制品消费信心、应对我国奶业面临的困境、促进我国奶业振兴，都具有特殊重要的意义。第三，它是与国际接轨、借鉴世界文明成果的需要。实施国家“学生饮用奶计划”，是借鉴世界许多国家的有益成果和经验，立足我国实际而做出的一项长远大计。要跟上世界发展趋势，开拓创新，借鉴人类文明的有益成果和经验。

实施国家“学生饮用奶计划”是一项关系国家、民族根本利益的长远大计，是一项必须长期坚持下去的重要战略计划。

要抓住发展机遇，完成历史赋予我们重要任务。一是我国儿童营养不良状况尚未根本解决，学生饮用奶营养改善作用举足轻重。《2018 全球营养报告》指出，中国是第二大营养不足的国家，正面临多重营养不良问题，其中青少年的营养不良发生率不容忽视。《中国儿童少年营养与健康报告2018》蓝皮书显示，我国儿童少年的营养不良，特别是微量营养素不足或缺乏的状况，没有得到根本解决。全国营养调查结果表明，在我国膳食供应中，最为不足的营养素是钙、铁、锌、维生素 A 和维生素 B_2，而乳制品是这些营养素的最佳或良好来源。推广学生饮用奶计划，让学生膳食更合理、让学生营养更均衡，意义至关重要，作用举足轻重。二是我国奶业素质全面提升，为加大学生饮用奶计划推广力度奠定基础。目前我国将 UHT 奶作为学生饮用奶产品种类，主要是基于安全考虑，但是品种比较单一，难以满足学生对牛奶和乳制品种类、口味、营养等更多样的需求。当前，我国生鲜乳质量已经步入国际先进水平，乳品加工工艺不断优化升级，奶业全程冷链储运建设逐步完善，奶业法规政策体系日趋完善，预计《食品冷链物流卫生规范》国家标准将于近期发布，实现国家对于食品冷链物流管理的标准化管理。奶业已开启高质量发展的新时代，保障质量安全，增加产品种类，扩大覆盖范围，加大学生饮用奶计划推广力度的时机已成熟，条件已基本具备。三是政府营养改善补贴政策利好，有利于扩大学生饮用奶计划覆盖人群。今年 4 月《财政部 教育部关于下达 2019 年城乡义务教育补助经费预算的通知》，调整完善贫困地区学生营养膳食补助政策。将贫困地区农村义务教育学生营养膳食补助标准，由中央与地方分别制定，调整为统一制定国家基础标准，为每个学生每天 4 元。从 2019 年秋季学期起，对地方试点补助标准已达到每个学生每天 4 元的省份按照每生每天 3 元给予定额奖补，鼓励扩大补贴范围，加大补贴力度。今年 2 月 26 日，河北省印发《关于在全省农村小学生中实施营养改善计划地方试点的实施方案》，从今年秋季学期开始，全省农村小学生都将享受到免费的“营养餐”：一盒学生饮用牛奶和一个鸡蛋。

第三，聚焦健康，创新求变，谋划未来，把控重点，开启新征程，谱写新篇章

贯彻落实国办《意见》《“健康中国 2030”规划纲要》，以及中国奶业协会五年工作规划（2019—2023 年）的精神和要求，中国奶业协会制定了《国家“学生饮用奶计划”推广规划（2019—2023 年）》。根据规划，到 2023 年，国家“学生饮用奶计划”推广要取得明显进展，管理体制更加完善，生产供应、校内操作、应急处理、效果评价等体系更加健全，生鲜乳和乳制品质量安全水平持续提升，学生饮用奶产品种类不断丰富，供应量和覆盖范围稳步增长，国家“学生饮用奶计划”

社会影响力进一步提升。实现这些目标，需要重点把控以下六项工作。

一是增加学生饮用奶产品种类和开展试点工作。考虑学生营养改善实际需求，决定增加学生饮用奶产品种类和规格，新增巴氏杀菌乳、发酵乳、干酪。为确保科学、合理和稳妥，拟在实施调整前先行试点。希望试点企业按照要求，认真开展试点工作，通过试点，总结可复制、可扩大的经验和做法，保障新增产品推广的安全性和规范性。

二是加强国家“学生饮用奶计划”推广管理。中国奶业协会将组织制定学生饮用奶推广工作应急预案，并印发各省份学生饮用奶推广主管部门。各省份学生饮用奶推广工作主管部门和学生饮用奶推广企业，都要制定学生饮用奶推广工作应急预案，并报中国奶业协会备案。应急预案应明确企业主体责任，明确分级处置和报告程序，争取不发生质量安全等问题，或确保将其问题及时消灭在萌芽状态，做到推广学生饮用奶工作万无一失。此外，要加强对中国学生饮用奶标志使用的管理，对未经许可使用或者不按照要求使用中国学生饮用奶标志的行为，进行严厉打击。

三是完善学生饮用奶法规政策标准体系。加强政策、制度和标准等方面的基础研究和措施保障，根据新形势、新要求修订《国家“学生饮用奶计划”推广管理办法》，制定新增加学生饮用奶产品的团体标准，完善生产加工、质量管理、退出机制等规定。制定学生饮用奶追溯指导意见，推动学生饮用奶生产企业和奶源基地建立完善的质量安全追溯体系。

四是加强专家技术和政策咨询支撑。充实完善专家顾问队伍，重点在战略研究、培训、评估、事件应对等方面，发挥专家的技术和政策顾问作用；与有关高校和科研院所开展科技合作，开展学生饮用奶品质和营养评价、风险评估，青少年营养健康、学生饮奶效果评价、乳品产业发展等方面的课题研究和项目合作。

五是加大学生饮用奶宣传引导，扩大社会影响力。2020年是“学生饮用奶计划”实施二十周年，将举办大型的、系列的宣传纪念活动，这是展示整体推广成就的重要平台，这是展示各学生饮用奶企业形象的重要舞台，希望各学生饮用奶企业、各相关机构充分谋划、积极参与。多渠道、多方式促进学生饮用奶推广，加大宣传力度，创新宣传手段，加大与主流媒体和自媒体的合作，加强中国奶业协会自有平台的宣传；发挥学生饮用奶生产企业主体作用，鼓励企业开展宣传活动，开展营养科普、食育教育、工厂参观等，展示奶业行业及企业良好形象，开拓市场。

六是加强广泛沟通及合作，推动学生饮用奶计划实施。加强与农业、市场监督管理、教育、卫生等政府部门和国际组织的信息沟通，及时将国家“学生饮用奶计划”的推广情况向奶业主管部门汇报，加强国际交流与合作。联合营养机构、教育机构、基金会等其他组织继续推动学生营养立法进程；继续推动国家“学生饮用奶计划”与农村义务教育学生营养改善计划等项目有机结合，互相促进。鼓励社会各界力量参与学生饮用奶标准制修订、推广活动开展及信息互通等，共同推进国家“学生饮用奶计划”的实施。

少年强，则中国强！营养健康是青少年成长的关键，是国民素质提升的重要基础，是全面小康社会的重要内涵，是中华民族伟大复兴的力量之源！国家“学生饮用奶计划”，肩负着党和人民赋予的神圣使命，既是伟大而光荣的任务，也是崇高而庄重的事业。让我们洞察时势，同心同德！让我们创新求变、砥砺前行！在劈波斩浪中开拓前进，在攻坚克难中创造业绩，用智慧和汗水书写学生饮用奶推广的新篇章，铸就学生饮用奶推广的新辉煌！

二、发展综述

FAZHAN ZONGSHU

2019 年我国奶业生产与消费概况

一、奶牛养殖

1. 奶类产量

2019 年，中国奶类产量 3 297.6 万 t，同比增长 3.8%，比 2014 年增长 0.6%（图 1）。其中，牛奶产量 3 201 万 t，同比增长 4.1%；羊奶等其他奶类产量 118 万 t，同比增长 2.0%。中国是世界奶业生产大国之一，奶类产量占全球总产量的 4.5%。

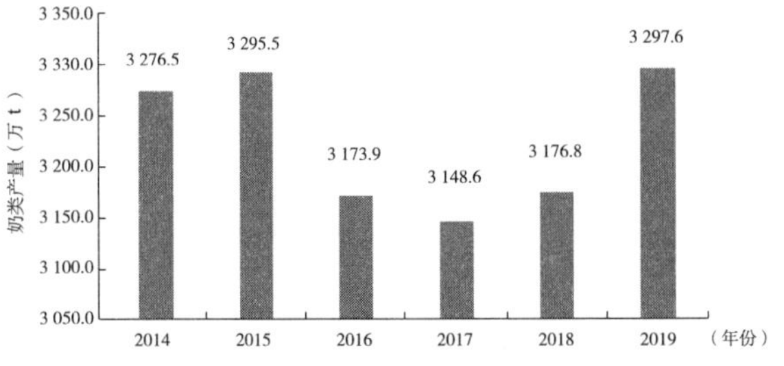

图 1　2014—2019 年中国奶类产量

数据来源：国家统计局

2. 规模养殖水平

2019 年，中国奶牛场（户）均存栏奶牛 166 头，同比增加 11 头，增幅 7.1%；规模化养殖进程进一步加快，100 头以上规模化养殖比例为 64.0%，同比提高 2.6 个百分点，比 2014 年提高 18.8 个百分点（图 2）。

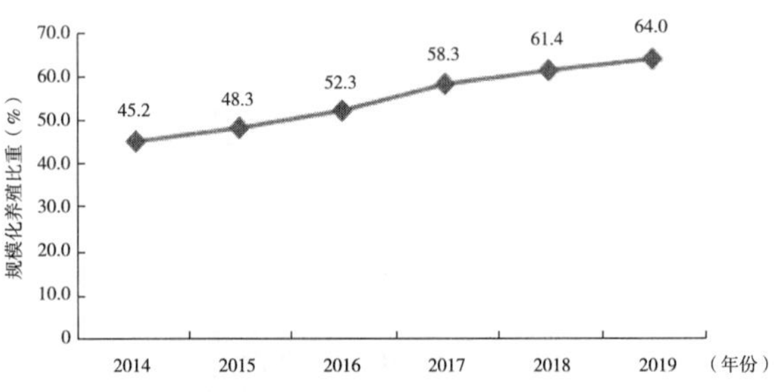

图 2　2014—2019 年中国奶牛 100 头以上规模化养殖比重变化

数据来源：农业农村部

3. 奶牛单产水平

2019 年，全国荷斯坦奶牛平均单产 7.8t，同比增长 0.4t。对 1 364 个存栏 100 头以上规模化牧场奶牛生产性能测定显示，奶牛测定日平均产奶 31.2kg，折合 305 天产奶量 9.5t（表 1）。

表 1　2014—2019 年规模牧场奶牛平均单产

年份	参测牛（万头）	日产奶量（kg）
2014	73.8	25.8
2015	79.5	27.8
2016	100.5	28.1
2017	120.2	29.0
2018	123.8	30.0
2019	127.7	31.2

数据来源：中国奶业协会

4. 生鲜乳价格

2019 年 10 个主产省份生鲜乳平均收购价格为 3.65 元 /kg，同比增长 5.5%，生鲜乳价格均高于 2015—2018 年同期（图 3）。

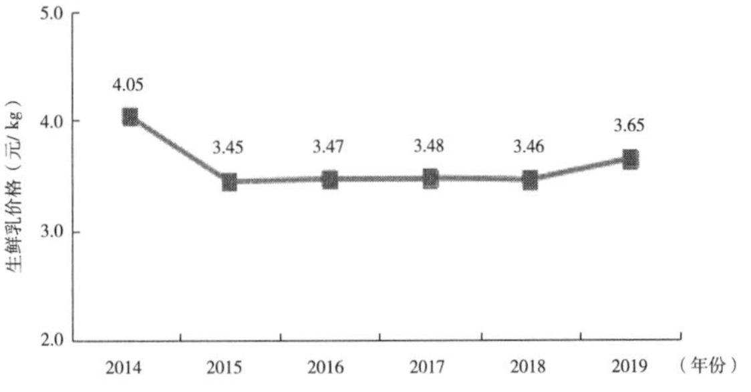

图 3　2014—2019 年奶业主产省份生鲜乳平均价格趋势

数据来源：农业农村部

二、乳制品加工

1. 乳制品产量

2019 年，中国规模以上乳制品加工企业（年主营业务收入 2 000 万元以上，下同）乳制品产量 2 719.4 万 t，同比增长 5.6%，比 2014 年增长 2.5%。其中，液态奶产量 2 537.7 万 t，同比增长 5.8%，比 2014 年增长 5.7%；奶粉产量 105.2 万 t，同比增长 2.4%，比 2014 年下降 30.2%（图 4）。

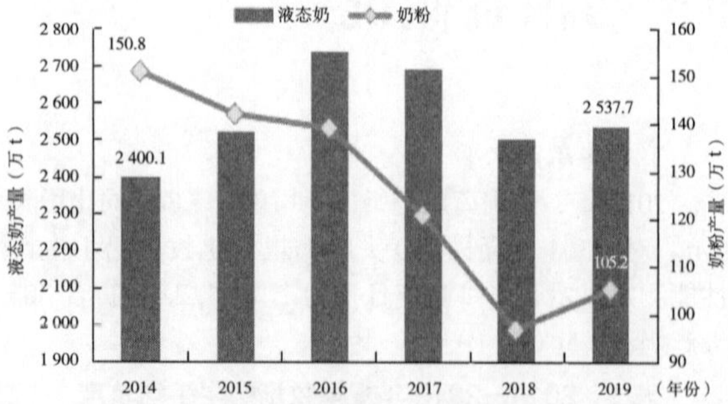

图 4　2014—2019 年中国乳制品产量变化

数据来源：国家统计局

2. 乳制品加工业集中度

2019 年，中国规模以上乳制品加工企业 565 家，同比减少 22 家，比 2014 年减少 71 家。

3. 乳制品价格

2019 年，中国牛奶平均零售价格为 11.9 元 /kg，同比上涨 3.3%，比 2014 年上涨 12.3%；酸奶平均零售价格为 14.8 元 /kg，同比上涨 2.8%，比 2014 年上涨 9.6%；国产品牌婴幼儿配方奶粉平均零售价格为 189.5 元 /kg，同比上涨 5.4%，比 2014 年上涨 17.4%（图 5）。

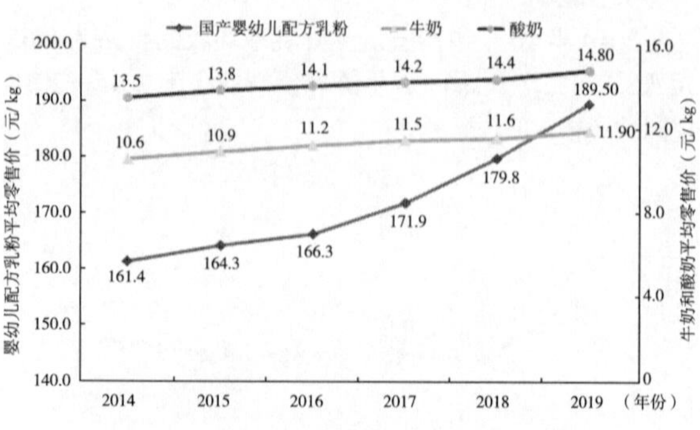

图 5　2014—2019 年国产乳制品平均零售价格

数据来源：商务部

4. 乳制品销售额和利润

2019 年，中国规模以上乳制品制造企业主营业务收入 3 947.0 亿元，同比增长 10.2%，比 2014 年增长 19.7%；利润总额 379.4 亿元，同比增长 61.4%，比 2014 年增长 4.3%（图 6）。

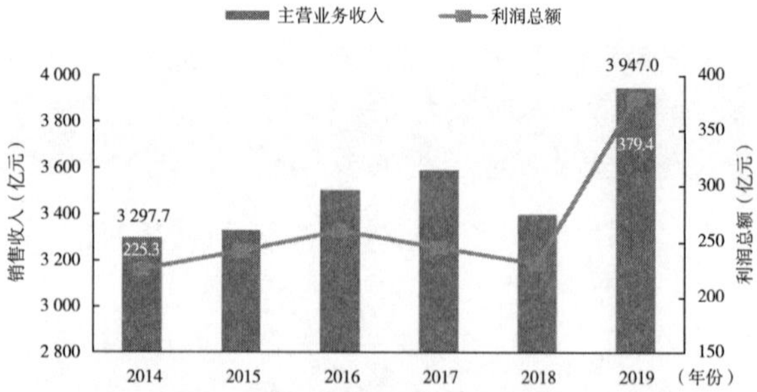

图 6　2014—2019 年中国乳制品加工企业主营业务收入和利润情况

数据来源：国家统计局

三、乳制品及相关产品进出口

1. 乳制品进口

2019 年，中国进口乳制品 313.2 万 t，同比增长 11.2%，比 2014 年增长 53.7%（图 7）；进口总额 118.6 亿美元，同比增长 10.9%，比 2014 年增长 72.6%。2019 年进口乳制品折合生鲜乳 1 754.4 万 t。2019 年进口数量最大的前四种乳制品分别是大包奶粉、液态奶、乳清粉、婴幼儿配方奶粉，分别占 34.1%、31.1%、15.3% 和 11.6%。

从进口来源国看，排名前六位的分别是新西兰 137.9 万 t，占 46.4%；美国 24.4 万 t，占 8.2%；荷兰 23.2 万 t，占 7.8%；澳大利亚 18.7 万 t，占 6.3%；法国 18.4 万 t，占 6.2%；德国 17.2 万 t，占 5.8%。其他国家共 57.4 万 t，占 19.3%（图 8）。

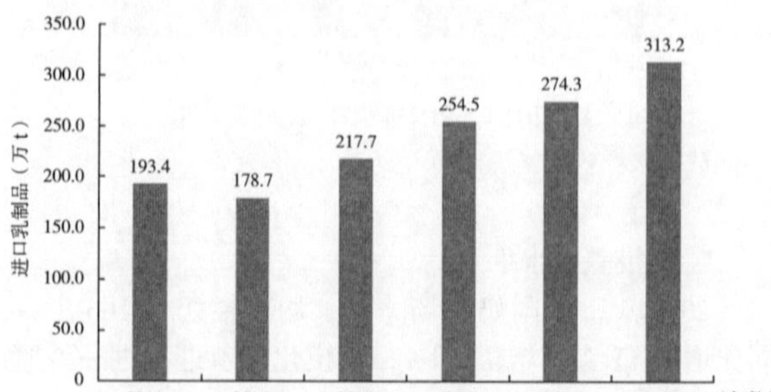

图 7　2014—2019 年中国进口乳制品数量

数据来源：海关总署

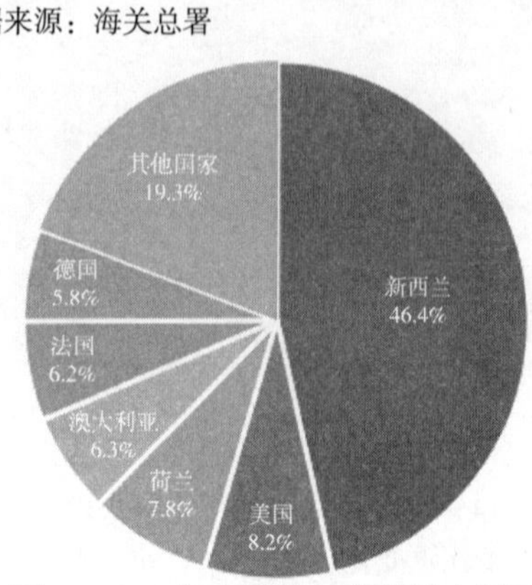

图 8　2019 年中国进口乳制品来源国

数据来源：海关总署

2. 奶牛和苜蓿进口

2019 年，中国进口种用奶牛数量增长明显。进口改良种用奶牛 6.47 万头，较 2018 年的 3.99 万头增长了近 62.0%。其中进口种用奶牛 3.86 万头，同比增长 17.0%；平均进口价格 1 792.6 美元/头，同比下降 0.73%。

2019 年，进口苜蓿干草 135.6 万 t，同比下降 1.8%，比 2014 年增长 53.4%（图 9）；平均进口价格 347 美元/t，同比上涨 7.4%，比 2014 年下降 10.3%。

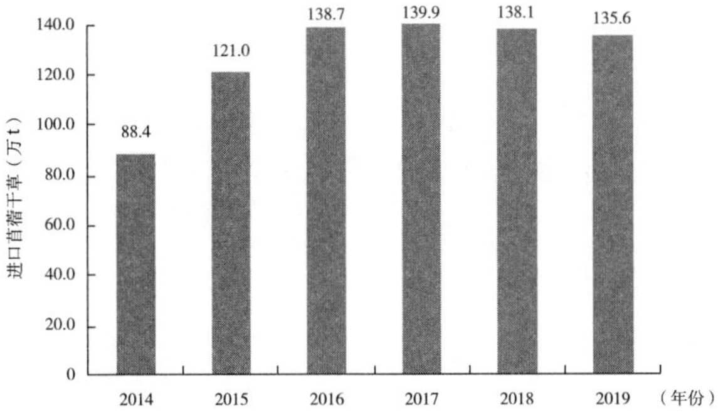

图 9　2014—2019 年中国进口苜蓿干草数量

数据来源：海关总署

3. 乳制品出口

2019 年，中国乳制品出口总量 5.4 万 t，比 2014 年增长 35.3%；婴幼儿配方奶粉出口总额 4.3 亿美元，同比增长 16.8%，比 2014 年增长 619.4%。

四、乳制品消费

2019 年，中国人均乳制品消费量折合成生鲜乳 35.8kg，约为世界平均水平的 1/3，以液态奶消费为主。美国奶酪人均消费 17.48kg，折合生鲜乳 167kg；欧盟奶酪人均消费 18.29kg，折合生鲜乳 186kg；我国奶酪人均消费 0.1kg，折合生鲜乳 1kg，差距较大。

（中国奶业协会、农业农村部奶及奶制品质量监督检验测试中心）

2019 年我国乳品质量安全概况

一、奶牛养殖卫生安全

奶牛养殖环境和卫生条件是保障生鲜乳质量安全的基本要求。2019 年，继续规范奶牛场选址与建设，提升奶牛场装备设施，保障饲草料供应，强化生鲜乳储运及生鲜乳收购站管理，不断改善奶牛养殖环境和卫生条件。

1. 奶牛场建设

2019 年，中国奶牛存栏 100 头以上的规模养殖场 6 725 个。规模化奶牛养殖场严格按照《中华人民共和国畜牧法》等法律法规的规定，执行《奶牛标准化规模养殖生产技术示范》，加强动物防疫和生鲜乳质量安全管理，实现了标准化、规范化的建设与生产。

2. 奶牛场设施装备

近年来，奶牛场的机械化、信息化、智能化装备和关键技术推广应用加快，质量安全保障能力进一步加强。自 2017 年起中国规模奶牛养殖场 100% 实现机械化挤奶，比 2012 年提高了 10 个百分点。2019 年中国 95% 的规模奶牛养殖场配备了全混合日粮（TMR）搅拌车，同比提高了 2 个百分点。

3. 优质饲草料供应

苜蓿和青贮玉米是奶牛的主要粗饲料。2019 年，中国优质苜蓿种植面积超过 550 万亩，产量为 260 万 t，比 2012 年增加 211.1 万 t，可满足 236 万头泌乳牛的饲喂需求（图 1）。

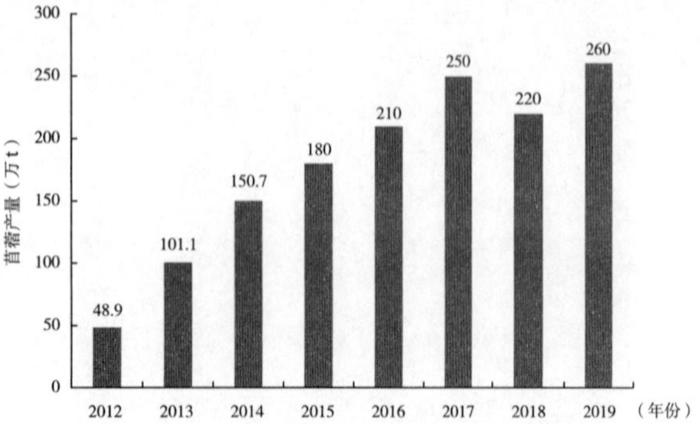

图 1　2012—2019 年中国优质苜蓿产量

数据来源：农业农村部

4. 生鲜乳收购站和运输车

通过严格落实生鲜乳收购站发证六项规定，执行《生鲜乳收购站标准化管理技术规范》，生鲜乳收购站的基础设施、机械设备、质量检测、操作规范、管理制度和卫生条件显著提升。奶业监管平台对全国 4 576 个生鲜乳收购站和 5 309 辆运输车进行了信息化、精准化管理，实现监管全覆盖，保障生鲜乳质量安全。

二、生鲜乳质量安全

在生鲜乳质量安全指标中，乳蛋白、乳脂肪是衡量生鲜乳在营养价值的主要指标，杂质度、酸度、相对密度、非脂乳固体是体现生鲜乳理化性质的指标，菌落总数、体细胞数、黄曲霉素 M_1 是反映生鲜乳卫生状况的主要指标，铅、铬是判断生鲜乳是否受到重金属污染的主要指标，三聚氰胺、革皮水解物是判断生鲜乳中是否存在人为添加违禁物的指标。

农业农村部从 2009 年开始实施生鲜乳质量安全监测计划，重点监测生鲜乳收购站和运输车，检测指标包括乳蛋白、乳脂肪、杂质度、酸度、相对密度、非脂乳固体、菌落总数、黄曲霉素 M_1、体细胞数、铅、铬、三聚氰胺、革皮水解物等多项指标，累计抽检生鲜乳样品约 23 万批次（图 2）。

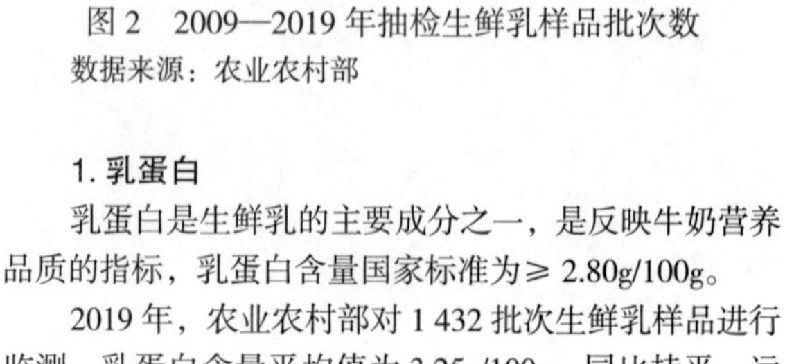

图 2　2009—2019 年抽检生鲜乳样品批次数

数据来源：农业农村部

1. 乳蛋白

乳蛋白是生鲜乳的主要成分之一，是反映牛奶营养品质的指标，乳蛋白含量国家标准为≥ 2.80g/100g。

2019 年，农业农村部对 1 432 批次生鲜乳样品进行监测，乳蛋白含量平均值为 3.25g/100g，同比持平，远高于国家标准（图 3），规模化牧场生鲜乳样品乳蛋白含量平均值为 3.34g/100g（图 4）。

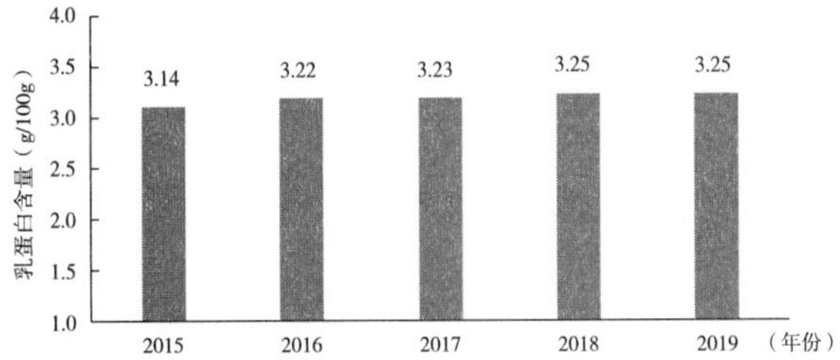

图 3　2015—2019 年全国生鲜乳样品中乳蛋白含量平均值

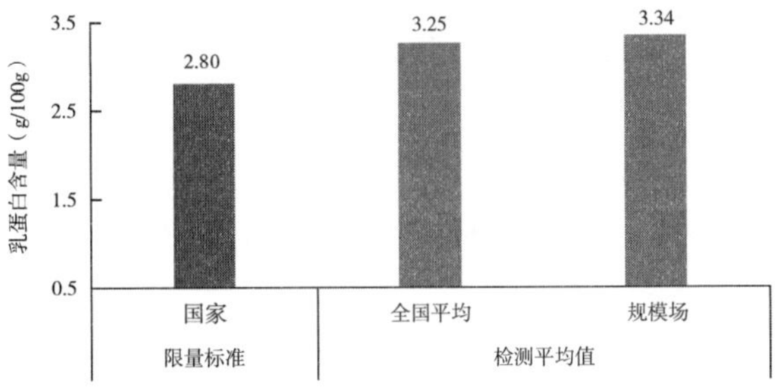

图 4　2019 年全国生鲜乳样品中乳蛋白含量与国家标准的比较

数据来源：农业农村部

2. 乳脂肪

乳脂肪是生鲜乳的主要成分之一，是反映牛奶营养品质的指标。乳脂肪含量国家标准为≥ 3.10g/100g。

2019 年，农业农村部对 1 432 批次生鲜乳样品进行监测，乳脂肪含量平均值为 3.82g/100g，远高于国家标准（图 5），规模化牧场生鲜乳样品乳脂肪含量平均值为 3.91g/100g（图 6）。

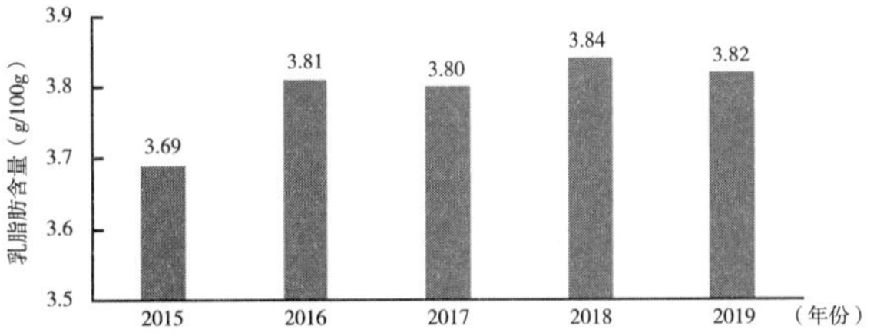

图 5　2015—2019 年全国生鲜乳样品中乳脂肪含量平均值

数据来源：农业农村部

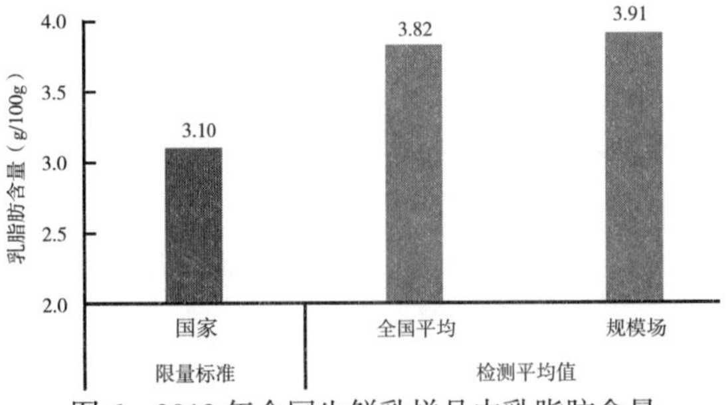

图 6　2019 年全国生鲜乳样品中乳脂肪含量与国家标准的比较

数据来源：农业农村部

3. 非脂乳固体

非脂乳固体是生鲜乳中除脂肪和水分外营养物质的总称，非脂乳固体含量国家标准为≥ 8.1g/100g。

2019 年，农业农村部对 1 432 批次生鲜乳样品进行监测，非脂乳固体含量平均值为 8.9g/100g，同比持平，高于国家标准（图 7）。

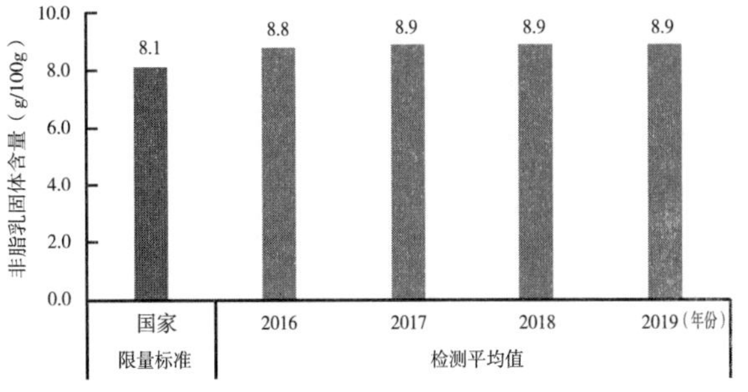

图 7　2016—2019 年全国生鲜乳样品中非脂乳固体含量与国家标准的比较

数据来源：农业农村部

4. 杂质度

杂质度是指生鲜乳中含有杂质的量，是衡量生鲜乳洁净度的重要指标，国家标准为≤ 4.0mg/kg。

2019 年，农业农村部对 1 432 批次生鲜乳样品进行监测，杂质度均符合国家标准，全年抽检合格率为 100%。

5. 酸度

酸度是评价生鲜乳新鲜程度的指标。国家标准规定，生鲜乳酸度范围为 12~18°T。

2019 年，农业农村部对 1 432 批次生鲜乳样品进行监测，酸度平均值为 13.84°T，符合国家标准。

6. 相对密度

相对密度是反映生鲜乳是否掺水的重要指标，国家标准为 20℃ /4℃≥ 1.027。

2019 年，农业农村部对 1 432 批次生鲜乳样品进行监测，相对密度平均值为 1.031，高于国家标准（图 8）。

图 8　2016—2019 年全国生鲜乳样品中相对密度平均值与国家标准的比较

数据来源：农业农村部

7. 菌落总数

菌落总数是反映奶牛场卫生环境、挤奶操作环境、牛奶保存和运输状况的一项重要指标。生鲜乳中菌落总数过高，不仅会影响牛奶的口感，还可能使乳制品中的细菌数超标，从而对人体健康造成影响。世界各国都对生鲜乳中的菌落总数进行了限定。菌落总数的国家标准为≤ 200 万 CFU/mL。

2019 年，农业农村部对 1 697 批次生鲜乳样品进行监测，菌落总数平均值为 27.53 万 CFU/mL，同比降低 6.68%。另外对 200 个规模化牧场生鲜乳样品进行监测，菌落总数平均值为 6.06 万 CFU/mL，低于全国平均水平（图 9、图 10）。

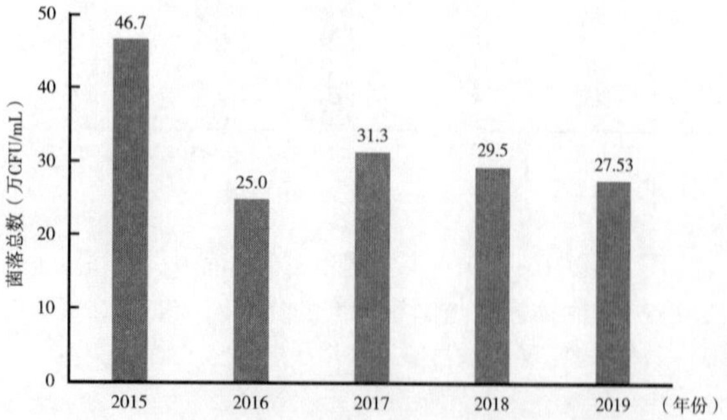

图 9　2015—2019 年全国生鲜乳样品中菌落总数平均值

数据来源：农业农村部

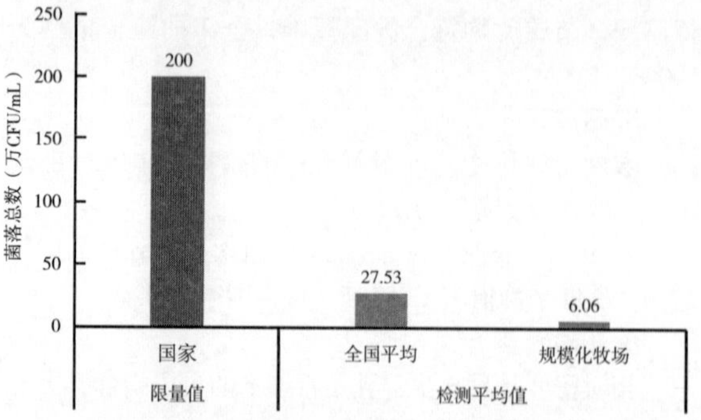

图 10　2019 年全国生鲜乳样品中菌落总数结果与国家标准的比较

数据来源：农业农村部

8. 体细胞数

体细胞数是衡量奶牛乳房健康状况和生鲜乳质量的一项重要指标，当奶牛乳房受到感染或伤害时，体细胞数会明显增加。体细胞数越高，生鲜乳中致病菌和抗生素残留的污染风险越大，对乳品质量的影响也越大。欧盟和新西兰规定生鲜乳中体细胞数≤ 40 万个 /mL，美国规定体细胞数≤ 75 万个 /mL（A 级奶、B 级奶），中国暂未规定。

2019 年，农业农村部对 1 697 批次生鲜乳样品进行监测，体细胞数平均值为 28.71 万个 /mL，低于欧盟、新西兰和美国标准，规模化牧场生鲜乳样品的体细胞数平均值为 22.75 万个 /mL，低于全国平均水平（图 11）。

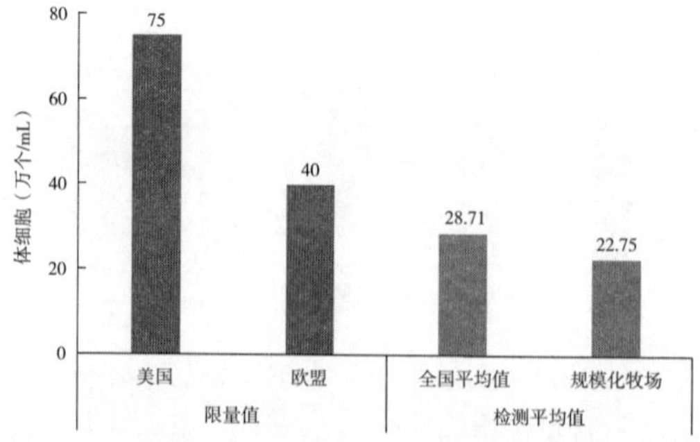

图 11　2019 年全国生鲜乳样品中体细胞数与美国、欧盟标准的比较

数据来源：农业农村部

9. 黄曲霉素 M_1

2019 年，农业农村部对 13 280 批次生鲜乳样品进行监测，黄曲霉素 M_1 检出样品的平均值为 0.039μg/kg，远低于国家标准的 0.5μg/kg（图 12）。

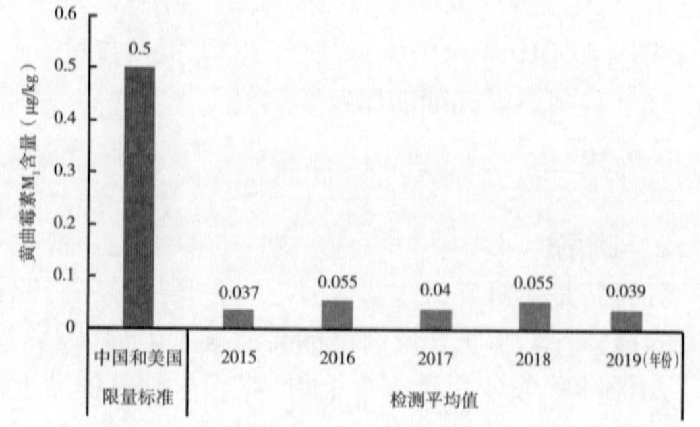

图 12　2015—2019 年全国生鲜乳样品中黄曲霉素 M_1 含量平均值与中国和美国标准的比较

数据来源：农业农村部

10. 铅

生鲜乳中铅含量的国家标准为≤ 0.05mg/kg。2019 年，农业农村部对 2 309 批次生鲜乳样品进行监测，铅检出样品的平均值为 0.027mg/kg，远低于国家标准（图 13）。

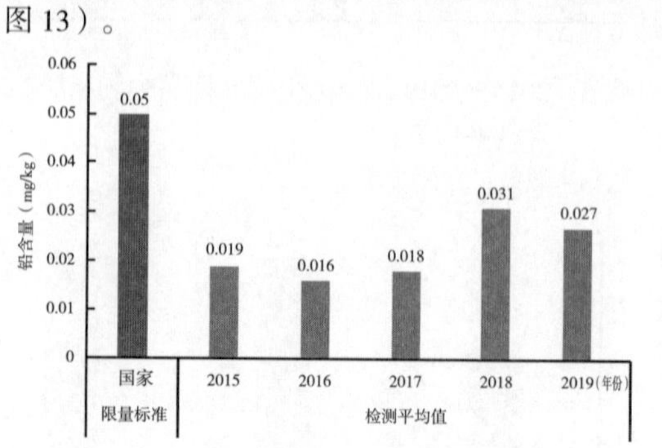

图 13　2015—2019 年全国生鲜乳样品中铅含量的平均值与国家标准的比较

数据来源：农业农村部

11. 铬

生鲜乳中铬含量的国家标准为≤ 0.3mg/kg。2019 年，农业农村部对 2 309 批次生鲜乳样品进行监测，铬检出

样品的平均值为 0.047mg/kg，远低于国家标准（图 14）。

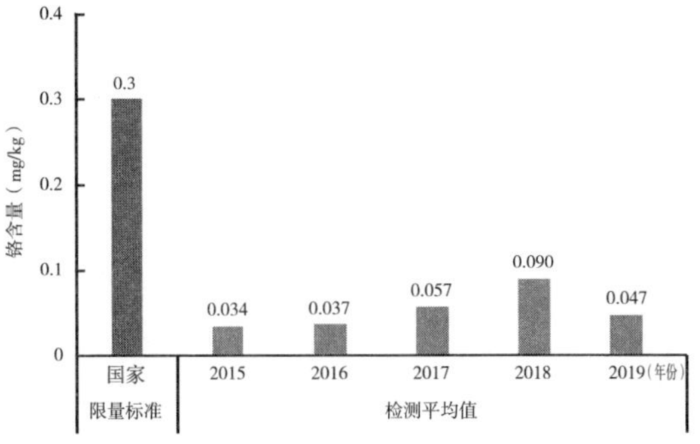

图 14　2015—2019 年全国生鲜乳样品中铬含量平均值与国家标准的比较

数据来源：农业农村部

12. 三聚氰胺

生鲜乳中三聚氰胺含量的国家标准为≤ 2.5mg/kg。2019 年，农业农村部对 11 484 批次生鲜乳样品进行监测，抽检合格率 100%（图 15）。

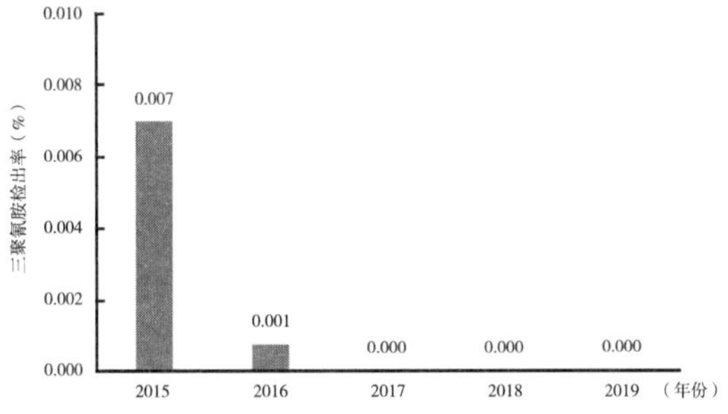

图 15　2015—2019 年全国生鲜乳样品中三聚氰胺检出率

数据来源：农业农村部

13. 革皮水解物

2009 年 2 月，革皮水解物被列入《食品中可能违法添加的非食用物质名单》中，禁止在乳及乳制品中添加，不得检出。

2019 年，农业农村部对 11 848 批次生鲜乳样品进行监测，均未检出革皮水解物。

三、乳制品质量安全

1. 与国内其他食品比较

2019 年，国家市场监督管理总局完成国家食品安全监督抽检 24.4 万批次，总体合格率 97.6%，与上年持平。其中，乳制品、婴幼儿配方奶粉抽检合格率分别为 99.7%、99.8%（表 1）。

表 1　2019 年乳制品与食品抽检合格率比较

抽样	食品	乳制品	婴幼儿配方奶粉
合格比例(%)	97.6	99.7	99.8

数据来源：国家市场监督管理总局

2. 进口乳制品未准入境情况

2019 年，各进境口岸从来自 18 个国家或地区的乳制品中检出未准入境产品共计 71 批，约 346.8t。主要未准入境的原因为标签不合格、未按要求提供证书或合格证明材料、超过保质期、货证不符、污秽腐败、超范围使用食品添加剂、真菌和菌落总数等指标超标。所有未准入境的乳制品均已在口岸退运或销毁。

2019 年，未准入境的婴幼儿配方奶粉 6 批次、约 17.4t，其中芬兰 3 批次、澳大利亚 2 批次、西班牙 1 批次（表 2）。

表 2　进口乳制品未准入境情况

单位：批次

项目	未准入境乳制品、国家（地区）及不合格批次
类型	干酪（31）、消毒乳（13）、乳粉（10）、发酵乳（6）、婴儿配方奶粉（6）、乳清粉（3）、巴氏杀菌乳（1）、调制乳（1）
进口国家（地区）	大洋洲：澳大利亚（6）、新西兰（4） 欧　洲：意大利（21）、德国（6）、法国（6）、波兰（5）、西班牙（3）、芬兰（3）、瑞士（2）、乌克兰（2）、丹麦（1）、英国（1） 北美洲：美国（1）、墨西哥（1）、加拿大（1） 亚　洲：越南（4）、台湾地区（3）、韩国（1）

数据来源：海关总署

四、结论

2019 年监测结果表明，我国生鲜乳及奶产品质量安全风险可控，整体状况良好。

第一，生鲜乳中乳蛋白、乳脂肪等质量安全指标达到较高水平。监测结果表明，2013—2019 年，生鲜乳的乳蛋白和乳脂肪平均水平高于《食品安全国家标准 生乳》的要求，生鲜乳质量安全水平大幅提升。

第二，生鲜乳中各项安全指标达到标准。菌落总数、黄曲霉素 M_1、杂质度、酸度、铅、铬等监测平均值均符合我国限量标准，体细胞数平均值符合欧盟限量标准，表明我国奶牛养殖环境和奶牛健康状况显著改善，奶源优质安全。

第三，生鲜乳中不存在人为添加三聚氰胺、革皮水解物等违禁添加物的现象，生鲜乳收购、运输行为规范。自“三聚氰胺”事件以来，通过不断强化生鲜乳质量安全监管，有效遏制了违禁添加等违法行为。

第四，继续把婴幼儿配方奶粉作为食品安全监管的重中之重，综合施策、从严管理，加大婴幼儿配方奶粉进口产品的监管力度，严禁不合格乳制品进入我国，并依法对未准入境产品做退货或销毁处理，保护了消费者权益。

（中国奶业协会、农业农村部奶及奶制品质量监督检验测试中心）

三、行业专述

HANGYE ZHUANSHU

【遗传改良】

2019年我国奶牛生产性能测定概况

奶牛生产性能测定作为奶牛群体遗传改良工作中一项非常重要的基础性工作，直接影响群体遗传改良进展的总体水平。2008年农业农村部启动奶牛生产性能测定项目，通过10多年的共同努力，工作整体向好稳步推进。

一、覆盖区域持续扩大

2019年，全国开展奶牛生产性能测定工作的实验室有38个，分布在24个省（自治区、直辖市），实现奶业主产省全覆盖（表1）。

表1　2019年全国奶牛生产性能测定实验室列表

地区	编号	奶牛生产性能测定中心名称
北京市	1101	北京奶牛中心奶牛生产性能测定实验室
天津市	1201	天津市奶牛发展中心
河北省	1301	河北省畜牧业协会奶牛生产性能测定中心
	1302	石家庄市奶牛生产性能测定中心（乐康牧医河北科技有限公司）
山西省	1401	山西省畜牧遗传育种中心（山西省奶牛生产性能测定管理站）
内蒙古自治区	1501	内蒙古西部良种奶牛繁育中心
	1502	内蒙古优然牧业有限责任公司DHI实验室
	1503	内蒙古赛科星家畜种业与繁育生物技术研究院有限公司DHI测定中心
	1505	内蒙古富牧科技有限公司
辽宁省	2101	沈阳乳业有限责任公司奶牛生产性能测定中心
	2102	辽宁省畜牧业发展中心DHI中心
吉林省	2201	白城市畜牧总站DHI测定中心
黑龙江省	2301	黑龙江省畜牧总站奶牛生产性能测定中心
	2302	大庆市萨尔图区新科畜牧技术服务中心
	2303	黑龙江省农垦科学院畜牧兽医研究所DHI中心
上海市	3101	上海奶牛育种中心有限公司
江苏省	3201	南京卫岗乳业检测中心
	3202	江苏省奶牛生产性能测定中心
安徽省	3401	安徽省畜禽遗传资源保护中心DHI实验室
山东省	3701	山东奥克斯畜牧种业有限公司
	3702	山东华田牧业科技有限责任公司

（续）

地区	编号	奶牛生产性能测定中心名称
河南省	4101	河南省奶牛生产性能测定有限公司
	4102	洛阳市奶牛生产性能测定服务中心
湖北省	4201	湖北省畜禽育种中心
湖南省	4301	湖南省 DHI 中心
广东省	4401	广州市奶牛研究所有限公司奶牛生产性能检测中心
	4402	广东省种畜禽质量检测中心
广西壮族自治区	4501	广西壮族自治区畜禽品种改良站广西奶牛 DHI 检测中心
四川省	5101	新希望生态牧业有限公司 DHI 测定中心
	5102	四川省畜牧总站
云南省	5301	昆明市奶牛生产性能测定中心
重庆市	5501	重庆天友 DHI 中心
陕西省	6101	陕西省奶牛 DHI 中心
甘肃省	6201	甘肃农垦天牧乳业有限公司 DHI 实验室
	6202	中国农业科学院兰州畜牧与兽药研究所奶牛生产性能测定实验室
宁夏回族自治区	6401	宁夏奶牛生产性能（DHI）测定中心
新疆维吾尔自治区	6501	新疆维吾尔自治区乳品质量监测中心
	6502	新疆兵团第八师畜牧兽医工作站

二、测定数量不断提升

2019 年，中国奶牛数据中心共收到来自全国 38 个测定中心 1 363 个场 127.5 万头奶牛的 DHI 相关数据 713.4 万条，其中年度测定大于 6 次（包含）的奶牛 77.8 万头，测定连续性好，数据利用率高。测定奶牛数较 2018 年增加 3.7 万头，场平均规模保持上升（图 1）。

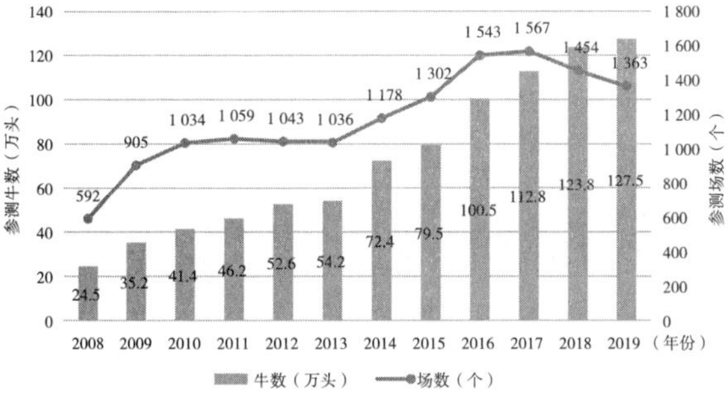

图 1 2008—2019 年奶牛生产性能测定年度概况

三、参测质量继续提高

2019 年，参测奶牛测定日平均奶量达到了 31.2kg，比 2018 年增加 1.2kg；参测奶牛测定日平均体细胞数达到 24.2 万个 /mL，比 2018 年下降 2.0 万个 /mL；2019 年参测奶牛测定日平均乳脂率为 3.96%，较 2018 年提高了 0.5%；平均乳蛋白率为 3.34%，较 2018 年降低了 0.6%（图 2 和图 3）。

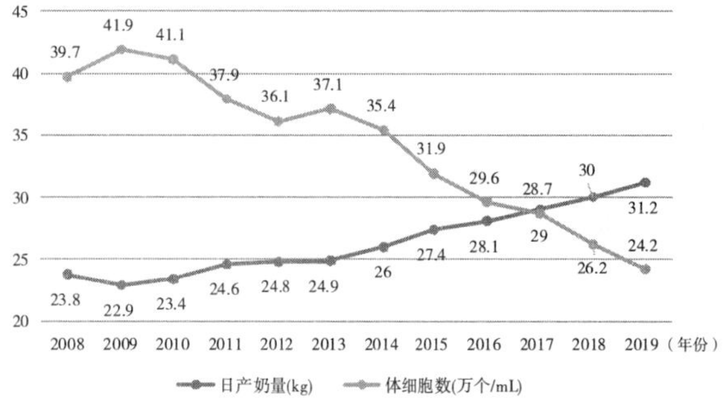

图 2 2008—2019 年测定日平均产奶量与平均体细胞数变化图

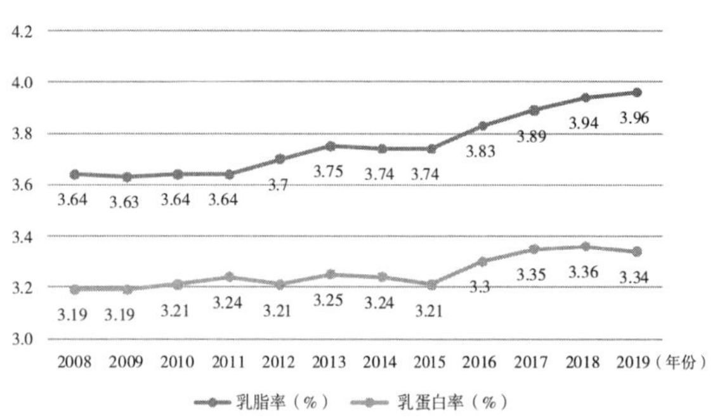

图 3 2008—2019 年测定日平均乳脂率、乳蛋白率变化图

四、牧场规模不断调整

2019 年，我国不同规模下的牧场比例：规模小于 50 头的有 14 个，占 1.0%；规模在 50~99 头的有 43 个，占 3.2%；规模在 100~199 头的有 133 个，占 9.8%；规模在 200~499 头的有 471 个，占 34.5%；规模在 500~999 头的有 356 个，占 26.1%；规模在 1 000 头以上的有 347 个，占 25.4%。可以发现在我国中型牧场占比最大（图 4）。

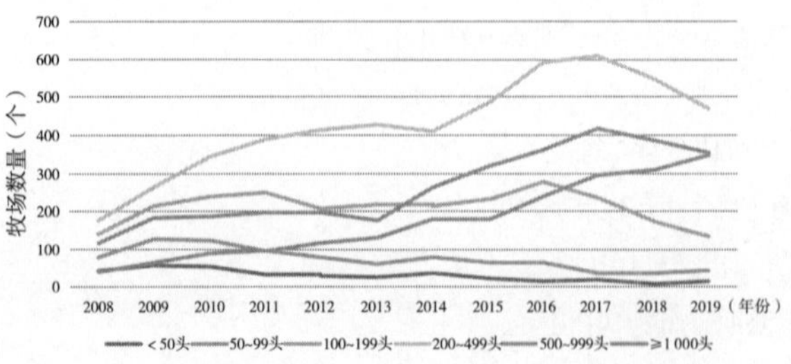

图 4　2008—2019 年我国不同牧场规模生产性能测定牧场数量

随着牧场规模的变大，DHI 参测质量越来越好，体现在日产奶量不断增加，体细胞数明显减少（图 5）。

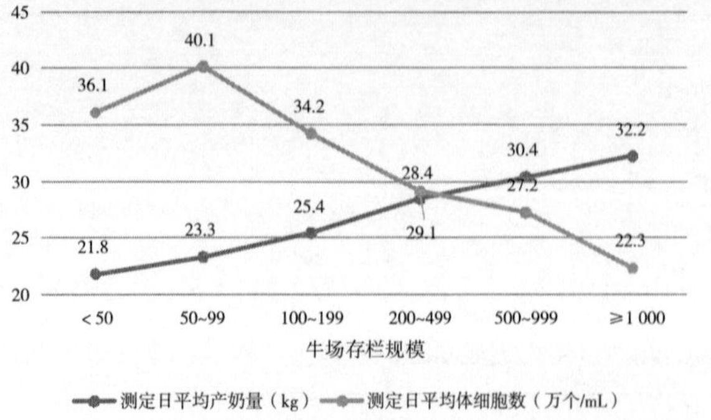

图 5　2019 年不同牛场规测定日平均产奶量与平均体细胞数

五、主产省测定能力继续增加

2019 年我国奶业主产省份（河北、山西、内蒙古、辽宁、黑龙江、山东、河南、陕西、宁夏、新疆）参测牛数 100.5 万头，占全国总参测量的 79%。按照国家统计局 2019 年各省份奶牛存栏的一半作为该省的估算泌乳牛数，参测比例最高是河南省 61%，较高的有河北 46%、黑龙江 30%、山西 29%、宁夏 29%（图 6）。

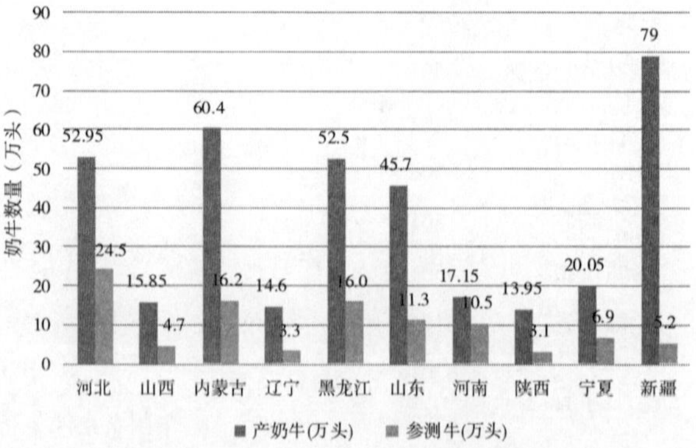

图 6　2019 年奶业主产省份参测概况

（中国奶业协会养殖业发展部，曹　正、闫青霞）

2019 年中国荷斯坦青年公牛全基因组检测概况

奶牛良种是奶业生产的基础，在现代奶业发展策略中，抓好奶牛品种遗传改良和种质资源创新利用是首要工作。过去 10 年全国奶牛存栏量呈下降趋势，但牛奶总产量保持稳定，主要是依靠奶牛单产水平的提高，其中奶牛群体遗传改良和育种工作起到了重要作用。

一、我国奶牛育种发展

自 2008 年实施《全国奶牛群体遗传改良计划（2008—2020 年）》以来，奶牛良种覆盖率显著提升，推动了全国奶牛群体平均生产水平大幅提高。我国奶牛育种的工作取得了很大进展：一是奶牛遗传改良技术体系得到初步构建；二是奶牛个体性能测定规模不断扩大；三是奶牛基因组选择技术在奶牛育种中得到充分应用；四是优秀种牛自主培育技术体系不断完善；五是奶牛重要性状功能基因得到深度挖掘与鉴定。

二、我国荷斯坦公牛全基因组选择技术发展

2012 年，我国自主研发建立了奶牛基因组选择技术平台，构建了中国荷斯坦牛基因组选择参考群体，全面启动荷斯坦青年公牛基因组遗传评估，研究制定了中国奶牛基因组选择性能指数（GCPI），同时国内一些院校和科研单位利用全基因组关联分析、基因组和转录组测序等多组学技术，挖掘和鉴定了一批产奶、体型、繁殖和抗病等重要性状的功能基因和 SNP 位点，为自主设计和研制奶牛基因组检测芯片奠定了基础（图 1）。

图 1　奶牛基因组选择技术的发展及应用情况

三、2019 我国全基因组检测概况

截至 2019 年 12 月底，全国累计 31 家公牛站 3 465

表 1　2019 年全国公牛站参加基因组检测情况

公牛站号	公牛站名	参测总数（头）	公牛站号	公牛站名	参测总数（头）
111	北京首农畜牧发展有限公司奶牛中心	365	361	江西省天添畜牧育种有限公司	4
121	天津市奶牛发展中心	135	371	山东省种公牛站有限责任公司	14
131	河北品元畜禽育种有限公司	260	373	山东奥克斯畜牧种业有限公司	410
132	秦皇岛全农精牛繁育有限公司	18	374	先马士畜牧（山东）有限公司	84
133	亚达艾格威（唐山）畜牧有限公司	88	411	河南省鼎元种牛育种有限公司	225
141	山西省畜牧遗传育种中心	87	413	南阳昌盛牛业有限公司	5
151	内蒙古天和荷斯坦牧业有限公司	83	414	洛阳市洛瑞牧业有限公司	14
155	内蒙古赛科星繁育生物技术（集团）股份有限公司	299	441	广州市奶牛研究所有限公司	4
211	辽宁省牧经种牛繁育中心有限公司	18	511	成都汇丰动物育种有限公司	12
212	大连金弘基种畜有限公司	187	531	云南恒翔家畜良种科技有限公司	27
222	吉林省德信生物工程有限公司	21	532	大理五福畜禽良种有限责任公司	28
231	黑龙江省博瑞遗传有限公司	129	611	陕西秦申金牛育种有限公司	20
232	大庆市银螺乳业有限公司	88	612	西安市奶牛育种中心	96
311	上海奶牛育种中心有限公司	355	631	青海正雅畜牧良种科技有限公司	15
322	南京利农奶牛育种有限公司	19	641	宁夏四正种牛育种有限公司	61
			651	新疆天山畜牧生物工程股份有限公司	294

头青年荷斯坦公牛参加了全基因组检测（表 1）。

2019 年基因组结果计算，采用了 2020 年修订的新版 GCPI 计算公式，中国荷斯坦公牛基因组选择仍然沿用性能指数 GCPI，作为中国奶牛基因组选择性能指数（Genomic China Performance Index）。GCPI 指数包括乳脂量（Fat）、乳蛋白量（Prot）、体细胞评分（SCS）等生产性状和体型总分（Type）、泌乳系统（MS）、肢体（F&L）等体型性状。

新公式中原来的生产性状由泌乳量、乳蛋白率、乳脂率 3 个，合并为乳蛋白量、乳脂量 2 个，并使用了新估计的标准差。同时对各类性状的加权值进行调整，在重视产奶性状改进的同时，加强对生产效益具有重要影响的体型性状的选育。最后调整指数中校正系数，保证了指数值的稳定性。

GCPI 计算公式如下：

$$GCPI_{2020}=4\times\left[\begin{array}{c}25\times\frac{GEBV_{Fat}}{22.0}+35\times\frac{GEBV_{Prot}}{17.0}-10\times\frac{GEBV_{SCS}-3}{0.46}\\+8\times\frac{GEBV_{Type}}{5}+14\times\frac{GEBV_{MS}}{5}+8\times\frac{GEBV_{FL}}{5}\end{array}\right]+1\,800$$

式中：第 i 性状的合并基因组估计育种值。

利用中国荷斯坦公牛基因组选择参考群体平台，结合青年公牛基因组检测的 SNP 基因型信息，用 GBLUP 方法估计公牛的各性状基因组直接育种值，并与其系谱育种值进行标准化后加权合并，计算得到 GCPI。计算系谱指数所用公牛系谱由各公牛站提供。

根据 2019 年中国荷斯坦牛遗传评估结果，经统计得出，共 3 465 头公牛参测，其中 GCPI 最高值为 3 147，最低值为 1 046，平均值为 2 031。各分项评估性状育种值的最高值、最低值、整体平均值和排名前 50 位公牛的平均值见表 2。

通过基因组选择可以实现公牛的早期选择，进而可以节约待定青年公牛的养殖成本，提高奶牛种公牛的平均选育效益。通过直接使用基因组选择的冻精，不仅缩短了奶牛育种的世代间隔，增加遗传进展，同时，更加直接降低了奶牛育种企业的运行成本，增加企业收益。

表 2　各分项育种值情况

项目	GCPI	乳脂量	乳蛋白量	体细胞评分	体型总分	泌乳系统评分	肢体评分
最高值	3 147	79.66	80.21	4.71	21.74	21.31	35.58
最低值	1 046	−63.97	−48.12	1.65	−20.99	−22.04	−38.50
整体平均值	2 031	17.44	21.76	3.24	0.20	0.34	−1.71
排名前 50 均值	2 551	60.34	55.60	4.40	12.04	11.86	14.35

（中国奶业协会养殖业发展部，曹　正、闫青霞）

2019 年种公牛站、核心育种场概况

一、种公牛站

（一）基本情况

截至2019年年底，全国共有38个种公牛站获得《种畜禽生产经营许可证》。种公牛站从业人员共1 777人，具有大专以上学历的专业技术人员1 045人，其中具有高级技术职称203人，具有中级技术职称242人。冻精产品质量检验员103人，执业兽医69人。

（二）种公牛存栏情况

38个种公牛站存栏种公牛3 790头，比2018年减少462头；种讲品种与2018年相比，减少了南德温牛、鲁西牛，增加了柴达木牛。

采精种公牛存栏2 811头，较2018年减少344头。其中荷斯坦牛585头、乳肉兼用西门塔尔牛361头、褐牛57头、三河牛53头、娟姗牛28头、牦牛84头、水牛111头、肉用西门塔尔牛977头、夏洛来牛105头、利木赞牛71头、安格斯牛98头，其他品种种公牛281头。

后备种公牛存栏979头、较2018年减少118头。其中荷斯坦牛220 头、乳肉兼用西门塔尔牛67头、褐牛16头、三河牛286头、娟姗牛5头、牦牛10头、水牛23头、肉用西门塔尔牛236头、夏洛来牛19头、利木赞牛9头、安格斯牛32头，其他肉用品种后备种公牛56头。

（三）冻精产销情况

全年生产冻精3 651.3万支，头均生产冻精1.3万支，产量同比增长12.7%。生产荷斯坦牛冻精473.1万支，占冻精生产总量的13.0%，冻精产量同比减少22.9%。生产兼用牛冻精711.5万支，占冻精生产总量的19.5%，冻精产量同比增长68.2%；其中生产乳肉兼用西门塔尔牛冻精591.6万支，同比增长138.5%；生产娟姗牛冻精26.5 万支，同比增长143.1%。生产肉用牛冻精2 439.5万支，占冻精生产总量的66.8 %，冻精产量同比增长11.3%；其中生产肉用西门塔尔牛冻精1 821.6万支、夏洛来牛冻精1 84.2万支、利木赞牛122.8万支、安格斯牛105.3万支。

全年推广销售冻精2 780.1万支，较2018年增长6.2%。销售荷斯坦牛冻精421.2万支，占冻精销售总量的15.2%，销量同比减少28.3%。销售兼用牛冻精499万支，占冻精销售总量的17.9%，销量同比增长96.5%；其中乳肉兼用西门塔尔牛冻精销售413.8万支，同比增长119.6%。销售娟姗牛冻精15万支，同比增长10.3%。销售肉牛冻精1 844.9万支，占冻精销售总量的66.4%，销量同比增长4.6%；其中销售肉用两门塔尔牛冻精1490.8万支、夏洛来牛冻精93.4万支、利木赞牛冻精59.5万支、安格斯牛冻精58.3万支。

二、国家奶牛核心育种场基本情况

全国共10家国家奶牛核心育种场，其中1家是新疆褐牛核心育种场，9家是荷斯坦牛核心育种场。从业人员共937人，大专及以上学历人员236人，具有执业兽医资质人员18人。现存栏荷斯坦牛3.85万头，其中核心群母牛5 816头，平均乳脂率4.04%，乳蛋白率3.33%，体细胞数17.29万个/mL，365天头均产奶量12.71t。年度向育种企业等提供后备公牛219头。

（全国畜牧总站畜禽种业指导处，李姣、刘丑生）

2019年中国奶水牛产业发展现状

奶水牛产业是我国南方18省份畜牧业的重要组成部分。产区集中分布在广西、云南、广东、湖北、福建等地，此外，浙江、四川、湖南、贵州等省的奶水牛存栏量也逐年增加。随着网络销售和物流的快速发展，创新创意及传统特色水牛奶产品受追捧，水牛奶产品销售总额快速增长，奶水牛产业迎来了空前利好的发展机遇。目前，中国奶水牛的存栏量约为13.82万头，其中能繁母牛约为6.08万头，用于加工的水牛鲜奶总产量约为5.86万t，约占全国鲜奶产量的0.2%。与此同时，奶水牛产业正在从传统的散户粗放的养殖模式逐渐向养殖现代化、饲养标准化、品种良种化、防疫规范化的适度规模模式转换。随着国家和地方政府对奶水牛发展的重视，消费者对优质乳制品认可程度的提升，吸引大量资金投向奶水牛全产业链的各个环节，因此，水牛鲜奶收购价格正逐步上涨。奶水牛养殖利润的增加，进一步刺激奶水牛养殖规模扩大、推动遗传育种与繁殖、营养调控、特优产品加工等方面的科技研发进展加快，乳品加工能力和产品研发水平持续提高，传统特色与创新创意产品不断涌现，奶水牛呈现出全产业链蓬勃发展、多点开花的良好势头。

一、奶水牛产业技术研发

（一）育种与扩繁

奶水牛良种扩繁与品种培育工作进展顺利。良种是影响奶水牛产业发展的根本，群体遗传改良及新品种（系）培育已经迫在眉睫。国内通过先后引进的印度摩拉水牛、巴基斯坦尼里拉菲水牛和意大利地中海水牛三个世界著名的奶水牛品种，开展了多种杂交组合试验，通过级进杂交培育了诸多二元杂个体，也通过多品种杂交培育了三元杂和四元杂群体。由于水牛种质资源的引进非常困难，奶水牛良种培育最近几年都是依靠现有种质资源进行良种扩繁与品种（系）培育。2019年广西水牛研究所国家级水牛种畜场存栏良种水牛878头，在国家肉牛遗传评估中心进行品种登记共368头，其中摩拉水牛为232头，尼里－拉菲水牛为136头；全年培育牛犊281头，销售种牛及高代杂牛117头，其中种公牛63头，有效地促进了全国奶水牛杂交改良工作的进程，为我国水牛产区的农民增收和农村经济建设做出了积极的贡献。

奶水牛分子育种工作进入新阶段。随着分子遗传、基因改造和测序技术的不断发展创新，奶水牛育种正在从常规的杂交育种逐渐向常规育种与分子育种（分子标记辅助选择、全基因组关联分析、转基因与基因编辑等）相结合的方式转变。目前已揭示出大量与奶水牛繁殖、泌乳、乳成分性状、生长发育、消化及驯化选择相关的候选基因与分子标记，这些将逐步应用于奶水牛育种实践。2019年构建了河流型水牛基因组全序列草图，挖掘出一批与水牛产奶性状显著相关的SNP标记，并筛选出与水牛产奶性状相关的候选基因9个；并对13个中国水牛品种，开展遗传多样性、连锁不平衡和选择信号分析，获得了与产奶性状相关的12个选择信号区域，其中有4个QTL与奶水牛产奶量、脂肪产量或蛋白质产量显著相关，为今后分子育种奠定了基础。

奶水牛良种繁育体系逐步形成。当前，世界各国使用的奶水牛良种繁育体系仍是公牛后裔测定体系，即首先通过生产性能测定、遗传评定、良种登记组建高产核心群，选出优秀种公母牛，繁殖后备公牛，通过后裔测定选育出优秀种公牛，再通过人工授精技术实现奶水牛群体改良。虽然国内的奶水牛良种繁育体系仍不够完善，但相关科研单位、养殖企业和乳品加工厂已经在DHI测定、遗传评定等方面开展工作，逐步完善奶水牛良种繁育体系，并取得初步成效。2019年围绕奶水牛核心群开展工作，进行良种水牛登记及系谱登记近600头，测定生产性能数据900多头次，新增产奶记录信息1 400多头次。

（二）健康养殖

水牛饲料营养价值评定及青贮。用模糊数学隶属函数法对象草品质综合评价进行评价，确定了冬、夏两季最佳刈割高度，用传统化学定量分析常规营养成分，建立了象草常规营养成分近红外光谱预测模型。就甘蔗梢、甜玉米秆、象草全混青贮对不同生理阶段的奶水牛生产性能进行了研究，探索出了合适青贮日粮配方以及饲喂比例，并研制出了甘蔗梢专用青贮发酵剂。

水牛绿色健康养殖及温热环境调控方面。用体外批次培养方法，研究了不同的生理与营养调节剂对水牛甲烷量、瘤胃发酵参数和瘤胃液脂肪酸浓度、瘤胃微生物数量等指标的影响，探明了减少水牛瘤胃甲烷排放对水牛生产性能的影响规律；并通过抑制不同种类瘤胃微生物研究了不同种群微生物对脂肪酸代谢的贡献大小；分析了不同的抗热应激物质对水牛泌乳性能、抗氧化性能和瘤胃细菌多样性的影响，探索出了减缓水牛热应激的合适添加剂种类及水平。

水牛营养调控技术推广应用取得较好效果。在水牛养殖方面，开展了生态养殖新技术的研究与推广应用，将多种营养调控技术进行集成，形成了水牛饲养环境综合调控技术、水牛专用TMR配制技术以及典型日粮配方，结合同期发情－人工授精技术，将以上技术在广西主要水牛养殖基地以及部分水牛养殖户中进行了推广应用，饲养环境条件明显改善，产奶性能和奶质量得到了较大的提高，并取得了较好效果。据抽样分析测定，农村散养户生鲜乳中蛋白质为4.66%，脂肪8.11%，非脂固形物10.02%；水牛养殖场生鲜乳中蛋白质含量可达4.70%，脂肪8.46%，非脂固形物达10.20%。

奶水牛结核病阳性检测准确率显著提高。在目前“水牛结核病的检测技术规范”还没有国家标准的情况下，广西采用地方标准“DB 45T912—2013 水牛结核病防治技术规范”用于开展奶水牛疫病监测。首先通过采用“Y－干扰素 ELISA 方法”进行检测，对检出来的可疑牛只再用皮内变态反应进行检测，两项结果都为“阳性”即确诊。提高了检测结果的准确性，降低了假阳性率。

（三）产品开发

水牛乳制品种类繁多。产品主要有巴氏杀菌水牛乳、酸奶、UHT奶、干酪、乳饮料等系列20多个品种。我国水牛乳产业主要集中在南方地区，主要的水牛乳加工企业共有10多家，例如皇氏集团股份有限公司、广西壮牛水牛乳业有限责任公司、广西百菲乳业股份有限公司、广西石埠乳业有限责任公司、广西桂牛水牛乳业股份有限公司、广西壮壮乳业股份有限公司、云南省皇氏来思尔乳业有限公司、腾冲县艾爱摩拉牛乳业有限责任公司、四川省新希望三牧乳业有限公司、湖北劲牛牧业有限公司、广东省四会市壮和水牛奶乳业有限公司、佛山市南海百富露水牛奶有限公司等。目前有4家企业已经建立了水牛乳干酪生产线。其中广西百菲乳业股份有限公司生产的纯水牛奶－百菲酪、广西桂牛水牛乳业股份有限公司生产的水牛纯奶－莫丽尼菲已成为知名品牌。

2019年水牛奶产品开发的研究进展主要有如下几个方面。

优化奶酪盐渍技术。传统盐渍工艺耗时长，且在干酪成熟过程中容易产生蛋白质过度分解、糖酵解和脂解等问题。哈尔滨工业大学将水牛硬质奶酪成型后进行真空盐渍，基于多孔产品盐水浸渍的方法，将奶酪泡在盐水中，然后将系统进行抽真空处理，在9~11℃，真空3.3~3.7kPa，24%盐水条件下浸泡1h，再在常压下继续在盐水中浸泡0.5h，使盐分在干酪内部快速扩散，迅速达到奶酪中心，缩短盐渍时间，并使盐分分布更均匀，且风味、品质与传统工艺相比没有显著差异。改善后的方法不仅提高了生产效率，设备简单更有利于企业减少设备投资，降低成本。

优化百岁老人源罗伊氏杆菌发酵水牛乳制备工艺。将从广西巴马百岁老人体中提取出的罗伊氏杆菌LT018适应能力强，易在胃液中存活，产酸能力平稳，适合作为乳的发酵剂。在与保加利亚乳杆菌和嗜热链球菌联合发酵水牛乳的工艺中，在发酵温度为40℃，糖3%，菌种比2 ：1时，效果最佳。

建立百岁老人源益生菌 Cheddar 干酪制备工艺。利用益生菌干酪乳杆菌L614和罗伊氏乳杆菌LT018，采用单因素实验和响应面软件实验确定最佳工艺参数，在发酵剂0.03%、凝乳酶2953SU/kg、盐2.3%的条件下，干酪最终成熟后益生菌数可达到9.26log（CFU/g），感官体验良好，评分为88±1.69分，且此干酪中的益生菌含量高，90天内存放也可维持在较高水平。

突破姜撞奶工业化生产技术。传统姜撞奶制作方法，是牛乳在生姜蛋白酶的凝结作用下实现凝乳，不同批次姜的生姜蛋白酶含量不同，活力不同，导致风味、品质波动大，具有不确定性，且传统产品不适宜运输，制备工艺也无法进行连续性生产。广西壮族自治区水牛研究所研发出一款类水牛姜撞奶产品，在可实现工业化生产的同时，与传统产品滋气味近似，质地、风味、口感更佳，更利于储存和运输。

突破食品领域向日化品领域延伸。嘴唇表皮不分泌油脂，缺乏黑色素且市场上的唇膏只有美化唇部和滋润唇部的作用，长期使用有可能会造成嘴唇干裂、脱皮的副作用。青岛钰昊奶牛发展有限公司发明了一款水牛奶润唇膏，在滋润唇部的功能下，无毒无刺激，并添加维生素E和维生素C。水牛奶具有“利皮肤，润头发”的功效，使用在唇膏中不仅对唇部皮肤无害，更有利于唇部皮肤的保护。

建立快速检测水牛奶中掺入荷斯坦牛奶源方法。该检测方法基于HPLC对牛奶进行蛋白分离，建立水牛奶与荷斯坦牛奶指纹图谱，对κ-CN、αs2-CN、αs1-CN、β-CN、β-LgB、α-La6种乳蛋白进行对比分析，通过指纹图谱对比特征峰，作为掺假标记，当水牛奶中掺入荷斯坦牛奶超过2%时即可检出，具有专属性强、操作简单、重现性好的优点。不仅解决了由于水牛奶掺假检测试剂昂贵的问题，且是对不法商家掺假谋求暴利行为的有力打击。

建立水牛肉掺假多重PCR检测方法。我国市场上约有35.3%的水牛肉掺入牛肉、猪肉以及鸭肉等，掺假形式不仅限于生鲜肉，亦包括煮熟的肉、冷冻肉、肉丸以及肉干等。线粒体细胞色素氧化酶Ⅰ（COI）基因作为靶向基因，多重PCR检测方法具有更高的的特异性和敏感性，灵敏程度高，可检测出1pg纯DNA和0.1%（W/W）混合基质中的掺假肉。检测水牛肉掺假在水牛肉质量监控中至关重要。

建立快速、准确牛肉产品物种来源追溯方法。西南大学采用1组特异性识别牛S100A7基因的引物，进行PCR，根据c.101G>A、c.114C>T、c.133G>A、 c.141+14T>A 处的 4 个变异位点基因型判定牛肉产品的物种来源，快速准确追溯牦牛、黄牛、犏牛和水牛肉产品物种来源。

黄曲霉素 M_1 在中国南方水牛乳和乳制品的污染不构成严重的公共卫生问题。通过酶联免疫吸附法和高效液相色谱法测定来自广西、贵州，云南和广东的 136 份水牛原料奶和 86 份乳制品中的黄曲霉素 M_1 的含量，结果表明，生水牛奶样品中黄曲霉素 M_1 的总体平均水平为 37.4 ± 18.7 ng/kg，94.1% 的生水牛奶样品未超过欧洲标准的 50 ng/kg，全部样品均未超过中国标准的 500ng /kg。表明中国南方生水牛奶和水牛奶制品的黄曲霉素污染均在安全监管水平之下。

二、奶水牛产业技术推广

（一）推广技术

围绕奶水牛产业发展关键环节，在奶水牛养殖方面主要推广 3 项技术，分别是生态养殖技术、全混合日粮（TMR）饲养技术、人工授精和同期发情 - 人工授精技术。在生态养殖中，垫料卧床（运动场）要注意防雨水、采光、隔热和通风，关键是密度，成年牛密度建议在 $20m^2$/ 头以上，青年牛密度在 $15m^2$/ 头以上，犊牛密度在 $10m^2$/ 头以上。受到使用条件限制，TMR 饲养技术目前只在少数规模场应用。奶水牛的人工授精比较普及，但由于水牛通常在晚上发情且静默发情较多，情期受胎率不甚理想，因此也有一些规模场采用本交方式。同期发情 - 人工授精技术在小范围试验中可获得约 40% 的受胎率，但由于成本高，在实际生产中应用比例很小。

（二）技术培训与指导

奶水牛专家积极响应国家和地方政府精准扶贫号召，通过项目合作和选派科技特派员的形式，采取集中或现场技术培训与服务、发放技术培训材料、赠送物资等多种不同形式，直接服务国家或省级贫困县、贫困村，建成和巩固了多个精准扶贫和乡村振兴战略示范基地。全年在广西、云南、湖北推广水牛品种 3 个，推广水牛冻精约 34 万剂，产杂交水牛犊牛约 7.7 万头。全年共培训的养殖户、人工授精配种员及其他相关畜牧兽医技术人员 1 000 多人；同时深入到湖北、云南、四川等奶水牛养殖基地，实际指导奶水牛养殖工作，显著推动了当地奶水牛产业的发展。

（三）国际交流

为了促进我国水牛科技与产业发展与国际接轨，长期以来不断推进与水牛强国意大利、巴基斯坦、印度、埃及，以及乳制品研发强国美国、新西兰等的合作交流。2019 年通过技术交流和智力引进，与意大利都灵大学、美国农业部东部地区研究中心乳制品与功能食品研究所、埃及开罗大学、巴基斯坦拉哈尔畜牧兽医大学、印度中央水牛研究所等单位开展了密切合作。同时，与埃及扎加齐格大学农学院、开罗大学、埃及国家研究中心和巴基斯坦费萨尔巴德农业大学等开展人才交流，与“一带一路”沿线国家联合培养了一批博士、博士后和访问学者。此外，派出中国水牛科技代表团分别参加了在巴基斯坦召开的国际水牛大会和土耳其召开的第 12 届世界水牛大会。目前，我国在国际水牛联合会中占有 10 个委员席位，经委员会投票选举，第 13 届世界水牛大会将于 2022 年在中国湖北召开，华中农业大学杨利国教授当选为新一届联合会主席。

三、主要成绩

（一）水牛基因组研究揭示家养水牛性状形成的驯化选择

首次获得沼泽型水牛和河流型摩拉水牛染色体水平基因组。对来自 15 个国家 28 个采样点共 230 头水牛进行了基因组重测序，构建了完善的水牛基因组遗传多样性数据库。沼泽型水牛中发现役力相关 *AMD1* 基因扩张，性格温顺相关 *OXTR* 基因、淀粉消化相关 *AMY2B* 和 *SI* 基因受到选择；河流型水牛 *ESR*1、*IGF2BP*2 等与产奶性状相关基因受到选择。为应用基因组育种培育产奶量高、性格温顺、成年体重大的中国奶水牛育种新材料奠定基础。

（二）《中国水牛遗传改良计划》完成征求意见初稿

为了完善我国水牛良种繁育体系，加快水牛群体遗传改良进程，培育我国的乳肉兼用水牛新品种（系），提高水牛的生产水平和经济效益，促进水牛产业的健康发展，2019 年，广西壮族自治区水牛研究所受农业农村部种业管理司委托，开始单独编制《中国水牛遗传改良计划》方案，这是我国首次将水牛单独列出编写全国的水牛遗传改良计划。在完成了对我国水牛种质资源调研和产业发展数据统计的基础上，通过邀请国内著名牛和水牛育种专家成立专家组，共同磋商完成了《中国水牛遗传改良计划》完成征求意见初稿，初步提出我国 2021—2035 年水牛遗传改良计划、目标和实施方案，相信随着该计划的进一步完善及审核通过实施，将对我国未来 15 年，甚至更长时期的水牛遗传改良产生积极深远的影响。

（三）加强国内科技合作与交流，推进区域化协同创新取得较好进展

为贯彻落实《国务院办公厅关于推进奶业振兴保障乳品质量安全的意见》精神，在水牛产业尤其是奶水牛产业迎来重大发展机遇之际，进一步推动水牛产业的高质量发展，有力提升水牛的行业地位和影响力，国内各水牛相关企业及科研院校不断加强合作交流，初步达成意向，拟成立“水牛产业科技创新联盟”，构建以水牛为主的南方现代牧产区，引领水牛特色乳、肉产业的持续、健康发展。中国科学院黄路生院士和中国工程院印遇龙院士等相关领域的知名专家对联盟成立事宜给予了充分肯定和大力支持。

四、大会记事

2019 年 2 月 17—22 日，由巴基斯坦拉哈尔兽医与

动物科学大学主办的2019年国际水牛大会在巴基斯坦拉哈尔市召开。来自中国、巴基斯坦、意大利、保加利亚、加拿大、泰国、尼泊尔和菲律宾等10多个国家600余位专家学者参加大会，其中我国有广西水牛研究所、广西大学和华中农业大学的10多名科学家参会，与会专家共同围绕水牛繁殖、遗传育种、生物技术、饲料营养与疾病健康等主题进行了深入交流和讨论。广西水牛研究所副所长梁贤威研究员作为特邀代表在大会主席台就座，并在会后接受了当地媒体的采访。

2019年5月6日，广西奶业振兴发展座谈会在南宁市顺利举行，国家奶牛产业技术体系首席科学家李胜利教授、全国畜牧总站奶业处张书义研究员、广西农业农村厅总畜牧师陆立权，以及广西农业农村厅畜牧与饲料处、广西畜牧总站、广西水牛研究所等领导、专家参加会议。会议探讨了我国南方地区奶业发展的现状，提出了广西应大力发展以水牛奶业为代表的特色奶业思路。

2019年7月12—14日，第十届中国奶业大会在天津市成功召开，期间奶水牛专业委员会和奶山羊专业委员会联合主办了首届中国特色奶发展论坛。来自全国多所科研院校的专家、学者，养殖企业、乳品加工企业负责人近200人汇聚一堂，共同探讨特色奶产业发展之路。同期，奶水牛专业委员会联合广西奶业协会牵头组织的“中国特色奶——水牛奶展”在第十届中国奶业大会暨2019年中国奶业展览会上成功展出。农业农村部副部长于康震巡馆到水牛奶展区时，对水牛奶干酪等系列产品给予肯定，鼓励大力发展特色奶产业。

2019年9月18—20日，第12届世界水牛大会在土耳其伊斯坦布尔顺利召开，来自广西水牛研究所、广西大学、华中农业大学、中国农业大学的19名科学家组成中国代表团参加了大会，其中3人在分会场上做特邀报告，与世界各国专家学者共同分享了中国水牛科研的进展与成果，获得了与会者的高度认可和广泛好评。大会期间，通过投票选举产生了下一届世界水牛大会的举办地和承办单位，最终华中农业大学获得2022年第13届世界水牛大会的承办权。

2019年11月27日，2019年水牛遗传与繁殖生物技术国际研讨会在南宁成功召开。来自印度中央水牛研究所、埃及开罗大学、埃及扎加齐格大学、巴基斯坦拉合尔畜牧兽医大学、巴基斯坦国立科技大学，以及中国农科院北京畜牧兽医研究所、天津市畜牧兽医研究所、广西大学等国内外专家学者参加了会议，共同聚焦水牛遗传与繁殖研究领域的进展，分享探讨相关的研究成果。

（广西壮族自治区水牛研究所，黄加祥、曾庆坤、梁贤威、尚江华、诸葛莹）

2019年中国奶山羊产业及科技发展情况

奶山羊产业是我国畜牧业重要组成部分，随着羊奶消费市场的快速升温，奶山羊产业迎来了空前利好的发展机遇。奶山羊分布地域广泛，除陕西、山东两大主产区外，我国南北方如广东、云南、浙江、内蒙古、黑龙江、河南等省份奶山羊存栏量也逐年增加。目前，中国奶山羊的存栏量约为1 300万只，泌乳奶山羊约为790万只，山羊奶总产量约为175万t，约占全国鲜奶产量的4.5%。与此同时，奶山羊产业正在从传统的奶山羊养殖模式快速转向现代化、集约化、标准化、多样化的质量效益型适度规模经营模式。奶山羊科技研发进展加快，吸引大量资金投向奶山羊全产业链的各个环节，乳品加工能力和产品研发水平持续提高，种类繁多、品质优良，呈现出良好的发展势头。

一、奶山羊产业技术研发

（一）育种与扩繁技术研究

1. 奶山羊良种引进力度加大

良种是奶山羊产业发展的根本，国外优质种羊引进后，可迅速推动我国现有奶山羊品种的改良进程，提高种羊品质，促进奶山羊产业快速发展。据不完全统计，2019年总计从澳大利亚引进种羊超过8 000只。其中，内蒙古盛健集团、特羊公司（华颐乐）、乐科公司及君羊公司联合从新西兰包机引进进口纯种奶山羊共计3 000余只；陕西绿能牧业公司从澳大利亚引入1 500只萨能奶山羊；西安鑫龙门农林有限公司引入430只奶山羊；其他养殖企业共计引入3 600余只奶山羊。

2. 奶山羊良种培育与扩繁技术持续开展

山东农业大学奶山羊研究团队以山东崂山奶山羊原种场为基地，对群体的高产个体进行良种选育，通过选种选配，组建了210只高产核心群，同时针对奶山羊群体的多角性状，将奶山羊群体进行有角群体和无角群体的分类，加大无角、高产奶山羊群体的培育。云南羊羊好农牧发展有限公司集中云南现有的吐根堡、阿尔卑斯、萨能、努比亚、圭山山羊5个奶山羊品种开展种羊选育与杂交育种，目前存栏各品种及杂交羊达到1 800只。此外，该公司利用胚胎移植技术，扩大优秀种羊的数量，并建立了完整的扩繁技术体系。采用“CIDR+FSH递减法”超排处理10只纯种吐根堡奶山羊，回收可用胚胎71枚；对36只云上黑山羊受体移植后，23只受体受孕并产羔40只。以阿尔卑斯奶山羊为供体进行超排处理，3只阿尔卑斯奶山羊获得可用胚胎38枚；对19只云上黑山羊受体进行胚胎移植后，11只受体受孕并产羔19只。

3. 奶山羊分子育种工作有序推进

西北农林科技大学奶山羊研究团队继续开展乳脂代谢相关分子机制研究，发现*TRIB3*基因、*FADS2*基因对奶山羊乳腺上皮细胞脂肪酸合成具有显著的影响。甘肃农业大学张勇教授研究团队利用CRISPR/Cas9基因编辑技术靶向敲除奶山羊胎儿成纤维细胞*SCD1*基因，获得两株敲除*SCD1*基因的奶山羊胎儿成纤维细胞，为制备敲除*SCD1*基因奶山羊核供体提供了生物材料。山东农业大学奶山羊研究团队针对奶山羊在不同泌乳时期乳腺发育与泌乳生理差异进行研究，发现了大量与奶山羊产奶性状、乳成分性状、生长发育、繁殖及疾病相关的候选基因与分子标记，这些鉴定的关键分子标记有望进一步用于分子标记辅助选择育种工作中。

4. 奶山羊育种资料库建设受到重视

内蒙古农牧科学院对地方奶山羊养殖场内2 000只奶山羊群体建立系谱档案，建立3个奶山羊品种（关中奶山羊、崂山奶山羊、萨能奶山羊）的“乳成分数据库”，收纳200余条乳成分数据信息，并初步绘制了奶山羊泌乳曲线，为不同泌乳期奶山羊营养精准供给提供参考依据；在测量1 800余只奶山羊体尺数据的基础上，初步制定了奶山羊体型外貌鉴定标准。

（二）饲养管理技术研究

1. 奶山羊日粮营养研究成效显著

在奶山羊饲料中添加特殊饲料原料、益生菌剂、营养因子以及矿物质饲料等，可改善日粮饲喂效果。在日粮中添加多种绿色饲料，可提高奶山羊的产奶量；补充海藻，可显著增加羊奶中有益脂肪酸的含量；添加粉刺相思，可降低山羊乳中的胆固醇含量。另外，益生菌发酵饲料或在日粮中添加益生菌制剂，可提高奶山羊产奶量和改善乳品质并提高其机体免疫水平和抗氧化功能，有益于奶山羊机体健康。最后，在日粮中补充N-氨基甲谷氨酸、大豆异黄酮、硒等物质有利于奶山羊生长和泌乳性能的发挥。

2. 建立奶山羊疫病监测技术与快速诊断方法

为明确昆明市某奶山羊场持续发生羊急性死亡原

因，从该场采集病料检测发现，引起羊发病的病原菌为D型产气荚膜梭菌；2个毒素基因 α、ε 及 *16S* rDNA 高度保守，不同毒素型的菌株 *16S* rDNA 序列100%同源，2个毒素基因与参考序列之间核苷酸完全同源；分离株在接种小鼠后48 h，小鼠死亡；分离菌对恩诺沙星、青霉素、氟苯尼考、呋喃唑酮、氯霉素等抗生素均高度敏感，而对卡那霉素、庆大霉素和链霉素等有耐药性。以上研究结果为羊产气荚膜梭菌的临床防控提供参考。

研发出羊流产嗜性衣原体的间接ELISA抗体检测方法。通过原核表达羊流产嗜性衣原体ompA蛋白，包被ompA蛋白抗原，筛选反应条件，成功建立了血清抗体ELISA检测方法。特异性、敏感性和重复性检测结果表明，建立的间接ELISA检测方法对布氏杆菌、羊痘、羊口疮、小反刍兽疫和产气荚膜梭菌阳性血清的检测结果均为阴性，但对50份流产性衣原体阳性血清检出率为98%，可用于羊流产性衣原体血清抗体水平的检测。

成功建立小反刍兽疫病毒（PPRV）环介导等温扩增检测方法。该方法能够检出的PPRV核酸最低浓度为8.63ng/mL，与常规RT-PCR方法相比，灵敏度增高100倍；该方法特异性良好，与山羊痘病毒(GTPV)、羊支原体(Mccp)、羊口疮病毒(ORFV)均无交叉反应；对16份临床样品RNA检测结果显示，该方法与传统RT-PCR检测结果一致。建立的环介导等温扩增检测方法的特异性高，灵敏度优于传统RT-PCR检测方法，可用于临床小反刍兽疫病毒的检测。

3. 奶山羊场粪污处理重视度提高

相比其他畜禽养殖场，奶山羊场比较干净，但也存在粪污问题。在国家环保严格要求下，所有奶山羊养殖场要求建设堆粪棚，集中处理羊粪污，减少对周围环境的污染。目前，规模化奶山羊养殖场均建设有堆粪棚，而且能快速、有效处理羊粪污；但小型家庭式羊场还存在羊粪乱堆的现象，有待加强治理。同时，随着奶山羊场机械化程度的提高，清粪车、挤奶器等机械设备的推广应用，工作效率明显提高，为减少粪污风险提供了有力支撑。

（三）产品开发及评价

1. 探索羊酸奶影响因素及生产工艺，开发出羊酸奶新产品

将红枣果浆加入羊酸奶中，可增加羊酸奶的抗氧化活性，减弱羊酸奶的膻味，提高感官接受度，为开发红枣羊酸奶产品奠定基础。巴氏杀菌羊酸奶经谷氨酰胺转氨酶(TG)处理后可有效改善其品质，增加稠厚程度和爽滑细腻度，对羊酸奶的产酸有一定抑制作用，同时TG酶处理会抑制酸羊奶中乙醛和双乙酰的形成，但对酸羊奶的风味影响不大。分别采用冷冻干燥的布拉氏酵母菌粉、产抗氧化肽的益生乳杆菌植物乳杆菌L60、干酪乳杆菌L61、产ACE（血管紧张素转换酶）抑制肽菌株保加利亚乳杆菌LB6、嗜热链球菌（ST）发酵羊乳，成功获得了新型发酵羊乳产品。优化发酵时间、益生元（低聚果糖、低聚半乳糖、菊粉、低聚异麦芽糖等）添加量及接种量等参数，确定出最佳发酵条件：发酵时间40 h、益生元添加量1.5%、接种量4%。

2. 分析不同奶畜乳成分，建立了羊奶产品掺假检测技术

西北农林科技大学葛武鹏教授研究团队分析不同奶畜生乳中标志性差异蛋白发现，绵羊乳和人乳的标志性差异蛋白为β-乳球蛋白和乳铁蛋白，绵羊乳和山羊乳的标志性差异蛋白为α-乳白蛋白，绵羊乳和牛乳的标志性差异蛋白为免疫球蛋白G重链。陕西师范大学刘永峰教授研究团队建立羊奶粉中牛奶成分的粗放与精准定量检测方法，可准确计算出羊奶粉中牛奶成分的百分含量。

3. 明确了羊乳中寡糖的结构和组成

西北大学王仲孚教授研究团队分析羊乳N/O-寡糖发现，羊初乳N-寡糖为复杂型糖链，其中岩藻糖基化修饰占40%左右，随着胎次延长，岩藻糖基化水平和唾液酸化水平均逐渐升高；羊初乳O-寡糖为核心结构2型，唾液酸化修饰占38%，随着胎次延长，唾液酸化修饰水平逐渐升高，而岩藻糖基化和唾液酸化修饰与寡糖生物活性密切相关。该研究为深入阐明羊乳寡糖结构-功能关系、构建羊乳寡糖数据库奠定了基础，对羊乳的营养产品开发具有重要意义。

4. 开展了羊奶粉的营养安全评价

婴幼儿配方奶粉样品检测发现，所测配方奶粉样品中三大宏量营养素（脂肪、蛋白质和碳水化合物）组成及质量分数与母乳相似，但其分项指标与母乳仍有显著差异，婴幼儿配方羊奶粉优于婴幼儿配方牛奶粉。同时检测市售婴幼儿配方奶粉中阪崎克罗诺杆菌发现，奶粉阳性样品检出率为18.3%，不同品牌或批次食品的菌株基因型相似性较高，对食品安全造成一定威胁。

二、奶山羊产业技术推广

（一）推广技术

1. 代乳羔羊哺育技术

在集约化羊场，羔羊的人工哺乳可采用两种方法进行，手工饲喂和自动吸奶器饲喂。在人工哺乳时，可选用鲜羊奶（或奶粉）以及代乳料进行。羔羊代乳料一般含25%～30%脂肪、25%蛋白质、0.1%纤维素、5%~10%的灰分，还含有一定量的维生素、微量元素、抗生素和抗氧化剂，但乳糖含量不宜过高。传统的羔羊断奶时间是2~4月龄，建议农区集约化羊场推行6周龄断奶制度。断奶方案为：4周龄前允许羔羊自由采食母乳，从2周龄起，给羔羊供给适口性好的优质豆科青干草及精饲料。精饲料可选用大麦和大豆，其中粗蛋白含量不低于16%，同时给予羔羊充足的饮水。4周龄后，实行限制性哺乳，即白天将母羊和羔羊放在一起8～10h，傍晚时将母羔分开，次日凌晨再合在一起。4周龄前，羔羊对固体饲料的采食量较小，4周龄后随限制性哺乳的实行而急剧增加。实施羔羊早期断奶宜循序渐进，必须做好教槽饲养。教槽料首先要适口性好，能刺激羔羊食欲；其次，营养价值要高，精料可占到75% ~ 90%，蛋白质水平最好达到17% ~ 20%。在35 ~ 45日龄时，可将教槽料蛋白质水平调整为14% ~ 16%。用谷实颗粒饲料做教槽料，粉碎成小瓣即可，不宜过细，也可将精料预先制成直径0.4 ~ 0.6cm的颗粒饲料。

2. 发酵TMR技术

发酵TMR综合了全混合日粮和青贮发酵技术，不仅提高了饲料的口感，增加了干物质采食量，而且提升了泌乳奶山羊自身的健康状况。在制作过程中，应进行压实、密存、厌氧环境等处理。发酵TMR制作方式主要有三种：第一种是捆+裹的方式，将原料事先用打捆机进行收割、压实并打捆之后，使用专用青贮裹包薄膜进行包裹，这种方式原料的含水量一般为50%；第二种是青贮袋装的方式，将原料进行适当切割之后，进行高密度装袋处理，此方式使用方便，操作简单，一般原料的含水量为65%；第三种是拉伸薄膜裹包方式，将原料收割之后压实、打捆，利用拉伸膜机器进行裹包处理，从而创造厌氧的发酵环境。

（二）技术培训与指导

奶山羊专家将科技扶贫与奶山羊养殖紧密结合，奶山羊专业委员会联合各地产业技术部门，开展不同形式的技术培训与服务。培训的奶山羊专业养殖户、乳产品加工销售人员及相关畜牧兽医部门行政人员超过1300余人次；同时，深入到全国奶山羊养殖基地，实际调研和指导奶山羊养殖工作，显著推动了当地奶山羊产业的发展。

（三）国际交流

2019年4—10月，美国佛蒙特大学Fengqi Zhao教授与Mingruo Guo教授、美国贝勒医学院儿科系副教授Darryl Lynn Hadsell、美国夏威夷大学希洛分校Christopher Lu教授分别来访西北农林科技大学动物科技学院进行学术交流。2019年12月意大利奶山羊育种专家Guido Bruni来华访问，对奶山羊羔羊饲养方式及初乳检测等关键技术进行了指导和研究，开展技术讲座4次，培训8人。

2019年11月，西北农林科技大学李聪副教授前往尼泊尔参加发展中国家可持续农业发展大会，并做了海藻糖对奶山羊肝脏中脂代谢基因的影响专题汇报。

三、主要成绩

（一）国家和地方各级政府加大关注奶山羊产业，陕西省打造“3+X”农业特色产业

国家高度重视奶山羊产业发展。国务院办公厅印发了《关于推进奶业振兴保障乳品质量安全的意见》，明确提出积极发展奶山羊生产，进一步丰富奶源结构。农业农村部、发展改革委等九部门联合印发的《关于进一步促进奶业振兴的若干意见》，具体提出了支持国家奶山羊核心育种场建设，开发羊奶等特色乳制品，为今后一个时期产业发展指明了方向和路径。

各级地方政府也出台相关政策，积极推进奶山羊产业发展。陕西省委、省政府印发《关于实施“3 + X”工程加快推进产业脱贫夺实乡村振兴基础的意见》，加快萨能奶山羊和关中奶山羊本品种选育、提纯复壮，打造陇县、富平县、乾县3个全产业链示范县，预计至2025年奶山羊存栏500万只。此外，河南省政府办公厅印发《河南省奶业振兴行动计划》，内蒙古呼和浩特市出台《呼和浩特市奶业发展扶持政策实施方案（试行）》，为当地奶山羊产业发展提供了政策支撑。

（二）云南省奶山羊产业呈良好发展态势

2019年7月28日至8月5日，中国奶业协会奶山羊专业委员会组队，由副主任王建民、孙答向带领成员史怀平、张富新、魏安民、胡钟仁、汪海霞，对云南奶山羊产业进行了调研。

云南省奶山羊品种主要以圭山山羊、萨能奶山羊、关中奶山羊为主，还有一部分吐根堡奶山羊，近几年引进了阿尔卑斯奶山羊，目前杂交后代占存栏量的70%以上。山区饲养的奶山羊以放牧为主；奶山羊规模场养羊设施较为齐全，专业化程度高。

2019年云南省奶山羊存栏量达62万只，羊奶产量达10万t，羊奶主要用于乳饼和奶粉生产。除云南当地养殖户家庭制作乳饼外，已经建设了6家专业生产乳饼的小型作坊式企业。此外，云南省拥有两家大型的羊奶粉生产企业：昆明龙腾乳业有限公司和建水养羊啦乳业集团（鸿辉公司）。昆明龙腾乳业有限公司日处理鲜奶能力200t，产品为羊奶粉、咖啡奶、酸奶、巴氏杀菌奶，每年收购生羊奶10 000t，2019年生产产值超过1亿元，销售额超过4亿元，旗下有宜良奶山羊种羊场，饲养有阿尔卑斯、萨能奶山羊品种，是云南省奶山羊种羊生产的龙头。建水养羊啦乳业集团已经形成了乳业、种植、养殖、营销、共享、文旅、养老七大板块的生态循环农业产业集群，2019年加工山羊奶25 000t，加工产值达2.5亿元，销售额达8.2亿元，特别是公司生产的D-脱盐羊乳清蛋白产品是婴幼儿配方奶粉的主要原料。

（三）综述奶山羊产业发展报告，提升奶山羊产业认知度

应中国奶业协会“第十届中国奶业大会”邀请，举中国奶业协会奶山羊专业委员会之力，合作撰写《中国奶山羊产业发展报告》，参与撰写委员有罗军、史怀平、王建民、洪琼花、张富新、纪志宾、葛武鹏、边会龙、魏安民、李杰等，分别从世界奶山羊产业发展趋势与特征、我国奶山羊产业发展趋势及特征、我国各地域奶山羊产业发展水平、我国奶山羊产业发展特征趋向与建议四方面进行了详尽论述，字数将近3万字，为梳理清我国奶山羊产业历程以及未来发展提出了积极建议，并以分篇形式发表于《中国奶牛》杂志。

四、大会记事

2019年4月11—12日，“第四届中国西部畜牧业博览会暨中国羊乳产业（奶业）大会”在陕西省杨凌示范区召开，期间举办陕西省千亿奶山羊产业发展成就展、

奶山羊良种展和羊乳产品展等，以及奶山羊产业专题论坛。

2019 年 5 月 20—21 日，千亿羊乳产业发展高峰论坛在陕西省西安市阎良区召开，期间组建了国际奶山羊产业协会亚太理事会。

2019 年 5 月 24—26 日，第二届奶畜泌乳生物学国际研讨会在西北农林科技大学召开，来自国内外 23 家单位的专家学者和企业家代表出席，交流研究成果，总计参与人数 110 余人。

2019 年 7 月 12—14 日，第十届中国奶业大会暨 2019 中国奶业展览会在中国天津市召开，主题为“致敬祖国七十华诞 谱写奶业振兴新篇章”。期间由中国奶业协会奶水牛专业委员会和奶山羊专业委员会联合主办的首届中国特色奶发展论坛成功召开，来自全国多所科研院校的专家、学者，养殖企业、乳品加工企业负责人近 200 人汇聚一堂，共同探讨特色奶产业发展之路。

2019 年 9 月 18—20 日，EuroTier CHINA 2019 奶业分会“羊秘书”首届中国羊奶产业发展论坛在山东省青岛市顺利召开，正式上线微信公众号“羊秘书”和推出刊物《羊视界》。

2019 年 9 月 23—26 日，陕西省宝鸡市千阳县成功召开全国奶山羊种业发展研讨会暨陕西省奶山羊产业发展技术培训会，期间进行了奶山羊良种评选活动。

（西北农林科技大学，史怀平、李聪；山东农业大学，纪志宾；陕西师范大学，刘永峰；云南畜牧兽医科学院，权国波；内蒙古自治区农牧业科学院，赵启南）

【进口奶牛检疫】

2019年进口奶牛检疫情况

一、进口奶牛概况

（一）进口奶牛数量

2019年我国进口活牛48批次，共计17.11万头，其中，进口奶牛40批次，共15.12万头，占进口活牛总量的88.33%。进口奶牛仍主要来自澳大利亚，占进口总数量的72.69%，2019年各国对华出口奶牛数量见图1。

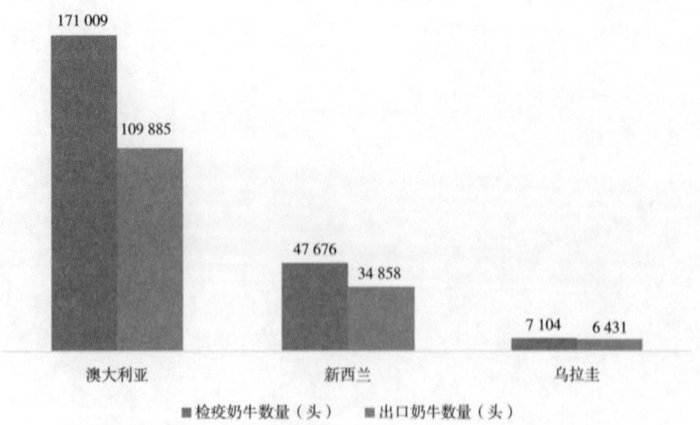

图1　2019年各国对华出口奶牛数量

（二）进口奶牛地区

受产业分布、口岸效能、社会地理等多因素影响，2019年共8个省份和1个计划平列市有奶牛进口，主要集中在河北、山东、天津、江苏等地，河北地区进境奶牛数量占全国进口总数量的47.16%，各地区进口奶牛数量见图2。

图2　2019年各口岸入境奶牛数量（头）

二、进口奶牛检疫情况

（一）进口奶牛检疫不合格情况

根据相关法律法规及议定书要求，海关总署在进口奶牛检疫过程中实施境外预检、口岸检疫、境内隔离检疫等措施，在这一过程中将淘汰检疫疫病阳性、外貌缺陷、皮肤疾病、跛行外伤及体格消瘦等不合格奶牛。2019年，共检疫奶牛22.58万头，淘汰不合格奶牛7.46万头，总淘汰率为33.05%（图3）。从检疫流程上看，境外农场检疫淘汰奶牛4.59万头，国外隔离检疫淘汰奶牛2.39万头，国内隔离检疫淘汰奶牛1 228头；该数据反映出98%以上的不合格奶牛在境外被淘汰，显著降低了奶牛疫病传入的风险，维护了我国企业利益，确保了我国畜牧业生产安全和人民生命健康安全。

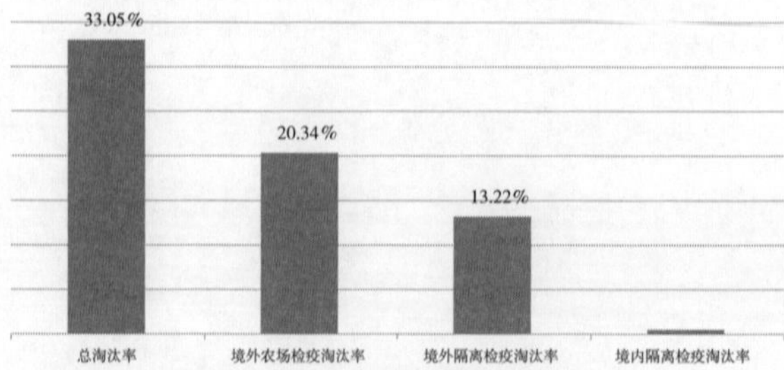

图3　2019年进境奶牛检疫淘汰情况

（二）进口奶牛阳性动物淘汰情况

2019年，进口奶牛中因疫病原因共计淘汰不合格奶牛3.38万头，疫病淘汰率为14.95%，各国奶牛疫病淘汰数量见图4。其中，乌拉圭奶牛疫病淘汰率最低，为1.52%，澳大利亚、新西兰奶牛疫病淘汰率分别为15.34%、15.54%。

图4　2019年进口各国奶牛疫病淘汰数量

三、2019年各国输华奶牛疫病检出情况

（一）澳大利亚

根据议定书的要求，对进口澳大利亚奶牛共检疫了牛传染性鼻气管炎（Infectious bovine rhinotracheitis，IBR）、牛病毒性腹泻（Bovine viral diarrhea，BVD）、

副结核病（Johne's disease，JD）、赤羽病（Akabane）、牛地方流行性白血病（Enzootic bovine leucosis，EBL）、蓝舌病（Blue tongue，BT）、鹿流行性出血病（Epizootic hemorrhagic disease of deer，EHD）共 7 种动物疫病。2019 年，澳大利亚输华奶牛因疫病淘汰 2.62 万头，其中检出比例最高的疫病是 IBR，占比 72.9%，主要因澳大利亚对牛传染性鼻气管炎不采取防控措施，牛群携带率较高；其次检出比例较高的疫病为牛病毒性腹泻，占比 8.69%；以上两种疫病，历年检出比例均较高。澳大利亚是蓝舌病疫区，根据议定书规定，应从中澳双方认可的蓝舌病非疫区进口奶牛，因此澳大利亚进口奶牛蓝舌病检出率较低，仅占全部检出疫病的 0.23%，这一数据也进一步印证了通过风险分类管理和非疫区的划分，既能够保证有牛可进，又能有效降低疫病传入风险。澳大利亚奶牛中赤羽病和副结核病的检出占比均在 5% 左右，也是议定书要求重点检测的疫病。牛地方流行性白血病和鹿流行性出血病检出比例均较低，不足 0.1%（图 5）。

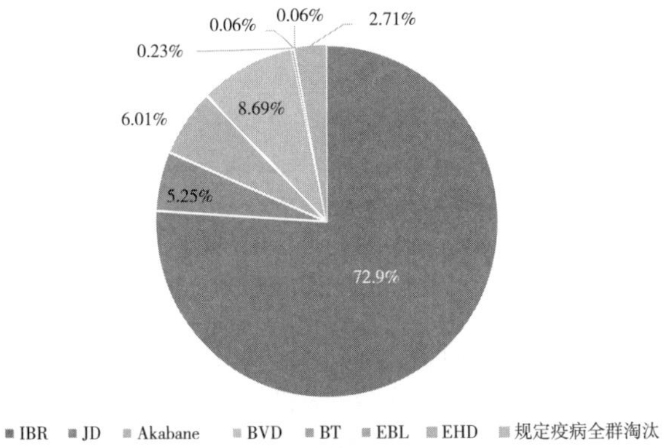

图 5　2019 年澳大利亚输华奶牛疫病检出情况

（二）新西兰

根据议定书的要求，共检疫了牛传染性鼻气管炎、牛病毒性腹泻、副结核病、牛地方流行性白血病和牛结核病 5 种动物疫病。2019 年新西兰输华奶牛因疫病淘汰 7 409 头，是疫病淘汰率在出口国中最高的，主要因新西兰与澳大利亚一样不对牛传染性鼻气管炎采取防控措施，牛群牛传染性鼻气管炎病毒携带率很高，牛传染性鼻气管炎检出比例占检出疫病总数的 75.57%。其次检出比例较高的疫病为副结核病，占比 5.5%。其他疫病的检出比例均在 5% 以下，特别是牛地方流行性白血病，检出率仅为 0.33%，在一定程度上印证了新西兰较完善的动物疫病防控体系（图 6）。

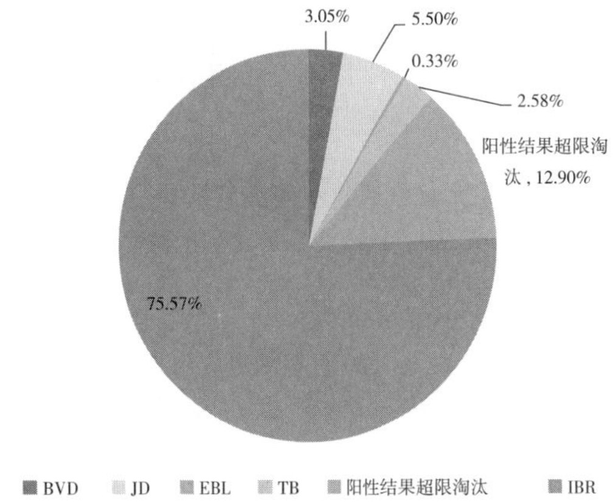

图 6　2019 年新西兰输华奶牛疫病检出情况

（三）乌拉圭

2019 年乌拉圭输华奶牛因疫病淘汰仅 108 头，相较其他国家疫病淘汰率较低，主要因为近几年乌拉圭奶牛出口量较小，牛源较为充足，有足够的质量较高的奶牛可供挑选，同时疫病流行情况也较为简单，检出疫病主要为牛地方流行性白血病、牛病毒性腹泻、副结核病（图 7）。

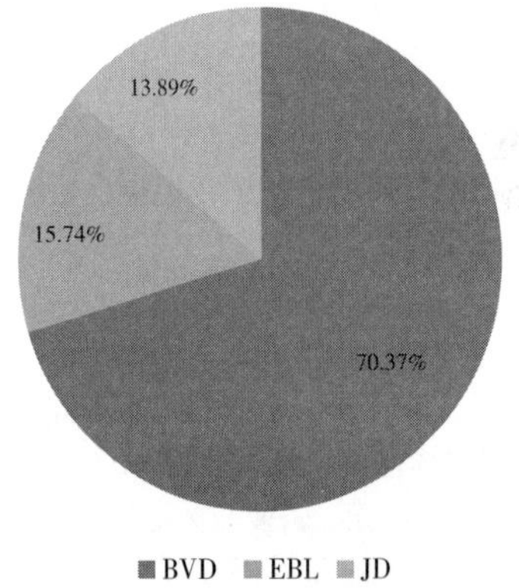

图 7　2019 年乌拉圭输华奶牛疫病检出情况

（海关总署，窦树龙；重庆海关，江红旗、殷静、李盟）

【饲草饲料】

振兴奶业苜蓿发展行动

苜蓿是奶牛等草食动物的重要优质饲草，被誉为“牧草之王”。2012年以来，农业农村部（原农业部）会同财政部启动实施振兴奶业苜蓿发展行动，每年安排3亿元，在奶牛主产省和苜蓿优势区建设50万亩高产优质苜蓿示范基地。2019年项目规模扩大，共安排6亿元资金，在奶牛主产省和苜蓿优势区建设100万亩高产优质苜蓿示范基地。

2019年项目实施顺利，基本完成了高产优质苜蓿示范片区建设任务，示范带动了我国苜蓿产业提质增效，促进了奶业发展和乳品质量安全水平提升。在河北、山西、内蒙古、辽宁、黑龙江、安徽、山东、河南、陕西、甘肃、青海、宁夏、新疆以及黑龙江省农垦总局开展优质苜蓿示范建设。截至12月底，各地共安排立项建设97.07万亩高产优质苜蓿示范基地，促进带动地方建设11.2万亩，共完成108.27万亩，占任务量的108.27%。

通过实施振兴奶业苜蓿发展行动，建设高产优质苜蓿示范片（区），带动我国优质苜蓿种植面积不断扩大，质量快速提升，有力地促进了我国苜蓿产业和奶业发展。2019年新种苜蓿120万亩，苜蓿干草产量260万t，比上年增加40万t。通过项目的实施，推动了“合作社+农户+基地”的新型生产经营模式的形成与发展，示范带动了周边农民苜蓿种植水平提升。苜蓿生产专业化、标准化、规模化、集约化水平有所提高，解放了农村劳动力，实现了农民增收。

（农业农村部畜牧兽医局奶业处）

2019年全国饲料工业发展概况

2019年，受生猪产能下滑和国际贸易形势变化等影响，全国工业饲料产值和产量下降，产品结构调整加快，饲料添加剂产品稳步增长，规模企业经营形势总体平稳。

一、饲料工业总产值

全国饲料工业总产值8 088.1亿元，同比下降9.0%；营业收入7 780.0亿元，同比下降10.5%。其中，饲料产品产值7 097.7亿元、营业收入6 858.5亿元，同比分别下降9.8%和11.5%；饲料添加剂产品产值839.3亿元、营业收入763.4亿元，同比分别下降12.4%和13.4%；饲料机械总产值47.8亿元、营业收入60.5亿元，同比分别下降19.3%和1.4%；宠物饲料产品产值103.3亿元，营业收入97.6亿元。

二、工业饲料总产量

全国工业饲料总产量22 885.4万t，同比下降3.7%。其中，配合饲料21 013.8万t，同比下降3.0%；浓缩饲料1 241.9万t，同比下降12.4%；添加剂预混合饲料542.6万t，同比下降10.6%。分品种看，猪饲料7 663.2万t，同比下降26.6%，其中仔猪、母猪、育肥猪饲料分别下降39.2%、24.5%、15.9%；蛋禽饲料3 116.6万t，同比增长9.6%，其中蛋鸭、蛋鸡饲料分别增长27.2%和1.8%；肉禽饲料8 464.8万t，同比增长21.0%，其中肉鸡、肉鸭饲料增长17.9%和25.2%；反刍动物饲料1 108.9万t，同比增长9.0%，其中肉牛、奶牛、肉羊饲料分别增长32.5%、0.8%、7.8%；宠物饲料产量87.1万t，同比增长10.8%；水产饲料2 202.9万t，同比增长0.3%；其他饲料241.9万t，同比增长29.5%。在饲料总产量中，猪饲料占比从上年的43.9%下降到33.5%，禽饲料占比从上年的41.4%上升到50.6%。

三、饲料添加剂产量

全国饲料添加剂产量1 199.2万t，同比增长8.2%。其中，直接制备饲料添加剂1 130.2万t，同比增长7.6%；生产混合型饲料添加剂69万t，同比增长20.0%。氨基酸、维生素和矿物元素产量分别为330万t、127万t、590万t，同比分别增长10.5%、14.7%、4.1%。酶制剂和微生物制剂产量继续快速增长，同比增幅分别为16.6%和19.3%。

四、集约化经营情况

2019年全国10万t以上规模饲料生产厂621家，比2018年减少35家；饲料产量10 659.7万t，同比增长3.7%，在全国饲料总产量中的占比为46.6%，较2018年增长3.3个百分点。全国有7家生产厂年产量超过 50 万 t，比 2018 年减少 1 家，单厂最大产量 110.7 万 t。年产百万吨以上规模饲料企业集团 31 家，在全国饲料总产量中的占比为 50.5%，其中有 3 家企业集团年产量超过 1 000 万 t。

五、区域布局变化情况

2019 年全国饲料产量超千万吨的省份有 9 个，比 2018 年减少 2 个，按产量排序分别为山东、广东、广西、辽宁、江苏、河北、湖北、四川、湖南。其中，山东省产量达 3 778.9 万 t，同比增长 5.9%；广东省产量为 2 923.8 万 t，同比下降 8.3%；山东和广东两省饲料工业总产值继续保持在千亿元以上，分别为 1 057 亿元和 1 009 亿元，同比分别下降 13.1% 和 22.6%。全国有 12 个省份产量同比增长，其中贵州、云南、甘肃、宁夏、新疆 5 个西部省份增幅超过 20%。

六、企业经营调整情况

2019 年猪饲料生产厂数量 5 432 家，比 2018 年减少 238 家；家禽饲料生产厂数量 4 848 家，比 2018 年增加 313 家；反刍和宠物饲料生产厂也分别比 2018 年增加 68 家和 38 家。全国散装饲料总量 4 414.3 万 t，同比增长 5.4%；在饲料总产量中的占比为 19.3%，比 2018 年提高 1.7 个百分点。

（农业农村部畜牧兽医局饲料饲草处）

2019 年牧草种植及商品草生产情况

2019 年，全国一年生饲草种植 6 648 万亩，多年生饲草新增 978 万亩，年底人工种草保留面积 14 059 万亩。全国商品草生产面积 1 683 万亩，总产量 1 017 万 t。

（农业农村部畜牧兽医局饲料饲草处）

草原生态保护补助奖励政策

2019 年，国家继续在河北、山西、内蒙古、辽宁、吉林、黑龙江、四川、云南、青海、西藏、甘肃、宁夏、新疆 13 个省（自治区、直辖市）及新疆生产建设兵团和黑龙江省农垦总局实施草原生态保护补助奖励政策。中央财政安排补奖政策资金 155.6 亿元，落实禁牧补助 90.5 亿元，草畜平衡奖励 65.1 亿元。通过落实补奖政策，草原牧区农牧民户均增加政策性收入近 1 500 元，补奖资金已成为农牧民增收的重要补充。

（农业农村部畜牧兽医局畜牧处）

2019 年生鲜乳、玉米和豆粕价格情况

生鲜乳价格总体呈上涨态势。2019 年主产省生鲜乳平均价格为每千克 3.65 元，同比上涨 5.5%。生鲜乳价格先下降、后上升，呈现出显著的季节性特征。2—5 月，主产省生鲜乳价格持续下降，5 月降至全年最低点为每千克 3.53 元，之后开始回升，12 月涨至每千克 3.84 元，为全年最高。下半年生鲜乳价格回升，主要受三方面因素影响：一是国内乳制品需求不断增长；二是进口乳制品的价格优势逐渐减弱，国内奶源竞争加剧，推动生鲜乳价格上涨；三是国内饲料原料价格上涨和用工成本增加，增加了生鲜乳生产成本。

玉米价格小幅上升。2019 年玉米每千克平均价格为 2.08 元，同比上涨 2.1%。从走势来看，全年玉米价格整体呈现 U 形走势，玉米价格先下降后抬升，年底略有回落。2019 年 9 月，玉米每千克价格为 2.13 元，相比 4 月每千克价格 2.01 元的最低点，每千克上涨 0.12 元。

豆粕价格上下波动同比下降。2019 年豆粕平均价格为每千克 3.23 元，同比下降 5.6%。全年豆粕价格上下波动情况为：1—4 月、6—7 月、11—12 月价格下降；4—6 月、7—11 月价格上升。

（农业农村部畜牧兽医局监测信息处）

2019年全国奶牛疫病防控情况

2019年，农业农村部认真贯彻落实中央决策部署，坚持以预防为主，指导各地采取综合防控措施，不断加大奶牛疫病防控工作力度，并取得明显成效。全国奶牛疫病疫情继续保持总体平稳，有力保障了产业持续健康发展。

一是部署推进规划落实。《国家中长期动物疫病防治规划（2012—2020年）》将口蹄疫等奶牛疫病列为优先防治的国内动物疫病。认真贯彻规划要求，指导各地扎实落实口蹄疫、布鲁氏菌病、结核病等奶牛主要疫病防治计划和指导意见。各级畜牧兽医部门采取免疫、监测、检疫、扑杀、无害化处理等综合防控措施，遏制布鲁氏菌病传播势头，维持口蹄疫等疫情持续平稳。

二是加强基础免疫工作。农业农村部印发2019年国家动物疫病强制免疫计划，继续将口蹄疫、布鲁氏菌病纳入计划范围。组织各地做好春秋两季集中免疫和日常补免，确保免疫密度和质量。开展春秋季防控工作检查，经实验室检测，口蹄疫等强制免疫病种抗体合格率均超过国家规定标准，构筑了有效的免疫屏障。

三是强化疫情监测预警。农业农村部印发2019年国家动物疫病监测与流行病学调查计划，指导各地开展奶牛重点疫病监测工作。各地按规定逐级报告疫情信息，有关参考实验室和部属事业单位赴各地开展采样监测，完成多项流行病学调查，定期分析评估口蹄疫等重点动物疫情形势，及时研判掌握疫情动态。各地加大奶牛布鲁氏菌病、结核病监测净化力度，积极开展净化场建设。

四是加大防控投入。农业农村部积极协调财政部加大防控投入，中央财政安排专项经费支持地方做好奶牛重点疫病防控工作，对奶牛口蹄疫、布鲁氏菌病强制免疫进行补助，对因口蹄疫、布鲁氏菌病、结核病强制扑杀的奶牛进行补助。各地也加大投入力度，支持做好防控工作。

五是强化科技支撑。组织相关事业单位和科研院所开展防控技术攻关，研究建立敏感、特异、便捷的检测方法。内蒙古、吉林、北京等地探索不同养殖模式和流行状况下布鲁氏菌病防控策略和措施，为全国防控提供经验。

六是加大宣传培训力度。组织对基层防疫人员开展培训，加强对养殖场户的技术指导和服务。组织编写知识挂图、宣传手册、明白纸，并免费发放给从业主体，指导落实防控措施。充分发挥网络、报刊及新媒体作用，加强个人防护知识宣传，提高群众的自我防护意识，形成群防群控的良好局面。

（农业农村部畜牧兽医局防疫处）

2019年生鲜乳质量安全监管情况

2019年，农业农村部按照《乳品质量安全监督管理条例》《生鲜乳生产收购管理办法》等规定，生产和监管并重，监测和执法并举，加强对奶牛场、奶站、运输车3个重点环节监管，实行生鲜乳收购和运输许可管理，推行政府抽检、奶站和乳品企业自检的乳品质量检验检测制度，着力构建严密的全产业链质量安全监管体系。

推进监管信息化。在全国运行奶站和运输车监管监测信息系统，实时掌握奶站和运输车的运行和变化情况，对全国所有奶站和运输车实现精准化、全时段管理。全国4 300多个生鲜乳收购站和5 200多辆运输车，全部纳入监管，且持证经营。

推进监管制度化。连续第11年开展生鲜乳专项整治行动。落实各地奶站、奶车专人监管制度，确保监管频次。同时出台“确保婴幼儿配方奶粉奶源安全六项措施”，对婴幼儿配方奶粉奶源的奶站、运输车和奶牛场全部建档立案，纳入重点监管。2019年，全国累计出动执法人员3.7万人（次），检查奶站6 855个（次）、运输车7 126辆（次），限期整改奶站222家、运输车66辆，取缔和吊销奶站99个、运输车3辆。

推进监测常态化。连续第11年组织实施生鲜乳质量监测计划，2019年，抽检生鲜乳样品1.2万批次，开展婴幼儿配方奶粉奶源质量安全专项监测和飞行抽检，重点对婴幼儿奶粉奶源相关的奶站和运输车进行全覆盖抽检，建立婴幼儿配方奶粉奶源质量安全追溯体系。

发布《中国奶业质量报告》。通过权威数据全面呈现我国乳品质量安全状况，宣传奶业质量安全监管的措施和成效。2019年，我国生鲜乳乳蛋白率抽检平均值为3.27%，乳脂肪抽检平均值为3.85%，远超国家标准，达到奶业发达国家水平。三聚氰胺等违禁添加物抽检合格率连续10年保持100%，生鲜乳抽检合格率99.9%以上，质量水平处于历史最好时期。

（农业农村部畜牧兽医局奶业处）

2019 年牛奶兽药残留监控情况

一、实施牛奶兽药残留监控计划

为加强兽药残留监控，保障动物源性食品安全，科学指导养殖环节安全、科学用药，2019 年继续组织实施动物及动物产品兽药残留监控计划，重点对主要畜禽产品以及容易引发问题的产品开展检测，加大抽检的覆盖面和抽检频率，充分发挥残留监控计划发现问题、查找隐患的作用。同时，要求各地严格执行抽样、检测规定，及时、准确、如实上报检测结果，及时做好阳性样品的跟踪监测和追溯工作。各检测机构按照《2019 年动物及动物产品兽药残留监控计划》要求，持续加大奶牛养殖场（户）、生鲜乳收购站抽检力度。全年对 866 批次牛奶进行了兽药残留检测，检测项目包括 β－内酰胺类、阿维菌素类、氟喹诺酮类、磺胺类、四环素类，共计 5 类 31 种药物，合格率 100%。

二、实施兽用抗菌药综合治理行动

一是组织开展兽药质量监督抽检，强化检打联动和飞行检查，对严重违法违规行为予以严惩重处。2019 年，全国完成兽药质量监督抽检 12 408 批次，不合格 178 批次，合格率 98%，比 2018 年提高 0.9 个百分点；完成兽用生物制品监督抽检 632 批次，合格率 98.1%。通报 12 家兽药生产企业为重点监控企业。二是印发农业农村部公告第 194 号和第 246 号，启动药物饲料添加剂退出行动，自 2020 年 1 月 1 日起，停止生产进口促生长类药物饲料添加剂（中药类除外）；废止相关品种标准，注销相关产品批准文号；修订发布抗球虫类等相关品种质量标准，完成兽药添字转为兽药字文号变更工作。二是实施兽用抗菌药使用减量化行动，2019 年对第二批 104 家畜禽养殖场开展使用减量试点，并对 2018 年第一批试点养殖场开展成效评价。三是开展宣教行动。组织开展科学使用兽用抗菌药百千万接力公益再行动和兽用抗菌药减量化使用科技下乡集中宣传活动，带动 43 家企业参与，举办 1 700 多场科普活动，覆盖 2 万多个养殖场（户），宣传普及科学安全用药知识。四是首次发布中国兽用抗菌药使用状况报告，据统计，2018 年我国畜禽养殖使用的抗菌药总量为 2.98 万 t，比 2017 年下降 29%。

（农业农村部畜牧兽医局药政药械处）

2019 年饲料质量安全监管情况

一、抽查情况

按照“双随机、一公开”监管要求，农业农村部畜牧兽医局从被监督抽查企业库中随机选取 1 555 家饲料生产企业进行监督抽查，从监管专家库中随机选取 100 名饲料质量安全监管专家开展抽样工作。此次监督抽查企业范围涉及 30 个省（自治区、直辖市）和新疆生产建设兵团，产品监测指标包括卫生、禁限用药物、牛羊源性成分和质量 4 个方面 54 项指标，产品检验检测工作由畜牧兽医局通过公开招标方式选择的 27 家承检机构完成，有关省级饲料质检机构对 303 份样品进行了复核检验。此次监督抽查的样品采集、派样检测、检测报告、复核检验等全部工作流程均录入全国饲料质量安全监测信息系统，实现监督抽查工作全程可追溯。在监督抽查中随机选取部分饲料、饲料添加剂生产企业进行现场检查。国家饲料质量监督检验中心（北京）、中国农业科学院饲料研究所和北京畜牧兽医研究所等单位参与完成有关工作。

二、监督抽查结果

总体情况。此次监督抽查共抽检各类商品饲料样品 2 805 批次，总体合格率 96.2%。其中，配合饲料 1 622 批次，合格率 95.7%；浓缩饲料 436 批次，合格率 93.1%；精料补充料 76 批次，合格率 98.7%；宠物饲料 54 批次，合格率 96.3%；添加剂预混合饲料 285 批次，合格率 99.0%；饲料添加剂 95 批次，合格率 100%；混合型饲料添加剂 122 批次，合格率 100%；动物源性饲料原料 52 批次，合格率 96.2%；植物性饲料原料 46 批次，合格率 97.8%；单一饲料 17 批次，合格率 100%。

重要指标检测结果。对 2 742 批次样品进行卫生指标检测，发现 41 批次不合格产品，不合格率 1.5%；对 2 201 批次样品进行禁限用药物指标检测，发现 38 批次不合格产品，不合格率 1.7%；对 30 批次样品进行牛羊源成分指标检测，发现 2 批次不合格产品，不合格率 6.7%；对 2 429 批次样品进行质量指标检测，发现 34 批次不合格产品，不合格率 1.4%。

三、企业现场检查结果

农业农村部畜牧兽医局委托专家对照生产企业许可条件和《饲料质量安全管理规范》要求，围绕安全生产、许可条件、原料使用、生产过程控制、产品质量控制、管理规范执行、标签标识7个方面33项内容，对202家饲料生产企业（包括配合饲料、浓缩饲料、精料补充料、添加剂预混合饲料、混合型饲料添加剂生产企业）、17家饲料添加剂生产企业和17家单一饲料生产企业进行现场检查。

结果发现，饲料生产企业主要存在以下问题：一是生产过程污染风险防控措施不到位，涉及125家企业，占比61.9%；二是原料查验检验制定落实不到位，涉及97家企业，占比48.0%；三是管理规范有关制度执行不到位，涉及85家企业，占比42.1%；四是危险操作面防护措施不到位，涉及82家企业，占比40.6%；五是用电防护措施不到位，涉及67家企业，占比33.2%。饲料添加剂生产企业主要存在用电防护措施不到位、设施设备与许可申报不一致、留样观察制度未落实3个问题，各涉及4家企业，占比均为23.5%。单一饲料生产企业主要存在劳动保护不到位、未严格执行产品出厂检验、留样观察制度不落实3个问题，涉及企业分别为6家、5家、4家，占比分别为35.3%、29.4%、23.5%。现场检查专家对存在问题的企业分别提出了整改意见及建议。

（农业农村部畜牧兽医局饲料饲草处）

【机械补贴】

2019年农业机械购置补贴政策实施和奶业机械装备应用情况

一、2019年农业机械购置补贴状况

2019年是毛泽东主席发表“农业的根本出路在于机械化”重要论断60周年。这60年来的实践证明，机械化是实现农业现代化、提高劳动生产率、保障农产品质量安全的重要手段。2019年，各级农业农村部门、财政部门密切配合，认真贯彻落实农、财两部印发的《2018—2020年农机购置补贴实施指导意见》，全年共实施中央财政农机购置补贴资金180亿元，扶持175万农户购置机具200万台（套）。农业农村部积极贯彻落实国务院关于促进奶业持续健康发展的意见，稳步推进和实施奶业机械装备的农机购置补贴，奶业机械化水平大幅提升。

2018年年底，国务院发布《关于加快推进农业机械化和农机装备产业转型升级的指导意见》（国发〔2018〕42号），明确“促进物联网、大数据、移动互联网、智能控制、卫星定位等信息技术在农机装备和农机作业上的应用”，进一步促进了奶业机械向信息化、智能化方向转型升级。目前，挤奶机器人开始陆续应用，信息化程度较高的环控设备、挤奶在线监测设备、奶牛行为监控设备越来越普及，经过信息化改造的成套饲料加工设备应用越来越多。2019年年初，《农业农村部财政部关于做好2019年农业生产发展等项目实施工作的通知》（农计财发〔2019〕6号）、《农业农村部办公厅 财政部办公厅关于进一步加强农机购置补贴政策监管强化纪律约束的通知》（农办机〔2019〕6号）、《农业农村部办公厅关于进一步做好农机购置补贴机具投档与核验等工作的通知》（农办机〔2019〕7号）3个文件先后印发，进一步加强纪律规矩约束，优化服务，便利农机企业和农民群众。2019年，奶业机械化在国家农机购置补贴政策的拉动下进一步发展。

二、主要奶业机械应用现状

青贮收获机。玉米全株青贮是目前规模化奶牛养殖场的主要饲料，籽粒破碎是玉米全株青贮收获的重要指标。2019年，农业农村部修订发布推广鉴定大纲DG/T 052—2019《青饲料收获机》，其明确了籽粒破碎功能的有关参数要求，进一步加大推广力度，使其成为市场主流产品之一。目前，国产品牌的青贮收获机制造企业以美诺、美迪、牧泽为代表，在河北、山东等地呈现产业集群分布，重点研发420马力*以上功率的机型。2019年全国青饲料收获机保有量在5.14万台，同比增长5.69%。“十三五”前四年中央财政已累计补贴1.48万台，补贴额超过6.58亿元。2019年全国机械化青贮秸秆数量0.91亿t。

TMR制备机。2019年中央财政补贴购置饲料搅拌机类产品0.18万台，补贴金额0.39亿元。“十三五”前四年，中央财政已累计补贴0.52万台，补贴额1.22亿元。2007年，农业部大力推广TMR制备机，目前已经成为奶牛规模化养殖的必备设备。国产品牌中的固定式和牵引式机型，已基本能够替代国外品牌设备，国内制造企业正在向精准配方、大型固定式饲喂站和自走式TMR制备机的方向发展。目前，牧场更新设备更倾向于处理量大的型号，对原有设备进行信息化改造的情况很普遍，主要是以筒仓加装输送装置，配合传感器技术和后台软件系统，进行功能集成和使用升级。

挤奶机。2019年全国挤奶机保有量在9.79万台，同比增长0.77%。2019年中央财政补贴仅38台（套），数量较少，主要原因是补贴额度低，用户申报积极性不高。2009年以来，中央财政累计补贴1.98万台，累计补贴额5.69亿元，规模化牧场基本实现了机械化挤奶。据统计，2019年机械挤奶的家畜数量（折算成羊单位）

* 马力为非法定计量单位，1马力≈735W。——编者注。

为4 031.96万个。挤奶设备也是2007年以来农业农村部重点推广的机械产品，在用的机械产品中，国外品牌占多数，国内企业以组装为主。近年来，奶牛养殖业受多种因素影响，经济效益不佳，牧场挤奶设备更新和新装项目较少，从补贴机具数量来看也有较明显反映。随着2018年奶牛养殖效益好转，牧场设备更新明显，平面式、管道式基本退出市场，并列快放式、转盘式成为首选，受成本优势的影响，鱼骨式仍占有较大比例。目前，挤奶机器人逐渐得到应用。

贮奶（冷藏）罐。贮奶（冷藏）罐是奶牛养殖的必备设备，2009年起，农业农村部开始补贴此类产品，中央财政累计补贴额超过2亿元。贮奶罐和冷藏罐都属于耐用品，更新较慢。相比于传统冷藏罐，速冷设备的制冷效率更快。截至2019年，专用生鲜乳运输车配合速冷设备和奶仓是新建牧场配置和老牧场设备更新的首选。随着速冷设备列入2019年第二批国家支持的农业机械推广鉴定产品种类指南，相关产品鉴定已经开始，推广力度逐步增加，此类产品将成为牧场标配。

粪污资源化利用设备。2019年，全国畜禽粪污资源化利用设备保有量为7.79万台（套），同比增长19.64%。2019年中央财政补贴机具0.31万台（套），补贴资金0.81亿元。2018年年底，农业农村部办公厅发文要求，将清粪机、粪污固液分离机、撒肥机、畜禽粪便发酵处理机、有机废弃物好氧发酵翻堆机、畜禽尸体处理机、有机废弃物干式厌氧发酵装置、有机肥加工设备、沼气发电机组、沼液沼渣抽排设备10种已有推广鉴定大纲的产品列为加快鉴定推广的畜禽粪污资源化利用机具；2019年4月，农业农村部办公厅发文要求，为畜禽养殖废弃物资源化利用提供机械化支撑，在农机购置补贴机具种类范围中增加畜禽粪便发酵处理机等4个畜禽粪污资源化利用机具品目，鼓励开展畜禽粪污资源化利用机具新产品补贴试点；2019年7月，农业农村部农业机械化管理司修订《2018—2020年全国农机购置补贴机具种类范围》，增加有机废弃物好氧发酵翻堆机、有机废弃物干式厌氧发酵装置、畜禽粪便发酵处理机、有机肥加工设备品目，为这类产品的补贴实施走上快车道做好了准备。截至2019年，奶牛养殖场广泛使用的粪污资源化利用设备主要有清粪机、固液分离机，好氧发酵罐在近两年也开始应用。在政策支持引导下，一批畜禽养殖废弃物资源化利用装备将快速被推广应用，有效解决制约奶牛养殖的环保约束。

（农业农村部农业机械试验鉴定总站、
农业农村部农业机械化技术开发推广总站，
金红伟、吕占民、孙　筱）

四、各地奶业

GEDI NAIYE

北京市

【奶类生产】北京市2019年奶牛存栏56 829头，其中，成乳牛32 903头。饲养品种主要以荷斯坦牛为主，其他品种奶牛有少量存栏。北京市奶牛养殖分布在12个区，主要集中于顺义区、密云区、延庆区、通州区、房山区、昌平区和大兴区（表1）。

表1　2019年北京市奶牛存栏情况

地区	奶牛存栏（头）	成乳牛存栏（头）
北京市	56 829	32 903
顺义区	11 567	6 089
密云区	10 928	6 647
延庆区	9 159	5 282
通州区	9 147	5 587
房山区	6 753	4 046
昌平区	4 323	2 597
大兴区	4 274	2 287
平谷区	239	164
朝阳区	216	82
海淀区	171	99
怀柔区	45	17
门头沟区	7	6

2019年全市生牛乳产量264 134.8t，比2018年减少14.95%。其中，顺义区、朝阳区、平谷区生牛乳产量与2018年相比有所增加，其他各区生牛乳产量均呈现下降趋势（表2）。

表2　2019年北京市生牛乳产量

地区	生牛乳产量（t）		
	2019年	2018年	增长速度(%)
北京市	264 134.8	310 551.1	−14.95
朝阳区	353.4	217.5	62.48
海淀区	761.6	1 109.4	−31.35
房山区	31 266.4	34 239.6	−8.68
通州区	57 207.1	78 082.6	−26.74
顺义区	38 259.7	35 102.7	8.99
昌平区	24 689.9	24 714.8	−0.10
大兴区	25 924.3	32 206.5	−19.51
门头沟区	20.0	20.7	−3.38
怀柔区	0.0	219.0	−100.00
平谷区	914.0	896.2	1.99
密云区	52 135.2	64 020.2	−18.56
延庆区	32 603.3	39 701.0	−17.88

【乳制品加工】北京市乳制品生产企业主要分布于朝阳、通州、丰台、门头沟、房山、顺义、昌平、大兴、平谷、怀柔、密云和延庆等区（表3）。

表3　北京市主要乳制品生产企业及经营范围

序号	企业名称	经营范围	所属区
1	北京健生饮料有限公司	加工、制造奶制品、饮料	朝阳
2	北京三元食品股份有限公司	加工乳制品、饮料、食品、原材料、保健食品、冷食冷饮	大兴
3	北京圣祥乳制品厂	酸牛奶、消毒牛奶、含乳饮料加工	丰台
4	北京龙泉乳品公司	加工销售消毒牛乳、酸牛乳、乳饮料	门头沟
5	奥德华乳品（北京）有限公司	生产各种高级果品酸奶、奶油、黄油、脱脂牛奶、汽奶、冰激凌及乳制品	房山
6	蒙牛乳业（北京）有限责任公司	生产、加工乳制品、乳饮料、冷冻饮品、速冻食品	通州
7	北京科尔沁乳业有限公司	乳制品加工、销售	通州
8	蒙牛高科乳制品（北京）有限责任公司	乳制品	通州
9	北京光明健能乳业有限公司	乳制品、饮料	顺义

（续）

序号	企业名称	经营范围	所属区
10	北京超凡食品有限公司	乳制品	顺义
11	北京艾莱发喜食品有限公司	乳制品	顺义
12	北京天辰乳业有限公司	乳制品	顺义
13	北京三元食品股份有限公司乳品四厂	乳制品、其他食品	昌平
14	北京和润乳制品厂	乳制品、饮料	大兴
15	北京乳旺食品有限公司	乳制品、饮料	平谷
16	达能乳业（北京）有限公司	乳制品	怀柔
17	北京鸿达乳品有限公司	乳制品	怀柔
18	北京百思乐乳业有限公司	饮料	怀柔
19	内蒙古伊利实业集团股份有限公司北京乳品厂	乳制品、饮料	密云
20	北京归原生态农业发展有限公司	乳制品	延庆

北京市乳制品企业的产品涵盖了几乎所有的乳制品种类，但在产品形式上主要以发酵乳、灭菌乳、巴氏杀菌乳和调制乳等液态乳制品为主。

【奶源基地】紧紧围绕北京“四个中心”功能建设和“疏整促”“调转节”等重点工作，按照高质量发展的总体要求，以供给侧结构性改革和京津冀协同发展为主线，加强优质奶源基地建设，优化奶业生产布局，实施标准化生产，保障乳制品质量安全和有效供给，有效推进首都“菜篮子”生鲜乳保障体系建设。全市登记的规模奶牛养殖场有 50 个。其中，设计规模 500 头及以上的奶牛养殖场 44 个，占 88%（表 4）。奶牛良种覆盖率 100%（表 5）。

表 4　2019 年北京市备案的规模化奶牛养殖场分布情况

单位：个

区	500 头以下	500~999 头	1 000~1 999 头	2 000 头及以上	合计
大兴区	0	0	0	2	2
延庆区	2	9	4	0	15
密云区	0	0	2	3	5
通州区	0	0	2	4	6
房山区	0	4	0	1	5
顺义区	1	5	3	2	11
平谷区	1	0	0	0	1
昌平区	2	1	1	1	5
合计	6	19	12	13	50

备注：数据来自 2019 年北京市畜禽养殖场（小区）登记备案统计数据。

表 5　2019 年北京市备案的规模化奶牛养殖场名录

序号	名称	设计规模（头）	品种
1	北京海华云都生态农业有限公司	10 000	荷斯坦
2	北京市北务广峰养殖场	3 000	荷斯坦
3	北京中地畜牧科技有限公司	3 000	荷斯坦
4	北京首农畜牧发展有限公司（金银岛牧场）	2 800	荷斯坦
5	北京鼎晟誉玖牧业有限责任公司	2 600	荷斯坦
6	北京首农畜牧发展有限公司绿荷第一牧场	2 500	荷斯坦
7	北京首农畜牧发展有限公司绿荷分公司半截河牛场	2 300	荷斯坦
8	北京鼎晟誉玖牧业有限责任公司奶牛二场	2 200	荷斯坦
9	北京首农畜牧发展有限公司绿荷牛业分公司（南口二牛场）	2 000	荷斯坦

（续）

序号	名称	设计规模（头）	品种
10	北京绿荷牛业有限责任公司（创辉牛场）	2 000	荷斯坦
11	圣兴达牛场	2 000	荷斯坦
12	北京首农畜牧发展有限公司绿荷分公司中以牛场	2 000	荷斯坦
13	北京首农畜牧发展有限公司绿荷分公司草厂牛场	2 000	荷斯坦
14	北京市久兴养殖场	1 700	荷斯坦
15	北京梦渌通养殖有限公司	1 700	荷斯坦
16	北京昭阳牧场	1 500	荷斯坦
17	北京首农畜牧发展有限公司绿荷牛业分公司（南口三牛场）	1 500	荷斯坦
18	北京首农畜牧发展有限公司三堡牛场	1 500	荷斯坦
19	北京首农畜牧发展有限公司小务牛场	1 400	荷斯坦
20	北京康源奶牛养殖有限责任公司	1 300	荷斯坦
21	北京雄特牧业有限公司	1 274	荷斯坦
22	北京大地群生养殖专业合作社	1 200	荷斯坦
23	北京首农畜牧发展有限公司奶牛中心（北京奶牛中心良种场）	1 150	荷斯坦
24	北京三农嘉华农牧业科技有限公司	1 000	荷斯坦
25	北京市马坡肖家坡明仁奶牛养殖场	1 000	荷斯坦
26	北京延照富民奶牛养殖中心	1 000	荷斯坦
27	北京利源永兆养殖中心	1 000	荷斯坦
28	北京民禾诚奶业专业合作社	922	荷斯坦
29	北京双萍养殖有限公司	800	荷斯坦
30	北京兴利鹏奶牛养殖中心	800	荷斯坦
31	北京金鑫园奶牛中心	800	荷斯坦
32	北京方旭养殖中心（延庆方旭养殖中心）	800	荷斯坦
33	北京森茂种植有限公司	750	荷斯坦
34	北京小段奶牛合作社	700	荷斯坦
35	北京市向阳奶牛场	700	荷斯坦
36	北京富农兴牧奶牛养殖合作社	700	荷斯坦
37	北京中加永宏科技有限公司	600	荷斯坦
38	北京市建雄养殖有限公司	600	荷斯坦
39	北京天意兴旺养殖专业合作社	600	荷斯坦
40	北京旺龙达奶牛养殖合作社	510	荷斯坦
41	北京三石奶牛场有限公司	500	荷斯坦
42	北京兴旺富民养殖场	500	荷斯坦
43	北京拥军利民奶牛专业合作社	500	荷斯坦
44	北京瑞林奶牛养殖中心	500	荷斯坦
45	中国农业机械化科学研究院北京农机试验站（奶牛场）	450	荷斯坦
46	北京市龙湾承三养殖场	400	荷斯坦
47	北京东五里营金牛养殖中心	400	荷斯坦
48	中央军委机关事务管理总局南口农副业基地（原名中国人民解放军总参谋部信息化部南口生活供应服务中心）	300	荷斯坦
49	北京金东牛场	300	荷斯坦
50	北京金龙腾达养殖场	300	荷斯坦

【奶农组织】技术服务体系：北京市通过市、区、乡镇、村四级技术服务体系、奶牛产业技术体系北京市创新团队和奶业社团组织机构，有效地整合了全市的科技、人才和产业资源，开展服务体系创新工作，创立了多种形式的技术服务模式，全方位服务于奶牛产业发展，为北京奶业的健康发展提供了政策、科技与人才支撑。

奶业社团组织机构：2019年北京市登记备案的奶业社团组织机构共有4家，分布于全市4个区，在协助政府进行行业管理、服务行业、维护奶农和行业的合法权益、促进北京奶业产业的健康发展等方面具有重要作用（表6）。

表6 北京市奶业社团组织机构

序号	名 称	业务主管单位	登记证号
1	北京市奶业协会	无（已脱钩）	0010029
2	北京市怀柔区怀北镇奶业协会	北京市怀柔区农业农村局	1610199
3	平谷区刘家店镇奶牛养殖协会	北京市平谷区刘家店镇人民政府	1510090
4	北京市密云区小母牛项目服务中心	密云区农村工作委员会	1730016

【政策法规】地方标准：截至2019年，北京市制定与奶牛产业相关的现行有效地方标准共计9项，对推动本地区奶牛产业规范、健康、有序发展起到积极作用（表7）。

表7 北京市奶牛产业地方标准

标准号	标准中文名称	实施日期
DB11/T 150.1-2019	奶牛饲养管理技术规范 第1部分：育种	2019/10/1
DB11/T 150.2-2019	奶牛饲养管理技术规范 第2部分：繁殖	2019/10/1
DB11/T 150.3-2019	奶牛饲养管理技术规范 第3部分：饲养与饲料	2019/10/1
DB11/T 150.4-2019	奶牛饲养管理技术规范 第4部分：卫生防疫	2019/10/1
DB11/T 1332-2016	奶牛机械挤奶操作规范	2016/8/1
DB11/T 1021-2013	奶牛电子耳标技术规范	2014/2/1
DB11/T 868-2012	生鲜乳储运技术规范	2012/9/1
DB11/T 425-2018	牛场舍区、场区、缓冲区环境质量要求	2019/1/1
DB11/T 708-2010	生鲜乳收购站建设与管理技术规范	2010/8/1

（北京市畜牧总站，任 康）

天 津 市

【奶畜养殖】2019 年天津市奶牛存栏 11 万头，同比减少 2.7%。生鲜乳产量 47.4 万 t，同比减少 1.4%。天津市奶畜养殖场主要分布在武清区、静海区、宝坻区、滨海新区、宁河区、北辰区。2019 年，奶牛存栏量小幅下降，生鲜乳产量随之下降，但奶牛标准化规模养殖水平仍在不断提高，规模牧场技术水平和管理水平不断进步，奶牛饲养环境、生产条件和设施设备显著改善，生鲜乳质量水平稳步提升。在国家和市政府有关政策支持和引导下，以开放、绿色、创新为理念，天津奶业进入高标准、高质量发展阶段，实现了牧场的规模化、标准化、机械化、良种化、信息化，促进了种、养、加、销产业融合发展，具有显著的现代都市型奶业特点。

【乳制品加工】2019 年年底，全市乳制品加工企业共计 10 家，分别是：天津海河乳业有限公司、天津华明乳业有限公司、天津津河乳业有限公司、天津中芬乳业有限公司、弗里生（天津）乳制品有限公司、天津光明梦得乳品有限公司、天津完达山乳品有限公司、天津伊利乳品有限责任公司、蒙牛乳制品（天津）有限责任公司、天津三元乳业有限公司。

天津海河乳业有限公司作为国家级农业产业化重点企业和本土乳制品市场领军企业，充分发挥优质奶源优势，突出城市乳业定位，大力推广巴氏杀菌乳，2019 年生产销售巴氏杀菌乳 9 722t。

【市场消费】2019 年生鲜乳价格持续上涨，2019 年价格均高于 2018 年同期，呈现较为鲜明的季节性特点。1~5 月出现季节性回落后再次上涨。1~2 月生鲜乳价格缓慢增长，2~5 月，生鲜乳价格大幅下降，6~12 月开始逐步回升（图 1）。全年平均价格 3.74 元 /kg，同比上升 6.55%，生鲜乳价格继续保本微利。

受进口乳制品冲击，乳制品企业限量收购，超出定量的采取低价收购；进口奶制品进一步挤占消费份额，进口奶粉替代生鲜乳原料奶，种种因素导致奶牛养殖整体形势不容乐观。

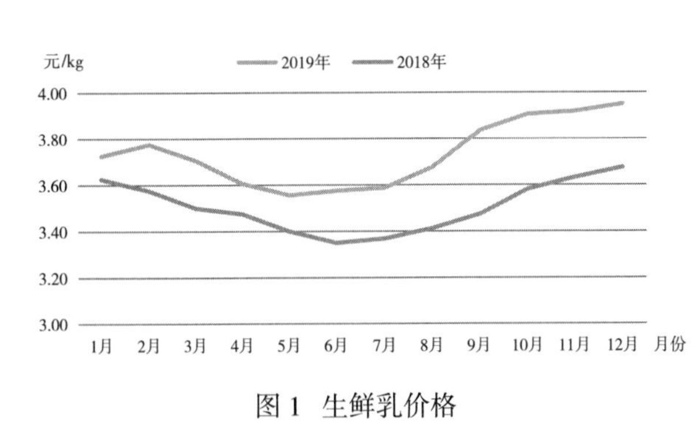

图 1 生鲜乳价格

【奶源基地】2019 年年底，全市奶牛养殖场 88 个。其中，蓟州区 3 个，宝坻区 12 个，武清区 32 个，静海区 12 个，北辰区 5 个，滨海新区 10 个，宁河区 11 个，西青区 2 个，东丽区 1 个。

全市奶牛养殖综合水平不断提升。牧场规模化、标准化实现 100%；成母牛 DHI 参测率 60%，良种优质冻精使用率 100%；TMR 饲喂率 100%；机械化挤奶率 100%；80% 以上牧场实现了智能化管理；生鲜乳运输环节 GPS 监控全覆盖。奶牛规模化养殖水平的提高，极大地促进了机械化和标准化发展。

2019 年，天津市继续扩大奶牛生产性能测定项目。2019 年农业农村部奶牛生产性能测定项目天津任务数为 2.8 万头，落实国家补助资金 196 万元。参测奶牛场 52 个，参测牛数 49 944 头，成母牛参测率 60%，提供有效数据 25.4 万余条。天津市奶牛生产性能测定体系已形成，奠定了天津市奶牛育种工作发展的基石，为天津市奶牛遗传改良工作打下了坚实基础。

牧草种植。2019 年全市饲草料种植规模 2.34 万 hm^2，其中全株青贮玉米 2.07 万 hm^2、苜蓿 0.22 万 hm^2、燕麦 0.05 万 hm^2。开展饲草料品种区域试验，完成 65 个饲草料品种评价筛选工作，示范推广青贮玉米、燕麦等饲草料品种 5 个，示范面积 530hm^2，全市全株青贮玉米收储量 77 万 t。开展规模化奶牛养殖场青贮饲料质量评估分析，形成 73 份评估分析报告。

疫病防控情况。2019 年没有重大疫情发生。按照国家相关规定实行人畜共患布鲁氏菌病强制免疫，对奶牛进行全群免疫。组织开展春秋两季奶牛口蹄疫、结核病检测，奶牛结核病继续保持净化标准。奶牛场各级管理人员和技术人员，在生产中坚持防重于治的原则，注意疾病的诊断与检测，提早发现和预防奶牛疾病，更好地发挥奶牛生产性能，延长奶牛寿命，提高奶牛场经济效益。奶牛场兽医工作者、奶业科研人员，动物疾病防控、卫生监督相关部门共同为奶业健康发展保驾护航。

【奶农组织】技术培训。2019 年为提高奶业技术水平，继续加强奶牛养殖技术培训和技术推广服务工作。以“奶业提质增效”为目标，组织开展奶牛养殖技术培训，全年组织专题技术培训 4 期，累计培训 450 人次。

【政策法规】2019 年继续实施奶牛生产性能测定补贴政策，在农业农村部农技推广（DHI）项目的基础上，天津市财政额外增加 1 万头奶牛生产性能测定任务，补助资金 70 万元。

2019 年实施种养结合循环示范场建设项目，全市共有 25 个奶牛场参加，累计申请市财政资金 524 万元。通过种养结合循环利用，将养殖粪污变废为宝，进行资源化处理与综合利用，固体粪便生产有机肥，污水通过储存，利用吸粪车抽取作为肥水按一定比例施入农田，实现了粪污的有效分离、收储、处理及利用。

【质量监管】2019 年生鲜乳运输车监管信息系统一期升级运行，全年完成安装设备车辆 24 辆，4 期累计安装设备车辆 108 辆，有效保障了生鲜乳运输环节的质量安全，减少了人为因素对生鲜乳质量安全的影响，提高了全市生鲜乳质量安全监管信息化水平。天津市生鲜乳运输车监管信息系统推广与应用项目获天津市科学技术进步奖三等奖。

2019 年启动生鲜乳快速检测试剂采购项目，完成生鲜乳快速检测试剂采购下发应用；生鲜乳留样瓶采购发放到位，确保生鲜乳抽样留样标准化、规范化。

【奶业大事】 2019 年天津市继续实施奶牛饲料营养消化率检测项目，评估奶牛饲料营养及消化吸收率，在奶牛科学养殖、精准饲喂、节能减排、降低饲养成本等方面发挥了重要作用，同时为制定奶牛饲养标准和牛奶质量标准提供了数据依据。

2019 年 4 月 21 日，天津市奶业科技创新协会启动大会暨第一次会员大会在天津召开。天津市奶业科技创新协会是国家奶业科技创新联盟的实体化平台。协会借助于国家农业科技创新联盟的力量，凝聚全国奶业顶尖人才，推动国家联盟科技成果在津转化，并为天津奶业发展转型升级和奶业振兴提供强有力的技术支撑。

2019 年 7 月 12—14 日，第十届中国奶业大会暨 2019 中国奶业展览会在天津开幕。会展以“致敬祖国七十华诞 谱写奶业振兴新篇章”为主题，展现新中国奶业 70 年发展成就，展示企业先进技术工艺、设施设备和产品，举办奶业全产业链高端论坛 16 场，推进奶业全面振兴。

2019 年，由天津市奶业科技创新协会批准立项的《特优级生乳》《优级生乳》《优质巴氏杀菌乳》《优质超高温灭菌乳》《奶及奶制品中乳铁蛋白的测定液相色谱法》《奶及奶制品中 β－乳球蛋白的测定液相色谱法》以及《巴氏杀菌乳中碱性磷酸酶活性的测定发光法》7 项团体标准正式发布。

（天津市农业发展服务中心，王永颖）

河北省

【奶类生产】2019年河北省奶牛存栏114.8万头，同比增长8.4%；生鲜乳产量429万t，同比增长11.4%，产量居全国第三位。河北省着力打造坝上草原牧区、山前平原农牧结合区、黑龙港流域农草牧结合区三大奶牛养殖聚集区，目前聚集区奶牛存栏占全省奶牛存栏90%以上。

【乳制品加工】2019年，河北省乳制品产量357万吨，同比增长5.8%，连续6年全国第一；婴幼儿配方奶粉产量8万t，同比增长60%，增速全国第一。乳制品加工企业46家，隶属于伊利集团4家、蒙牛集团7家、三元集团3家、君乐宝乳业集团13家，日处理生鲜乳能力合计约1.8万t，其中乳粉加工企业16家（取得婴幼儿配方奶粉生产资质的企业6家），婴幼儿配方奶粉年产能达到18万t。

2019年河北省总投资40亿元新建9个乳制品加工厂，年增生鲜乳处理能力66万t。有15个乳制品加工厂开放工业旅游，其中1个为国家4A级旅游景区、4家为3A级旅游景区。在2019中国品牌强国盛典活动上，君乐宝入选“榜样100品牌”和“十大年度新锐品牌”。君乐宝“悦鲜活”牛奶和乐铂K2奶粉分别荣获第13届全球乳制品大会“最佳工艺创新奖”和“最佳儿童乳品奖”，旗帜奶粉获得世界食品品质评鉴大会的最高荣誉——特别金奖。

【奶源基地】截至2019年年底，河北省有奶牛养殖场845个，规模化比例达到100%，其中300头以上规模存栏比例98%以上，奶牛标准化规模养殖处于全国领先水平，泌乳牛平均单产达到7.9t。2019年河北省新增30个单产10t以上高产奶牛核心群，完成奶牛生产性能测定19.7万头，测定奶样141万份，出具分析报告3 795份，精准施策指导奶牛场提质增效。

2019年河北新建智能化牧场150个，升级改造200个家庭奶牛场，配备更新控温控湿、饲喂清粪、挤奶存储、粪污处理等设施设备，实现精准化、智能化管理，提高了生产效率和养殖水平。河北省奶牛场粪污处理设施装备配套率实现100%，有7个奶牛养殖场通过“GLOBAL GAP（全球良好农业规范）”认证。

2019年河北省种植全株玉米220万亩，苜蓿种植面积45万亩，奶牛养殖场全部饲喂全株青贮玉米和苜蓿，实现了饲草生产与奶牛养殖协同高质量发展。河北省制定了《河北省2019年粮改饲试点工作实施方案》《2019年山前平原区奶牛养殖大县整县推进粮改饲专项工作方案》，坚持以养定种、以种促养，合理布局饲草基地，扩大全株饲用玉米种植面积，在黑龙港流域发展苜蓿连片种植。

【质量监管】河北省实行生鲜乳质量定期分级抽检联动制度。全省生鲜乳收购站网络视频监管平台与生鲜乳收购站、乳制品企业和市、县农牧主管部门之间互联互通，并进行实时监控。乳制品企业通过河北省生鲜乳监管日报告平台每日报送生鲜乳收购数量及检测结果。2019年河北省生鲜乳第三方抽检合格率100%，乳制品监督抽检乳合格率100%。

河北省起草了推荐性生乳团体标准，对标国际一流标准，以标准升级带动产品升级。君乐宝乳业筹建婴幼儿配方奶粉检测中心和河北省乳制品产业技术研究院，提升乳制品质量安全保障能力；制定了《河北省奶业质量安全风险管控方案》，推动落实生鲜乳生产运输、乳制品加工仓储、市场流通销售全链条质量安全风险标准化管控。

【省级价格协调机制】由政府、协会、乳制品企业代表和牧场代表组成的河北省生鲜乳价格协调会公布了2019年度第二季度、第三季度、第四季度和2020年第一季度生鲜乳参考价格，及时在相关媒体进行发布，维护河北省生鲜乳收购秩序，得到了牧场、乳制品企业和社会的广泛认同。

鼓励养殖场与乳制品加工企业签订规范购销合同，针对乳制品企业和奶牛养殖场不遵守生鲜乳收购合同现象，严厉打击违法违规私收散奶以及强卖饲料、兽药和养殖设备行为，维护生鲜乳收购秩序。支持乳制品加工企业自建牧场、与奶牛养殖场合建示范家庭牧场，推进饲草种植、奶牛养殖、乳制品加工一体化发展，产业链各环节主体共享收益。蒙牛、伊利、君乐宝等大型加工企业出台了奶农扶持政策，累计提供贷款超过10亿元。

【奶业大事】2019年4月3日，为促进河北省奶业高质量发展、提升奶业竞争力、全面建成奶业振兴示范省，河北省委办公厅、省政府办公厅印发了《河北省奶业振兴规划纲要(2019—2025年)》，确定了到2022年奶业实现跨越式发展；到2025年全面实现奶业振兴，在全国率先实现奶业现代化，奶源基地、乳制品加工、乳制品品质、乳制品品牌整体水平进入世界先进行列的任务目标。

2019年5月5—7日，第二届河北国际奶业博览会暨首届青贮文化节在石家庄国际会展中心盛大开幕，吸引了君乐宝、蒙牛、伊利、新希望天香等国内外200多家参展企业及境内外客商，共赴这场商机无限的奶业盛会。

2019年7月1日，为贯彻落实《国务院办公厅关于推进奶业振兴保障乳品质量安全的意见》（国办发〔2018〕43号）和《河北省奶业振兴规划纲要（2019—2025年）》，加快河北省奶业振兴步伐，河北省人民政府印发《关于加快推进奶业振兴的实施意见》。

2019年7月1日，蒙牛乳业发布公告称，拟以40.11亿元的价格向鹏海基金、君乾管理出售所持有的君乐宝全部股份。根据股份转让协议，鹏海基金、君乾管理分别以现金支付21.00亿元及19.11亿元的方式，收购君乐宝26.699 4%及24.300 6%的股权。11月20日，蒙牛乳业宣布出售石家庄君乐宝乳业有限公司51%股权完成交割，蒙牛集团将不再拥有君乐宝任何股权。

2019年9月10日，中共中央政治局常委、中央纪委书记赵乐际在河北省调研期间到君乐宝乳业集团考察，了解企业党建和党风廉政工作、生产经营等相关情况，对君乐宝在科研创新、质量管理方面取得的成绩给予肯定，勉励企业“在快速增长期间，特别要保证质量，稳扎稳打”。

2019年11月18日，河北省奶业协会第七届会员代表大会在石家庄胜利召开，大会选举出河北省奶业协会第七届理事会。君乐宝乳业集团总裁魏立华当选第七届理事会会长，袁运生当选副会长兼秘书长。

（河北省奶业协会，李贺峰）

石家庄市

【奶畜养殖】石家庄市奶牛存栏19万头，奶产量67.98万t，品种主要是中国荷斯坦牛，年均单产8.6t。2019年石家庄坚持绿色发展导向，立足现有产业基础，按照“种好草、养好牛、产好奶”的要求，加强规划引导，加大政策扶持。巩固发展行唐、新乐、鹿泉、藁城、正定五大奶业优势区域。充分发挥石家庄君乐宝、河北三元等婴幼儿配方奶粉企业的产能优势，在鹿泉、行唐、新乐、正定等县（市、区）建设婴幼儿配方奶粉奶源基地。建设以奶业为主导产业的鹿泉区国家级现代农业园区。

【遗传改良】一是实施2019年度高产奶牛胚胎移植、优质奶牛冻精项目。鹿泉区、晋州市3个奶牛场承担300枚胚胎移植任务，每枚胚胎补助2 000元，补贴资金共计60万元。目前移植胚胎182枚，完成总任务的60.6%。发放河北省荷斯坦牛免费冷冻精液17万剂；另争取到性控冻精33 641剂，补贴资金504万元，计划于2020年6月1日前完成配送任务。二是组织申报了2020年高产奶牛胚胎移植4 870枚、性控冻精95 035支项目计划。

【奶源基地】全市有180个奶牛养殖场（小区），全部实现了管道式机械化挤奶，饲喂全株青贮玉米。使用全混合日粮（TMR）、奶牛卧床、冷风机和自动饮水等先进技术比例达到95%以上。奶牛养殖场100%建有粪污处理设施，养殖场粪污规模化养殖率达到100%。养殖场（小区）全部安装视频网络监控系统，实现了24小时的实时监控。

开展智能奶牛场建设。共争取省智能奶牛场项目建设资金2 950万元。用于奶牛场的信息化设施建设和设备购置，实现奶牛发情自动提示、挤奶自动计量、TMR混合自动控制、环境自动监测。项目通过申报，确定鹿泉区、正定县、无极县、深泽县、行唐县、平山县、赵县、晋州市8个县（区）66个奶牛养殖场实施建设。

2019年，君乐宝乳业集团共有奶源基地180个，奶牛存栏20万头，年生鲜乳收购总量90万t，近五年生鲜乳总产量年均增长25%。其中，自建牧场13个（包含在建3个），奶牛存栏7万头，产奶量33万t，占比35%；流转土地10万亩，辐射周围规模化饲草种植30万亩，大大提升了农民收入，打造成了种养加一体化产业链模式。合作牧场170个（其中大型牧业12个），奶牛存栏13.3万头，规模化养殖比例100%。生鲜乳质量达到国际先进水平，乳脂肪率3.95%、乳蛋白率3.35%，菌落总数4万CFU/mL、体细胞数23万个/mL。

全市已有5个奶牛养殖场通过国际良好农业规范（GAP）认证。

【奶站管理】全市共有180个奶站，全部取得了生鲜乳收购许可证，全部与乳制品加工企业签订了生鲜乳收购合同，全部安装了视频监控网络系统，市、县畜牧部门定期网上巡查和实地明察暗访，对生鲜乳收购、运输、储存等环节实行全程监管，确保视频监控系统规范运行。奶站和奶牛养殖场（小区）实行一体化建设，制定了奶站监管的“八项要求、十项制度和一项技术操作规程”。强化奶站质量安全责任人意识，健全监管工作台账，完善各项档案记录，确保生鲜乳生产、收购、检测、运输各个环节管理的衔接，实现生鲜乳生产全过程无缝隙监管。加强生鲜乳监督抽检，按照年初抽检计划要求，县级对本辖区内的所有奶站每月轮检1遍，行唐县每2个月抽检1遍。抽检率达到100%，检测不合格查处率达到100%。针对乳制品企业的收奶环节和奶站的储藏环节市级每季度开展1次随机抽检，每月进行1次质量安全风险评估，查找质量安全风险点和安全隐患。加大执法检查力度，通过奶站专项整治行动，始终保持奶站监管的高压态势，严厉打击非法收购运输“黑窝点”、无证和超范围收购、一证多用套用等违法行为，突出抓反面典型，震慑不法分子，确保生鲜乳质量安全。

【质量安全】6.7万头奶牛43万份奶样由省DHI中心测定，占全省奶牛生产性能测定参测数量的33.8%。养殖场根据检测结果对生产管理进行了优化改进，全市参测奶牛牛奶单产达到8.6t、10t以上奶牛养殖场达到5个（行唐巨恒、五江、康泉、鹿泉乐源、元氏昆仑），分别比2018年提高0.3t、2个。全面落实生鲜乳收购数量大幅波动及质量不合格48小时调查追溯制度，明确专人负责河北省生鲜乳日报告网络平台，实时查看乳制品企业每日报告的检测不合格生鲜乳和交奶数量大幅波动情况，及时通告相关县畜牧部门到场调查处理，确保质量不合格生鲜乳在48小时内处理完成。2019年，乳制品企业共检测8.23万批次，报告不合格生鲜乳173批次，占0.2%。

君乐宝乳业集团依托卓越绩效准则，整合质量管理体系（ISO9001）、危害分析与关键控制点（HACCP）体系、食品安全全球标准（BRC）、食品质量与食品安全的审核标准（IFS）等7个全球先进的管理体系，形成了一套“过程化、一体化、系统化、稳定可持续”的“五个最严”纵横交织的君乐宝全面质量管理模式，此模式荣获第三届中国质量奖提名奖。

【鲜奶价格】在石家庄市收购生鲜乳的大型乳制品生产企业主要有5个（蒙牛、伊利、君乐宝、河北三元、石家庄明旺），都能按收购合同数量收购生鲜乳，超出合同的部分大多低于市场价格予以收购。2019年，石家庄生鲜乳收购价格市场平稳。据监测，1~12月，奶站每千克鲜奶的收购均价是3.70元、3.53元、3.46元、3.48元、3.52元、3.66元、3.83元、3.95元、3.95元、3.95元、3.95元、3.98元。全市奶站年均价格3.84元/kg，生鲜乳生产成本平均在3.50元/kg左右，奶牛养殖处于微利状态。

【乳制品加工】石家庄市大的乳制品加工企业有3家，分别为：石家庄君乐宝乳业有限公司、河北三元食品有限公司和石家庄明旺乳业有限公司。

君乐宝乳业集团成立于1995年，已发展成为集种植、养殖、加工、销售、研发为一体的大型综合性乳业集团，是河北省最大的乳制品加工企业，农业产业化国家重点龙头企业、国家高新技术企业。现有员工14 000余人，共有20个生产工厂，13个现代化大型牧场。以奶粉、低温发酵乳、常温液态奶、牧业4个事业部为引擎，现有品项200个，建立起涵盖奶业全产业链的运营布局，为消费者提供营养、健康、安全的乳制品。截至2019年年底，在河北、江苏、河南、吉林等地建有20个生产工厂（包含在建工厂3个），已建成工厂中河北省13个，主要分布在石家庄、保定、张家口、唐山地区，河南省驻马店市1个，吉林省四平市1个，江苏省徐州市2个，年产能共计180万t，河北省产能占比68%。其中，液态奶工厂13个，拥有生产线68条，灌装设备172台，产能170万t；奶粉工厂4个，拥有生产线4条，灌装设备5台，产能11万t。

河北三元食品有限公司于2008年12月注册成立，注册资金21.57亿元，系上市公司北京三元食品股份有限公司的全资子公司，隶属于北京首都农业食品集团。为有效落实党中央、国务院关于振兴国产乳粉的重要指示精神，做优做强三元乳粉，河北三元食品有限公司实施了产业升级、搬迁改造，新乐工厂项目总投资18亿元，占地600亩，设计年产乳粉4万t、液态奶25万t，项目集乳制品研发、加工、物流为一体，生产婴幼儿配方奶粉、常温奶、巴氏杀菌乳、酸奶等产品，日处理鲜奶能力1 000t。项目于2016年5月建成投产。河北三元食品有限公司是河北省内首家通过诚信管理体系认证的企业，是石家庄市中小学研学基地和工业旅游示范点，是河北省农业产业化重点龙头企业、河北省产业化示范联合体，获CNAS实验室认可。2019年年底，河北三元食品有限公司销售收入13.4亿元。

石家庄明旺乳业有限公司是台湾旺旺集团在河北省投资建设的第一家乳制品生产企业，位于行唐县上方乡，主要产品UHT奶、炼乳、果蔬饮料、植物蛋白饮料等，2019年销售额达1.9亿元。

【奶农组织】石家庄市奶业协会于2005年5月成立，本协会是由乳制品企业、奶牛场、奶农及相关业务单位自愿组成的地方性、行业性、非营利性社会团体组织，是社会团体法人，是跨部门、跨所有制的非营利性质的行业组织，主要职能是协助政府进行行业管理，在行业中发挥协调、服务、维护、自律的作用，维护会员和行业的合法权益。目前，河北三元食品有限公司、君乐宝乳业集团分别担任石家庄市奶业协会理事长和秘书长。现有会员44人，理事单位及单位代表20人。常务理事单位及单位代表16人，副理事长单位及单位代表10人。石家庄奶业协会每季度召开1次生鲜乳价格协调会，重点是研判当前奶业形势，调解供需矛盾，通报上季度的参考价格的执行情况，议定下季度的参考价格。

【政策法规】贯彻落实河北省农业农村厅关于印发《河北省2019年中央财政农业生产发展等项目实施方案》；河北省农业农村厅办公室关于印发《2019年度河北省生鲜乳喷粉补贴实施方案》（冀农厅办发〔2019〕35号）；根据《河北省人民政府关于加快推进奶业振兴的实施意见》（冀政字〔2019〕31号）精神，结合石家庄市实际情况，市农业农村局牵头起草了《石家庄市人民政府关于加快推进奶业振兴的实施意见》。

【疫病防治】2019年奶牛养殖没有大的疫情发生。大部分奶牛养殖场（区）在畜牧部门指导下，由驻场兽医进行常规的程序免疫和消毒，重点是春秋两季口蹄疫免疫检测和奶牛结核病、布鲁氏菌病的防检疫和净化，2019年县级动物疫病预防控制机构对辖区内所有奶牛组织实施开展了1次布鲁氏菌病检测，并以县为单位集中连片推进奶牛布鲁氏菌病和结核病净化工作，形成净化区，检测结果没有大的疫情发生。

（石家庄市农业农村局，靳培婧）

唐山市

【奶类生产】唐山市自然地理条件优越，气候温和，四季分明，日照充足，雨量丰沛，是著名的玉米种植带，饲草饲料及作物秸秆资源丰富，为发展奶牛养殖提供了有利条件。唐山市交通便捷，毗邻京津、背靠“三北”，区位优势十分明显，发展奶业市场条件得天独厚。唐山在加快建设现代畜牧业发展的同时，提出了打造全国最大的绿色、安全牛奶生产基地的发展思路，全力推动奶业发展，主要生产指标连续多年保持快速增长，并形成了汇集蒙牛、伊利、三元、君乐宝等国内多家知名品牌的乳制品加工企业集群。

唐山市是全国农区养奶牛最多的区域，截至2019年年底，全市奶牛存栏24万头，2019年鲜奶产量104万t，成年母牛年均单产已达8.5t（2013年年底奶牛平均单产为5.9t）。奶业已形成以丰润、滦南、滦州、丰南、迁安、开平、汉沽、乐亭等县（市、区）为重点的优势产业带，在这个区域内，奶牛养殖量、鲜奶产量均占全市总量的 80% 以上，其中芦台天成奶牛场是河北省奶牛平均单产最高的奶牛养殖场，该养殖场全群平均单产可达 11t 以上（此数据是经省奶牛 DHI 生产性能测定中心测定后评定的）。同时近几年涌现了滦州首农新绿洲现代牧场有限公司、恒天然（玉田）牧场有限公司等一批优质高产牧场。

【乳制品加工】唐山市辖区内有 6 家乳制品加工企业，分别为位于丰润区的蒙牛乳业（唐山）有限责任公司，其拥有 9 条 TBA/22 型无菌灌装生产线，2 条 TBA/22 型无菌灌装生产线、3 条 TBA19/125S 生产线、1 条 A3-200S 生产线、1 条 TBA8/1000B 生产线、1 条 A3-250 高速利乐钻生产线，1 条 A3SPEED-125 生产线，主要生产液态奶系列，包括白奶、乳饮料和儿童奶系列；位于滦南县的蒙牛乳业（滦南）有限责任公司，其拥有世界最先进的无菌灌装机制造商瑞典利乐公司提供的生产线 26 条（其中 22 型机 2 条，TFA3 型机 6 条和百利包生产线 15 条，康美包 3 条），同时可以生产纯牛奶、花色奶、乳饮料 3 个不同品种的产品；位于汉沽管理区的唐山市三元食品有限公司，其主导产品为奶粉和液态奶，生产许可证核定产品范围为乳制品［液态奶（调制乳、灭菌乳）、乳粉（全脂乳粉）］；位于迁安市的迁安三元食品有限公司，主要生产设备包括世界先进水平的瑞典利乐 - 拉伐公司生产的管式超高温灭菌机 3 套，500 利乐枕无菌包装机 2 台，百利包包装机 4 台，超高温液态奶生产线 6 条及为调剂奶源余缺而建设的奶粉生产线 1 条，百利包无菌灌装生产线 2 条，利乐公司 A3 柔性利乐砖高速包装设备 1 套及附属设施。公司主要生产的产品有 UHT 奶及乳饮料。产品品种主要有纯牛奶、早餐奶、巧克力牛奶及纤果汇乳饮料。位于滦州市的滦州伊利乳业有限责任公司，一期项目共有灌装生产线 19 条，生产品种包括纯牛奶、营养舒化奶、优酸乳等；二期项目采用瑞典、德国等国际先进生产技术和设备，主要生产金典奶、营养舒化奶、QQ 星儿童奶、学生奶等伊利高端系列产品。位于丰南区的河北君乐宝君昌乳业有限公司于 2019 年 1 月 2 日正式注册成立，注册资金 1 亿元，总占地面积 100 亩，拥有员工 300 余名，专业技术人员 60 余名。生产工艺采用干湿法复合生产工艺，日处理鲜牛奶能力 310t，引进德国 GEA 公司、瑞典利乐公司等世界一流生产工艺设备，年设计产能 2.2 万 t，2019 年 12 月已具备投产条件。

【奶源基地】研究起草了《唐山市关于加快推进奶业振兴的实施意见 (2019—2025 年)》，并以市政府文件印发，通过实施“五大提升工程”，全面推进奶业振兴。

大力提升奶业装备水平。通过对牧场进行标准化升级改造，全市规模化养殖场已率先在全省实现 5 个 100%，即 100% 管道式机械化挤奶、100% 采用 TMR 饲喂、100% 采用奶牛卧床技术、100% 使用风扇降温设备、100% 饲喂全株青贮。

大力提升奶业智能化水平。自 2018 年河北省实施智能奶牛养殖场建设项目以来。全市共有 120 个养殖场承担此项目，利用省级项目资金 5 500 万元。通过项目实施，实现了奶牛发情自动提示、挤奶自动计量和奶量自动读取、TMR 混合自动监控、环境自动监测，实现了对奶牛养殖场的标准化、信息化管理，全面提升了奶牛养殖科技水平。到 2019 年全市养殖场智能化、信息化覆盖率将达到 60% 以上。

大力提升奶牛单产水平。依托唐山市优质奶牛性控冻精补贴项目，全市泌乳牛群比例达到 50% 以上，奶牛良种覆盖率达到 100%，成年母牛年均单产达到 8.5t 以上，全市成年母牛年均单产达到 9t 以上的养殖场占 60% 以上。

大力提升标准化牧场建设水平。累计投入资金超过 5 亿元，所有奶牛养殖小区全部建成标准化牧场，奶牛规模化养殖比例达到 100%。目前，全市存栏 300 头以上的奶牛标准化规模养殖场达到 223 个，建成部级奶牛标准化规模养殖示范场 14 个、省级示范场 34 个。

大力提升奶业项目建设水平。丰南君乐宝君昌乳业 2 万 t 婴幼儿配方奶粉项目已经投产，丰润蒙牛新增 40 万 t 的液态奶扩建项目前期工作正在实施中。唐山市奶业已形成了以蒙牛、伊利和三元等乳制品企业为龙头的产业链条，通过推进乳制品企业与奶农利益联结机制建设，扶持建设乳制品企业自有奶源基地，进一步提升了奶业生产水平，保障了奶制品质量安全。

【奶农组织】唐山市及各县（市、区）奶业协会自主地开展有益于加强行业管理的各类活动，发挥行业协会协调、服务、维权、自律的功能，强化行业管理、规范行业秩序、提供社会化服务，对唐山的乳业发展起到了辅助推动作用。

通过树立典型，发挥示范引导作用，进而全面提高全市奶牛养殖水平。一是总结典型经验，建立示范基地。总结撰写芦台天成奶牛养殖场养殖先进经验和典型做法，被《中国畜牧业》刊发全国发行。确定中奥奶牛养殖场等 3 个养殖场为示范基地，开展新技术集成应用，并以点带面推广到其他养殖场。二是通过比武竞赛提高基层队伍素质。2019 年，唐山市组队参加 2019 年中国技能大赛——全国农业行业职业（家畜繁殖员）技能大赛河北选拔赛，团体总分在所有地市代表队中排名第二，获得团体二等奖和优秀组织单位奖。三是宣传推广种养结合典型，促进一二三产业融合。滦县兴源奶牛养殖专业合作社与河北农业大学合作，成立兴源家庭牧场，用牛粪发酵生产双孢菇，蘑菇采摘后的“培养料”还田，用于种植青贮玉米，形成了完整的农业循环经济。

【质量监管】始终把乳制品质量安全放在优先地位，强化质量安全监管体系建设，推进奶业安全发展。一是建立了以市畜牧水产品质量监测中心为主体、县级农产品质检站为基础的生鲜乳监测体系，实施生鲜乳质量安全监测计划和专项整治行动，确保生鲜乳质量安全。二是通过县级、乳制品企业生鲜乳收购站网络视频监管平台和生鲜乳运输车GPS定位系统，实时监控生鲜乳收购站及运输车的运行情况。三是充分运用省生鲜乳信息监管平台发布的预警信息，督促县（市、区）农业农村局核实导致生鲜乳不合格的原因并及时处置，坚决落实生鲜乳收购数量大幅波动和质量不合格48小时追溯机制，严把奶源质量安全关。

【奶站管理】2019年年底唐山市共有奶站223个，全部发放了《生鲜乳收购许可证》和《生鲜乳准运证明》。全部奶站6项制度齐全、各项记录完备、挤奶、冷却、储藏、运输设施符合规定要求，且全部采用了封闭式管道挤奶方式，鲜奶运输执行“两证一单”制度。加强对奶站的监督管理，完善原料奶价格形成机制，定期发布收购指导价格使原料奶定价公平合理、有据可依。完善生鲜乳购销机制，乳粉企业要与配套奶站签订和执行购销合同，加强企业自律，维护正常的生鲜乳收购秩序，严厉打击收购散奶、降低收奶标准、抢奶等不正当竞争行为。对不履行合同规定随意变更交奶企业的奶站和蓄意扰乱收购秩序的乳制品企业，采取媒体通报、取消申请国家扶持项目资格、加强质量安全监管、列入黑名单等措施加以惩罚。乳粉企业对合同奶站要全程监督，保证生鲜乳质量。加快建设奶站视频网络监控系统和生鲜乳运输车辆GPS定位系统，实现生鲜乳生产、运输环节的全程信息化监管。

【完善利益联结机制】引导鼓励乳制品企业与奶农建立更加稳固的利益联结关系，实现风险共担、利益共享，进一步规范生鲜乳购销行为，稳定生鲜乳收购秩序。一是加强《生鲜乳购销合同（示范文本）》签订和履行的监督检查，要求乳制品企业与生鲜乳收购站全部签订3年以上长期购销合同。二是严格执行生鲜乳收购参考价格。督促乳制品企业严格按照省生鲜乳价格协调会发布的全省生鲜乳交易参考价格收购生鲜乳，稳定奶牛养殖收益预期。三是发挥第三方仲裁检测重要作用。充分发挥唐山市畜牧水产品质量监测中心第三方仲裁重要作用，绝不允许乳制品企业无故限收拒收生鲜乳，充分构建公开、公平、公正的市场环境。

（唐山市农业农村局，田永利、李　春）

山西省

【奶畜养殖】据畜牧部门统计，2019年年底山西省奶牛存栏38.3万头，同比增长0.49%。品种主要为荷斯坦牛，大同市奶牛场有少数娟姗牛以及乳肉兼用品种弗莱维赫牛。奶牛主要分布在中部和北部地区。奶牛存栏10 000头以上的县（市、区）9个，包括山阴县、应县、忻州市忻府区、祁县、朔州市朔城区、阳高县、天镇县、大同市云冈区、怀仁市。

2019年年底，饲养100头以上奶牛的规模养殖场（户）存栏25.7万头，规模养殖比重67%。其中，饲养1~49头的养殖场（户）1.38万个，存栏奶牛10.7万头；饲养50~99头的养殖场（户）257个，存栏奶牛1.9万头；饲养100~199头的养殖场（户）82个，存栏奶牛1.3万头；饲养200~499头的养殖场（户）160个，存栏奶牛5.8万头；饲养500~999头的养殖场（户）68个，存栏奶牛5.2万头；饲养1 000~1 999头的养殖场（户）26个，存栏奶牛3.8万头；饲养2 000~4 999头的养殖场（户）16个，存栏奶牛4.1万头；饲养5 000头以上的养殖场（户）6个，存栏奶牛5.5万头。

全省持证运营的生鲜乳收购站231个，其中乳制品企业开办15家，奶畜养殖场开办84个，奶农合作社开办132个。阳泉市、晋城市以外的其他9个市均分布生鲜乳收购站。生鲜乳运输车169辆。

2019年年底山西奶山羊存栏9.03万只。其中，临汾市2.7万只，运城市2.2万只，晋中市1.7万只，大同市1.1万只。

【乳制品加工】2019年年底，持有生产许可证的乳制品生产企业11家，分布在7个市，其中太原市4家、大同市1家、晋中市2家、朔州市1家、长治市1家、晋城市1家，阳泉市1家。生产的乳制品种类包括UHT奶、巴氏杀菌乳、酸奶和奶粉等。全省较大的乳制品加工企业5家，分别为蒙牛太原分公司、晋中伊利乳业有限公司、山西古城乳业集团有限公司、山西九牛牧业有限公司、大同市牧同乳业有限公司。全省日加工处理生乳近2 000t。

【生鲜乳成本】千克奶饲料成本在1.8~2.1元，优质牧场可以控制在1.6元。千克奶总成本平均在3.3~3.5元，养殖小区一般在3.0~3.3元，优质牧场可以控制在2.8元左右。

【奶源基地】省外乳业品牌在山西省基本没有自建奶源基地。本省乳业品牌基本都是自建或部分参股奶源基地。

【DHI技术推广】2019年农业农村部安排山西奶牛生产性能测定数量2.37万头。实际全年测定3.6万头。参测奶牛场50个、21.3万头次。所有参测奶牛平均日产奶量31.08kg，平均乳脂率3.76%，平均乳蛋白率3.42%，平均体细胞数23.01万个/mL，生鲜乳指标持续向好。省DHI测定中心全年服务奶牛养殖场约130场次，举办全省DHI技术培训班1次，发放各类宣传资料1 000余份。

【种公牛培育】山西省畜牧遗传育种中心多年来采取引进加自主培育的模式进行育种。2019年自主移植胚胎6枚，人工授精19头，生产荷斯坦公犊17头，分别从澳大利亚和国内引进西门塔尔公牛17头，从澳大利亚引进红安格斯牛3头。同时在国内多个牧场开展了纵向联合育种。另外，积极参与中国北方育种联盟的横向联合育种，2019年在全省28个奶牛养殖场为山东、河北、河南、内蒙古等发放后测冻精1.58万支，收集配种记录2 935条，定胎记录814条，产犊记录735条，女儿牛出生记录416条。

【技术培训】2019年10月，省农业农村厅在大同市举办了全省奶业振兴标准化管理培训班。邀请了山西省畜牧遗传育种中心、山西农业大学、山西省农业科学院的专家进行了授课。

【政策法规】2019年年初出台了《山西省人民政府办公厅关于推进奶业振兴 保障乳品质量安全的实施意见》（晋政办发〔2019〕8号）。省农业农村厅畜牧兽医局参照《农业农村部关于进一步促进奶业振兴的若干意见》出台了《山西省奶业振兴行动计划》（晋农牧医发〔2019〕12号）。下发了《山西省生鲜乳质量安全专项整治方案》。

2019年中央和省级财政投资2.3亿元用于奶业振兴建设，重点用于100个奶牛家庭牧场和专业合作社升级改造；40个奶牛标准化示范场建设；1 666.67hm^2高产优质苜蓿示范片区建设；2个奶牛大县粪污资源化利用整县推进；56个奶牛养殖县（区）全株青贮玉米等优质饲草补贴；1个省级和1个市级生鲜乳检测中心建设。

【质量监管】2019年国家级生鲜乳例行监测，全省共抽检生乳样品616批次，合格率99.7%。另外，本省内安排抽检617批次，合格率100%。开展生鲜乳质量安全专项整治行动，重点加大对奶畜散养户及从业人员登记和日常监管情况，重点核查奶畜养殖散户生鲜乳交售和流向情况，奶畜散养户生鲜乳质量安全日常监测情况，重点检查奶畜散养户生鲜乳违法添加及查处情况。严格奶畜养殖场、收购站、运输车标准化建设和管理情况；严格生鲜乳质量检验、不合格乳处理、安全制度落实情况。严格生鲜乳收购许可证和运输车准运证发放、换证情况；严格收购证和运输车注销、吊销和关停并转情况。重点监管生鲜乳收购秩序监管及违法违规查处情况，生鲜乳购销合同备案制度落实情况。购销合同在监督管理系统中的填报、审核情况及信息更新情况，对制定购销合同的乳制品加工企业调研情况。

（山西省农业农村厅畜牧兽医局，荆　彪、杨继业）

太 原 市

【奶畜养殖】2019年年底，太原市奶类总产量7.73万t。奶牛存栏1.72万头，其中能繁母牛1.03万头。奶牛品种为荷斯坦牛，主要分布于5个县（区），即阳曲县、清徐县、小店区、尖草坪区、晋源区，其存栏量占全市存栏总量的95%。2019年全年生鲜乳收购均价为3.80元/kg。

【乳制品加工】2019年全市拥有乳制品加工企业（本地）4家，分别为蒙牛太原分公司、山西九牛牧业有限公司、山西维尔生物乳制品有限公司、阳曲瑞美乳业有限公司。全年4家企业处理鲜奶7.98万t，生产巴氏杀菌乳0.37万t，UHT奶7.22万t，酸奶0.39万t，乳饮料1.63万t。乳制品企业年销售总额6.2亿元，利润0.69亿元。乳制品加工企业蒙牛、伊利、古城占主导地位，产品以常温奶、乳酸菌饮料为主；本地区主要有山西九牛牧业、山西维尔生物乳制品有限公司、太原市瑞美乳业有限公司，产品以低温奶、酸奶为主。

【奶源基地】全市现有规模奶牛养殖场100头以上的养殖小区和养殖场16个，其中，1 000头及以上规模养殖场1个，500~999头规模养殖场6个，200~499头规模养殖场6个，100~199头规模奶牛养殖场3个。全市规模化奶牛养殖场存栏14 764头，年产生鲜乳6.64万t。奶牛养殖入园率达95%以上。全市拥有生鲜乳收购站13个，生鲜乳运输车8辆。2019年奶牛布鲁氏菌病检疫4 380头，结核病检疫6 030头，均无阳性；口蹄疫免疫3.5万头次。

饲草饲料。2019年全市人工牧草种植面积4 610 hm^2，其中苜蓿面积717hm^2、专用青贮玉米面积3 893 hm^2。2019年有3家具备单独生产奶牛配合饲料的企业，其中太原市小店区腾雄飞饲料厂生产能力26t/h，实际年产6 727t；山西太原易大饲料厂生产能力15t/h，实际年产1 622t；山西广联畜禽有限公司生产能力10t/h，实际年产22 799t。

加大奶牛养殖场粪污资源化利用，推广有机肥生产。2019年太原市在乡村振兴战略的大背景下，积极推动奶牛养殖场粪污资源化利用，实施粪污干湿分离，干粪堆积发酵，污水三级沉淀发酵，达到排放标准，形成了一条完整的产业链，通过粪污的综合利用，变废为宝。

【政策法规】2019年太原市人民政府出台了《关于促进全市奶业发展的意见》，加大对奶牛养殖基础设施、智能化设施、挤奶厅改造、粪污无害化处理设施建设的投入力度。新建、改建奶牛基础设施建设，实施先建后补的奖励性办法，财政投入不少于50%。调动了奶牛养殖企业进行标准化改造的积极性，使奶牛基础设施有了很大改善。根据《2019年全市农产品质量安全工作要点》和省农业农村厅办公室《关于开展2019年生鲜乳质量安全监测工作的通知》，认真贯彻《乳品质量安全监督管理条例》和《生鲜乳生产收购管理办法》，推进依法行政，严格规范生鲜乳生产、收购、运输行为。

2019年中央安排500万元资金对太原市10个奶牛养殖场进行规范化、标准化建设；安排340万元资金建设4个标准化示范园区。项目由各县具体负责实施，项目进展顺利。

【质量监管】制定了《2019年太原市生鲜乳质量安全监测工作计划》，开展生鲜乳质量安全检测工作，加强对鲜奶直销奶源基地的监管力度，制定监测计划，开展定期抽检，严格对奶源基地进行生鲜乳质量安全检测。加大对奶牛散养户的监管工作，对奶牛散养户逐一登记，建立养殖档案。强化生鲜乳收购站和运输车日常监管。重点对生鲜乳收购站和运输车标准化管理、生鲜乳质量检验、不合格生鲜乳处理、安全制度落实等方面进行监督检查。对全市13个生鲜乳收购站、8辆生鲜乳运输车辆全覆盖监控，重点是加强生产过程中关键环节的监控，确保生产销售的生鲜乳质量安全。一是规范饲料进货渠道，严格实行入场索证索票和100%批批检验合格制度，坚决杜绝含有非饲料添加剂、黄曲霉素M_1等化学物质或者其他含有可能危害健康物质的进场。二是监督散养户严格执行各项质量标准，严禁在生产过程中添加三聚氰胺等非食品用化学物质或者其他危害健康物质。强化日常监管，构筑生鲜乳质量安全防线。对散养户的日常检查，坚持每月至少巡查1次，对发现的问题及时进行整改。积极推进标准化奶牛养殖小区和标准化生鲜乳收购站建设，鼓励奶牛散养户入驻奶牛养殖小区。完成了省农业农村厅下达的2019年随机例行检测80批次，第三方例行抽检14批次、国标乳15批次的任务。合格率100%。

全市13个规模奶牛养殖场均参加了DHI测试，参加DHI测试的奶牛头数达到5 000头，已形成了用测试数据指导生产管理。采用TMR全混合日粮监管系统、阿波罗挤奶管理系统、发情监控系统、称重系统等，有效地将各系统统一回传到新牛人管理系统——牧场数据集成管理的终极操作系统集成平台，自动将数据汇集一处，指导奶牛场挤奶、饲喂、保健、繁殖、生产。通过对数据的采集与分析，发现问题、解决问题、提出最合理的解决方案。

（太原市乳品管理站，陈新慧、孔慧芳、郝少雄）

附表 1　山西省奶畜养殖场（小区）名录

序号	名称	养殖场	小区	存栏（头）	成母牛存栏（头）	奶畜品种	成母牛单产（t/年）	年总产量（t）	是否参加 DHI	是否应用 TMR
1	山西九牛农业开发有限公司	√		8 000	6 000	荷斯坦	9.0	54 000	√	√
2	山西旺祥源牧业有限公司	√		980	605	荷斯坦	9.0	5 500	√	√
3	山西旺达农牧科技有限公司	√		720	490	荷斯坦	8.5	4 165	√	√
4	太原市小店区和诚奶牛养殖专业合作社	√		702	350	荷斯坦	8.8	3 100	√	√
5	太原市天翼聚养殖有限公司	√		960	600	荷斯坦	8.5	5 100	√	√
6	太原市小店区四季旺养殖专业合作社	√		510	300	荷斯坦	8.0	2 400	√	√
7	太原市兴达良种奶牛养殖基地	√		560	300	荷斯坦	9.5	2 850	√	√
8	太原茂兴牧业有限公司	√		305	180	荷斯坦	8.3	1 500	√	√
9	太原众和奶牛养殖场	√		400	280	荷斯坦	8.0	2 240	√	√
10	太原市牧冠乳业有限公司	√		435	320	荷斯坦	8.0	2 560	√	√
11	阳曲县亿源乳业有限公司		√	320	190	荷斯坦	8.0	1 520		
12	阳曲县农康奶牛养殖专业合作社		√	150	0	荷斯坦	0.0	0		
13	阳曲县四海原种奶牛场	√		450	250	荷斯坦	8.2	1 825	√	√
14	清徐县长兴奶牛场	√		272	168	荷斯坦	8.0	1 350	√	√
	合计			14 764	10 033			88 110		

备注：请在养殖场或小区列中选择打勾；如参加 DHI 或应用 TMR，请在相应表格中打勾。

附表 2 山西省乳制品生产企业名录

序号	名称	许可证号码	年收购原奶量（t）	平均支付价格（元/kg）	其中：自有奶源量（t）	年乳制品产量（t）	其中：巴氏杀菌乳（t）	UHT 奶（t）	酸奶（t）	奶酪（t）	乳饮料（t）	整体设计加工能力（t/年）	产品销售区域	年销售收入（万元）	利润（万元）
1	山西九牛农业开发有限公司	SC10514010801508	11 235.98	3.55	11 235.98	10 914.00	2 071.48	6 747.03	2 095.49			180 000	太原	18 314.65	5 610.8
2	蒙牛太原分公司	SC10514010101898	41 182.43	3.52	0.00	65 445.00		65 445.00			16 106	130 000	山西、山东、河南、内蒙古	40 450.21	1 198.34
3	山西众和乳品有限公司	SC10514010110997	3 650.00	3.40	730.00	3 269.40	1 489.04		1 780.36			20 000	太原、晋中、忻州	2 897.73	135.00
4	山西瑞美乳业有限公司	SC1051401220145x	201.08	3.56	201.08	219.95	171.32		48.63			20 000	太原	155.29	−70.69

备注：自有奶源指来自自建和参建（控股、参股）牧场（小区）的原奶。

内蒙古自治区

【奶类生产】2019年，内蒙古自治区奶牛存栏122.5万头，比2018年增长1.38%。全年奶类产量582.92万t，比2018年增长1.93%；牛奶产量577.2万t，比2018年增长2.06%（表1）。规模奶牛养殖每头牛年均净收益为5 000元左右。

表1　2019年内蒙古自治区及各盟（市）奶类和牛奶产量

地区	奶类产量（万t）	牛奶产量（万t）
全区	582.92	577.20
呼和浩特市	151.59	151.58
包头市	63.86	63.85
乌海市	0.19	0.19
赤峰市	38.80	38.80
通辽市	30.80	28.34
鄂尔多斯市	20.11	17.70
呼伦贝尔市	62.05	61.77
巴彦淖尔市	67.48	67.25
乌兰察布市	33.89	33.88
兴安盟	40.56	40.56
锡林郭勒盟	62.57	62.28
阿拉善盟	11.02	10.98

【乳制品加工】近年来，内蒙古各级政府积极支持大型乳制品企业建设乳业创新园区，实施营养健康、加工技术、包装技术、食品安全风险等研究应用。推动乳制品企业调整优化产品结构，鼓励扩大婴幼儿配方奶粉、奶酪等干乳制品生产，研究开发适合城乡不同消费群体的乳制品。支持中小乳制品加工企业进入食品产业园，加强与上下游中小企业配套合作，实施标准化生产，走“专精特新”发展道路，全区乳制品加工业整体规模化、标准化、智能化水平大幅提升，产业链条不断延伸。以伊利、蒙牛为代表的乳制品加工龙头企业规模持续壮大，产品结构日趋合理，质量监测体系不断完善，在保障乳制品供给、增加奶农收入、促进一二三产业协调发展等方面发挥了重要作用。截至2019年年底，内蒙古共有规模以上乳制品加工企业31家，全年实现销售收入934.7亿元，同比增长8.5%，占全区农畜产品加工业销售总收入的48.1%。2019年，全区乳制品产量289.34万t，比2018年增长3.7%，占全国的10.6%。其中液态奶产量272.46万t，同比增长4.3%；乳粉产量8.3万t，同比下降6.1%。伊利、蒙牛、圣牧高科3家乳制品企业入选中国乳业20强，其中伊利、蒙牛全国排名分别为第一位和第二位，全球排名分别为第八位、第十位。2019年伊利公司实现营业收入902.23亿元、同比增长13.41%；净利润70亿元，同比增长7.73%。蒙牛公司实现营业收入790亿元，同比增长14.6%；净利润41亿元，同比增长34.9%。

内蒙古具备发展民族奶食品加工业的良好基础，2019年在自治区工商部门备案登记的民族奶食品生产加工厂点共有1 546个，年鲜奶加工产能38.30万t，年实际加工鲜奶16.60万t，年加工产值10.12亿元，销售收入9.6亿元，年利润1.93亿元。奶豆腐（蒙古奶酪）、策格（马奶保健品）、驼奶制品等民族奶食品市场认可度不断提高，正蓝旗的奶豆腐（浩乳得）和奶皮子（乌日穆）已成为国家地理标志保护产品，民族奶食品品牌影响力日益增强。

【奶源基地】内蒙古奶源生产基地主要分布在嫩江、西辽河、黄河三大流域和呼伦贝尔、锡林郭勒两大草原5个奶牛优势养殖区域。依托区位条件和自然资源，全区自西向东形成了各具特色、特点鲜明的奶源生产优势产业带。在呼和浩特市、包头市为主的沿黄地区，以荷斯坦牛养殖为主，重点建设优质高产奶源基地；在呼伦贝尔、锡林郭勒两大草原牧区，以三河牛、西门塔尔牛等乳肉兼用品种为主，兼顾荷斯坦牛，重点培育特色绿色有机奶源基地；在呼伦贝尔市农区和兴安盟嫩江流域及通辽市、赤峰市西辽河流域，以荷斯坦牛为主，推动乳肉兼用牛生产，发展高标准、高质量奶源基地；在中西部盟（市）贫困旗（县、区）鼓励发展萨能等品种奶山羊养殖，建设高品质奶源基地。

自治区主推奶牛选种选配、全混日粮（TMR）、生产性能测定（DHI）、全株玉米青贮和粪污资源化利用等各类适用技术，加快奶源基地高质量建设发展。通过引导奶牛规模养殖场采取以粪污还田、农牧结合为主的循环发展模式，养殖粪污综合利用率达到78.86%，规模养殖场粪污处理设施装备配套率达到90.51%。2019年全区以青贮玉米为主的饲用农作物种植面积达110.61万hm^2，其中青贮玉米种植面积88万hm^2，同比增长11.6%，青贮收储量超过3 000万t。全区苜蓿保有面积达到37.46万hm^2，占多年生牧草种植面积的比例达到85%以上。有节水灌溉条件的苜蓿地12.2万hm^2，占苜蓿种植面积的33%。苜蓿商品草年生产量100万t左右。规模养殖场生鲜乳各项理化指标和卫生指标均高于《食品安全国家标准生乳》，乳脂率、乳蛋白率分别达到3.70%、3.39%，分别高出国标19%和21%，菌落总数平均1.9万CFU/mL，达到美国、欧盟水平。

【质量监管】自治区对奶牛存栏100头以上规模养殖场开展备案登记，纳入农业农村部直联直报信息系统。按照“谁许可、谁监管、谁负责”的原则，严把主体资质审核关和登记信息质量关，做到信息真实可靠，主体合法合规。全区460个生鲜乳收购站、753辆生鲜乳运输车，全部纳入国家生鲜乳收购站和运输车监督管理系统。2019年累计出动执法人员1 570人次，检查生鲜乳收购站1 136次，检查运输车辆932车次，取缔不合格生鲜乳收购站1个，吊销证照企业1家。奶畜养殖者和生鲜乳收购、运输从业人员依法合规经营意识明显增强，生鲜乳中非法添加行为得到根本遏制，生鲜乳质量安全保障能力显著提升，第三方生鲜乳例行监测抽检合格率达到100%。

【法规政策】自治区人民政府出台《关于推进奶业振兴的实施意见》和《推进奶业振兴若干政策措施》，围绕加强优势奶源基地建设、打造加工企业集群、完善利益联结机制、建立科技创新支撑体系4个方面开展16项重点工作，提出7项具体政策措施。2019年落实中央财政资金8 100万元，支持270个存栏50~800头的中小养殖场（户）提升改造。31个万头以上奶牛大县获得国家和自治区畜禽养殖粪污资源化利用资金支持共计3.85亿元。落实中央和自治区高产优质苜蓿建设项目资金1.48亿元，建设高产优质苜蓿基地1.55万 hm^2。主产区结合地方特色出台相应政策，呼和浩特市政府出台了《关于打造"中国乳都"升级版的若干意见》和《呼和浩特市推进乳产业升级三年行动计划（2018—2020年）》，安排专项资金1.4亿元，补贴奶牛性控冻精，引进良种补贴，新建改扩建牧场；呼伦贝尔市制定印发了《呼伦贝尔市奶源基地建设扶持政策》，安排5 000万元专项资金用于购牛补贴、冻精补贴、生产性能测定补贴、养殖设施补贴、建设融资贴息、民族奶制品全产业链生产试点经营主体补贴等。

（内蒙古自治区农牧厅畜牧局，杜　哲）

辽宁省

【奶畜养殖】根据辽宁省生鲜乳收购站监测数据，2019年辽宁省奶牛存栏降幅开始趋缓，降幅收窄，同比减少4.65%，牛奶产量131.9万t，同比增长1.60%。辽宁省奶牛养殖主要分布在法库县、沈阳市沈北新区、大连市金普新区、抚顺县、义县、凌海市、阜蒙县、彰武县、宽甸县、康平县、西丰县、建平县和铁岭县13个重点县(市、区)。

【乳制品加工】辽宁省有生产许可证的乳制品加工企业25家，日处理生鲜乳能力5 000t左右，加工能力完全能够满足发展需要。

【奶源基地】一是搭建奶牛育种科技创新平台建设。为强化企业主体创新能力，积极推进产学研相结合，不断完善辽宁省奶牛现代种业体系。2019年5月15日，在辽宁省农业农村厅的支持下，辽宁省农业发展服务中心、省奶业协会、省种公牛站和9家大型奶牛养殖企业联合成立辽宁省奶牛育种产业创新联盟，联盟的成立将奶牛育种产业链上下游环节有机串联，实施抱团发展，产生聚集效应，促进产业科技成果迅速转化，推动牧场育种技术迭代提升。以奶牛标准化养殖、DHI测定、国家奶牛大县种养结合整县推进等项目为依托，重点扶持规模化奶牛养殖场粪污处理利用、饲草料地配套、养殖设施改造等方面的设施建设和设备购置，有效推动了奶牛生产方式转变。大力推广应用TMR日粮饲喂、全株青贮玉米饲喂和机械化挤奶等实用技术，有效提高了奶牛养殖水平。二是加大招商引资力度，积极引进现代化奶牛养殖企业。阜新市政府对企业引进奶牛给予补贴，与内蒙古优然牧业有限责任公司签订万头奶牛养殖示范牧场项目，该项目设计存栏规模12 000头荷斯坦良种奶牛，总投资约4.8亿元。三是推进种养一体化发展。自2012年开始，国家持续在辽宁省实施高产优质苜蓿示范建设项目，每年完成集中连片苜蓿草种植1 333.33hm^{2}左右，中央财政每公顷补助资金9 000元，每年资金在1 200万元左右。2019年，中央下达辽宁省项目资金1 500万元，计划完成1 666.67hm^2（其中辉山乳业1 333.33hm^2）。其中，义县计划完成1 066.67hm^2，彰武县计划完成380.00hm^2，建平县计划完成220.00hm^2。四是全力发展环境友好型养殖。严格执行规模养殖场环评报告书制度和排污许可制度，加强奶牛养殖污染防治工作。同时，依法加大处罚力度，以监促治，督促养殖业主切实履行“谁养殖、谁治理”的污染防治主体责任。

全省奶牛良种冻精应用率达100%，DHI参测率达10%以上，泌乳奶牛年均单产7 800kg，位居国内前列。奶源基地以义县、法库县、彰武县、建平县、西丰县等县为主，均为现代化程度高、生产管理完善、经营时间较长的奶牛养殖企业，且每家企业均同省内乳制品加工企业建立长期、稳定的供销关系，具备较强的市场生存和抗风险能力。

【政策法规】继续支持奶牛遗传改良性能测定项目。2019年，辽宁省拨付30万元用于支持项目的推广实施，全年累计测定奶牛10 761头，上报育种数据69 582条，服务牧场13个，为完善全国奶牛选育数据库和加快辽宁省奶牛遗传改良工作进程做出应有贡献。据业务统计，辽宁省参加DHI测定牛只305天平均产奶量8 705.75kg，平均乳蛋白率3.36%、平均乳脂率3.97%、平均体细胞数29.99万个/mL。其中，牛只305天平均产奶量位居国内前列，乳蛋白率、乳脂率和体细胞数3项指标均高于国家标准，乳蛋白率和乳脂率2项指标达到优质高端牛奶生产标准。积极推进奶农家庭牧场升级改造项目。2019年，辽宁省实施奶牛家庭牧场升级改造项目50个，补贴资金2 500万元。

【质量监管】辽宁省生鲜乳抽检100%合格。2019年，辽宁省持许可证的生鲜乳收购站157个，比2018年减少11个，其中，8个为婴幼儿配方奶粉奶源基地；持有效许可的生鲜乳运输车170辆。2019年农业农村部和省、市三级抽取场、站及运输车奶样共1 256批次，没有不合格样品发现，生鲜乳抽检合格率100%。省、市、县畜产品安全监督机构不定时对生鲜乳收购站进行检查，实行网格化监管；全省乡镇级畜产品安全监督所每月对生鲜乳收购站进行1次巡查，重点检查违禁药物添加及滥用抗生素等行为。政府机构改革后，成立省级、市级农产品及兽药饲料产品检验检测院，生鲜乳质量安全监测力量得到进一步强化。

（辽宁省农业发展服务中心，林广宇）

沈阳市

【奶畜养殖】2019年，沈阳市奶牛存栏9.76万头，其中荷斯坦牛7.09万头，成母牛存栏5.74万头。主要分布在法库县等9个县（市、区）。2019年全市牛奶总产量48.92万t。

【乳制品加工】2019年，沈阳市共有7家乳制品加工企业，分别是沈阳娃哈哈乳品有限公司、菲仕兰乳业有限公司、沈阳娃哈哈荣泰食品有限公司、辽宁伊利乳业有限责任公司、沈阳蒙牛达能乳制品有限公司、蒙牛乳业(沈阳)有限责任公司、辽宁辉山乳业集团(沈阳)有限公司。整体设计年加工能力96.58万t，日处理生鲜乳能力达到2 500t。2019年乳制品总产量48.89万t，产品主要有巴氏杀菌乳、灭菌乳、调制乳、发酵乳、含乳饮料、调制乳粉等。

【奶源基地】2019年，沈阳市共有52个奶牛养殖场（小区），存栏300头以上的奶牛养殖场（小区）共40个，其中：存栏规模300~500头的奶牛养殖场(小区)

4个，存栏规模500头以上的奶牛养殖场（小区）36个。奶牛养殖场（小区）机械化挤奶率达100%。36个养殖场（小区）安装使用信息化管理系统软件；配备了全混合日粮（TMR）搅拌设备，实施了TMR饲喂技术。沈阳市奶牛养殖场主要是从澳大利亚、新西兰、英国等国进口种系纯正的荷斯坦牛和娟姗牛，实行现代化自营牧场集中养殖路线，并且引进TMR喂养系统，实现全天候喂养，年产量高达8t以上，原奶指标均达到欧盟标准。辉山乳业法库县登士堡牧场建有60位转盘榨乳厅、6栋全封闭恒温奶牛舍及饲草饲料作业区，娟姗牛的榨乳转盘是国内第一家使用的榨乳转盘设备，每小时可以给420头奶牛挤奶。2019年，共计完成粮改饲种植面积1.59万hm^2，青贮饲料收储量43.87万t；建设青黄贮窖4 386m^3。

市、县两级畜牧兽医行政主管部门落实强制免疫计划，口蹄疫等重点疫病免疫密度保持100%。开展奶牛布鲁氏菌病、结核病检疫和评估认证，坚持按程序做好口蹄疫O型、亚洲I型和A型3个亚型的免疫工作，加强扑杀净化。加强奶牛养殖场动物防疫监管，实施动物卫生风险评估，根据风险等级实施分类监管。

奶牛粪污处理方式主要采用堆积发酵后还田、生物有机肥、燃料块和牛粪生产沼气等无害化处理模式。

【质量监管】沈阳市共有生鲜乳收购站55个，其中奶牛养殖合作社开办的奶站4个，规模养殖场开办的奶站51个。按照农业农村部和省农业农村厅的要求，2019年对生鲜乳样品三聚氰胺、革皮水解物、碱类物质、β-内酰胺酶、β-内酰胺类药物残留、氟喹诺酮类药物残留等抽检检测1 101批次，合格率100%。

沈阳市为进一步做好生鲜乳质量安全监管工作，紧紧围绕生鲜乳质量安全为中心，强化领导，加强生鲜乳收购站、准运车辆规范化管理，确保生鲜乳质量安全。根据《乳品质量安全监督管理条例》《生鲜乳收购管理办法》等相关规定，在全市范围内开展生鲜乳质量安全专项整治活动，加强生鲜乳质量安全监管。一是严格奶站和运输车的监管，加大奶站和运输车的监管力度，严格审核奶站和运输车的资质条件，推进奶站和运输车标准化建设与管理。二是加强生鲜乳质量安全监测与执法，加大生鲜乳监督抽检力度，加强生鲜乳质量安全隐患排查。三是开展生鲜乳专项整治行动，采用多种方式，对养殖场、奶站、运输车进行抽查，打击非法收购运输、非法添加及扰乱生鲜乳收购秩序行为。进一步规范生鲜乳收购运输的信息化、精准化管理。一年来，共出动执法人员700余人次，检查奶站200余站次，检查运输车辆300余车次，通过清理整顿，沈阳市现有的55个奶站，43辆运输车，均纳入生鲜乳收购站运输车辆监督管理系统监管。四是按照有关要求，为切实保护奶农利益，同时也是为了掌握生鲜乳的销售去向，沈阳市55个奶站全部完成了在全国生鲜乳收购站运输车监管系统的合同备案工作。

（沈阳市农业农村局，钟波）

大连市

【奶畜养殖】2019年，大连市奶牛存栏1.17万头，牛奶产量6.41万t。截至2019年年底，全市年存栏50头以上的奶牛规模化养殖场（小区）14个，奶牛存栏约1.02万头，占全市奶牛存栏量的87.18%。奶牛养殖区域主要集中在金普新区、旅顺口区、瓦房店市和普兰店区，存栏量占全市总存栏量的98.06%。

【乳制品加工】大连市乳制品加工企业共有4家，其中，牛乳加工企业3家，羊乳加工企业1家，主要生产液态奶。牛乳加工企业原料全部来自本市取得生鲜乳收购许可证的奶牛养殖场，羊乳加工企业原料部分来自陕西省羊乳收购站，部分来自当地乳羊养殖户。牛乳产品在大连市内销售，羊乳产品在全省范围内销售。

【奶源基地】大连市奶牛养殖规模适中，标准化生产水平较高，全部采用机械挤奶和全混合日粮（TMR）技术。粪污处理方面，主要采取堆粪场和污水氧化塘方式处理粪污，粪污充分发酵后全部还田利用。每年定期开展监测和流调，按照免疫方案对所有奶牛进行A型口蹄疫强制免疫，对乳用牛羊开展“两病”净化。

【质量监管】2019年，大连市共有生鲜乳收购站12个，其中乳制品加工企业开办的奶站3个，养殖场9个。全市共有生鲜乳运输车8辆。严格按照《乳品质量安全监督管理条例》《生鲜乳收购管理办法》等相关规定，不断强化生鲜乳质量安全监测工作，年内配合完成部级例行监测2次，开展市级例行监测4次，监督抽查4次，共抽检198批次。检测项目为恩诺沙星、环丙沙星、达氟沙星、氟甲喹、β-内酰胺类药物（青霉素-G、阿莫西林、氨苄西林、苯唑西林、氯唑西林、头孢喹肟、头孢氨苄）、三聚氰胺、革皮水解物、碱类物质等，检测结果全部合格。另外，县（市、区）快速检测三聚氰胺完成240批次，全部合格。未发生生鲜乳质量安全事件。

（大连市农业农村局，刘一帆）

附表 1　辽宁省奶畜养殖场（小区）名录

序号	名称	供奶企业	全群存栏（头）	成母畜存栏（头）	奶畜品种	成母畜单产（t/年）	年总产量（t）	是否有机奶源基地	有机奶产量（t）	是否应用TMR
1	沈阳淑珍进口种牛养殖专业合作社	伊利	240	200	荷斯坦	7.0	1 200			√
2	铁西汇鑫奶牛养殖场	伊利	270	180	荷斯坦	9.0	1 500			√
3	辽宁世领自营牧场有限公司曙光奶牛养殖场	伊利	2 197	2 109	荷斯坦	9.0	17 000			√
4	辽宁世领自营牧场有限公司立新牛场	辉山乳业	1 505	1 202	娟姗	7.0	8 500			√
5	沈阳市武顺木业有限公司	沈阳鲜奶吧	255	150	荷斯坦	7.0	1 100			√
6	辽宁世领自营牧场有限公司朱家堡奶牛养殖场	辉山乳业	1 613	1 247	荷斯坦	6.5	4 174			√
7	辽宁辉山乳业集团汪盛牧业有限公司马古奶牛养殖场		760		娟姗、荷斯坦					√
8	沈阳隆顺奶牛场	室内奶吧	250	200	荷斯坦	2.5	400			√
9	辽中区银河奶牛场	蒙牛	140	91	荷斯坦	8.5	755			√
10	辽中区彤昊奶牛场	本溪木兰花乳业	146	90	荷斯坦	8.1	730			√
11	敖牛堡奶牛场	辉山乳业	2 400	2 100	荷斯坦	9.7	20 000			
12	八家子奶牛场	辉山乳业	2 100	1 900	荷斯坦	8.0	15 000			
13	大康奶牛场	辉山乳业	2 500	2 100	荷斯坦	9.5	20 000			√
14	登士堡奶牛场	辉山乳业	3 000	2 500	荷斯坦	8.5	21 000			√
15	登士堡奶牛场	辉山乳业	2 000	1 600	娟姗	5.5	9 000			
16	吕家堡奶牛场	辉山乳业	2 200	1 900	荷斯坦	8.5	16 000			
17	庙台山奶牛场	辉山乳业	2 100	1 500	荷斯坦	8.0	11 000			
18	彭家奶牛场	辉山乳业	2 200	1 700	荷斯坦	8.0	13 000			
19	栖霞堡奶牛场	辉山乳业	2 400	0	荷斯坦					
20	四架山奶牛场	辉山乳业	2 100	1 800	荷斯坦	8.0	14 000			
21	王树行奶牛场	辉山乳业	2 000	1 600	荷斯坦	8.0	12 000			
22	秀水河奶牛场	辉山乳业	2 200	1 800	荷斯坦	8.5	14 000			
23	杨家堡奶牛场	辉山乳业	2 100	1 800	荷斯坦	8.5	14 000			
24	大三家奶牛场	辉山乳业	2 300	1 900	荷斯坦	8.5	16 000			
25	哈户硕奶牛场	辉山乳业	2 300	1 800	荷斯坦	8.0	14 000			
26	靠边屯奶牛场	辉山乳业	2 200	1 800	荷斯坦	7.5	13 000			
27	拉马章奶牛场	辉山乳业	2 200	1 800	荷斯坦	7.5	13 000			
28	李家堡奶牛场	辉山乳业	2 400	2 000	荷斯坦	9.0	18 000			
29	麻子泡奶牛场	辉山乳业	2 400	1 900	荷斯坦	8.5	16 000			
30	七家子奶牛场	辉山乳业	2 200	1 600	荷斯坦	7.5	12 000			
31	石桩子奶牛场	辉山乳业	2 300	1 700	荷斯坦	7.5	13 000			
32	双台子奶牛场	辉山乳业	2 200	1 900	荷斯坦	7.5	14 000			
33	孙家屯奶牛场	辉山乳业	2 100	1 800	荷斯坦	7.5	13 000			

（续）

序号	名称	供奶企业	全群存栏（头）	成母畜存栏（头）	奶畜品种	成母畜单产（t/年）	年总产量（t）	是否有机奶源基地	有机奶产量（t）	是否应用TMR
34	太平山奶牛场	辉山乳业	1 600	1 400	荷斯坦	7.5	10 000			
35	团山子奶牛场	辉山乳业	2 600	2 100	荷斯坦	9.0	19 000			
36	腰达房奶牛场	辉山乳业	2 200	1 700	荷斯坦	7.5	13 000			
37	榆树坨子奶牛场	辉山乳业	1 800	1 600	荷斯坦	7.0	12 000			
38	法库县晟楠养殖场	蒙牛乳业	340	170	荷斯坦	7.5	1 100			
39	两家子奶牛场	辉山乳业	2 150	1 800	荷斯坦	9.5	18 000			
40	石头奶牛场	辉山乳业	2 200	1 800	荷斯坦	9.5	18 000			
41	唐僧庙奶牛场	辉山乳业	2 100	1 900	荷斯坦	9.0	17 500			
42	沈阳市金秋实牧业有限公司	蒙牛	700	369	荷斯坦	8.0	3 000			
43	辽宁辉山乳业集团太平牧业有限公司新民一奶牛养殖场	蒙牛	1 576	1 144	荷斯坦	6.0	9 490	是	9 490	
44	新民市繁苒奶牛场	沈阳宫记每日鲜奶吧	270	190	荷斯坦	3.5	665			
45	辽宁辉山乳业集团太平牧业有限公司新民二奶牛养殖场	辉山乳业	1 424	877	荷斯坦	8.0	7 204	是	7 204	
46	新民市顺腾奶牛养殖基地	蒙牛	326	165	荷斯坦	9.5	1 570			
47	新民市姚堡乡和盛发养殖场	沈阳牧场马超奶吧	53	46	荷斯坦	6.0	276			
48	新民市亿鑫源牛场	沈阳快乐牛奶吧	105	86	荷斯坦	3.8	326	是	326	
49	新民市民富养殖专业合作社		150	96	荷斯坦	6.0	650			
50	新民市吕隆奶牛养殖专业合作社	沈阳乳果爱酸奶工坊	300	165	荷斯坦	7.0	800			
51	新民市毓然奶牛养殖场	蒙牛	300	265	荷斯坦	7.0	1 590	是	1 590	
52	新民市贵赫奶牛养殖场	沈阳美吉纯鲜奶吧	220	190	荷斯坦	7.3	1 387	是	1 387	
53	新民市新权奶牛养牛场	沈阳碰碰凉有限公司	57	28	荷斯坦	3.8	90			
54	大连金弘基种畜有限公司阿尔滨良繁场	大连心乐乳业有限公司	1 150	550	荷斯坦	8.9	4 877			
55	大连金弘基种畜有限公司丛家良繁场	大连心乐乳业有限公司	970	480	荷斯坦	8.1	3 873			
56	大连金弘基种畜有限公司程家滨良繁场	大连心乐乳业有限公司	800	320	荷斯坦	10.7	3 430			
57	大连盛丰畜牧业发展有限公司	大连三寰乳业有限公司	1 097	519	荷斯坦	10.5	5 109			
58	大连和大奶牛饲养有限公司	大连和大奶牛饲养有限公司	551	279	荷斯坦	8.0	2 200			

（续）

序号	名称	供奶企业	全群存栏（头）	成母畜存栏（头）	奶畜品种	成母畜单产（t/年）	年总产量（t）	是否有机奶源基地	有机奶产量（t）	是否应用TMR
59	大连三寰乳业有限公司金州良种奶牛繁育基地	大连三寰乳业有限公司	1 900	1 150	荷斯坦	10.0	10 300			
60	大连心乐乳业有限公司奶牛场	大连心乐乳业有限公司	1 879	961	荷斯坦	9.0	8 667			
61	大连裕源牧业有限公司	大连三寰乳业有限公司	750	350	荷斯坦	8.5	2 900			
62	大连盛大牧业有限公司	大连三寰乳业有限公司	835	418	荷斯坦	9.3	2 985			
63	海城市佳鑫牧业发展有限公司	自用	310	160	荷斯坦	7.5	500			
64	鞍山市恒利奶牛场	鞍钢实业集团乳业有限公司	540	380	蒙贝利亚	7.5	750			
65	辽宁佳和牧业有限公司	辽宁伊利乳液有限责任公司	700	550	荷斯坦	8.5	2 880			
66	鞍山市顺鑫畜牧业发展有限责任公司	沈阳碰碰凉冷饮有限公司	180	85	荷斯坦	3.5	210			
67	安达奶牛养殖有限公司	鞍钢实业集团乳业有限公司	360	260	荷斯坦	6.5	1 260			
68	鞍钢实业集团乳业有限公司奶牛场	鞍钢实业集团乳业有限公司	892	584	荷斯坦	7.0	4 000			
69	辽宁辉山乳业集团救兵牧业有限公司		1 383		荷斯坦					
70	辽宁辉山乳业集团峡河牧业有限公司		1 069		荷斯坦					
71	辽宁辉山乳业集团百花牧业有限公司		1 595		荷斯坦					
72	辽宁辉山乳业集团峡河奶牛场		1 390		荷斯坦					
73	本溪市爱民牛仁牧业有限公司		280	80	荷斯坦	7.0	560			
74	东港市升泰奶牛场	丹东升泰乳业有限公司	700	400	荷斯坦	9.3	3 000			
75	凤城市升泰奶牛场	丹东升泰乳业有限公司	840	434	荷斯坦	10.6	4 600			
76	丹东市派波乳业有限公司	丹东市派波乳业有限公司	570	260	荷斯坦	8.0	2 100			
77	宽甸中地生态牧场有限公司	辽宁伊利乳业有限责任公司	5 400	3 200	荷斯坦	10.0	2 680			
78	锦州市松山新区建华奶牛合作社	益多乐	330	230	荷斯坦	5.0	1 150			
79	恒盛奶牛养殖专业合作社	锦州市双羊乳业	300	160	荷斯坦	13.5	2 160			
80	凌海市康乐奶牛专业合作社	锦州市双羊乳业	220	120	荷斯坦	13.5	1 620			
81	凌海市温滴楼镇恒升畜禽养殖场	锦州市益多乐乳业	200	150	荷斯坦	8.0	1 200			

（续）

序号	名称	供奶企业	全群存栏（头）	成母畜存栏（头）	奶畜品种	成母畜单产（t/年）	年总产量（t）	是否有机奶源基地	有机奶产量（t）	是否应用TMR
82	北镇市荣强奶牛养殖专业合作社	伊利	212	104	荷斯坦	10.0	1 022			
83	吴希有奶牛养殖场	栏花	162	110	荷斯坦	5.0	475			
84	锦州市益多乐乳业有限公司奶牛养殖基地	锦州市益多乐乳业公司	224	130	荷斯坦	6.5	850			
85	锦州市太和区大薛乡众兴奶牛场	阜蒙县伊利乳业公司	186	120	荷斯坦	4.6	550			
86	锦州市太和区伊园养殖场	锦州市益多乐乳业公司	160	110	荷斯坦	4.1	450			
87	黑山县宏驰奶牛养殖专业合作社	阜新伊利乳品有限公司	550	400	荷斯坦	8.0	3 000			
88	黑山县鑫源养殖场	本溪木兰花乳业	260	230	荷斯坦	5.6	900			
89	黑山县白金奶牛场	锦州双八乳业	180	180	荷斯坦	5.6	700			
90	黑山县芳山镇得润养殖场	伊利乳业	300	240	荷斯坦	9.0	2 000			
91	义县胜道牧业有限公司（常家屯）	辉山乳业	1 909	1 658	荷斯坦	9.0	15 000			
92	义县荷光牧业有限公司（车坊）	辉山乳业	1 562	1 358	荷斯坦	8.6	11 677			
93	义县荷光牧业有限公司（东六台）	辉山乳业	1 639	1 492	娟姗	6.2	9 300			
94	义县光华牧业有限公司（高家屯）	辉山乳业	1 741	1 562	荷斯坦	7.7	12 088			
95	义县龙邦牧业有限公司（河夹心）	辉山乳业	1 504	1 401	荷斯坦	8.6	12 082			
96	义县澳华牧业有限公司（四台子）	辉山乳业	1 596	1 451	娟姗	5.9	8 562			
97	义县澳华牧业有限公司（小荒地）	辉山乳业	1 361	1 228	荷斯坦	7.7	9 453			
98	义县胜道牧业有限公司（新庄子）	辉山乳业	2 011	1 720	荷斯坦	8.2	14 112			
99	义县光华牧业有限公司（徐三家）	辉山乳业	1 536	1 325	荷斯坦	8.3	11 000			
100	义县前杨奶农专业合作社	阜新伊利乳品有限公司	480	210	荷斯坦	10.0	2 100			
101	义县日红升奶牛养殖专业合作社	阜新伊利乳品有限公司	360	300	荷斯坦	8.0	1 600			
102	众兴奶站	北山农垦牧业分公司	289	143	荷斯坦	9.0	1 200			
103	阜新蒙古族自治县碱锅奶牛专业合作社	阜新伊利	645	405	荷斯坦	8.6	3 360			
104	阜新蒙古族自治县丰源奶牛养殖专业合作社	益多乐乳业	301	104	荷斯坦	6.2	864			
105	阜新蒙古族自治县伊吗图镇牛旺旺生态牧场	锦州双八乳业	260	138	荷斯坦	8.8	1 224			
106	阜新蒙古族自治县哈达户稍镇前查台村富民奶牛养殖合作社	阜新伊利	300	160	荷斯坦	7.5	900			
107	阜新蒙古族自治县顺达奶牛养殖专业合作社	阜新伊利	380	220	荷斯坦	8.5	1 870			
108	阜新蒙古族自治县利晟源牧业养殖场	阜新伊利	386	156	荷斯坦	8.8	1 373			
109	阜新蒙古族自治县强源养殖场	阜新伊利	265	138	荷斯坦	8.8	1 214			

（续）

序号	名称	供奶企业	全群存栏（头）	成母畜存栏（头）	奶畜品种	成母畜单产（t/年）	年总产量（t）	是否有机奶源基地	有机奶产量（t）	是否应用TMR
110	阜新蒙古族自治县陈国强奶牛养殖专业合作社	阜新比牛哥鲜奶吧	200	140	德系西门塔尔	5.0	330			
111	阜新蒙古族自治县海纹奶牛养殖专业合作社	阜新伊利	385	215	荷斯坦	9.2	1 500			
112	阜蒙县同富奶牛养殖场	阜新伊利乳业有限公司	635	420	荷斯坦	9.6	1 260			
113	彰武县森林奶农专业合作社	阜新伊利	390	160	荷斯坦	6.5	1 265			
114	后新秋镇自强奶农专业合作社	阜新伊利	370	190	荷斯坦	6.7	1 548			
115	彰武县兴隆奶牛养殖场牛奶	阜新伊利	964	520	荷斯坦	9.1	5 767			
116	彰武县明罡奶农专业合作社	阜新伊利	320	170	荷斯坦	7.0	1 447			
117	彰武县东六镇占元牧场	阜新伊利	500	320	荷斯坦	6.6	2 530			
118	彰武县满堂红乡万合奶农专业合作社	阜新伊利	490	235	荷斯坦	6.9	1 971			
119	彰武县龙腾奶牛专业合作社	阜新伊利	800	420	荷斯坦	8.6	4 390			
120	辽宁辉山乳业集团彭家牧业有限公司彰武一场	沈阳蒙牛	2 100	1 200	荷斯坦	7.3	10 650			
121	辽宁辉山乳业集团彭家牧业有限公司彰武二场	沈阳蒙牛	2 000	1 200	荷斯坦	7.3	10 650			
122	辽宁辉山乳业集团彭家牧业有限公司彰武三场	沈阳蒙牛	2 000	1 400	荷斯坦	8.7	14 820			
123	辽宁辉山乳业集团彭家牧业有限公司彰武四场	沈阳蒙牛	1 900	1 000	荷斯坦	7.1	8 640			
124	辽宁辉山乳业集团五峰牧业有限公司新屯子二奶牛场	沈阳蒙牛	2 520	2 000	荷斯坦	7.5	18 250			
125	彰武县银鹰实业有限公司	阜新伊利	510	350	荷斯坦	8.2	3 504			
126	阜新优然牧业有限责任公司	阜新伊利	9 703	5 192	荷斯坦	10.4	65 700			
127	辽宁辉山乳业集团五峰牧业有限公司二道河子牛场		1 886		荷斯坦					
128	辽宁辉山乳业集团五峰牧业有限公司石岭子牛场		1 838		荷斯坦					
129	辽宁辉山乳业集团福兴牧业有限公司哈大冷牛场		2 150		荷斯坦					
130	辽宁辉山乳业集团四合城牧业有限公司刘家牛场		1 536		荷斯坦					
131	辽宁辉山乳业集团五峰牧业有限公司大五牛场		1 955		荷斯坦					
132	辽宁辉山乳业集团五峰牧业有限公司二土牛场		1 927		荷斯坦					
133	辽宁辉山乳业集团新秋牧业有限公司后新秋牛场		1 859		荷斯坦					
134	辽宁辉山乳业集团秀水牧业有限公司红星牛场		2 428		荷斯坦					
135	辽宁辉山乳业集团四合城牧业有限公司三官牛场		2 535		荷斯坦					
136	辽宁世领自营牧场有限公司三道沟牛场		2 095		荷斯坦					
137	阜新市高新区光辉奶牛场	阜新伊利	560	320	荷斯坦	9.0	2 700			

（续）

序号	名称	供奶企业	全群存栏（头）	成母畜存栏（头）	奶畜品种	成母畜单产（t/年）	年总产量（t）	是否有机奶源基地	有机奶产量（t）	是否应用TMR
138	阜新市海州区润天奶牛养殖场	双巴乳业	165	110	荷斯坦	6.0	660			
139	灯塔市博旺良种奶牛养殖专业合作社	蒙牛（沈阳）乳业有限公司	540	400	荷斯坦	10.9	3 815			
140	辽阳环野养殖有限公司	辽阳市奔月食品有限公司、蒙牛乳业（沈阳）有限责任公司	1 100	550	荷斯坦	8.0	4 260			
141	盘锦乔凯生态养殖场	阜新企业	195	110	荷斯坦	4.0	440			
142	盘锦源泉奶业专业合作社	阜新企业	186	133	荷斯坦	4.0	502			
143	盘锦乳泉奶牛养殖有限公司	蒙牛、盘锦澳特宝食品有限公司	500	80	荷斯坦	11.0	880			
144	盘锦金昌畜牧有限公司	蒙牛、盘锦澳特宝食品有限公司	1 010	620	荷斯坦	12.2	5 100			
145	铁岭宏牛生态牧业有限公司	铁岭市大牛乳品有限公司、四平君乐宝乳业	1 200	550	荷斯坦	8.4	4 900			
146	辽宁顶好牧业有限公司	铁岭市大牛乳品有限公司	395	230	荷斯坦	8.0	1 270			
147	辽宁辉山乳业集团丰源牧业有限公司德兴奶牛养殖场	集团内	2 097	1 802	荷斯坦	9.0	17 000			
148	辽宁辉山乳业集团丰源牧业有限公司神树奶牛养殖场	集团内	2 001	1 863	荷斯坦	9.5	18 500			
149	辽宁辉山乳业集团丰源牧业有限公司雅泽奶牛养殖场	集团内	2 157	1 920	荷斯坦	8.5	16 780			
150	辽宁辉山乳业集团金星牧业有限公司富民奶牛养殖场		1 667		荷斯坦					
151	辽宁辉山乳业集团金星牧业有限公司青山奶牛养殖场		1 530		荷斯坦					
152	辽宁辉山乳业集团金星牧业有限公司寿山奶牛养殖场		1 314		荷斯坦					
153	辽宁辉山乳业集团金星牧业有限公司丰乐奶牛养殖场		2 148		荷斯坦					
154	铁岭市清河区玉珍奶牛养殖专业合作社	本溪木兰花乳业有限责任公司	1 100	350	荷斯坦	5.0	2 400			
155	昌图县溢康奶牛养殖专业合作社	蒙牛乳业（沈阳）有限责任公司	1 200	750	荷斯坦	9.0	6 600			
156	铁岭县百思特牧业养殖基地	伊利	450	200	荷斯坦	9.0	1 800			
157	铁岭县平顶堡万兴养殖场	大牛乳品公司	130	80	荷斯坦	5.0	400			
158	建平县沙海安兴牧业有限公司	伊利平庄分公司	1 842	886	荷斯坦	10.0	8 860			

（续）

序号	名称	供奶企业	全群存栏（头）	成母畜存栏（头）	奶畜品种	成母畜单产（t/年）	年总产量（t）	是否有机奶源基地	有机奶产量（t）	是否应用TMR
159	建平县八家农场源润奶牛养殖合作社	伊利平庄分公司	640	340	荷斯坦	9.4	3 230			
160	山嘴奶站	朝阳市鲜奶吧	89	82	荷斯坦	5.0	468			
161	金研养殖有限公司	阜新伊利	298	208	荷斯坦	5.0	1 092			
162	北票市天华奶牛养殖牧场奶站	赤峰市元宝山镇维聪乳业	386	202	荷斯坦	3.0	606			
163	祥合奶站	朝阳市鲜奶吧	113	65	荷斯坦	6.0	390			
164	南票区大兴乡众兴奶牛专业合作社		100	90	荷斯坦	4.0	360			
165	兴城市善源奶牛养殖专业合作社		252	215	荷斯坦	4.5	968			
166	红崖子晟昕奶牛养殖专业合作社		300	255	荷斯坦	6.0	1 500			

备注：如应用TMR，请在相应表格中打勾。

附表 2 辽宁省乳制品生产企业名录

序号	名称	生产地点	生产许可证号码	年收购原奶量（t）	其中：自有奶源量（t）	平均支付价格（元/kg）	日处理生鲜乳能力（t）	年乳制品产量（t）	其中：低温鲜奶（t）	UHT 奶（t）	常温酸奶（t）	低温酸奶（t）	原料奶粉（t）	婴幼儿配方奶粉（t）	成人奶粉（t）	奶油（t）	奶酪（t）	乳饮料（t）	冰品（t）	年销售收入（万元）	利润（万元）	有机产品（枚）
1	辽宁辉山乳业集团有限公司	辽宁锦州、辽宁沈阳、辽宁抚顺、	辽宁辉山乳业集团（锦州）有限公司 SC10521072700291、辽宁辉山乳业集团（抚顺）有限公司 SC10521042100034、辽宁辉山乳业集团（沈阳）有限公司 SC10521011300105	199 507	199 507	3.8	2 530	190 968	14 182	108 583	123	6 4382	2 727	362	162	439		7		307 257		
2	辽宁伊利有限公司	沈阳市沈北新区辉山农业高新技术开发区	SC10521011300068	181 681	16 425	4.0	700	169 554		169 554		35 921								121 000	1 735	
3	蒙牛乳业（沈阳）有限责任公司	沈阳市沈北新区沈北路 121 号	SC10521011300951	350 000	0	4.0	650	150 000		93 800	10 842	45 358							12 100	189 200	7 800	
4	大连和大奶牛饲养有限公司	大连市金州新区杏树街道姚家村	SC10521021301135	2 000	2 000	3.9	40	2 000	1 250	0	0	750								2 465	296	
5	大连三寰乳业有限公司	大连沙河口区西南路 487 号	SC10521020400094	19 753	10 294	3.7		18 868	10 704	5 487		2 667	10							15 003	3 280	
6	大连心乐乳业有限公司	大连金普新区三十里堡街道北乐村	SC10521021302324	18 708	7 776	3.8	100	20 249	11 408	1 738	0	6 302						801		14 815	1 406	
7	大连九羊乳业股份有限公司	大连普兰店区唐家房街道巴家村 170 号	SC10521028200803	2 229		7.0	40	2 675		1 761	468							446		4 570	288	
8	鞍钢实业集团乳业有限公司	辽宁省鞍山市千山区东路 455 号	SC10521030600015	8 000	5 500	3.9	23	7 400	4 000		3 000							400		6 952	231	
9	完达山鞍山乳品有限公司	鞍山市铁西经济开发区协作路 6 号	SC10521030300061	8 289	0	4.0	300	12 618	554	6 220	5 190	388						266		6 807	−972	
10	本溪木兰花乳业有限责任公司	本溪经济技术开发区红柳路 360–9A	SC10521050400142	9 006	2 353	4.2	100	9 645	2 942	972		4 654						1 021		8 655	579	

（续）

序号	名称	生产地点	生产许可证号码	年收购原奶量（t）	其中：自有奶源量（t）	平均支付价格（元/kg）	日处理生鲜乳能力（t）	年乳制品产量（t）	其中：低温鲜奶（t）	UHT奶（t）	常温酸奶（t）	低温酸奶（t）	原料奶粉（t）	婴幼儿配方奶粉（t）	成人奶粉（t）	奶油（t）	奶酪（t）	乳饮料（t）	冰品（t）	年销售收入（万元）	利润（万元）	有机产品（枚）
11	丹东升泰乳业有限公司	东港市	SC10521068100459	7 131	7 131	4.6	50	8 900	2 300	1 900		3 500						1 200		5 200	150	
12	丹东派波乳业有限公司	元宝区	SC10521060215047	2 000	2 000	4.0		2 000			300							20		1 500	0	
13	锦州益多乐乳业有限公司	太和区	SC10521071100293	4 200	2 000	4.0	50	4 500	2 800			1 500						200		3 000	200	
14	锦州双八乳业有限公司	松山新区	SC10521078300021	4 802	198	3.6	20	4 800	70			4 145								3 641	238	
15	阜新绿山羊奶乳业有限公司	高新区广元路46号	SC10521090100045		312	12.7	500	312		261	40									394	49	
16	阜新伊利乳品有限责任公司	辽宁省阜新市阜蒙县园区路2号	SC10521090000011	147 200	2 300	4.0	800	151 700		60 000	85 700							6 000		124 800	9 379	
17	辽阳市奔月食品有限公司	辽阳市宏伟区石场峪村	SC10521100400016	1 167	1 167															1 272	19	
18	盘锦澳特宝食品有限公司	辽宁盘锦	SC10521110000015	720	5 100	4.3	100	720	240			480								612	–177	
19	铁岭市大牛乳品有限公司	铁岭经济技术开发区	SC10621120000050	4 145	2 592	3.5	45	3 643	1 267	898	1 352									3 024	21	
20	朝阳市双塔区振海乳制品场	朝阳市双塔区孟克村	SC10521130200525	720		3.6	120	800	800			800								600	50	

备注：本表包括在中国及海外的生产企业。日处理生鲜乳能力指设计加工生鲜乳能力。自有奶源指来自自建和参建（控股、参股）牧场（小区）的原奶。成人奶粉指除婴配粉以外的学生奶粉、孕妇奶粉、中老年奶粉等终端消费奶粉。冰品包括冰激凌、雪糕等。有机产品数量单位为“枚”，指获得有机标志的数量。

吉林省

【奶畜养殖】吉林省奶牛存栏 15.3 万头，同比增长 1.3%。牛奶产量 39.9 万 t，同比增长 2.8%。主要品种为中国荷斯坦牛和西门塔尔牛。中国荷斯坦牛主要分布在长春、吉林、四平、白城、松原等中西部地区，西门塔尔牛主要分布在松原市。

【乳制品加工】吉林省正常生产的规模以上乳制品生产企业 7 家，其中生产婴幼儿配方奶粉的企业 3 家。日处理生鲜乳能力 1 515t。年收购原奶量 157 068.8t，同比增长 12.7%。乳制品总产量 153 323.01t，同比增长 2.01%。其中，低温鲜奶 8 681.02t；UHT 奶 17 896.79t，同比下降 40.87%；低温酸奶 80 270.7t；婴幼儿配方奶粉 9 465t，同比增长 11.76%；成人奶粉 1 923t；奶酪 621.58t，同比持平；乳饮料 21 850.98t，同比增长 2.86%。乳制品生产企业收购生鲜乳总量和乳制品总产量上升，婴幼儿配方奶粉产量增长较快，UHT 奶产量下降幅度较大。全年销售收入 156 291.17 万元，同比增长 6.2%，利润 14 717.72 万元，同比增长 14.75%。

【市场消费】吉林省人均牛奶占有量 14.83kg。在市场上销售的乳制品种类丰富、产地多样、品牌繁多，主要有 UHT 奶、奶粉、酸奶、低温鲜奶、乳饮料、干乳制品等。以国内产品为主，进口产品为补充。入户销售的乳制品主要有巴氏杀菌乳和低温酸奶，以本地乳制品企业长春广泽、吉林春光等生产的产品为主。

【奶源基地】吉林省存栏规模 1 000 头以上的奶牛养殖场（小区）5 个，奶牛存栏 26 636 头。规模养殖场的生鲜乳主要销往蒙牛、伊利、飞鹤、广泽、雀巢、君乐宝、春光等乳制品企业。规模养殖场多数使用全混合日粮（TMR）技术，部分开展生产性能测定（DHI）。推进奶牛家庭牧场升级改造和种养结合。粮改饲面积 1.87 万 hm^2，种植品种以青贮玉米为主。在全省范围内对奶牛开展口蹄疫强制免疫，每年至少进行 2 次检查考核，确保应免奶牛免疫密度达到 100%，免疫抗体合格率 70% 以上。开展奶牛布鲁氏菌病、结核病检疫监测，加强扑杀净化工作。开展畜禽粪污资源化利用技术培训，加强入户指导，推进养殖场粪污处理设施装备水平提升。奶牛养殖场粪污处理方式主要是全量收集、堆积发酵后还田，少数养殖场采用了生物有机肥、生产垫料和沼气等处理模式。

吉林省乳制品加工企业收购生鲜乳平均价格为 3.78 元 /kg，同比上涨 5.29%。生鲜乳收购站销售生鲜乳价格平均为 3.57 元 /kg，同比上涨 6.89%。养殖场盈利状况好于 2018 年。

【政策法规】为贯彻落实《国务院办公厅关于推进奶业振兴保障乳品质量安全的意见》和农业农村部等九部委《关于进一步促进奶业振兴的若干意见》，吉林省畜牧业管理局等十部门联合制定下发了《吉林省奶业振兴实施方案》。

【质量监管】深入贯彻《乳品质量安全监督管理条例》，加强生鲜乳质量安全监管，采取县级自查、市级抽查和省级督查的方式，开展生鲜乳专项整治工作。以消除生鲜乳质量安全隐患为目标，集中时间对奶畜养殖场、生鲜乳收购站、运输车 3 个重点环节进行摸排巡查，加强监管，严查、严防非法添加等违法违规行为，核查、规范网上发证行为和信息录入，提高监管效率和精准化水平。各级畜牧主管部门落实生鲜乳质量安全监管责任，督促奶畜养殖场落实经营主体责任，强化质量安全意识和责任意识。各地严格核发和及时换发《生鲜乳收购许可证》和《生鲜乳运输准运证明》，加强对生鲜乳收购站和运输车的日常监管及标准化检查，强化生鲜乳收购秩序监管。生鲜乳收购站和运输车均持证运营。在生鲜乳专项整治中，全省检查生鲜乳收购站 169 站次、运输车辆 125 车次，出动执法人员 546 人次，生鲜乳收购站整改 3 个。2019 年年底，全省有生鲜乳收购站 46 个，生鲜乳运输车 19 辆。全年完成生鲜乳质量安全监测 364 批次。其中，抽检生鲜乳收购站和运输车共计 104 批次、奶牛散养户 260 批次，检测结果均合格。

（吉林省畜牧业管理局，迟桂凤；吉林省畜牧兽医科学研究院，尚丽元）

长春市

【奶畜养殖】长春市 2019 年年底奶牛存栏 5.32 万头，品种是中国荷斯坦牛，奶类总产量 5.76 万 t，同比下降 3.7%。长春市奶牛养殖主要集中在榆树市、九台区、农安县等县（市、区），奶业生产呈现以下特点：

奶牛存栏呈上升趋势。2019 年全市奶牛存栏 5.32 万头，同比增长 37.8%；2019 年牛奶总产量 5.76 万 t，同比下降 3.7%。

奶业生产情况整体下滑，但规模化养殖水平提高。2019 年 100 头以上的规模奶牛养殖场 7 个，存栏量占全市奶牛存栏的 86.85%，规模化程度略有上升。2019 年全市有生鲜乳收购站 8 个，比 2018 年增加 1 个。奶站的机械化榨乳率达到 100%。

【乳制品加工】长春市有广泽乳业有限公司 1 家乳制品加工企业正常生产。该公司产品类别主要有 UHT 奶、酸奶、巴氏杀菌乳、奶酪及乳饮料五大类 100 余个品种。年乳制品产量 69 445.96t，其中，巴氏杀菌乳 2 681.06t、UHT 奶 17 896.79t、酸奶 23 188.70t、奶酪 621.58t、乳饮料 12 443.93t。广泽乳业有限公司在市场的占有率逐步提高，份额越来越大，生产形势较好，发展前景比较乐观。

【市场消费】全市奶类人均占有量为 7.6kg，通过对大型商场和超市等乳制品销售情况进行调查，其销售乳制品种类及价格如下：

本市乳制品销售市场品牌及种类繁多，蒙牛、伊利、辉山、雀巢、光明、完达山等国内知名品牌以及本地的广泽有限公司的产品在超市、市场均有销售，产品类型主要有UHT奶、酸奶和各种乳饮料，价格约为12元/kg，国内外各大品牌的多种成人及婴幼儿配方奶粉在本市也均有销售。

广泽乳业有限公司还在市区内入户配送新鲜的巴氏杀菌乳，价格约为18元/kg。

从本市奶类市场的巴氏杀菌乳、UHT奶、酸奶、奶粉等产品的消费看，UHT奶消费量位居首位，奶粉销量排在第二位，第三位是酸奶，最后一位是巴氏杀菌乳。UHT奶消费比重占牛奶销量的一半左右。

【奶源基地】全市生鲜乳收购站8个，2018年同期生鲜乳收购站7个，增加了1个。现在8个奶站分布：榆树4个、九台3个、农安1个。2019年长春市生鲜乳收购价格为3.6~3.8元/kg，平均价格为3.71元/kg，较2018年同期变化不大，比较稳定。

在长春市收购生鲜乳的乳制品企业仅有3家。其中榆树的奶站全部销售给双城雀巢有限公司，九台和农安的奶站销售给广泽乳业有限公司、肇东伊利乳业有限责任公司、双城雀巢有限公司。通过多方调查，普遍对生鲜乳质量要求更加严格，主要是对乳脂率和乳蛋白要求指标提高，专业化程度不断提升。

奶牛疫病防控方面，主要是由各县（市、区）动物疫病预防控制中心和各乡镇畜牧兽医站共同完成；乡镇畜牧兽医站主要负责奶牛免疫。动物疫病预防控制中心负责布鲁氏菌病、结核病、疫病检测等健康检查，发现阳性病畜及时上报并扑杀，未发现阳性奶牛。

奶牛养殖场粪便处理方式：全部采用干清粪的清粪方式，堆积发酵生产有机肥，污水处理为肥水利用。通过对奶牛养殖场的调查，生产成本主要为饲料、人工、兽药和管理费用，收入来源为牛奶、公犊牛、淘汰奶牛销售收入，按照现在生鲜乳价格计算，存栏50头以上规模奶牛场每头产奶牛年净收入为4 000~5 000元，养殖收入受管理水平、奶牛单产等因素影响较大。

【奶农组织】全市共成立4个奶农专业合作社，比2018年多成立1个，其中榆树市成立了3个奶农合作社；农安县成立了1个奶农合作社。合作社每年组织培训班2次，主要对荷斯坦牛良种繁育、品种改良技术、荷斯坦牛养殖中的饲养管理、原料奶生产和质量控制、全混合日粮（TMR）配置、青黄贮饲料调制、疫病防控、养殖环境污染等多个方面进行培训。授课分理论课程与实训课程，专家与学员们现场沟通交流，解答大家的咨询提问，收到了理想的学习效果，提高了奶农科学饲养水平，交流了经验。最终达到引导奶农向标准化规模养殖方向发展和节本增效、促进增收的目的，实现了现代化科学养殖。

【质量监管】全市共有生鲜乳收购站8个，全部实现集中式机械化榨乳，每月采集奶站信息进行生鲜乳统计监测。生鲜乳运输车共有5辆，证件齐全且都在有效期内。

长春市畜牧业管理局对生鲜乳质量安全监管工作非常重视，以生鲜乳质量安全为中心，强化领导，加强对生鲜乳收购站的监管工作，采取日常监管和专项整治相结合的措施。一是坚持属地管理的原则，明确落实具体单位及责任人，奶站监管具体由各县（市、区）畜牧局负责，日常监管由各乡镇畜牧站负责，并指定质量监督员专门负责奶站管理，对榨乳过程进行全程监管，采取留样和定期抽样方法，每年对奶站至少抽样2次。同时对奶牛的饲养环节进行监管，包括奶牛使用的饲料和兽药。二是强化责任追究。建立责任追究制度，在执行工作时，明确责任分工，具体工作落实到人头，一级对一级负责，哪一级出现问题，就追究哪一级的责任，哪个人出现问题就追究哪个人的责任。三是强化督导检查。在对奶站等食品安全领域进行日常监管的同时，还加强督导检查的力度，定期不定期地进行巡回检查，及时发现隐患，及时进行整改和完善。加强违法的追究和处理力度，形成高压打击态势。四是加强食品卫生知识宣传。加强《畜牧法》和《农产品质量安全法》《乳品质量安全监督管理条例》等法律法规和管理条例的宣传，一方面强化企业者守法经营的自觉性和法律意识，另一方面让老百姓懂得食品安全知识，自觉抵制不安全食品行为，建立起依法维权的自觉行为。五是对生鲜乳收购站及运输车辆信息情况实行月报表制度。各乡镇畜牧站监管人员每月至少进行1次现场检查监管，并填写好监管记录。监管人员24小时开机，实行24小时监控。

（长春市畜牧总站，刘明明）

白城市

【奶畜养殖】截至2019年12月末，白城市规模养殖奶牛总存栏26 025头，成母牛存栏13 994头（表1），当月生鲜乳交售量9 439.7t。饲养品种均为荷斯坦牛。养殖分布区域主要在青山镇境内的吉林省科尔沁精品牧业发展区、镇赉县开发区。从整年度的生鲜乳交售价格来看，上半年价格持续走低，每千克生鲜乳最低交售价格在3.3元，下半年有所回升，每千克生鲜乳最高交售价格突破4元。

表1　2019年白城市奶牛存栏情况

地区	奶牛存栏量（头）	成母牛存栏量（头）
全市	26 025	13 994
洮北区	6 913	3 351
镇赉县	13 531	7 223
通榆县	1 150	642
洮南市	3 175	2 030
大安市	1 256	748

【乳制品加工】白城市有乳制品加工企业3家：白城龙丹乳业科技有限公司、白城市阿宝乳制品有限公司、飞鹤（镇赉）乳品有限公司（表2）。

白城龙丹乳业科技有限公司，主要以湿法工艺生产婴幼儿配方奶粉，日处理生鲜乳能力300t，2019年收购原奶总量达2 340t，主要产品为婴幼儿配方奶粉，总产量840t，销售区域为全国范围，销售收入5 500万元。

白城市阿宝乳制品有限公司，整体设计年加工能力700t。2019年原奶收购量360t，主要奶源来自自建养殖场，主要产品为低温鲜奶和低温酸奶，总产量180t，主要销售区域为洮北区，全年销售总收入约120万元。

飞鹤（镇赉）乳品有限公司。日处理鲜奶300t，理论产能7 200t乳粉，年销售额2.8亿元，利税0.27亿元。公司主要产品：舒贝诺、精粹贝艾尔、飞睿系列婴幼儿配方奶粉。为扩大产业规模，实现品牌集聚效应，于2017年成立飞鹤（吉林）乳品有限公司，并新建日处理鲜奶500t项目，项目建设期2年，已于2019年年底建设完成，主要进行乳制品的生产、加工、销售，年产2万t奶粉，年产值24亿元。计划总投资4亿元。截至2019年年底，实际已投资3.4亿元，质量追溯体系已经建成并投入使用。

表2 白城市乳制品生产企业及主要产品

序号	企业名称	主要产品名称	所属区县
1	白城龙丹乳业科技有限公司	婴幼儿配方奶粉	洮北区
2	白城市阿宝乳制品有限公司	液态奶（巴氏杀菌乳、发酵乳）	洮北区
3	飞鹤（镇赉）乳品有限公司	婴幼儿配方奶粉	镇赉县

【市场消费】2019年白城市牛奶人均占有量约为55.7kg，牛奶制品消费量21.2kg，人均消费额300元。

白城市各超市销售牛奶制品的厂家有：蒙牛、伊利、广泽、完达山、君乐宝等。主要品种有巴氏杀菌乳、UHT奶、风味益生菌酸牛奶（草莓味、大枣味、原味等）。婴幼儿配方奶粉国产的主要品牌有飞鹤、君乐宝、雅士利、雀巢、贝因美、完达山育儿康。进口品牌有：惠氏、雅培、安婴宝等。市场消费特点和发展趋势是以纯牛奶为主，其次为酸奶，然后是其他产品（表3）。

表3 白城市各大超市部分乳制品价格

乳制品名称	单价
伊利纯牛奶180mL/袋	2.40元
完达山纯牛奶180mL/袋	2.40元
蒙牛风味酸牛奶（原味）100g/盒	1.50元
完达山风味发酵乳100g/盒	1.50元
蒙牛冠益乳酸牛奶（原味）100g/盒	2.20元
蒙牛高钙低脂牛奶250mL/盒	3.20元
蒙牛利乐枕高钙牛奶240mL/袋	2.50元
伊利利乐枕纯牛奶240mL/袋	2.20元
完达山利乐枕高钙牛奶240mL/袋	2.60元

【奶源基地】2019年，白城市奶牛存栏50头以上规模养殖场（小区）的数量为24个，其中存栏50~299头的养殖场（小区）8个，存栏量1 352头；存栏300~499头的养殖场（小区）8个，存栏量3 289头；存栏500~999头的养殖场5个，存栏量3 404头；存栏1 000头及以上规模的养殖场（小区）3个，存栏量179 80头，占总存栏的比重分别为5.2%、12.6 %、13.2%、69%。养殖场全部为机械挤奶，均应用全混合日粮（TMR）技术饲喂，规模较大的养殖场应用了DHI技术，由白城市畜牧总站畜产品安全检测中心进行免费DHI测定，以奶牛生产性能测定指标为依据，对奶牛养殖提出合理化意见，以提高产量。（图1）

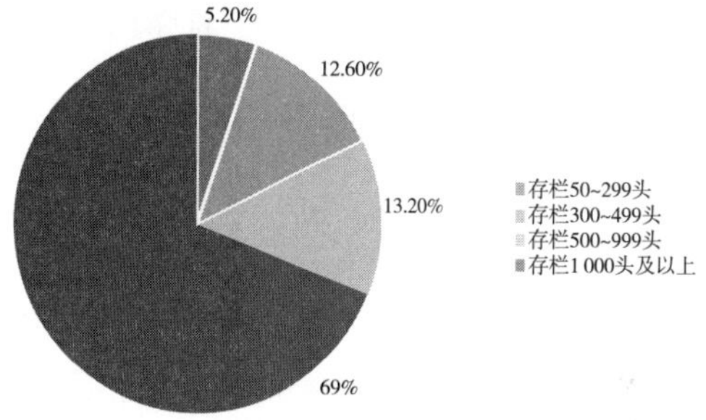

图1 白城市不同规模养殖存栏所占总存栏比重

奶牛家庭牧场建设项目情况。为了落实好国家奶业发展振兴规划，进一步夯实奶牛养殖生产基地，按照省畜牧业管理局、省财政厅《关于印发2019年中央财政支持农业生产发展等项目实施方案的通知》（吉牧联发〔2019〕14号）精神，结合白城市奶业发展实际情况，共落实10家奶牛养殖企业开展2019年奶牛家庭牧场改造升级项目工程并通过聘请专家组的考核验收。项目建设，在一定程度上提高了奶牛养殖企业的生产能力，进一步提升了标准化规模养殖水平。

饲草种植情况。白城市以种植青贮玉米为主，2019年种植面积为3 860hm^2，单产46.66t/hm^2，总产量180 100t。镇赉县青贮玉米种植面积为2 000hm^2，单产50t，青贮产量在100 000t左右。洮北区青贮玉米种植总面积约1 800hm^2，单产43t，总产量约78 000t。通榆县2019年主要种植青贮玉米，种植面积60hm^2，单产35t，总产量2 100t。洮南市大安市青贮均为采购所得。

疫病防控情况。各县（市、区）畜牧兽医站工作人员对辖区内奶牛养殖场（小区）的疫病防控情况实行了包保责任制，扎实开展奶牛重大动物疫病防控工作，做到及时、统一、全面，未发生疫情。

粪污处理方式。采用干清粪方式，对固体粪便进行好氧堆肥发酵无害化处理，实施就地就近还田利用。

生鲜乳收购年均价格。收购价格为3.0~4.3元/kg。企业收购标准：体细胞小于40万个/mL，蛋白质含量达到3.0%、平皿细菌总数小于100万CFU/mL、冰点−0.51℃以下。

奶牛养殖场（小区）收入情况。2019年奶牛养殖效益分析（以奶牛存栏量为400头的合作社为例）具体如下。

收入部分：年产奶量约800t，按照交售价格3.3元/kg的标准计算，收入为264万元；每年淘汰牛36头，按每头售价15 000元计算，收入54万元。上述2项总计收入318万元。

投入部分：饲草饲料平均每月投入18万元，每年需费用216万元；水、电、汽（柴）油等每月投入1.5万元，每年需费用18万元；防疫、消毒、化验、配种及疾病治疗等日常费用每年投入15万元；雇用10名各类工作人员每年投入54万元。上述各项总计投入303万元。

经济效益：收入部分减去投入部分，显示收益15万元，但此收益不含生鲜乳运输费、养殖场日常生活开销及养殖设施改造、设备更新等费用支出。

【奶农组织】2019年在市畜牧总站的组织下，聘请有关专家进行了多次授课培训，内容包括奶牛科学饲养管理、养殖场规划建设转型升级、奶站操作规范、生鲜乳质量安全等方面知识；学员包括场区管理员、饲养员、技术工作人员等。

【政策法规】在生鲜乳价格波动大、乳制品企业要求标准提高、奶站经营难度加大的情况下，规模较小、设备不够先进规范的奶站均已关停，现存的生鲜乳收购站均是高标准化、高规范化养殖。白城市农业农村局以发展现代畜牧业为主要方向，以转变养殖方式为主线，以增加农民收入为核心，进一步完善龙头企业建设，强化标准化规模养殖场（小区）建设，建立健全畜牧服务体系建设，从而提升市场竞争力，同时对《乳品质量安全监督管理条例》和《生鲜乳生产收购管理办法》等有关法规和扶持政策进行了大力宣传，努力增强养殖信心，促进全市奶业健康快速发展。以市畜牧总站兽医技术服务中心为龙头，以乡镇畜牧站为主体，以村级服务点为基础，以科研单位为补充的多功能、多层次奶业服务网络日趋完善。奶牛繁育、防疫灭病体系达到了机构网络化、队伍专业化、推广系统化、管理科学化的标准。养牛户基本上实现了配种、防疫、治疗、鲜奶销售等不出村，技术指导、动物检疫、饲料兽药购买不出乡。奶牛也已基本上实现了“体貌规范、品种纯优、产奶性好”的目标，奶牛养殖企业虽然在减少，但牧场建设规范化进一步提高，从源头上保证了奶源的安全、绿色、新鲜、健康。

【质量监管】2019年，白城市强化生鲜乳监测，加强对生鲜乳生产收购、运输环节的监督检查，强化奶站管理者及奶户对违禁物质添加危害性的认识，提高生鲜乳收购站、运输车辆标准化管理水平，有效保障生鲜乳质量安全。2019年《食品安全国家标准生乳》指标监测、生鲜乳质量安全异地抽检、生鲜乳质量安全例行监测共完成生鲜乳抽样检测156批次，检测合格率100%。

（白城市畜牧总站，何思洋）

附表 1　吉林省奶畜养殖场（小区）名录

序号	名称	供奶企业	全群存栏（头）	成母畜存栏（头）	奶畜品种	成母畜单产（t/年）	年总产量（t）	是否有机奶源基地	有机奶产量（t）
1	榆树市财源牧业有限公司	双城雀巢有限公司	1 070	730	荷斯坦	9.0	5 126		
2	吉林省牧硕养殖有限公司	广泽乳业有限公司、肇东伊利乳业有限责任公司、双城雀巢有限公司	8 009	4 620	荷斯坦	10.0	33 048		
3	北京首农畜牧发展有限公司白城分公司	蒙牛乳业（乌兰浩特）有限责任公司	3 191	1 764	荷斯坦	10.0	16 598		
4	白城市恒利源乳业有限公司	林甸伊利乳业有限责任公司	1 705	583	荷斯坦	8.0	3 613		
5	镇赉瑞信达原生态牧业有限公司	飞鹤乳业	12 661	7 433	荷斯坦	10.5	71 902		

备注：本表所指奶畜包括奶山羊、奶绵羊、奶水牛、牦牛、骆驼、驴等产商品奶家畜。如认证为有机奶源基地等，请在相应表格中打勾。

附表 2 吉林省乳制品生产企业名录

序号	名称	生产地点	生产许可证号码	年收购原奶量（t）	其中：自有奶源量（t）	平均支付价格（元/kg）	日处理生鲜乳能力（t）	年乳制品产量（t）	其中：低温鲜奶（t）	UHT 奶（t）	常温酸奶（t）	低温酸奶（t）	原料奶粉（t）	婴幼儿配方奶粉（t）	成人奶粉（t）	奶油（t）	奶酪（t）	乳饮料（t）	冰品（t）	年销售收入（万元）	利润（万元）	有机产品（枚）
1	广泽乳业有限公司	吉林省长春市高新开发区长德路 2333 号	SC10522010819127	46 663.91	—	3.52	320	69 445.96	2 681.06	17 896.79		23 188.70					621.58	12 443.93		56 301.35	6 361.40	
2	吉林大力乳业有限公司	双辽市玻璃山镇种羊场	SC10522032201773	15 000.00		3.60	300	1 600.00							1 600.00					800.00	10.00	
3	四平君乐宝乳业有限公司	吉林省四平市塔山村南宁路北	SC10522030324640	66 696.38	—	3.80	270	64 489.05				55 082.00						9 407.05		45 151.82	986.32	
4	白城龙丹乳业科技有限公司	白城市工业园区	SC10522080028448	2 340.00	2 340.00	3.80	300	840.00						840.00						5 500.00	50.00	
5	飞鹤（镇赉）乳品有限公司	镇赉县开发区	SC10522082103179	16 368.31	16 368.31	4.14	300	6 798.00						6 475.00	323.00					28 538.00	4 365.00	
6	吉林贝因美乳业有限公司	敦化市经济开发区工业园区	SC12922240302651	—	—			2 150.00						2 150.00						15 000.00	2 845.00	
7	吉林市春光乳业有限公司	吉林市船营区迎宾大路 1277 号	SC10522020431800	10 000.00	8 000.00	3.80	25	8 000.00	6 000.00			2 000.00								5 000.00	100.00	
	合计			157 068.60	26 708.31	3.78	1 515.00	153 323.01	8 681.06	17 896.79		80 270.70		9 465.00	1923.00	0.00	621.58	21 850.98		156 291.17	14 717.72	

备注：本表包括在中国及海外的生产企业。日处理生鲜乳能力指设计加工生鲜乳能力。自有奶源指来自自建和参建（控股、参股）牧场（小区）的原奶。成人奶粉指除婴配粉以外的学生奶粉、孕妇奶粉、中老年奶粉等终端消费奶粉。冰品包括冰激凌、雪糕等。有机产品数量单位为“枚”，指获得有机标志的数量。

附表 3　长春市奶畜养殖场（小区）名录

序号	名称	供奶企业	全群存栏（头）	成母畜存栏（头）	奶畜品种	成母畜单产（t/年）	年总产量（t）	是否有机奶源基地	有机奶产量（t）
1	榆树市财源牧业有限公司	双城雀巢有限公司	1 070	730	荷斯坦	9	5 126	否	0
2	九台广源牧业有限公司	双城雀巢有限公司	912	482	荷斯坦	7	2 660	否	0
3	吉林省牧硕养殖有限公司	广泽乳业有限公司、肇东伊利乳业有限责任公司、双城雀巢有限公司	8 009	4 620	荷斯坦	10	33 048	否	0

附表4　长春市乳制品生产企业名录

名称	生产地点	生产许可证号码	年收购原奶量（t）	其中：自有奶源量（t）	平均支付价格（元/kg）	日处理生鲜乳能力（t）	年乳制品产量（t）	其中：低温鲜奶（t）	UHT奶（t）	常温酸奶（t）	低温酸奶（t）	原料奶粉（t）	婴幼儿配方奶粉（t）	成人奶粉（t）	奶油（t）	奶酪（t）	乳饮料（t）	冰品（t）	年销售收入（万元）	利润（万元）	有机产品（枚）
广泽乳业有限公司	吉林省长春市高新开发区长德路2333号	SC10522010819127	46 664	3.52	0	320	69 446	2 681	17 897	0	23 189	0	0	0	0	622	12 444	0	56 301	6 361	无

备注：自有奶源指来自自建和参建（控股、参股）牧场（小区）的原奶。有机产品数量单位为“枚”，指获得有机标志的数量。有机产品品类指液态奶、酸奶、奶粉、奶酪等大类。

附表 5　白城市奶畜养殖场（小区）名录

序号	名称	供奶企业	全群存栏（头）	成母畜存栏（头）	奶畜品种	成母畜单产（t/年）	年总产量（t）	是否有机奶源基地	有机奶产量（t）
1	白城市兴盛奶牛养殖有限公司	林甸伊利乳业有限责任公司	667	310	荷斯坦	10.0	3 600	否	
2	北京首农畜牧发展有限公司白城分公司	蒙牛乳业（乌兰浩特）有限责任公司	3 191	1 764	荷斯坦	10.0	16 598	否	
3	白城市鑫源乳业有限公司	蒙牛乳业（乌兰浩特）有限责任公司	401	201	荷斯坦	8.0	1 334	否	
4	白城市鑫牛乳业有限责任公司	林甸伊利乳业有限责任公司	428	216	荷斯坦	8.0	1 659	否	
5	白城市恒利源乳业有限公司	林甸伊利乳业有限责任公司	1 705	583	荷斯坦	8.0	3 613	否	
6	镇赉瑞信达原生态牧业有限公司	飞鹤乳业	12 661	7 433	荷斯坦	10.5	71 902	否	
7	通榆县襄平奶农专业合作社	蒙牛乳业（乌兰浩特）有限公司	473	205	荷斯坦	9.0	1 845	否	
8	通榆福海奶农专业合作社	蒙牛乳业（乌兰浩特）有限公司	390	180	荷斯坦	8.0	1 440	否	

备注：本表所指奶畜包括奶牛、奶山羊、奶绵羊、奶水牛、牦牛、骆驼、驴等产商品奶家畜。统计 2019 年年底，存栏奶牛 50 头以上、奶羊 100 只以上的规模养殖场（小区）。

附表6　白城市乳制品生产企业名录

序号	名称	生产地点	生产许可证号码	年收购原奶量（t）	其中：自有奶源量（t）	平均支付价格（元/kg）	日处理生鲜乳能力（t）	年乳制品产量（t）	其中：低温鲜奶（t）	UHT 奶（t）	常温酸奶（t）	低温酸奶（t）	原料奶粉（t）	婴幼儿配方奶粉（t）	成人奶粉（t）	奶油（t）	奶酪（t）	乳饮料（t）	冰品（t）	年销售收入（万元）	利润（万元）	有机产品（枚）
1	白城龙丹乳业科技有限公司	工业园区	SC10522080028448	2 340	2 340	3.80	300	840						840						5 500	50	
2	白城市阿宝乳制品有限公司	平台镇	SC10522080232311	360	360	3.30	8	180	150			30								120	20	
3	飞鹤(镇赉)乳品有限公司	镇赉县开发区	SC10522082103179	16 368	16 368	4.14	300	6 798						6 475	323					28 538	4 365	

备注：本表包括在中国及海外的生产企业。日处理生鲜乳能力指设计加工生鲜乳能力。自有奶源指来自自建和参建（控股、参股）牧场（小区）的原奶。成人奶粉指除婴幼儿配方奶粉以外的学生奶粉、孕妇奶粉、中老年奶粉等终端消费奶粉。冰品包括冰激凌、雪糕等。有机产品数量单位为“枚”，指获得有机标志的数量。

黑龙江省

黑龙江省位于中国的最东北部、北纬43°~53°，气候冷凉，盛产玉米、大豆等多种农作物，是我国最大的商品粮生产基地，享有“北大仓”的美誉，适宜奶牛发挥其生产性能。全省有1 593.33万hm^2耕地，粮食生产能力稳定在7 500万t左右，共有草地面积207.11万hm^2，2019年，青贮玉米产量超300万t，新增苜蓿种植面积3 266.67hm^2，这些都为发展奶牛养殖业提供了强有力的饲料资源保障。

【奶畜养殖】据国家统计局黑龙江调查总队核定，2019年全省奶牛存栏107.6万头，生鲜乳产量465.24万t，较2018年分别提高2.47%和2.05%。奶源主要集中在哈尔滨、齐齐哈尔、大庆、绥化、牡丹江、黑河等地，全省现有100头以上奶牛规模养殖场620家，规模养殖场奶牛年均单产达到8t。

【乳制品加工】黑龙江省已自主培育飞鹤、完达山、摇篮、红星等知名企业，同时引进雀巢、伊利、蒙牛、光明、贝因美等国际国内大型企业，全省规模以上乳制品加工企业53家，其中婴幼儿配方奶粉企业32家，日处理生鲜乳能力2.1万t，产能居全国第一位。2019年，全省乳制品产量183万t，同比增长6.2%。其中，液态奶产量129万t，同比增长9.3%；固体及半固体乳制品35.1万t，同比下降5.6%；全省婴幼儿配方奶粉产量18.9万t，同比增长11%，约占国产婴幼儿配方奶粉产量的28%、国内消费量的20%，黑龙江省是国内最大的奶粉和婴幼儿配方奶粉产业基地。2019年，全省乳制品工业规模以上企业实现主营业务收入346亿元，约占全国的10%，税金超过30亿元。

【市场消费】黑龙江省乳制品消费水平低于全国平均水平，主要是因为寒冷地区习惯消费肉类和酒精饮料，相应乳制品消费量就会较少。2019年，黑龙江省人均消费乳制品仅29kg，人均乳制品消费支出为251.6元。

2019年，黑龙江省奶业协会监督管理黑龙江省学生奶工作，黑龙江省共有4个学生奶生产乳制品企业，分别是伊利乳业（林甸伊利乳业有限责任公司、肇东伊利乳业有限责任公司）、黑龙江省飞鹤乳业有限公司、黑龙江完达山阳光乳业有限公司和黑龙江省龙丹乳业科技股份有限公司，2019年实现生产配送学生奶4.75亿份。通过认证的学生奶奶源基地奶牛养殖场新增1个，达到22个。

【奶源基地】生乳成本与效益：通过对黑龙江省50个规模化奶牛养殖场监测点（全省随机选择）进行数据统计，2019年上半年生鲜乳价格稳中略降，下半年自7月开始，奶价呈直线上升态势，到12月达到3.77元/kg，奶牛场处于盈利阶段。2019年同月奶价，与2018年相比总体较高，如2019年12月与2018年12月相比，奶价高0.23元/kg，全年千克奶成本3.29元，一些管理规范、生鲜乳品质好的规模化奶牛养殖场头均收益超过5 000元，奶牛养殖场总体盈利，2019年奶牛养殖形势较好。

【政策法规】2019年，黑龙江省利用中央财政专项实施奶牛场改造升级项目，扶持设计规模4 000头以下的122个奶牛养殖场，按泌乳牛（含12月龄以上）实际存栏计算，100头为1个单元，每个单元补贴50万元。通过项目补贴，改善生产条件，提高生产效率和粪污资源化利用水平，显著提升黑龙江省生鲜乳产量和品质。同时，黑龙江省争取国家粮改饲项目资金1.664 7亿元和苜蓿种植基地建设项目资金3 000万元，组织养殖场和饲草合作社积极收储全株玉米青贮，增加苜蓿种植面积，促进农牧结合，降低养殖成本，提高养殖效益。

【奶农组织】2019年，黑龙江省奶业协会自主举办的培训班8期，总培训人数超1 000人次，发放培训资料、书籍和杂志共800余份。除此之外，各级政府部门、乳制品企业和供给侧企业也针对于奶业各个方面，用不同方式开展培训，通过系列培训提高了奶业的生产管理水平和技术水平，奶牛养殖场达到了提质增效的目的。

【奶业大事】2019年4月21—23日，黑龙江省奶业协会、黑龙江省畜牧业协会和黑龙江省饲料工业协会联合主办的“第26届东北三省畜牧业交易博览会”在哈尔滨市会展中心举办，除设有“国内优质畜牧产品展区”“肉品加工机械展区”“生物制品能源展区”“特种兽药饲料展区”“国际动保展区”“国际畜牧机械展区”等传统展区外，还新增设了“清洁能源环保产业展区”“畜禽肉类屠宰加工展区”。展出面积24 000m^2，参展企业491家，专业观众36 000多人次，是畜牧行业及相关行业宣传新成就、推广新成果、交流新经验、研讨新技术、促进新合作的重要服务平台。

2019年5月10日，黑龙江省人民政府办公厅发布《关于推进奶业振兴保障乳品质量安全的实施意见》，通过一系列措施，达到如下目标：到2020年，100头以上规模养殖比重超过65%，形成500万t高品质生鲜乳生产能力；到2025年，奶业实现全面振兴，现代产业体系、生产体系、经营体系基本形成，奶业质量监管体系和支持保障体系更加健全，100头以上规模养殖比重超过80%，力争形成1 000万t生鲜乳生产能力。

2019年5月23日，农业农村部公布了第三批全国31个奶业休闲观光牧场名单，黑龙江省飞鹤乳业观光牧场、黑龙江省双城雀巢观光牧场、黑龙江省红星森林有机牧场在列。

2019年7月2日，黑龙江省市场监督管理局发出《关于开展全省乳制品质量提升行动工作的通知》，提出提升全省乳制品市场竞争力、落实企业质量安全主体责任、落实乳制品质量安全监管责任，提升乳制品质量安全保障能力的综合措施。

2019年7月27—30日，黑龙江省安达市举办了首届国际乳业文化节，乳制品行业专家、D20企业代表、安达乳品企业及其合作伙伴等国内外业界精英600余人参加盛会。集中参观安达乳业历史文化展示基地、中东铁路乳业记忆、约瑟·卧里克夫斯基之家、中国安达奶酪小镇、绿色乳业之梦、现代乳业风情等乳业文化节特色打卡景点。同期举行了第三届马术节、第三届草原穿越之旅暨中国北方车友星空露营大会“安达印象游”大众花车巡游、哈雷车队表演等文体活动。

2019年9月10日，大庆市人民政府与蒙牛集团签订合作协议，蒙牛集团乳制品百亿元产业集群项目正式落户大庆。该项目主要包括乳制品产业园（核心工厂）、奶源基地、配套产业三大板块，落地在大庆经济技术开发区。项目2020年启动乳制品产业园与标准化牧场建设，总投资15亿元以上，主要建设日处理鲜奶1 500t的高端液态奶加工厂1个、5 000头标准化牧场2个、3 000头标准化观光牧场1个。

2019年10月9日，黑龙江省市场监督管理局组织完成了省级食品安全监督抽检任务196批次，根据食品安全国家标准检验和判定，24批次乳制品样品抽检合格。

2019年11月13日，黑龙江飞鹤乳业公司正式在香港交易所挂牌交易，飞鹤以发行价计市值超过670亿港元，成为香港交易所历史上首发市值最大的乳制品企业。

（黑龙江省奶业协会，张维银、阿晓辉）

附表 1　黑龙江省奶畜养殖场（小区）名录

序号	名称	供奶企业	养殖场	小区	全群存栏（头）	成母畜存栏（头）	奶畜品种	成母畜单产（t/年）	年总产量（t）	是否参加 DHI	是否应用 TMR	是否国家学生饮用奶奶源基地	是否有机奶源基地	有机奶产量（t）	有机奶源认证机构	是否为布鲁氏菌病及结核病净化创建场或示范场
1	哈尔滨完达山奶牛养殖有限公司	完达山	√		4 200	2 100	荷斯坦	9.50	20 000	√	√	√		20 000	中国有机认证	
2	青冈县山东屯荷斯坦奶牛繁育场	贝因美	√		790	410	荷斯坦	10.50	3 600	√	√					
3	8511 农场完达山良种奶牛场	完达山	√		1 390	740	荷斯坦	10.50	7 600	√	√					
4	黑龙江省牡丹江农垦隆盛奶牛养殖专业合作社	完达山	√		4 200	2 300	荷斯坦	10.00	20 000	√	√		√		正在办理	√
5	绥化市裕达牧业	伊利	√		1 680	800	荷斯坦	11.50	9 400	√						
6	富裕光明生态示范养殖有限公司	光明	√		5 156	2 800	荷斯坦	10.50	30 000	√	√	√				
7	林甸众晔奶牛场	伊利	√		1 567	1 250	荷斯坦	10.00	12 000	√	√	√				
8	安达澳森牧业有限公司	伊利	√		4 000	2 200	荷斯坦	10.30	21 805	√	√	√				
9	哈尔滨上禾牧业有限责任公司	蒙牛	√		2 760	1 461	荷斯坦	9.20	13 900	√	√					
10	黑龙江省龙佳生态牧业有限公司	伊利	√		7 661	4 265	荷斯坦	11.26	48 063	√	√	√				
11	雀巢 DFI 观光奶牛场	雀巢	√		1 650	850	荷斯坦	12.37	10 500	√	√					
12	牡丹江红星天野第六现代牧业有限公司	红星	√		2 800	1 240	荷斯坦	9.70	12 028	√	√		√	12 028	欧盟爱克赛尔有机认证和中国有机认证	√

备注：请在养殖场或小区列中选择打勾；若参加 DHI、应用 TMR、是国家学生饮用奶奶源基地、是有机奶源基地、是布鲁氏菌病及结核病净化创建场或示范场请打勾。

附表2 黑龙江省乳制品生产企业名录

序号	名称	生产地点	生产许可证号码	年收购原奶量（t）	其中：自有奶源量（t）	平均支付价格（元/kg）	日处理生鲜乳能力（t）	年乳制品产量（t）	其中：低温鲜奶（t）	UHT奶（t）	常温酸奶（t）	低温酸奶（t）	原料奶粉（t）	婴幼儿配方奶粉（t）	成人奶粉（t）	奶油（t）	奶酪（t）	乳饮料（t）	冰品（t）	年销售收入（万元）	利润（万元）	有机产品（枚）
1	黑龙江省完达山乳业股份有限公司			392 786	306 374	3.85	2 480	352 760		217 133		64 860	3 434	14 429	12 270	512		39 609		424 855	4 028	3 055 493
2	黑龙江贝因美乳业有限公司	绥化安达市	SC10523128150184	34 515	12 180	3.92	1 000	19 836					16 425	3 226	20	164				66 623	845	
3	红星集团食品有限公司	牡丹江市	SC10523100350054	13 000	13 000	5.50	300	5 000	3 000		500	800	400	3 500	1 500	60				320 000	3 000	1 200 000
4	黑龙江惠丰乳品有限公司大庆分公司	大庆市	SC10523060200100	32 400	0	3.70	500	32 400				32 400								30 000	1 000	
5	哈尔滨太子乐乳业集团有限公司	哈尔滨市	SC10523011100176					4 168						3 897	268					30 189	800	
6	青冈亚华乳多宝乳业有限责任公司	绥化青冈县	SC10523122302904	2 000		4.00	200	1 200						800	400					5 800	200	
7	黑龙江清大乳业有限公司	绥化安达市	SC10523128100704	1 055	350	3.80	230	1 173				944	170		14				45	451	–363	
8	黑龙江华丹乳业有限公司	绥化安达市	SC10523128101060	7 092		3.40	300	2 742						660	2 082					8 479	135	
9	黑龙江农垦全乳元乳业有限责任公司	共青农场	SC10523300150038	1 437	115	3.30	50	715					105	592	18					3 300	–344	
10	依安县摇篮乳业有限责任公司	齐齐哈尔依安县	SC10523022350623	2 121	361	3.67	100	982					113	861	8					3 967	–683	
11	肇州县摇篮乳业有限责任公司	大庆市肇州县	SC10523062150298	2 104	1 315	3.50	200	1 076					108	945	22					5 478	–661	
12	大庆乳品厂有限责任公司	大庆市	SC10523060250637	4 200		3.62	300	2 379					1 340	407	1 972					15 472	–151	

备注：本表包括在中国及海外的生产企业。日处理生鲜乳能力指设计加工生鲜乳能力。自有奶源指来自自建和参建（控股、参股）牧场（小区）的原奶。成人奶粉指除婴幼儿配方奶粉以外的学生奶粉、孕妇奶粉、中老年奶粉等终端消费奶粉。冰品包括冰激凌、雪糕等。有机产品数量单位为“枚”，指获得有机标志的数量。

上 海 市

【奶畜养殖】上海奶牛养殖的历史比较长，可追溯到 1840 年中英鸦片战争以前。大群奶牛规模化养殖也有 60 多年的历史，在长期的饲养过程中积累了丰富的技术和管理经验，具有明显的优势。上海是我国近代奶业的发源地，是中国奶业经济最为发达的地区之一，是农业农村部确定的全国奶牛发展优势区域之一。

上海奶牛饲养头数和生鲜乳总产量虽然占全国份额很低，但上海奶牛养殖实现了 100% 适度规模化、标准化；100% 参加生产性能测定和良种登记；100% 牛只实行特定疫病强制免疫和检疫；100% 实施机械化挤奶、自动清粪、TMR 发料的饲养模式；生奶全程冷链的质量控制、收奶完全实行奶企、奶农、奶协三方共同协商的按质论价机制；上海生鲜乳质量远远高于国家标准，达到和优于欧美标准，并于 2019 年把嗜冷菌作为生奶计价体系的指标之一（世界首创），大大提高了奶制品的安全和品质。

2011—2019 年上海各郊区和光明食品集团奶牛单产平均每年增长 339kg，其中光明食品集团、金山区和嘉定区平均单产较高，每年的增幅也较快（表 1 和图 1）。

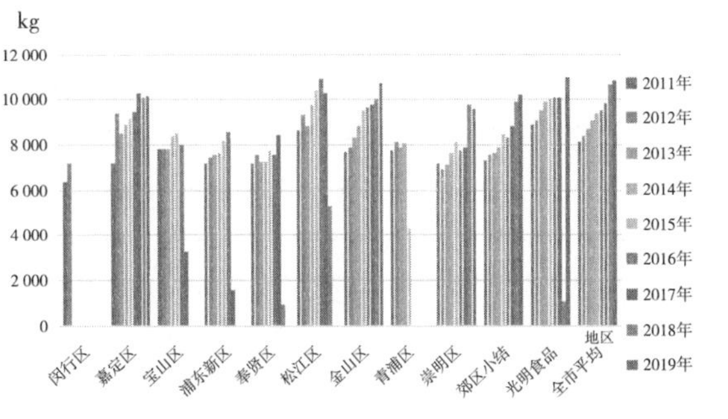

图 1　2011—2019 年上海郊区和光明食品集团奶牛单产情况

表 1　2011—2019 年上海郊区和光明食品集团奶牛单产情况

单位：kg

地区	2011 年	2012 年	2013 年	2014 年	2015 年	2016 年	2017 年	2018 年	2019 年
闵行区	6 368	7 197	—	—	—	—	—	—	—
嘉定区	7 157	9 410	8 493	8 851	9 144.96	9 458.29	10 276.03	10 067.47	10 145
宝山区	7 774	7 831	7 808	8 401	8 529.50	8 020.92	3 236.00	—	—
浦东新区	7 155	7 444	7 563	7 622	8 184.28	8 534.68	1 543.50	—	—
奉贤区	7 173	7 525	7 262	7 245	7 769.91	7 552.27	8 458.89	932.00	—
松江区	8 636	9 291	8 789	9 789	10 393.56	10 890.31	10 249.83	5 279.00	—
金山区	7 709	7 846	8 286	8 847	9 483.09	9 619.34	9 755.27	10 044.44	10 736
青浦区	7 734	8 098	7 848	8 049	4 281.00	—	—	—	—
崇明区	7 148	6 899	7 133	7 627	8 128.97	7 728.20	7 890.51	9 738.33	9 593
郊区小结	7 319	7 531	7 585	7 873	8 406.85	8 317.95	8 844.54	9 916.59	10 212.5
光明食品	8 853	9 053	9 529	9 897	10 023.20	10 098.34	10 057.50	1 077.36	10 955
全市平均	8 148	8 376	8 702	9 078	9 356.98	9 486.46	9 807.12	10 638.10	10 858

备注：青浦区 2015 年 1—5 月的平均单产为 4 281.00kg，6 月退养，变无奶牛场区。宝山区 2017 年 1—4 月的平均单产为 3 236.00kg，5 月退养，变无奶牛场区。浦东新区 2017 年 1—2 月的平均单产为 1 543.50kg，3 月退养，变无奶牛场区。奉贤区 2018 年 1—2 月的平均单产为 932.00kg，3 月退养，变无奶牛场区。松江区 2018 年 1—5 月的平均单产为 5 279.00kg，6 月退养，变无奶牛场区。

【奶源基地】2019 年上海奶牛生产情况分两部分来统计分析。第一部分是归属地为上海市的奶牛场的数据分析；第二部分是归属地为非上海市的奶牛场的数据分析，它们包括是光明牧业在非上海地区的奶牛场和原上海郊区近几年搬迁到上海周边地区异地养殖的奶牛场，这些奶牛场的生鲜乳绝大部分交给光明乳业。

2019 年数据统计说明：归属地为上海市的奶牛场有 26 个，奶牛头数为 51 770 头，其中包含光明食品集团所属的海丰、申丰奶牛场（江苏大丰）和练江奶牛场（安徽歙县）；归属地为非上海市的奶牛场有 20 多个，5 万余头奶牛，包括光明牧业在外地（江苏、浙江、湖北、河南、山东、天津、黑龙江）等奶牛场和原上海郊区近几年搬迁到江苏的异地养殖的部分奶牛场。

备注：因异地养殖的这部分奶牛场，交奶给乳制品企业时变更频繁和牧场的不断减少，这给奶牛生产数据准确性采集带来了极大的困难，同时也经常发生与当地政府畜牧办统计相重叠，因此从 2019 年起，这部分现存奶牛场不再做数据分析。

2019年归属地为上海市的奶牛生产概况如下。

2019年年底上海市饲养荷斯坦奶牛51 770头，比2018年的53 748头减少了1 978头，降幅为3.68%。其中上海市本地存栏25 198头，比2018年的27 486头减少了2 288头，同比降幅为8.3%；上海市域外（江苏海丰和安徽练江奶牛场）存栏26 572头，比2018年的26 262头增加了310头，同比增长1.2%。

2019年生鲜乳总产量29.94万t，比2018年的33.61万t减少3.67万t，降幅为11%。2019年成乳牛平均累计单产10 858kg，比2018年的10 639kg增长2.1%；2019年年底奶牛场26个（全部为规模化奶牛场），比2018年的29个减少了10.3%（表2）。

表3归属地为非上海市的奶牛生产概况（仅指光明牧业9个奶牛场）。

2019年上海市奶牛生产总的特点是：上海归属地的牧场和奶牛存栏数、成乳牛头数因环保、规划等因素还在持续减少，但成乳牛单产水平仍保持增长。同时光明乳业的异地养殖牧场还在扩张之中，现在占本地牧场牛头数达75%以上，有力地保证了光明乳业的奶源供应。

表2　2019年上海奶牛生产概况（归属地为上海的奶牛场）

单位	总头数（头）	其中				规模场		生鲜乳总产量（万kg）	成乳牛单产（kg）	上市生鲜乳总量（万kg）
		成乳牛（头）	育成牛（头）	发育牛（头）	犊牛（头）	场数（个）	头数（头）			
合计	51 770	27 804	3 953	11 182	8 831	26	51 770	29 937	10 858	28 478.00
2018年同期	53 748	29 778	4 624	10 790	8 556	29	53 748	33 613	10 639	31 925.40
比2018年同期增减（%）	−3.68	−6.63	−14.51	3.63	3.21	−10.34	−3.68	−10.94	2.06	−10.80
郊区小计	7 886	3 941	608	1 891	1 446	10	7 886	3 681.9	10 212	3 574.18
嘉定区	811	427	84	163	137	1	811	424.24	10 145	400.11
金山区	3 797	1 881	236	826	854	6	3 797	1 881	10 736	1 832.89
崇明区	3 278	1 633	288	902	455	3	3 278	1 376.7	9 592.8	1 341.18
光明食品	43 884	23 863	3 345	9 291	7 385	16	43 884	26 255	10 955	24 903.80

表3　2019年光明牧业异地9个奶牛场生产概况

单位名称	总头数（头）	其　中				生鲜乳总产量（万kg）	成乳牛单产（kg）	上市生鲜奶总量（万kg）
		成乳牛（头）	育成牛（头）	发育牛（头）	犊牛（头）			
天津市今日健康乳业有限公司	2 984	1 669	302	525	488	1 700.1	10 042	1 656.5
浙江荷斯坦牧业有限公司	1 465	794	195	254	222	931.0	12 012	867.4
武汉光明生态示范奶牛场有限公司	2 873	1 628	213	575	457	1 707.3	10 497	1 611.3
德州光明生态示范奶牛养殖有限公司	2 938	1 572	381	582	403	1 718.2	10 777	1 609.4
富裕光明生态示范奶牛养殖有限公司	4 931	2 663	509	1 000	759	2 923.5	10 539	2 785.2
富裕县光明哈川奶牛饲养专业合作社	1 946	1 005	379	335	227	1 094.8	10 098	1 039.2
哈尔滨双城米特利农业发展有限公司	2 699	1 607	263	475	354	1 684.5	10 418	1 595.3
滑县光明生态示范奶牛养殖有限公司	9 290	6 011	580	1 720	979	6 396.2	10 840	6 029.9
浙江荷斯坦牧业有限公司娟姗牛场	447	240		116	91	124.0	4 693	118.0
合计	29 573	17 189	2 822	5 582	3 980	18 279.6	10 646	17 312.2

2019年上海奶牛养殖规模情况如下（表4）。

表4　2019年上海奶牛养殖规模情况

饲养规模（头）	牧场数量（个）	占牧场比例（%）	奶牛头数（头）	占牛头数比例（%）
101~200	2	7.7	302	0.6
201~500	2	7.7	789	1.5
501~1 000	9	34.6	6 639	12.8
1 001~10 000	11	42.3	19 682	38.0
10 000以上	2	7.7	24 358	47.1
合计	26	100	51 770	100

2019年上海奶牛养殖归属分类情况如下（表5）。

表5　2019年上海奶牛养殖归属分类

奶牛场归属	头数（头）	比例（%）
光明食品集团（16个牧场）	43 884	84.8
郊区私营牧场（嘉定、金山、崇明的10个牧场）	7 886	15.2
合计	51 770	100

2019年上海奶牛养殖区域分布情况如下（表6）。

表6　2019年上海奶牛养殖区域分布

奶牛所在区域	头数（头）	比例（%）
海湾（浦东、金山、奉贤）	13 723	26.5
海岛（崇明）	10 664	20.6
海丰（江苏大丰）	24 358	47.1
其他（嘉定、练江）	3 025	5.8
合计	51 770	100

2019年上海奶牛牛群结构分布情况如下（表7）。

表7　2019年上海奶牛牛群结构分布

牛群结构	头数（头）	比例（%）
成乳牛	27 804	53.7
育成牛	3 953	7.6
发育牛	11 182	21.6
犊牛	8 831	17.1
合计	51 770	100

【乳制品加工】2019年上海奶业行业协会乳品加工委员会成员如下，光明乳业股份有限公司华东中心工厂、上海乳品四厂有限公司、光明乳业股份有限公司奉贤分厂（永安）、上海益民一厂有限公司、上海乳品一厂分厂、上海晨冠乳业有限公司、上海花冠营养乳品有限公司、多美滋婴幼儿食品有限公司、上海纽贝滋营养乳品有限公司、上海恩波露食品有限公司、诺乳业有限公司、明治乳业（苏州）有限公司上海分公司、恒天然商贸（上海）有限公司、杭州味全食品有限公司、上海妙可蓝多食品科技股份有限公司。本地2019年奶制品有巴氏杀菌乳、UHT奶、奶粉、酸奶、奶酪。

2019年上海奶牛成乳牛单产情况如下（表8）。

表8　2019年上海奶牛成乳牛单产分布

单产水平	牛场数（个）	占牛场数比例（%）	牛头数（头）	占牛头数比例（%）
9t以下	1	3.8	92	0.2
9~10t	7	26.9	6 291	12.2
10~11t	11	42.3	24 916	48.1
11~12t	5	19.2	6 307	12.2
12t以上	1	3.8	12 734	24.6
后备牛	1	3.8	1 430	2.8
合计	26	100	51 770	100

2019年成乳牛单产超11t牧场的具体情况如下（表9）。

表9　2019年上海成乳牛单产超11t奶牛场

牧场	归属	牛存栏（头）	成乳牛（头）	年单产（kg）	比2018年增减（kg）
江苏申牛牧业有限公司（申丰奶牛场）	光明牧业	12 734	6 965	12 010	−5.4
上海希迪乳业有限公司	光明食品	1 691	738	11 628	124
光明牧业有限公司鸿星牧场	光明牧业	699	512	11 565	377
光明牧业有限公司至江牧场	光明牧业	961	723	11 279	858
上海牛奶练江鲜奶有限公司	牛奶集团	2 122	1 084	11 176	879
上海振华奶牛公司	金山区	834	382	11 047	487
合计		19 041	10 404		

【市场消费】上海2019年城镇居民人均奶制品（折合成原料奶）消费量为45kg，各种乳制品人均消费量：鲜奶 35kg，奶粉 0.9 kg，酸奶 10 kg，奶酪 0.9 kg。

2019年光明学生奶全年销售2.9亿元，与2018年同期销售收入相比上升15%。目前已覆盖24个省（自治区、直辖市）。日均供应学生奶近120万盒。

【法规和政策】经讨论协商2019年上半年上海地区生鲜乳收购基础价格为3.85元/kg，结算时间为1—6月；下半年上海生鲜乳收购基础价为3.89元/kg，结算时间为7—12月。同时执行规模和优质优价奖励。生鲜乳实际结算价=基础价+按质论价（脂肪、蛋白、体细胞、微生物、冰点等）+规模分级奖励+季节差价+“两病”净化奖惩。2019年1月1日起增加嗜冷菌指标。

2019年光明乳业在上海地区收购生鲜乳28 478.00t，平均收购价格（光明乳业结算给奶农的价格）4.51元/kg。

此结算价的平均质量指标为：乳脂肪3.72%、乳蛋白质3.11%、细菌数0.80万CFU/mL、体细胞数21.49万个/mL，各项质量指标比2018年均有进步。（数据来源：光明乳业华东奶源部）。

其结果和上海地区生鲜乳按质论价第三方检测机构相比：上海市农产品质量安全检测中心2019年上海地区生鲜乳按质论价测试结果（乳脂肪3.77%、乳蛋白质3.25%、细菌数0.70万CFU/mL、体细胞数20.4万个/mL）。

2019年奶价协商会议奶农代表建议：为持续推进优质乳工程，乳脂率不封顶，优质乳4项指标实行单项考核，这些有待下次研究解决。

原牧场分级奖励标准不变，具体方案如表10所示。

表10　原牧场分级奖励标准

生鲜乳交售量	分级奖励（元/kg）
4 000t以上（含4 000t）	0.12
2 400~4 000t（含2 400t）	0.09
1 100~2 400t（含1 100t）	0.06
1 100t以下	−0.20

为进一步规范奶牛养殖场生鲜乳生产和管理，提高生鲜乳质量安全水平，提升消费者对乳制品的消费体验，促进上海地区奶业持续健康发展，从2019年1月1日起上海地区生鲜乳收购增加嗜冷菌指标的奖罚，具体方案如下（表11）。

表11　上海地区生鲜乳嗜冷菌指标奖罚方案

指标等级	奖罚	备注
嗜冷菌≤1 000/mL	+0.03元/kg	每旬选1天检测，检测数据作为下一旬考核的依据
1 000mL＜嗜冷菌≤10 000/mL	－0.05元/kg	
嗜冷菌＞10 000/mL	－0.10元/kg	

备注：本项指标试运行1个月。奖罚方案针对的是存栏301~500头或牛奶产量为2 400~4 000t的养殖场。

【奶农组织】上海奶业行业协会协同上海奶牛育种中心有限公司于2019年3月在上海市畜牧兽医培训中心举办奶牛生产性能测定技术培训会，各奶牛生产性能测定参测牧场100余名代表参加了培训。

【质量监管】2019年3月14日上海奶业行业协会组织召开奶农乳制品企业代表会，对“上海地区生鲜牛乳按质论价采样实施监督管理”两年来实施情况的工作进行总结，并对2019年的工作进行讨论与部署。会议一致认为2019年要继续实施上海地区生鲜牛乳按质论价采样监管工作，由上海奶业行业协会委托上海市农产品质量安全检测中心组织实施。

【奶业大事】2019年1月12日，上海奶业行业协会秘书长朱从余受邀参加在福建厦门召开的中国奶业协会第七届理事会二次会议。理事会审议通过多项重要提案，上海奶业行业协会秘书长朱从余当选为中国奶业协会第七届常务理事。

2019年1月24日，按照本市生鲜乳价格协商机制规定，奶农代表、光明乳业代表和上海奶业行业协会三方召开2019年上半年上海生鲜乳收购基础价协商会议，朱从余秘书长主持会议，代表们充分协商，最终达成一致意见，2019年上半年上海生鲜乳收购基础价为3.85元/kg，原有的优质优价、分级奖励、乳脂率、乳脂白率封顶等方案保持不变。生鲜乳价格执行期从2019年1月1日至2019年6月30日。合同收购数量允许每月有5%的误差。

2019年2月21日，上海奶业行业协会专家委员会、奶牛生产委员会2019年工作会议在光明牧业会议室召开。会后，委员会一行参观了上海奶牛生产性能测定（DHI）中心，对技术中心的技术装备和覆盖奶牛生产、科研等各方面的研发工作表示了肯定。

2019年2月28日，牧场工程与机械专业委员会工作会议在上海爱励农机械制造有限公司召开。会上，各单位介绍了2018年生产情况及2019年工作打算；发表了对行业未来的想法及建议，企业表示将根据行业形势做出改变，以适应市场化需求。

2019年3月6日下午，上海奶业行业协会第七届五次理事会召开。上海奶业行业协会朱从余秘书长总结了上海奶业行业协会2018年工作，并对2019年协会工作要点作了报告，对2018年协会财务收支情况作了报告；副秘书长王光文对2018年吸纳新会员单位情况进行了汇报。大会通过增补理事单位3家：杭州味全食品有限公司上海分公司、交广文化传媒（上海）有限公司、北京万创互联数字科技有限公司。会议期间根据2018年上海奶业行业协会组织开展的实验室能力测试结果，对评选出的营养类、安全类3家优胜单位（上海晟冠乳业有限公司、多美滋婴幼儿食品有限公司、上海乳品四厂有限公司）进行了表彰。

2019年3月14日上午，上海奶业行业协会组织召开奶农代表会，会议就2017年3月至2019年2月期间上海地区生鲜牛乳按质论价采样实施监督管理工作进行了总结。

为了进一步提高奶牛生产性能测定采样及数据质量，充分发挥奶牛生产性能测定工作在奶牛生产中的应用。上海奶业行业协会协同上海奶牛育种中心有限公司于2019年3月14—15日在上海畜牧兽医培训中心举办了奶牛生产性能测定技术培训会，来自各地牧场相关负责人百余人参加了培训。培训涉及了DHI技术体系介绍及DHI报告解读；牧场育种方向及策略选择等多方面内容。

2019年4月11日上海奶业行业协会秘书长朱从余一行4人、上海市经济和信息化委员会都市产业处副调研员由文以及12家乳制品企业、检测中心参加了在上海晨冠乳业有限公司召开的2019年第一季度乳品加工委员会工作会议。

2019年4月16日，上海奶业行业协会育种专业委员会会议暨奶牛生产性能测定应用研讨会在畜牧兽医培训站如期召开。会上，刘光磊主任就育种专业委员会2018年的主要工作和成效进行了交流；介绍了长三角地区奶牛育种繁殖工作进展并对全国奶业发展情况和形势深入分析。各委员单位对于奶牛生产性能测定的推广应用课题展开讨论，并提出合理化建议。

2019年5月8日下午，上海奶业行业协会副秘书长王光文，光明乳业华东中心工厂、上海晨冠乳业有限公司等10余家乳制品企业参加了上海市经济和信息化委员会组织召开的乳制品产业发展工作座谈会，内容包括目前经济运行情况、存在问题以及今后发展考虑。上海市经济和信息化委员会都市产业处副调研员由文出席会议并作了重要讲话。

2019年5月19日，上海奶业行业协会副秘书长王光文参加了在北京召开的中国奶农节暨奶牛金钥匙十周年大会。

2019年5月28日，上海奶业行业协会乳品加工委员会项目负责人季爱华参加了在北京召开的由中国奶业协会主办、奶酪企业代表妙可蓝多承办的2019奶酪发展高峰论坛，论坛主题为“奶酪——奶业振兴新动能”。本次论坛的召开，标志着中国奶业进入奶酪发展新时代。

2019年6月6日，上海奶业行业协会副秘书长王光文参加了农业农村部畜牧兽医局联合中国奶业协会在北京组织召开的全国奶业20强（D20）生鲜乳购销座谈会。会议指出，2019年以来，政府、企业和行业协会各方加大工作力度，强化奶源基地建设，推进规范履行生鲜乳购销合同，推动养殖与加工加强利益联结。

2019年6月13日下午，上海奶业行业协会秘书长朱从余、副秘书长王光文等一行赴上海妙可蓝多食品科技股份有限公司。上海芝然乳品科技有限公司总经理刘威介绍了公司情况，妙可蓝多已分别在国内拥有4家工厂，设立在上海、天津、长春和吉林，主要生产各类原制、再制奶酪和液态奶两大系列产品。

2019年6月26日，上海奶业行业协会汇同梅陇镇食品药品安全委员会等4家单位共同举办了《2019年上海市食品安全宣传周乳品专场活动》，这次全国食品安全宣传周的主题为“尚德守法——食品安全让生活更美好”。上海奶业行业协会秘书长朱从余、副秘书长王光文以及光明乳业等10余家乳制品企业参加了此活动。

2019年6月27日，上海奶业行业协会生鲜乳成本调查工作组对5个成本调查样本点2018年5月至2019年4月期间相关成本数据进行调研、统计和测算，经上海市生鲜乳成本调查专家小组审核确认，上海地区奶牛场2019年下半年生鲜乳生产成本为3.97元/kg，并公示。

2019年7月12—14日，上海奶业行业协会秘书长朱从余参加在天津召开的第十届中国奶业大会暨2019中国奶业展览会，会展以“致敬祖国七十华诞 谱写奶业振兴新篇章”为主题，展现新中国奶业70年发展成就。

2019年7月19日，按照本市生鲜乳价格协商机制规定，经上海奶业行业协会召集市奶农代表与光明乳业代表三方充分讨论协商，鉴于当前全国各地奶价和牛奶消费市场情况，奶农和乳制品企业双方达成一致意见：2019年下半年上海地区生鲜乳收购基础价为3.89元/kg，原有的优质优价、分级奖励、乳脂率、乳蛋白率封顶、两病检测和原牧场分级奖励标准与奶价挂钩等方案保持不变。菌落总数每车次检测。生鲜乳价格执行期从2019年7月1日至2019年12月31日。

2019年7月30日下午，上海奶业行业协会2019年第二季度乳品加工委员会工作例会在上海纽贝滋营养乳品有限公司如期召开，光明乳业股份有限公司等10余家企业到会，并就2019年第二季度经济运行数据情况进行了汇报；布置2019年实验室能力测试培训工作；秘书长朱从余作了总结发言。

2019年8月13日，“第20届光明牧业论坛暨第12届长三角奶业大会”在新疆·乌鲁木齐举办。本届论坛以“与国同梦七十载 匠心牧业二十年”为主题，旨在探讨全新时代下，实施奶业振兴行动，持续加强优质奶源基地建设，推动奶业“一带一路”发展。

2019年8月20日，上海奶业行业协会受邀参加在福建武夷山市召开的第三届中国优质乳工程巴氏鲜奶发展论坛，全国50家乳制品企业联合发布了《新时代中国优质乳发展共同行动纲领》，致力于打造本土优质奶，提振消费信心，助力民族奶业振兴。

2019年10月22日，上海奶业行业协会第三季度乳品加工委员会工作会议暨实验室能力测试培训在上海德诺产品检测有限公司召开，会议由上海奶业行业协会副秘书长王光文主持。来自协会乳品加工委员会负责人汇报了2019年第三季度经济运行数据情况，主任顾佳升结合全国奶业形势进行了分析交流，会议现场对能力验证项目进行技术指导。

2019年10月25日下午，上海奶业行业协会第八届会员大会顺利召开，奶协全体会员、农口15家兄弟协会领导和上海市农业农村委副主任王国忠、畜牧处处长林卫东、副调研员孙立彬和市社团处副调研员徐国芳及协会会员等共105人参加会议，选举产生了第八届协会理事会理事、监事会监事。召开第八届理事会第一次会议，选举产生以濮韶华为会长、钱建国为秘书长的协会新一届领导班子。

2019 年 11 月 13 日，上海奶业行业协会组织召开第八届专业委员会、生产委员会第一次工作会议，主任刘光磊作委员会工作思路汇报，并就 2018 年上海奶牛养殖概况进行回顾；各专家、委员对行业面临的新形势进行探讨分析，并给出合理发展规划建议。

2019 年 12 月 12 日，上海奶业行业协会生鲜乳成本调查工作组对 5 个成本调查样本点 2018 年 11 月至 2019 年 10 月期间相关成本数据进行调研、统计和测算，经上海市生鲜乳成本调查专家小组审核确认，上海地区奶牛场 2020 年上半年生鲜乳生产成本为 3.99 元 /kg，并公示。

2019 年 12 月 19 日，上海奶业行业协会第八届理事会乳品加工委员会第一次工作会议在光明乳业股份有限公司华东中心工厂 3 楼多功能厅召开。会上各乳制品企业对 2019 年第四季度经济运行数据情况作了交流；对 2019 年协会开展的实验室能力测试检测结果进行讲解和分析；委员会主任陆洪对 2020 年工作作了部署；协会秘书长钱建国做了总结并分享解读了近期国家农业农村部相关政策。

2019 年 10 月 22 日，上海市人民政府与安徽省人民政府签订协议，决定建立长三角绿色农产品生产加工供应联盟。并于 2019 年 12 月 19 日在上海召开联盟成立大会，经上海市农业农村委推荐上海奶业行业协会等 10 家单位成为联盟理事单位。

2019 年 12 月 26 日，按照本市生鲜乳价格协商机制规定，奶农代表、光明乳业代表和上海奶业行业协会三方召开 2020 年上半年上海生鲜乳收购基础价协商会议，经充分讨论协商，奶农和乳制品企业双方达成一致意见：2020 年上半年上海地区生鲜乳收购基础价为 3.92 元 /kg，原有的优质优价、分级奖励、乳脂率、乳蛋白率封顶、“两病”检测和原牧场分级奖励标准与奶价挂钩等方案保持不变。生鲜乳价格执行期为 2020 年 1 月 1 日至 2020 年 6 月 30 日。

（上海奶业行业协会，钱建国、季爱华）

江苏省

【奶畜养殖】2019年年底，江苏省奶牛存栏12.6万头，同比下降6.3%；生鲜牛奶产量62.4万t，同比增长24.6%。全省13个省辖市奶牛存栏排名前三位的分别是盐城市、徐州市和宿迁市，占全省奶牛存栏总量的59.3%。牛奶产量排名前十位的县（市、区）分别是盐城市大丰区、兴化市、睢宁县、徐州市铜山区、射阳县、丰县、常熟市、连云港市徐圩新区、张家港市、南京市六合区，10个县（市、区）牛奶产量占全省总产量的65.0%。

【乳制品加工】全省共有43家乳制品加工企业，其中液态奶加工企业38家，2019年规模以上乳制品企业（年主营收入2 000万元以上）乳制品总产量约165万t，其中液态奶产量153万t。全省有7家企业注册使用中国学生饮用奶标志，21家企业注册使用江苏学生饮用奶标志。全省乳制品行业有国家级农业产业化龙头企业3家，省级龙头企业11家。南京卫岗乳业有限公司作为推行奶业全产业链发展路径的地标性企业积极打造优质奶源基地，通过布局奶站和生鲜冷链市配前置仓，形成中心仓到前置仓2小时，前置仓到终端15分钟必送达的配送网络，建立了现代化乳制品流通体系。

【市场消费】2019年，全省城镇常住居民家庭人均消费奶和奶制品10.6kg，农村常住居民家庭人均消费奶和奶制品11.0kg，全体居民家庭人均消费奶类14.7kg，全省居民家庭奶类消费量118万t。乳制品加工企业以鲜奶（巴氏杀菌乳、酸奶）等冷链产品为主，以送奶入户和奶点为主要销售渠道，呈现出鲜明的城市型乳业特征。南京卫岗乳业有限公司推出了“至淳”系列低温鲜奶产品，带动了销售量的进一步增长，全年整体销售额达24亿元，增长率在中国乳制品企业20强（D20）中名列前茅。

【奶源基地】2019年年底，全省有奶牛养殖场（户）186个，奶牛存栏50头以上规模养殖场（户）141个，存栏奶牛数占全省奶牛总数的99.4%；存栏奶牛100头以上规模养殖场（户）130个，存栏奶牛数占全省奶牛总数的98.8%；存栏奶牛500头以上规模养殖场62个，占全省奶牛总数的85.3%。大中型规模养殖场奶牛年单产均达到8t以上，部分奶牛场奶牛年单产突破10t以上。省级财政安排100万元，采取政府采购方式，由南京卫岗乳业有限公司和南京农业大学开展奶牛生产性能测定，参测6次或以上的奶牛数为16 983头，测定日均产奶量33.66kg，体细胞数23.24万个/mL，乳脂率3.96%，乳蛋白率3.34%。

【社会化服务】2019年11月，由南京丰顿科技股份有限公司研发的“奶牛场智能化综合管控系统”荣获“2019数字农业农村新技术新产品新模式优秀项目”，是全国奶牛场智能化管理领域的唯一入选项目。该项目围绕牧场设备互联、系统互通、数据自动上传等加强研发，面向智慧牧场的奶业大数据分析管理平台实现了牛场管理标准化、信息采集自动化、生产过程智能化、安全溯源数据化、财务数据精细化，有效提升了牧场生产管理效率和生鲜乳质量安全水平。2019年3月，“面向智慧牧场的奶业大数据分析管理平台”还被列入2019年智慧江苏建设成果，该项技术的推广使用将为奶业发展“插”上智慧芯片。江苏家惠生物科技有限公司自主创新建立的“奶牛全程营养技术体系”，为国内200多家牧场提供优质服务，帮助牧场提高生产水平、实现增产增效，仅江苏省内合作的牧场就有40多家，合作牧场产奶量普遍提升1t以上，有40%的牧场年单产达到或接近10t。

【质量监管】2019年年底，全省共计有持证生鲜乳收购站54个、生鲜乳运输车100辆。围绕生产、收购、运输3个环节，加大对奶畜养殖场、生鲜乳收购站和运输车的监督检查力度。组织开展部级生鲜乳例行监测、飞行检查等工作，全年共计完成生鲜乳抽样检测221批次，检测结果全部合格；现场监督检查生鲜乳收购站97批次和生鲜乳运输车辆97车次，检查结果综合判定全部合格。省级例行监测抽检生鲜乳样品741批，合格率100%。

【奶业大事】为贯彻落实省政府办公厅《关于推进奶业振兴保障乳品质量安全实施意见》要求，省级财政在“现代农业发展专项”预算100万元，为符合条件的牧场的1.4万头奶牛开展生产性能测定工作，并完善奶牛性能测定数据库。

2019年5月8—11日，由中国畜产品加工研究会和扬州大学联合举办的第八届中国乳业科技大会在江苏省扬州市举行。本次大会以“科技赋能提升中国乳业核心竞争力”为主题，采取院士圆桌会议、学术会议、创新论坛等形式开展学术交流和研讨，促进科技成果转化与应用，推动乳业产业升级、结构提升和高质量发展，提高中国乳业核心竞争力。

（江苏省奶业协会，侯庆永）

浙 江 省

【奶畜养殖】据2019年年底业务数据统计，浙江省奶牛存栏4.16万头，其中能繁母牛2.37万头，比2018年分别增长2.67%和3.82%；奶类总产量18.66万t，其中牛奶产量18.62万t，比2018年分别增长5.10%和5.10%。有机奶源方面，尚无认定基地。奶牛养殖区域化明显，主要集中在金华市、杭州市、宁波市、绍兴市和温州市，5市存栏占总存栏的85%以上。其中金华市奶牛饲养量居全省首位，占总存栏的36.19%，其次为杭州、温州，分别占比15.18%和14.07%。作为“绿水青山就是金山银山”理论发源地的省份，养殖环境成本对浙江奶业的持续冲击越来越大，养殖户为提高效益，不断引进高产奶牛，淘汰低产奶牛，奶牛生产水平明显提升，泌乳牛单产比2018年提高1.29%，其中浙江一景牧业的成母牛单产已经突破10t。

【乳制品加工】浙江省有获得乳制品及婴幼儿配方奶粉生产许可证的生产企业16家，其中婴幼儿配方奶粉生产企业3家，液态羊奶生产企业2家。全省主要乳制品加工企业的日处理鲜奶能力在3 000t左右。根据浙江省食品工业协会乳制品分会2019年年报，2019年浙江省16家发证企业生产乳制品52.5万t，同比增长6%，销售收入88.2亿元，同比增长10.87%，利税总额8.84亿元，同比减少8.92%。

浙江省乳制品加工企业缺乏龙头企业带动，本土化的乳制品加工企业只有新希望双峰、温州一鸣、宁波牛奶、浙江美丽健等几个品牌，市场规模小，以本省或本市销售为主，品牌影响力和市场占有率比较低。

在新零售市场日益活跃的情况下、市场竞争更加激烈，消费潜力大、增长快、附加值高的固体乳制品（如奶油、奶酪、蛋白粉、蛋白液）市场逐渐兴起，以乳制品深加工为代表的乳业时代即将来临。

【市场消费】浙江高端消费群体逐年增加，主要集中在光明、新希望双峰、味全、伊利、蒙牛等品牌。在超市销售的主要是伊利、蒙牛、光明、新希望双峰等。以1kg普通巴氏杀菌乳为例，光明16~18元、新希望双峰15~17元、蒙牛14~16元、一鸣13~14元。一鸣乳业主要以奶吧形式销售，深受年轻消费者青睐；美丽健及一景以家庭订奶和特殊渠道销售为主，以生产地市为主要销售区域；光明、新希望双峰乳业，超市、配送兼顾，尤其新希望双峰因其学生饮用奶起家，特殊渠道占比稳居杭州市市场首位。

【奶源基地】据业务统计，2019年年底，全省共有奶牛养殖场（户）176个，同比下降16.19%；年存栏100头以下奶牛养殖场124个，占总存栏的5.08%；年存栏500头以上奶牛养殖场28个，占总存栏的80.27%（表1）。

表1 浙江省奶牛养殖场（户）规模情况

规模	数量（个）	存栏量（头）	占总存栏量比率（%）
2 000头以上	2	7 434	17.86
1 000~2 000头	11	15 510	37.27
500~999头	15	10 462	25.14
100~499头	24	6 098	14.65
100头以下	124	2 114	5.08
合计	176	41 618	100

整体养殖水平不断提升，全省泌乳牛平均单产为每年7.87t，其中浙江绍兴一景牧业奶牛养殖水平较高，单产每年达10t。台州、温州等地以小规模养殖户为主，基础设施比较简陋，往往为降低成本而使用低价低质冻精配种，奶牛生产水平相对较低。

全省存栏100头以上的养殖场（户），机械挤奶占比100%，TMR技术应用比例90%以上，开展生产性能测定（DHI）的养殖场（户）比例达50%。挤奶机、贮奶罐、冷藏罐等设备虽已纳入机械购置补贴范围，但2019年无企业申请购买。

浙江省生鲜乳全年收购价在5.2元/kg（含税）左右，但是环保压力迫使中小型牧场主动关闭。面对巨大利差，乳制品加工企业纷纷向外省拓展奶源，主要集中在河南、山东及河北，形成“北奶南调”的现象，合同外的生鲜乳收购价随着外调运输成本的持续提高和运输距离的逐渐拉长，整体收购价格已经接近于本身奶源基地价格，养殖户利润空间逐渐提升，中小规模养殖户年净收入约8 000元/头，1 000头以上奶牛养殖场净收入约5 000元/头。

浙江省奶牛养殖场粪污处理常用方式为异位发酵床、沼气池、生化处理等一种或多种方式相结合，实现奶牛养殖粪污无害化处理、资源化利用。

【奶农组织】2019年5月8—11日，浙江省奶业协会组织部分协会单位尤其是乳制品加工企业10余家参加在扬州召开的第八届中国乳业科技大会，学习和了解乳制品发展的趋势、新技术、新原料在乳制品加工中的应用等。

2019年7月12—14日，省奶业协会组织浙江省奶牛养殖、乳制品加工、设备制造等奶业行业近60家企业和单位赴天津市参加第十届中国奶业大会，在会议期间，企业负责人、技术人员积极与供应商交流、聆听技术论坛。会后，省奶业协会牵头部分理事单位进行总结，大家普遍反映收获颇丰。

2019年8月16日，省奶业协会秘书处联动浙江食品工业协会乳制品分会、杭州市奶业协会、金华市奶业协会等单位在杭州市华辰大酒店就奶源行情、奶源分布、价格行情等，与民会长单位浙江一鸣股份有限公司、秘书长单位杭州新希望双峰乳业有限公司、副会长单位宁波牛奶集团公司、绍兴一景乳业有限公司及省内知名养殖企业杭州萧山富伦奶牛养殖场、浙江星野集团杭江奶牛场、衢州荷鹭牧业有限公司等30余家单位进行协商。考虑到浙江与上海临近，按照长三角奶协联动的相关工作机制，决定采用上海奶业行业协会制定的价格相关机制和考核方案、价格体系，得到了与会企业普遍认可。

2019年11月5—6日，省奶业协会联动新希望乳业股份有限公司、杭州新希望双峰乳业有限公司协助中国奶业协会召开的“学生饮用奶计划”推广工作会。会议宣布首批15家乳制品生产企业进行低温学生奶试点工作。

2019年11月15—17日，为进一步落实《浙江省农村农业厅关于加快推进浙江奶业振兴 保障乳品质量安全的实施意见》（浙农牧发〔2019〕9号），由浙江省奶业协会与浙江省食品工业协会乳制品分会支持，杭州市奶业协会组织，在杭州市湘湖驿站举办2019年浙江奶业技术论坛，有60余家奶牛养殖、乳制品加工及饲料、兽药等服务单位参会。会议聘请全国知名养殖专家肖定汉老师等现场进行技术指导和交流。

【政策法规】2019年，浙江省继续落实后备母牛补贴和奶牛良种补贴政策。根据《浙江省后备母牛补贴资金管理办法》，按每头后备母牛500元标准给予补贴。全省7 618头后备奶牛享受补贴380.9万元，其中省财政资金201.89万元，地方财政配套179.01万元。

2019年，浙江省利用历年结余资金，采购发放奶牛良种冷冻精液共计6.07万支。

【质量监管】为强化生鲜乳质量安全监管，2019年按照农业农村部专项整治方案要求，健全监管机制，组织开展了奶站专项检查，严格审查奶站及运输车辆资质条件，加大生鲜乳质量监测力度，严厉打击奶源环节违法违规行为。截至2019年年底，全省有生鲜乳收购站38个，运输车43辆。对杭州市、温州市等5个地区生鲜乳质量安全专项监测51批次，抽检生鲜乳收购站17个，生鲜乳运输车27辆，生鲜乳散养户7个。

【奶业大事】为加快推动奶业振兴，根据《国务院办公厅关于推进奶业振兴保障乳品质量安全的意见》、农业农村部等九部门《关于进一步促进奶业振兴的若干意见》（农牧发〔2018〕18号）精神，浙江省农业农村厅制定了《关于加快推进浙江奶业振兴保障乳品质量安全的实施意见》。

浙江日报社联合长三角一体化发展调查与传播中心等机构，评定“70年70品·美好生活品牌”。杭州新希望双峰乳业有限公司被评为乳制品行业唯一好品牌。

浙江一鸣食品股份有限公司坚持用信息化手段促进全产业链发展，按照标准化、信息化、科技化、绿色化“四化”来经营农业品牌。一鸣低温鲜奶制品智能工厂围绕打造“放心、健康、绿色”智慧乳业的理念，将信息技术与制造技术深度融合，实现传统乳制品制造的智能化转型升级，2019年获评为浙江省数字化车间智能工厂。

温州市农业农村局出台关于《加快推进温州奶业振兴保障乳品质量安全的意见》，在加快推动温州奶业振兴征程上发挥企业号召力。

浙江一鸣食品股份有限公司、杭州新希望双峰乳业有限公司参与完成的《功能性乳酸菌靶向筛选及产业化应用关键技术》项目，获得2019年国家科技进步奖二等奖。

（浙江省奶业协会，赵广生）

安徽省

【奶畜养殖】2019年安徽省肉蛋奶总产量603.2万t，同比下降约1%，产量居全国第十位。其中奶类总产量33.8万t，同比增长9.6%。2019年，全省奶牛期末存栏14.5万头，同比增长13.5%，其中荷斯坦牛约14万头，占全省奶牛数的97%左右。全省99%以上的奶牛养殖均集中在规模养殖场或小区内，其中，存栏300头以上的奶牛规模养殖场55个，占全省奶牛存栏总数的86.8%。奶牛养殖主要集中在淮南、蚌埠、合肥、马鞍山4市，区域集中度80%以上。千头以上的18个规模奶牛场存栏10万头，占全省存栏总数75%以上。涌现出五河县、肥东县、大通区、长丰县、当涂县和龙子湖区等一批奶牛养殖大县（区）。其中，五河县、肥东县奶牛存栏量分别达到4万头和2万头。现代牧业（蚌埠）牧场占地233.33hm^2，是全国最大的奶牛单体牧场。沼气等环保设施投入1.2亿元，年沼气发电1 900万kW·h，同步建成日处理600t鲜奶的乳制品加工厂，配套（秋实草业公司）6 666.67hm^2优质苜蓿、青贮玉米种植基地，形成了“沼气能发电、沼渣铺牛床、沼液都还田”的生态循环利用模式，实现了资源高效利用。

【乳制品加工】安徽乳制品加工企业年加工能力超过100万t。主要生产UHT奶、巴氏杀菌酸奶、巴氏杀菌乳、低温酸奶、乳饮料、婴幼儿配方奶粉，加工产品的门类较丰富。加工企业主要是蒙牛、伊利、新希望等企业和地方乳制品生产企业。乳制品主要在本省和邻省的上海、江苏、浙江市场销售，产量、产值不断增加，发展势头良好。市场消费以UHT奶、巴氏杀菌酸奶为主，低温巴氏杀菌乳、低温酸奶占比不高。以国产乳制品消费为主，进口乳制品消费的比重较低，且消费量徘徊不前。随着消费者对乳制品认知的提高，乳制品除安全外，品质（营养成分、风味、口感）仍然会成为消费者选择产品的重要依据。

【奶源基地】全省奶牛养殖规模：万头以上约占60%，1 000~5 000头约占24%，100~999头约占15%，100头以下约占1%（小区）。机械挤奶比例达100%，全混合日粮（TMR）技术应用99%以上。安徽省利用区位优势，鼓励省外奶牛养殖企业采取合资、合作、独资、寄养、收购、兼并、参股、控股等多种方式，先后引进了蒙牛、伊利、光明、卫岗、现代牧业等国家级乳制品加工龙头企业，形成了一大批高水平的奶牛生产基地。仅现代牧业在安徽就拥有3个高标准大规模的奶牛养殖基地，有力地带动了本省奶牛养殖业、饲草业和乳制品加工业的快速崛起，支撑着乳制品加工产值和利润实现跨越式发展。蚌埠市支持现代牧业、汉邦牧业、和平乳业、金河公司、荒白山养殖场等奶牛规模化养殖主体自建或与种植大户合作，发展苜蓿、青贮玉米等饲草种植基地1万hm^2，5个牧场全部采用全混合日粮（TMR）技术饲养，全部实现机械化挤奶，奶牛平均年单产达到8t以上。在粪污处理方面，基本上采用固液分离，固体做有机肥、牛床垫料，发酵后回田；液体产沼气、发酵后浇灌，达标排放。

【奶农组织】建有安徽省奶业协会，协会有会员215名。主要参与奶业政策制定；沟通协调政府与企业关系与信息交流；协调养殖与加工企业；协助中国奶业协会管理安徽国家学生饮用奶的工作；组织省内奶业科技工作者开展奶业相关科技研究、牧场服务等工作；组织召开“安徽奶业论坛”大会、安徽奶业政策解读等专项会议，传达奶业政策和新知识。

生产性能测定。2019年安徽省DHI实验室继续开展1 000头的奶牛生产性能测定，在安徽省奶牛优势养殖区域合肥、淮南、蚌埠等部分规模奶牛场组织免费测定，指导奶牛养殖者科学管理牛群，提高饲养管理水平和经济效益。建立奶牛生产性能测定数据库，组织开展奶牛品种登记工作。2019年全省实际完成5 500头奶牛的生产性能测定工作。结果显示：通过DHI生产性能测定，进一步提高了奶牛饲养管理水平，降低了生产成本，乳脂率、乳蛋白率、产奶量等指标均有提高和改善，奶牛年单产能力提高约400kg，体细胞数由年初的约54万个/mL降低至约44万个/mL。通过加大宣传力度，广大养殖场（户）对DHI测定工作的具体内容、重要意义有了进一步的了解，参与测定的积极性越来越高，为推进DHI测定技术创造良好氛围。

生鲜乳价格。据省畜牧部门监测，2019年生鲜乳年均价格3.82元/kg，较2018年同期上涨2.69%。全年当中生鲜乳最高价3.9元/kg，最低价3.74元/kg。

【质量监管】按照农业农村部《关于开展2019年生鲜乳质量安全检测工作的通知》（农牧发〔2019〕10号），由国家乳制品检测中心，在全省完成飞行检测20批次，婴幼儿配方奶粉奶源检测2批次，生鲜乳例行检测30批次，共抽样52批次。检查奶站20个，生鲜乳运输车32辆。按照农业农村部畜牧兽医局《关于开展〈生乳〉国标指标监测和奶畜养殖散户生鲜乳质量监测工作的通知》（农牧便函〔2019〕第322号），由农业农村部乳制品检测中心，按照《食品安全国家标准》在全省完成国标检测20批次，奶畜养殖户25批次，共抽样45批次。检查奶站10个，运输车10辆，奶畜养殖户25个。按照安徽省农业农村厅《关于开展2019年生鲜乳质量安全监测工作的通知》要求，安徽省兽药饲料监察所，全年共抽样检测生鲜乳30批次，检查奶站20个，运输车10辆。综合以上抽检计划，全年部、省共抽样127批次，其中检查奶站50个，运输车辆52车次，奶畜养殖户25个。检测合格率100%。

【奶业大事】2019年11月10日，第二届安徽奶业发展论坛在淮南市召开。安徽省农业农村厅副厅长杨增权应邀出席会议并讲话。论坛由安徽省奶业协会、安徽农业大学茶与食品科技学院、安徽现代农业牛羊产业技术体系主办，益益乳业有限公司承办，主题是“高效、健康、智慧”。省内外奶业科技工作者，奶牛养殖、乳制品加工、饲料兽药、牧场设备等全产业链的企业家，技术人员160余人出席。中国现代农业奶牛产业技术体系首席科学家、中国农业大学教授李胜利，中国现代农业肉牛/牦牛产业技术体系岗位专家、国家动物结核病实验室（武汉）主任、华中农业大学教授郭爱珍，中国奶业协会《中国奶牛》杂志总编辑杨秀文等，到会作精彩授课。

根据产业链产前、产中和乳制品市场等不同需求，配套发展奶牛养殖小区、饲草种植基地、乳制品加工基地、社会化服务体系和技术体系建设等，打造一个完整、联结紧密的奶牛种养加销一体化产业链，提高整体竞争力。安徽省已经形成了14万头牛、1.66万 hm^2 草、4万 hm^2 玉米青贮、年产30万t奶、100万t乳制品、3亿元税收的全产业链式发展格局。一举成为农产品中为数不多的产业链条最长、加工程度最高、创造利税最多的行业之一。

安徽本土乳制品企业代表——益益乳业有限公司，始创于1953年，与浙江美丽健乳业集团、安徽农垦集团合资，现已发展成为“草、畜、乳”一体化、“产、供、销”一条龙全产业链乳企，是本省唯一一家婴幼儿配方奶粉生产企业，淮南市唯一一家国家级农业产业化龙头企业。公司坚持以低温奶与婴幼儿配方奶粉为核心，争取在3～5年内实现年销售收入8亿～10亿元、年利税5 000万元以上。

（安徽省农业农村厅畜牧处，杨　林、单昌监；安徽省奶业协会，王志耕）

福建省

【奶畜养殖】2019 年福建省奶牛存栏 4.26 万头，能繁母牛 2.00 万头，奶类产量 15.16 万 t，鲜牛奶产量 14.46 万 t。因单产差距，福建奶牛养殖收入约为每头奶牛 5 000~10 000 元 / 年，规模牧场年利润约为 500 万 ~ 1 500 万元。

福建省奶业主产区位于闽北南平市的延平区、建阳区，建瓯市，邵武市，以及顺昌县、浦城县、政和县等地区，福州市、莆田市、泉州市、漳州市、厦门市、宁德市等 24 个地区也饲养少量荷斯坦牛。2019 年南平市奶类总产量 12.7 万 t，其中鲜奶产量 12.6 万 t。奶牛存栏 2.52 万头，成乳牛存栏 1.38 万头，平均单产约 8.9t，单体产量超过 16t。其中，延平区成乳牛存栏 1.4 万头，鲜奶产量 6.5 万 t；建瓯市奶牛存栏 3 953 头，鲜奶产量 1.7 万 t；建阳区奶牛存栏 4 963 头，鲜奶产量 2.3 万 t；顺昌县奶牛存栏 1 770 头，鲜奶产量 1.2 万 t；浦城县奶牛存栏 1 950 头，鲜奶产量 0.9 万 t。

奶水牛主要分布在漳州市，水牛存栏 7 556 头，水牛奶产量 4 272.34t，其中芗城区奶水牛存栏 927 头，水牛奶产量 583t；长泰县奶水牛存栏 1 893 头，水牛奶产量 204t；平和县奶水牛存栏 985 头，水牛奶产量 532t；龙海市奶水牛存栏 1 991 头，水牛奶产量 2 250t；漳浦县奶水牛存栏 1 200 头，水牛奶产量 349.2t；台商投资区奶水牛存栏 526 头，水牛奶产量 351t；云霄县奶水牛存栏 32 头，水牛奶产量 2.4t；南靖县奶水牛存栏 2 头，水牛奶产量 0.74t。

奶山羊存栏主要分布在南安市、屏南县、龙岩市新罗区、莆田市涵江区、永定县、长汀县、上杭县、永安县、尤溪县、厦门市同安区等 12 个县（市、区），其中规模性养殖主要是秋田（福建）农牧有限公司、南安裕农农牧有限公司，萨能奶山羊存栏 6 100 只，羊奶产量 5 214t。

2019 年全省新增明一国际高山生态牧场，从澳大利亚引进荷斯坦牛、娟珊牛共计 113 头。2019 年福建省奶业占畜牧业的比重为 4.7%。

【乳制品加工】2019 年，福建省共有乳制品企业 12 家，乳制品总产量 20.2 万 t，液态奶产量 15.2 万 t，干乳制品 4.9 万 t。福建省乳制品企业以长富、澳牛、闽牛、台农、大乘等加工低温巴氏杀菌乳为主，其他酸奶、乳饮料、奶粉为辅，其中鲜牛奶产量超过 7.6 万 t。

以福建长富乳品有限公司为例，作为省级龙头企业，2019 年长富乳制品产量约 10.1 万 t，其中巴氏杀菌乳 57 728.66 t，UHT 奶 17 321.5t，酸奶 11 353.91t，乳饮料 14 799.61 t。加工特点主要以低温冷链产品为主，其中巴氏杀菌乳占比达到 60% 以上，巴氏杀菌温度控制在 75℃ ±0.25℃、时间控制在 15s，同时使用低温脱气罐，保留了牛奶天然甘甜的口感。通过巴氏杀菌，最大限度保留了牛奶中的天然活性物质，如乳铁蛋白、α 乳白蛋白和 β－乳球蛋白，以及活性肽等。

未来，我国消费升级和消费结构的优化也将为乳制品加工企业在低温领域提供新的发展契机。因此，区域性乳制品企业相比全国性乳制品企业，更专注于特定区域的渠道和消费者口感需求，在低温领域形成较为显著的本地品牌优势。未来借助消费者驱动，区域性乳制品企业在低温领域的发力，具备长期高速可持续性增长潜力，福建奶业未来也将专注于本地区的消费市场，以更具区域优势的低温奶作为主要产品。

福建鲜奶量 2/3 由本省企业加工，接近 1/3 销售到广东等周边省份乳制品企业。虽然福建省多年来主推巴氏鲜奶，但是液态奶的生产加工还是保持在 10 万 t，还有 5.2 万 t 左右鲜奶要依靠周边省份的乳制品企业加工，福建液态奶还缺乏能统领福建品牌的企业。福建液态奶市场还是伊利、蒙牛、光明等的常温奶、酸奶占主导，在福建年销售总额达到 100 多亿元。

10 家液态奶企业：长富、澳牛、宏宝露、闽牛、碧海、台农、大乘、久牧、秋田、骏牧；3 家奶粉企业：明一、贝登、晨冠。其中，福建长富公司是福建省唯一进入中国奶业 D20 联盟的企业，主要生产巴氏鲜奶产品，日加工鲜奶超过 200t，年销售额 10.13 亿元；明一国际集团营养品有限公司是福建省奶粉生产企业，是福建省农业产业化重点龙头企业、中国乳制品行业领军品牌，集团综合实力位居全国同行业前列，也是福建省入选中国奶业协会副会长单位企业，年销售额 26 亿元。

福建奶业的主要问题为冬季鲜奶太多，乳制品企业要喷粉，夏天鲜奶又不够。因鲜奶收购价问题乳制品企业与奶牛养殖企业的矛盾凸显，需进一步协调。虽然福建省的奶业总产量较小，但奶源的质量较好，本土乳制品企业以加工低温巴氏鲜奶和酸奶为主，奶酪将成为福建省部分奶企的高端乳制品。今后应在品种、花色上多做文章，以面对全球奶业市场的严峻形势。

【市场消费】福建省人均牛奶占有量 4.5kg 左右。奶粉企业因受国际奶粉市场价格影响，销售滑坡严重。2019 年，乳制品销售总量约 100 万 t，60% 靠外来乳制品供应全省市场。2019 年全省（不含厦门市）鲜奶平均支付价 3.6~5.8 元 /kg，水牛奶平均支付价 20 元 /kg，羊奶平均支付价 8.5~10.5 元 /kg。

巴氏杀菌乳、UHT 奶、酸奶、奶粉等乳制品，在福建大小超市都有销售。飞鹤、明一、君乐宝、伊利、完达山等国产品牌奶粉呈现多方竞争的态势，伊利和蒙牛在 UHT 奶方面占据优势地位，而巴氏鲜奶则以本土的长富、澳牛、宏宝露、闽牛、大乘、台农、秋田等为主。其中，低温巴氏鲜奶和酸奶的销售渠道有商场销售和液态奶加工企业配送到户，冷链销售网络分布全省各县（市、区）、乡镇，包括社区连锁便利店。巴氏鲜奶还销售到广东省、江西省、浙江省等周边省份。

【奶源基地】2019 年全省有奶牛规模养殖场 30

个，其中 26 家企业养殖规模超过千头，5 个为国家级标准化示范场。2019 年，福建省生乳年均单价约为 5 010.50 元 /t。

福建长富乳品有限公司作为省级龙头企业，与 14 个牧场建立长期供奶关系。牧场奶牛存栏总数 1.94 万头，年可供奶总量 9 万 t，成乳牛年均单产 9.4t，长富公司日销售巴氏鲜奶超 200t。

全省牧场多采用先进的散栏式饲养和 TMR 饲喂工艺。有十几个牧场先后引进意大利尤尼法斯特、斯达特公司的 TMR 全自动喂料车或固定式搅拌站。采用现代化、标准化的管理模式，通过企业内部追溯系统，实现原奶供应生产记录可存储、流向可跟踪，储运信息可查询。在防疫管理上依托当地畜牧主管部门每年春秋 2 次进行全群牛结核病和布鲁氏菌病检测，检测情况良好，完成每年 2 次口蹄疫疫苗全群预防注射。

在环境治理上，牧场建有环保处理设施，基本采取零排放工艺，污粪先进行固液分离，沼液用于灌溉牧草种植基地，固体晒干制成有机肥销售。采取达标排放工艺，固液分离后，沼液处理增加固形物去除及好氧处理装置，做到达标排放。

为了保障生鲜牛奶卫生质量，牧场全部采用管道化机器挤奶，5 个牧场先后引进德国韦斯伐利亚的 48 位转盘挤奶台挤奶。挤奶设备都配有清洗和冷却储存设备。原料奶各项指标均优于国家标准，其卫生指标已经达到欧美等乳业发达国家水平，生鲜乳的微生物菌落数 <5 万 CFU/mL，体细胞数 <20 万个 /mL。

福建奶业企业主要通过牧场改造、整合资源、加大科技投入，来协调养殖牧场与加工企业之间的利益矛盾，稳定提高产品质量，提升乳制品加工企业与奶牛养殖企业的效率和效益，促进福建奶业朝着现代化目标持续健康发展。

【奶农组织】福建省奶业协会是福建唯一的奶业行业组织，2012 年 6 月成立以来，在推进福建巴氏鲜奶发展、落实奶牛良种冻精补贴和品种改良政策、深入开展行业调研活动、加强奶业行业宣传、开展奶牛养殖技术培训、支持福建奶源基地建设、引导乳制品企业发展壮大以及加强福建奶业对外交流等方面做出了贡献，特别在“放心奶”、学生饮用奶两方面积极工作，取得了一定的成绩。福建省奶业协会积极推进国家优质乳工程项目在福建长富公司实施，推进福建巴氏鲜奶生产销售量，以此促进福建各相关乳制品企业狠抓产品质量，增加产品花色品种，繁荣牛奶市场，让老百姓喝上放心奶。

2019 年协会为大型牧场举办了 3 场业务培训，也为当地奶牛养殖场举办多期牧场饲草种植技术培训，深受奶牛养殖场管理人员和技术人员的欢迎。

2013 年 11 月 28 日，南平市延平区西芹镇成立南平市福牛奶牛专业合作社，这也是福建省第一个奶牛专业合作社，由 7 个大型牧场以股份制形式入股，在自愿、平等、民主、互利原则基础上组建。2019 年，福牛奶牛专业合作社总存栏奶牛 9 632 头，其中泌乳牛 4 600 头，2019 年鲜奶总产量达 4.8 万 t，平均单产 9.67 t。

【政策法规】2019 年，福建省政府推出了一系列政策来推动奶业的健康发展，具体如下。

2019 年 4 月 23 日，福建省农业农村厅《关于印发 2019 年农产品质量安全专项整治方案通知》（闽农质监函〔2019〕396 号）。

2019 年 4 月 26 日，福建省农业农村厅、福建省发展和改革委员会、福建省科学技术厅、福建省工业和信息化厅、福建省财政厅、福建省商务厅、福建省卫生健康委员会、福建省市场监督管理局、中国银保监会福建监管局九部门转发农业农村部《关于进一步促进奶业振兴若干意见的通知》（闽农综〔2019〕59 号）。

【质量监管】2019 年，福建省各级政府都加强了生鲜乳产品质量安全监管。具体措施为：一是开展生鲜乳质量安全专项整治。全省共出动监督执法人员 206 人次，重点检查奶牛养殖场、生鲜乳收购站、运奶车，严厉打击生鲜乳生产、收购和运输过程中各类违法添加行为。二是开展生鲜乳质量安全执法抽检，在全省开展生鲜乳质量安全抽检，按计划完成抽检生鲜乳 55 批次，经检测全部合格。同时，根据福建省农业农村厅《关于印发福建省农业系统随机抽查工作细则的通知》，按双随机方式开展了生鲜乳产品质量安全监督省级抽查，对全省 27 个生鲜乳收购站和 15 辆生鲜乳运输车全覆盖抽检的基础上，增加散户奶抽检数量。加大抽检力度，确保抽检工作的科学性、有效性。严厉打击生鲜乳生产、收购和运输环节添加有毒有害物质的违法行为。

【奶业大事】2019 年 1 月 27 日，福建省奶业协会在福州市举办迎新春暨第二届二次会员代表大会。会议表彰了“十佳乳品企业”和“十佳牧场企业”。

2019 年 4 月 8—9 日，福建省奶业协会学生饮用奶管理办公室根据中国学生营养与健康促进会《关于开展 2019 年“国家学生饮用奶计划推广标准学校”认定试点工作的通知》（学营会发〔2018〕27 号）精神，组织福建省疾控中心 3 位专家到龙岩上杭县古田中心小学、步云中心小学等 5 所学校进行学生饮用奶示范校的认定工作。

2019 年 4 月 13 日，福建省奶业协会组织院校科研事业单位奶源牧场专家到南平长富十五牧场审核学生奶奶源基地评估。

2019 年 5 月 4 日，福建省奶业协会组织专家到南平市福延牧业有限公司牧场学生奶奶源基地进行初评审查。

2019 年 5 月 26 日，福建省奶业协会组织专家对南平富益牧业有限公司学生奶奶源基地建设进行审查。

2019 年 6 月 5 日，福建省奶业协会同中国奶业协会组织的专家到福建长富乳品有限公司审查学生饮用奶加工企业资格审核。

2019 年 6 月 14 日，2019 年长富“中国小康牛奶行动”牛奶公益助学启动仪式在福建省南平市延平区夏道中心小学举行。福建省奶业协会副会长兼秘书长吴大新、延平区副区长蔡剑心、延平区教育局局长郑铭雄、延平区夏道镇党委书记张崇发等领导以及受捐赠学校师生代表一同出席仪式。

2019 年 7 月 3 日，福建省奶业协会党支部组织协会党员和工作人员一道赴福清市盛泽农牧公司牧场，与该公司牧场党支部党员进行联欢并开展党建活动。

2019 年 8 月 12 日，新希望乳业联姻澳牛乳业签约仪式在福州举行，宣布完成对澳牛乳业 55% 股权的收购。自此，新希望乳业在东南市场的布局迈出实质性的一步，其“鲜战略”的全国蓝图初具雏形。

2019 年 8 月 20 日，第三届中国优质乳工程巴氏鲜奶发展论坛在福建武夷山市举行，国家奶业科技创新联盟发出新时代引领奶业发展方向的声音——“优质奶产自本土奶”。

2019 年 8 月 17 日福建省奶业协会组织会员企业参加福州市举办的纪念福州解放 70 周年盛大活动。

2019 年 9 月 26 日，中共福建省奶业协会党支部在福州开展为庆祝中华人民共和国成立 70 周年，深化“不忘初心，牢记使命”主题教育，抒发福建奶业爱党爱国的崇高情怀，展示福建奶业担当奉献的时代风采。

2019 年 11 月 12—13 日，广东、广西、福建、湖南 4 省奶业协会在广州共同举办南方地区奶牛技术高峰论坛。

2019 年 12 月 25 日，明一国际高山生态牧场澳大利亚奶牛入栏仪式在建宁县里心镇海峡云上牧歌田园综合体举行，福建省奶业协会领导吴大新参加活动。

（福建省奶业协会，吴大新、吴　妍）

附表 1　福建省奶畜养殖场（小区）名录

序号	名称	供奶企业	全群存栏（头）	成母畜存栏（头）	奶畜品种	成母畜单产（t/年）	年总产量（t）	是否参加 DHI	是否应用 TMR	是否国家学生饮用奶奶源基地	是否有机奶源基地	有机奶产量（t）	有机奶源认证机构	是否为布鲁氏菌病及结核病净化创建场或示范场
1	南平市长源牧业有限公司	福建长富乳品有限公司	1 571	882	荷斯坦	9.7	7 562	否	—					
2	南平市丰旺畜牧养殖有限公司	福建长富乳品有限公司	1 074	602	荷斯坦	10.1	5 575	否	—					
3	建瓯市富雅饲草饲料有限公司	福建长富乳品有限公司	1 295	648	荷斯坦	9.6	5 045	否	—					
4	南平市绿盛牧业有限公司	福建长富乳品有限公司	1 175	639	荷斯坦	8.6	5 134	否	—					
5	建瓯市小雅牧业有限公司	福建长富乳品有限公司	1 521	817	荷斯坦	8.7	6 673	否	—					
6	顺昌县富泉农业发展有限公司	福建长富乳品有限公司	1 770	1 145	荷斯坦	10.4	11 504	否	—					
7	南平市富洋牧业有限公司	福建长富乳品有限公司	1 231	626	荷斯坦	9.0	5 567	否	—					
8	福建南平禾原牧业有限公司	福建长富乳品有限公司	1 711	894	荷斯坦	9.8	7 954	否	—					
9	福建省南平市南山生态园有限公司	福建长富乳品有限公司	1 160	519	荷斯坦	9.8	5 355	否	—					
10	福建省南平市荣发牧业有限公司	福建长富乳品有限公司	1 115	456	荷斯坦	8.9	4 081	否	—					
11	建瓯市东源生态牧业有限公司	福建长富乳品有限公司	1 137	652	荷斯坦	9.7	5 509	否	—					
12	南平市建阳区嘉远生态农业科技有限公司	福建长富乳品有限公司	1 353	752	荷斯坦	8.9	6 467	否	—					
13	南平市建阳区吉翔牧业有限公司	福建长富乳品有限公司	2 060	1 086	荷斯坦	10.4	10 254	否	—					
14	南平市三田牧业有限公司	福建长富乳品有限公司	1 253	692	荷斯坦	8.3	3 372	否	—					
15	福建佳鸣牧业有限公司	澳牛乳业	1 550	860	黑白花	8.7	6 300							
16	明一国际建宁县上黎牧业有限公司	福建世代生态营养品有限公司	113	0	荷斯坦、娟珊					未开始产奶				
17	三明市碧海乳业有限公司	三明市碧海乳业有限公司	1 030	672	荷斯坦	7.1	3 561							
18	福建省闽牛乳业有限公司	福建省闽牛乳业有限公司	1 850	1 250	荷斯坦	10.1	9 670							
19	福清市盛泽农牧有限公司	伊利	1 200	600	黑白花	9.0	5 400							
20	浦城坑沿牧场	伊利	1 100	650	黑白花	8.7	5 000							
21	福建大乘乳业大横牧场（延平区）	伊利	1 050	1 050	黑白花	9.5	7 200							
22	福建大乘乳业常坑牧场（延平区）	伊利	740	后备牛	黑白花									
23	福清犇宏牧业有限公司	伊利	1 340	870	黑白花	9.2	8 392							
24	高胜奶牛养殖场	伊利	850	450	黑白花	8.8	4 000							
25	福建省鼎业生态农业有限公司	伊利	1 580	820	黑白花	10.0	8 200							
26	南平市富益牧业有限公司	广东燕塘	1 130	700	黑白花	9.7	6 100							

（续）

序号	名称	供奶企业	全群存栏（头）	成母畜存栏（头）	奶畜品种	成母畜单产（t/年）	年总产量（t）	是否参加DHI	是否应用TMR	是否国家学生饮用奶奶源基地	是否有机奶源基地	有机奶产量（t）	有机奶源认证机构	是否为布鲁氏菌病及结核病净化创建场或示范场
27	南平市福延牧业有限公司	广东燕塘	1 330	780	黑白花	9.8	7 640							
28	周宁县和谐牧业有限公司	浙江一鸣	650	0	黑白花									
	合计		34 939	19 112		9.3	161 515							
29	南安裕农农牧有限公司	台农	2 900	2 100	萨能奶山羊	0.6	1 323							
30	秋田（福建）农牧有限公司	本省台农、久牧	3 200	1 600	萨能奶山羊	0.8	2 000							
	合计		6 100	3 700			3 323							

备注：本表所指奶畜包括奶山羊、奶绵羊、奶水牛、牦牛、骆驼、驴等产商品奶家畜。如认证为有机奶源基地、是布鲁氏菌病及结核病净化创建场或示范场等，请在相应表格中打勾。

附表 2　福建省乳制品生产企业名录

序号	名称	生产地点	生产许可证号码	年收购原奶量（t）	其中：自有奶源量（t）	平均支付价格（元/kg）	日处理生鲜乳能力（t）	年乳制品产量（t）	其中：低温鲜奶（t）	UHT 奶（t）	常温酸奶（t）	低温酸奶（t）	原料奶粉（t）	婴幼儿配方奶粉（t）	成人奶粉（t）	奶油（t）	奶酪（t）	乳饮料（t）	冰品（t）	年销售收入（万元）	利润（万元）	有机产品（枚）
1	福建长富乳品有限公司	福建省南平市延平区	SC10635070200033	97 609	90 050	5.03	600.00	101 204	57 729	17 322	—	11 354	—	—	—	—	—	14 800	—	101 282	14 155.71	—
2	明一国际营养品集团有限公司	福州长乐	SC20135018200349					57 896						40 472	8 788					267 597	16 033.11	3
3	福建省闽牛乳业有限公司	三明梅列区	SC10535040200152	9 670	9 670	5.00		9 610	3 750			1 910						3 950		7 865	441	
4	三明市碧海乳业有限公司	三明梅列区	SC10535040200793	3 561	3 561	5.00		3 560	2 674			501						385		5 014	183	
5	福建澳牛乳业有限公司	南平浦城	SC10535072200214	9 600	9 600	5.10		15 600	—	9 600	—	—	—	—	—			6 000		72 735 940	2 324 175	
6	福建宏宝露乳业股份有限公司	福清市	SC10635018100465	15 700	15 700	5.10		27 000	6 000	5 000	4 000	—	—	—	—			12 000		46 107 439	47 438	
7	福建大乘乳业有限公司	南平市延平区建溪路 81 号	SC10635070200068	8 556	8 556	5.20	23.70	8 556	4 356	4 200	1 050	1 525						900		8 500	−430	
8	晨冠生物科技有限公司	福建福鼎	SC10535098200011					533						533						1 329	−365	
9	台农（厦门）农牧有限公司	厦门同安区（牛奶）	SC10535021201939	1 248		5.49	3.41	1 247	1 024									223		1 687	169	
		厦门同安区（羊奶）		319		14.95	0.87	318	318											569	57	
10	贝登（福建）婴幼儿营养品有限公司	莆田涵江（更新、改造、调试中）	SC12935030300352																	（更新、改造、调试中）		

（续）

序号	名称	生产地点	生产许可证号码	年收购原奶量（t）	其中：自有奶源量（t）	平均支付价格（元/kg）	日处理生鲜乳能力（t）	年乳制品产量（t）	其中：低温鲜奶（t）	UHT 奶（t）	常温酸奶（t）	低温酸奶（t）	原料奶粉（t）	婴幼儿配方奶粉（t）	成人奶粉（t）	奶油（t）	奶酪（t）	乳饮料（t）	冰品（t）	年销售收入（万元）	利润（万元）	有机产品（枚）
11	厦门久牧乳业有限公司	厦门	SC10635021100386	360	—	9	72.00	240	240	—	—	—	—	—	—	—	—	240	—	1 000	40	—
12	福建骏牧乳业股份有限公司	福建省泉州市永春县外山乡乾溪村493号	SC10535052500146	—	—	—	—	3 000	—	—	—	3 000	—	—	—	—	—	—	—	代工无效益		—
合计				146 622	137 137		699.98	228 763	76 091	36 122	5 050	18 290	0	41 005	8 788	0	0	38 498		119 238 221	2 401 896	

备注：本表包括在中国及海外的生产企业。日处理生鲜乳能力指设计加工生鲜乳能力。自有奶源指来自自建和参建（控股、参股）牧场（小区）的原奶。成人奶粉指除婴幼儿配方奶粉以外的学生奶粉、孕妇奶粉、中老年奶粉等终端消费奶粉。冰品包括冰激凌、雪糕等。有机产品数量单位为“枚”，指获得有机标志的数量。

江 西 省

【奶畜养殖】奶业是江西省推进农业现代化建设和促进农民增收的重要产业。2019 年，全省存栏荷斯坦牛 3.47 万头；鲜奶总产量 7.28 万 t；成母牛年均单产 5.50t。以南昌市的进贤县、新建区和赣州市的于都县、宁都县为奶牛相对集中区，奶牛存栏和奶产量分别占全省的 73.2% 以上。其中，南昌市存栏荷斯坦牛 1.15 万头、赣州市奶牛总存栏为 1.39 万头，吉安市有乳肉兼用牛 768 头。

【乳制品加工】2019 年，全省有乳制品加工企业 7 家，乳制品加工总产值达 25.39 亿元，占畜牧业总产值的 2.86%。其中，江西阳光乳业集团有限公司产值为 12 亿元，江西牛牛乳业有限责任公司产值为 1.34 亿元，赣州市宁都蒙山牧业有限公司产值为 2.83 亿元，于都高山青草奶业有限公司产值为 2.06 亿元，美庐生物科技股份有限公司产值为 3.69 亿元，江西人之初乳品营养有限公司产值为 3.45 亿元。

省内奶企主要产品有生鲜乳、乳酸菌饮品等。全年出售生鲜乳 0.65 万 t，加工乳制品总量约 6.606 万 t，其中常温奶和乳饮料 6.42 万 t（占乳制品总量的 98.8%），低温乳 0.086 万 t，调制乳 0.1 万 t，加工生产全脂乳粉和婴幼儿配方奶粉 4 364.02t。

【市场消费】2019 年，全省居民人均鲜奶占有量 5kg，以国内其他省份生产的牛奶为主。其中，南昌市居民人均鲜奶占有量 20.2kg。主要乳制品品牌及产品有阳光（纯牛奶、酸奶、乳饮料）、维雀（纯牛奶、酸奶、乳饮料）。阳光乳业生产的鲜奶产品畅销江西及周边省份，赢得广大消费者喜爱。赣州市居民奶和奶制品总消费量 6.85 万 t，人均奶和奶制品消费量 6.98kg，其中，人均鲜奶消费量 3.57kg，人均酸奶消费量 0.68kg，人均奶粉消费量 0.52kg，人均其他奶制品消费量 2.21kg。主要乳制品品牌及产品有高山青草奶系列乳酸菌饮品、宁都蒙山牧业优乐多乳酸菌饮品等。

【奶源基地】2019 年，全省共有奶牛养殖场（户）78 个。其中，存栏奶牛 100 头以下的养殖场（户）46 个，奶牛存栏 3 800 头； 100 ~ 199 头的养殖场（户）22 个，存栏 3 900 头；200 ~ 499 头的养殖场（户）6 个，存栏 2 400 头；500 头以上的养殖场（户）4 个，存栏 7 800 头。全省奶牛存栏共计 1.79 万头。国家级标准化示范场 3 个。

全省成年母牛平均产奶量为 5.5t。规模化奶牛养殖场生鲜乳年均收购价 4.4 元 /kg，成年奶牛每年头均盈利 7 000 元。机械化挤奶与冷链储运推广应用率达到 100%。

规模奶牛养殖场全混合日粮（TMR）饲喂，将牛群划分高产群、中产群、低产群和干奶群，然后参考《奶牛饲养标准》为每群奶牛配合日粮，在饲喂时，再根据每个牛的产乳量和实际健康状况适当增减喂量，即可满足其营养需要。对个别高产奶牛可单独配合日粮。在散栏式饲养状况下，也可按泌乳不同阶段进行日粮配合。日粮配合必须以奶牛饲养标准为基础，充分满足奶牛不同生理阶段的营养需要。采用全株玉米青贮加工利用技术，全省共种植优质牧草面积 2.3 万 hm^2。全省青贮玉米种植面积达到 2 900hm^2，加工制作全株玉米青贮 8.7 万 t。直接带动农户 3 万余人，增收 5 000 万元。

认真抓好奶牛疫病防控，日常开展奶牛布鲁氏菌病、结核病监测净化等防治工作。

【政策法规】支持奶牛养殖企业开展粪污资源化利用。奶牛场实施畜禽粪污资源化利用，配套完善奶牛粪污收集、存储、处理、利用等设施设备，推广应用粪污厌氧发酵（沼气工程）、污水清洁回用、粪便垫料利用、粪污全量还田种养结合。实施养殖大县种养结合整县推进和畜禽粪污资源化利用等项目，配套完善奶牛粪污收集、存储、处理、利用等设施设备，主推“畜—沼—果”立体种养农业循环利用、异位发酵床处理粪污、第三方全量化收集集中处理等粪污处理模式、粪污资源化利用主导技术和模式，全省奶牛养殖粪污处理设施装备配套率达到 98%、综合利用率达到 91%。

【质量监管】2019 年，认真落实农业农村部生鲜乳专项整治行动工作要求，全面完成了农业农村部下达的监测任务，生鲜乳监测合格率达到 100%，三聚氰胺、β－内酰胺酶、碱类物质、硫氰酸钠和革皮水解物抽检合格率连续 7 年达到 100%，生鲜乳违禁添加物抽检合格率连续多年保持 100%。

全省现有生鲜乳收购站 5 个，其中，乳制品企业开办 3 个、奶牛养殖场开办 2 个。生鲜乳运输车 6 辆。生鲜乳质量安全监测实现“3 个全覆盖”，即所有奶站和运输车抽检全覆盖，国家公布的所有违禁物品种监测全覆盖，所有奶站和运输车标准化建设现场检查全覆盖。

生鲜乳收购站和运输车全部实现系统备案管理，网上申报审核、在线出证、二维码扫码查询等，生鲜乳质量安全监管信息实现了可追溯。依法加强对生鲜乳生产、收购和运输等重点环节的监管，确保生鲜乳质量安全。加大饲料生产和饲喂环节质量安全监测力度，严厉打击非法、超范围、超剂量添加兽药等违法行为，违法案件查处率达到 100%。

（江西省农业技术推广中心，刘水华 ；江西省动物疫病预防控制中心，叶华；江西省农业农村厅畜牧兽医局， 程国新；江西省奶业发展协会，程　钢）

山东省

山东省是我国农区奶业大省，奶牛存栏量、牛奶产量位居全国前列，同时也是液态奶生产加工和乳制品消费大省。经过几年的发展，奶业生产逐步转向以提高质量、增加效益为主的高质量发展阶段，奶业发展成效显著，特点突出。

【奶畜养殖】一是规模化生产持续发展。据国家统计局数据，2019 年全省奶牛存栏 89.94 万头，同比减少 1.6%，牛奶产量 228 万 t，同比增长 1.3%，居全国第五位。全省奶牛养殖场（户）4 991 个，100 头以上规模化养殖场（户）730 个，平均牛群规模达到 324 头，规模饲养比重占 84.2%，高于全国平均水平 20 个百分点。万头以上的养殖场 22 个。东营市奶牛规模化比重达 99.5%。

二是奶牛生产效率显著提高。全省产奶牛年均单产达到 8t 以上，比全国高 0.2t，部分奶牛场年均单产达到 10t 以上。单产 10t 以上的高产奶牛群超过 20 万头。东营市高产奶牛覆盖率达 98.9%，产奶牛年均单产达 11t 以上，东营神州澳亚现代牧场产奶牛年均单产 13t以上。

三是奶源生产布局更加优化。以乳制品加工为引领，以奶业大县为重点，结合市场、交通、资源、历史等因素，全省奶牛产业区域化发展更加明显，形成胶东半岛东部沿海优质奶源基地、济南都市圈中部奶业隆起带、沿黄地区奶业优势产区“一地一带一区”格局。青岛、烟台、威海、潍坊、东营 5 个市，2019 年奶牛存栏量、牛奶产量分别占全省的 40.38% 和 40.06%；济南、淄博、泰安、德州 4 个市，2019 年奶牛存栏量、牛奶产量分别占全省的 34.49% 和 35.14%。全省 30 个奶业生产大县，奶牛存栏量、牛奶产量分别占全省的 79% 和 83%。

四是特色奶畜养殖逐步发展。潍坊、烟台等地因地制宜发展乳肉兼用牛生产，青岛、烟台、潍坊、威海、临沂等地大力发展奶山羊生产，聊城市发展驴生产，扩大特色奶产品和功能性产品发展，进一步丰富奶源结构，满足市场多元化需求。奶山羊是山东的特色产业，崂山奶山羊、文登奶山羊是我国目前 4 个奶山羊品种中产奶量比较高的 2 个品种。据行业统计数据，2019 年全省奶山羊存栏 26.2 万只，羊奶产量 8.2 万 t。

五是支撑服务体系不断健全。全省建有 3 个奶牛种公牛站，其中山东奥克斯畜牧种业有限公司建立了种子母牛群，实现了种公牛优秀种质的自主培育，推广冻精占国产冻精市场份额的 40% 以上。建有 3 个 DHI 测定实验室，测定的规范化程度、数据质量、服务效果明显提高，年测定能力超过 10 万头。全省奶牛预混料生产加工企业超过 10 家，产品供应省内外。

【乳制品加工】一是加工实力明显增强。2019 年全省乳制品加工企业 64 家，其中规模以上企业 46 家。乳制品产量 217.8 万 t，同比增长 7.08%，其中，液态奶 208 万 t，同比增长 5.91%；干乳制品 7.5 万 t，全行业实现主营业务收入 227.6 亿元，同比下降 3.5%。山东以良好的区位、资源和消费优势吸引了雀巢、伊利、蒙牛、光明、三元、新希望等国内奶业巨头纷纷在山东投资设厂，年加工能力逐步扩大；济南佳宝、山东得益、泰安亚奥特、东营恩泽等本地乳制品企业得到充分发展。济南佳宝为奶业 D20 企业，山东得益为奶业 D20 企业和 5 家观察员企业。

二是产品结构趋于优化。从产品结构看，2019 年常温饮用奶以 61.82% 的占比位居首位；酸奶是乳制品市场的第二大品类，占比 35.58%；然后是奶酪、黄油及其他。从趋势上来看，受益于常温酸奶的发展，酸奶品类的市场占比在逐步扩大，且该趋势仍将持续。省内巴氏杀菌乳、UHT 奶、酸乳、干酪、奶油、炼乳等产品种类齐全，基本满足了城乡居民多样化的消费需求；婴幼儿配方奶粉以外来品为主。另外，利用山东奶源生产乳制品的同时还销往省外。

【市场消费】消费水平不断提高。2019 年全省人均生鲜乳占有量 23kg，全省居民人均乳制品消费量达 26.4kg，其中城市居民人均乳制品消费 36kg。人均乳制品消费支出 315 元，当地市场主要销售的牛奶品牌有蒙牛、伊利、君乐宝、佳宝、光明、亚奥特等。自 2015 年开展“学生饮用奶计划”以来，截至 2019 年年底，全省通过国家学生饮用奶奶源基地认证的企业有 44 家，全省通过验收的学生奶企业 16 家。

【奶源基地】全省 100 头以上规模化养殖场（户）730 个，平均牛群规模达到 324 头，规模饲养比重占 84.2%。优质奶源基地建设提速。伊利、蒙牛、南京卫岗乳业等省外乳制品企业及山东本地企业纷纷布局优质奶源基地，现代化高标准牧场建设不断提速，所建牧场均在万头以上。东营市紧紧围绕“打造黄三角奶都”规划奶业发展布局，建成农业高新区生态奶牛养殖园区、河口仙河奶牛园区、新户澳亚奶牛园区等 6 个大型现代奶业园区。内蒙古优然牧业有限公司在平阴投资 4.4 亿元，规划全群 10 000 头，集生鲜乳生产、良种奶牛繁育、优质牧草种植、科技培训和观光体验式旅游于一体的现代化综合性牧场。济南佳宝生态牧业有限公司自营万头牧场项目位于济南市长清区孝里镇，总投资 4.1 亿元。伊利集团拟在潍坊投资 50 亿元建设存栏 6 000~12 000 头奶牛的标准化牧场，存栏新增 10 万头。淄博得益公司围绕“建 3.5 万头生态牧场奶源基地，掌握自有奶源，确保上游原料奶的品质和安全”发展战略，积极推进得益田园牧业小镇建设。日照市全力打造鲁东南优质奶源基地，以南京卫岗乳业有限公司优质奶源牧场建设为依托，先后在岚山区建设 2 个万头牧场。全省规模以上奶牛场全部实现机械化挤奶，基本实现机械化饲草料加工、机械化饲喂、机械化粪便处理等，实行信息化管理的奶牛场 308 个，占规模养殖场比重的 42.2%，实行智能化管理的奶牛场 128 个，占规模养殖场比重的 17.5%。大力推行粮改饲，建设高产优质苜蓿示范基地。至2019年，累计落实省以上资金6 042万元，种植优质苜蓿10.07万亩。示范片区苜蓿单产旱作条件下达到400kg以上，灌溉条件下达到800kg以上。截至2019年年底，全省74个项目县（市、区）累计落实省以上资金9.23亿元，完成收储面积400万亩，占全省玉米种植面积的6%以上，年收储全株玉米青贮等饲草料700万t，规模奶牛场全株玉米青贮利用基本实现全覆盖。积极开展规模化养殖场主要动物疫病净化创建场、动物疫病净化示范场评估认证工作。目前已有22个奶牛场通过省级布鲁氏菌病净化场评估验收。全力引导奶牛场建设粪污处理利用设施，打通粪肥还田通道，实现“奶牛养殖—粪肥—种植”生态循环模式。利用粪污资源利用整县项目，重点对奶牛养殖场粪污资源利用设施、设备进行提升改造。粪污综合利用率平均接近90%。2019年按季度发布生鲜乳交易参考价格，全年生鲜乳收购价实际平均为3.64元/kg，成本在3.0~3.5元/kg，以年产8t鲜奶的奶牛、成本为3元/kg来测算，奶农年毛利润5 120元/头。

【奶农组织】近年来，不断创新奶业服务模式，加强基层畜牧兽医技术推广队伍建设，加快培育奶业社会化服务组织，完善奶牛养殖社会化服务体系。全省建立各级奶类合作组织20多个，奶农合作社300多个，服务社员2 000多个。山东智汇奶牛养殖农民专业合作社联合社，由10个奶牛养殖合作社和山东省奶业协会共同成立，是国内第一个省级奶农合作专业组织。鼓励和支持科研单位、大中院校、产业体系创新团队、龙头企业的专家教授及社会各类服务组织积极开展良种繁育、饲养管理、疫病防控、生产资料采购、产品加工销售等精准服务和技术培训，全面提高奶业生产经营水平。各类组织开展奶农培训15次，培训奶农3 000多人次。

【政策法规】2019年7月6日，省政府办公厅印发了《山东省加快推进奶业振兴实施方案》（鲁政办发〔2019〕20号）（以下简称《方案》），《方案》分目标要求、工作重点、保障措施3部分，根据国务院部署要求，分别明确2020、2025年“两个节点”的任务目标，确立率先实现奶业全面振兴，整体水平位居全国领先的总体要求。重点围绕“降成本、优结构、提质量、创品牌、增活力”，实施优质奶源基地建设、乳制品加工品牌提升、奶业科技创新、质量安全管控、消费引导宣传“五大行动”，强化政策扶持、支撑服务和组织领导“三大保障”。

统筹中央农业生产发展资金3 450万元，选择230个奶牛存栏50~500头的中小奶牛养殖场、奶农合作社，实施奶牛中小牧场改造工程，提升奶牛规模化养殖水平。

临朐县印发《临朐县奶牛产业发展三年行动实施方案》，对新上1 000头以上并且日产生鲜乳10t以上奶牛场所在镇，每交售生鲜乳1t，由县财政、税务部门划拨100元的税收收入。对奶牛场新购成年奶牛、青贮、土建改造等方面贷款，按贷款利率50%给予财政贴息扶持。昌乐县制定了《关于鼓励奶牛产业发展的意见》，对当年获得无公害、绿色、有机食品认证的奶牛场，分别奖励10万元、6万元和5万元，当年获得市级龙头企业的奖励5万元。农机部门拓宽奶畜养殖机械补贴范围，将符合条件的奶畜养殖所需饲草料加工调制、粪污资源化利用等设备都纳入农机购置补贴范围，优化奶畜养殖机械补贴标准，进一步提高补贴标准，带动奶畜养殖机械推广普及。强化农机购置补贴便民服务，简化补贴办理核验程序，并对挤奶机、贮奶罐、饲草料加工、粪污处理等奶畜养殖机械实行优先补贴，应补尽补。共补贴奶业养殖相关机械设备1 247台，1 125户农民受益，使用农机购置补贴资金450万元，带动购机农户和合作社投入2 000余万元。省地方金融监管局联合多部门印发《关于建立企业抵质押物价值重置机制的意见》，提出拓宽抵质押物范围，引导企业办理活体畜禽、农产品、股权等抵质押登记业务；商业银行要结合当地经济社会发展情况，不断拓宽生物资产等新型抵质押物范围，建立可接受的抵质押物目录，切实提高企业融资能力。省地方金融监管局要积极推动有关部门和银行机构落实意见内容，根据企业和农户需求提供多样化产品服务，助力奶牛养殖、加工生产企业改造提升。省畜牧兽医局《关于印发〈山东省畜牧业保险实施方案〉的通知》，也对奶牛政策性保险作了规定，切实降低养殖风险，提升畜牧业抵御风险和自救能力。泰安市奶牛政策性、商业性保险相结合，在全市奶牛场实现全覆盖，提升了奶牛场抵御疫病风险的能力，为奶牛养殖业健康发展提供了有效保障。

【质量监管】2019年，全省畜牧系统通过组织开展专项整治，结合生鲜乳例行监测、飞行监测、监督监测等检查，“双随机一公开”检查和日常检查，推进生鲜乳质量安全监管责任落实，强化生鲜乳生产、收购、运输经营主体第一责任，实现生鲜乳质量安全监管责任明、监管对象清、区域全覆盖、安全有保障。全年共检查奶站1 532站次，检查运输车辆1 067车次，出动执法人员3 784人次，查处整改奶站48个，取缔奶站1个，整改运输车16辆。市场监管部门在属地日常检查的基础上，对全省11家乳制品生产企业和2家婴幼儿配方奶粉生产企业开展体系检查。重点检查了企业在生产许可条件保持、食品安全管理制度落实、检验能力以及不合格产品追溯及处置方面的情况，有效地促进了全省乳制品生产企业落实良好生产规范的各项要求。印发《关于开展乳制品质量安全提升行动的通知》。以保安全、提品质、促发展为目标，通过两年的努力，使全省乳制品生产企业质量安全管理水平进一步提高。制定了《乳制品生产企业监督检查指导手册》，将食品法律法规对食品生产企业的通用要求与乳制品生产特殊要求相结合，从生鲜乳验收、乳制品的生产工艺、执行标准和产品检验等多个维度明确了监督检查的重点和要求。畅通乳制品生产企业内部举报渠道，依法保护食品安全“吹哨人”的权益。严厉打击使用不合格原辅料、非法添加非食用物质、滥用食品添加剂、虚假夸大宣传、生产假冒伪劣乳制品等违法行为。

2019年，落实国家、省两级生鲜乳监测计划2 036批次，实现生鲜乳收购站、运输车抽样监测和现场检查全覆盖，469个生鲜乳收购站和515辆生鲜乳运输车全部实现在线监管。举办全省生鲜乳质量安全监管培训班，重点培训生鲜乳质量安全监测监管要点。2019年，生鲜乳质量抽检合格率99.8%。共组织对全省乳制品生产企业开展监督抽检413批次，总体合格率99.5%。

【奶业大事】2019年7月2日，省畜牧兽医局印发《加快山东省畜牧业结构调整的指导意见》（鲁牧畜发〔2019〕6号），按照“调结构、转方式、提质量、增效益”的发展思路，稳定恢复生猪，加快推进肉禽，着力提升蛋禽，持续推动肉牛肉羊，稳步促进奶业，精准引领特色养殖，通过科学引导消费、注重示范引领、转变发展模式、完善科技支撑，加快现代产业体系、生产体系、经营体系构建，持续提升产业综合竞争力，推动山东省由畜牧大省向畜牧强省跨越。

2019年7月6日，省政府办公厅印发了《山东省加快推进奶业振兴实施方案》(鲁政办发〔2019〕20号)，对加快山东省奶业由大变强、高质量发展，保障供给安全，维护人民群众身体健康具有重要意义。

2019年8月13—14日，省畜牧兽医局在济南市举办全省奶业振兴方案贯彻落实暨生鲜乳质量安全监管培训班，解读《山东省加快推进奶业振兴实施方案》，传达农业农村部奶业生产与生鲜乳监管培训班及全国奶业振兴工作推进会精神，培训生鲜乳收购站、运输车标准化管理技术规范及生鲜乳质量安全监测常见问题解决方案，并对下一步工作进行了安排部署。

（山东省畜牧兽医局，王　文、蒋吉红）

济南市

【奶畜养殖】济南市2019年奶牛存栏5.073 9万头，其中能繁母牛3.033 2万头，主要分布在平阴县、章丘区、长清区、济阳县、商河县、莱芜区、钢城区、先行区，其奶牛存栏占总存栏的92%。2019年奶类总产量28.2万t，奶牛种群规模较2018年相比明显减少，但管理水平有所提升，单产水平不断提高。2019年全年的平均奶价为3.79元/kg，比2018年同期价格上涨10.29%。

【乳制品加工】2019年济南市共有乳制品加工企业7家，其中合资企业1家、地方自建企业5家，外地来济投资建厂企业1家，日处理鲜奶的能力总计达到2 500t。全年共收购原奶量61.2万t，自有奶源30.53万t，生产乳制品66.098万t，巴氏杀菌乳35.42万t，UHT奶29.72万t，酸奶15.50万t，奶油749.4t，乳饮料4.81万t，实现销售收入540 868万元，利润34 900万元。

【市场消费】2019年人均奶类占有量47.6kg，人均乳制品消费量为28.5kg，2019年城市居民奶及奶制品年人均支出金额340元，占消费支出比重的1.25%。据调查，超市乳制品品牌主要有伊利、蒙牛、光明、佳宝、君乐宝、飞鹤、得益等品牌，低温奶市场占有率不断提升，接近50%。UHT奶在农村市场还占据主导地位，其中包括国外品牌的液态奶，巴氏杀菌乳主要为当地乳制品企业生产，价格在每500g5.0 ~ 8.5元。

【奶源基地】2019年，济南市100~199头的有8个养殖场（户）、200~499头的有24个养殖场（户）、500~999头的有4个养殖场（户）、1 000头及以上的有5个场养殖（户）；奶牛养殖小区5个，奶牛存栏0.156 5万头。标准化规模养殖场34个，奶牛存栏4.96万头。截至2019年年底共有奶站30个，其中乳制品加工企业自建的5个，奶农专业合作社建设13个，奶畜养殖场12个。奶站平均日收奶520t。全市2019年机械化挤奶率达到100%。疫病防治情况：常规防疫、检疫和强制免疫相结合，免疫率达100%，无重大疫病发生。

【奶农组织】奶农协会1个，包含农户200户，奶牛存栏0.957万头；奶农合作社13个，包含农户56户，奶牛存栏0.156 5万头。

【法规政策】为提高奶业现代化水平，加快优质奶牛种群扩繁速度，提升全市奶牛种群的生产性能和经济效益，济南市在全市范围内大力推广奶牛优质性控冻精的使用。在全市符合标准的奶牛养殖场推行生态牧场提升改造项目工程。印发了《济南市2020年畜禽种业市场监管工作方案》。

【质量监管】2019年完成生鲜乳质量安全监测抽样230批次，其中190批次为农业农村部抽检任务，40批次为省畜牧兽医局抽检任务。农业农村部监督检查抽检的18批次生鲜乳样品检测合格率100%，风险监测172批次生鲜乳样品及省局40批次生鲜乳样品检测合格率100%。全市生鲜乳收购站和生鲜乳运输车辆检查抽样实现了100%全覆盖。济南市安排生鲜乳采样监测42批次，已完成采样检测计划42批次，检测合格率100%，有效保证了生鲜乳的质量安全。

在生鲜乳质量安全监管工作中各县（区）做到坚持“三到位”“四检查”制度。“三到位”包括：一是制度建设到位。十项制度一规程和奶牛小区（场）四项制度全部上墙。二是记录到位。生鲜乳收购、销售和检测记录等档案材料齐备，有清洗消毒记录、不合格奶处理，有留样记录，使生鲜乳质量可寻根、可追溯。三是监督管理到位。实行市级监管人员每季度抽查、县（区）监管人员每月巡查、监管责任人日常检查的层层监管督导制度，把好源头、管好出口。“四检查”制度：一查牛奶质量状况，督促生鲜乳收购站加强常规检测；二查器具环境消毒状况，指导和监督生鲜乳收购站落实卫生防疫消毒措施；三查冷链设施运转状况，指导生鲜乳收购站加强设施设备维护，确保生鲜乳不变质；四查销售运输状况，对销售运输过程进行监督，杜绝各种人为添加违禁物或有害物的现象发生。

通过多种形式和渠道，加强生鲜乳质量安全知识宣传和技术培训，提高从业者质量意识和安全生产能力；并结合奶牛良种补贴、生鲜乳收购站机械设备购置补贴、奶牛标准化规模养殖补贴和奶牛生产性能测定（DHI）等项目，积极引导奶牛标准化规模养殖，夯实生鲜乳质量安全基础。

【奶业大事】2019年伊利股份有限公司在平阴县注册成立济南悠然牧业有限责任公司，工程项目于2019年11月投产使用，目前已存栏奶牛9 396头，能繁母牛4 938头，年均单产9.5t，年总产奶量61 700t。2019年济南佳宝乳业有限公司在长清区投资建设济南佳宝乳业有限公司生态牧场提升改造项目，计划总投资1亿元。

（济南市农业农村局，魏绍会）

青岛市

【奶畜养殖】2019年年底，青岛市奶牛存栏8.43万头，较2018年存栏减少4.0%，全市奶类总产量28.88万t，其中生牛乳产量26.13万t，莱西市、即墨区存栏占全市总存栏的83.86%，奶牛规模化养殖区域进一步集中。生鲜乳收购年均价格3.4 ~ 3.9元/kg，个别牧场管理经营好的每头奶牛年净收入1 500 ~ 2 500元，大多数牧场处于保本状况。

【乳制品加工】全市从事液态奶加工和婴幼儿配方奶粉生产的乳制品生产企业共7家，其中从事液态奶加工的乳制品生产企业共4家，新希望琴牌乳业有限公司和青岛迎春乐食品有限公司生产研发的新发酵乳品种增多，市场占有率提升很快。获婴幼儿配方奶粉生产许可的企业共3家，分别为迈高乳业（青岛）有限公司、圣元营养食品有限公司和青岛索康食品有限公司。2019年乳制品总产量约26万t，液态奶产量13.7万t，干酪制品4.4万t，其他7.9万t，奶业产值占畜牧业产值的6.8%。

【市场消费】商超中液态奶主要有伊利、蒙牛、光明、君乐宝、新希望、迎春乐、得益等品牌，固态奶主要有雀巢、伊利、惠氏、圣元等。其中巴氏杀菌乳一般在每500g7元左右，UHT奶一般在每500g6元左右、酸奶一般在每500g8元左右，婴幼儿配方奶粉一般在每500g150元左右。入户主要有巴氏杀菌乳，一般在每500g7.5元左右，UHT奶一般在每500g6.5元左右。目前，UHT奶市场占有率最大，国外品牌的液态奶也越来越多，巴氏杀菌乳和发酵乳市场份额上升较快。

【奶源基地】全市加大了集约化、标准化和规模化养殖的扶持力度，规模化养殖比例上升，存栏100头以上规模养殖场共184个，较好的养殖场平均日单产达到36~38kg。通过开展奶牛养殖场标准化示范创建和奶牛场疫病净化活动，提升奶牛养殖机械化、信息化、智能化水平，共有国家级标准示范场11个，省级示范场9个，布鲁氏菌病及结核病净化创建示范场18个。规模化奶牛场基本实现采用机械挤奶和全混合日粮（TMR）饲喂工艺，参加生产性能测定（DHI）的奶牛场（合作社）有30余个。奶业机械如TMR搅拌车等设备获得农机购置补贴。苜蓿种植主要集中在胶州机场附近，种植面积2 000多亩，青贮玉米全市种植面积约8.6万亩，总产量约21.5万t。疫病防控情况总体良好，未发生重大疫情。粪污处理方式，鼓励奶牛生态发酵床养殖处理模式已形成比较成熟的运作经验，实现了农牧结合、种养循环。

【奶农组织】青岛市奶业协会是由青岛市民间组织管理局批准注册，成立于1992年，是非营利性的行业组织社会团体法人。2019年换届新任会长单位青岛新希望琴牌乳业有限公司，现有7家副会长单位，10家常务理事单位，牧场和会员100多人，涵盖奶业产业链的乳制品企业、院校、牧场、饲料、牧草、设备等服务企业。

【法规和政策】为加强推进全市奶业振兴，保障乳制品质量安全，根据国务院办公厅《关于推进奶业振兴保障乳品质量安全的意见》要求，青岛市人民政府办公厅印发《关于推进奶业振兴保障乳品质量安全的实施意见》（青政办字〔2019〕56号）。2019年10月30日，青岛市加强生鲜乳监管现场会在莱西市举办。

【质量监管】制定了《2019年生鲜乳质量安全专项整治方案》。强化生产环节、收购环节、运输环节生鲜乳质量安全监管，严厉打击非法添加有毒有害物质和非法收购、运输、经营生鲜乳等违法犯罪行为。每季度对生鲜乳收购站和运输车实行1次全覆盖检查，全年共检查奶站115站次，运输车辆92车次，出动执法人员约500人次，发放宣传材料1万余份。协助农业农村部抽检153批次，市、区级抽检495批次，全年抽检648批次生鲜乳样品，经检测均合格。

【奶业大事】2019年1月8日，由中国奶业公益群、蒲公英公益组织、新希望琴牌乳业共同发起的首届中国奶业公益年会在青岛胶州市举行，有奶农、奶业供应商、乳制品企业、行业媒体共计200余人参会。

2019年9月17日，被誉为“中国鲜奶开发者大会”的第七届新鲜盛典在青岛召开。

（青岛市农业农村局，刘虎传）

淄博市

【奶畜养殖】淄博市奶畜养殖主要以奶牛为主，2019年年底淄博市奶牛存栏3.62万头，其中能繁母牛1.93万头；奶类总产量135 200t，其中牛奶产量133 900t。淄博市奶牛养殖主要集中在高青县、桓台县和临淄区，其中高青县是淄博市传统奶牛养殖大县。2019年年底高青县奶牛存栏3.15万头，年产生鲜牛乳112 500t，奶业年产值占全县畜牧业产值的40%左右，各项生产数据稳居淄博市第一。高青县内奶牛已全部实现集中饲养，全县规模养殖场（小区）28个，挤奶厅28个。得益、蒙牛、光明、伊利、三元和江苏维维分别在高青县建立了优质奶源基地。淄博市立足奶牛业发展基础，以集约型、规模化奶牛养殖为重点，突出沿黄优势发展区域，通过加大投入、整合资源、创新机制、强化监管，调动广大奶农积极性，强力推进奶牛养殖方式转变，配套建设奶牛产业技术支撑服务和组织运营体系，逐步形成了现代化奶牛生产模式和产业体系，逐步发展了以高青县黑里寨镇、青城镇、木李镇为中心的奶牛核心产业区，奶牛业产出水平、产品质量和综合效益显著提高，形成了以奶牛产业带动畜牧产业、畜牧产业拉动现代绿色循环农业、现代绿色循环农业促动社会主义新农村建设的良好局面。

【乳制品加工】山东得益乳业股份有限公司是辖区内最大的一家乳制品加工生产企业，是一家集生态化农业种植、规模化奶牛养殖、智能化乳制品加工、现代化低温物流、数字化营销服务于一体的低温奶制造企业。为国家学生饮用奶认定企业，2019年收购原奶量204 782.57t，其中自有奶源量88 666.55t；年乳制品总产量214 352.65t，主要有酸奶、巴氏杀菌乳、UHT奶、乳饮品、奶酪5类乳产品，其中年生产酸奶121 977.27t、巴氏杀菌乳79 875.61t、UHT奶8 146.22t、乳饮品4 251.55t、奶酪102t。山东得益乳业多年来专注低温奶领域，形成了种养加配送全链条自控的经营模式。强化"抓两头控中间"的产业链差异化优势，一头抓源头建设：加大对牧场种养一体化的投入，确保原料奶质量安全可控；一头抓销售服务：八大渠道密集覆盖，自控直营模式，统一管理、统一标准、统一服务，不断升级得益订购送奶服务；同时，整合国际资源布控中间过程：自动化生产车间、先进的加工工艺及检测水平、国际科研团队加盟全面保障产品品质。实现从源头牧场到百姓餐桌的全程"生态产业链"自控。公司现有社区、商超、代理、零售、连锁、团购、特通、电商八大渠道，密集覆盖了山东16个市并辐射北京、河北、河南、安徽、江苏等周边部分省份，在全国低温奶企业中名列前茅。

目前产业主要优势有：第一，建设一二三产业融合生态循环奶业基地，保证奶源新鲜、安全。第二，实施优质乳工程，保留更多活性营养，得益乳业40多年一直坚持低温奶战略，不断优化巴氏杀菌工艺，更多保留牛奶的天然活性营养物质，产品中的乳铁蛋白含量高达24 mg/L，是普通常温奶的20倍。第三，技术合作深度国际化，高尖技术护航牛奶安全品质。第四，全链条质量安全管理体系，国际先进检测设备，确保产品新鲜安全。第五，全程冷链可追溯，24小时新鲜直达。2~6℃是牛奶的黄金储藏温度，得益为实现冷链的全程控制，打造完善的"得益冷链物流控制体系"。第六，信息化互联互通，益家订服务零距离，每天营养呵护100万个家庭。

【市场消费】淄博市人均奶类占有量约37kg，乳制品消费量约19kg，人均年消费约280元。市场销售乳制品品牌以伊利、蒙牛、得益、佳宝、光明为主，其中山东得益作为淄博市当地乳制品企业，在市场销售中占有主要地位；在农村市场，有部分原奶通过农户订购直接消费，奶牛场送奶入户；婴幼儿配方奶粉品牌众多，贝因美、飞鹤、爱他美、惠氏等国内外品牌商超均有售，目前来看很多家长热衷国外奶粉品牌，通过代购购买喜宝、爱他美等国外奶粉的不在少数，国内品牌飞鹤系列最受追捧。高青县作为奶源大县，鲜奶吧发展迅速，现已有鲜奶吧数十家，消费者对巴氏杀菌乳认知度较高，鲜奶吧市场潜力巨大。

【奶源基地】淄博市奶畜养殖以集约化、规模化、标准化、生态化的现代养殖模式为发展方向，全市存栏100头以上奶牛场共39个，其中高青县28个，临淄区、桓台县各5个，张店区1个，100头以上奶牛场存栏占比96%。规模化、标准化养殖场（小区）逐渐取代散养模式，发展适度规模、标准化养殖成为发展现代奶业的重要措施，其中高青县已基本实现规模化养殖，桓台县、临淄区规模养殖比重在95%以上。科学调整奶业发展布局，对现有奶畜养殖场（小区）分类施策，指导整合规模较小、管理落后的奶畜养殖场（小区），鼓励发展标准化奶畜养殖场（小区），积极帮助改建、新建、扩建的标准化奶畜养殖场争取相关优惠政策和扶持补贴。合理引导建设生鲜乳收购站，全部采用机械挤奶，逐步推进TMR技术、DHI体系的应用，养殖场内青贮设施比较配套，粗饲料普遍使用全株玉米秸秆青贮饲料，精饲料多数用浓缩料或预混料。完善各级疫病防控体系，强化重大动物疫病防控能力，淄博市每年组织春、秋两季重大动物疫病防控，强化疫情监测，科学研判疫情，免疫牛、羊共80万头（只），免疫合格率85%以上。督促养殖场（小区）严格开展奶畜排泄物、污染物无害化处理，大型养殖场粪污处理配有相对应的粪污处理发酵棚、沉淀池、沼气池等粪污设施。

山东得益乳业奶牛养殖场在粪污资源化利用工作中多措并举，建设堆粪大棚、污水存储池等设施，将牛粪及污水进行无害化处理，牛粪收集采用自动刮粪板，进行固液分离，已经投资1 000万元用于污水处理设施和液态有机肥项目。雨污分流系统，从根本上解决了粪污横流和污染扰民的问题，真正实现了达标排放。粪污处理模式重点采用"三分离一净化"的方式，即运用雨污分离、干湿分离、固液分离、生态净化处理系统，对奶牛粪污进行处理。现可为牧场提供牛粪牛床垫料10 760t，处理固体粪便量177 000t，年处理污水量170 000t，粪便无害化处理与资源化利用率达100%，污水无害化处理与资源化利用率达100%。污水处理采用工艺：污水→格网→SBR反应池→消毒（存储）池→沼气发酵→稳定塘→农田灌溉。粪尿通过粪道进入集污池，经过搅拌、上料、镜面筛的处理后含固率在33%以上，保证了干粪的发酵，再与稻壳、石灰混合形成优质廉价的卧床垫料，分离出的肥料污水经过氧化塘暴晒、氧化后进行还田处理，是上好的有机肥料。固体或液体有机肥通过运输车或者管道输送到周边20 000hm^{2}种植区域替代化肥。实现了粪便污水达标处理排放，改善了养殖场生产环境，具有很好的生态效益。公司的粪污治理大胆创新，在传统工艺的基础上实现新突破，有许多创新点。一是污水处理系统在充分借鉴工业和生活污水处理的基础上，工艺更合理，流程更实用，操作更简单，维护更方便，运行成本更低。二是通过专业人员进行专业设计，后期进行管道铺设，实现周边20 000hm^{2}种植区域的灌溉，既解决了牧场粪污处理的难关，又能从粪污处理中获取收益，一举多得。

【奶农组织】目前全市奶站共37个，分布在高青县、临淄区、桓台县，其中高青县26个，临淄区6个，桓台县5个。2019年淄博市各县（区）畜牧兽医局组织了规范养殖培训10余场，开展生鲜乳质量安全培训班，培训奶业生产从业人员1 000余人次。

【法规和政策】积极推进粮改饲，制定印发了《淄博市2019年粮改饲示范县工作实施方案》，在高青县、临淄区等6县（区）组织实施，落实项目资金1 310万元，合计完成全株青贮玉米秸秆231 800t，收贮玉米种植面积99 600hm^2，分别完成省下达项目任务数的103.7%和125.3%。

高青县、临淄区实施粮改饲项目，推动种养一体化进程。同时，把奶业粪污治理作为工作重点，兴建有机肥加工厂，加快粪污无害化处理、资源化利用进程。

【质量监管】积极维护生鲜乳收购站运输车监督管理系统，对收购证和运输证即将到期的企业做好复查换证或注销工作，2019年全年生鲜乳收购站共换证17个，现有37个；生鲜乳运输车共换证28辆，现有44辆。

做好生鲜乳购销合同备案工作，有14家企业完成购销合同备案。

配合做好生鲜乳质量安全专项整治行动，打击生鲜乳生产收购运输违法行为。

加强安全监管体系建设，2019年配合完成农业农村部和省级监测任务699批次，检测合格率100%。部署开展市级监督抽检，完成抽检2 379批次，检测合格率99.46%。及时组织有关县（区）对不合格样品进行查处，畜产品监督抽检案件查处工作受到省局通报表扬。

（淄博市畜牧渔业服务中心，董炳敏）

东营市

【奶畜养殖】2019年年底，东营市奶牛存栏77 979头，能繁母牛48 663头，奶类总产量397 012.1t，产值13.03亿元，奶业产值占畜牧业产值的11.35%。东营市奶牛养殖主要集中于河口区、垦利区和省黄河三角洲农业高新技术产业示范区，占全市奶牛养殖量的90%以上。近年来，东营市紧紧围绕现代生态奶业生产基地建设这条主线，不断加大政策扶持力度，推动东部奶牛产业优势区建设，建成农业高新区生态奶牛养殖园区、河口仙河奶牛园区、广饶丁庄奶牛园区、神州澳亚奶牛园区等大型现代奶业园区，形成了以华澳大地、澳亚牧业为代表的现代奶牛循环产业体系。随着国外高产奶牛的不断引进和高产奶牛冻精细管及性控冻精细管的推广应用，全市高产奶牛覆盖率达98.9%，产奶牛年均单产达11.3t以上，年均单产鲜奶11.3t以上的奶牛养殖场4个。现建成乳制品加工企业6家，生鲜乳收购站29个，生鲜乳专用运输车62辆，机械化挤奶率100%。

【乳制品加工】东营市现有乳制品加工企业6家，其中山东恩泽乳品有限公司成立于2011年8月，现建有日处理生鲜乳500t奶粉和日处理生鲜乳500t液态奶项目各1个，主要生产“奈高”牌巴氏杀菌乳、酸奶、配方奶、乳饮料及“广北”牌全脂奶粉、甜奶粉、脱脂奶粉。2019年乳制品总产量超过3 500t，在全市已发展社区订奶户超过2万个。

【市场消费】据不完全统计，2019年，东营市年人均奶类占有量为184.65kg左右。当地乳制品市场主要销售的液态奶的品牌有佳宝、蒙牛、伊利、光明、得益、君乐宝，价格在45~80元/箱。酸奶主要品牌伊利，价格为6元/盒。奶粉主要有贝因美、味全、合生元、多美滋、喜康宝、惠氏、雀巢等，价格在80~350元/kg。入户巴氏杀菌乳价格为11元/kg左右。

【奶源基地】目前，东营市规模奶牛场27个，存栏75 142头，所占奶牛养殖比重达99.51%，其中万头奶牛场6个，国家级畜禽标准养殖化示范场7个，省级示范场22个。规模养殖场全部使用TMR饲喂系统，机械化挤奶实现全覆盖，15个奶牛场参与了DHI测定，1个为国家学生饮用奶奶源基地，2个为布鲁氏菌病及结核病净化创建场或示范场。建成农业高新区生态奶牛养殖园区、河口仙河奶牛园区、广饶丁庄奶牛园区、神州澳亚奶牛园区等大型现代奶业园区，形成了以华澳大地、澳亚牧业为代表的现代奶牛循环产业体系。

2019年，全市收购青贮饲料74.48万t，带动青贮玉米种植面积34.33万hm^2，青贮产量约为2.2t/hm^2。2019年东营市积极推进山东省粮改饲示范县项目，获上级批复资金3 900万元。其中，29个奶牛养殖场参与实施该项目，获补贴资金2 692.33万元。

在粪污处理设施建设上，强化粪污农牧循环综合利用、中小奶牛场改造提升，推行生态化科学养殖方式，7个中小奶牛场实施了2019年改造升级项目，项目总投资216.85万元，中央补贴资金105万元。截至2019年年底，规模奶牛场全部配套粪污处理设施并正常运行。其中，澳亚三大牧场先后投资9 000万元于美国DVO公司、黑龙江农垦玖阳生物质能源有限公司建设了粪污干湿分离、沼气生产系统，目前日产沼气约5万m^3，主要用于牧场生产生活用能，剩余部分用于发电或甲烷提纯，沼渣作为高质量牛床垫料和土壤改良的优质肥料，沼液可在牧场冲洗系统中再循环利用或作为青贮地肥料，形成可持续发展的循环绿色经济产业链条。大地乳业发展循环经济园区配套建设了年产2万t生物有机肥项目和日处理粪污1 000t沼气发电项目，占地180余亩。其中，生物有机肥项目（东营大地生物科技有限公司）主要利用畜禽粪便等有机原料生产“牛尔”牌有机肥、生物有机肥、复合微生物肥料、微生物菌剂等各种新型肥料。公司拥有国内一流的固液分离装置和大型发酵设备，拥有独立微生物检测中心和常规检测实验室。沼气发电项目采用牛粪厌氧发酵制取沼气，然后利用沼气发电、热电联产、沼肥还田等技术手段，实现粪污资源化利用。该项目日产沼气6 000m^3，年发电量350万kW·h。

疫病防控方面，大多数奶牛场每年开展二次疫苗接种，接种疫苗既有政府免费提供的A型灭活疫苗和O-亚I型二价灭活疫苗，也有各养殖场根据自身需要自行采购的疫苗。制定消毒工作方案，购入大量消毒物资，定时开展消毒灭源工作，保证养殖场区清净无疫。同时，密切监控布鲁氏菌病和结核病等威胁奶牛产业的重大疾病，主动建立全市统一格式的养殖档案，规范养殖。

【奶农组织】全市培育奶牛合作社5个，2019年举办奶农培训班4期，培训农民100余人次。

【法规和政策】2019年，东营市整市推进粮改饲项目，项目资金3 900万元，平均每吨青贮补助59.2元，其中，29个奶牛养殖场参与实施了该项目。

2019年10月，东营市畜牧兽医局下发关于印发《东营市推进奶业振兴实施方案》的通知。

2019年，7个中小型奶牛养殖场实施改造升级项目，项目中央资金105万元。

【质量监管】东营市紧紧围绕奶牛养殖场、生鲜乳收购站、生鲜乳运输车等重点环节加强监管工作。一是加强监管安排部署。研究制定了年度《监督抽检方案》《风险抽检方案》《综合整治方案》，明确了部门人员监管责任和企业的主体责任，强化工作任务落实。二是狠抓生鲜乳违禁物质专项整治和兽用抗菌素专项整治。强化全市奶站和奶类运输车辆的监管，严格投入品管理，大力宣传相关法律法规，严厉打击假冒伪劣兽药饲料及各类使用违禁投入品的违法行为。2019年完成农业农村部异地抽查计划，抽样30批次；完成山东省畜牧兽医局2019年生鲜乳质量安全监测工作计划，采样78批次，检测结果全部合格。

【奶业大事】2019年3月，东营市河口区东营神州澳亚现代牧场有限公司新户分公司向农业农村部提交了畜禽养殖标准化示范场创建申请，7月，省畜牧兽医局专家组对该公司进行了现场验收，于11月28日被农业农村部办公厅批复为畜禽养殖标准化示范场（农办牧〔2019〕75号）并授牌。

2019年3月、4月、6月，山东华澳大地农业发展有限公司分批购进荷斯坦牛，现存栏奶牛8 433头。公司以绿色生态循环的发展理念为指导，计划投资20.99亿元，在垦利区西部黄河展区规划土地4.8万亩，围绕奶牛、牛奶等优势特色项目投资建设。

（东营市现代畜牧业发展服务中心，刘学森、杨艳芬）

烟台市

【奶畜养殖】2019年，烟台市奶牛存栏4.51万头，其中成母牛约3万头；奶山羊存栏17.37万只。奶类总产量22.69万t，其中牛奶产量17.47万t。奶业产值占畜牧业产值的比重约为7%。奶牛养殖主要集中在莱阳、龙口、牟平3个地区，奶牛存养数量占全市奶牛存栏量的84.4%。

一是精细化管理水平持续提升。全面强化精细化饲养管理技术应用，提高奶牛生产性能，确保生鲜乳安全。2019年，在全市深入推广应用奶牛分群饲养、TMR饲喂、机械挤奶、铺设牛床等精细化饲养管理技术，奶牛单产水平显著提高。全市规模奶牛场全部采用分群饲养、机械挤奶、TMR搅拌车饲喂和铺设牛床。

二是优质饲草使用率持续提高。全面强化优质粗饲料饲喂技术，提升奶牛单产水平和生鲜乳质量。2019年，全市规模奶牛场中，有95%以上的奶牛场泌乳牛饲喂优质苜蓿、羊草和青贮玉米等粗饲料，其中使用进口优质苜蓿的奶牛场占75%左右，少数经济实力稍弱的规模奶牛场选择国内优质羊草和青贮等粗饲料饲喂奶牛。深入推动规模奶牛场“玉米秸秆发酵生产高蛋白饲草技术”试点项目开展，在规模奶牛场大力推广使用发酵玉米秸秆、全株玉米等优质饲草饲料作物饲喂奶牛。

三是品种改良步伐持续加快。全面强化奶牛品种改良技术，提高奶牛良种化程度和单产水平。2019年，规模奶牛场在引进高产牛、使用优质性控冻精等方面投入进一步加大，有力推进了奶牛品种改良步伐。全市规模奶牛场仍全部饲养荷斯坦牛，平均单产超7 500kg。山东荷斯坦牛繁育中心是全市奶牛存栏规模最大、奶牛单产水平最高的奶牛场，常年存栏奶牛2 500多头，成年母牛年均单产达到9 000kg，全部引自美国、澳大利亚和新西兰等国家。

四是粪污无害化处理水平显著提高。全面强化奶牛场粪污处理，提高奶牛粪便的无害化处理和综合利用水平。2019年，全市有90%以上的规模奶牛场建起沼气工程，实现了粪污无害化处理，并对所产沼气进行了充分利用；约有8%的规模奶牛场配套建设了有机肥厂，利用奶牛粪便加工有机肥，实现了奶牛废弃物的肥田、丰产、富民，社会效益、生态效益十分显著。

【乳制品加工】全市共有烟台益生源乳业有限公

司、烟台长生乳品有限公司、山东绿源唯品乳业有限公司3家乳制品加工企业，年设计单班生产能力7.3万t，2019年实际加工乳制品1.13万t，实现销售收入2.59亿元。乳制品加工主要以液态奶加工为主。

【市场消费】2019年，全市人均奶类占有量为53kg，乳及乳制品人均消费量为62.5kg。从商场和超市的调查来看，全市主要销售的乳制品类别、品牌和价格为：（1）巴氏杀菌乳：蒙牛现代牧场每450mL9.9元，光明优倍每950mL18.9元，光明鲜牛奶每200mL2.8元，绿源唯品每950mL26.9元，益生源牛奶每243mL3.5元。（2）UHT奶：蒙牛特仑苏每250mL8.9元，伊利舒化奶每220mL3.9元，金典有机奶每250mL4.1元，伊利纯牛奶每250mL3.5元，蒙牛纯牛奶每240mL3.3元。（3）酸奶：伊利畅轻每215g7.5元，蒙牛冠益乳每250g9.9元、每450g15.9元，伊利安慕希每200g6.8元，光明畅优每210g6.9元，光明健能每250g10.5元，唯品发酵乳每230g9.8元，益生酸牛奶每150g2.8元。（4）婴幼儿配方奶粉：伊利金领冠每900mL398元，贝因美每900g335元，完达山安力聪每900g358元，完达山金元乳每400g108元。（5）其他奶粉：伊利中老年奶粉每400g92元，伊利全脂奶粉每1 000g69.9元，雀巢孕产妇奶粉每350g119元，雀巢中老年奶粉每400g58元，飞鹤中老年多维奶粉每400g55元。（6）入户奶：益生源巴氏杀菌乳每243mL3元，得益酸奶每200mL4.2元。

【奶源基地】2019年，全市存栏100头以上的奶牛养殖场（户）达到70个，其中存栏100~199头的21个，存栏200~499头的35个，存栏500~999头的10个，存栏1 000~1 999头的2个，存栏2 000头以上的2个。全市建起奶牛良种繁育场3个，存养良种奶牛3 000多头；建起奶牛冷配改良站（点）130个，年冷配改良奶牛4万多头；目前全市奶牛良种覆盖率达到100%。规模奶牛场坚持开展布鲁氏菌病和结核病的监测与净化，并认真做好口蹄疫疫病防控工作。全市规模奶牛场利用粪污生产沼气或有机肥的比例达到97%以上。2019年生鲜乳收购价格稳定在1.8~2.0元/斤，养殖场（户）略有赢利。

【奶农组织】全市共有奶业合作社65个，坚持面向奶农采取多种方式开展奶业技术培训和指导。一方面，充分发挥畜牧兽医技术专家顾问团的作用，积极为奶农开展各类技能培训，2019年专门举办奶牛标准化养殖及疫病防治技术培训班20次，培训农民2 000多人次；召开现场观摩会6次，现场培训农民200多人。另一方面，认真搞好技术咨询服务工作，通过专业合作社咨询服务公开电话，2019年共答复各类咨询2 000多个，涉及奶牛供应、生鲜乳及饲料市场价格、牧草种子供应及种植技术、奶牛饲养场建设和饲养管理技术、奶牛养殖政策项目等问题，及时帮助会员解决疑难问题。

【质量监管】全市共有生鲜乳收购站29个，其中奶农专业合作社开办4个，奶牛养殖场开办23个，乳制品加工企业开办2个。在生鲜乳质量安全监管方面，继续采取以下措施：一是全面落实监管责任。市、县两级主管部门均成立了奶业管理办公室，安排专人负责生鲜乳收购站建设与管理工作；设立了生鲜乳质量安全举报电话和邮箱并向社会公开；组织各县（市、区）畜牧主管部门与辖区内的生鲜乳收购站和监管人员签订《生鲜乳收购站质量责任书》《生鲜乳收购站监管人员责任书》和《监管人员责任书》，切实将监管责任落实到人。二是切实强化日常监管。全面实行生鲜乳收购站派驻监管员制度，强化日常监管，从生鲜乳收购、运输、出售等环节进行全程监管，确保不出现问题；全面落实生鲜乳准运制度，以生鲜乳运输准运证明和交接单为重点，加强对生鲜乳运输车辆的监督检查，确保运输环节的生鲜乳质量；规范完善生鲜乳收购站内部管理制度，统一了生鲜乳收购、销售、监测、交接单等有关记录格式和内容。三是切实强化产品质量监测。充分利用部、省、市三级质检机构，有计划地加大对生鲜乳的统一抽检力度。2019年，全市生鲜乳生产和收购环节均没有检测出三聚氰胺或其他违禁添加物质，生鲜乳产品质量连续8年抽检合格率达到100%。四是坚持开展监督执法。积极开展生鲜乳专项整治行动，抽调力量组成生鲜乳专项整治小组，深入基层进行生鲜乳收购和运输环节执法检查。2019年，全市共出动执法人员60余人次，对生鲜乳收购站和生鲜乳运输车开展了1次拉网式排查和1次“双随机一公开”检查，全市没有发现非法收购生鲜乳、倒买倒卖不合格生鲜乳、中转站转运等违法违规行为，生鲜乳生产经营秩序良好。

【奶业大事】莱阳、海阳深入推进国家级粮改饲示范县项目实施，争取上级补助资金1 250万元。

（烟台市农业农村局，刘玉华）

潍坊市

【奶畜养殖】2019年年底，全市奶牛存栏43 751头，有标准化规模奶牛场74个，年总产奶量185 400t。生鲜乳收购站60个，生鲜乳运输车44辆。潍坊市奶牛产业覆盖临朐、寒亭、潍城、坊子、昌乐、高密、昌邑、安丘、昌邑9个县（市、区），品种以荷斯坦牛为主，也有西门塔尔牛、娟姗牛。其中，临朐县、寒亭区已成为山东省主要的优质奶源生产基地，临朐县奶牛存栏10 582头，在全省位居前列，是“全国牛奶生产50强县”。

【乳制品加工】全市现有乳制品加工企业5家。其中，临朐县3家，分别是潍坊伊利乳业有限责任公司、山东万宝，乳业有限公司、临朐乾福乳业有限公司；坊子区1家，为三元乳业，高新区1家，为紫鸢乳业。乳制品年加工量52.58万t，以液态奶、喷粉加工为主。

【市场消费】潍坊市乳制品消费量逐年递增。2019年，全市人均乳制品消费量约30kg。在液态奶消费结构中，巴氏杀菌乳约占10%，UHT奶（常温奶）约占42%;发酵乳约占20%，调制乳约占28%。品牌涉及伊利、蒙牛、三元、光明、得益、紫鸢等乳制品加工企业。目前，全市液态奶消费较多，干乳制品消费量较少；液态奶中UHT奶消费较多，巴氏杀菌乳消费较少。

【奶源基地】潍坊市积极争取国家惠农政策，整合养殖资源，在全市建立了74个标准化奶牛场。其中，存栏3 000头及以上的1个，1 000~1 999头的3家，500~999头的15个，100~499头的55个。目前，秸秆利用、TMR饲喂、疫病防治、生鲜乳质量安全控制、沼气综合利用等先进技术在全市得到有效推广，为提高全市鲜奶产量和质量提供了可靠保障。2019年，完成全株青贮玉米收储335 267.56t，推广全株青贮玉米种植116 351.5亩。粪污处理方式有发酵床、沼气池等。

【政策法规】实施政策性奶牛保险。投保对象主要针对年龄为1.5~6周岁的存栏奶牛，保费为每年300元/头，保险金额5 000元/头。中央、省、市、县（区）和个人承担的保费比例为4∶2∶1∶1∶2，养殖户只需缴纳60元/头的保费即可为符合条件的奶牛投保，其余240元/头的保费由各级财政按照比例共同出资补助。在保险期间内，参保奶牛因发生重大疾病、自然灾害和意外事故所导致的死亡，由保险公司按保险金额5 000元/头进行赔偿。2019年，全市奶牛参保率为69.66%。既提高了奶农的养殖积极性、增加了农民收入，又增强了奶牛养殖业抵御重大疾病和自然灾害的能力。

实施中小奶牛养殖场改造项目。2019年中小奶牛养殖场（奶牛家庭牧场）改造项目中央财政预算资金380万元，已全部拨付至8个项目承担县（市、区），鼓励引导全市19家项目承担主体开展奶牛养殖场标准化改造提升，重点支持奶农合作社和家庭牧场开展良种奶牛引进、饲草料生产、养殖设备升级、配套粪污资源化利用及乳制品加工和质量安全检测设施完善等，探索培育适度规模奶牛养殖主体，夯实奶业振兴养殖基础。

奶业大县扶持政策。临朐县印发了《临朐县奶牛产业发展三年行动实施方案》，计划到2022年，新建设高标准示范牧场4~5个，1 000头以上规模养殖占比达到80%以上，奶牛存栏达到60 000头，日产鲜奶800 t以上。奶牛养殖场信息化智能化管理达到80%以上，粪污处理设施配建率达到100%，养殖废弃物资源化利用率达到95%以上。第一，实行奖励政策。对新上1 000头以上并且日产生鲜乳10t以上奶牛养殖场所在镇（街、园、区），每交售生鲜乳1t，由县财政、税务部门划拨100元的税收收入。县财政局与相关镇（街、园、区）结算后，再按现行财政体制与相关街道分成。第二，加大信贷资金支持。一是提供贷款贴息。对奶牛养殖场新购成年奶牛、青贮、土建改造等方面贷款，按贷款利率50%给予财政贴息扶持，贴息期限不超过1年。二是提供过桥资金。

昌乐县制定了《关于鼓励奶牛产业发展的意见》，对当年获得无公害、绿色、有机食品认证的奶牛养殖场，分别奖励10万元、6万元和5万元，当年获得市级龙头企业的奖励5万元，由于各项扶持措施到位，极大地促进了奶业的发展。

【质量监管】一是抓好收购站、运输车监管。严格审核收购站和运输车资质条件，按照“谁发证谁监管”的原则，加强证前许可和证后监管，确保辖区内收购站、运输车具备法定资质条件。对不符合条件的收购站和运输车，必须坚决予以取缔，并及时在生鲜乳收购站运输车监督管理系统注销。

二是强化日常监管。突出抓好生鲜乳生产、收购、运输等重点环节，现场检查重点查阅各类记录和化验单，指导规范工作秩序，监督企业依法生产。市农业农村局统一制作《潍坊市生鲜乳收购站日常监管检查记录表》《潍坊市生鲜乳运输车日常监管检查记录表》，每年抽查比例不少于10%；县级监管部门要对辖区内生鲜乳收购站、运输车监管工作实现全覆盖。

三是贯彻落实《山东省生鲜乳收购管理办法》《生鲜乳收购站卫生防疫制度》《生鲜乳收购站质量安全管理制度》等规章，进一步提升从业人员责任意识，规范从业人员执业行为。

四是加强生鲜乳质量监督抽检和风险监测，并对监测结果及时公示，保障全市生鲜乳质量安全。

【奶业大事】按照农业农村部关于做好“三农”领域补短板项目库建设工作要求，在全市筛选储备项目，先后储备奶牛场建设项目59个、奶农发展乳制品加工项目7个。

（潍坊市农业农村局，王玉芝）

泰安市

【奶畜养殖】2019年年底，泰安市奶牛存栏6.6万头，其中成母牛2.3万头，奶产量22.04万t。岱岳区、肥城市、宁阳县3个县（市、区）奶牛存栏超过万头；奶牛个体单产提高到8.2t，标准化奶站发展到60个，规模饲养比重达93%；乳制品加工企业达到3家、奶农办加工厂2个，日加工鲜奶能力达到1 900多t，奶业从业者近万人，年创产值33.54亿元，占畜牧业产值比重达到20%，奶业富民的作用日益凸现。规模化养殖场100%实现了机械化挤奶，98%以上配备了全混合日粮搅拌机，荷斯坦牛良种覆盖率达到了100%；奶牛饲养的专业化、区域化特征明显，优势产业带开始形成，现代奶业体系初步建立。

全市畜牧业保险承保机构发展到8个，大力开展奶牛政策性保险，2019年全市奶牛政策性保险投保2.605 8万头，保费收入781.5万元，赔付养殖户779.65万元，有效应对动物疫病带来的养殖风险。牛奶价格指数保险继续实施，完善了畜牧业发展支撑保障体系，有效化解了畜牧养殖风险和市场风险，为现代畜牧业发展提供了“双保险”，2019 年生鲜乳价格指数保险 1.025 万 t，保费收入 203.86 万元，理赔金额 536.4 万元，赔付率 263.12%，为稳定奶业生产做出了突出贡献。

【乳制品加工】全市有影响力的牛奶加工生产龙头企业主要是蒙牛乳业泰安公司、亚奥特乳业、伊特乳业、安康乳业、伊金兰乳业 5 家。蒙牛乳业泰安有限公司拥有常温液态奶、冰激凌、酸奶三大生产车间，有 22 条常温液态奶生产线、13 条冰激凌生产线、11 条酸奶生产线，拥有液态奶、酸奶、冰激凌三大系列 160 多个品项，产品以其优良的品质覆盖国内市场。先后被认定为绿色食品、无公害食品、山东著名商标、山东名牌产品和中国驰名商标，2019 年销售收入达到 19.7 亿元，利润 1.4 亿元；亚奥特乳业公司坚持新鲜战略，立足区域市场，重点发力低温奶市场，被评为中国优秀乳制品加工企业和最具影响力品牌企业，亚奥特 100% 鲜牛奶被第 34 届畜牧业博览会评为金奖、烤酸奶被评为银奖，2019 年利润 2 800 万元；支持安康、金兰等有条件的养殖场建设加工厂，在执行生产许可、食品安全标准等规定和确保质量安全的前提下，推行生产加工销售一体化，发展周边地区预包装乳制品供应，引导鲜奶消费，金兰被农业农村部推介为奶业休闲观光牧场，伊金兰牛奶被第 34 届畜牧业博览会评为金奖。按照就近就地原则，加快推进一二三产业融合发展，打造特色、新鲜品牌。

【市场消费】全市人均奶类占有量达到 55.5kg，乳制品消费量逐年上升，消费支出也水涨船高。乳制品人均消费量大约在 40kg，人均支出在 600 元左右。全市销售主要乳制品品牌有蒙牛、伊利、亚奥特、得益、佳宝、君乐宝等。例如，亚奥特 200g 普通酸奶售价 2.50 元，佳宝优冠每盒售价 5.40 元，亚奥特入户巴氏杀菌乳价格 230g 袋装 2.50 元，奶吧巴氏杀菌乳每 500g5 元。近年来，乳制品市场变化较快，传统 UHT 奶份额逐步下降，巴氏杀菌乳随着奶吧的兴起，进一步挤占 UHT 奶份额。青少年则是巴氏杀菌乳和酸奶的主力消费者。随着对乳制品营养认识的深化，巴氏杀菌乳、酸奶将会被更多消费者认可，奶酪的消费量也有所上升。本地乳制品企业重点发展低温奶，蒙牛、伊利则侧重常温奶市场。金兰奶牛养殖有限公司积极向消费环节拓展，日产鲜奶 14t，自己加工 3t 供应奶吧，产品以巴氏杀菌乳和酸奶为主，经济效益显著。

【奶源基地】以蒙牛、亚奥特、安康、金兰等乳制品加工为引领，以城区周边、新泰、肥城、宁阳为区域重点，优化奶业布局。鼓励乳制品企业自建、收购奶源基地。稳定发展荷斯坦牛，因地制宜引导乳肉兼用牛、奶山羊生产。出台扶持奶业发展的若干政策，加大对上争取，对 13 个中小牧场在设备配置、奶牛购进、粪污资源化利用等方面给予补助。配合环保加快禁养区调整，要求县（市、区）提高政治站位，严格按照国家要求优化调整禁养区。2019 年年底，规模饲养比重达到 93% 以上，存栏 50~99 头、100~199 头、200~499 头、500~999 头和 1 000 头及以上的牧场分别占总存栏的 0.7%、1.2%、18.0%、22.4% 和 51.4%，规模化水平进一步提升。国家级奶牛标准化示范场 9 个，省级标准化示范场 18 个。规模养殖场全部做到了机械化挤奶，98% 推广应用 TMR 技术，34 个规模养殖场开展了 DHI 测定。牛粪多采用堆肥的处理方式，大型奶牛场大多建设了沼气发电、沼气池等粪污处理设施。依托大型奶牛场建设有机肥厂 6 个，产能达到 15 万 t，实现了资源化利用。全年收购价格在 3.1~4.0 元 /kg。

【奶农组织】鼓励企业通过订单收购、建立风险基金、返还利润、参股入股等多种形式，与奶农结成稳定的产销关系，形成紧密的利益联结机制，达到以龙头带产业，产业促龙头的良好发展局面。

【质量监管】一是落实质量安全监管责任。建立了政府、部门、企业和社会“四位一体”责任体系，各有关部门建立协调联动机制，层层签订责任状，做到责任到人。二是加强生鲜乳追溯体系建设。宁阳、肥城、东平、岱岳、新泰相继列入农产品追溯体系建设，泰山区通过亚奥特管理平台建设加强生鲜乳追溯管理，搭建生鲜乳质量监控系统，包括奶牛场监控系统和运奶车的 GPS 定位系统及生产车间、化验室监控系统，通过视频监控，实现了从奶牛饲养、生鲜乳生产、运输、加工、化验等环节的全过程无缝隙实时监控。三是落实生鲜乳质量安全监管制度。实行联席会议制度、会商制度。落实责任制和追究制度，落实有奖举报制度、检测制度和黑名单列管制度等。四是深入开展生鲜乳专项整治。每年均定期检查生鲜乳收购站以及运输车辆，对查出问题的及时责令整改、处罚或移交，有力保障了生鲜乳质量安全。五是加强生鲜乳质量安全监测。近年来，结合部、省、市、县四级抽检、异地抽检，加大对生鲜乳检测，从检测情况看，生鲜乳违禁物质全部合格；生鲜乳乳蛋白平均值为 3.33%，乳脂肪平均值为 3.81%；菌落总数在 10 万 CFU/mL 以下（夏季），均高于全国水平。

【奶业大事】泰山区、岱岳区在 3 年试点后，继续开展生鲜乳价格指数保险，养殖户投保意愿强烈，承保生鲜乳价格指数保险 1 万 t。奶牛保险承保规模进一步扩大，政策险承保 2.6 万头，为奶业生产提供更多保障。

（泰安市畜牧兽医事业服务中心，高玉君、亓宇龙）

德 州 市

【奶畜养殖】德州市 2019 年奶牛存栏约 8.4 万头，奶类总产量约 34 万 t；养殖区域主要分布在禹城市、乐陵市、齐河县。全市存栏 100 头以上的奶牛养殖场 44 个，其中，500 头以上的 17 个；1 000 头以上的 7 个；10 000 头以上的 2 个，分别是维多利亚农牧有限公司、嘉立荷（山东）牧业有限公司。伴随陵城区光明生态示范奶牛养殖有限公司、山东视界牧业有限公司、齐河县醇源牧场有限公司等大型奶牛养殖场快速崛起，带动了全市现代奶业的快速发展。

【乳制品加工】德州市有乳制品加工厂3个，日加工产能约1 200 t。其中禹城市乳制品加工企业2家，分别为东君乳业（禹城）有限公司及山东君君乳酪有限公司，乳制品总产量达到10万t，主要品种有巴氏杀菌乳1 404 t，UHT奶565 t，酸奶3 693 t，乳饮料73 040 t，奶油3 000 t，奶酪27 000 t。其中东君乳业（禹城）有限公司生产的UHT奶及巴氏杀菌乳获得有机认证。经济开发区光明乳业（德州）有限公司乳制品总产量达到8.3万t，UHT奶42 095 t，酸奶35 391 t，乳饮料5 631 t。

【市场消费】2019年，全市人均奶类占有量约40kg，当地市场主要销售巴氏杀菌乳品牌有蒙牛、伊利、光明、得益，价格每包约2.5元，UHT奶品牌主要有特仑苏、金典等，价格分别为4.5元/盒、5元/盒。酸奶品牌主要有开菲尔、安幕希等，价格分别为4.3元/盒、4.2元/盒。婴幼儿配方奶粉品牌主要有飞鹤、美赞臣、爱他美、启赋等，价格为每500g270元。其他奶粉品牌主要有德运、雀巢、金可澳等。

【奶源基地】近年来，全市大力推广奶业先进生产技术，如优质奶牛改良、不同阶段日粮配合饲养、机械化挤奶、后备母牛培育、环境控制、DHI测定等技术。目前全市70%以上奶牛场实现了全日粮混合饲喂，95%以上奶牛养殖场建成了大型现代化挤奶厅，TMR机、卧床一些先进设施设备得到了应用，机械化挤奶水平提高。随着国家良种补贴政策的落实和改良技术的应用，大幅度地改良了低产奶牛，形成了本区域的优质母牛群，为奶牛高产打下了坚实的基础。截至2019年，全市奶牛单产均达到8.5 t左右，高产奶牛单产达到了10 t。为确保奶牛健康，积极开展疫病监测和程序化免疫，积极预防治疗乳房炎等常见疾病。粪污通过干湿分离，粪便进行槽式发酵后，堆积利用，污水进行厌氧发酵处理后排入氧化塘。目前，乳制品企业收购生鲜乳价格为3.2~3.5元/kg，1头奶牛年净收入3 000~4 000元。

【政策法规】2019年出台的政策文件有《关于配合做好2019年第一批生鲜乳质量安全抽检工作的通知》《关于调度拖欠奶款保障奶农合法权益的通知》《关于配合做好2019年第二批生鲜乳质量安全抽检工作的通知》《关于转发〈关于切实加强生鲜乳质量安全监管工作的通知〉的通知》《关于报送我市生鲜乳质量安全监管工作情况的通知》。

【质量监管】全市标准化奶站39个，机械化挤奶厅60多个。近年来，全市奶牛场设施设备不断提档升级，积极开展生鲜乳收购站标准化建设等活动，奶牛标准化饲养快速提高。加大对奶站的监管和抽查力度，奶农的法律责任意识得到了明显提高，生鲜乳生产、运输环节得到严密监控，确保了生鲜乳的质量和安全。

（德州市农业农村局，郭俊刚）

附表 1　山东省主要规模奶畜养殖场（小区）名录

县（市、区）	养殖场（小区）名称	养殖场	小区	设计存栏（头）	实际存栏（头）	成母畜存栏（头）	成母畜单产（t/年）	年总产量（t）	奶畜品种	是否参加DHI	是否应用TMR
济南市长清区	济南佳宝乳业有限公司第一牧场	√		3 000	3 000	1 600	10.21	16 336	荷斯坦、娟姗	√	√
济南市长清区	济南佳宝畜牧有限公司	√		3 000	3 000	1 600	10.50	16 800	荷斯坦	√	√
济南市济阳区	山东高速生物工程有限公司	√		1 500	1 750	800	9.00	7 200	荷斯坦	√	√
平阴县	济南优然牧业有限责任公司	√		10 000	9 396	4 938	9.50	61 700	荷斯坦	√	√
商河县	现代牧业（商河）有限公司	√		25 000	22 000	10 500	12.00	126 000	荷斯坦		
莱西市	青岛荷斯坦奶牛养殖有限公司	√		3 000	1 884	1 884	10.60	12 410	荷斯坦	√	√
高青县	山东得益乳业股份有限公司高青第三牧场	√		4 000	3 087	915	12.10	11 000	荷斯坦	√	√
高青县	山东得益二牧牧业有限责任公司	√		6 000	5 525	2 660	10.90	27 375	荷斯坦	√	√
高青县	山东得益一牧牧业有限责任公司	√		2 000	1 894	1 144	12.00	13 720	荷斯坦	√	√
枣庄市台儿庄区	山东祥和乳业有限责任公司奶牛养殖场	√		4 610	4 576	2 790	8.50	23 715	荷斯坦	√	√
东营市河口区	东营神州澳亚现代牧场有限公司新户分公司	√		14 000	12 481	6 549	12.80	81 235	荷斯坦	√	√
东营市河口区	东营仙河澳亚现代牧场有限公司	√		14 000	12 113	6 503	12.28	78 507	荷斯坦	√	√
东营市河口区	东营神州澳亚现代牧场有限公司	√		18 000	13 438	6 789	12.51	81 497	荷斯坦	√	√
东营市垦利区	山东华澳大地农牧业有限公司	√		10 000	7 763	1 690	11.00	18 590	荷斯坦	√	√
广饶县	东营市柏拉蒙奶牛繁育有限公司	√		2 000	1 650	950	9.50	8 030	荷斯坦	√	√
东营市黄三角农高区	东营澳亚现代牧场有限公司	√		8 000	7 871	6 270	12.00	74 109	荷斯坦	√	√
东营市黄三角农高区	山东大地乳业有限公司（含天驰牧业）	√		11 500	10 551	6 286	10.50	67 945	荷斯坦	√	√
烟台市牟平区	山东荷斯坦奶牛繁育中心有限公司	√		3 000	2 500	1 400	8.50	11 400	荷斯坦、弗莱维赫	√	√
龙口市	格润富德农牧科技股份有限公司	√		15 000	3 816	1 222	6.20	7 576	荷斯坦、弗莱维赫	√	√
莱阳市	山东唯品牧业有限公司	√		2 000	1 800	900	10.00	18 000	荷斯坦	√	√
寿光市	北京首农畜牧发展有限公司山东分公司	√		5 000	4 938	2 755	10.44	27 394	荷斯坦	√	√
临朐县	临朐县新荷奶牛养殖有限公司	√		2 215	1 860	860	12.50	10 750	荷斯坦	√	√
汶上县	现代牧业（汶上）有限公司	√		10 000	8 560	3 611	8.60	31 055	荷斯坦		√
梁山县	山东中汇奶牛养殖有限公司	√		5 000	2 826	1 421	10.95	9 547	荷斯坦		
泰安市岱岳区	泰安金兰奶牛养殖有限公司	√		1 800	1 800	1 050	9.00	5 500	荷斯坦	√	√
肥城市	肥城市牧和养殖有限公司	√		2 000	2 060	365	11.00	4 015	荷斯坦	√	√
肥城市	泰安澳亚现代牧场有限公司	√		12 000	10 133	5 728	13.00	74 464	荷斯坦	√	√
荣成市	山东恒大化工集团有限公司大疃奶牛养殖场	√		3 000	2 313	1 200	10.80	13 402	荷斯坦	√	√
日照市岚山区	日照鲜纯生态牧业有限公司	√		15 000	6 200	2 800	11.00	30 000	荷斯坦	√	√
日照市岚山区	日照市润生牧业有限公司	√		4 000	3 550	1 280	10.60	13 000	荷斯坦	√	√
临沂市兰山区	临沂市兰山区彦春奶牛养殖农民专业合作社	√		3 000	1 605	710	10.50	6 120	荷斯坦		√
兰陵县	临沂市诺干牧业有限责任公司	√		6 000	5 507	2 763	8.00	32 400	荷斯坦	√	√

（续）

县（市、区）	养殖场（小区）名称	养殖场	小区	设计存栏（头）	实际存栏（头）	成母畜存栏（头）	成母畜单产（t/年）	年总产量（t）	奶畜品种	是否参加DHI	是否应用TMR
禹城市	德州市维多利亚农牧有限公司	√		10 000	11 212	6 206	11.50	62 544	荷斯坦	√	√
禹城市	山东视界牧业有限公司	√		12 000	6 650	3 200	11.60	3 500	荷斯坦	√	√
乐陵市	乐陵市金亿奶牛养殖专业合作社	√		3 000	2 215	1 577	7.50	10 188	荷斯坦	√	√
乐陵市	嘉立荷（山东）牧业有限公司	√		14 500	10 881	5 814	9.40	53 423	荷斯坦	√	√
齐河县	醇源牧场有限公司	√		10 000	3 953	885	9.90	11 184	荷斯坦		√
齐河县	醇源牧场有限公司潘店站	√		10 000	5 933	3 020	9.70	31 255	荷斯坦		√
德州市陵城区	德州光明生态示范奶牛养殖有限公司	√		3 000	2 950	1 620	11.00	17 933	荷斯坦	√	√
临清市	临清乳泰牧业	√		5 000	3 450	1 250	11.80	14 750	荷斯坦	√	√
临清市	山东聊城东林牧业有限公司	√		3 000	1 950	900	11.00	9 855	荷斯坦	√	√
临清市	临清市天逸养殖有限公司	√		1 500	1 500	540	11.11	6 000	荷斯坦		√
曹县	山东银香伟业集团有限公司第二牧场	√		15 000	8 481	4 290	9.80	42 000	荷斯坦	√	√
曹县	山东银香伟业集团有限公司第三牧场	√		15 000	8 945	4 370	9.50	41 500	荷斯坦	√	√
曹县	山东银香伟业集团有限公司赵楼牧场	√		10 000	4 350	2 390	10.00	23 900	荷斯坦、娟姗	√	√

备注：请在养殖场或小区列中选择打勾；如参加 DHI 或应用 TMR，请在相应表格中打勾。

附表 2 山东省主要乳制品生产企业名录

县名（市、区）	企业名称	许可证号码	年收购原奶量（t）	平均支付价格（元/kg）	其中：自有奶源量（t）	年乳制品产量（t）	其中：巴氏杀菌乳（t）	UHT 奶（t）	酸奶（t）	奶粉（t）	婴幼儿配方奶粉（t）	奶油（t）	奶酪（t）	乳饮料（t）	整体设计加工能力（t/年）	产品销售区域	年销售收入（万元）	利润（万元）
长清区	济南佳宝乳业有限公司	SC10537011300356	305 800	3.90	123 200	331 200	106 000	51 760	151 740	0	0	0	0	21 700	600 000	山东及周边省市	281 000	20 700
历城区	山东兴牛乳业有限公司	SC10537011200763	6 500	3.60		6 300	4 200		2 100						18 000	济南及周边	6 000	600
济阳区	山东高速生物工程有限公司	鲁 370125（2018）013	7 000	3.50	7 000	7 000	7 000	0	0	0	0	0	0	0	7 500	济南	10 000	1 000
济阳区	山东熊猫乳品有限公司	SC10537012500657	3 600	4.00	0	12 200	0	300	0	0	0	500	800	800	60 000	全国	22 000	1 600
济阳区	山东旺旺食品有限公司	SC10637012509637	40 000	3.80		9 497	0	9 497	0	0	0	0	0	0	102 900	全国	28 368	1 800
平阴县	济南伊利乳业有限责任公司	913701247806130000	247 300	4.07	173 300	293 000	236 000	235 700	450			249		25 624	331 900	全国	191 500	9 150
城阳区	青岛迎春乐食品有限公司	SC10637021400299	20 500	3.80	2 000	21 500	5 200	6 400	8 400	0	0	0	0	1 500	120 000	全国	22 300	1 100
胶州市	青岛新希望琴牌乳业有限公司	SC10637028100848	62 000	4.06	500	56 000	17 000	16 000	23 000	0	0	0	0	0	200	山东	54 000	2 500
莱西市	青岛雀巢有限公司	SC10637028510660	224 188	3.71	0	182 021		59 106							300 000	中国	300 081	33 183
淄博市高新区	山东得益乳业股份有限公司	SC10637039913023	204 783	3.84	88 667		79 876	8 146	121 977	0	0	0	102	4 252	350	山东、山西、河北、江苏、安徽等	109 726	6 737
广饶县	东营安和乳业有限公司	鲁 370523(2019)005	41 238	3.74	0	5 243	0	0	0	5 243	0		0	0	20 000	河北、山东、杭州、上海	10 000	100
福山区	烟台益生源乳业有限公司	SC10537061100297	4 500	4.25	4 500	4 500	4 000		500						58 400	烟台五区	4 100	445
莱阳市	山东绿源唯品乳业有限公司	SC10537068200750	6 570	4.90	6 570	6 570		6 570							7 300	烟台、青岛、威海	21 440	1 591

（续）

县名（市、区）	企业名称	许可证号码	年收购原奶量（t）	平均支付价格（元/kg）	其中：自有奶源量（t）	年乳制品产量（t）	其中：巴氏杀菌乳（t）	UHT 奶（t）	酸奶（t）	奶粉（t）	婴幼儿配方奶粉（t）	奶油（t）	奶酪（t）	乳饮料（t）	整体设计加工能力（t/年）	产品销售区域	年销售收入（万元）	利润（万元）
坊子区	山东三元乳业有限公司	SC10637070400024	29 336	4.03	0	34 142	0	23 226	10 916	0	0	0	0	2 911	100 000	全国	23 330	488
临朐县	潍坊伊利乳业有限责任公司	SC10537072408178		3.86	0					0	0	0	0		789 597	全国	330 652	21 511
临朐县	临朐乾福乳业有限公司	SC1053702400760	8 000		0	1 000	0	0	0	1 000	0	0	0	0	4 000	不销售只进行乳粉代加工	3 200	160
临朐县	山东万宝乳业有限公司	91370724782311865P	10 687		0	1 570	0	0	0	1 570	0	0	0	0	22 000	不销售只进行乳粉代加工	10 017	309
高新区	潍坊紫鸢乳业发展有限公司	SC10637079200045	28 105		0	28 800	10 440	11 520	5 760	0	0	0	0	360	100 000		20 733	1 955
高新区	蒙牛乳业泰安有限责任公司	SC11037090100044	254 405	3.70	0	248 400	0		0	0	0	0	0	0	584 000	山东及周边地区	196 924	14 148
泰山区	山东亚奥特乳业有限公司	SC10637090200327	57 000	3.70	34 200	60 955	11 000	31 855	14 600					3 500	100 000	省内	34 000	2 800
泰山区	泰安市金兰乳业有限公司	食品经营许可证JY23709020014937	0	0.00	1 095	1 095	438	0	657	0	0	0	0	0	3 000	本市	968	120
文登区	山东德正乳业股份有限公司大德奶牛场	SC10237108100056	13 627	3.40	1 460	7 600				7 600					10 000	全国	17 854	366
荣成市	威海嘉盛乳业有限公司	SC10637108209477	13 545	3.98	13 402	12 893	4 467	4 566	2 721	180				959		威海	10 504	1 399
莒县	山东百慧乳业股份有限公司	SC10937112201137	12 000	3.80	2 900	35 000	0	5 000	0	0	0	0	0	30 000	100 000	全国	16 876	1 400
山海天	日照宜生牧业有限公司	371102（2020）006	2 700	0.00	2 700	0	146	0	0	0	0	0	0	0	0	日照	1 180	138
沂水县	山东白羚乳业有限公司	91371323312925416G	281	7.00	15.45	280	0	277	3	0	0	0	0	0	9 000	全国	280	56
沂水县	沂水县御膳香乳业有限公司	SC10637132300202	2 252	5.43	863	2 194	0	1 900	180	0	0	0	0	114	4 000	全国	2 583	150
高新区	临沂格瑞食品有限公司	SC10537139800328	26 690	3.75	3 126	30 000	8 200	8 700	6 400	0	0	0	0	6 700	175 000	临沂及周边省市	23 949	1 915

（续）

县名（市、区）	企业名称	许可证号码	年收购原奶量（t）	平均支付价格（元/kg）	其中：自有奶源量（t）	年乳制品产量（t）	其中：巴氏杀菌乳（t）	UHT 奶（t）	酸奶（t）	奶粉（t）	婴幼儿配方奶粉（t）	奶油（t）	奶酪（t）	乳饮料（t）	整体设计加工能力（t/年）	产品销售区域	年销售收入（万元）	利润（万元）
禹城市	东君乳业（禹城）有限公司	SC10637148200546	6 000	3.50	6 000		1 404	565	3 693	0	0	0	0	73 040	260 000	全国	43 020	1 705
禹城市	山东君君乳酪有限公司	SC10537148200805	15 000	3.50	0	30 000	0	0	0	0	0	3 000		0	30 000	全国	8 171	395
德州经济区	光明乳业（德州）有限公司	SC10637140100137	90 411	3.96	13 446	83 116	0	42 095	35 391	0	0	0	0	5 631	150 000	全国	80 416	5 985
临清市	临清乳泰奶业有限公司	SC10637158100456	2 200	4.50	2 200	2 870	1 226	1 644	0	0	0	0	0	20	30 000	山东、河北	2 200	
邹平市	山东伊怡乳业有限公司	SC10537162600073	900	3.00	900	500	0	480	20	0	0	0	0	3 000	8 000	全国	650	100
曹县	山东银香大地乳业有限公司	SC10137172100079	35 000	4.00	35 000	50 000	10 000		5 000					35 000	100 000	江苏、山东、河南、安徽	17 482	1 555
单县	山东莱河乳业有限公司	SC10637172200419	2 920	3.60		3 200	1 700		1 500						73 000	菏泽市及周边	1 600	160
曹县	山东银香大地乳业有限公司	SC10137172100079	35 000	4.00	35 000	50 000	10 000		5 000					35 000	100 000	江苏、山东、河南、安徽	17 482	1 555
单县	山东莱河乳业有限公司	SC10637172200419	2 920	3.60		3 200	1 700		1 500						73 000	菏泽市及周边	1 600	160

附表 3　山东省乳制品市场消费情况调查表

市	县（市、区）	人均奶类占有量（kg/年）	人均乳制品消费量（kg/年）	人均乳制品消费支出（元/年）	商超									
					巴氏杀菌乳		UHT 奶		酸奶		婴幼儿配方奶粉		其他奶粉	
					主要品牌	价格（元/包）	主要品牌	价格（元/盒）	主要品牌	价格（元/盒）	主要品牌	价格（元/斤）	主要品牌	价格（元/斤）
济南市		28.5	47.6	340	蒙牛、伊利、佳宝、光明、君乐宝、飞鹤、得益	5.0	蒙牛、伊利	6.0	蒙牛、伊利、佳宝、光明、君乐宝、得益	7.5	美赞臣、飞鹤、君乐宝、完达山	160	惠氏、雀巢	200
青岛市	胶州市	50.0	40.0	400	蒙牛、伊利、新希望、现代牧业、佳宝、	3.5	蒙牛、伊利、新希望、现代牧业、佳宝、	6.0	蒙牛、伊利、新希望、佳宝、得益	8.0	圣元、雅士利、伊利、惠氏	150		
	平度市	22.5	12.5	84	君乐宝	4.0	蒙牛	3.5	君乐宝	6.0	飞鹤	400	雀巢	50
	平度市						伊利	3.5	蒙牛	6.0	完达山	198	伊利	40
	城阳区				迎春乐	3.0~12.0	迎春乐	2.6	素雪	4.0~6.0				
淄博市		37.0	19.0	280	得益	3.8	得益、伊利、蒙牛、光明	4.0	得益、君乐宝、蒙牛	5.0	惠氏、飞鹤、喜宝	220	伊利、圣元	110
枣庄市					祥和庄园纯牛奶(200mL)	3.0	祥和庄园纯牛奶(250mL)	2.8	蒙牛	2.5	飞鹤	140	雀巢	23
					祥和庄园酸牛奶(200mL)	3.0	祥和庄园三红族调制乳(250mL)	4.6	伊利	2.5	贝因美	180	飞鹤	30
					伊利	3.0	祥和庄园原味酸逸乳(250mL)	1.75	君乐宝	2.8	君乐宝	130	黑牛豆奶粉	30
					蒙牛	3.0	伊利	3.0					维维豆奶粉	28
东营市					佳宝	3.0	光明	2.4	伊利	1.4	雅培	110	合生元	58
		184.7			胜大纯牛奶	5.0	蒙牛	3.5	胜大酸奶	5.0	贝因美	223	雀巢	40
					奈高鲜奶	5.0	蒙牛特仑苏	6.0	伊利	13.0	伊利	175	伊利	95
					伊利（袋装）	1.8	伊利金典	6.0	得益	13.0	合生元	210	老广北	30~50
					蒙牛（袋装）	2.0	伊利（袋装）	2.0	蒙牛	13.0	味全	220		
					奈高（袋装）	2.6	佳宝（袋装）	1.8	奈高	5.0	君乐宝	280		
							奈高（盒装）	4.8	蒙牛纯甄	5.0	飞鹤	285		
烟台市		53.0	62.5		蒙牛现代牧场	9.9 元	蒙牛特仑苏	8.9	伊利畅轻	7.5	伊利金领冠（900g）	398	伊利中老年奶粉（400g）	92
					光明优倍	18.9 元	伊利舒化奶	3.9	蒙牛冠益乳	9.9	贝因美（900g）	335	伊利全脂奶粉(1000g)	69.9
					光明鲜牛奶	2.8 元	金典有机奶	4.1	伊利安慕希	6.8	完达山安力聪（900g）	358	雀巢孕产妇奶粉（350g）	119
					绿源唯品	26.9 元	伊利纯牛奶	3.5	光明畅优	6.9	完达山金元乳（400g）	108	雀巢中老年奶粉（400g）	58
					益生源牛奶	3.5 元	蒙牛纯牛奶	3.3	光明健能	10.5			飞鹤中老年多维奶粉（400g）	55

（续）

市	县（市、区）	人均奶类占有量（kg/年）	人均乳制品消费量（kg/年）	人均乳制品消费支出（元/年）	商超									
					巴氏杀菌乳		UHT 奶		酸奶		婴幼儿配方奶粉		其他奶粉	
					主要品牌	价格（元/包）	主要品牌	价格（元/盒）	主要品牌	价格（元/盒）	主要品牌	价格（元/斤）	主要品牌	价格（元/斤）
潍坊市	寒亭区	30.0	20.0	200	无	无	伊利	5	得益	5.8	飞鹤	260	伊利	260
	高密市	8.1			新希望琴牌	2.4	蒙牛	2.4	君乐宝	6.6	飞鹤	190	贝因美	120
	昌乐县	50.0	20.0	60	得益、伊利	2.7	得益、伊利	2.4	安慕希	4.5	飞鹤	195	伊利	38
	安丘市				合力牧场、得益、紫鸢	4.0	蒙牛、伊利、三元	5.0	合力牧场、蒙牛、伊利、君乐宝	5.0	惠氏、贝因美、美赞臣、雀巢、飞鹤、君乐宝	180元左右/斤	蒙牛、伊利、雀巢	40
	临朐县	25.0	35.0	100			蒙牛	5.4	蒙牛	8.0	伊利	96~127	伊利	40~50
	临朐县						伊利	4.8	伊利	7.3	飞鹤	132~204		
	临朐县								君乐宝	6.2	圣元	110~138		
济宁市		23.4	17.3	133	光明、蒙牛、伊利、三元、得益	3.0~4.0	光明、蒙牛、伊利、三元、得益、	2.0~3.5	蒙牛、伊利、三元、君乐宝、光明、归一	3.0~5.0	伊利金领冠、蒙牛瑞哺恩、飞鹤	70~200	贝因美孕妇奶粉、雀巢孕妇奶粉、伊利中老年奶粉、雀巢、德运、雅士利	50~100
泰安市					亚奥特	2.5	亚奥特	3.5	亚奥特老酸奶	2.5	贝因美金装三段（900g）	368	伊利老年奶粉（800g）	109
					蒙牛（每日鲜语250mL）	9.9	佳宝（优冠）	5.4	得益老酸奶	4.5	飞鹤三段（700g）	308	雀巢学生奶粉（400g）	54
							君乐宝（180mL）	3.0	三元老酸奶	4.5	蒙牛三段（800g）	198		
威海市	文登区	113.8	37.6		鹏程、嘉盛	3.0	伊利、蒙牛	2.5	伊利、蒙牛	1.9	飞鹤	126		
	荣成市				嘉盛	2.5	嘉盛	1.6	嘉盛	2.6				
	乳山市	150.0	24.0	750	嘉盛	2.5	蒙牛	4.5	伊利	3.0	贝因美	200	完达山	150
	临港区	12.0	15.0	150	鹏程	2.5	鹏程	1.5	鹏程	3.0	伊利	200		
日照市		0.1	0.1	1 000	完达山纯牛奶	3.1	特仑苏纯牛奶	4.9	君乐宝风味酸牛奶	2.5	合生元派星婴幼儿配方奶粉1段（2段、3段）	210		
					佳宝纯牛奶	2.5	蒙牛纯牛奶	2.7	伊利原味风味发酵乳（8瓶装）	8.9	金领冠珍护婴幼儿配方奶粉1段（2段、3段）	221		

（续）

市	县（市、区）	人均奶类占有量（kg/年）	人均乳制品消费量（kg/年）	人均乳制品消费支出（元/年）	商超									
					巴氏杀菌乳		UHT 奶		酸奶		婴幼儿配方奶粉		其他奶粉	
					主要品牌	价格（元/包）	主要品牌	价格（元/盒）	主要品牌	价格（元/盒）	主要品牌	价格（元/斤）	主要品牌	价格（元/斤）
日照市					蒙牛鲜牛奶	3.3	伊利鲜牛奶	2.7	蒙牛风味酸牛奶原味（8瓶装）	8.9				
		40.0		500	得益	2.8	蒙牛	3.5	开菲尔	4.3	飞鹤	270	伊利	150
德州市					伊利、蒙牛	2.0	特仑苏	4.2	安幕希	4.2	美赞臣	200	德运、雀巢、金可澳	180
					视界牧业	2.2	金典	4.2	光明、莫斯利安	5.0	启赋	350		
		70.0	23.0	280							雀巢、千喜鹤、雅士利、贝因美、飞鹤	100~500		
		13.6	26.0	360	蒙牛	3.0	伊利	3.0	佳宝	4.0	美赞臣	150	贝因美	150
聊城市					伊利	3.0			伊利	6.0	惠氏	135	雅培	135
		75.0	23.0	300					蒙牛、君乐宝	2.5	贝因美、飞鹤、雅士利、雀巢、爱他美	150~500		
滨州市		50.0	43.0	180	得益、佳宝、伊利、蒙牛	2.6	得益、佳宝、伊利、蒙牛	4.6	得益、佳宝、伊利、蒙牛	3.5	飞鹤、伊利、惠氏	150	飞鹤、雀巢、德运	50
		23.0	20.0	180	归一	3.0	蒙牛特仑苏	6.5	伊利安慕希	6.0	飞鹤	139	伊利中老年奶粉	44
菏泽市							伊利金典	6.5	光明莫斯利安	5.5	贝因美	109	雀巢学生奶粉	67
							光明优倍	6.0	归一	3.0	美赞臣	118		
							归一	5.0						

备注：巴氏杀菌乳、UHT 奶按照每盒约 225mL，酸奶根据品牌。

河南省

【奶畜养殖】优质奶源基地建设步伐加快。充分发挥河南省肉牛奶牛产业发展专项资金政策拉动作用，2019年新建奶牛场11个，新增畜位达28 000个以上。支持伊利、蒙牛、首农等全国大型乳制品企业在豫自建联建大型优质奶源基地，成效显著，兰考首农第一个万头牧场已经投产，第二个万头牧场基本建成；宝丰县优然牧业1.2万头牧场已经投产；焦作蒙牛兴豫源0.6万头牧场已开工。支持本土企业河南花花牛乳业集团股份有限公司（以下简称花花牛）继续扩建奶源基地，叶县瑞亚、扶沟瑞亚2个0.5万头新建场均已开工，自有奶源基地建设达到13个。实施高产奶牛核心群组建项目。对新出生符合条件的良种母犊每头补贴800元，全年繁育符合条件的高产新生母犊牛3.15万头，加快了高产奶牛扩群。持续开展奶牛单产提升行动。2019年参加奶牛生产性能测定8万头、奶牛品种登记18万头；参测牛只平均日单产达到29.48kg，305天产奶量8.69t，平均脂肪率4.03%，蛋白率3.33%，平均体细胞数23.01万个/mL。实施测料养牛项目，完善本省粗饲料数据库模型，在郑州市等6个市120多个奶牛养殖场采样、分析、完善数据库，并利用分析测定数据指导养殖场优化日粮配方，实施精准饲喂、精细饲养。奶业新业态发展，全省国家级休闲观光牧场新增1个，达到4个，位居全国第二，成为奶业新的经济增长点。嵩县羊妙妙牧场存栏奶山羊3 000只，立足资源优势积极开拓鲜羊奶、酸羊奶市场，开发特色羊乳制品，面向全国推广。

【乳制品加工】伊利、蒙牛、光明、君乐宝、三元等乳制品加工企业积极在豫扩大规模、延长链条，布局奶源基地，其中焦作蒙牛百亿产业园区40万t加工项目已完成总投资的66.6%。花花牛6月顺利通过国家奶业科技创新联盟优质乳工程验收；三色鸽、三剑客、博农等区域性乳制品企业立足当地辐射周边，在全省奶业振兴中发挥了积极作用。

【奶农组织】河南省奶业协会探索开展生鲜乳收购价格公示制度。对在河南省范围内收购生鲜乳的济源伊利、焦作蒙牛、郑州花花牛、正阳君乐宝等13家乳制品加工企业生鲜乳收购价格进行了随机跟踪采集，经多方认定后予以公示。针对个别乳制品企业出现的长期拖欠奶款现象，2019年上半年省奶业协会到商丘市民权县、虞城县开展调研，了解情况，督促解决拖欠奶款问题，协调解决矛盾。下半年，针对奶源紧缺，部分地区出现争抢奶源现象，组织帮助乳制品企业协调奶源，稳定生鲜乳收购合同。2019年3月11—21日，省奶业协会组织会员16人考察以色列奶业。先后参观考察了家庭牧场、合作社牧场、饲料配送中心和阿菲金公司，听取了有关专家情况介绍，进行了深入广泛的交流。9月6日，在全国农业博览会期间，组织会员参加中国—以色列奶业技术交流合作会议。6月，省奶业协会联合省养羊协会、省畜牧工程协会举办2019中国（中部）反刍动物产业发展高峰论坛。从宏观政策、法律法规解读、行业生产技术、经营管理及其应对策略，进行交流探讨。来自河南、陕西、河北、山东、江苏等省的知名专家和牧场一线从业者及供应商300余人参会。9月，省奶业协会在《河南日报》《大河报》等省内主流媒体刊登了《让学生喝上优质安全健康奶》纪实宣传文章，对学生饮用奶推广工作进行了正面宣传。河南省共有定点加工企业10家、奶源基地28个。10月，在河南省第31届畜牧业交易博览会期间，省奶业协会联合省家禽业协会、省养猪行业协会、省养羊行业协会等组织评选，授予汝州亿鑫源牧业有限公司等15家企业为“2019年度河南省畜牧行业高质量发展典范企业”；河南花花牛乳业集团股份有限公司等11家企业为“2019年度河南省畜牧行业最具影响力品牌企业”；河南花花牛农牧科技、郑州阳恒牧业、郑州昌明、洛阳生生、河南盛全等8个奶牛养殖牧场为2019年度“美丽牧场”荣誉称号。

省奶业协会围绕“优质、安全、绿色、发展”的目标，以推进优质奶源基地建设、保障乳制品质量安全、加强乳制品消费引导等任务为主题，开展“鲜动中原”2019年奶业系列宣讲活动。6月在郑州河南盛全观光牧场举办以“鲜奶溢香飘四季 绿色牧场溯源头”为主题的直播活动；7月在蒙牛乳业（焦作）有限公司举办以“鲜奶溢香飘四季 严选加工保质量”为主题的直播活动；9月在郑州演播厅举办以“鲜奶溢香飘四季、快捷配送铸品牌”为主题的直播活动。每次的直播活动内容发至以“河南奶业”公众号、凤凰、大象、今日头条、新浪微博为主的多家新媒体平台，让更多的消费者了解牛奶。

【政策法规】持续实施支持肉牛奶牛产业发展政策。安排资金6 087万元，支持新建畜位300头以上的奶牛标准化规模养殖场项目建设11个，每个畜位按不超过2 000元予以奖补；对奶牛规模养殖场开办现制现售生鲜乳乳饮品店等给予补助、对创建休闲观光牧场给予奖补。

安排省级奶业发展专项资金5 340万元，完成奶牛生产性能测定4万头，购置奶牛生产性能测定设备2套，奶牛品种登记18万头和奶牛生物育种全基因组测序1 600头，符合条件的新生奶牛犊牛3.15万头，在5个省辖市开展生鲜乳第三方检测试点，完善生鲜乳质量安全信息化追溯体系，开展奶业公益宣传，在河南电视台连续播出公益广告，在《河南日报》《大河报》分别开辟“健康中原——牛奶伴您行”公益宣传专栏；组织有奖答题活动，通过省奶业协会、豫直播平台等开展奶业知识宣传。

承担农业农村部奶牛家庭牧场升级改造项目，中央财政安排河南省资金2 000万元，完成108个奶牛家庭牧场（中小牧场）的升级改造。

承担农业农村部振兴奶业苜蓿发展行动项目。

中央财政安排河南省建设高产优质苜蓿示范片区 2 666.67hm²、资金 2 400 万元。根据中央及河南省有关扶贫精神，其中 390 万元由国定贫困县卢氏县、嵩县、淅川县、台前县整合使用；国定贫困县兰考县和宜阳县完成建设任务 2 066.67 万 hm²，补贴资金 1 860 万元；非贫困县济源市和新安县完成建设任务 166.67 万 hm²，补贴资金 150 万元。

实施国家粮改饲试点项目，全省 69 个试点县完成粮改饲面积 7.2 万 hm²，完成农业农村部下达目标任务 6.6 万 hm² 的 109%，示范带动全省饲料作物种植面积 18.67 万 hm²。

【质量监管】全面落实部、省级生鲜乳监测计划，全年完成生鲜乳抽检 4 184 批次，实现国家和省级对生鲜乳收购站抽检全覆盖，检测合格率 99.9%。生鲜乳第三方检测试点在 5 个省辖市开展，涉及的生鲜乳收购站占全省 50% 以上，共抽检生鲜乳 4 694 批次。生鲜乳质量安全信息化追溯体系与省畜牧业综合信息平台实现对接，生鲜乳电子交接系统项目建设有序推进。

【奶业大事】2019 年 5 月 24—26 日，河南省畜牧总站、省奶业协会、省奶牛生产性能测定中心联合在鹤壁市举办了 2019 年全省奶牛品种登记技术培训班。总结全省奶牛品种登记工作开展情况，提出下一步要求；围绕奶牛品种登记数据分析与利用、体型外貌评定和数据采集及软件操作、奶牛体型外貌评定等进行了培训，现场考核，合格者颁发结业证书；表彰了 44 个先进个人、49 个先进牧场和 4 个先进市站。

2019 年 6 月 5 日，河南省畜牧局印发《2019 年粮改饲试点项目工作实施方案》(豫牧〔2019〕21 号)，支持规模化草食家畜养殖场（企业、合作社）或专业青贮饲料收购企业（合作社）等，大力推进粮改饲试点县调整玉米种植结构，扩大青贮玉米等饲草料种植面积、增加收储量，基本实现奶牛规模场青贮玉米全覆盖。

2019 年 6 月 21 日，花花牛顺利通过国家奶业科技创新联盟优质乳工程专家团队的优质乳工程现场验收，成为河南首家、全国第 28 家通过验收的企业。

2019 年 7 月 19 日，河南省农业农村厅联合省市场监督管理局印发《关于稳定生鲜乳购销秩序加强乳品质量安全监管的通知》（豫农办〔2019〕47 号），就稳定生鲜乳购销秩序加强乳制品质量安全监管提出明确要求，维护奶业持续健康发展的环境，营造河南奶业振兴的良好氛围。

2019 年 8 月 26 日，河南省农业农村厅印发《2019 年河南省支持肉牛奶牛产业发展资金项目实施方案》(豫农办〔2019〕60 号)，支持实施肉牛奶牛标准化规模场建设、奶业新业态发展、进口优质奶牛和肉牛奶牛胚胎补贴等项目。

2019 年 9 月 10 日，省农业农村厅、省财政厅、省扶贫开发办公室联合印发《河南省黄河滩区草业带建设实施方案》(豫农办〔2019〕65 号)，提出到 2020 年，9 个重点县（区）种植饲草达到 6 666.67hm²，其中全株青贮玉米 2 666.67hm²，紫花苜蓿 2 000hm²，饲用构树及其他优质牧草 2 000hm²，重点搞好试点示范。到 2023 年，9 个重点县（区）各建设一个 333.33~666.67hm² 集中片的优质牧草产业园，示范带动黄河滩区种植饲草达到 2 万 hm²，其中全株青贮玉米 1 万 hm²，紫花苜蓿 6 666.67hm²，饲用构树及其他优质牧草 3 333.33hm²。到 2025 年，整个黄河滩区种植优质饲草达到 6.67 万 hm²，其中全株青贮玉米 3.33 万 hm²，紫花苜蓿 2 万 hm²，饲用构树及其他优质牧草 1.33 万 hm²，把黄河滩区优质草业带建设成为全国重要的现代化优质牧草生产加工基地和草业科技创新基地。

2019 年 9 月 11 日，河南省政府召开黄河滩区优质草业带建设工作推进会。副省长武国定出席会议并讲话。会议提出，要坚持科学推进、坚持“四化”发展方向、坚持“政府主导、企业主体，政策引领、示范带动，产销对接、融合发展”，高起点高标准建设草业生产基地。

2019 年 12 月 6 日，中荷奶业发展论坛在郑州举行，副省长武国定出席并致辞，省农业农村厅副厅长王承启作主旨报告。该论坛首次在京外举办，是中荷两国奶业交流合作的一次盛事，也是河南奶业发展进程中的一件喜事，给河南奶业发展带来新的理念、新的机遇、新的空间。

（河南省畜牧局奶业管理办公室，宋洛文）

郑州市

【奶畜养殖】截至 2019 年年底，全市奶牛存栏 15 985 头，其中 100 头以上企业 22 家，存栏 15 036 头（其中产奶牛 7 882 头，日产奶 177t，年产奶 64 605t），100 头以下 47 家（户），存栏 949 头（其中产奶牛 291 头，日产奶 6.4t）。分布在中牟县、荥阳市、新郑市等县（市）。主要呈现以下特点：

规模化养殖程度进一步提高。应对奶业形势严重下滑的局面，积极开展奶牛养殖场（小区）转型升级行动，通过淘汰低产奶牛、小区牧场化转型、规模场技术托管等措施，2019 年年底牧场化率达到 94.5%。

机械化生产水平明显增强。规模场和养殖小区机械化挤奶率 100%；95% 以上牧场配备了全混合日粮（TMR）搅拌车；大型青贮收割机、自动清粪、自动饮水等设施设备和技术相继应用于奶业生产，奶业规模化、标准化、机械化水平均居全省前列。

奶牛单产水平明显提升。通过严格选育、全方位开展奶牛单产提升行动，机械化、智能化、信息化和关键生产技术的加快推广应用，奶牛科学分群和精细化管理，取得明显效果，规模奶牛养殖场平均单产水平已达到 8.2t 以上，高产奶牛的比例逐渐增加，牛群结构更趋合理，生产力水平逐年提升。

生鲜乳品质和质量安全水平达历史高点。据2019年生鲜乳第三方检测数据报告，生鲜乳中乳蛋白和乳脂肪率分别平均达到3.2%和4.5%以上，生鲜乳品质明显提高，远超国家标准；截至2019年年底年度抽检生鲜乳476批次，其中日常检测401批次、比对检测75批次，没有发现不合格项目。生鲜乳质量安全水平明显提升。

积极发展美丽牧场，培育发展观光奶业。2019年出台了美丽牧场建设实施方案，积极发展美丽牧场，引导发展观光产业。荥阳市昌明科技有限公司奶牛科普乐园列为"亲子互动"典型模式向全国推介以来，吸引了大批游客，成为奶业宣传及科普教育基地和第一个畜牧业对大众开放的窗口。每年接待儿童及家长3万余人次，既宣传了奶牛科普知识，又带动了牛奶消费。

【乳制品加工】全市有河南花花牛乳业集团股份有限公司、郑州光明乳业有限公司等5家乳制品加工企业，年设计加工能力60.01万t，2019年总产量20万t（较2018年增加2.21万t），2019年总产值19.46亿元，（较2018年增加1.26亿元）。

【市场消费】通过对丹尼斯、大商新玛特、世纪联华等超市乳制品销售情况进行调查，其销售乳制品种类及价格如下：

纯牛奶、酸奶类。市场上销售的纯牛奶和酸奶主要来自河南花花牛乳业集团股份有限公司、伊利乳业公司、蒙牛乳业有限公司等。

花花牛益生菌发酵乳180g×12袋，批发价格：38.00元。

花花牛炭烧酸奶160g×15袋，批发价格：29.00元。

花花牛领畅酸奶250g×8瓶，批发价格：40.00元。

花花牛瑞亚牧场纯牛奶210mL×12盒，批发价格：31.00元。

伊利纯牛奶（礼盒装）常温营养儿童奶250mL×20盒，批发价格：62.00元。

伊利早餐奶小白袋180mL×12袋，批发价格：29.00元。

伊利金典纯牛奶250mL×12盒，批发价格：48.00元。

蒙牛纯牛奶无菌砖250mL×16盒，批发价格：42.00元。

婴幼儿配方奶粉类。销售的产品主要有：飞鹤、伊利、君乐宝等品牌。

飞鹤星飞帆1段（0~6月龄）婴儿配方奶粉，700g，245元/桶；2段（6~12月龄）较大婴儿配方奶粉，700g，230元/桶；3段（12~36月龄）幼儿配方奶粉，700g，225元/桶。

伊利金装A+B 1段婴儿配方奶粉900g，102元/桶；金装A+B 2段较大婴儿配方奶粉900g，102元/桶；金装A+B 3段幼儿配方奶粉900g，101元/桶。

君乐宝乐铂1/2/3段800g，130元/桶；恬适1/2/3段800g，147元/桶；至臻1/2/3段800g，137元/桶。

【奶源基地】据统计，2019年全市存栏100头以上规模奶牛养殖场（小区）22个，其中存栏1 000头以上奶牛养殖场4个，占规模奶牛场总数的18%；500~999头奶牛养殖场（小区）5个，占规模奶牛养殖场总数的23%；300~499头奶牛养殖场（小区）5个，占规模奶牛养殖场总数的23%；200~299头奶牛养殖场（小区）6个，占规模奶牛养殖场总数的27%；100~199头奶牛养殖场（小区）2个，占规模奶牛养殖场总数的1%。

人工牧草种植面积达800hm^2，其中苜蓿种植面积600hm^2。青贮技术得到广泛应用，全株青贮玉米种植面积4 133.33hm^2，年青贮量达到25.13万t，其中全株玉米青贮15.13万t。19个奶牛养殖场参加河南省奶牛生产性能测定，参测奶牛头数达到8 319头。奶牛养殖场粪污处理方面，大部分规模奶牛养殖场采用雨水、粪污水分离，粪污水采用三级沉淀池分离，定期抽取沉淀液；牛舍采用人工干清粪或刮粪板清粪，并集中到储粪场发酵处理。

2019年利用省肉牛奶牛产业发展专项资金项目，投入143万元，对8个家庭牧场进行了升级改造。

最大的乳制品加工企业是河南花花牛乳业集团股份有限公司。该公司有3个乳制品加工基地，日加工乳制品能力达1 300t，产品涵盖低温酸奶、低温牛奶、常温酸奶、常温牛奶、乳饮料五大类百余个品种，其中低温奶达到75%。公司依托传统零售、现代商超、送奶入户、电商等多种渠道，形成覆盖河南全省并逐步布局全国市场的销售网络。近年来，花花牛连年进入中国奶业20强，加入"中荷奶业发展中心"，成为河南首家顺利通过"国家优质乳工程"验收企业。花花牛走"新鲜"的道路，推出了优质巴氏杀菌乳产品，采用国际最先进的低温杀菌工艺，保留牛奶的乳铁蛋白、免疫球蛋白等活性物质，满足消费者对新鲜营养的追求。

2019年花花牛年均收购价格为3.95元/kg。收购标准高于国家标准，尤其是有致癌率高的黄曲霉素M_1、反映牛体健康的体细胞等指标，通过严于国标的企业标准，保障乳制品质量安全。主要验收关键指标是乳脂肪含量≥3.4%、蛋白质含量≥3.00%、体细胞数<70万个/mL（大于50万考核）、黄曲霉素M_1（mg/kg）≤0.3、各类兽药农残不得检出等。

奶牛的饲养成本包括饲料成本、饲养成本、人工场地、水电气、设备折旧等，成母牛平均1年净利润3 000~5 000元/头，200头奶牛养殖场一年能有30万~40万元的利润。

【奶农组织】郑州市奶业协会会长单位为河南省奶牛生产性能测定中心，现有会员单位65个，会员95人。2019年，协会参与承办"一带一路"奶牛肉牛性能测定国际论坛，加深本省畜牧企业与国际的合作交流，更进一步地促进国内外资源和技术的优势互补，参加会议人数220人。

【质量监管】全市有生鲜乳收购站17个，其中奶牛养殖场开办的奶站15个，奶牛养殖合作社开办的奶站2个，规模养殖场（小区）机械化挤奶率达到100%。正常运营的生鲜乳运输车有9辆，其中生鲜乳收购站自有运输车4辆，租用运输车4辆，其他车1辆。2019年生鲜乳质量安全监管主要工作如下。

加强奶站日常管理。以县（市、区）畜牧主管部门为主体，加强主体责任。坚持每月认真上报奶业数据，并及时上传；加强对奶站车辆及辖区内生鲜乳运输车辆的监管；开展定期不定期抽样监测；规范各项记录等。

积极配合上级抽检工作。6月农业农村部到本市进行生鲜乳质量安全飞检。对17个奶站及3家乳制品企业运输车辆进行了监测。7月、8月农业农村部又分2次对部分奶站和运输车辆进行了抽样监测，2次共抽检样品113份。

以抽检为契机，以抽检促督促查。发现问题及时解决问题。

开展生鲜乳质量安全管理培训。10月，举办了2019年全市奶业生产与生鲜乳质量安全监管培训班。对各县（市、区）分管奶业工作的领导、具体负责同志，畜牧技术推广站站长，全市17个奶站负责人，有关乳制品企业代表等70余人进行培训。分析生产形势，交流生鲜乳质量安全监管工作经验，积极推进生态观光牧场建设。

2019年，全市共出动执法人员355人次，检查奶站129站次，检查运输车辆36车次，指导3次，集中培训1次，培训人员74人次，有力地推动了生鲜乳专项整治行动各项工作的开展。

继续开展生鲜乳第三方检测试点工作。

该项目总投资50万元，从2019年9月25日开始到2020年9月24日结束，周期1年。计划抽检2 477批次，主要检测两大项（日常理化和药残、添加物）12个小项（脂肪、蛋白、乳糖、总固体、体细胞、冰点、β－内酰胺类、三聚氰胺、四环素类、喹诺酮类、头孢氨苄、黄曲霉素 M_1），其中日常检测12个小项，对比检测8个小项（蛋白、体细胞、β－内酰胺类、三聚氰胺、四环素类、喹诺酮类、头孢氨苄、黄曲霉素 M_1）。

截至2019年年底，共计完成抽样检测476批次，其中日常检测401批次、比对检测75批次，没有发现不合格项目。

综合结果分析，可以看出衡量生鲜乳质量的主要指标蛋白质、脂肪等全部合格，最高的超出合格比例100多个百分点，说明生鲜乳质量在逐步提升，优产优质的意识已深入养殖户心中，必将进一步促进优质优价机制的形成。

（郑州市农委畜牧管理处，曹杨军、李长城）

洛阳市

【奶畜养殖】奶牛养殖现状。受多种因素影响，2019年洛阳市奶牛存栏3.13万头，同比减少13%，奶类总产量16.32万t，同比增长2.1%，其中牛奶产量15.7万t，同比增长1.7%。全市以养殖中国荷斯坦牛为主，占99.4%，只有洛阳生生乳业饲养了200头乳肉兼用的西门塔尔牛。据调查，全市奶牛日均单产最高可达37.5kg，年均最高单产可达12t。全市奶牛平均单产7.83t，单产达10t以上的养殖场共6个，占总数的20%，其中洛阳爱荷牧业作为单产最高的养殖场，体细胞数平均可达16.5万个/mL。2019年河南省奶牛品种登记优秀牧场评比中，爱荷牧业和隆鑫奶牛养殖场年均305天产奶量分获第一和第三名，分别达到10 943kg和10 693kg。

奶站经营管理情况。2019年继续进行小区转牧场行动，申报家庭牧场升级改造项目15个，涉及洛宁县、孟津县、嵩县、宜阳县、伊滨区、偃师市和高新区7个县（市、区），平均每个项目补助17.9万元，主要用于对挤奶、防疫、化验检验等设施设备及牧场管理进行信息化改造。牧场化率80.6%，相较2018年提高了6.6%。截至2019年年底全市共有30个生鲜乳收购站，生鲜乳交售去向多样化，本地的有洛阳科迪巨尔、洛阳阿新奶业、洛阳生生奶业，外销的有焦作蒙牛、济源伊利、安徽新希望、郑州花花牛、焦作博农、灵宝阿木斯、正阳君乐宝等企业。

技术力量情况。一是搞好奶牛生产性能测定（DHI）。参测奶牛养殖场30个，平均单产提升101.4kg，其中14个参测奶牛养殖场平均乳脂率3.45%，乳蛋白率3.32%，体细胞数下降到30万个/mL以下，实现了良好的发展趋势。二是抓好良种繁育体系建设。积极引进高产奶牛冻精和优质奶公牛，加快中低产奶牛的改良。三是扎实开展奶牛品种登记工作。将奶牛品种登记与DHI测定结果相结合，指导企业不断改善饲养管理方式。全市奶牛养殖场（小区）技术人员配备率达到90%以上，为奶牛精细化管理奠定了良好基础。

青贮工作完成情况。2019年偃师市、孟津县、伊川县、洛宁县和嵩县5个县（市）实施了粮改饲项目，全市新增青贮池面积4.4万 m^3，青贮池总面积达208.35万 m^3；2019年玉米去籽青贮总量为95.54万t，玉米全株青贮29.08万t，花生秧饲料化利用5.23万t，其他秸秆利用5.08万t。加上2019年洛阳市麦秸饲料化利用数量为9.40万t，2019年洛阳市的秸秆利用总量达到144.33万t。

【质量监管】截至2019年年底洛阳市共有生鲜乳收购站30个，生鲜乳运输车15辆，生鲜乳收购许可证和生鲜乳运输车辆准运证核发合格率100%。

严格落实生鲜乳质量安全监管责任。按照属地管理原则，对全市30个生鲜乳收购站进行分类监管，明确县、乡镇监管责任人及养殖场和生鲜乳收购站负责人负总责的监管体系；细化任务分工，在养殖场和生鲜乳收购站显著位置公示监管责任人职责及举报电话，对30个生鲜乳收购站张贴生鲜乳收购站责任明示牌，发放生鲜乳质量安全生产告知书，签订生鲜乳质量安全承诺书。

依法规范生鲜乳收购运输许可。为消除生鲜乳质量安全隐患，把好生鲜乳运输车辆关，要求许可证到期前15天必须进行申请，并由专人对申请资料和现场进行验收，对于符合发证要求的，在生鲜乳收购站运输车监督管理系统中填写信息，并在线出证，对不符合要求的，责令整改，合格后才予以发证。

在日常监管中，严格按照生鲜乳车辆办理审核条件逐一核实检查：查看持证人健康证是否过期、车辆设施是否完善，合格者办理《生鲜乳车辆运输许可证》，对车辆经常通过定位视频设备，不定期对进、出奶口进行远程监控。全年没有发现无证收购运输生鲜乳和改变运输范围等问题，也没有发现倒买倒卖不合格生鲜乳、无证收购运输、非法添加违禁物质等违法行为。没有向未经工商登记的乳制品生产企业、奶畜养殖场、奶农专业合作社之外的单位和个人发放收购许可证；没有出现监管“真空”；现有生鲜乳运输车均由所在地县级畜牧主管部门核发生鲜乳运输车准运证明，并依法履行监管职责。

实施生鲜乳质量安全信息化追溯体系建设项目。根据《河南省生鲜乳质量安全信息化追溯体系（四期）生鲜乳电子交接系统建设项目（实施合同）》和《河南省生鲜乳质量安全信息化追溯体系（四期）生鲜乳电子交接系统建设项目（补充合同）》要求，洛阳市建设生鲜乳电子交接系统项目，由中标公司川江科技有限公司承建。生鲜乳电子交接系统建设项目30个单元已安装完毕，设备已经调试完毕，其中洛阳生生乳业有限公司翟泉奶站使用的是硬管道连接技术。

加大生鲜乳质量安全抽检力度。全年共检查奶站140站次，检查运输车辆40车次，出动执法人员391人次，省、市、县共抽检69批次，全年乳品抽检合格率100%。对于在检查中发现的问题，其所在县（市、区）均建立挂账销账机制，限时督促问题整改，确保对辖区内的生鲜乳收购站进行规范管理，保障生鲜乳质量安全。

严厉打击违法违规行为。加大宣传力度，强化监督，及时接受群众举报，利用生鲜乳质量安全追溯系统，采取线上监控与线下跟踪相结合的方式，跟踪不合格生鲜乳的去向，监督其将不合格生鲜乳进行销毁或作无害化处理。同时，追查不合格生鲜乳出现的原因，指导整改，依法处置；对发现的无证收购黑窝点和收购、销售、贩卖不合格生鲜乳等违法行为，坚决予以严厉打击。但从检查反馈情况看，没有发现贩卖不合格生鲜乳、非法添加违禁物质等行为。

加强奶畜散养户监管。一是对散养奶畜进行普查，并做好登记。全市规模以下养殖场（100头以下）165个，奶牛存栏3 178头。所生产的生鲜乳除部分用于饲喂幼畜，大多经消毒灭菌处理后，由户主自行零售，就近供应城乡居民食用。二是强化养殖户质量安全意识。通过入户开展宣传、发放科普材料等形式，加强对散养户的科普教育和相关法律法规知识教育，要求养殖户规范日常用料、用药等，加强卫生及饲养管理，建立完善的相关记录台账，不断强化质量安全意识。三是加强日常指导和监管工作。积极开展日常免疫工作，在进行强制免疫的基础上，要求养殖户根据需要开展自主免疫，从源头保障生鲜乳制品安全。

【市场消费】纯牛奶、酸奶类。市场上销售的纯牛奶和酸奶主要来自伊利公司、蒙牛公司、光明公司、夏进公司、洛阳巨尔乳业有限公司和洛阳生生乳业有限公司，此外还有君乐宝、花花牛、德亚、澳牧等公司。

其中，伊利舒化高钙奶220mL×12袋，52.8元/箱；伊利金典纯牛奶250mL×12袋，65元/箱；伊利纯牛奶250mL×20袋，50元/箱。德亚酸奶200mL×10袋，65元/箱；德亚进口儿童牛奶汪汪队版200mL×10袋，65.8元/箱。澳牧纯牛奶250mL×12袋，110元/箱。光明优+纯牛奶200mL×12袋，54元/箱。三元极致纯牛奶250mL×12袋，118元/箱。巨尔澳牛牧场纯牛奶180g×16袋，28.8元/箱；巨尔特品酸奶180g×20袋，20元/箱。花花牛高加索，210g×12袋，66元/箱。

婴幼儿配方奶粉类。销售的产品主要有：惠氏、美素佳儿、雅培、爱他美、诺优能、飞鹤、伊利、雀巢、君乐宝等品牌。奶粉的适用阶段以月龄划分，其中1段适用0~6月龄婴儿，2段适用6~12月龄的较大婴儿，3段适用12~36月龄的幼儿，4段适用36~72月龄的儿童，此外还有为妈妈补充营养的妈妈奶粉。

惠氏启赋婴儿配方奶粉（1段），900g，429元/桶；惠氏启赋较大婴儿配方奶粉（2段），900g，429元/桶；惠氏启赋幼儿配方奶粉（3段），900g，409元/桶；惠氏启赋妈妈粉，800g，358元/桶。

美素佳儿婴儿配方奶粉（1段），900g，268元/桶；美素佳儿较大婴儿配方奶粉（2段），900g，268元/桶；美素佳儿幼儿配方奶粉（3段），900g，228元/桶；美素佳儿儿童配方奶粉（4段），900g，198元/桶；美素佳儿妈妈粉，900g，288元/桶；

雅培菁挚纯净王leva婴儿配方奶粉（1段），900g，349.2元/桶；雅培菁挚纯净王leva较大婴儿配方奶粉（2段），900g，368元/桶；雅培菁挚纯净王leva幼儿配方奶粉（3段），900g，308元/桶；雅培菁挚纯净王leva儿童配方奶粉（4段），900g，278元/桶；

爱他美卓萃婴儿配方奶粉（1段），900g，365元/桶；爱他美卓萃较大婴儿配方奶粉（2段），900g，355元/桶；爱他美卓萃幼儿配方奶粉（3段），900g，345元/桶。

诺优能婴儿配方奶粉（1段），900g，218元/桶；诺优能较大婴儿配方奶粉（2段），900g，198元/桶；诺优能幼儿配方奶粉（3段），900g，188元/桶；诺优能儿童配方调制奶粉（4段），900g，188元/桶。

飞鹤星飞帆婴儿配方奶粉（1段），700g，312.8

元/桶；飞鹤星飞帆较大婴儿配方奶粉（2段），700g，261.8元/桶；飞鹤星飞帆幼儿配方奶粉（3段），700g，292.6元/桶；飞鹤星蕴孕产妇奶粉，700g，144元/桶。

伊利金领冠珍护婴儿配方奶粉（1段），900g，298.5元/桶；伊利金领冠珍护较大婴儿配方奶粉（2段），900g，283.5元/桶；伊利金领冠珍护幼儿配方奶粉（3段），900g，268.5元/桶。

雀巢能恩金盾婴儿配方奶粉（1段），900g，258元/桶；雀巢能恩金盾较大婴儿配方奶粉（2段），900g，228元/桶；雀巢能恩金盾幼儿配方奶粉（3段），900g，204元/桶。

君乐宝乐臻婴儿配方奶粉（1段），800g，296元/桶；君乐宝乐臻较大婴儿配方奶粉（2段），800g，296元/桶；君乐宝乐臻幼儿配方奶粉（3段），800g，296元/桶。

【转型成效】2019年奶业生产与生态环保协同发展，奶业现代化建设取得明显进展。300头以上规模养殖比重超过80%，养殖废弃物资源化利用率达到85%以上，奶类产量达到16.32万t。乳制品质量安全水平大幅提高，产品结构进一步优化，乳制品消费明显增长。

一是优质奶源基地建设得到加强。加快推进偃师、孟津等沿黄区域绿色奶业示范带建设，引导奶畜养殖场按照品种优良化、养殖设施化、管理规范化、防疫制度化、粪肥资源化等要求，大力实施奶畜养殖标准化，切实提升奶业主产地生产水平。以宜阳、伊川、嵩县、洛宁、伊滨为奶畜生产潜力区，积极发展奶牛、奶山羊养殖，培育了奶业新的增长点。

二是粪污循环模式初步建成。支持龙头企业围绕产业集群建设与基地养殖场组建合作社，依靠推进一体化做大做强。鼓励新建（扩建）300头以上存栏规模奶牛养殖场，支持配套建设粪污处理设施，重点推广粪污循环利用与种养一体化模式。

三是奶畜生产先进实用技术得到推广。结合奶牛养殖场物联网和智能化设施设备，提升奶牛养殖机械化、信息化、智能化水平。通过开展品种登记、生产性能测定，高产奶牛核心群选育，提升洛阳市奶牛良种繁育体系建设。

四是乳制品龙头企业得到培育。通过建链、延链、补链，扩大产业集群规模，提高了产业集中度，提升了奶业生产经营组织化水平，通过鼓励奶农以奶牛、资金、劳动、技术、土地等为纽带组建合作社，加快培育具有市场竞争力的奶农合作组织。加工企业通过冷链储运配送设施建设，扩大了巴氏杀菌乳等低温乳制品生产供应，同时也开发出了具有高附加值的乳制品，满足了不同消费群体的多样化需求。

（洛阳市农业农村局，雷海伟、叶逢春）

附表 1　河南省奶畜养殖场（小区）名录

序号	名称	供奶企业	全群存栏（头）	成母畜存栏（头）	奶畜品种	成母畜单产（t/年）	年总产量（t）	是否有机奶源基地	有机奶产量（t）
1	汤阴天润牧业有限公司	汤阴天润牧业有限公司	1 108	583	荷斯坦	9.70	5 642	否	0
2	河南花花牛畜牧科技有限公司	河南花花牛乳业集团股份有限公司郑州分公司	2 409	1 200	荷斯坦	10.69	10 629		0
3	原阳县福源奶牛有限公司	新乡市三元食品有限公司	1 036	446	荷斯坦	9.00	4 014		0
4	北京首农畜牧发展有限公司河南分公司	蒙牛乳业（焦作）有限公司	4 208	2 327	荷斯坦	10.00	23 000		0
5	洛阳生生乳业有限公司	洛阳生生乳业有限公司	1 850	920	荷斯坦	10.00	8 500	绿色食品奶源基地	
6	河南新荷牧业有限公司	河南宝乐奶业有限公司	1 120	700	荷斯坦	6.80	4 000		0
7	沈丘县一起发养殖专业合作社	沈丘县一起发养殖专业合作社	1 874	1 219	中国荷斯坦	8.76	10 679		0
8	北京首农畜牧发展有限公司兰考分公司	新乡三元食品股份有限公司	6 000	2 492	荷斯坦	10.50	21 500	否	0
9	河南花花牛农牧科技有限公司	河南花花牛乳业集团股份有限公司	1 600	850	荷斯坦	10.30	9 000	否	0
10	河南启航牧业有限公司	蒙牛乳业（焦作）有限公司	1 035	402	荷斯坦	9.50	3 500	否	0
11	兰考广春牧业集团有限公司	河南花花牛乳业集团股份有限公司	1 086	220	荷斯坦	8.00	1 700	否	0
12	河南科迪生物工程有限公司	河南科迪乳业股份有限公司	2 760	1 430	荷斯坦	7.00	9 853	否	0
13	睢县瑞亚牧业有限公司	河南花花牛乳业集团股份有限公司	2 760	1 380	荷斯坦	10.00	13 800	否	0
14	河南惠龙牧业股份有限公司	济源伊利乳业有限责任公司	3 850	1 900	荷斯坦	8.00	11 380	否	0
15	济源市赛科星牧业有限公司	济源伊利乳业有限责任公司	5 363	2 642	荷斯坦	7.50	19 662	否	0
16	乐源牧业正阳有限公司	正阳君乐宝乳业有限公司	9 236	3 903	荷斯坦	9.58	47 337	否	0
17	河南牛硕牧业有限公司	正阳君乐宝乳业有限公司	1 848	997	娟姗牛、荷斯坦	9.12	9 100	否	0
18	新蔡豫信瑞亚牧业有限公司	伊利集团	4 080	2 200	荷斯坦	10.10	18 000	否	0
19	新蔡瑞亚牧业有限公司	武汉蒙牛	3 800	2 300	荷斯坦	10.00	18 500	否	0
20	平舆瑞亚牧业有限公司	伊利集团	4 109	2 494	荷斯坦	9.30	23 198	否	0
21	平舆诚信瑞亚牧业有限公司	河南花花牛乳业集团股份有限公司	4 506	743	荷斯坦	11.00	8 173	否	0
22	河南瑞亚牧业有限公司	河南花花牛乳业集团股份有限公司	3 500	2 324	纯种荷斯坦	9.50	18 900	是	0
23	中牟县万胜牧业有限公司	蒙牛乳业（焦作）有限公司	1 600	900	纯种荷斯坦	10.50	9 000	否	0
24	郑州绿麒麟奶牛养殖有限公司	蒙牛乳业（焦作）有限公司	1 250	650	荷斯坦	7.00	4 550	否	0
25	河南人和春天奶业科技有限公司	蒙牛乳业（焦作）有限公司	1 343	773	荷斯坦	10.00	8 500		0
26	河南天牧农业发展有限公司	蒙牛乳业（焦作）有限公司	1 468	704	荷斯坦	7.76	5 470	否	0
27	河南合源乳业有限公司	河南花花牛乳业集团股份有限公司	1 944	1 190	荷斯坦	8.50	10 000	否	0
28	平顶山优然牧业有限责任公司	平顶山优然牧业有限责任公司（新建场、青年牛）	4 205	0	荷斯坦	0	0		0

（续）

序号	名称	供奶企业	全群存栏（头）	成母畜存栏（头）	奶畜品种	成母畜单产（t/年）	年总产量（t）	是否有机奶源基地	有机奶产量（t）
29	郏县发展牧业有限公司	河南花花牛乳业集团股份有限公司	1 434	644	荷斯坦	8.90	5 753	否	0
30	鲁山瑞亚牧业有限公司	河南花花牛乳业集团股份有限公司、伊利集团	3 676	1 582	荷斯坦	9.80	15 590	否	0
31	汤阴天润牧业有限公司	汤阴天润牧业有限公司	1 108	583	荷斯坦	9.70	5 642	否	0
32	河南省安阳市滑县光明生态示范场	郑州光明乳业有限公司	9 290	6 011	荷斯坦	10.78	64 775		

备注：仅统计存栏 1 000 头以上的奶牛养殖场。

附表2 河南省主要乳制品生产企业名录

序号	名称	生产地点	生产许可证号码	年收购原奶量（t）	其中：自有奶源量（t）	平均支付价格（元/kg）	日处理生鲜乳能力（t）	年乳制品产量（t）	其中：低温鲜奶（t）	UHT奶（t）	常温酸奶（t）	低温酸奶（t）	原料奶粉（t）	婴幼儿配方奶粉（t）	成人奶粉（t）	奶油（t）	奶酪（t）	乳饮料（t）	冰品（t）	年销售收入（万元）	利润（万元）	有机产品（枚）
1	蒙牛乳业（焦作）有限公司	河南省焦作市城乡一体化示范区神州路3188号	SC10541081200015	272 812	78 677		800	378 504		287 022	61 990							289 169		320 006	14 727	
2	济源伊利乳业有限公司	济源市玉泉街道	SC10541900100129	134 000		4.00	450	300 720		49 119	83 530							168 071		190 852	15 959	
3	河南花花牛集团乳业股份公司	郑州市马寨	SC10541018400354 SC10541010300077	102 165	61 299	3.93	1 000	154 716	3 021	21 376	1 500	99 819	0	0	0	0	0	27 301	0	155 175	8 226	
4	正阳君乐宝乳品有限公司	驻马店市正阳县真阳镇君乐宝大道68号	SC10541172400014	57 882	33 344 590	4.04	360	83 447				60 287						23 161		52 658	582	
5	郑州光明乳业有限公司	新郑市和庄镇神州路南段	SC10541018400032	43 101	19 796	4.14	350	46 027		16 485	24 460	4 734						446		40 529	4 736	
6	河南科迪生物工程有限公司	虞城县	SC10541142500030	83 350	26 520	3.80	1 300	95 000	560	56 500	20 100	15 340						2 500		56 552	−17 500	
7	新乡市三元食品有限公司	新乡市原阳县工业区南二环路1号	SC10541072500442	29 848		3.61	81	34 215	3 734	22 696								7 785		20 637	30.14	
8	河南三剑客奶业有限责任公司	漯河市沙澧产业集聚区湘江西路869号	SC10541110200015	10 230	7 150	4.10	600		5 000	23 000	15 000	8 000	0	0	0	0	0	18 200	0	69 200	1 030	
9	河南三色鸽乳业有限公司	南阳市经一路1号	SC10541130200300（1–1）	14 355	11 793	4.30	400	21 806	2 312	8 345	0	7 327	0	0	0	0	0	9 378	0	17 432	−481	
10	河南伊利乳业有限公司	河南省平顶山市郏宝路66号	SC10541042100013	35 574	20 602	3.77	200	48 559	0	513	0	48 046	0	0	0	0	0	0	0	32 009	981	
11	洛阳科迪巨尔乳业有限公司	河南省洛阳市高新区	SC10541039100131	10 101	3 680	3.80	300	13 625	2 657	1 448	29	6 578	—	—	—	—	—	2 914	—	8 873	−1 126	
12	洛阳生生乳业有限公司	洛阳市孟津县平乐镇翟泉村	SC10641032200017	4 500	4 500	4.10	200	5 000	1 400	700		2 600						300		5 000	120	公司3个绿色食品产品（鲜牛奶、酸奶、纯牛奶）
13	西峡县新太阳乳业有限责任公司	西峡县电厂路	SC10641132300307	1 000	1 000	4.50	10	1 300	300	0	0	500	0	0	0	0	0	700	0	1 000	80	

（续）

序号	名称	生产地点	生产许可证号码	年收购原奶量（t）	其中：自有奶源量（t）	平均支付价格（元/kg）	日处理生鲜乳能力（t）	年乳制品产量（t）	其中：低温鲜奶（t）	UHT奶（t）	常温酸奶（t）	低温酸奶（t）	原料奶粉（t）	婴幼儿配方奶粉（t）	成人奶粉（t）	奶油（t）	奶酪（t）	乳饮料（t）	冰品（t）	年销售收入（万元）	利润（万元）	有机产品（枚）
14	南阳农校绿白乳制品厂	搬迁停产																				
15	洛阳阿新奶业有限公司	孟津县麻屯镇董村	SC10541032200212	2 880	1 460	3.40	30	3 200	1 400			1 800								2 900	40	
16	焦作市博农乳业有限责任公司	博爱县磨头镇	SC10541082200164	15 582	3 685	3.90	350	15 962	4 618	1 210		9 606						528		10 703	903	
17	开封市禹王乳业有限公司	开封	SC10541020500151	405	405	4.20	140	405	61			344	5					875		580	15	
18	河南中荷乳业有限公司（获嘉县）	获嘉县产业集聚区南区迎宾大道33号	SC10541072400031	3 000		4.10	80	4 000	300	1 000	300	2 000						400		3 200	80	
19	河南宝乐奶业有限公司	扶沟县	SC10641162100368	4 000	4 000	3.90	35	8 000	1 000			3 000						4 000		12 000	330	
20	郑州妙可奶业有限公司	郑州市马寨	SC10541010300399	0			200	800														
21	河南上蔡县牛硕牧业有限公司	上蔡县朱里镇朱里村	SC10541172200300	0	9 100	4.00	3	1 080	1 080	0	0	0	0	0	0	0	0	0	0	4 400	1 201	
22	河南西峡县健羊牧业有限公司	河南省西峡县丹水镇谭沟村	91411323083473101T	410	410	0	15	390	156			234								827	165	

备注：本表包括在中国及海外的生产企业。日处理生鲜乳能力指设计加工生鲜乳能力。自有奶源指来自自建和参建（控股、参股）牧场（小区）的原奶。成人奶粉指除婴幼儿配方奶粉以外的学生奶粉、孕妇奶粉、中老年奶粉等终端消费奶粉。冰品包括冰激凌、雪糕等。有机产品数量单位为“枚”，指获得有机标志的数量。

湖北省

【奶畜养殖】2019年湖北省奶牛存栏4万头，牛奶总产量达到11.65万t。全省奶牛养殖主要分布在黄冈、武汉、宜昌、咸宁、襄阳等地区。近年来，采取有效措施加大奶水牛品种改良，奶水牛养殖得到一定发展。全省奶水牛养殖主要分布在襄阳、荆门、随州、孝感等地区，全省具有代表性的奶水牛养殖企业是湖北劲牛牧业有限公司，奶牛品种以地中海奶水牛为主。经过多年的努力，湖北劲牛牧业有限公司已初具规模，集奶牛养殖、加工、销售于一体，逐渐走出了一条新的奶业发展道路。

【乳制品加工】随着湖北省奶业标准化、规模化水平不断提升，乳制品生产总量稳步增长，乳制品加工企业发展迅速。全省奶制品加工企业设计总加工能力超过185万t，国内伊利集团、蒙牛集团和光明乳业等大型乳制品企业均在湖北建设加工基地和产业园区。

【市场消费】市场主要销售品牌有光明、伊利、蒙牛、圣牧等。主要乳制品超市销售价格：光明键能梨+枇杷风味发酵乳250mL装销售价格5元，光明畅优木糖醇酸奶8杯装（100g×8）销售价格16.8元，光明益生菌风味发酵乳1 250g销售价格14.8元；伊利高钙奶250mL销售价格3.5元，伊利植选PET原味豆乳315mL销售价格50元，伊利安慕希高端畅饮型酸奶整箱（230g×10）销售价格78元，伊利金典有机梦幻盖纯牛奶1箱（250mL×12）销售价格68元；蒙牛高钙牛奶250mL销售价格3.2元，蒙牛真果粒芦荟1箱（250mL×12）销售价格42元，蒙牛纯甄酸牛奶1箱（230g×10）销售价格80元，蒙牛特仑苏纯牛奶1箱（250mL×12）销售价格49.5元，蒙牛现代牧场鲜牛奶桶装1 500mL销售价格19.8元；圣牧有机纯牛奶1箱（200mL×12）销售价格44元；友芝友原味酸牛奶950mL销售价格15.8元。

【奶源基地】全省奶牛养殖以规模化养殖为主，据部门统计，2019年存栏100头以上的规模场（户）20个，其中1 000头以上的4个。

DHI测定。2019年，在湖北奶牛生产性能测定中心参加测定的奶牛养殖场有20个，分布于湖北、福建和广西3个省份，其中5 000头大型规模奶牛养殖场4个。参测奶牛品种包括荷斯坦牛、娟姗牛和奶水牛，以荷斯坦牛为主。全年参测奶牛为1.96万头，参测6次以上的奶牛达到1.22万头，超额完成了农业农村部下达的年度检测任务（1.16万头）。全年共计检测奶样12.8万份，参测奶牛系谱信息、繁殖信息齐全，上报参测奶牛数据有效性达到80%以上。2019年，全省参测奶牛日均产奶量达到29kg，平均乳脂率3.78%，平均乳蛋白率3.37%，平均体细胞数为23万个/mL，各项指标达到或优于全国平均水平。为进一步提高牧场管理水平，湖北DHI中心多次组织专家团队下牧场进行现场指导；为提高采样的准确性，向参测牧场发放采样流量计近50个、校准流量计40个；与省内大专院校开展奶牛养殖相关性的基础科研合作，解决奶牛生产、繁殖和粪污处理等方面的实际问题，多措并举，不断提高奶牛养殖水平。

粪污处理方式。主要采取有机肥加工厂和沼气、农田利用等方式，并在全省开展奶牛场床一体化养殖模式的推广应用。采用床场一体化养殖模式，即运动场设防雨棚，牛床和运动场连成一体，用无害化处理的粪污做垫料，利用垫料中的有益优势菌，清除垫床中有害微生物和有害气体。维持垫料水分低于65%，使其干燥舒适，便于牛任意躺卧。50%的奶牛场、90%以上的肉牛场应用该模式，其成本较低、效果较为理想。

饲草饲料。按照农业农村部要求，2019年，开展了草业统计监测、草业项目评价、饲草业调查监测等草业统计监测工作。其中，饲草业调查监测工作委托第三方开展，通过遥感技术结合外业调查的方式基本摸清了饲草生产本底和区域分布，并编制了《湖北省饲草业调查与监测报告》，以及湖北省（1 ∶ 25万比例图）及各市（1 ∶ 5万比例图）系列草地资源分布图集和专题图件，建立了湖北省饲草地资源数据库；草牧业统计监测任务委托各县（市、区）完成。所有数据已完成整理、汇总、审核等工作，并上报全国畜牧总站。

【奶农组织】2019年，湖北省奶牛行业协会继续履行社会责任，充分发挥协会的引导与组织作用。一是与湖北DHI中心配合，宣传推广DHI技术，从源头上把控乳制品质量安全。二是引导奶业公益宣传，普及营养知识，倡导科学饮奶，先后2次聘请美国乳制品推广专家对全省鲜奶吧、奶牛养殖场技术人员进行现场奶酪加工指导培训。三是为宣传普及巴氏杀菌乳、灭菌乳等乳制品，组织华中农业大学、省畜牧局、省教育厅、省卫健委等相关单位共同参与制定《湖北省学生奶团体标准》，并在全国团体标准信息平台公示。四是推进国家学生饮用奶的实施。多次邀请营养师入校为学校校长、专管员、班主任、家长等进行营养健康知识培训。五是开展精准扶贫进校园活动，向贫困学生捐赠学习用品、校服、体育用品和现金，推动企业积极承担社会责任。

【政策法规】2019年1月4日，湖北省人民政府办公厅印发了《湖北省人民政府办公厅关于推进奶业振兴保障乳品质量安全的实施意见》，继续开展牛品种改良整县推进工作。为进一步做好项目管理，有效发挥牛品种改良工作在推进肉牛产业发展方面的基础性、公益性作用，一是在年初与省畜禽育种中心就项目绩效管理目标、考核办法、考核组织和程序等具体内容进行商讨，委托省畜禽育种中心下发了项目考核办法。二是在10—11月就如何强化项目管理、新形势下牛品种改良工作的健康持续发展等专题进行调研，完成麻城、红安、大悟等地调研工作。2019年，全省共有49个县（市）开展牛品种改良工作，其中“肉牛品种改良整体推进项目县”11个，共有牛品种改良技术人员380人。

【质量监管】建立了完善的生鲜乳监测体系，常年开展生鲜乳质量安全监测工作，有力保障了生鲜乳质量安全。为进一步贯彻实施《乳品质量安全监督管理条例》《国务院关于推进奶业振兴保障乳品质量安全的意见》，全年组织完成生鲜乳质量安全监测126批次，合格率为100%。覆盖了全省24个生鲜乳收购站、30辆运输车。具体包括：完成生鲜乳专项监测40批次，检测了三聚氰胺、革皮水解物、碱类物质、硫氰酸钠、β－内酰胺酶、黄曲霉素 $M_1$6项指标，检测结果均合格；完成生鲜乳质量安全异地抽检40批次，检测了三聚氰胺、革皮水解物、碱类物质、硫氰酸钠、β－内酰胺酶、黄曲霉素 M_1、铅、铬、汞、砷10项指标，检测结果均合格；完成生鲜乳国家标准指标监测46批次，检测了冰点、酸度、非脂乳固体、杂质度、相对密度、黄曲霉素 M_1、蛋白质、脂肪、菌落总数、体细胞等指标，检测结果均合格。

奶站管理。不断强化奶站与生鲜乳运输车管理，一是要求各地严格按照《食品安全法》《乳品质量安全监督管理条例》等法律法规，按照县级以上人民政府对本行政区域内生鲜乳质量安全负总责，各级畜牧兽医主管部门负监管责任，奶畜养殖者、生鲜乳收购站开办者和运输车经营者负第一责任的要求，认真落实各级责任。二是要求各地加强奶站和运输车的监督管理，按照“谁发证、谁监管”的原则，加强证前许可和证后监管，确保辖区内营运的生鲜乳收购站和运输车具备法定资质条件，坚决取缔不合格的奶站和运输车。要按照“四个最严”的要求，开展生鲜乳质量安全执法工作，严打非法收购运输行为，严防不合格生鲜乳流入市场。三是按照全年监测计划要求，由省兽药监察所完成了生鲜乳抽样任务，把开展生鲜乳质量安全监测工作作为落实监管责任的重要抓手，切实加强生鲜乳质量安全监管。

（湖北省农业农村厅畜牧兽医处，李　巍）

附表 1　湖北省奶畜养殖场（小区）名录

序号	名称	供奶企业	全群存栏（头）	成母畜存栏（头）	奶畜品种	成母畜单产（t/年）	年总产量（t）	是否有机奶源基地	有机奶产量（t）
1	武汉金旭畜牧发展有限公司	蒙牛	200	84	荷斯坦	5.56	467	否	0
2	红安百家宝奶牛养殖场	伊利	400	230	荷斯坦	7.48	1 719	否	0
3	黄冈农科院梅家墩牧业公司有限	伊利	500	229	荷斯坦	7.77	1 780	否	0
4	湖北劲牛牧业有限公司	劲牛	450	32	奶水牛	1.48	47	否	0
5	麻城伊利悠然牧业有限公司	伊利	4 300	1 830	荷斯坦	8.86	16 219	否	0
6	黄冈畜牧发展有限公司武穴分公司	伊利	4 500	1 820	荷斯坦	8.57	15 605	否	0
7	宜昌京都俏牛儿农业科技开发有限公司	喜旺	220	82	荷斯坦	7.74	634	否	0
8	宜昌统舜牧业有限公司	喜旺	230	88	荷斯坦	5.77	508	否	0
9	黄冈市龙感湖金湖奶牛养殖有限公司	伊利	200	95	荷斯坦	6.44	612	否	0
10	武汉光明生态示范奶牛场	光明	3 000	1 400	荷斯坦	9.50	13 300	否	0
11	浠水县柏杨山牧业有限公司	伊利	200	95	荷斯坦	5.90	561	否	0

备注：本表所指奶畜包括奶山羊、奶绵羊、奶水牛、牦牛、骆驼、驴等产商品奶家畜。

湖南省

【奶畜养殖】湖南省奶畜种类以荷斯坦牛为主，少量养殖娟姗牛和奶山羊，2019年全省奶牛存栏与2018年基本持平，奶山羊的养殖数量呈增长势头，奶类产量略有提升。2019年，全省奶牛存栏28 000头，奶山羊存栏8 900只，生鲜乳总产量90 000t，羊奶总产量4 000t，成年母牛平均单产5.8t。主要规模化牧场奶牛存栏20 616头，其中娟姗牛存栏499头；荷斯坦奶牛平均单产8.33t，娟姗牛平均单产7.5t，牛奶总产量68 213t；奶山羊存栏6 913只，平均单产0.7t，羊奶总产量3 028t。2019年全省奶畜养殖业总产值4.1亿元，占全省畜牧业总产值的0.27%。2019年全省新扩建奶畜牧场5个，其中奶牛场3个，存栏奶牛1 950头；奶山羊场2个，存栏奶山羊6 913只。2019年全省奶畜养殖业平稳发展，饲养方式持续改进，精细化管理水平不断提高；但受奶源价格低迷的影响，奶牛养殖业利润仍然微薄。

产业分布上，全省奶畜养殖集中在4个产业优势区。一是以南山牧场为代表的草山资源区，是湖南传统的奶牛养殖区，主要集中在邵阳市城步苗族自治县，奶业已成为城步苗族自治县经济发展的支柱产业、扶贫攻坚的重要产业；该区域内有南山牧业、犇牧科技2家奶业龙头企业；地处该区域的南山牧场以草山放牧方式饲养奶牛，以小区化的方式管理、集中挤奶、统一收奶、统一防疫、统一饲料供应，现有15个奶牛小区投入运营；城步苗族自治县着力“打造南方奶业第一县”的发展目标，发展奶牛养殖基地乡镇场4个、基地村19个，奶牛存栏1.4万头，占全省奶牛比例为50.0%；近年来，城步苗族自治县大力发展奶山羊养殖，现已建立万只存栏规模养殖场1个，千只存栏规模种羊场1个；奶山羊存栏6 913只，奶山羊存栏为全省的77.7%。二是以常德为代表的洞庭湖平原饲草供应优势区。该区域内土地资源丰富，且优质、平坦，适合青贮玉米、苜蓿草等饲草机械化种植和收割，发展适度规模的奶牛养殖，代表企业金健乳业、德人牧业、湘闽牧业奶牛存栏3 500头，占全省奶牛存栏的比例分别为12.5%。三是以长沙市为代表的城市消费型奶业区。瞄准乳制品消费市场，发展城郊型奶业，以市场消费带动奶业发展；该区域内聚集有新希望南山、皇氏集团优氏乳业、湖南光明、优卓牧业等中大型乳制品企业。其中，皇氏集团优氏乳业、优卓牧业就地发展种养加销产业一体化发展模式，新建规模化牧场已建成投产，奶牛存栏2 000头，占全省奶牛存栏的比例为7.1%。四是承接沿海地区产业转移奶业发展区。以永州为代表，发展中大型规模牧场，面向广东、香港等地提供优质奶源，江华温氏乳业现存栏3 923头，占全省奶牛存栏数的比例为14.0%。

从养殖规模看，全省奶牛养殖场（小区）平均存栏数100头以上的养殖场（小区）存栏比例占全省奶牛养殖量的90%以上，新建牧场均为千头以上存栏规模，农户散户养殖基本退出。从奶畜品种看，由传统的纯饲养荷斯坦牛到以荷斯坦牛为主，向娟姗牛、奶山羊等多品种养殖格局转变。

从奶源品质看，2019年生鲜乳抽检合格率100%，体细胞数平均在30万个/mL以内、细菌总数在25万CFU/mL以内，乳脂、乳蛋白率平均达3.68%和3.19%，各项指标优于国标。

【乳制品加工】2019年，湖南省共有乳制品以及涉乳生产企业18家，其中总产值过亿元的企业8家；婴幼儿配方奶粉生产企业有澳优、和生源、欧比加、展辉4家，每家企业拥有9个注册配方。近3年来，省内乳制品加工企业不断扩大产能建设和工艺升级改造，目前，全省乳制品年生产加工能力达850 000t以上，是2019年全省原料奶供应量的10倍，但部分企业产量不足产能的1/3。乳制品总产量300 000t，其中液态奶230 000t。全省奶品生产加工有3种类型：一是奶粉，以进口或国产优质奶粉为原料，生产加工灌装、袋装奶粉，主要有澳优、合生元等知名品牌企业。二是液态奶，以生鲜乳为原料，生产低温奶（巴氏杀菌乳和酸奶）和UHT奶，全省有液态奶生产企业8家，2019年总产值约10亿元。三是复原乳和乳饮料，以外购奶粉为原料，生产瓶装、听装常温乳饮料，省内企业年产值约14亿元。全省乳制品加工业的奶源仍需依靠外调，本土奶源供应不足50%；干乳制品和乳饮料生产企业的主要原料全部需外调，液态奶生产企业奶源以本地奶源为主、部分企业需要完全依靠省外调运奶源。本年度液态奶产品生产特点为巴氏杀菌乳、酸奶等低温奶产品持续稳定增长。

【市场消费】湖南省常住人口为6 918.38万人，其中城镇常住人口超过3 958万人。据调查统计，2019年湖南人均鲜奶占有量仅1.3kg，人均奶类消费量22kg，人均奶类消费支出220元，全省牛奶年消费量145亿元，本土奶业企业仅占市场份额的1/6，从人口基数看湖南奶制品市场消费，潜力巨大。消费结构不断调整，城镇居民消费酸奶、巴氏杀菌乳等低温奶产品比例上升，低温液态奶消费增长速度较常温奶明显加快；奶粉消费以婴幼儿配方奶粉为主，消费总量呈快速增长；农村居民消费以常温奶、乳饮料等产品为主。

湖南省奶制品消费市场中，2019年本土品牌市场份额略有上升，但省外品牌和产品仍占据主导地位；本省液态奶品牌有金健、新希望南山、南山草原、皇氏优氏、优卓、德人牧香、湘密等，在湖南境内生产销售的全国性液态奶品牌有光明、旺仔；在湖南省内生产、销售的奶粉品牌有澳优、合生元（表1）。

表 1　湖南省生产销售的主要乳制品品牌、规格及价格

	巴氏杀菌乳	UHT 奶	酸　奶	奶　粉
品牌	新希望南山、南山草原、金健、皇氏优氏、优卓、德人牧香	新希望南山、金健、皇氏优氏、湘密、南山草原	光明、新希望南山、派派、金健、皇氏优氏、南山草原	澳优、合生元
规格	150~200mL	150~250mL	120~250mL	900g
价格	3.2~8.0 元	2.8~4.8 元	2.5~8.0 元	148~428 元

【奶源基地】全年奶牛存栏量在 100~499 头的养殖场存栏总量为 15 000 头，占全省比重为 53.6%；奶牛存栏在 500~999 头的养殖场 4 个，存栏总量为 3 125 头，所占比重为 11.2%；奶牛存栏规模在 1 000~3 000 头的养殖场 3 个，存栏总量为 3 568 头，占全省的比重为 12.7%；存栏规模在 3 000 头以上的养殖场 1 个，存栏 3 923 头，占全省的比重为 14.0%。

全省奶牛养殖实现机械化挤奶全覆盖，规模化牧场 100% 采用 TMR 饲喂，畜舍环境人工控制、自动清粪系统、青贮玉米机械化收割、污水自动处理系统等装备不断完善，现代化程度不断提高。奶牛生产性能（DHI）测定在省内规模化牧场或小区开展，参测母牛头数 5 000 多头。

省内奶牛养殖的草料以干草、青贮玉米为主。据统计，2019 年全省规模奶牛养殖场青干草中苜蓿、燕麦草占比达 95.0%，外调比例占 90.0%；粗饲料本地化供应方面，主要为全株青贮玉米和禾本科青草。其中青贮玉米全年种植面积约 1 467hm^2，平均亩产为 3.8t，总产量 83 600t。

疫病防控方面，全省各级动物疫病防检部门全力抓好奶牛疫病防控工作，奶牛养殖场（小区）奶牛结核病和布鲁氏杆菌病检疫工作覆盖率为 100%；按要求定期接种疫苗；全年无重大动物疫病发生。在粪污处理上，散养户主要采用粪污直接还田（地），规模化养殖场采用粪便生产有机肥或发酵处理后种植牧草的方式处理。

2019 年规模奶牛养殖场平均原料奶直接饲料成本 2.46 元 /kg，平均原料奶的综合成本 4.06 元 /kg，比全国平均原料奶的综合成本约高 1 元 /kg；原料奶收购价格年均 4.35 元 /kg，利润为 0.29 元 /kg。

湖南省正在不断完善 TMR 全日粮饲料混合搅拌机、有机肥加工设备和粪污固液分离设备等养殖类农机购置补贴机制，对规模养殖场改扩建予以适度补助。

【奶农组织】全省有省级奶业行业协会 1 个、县级行业协会 1 个、奶牛养殖合作社 5 个；参与协会和合作社的会员和成员共 185 人。全省共有生鲜乳收购站 12 个（其中长沙 4 个、邵阳 4 个、常德 3 个，永州 1 个），生鲜乳运输车 14 辆（其中长沙 2 辆、邵阳 6 辆、常德 3 辆，永州 3 辆），2019 年收购鲜奶 93 717t。2019 年全省共组织相关的培训班、考察学习等活动 8 次，培训奶牛养殖户和相关技术人员 340 人次。为加强协会会员单位的信息传送与业务交流，促进专家与对接企业之间联系的紧密度，2019 年在湖南省奶业协会微信平台和网站，解答会员提出的相关技术咨询、发布行业信息及政策等 700 多次。

【政策法规】2019 年年初，根据本省实际情况，省农业农村厅统一制定下发了《关于开展 2019 年生鲜乳专项整治行动的通知》《2019 年湖南省生鲜乳质量安全监测计划》和《食品安全国家标准生乳》指标监测。按照奶业发展的指导思想、基本原则、主要目标，根据本省实际提出 2020 年目标和措施：一是建设优质奶源基地。对全省 8 个中小奶牛养殖场（存栏 500 头以下）进行升级改造。二是鼓励产业优势区农村开展粮改饲。建设优质饲草饲料种植加工基地，根据振兴奶业苜蓿发展行动，对现有 3 个集中连片 33 hm^2 以上的苜蓿基地增大种植，33 hm^2 以上种植基地达到 6 个，实现最大种植面积 580 hm^2。三是大力推广“学生饮用奶计划”。“学生饮用奶计划”不仅能直接帮助改善少年儿童营养状况，促进体格和神经系统发育，而且对于普及奶文化、养成良好饮食习惯有巨大积极意义。四是强化乳制品质量安全监管。加大对饲料、兽药等投入品以及鲜奶、乳制品质量安全监管，规范养殖行为。推进生鲜乳可追溯体系建设，通过互联网，重点对生鲜乳挤奶车间、收购站、乳制品企业收奶区、运输车辆等全程视频监控，实现对生产、收购、运输无盲区监管，做到来源清、去向明、质量佳。

【质量监管】开展生鲜乳专项整治行动。要求各市（州）畜牧（兽医）水产部门按照省厅统一安排，组织实施 2019 年湖南省生鲜乳质量安全监测计划和《食品安全国家标准生乳》指标监测计划，在全省范围内对生鲜乳收购站点、运输车辆开展定期和不定期抽查检测，全年检查奶站 40 站次，检查运输车辆 45 车次，出动执法人员 500 人次；举办监管人员和生鲜乳养殖收购运输车从业人员培训，共培训 436 人次；在专项整治行动中没有发现生鲜乳添加违禁物的行为，抽检合格率为 100%，确保了生鲜乳质量。

进一步加强奶畜散户养殖监管。2019 年，进一步加强奶畜散户养殖监管，根据《食品安全国家标准生乳》监测计划，全年分 2 次开展奶畜散养户监测，共监测 80 批次样品，上半年抽检合格率为 100%。同时努力实现监测范围全覆盖。通过联合市（县、区）现场检查，发现郴州有 1 个散户奶畜养殖场，督促市、县畜牧局分别加强检查和抽检，省农业农村厅在 2019 年将其纳入常规监管范围。

【奶业大事】2019 年，全省重点建设 3 个休闲观

光牧场，推行奶业多产业融合发展；其中常德德人牧业科技有限公司和优卓牧业科技有限公司被评为农业农村部第二、第三批休闲观光牧场。

2019年全国第三届青贮及牧草保存学术交流暨产业展览展示会在湖南上优食品科技有限公司举行。

2019年，湖南省草食动物产业体系湘北试验站在湖南上优食品科技有限公司挂牌成立。

澳优乳业在望城经济技术开发区2019年经济工作会上一举摘取7个大奖；澳优乳业印遇龙院士专家工作站成立。

2019年，湖南南山牧业有限公司获农业产业化国家重点龙头企业、湖南省扶贫龙头企业、湖南省千企帮千村突出贡献奖，湖南省农业博览会“惟尊1888”获质量金奖，公司产品入选“邵阳红”优质农产品名录；邵阳对接粤港澳大湾区重点产业项目南山牧业年产50 000t液态奶生产线项目签约。

2019年，城步鼐牧牧业有限公司携手湖南农业大学成立了“鼐牧牧业奶山羊特色产业基地”；杨立新董事长荣获中童传媒主办的“第二届中国羊奶粉发展论坛”行业特殊贡献奖；中国工程院印遇龙院士调研鼐牧筹建的湖南鼐牧集团邵阳市奶山羊院士工作站。

湖南省城步苗族自治县制定下发了《围绕精准扶贫大力推广饲草种植促进奶业发展奖补暂行办法》，鼓励新型农民经济合作组织和种植大户带动贫困户种植牧草，标志着湖南省首个饲草种植奖补政策制定实施。

2019年，湖南金健乳业股份有限公司第一牧场升级改造为集牧业感知、乡村感受、牛奶体验于一体的乡村生态景观牧场。

2019年，皇氏集团湖南优氏乳业有限公司全资子公司湖南优氏牧业科技有限公司双龙牧场建成投产。

2019年11月，湖南、广东、广西、福建4省份奶业协会联合举办“以加强技术创新利用，保障奶业健康发展”为主题的南方地区奶牛技术高峰论坛。

（湖南省奶业协会，刘海林、樊志坚）

附表 1　湖南省奶畜养殖场（小区）名录

序号	名称	供奶企业	全群存栏（头）	成母畜存栏（头）	奶畜品种	成母畜单产（t/年）	年总产量（t）	是否有机奶源基地	有机奶产量（t）
1	湖南金健乳业股份有限公司第一牧场	湖南金健乳业股份有限公司	1 200	685	荷斯坦	9.2	6 302	否	0
2	湖南金健乳业股份有限公司第五牧场	湖南金健乳业股份有限公司	812	456	荷斯坦	7.8	3 567	否	0
3	湖南优氏牧业科技有限公司双龙牧场	皇氏集团湖南优氏乳业有限公司	800	800	荷斯坦（新西兰原种进口）	10.0	8 000	否	0
4	江华温氏乳业有限公司	江华温氏乳业有限公司	3 923	1 936	荷斯坦	9.3	16 104	否	0
5	湖南优卓牧业有限公司	湖南优卓食品科技有限公司、湖北伊利	1 368	557	娟姗 荷斯坦	荷斯坦 10.0 娟姗 7.5	4 000	否	0
6	城步龚牧牧业有限公司	湖南龚牧营养品科技有限公司	6 913	4 325	莎能奶山羊、阿尔卑斯奶山羊	0.7	3 028	否	0
7	城步清溪 1 000 头标准化奶牛养殖场	湖南南山牧业有限公司	1 000	500	荷斯坦	8.0	4 000	否	0
8	湖南德人牧业科技有限公司	湖南上优食品科技有限公司	637	327	荷斯坦	8.0	3 540	否	0
9	湖南湘闽牧业有限公司	皇氏集团湖南优氏乳业有限公司	710	337	荷斯坦	8.0	2 700	否	0
10	都市田园	湖南上优食品科技有限公司	166	131	荷斯坦	8.0	计入德人牧业公司	否	0
11	南山牧场（标准化养殖小区）	湖南南山牧业有限公司	10 000	4 000		5.0	20 000		2 000
	总计（主要牧场）		27 529	14 054			71 241		2 000
	其中（牛）		20 616	9 729			68 213		

备注：本表所指奶畜包括奶山羊、奶绵羊、奶水牛、牦牛、骆驼、驴等产商品奶家畜。

附表2　湖南省主要乳制品生产企业名录

序号	名称	生产地点	生产许可证号码	年收购原奶量（t）	其中：自有奶源量（t）	平均支付价格（元/kg）	日处理生鲜乳能力（t）	年乳制品产量（t）	其中：低温鲜奶（t）	UHT奶（t）	常温酸奶（t）	低温酸奶（t）	原料奶粉（t）	婴幼儿配方奶粉（t）	成人奶粉（t）	奶油（t）	奶酪（t）	乳饮料（t）	冰品（t）	年销售收入（万元）	利润（万元）	有机产品（枚）
1	湖南金健乳业股份有限公司	常德经济技术开发区	SC10543070100011	9 672	9 672	4.36	220	10 055	1 773	1 727	无	5 648	无	无	无	无	无	907	无	10 611	617	无
2	皇氏集团湖南优氏乳业有限公司	长沙市宁乡经开区永佳西路18号	9143010033844467X3	11 345	7 665	4.40	270	15 127	7 333	1 914	0	4 880	0	0	0	0	0	1 000	0	13 150	485	0
3	湖南优卓食品科技有限公司	宁乡经开区永佳西路9号	SC10543012400581	3 000	3 000	4.90	70	20 000	16 000	0	0	4 000	0	0	0	0	0	0	0	5 335	412	0
4	湖南龚牧营养品科技有限公司	邵阳城步	SC10543052900057	3 300	3 028	8.00（羊奶价）	150	600	0	0	0	0	480	0	120	0	0	0	0	4 475		0
5	湖南湘蜜乳业有限公司	隆回县桃洪镇城南工业园	SC10543052400134	4 500	4 500		50	6 000	0	6 000	0	0	0	0	0	0	0	0	0			0
6	湖南光明乳品有限公司	湖南省长沙市望城区望城大道69号	91430122743157877C	5 500	5 500	4.20	120	30 669	0	0	0	5 329	0	0	0	0	0	25 340	0	36 067	964	0
7	湖南大旺食品有限公司	长沙市望城区普瑞西路1898号；湖南省长沙市望城区旺旺路18号	SC10543012200037					98 061	0	85 635	292	0	0	0	0	0	0	0	12 134	87 855	10 541	冰品指湖南大旺生产的碎冰冰风味饮料，添加1%的脱脂乳粉
8	湖南南山牧业有限公司	湖南省城步县南山牧场大坪	SC10543052900016	30 000	4 000	3.80	100	29 100	2 000	10 000	15 800	1 200	0	0	100	0	0	0	0	27 379	1 060	3
9	湖南上优食品科技有限公司	常德西湖	SC10543070100046	2 400	3 000	4.60	100	14 280	1 400	0	100	12 600	0	0	0	0	0	180	0	5 460	347	0
10	湖南新希望南山液态乳业有限公司	长沙望城	SC10543011200116	24 000	0	4.50	120	31 556	1 708	12 116		15 132						2 600		25 000	1 000	
11	澳优乳业(中国)有限公司	湖南长沙	SC12943011200128					6 100						5 600	500					670 000	94 200	
	总计			93 717	40 365	4.39	1 200	261 549	30 214	117 392	16 192	48 789	480	5 600	720			30 028	12 134	885 332		3

备注：本表包括在中国及海外的生产企业。日处理生鲜乳能力指设计加工生鲜乳能力。自有奶源指来自自建和参建（控股、参股）牧场（小区）的原奶。成人奶粉指除婴幼儿配方奶粉以外的学生奶粉、孕妇奶粉、中老年奶粉等终端消费奶粉。冰品包括冰激凌、雪糕等。有机产品数量单位为“枚”，指获得有机标志的数量。

广东省

【奶畜养殖】截至2019年年底，广东省存栏荷斯坦牛4.962 8万头，成母牛2.752 5万头；奶水牛0.313 6万头，成母牛0.179 9万头。牛奶总产量20.10万t，其中，荷斯坦牛奶总产量19.84万t，成母牛年均单产7.21t；水牛奶总产量0.246 9万t，成母牛年均单产1.37t。荷斯坦牛主要分布粤北、珠江三角洲和粤西地区。存栏前5位的分别是：清远市1.29万头，广州市0.79万头，惠州市0.68万头，肇庆市0.46万头，湛江市0.24万头，约占广东省21个地级市荷斯坦奶牛存栏总量的69.7%；奶水牛存栏0.313 6万头，主要分布在揭阳、佛山、肇庆等市。全省荷斯坦牛存栏在100头以上的有32个，存栏奶牛4.43万头，占89.3%，奶水牛存栏100头以上的有6个，存栏奶水牛1 325头。

【乳制品加工】全省登记在册的生鲜乳收购站37个，主要分布在广州、惠州、清远等大中城市。生鲜乳生产收购运输全部实行持证经营和运输车辆准运证管理，百分百实现机械挤奶。全省有液态奶生产企业28家，其中液态奶年产量过万吨的企业主要有广东燕塘、深圳晨光、广州光明、广州风行和蒙牛清远5家企业，广东燕塘乳业股份有限公司已于2014年12月在深圳A股挂牌上市（股票代码002732）。

【市场消费】2018年广东省居民家庭人均奶类消费量8.6kg，其中，城镇消费量10.8kg，农村消费量4kg。广东省每年奶类消费量约为80万t，每年需向香港、澳门供应生鲜乳及其制品约2万t。广东市场乳制品销售的主要品牌是燕塘、风行、香满楼、光明、蒙牛、伊利等。目前市场上也有娟姗鲜牛奶出售。广东本地消费者倾向于购买本地乳制品企业生产的液态奶产品。

【奶源基地】广东奶牛规模化养殖水平较高，奶牛存栏1 000头以上的大型奶牛场15个、存栏3.42万头、占总存栏的68.92%。存栏100头以上的奶牛占89.3%。广东牧场荷斯坦牛100%实现机械化挤奶，生鲜乳的质量和卫生指标均好于国家标准的要求。广东省2008年以来参测DHI项目奶牛场统计数字显示，蛋白质平均含量为3.3%，乳脂含量平均为3.8%，体细胞数平均在30万个/mL左右。2018年，广东燕塘乳业、广州风行乳业成为华南地区首批通过优质乳工程验收的企业。

广东省生鲜乳的购销全部实行订单生产。一般是每年11—12月，广东省奶业协会主持召开生鲜乳购销沟通协调会（包括奶农之间、乳制品企业之间、奶农与乳制品企业之间），并于12月底前在行业内发布生鲜乳购销参考价，同时组织奶农与乳制品加工企业共同签订下一年度的生鲜乳购销合同，明确规定生鲜乳供应的时间、数量、质量、价格、检测方法与奖罚条款等。这样一来，在下一年，奶农就可以专心地养健康牛、出优质奶，不用担心市场销路；而乳制品加工企也就可以全力做好乳制品加工与市场开发，不用担心奶源问题。

生鲜乳收购实行优质优价，2019年生鲜乳价格为5 400 ~ 5 600元/t，平均价格5 500元/kg。生鲜乳除每天供港50t以上外，全部用于生产液态奶（包括鲜奶、纯牛奶和酸奶等），没有用于奶粉加工。

【政策法规】为深入贯彻落实《国务院办公厅关于推进奶业振兴保障乳品质量安全的意见》和胡春华副总理在全国奶业振兴工作推进会议上的讲话精神，结合奶业发展实际，会同省发展改革委等九部门印发了《转发关于进一步促进奶业振兴的若干意见》，提出了贯彻落实意见。全省各地各有关部门高度重视，认真抓好贯彻落实，着力加强奶业振兴组织领导、加强优质奶源基地建设、做强做优乳制品加工业、加大乳制品消费引导、强化乳制品质量安全监管和推进奶牛养殖废弃物资源化利用。

不断优化奶牛养殖与乳制品加工布局，突出重点，巩固发展以广州为中心的城郊型奶源基地，加快向粤东西两翼和粤北发展。同时，大力开展奶牛标准化规模养殖示范创建、省级现代化美丽牧场示范创建、学生饮用奶奶源基地创建、国家奶牛标准化改扩建、省级草食动物示范基地项目奶牛良种补贴和优质后备母牛饲养补贴等项目，在2018年创建了首批10个现代化美丽牧场的基础上，2019年再创建16个，组织开展2020年的创建工作，继续对评定的现代化美丽牧场给予财政奖补，示范带动奶牛标准化规模养殖水平的提高，有力保障了生鲜乳的质量和安全。同时，不断加强奶牛生产性能测定工作，建设了奶牛生产性能测定实验室2个，平均月测定10 000头（份），占全省存栏成母牛的30%左右。通过奶牛生产性能测定工作的实施，不断提高奶牛健康、饲养管理和生鲜乳质量安全水平，加快推进奶业转型升级。积极开展学生饮用奶基地建设，新增韶关市曲江区农胜奶牛畜牧有限公司为学生饮用奶奶源基地。

按照《自然资源部 农业农村部关于设施农业用地管理有关问题的通知》（自然资规〔2019〕4号）要求，积极与省自然资源厅沟通协调，报送省政府《关于加强和改进设施农业用地管理的实施意见》，明确奶牛生产设施用地及与生产直接相关联的辅助设施用地为设施农业用地范围。生产设施用地规模按生产需要合理确定，辅助设施用地包括饲料存储、粪污处置、疫病防控、检验检疫、生物质有机肥料生产、病死动物无害化处理及必要的管理用房等。尤其是很好地解决了奶牛养殖场反映配套辅助设施用地规模严重不足及占用少量永久基本农田问题，将原规模化奶牛场辅助设施用地规模比例控制在项目用地的10%以内、最多不超过1hm^2，调整为控制在项目用地15%以内即可。规定养殖设施在选址确实无法避让永久基本农田的，允许使用少量基本农田，但应控制在项目用地规模的15%以内、最多不超过2hm^2，并须按规定落实补划。

【奶农组织】进一步完善各项内部管理制度。省奶业协会在省民政厅的领导下，按照《广东省行业协会管理条例》和《广东省奶业协会章程》，定期组织召开理事会议，按时上交年检报告等。

积极发展新会员，不断壮大会员队伍。省奶业协会已有团体会员108个，会员遍及牧草饲料、兽药药械、畜牧乳制品设备、奶畜养殖、乳制品加工销售等行业的生产经营、科研教学和技术推广单位，协会在行业的影响力得到显著提升。

为加强南方地区奶业行业的交流与合作，2019年省奶业协会出版4期《南方奶业》。同时，继续加强南方奶业网站建设，及时报道和更新各类奶业政策法规、牛奶知识、会展信息、奶牛养殖技术和乳制品加工技术等信息文章。

开展形式多样范围广泛的技术培训。2019年3月6日，省奶业协会组织乳制品加工企业厂长、设备部、采购部、生产部、市场部、品牌部等部门负责人前往参观第26届中国国际包装工业展览会。另外，部分人员还参加了展会同期活动——食品药品行业智能包装的应用前景。3月28日，协会联合江苏家惠生物科技有限公司在广州市举办以“提升牧场效益”为主题的管理技术研讨会。6月4日，组织奶牛养殖专家与来访的美国育种者协会会长Jay Weik一行进行技术交流，了解美国近年来在奶牛育种技术、奶牛生产性能测定技术上的进步和技术应用的进展。会后，美国育种者协会还根据与会专家的要求，积极完善美国种公牛冻精的技术相关文件，保证了奶农可以更好地使用美国优质种苗。7月24日，省奶业协会领导受邀参加在广州番禺长隆举行的“陕西羊乳健康中国行品牌推介会”，与与会专家学者交流了羊奶的消费和营养，增进相关行业的黏性，推动奶业行业的进步。11月12—13日，协会联合广西、福建及湖南奶业协会主办的以“加强技术创新利用、保障奶业健康发展”为主题的“南方地区奶牛技术高峰论坛”在广东燕岭大厦成功召开，来自广东、广西、湖南、福建、四川及毗邻省份的奶牛养殖、乳制品加工、科研机构、高校等行业精英300多人相聚广州。12月27日协会联合广州汇旺生物科技有限公司在广州举办广东养牛人技术沙龙。

认真开展技术咨询服务。省奶业协会积极为会员单位提供奶牛饲养管理、牧场饲料等方面的市场信息咨询；为会员提供包括参加省著名商标评选、出国考察学习、职称晋升等的推荐意见和证明材料；为会员单位奶牛场搬迁补偿出具专家评估意见等。

充分发挥桥梁纽带作用，认真做好沟通协调工作。积极开展生鲜乳购销协调工作。在认真做好生鲜乳生产成本调查的基础上，每年年底前组织奶畜养殖和乳制品加工企业，开展生鲜乳购销价格协调，发布生鲜乳购销参考价，有力地促进了本省生鲜乳市场的协调稳定。

积极主动工作，努力完成上级有关部门委托任务。受广东省畜牧技术推广总站委托，认真做好生鲜乳收购站统计监测汇总工作，按时上报每月统计表至农业农村部，实时监测全省各地生鲜乳收购许可证与运输车辆准运证信息的录入和更新等；协助开展奶业生产统计工作，认真做好奶牛养殖和乳制品加工企业生产统计工作。

【质量监管】高度重视乳制品质量安全监管，制定了《广东省生鲜乳质量安全监测计划》，地方各级农业农村主管部门制定详细的乳制品质量监督检测计划，实行生鲜乳收购站和运输车年度监测全覆盖，不留监管空白。根据全省奶牛养殖布局，共建立了37个生鲜乳收购站，全部按要求建设生鲜乳检测室，配备必要的仪器设备和专业技术人员，对出场的生鲜乳实行批批自检，运奶车全部实行准运证管理，部分运输车还装备了卫星跟踪监控管理设施。2019年农业农村部组织开展的生鲜乳质量安全监测中，共抽检生鲜乳样品167个，抽检合格率为100%。2019年省农业农村密切配合农业农村部委托的第三方质检机构，联合相关地市的畜牧管理部门先后到广州、清远、惠州等市对生鲜乳收购站和运输车进行了检查及监督抽样，共检测生鲜乳样品96个，加强对养殖场、生鲜乳收购站和运输车标准化管理、生鲜乳质量检验、安全制度落实等方面的监督检查，及时堵塞安全隐患风险漏洞。

（广东省畜牧技术推广总站，陈三有、刘建营）

广西壮族自治区

【奶畜养殖】生产情况。据畜牧部门统计，2019年广西奶牛存栏5.90万头，能繁母牛3.60万头；奶类产量8.23万t。其中，荷斯坦牛存栏1.48万头，能繁母牛0.91万头；奶水牛存栏4.42万头，能繁母水牛2.69万头。荷斯坦牛奶产量5.44万t，水牛奶产量2.76万t。

养殖分布。广西奶业呈现两大优势区域发展。荷斯坦牛养殖以南宁、贺州、柳州、来宾、贵港、崇左6个市为中心产区，2019年有荷斯坦牛存栏1.26万头，占广西荷斯坦牛总数的85.14%；奶水牛已向规模养殖场或小区养殖方向发展，以钦州、北海、玉林、南宁4个市为主要产区，2019年有奶水牛存栏4.37万头，占广西奶水牛存栏总数的98.87%。

2019年广西奶类产值为5.67亿元(其中水牛奶2.57亿元)。

生鲜乳价格。2019年荷斯坦牛奶收购价格5.60元/kg，水牛奶收购价格9.30元/kg。饲养1头年产1.6t的奶水牛年可获利3 000元左右，广西奶水牛养殖户有9 746个。

特色水牛奶业发展情况。2019年，广西继续加强水牛奶业开发工作，目前养殖规模100头以上的奶水牛养殖小区(场)有24个，奶水牛存栏8 918头。灵山县委、县政府出台了《灵山县加快推进奶水牛产业发展工作方案》，提出了发展目标和任务，并申报得到自治区同意将灵山县奶水牛产业纳入第三批广西特色农产品优势区创建。

奶业发展趋势。广西奶业的特色是水牛奶业，发展方向为荷斯坦牛和奶水牛并重，突出抓好水牛奶业发展。在广西壮族自治区人民政府的推动下，广西水牛奶业已纳入特色农业，并加大了发展力度，今后广西水牛奶业发展会稳步推进，持续稳步增长。

【乳制品加工】2019年广西获得食品生产许可证并生产乳制品的企业有22家，其中婴幼儿配方奶粉企业1家。2019年全广西乳制品产量为27.75万t，其中液态奶26.61万t，占95.89%。

广西加工水牛乳制品的企业有广西皇氏甲天下乳业股份有限公司、广西壮牛乳业有限公司、广西百菲乳业有限公司、广西桂牛水牛乳业股份有限公司和崇左市天添乳品厂，2019年实际加工水牛奶产品5.22万t，主要有巴氏杀菌乳、酸奶、UHT奶、乳饮料等系列50多个品种，包装有瓶装、杯装、袋装、听装和利乐包装等，部分产品和奶酪远销香港以及广东、湖南、上海、北京、黑龙江等20多个省（直辖市）。

【市场消费】2019年广西总人口5 695万人，奶类产量8.23万t，人均奶类占有量为1.46kg。

【奶源基地】2019年年底，广西存栏奶牛100头规模以上的奶牛养殖小区（场）共43个，存栏奶牛22 819头，占广西奶牛存栏5.90万头的38.68%，奶牛品种主要有荷斯坦牛、娟姗牛和奶水牛。其中南宁市16个、钦州市5个、柳州市4个、北海市6个、玉林市4个、来宾市3个、贵港市2个、防城港市1个、贺州市1个、崇左市1个。存栏100~300头规模的养殖小区（场）22个，301~500头规模养殖小区（场）6个，501~1000头规模养殖小区（场）11个，1 000头规模以上养殖小区（场）4个。属于奶企自建的奶牛养殖小区（场）共12个，国有单位的4个，私营公司的16个，合作社或个体的11个。

2019年广西在粗饲料开发与利用方面，重点抓好高产优质牧草（桂牧1号等）和优质农副产品（玉米秆、甘蔗叶、菠萝渣等）种植开发利用以及粮改饲项目实施工作，较好解决了奶牛养殖业所需粗饲料问题。全年推广种植单一高产牧草（桂牧1号等象草）2.32万hm^2、青贮专用玉米8 593.33hm^2，实施果园隙地种草8 540hm^2、冬闲田种草7 026.67hm^2；农作物秸秆饲料化利用462万t。2019年广西粮改饲项目，中央财政补助资金2 150万元，工作任务是粮改饲种植面积6 000hm^2、饲草料收储27万t；截至2019年年底共完成粮改饲种植面积9 280hm^2、完成任务的154.67%，收储优质饲草料31.96万t、完成任务的118.37%。

2019年广西继续抓好奶牛疫病防控工作，主要把好规模养殖场管理、推广普及生态健康养殖技术、动物疫病防控和监测等环节，广西奶牛养殖业无重大疫情发生。

【奶农组织】2019年，广西奶业协会协助广西市场监督管理局在南宁市开展提升乳制品质量安全公开承诺活动。活动主要内容为：通报2019年全区乳制品质量安全情况和体系检查情况、乳制品企业递交质量安全承诺书、质量管理体系培训等。宗旨为：在强化政府监管责任的同时，督促和引导乳制品生产企业落实食品安全主体责任，推动广西乳制品产业持续健康发展。

本次活动向广西乳制品行业全体同仁发出倡议，广西22家持证乳制品生产企业法人代表高度重视和积极响应，纷纷表态一定要牢固树立乳制品生产企业是食品安全第一责任人的意识，牢记习近平总书记“最严谨的标准、最严格的监管、最严厉的处罚、最严肃的问责”的“四个最严”要求，认真贯彻执行党中央、国务院的各项方针政策，模范遵守《中华人民共和国食品安全法》《中华人民共和国食品安全法实施条例》等国家法律法规，合法经营、诚实守信。把食品安全、消费者满意放在首位，以产品质量安全为核心，以消费者利益为至上。22家持证乳制品生产企业法人代表都在倡议书上签字，并向广西市场监督管理局递交承诺书。

2019年，广西各级畜牧部门继续加强奶农技术培训，组织开展有关法规、生态养殖技术、饲养管理、疫病防治等培训班50期，培训学员3 000人次，发放宣传资料2 500份。

【政策法规】2019 年 6 月 13 日，广西壮族自治区人民政府办公厅印发了《广西壮族自治区人民政府办公厅关于推进奶业振兴打造南方奶业强区的实施意见》(桂政办发〔2019〕69 号）文件。该实施意见明确抓好奶业布局、生态养殖、良种繁育、饲草料供给等 11 个重点环节和切实加强组织领导、加大政策支持力度、推动科技创新和人才支撑、加强宣传引导 4 条保障措施。

【质量监管】2019 年 5 月，广西持有生鲜乳收购许可证的生鲜乳收购站共 33 个，已核发生鲜乳运输许可证的运输车共 26 辆。截至 2019 年 10 月底，持有生鲜乳收购许可证的生鲜乳收购站共31个，新增发证3个，注销 5 个；已核发生鲜乳运输许可证的运输车共 27 辆，新增发证 1 辆。

2019年广西在生鲜乳质量监管方面主要把好三关。

第一，加强领导，落实生鲜乳质量安全监管责任。

2019 年，广西各级政府管理部门高度重视生鲜乳质量安全监管工作，列为每年重点工作之一，以文件形式下达监管任务，狠抓各级监管责任的落实。广西壮族自治区农业农村厅下发了《关于开展 2019 年广西生鲜乳质量安全监测工作的通知》(桂农厅发〔2019〕92 号），要求各级农业农村部门在当地政府的统一领导下，认真履行生鲜乳质量安全监管职责，落实监管措施，加大监管力度，严厉打击违法违规行为。各市、县（市、区）制定相应监测计划的实施方案，建立健全相关工作机制，组织专门力量，明确分工，责任落实到具体单位、具体环节和个人。监测机构严格遵守相关工作规范，确保抽样、送样、异议处理等程序合法。

重点落实“三化”。一是完善监管的信息化。推进生鲜乳收购站和运输车标准化建设与管理，建立监管监测信息系统，实时调度掌握生鲜乳收购站和运输车的运行变化情况，对广西所有生鲜乳收购站和运输车实现精准化、全时段管理，持证经营、规范运转。二是完善监管的制度化。督导落实各地生鲜乳收购站和运输车专人监管制度，做到不漏站、不漏车，坚决整改、取缔不合格生鲜乳收购站和运输车。落实监管频次制度，定期对生鲜乳收购站和运输车进行巡查监管。三是完善监管的常态化。继续组织实施生鲜乳质量监测计划，加大违禁、违规添加风险物质的排查，健全生鲜乳质量安全风险评估制度。严厉打击生鲜乳生产、收购和运输环节违法添加行为。

第二，强化监督检查，确保任务完成。

严格按照国务院《乳品质量安全监督管理条例》、农业农村部《生鲜乳生产收购管理办法》等有关规定要求，根据农业农村部和广西下达的年度生鲜乳质量安全监测工作任务，进行 2 次全覆盖监督检查和抽样检测，100% 完成年度监督检查和抽样检测任务。

在监督检查工作中，重点抓好奶牛养殖和生鲜乳档案记录、投入品的使用、生鲜乳的溯源和不合格生鲜乳的处理、生鲜乳质量安全抽检等环节的检查，确保产品质量安全。2019 年广西共完成生鲜乳专项监测任务三聚氰胺、黄曲霉素 M_1、β－内酰胺酶、革皮水解物、碱类物质、硫氰酸钠 6 个项目 61 批，其中水牛乳 21 批，前 5 个项目结果均符合规定，合格率为 100%，硫氰酸钠检测结果不作判定，上报数据为具体检测值。

第三，加强培训，提高工作水平 。

2019 年，广西根据生鲜乳质量安全监管工作需要，举办了 1 期广西生鲜乳质量安全监管和奶业生产统计培训班，参训人员为各有关市、县（市、区）生鲜乳质量安全部门负责人、抽样检测工作人员和直联直报平台填报人员、统计人员以及生鲜乳收购站负责人、重点乳制品生产企业质量监管负责人，共计 135 人。通过培训学习，强化了责任意识，提高了广西生鲜乳质量安全监管工作水平。

（广西壮族自治区畜牧站，唐善生；广西壮族自治区农业农村厅，孙旭波）

海南省

【奶畜养殖】 2019年年底，海南省奶牛存栏1 411头，其中三亚280头、澄迈300头、儋州381头、昌江450头。全年牛奶产量2 264.2t。奶牛养殖企业主要有4家，分布在三亚、澄迈、儋州、昌江等地。海南奶牛养殖以规模养殖场为主,集约化、设施化、标准化程度较高。奶业产值占畜牧业产值比重较低。近年来随着鲜奶需求增加，奶牛养殖成逐渐上升状态，存栏量较2018年增加511头，牛奶产量增加385.57t。

【乳制品加工】 海南省共4家奶企，海南艾森牧业有限公司（位于澄迈县）拥有专门的乳制品加工厂，配备检测实验室和运输车。三亚和昌江雪古丽公司拥有小型乳制品加工厂，配备检测室和运输车，采用以色列阿菲金挤奶设备，具有自动脱杯功能，自动筛查抗生素，若检测到不合格奶，挤奶杯自动脱落。儋州主要养殖品种为奶水牛。海南本地市场产品主要分为复原乳酸奶、乳酸菌饮料和巴氏杀菌乳，其中巴氏杀菌乳仅占一小部分。因自然环境等因素限制，海南奶牛业规模仍较少，市场以复原乳酸奶、乳酸菌饮料为主，且多为全国性的品牌产品；少量鲜牛奶以个人定制、高档酒店供应为主。

【市场消费】 海南本地市场的各大乳制品企业均有进入，本地品牌以艾森、雪古力为主，主要生产巴氏杀菌乳、复原乳酸奶和乳酸菌饮料等，规格多为150g/mL，杯装，市场售价在3~5元。

【奶源基地】 奶牛养殖基地4个，设计均为规模养殖场，全部应用全混合日粮（TMR）技术。牧草主要种植玉米、象草等青绿饲料，苜蓿等优质干草依靠岛外输入。

【质量监管】 根据农业农村部和省农业农村厅下达的监测计划，结合本省实际情况，对本省奶牛场进行检查、抽样，共抽取的生鲜乳样品36份，合格率100%，与2018年持平。检测项目包括黄曲霉素M_1和β－内酰胺抗生素（青霉素G、苄星青霉素、氨苄西林、阿莫西林、苯唑西林、氯唑西林、萘夫西林、双氯西林、头孢喹肟、头孢乙腈、头孢洛宁、头孢匹林、头孢哌酮、头孢唑林、头孢噻呋）等指标。现场检查、抽检中，未发现非法使用违禁药物和滥用药物情况。

（海南省农业农村厅，程文科）

重庆市

【奶畜养殖】据相关部门统计，截至2019年年底，重庆市奶牛存栏1.11万头，同比下降9.02%；产奶量4.19万t，同比下降14.31%；有机奶产量3 017t。奶牛品种主要为中国荷斯坦和少量的娟姗牛，根据对100头以上规模奶牛场估算，成母牛年均单产约9.0t。奶牛养殖区域主要分布在巴南区、合川区、荣昌区、长寿区、黔江区、垫江县、渝北区、巫溪县、云阳县、綦江区等10个区县。重庆市奶牛养殖主要以规模养殖为主，受环保压力、成本等因素影响，本市奶牛规模养殖呈现缩量状况，中小规模奶牛场逐步减少规模，大型奶牛场呈现出规模减量但奶牛单产提高的情况；奶源基地基本实现规模化养殖，少部分散养主要是在远郊区县。2019年奉节县新建存栏规模达500头的奶牛场1个。

【乳制品加工】截至2019年年底，本市有乳制品加工企业2家，分别是重庆市天友乳业股份有限公司（以下简称天友乳业）和重庆光大集团乳业股份有限公司（以下简称光大乳业），2家企业年收购原奶量约18.32万t，乳制品总产量约26.74万t，其中低温鲜奶约3.37万t，UHT奶约10.54万t，常温酸奶约0.6万t，低温酸奶约7.73万t，原料奶粉0.12万t，成人奶粉4t，乳饮料约4.3万t；天友乳业获得有机产品标志15 973 235枚。本市乳制品加工企业在本地资源条件受限的情况下，把奶源基地逐步扩大到宁夏、陕西、四川等省份，市外奶源基地经过几年建设已发展壮大，乳制品加工企业对本市奶源的依赖程度明显降低，也给本地奶牛产业发展带来一定影响，奶源数量呈现逐步减少趋势。同时，市场上存在少量鲜奶经简单消毒后直接上市销售或以奶吧形式销售或销售给糕点、冷饮店的情况。

【市场消费】2019年全市常住人口3 124.32万人，市内生产的生鲜乳人均占有量约1.34kg；城镇常住居民及农村居民人均消费奶和奶制品分别约为16.95kg、7.7kg。重庆市场上销售的乳制品主要有巴氏杀菌乳、UHT奶、酸奶、婴幼儿配方奶粉等；市场上乳制品企业的本地品牌有天友乳业和光大乳业等，外地品牌有伊利、蒙牛、光明、百吉福、纽仕兰、安佳、养乐多、娃哈哈、旺仔等；目前，巴氏杀菌乳、酸奶规格一般为盒装或袋装；袋装规格主要在200~250mL，价格在2~5元，盒装规格主要在100~2 000mL，价格在3~20元，罐装规格主要在145~245mL，价格在3~6元。奶制品市场消费特点以巴氏杀菌乳、UHT奶、酸奶等为主，随着社会经济的快速发展、居民经济收入的普遍提高，奶类市场消费发展趋势将呈现持续增长的状态。

【奶源基地】截至2019年年底，重庆奶牛规模养殖场11个，奶牛存栏100头以上的养殖场规模化率为74.05%。奶牛规模养殖场基本完成转型升级的结构性调整，将拴系式喂养改成散栏式喂养和分群管理；将手推式挤奶改成管道式或厅式挤奶，1 000头以上规模养殖场基本实现机械化挤奶；注重饲养管理，已将精粗料分开饲喂改成了TMR全混合日粮饲喂，养殖方式发生了根本改变；天友乳业等乳制品企业重视奶牛个体繁育指标，重点对高产奶牛开展了生产性能测定（DHI）；各奶牛养殖场在设施设备上进行了升级改造，牛场软硬件得到极大改观。2019年，全市苜蓿和青贮玉米种植面积分别为654hm^{2}和4 054hm^2，苜蓿平均单产（折合干草）12.1t/hm^2、总产量7 912.83t，全株青贮玉米平均单产（折合干草）15.84t/hm^2、总产量64 199.5t。各规模奶牛养殖场重点对口蹄疫、布鲁氏菌病等传染病进行了防控；在规模奶牛养殖场开展了雨污分流、固液分离等为主的粪污处理方式。2019年，2家乳制品企业支付牛奶均价约为4.85元/kg，估计奶牛规模养殖场（户）年净收入约3 000元/头（按平均产奶量约7.8t/头），100头规模奶牛养殖场净收入约25万元，基本保证了奶牛养殖的盈利状况。规模养殖场采取自繁自养的模式更新牛源、扩大养殖规模，自购国内外冻精或性控冻精，没有对外购买和引进奶牛，依靠本市牛场自繁，更新淘汰一些老病残牛，全市牛群规模略有增加，保持了现有牛群的稳定。

【奶农组织】重庆市的奶农合作社主要有荣昌区的重庆市渝西奶牛专业合作社，垫江县的重庆市新曲奶牛养殖专业合作社和农福生态奶牛养殖股份合作社等；奶农培训主要由收奶企业和当地畜牧部门进行技术培训。

【政策法规】2019年，除享受到的国家扶持政策中的奶牛保险外，重庆奶牛养殖没有享受中央资金和项目的扶持。本市的奶牛保险是：每头保费500元，国家补贴400元，业主自己承担100元，保险金额1万元，2019年全市保险约6 000余头。本市还先后出台了如下地方政策：一是2019年先后出台了《重庆市人民政府办公厅关于推进奶业振兴保障乳品质量安全的实施意见》、重庆市农业农村委员会等九部门关于贯彻落实《进一步促进奶业振兴的若干意见》的通知》（渝农发〔2019〕86号）、重庆市发展改革委关于转发国家发展改革委等七部委《关于印发〈国产婴幼儿配方乳粉提升行动方案〉的通知》的通知（渝发改发〔2019〕929号）等文件，明确本市奶业振兴发展的总体目标。二是奶牛主产区县通过以下渠道进行支持。其一是草食牲畜产业资金支持。少数奶牛养殖区县在市级切块到区县的草食牲畜产业发展资金中给予了很少的支持，支持力度非常小。其二是农业综合开发项目资金。对牛场基础设施建设以项目形式补贴。其三是贷款担保。市级农业担保公司和区县级农业担保公司对奶牛养殖进行贷款担保。2019年，市农业农村委员会办公室发布通知（渝农办发〔2019〕143号），对外公布了奶牛规模养殖场精细化饲养技术1项农业主推技术。市畜牧技术推广总站发布了中国荷斯坦牛1个奶牛主导品种、奶牛精细化养殖技术1项主推技术；2019年，市畜牧技术推广总站修订完成的《奶牛标准化规模养殖场建设规范》，已由重庆市地方标准批准发布公告并颁布实施。

【质量监管】根据重庆市农业农村委员会办公室《关于开展2019年生鲜乳质量安全监测工作的通知》（渝农办发〔2019〕106号），2019年，在黔江、渝北、长寿、荣昌、巫溪、垫江、云阳、合川8个县（区）设立生鲜乳收购站，抽取了30批次的生鲜乳样品，完成全年生鲜乳质量安全监测任务的100%，完全达到抽检要求。根据农业农村部办公厅《关于公布2019年全国生鲜乳质量安全监测和监督抽查结果的通报》（农办牧〔2020〕2号），2019年农业农村部对重庆市生鲜乳开展了质量安全监测抽检，抽检合格率达到100%。现场检查生鲜乳收购站48站次、生鲜乳运输车辆53车次，达标率均100%。抽检生鲜乳收购站10个，覆盖率100%。

【奶业大事】2019年年初，天友乳业总经理费睿提出“践行集团新时期发展战略，开启天友二次创业新征程”号召，公司全体干部职工把力量凝聚到“破冰天友瓶颈期”上来，以“创新、变革”的勇气和担当，科学谋划，积极推进，奋力突破发展瓶颈，持续推动天友乳业又好又快发展。2019年2月，天友乳业新品风味型调制乳产品炭烧牛乳上市，领全国之先。2019年5月，天友乳业在2017/2018年度优质乳工程系列公益品评活动中荣获“优质乳工程科技创新奖”“鲜活时速”鲜牛奶在2019年千人品鉴优质乳公益品评活动中荣获“消费者最喜爱金奖”。2019年6月20日，重庆市委书记陈敏尔莅临天友乳业调研，肯定了天友乳业全产业链运行好、奶源质量好、加工技术好、党建工作好、产品质量零事故好。希望继续保持零事故，把各方面工作做得更好。2019年6月，天友乳业合作企业黄河乳业婴幼儿配方奶粉获得欧盟双认证。2019年7月25日，天友乳业与江南大学签署科研战略合作协议。2019年是天友乳业百特品牌推出12周年，百特成为全国唯一能在区域市场与伊利金典、蒙牛特仑苏抗衡的高端白奶品牌，同年11月，百特被认定为中国驰名商标，标志着百特品牌已得到市场和社会高度认可，至此，天友乳业共有2个中国驰名商标。2019年11月8日，天友乳业与云徙科技签订战略合作协议，启动数字化改造营销体系项目，推动公司新零售的快速发展，力争在乳制品营销数字化、智慧化领域“弯道超车”，实现行业领先。2019年12月，重庆老酸奶、轻酸奶、核桃花生奶被重庆市总商会旅游商会评选为“重庆优质旅游文化商品”；核桃花生奶入围超具影响力的FBIF Marking Awards 2020全球食品饮料包装设计大奖。

2019年6月26日，贵州黔西南州委常委、州政府副州长王雄义带领考察团一行20多人考察重庆光大集团乳业股份有限公司巴南牧场。光大乳业获得“2018最赞微营销评选”奖；奶牛梦工场被评为“中国·重庆2018十佳健康生活创新品牌”；巴南牧场再次通过奶牛良好农业规范（GAP一级）认证；光大乳业被国家知识产权局评为“2019年度国家知识产权优势企业”；光大乳业被评为2019年度重庆市农产品加工示范企业；奶牛梦工场获“2019重庆美食标杆企业（品牌）”。

（重庆市农业农村委员会，潘　川；重庆市畜牧技术推广总站，李发玉、张　科）

附表 1　重庆市奶畜养殖场（小区）名录

序号	名称	供奶企业	全群存栏（头）	成母畜存栏（头）	奶畜品种	成母畜单产（t/年）	年总产量（t）	是否有机奶源基地	有机奶产量（t）
1	重庆市天翼牧业发展有限公司	重庆市天友乳业股份有限公司	990	556	中国荷斯坦	10.1	5 357		
2	重庆市天友纵横牧业发展有限公司两江奶牛养殖场	重庆市天友乳业股份有限公司	625	348	中国荷斯坦、娟珊	9.1	3 017	√	3 017
3	重庆市天合牧业发展有限公司	重庆市天友乳业股份有限公司	648	366	中国荷斯坦	9.3	3 256		
4	重庆蒙揽农业开发有限责任公司	重庆市天友乳业股份有限公司	387	219	中国荷斯坦	7.7	1 233		
5	重庆市新曲奶牛养殖专业合作社	重庆市天友乳业股份有限公司	180	119	中国荷斯坦	8.1	857		
6	重庆市文顺奶牛养殖场	重庆市天友乳业股份有限公司	171	126	中国荷斯坦	7.8	951		
7	巫溪县文鑫农牧有限公司	重庆市天友乳业股份有限公司	322	231	中国荷斯坦	8.5	1 452		
8	云阳县林久农牧综合开发有限责任公司	重庆市天友乳业股份有限公司	282	127	中国荷斯坦	9.0	907		
9	重庆市渝西奶牛专业合作社	重庆市天友乳业股份有限公司	331	169	中国荷斯坦	7.7	894		
10	重庆泰基科技发展有限公司	重庆光大集团乳业股份有限公司	1 855	891	娟姗王、荷斯坦	8.5	7 573		
11	重庆市垫江县农福生态奶牛养殖股份合作社	重庆光大集团乳业股份有限公司	298	130	荷斯坦	8.0	1 040		
	合计		6 089	3 282			26 537		3 017

备注：本表所指奶畜包括奶山羊、奶绵羊、奶水牛、牦牛、骆驼、驴等产商品奶家畜。如认证为有机奶源基地，请在相应表格中打勾。

附表 2 重庆市主要乳制品生产企业名录

序号	名称	生产地点	生产许可证号码	年收购原奶量（t）	其中：自有奶源量（t）	平均支付价格（元/kg）	日处理生鲜乳能力（t）	年乳制品产量（t）	其中：低温鲜奶（t）	UHT 奶（t）	常温酸奶（t）	低温酸奶（t）	原料奶粉（t）	婴幼儿配方奶粉（t）	成人奶粉（t）	奶油（t）	奶酪（t）	乳饮料（t）	冰品（t）	年销售收入（万元）	利润（万元）	有机产品（枚）
1	重庆市天友乳业股份有限公司	渝北区金石大道 99 号 南岸区大石支路 99 号 陕西中宁县	乳品一厂：91500112450384259D 乳品二厂：91500108709413777H 黄河乳业：916405217999068578	155 320	19 084	4.47	1 100	230 887	25 800	96 500	6 000	61 600	1 160	823	4	0	0	39 000	0	225 290	9 062	15 973 235
2	重庆光大集团乳业股份有限公司	江北区鱼嘴镇	SC10550010509096	27 853	8 613	5.22	110	36 466	7 900	8 868	0	15 714	0	0	0	0	0	3 984	0	36 530	1 027	0
	合计			183 173	27 697	4.85	1 210	267 353	33 700	105 368	6 000	77 314	1 160	823	4	0	0	42 984	0	261 820	10 089	15 973 235

备注：本表包括在中国及海外的生产企业。日处理生鲜乳能力指设计加工生鲜乳能力。自有奶源指来自自建和参建（控股、参股）牧场（小区）的原奶。成人奶粉指除婴幼儿配方奶粉以外的学生奶粉、孕妇奶粉、中老年奶粉等终端消费奶粉。冰品包括冰激凌、雪糕等。有机产品数量单位为“枚”，指获得有机标志的数量。

四川省

【奶畜养殖】2019年年底，全省牛存栏890万头（含牦牛），据行业统计荷斯坦牛和娟珊牛及改良奶牛存栏9.6万头，产奶牦牛150万头，全年奶类产量64.3万t，其中牛奶产量64.2万t（含牦牛奶产量23万t）。生鲜乳收购站收购备案合同生鲜乳平均交售价格为4.10元/kg，牦牛奶交售价格为7.00元/kg。省内乳制品企业新希望、菊乐跨省到甘肃、宁夏建设奶源基地牧场4个。

【乳制品加工】2019年四川省乳制品产量112.5万t，其中液态奶产量104.2万t，奶粉产量0.1万t。干乳制品产量8.2万t。阿坝县高原之宝牦牛乳业股份有限公司是四川省唯一一家婴幼儿配方奶粉生产企业。

2019年四川省进口液态奶361.6t，进口额52.1万美元；进口酸奶7.8t，进口额5.5万美元；进口奶粉22 507.7t，进口额6 541.3万美元；进口乳清1 874.5t，进口额125.8万美元；进口黄油613.1t，进口额315.8万美元；进口奶酪59.6t，进口额22.4万美元。

【奶源基地】2019年登记奶牛养殖场（户）430个，其中100头以上奶牛规模养殖场87个，50~500头适度规模的养殖场72个，1 000头以上规模的牧场7个，5 000头以上规模的牧场1个。其中2019年新增部级奶牛标准化示范场1个，省级示范场2个，省部级示范场合计28个，7个规模场通过GAP评定，14个规模化奶牛场成为学生饮用奶奶源基地示范牧场。

2019年，全省有四川省畜牧总站和新希望生态牧业有限公司建设的DHI测定中心2个，12个奶牛场参加奶牛生产性能测定，测定奶牛9 596头。测定场奶牛日均产奶量29.6kg，日均脂肪率3.78%，日均蛋白率3.27%，日均体细胞数29.9万个/mL。

四川省现有种公牛站1个：成都汇丰动物育种有限公司。共有种公牛56头，其中娟姗公牛5头、荷斯坦公牛2头。

【饲草生产】2019年四川省饲料产量为1 426.33万t，其中配合饲料827.08万t，混合饲料181.48万t；饲草产量889亿kg。

【奶业振兴】2019年1月，四川省人民政府办公厅印发了《关于推进奶业振兴保障乳品质量安全的实施意见》（川办发〔2019〕1号）。提出四川省奶业振兴的主要目标：到2020年，全省奶牛100头以上规模养殖比重超过65%，乳制品监督抽检合格率达99%以上，规模养殖场设施装备配套率达100%，养殖废弃物资源化利用率达75%以上；到2025年，全省奶业基本实现现代化。全省将从建设优质奶源基地、完善乳制品加工和流通体系、加大引导乳制品消费、强化乳制品质量安全监管4个方面发力。2019年10月，中共四川省委、四川省人民政府印发的《关于加快建设现代农业“10+3”产业体系 推进农业大省向农业强省跨越的意见》，由尧斯丹副省长亲自负责推进其中的《川牛羊产业振兴工作方案》，把全省奶业振兴工作提升到了新的高度。2019年6月开展《四川省奶业振兴与生鲜乳质量安全监管培训班》1期，培训120余人。

【质量监管】全省共有生鲜乳收购站31个（乳制品企业开办15个、奶农合作社开办8个、奶畜养殖场开办8个），生鲜乳运输车87辆。省农业农村厅印发了《四川省2019年生鲜乳质量安全监测计划》《四川省2019年生鲜乳质量安全监测计划》等文件，部署了任务、明确了目标、压实了责任。2019年省、市（州）、县（区）现场检查生鲜乳收购站709站次，检查运输车辆687车次，出动执法人员2 159人次。全省抽检生鲜乳样品6 610批次，其中市、县抽检样品6 254批次（含快速检测），省级抽检样品100批次，第三方机构和部级抽检样品256批次。省、市、县落实监测资金37.17万元，其中省级资金20万元，市、县资金17.17万元。

【奶业大事】2019年1月25日上午，新希望乳业股份有限公司在深圳证券交易所举行敲钟仪式，正式登陆A股市场，股票简称“新乳业”，开盘价为每股5.45元，总股本为8.54亿元。

2019年7月18日，中国现代牧业控股有限公司（以下简称现代牧业）宣布，现代牧业将向新希望乳业股份有限公司（以下简称新希望乳业）配售约2.76亿股现代牧业股票，并处置持有的质押股票约3.19亿股，作价为每股1.353 5元港币（1.192 0元人民币），预期配售及处置质押所得金额约合7.09亿元人民币，占比现代牧业总股份的9.28%。本次交易完成后，现代牧业及新希望乳业将进一步深化双方在上游业务的协同合作。本次交易所得金额将用于现代牧业的日常营运，为未来增产扩群做准备。

四川菊乐食品股份有限公司（以下简称菊乐）向证监会提交了招股说明书，准备在深圳证券交易所上市。这是菊乐股份第二次提交的招股说明书，此前公司曾于2017年12月进行过披露。和上次相比，募资金额从原来的4.86亿元增至5.59亿元，其中2.60亿元用于在新津县建年产12万t乳制品工厂，1.92亿元用于温江乳制品厂技术改造，1.19亿元用于营销服务中心升级，3 901.70万元用于研发中心升级。2016—2018年，菊乐的主营业收入分别为6.89亿元、6.96亿元和7.85亿元，净利润为3 236.16万、1 995.20万和6 917.98万元。

新希望乳业投资5.30亿元在甘肃永昌县建万头奶牛场。2019年6月开工建设，分两期实施，建成后年产鲜奶6.5万t。

四川菊乐食品股份有限公司所属菊乐乳业有限公司在甘肃张掖与前进牧业投资合作的第二个5 000头牧场开建，工程2021年春季完工。

（四川省畜牧总站，杨 嵩；四川省奶业协会，李自成）

贵州省

【奶畜养殖】2019年贵州省奶类总产量5.29万t，与2018年同比增长15.5%，奶牛存栏1.3万头，与2018年同比下降78.37%。奶牛品种主要为荷斯坦牛，有少量娟姗牛，全省奶牛分布在贵阳市、遵义市、黔南州、黔东南州、安顺市的清镇、开阳、修文、红花岗、都匀、独山、凯里、西秀等县（市、区）。其中，贵阳市奶牛存栏占全省的86.82%以上。全省生鲜牛乳平均交售价格为4.5~6.0元/kg。

【乳制品加工】全省主要乳制品加工企业有6家，2019年乳制品企业销售总额13.5亿元，利润0.99亿元。乳制品产量14.6万t，其中：巴氏杀菌乳2.5万t，UHT奶9.6万t，酸奶2.1万t，乳饮料0.4万t。与2018年同期比较，乳饮料、酸奶下降，巴氏杀菌乳、UHT奶增加。本地乳制品企业未生产配方奶粉。

【市场消费】2019年，全省城镇居民人均消费鲜奶5.98kg，贵州主要品牌有山花、好一多、贵草、圣恒、皇氏、伊利、蒙牛、澳优、新希望、欧亚、现代牧业、遵义、光明、来思儿等，同类产品价格相差不大。据市场消费调查，收入水平、消费习惯、购买的便利性、营养知识、保健意识、质量和价格等因素是影响液态奶消费行为的主要因素，由于对乳制品不同的消费理念以及价格等因素，UHT奶在贵州占有较大市场消费比例。城镇居民人均液态奶消费量稳定，市场正处于成熟阶段，农村居民人均液态奶消费量随着生活水平的不断提高，市场处于成长阶段。消费者在超大仓储和超市购买液态奶的比例仍在不断上升，同时，网购销售比例也在提高。

【奶源基地】据行业统计数据，2019年全省奶牛养殖场（户）共86个。其中，1~49头规模的74个，存栏奶牛603头，占4.2%；50~99头规模的1个，存栏奶牛85头，占0.6%；100~199头规模的1个，存栏奶牛135头，占0.95%；200~499头规模的4个，存栏奶牛1 356头，占9.54%；500~999头规模的1个，存栏奶牛938头，占6.6%；1 000~1 999头规模的3个，存栏奶牛4 419头，占31.08%；2 000~4 999头规模的2个，存栏奶牛6 682头，占47%；无5 000头以上规模养殖场。

全省奶牛养殖以规模养殖场（户）为主，挤奶方式为集中到挤奶平台机械化挤奶，大多采用TMR技术。

【奶农组织】全省有奶农合作社7个，其中贵阳市4个，主要组织周边农户种草，通过种养循环有效解决粪污消纳问题，并针对牧草种植与管理等进行培训；遵义市2个，主要采用“公司+奶农合作社+奶农”三级培训的方式对奶农进行培训；独山县1个，主要采取“龙头企业+养殖户”的生产模式，2019年合作社开展奶牛养殖技术、牧草种植、疾病防治等培训5期。

【政策法规】为贯彻落实《农业农村部畜牧兽医局关于开展2019年生鲜乳专项整治行动的通知》（农牧便函〔2019〕416号），省农业农村厅印发《省农业农村厅办公室关于开展2019年 生鲜乳专项整治行动的通知》（黔农办发〔2019〕87号）。

【质量监管】全省共有6个奶站，全部由乳制品生产企业开办，均已取得生鲜乳收购许可证，生鲜乳收购没有中间环节。质量安全监管方面狠抓中央有关精神和农业农村部相关工作要求的贯彻落实，制定全省2019年生鲜乳质量安全监测工作计划，明确生鲜乳及运输车辆监管组织工作、抽检数量及送样时间、监测对象和要求、监测方式、工作进度等内容，检测项目包括：三聚氰胺、碱类物质和革皮水解物、β-内酰胺酶等，检测合格率100%。

【奶业大事】为扩大生产，贵阳三联乳业有限公司投资1.6亿元，于2019年12月在开阳龙岗“贵州开阳台湾产业园”，启动异地扩建日处理300t生鲜乳加工厂建设项目，主要产品包含常温纯牛奶、乳酸菌饮料、植物蛋白饮料等产品。

（贵州省农业农村厅，王　犁、王　燕、唐　霞、张游宇、罗玉洁）

附表1 贵州省奶畜养殖场（小区）名录

序号	名称	供奶企业	养殖场	小区	全群存栏（头）	成母畜存栏（头）	奶畜品种	成母畜单产（t/年）	年总产量（t）	有机奶产量（t）
1	贵阳中博农牧业有限公司清镇卫城基地	贵阳三联乳业有限公司	√		5 715	3 499	荷斯坦	9.30	23 920	0
2	贵阳三联乳业有限公司开阳龙岗基地	贵阳三联乳业有限公司	√		3 218	1 688	荷斯坦	9.19	11 187	0
3	贵州贵之鲜牧业有限公司谷堡基地	贵州好一多乳业股份有限公司	√		1 700	1 300	荷斯坦	9.40	12 220	0
4	贵州好一多乳业股份有限公司六桶基地	贵州好一多乳业股份有限公司	√		1 500	1 100	荷斯坦	9.30	10 230	0
5	海龙奶牛养殖户	遵义市乳制品有限公司		√	400	300	荷斯坦	6.00	1 800	0
6	贵州榕昕康乐生态有限公司	贵州榕昕康乐生态有限公司	√		300	80	荷兰荷斯坦	7.13	570	0
7	贵州高原乳业有限公司	贵州高原乳业有限公司	√		460	350	荷斯坦	5.00	1 120	0
8	贵州牧草种籽繁殖场	贵州牧草种籽繁殖场	√		378	226	娟珊	4.50	1 407.6	0
9	贵州牧草种籽繁殖场	独山县上司镇打羊奶牛养殖小区		√	169	150	荷斯坦	3.00	662.4	0
10	黔东南永丰牛奶场	黔东南永丰牛奶场	√		135	83	荷斯坦	4.20	380	0
	合计				13 975	8 776			63 497	0

备注：本表所指奶畜包括奶山羊、奶绵羊、奶水牛、牦牛、骆驼、驴等产商品奶家畜。请在养殖场或小区列中选择打勾。

附表 2　贵州省主要乳制品生产企业名录

序号	名称	生产许可证号码	年收购原奶量（t）	平均支付价格（元/kg）	其中：自有奶源量（t）	年乳制品产量（t）	其中：巴氏杀菌乳（t）	UHT 奶（t）	酸奶（t）	奶粉（t）	婴幼儿配方奶粉（t）	奶油（t）	奶酪（t）	乳饮料（t）	产品销售区域	年销售收入（万元）	利润（万元）	有机产品（枚）
1	贵阳三联乳业有限公司	SC10552018110262	102 200	4.6	11 187	116 800	6 720	95 633	10 728	0	0	0	0	3 719	贵州省	100 000	5 800	2
2	贵州好一多乳业股份有限公司	SC11052012300012	21 900	5.0	21 900	24 000	13 800.00	200	9 900	0	0	0	0	100	贵州省	30 000	4 000	0
3	遵义市乳制品有限公司	SC10552030200010	2 335	5.1		2 305	1 964.00		137					204	遵义	1 754	−170	0
4	贵州高原乳业有限公司	915227012162516501	1 120		1 120	1 080	750		330						黔南州内	1 415	142	0
5	贵州牧草种籽繁殖场	91522726097612133M	1 570	4.7	542	1 583	1 381		123					79	贵州省内	1 916	202.67	0
6	黔东南州永丰牛奶场	SCI0552260111082	0	0.0	380	330	330.00		36	0	0	0	0	0	凯里市区	264	−6	0
	合计		129 125	19.4	35 129	146 098	24 945	95 833	21 254					4 102		135 349	9 968.67	2

备注：自有奶源指来自自建和参建（控股、参股）牧场（小区）的原奶。有机产品数量单位为“枚”，指获得有机标志的数量。有机产品品类指液态奶、酸奶、奶粉、奶酪等大类。

云南省

【奶畜养殖】2019年，云南省荷斯坦牛存栏11.38万头，能繁母牛5.06万头，奶产量45.45万t。云南省荷斯坦牛主要分布在昆明市（宜良县、嵩明县、石林彝族自治县、寻甸回族彝族自治县、五华区、阳宗海管委会、富民县、晋宁区），奶牛存栏3.93万头（包括昆明雪兰牛奶有限责任公司在曲靖市陆良县的2个规模化奶牛养殖场及其他奶牛存栏量），牛奶产量12.1万t，牛奶产值6.34亿元，占畜牧业比重的4.73%；大理白族自治州（洱源县、大理市、弥渡县、祥云县、鹤庆县、剑川县、宾川县、巍山县），奶牛存栏6.15万头，奶产量26.44万t，牛奶产值8.18亿元，占畜牧业产值的4.8%；红河哈尼族彝族自治州（个旧市、弥勒县、泸西县、建水县），奶牛存栏1.16万头，奶产量4.83万t，牛奶产值2亿元，占畜牧业产值的1.21%；文山壮族苗族自治州文山市，奶牛存栏1 469头，奶产量6 653.45t，牛奶产值0.87亿元，占畜牧业产值的0.57%。

奶水牛0.95万头、其中成母牛0.48万头，主要分布在德宏傣族景颇族自治州（芒市、盈江县、陇川县）、保山市（腾冲市）、大理白族自治州（大理市、巍山县、鹤庆县），水牛奶产量0.40万t，牛奶产值约0.36亿元。

奶山羊存栏48万只，主要分布在昆明市（石林县）、曲靖市（陆良县）、红河哈尼族彝族自治州（开远市、弥勒县、建水县），羊奶产量8万t，羊奶产值约4.8亿元。

牦牛存栏8万头，能繁母牛3.9万头，奶产量1.09万t，产值约1亿元，主要分布在云南迪庆藏族自治州。

云南省奶类总产量69.45万t，奶业总产值72.3亿元，其中奶牛养殖产值约28亿元，乳制品企业销售产值44.87亿元。荷斯坦牛养殖规模化程度逐年提高，除了标准化奶牛养殖场外，主要采用奶牛小区及合作社集中饲养、统一挤奶的模式，使奶业成为当地农民的主要收入来源之一；新建和扩建了9个规模化养殖场；有机奶源牧场3个（云南新希望邓川蝶泉乳业有限公司、云南欧亚乳业有限公司和云南乍甸乳业有限责任公司），有机奶产量8 156.3t，正在进行认证的有机奶源牧场1个（云南牛牛牧业股份有限公司）。

云南奶业特色明显，具有荷斯坦牛、奶水牛、奶肉兼用型西门塔尔牛、牦牛和奶山羊多元化发展的较为完善的奶业生产、加工和销售体系。2019年云南省奶业生产在奶牛养殖头数总体趋势表现为“稳中有升”。云南奶业机遇与挑战并存，继续推进奶牛标准化规模养殖，同时发展适度规模的家庭牧场，提高养殖效益，积极探索适合云南省的产业化发展模式。

【乳制品加工】云南省2019年投产的乳制品加工企业14家，其中昆明市7个（牛奶加工厂4个，山羊奶加工厂3个）、大理白族自治州3个、红河哈尼族彝族自治州3个、腾冲市1个（水牛奶加工）；鲜奶吧10个，其中昆明市4个，德宏傣族景颇族自治州、腾冲市、大理市等6个。云南省2019年乳制品加工能力约为110万t。乳制品总产量60.24万t，其中低温鲜奶4.37万t，UHT奶21.30万t，常温酸奶4.63万t，低温酸奶14.00万t，原料奶粉0.11万t，成人奶粉0.36万t，奶油49.49t，奶酪6.22t，乳饮料15.47万t。全省乳制品加工产值达44.87亿元。

云南乳制品加工业较2018年稳中有升，乳制品加工呈现多样化，鲜奶（巴氏杀菌乳）、酸奶发展势头良好，升幅较大，而常温奶、乳饮料市场有所下滑，说明消费者的营养健康意识不断提高。各乳制品企业更加重视奶源基地建设，大力引进国外优秀荷斯坦牛，建设标准化奶牛场。作为奶业发展的新模式，云南省鲜奶吧产业发展稳中有进，但需要加强监管，任重道远。

【市场消费】云南省2019年人均奶类占有量约为18.0kg，人均奶制品（折合成生奶）消费量为16.1kg。云南省内市场主要的乳制品品牌有伊利、蒙牛、雪兰、欧亚、蝶泉、来思尔、乍甸、艾爱等。根据品牌、包装和产品质量，云南市场主要产品销售价格：（1）巴氏杀菌乳（鲜奶）每100g1.7~2.2元。（2）低温酸奶每100g1.4~4.9元。（3）常温酸奶每100g2.2~3.9元。（4）常温调制乳每100g1.1~3.9元。（5）常温乳饮料每100g1.0 ~3.5元。（6）常温纯牛奶每100g1.1~1.9元。（7）婴幼儿配方奶粉（1段）每100g25.0~54.0元。（8）中老年奶粉每100g6.8~13.6元。

消费者偏爱酸奶，其次是巴氏杀菌乳，奶粉消费群体主要为婴幼儿和中老年人。巴氏杀菌乳（鲜奶）和酸奶发展势头良好，市场消费量逐年增加。乳制品遵循大众消费特点，尽量使其多样化，口味与营养俱佳。

【奶源基地】（1）奶牛场：全省100头以上奶牛养殖场（小区）86个，其中荷斯坦牛养殖场70个、奶水牛养殖场16个；规模养殖场奶牛存栏7.2万头，其中荷斯坦牛6.6万头，荷斯坦牛规模养殖比例达39.5%，比2018年提高3.4个百分点，1 001头及以上的23个，501~1000头的20个，101~500头的27个，云南省计划争取中小牧场升级项目80个；奶水牛0.73万头，50~500头的19个，500头以上的2个。1 000只以上奶山羊场4个，奶山羊1.51万只。奶产量41.48万t，其中荷斯坦牛奶产量35.38万t，水牛奶产量0.4万t，山羊奶产量5.7万t。（2）云南省录入生鲜乳监督管理系统的奶站有208个，其中乳制品企业开办143个、占68.7%，奶畜养殖场开办27个、占13%，奶农专业合作社开办38个、占18.3%。（3）机械化挤奶：机械化挤奶站161个，机械化挤奶率达77.4%。（4）生鲜乳准运：取得生鲜乳运输车准运证的车辆有108辆，随车携带生鲜乳交接单。（5）奶牛生产性能测定（DHI）：2019年，全省参测奶牛场（含奶水牛场）16个，其中昆明市3个，其他市（州）13个，平均每月测定样品数在7 884个以上，共检测样品91 518个，上报中国奶业协会数据中心89 511个数据，有效数据83 246个，有效数据率达到93%，在全国23个测定中心中名列前3位。出具DHI管理报告140份，出具生鲜乳质量安全监测报告322份。（6）种草：苜蓿种植面积近1 120km^2，干草产量平均30t/km^2，总产量3.56万t，34km^{2}以上集中连片苜蓿面积有1 191km^2，到2020年年底，34km^{2}以上集中连片苜蓿面积预计完成1 480km^2；云南省在11个市（州）、33个县（市、区）实施粮改饲项目，种植全株青贮玉米面积11 600km^2，完成收储50.45万t，平均收储价格400元/t，平均亩产3t。（7）疫病防控：主要由省、市、县各级动物疫病预防控制中心和动物卫生监督所监督管理。以防为主、防治结合，将强制免疫和疫情监测工作作为重点，每年进行2次三联疫苗注射，确保100%的免疫密度；每年至少进行1次奶牛“两病”检疫及扑杀净化工作，并实施动物标识管理，跨境奶牛引种检疫审批、产地检疫、运输检疫监督等。（8）粪污处理方式：一是沼气工程模式。在相关政府部门的引导和支持下，规模奶牛场普遍采用沼气工程技术。二是有机肥还田模式。奶牛粪便生产有机肥，用于种花或种植有机蔬菜，云南省实施效果明显；奶牛粪便污水还田作肥料为传统而经济有效的处置方法，个体分散户养牛粪便污水处理均采用该法。三是自然处理模式。主要采用氧化塘、土地处理系统或人工湿地等自然处理系统对养殖场粪便污水进行处理。（9）奶价与定价：2019年荷斯坦牛奶收购价昆明片区平均奶价4.5元/kg，大理白族自治州平均奶价4.2元/kg，红河哈尼族彝族自治州平均奶价4.6元/kg，全省平均收购价约4.43元/kg，奶价较2018年小幅上升；生鲜水牛奶收购价为10元/kg，山羊奶收购价为6元/kg，与2018年基本持平。在国家食品安全标准－生奶（GB19301-2010）基础上，云南乳制品企业生奶收购按质论价（根据脂肪、蛋白质含量、细菌数、酸度等）。（10）养牛效益：中国荷斯坦奶牛养殖户养殖年净收入3 000元/头，奶水牛年净收入约3 600元/头。

【奶农组织】（1）奶业协会：云南省奶业协会、昆明市奶业协会、昆明市宜良县奶业协会、昆明市晋宁区奶业协会以及大理白族自治州奶业协会等。（2）奶农培训：云南省农业农村厅、云南省奶业协会、云南省现代农业奶牛产业技术体系、昆明市奶业协会和个旧市畜牧兽医站等7个单位组织了22期956人次的全省范围的“奶牛现代养殖技术培训班”，内容涵盖奶牛冻精改良技术，饲养管理，优质牧草种植，秸秆青贮，奶牛产前、产中和产后全过程的配套技术，生鲜乳质量安全监管技术。共发放了《养牛实用技术》和《奶牛高效饲养新技术》等资料2 000余份。

【法规和政策】2019年云南省执行的奶业政策主要有：（1）《国务院办公厅关于推进奶业振兴保障乳品质量安全的意见》。（2）《云南省人民政府办公厅关于推进奶业振兴保障乳品质量安全的实施意见》（云政办发〔2018〕96号）。（3）云南省奶业扶持政策：①能繁奶牛保险政策；②畜牧良种补贴政策；③粮改饲试点项目补助政策；④奶牛标准化规模养殖场（小区）建设扶持政策；⑤优质冻精改良补助政策。

【质量监管】（1）生鲜乳质量安全监管责任落实。（2）奶畜养殖场、生鲜乳收购站、运输车监管情况检查。（3）生鲜乳质量安全监测与执法情况检查。（4）开展服务、培训及宣传。

昆明市动物卫生监督所和昆明市奶业协会每月对全市奶牛养殖场（合作社）进行1次奶样抽检，项目为AFM1、三聚氰胺、氯霉素、黄曲霉素M_1，全年共抽检样品1 313批次，未检出不合格样品。先后40余人次协助农业农村部生鲜乳检测中心、云南省饲料检测所对昆明市生鲜乳抽检，抽检覆盖全市的所有生鲜乳收购站和运输车辆，共抽检生鲜乳185批次。

【奶业大事】2019年8月25—27日，以国家奶牛产业技术体系首席科学家、中国农业大学教授李胜利为首的金钥匙专家团队首次来到云南，走进新希望雪兰生态牧场，举办了代表我国奶牛养殖高水平的“中国奶业竞争力提升行动——奶牛金钥匙技术示范培训班”（112期）。

2019年6月14日，蒙牛集团西南高原特色奶业全产业链项目及云南陆良万头奶牛养殖项目开工仪式在陆良县举行，项目建成后，将覆盖种植、养殖、生产加工、观光等乳业全产业链，对推动云南农业产业结构转型升级和产业扶贫具有重要意义。

昆明雪兰牛奶有限责任公司、云南欧亚乳业有限责任公司再次入选云南省2019年绿色食品“10强企业”；云南皇氏来思尔乳业有限责任公司、云南伊利乳业有限责任公司入选2019年云南省“20佳创新企业”。

（云南省奶业协会，黄艾祥、李　清）

昆明市

【奶畜养殖】2019年12月，昆明市荷斯坦牛存栏2.6万头，主要分布在嵩明县、宜良县、石林县、寻甸县、晋宁区、五华区、阳宗海管委会和富民县。截至2019年，全市共有34个奶牛养殖场（其中合作社有21个，标准化奶牛场13个）。截至2019年9月30日，晋宁区因滇池流域全面禁养，其中有6个奶牛养殖农民专业合作社被关停，使全市奶牛存栏减少了0.58万头。昆明市奶山羊存栏13.73万只，其中能繁母羊8.18万只，主要分布在石林县、宜良县。

昆明市荷斯坦牛奶产量11.13万t，羊奶产量1.97万t，奶类产值6.34亿元，占畜牧业比重的4.73%；荷斯坦奶牛养殖规模化程度逐年提高，除了标准化奶牛养殖场外，主要采用奶牛小区及合作社集中饲养、统一挤奶的模式，昆明市已没有奶牛散养户。

寻甸县新建成2个标准化奶牛场（恒牧、伊盛），2个奶牛场规模达4 000头；石林即将建设1个标准化奶牛场（沃野），规模为2 000头；嵩明县正在改扩建1个标准化家庭牧场（大家利），规模为300头。

【**乳制品加工**】昆明市2019年有乳制品加工厂7个，其中牛奶加工厂4个、山羊奶加工厂3个，昆明市2019年乳制品总产量22.91万t，其中巴氏杀菌乳9.03万t，UHT奶4.82万t，酸奶7.8万t，乳饮料1.05万t，奶粉0.22万t。全市乳制品加工产值达20亿元。

昆明市乳制品加工业较2018年稳中有升，乳制品加工呈现多样化，低温奶发展势头良好，而常温奶、乳饮料市场有所下滑，说明消费者的营养健康意识不断提高。昆明市鲜奶吧产业发展稳中有进，全市鲜奶吧数量4个，年加工巴氏杀菌乳956t。2019年12月，昆明市新建一个品牌为“利芙德”的鲜奶吧，奶源全部为娟珊牛牛奶。

【**市场消费**】昆明市2019年人均奶类占有量约为21.1kg，人均乳制品消费量36.9kg。昆明市内市场主要的乳制品品牌有伊利、蒙牛、雪兰、欧亚、蝶泉、来思尔、乍甸等。

昆明消费者喜欢喝巴氏杀菌乳，其次是酸奶，奶粉消费群体主要为婴幼儿和中老年人。巴氏杀菌乳（鲜奶）和酸奶发展势头良好，市场消费量逐年增加。

【**奶源基地**】（1）奶牛场：全市100头以上奶牛规模养殖场34个，其中荷斯坦牛场33个、娟珊牛场1个；规模养殖场奶牛存栏2.6万头，奶产量11.13万t；存栏1 000头以上规模养殖场9个，501~1 000头9个，101~500头13个。（2）昆明市录入生鲜乳监督管理系统的生鲜乳收购站有38个，其中乳制品企业开办4个、占10.5%，奶畜养殖场开办15个、占39.5%，奶农专业合作社开办19个、占50%。（3）机械化挤奶：机械化挤奶站38个，机械化挤奶率达100%。（4）生鲜乳准运：取得生鲜乳运输车准运证的车辆有35辆，随车携带生鲜乳交接单。（5）TMR应用：昆明市有14个荷斯坦奶牛场应用TMR，占41.2%。（6）奶牛生产性能测定（DHI）：2019年，昆明市参测奶牛场有3个，平均每月测定样品数在7 884个以上，共检测样品91 518个，上报中国奶业协会数据处理中心89 511个数据，有效数据83 246个，有效数据率达到93%，在全国23个测定中心中名列前3位。出具DHI管理报告140份，出具生鲜乳质量安全监测报告322份。（7）疫病防控：主要由市、县各级动物疫病预防控制中心和动物卫生监督所监督管理。预防为主、防治结合，将强制免疫和疫情监测工作作为重点，每年进行2次口蹄疫二联疫苗注射，确保100%的免疫密度；每年至少进行1次奶牛“两病”检疫及扑杀净化工作，并实施动物标识管理，跨境奶牛引种检疫审批、产地检疫、运输检疫监督等。（8）粪污处理方式：一是沼气工程模式。在相关政府部门的引导和支持下，规模奶牛场普遍采用沼气工程技术。二是有机肥或还田模式。奶牛粪便生产有机肥，用于种花或种植有机蔬菜，昆明市实施效果明显；奶牛粪便污水还田作肥料为传统而经济有效的处置方法，个体分散户养牛粪便污水处理均采用该法。三是自然处理模式。主要采用氧化塘、土地处理系统或人工湿地等自然处理系统对养殖场粪便污水进行处理。

【**奶农组织**】（1）奶业协会：昆明市奶业协会、昆明市宜良县奶业协会、昆明市晋宁区奶业协会等。（2）奶农培训：昆明市组织全市奶业从业人员参加省内外会议和技术培训10期256人次。

【**法规和政策**】（1）《国务院办公厅关于推进奶业振兴保障乳品质量安全的意见》。（2）《云南省人民政府办公厅关于推进奶业振兴保障乳品质量安全的实施意见》（云政办发〔2018〕96号）。（3）昆明市奶业扶持政策：①能繁奶牛保险政策；②畜牧良种补贴政策；③粮改饲试点项目补助政策；④优质冻精改良补助政策。

（昆明市奶业协会，周亚平）

附表 1　云南省奶畜养殖场（小区）名录

序号	名称	供奶企业	养殖场	小区	全群存栏（头）	成母畜存栏（头）	奶畜品种	成母畜单产（t/年）	年总产量（t）	是否有机奶源基地	有机奶产量（t）
1	石林新希望雪兰牧业有限公司	昆明雪兰牛奶有限责任公司	√		2 310	1 527	荷斯坦	10.68	12 775		
2	云南新希望雪兰牧业科技有限公司	昆明雪兰牛奶有限责任公司	√		2 536	1 625	荷斯坦	11.56	14 600		
3	陆良新希望雪兰奶牛养殖有限公司	昆明雪兰牛奶有限责任公司	√		3 120	1 890	荷斯坦	11.25	20 075		
4	嵩明会新奶牛养殖专业合作社	昆明雪兰牛奶有限责任公司、伊利		√	2 650	1 205	荷斯坦	4.76	4 380		
5	嵩明牧兴奶牛养殖专业合作社	昆明雪兰牛奶有限责任公司		√	2 356	1 198	荷斯坦	4.14	4 015		
6	嵩明东达奶牛养殖专业合作社	昆明雪兰牛奶有限责任公司		√	1 050	665	荷斯坦	4.27	1 825		
7	嵩明县龙鱼多养殖专业合作社	昆明雪兰牛奶有限责任公司		√	530	186	荷斯坦	5.50	1 023		
8	嵩明犇腾奶牛养殖有限公司	昆明雪兰牛奶有限责任公司		√	1 000	300	荷斯坦	4.80	1 440		
9	嵩明金国养殖有限公司	昆明雪兰牛奶有限责任公司、来思尔		√	1 200	350	荷斯坦	5.00	1 750		
10	嵩明明新奶牛养殖有新公司	昆明雪兰牛奶有限责任公司		√	1 500	600	荷斯坦	4.00	2 400		
11	嵩明杨林大家利奶牛养殖场	昆明雪兰牛奶有限责任公司		√	436	225	荷斯坦	4.74	730		
12	嵩明兴瑞合奶牛养殖有限公司	乍甸乳业、云南伊利			1 260	580	荷斯坦	6.90	2 153		
13	昆明绿源养殖有限公司	昆明雪兰牛奶有限责任公司		√	664	356	荷斯坦	5.11	1 228		
14	晋宁晋城十里奶牛农民专业合作社	昆明雪兰牛奶有限责任公司		√	1 298	789	荷斯坦	5.16	2 190		
15	晋宁晋城兴隆奶牛农民专业合作社	昆明雪兰牛奶有限责任公司		√	2 225	1 243	荷斯坦	4.56	4 380		
16	晋宁晋城月表奶牛专业合作社	昆明雪兰牛奶有限责任公司		√	1 125	635	荷斯坦	4.45	2 190		
17	晋宁牛恋现代奶牛养殖场	昆明雪兰牛奶有限责任公司		√	665	236	荷斯坦	5.10	1 278		
18	晋宁晋城宏尚奶牛农民专业合作社	昆明雪兰牛奶有限责任公司		√	986	456	荷斯坦	4.85	2 008		
19	宜良县兴达奶牛养殖场	昆明雪兰牛奶有限责任公司		√	1 278	569	荷斯坦	5.15	2 186		
20	宜良县瓦窑奶牛养殖场	昆明雪兰牛奶有限责任公司		√	256	136	荷斯坦	4.78	657		
21	宜良县胜利奶牛养殖专业合作社	昆明雪兰牛奶有限责任公司		√	765	350	荷斯坦	5.23	1 388		
22	宜良县木希奶牛养殖专业合作社	昆明雪兰牛奶有限责任公司		√	225	135	荷斯坦	5.45	803		
23	宜良县鑫磊奶牛养殖场	昆明雪兰牛奶有限责任公司		√	205	116	荷斯坦	5.47	438		
24	宜良县奶初源奶牛养殖专业合作社	昆明雪兰牛奶有限责任公司		√	789	456	荷斯坦	6.57	1 643		
25	宜良九乡阿格里乳牧业有限公司	昆明雪兰牛奶有限责任公司			320	192	荷斯坦	7.30	1 278		
26	宜良县锦秀奶牛养殖专业合作社	昆明雪兰牛奶有限责任公司		√	205	123	荷斯坦	7.66	548		
27	宜良县华达奶牛养殖场	昆明雪兰牛奶有限责任公司		√	168	82	荷斯坦	5.10	418		
28	宜良森琦奶牛养殖专业合作社	昆明雪兰牛奶有限责任公司		√	256	159	荷斯坦	9.12	730		
29	宜良县顺兴裕奶牛养殖专业合作社	昆明雪兰牛奶有限责任公司		√	156	76	荷斯坦	4.60	350		

（续）

序号	名称	供奶企业	养殖场	小区	全群存栏（头）	成母畜存栏（头）	奶畜品种	成母畜单产（t/年）	年总产量（t）	是否有机奶源基地	有机奶产量（t）
30	富明优牧品原	未产奶	√		100	0	荷斯坦	0.00	0		
31	晋宁尼摩合奶牛合作社	云南伊利乳业有限责任公司	√		1 000	588	荷斯坦	8.57	5 041		
32	晋宁县晋城联盟奶牛养殖场	云南新希望邓川蝶泉乳业有限公司		√	1 250	420	荷斯坦	3.60	1 292		
33	云南海牧牧业石林分公司	云南伊利乳业有限责任公司	√		860	200	荷斯坦	10.00	200		
34	昆明五华区众维奶牛养殖专业合作社	云南伊利乳业有限责任公司	√		503	305	荷斯坦	9.80	2 988		
35	昆明守捷农业有限公司	自产自销	√		34	27	娟珊	6.25	6		
36	寻甸赛优牧业有限公司	云南伊利乳业有限责任公司	√		724	581	荷斯坦	6.20	3 601		
37	嵩明县富达奶牛养殖有限公司	云南伊利乳业有限责任公司	√		418	377	荷斯坦	8.65	3 260		
38	寻甸稼竜畜牧养殖有限公司	云南伊利乳业有限责任公司	√		783	316	荷斯坦	10.91	3 449		
39	嵩明博野种养殖发展有限公司	云南伊利乳业有限责任公司	√		300	200	荷斯坦	7.00	1 400		
40	北京首农畜牧发展有限公司云南分公司	云南伊利乳业有限责任公司	√		890	532	荷斯坦	11.00	5 850		
41	石林春草原农产品专业合作社	云南伊利乳业有限责任公司		√	320	260	荷斯坦	6.00	600		
42	石林新鹏牧业有限公司	云南伊利乳业有限责任公司	√		1 133	563	荷斯坦	8.50	682		
43	石林云瑞赫牛牧业有限公司	自产自销	√		450	80	荷斯坦	3.50	280		
44	云南绿盛美地农牧发展有限公司	新希望雪兰、春和牧野奶吧	√		270	140	荷斯坦	7.00	850		
45	优牧品原牧场直销店	富民品原农业科技开发有限公司	高山牧场		200	201	荷斯坦	7.00	700	否	
	昆明市合计（荷斯坦牛、娟珊牛）				**39 239**	**20 764**		**6.43**	**121 074**		
46	石林小尖山乳制品养殖专业合作社	昆明龙腾生物乳业有限公司		√	5 650	4 000	奶山羊	0.65	230		
47	石林志和养殖专业合作社	昆明龙腾生物乳业有限公司		√	7 290	5 460	奶山羊	0.26	260		
48	石林合胜奶山羊养殖专业合作社	昆明龙腾生物乳业有限公司		√	1 000	800	奶山羊	1.00	300		
	昆明市合计（奶山羊）				**13 940**	**10 260**		**0.64**	**790**		
49	云南牛牛牧业股份有限公司	乍甸乳业、云南伊利	√		5 280	2 535	荷斯坦	10.00	26 000	正在进行认证	
50	个旧市鸡街镇隆盛奶牛养殖专业合作社	乍甸乳业、云南伊利		√	1 460	805	荷斯坦	6.70	5 390		
51	云南乍甸乳业有限责任公司	乍甸乳业、云南伊利		√	560	310	荷斯坦	7.80	2 356	是	2 100
52	红河家旺奶牛养殖有限公司	乍甸乳业、云南伊利			215	112	荷斯坦	6.50	820		
53	弥勒市佛亨牧业有限责任公司	云牧乳业、乍甸、自销			1 680	835	荷斯坦	6.80	4 139		

（续）

序号	名称	供奶企业	养殖场	小区	全群存栏（头）	成母畜存栏（头）	奶畜品种	成母畜单产（t/年）	年总产量（t）	是否有机奶源基地	有机奶产量（t）
54	红河州建水家和奶牛养殖场	云南乍甸乳业有限责任公司		√	820	570	荷斯坦、乳肉兼用牛	6.50	3 705		
55	九牛有限公司奶牛养殖场	伊利集团	√		483	264	荷斯坦	8.20	2 000		
56	弥勒市林园家畜养殖专业合作社	自己做乳饼			204	120	荷斯坦	7.00	840		
57	东风奶牛养殖小区	乍甸乳业		√	830	506	荷斯坦	6.80	2 500		
58	盛泽牧业有限公司奶牛养殖场（张培福）	云牧乳业	√		100	74	荷斯坦	7.20	530		
	红河哈尼族彝族自治州合计（荷斯坦牛、乳肉兼用牛）				**11 632**	**6 131**		**7.35**	**48 280**		**2 100**
59	弥阳镇奶山羊养殖协会	羊妈妈乳制品厂			1 100	520	萨能奶山羊、关中奶山羊、本地奶山羊	0.35	180		
	红河哈尼族彝族自治州合计（奶山羊）				**1 100**	**520**		**0.35**	**180**		
60	大理云樱牧业有限公司	云南皇氏来思尔乳业有限公司	√		770	370	荷斯坦	9.20	3 650		
61	剑川县剑川好方向牧场	云南皇氏来思尔乳业有限公司	√		330	210	荷斯坦	8.80	1 936		
62	感通养殖场	云南皇氏来思尔乳业有限公司	√		100	80	荷斯坦	8.00	366		
63	吉峰养殖场	云南皇氏来思尔乳业有限公司	√		30	20	荷斯坦	7.60	190		
64	恒天然（应县）牧场有限公司	云南皇氏来思尔乳业有限公司	√		2 800	1 300	荷斯坦	11.00	13 950		
65	大理州家畜繁育指导站（奶水牛）	云南皇氏来思尔乳业有限公司	√		70	20	奶水牛（摩拉、尼里）	2.20	51		
66	巍山大仓幸福奶点	云南皇氏来思尔乳业有限公司	√		173	126	奶水牛（摩拉、尼里）	2.20	277		
67	巍山大仓小河奶点	云南皇氏来思尔乳业有限公司	√		94	52	奶水牛（摩拉、尼里）	2.20	114		
68	巍山大仓幸福养殖小区奶点	云南皇氏来思尔乳业有限公司	√		121	81	奶水牛（摩拉、尼里）	2.20	178		
69	巍山团结杨毛村奶点	云南皇氏来思尔乳业有限公司	√		119	32	奶水牛（摩拉、尼里）	2.20	70		
70	鹤庆松桂奶点	云南皇氏来思尔乳业有限公司	√		274	74	奶水牛（摩拉、尼里）	2.20	163		
71	洱源县鑫农养殖专业合作社	云南新希望邓川蝶泉乳业有限公司		√	168	120	荷斯坦	3.60	504		

（续）

序号	名称	供奶企业	养殖场	小区	全群存栏（头）	成母畜存栏（头）	奶畜品种	成母畜单产（t/年）	年总产量（t）	是否有机奶源基地	有机奶产量（t）
72	西街机械化挤奶站	云南新希望邓川蝶泉乳业有限公司		√	33	25	荷斯坦	3.60	93		
73	陈官机械化挤奶站	云南新希望邓川蝶泉乳业有限公司		√	54	33	荷斯坦	3.60	116		
74	古诏机械化挤奶站	云南新希望邓川蝶泉乳业有限公司		√	59	36	荷斯坦	3.60	127		
75	赶香营机械化挤奶站	云南新希望邓川蝶泉乳业有限公司		√	87	60	荷斯坦	3.60	250		
76	云南新希望蝶泉牧业有限公司	云南新希望邓川蝶泉乳业有限公司	√		1 587	923	荷斯坦	9.52	7 688	是	719
77	鹤庆荷斯坦牧业有限公司	欧亚乳业	√		488	363	荷斯坦	9.00	3 267		
78	欧亚鹤庆县现代农业庄园有限公司	云南欧亚乳业有限公司	√		3 000	2 212	荷斯坦、娟姗	12.00	25 224	是	5 337
79	欧亚祥云和泰牧业有限公司	云南欧亚乳业有限公司	√		1 000	897	荷斯坦、娟姗	11.00	8 074		
80	弥渡县金润良种奶牛场	云南欧亚乳业有限公司	√		437	375	荷斯坦	9.50	2 907		
81	神野牧场	云南欧亚乳业有限公司	√		552	476	荷斯坦	9.30	3 581		
82	硕庆牧场	云南欧亚乳业有限公司	√		107	50	荷斯坦	9.0 0	450		
83	益新牧场	云南欧亚乳业有限公司	√		130	100	荷斯坦	10.50	546		
84	明新牧场	云南欧亚乳业有限公司	√		1 200	850	荷斯坦	9.30	3 999		
85	兴泰牧场	云南欧亚乳业有限公司	√		670	420	荷斯坦	9.20	1 564		
	大理白族自治州合计（荷斯坦牛）				**14 383**	**9 285**		**8.19**	**79 284**		**6 056**
	大理白族自治州合计（奶水牛）				**851**	**385**		**2.20**	**853**		
86	文山市红甸乡伊兴奶牛标准化养殖专业合作社	云南伊利乳业有限责任公司	√		1 469	779	荷斯坦	8.54	6 653		
	文山壮族苗族自治州合计（荷斯坦牛）				**1 469**	**779**		**8.54**	**6 653**		
87	腾冲县巴福乐槟榔江水牛良种繁育有限公司	腾冲县巴福乐槟榔江水牛良种繁育有限公司	√		784	428	奶水牛（槟榔江）	1.20	484		
88	腾冲市中和约园奶水牛养殖专业合作社	腾冲市中和约园奶水牛养殖专业合作社		√	230	118	奶水牛（槟榔江）	1.10	128		
89	腾冲县腾和养殖有限责任公司	腾冲县腾和养殖有限责任公司	√		98	56	奶水牛（槟榔江）	0.90	50		
90	明光畜牧发展有限责任公司	明光畜牧发展有限责任公司	√		415	110	奶水牛（槟榔江）	0.91	100		
91	景胜山河农牧有限责任公司	景胜山河农牧有限责任公司	√		310	146	奶水牛（槟榔江）	0.68	100		

（续）

序号	名称	供奶企业	养殖场	小区	全群存栏（头）	成母畜存栏（头）	奶畜品种	成母畜单产（t/年）	年总产量（t）	是否有机奶源基地	有机奶产量（t）
92	固东鸿福奶水牛养殖专业合作社	固东鸿福奶水牛养殖专业合作社	√		330	128	奶水牛（摩本杂、槟本杂）	0.79	100		
93	伟业奶水牛养殖专业合作社	伟业奶水牛养殖专业合作社	√		130	77	奶水牛（摩本杂、槟本杂）	1.04	80		
94	云南腾冲龙川江农业发展有限公司	云南腾冲龙川江农业发展有限公司	√		384	178	奶水牛（槟榔江）	1.10	180		
95	吉成家庭农场	吉成家庭农场	√		148	74	奶水牛（摩本杂、槟本杂）	1.63	120		
96	腾冲市牛哥奶水牛养殖基地	腾冲市牛哥奶水牛养殖基地	√		104	46	奶水牛（摩本杂、槟本杂）	1.53	70		
97	腾冲腾超农业发展有限公司	腾冲腾超农业发展有限公司	√		450	218	奶水牛（摩本杂、槟本杂）	0.92	200		
98	滇滩腾超养殖场	腾冲艾爱乳业公司	√		400	280	奶水牛（槟榔江）	1.80	110		
99	界头奶水牛养殖合作社	腾冲艾爱乳业公司		√	1 330	856	奶水牛（槟榔江）	1.80	580		
100	曲石奶水牛养殖合作社	腾冲艾爱乳业公司		√	340	298	奶水牛（槟榔江）	1.80	124		
101	马站乡奶水牛养殖小区	腾冲艾爱乳业公司		√	130	106	奶水牛（槟榔江）	1.80	31		
102	团田蒲川奶水牛养殖合作社	腾冲艾爱乳业公司		√	322	244	奶水牛（槟榔江）	1.80	101		
103	滇滩王建堂奶水牛养殖场	滇滩王建堂奶水牛养殖场			60	26	奶水牛（摩本杂、槟榔江）	0.96	25		
	腾冲市合计（奶水牛）				**5 965**	**3 389**		**1.28**	**2 583**		
104	芒市勐戛镇赵苍达奶水牛养殖场	芒市禾牛科技有限责任公司，部分自销	√		31	19	奶水牛	2.02	43		
105	芒市勐戛镇芒丙奶水牛养殖专业合作社	自行销售		√	32	15	奶水牛	1.52	32		
106	德宏民诚养殖专业合作社	芒市禾牛科技有限责任公司	√		42	20	奶水牛	1.04	17		
107	张建国奶水牛养殖场	芒市禾牛科技有限责任公司，部分自销	√		19	10	奶水牛	1.60	16		

（续）

序号	名称	供奶企业	养殖场	小区	全群存栏（头）	成母畜存栏（头）	奶畜品种	成母畜单产（t/年）	年总产量（t）	是否有机奶源基地	有机奶产量（t）
108	朱贵周奶水牛养殖场	芒市禾牛科技有限责任公司鲜奶吧部分自销	√		16	7	奶水牛	1.50	11		
109	盈江弄璋文明奶水牛养殖小区	自行销售		√	57	55	奶水牛	1.20	59		
110	盈江旧城宏发奶水牛养殖小区	自行销售		√	77	69	奶水牛	1.30	17		
111	陇川县张老大奶水牛养殖场	腾冲市巴乐福槟榔江水牛良种繁育有限公司			17	8	奶水牛	1.75	14		
112	陇川县许有增奶水牛养殖场	腾冲市巴乐福槟榔江水牛良种繁育有限公司			18	9	奶水牛	1.80	16		
113	陇川县张定建奶水牛养殖场	腾冲市巴乐福槟榔江水牛良种繁育有限公司			12	5	奶水牛	1.76	9		
114	陇川县叶超留奶水牛养殖场	腾冲市巴乐福槟榔江水牛良种繁育有限公司			14	6	奶水牛	1.40	8		
115	陇川县聂大行奶水牛养殖场	腾冲市巴乐福槟榔江水牛良种繁育有限公司			10	5	奶水牛	1.45	7		
116	陇川县董有强奶水牛养殖场	腾冲市巴乐福槟榔江水牛良种繁育有限公司			11	5	奶水牛	1.30	7		
117	陇川县韩永传奶水牛养殖场	腾冲市巴乐福槟榔江水牛良种繁育有限公司			20	17	奶水牛	1.20	14		
118	陇川县陈昌寿奶水牛养殖场	腾冲市巴乐福槟榔江水牛良种繁育有限公司			21	12	奶水牛	1.00	12		
119	陇川县陈德金奶水牛养殖场	腾冲市巴乐福槟榔江水牛良种繁育有限公司			9	4	奶水牛	1.92	8		
	德宏傣族景族自治州合计（奶水牛）				**406**	**266**		**1.49**	**289**		
120	德宏民诚养殖专业合作社	芒市禾牛科技有限责任公司	√		12	4	西门塔尔杂交	2.25	9		
121	盈江县牧丰养殖场	自行销售	√		34	28	荷斯坦	2.10	43		
	德宏傣族景族自治州合计（荷斯坦牛、西门塔尔杂交牛）				**46**	**32**			**52**		
	德宏傣族景族自治州合计（荷斯坦牛、西门塔尔杂交牛、奶水牛）				**452**	**298**			**340**		
	云南省合计（荷斯坦牛、西门塔尔杂交牛、娟珊牛）				**66 769**	**36 991**		**7.03**	**255 343**		**8 156**
	云南省合计（奶水牛）				**7 222**	**4 040**		**1.50**	**3 725**		
	云南省合计（奶山羊）				**15 040**	**10 780**		**0.64**	**970**		

备注：本表所指奶畜包括奶山羊、奶绵羊、奶水牛、牦牛、骆驼、驴等产商品奶家畜。请在养殖场或小区列中选择打勾。

附表2　云南省主要乳制品生产企业名录

序号	名称	生产地点	生产许可证号码	年收购原奶量（t）	其中：自有奶源量（t）	平均支付价格（元/kg）	日处理生鲜乳能力（t）	年乳制品产量（t）	其中：低温鲜奶（t）	UHT奶（t）	常温酸奶（t）	低温酸奶（t）	原料奶粉（t）	婴幼儿配方奶粉（t）	成人奶粉（t）	奶油（t）	奶酪（t）	乳饮料（t）	冰品（t）	年销售收入（万元）	利润（万元）	有机产品（枚）
1	昆明雪兰牛奶有限责任公司	云南昆明	SC10553011110668	96 183	48 308	4.49	500.0	121 079	16 582	48 252	2 339	43 522						10 384		114 668	7 059	663 488
2	昆明市海子乳业有限公司		SC10553011113025																			
3	七彩云乳业有限公司		SC10553012115057																			
4	云南伊利乳业有限责任公司	嵩明县杨林工业园区	SC10653012706593	66 184	40 634	4.50	580.0	102 000	0	18 000	30 000							54 000		67 999	5 467	
5	昆明龙腾生物乳业有限公司	晋宁宝峰	SC10853011117700	7 200	0	6.50	20.0	2 160	0	0	0	0	160	0	2 000	0	0	0	0	7 000	600	
6	石林青龙矿泉饮料有限公司	鹿阜街道办路美邑村	SC10653012632565	30	0	5.50	1.0	80	0	0	0	0	0	0	0	0	0	80	0	40	5	0
7	昆明圣宴食品有限公司	石林街道办台创园	SC13153012020780	75	0	6.50	0.0	75	40	0	0	35	0	0	0	0	0	0	0	95	10	0
8	春和牧野鲜奶餐吧	春和牧野鲜奶餐吧	JY25301000001866（食品经营许可证）	210	5	210.00	210.0	50	0	50	0	0	0	0	0	0			0	400	亏损	
9	富民品原农业科技开发有限公司	望海山	中央厨房检验 5301000001962	700	700	6.00	2.6	701	590	0	0	110	0	0	0	0	1	0	0	980	120	
	昆明市合计（牛奶）			**163 277**	**89 647**	**224.99**	**1 292.6**	**22 3830**	**17 172**	**66 302**	**32 339**	**43 632**	**0**	**0**	**0**	**0**	**1**	**64 384**	**0**	**184 047**	**12 646**	**663 488**
	昆明市合计（羊奶）			**7 305**	**0**	**18.50**	**20.8**	**2 315**	**40**	**0**	**0**	**35**	**160**	**0**	**2 000**	**0**	**0**	**80**	**0**	**7 135**	**615**	**0**
10	云南乍甸乳业有限责任公司	个旧市鸡街镇乍甸	SC10553250136769	36 540	2 356	5.00		42 610	17 129	15 083		7 154						3 244				
11	红河云牧乳业有限公司	弥勒市小石山工业园食品加工园	SC10653252651003	1 200	1 200	4.20	260.0	11 400	830	540	0	710	920					8 400		10 830	758	
12	羊妈妈乳制品厂	弥勒市弥阳镇卫泸村委会秧母塘村	SC10653252636526	100	100	5.00	0.5	164	0	164	0	0	0					0		106	21	
	红河州合计（牛奶）			37 740	3 556	4.60	260.0	54 010	17 959	15 623	0	7 864	920	0	0	0	0	11 644	0	10 830	758	0
	红河州合计（羊奶）			100	100	5.00	0.5	180	0	16	0	0	0					0		106	21	
13	云南欧亚乳业有限公司	云南省大理州大理经济技术开发区	SC10553290113000	96 031	29 809	3.80	1 000.0	167 645	4 068	71 375	10 200	31 895						50 107		12 803 4	8 803	8 000 000
14	云南皇氏来思尔乳业有限公司	大理市大理镇	SC10553290101054	75 687	3 158	4.04	500.0	97 054	3 413	31 633	1 908	47 076					5	13 018		69 283	6 437	
15	云南新希望邓川蝶泉乳业有限公司	云南省大理州洱源县邓川镇新州街88号	SC10553293016421	35 792	21 731	4.71	600.0	56 354	0	27 836	1 812	9 548			1 595	50		15 513		49 252	1 487	800 000
	大理白族自治州合计			**207 509**	**54 698**	**4.18**	**2 100.0**	**321 053**	**7 481**	**130 844**	**13 921**	**88 519**	**0**	**0**	**1 595**	**50**	**5**	**78 638**	**0**	**246 569**	**16 727**	**8 800 000**
16	腾冲市艾爱摩拉牛乳业有限责任公司	保山腾冲市	SC10553052213032	1 465	9	8.50	1 430.0	1 308	1 080	180			48							0	0	

（续）

序号	名称	生产地点	生产许可证号码	年收购原奶量（t）	其中：自有奶源量（t）	平均支付价格（元/kg）	日处理生鲜乳能力（t）	年乳制品产量（t）	其中：低温鲜奶（t）	UHT奶（t）	常温酸奶（t）	低温酸奶（t）	原料奶粉（t）	婴幼儿配方奶粉（t）	成人奶粉（t）	奶油（t）	奶酪（t）	乳饮料（t）	冰品（t）	年销售收入（万元）	利润（万元）	有机产品（枚）
17	芒市禾牛科技有限责任公司鲜奶吧	芒市勐焕街道风情街1号	JY25331030047591（食品经营许可证）	45	11	8.60	0.5	44	38			3						2	1	81	16	
	云南省合计（牛奶）			40 852 6	147 901	4.43	3 652.6	59 8893	42 612	212 769	46 260	140 015	920	0	1 595	50	6	154 666	0	441 446	30 132	9 463 488
	云南省合计（羊奶）			7 405	100	5.59	21.3	2 495	40	16	0	35	160	0	2 000	0	0	80	0	7 241	636	
	云南省合计（水牛奶）			1 510	20	8.50	1 430.5	1 352	1 118	180	0	3	48	0	0	0	0	2	1	81	16	0

备注：本表包括在中国及海外的生产企业。日处理生鲜乳能力指设计加工生鲜乳能力。自有奶源指来自自建和参建（控股、参股）牧场（小区）的原奶。成人奶粉指除婴幼儿配方奶粉以外的学生奶粉、孕妇奶粉、中老年奶粉等终端消费奶粉。冰品包括冰激凌、雪糕等。有机产品数量单位为“枚”指获得有机标志的数量。

附表 3　昆明市奶畜养殖场（小区）名录

序号	名称	供奶企业	养殖场	小区	全群存栏（头）	成母畜存栏（头）	奶畜品种	成母畜单产（t/年）	年总产量（t）	是否有机奶源基地	有机奶产量（t）
1	嵩明牧兴奶牛养殖专业合作社	昆明雪兰牛奶有限责任公司		√	2 356	1 198	荷斯坦	4.14	4 015	否	0
2	嵩明县龙鱼多养殖专业合作社	昆明雪兰牛奶有限责任公司		√	530	186	荷斯坦	5.50	1 023	否	0
3	嵩明县富达奶牛养殖有限公司	云南伊利乳业有限责任公司	√		740	571	荷斯坦	5.09	2 906	否	0
4	嵩明会新奶牛养殖专业合作社	昆明雪兰牛奶有限责任公司		√	2 450	1 205	荷斯坦	4.76	4 380	否	0
5	嵩明犇腾奶牛养殖有限公司	昆明雪兰牛奶有限责任公司		√	1 000	300	荷斯坦	4.80	1 440	否	0
6	嵩明兴瑞和奶牛养殖有限公司	昆明雪兰牛奶有限责任公司		√	2 005	1 005	荷斯坦	4.38	4 015	否	0
7	嵩明杨林大家利奶牛养殖场	昆明雪兰牛奶有限责任公司		√	436	225	荷斯坦	4.74	730	否	0
8	嵩明东达奶牛养殖专业合作社	昆明雪兰牛奶有限责任公司		√	1 050	665	荷斯坦	4.27	1 825	否	0
9	嵩明金国养殖有限公司	昆明雪兰牛奶有限责任公司		√	1 200	350	荷斯坦	5.00	1 750	否	0
10	嵩明博野种养殖发展有限公司	云南伊利乳业有限责任公司	√		300	200	荷斯坦	7.00	1 400	否	0
11	嵩明明新奶牛养殖有新公司	昆明雪兰牛奶有限责任公司		√	1 500	600	荷斯坦	4.00	2 400	否	0
12	北京首农畜牧发展有限公司云南分公司	云南伊利乳业有限责任公司	√		890	532	荷斯坦	11.00	5 850	否	0
13	昆明守捷农业有限公司	自产自销	√		34	27	娟珊	6.25	6	否	0
14	云南恒牧牧业有限公司	云南伊利乳业有限责任公司	√		0	0	荷斯坦	0.00	0	否	0
15	云南伊盛奶牛养殖公司		√		0	0	荷斯坦	0.00	0	否	0
16	寻甸赛优牧业有限公司	云南伊利乳业有限责任公司	√		811	501	荷斯坦	8.16	4 087	否	0
17	云南海牧牧业有限公司石林分公司	云南伊利乳业有限责任公司	√		850	310	荷斯坦	10.00	3 100	否	0
18	石林春草原农产品专业合作社			√	320	260	荷斯坦	6.00	600	否	0
19	石林新鹏牧业有限公司	云南伊利乳业有限责任公司	√		1 133	563	荷斯坦	8.50	682	否	0
20	石林云瑞赫牛牧业有限公司	自产自销	√		450	80	荷斯坦	3.50	280	否	0
21	石林新希望雪兰牧业有限公司	昆明雪兰牛奶有限责任公司	√		2 310	1 527	荷斯坦	10.68	12 775	否	0
22	富明优牧品原	未产奶	√		100	0	荷斯坦	0.00	0	否	0
23	昆明五华区众维奶牛养殖专业合作社	云南伊利乳业有限责任公司	√		511	260	荷斯坦	8.15	2 120	否	0
24	晋宁尼摩合奶牛专业合作社	云南伊利乳业有限责任公司	√		1 000	588	荷斯坦	8.57	5 041	否	0
25	宜良九乡阿格里乳牧业有限公司	昆明雪兰牛奶有限责任公司			320	192	荷斯坦	7.30	1 278	否	0
26	宜良县胜利奶牛养殖专业合作社	昆明雪兰牛奶有限责任公司		√	765	350	荷斯坦	5.23	1 388	否	0
27	宜良县奶初源奶牛养殖专业合作社	昆明雪兰牛奶有限责任公司		√	789	456	荷斯坦	6.57	1 643	否	0
28	宜良县锦秀奶牛养殖专业合作社	昆明雪兰牛奶有限责任公司		√	205	123	荷斯坦	7.66	548	否	0
29	宜良县华达奶牛养殖场	昆明雪兰牛奶有限责任公司		√	168	82	荷斯坦	5.10	418	否	0

（续）

序号	名称	供奶企业	养殖场	小区	全群存栏（头）	成母畜存栏（头）	奶畜品种	成母畜单产（t/年）	年总产量（t）	是否有机奶源基地	有机奶产量（t）
30	宜良县瓦窑奶牛养殖场	昆明雪兰牛奶有限责任公司		√	256	136	荷斯坦	4.78	657	否	0
31	宜良森琦奶牛养殖专业合作社	昆明雪兰牛奶有限责任公司		√	256	159	荷斯坦	9.12	730	否	0
32	宜良县顺兴裕奶牛养殖专业合作社	昆明雪兰牛奶有限责任公司		√	156	76	荷斯坦	4.60	350	否	0
33	宜良县兴达奶牛养殖场	昆明雪兰牛奶有限责任公司		√	1 278	569	荷斯坦	5.15	2 186	否	0
34	宜良县木希奶牛养殖专业合作社	昆明雪兰牛奶有限责任公司		√	225	135	荷斯坦	5.45	803	否	0
35	宜良县鑫磊奶牛养殖场	昆明雪兰牛奶有限责任公司		√	205	116	荷斯坦	5.47	438	否	0
36	云南绿盛美地农牧发展有限公司	自产自销	√		180	96	荷斯坦	7.00	672	否	0
37	昆明绿源养殖有限公司	昆明雪兰牛奶有限责任公司		√	664	356	荷斯坦	5.11	1 228	否	0
38	晋宁晋城十里奶牛农民专业合作社	昆明雪兰牛奶有限责任公司		√	1 298	789	荷斯坦	5.16	2 190	否	0
39	晋宁晋城兴隆奶牛农民专业合作社	昆明雪兰牛奶有限责任公司		√	2 225	1 243	荷斯坦	4.56	4 380	否	0
40	晋宁晋城月表奶牛专业合作社	昆明雪兰牛奶有限责任公司		√	1 125	635	荷斯坦	4.45	2 190	否	0
41	晋宁牛恋现代奶牛养殖场	昆明雪兰牛奶有限责任公司		√	665	236	荷斯坦	5.10	1 278	否	0
42	晋宁晋城宏尚奶牛农民专业合作社	昆明雪兰牛奶有限责任公司		√	986	456	荷斯坦	4.85	2 008	否	0
	合计				32 212	16 872			84 807		0
43	石林小尖山乳制品养殖专业合作社	昆明龙腾生物乳业有限公司		√	5 650	4 000	奶山羊	0.65	230	否	0
44	石林志和养殖专业合作社	昆明龙腾生物乳业有限公司		√	7 290	5 460	奶山羊	0.26	260	否	0
45	石林合胜奶山羊养殖专业合作社	昆明龙腾生物乳业有限公司		√	1 000	800	奶山羊	1.00	300	否	0

备注：请在养殖场或小区列中选择打勾。

附表 4　昆明市主要乳制品生产企业名录

序号	名称	生产地点	生产许可证号码	年收购原奶量（t）	其中：自有奶源量（t）	平均支付价格（元/kg）	日处理生鲜乳能力（t）	年乳制品产量（t）	其中：低温鲜奶（t）	UHT 奶（t）	常温酸奶（t）	低温酸奶（t）	原料奶粉（t）	婴幼儿配方奶粉（t）	成人奶粉（t）	奶油（t）	奶酪（t）	乳饮料（t）	冰品（t）	年销售收入（万元）	利润（万元）	有机产品（枚）
1	昆明雪兰牛奶有限责任公司		SC10553011110668				500.0	121 079	16 582	48 252	2 339	43 522						10 384		114 668	7 059	663 488
2	昆明市海子乳业有限公司	云南昆明	SC10553011113025	96 183	48 308	4.49																
3	昆明市七彩云乳业有限公司		SC10553012115057																			
4	云南伊利乳业有限责任公司	云南省昆明市嵩明县杨林镇经济开发区景观大道延长线	SC10653012706593	66 184	40 634	4.50	580.0	102 000	0	18 000	30 000	0	0	0	0	0	0	54 000		67 999	5 467	0
	合计			162 367	88 942	8.99	1 080.0	223 079	16 582	66 252	32 339	43 522	0	0	0	0	0	64 384	0	182 667	12 526	663 488
5	昆明龙腾生物乳业有限公司	晋宁宝峰	SC10853011117700	7 200		6.50	20.0	2 160					160		2 000					7 000	600	
6	石林青龙矿泉饮料有限公司	鹿阜街道办路美邑村	SC10653012632565	30	0	5.50	0.6	28	0	0	0	0	0	0	0	0	0	80	0	40	5	0
7	昆明圣宴食品有限公司	石林街道办台创园	SC13153012020780	75	0	6.50	0.2	75	40	0	0	35	0	0	0	0	0	0	0	95	10	0
	总计			169 672	88 942	27.49	1 100.8	225 342	16 622	66 252	32 339	43 557	160	0	2 000	0	0	64 464	0	189 802	13 141	663 488

备注：本表包括在中国及海外的生产企业。日处理生鲜乳能力指设计加工生鲜乳能力。自有奶源指来自自建和参建（控股、参股）牧场（小区）的原奶。成人奶粉指除婴幼儿配方奶粉以外的学生奶粉、孕妇奶粉、中老年奶粉等终端消费奶粉。冰品包括冰激凌、雪糕等。有机产品数量单位为“枚”，指获得有机标志的数量。

西藏自治区

【奶类生产】2019 年，为贯彻落实《国务院办公厅关于推进奶业振兴保障质量安全的意见》精神，西藏自治区人民政府办公厅印发了《关于推进肉牛和奶业高质量发展意见》（以下简称《意见》），提出到 2022 年奶类产量达到 70 万 t 的目标，全区奶业按照《意见》要求，进一步优化产业布局，加快转变发展方式，继续狠抓奶牛品种改良、奶源基地建设、完善设施设备、扩大饲草料基地建设、强化科研攻关，全区奶牛标准化规模养殖水平不断提高，规模化养殖场数量持续增加，奶产品质量安全得到提升，奶业发展成为助推农牧业经济、促进农牧民增收的重要举措。

据 2019 年统计，全区牛存栏 607 万头，其中牦牛存栏 499 万头，黄牛存栏 108 万头，（荷斯坦牛、娟姗牛）优质奶牛 18 万头，主要分布在拉萨、山南、林芝、日喀则，占黄牛总数的 17%，当年从区外引进优质奶牛 1.3 万头；绵山羊 1 016 只。黄牛能繁母牛存栏 23 万头，奶产量 55 万 t，其中牛奶产量 50 万 t，羊奶 5.21 万 t，同比增长 10%。

【乳制品加工】截至 2019 年，全区有一定规模的奶制品加工企业 7 家，分别是高原之宝牦牛乳业、拉萨市净土乳业、西藏藏地吉农乳业、西藏年河乳业发展有限公司、拉萨圣吉雪乳业、林芝地区贡布乳业、山南雅砻惠民乳业、山南琼结县巴扎乳业。乳制品种类包括巴氏灭菌乳、UHT 奶、酸奶等 30 多个品种，日处理 340t 鲜奶，规模以上企业产值达到 8 亿元。

【市场消费】2019 年西藏自治区常住人口为 343.82 万人（其中城镇 107.07 万人、乡村 236.75 万人），流动人口 38.9 万人，旅游约 4 000 万人次。居民人均年消费量为 14.30kg，城镇人口鲜奶年消费量为 1.53 万 t；按照地域生活习惯，全区乡村人口酥油年消费量为 4.32 万 t（乡村人均每天约消费酥油 50g），折算成鲜奶为 64.8 万 t（平均生产 1kg 酥油需 15kg 奶）；流动人口年消费液态奶 0.28 万 t；旅游人口年消费液态奶 0.8 万 t。全区年各类奶制品折算为鲜奶的消费总量为 67.41 万 t。

【重大建设项目】2019 年通过中央财政转移支付农业生产发展资金 6 550 万元，支持林芝奶牛繁育中心建设资金 2 000 万元，支持拉萨市“万户百场十中心”建设项目 500 万元，支持墨竹工卡县高标准奶牛养殖中心建设项目 2 000 万元，支持森布日牧场（奶牛）建设项目 2 050 万元。

【政策支持】实施牲畜良种补贴政策，按照《西藏农区黄牛改良项目实施方案（2013—2020 年）》品种改良和布局要求，2019 年完成黄牛改良 13 万头，落实良种补贴资金 2 400 万元。

【奶源基地建设】2019 年，自治区进一步规范奶源基地建设，以减少数量、提高质量为原则，进入部直联直报系统的奶牛规模养殖场存栏在 100~300 头以上的奶牛养殖场有 22 个，1 000 头养殖规模的 3 个，平均单产 3.5t 左右。

【饲草料生产】到 2019 年，实施人工种草与天然草场改良项目，安排资金 1.28 亿元，在拉萨、日喀则等 7 个地市的 21 个县（区）人工种草 11.66 万亩。各地市充分利用低产田、弃耕地、荒滩荒地开展人工种草，促进粮经饲三元种植结构调整。同时，试点推进 GT 智能牧草工厂建设，落实资金 500 万元。

（西藏自治区农牧厅畜牧水产处，边　珍）

陕西省

【奶畜养殖】2019年，陕西省奶牛存栏27.4万头，较2018年下降1.7%；奶山羊存栏237.2万只，较2018年增长18.6%。奶类产量170.4万t，较2018年增长0.4%，其中牛奶产量107.8万t，较2018年下降1.8%。

陕西省奶牛主要分布在关中地区5市1区（即西安市、宝鸡市、咸阳市、铜川市、渭南市和杨凌示范区），奶牛存栏和牛奶产量分别占陕西省的92.6%和91.1%。

陕西省奶山羊主要分布在关中地区，奶山羊存栏和羊奶产量分别占陕西省的98.3%和98.6%。

【发展趋势】2019年，陕西省围绕千亿级奶山羊产业既定目标，加大投资力度，省财政继续安排1.4亿元打造陇县、富平、乾县3个全产业链示范县、千阳良种示范县和临潼等11个奶山羊基地县，建成存栏300只以上的养殖场163个，发展势头良好。

【乳制品加工】2019年，陕西省乳制品总产量120.12万t，同比增长12.5%。

【市场消费】2019年，陕西省人均奶类占有量43.9kg，较2018年增加0.8kg。

【奶源基地】行业统计数字显示，陕西省存栏奶牛100头以上养殖场311个，较2018年减少20个。

DHI测定。2019年陕西省奶牛DHI测定中心接受送检牛场37个，较2018年减少3个，参测奶牛3.11万头，较2018年增加0.42万头，测定样品211 151份，制作DHI测定报告338份。2019年参测场奶牛305天产奶量平均达到9 143.5kg，单产达到8t以上的牛场有27个。全部参加DHI测定的40个规模奶牛场的平均乳脂率为4.13%，乳蛋白含量为3.38%，乳糖含量为5.05%，总固形物为12.71%，平均体细胞数为23.15万个/mL，乳制品质量与2018年相比维持稳定。

饲草种植。2019年国家高产优质苜蓿示范建设项目投资1 200万元，在陕西省新种植2万亩高产优质苜蓿。中央投资7 100万元，在西安市临潼区和阎良区、陇县、千阳县、眉县、岐山县、泾阳县、乾县、三原县、武功县、合阳县、蒲城县、子长市、神木市14个县（市、区）以及铜川市和省农垦集团实施粮改饲试点项目，种植青贮玉米44.4万亩，全株青贮133.2万t。

养殖效益。全省牛奶平均价格约为3.8元/kg，较2018年上涨12.4%，10月均价最高，为4.12元/kg；5月均价最低，为3.5元/kg。按成母牛计算，奶牛养殖户年均亏损约为2 160元/头，规模养殖场年均盈利约为2 162元/头（收益仅包含销售生鲜乳，不包含生物资产和产羔等收益）。

全省羊奶平均价格约为5.77元/kg，较2018年下降17.6%，1月均价最高，为7.93元/kg；7月均价最低，为4.68元/kg。从全省2019年奶山羊生产监测点监测的收益情况汇总来看，散养户平均每只成年母羊的收益为1 126元/年，规模养殖场的收益为每只233元/年（收益仅包含销售生鲜乳，不包含生物资产和产羔等收益）。

【质量监管】2019年省级完成生鲜乳监测任务共计200批次，检测项目1 200个。主要对奶站和生鲜乳运输环节的三聚氰胺、革皮水解物、β-内酰胺酶等违禁添加物进行抽检，检测结果合格率100%。

（陕西省农业农村厅畜牧兽医局，王鹏飞）

甘肃省

【奶畜养殖】据统计，2019年甘肃省奶牛存栏31万头（含杂种牛），奶羊规模养殖存栏3万只。其中荷斯坦牛存栏18.1万头，成年母牛9万头，年产鲜奶55万t。全省奶牛养殖量超过1万头的市（州）有7个，其中张掖市奶牛存栏5.74万头，武威市奶牛存栏2.79万头，临夏回族自治州奶牛存栏1.94万头，金昌市奶牛存栏1.6万头、定西市、兰州市和白银市奶牛存栏均在1.2万头左右。夏河县、卓尼县和合作市犏雌牛存栏均在1万头以上。庆阳市的环县、合水县和金昌市的永昌县为奶羊优势产区，存栏1.9万只。规模养殖场使用自动饲喂车、自动饮水槽、转盘式挤奶机等自动化设备，建立了先进的数字化管理监控系统，实现了奶牛饲养、牛奶生产、粪污处理等生产全程机械化、数字化和自动化。奶牛养殖集约化规模化水平快速提升，奶牛整体生产能力和标准化程度稳步提高。

随着武威市凉州区优然牧业新建1.2万头现代化奶牛养殖示范牧场、古浪县6万头奶牛产业发展园区等奶业优势特色产业集群在河西落地，全省以张掖市、武威市、兰州市、白银市和临夏回族自治州为主产区，以养殖场、专业合作社为主的奶业发展格局基本形成。现已创建部、省级奶牛标准化示范场33个，其中部级12个，省级21个。张掖市甘州区前进牧业拥有13个标准化牧场，奶牛共计存栏3.5万头，日产鲜奶450t，与成都菊乐乳业、贵阳三联乳业、重庆天友乳业、福建长富乳业、深圳晨光乳业等18家乳制品企业建立了长期原奶供应合作关系，原奶主要运往省外加工。

【乳制品加工】2019年全省共有乳制品加工企业43家，产品主要是本地巴氏杀菌乳、UHT奶、奶粉、酸奶和酪蛋白，产量为32.8万t，其中液态奶产量为31万t，乳粉和酪蛋白产量为1.85万t，全行业实现工业总产值37.54亿元。企业日处理生鲜乳能力达到3 000t以上，但大多未满负荷生产。庄园、三元、燎原、华羚、雪顿等乳制品加工企业积极推动奶业科技创新，在奶牛养殖、地方乳制品加工和质量检测等方面，不断加大科技投入，完善奶业全产业链，带动了甘肃奶业健康可持续发展。

2019年6月开工建设的武威伊利绿色生产及智能制造示范应用项目，计划总投资21亿元，一期投资11.2亿元，建设6条利乐钻安慕希生产线、2条高速标准装生产线、2条高速苗条装生产线，形成每日603t液态奶生产能力。项目于2020年6月开始设备安装，11月底投入试生产。全部建成达产后，液态奶生产能力为每日1 888t，奶源辐射范围将覆盖金昌、酒泉等河西地区。

【市场消费】全省人均奶类占有量为21.15kg，乳制品消费量为城镇人均17.8kg、农村人均7.01kg。当地市场销售的乳制品品牌主要有蒙牛、伊利、庄园、燎原、雪顿、华羚、雪莲等，牛奶消费市场呈现出消费量逐步攀升、消费种类偏好增加和本地乳制品认可度趋升的特点。

【奶源基地】截至2019年，全省建成百头以上奶牛规模养殖场86个，存栏13.5万头，占全省奶牛存栏的74.72%。正在建设的凉州优然牧业1.2万头现代化奶牛养殖示范牧场、古浪县6万头奶牛园区、兰州新区万头奶牛产业示范园、永昌新希望农牧业有限公司万头奶牛场、金川区万头奶牛养殖循环产业园、甘肃前进牧业科技有限责任公司德联万头牧场计划于年底相继投产。全混合日粮（TMR）技术在大中型奶牛场已应用普及，建成奶牛生产性能测定（DHI）实验室2个，已经开展牛群监测近万头。2019年安排中央资金1 000万元用于20个奶牛养殖合作社（家庭牧场）改造升级；安排省级资金390万元用于奶牛养殖场基础设施、粪污无害化处理设施建设。加强源头管理，严格奶牛养殖环节饲料、兽药等投入品使用和监管。全省乳制品企业质量安全第一责任得到严格落实，初步建立健全了养殖、加工、流通等全过程乳制品质量安全追溯体系。全面开展生鲜乳质量安全执法工作，加强生鲜乳收购站和运输车的监管，严厉打击非法收购生鲜乳行为以及各类违法添加行为。

通过组织实施高产优质苜蓿、粮改饲、秸秆饲料化利用等项目，助推饲草产业开发，夯实饲草基础。2019年安排项目资金13 200万元，在23个县（区）实施振兴奶业苜蓿发展行动；安排粮改饲项目资金9 727万元，对奶业主产县（区）实施粮改饲项目全覆盖；省级财政安排秸秆饲料化利用项目资金1 000万元，积极推动秸秆饲料化利用工作，每年新增苜蓿面积20万亩以上，粮改饲面积达到300万亩以上，建成了三宝、天泽、润牧等秸秆饲草加工企业，形成了场户联结、订单种植、合作收购的“公司＋基地＋农户”的合作发展模式，项目资金的撬动效应得以显现，为奶业发展提供了坚实的饲草保障。

【政策法规】武威市人民政府出台《关于加快奶业发展的实施意见》（武政发〔2019〕48号）。县（市、区）设立不少于3 000万元的奶产业发展专项资金，专项用于扶持奶产业发展，对生鲜乳收购、良种奶牛引进、奶牛良种补贴、奶牛规模养殖、贷款贴息、优质饲草产业发展、农机购置补贴等给予资金奖补。

【质量监管】制定了《甘肃省畜牧兽医局关于做好2019年生鲜乳质量安全监管监测工作的通知》（甘牧医函〔2019〕79号），印发了《关于做好农产品质量安全专项整治的通知》，对生鲜乳质量安全整治行动进行了全面安排。据统计，2019年全省共有79个生鲜乳收购站和193辆运输车，其中18个奶站为乳制品企业所有，49个奶站为奶牛养殖场所有，9个为奶农合作组织所有，其他奶站3个；有66个奶站全部实现集中式机械挤奶，符合奶站标准。全省193辆生鲜乳运输车全部核发准运证。整治行动共检查奶站405站次，检查运输车辆562车次，出动执法人员1 289人次。配合农业农村部奶及奶制品检测中心（北京）和第三方检测机构在全省范围内开展《食品安全国家标准生乳》指标检测和奶畜养殖散户生鲜乳质量检测抽样533批次，其中奶车、奶站样品447批次，散户奶样86批次。检测项目包括菌落总数、体细胞、蛋白质、脂肪、黄曲霉素M_1、苯甲酸、碱类物质、β-内酰胺酶、三聚氰胺、革皮水解物、铅、铬、汞、砷、碱类物质、硫氰酸钠16项指标，合格率100%。

【奶业大事】2019年1月18日，武威市、凉州区和伊利集团举行了日产1 800t液态奶武威生产基地项目签约仪式。该项目总投资约21亿元，建成后年产值可达67亿元。1月19日，省委书记、省人大常委会主任林铎，省委副书记、省长唐仁健在兰州会见伊利集团董事长、总裁潘刚一行。

2019年3月30日，由宁夏、新疆、甘肃、青海4省份奶业协会主办的2019银川国际奶业暨农牧机械展览会在银川国际会展中心召开，历时3天。本届展会以“新奶业、新农机、新技术、新趋势”为主题。

2019年11月27日，2019中国奶业D20峰会在上海举办，农业农村部副部长于康震在会上发表主旨演讲，农业农村部总畜牧师马有祥出席。本届峰会以“奶业新未来——责任、创新、融合”为主题，展现中国奶业70年发展成就，发布《2019中国奶业质量报告》。

（甘肃省畜牧兽医局畜牧处，唐　煜）

附表 1　甘肃省奶畜养殖场（小区）名录

县（市、区）	名称	供奶企业	存栏（头）	成母畜存栏（头）	奶畜品种	成母畜单产（kg/年）	日产奶量（t）	年总产量（t）	是否有机奶源基地	有机奶产量（t）
兰州市红古区	甘肃荷斯坦奶牛繁育示范中心	兰州伊利乳业有限责任公司	5 450	3 500	荷斯坦	10 000	77.0	23 485.0		
兰州市红古区	红古区新名汇良种奶牛养殖农民专业合作社	自行零售	135	98	荷斯坦	8 000	1.2	366.0		
兰州市红古区	兰州史飞龙奶牛养殖农民专业合作社	自行零售	253	150	荷斯坦	6 000	2.0	610.0		
兰州市红古区	兰州市鸿霖养殖场	自行零售	120	70	荷斯坦	7 600	1.3	396.5		
榆中县	榆中昌源奶牛养殖	鲜奶直供兰州市场零售	106	60	荷斯坦	8 400	0.8	228.8		
榆中县	榆中周前奶牛场	鲜奶直供兰州市场零售	186	85	荷斯坦	8 200	1.1	329.4		
榆中县	榆中冯湾红霞养殖场	鲜奶直供兰州市场零售	193	101	荷斯坦	7 200	1.7	518.5		
榆中县	榆中德利奶牛繁育场	定西、榆中鲜奶直供零售	218	204	荷斯坦	9 000	2.4	716.8		
榆中县	榆中县金崖奶牛场	直供青海西宁市场零售	242	136	荷斯坦	8 020	3.1	945.5		
榆中县	榆中绿康奶牛养殖场	鲜奶直供兰州市场零售	265	150	荷斯坦	7 000	1.8	549.0		
榆中县	兰州志存奶牛养殖有限公司	鲜奶直供兰州市场零售	120	108	荷斯坦	7 800	0.9	280.6		
榆中县	榆中旭源奶牛养殖场	鲜奶直供兰州市场零售	100	72	荷斯坦	7 500	0.7	213.5		
兰州市七里河区	兰州金和奶牛养殖农民专业合作社	兰州天方、临洮农副公司	268	165	荷斯坦	9 720	3.5	1 067.5		
兰州市西固区	兰州源生奶牛养殖专业合作社	双鱼奶粉厂、零售	400	220	荷斯坦	3 800	4.0	1 220.0		
永登县	兰州瑞兴牧业有限公司（庄园）	自有奶站自行加工	1 905	1 043	荷斯坦	11 242	34.0	10 370.0		
永登县	永登县良林奶牛养殖场	青海天露乳业有限责任公司	130	80	荷斯坦	5 000	0.8	244.0		
皋兰县	甘肃华清农牧科技有限公司	兰州伊利乳业有限责任公司	1 460	799	荷斯坦	9 855	11.0	3 355.0		
兰州新区秦川园区	兰州新区四兄弟奶牛繁育有限公司	兰州伊利乳业有限责任公司	383	280	荷斯坦	9 000	7.0	2 135.0		
玉门市	玉门油田农牧业有限责任公司华油奶牛场	华油乳品厂	380	260	荷斯坦	7 000	5.0	1 525.0		
敦煌市	青海油田四方生活服务公司牛奶加工厂	青海油田四方牛奶加工厂	172	172	荷斯坦	2 612	1.7	518.5		
敦煌市	敦煌市双元乳业生态养殖基地	双元乳业	124	122	荷斯坦	8 000	1.2	366.0		
酒泉市肃州区	晟航养殖农民合作社	乐为尔	110	96	荷斯坦	8 000	1.2	366.0		
张掖市甘州区	甘州区下寨奶牛养殖农民专业合作社	蒙牛、光明	2 008	1 686	荷斯坦	7 442	29.0	8 845.0		
张掖市甘州区	甘肃三元黑河农牧科技有限责任公司	甘肃三元乳业	3 048	1 747	荷斯坦	10 159	40.0	12 200.0		
张掖市甘州区	张掖市甘州区前进奶牛专业合作社	天友乳业	1 279	642	荷斯坦	9 802	17.0	5 185.0		
张掖市甘州区	甘州区绿洲奶牛繁育农民专业合作社	西域春乳业	2 218	1 630	荷斯坦	10 538	36.0	10 980.0		
张掖市甘州区	甘肃前进牧业科技有限责任公司	贵阳三联乳业、天润乳业	9 327	6 592	荷斯坦	10 194	155.0	47 275.0		
张掖市甘州区	甘肃德瑞牧业有限公司	菊乐乳业	4 933	3 425	荷斯坦	11 105	70.0	21 185.0	是	21 185

（续）

县（市、区）	名称	供奶企业	存栏（头）	成母畜存栏（头）	奶畜品种	成母畜单产（kg/年）	日产奶量（t）	年总产量（t）	是否有机奶源基地	有机奶产量（t）
张掖市甘州区	甘肃德联牧业有限公司	新建	2 313	2 313	荷斯坦	0	0.0	0.0		
张掖市甘州区	甘肃德华牧业有限公司	新建	1 940	1 614	荷斯坦	0	0.0	0.0		
临泽县	甘肃瑞谐良种奶牛繁育有限责任公司	雪莲乳品有限责任公司	3 255	1 772	荷斯坦	7 800	40.0	12 200.0		
临泽县	张掖市蓼泉奶牛养殖农民专业合作社	销往宁夏	2 648	1 653	荷斯坦	7 200	38.0	11 590.0		
临泽县	张掖市五泉奶牛养殖农民专业合作社	销往宁夏	2 353	1 431	荷斯坦	7 400	30.0	9 150.0		
临泽县	张掖市新华草畜科技有限责任公司	销往宁夏	2 235	1 051	荷斯坦	7 200	40.0	12 200.0		
高台县	张掖市东联草畜科技有限公司	张掖市前进牧业	2 300	1 300	荷斯坦	11 000	0.0	0.0		
民乐县	甘肃华瑞农业股份有限公司	光明、新希望、庄园等	6 950	5 876	荷斯坦	5 200	72.0	21 960.0		
民乐县	晨旭养殖专业合作社	县城生鲜乳代售点或农户家	103	60	荷斯坦	4 800	0.9	274.5		
嘉峪关市	甘肃祁牧乳业公司	伊利、蒙牛、庄园、新希望	5 573	3 326	荷斯坦	8 427	93.8	28 602.9		
金昌市金川区	甘肃农垦天牧乳业有限公司	兰州伊利、兰州雪顿等	11 279	5 423	荷斯坦	10 800	169.0	51 545.0		
金昌市金川区	金昌居佳生态农业有限公司奶牛养殖场	金川公司	1 756	910	荷斯坦	10 694	21.0	6 405.0		
金昌市金川区	金昌市裕和祥奶牛养殖专业合作社	兰州伊利	436	264	荷斯坦	4 839	3.5	1 067.5		
金昌市金川区	甘肃瑞嘉牧业有限公司（庄园）	兰州庄园	2 574	2 574	荷斯坦	0	0.0	0.0		
永昌县	小坝奶牛养殖小区	自己销售	182	102	西荷杂种奶牛	3 996	1.1	341.6		
武威市凉州区	武威荣华新型农业股份有限公司	蒙牛、伊利	13 457	8 957	荷斯坦	9 500	180.0	54 900.0		
武威市凉州区	武威瑞达牧场有限公司（庄园）	兰州庄园	2 743	1 388	荷斯坦	8 905	36.0	10 980.0		
武威市凉州区	凉州区金谷丰畜牧发展农民专业合作社	伊利	690	3 650	荷斯坦	8 000	28.0	8 540.0		
武威市凉州区	武威市凉州区恒丰源种养农民专业合作社	本地销售	185	128	荷斯坦、弗莱维赫	7 300	2.6	780.8		
武威市凉州区	康胜牧业发展有限公司	县内居民消费	110	550	荷斯坦	6 000	5.9	1 799.5		
会宁县	甘肃亿金源农牧发展有限公司	兰州伊利	240	160	荷斯坦	10 000	3.5	1 067.5		
会宁县	会宁县亿源养殖有限公司	兰州伊利	1 152	300	荷斯坦	10 000	13.0	3 965.0		
靖远县	甘肃盛世华阳农业技术开发有限公司	蒙牛乳业	863	330	荷斯坦	9 750	9.8	2 989.0		
靖远县	靖远新希望牧业有限公司	成都华西	1 892	1 572	荷斯坦	95 000	35.0	10 675.0		
景泰县	甘肃丝路林牧科技发展有限公司	宝鸡蒙牛	1 480	560	荷斯坦	9 000	16.0	4 880.0		
白银市白银区	白银鑫昊工贸有限公司四龙奶牛养殖园区	兰州伊利、自己加工	3 100	1 800	荷斯坦	1 800	33.6	10 248.0		
白银市白银区	白银天博养殖有限公司	兰州伊利	2 000	1 650	荷斯坦	8 715	30.5	9 287.3		
白银市白银区	白银馨凯养殖有限公司	零售	307	170	荷斯坦	6 000	3.5	1 067.5		

（续）

县（市、区）	名称	供奶企业	存栏（头）	成母畜存栏（头）	奶畜品种	成母畜单产（kg/年）	日产奶量（t）	年总产量（t）	是否有机奶源基地	有机奶产量（t）
白银市白银区	白银今日阳光农牧生态有限责任公司	奶吧自用	150	110	荷斯坦	45 000	10.0	3 050.0		
白银市平川区	平川区三鼎乳业有限责任公司	伊利集团、青海尔萨兄弟	560	520	荷斯坦	9 000	6.0	1 830.0		
白银市平川区	白银思润源农牧科技有限公司	宝鸡蒙牛	530	400	荷斯坦	10 080	5.5	1 677.5		
白银市平川区	平川区鑫河实业集团有限公司	兰州伊利	650	650	荷斯坦	8 000	8.6	2 623.0		
定西市安定区	甘肃省天辰牧业有限公司	兰州伊利	900	440	荷斯坦	9 540	11.4	3 477.0		
定西市安定区	定西育强牧业有限公司	兰州伊利	1 660	680	荷斯坦	8 540	15.0	4 575.0		
通渭县	甘肃春寅乳业有限责任公司	兰州伊利	1 030	1 030	荷斯坦	9 000	10.1	3 080.5		
通渭县	通渭县亨丰乳业有限责任公司	兰州庄园	250	180	荷斯坦	8 500	2.5	762.5		
陇西县	陇西罗记乳业食品有限公司	当地自销	120	100	荷斯坦	6 000	2.0	610.0		
陇西县	陇西天力元乳业有限责任公司	当地自销	125	80	荷斯坦	8 000	2.8	854.0		
临洮县	临洮县兴达乳业有限责任公司	伊利公司	1 000	460	荷斯坦	7 600	10.5	3 202.5		
临洮县	临洮华加牧业科技有限责任公司	兰州雪顿公司	350	220	荷斯坦	8 500	4.2	1 281.0		
临洮县	临洮县和谐牧业科技有限公司	自己制作酸奶和加工奶粉	236	160	荷斯坦	7 500	2.2	671.0		
临洮县	甘肃安贝源乳业有限公司	蒙牛公司	3 889	1 985	荷斯坦	8 200	45.0	13 732.6		
临夏县	临夏县瑞园牧场有限公司	兰州庄园牧场股份有限公司	1 800	1 300	荷斯坦	10 600	23.0	7 015.0		
临夏县	甘肃临夏丰源奶牛养殖有限公司	四川新希望、伊利、燎原	2 500	1 150	荷斯坦	10 000	28.0	8 540.0		
临夏县	临夏州盛源奶牛养殖有限责任公司	四川新希望、伊利、燎原	3 600	1 650	荷斯坦	10 000	38.0	11 590.0		
和政县	和政县金箭综合养殖有限公司	零售	160	120	荷斯坦	3 000	0.5	152.5		
华亭市	华亭市绿鑫源养殖农民专业合作社	华亭市及周边群众饮用	104	104	荷斯坦	3 600	1.0	317.2		
庄浪县	庄浪县康源奶牛养殖有限责任公司	县内定点销售	200	182	荷斯坦	5 600	4.0	1 220.0		
庄浪县	庄浪县鑫盛源牛业有限责任公司	甘肃洛丰乳业有限责任公司	438	340	荷斯坦	5 800	7.2	2 196.0		
静宁县	静宁县兴源奶牛有限责任公司	当地销售鲜奶	106	45	荷斯坦	4 900	0.6	183.0		
宁县	庆阳陇牛养殖农民专业合作社	庆阳陇牛乳业有限公司	884	839	荷斯坦	9 500	16.0	4 880.0		
宁县	庆阳运通草业有限责任公司	庆阳陇牛乳业有限公司	347	315	荷斯坦	0	0.0	0.0		
宁县	宁县旺明牛养殖农民专业合作社	庆阳陇牛乳业有限公司	153	153	荷斯坦	0	0.0	0.0		
华池县	华池县新堡养殖场	庆阳陇牛乳业有限公司	811	665	荷斯坦	7 100	13.0	3 965.0		
环县	环县昊乐养殖有限公司	西安市银桥、宁夏伊利	2 082	992	荷斯坦	9 000	23.0	7 015.0		
甘谷县	甘肃三合农业科技发展有限公司	陇西天源乳业	160	60	荷斯坦	6 000	1.4	427.0		
清水县	清水宇新牧业有限公司	兰州伊利乳业有限责任公司	900	600	荷斯坦	1 680	18.0	5 490.0		
陇南市武都区	武都白龙乳业公司	自售	140	85	荷斯坦	5 000	0.7	213.5		

附表 2　甘肃省主要乳制品生产企业名录

序号	市（州）	县（市、区）	名称	生产地点	年收购原奶量（t）	日处理生鲜乳能力（t）	年乳制品产量（t）	其中：巴氏杀菌乳（t）	UHT 奶（t）	酸奶（t）	奶粉（t）	婴幼儿配方奶粉（t）	奶油（t）	奶酪（t）	乳饮料（t）	年销售收入（万元）
1	张掖市	甘州区	甘肃三元乳业有限公司	甘州区国家现代农业示范区	10 085	500.0	10 085	1 036	9 049	0	0	0	0	0	0	7 047
2	张掖市	甘州区	甘肃前进乳业有限公司	甘州区石岗墩开发区	4 000	15 .0	4 500	1 500	0	3 000	0	0	0	0	0	1 500
3	张掖市	临泽县	甘肃临泽雪莲乳品有限责任公司	临泽县工业开发园区	3 000	235.0	2 300	1 200	0	1 000	100	0	0	0	0	1 490
4	张掖市	民乐县	甘肃华瑞农业股份有限公司	民乐县生态工业园区	2 190	10.0	21 900	21 900	0	0	0	0	0	0	0	8 760
5	兰州市	榆中县	兰州庄园牧场股份有限公司	三角城乡三角城村	50 000	600.0	50 000	20 000	20 000	10 000	0	0	0	0	0	50 926
6	兰州市	皋兰县	甘肃华清农牧科技有限公司	黑石镇和平村（63km）	0	20.0	30 000	10 000	0	10 000	10 000	0	0	0	0	9 500
7	兰州市	七里河区	甘肃天方乳业有限公司	七里河区彭家坪路 24–1 号	4 000	200.0	4 500	0	0	4 500	0	0	0	0	0	3 000
8	兰州市	七里河区	兰州雪顿生物乳业有限公司	兰州七里河区彭家坪路 16 号	21 000	550.0	23 000	10 000	0	13 000	0	0	0	0	0	23 000
9	兰州市	红古区	兰州伊利乳业有限责任公司	红古区花庄镇工农路 17–24 号	145 500	600.0	166 851	0	94 143	72 708	0	0	0	0	0	106 500
10	白银市	白银区	白银鑫昊生物科技有限公司	四龙镇车路沟	210	500.0	199	0	199	0	0	0	0	0	0	586
11	金昌市	金川区	金昌居佳生态农业有限公司	金川区河雅路 106km 处	3 891	150.0	3 890	1 321	1 582	987	0	0	0	0	0	7 500
12	酒泉市	敦煌市	敦煌市双元乳业有限公司	酒泉市敦煌市月牙泉镇杨家桥村五组 63 号	750	20.0	850	650	0	100	0	0	0	0	100	1 600
13	酒泉市	阿克塞县	阿克塞县鑫康源奶牛养殖农民专业合作社	酒泉市阿克塞哈萨克族自治县红柳湾养殖小区	300	3.0	300	300	0	0	0	0	0	0	0	100
14	酒泉市	肃州区	酒泉市好牛乳业食品有限公司鲜奶收购站	酒泉市肃州区酒火公路 6km 处（高新技术开发区）	670	50.0	860	0	860	0	0	0	0	0	0	420
15	酒泉市	肃州区	酒泉市乐为尔乳业有限责任公司鲜奶收购站	酒泉肃州区果园工业园区	600	30.0	600	0	300	300	0	0	0	0	0	380
16	酒泉市	玉门市	玉门油田农牧业有限责任公司华油乳品厂	玉门市赤金镇营田村南	1 800	25.0	1 400	1 400	0	0	0	0	0	0	0	1 000
17	酒泉市	敦煌市	青海油田四方生活服务公司奶牛场	敦煌市七里镇生活服务公司院内	450	2.0	450	450	0	0	0	0	0	0	0	400
18	临夏回族自治州	临夏县	临夏州燎原乳业有限公司	临夏州临夏县经济开发区清真食品区	3 913	200.0	3 913	0	0	0	1 158	2 755	0	0	0	13 070
19	临夏回族自治州	临夏市	临夏市泉乳乳品有限公司	甘肃省临夏州临夏市折达公路 3 号	200	40.0	27	0	0	0	27	0	0	0	0	95
20	庆阳市	合水县	甘肃百跃羊乳古象有限公司	庆阳市合水县示范园	10 000	100.0	10 000	0	0	0	10 000	0	0	0	0	1
21	庆阳市	宁　县	庆阳陇牛乳业有限公司	宁县米桥镇米桥村	2 711	150.0	3 182	35	2 336	26	0	0	0	0	785	3 070

（续）

序号	市（州）	县(市、区)	名称	生产地点	年收购原奶量（t）	日处理生鲜乳能力（t）	年乳制品产量（t）	其中：巴氏杀菌乳（t）	UHT奶（t）	酸奶（t）	奶粉（t）	婴幼儿配方奶粉（t）	奶油（t）	奶酪（t）	乳饮料（t）	年销售收入（万元）
22	庆阳市	华池县	甘肃红南梁农业科技发展有限公司	庆阳市华池县悦乐镇新堡村	0	500.0	0	0	0	0	0	0	0	0	0	0
23	平凉市	庄浪县	甘肃洛丰乳业有限责任公司	甘肃省平凉市庄浪县南坪乡苏坪村	1 290	260.0	1 000	500	0	500	0	0	0	0	0	503
24	定西市	陇西县	陇西罗记乳业食品有限公司	定西市陇西县景家桥5号	300	5.0	300	0	0	300	0	0	0	0	0	300
25	定西市	临洮县	甘肃安贝源乳业有限公司	定西市临洮县红旗乡何家湾村	0	10.0	3 500	3 500	0	0	0	0	0	0	0	3 150
26	定西市	临洮县	甘肃和谐牧业科技有限公司	定西市临洮县八里铺镇下街村	18	25.0	7 500	7 500	0	0	0	0	0	0	0	7 020
27	定西市	临洮县	甘肃省临洮县农副产品综合开发公司	定西市临洮县西桥头2号	600	60.0	400	0	0	0	400	0	0	0	0	500
28	定西市	临洮县	临洮县德鑫源乳业有限公司	定西市临洮县太石镇上咀村	8 000	60.0	0	0	0	0	0	0	0	0	0	2 000
29	定西市	临洮县	临洮县华加牧业科技有限责任公司	临洮县八里铺镇下街村	40	10.0	3 000	2 000	0	1 000	0	0	0	0	0	3 450
30	天水市	清水县	清水宇新牧业有限公司	天水市清水县红堡镇蔡湾村	1 893	30.0	0	0	0	0	0	0	0	0	0	2 498
31	天水市	麦积区	天水嘉乐乳业有限公司	天水市麦积区中滩镇	15 000	200.0	0	0	0	0	0	0	0	0	0	17 265
32	嘉峪关市	嘉峪关	甘肃祁牧乳业有限责任公司	嘉峪关市嘉东工业园区	10 840	60.0	10 839	6 520	1 925	2 394	0	0	0	0	0	8 591
33	甘南藏族自治州	碌曲县	碌曲县专业合作社联合总社	甘南州碌曲县毛日行政村毛日村	35	20.0	0	0	0	0	0	0	0	0	0	170
34	甘南藏族自治州	合作市	甘南藏族自治州燎原乳业有限责任公司	甘南州合作市甘南合作产业生态园	580	300.0	3 533	0	1 213	0	869	1 451	0	0	0	33 130
35	甘南藏族自治州	合作市	甘肃华羚乳品股份有限公司	甘南州合作市环西路32号	9 600	300.0	7 401	0	0	0	662	0	0	6 739	0	37 000
36	甘南藏族自治州	玛曲县	甘肃亚克牧业发展有限公司玛曲县分公司	甘南州玛曲县卓格岭地大酒店C301室	260	30.0	0	0	0	0	0	0	0	0	0	300
37	甘南藏族自治州	夏河县	甘肃雪顿牦牛乳业股份有限公司	甘南藏族自治州夏河县同夏公路秀水苑	4 573	400.0	0	0	0	0	0	0	0	0	0	3 117
38	甘南藏族自治州	舟曲县	舟曲县益康奶牛养殖农民专业合作社	甘南州舟曲县城关镇瓦厂村	129	0.3	129	43	0	86	0	0	0	0	0	90

（续）

序号	市（州）	县（市、区）	名称	生产地点	年收购原奶量（t）	日处理生鲜乳能力（t）	年乳制品产量（t）	其中：巴氏杀菌乳（t）	UHT 奶（t）	酸奶（t）	奶粉（t）	婴幼儿配方奶粉（t）	奶油（t）	奶酪（t）	乳饮料（t）	年销售收入（万元）
39	甘南藏族自治州	夏河县	夏河县扎西浪畜产品加工有限责任公司	甘肃省甘南州夏河县桑科乡飞机场路口	300	4.0	207	50	0	100	5	0	50	2	0	300
40	甘南藏族自治州	夏河县	夏河县呼尔卡加犏雌牛养殖农民专业合作社	甘南州夏河县达麦乡呼尔卡加村	90	0.2	83	0	0	72	0	0	10	1	0	144
41	甘南藏族自治州	夏河县	夏河县桑科镇鸯宗畜产品加工牧民专业合作社	甘南州夏河县桑科镇	105	1.0	93	3	0	80	0	0	10		0	105
42	甘南藏族自治州	夏河县	夏河县阿木去乎镇卡哇坚牲畜养殖牧民专业合作社	甘南州夏河县阿木去乎镇黑力宁巴自然村	180	1.0	111	0	0	100	0	0	10	1	0	80
43	甘南藏族自治州	夏河县	夏河县达麦乡白云奶牛养殖农民专业合作社	甘南州夏河县达麦乡乎尔卡加山自然村	36	0.2	33	3	0	20	0	0	10	0	0	35

备注：自有奶源指来自自建和参建（控股、参股）牧场（小区）的原奶。有机产品数量单位为“枚”，指获得有机标志的数量。有机产品品类指液态奶、酸奶、奶粉、奶酪等大类。

白银市

【奶畜养殖】截至2019年，白银市奶牛存栏13 788头，能繁母牛8 261头，牦牛存栏2 263头，成年母牦牛数1 667头；全年产奶量为60 589.59t，其中牛奶60 552.99t，牦牛奶产量为20t，羊奶产量为16.6 t。因地域原因，当地牦牛产奶量较低，主要为肉用；白银市现有奶牛养殖场（户）192个，其中存栏100头以上规模养殖场12个（其中会宁县2个、靖远县2个、景泰县2个，白银区3个、平川区3个），这12个奶牛场存栏荷斯坦奶牛12 328头，能繁母牛6 261头。形成了3县2区均衡发展，以荷斯坦牛为主的奶牛养殖格局。2019年全市畜牧业总产值446 774.5万元，奶牛养殖业产值25 657.23万元，奶牛养殖业产值占畜牧业总产值的6.43%。

全市奶产业发展呈下滑趋势，由于受市场供求关系、乳制品企业压级压价收购、养殖场资金周转困难、养殖效益偏低、环保限养措施、疫情防控措施、售奶难等因素影响，奶牛养殖数量在不断下降，许多养殖场转产或停办，大型奶牛养殖场由2013年的27个逐年减少，已经下降为2019年的12个，奶牛数量由2013年的2.67万头左右锐减为2019年的1.37万头。

【乳制品加工】乳制品生产加工企业1家，白银鑫昊生物科技有限公司，日处理鲜奶能力150t（1期）。产品品牌名称鑫昊馨，枕包纯牛奶128.22t，产值403.81万元，钻包纯牛奶70.71t，产值181.87万元。目前只加工白银鑫昊工贸有限公司奶牛养殖场的牛奶，未向其他奶牛养殖场收购牛奶，其产品市场占有份额较小，处于市场开拓初期，未来发展存在许多不确定性。

【市场消费】2019年白银市人均奶类占有量为33.36kg，乳制品消费量为3 436t，乳制品销售额超过6 000万元。居民人均乳制品消费量为31.2 kg，其中鲜奶29.6 kg，奶粉0.52 kg，酸奶1 kg。主要销售的品牌奶粉有燎原、飞鹤、金领冠、三元、蓝河羊奶等；主要销售的纯牛奶和酸奶由伊利、蒙牛、庄园和君乐宝等企业生产；主要销售的低温鲜牛奶来自本地奶牛场。乳制品消费体现出很多重要的发展趋势：电商渠道在乳制品销售中的占比持续提升；伊利、蒙牛等国产乳制品品牌消费量较多；调制高铁高钙奶更受消费者欢迎；酸奶主要消费人群90%以上为青少年和儿童，鲜牛奶主要消费人群90%以上为中老年和儿童，奶粉主要消费人群90%以上为老年和婴幼儿，冰激凌等乳制品成为青少年青睐的对象。随着消费能力的提升以及对健康饮食的关注，中高端乳制品消费比例将进一步提升，乳制品消费量有很大的提升空间。

【奶源基地】全市共有奶牛养殖场（户）192个，其中，5头以下养殖场（户）104个，存栏305头；6~20头养殖场（户）55个，存栏568头；21~100头养殖场（户）20个，存栏556头；101~200头养殖场（户）1个，存栏130头；201~500头养殖场（户）4个，存栏1 366头；501~1 000头养殖场（户）3个，存栏1 805头；1 001~2 000头养殖场（户）4个，存栏6 072头；2 001~3 000头养殖场（户）1个，存栏2 986头。由于受养殖效益影响，白银市奶牛规模养殖呈下滑趋势。

【饲草饲料】2019年种草63.8万hm^2，其中，种植多年生牧草31.6万hm^2，一年生牧草32.2万hm^2，多年生优质牧草集中连片种植面积达到18.5万hm^2。秸秆资源总量301.57万t，其中全株青贮57.57万t，秸秆黄贮15.54万t，加工草颗粒、草块、草粉、黄贮、青贮等草产品101.22万t。秸秆资源化利用量合计199.64万t，秸秆饲料化利用率达到66.2%。草产业的快速发展为全市草食畜牧业持续发展奠定了坚实的物质基础，为脱贫攻坚、生态改善、促农增收发挥了产业支撑作用。

在粮改饲项目示范带动下，奶牛规模养殖场每年和附近农民签约订单，按照400元/t的价格收购玉米青贮，亩产玉米青贮约5t计算，1亩玉米青贮收入2 000元。以前农民都是只收玉米棒子，秸秆都是烧掉或是丢弃。玉米亩产约700kg，按照现在的玉米价格2元/kg计算，创收1 400元，相比较而言，公司签约为每户农民多创收600元。奶牛养殖提高了饲草料利用率，减少了中途运输成本和损耗，饲草料品质得到了保证，增加了秸秆饲料化的利用率。

【粪污处理】目前，除白银鑫昊工贸有限公司四龙车路沟奶牛养殖场加工有机肥外，奶牛养殖场普遍采用干式清粪方式，干粪堆沤发酵制作有机肥，污水经过简单处理后施用于农田。

【生鲜乳价格】2019年原料奶收购价格维持在3.6元/kg左右，伊利收购价为3.8元/kg，华西牛奶公司3.75元/kg，蒙牛3.2~3.6元/kg。市售鲜奶价格为7元/kg。

由于不同县（区）奶产业发展态势不同，各县（区）人均从奶业获得的收入也不尽相同，会宁县为35元、靖远县为43元、景泰县为215元，白银区为1 086元，平川区为670元。农民人均奶业收入占农民纯收入的比例会宁县为0.42%、靖远县为0.88%、景泰县为1.41%，白银区为4%，平川区为6.23%。奶牛场牛奶成本在3.3~3.4元/kg，乳制品企业收购价决定了企业的收入，中型规模养殖场年收入基本持平略有盈余。

【质量监管】制定了《2019年白银市生鲜乳质量安全监管工作方案》《2019年白银市生鲜乳质量安全检测工作方案》和《2019年白银市生鲜乳专项整治行动实施方案》，建立了生鲜乳质量安全日常管理与专项整治行动相结合的管理机制。6月农业农村部奶及奶制品质量监督检验测试中心对白银市白银区鑫昊工贸有限公司、白银区天博奶牛养殖场、甘肃陇蓄园农业发展有限责任公司等8个生鲜乳收购站和4辆生鲜乳运输车、15个奶畜散养户进行了实地详细检查，并抽检了生鲜乳样品90份，抽检样品100%合格。

（白银市畜牧技术推广站，路世璠）

附表 1　白银市奶业生产情况调查汇总

统计项目				计量单位	2019 年年底					
					会宁县	靖远县	景泰县	白银区	平川区	白银市
基本情况	人口		总人口	万人	57.17	50.34	24.00	29.08	21.01	124.43
			农村人口	万人	48.68	33.93	17.10	6.68	8.30	66.01
			城镇居民	万人	8.49	16.41	6.90	22.40	12.71	58.42
	原奶生产情况		奶类总产量	t	7 791	17 282	5 100	21 718	8 699	60 590
			人均奶类占有量	kg	13.60	34.33	21.25	74.68	41.40	33.36
		其中	牛奶产量（不含牦牛奶）	t	7 791	17 281	5 064	21 718	8 699	52 762
			牦牛奶产量	t	0		20	0	0	20
			羊奶产量	t	0.00	0.60	16.00	0.00	0.00	16.60
	奶牛存栏		奶牛（含杂种牛）存栏	头	1 832	2 627	1 620	5 806	1 903	11 956
			成年奶牛（含杂种牛）存栏	头	1 113	1 968	836	2 960	1 384	7 148
		其中	荷斯坦牛存栏	头	1 632	2 556	1 620	5 806	1 903	11 885
			荷斯坦成母牛存栏	头	920	1 640	836	2 960	1 384	6 820
			成年奶牛年均单产	kg	7 000	4 838	7 000	7 337	8 000	7 375
			原料奶收购价	元 /kg	3.80	3.75	3.60	3.50	3.20	3.60
	全年及分月牛奶产量		**全年合计**	t	**7 791**	**17 281.49**	**4 560**	**21 717.50**	**8 699**	**52 257.99**
			1 月	t	665	1 311.28	362	1 820.00	726	4 219.28
			2 月	t	715	1 233.49	364	1 800.00	740	4 137.49
			3 月	t	635	1 294.38	370	1 790.00	733	4 187.38
			4 月	t	654	1 488.26	385	1 824.00	726	4 423.26
			5 月	t	642	1 495.26	383	1 833.00	732	4 443.26
			6 月	t	645	1 578.40	409	1 821.00	722	4 530.40
			7 月	t	665	1 586.22	402	1 801.00	726	4 515.22
			8 月	t	627	1 583.21	388	1 789.00	733	4 493.21
			9 月	t	595	1 502.80	387	1 792.00	725	4 406.80
			10 月	t	655	1 493.80	375	1 808.00	721	4 397.80
			11 月	t	648	1 445.19	373	1 823.50	705	4 346.69
			12 月	t	645	1 269.20	352	1 816.00	710	4 147.20
牦牛及牦牛奶			牦牛存栏	头	0	0	1 656	0	607	2 263
			成年母牦牛存栏	头	0	0	1 123	0	544	1 667
			牦牛奶总产量	t	0	0	20	0	0	20
			成年母牦牛年均单产	kg	0	0	450	0	0	450
			年牦牛奶商品奶产量	t	0.00	0.00	0.50	0.00	0.00	0.50
			牦牛奶单价	元 /kg	0		64	0	0	64

（续）

统计项目			计量单位	2019年年底					
				会宁县	靖远县	景泰县	白银区	平川区	白银市
奶牛规模养殖情况（含牦牛）	1~5头	场户数	个	80	10	0	3	11	24
		总存栏量	头	220	37	0	11	37	85
		总产量	t	1 540	101	0	58	240	399
	6~20头	场户数	个	12	12	4	6	21	43
		总存栏量	头	100	118	47	98	205	468
		总产量	t	700	381	264	438	1 440	2 523
	21~100头	场户数	个	5	1	0	14	0	15
		总存栏量	头	120	30	0	406	0	436
		总产量	t	840	119	0	2 279	0	2 398
	101~200头	场户数	个	0	0	0	1	0	1
		总存栏量	头	0	0	0	130	0	130
		总产量	t	0	0	0	510	0	510
	201~500头	场户数	个	1	0	1	1	1	3
		总存栏量	头	262	0	273	375	456	1 104
		总产量	t	616	0	240	1 460	2 080	3 780
	501~1 000头	场户数	个	0	1	0	0	2	3
		总存栏量	头	0	600	0	0	1 205	1 805
		总产量	t	0	3 035	0	0	4 939	7 974
	1 001~2 000头	场户数	个	1	1	1	1	0	3
		总存栏量	头	1 130	1 842	1 300	1 800	0	4 942
		总产量	t	4 095	13 646	4 560	6 570	0	24 776
	2 001~3 000头	场户数	个	0	0	0	1	0	1
		总存栏量	头	0	0	0	2 986	0	2 986
		总产量	t	0	0	0	10 403	0	10 403
	3 001头以上	场户数	个	0	0	0	0	0	0
		总存栏量	头	0	0	0	0	0	0
		总产量	t	0	0	0	0	0	0
	合计	场户数	个	99	25	6	27	35	93
		总存栏量	头	1 832	2 627	1 620	5 806	1 903	11 956
		总产量	t	7 791	17 281	5 064	21 718	8 699	52 762
奶站情况	机械化奶站（厅）总数		个	2	2	1	3	3	9
	机械化挤奶的奶牛数量		头	673	1 640	563	1 785	1 661	5 649
	机械化挤奶水平		%	100	98	35	89	100	100
乳制品加工情况	日处理10t规模以上加工企业数量		家	0	0	0	0	0	0
	原料奶日处理能力（产能）		t	0	0	0	0	0	0
奶牛养殖业的经济地位	畜牧业总产值		万元	179 088	118 306	68 000	24 085	57 296	267 687
	奶牛养殖业产值		万元	2 258	31	10 200	7 601	5 567	23 399
	奶牛养殖业占牧业的产值		%	1.30	0.03	15.00	31.56	9.72	6.43
	农民人均纯收入		元	8 200	4 210	15 200	27 130	10 685	
	农民人均从奶业获得的收入		元	35	43	215	1 086	670	
	农民人均奶业收入占农民纯收入		%	0.42	0.88	1.41	4.00	6.23	
奶业产业化水平	奶农户总数		户	99	25	9	27	32	93
	平均规模		头/户	18	105	180	215	8	71
	养殖小区和规模化牧场		个	2	2	2	4	3	11
	规模化养殖比例		%	0.02		22.2	92.00	87.06	46.10

甘南藏族自治州

【奶畜养殖】2019年甘南藏族自治州奶牛存栏422 874头，成年奶牛（含杂种牛）存栏343 839头。牦牛存栏1 069 257头，成年母牦牛存栏545 172头。奶类总产量102 333t，2018年产奶量99 400t，比2018年增加2 900t，增长2.9%。全州犏雌牛（高原奶牛）养殖产业带，共涉及17个乡（镇、街道），其中犏雌牛产业带14个乡（镇、街道），良种奶牛产业带3个乡（镇）。以合作、夏河、碌曲等县（市）部分牦牛繁育乡（镇）为主，依托牦牛繁育基地，发展犏雌牛养殖，建立牦牛酥油、曲拉、鲜奶产业带，包括碌曲县阿拉、双岔、拉仁关，夏河县博拉、阿木去乎、吉仓，合作市勒秀、卡加曼、那吾、当周、坚木克尔、通钦、伊合昂，卓尼县完冒等地区。良种奶牛产业带3个，包括临潭县城关镇、新城镇，舟曲县城关镇。犏雌牛（高原奶牛）养殖产业带大力发展乳用犏雌牛养殖，通过调整畜种畜群结构，扩大奶畜存栏量，减少肉畜存栏量，积极落实订单收购，为华羚、雪顿等乳制品加工企业供应优质牦牛奶，满足市场对生鲜乳的需求。

【奶源规划】计划在玛曲县工业园区建立拉动甘肃、青海、四川3省奶源创收的大型一级中心奶站，建设面积4 148.38m^2；在欧拉镇、阿万仓镇、阿孜畜牧科技示范园区建设5个二级奶站，该项目已完成设备采购工作，土建工程正在实施中；在规模较大的合作社（日挤奶量达到1t以上）建立三级奶站，县域其他地方可由当地政府和群众自行修建，目前正在规划。拟建舟曲县永益多乳业有限责任公司，扩建鲜奶和酸奶产品生产线。

【乳制品加工】甘南藏族自治州共有乳制品加工企业4家，分别是甘肃华羚乳品股份有限公司（简称华羚公司）、甘南藏族自治州燎原乳业有限责任公司（简称燎原公司）、甘肃雪顿牦牛乳业股份有限公司、舟曲县益康奶牛养殖农民专业合作社。其中甘南藏族自治州燎原乳业有限责任公司是一家专业生产婴幼儿配方奶粉的乳制品厂家。全州规模以上工业企业乳制品产量6 545t，比2018年增长70.7%。华羚公司生产牦牛乳酪蛋白及酪蛋白磷酸肽系列、牦牛乳奶粉系列、牦牛乳蛋白粉系列、牦牛乳酥油茶粉系列、牦牛乳黄油粉系列5大类30多个品种。全年共生产各类产品7 200t，公司产值33 130万元；华羚公司于2019年8月29日通过国家市场监督管理局专家组的现场核查、动态生产、现场抽样及产品检验，顺利取得婴幼儿配方奶粉注册证书。于2019年9月24日正式揭牌成立了甘南牦牛乳交易所；燎原公司先后开发了燎原牌牦牛全脂奶粉、婴幼儿配方奶粉、中老年奶粉、低脂奶粉、无糖奶粉等20多个系列50多个单品。企业设计日处理生鲜乳300t，2019年处理鲜奶10 180t，实际生产乳制品约3 500t，公司产值37 000万元，婴幼儿配方奶粉约占全部产量的43%、全脂调制乳粉占23%、液态乳占34%；甘肃雪顿牦牛乳业股份有限公司2019年完成产量4 573.41t，销售收入3 177.2万元；舟曲县益康奶牛养殖农民专业合作社采用全自动酸奶灌装、鲜奶杀菌袋装，日处理鲜奶能力达0.36t，年生产酸奶86t，袋装鲜奶43t。成年奶牛每头平均单产3t牛奶，合作社年收入90.3万元。

【市场消费】牦牛多以活体原料形态流出州外。大量原乳只是粗加工，以酸奶、酥油、曲拉等初级产品在当地销售。

经调查统计，2019年全州奶类总产量约10.2万t，人均奶类占有量约136.52kg，销售价格生鲜牛奶10元/kg，酸奶12元/kg，酥油78元/kg，曲拉60元/kg。

【奶源基地】全南州牦牛资源分散、奶源基地少，牦牛养殖仍然以天然牧场的传统放牧为主，这种牧业方式流动性大，生产分散，牦牛鲜乳集中收购困难大，除牧民自身消耗部分乳制品外，大多牧民只能将牦牛乳自然发酵就地制成酥油和曲拉等低附加值产品。虽然全州标准化养殖和冷储式收奶站有一定发展，但是依然不能满足现有加工企业对鲜乳的需求，生产高附加值的牦牛乳制品企业处于奶源基地建设不能满足需求的局面。截至2019年全州共有生鲜乳收购站12个，鲜奶运输车8辆。全州存栏牦牛1 069 257头；存栏奶牛422 874头。奶牛规模养殖1~5头的养殖户2 719个、6~20头的养殖户有2 712个、21~100头的养殖户有9 000个、101~200头的养殖户有22个，现有100头及以上的规模养殖户31个。合作市有1家有机肥生产企业，主要收购周边牧户收购粪污，其他的都是粪污归田、还草。

【奶农组织】甘南藏族自治州政府积极组织龙头企业同省内外科研院所合作，支持以企业为核心，产学研相结合的科技创新体系建设，加强畜牧业尤其是牦牛乳加工产业关键技术和新产品的研发工作。建成了牦牛乳制品国家实验室、甘肃燎原乳业技术中心等13个与牦牛乳产业相关技术创新平台，并拥有在牦牛乳制品加工领域的科技创新高级人才。与中国农业大学、甘肃农业大学、中国农业科学院兰州畜牧与兽药研究所建立了紧密的科技合作关系。“十二五”期间，在牦牛乳加工产业方面获得科技成果20项、新技术新产品17项、发明专利36项、国家科技进步奖二等奖2项、全国工商联科技进步奖一等奖1项、省级科技进步奖一等奖2项、省级科技进步奖二等奖4项和州级科技进步奖一等、二等奖6项。这些创新平台的建立为牦牛乳产业的创新发展奠定了良好的基础。

【政策法规】国家及地方持续扶持牦牛及牦牛乳产业发展的政策叠加对牦牛乳产业健康发展带来了良好的机遇。先后编制了《实施农牧互补推进一特四化发展高原特色生态畜牧产业规划》《甘南藏族自治州牦牛藏羊产业发展规划》《甘南藏族自治州牦牛产业发展规划》《甘南藏族自治州曲拉产业发展规划》《甘南藏族自治州牦牛乳产业发展规划》《甘南藏族自治州“十三五”高原特色农牧业发展规划》《甘南州牦牛藏羊良种繁育体系建设规划》,《甘南州国民经济和社会发展第十三个五年规划纲要》提出发展高原特色产业，牧区要坚持专业化布局，突出抓好牦牛藏羊繁育产业。半农半牧区要壮大和提升犏雌牛（高原奶牛）养殖产业，加快鲜奶收购站建设等。制定、修订了《甘南牦牛选育技术规程》《甘南生鲜牦牛乳生产技术规范》等 15 项牦牛标准和技术规范。

【质量监管】2019 年全州共有生鲜乳收购站 12 个，鲜奶运输车 8 辆。共开展生鲜乳抽检 6 次。一是加大奶站和运输车监管力度，通过生鲜乳收购站运输车管理系统严格审核奶站和运输车资质条件，加强许可管理，规范生鲜乳生产收购运输市场秩序，推进奶站和运输车标准化建设与管理。二是开展生鲜乳质量安全监管信息核查，包括生鲜乳收购站监督管理系统运行情况，生鲜乳收购许可证和运输车准运证发放、换证和吊销等情况，生鲜乳收购站、运输车在线出证情况，纸质信息与电子信息是否一致情况。三是加强生鲜乳质量安全监测与执法，做好生鲜乳质量安全监测计划执行的配合，加大生鲜乳监督抽查力度，加强生鲜乳质量安全隐患排查。四是开展生鲜乳专项检查，对养殖场、奶站、运输车进行抽查，打击非法收购运输、非法添加及扰乱生鲜乳收购秩序行为。五是强化婴幼儿配方奶粉奶源监管，从建设优质奶源基地、保证优质饲草料供应、强化奶站和运输车监管、开展奶源质量安全监测、培训推广关键技术和加大政策扶持力度等方面，全面加强婴幼儿配方奶粉奶源建设和安全监管。六是加强畜产品“三品一标”认证工作，截至 2019 年全州共认证无公害农产品产地 18 家，认证无公害农产品 21 个，登记地理标志 4 家，认证绿色食品 39 个，认证有机产品 60 个。

【奶业大事】2019 牦牛乳产业发展论坛在“中国牦牛乳都”甘南藏族自治州合作市举办，此次论坛旨在树立绿色发展和创新共赢理念，开展交流合作，推动甘南藏族自治州牦牛乳产业全面升级，进一步扩大甘南藏族自治州“中国牦牛乳都”影响力，拓宽农牧民增收渠道，全力助推甘南藏族自治州如期全面打赢脱贫攻坚战。

（甘南藏族自治州畜牧工作站，祁红霞）

附表 1　甘南藏族自治州奶业生产情况调查汇总

统计项目				计量单位	2019 年年底
基本情况	人口		总人口	万人	74.96
			农村人口	万人	55.26
			城镇居民	万人	19.90
	原奶生产情况		奶类总产量	t	102 333
			人均奶类占有量	kg	136.52
			牛奶产量（不含牦牛奶）	t	205 629.40
		其中	牦牛奶产量	t	166 691
			羊奶产量	t	498
	奶牛存栏		奶牛（含杂种牛）存栏	头	422 874
			成年奶牛（含杂种牛）存栏	头	343 839
		其中	荷斯坦牛存栏	头	54
			荷斯坦成母牛存栏	头	44
			成年奶牛年均单产	kg	
			原料奶收购价	元 /kg	7.90
	全年及分月牛奶产量		**全年合计**	t	86 775.40
			1 月	t	1 325.00
			2 月	t	1 187.00
			3 月	t	1 255.00
			4 月	t	2 803.83
			5 月	t	5 843.43
			6 月	t	14 719.38
			7 月	t	15 323.60
			8 月	t	15 469.57
			9 月	t	17 662.59
			10 月	t	7 868.00
			11 月	t	3 915.00
			12 月	t	1 403.00
牦牛及牦牛奶	牦牛存栏			头	1 069 257
	成年母牦牛存栏			头	545 172
	牦牛奶总产量			t	51 514.14
	成年母牦牛年均单产			kg	2 477.50
	年牦牛奶商品奶产量			t	1 288.65
	牦牛奶单价			元 /kg	14

（续）

统计项目			计量单位	2019 年年底
奶牛规模养殖情况（含牦牛）	1~5 头	场户数	个	2 719
		总存栏量	头	11 480
		总产量	t	5 478.07
	6~20 头	场户数	个	2 712
		总存栏量	头	35 765
		总产量	t	13 519.40
	21~100 头	场户数	个	9 000
		总存栏量	头	538 567
		总产量	t	1 778.63
	101~200 头	场户数	个	22
		总存栏量	头	2 420
		总产量	t	762.30
	201~500 头	场户数	个	—
		总存栏量	头	—
		总产量	t	—
	501~1 000 头	场户数	个	—
		总存栏量	头	—
		总产量	t	—
	1 001~2 000 头	场户数	个	—
		总存栏量	头	—
		总产量	t	—
	2 001~3 000 头	场户数	个	—
		总存栏量	头	—
		总产量	t	—
	3 001 头以上	场户数	个	—
		总存栏量	头	—
		总产量	t	—
	合计	**场户数**	**个**	**5 712**
		总存栏量	**头**	**115 122**
		总产量	**t**	**21 538.40**
奶站情况	机械化奶站（厅）总数		个	6
	机械化挤奶的奶牛数量		头	—
	机械化挤奶水平		%	
乳制品加工情况	日处理 10t 规模以上加工企业数量		家	3
	原料奶日处理能力（产能）		t	12.52
奶牛养殖业的经济地位	畜牧业总产值		万元	258 666
	奶牛养殖业产值		万元	64 197.30
	奶牛养殖业占牧业的产值		%	42.54
	农民人均纯收入		元	34 562
	农民人均从奶业获得的收入		元	5 547.20
	农民人均奶业收入占农民纯收入		%	32.29
奶业产业化水平	奶农户总数		户	13 116
	平均规模		头 / 户	175
	养殖小区和规模化牧场		个	49
	规模化养殖比例		%	80.13

备注：填表单位为甘南藏族自治州畜牧工作站，填表人为文志平。

嘉峪关市

【奶畜养殖】嘉峪关市辖区饲养的奶畜主要是奶牛，品种为荷斯坦牛，无奶山羊、牦牛等其他奶畜。2019年奶牛存栏5 796头，成年母牛3 326头。其中，甘肃省祁牧乳业公司存栏5 733头，占全市总存栏量98.9%，成年母牛3 054头，淘汰成年母牛750头。农村养殖户存栏奶牛63头，能繁母牛31头，与2018年持平。2020年甘肃祁牧乳业公司计划总投资1.86亿元建设牧场扩建项目，计划投资5 000万元新建5 000头奶牛养殖场，项目建成后达到10 000头奶牛养殖规模。2019年奶业产值3 811.7万元，占全市畜牧业产值比重的30%。

【乳制品加工】2019年本地只有祁牧乳业有限责任公司乳制品加工厂进行牛奶加工，配套建设10条生产线，日产能300t，平均日处理鲜奶40t。主要产品是巴氏灭菌乳和各种酸奶，年产量14 400t。其他牛奶以鲜奶销售。

【市场消费】全市奶类总产量34 230t，人均奶类占有量135.24kg。全市奶类消费总量14 400t，人均鲜奶占有量56.90kg。

【奶源基地】2019年全市存栏6~20头奶牛养殖场（户）5个、存栏奶牛63头，牛奶产量126t，占总产量0.4%；存栏5 001头以上奶牛养殖场（户）1个、存栏5 733头，年产量34 104t，占总产量的99.6%。无奶牛养殖小区和专业合作社，奶牛养殖企业及散养户牛奶全部自产自销，没有专业化奶站收购点。全市种植紫花苜蓿133hm^2，亩产鲜草3t。专用青贮玉米种植200hm^2，亩产10.5万t。

规模奶牛场发生的主要疾病以乳房炎、繁殖类疾病、消化道疾病和呼吸道疾病为主，乳房炎发病占成年母牛的46.3%，用乳房炎检测试剂对隐性乳房炎进行筛查。繁殖类疾病共监测产犊母牛1 365头，出现产后胎衣不下的292头，子宫炎的178头。消化道疾病发病率19.72%。犊牛腹泻占比29.9%，用抗生素单独治疗或抗生素加中药混合治疗，治愈率99%。犊牛呼吸道疾病发病率占全年产犊数的4.5%，使用抗生素（头孢噻呋钠）治疗。

2019年奶牛粪污产生量10.3万t，其中粪便产生量4.5万t、污水产生量5.8万t。农村散养户粪污量少，主要以堆积发酵为主进行处理。甘肃祁牧乳业有限责任公司奶牛养殖场现有牛粪收集池21个、容量1 100m^3，沼液池输送管线1 380m，沼气收集池1个、75m^3，匀浆池1个、185m^3，厌氧反应器1个、2 800m^3，脱硫系统2套，双膜干式储气柜1个、300m^3，沼气生物质热水热风炉1套、240万kcal/h，固液分离机2套、20m^3/h，牛粪晾晒场10 000m^2，生物质燃料制作设备1套，达到日处理粪污330t、日生产沼气量约1 800m^3、日生产生物质燃料25.6t、日生产沼液275t的规模。牛舍粪污经过固液分离系统，分离所得粪渣经过晾晒、烘干、粉碎作为牛场垫料和压块处理后制成生物质燃料。分离所得的粪液与挤奶厅废水进入厌氧发酵系统，厌氧发酵产生的沼气通过脱硫净化后用于沼气生物质热水热风炉；厌氧发酵后的发酵液储存在沼液池，沼液作为液态肥用于周边农户耕地和葡萄园种植地。2019年全市生鲜乳年均收购价格3 200元/t，规模奶牛场泌乳牛年净收入7 000元/头，养殖户泌乳牛年净收入3 500元/头。

【质量监管】嘉峪关市农产品质量安全检测中心每2个月对全市牛奶生产基地（祁牧乳业）和农村散养户生鲜乳抽检1次，主要是采集牛奶样品进行“三聚氰胺”专项检测。2019年共抽检7批次样品，开展定性检测样品96个，定量检测样品12个，合格率均为100%。

（嘉峪关市畜牧技术推广站，寇永谋）

附表 1　嘉峪关市奶业生产情况调查汇总

统计项目				计量单位	2019 年年底
基本情况	人口		总人口	万人	25.31
			农村人口	万人	1.60
			城镇居民	万人	23.71
	原奶生产情况		奶类总产量	t	34 230
			人均奶类占有量	kg	135.24
			牛奶产量（不含牦牛奶）	t	34 230
		其中	牦牛奶产量	t	0
			羊奶产量	t	0
	奶牛存栏		奶牛（含杂种牛）存栏	头	5 796
			成年奶牛（含杂种牛）存栏	头	3 326
		其中	荷斯坦牛存栏数	头	5 796
			荷斯坦成母牛存栏	头	3 326
			成年奶牛年均单产	kg	8 427
			原料奶收购价	元 /kg	3.20
	全年及分月牛奶产量		**全年合计**	t	34 230.00
			1 月	t	2 864.11
			2 月	t	2 604.30
			3 月	t	2 821.15
			4 月	t	2 889.74
			5 月	t	2 822.40
			6 月	t	2 874.03
			7 月	t	2 993.83
			8 月	t	2 830.31
			9 月	t	2 853.95
			10 月	t	2 995.38
			11 月	t	2 840.61
			12 月	t	2 841.00
牦牛及牦牛奶	牦牛存栏			头	0
	成年母牦牛存栏			头	0
	牦牛奶总产量			t	0
	成年母牦牛年均单产			kg	0
	年牦牛奶商品奶产量			t	0
	牦牛奶单价			元 /kg	

（续）

统计项目			计量单位	2019 年年底
奶牛规模养殖情况（含牦牛）	1~5 头	场户数	个	
		总存栏量	头	
		总产量	t	
	6~20 头	场户数	个	5
		总存栏量	头	63
		总产量	t	126
	21~100 头	场户数	个	
		总存栏量	头	—
		总产量	t	
	101~200 头	场户数	个	
		总存栏量	头	
		总产量	t	
	201~500 头	场户数	个	
		总存栏量	头	
		总产量	t	
	501~1 000 头	场户数	个	
		总存栏量	头	
		总产量	t	
	1 001~2 000 头	场户数	个	
		总存栏量	头	
		总产量	t	
	2 001~3 000 头	场户数	个	
		总存栏量	头	
		总产量	t	
	3 001 头以上	场户数	个	1
		总存栏量	头	5 733
		总产量	t	34 104
	合计	**场户数**	**个**	**2**
		总存栏量	**头**	**5 796**
		总产量	**t**	**34 230**
奶站情况	机械化奶站（厅）总数		个	1
	机械化挤奶的奶牛数量		头	5 733
	机械化挤奶水平		%	98.90
乳制品加工情况	日处理 10t 规模以上加工企业数量		家	1
	原料奶日处理能力（产能）		t	300
奶牛养殖业的经济地位	畜牧业总产值		万元	12 715.70
	奶牛养殖业产值		万元	3 811.70
	奶牛养殖业占牧业的产值		%	30
	农民人均纯收入		元	21 027
	农民人均从奶业获得的收入		元	2 382.30
	农民人均奶业收入占农民纯收入		%	11.30
奶业产业化水平	奶农户总数		户	5
	平均规模		头 / 户	12.60
	养殖小区和规模化牧场		个	1
	规模化养殖比例		%	98.90

金昌市

【奶畜养殖】金昌市奶畜种类有奶牛、牦牛、奶绵羊3个种类。2019年年底全市奶牛存栏1.68万头，其中成母牛存栏0.98万头，年产鲜奶6.20万t，其中牛奶产量6.19万t，绵羊奶产量0.01万t，实现产值22 959万元，占畜牧业产值的25.63%。奶牛主要养殖品种有荷斯坦牛、西荷杂种奶牛，分别占95.5%、3.34%。奶业呈现出产业规模迅速扩大、品种结构不断优化、规模生产成为绝对主体、生产水平显著提高4个特点。后期，随着甘肃瑞嘉牧业有限公司、永昌新希望农牧业有限公司规模牧场投入运行。预计到2023年全市奶牛饲养量突破4万头规模。乳制品企业生鲜乳收购年均价格为3.76元/kg，受乳制品加工企业利益分配影响，奶牛场常年处于亏损或微利状态，养殖户每头奶牛可实现盈利2 200元。

【乳制品加工】全市只有金昌市居佳农牧有限公司1家乳制品加工企业。该企业日处理鲜奶能力150t，2019年实际处理鲜奶3 891t，产品包括灭菌奶、巴氏杀菌乳、发酵乳、调制乳4个系列18个品种。

随着区域内奶牛养殖规模的不断扩大，计划有2个乳制品加工项目陆续上马。一是金昌市居佳乳业有限公司乳制品车间设备升级改造项目，该项目计划投资1 700万元，改造升级现有乳制品加工生产线，项目实施后，鲜乳日加工能力将提升至日处理鲜奶能力235t。二是甘肃农垦天牧乳业有限公司乳制品加工中央厨房建设项目，该项目计划投资9 504.5万元，建设日处理鲜奶70t的综合生产车间1个。

【奶源基地】全市有规模养殖场5个，其中永昌县1个、金川区4个，包括1个万头牧场（甘肃农垦天牧乳业）,2个千头牧场（甘肃瑞嘉牧业有限公司、金昌市居佳生态牧场）和2个百头养殖小区（金昌市裕和祥奶牛养殖农民专业合作社、小坝奶牛养殖小区），分别占全市奶牛养殖量的66.99%、17.82%、3.22%，全市规模化养殖率达到99.3 %。

【政策补贴】2019年奶业方面享受财政补贴的项目只有农机购置补贴与农业保险补贴，享受农机购置补贴购置机械共计8台，全区承保奶牛7 500头，购机总投资214.8万元，享受财政补贴资金共计59.64万元。

【牧草种植】2019年全市紫花苜蓿留床面积20万亩，单位面积产量900kg/亩，总产量18万t；全市种植青贮玉米1.03万亩，单位面积产量5 000kg/亩，总产量5.15万t。

【疫病防控】按照“因病设防、预防为主”的原则，主要是每年春秋两次对辖区奶牛“两病”集中检测、净化。预防的主要病种有口蹄疫、巴氏杆菌病。

【粪污处理】全市规模奶牛养殖场粪污处理设施装备配套率达到100%。粪污资源化利用设施均有堆粪场（有砼地坪及挡墙），清粪方式均为干清粪，粪便处理利用方式均为堆粪发酵还田，污水处理方式均为“好氧发酵+厌氧发酵”，污水利用方式均为达标排放（场区绿化、美化）。

【奶农组织】全市有2个奶牛养殖农民专业合作社，即金昌市裕和祥奶牛养殖农民专业合作社、小坝奶牛养殖小区，没有奶业协会等团体组织。

【政策法规】2019年6月，中共金昌市委办公室、金昌市人民政府办公室印发的《关于加快培育奶绵羊产业推进羊产业转型升级的实施意见》（市委办发〔2019〕30号），加快培育奶绵羊产业，推进羊产业转型升级，涉及绵羊奶生产。

【质量监管】一是全面推行《生鲜乳收购许可证》《生鲜乳准运证明》在线出证，实行区域内生鲜乳收购站和运输车辆年度监测全覆盖；二是定期开展生鲜乳生产、收购、运输环节的检查活动；三是配合省有关部门开展生鲜乳质量安全监测工作，没有发现质量问题。2019年办理生鲜乳准运车辆6辆，生鲜乳运输范围包括甘肃、宁夏、青海、陕西、四川、湖南6个省份。

【奶业大事】2019年4月1日，金川区招商引资2019年市列重点项目，由兰州庄园牧场甘肃瑞嘉牧业有限公司投资建设的金川区万头奶牛养殖循环产业园项目正式开工建设。

2019年5月9日，美国俄亥俄州立大学农业国际交流项目官员张忆宁先生应邀来农垦天牧乳业公司开展交流。

2019年5月24日，国际奶羊产业协会荣誉主席、西班牙加那利农业研究所研究员Juan Capote（胡安·卡波特）博士应邀到甘肃元生农牧科技有限公司开展交流。

2019年9月5日，农垦天牧乳业公司奶牛存栏达到10 000头。

2019年10月18—19日，甘肃优质牧草产业高质量发展（金昌）论坛在金昌成功举办。

2019年11月8日，农垦天牧乳业公司日产生鲜乳突破150t。

2019年11月19日，甘肃瑞嘉牧业有限公司从澳大利亚进口的3 000头良种荷斯坦牛，经过天津口岸安全检疫隔离后，顺利入驻养殖场。

2019年11月27日，甘肃省委书记林铎视察金昌奶绵羊产业。

2019年12月16日，农垦天牧乳业公司与美国Trans Ova公司、北京八零同创畜牧科技有限公司签订IVF技术合作框架协议。

2019年12月18日，农垦天牧乳业公司DHI实验室通过农业农村部组织的专家现场评审验收。

（金昌市畜牧兽医总站，周　勇）

附表 1　金昌市奶业生产情况调查汇总

统计项目				计量单位	2019 年年底
基本情况	人口		总人口	万人	45.82
			农村人口	万人	13.31
			城镇居民	万人	32.51
	原奶生产情况		奶类总产量	t	61 978.20
			人均奶类占有量	kg/ 人	135.24
			牛奶产量（不含牦牛奶）	t	61 859.20
		其中	牦牛奶产量	t	11
			羊奶产量	t	108
	奶牛存栏		奶牛（含杂种牛）存栏	头	16 838
			成年奶牛（含杂种牛）存栏	头	9 827
		其中	荷斯坦牛存栏	头	16 720
			荷斯坦成母牛存栏	头	6 803
			成年奶牛年均单产	kg	10 067
			原料奶收购价	元 /kg	3.76
	全年及分月牛奶产量		**全年合计**	**t**	**61 858.20**
			1 月	t	5 149.20
			2 月	t	4 894.60
			3 月	t	5 499.40
			4 月	t	5 282.20
			5 月	t	5 309.40
			6 月	t	4 884.80
			7 月	t	4 876.40
			8 月	t	4 857.50
			9 月	t	4 627.40
			10 月	t	5 030.10
			11 月	t	5 450.40
			12 月	t	5 996.80
牦牛及牦牛奶	牦牛存栏			头	10 304
	成年母牦牛存栏			头	1 232
	牦牛奶总产量			t	11
	成年母牦牛年均单产			kg	300
	年牦牛奶商品奶产量			t	0
	牦牛奶单价			元 /kg	18

（续）

统计项目			计量单位	2019年年底
奶牛规模养殖情况（含牦牛）	1~5头	场户数	个	26
		总存栏量	头	71
		总产量	t	150.80
	6~20头	场户数	个	27
		总存栏量	头	335
		总产量	t	747.50
	21~100头	场户数	个	4
		总存栏量	头	98
		总产量	t	218.90
	101~200头	场户数	个	
		总存栏量	头	
		总产量	t	
	201~500头	场户数	个	1
		总存栏量	头	445
		总产量	t	1 703
	501~1 000头	场户数	个	
		总存栏量	头	
		总产量	t	
	1 001~2 000头	场户数	个	1
		总存栏量	头	1 610
		总产量	t	6 285
	2 001~3 000头	场户数	个	1
		总存栏量	头	3 000
		总产量	t	
	3 001头以上	场户数	个	1
		总存栏量	头	11 279
		总产量	t	52 754
	合计	**场户数**	**个**	**61**
		总存栏量	**头**	**16 838**
		总产量	**t**	**61 859.20**
奶站情况	机械化奶站（厅）总数		个	3
	机械化挤奶的奶牛数量		头	7 512
	机械化挤奶水平		%	99.50
乳制品加工情况	日处理10t规模以上加工企业数量		家	1
	原料奶日处理能力（产能）		t	150
奶牛养殖业的经济地位	畜牧业总产值		万元	89 584
	奶牛养殖业产值		万元	22 959
	奶牛养殖业占牧业的产值		%	25.63
	农民人均纯收入		元	15 719
	农民人均从奶业获得的收入		元	1 750.85
	农民人均奶业收入占农民纯收入		%	11.14
奶业产业化水平	奶农户总数		户	27
	平均规模		头/户	616
	养殖小区和规模化牧场		个	5
	规模化养殖比例		%	99.30

酒泉市

【奶畜养殖】2019年，酒泉市奶牛存栏10 060头，比2016年的11 944头减少15.77%，与2005年的4.84万头相比减少了近3.81倍，其中产奶牛6 276头，年产奶量2.42万t，与2005年的5.4万t相比减少了近1.23倍。

【乳制品加工】目前全市有酒泉乐为尔乳业、酒泉好牛乳业、玉门油田乳品厂和青海油田乳品厂4家乳制品加工企业，拥有年产2万t长效奶生产线5条、年产1万t巴氏杀菌乳生产线5条、年产2万t酸奶生产线4条、年产1万t果汁饮料生产线6条、年产1万t脱脂奶粉生产线2条，主要产品有灭菌乳、酸牛奶、乳饮料、果汁饮料、全脂奶粉、脱脂奶粉共计有近40个品种，总计每日鲜奶处理能力可达300t。

2019年实际年生产加工0.5万t，比2000年降低7.5倍；日加工能力由最初的300t下降到目前的10t，乳制品已从奶粉、消毒奶、酸奶、花色奶等8大类60个品种下降到目前的40个品种。由于市场占有量的逐步缩减，酒泉市好为尔乳业公司和酒泉市好牛乳业2家乳制品加工企业从2016年以来均出现销售难问题，导致产品积压，资金周转困难。每吨鲜奶按2 800元收购价格核算，每吨鲜奶的生产成本为3 100多元，而鲜奶与酸奶市场基本被蒙牛和伊利占领，本地品牌奶销售空间非常小，市场占有率低，产品销不出去，企业生产经营举步维艰。2家企业共有鲜奶生产线12条，目前开工的只有3条，开工率为20.7%。但现在每天仅收购鲜奶5t左右，面对严峻的市场形势，企业连年亏本，若企业一旦停止收购和加工鲜奶，将会造成近百户奶农鲜奶无处销售。近年来，奶牛比较效益降低，奶牛养殖户开始大量出售成年奶牛，成年奶牛养殖量减少造成乳制品加工企业无奶可收，从而导致乳制品加工企业举步维艰。

【奶源基地】全市奶牛饲养户有1 735户，奶牛养殖专业户133个，其中5头以上的养殖户133个,20头以上的大户达到34个，100头以上的现有3个。在奶源基地建设中，2003年酒泉市将肃州区泉湖、果园等9个乡镇确定为奶牛产业发展的重点乡镇，先后建成了一大批奶牛养殖场和养殖小区，基本形成了区域化布局、专业化生产的格局。肃州区奶牛饲养户达到了8 242个，奶牛养殖专业户达到2 625个，其中5头以上的养殖户2 186个,10头以上的大户达到394个，20头以上的达到45个，建成了38个百头奶牛小区，千头以上奶牛乡镇达到9个，泉湖、果园、西峰、银达4个乡镇奶牛存栏达到2万头以上，占到全区奶牛存栏的50%，逐步形成了环城奶牛产业经济带。而目前肃州区奶源基地、奶牛产业经济带都已不存在，金塔县、玉门市、瓜州县、敦煌市4个县（市）奶牛养殖均在城郊分布，养殖农户少，奶牛养殖数量较少，还未形成养殖小区。

【奶农组织】为提升乳制品行业的诚信，在市、区各级政府的支持下，乐为尔乳业积极联合同行业企业，先后成立了以乐为尔乳业为会长单位的酒泉市肃州区奶牛养殖协会和酒泉市肃州区乳制品行业协会，吸收奶牛养殖户加入协会。奶牛养殖集中小区也在政府的大力支持下，成立了相应的奶牛养殖合作社，与奶企合作，逐步走向“龙头+合作社+农户”三方合作发展的快车道。据调查，全市现有奶牛养殖专业合作社5个，由于各县（市、区）禁养区划定，城郊规模以上奶牛养殖场涉及关闭搬迁，到2019年年底，正常运转的乳制品行业协会和合作社也仅有酒泉晟航养殖农民专业合作社，有成员15个，养殖奶牛150头。

【质量监管】采取现场查看、查阅资料、座谈交流等方式进行。通过查看生鲜乳收购站和奶牛养殖场（户）在生产、收购环节的制度落实情况以及购许可、证单表册、档案记录等软件资料和挤奶、制冷、保存、化验检测、运输车辆等硬件设施设备配置等情况，并就奶站建设和养殖户现场检查7大项27小项内容逐项进行落实和现场核查，确定奶牛养殖场（户）能够遵守规章制度，按照生鲜乳质量安全相关标准和要求进行生产和运行，技术规程、安全生产措施落实到位，奶站建设规划科学、布局合理、制度完善、证单有效、记录齐全，生鲜乳生产收购环节无违规、违法添加行为发生。根据国务院《乳品质量安全监督管理条例》等相关法律法规和省农牧厅要求，监管全市生鲜乳安全生产监管工作。

一是根据《生鲜乳生产技术规范》《生鲜乳收购站标准化管理技术规范》和《生鲜乳生产收购管理办法》加大奶站标准化建设与管理，加强制冷储存设备、收购销售和检测记录及单据保存、管理制度建立、生产技术规范落实、人员健康和卫生环境整治等环节的整改和完善，生产逐步规范，管理手段日趋完善，奶牛养殖集中度不断提高。二是以奶站为重点，强化日常检查和不定期巡查，有效维护生鲜乳生产收购和运输秩序。三是配合国家和省级机构抽检人员按计划完成生鲜乳抽检工作。四是做好奶站和运输车辆统计月报工作，将正常运行的12个奶站全部列入农业农村部生鲜乳监管系统。

（酒泉市畜牧兽医总站，岳　斌）

兰州市

【奶畜养殖】2019年兰州市奶牛存栏1.76万头，其中荷斯坦牛1.67万头；全市奶类总产量7.31万t，其中牛奶产量（不含牦牛奶）7.30万t，羊奶产量114t。奶牛主要分布在红古区、榆中县、永登区、七里河区、皋兰县、西固区6个县（区），其奶牛存栏占全市总存栏的94%（表1），全市牦牛存栏4 423头，主要分布在永登县西部及榆中县南部山区，以散养放牧为主。全市成年奶牛平均单产5 703kg，比2018年提高2.91%，杂种牛比例下降，存栏奶牛质量显著改善，奶牛平均单产稳步提高。据测算，全市百头以上规模奶牛场成年母牛平均单产达 6.7t，花庄奶牛场、瑞兴牧业等部分规模场由于饲养管理水平较高，其成年母牛平均单产达到了 10t 以上。

【乳制品加工】2019 年，全市日处理 10t 规模以上乳制品加工企业有兰州伊利乳业有限责任公司、兰州庄园乳业有限责任公司、兰州雪顿生物乳业有限公司、甘肃天方乳业有限公司，原料奶日处理能力达 1 182t，全市乳制品总产量23.50万t，产品主要是本地巴氏杀菌乳、UHT 奶、调制乳、奶粉（不含婴幼儿配方奶粉）、酸奶、乳饮料和冷饮等，满足了不同地区、不同消费水平、不同消费人群的消费需求。

【市场消费】2019 年兰州市生鲜乳奶站交售价格平均 3.74 元 /kg（表 2），市场零售（“铃铛奶”）价格平均 6.0 元 /kg。截至 2019 年年底，兰州市生鲜乳交售价格总体维持在 3.20~3.90 元 /kg，价格仍然低迷。大部分规模养殖场的处境较艰难，这主要是 2015 年以来规模化牛场生鲜乳生产成本大幅上升，生鲜乳生产成本在 3.2~3.4 元 /kg，尤其是劳动用工成本和资金成本的过快上涨拉动了生鲜成本的升高，迫使部分奶站、养殖场将当日生产收购的生鲜乳低价批发给零售商或者自己购买设备将鲜奶灌装后进入市场上销售，以维持生产。受生鲜乳交售价格自 2015 年以来持续下降影响，加上乳制品企业拒绝收购散户鲜奶，导致近年来兰州市市场上“铃铛奶”销售规模剧增。

【奶源基地】2019 年全市百头以上规模化奶牛场 21 个，饲养奶牛 11 725 头，比 2018 年增加了 3 个，饲养奶牛减少了 745 头；百头以下养殖场（户）451 个，饲养奶牛 5 882 头，比 2018 年减少了 42 个，饲养奶牛减少了 878 头。2019 年，百头以上养殖场（户）数占全市养殖场（户）数的 4.25%，奶牛饲养量占全市总饲养量的 66.59%；百头以下养殖场（户）数占全市养殖场（户）数的 95.75%，奶牛饲养量占全市总饲养量的 33.41%。

【质量监管】2019 年全市有生鲜乳收购站 14 个，比 2018 年年底减少了 2 个，现有奶站中，养殖场自建 10 个，乳制品企业自建 2 个，奶农专业合作社建设 2 个，机械化挤奶占 100%，日收鲜奶 180t。生鲜乳运输车 11 辆，比 2016 年年底减少了 12 辆，生鲜乳收购许可证、车辆准运证核发率 100%。14 个生鲜乳收购站运营基本平稳。统计显示，兰州市原奶流量主要来自规模化奶牛场的机械化挤奶站。生鲜乳交售主要依托伊利、庄园、雪顿、天方等乳制品加工企业，少部分生鲜乳以零售等其他形式销售。2014 年以来，经过国家、省、市三级生鲜乳质量安全监测，兰州市连续 6 年三聚氰胺、皮革水解物、β- 内酰胺酶、硫氰酸钠、黄曲霉素 M_1 等指标的抽检合格率达到 100%，生鲜乳收购站和运输车全部持证经营。

【政策法规】一是奶牛标准化规模场建设项目补贴，二是奶牛良种补贴，三是高产优质苜蓿基地建设项目，四是中央财政现代农业生产发展资金项目向标准化奶牛场建设进行适当倾斜。这些政策的落实保障了全市奶业健康稳定发展。

表 1　兰州市奶牛存栏分布情况

单位：头

县（区）	红古区	榆中县	永登县	七里河区	皋兰县	西固区	兰州新区	城关区	安宁区
2016 年存栏情况	5 400	4 338	2 761	2 330	1 133	1 156	1 624	484	345
2017 年存栏情况	5 500	4 071	3 028	2 181	1 672	1 157	813	496	312
2018 年存栏情况	5 700	3 900	3 100	2 200	1 600	1 100	535	300	65
2019 年存栏情况	5 810	3 619	3 319	2 181	1 530	882	491	196	62

表 2　2013—2019 年生鲜乳交售平均价格走势

单位：元 /kg

年份	1 月	2 月	3 月	4 月	5 月	6 月	7 月	8 月	9 月	10 月	11 月	12 月	平均
2013	3.80	3.80	3.80	3.80	4.00	4.00	4.20	4.30	4.60	4.70	4.80	4.95	4.23
2014	4.90	4.80	4.60	4.10	4.00	3.90	3.90	3.50	3.30	3.20	3.30	3.30	3.90
2015	3.30	3.30	3.30	3.40	3.40	3.40	3.40	3.40	3.40	3.50	3.50	3.60	3.41
2016	3.50	3.50	3.50	3.45	3.40	3.40	3.40	3.40	3.40	3.45	3.50	3.65	3.46
2017	3.50	3.50	3.40	3.40	3.40	3.30	3.40	3.40	3.40	3.30	3.30	3.40	3.38
2018	3.40	3.47	3.40	3.41	3.40	3.50	3.53	3.45	3.64	3.78	3.75	3.95	3.56
2019	3.92	3.95	3.83	3.63	3.56	3.59	3.62	3.64	3.76	3.78	3.83	3.84	3.74

表 3　2016—2019 年奶牛规模化养殖情况

养殖规模	指标	单位	年度			规模比重		
			2016 年	2017 年	2019 年	2016 年	2017 年	2019 年
合计	场户数	个	506	511	471	—	—	—
	总存栏情况	头	19 571	19 230	17 607	—	—	—
≤ 99 头	场户数	个	485	493	451	95.85%	96.48%	95.75%
	存栏情况	头	6 667	6 760	5 882	34.07%	35.15%	33.41%
≥ 100 头	场户数	个	21	18	20	4.15%	3.52%	4.25%
	存栏情况	头	12 894	12 470	11 725	65.88%	64.85%	66.59%
1~5 头	场户数	个	152	157	200	30.04%	30.72%	42.46%
	存栏情况	头	326	342	601	1.67%	1.78%	3.41%
6~20 头	场户数	个	227	224	163	44.86%	43.84%	34.61%
	存栏情况	头	2 142	2 060	1 768	10.94%	10.71%	10.04%
21~100 头	场户数	个	106	112	88	20.95%	21.92%	18.68%
	存栏情况	头	4 209	4 358	3 513	21.51%	22.66%	19.95%
101~200 头	场户数	个	6	6	10	1.19%	1.17%	2.12%
	存栏情况	头	881	852	1 265	4.50%	4.43%	7.18%
201~500 头	场户数	个	9	7	6	1.78%	1.37%	1.27%
	存栏情况	头	2 484	1 894	1 690	12.69%	9.85%	9.60%
501~1 000 头	场户数	个	2	1	1	0.40%	0.20%	0.21%
	存栏情况	头	1 274	556	540	6.51%	2.89%	3.07%
1 001~2 000 头	场户数	个	3	3	2	0.59%	0.59%	0.42%
	存栏情况	头	4 005	4 611	3 030	20.46%	23.98%	17.21%
2 001~3 000 头	场户数	个	0	0	0	0	0	0
	存栏情况	头	0	0	0	0	0	0
3 001 头以上	场户数	个	1	1	1	0.20%	0.20%	0.21%
	存栏情况	头	4 250	4 557	5 200	21.72%	23.70%	29.53%

（兰州市动物疫病预防控制中心，田　斌）

庆阳市

【奶畜养殖】庆阳市奶牛场（户）187个，其中2 000头以上的1个，500~1 000头的2个；奶牛存栏5 395头，其中荷斯坦牛3 469头，占奶牛总数的64%。奶类总产量1.84万t，其中牛奶产量1.25万t，占总产奶量的68%。全市机械化奶站5个，奶牛机械化挤奶数量1 111头，机械化挤奶水平占比50%。

【乳制品加工】甘肃陇牛乳业有限公司宁县分公司占地71亩，总投资3 499万元，建成钢架双列式奶牛舍4栋、奶站2个，制冷罐、运输罐、消毒锅炉等设备齐全，奶牛存栏达到850头，公司与西安银桥乳业集团建立了长期合作关系，日输送鲜奶5t。陇原乳业有限责任公司位于陇东地区黄河古象发源地合水县西华池镇，是一家集牛奶生产、销售、服务于一体的农业产业链现代化乳制品生产企业。建有全脂、调制乳粉干湿法生产线2条，设计年生产能力3 000t。主要产品有全脂甜牛奶粉、中老年高钙奶粉、高钙＋锌＋铁奶粉、学生奶粉、中老年益生菌奶粉、全脂奶粉等15个单品。主要市场以庆阳市7县1区为核心，初步涉及平凉、宁夏、陕西等周边市场。

【基地建设】甘肃红南梁农业科技发展公司计划投资1.2亿元，在城壕镇太阳村新建18万t乳制品加工厂1个，建设生产加工车间7 120m^2，研发大楼2 190m^2，原料、成品库房2 200m^2，购置安装生产设备38台（套），建成年处理鲜奶18万t、年产各种风味乳制品25万t的生产线1条，并配套建设污水处理厂。生产车间和研发楼主体已建成，正在进行设备安装调试。乳制品加工厂整体建成后，预计日加工处理鲜奶490t；环县伟赫乳业计划投资约2.2亿元，打造年生产加工液态羊奶和羊奶酸奶18万t的智能化羊乳加工厂。目前，智能化羊乳加工厂的主体工程建设已经完成，生产加工设备选型已经到位，部分设备正在安装。

【市场消费】鲜奶多用于当地消费，生产的鲜奶雇用专人配送，分别以单价10元/kg供给居民、政府与企业食堂，每天销量0.5t，月消费15t。

【质量监管】生鲜乳各项质量指标必须符合国家标准和乳制品企业标准，生鲜乳主要销售给伊利乳制品公司。生产场所质量管控要求符合伊利收奶工厂供应商质量保障能力评价标准，以及伊利收奶工厂基于食品安全保障和国家、地方政府管理部门相关规定提出的其他要求。牧场使用信息化设备及信息系统（包括视频监控、GPS、牧场管理系统等）确保生鲜乳的质量与安全可控，并保证系统正常运行。养殖场应获得当地主管部门颁发的生产经营许可证或生鲜乳收购许可证、动物防疫条件合格证，运输车辆需有生鲜乳准运证，奶车司机、挤奶工须持有当地卫生防疫部门颁发的有效健康证明。

【奶业脱贫】华池县通过“公司＋合作社＋贫困户”方式，采取四种途径带动贫困群众增收。一是资金配股挣“利金”。与全县15个乡镇64个养殖农民专业合作社和2 840户贫困户签订了发展合作协议，落实配股资金4 462万元，每年按照配股资金的10%向贫困户保底分红。18万t乳制品加工厂落实产业扶贫资金配股1 609户2 000万元，配股1万元的分红1 000元，配股2万元的分红2 000元。二是企带户养挣“底金”。带动城壕镇162户贫困户养殖奶牛810头，每户养殖奶牛5头，每头牛犊6 800元（中国化学工程集团有限公司投资4 800元，农户自筹2 000元）。该公司按25元/kg保底回收，1头奶牛回收价不低于12 500元，除去成本每头牛利润3 000元，户均增收15 000元。三是劳务就业挣“薪金”。公司建成后可带动配股贫困群众100多人就业，每年可实现务工收入24 000元。四是饲草种植挣“现金”。公司对配股贫困户种植的紫花苜蓿、全膜玉米等饲草全部进行保底价收购，如果农户种植10亩饲草，每亩可收获青贮5t，公司以每吨360元收购，户均增收18 000元。

（庆阳市畜牧技术推广中心）

天水市

【奶畜养殖】2019年天水市奶牛存栏7 094头（荷斯坦牛6 185头），奶牛养殖场（户）646个，其中1~5头的养殖场（户）326个，6~20头的养殖场（户）286个，21~100头的养殖场（户）32个，101~200头的养殖场（户）1个，1 000头以上的养殖场（户）1个，奶类总产量24 113t，奶牛养殖业产值8 493万元，占畜牧业总产值的0.94%。奶牛养殖主要分布在各县（区）的城郊及乡镇，多为小规模养殖。

【乳制品加工】目前，天水市只有天水嘉乐乳业有限公司1家乳制品加工企业，设计年加工产能7.3万t。拥有国际、国内先进的乳制品加工生产线12条。产品分类主要有低温巴氏杀菌乳、常温奶产品、有机奶。其中低温巴氏杀菌乳年产量441t，常温奶产品年产量3 070.44t，有机奶年产量42.60t。主要产品有品百利包纯牛奶、利乐砖纯牛奶、乐益乳原味、酸酸乐乳、学生奶（24盒）、白娃娃浓缩奶（10盒）、低温瓶鲜以及低温钙铁锌等。公司现为省级农业产业化重点龙头企业，是天水市唯一的学生奶指定生产企业，其中巴氏杀菌乳、纯奶、酸奶取得了有机产品认证，巴氏杀菌乳、酸奶荣获了“甘肃名牌产品”称号，商标“白娃娃”获得了“甘肃省著名商标”称号，公司通过了“ISO9001国际质量管理体系”认证；是天水市“十强五十户”企业和天水市农业产业化重点龙头企业。

【市场消费】受消费观念和经济状况影响，全市农村居民主要以常温奶消费为主，城镇或周边居民以低温鲜奶、酸奶和常温纯牛奶等奶制品消费为主，人均奶类占有量7.15kg，人均消费支出35元左右。当地市场主要销售的乳制品品牌有：低温鲜奶，消费群体主要是城市居民中的老人和小孩，是嘉乐乳业有限公司、宇新牧业饲养和散养户饲养的一部分，通过低温包装或散装配送入户，保质期一般不超过24小时，售价一般在8~10元/kg；超市或商店、小卖部销售的常温纯牛奶、巴氏杀菌乳、UHT奶、酸奶等，主要品牌有蒙牛、伊利、白娃娃等，纯牛奶价格在30~60元/箱，酸奶价格在50~80元/箱；各类奶粉消费是天水市城乡乳制品消费的主体，主要有婴幼儿配方奶粉、老年人配方奶粉和脱脂奶粉，主要品牌有蒙牛、伊利、飞鹤、雅士利、完达山、光明、贝因美、美赞臣等品牌奶粉，价格在400~800元/桶，市场消费主体主要是婴幼儿、学生、老年人，随着人们消费水平提高和观念改变，乳制品消费增幅明显，消费人群由原来的婴幼儿、学生、老年人向青年人发展。

【奶源基地】近年来，按照“东南养牛，中部养鸡，西北养猪，城郊发展奶牛适地养羊，林源区生态放养鸡”的产业布局，天水市继续兴建养殖小区、养殖专业村和规模养殖场，加快畜牧养殖业规模化、集约化、标准化发展步伐；大力调整畜种养殖结构，大兴特色养殖；积极开发饲草资源，扩大人工种草面积，提高农作物秸秆利用率，发展节粮环保型畜牧业，把清水、张家川建成肉牛产业大县，使畜牧养殖业成为全县农民增收致富奔小康的支柱产业之一。

天水市奶业发展相对滞后，规模养殖场比较少，规模养殖占0.6%，奶业机械购置补贴和规模养殖场改扩建补助没有明确的政策，但是在饲草产业建设方面投资力度较大，每年扶持2 000多万元发展饲草产业，目前全市苜蓿、红豆草留床面积100万hm^2以上，粮改饲青贮玉米种植面积14.5万hm^2以上，年产苜蓿干草60万t，年青贮饲用玉米20万t。

【疫病防控】主要利用春秋两季防疫，进行口蹄疫、巴氏杆菌等疫苗注射，同时对全群牛进行驱虫，规模养殖场利用商品疫苗进行免疫注射，每年进行布鲁氏菌病、结核病检测，确保牛群健康，确保生产的牛奶健康安全。

生鲜乳收购年均价格以乳制品企业收购价格和企业收购价格为标准，散养户销售价格一般为8元/kg。

【奶农组织】目前天水市还没有奶农合作社和协会等团体组织建设，没有专门的奶农培训机构。近年来，天水市大力发展牛羊产业和饲草料种植和加工，扶持发展清水县民丰汇农草业公司、清水县欣盛农民专业合作社、清水县荣合农民合作社等专业合作社，有力地支持了产业的发展。

清水县民丰汇农草业公司建成饲草储存库2 000m^2以上，办公楼300m^2。购置大型铡草机、青贮包膜机各1套，运输车4辆。公司流转土地种植饲用玉米500亩，收贮青贮玉米1 500t以上，市场收购青贮玉米1 200t以上，采取种植与加工相结合的产业发展模式，在养殖场消化青贮饲料的基础上，通过电商平台和线下产品推销，拓展优质品牌饲草市场，全力打造饲用玉米青储商品产销体系，销售收入达到200多万元。

清水县欣盛农民专业合作社占地20亩。总投资200万元，建成羊舍10栋，每栋面积168m^2，总建筑面积1 680m^2。目前合作社饲养奶山羊300多只，种植苜蓿200亩，玉米560亩；结合东西协作项目50户贫困户每户1万元入股建设光伏发电站1座，“六大产业”对接户11.75万元入股龙头企业分红，实现了村内105户建档立卡贫困户全入社，为产业脱贫夯实了基础。

清水县荣合农民合作社目前存栏248头母牛（目前以饲养肉牛为主，计划改造成奶牛场），总占地约26亩，建设标准化牛舍6栋1 200m^2、配套青贮池6个1 200m^2，管理房、库房120m^2，年实现销售收入300多万元，利润120多万元，该合作社采取市场收购的方式，与玉米种植户、青贮玉米贩运户签订收购合同，收储青贮玉米以满足本合作社养牛所需。合作社以“种植—养牛—牛粪还田”一体化的种养，开启种养循环模式。

【质量监管】生鲜乳和乳制品监管制度：奶牛养殖场、养殖小区，应当符合法律、行政法规规定的条件，并向县级人民政府畜牧兽医主管部门或者其委托的畜牧技术推广机构备案，获得奶牛养殖代码。奶牛养殖场应当按照《乳品质量安全监督管理条例》第13条规定建立养殖档案，准确填写有关信息，做好档案保存工作。奶牛养殖小区应当逐步建立养殖档案。县级人民政府畜牧兽医主管部门应当督促和指导奶牛养殖场、奶牛养殖小区依法建立科学、规范的养殖档案。从事奶牛养殖，不得在饲料、饲料添加剂、兽药中添加动物源性成分（乳及乳制品除外），不得添加对动物和人体具有直接或者潜在危害的物质。奶牛养殖者应当遵守农业农村部制定的生鲜乳生产技术规程。直接从事挤奶工作的人员应当持有有效的健康证明。奶牛养殖者对挤奶设施、生鲜乳储存设施等应当在使用前后及时进行清洗、消毒，避免对生鲜乳造成污染，并建立清洗、消毒记录。挤奶完成后，生鲜乳应当储存在密封的容器中，并及时做降温处理，使其温度保持在0~4℃。超过2小时未冷藏的，不得销售。奶牛养殖者可以向符合本办法规定的生鲜乳收购站出售自养奶牛产的生鲜乳。

（天水市畜牧技术推广站，王永珍）

附表1　天水市奶业生产情况调查汇总

统计项目				计量单位	2019年年底
基本情况	人口		总人口	万人	335.49
			农村人口	万人	195.76
			城镇居民	万人	139.73
	原奶生产情况		奶类总产量	t	24 113
			人均奶类占有量	kg/人	7.15
			牛奶产量（不含牦牛奶）	t	24 113
		其中	牦牛奶产量	t	—
			羊奶产量	t	—
	奶牛存栏		奶牛（含杂种牛）存栏	头	7 094
			成年奶牛（含杂种牛）存栏	头	4 271
			荷斯坦牛存栏	头	6 185
		其中	荷斯坦成母牛存栏	头	3 690
			成年奶牛年均单产	kg	6 000
			原料奶收购价	元/kg	8
	全年及分月牛奶产量		**全年合计**	t	18 680
			1月	t	1 500
			2月	t	1 556
			3月	t	1 520
			4月	t	1 576
			5月	t	1 612
			6月	t	1 496
			7月	t	1 592
			8月	t	1 534
			9月	t	2 096
			10月	t	1 578
			11月	t	1 490
			12月	t	1 623
牦牛及牦牛奶			牦牛存栏	头	—
			成年母牦牛存栏	头	—
			牦牛奶总产量	t	—
			成年母牦牛年均单产	kg	
			年牦牛奶商品奶产量	t	—
			牦牛奶单价	元/kg	

（续）

统计项目			计量单位	2019 年年底
奶牛规模养殖情况（含牦牛）	1~5 头	场户数	个	326
		总存栏量	头	1 243
		总产量	t	3 670
	6~20 头	场户数	个	286
		总存栏量	头	2 265
		总产量	t	7 680
	21~100 头	场户数	个	32
		总存栏量	头	1 028
		总产量	t	3 498
	101~200 头	场户数	个	1
		总存栏量	头	166
		总产量	t	496
	201~500 头	场户数	个	0
		总存栏量	头	0
		总产量	t	0
	501~1 000 头	场户数	个	0
		总存栏量	头	0
		总产量	t	0
	1 001~2 000 头	场户数	个	1
		总存栏量	头	1 620
		总产量	t	4 832
	2 001~3 000 头	场户数	个	0
		总存栏量	头	0
		总产量	t	0
	3 001 头及以上	场户数	个	0
		总存栏量	头	0
		总产量	t	0
	合计	**场户数**	**个**	**646**
		总存栏量	**头**	**6 322**
		总产量	**t**	**20 176**
奶站情况	机械化奶站（厅）总数		个	1
	机械化挤奶的奶牛数量		头	500
	机械化挤奶水平		%	100
乳制品加工情况	日处理 10t 规模以上加工企业数量		家	1
	原料奶日处理能力（产能）		t	15.50
奶牛养殖业的经济地位	畜牧业总产值		万元	950 000
	奶牛养殖业产值		万元	8 493
	奶牛养殖业占牧业的产值		%	0.90
	农民人均纯收入		元	7 800
	农民人均从奶业获得的收入		元	22
	农民人均奶业收入占农民纯收入		%	2
奶业产业化水平	奶农户总数		户	859
	平均规模		头 / 户	12
	养殖小区和规模化牧场		个	5
	规模化养殖比例		%	0.60

武威市

【奶畜养殖】武威市奶牛存栏2.8万头，奶产量8.39万t。现有奶牛养殖场（户）429个，其中500头以上奶牛规模养殖场3个，分别为武威荣华新型农业产业园、武威瑞达牧场、武威市金谷丰畜牧合作社，存栏奶牛2.2万头；50~500头养殖场户10个，存栏992头；50头以下养殖户400多个，存栏约5 000头。现有生鲜乳收购站3个，主要销往宁夏伊利、兰州庄园、光明、蒙牛等企业。散户牛奶主要供应本地居民。

【乳制品加工】现有乳制品加工企业1家，为高原生物制品公司，生产工业用奶酪素，产值约3 000万元。目前在建的伊利绿色生产及智能制造示范应用建设项目，总投资约21亿元，用地437亩。分两期建设。一期计划投资11.2亿元，主要建设主厂房、原料库、辅料库、锅炉房、制冷站、食堂、门卫室等13个单位工程，建筑面积11.6万m^2。一期项目建设6条利乐钻安慕希生产线、2条高速标准装生产线、2条高速苗条装生产线，形成日生产液态奶603t；生产车间预留18条液态奶生产线建设空间，可扩充日生产液态奶1 285t。根据市场需求，二期完成部分配套车间、库房等设施的建设，并购置部分前处理、超高温、灌装及能源设备等。项目计划于2020年11月底投入试生产，全部建成达产后，日生产能力为1 888t，年总产值可达67亿元，上缴税金1亿元以上，将提供就业岗位1 200个以上。

【奶源基地】优然牧业1.2万头现代化奶牛养殖示范牧场项目，由内蒙古优然牧业有限责任公司投资建设，项目选址在武威市凉州区长城镇，是甘肃省内单体规模最大的示范性牧场。该项目总投资5.32亿元，占地面积1 866亩，总建筑面积约31万m^2。项目计划于2020年10月进牛运营，2021年8月挤奶见效。牧场建成后正常存栏基础母牛7 000头，全部为澳大利亚进口的荷斯坦牛。项目建成投产后，日产鲜奶约220t，年产鲜奶约8.03万t，年均营业收入为4.8亿元，年均利润总额为0.99亿元。项目可带动周边地区青贮玉米种植3.3万亩，覆盖有机饲料种植面积3.5万亩，新增就业200多人。

古浪县移民区六道沟奶牛产业发展园区建设项目，总面积5 600亩，总投资12亿元，规划建设奶牛牧场8个，每个牧场占地700亩，投资1.5亿元，奶牛养殖规模5 000头。项目选址在古浪县黄花滩移民区西靖镇六道沟梁，建成后奶牛养殖规模4万头，年产鲜奶28万t以上，年产值19.6亿元以上。带动古浪县4 000户农户发展饲草产业和奶牛产业，解决就业500多人。该项目于2020年2月15日全部开工，计划2021年8月建成投运，至2021年年底存栏奶牛达到15 000头。

古浪县移民区四道沟奶牛产业发展园区。计划投资10亿元，建成1个奶牛养殖场，建设用地3 000亩。由宁夏金宇浩兴农牧业股份有限公司承建，项目分两期建设，2020年建成一期工程，存栏奶牛达1万头以上；2021年全面建成存栏2万头奶牛养殖场。项目建成后，年产奶量达14万t，产值9.8亿元，通过劳务帮带模式提供300多个就业岗位。

【奶业大事】制定印发了《武威市人民政府关于加快奶业发展的实施意见》（武政发〔2019〕48号）。市、县（区）设立不少于3 000万元的奶产业发展专项资金，专项用于扶持奶产业发展，对生鲜乳收购、良种奶牛引进、奶牛良种补贴、奶牛规模养殖、贷款贴息、优质饲草产业发展、农机购置补贴等给予资金奖补。

（武威市农业农村局，赵晓晨）

张掖市

【奶畜养殖】张掖市6县（区）奶业生产统计显示，2019年全市奶牛（含杂种牛）存栏4.947万头，其中荷斯坦奶牛存栏4.789万头，占奶牛存栏量的96.8%。奶类总产量达22.240万t，其中牛奶21.737万t，牦牛奶0.503万t。奶牛主要饲养在甘州、临泽、高台县和民乐县，分别存栏2.812万头、1.113万头、0.230万头和0.765万头，全市奶牛存栏和奶产量均有小幅增加。规模养殖已成为奶牛养殖业的主导模式，全市百头以上奶牛规模养殖场（小区）共15个，奶牛存栏量占到全市存栏量的96.8%，甘州区、临泽县奶牛存栏约占全市的80.0%。2019年甘肃前进牧业科技有限责任公司（以下简称前进牧业）与贵阳市农业农垦投资发展集团有限责任公司共同投资，新建甘肃德联牧业千头奶牛场1个，存栏奶牛2 313头。目前全市形成了以前进牧业等规模企业为引领、甘州区现代循环畜牧产业园区集聚发展的奶牛规模化生产格局。鲜奶除满足张掖本地需求外，还销往内蒙伊利、兰州庄园、成都菊乐、贵州三联等大型企业及广东、重庆等地。前进牧业、甘肃三元、华瑞农业、下寨等规模养殖企业带动全市奶业发展，奶牛养殖基本实现了规模化、集约化、标准化生产。

【乳制品加工】全市现有甘肃三元、前进牧业、华瑞农业、雪莲等乳制品加工企业，日处理鲜奶能力在10~500t，2019年实际处理鲜奶2.358万t，年产鲜奶和纯牛奶共1.368万t、年产酸奶0.430万t、巴氏杀菌乳0.180万t、年产牦牛奶0.300万t、奶粉0.010万t。年产值达2.069亿元。这些乳制品企业也在积极推动奶业科技创新，在奶牛养殖、乳制品加工和质量检测等方面，不断加大科技投入，提高先进工艺、先进技术和智能装备应用水平，加强乳制品产品研发，提升精深加工能力，积极培育打造乳制品品牌。甘肃三元为全市最大的乳制品生产企业，日处理鲜奶能力可达到0.050万t，2019年实际处理鲜奶为0.990万t，开发奶产品32种。

【市场消费】2019年，全市奶产量达22.24万t，按全市131.59万人口计算，人均奶类占有量181.30kg/人。

入户的灭菌奶主要是由前进牧业、甘肃华瑞农业生产，价格为 7 元 /kg；鲜奶主要有前进牧业鲜奶吧和散养户供给的低温鲜奶，价格为 6 元 /kg；超市等销售的纯牛奶及酸奶有蒙牛、伊利、庄园、安慕希和特仑苏等品牌，价格在 30~120 元 / 箱；销售的婴幼儿配方奶粉有飞鹤、贝因美等品牌，价格在 200~600 元 / 桶。乳制品消费人群主要为婴幼儿、学生和老年人，其中有学生家庭消费比重较大。

【奶源基地】2019 年年底，全市奶牛养殖场（户）达 274 个，其中 1~5 头的养殖场（户）160 个，存栏奶牛 444 头，占总存栏的 0.8%；6~20 头的养殖场（户）76 个，存栏奶牛 771 头，占总存栏的 1.5%；21~100 头的养殖场（户）22 个，存栏奶牛 855 头，占总存栏的 1.7%；101~3 000 头的养殖场（户）10 个，存栏奶牛 19 888 头，占总存栏的 40.3 %；3 001 头及以上的养殖场（户）5 个，存栏奶牛 27 513 头，占总存栏的 55.7%。奶牛品种以荷斯坦牛为主，存栏 47 892 头，占总存栏的 96.8%。建立健全养殖、加工、流通等全过程乳制品质量安全追溯体系。加强源头管理，严格奶牛养殖环节饲料、兽药等投入品的使用和监管。开展生鲜乳质量安全执法工作，加强生鲜乳收购站和运输车的监管，严厉打击非法收购生鲜乳行为以及各类违法添加行为。

【政策法规】近年来，张掖市深入落实《乳品质量安全监督管理条例》和《奶业整顿和振兴规划纲要》，按照“抓重点、强基础、保安全、促发展”的总体思路，将奶业振兴作为促进农业增效、农民增收的支柱产业来抓。

一是积极落实国家扶持政策，促进奶业发展。积极落实国家和省一系列奶牛业发展的扶持政策和措施，以实施奶牛良种补贴项目为契机，将奶牛良种补贴等项目重点集中在规模养殖场实施，进一步提高奶牛良种率和鲜奶产出率。针对奶业生产投入大、风险高的特点，加大对奶业发展投入和加强奶业发展各项服务及监管工作，减少农户投入成本，降低奶业发展风险。加大对养殖基地、饲草基地、疫病防治和品种改良等奶业基础设施和科技推广方面的投入。

二是强化生鲜乳质量安全监管，确保乳制品质量安全。按照农业农村部制定的《生鲜乳生产收购管理办法》要求，严格生鲜乳收购站市场准入，严格把关生鲜乳收购许可证的核发工作。加大监督检查，将生鲜乳配送车辆、代售点和收购站全部列入监管范围，加大对违法行为的处置力度，全面推进生鲜乳收购标准化管理。

三是建立健全养殖档案，严格落实疫病防控责任。强化了重大动物疫病口蹄疫疫苗免疫措施，奶牛免疫合格率达到抗体监测水平，没有重大疫情发生。强化了牛结核病、布鲁氏菌病两种重要人畜共患病的监测和净化，参与生产人员没有疫情发生，保障家畜和人员的健康。奶牛场门卫制度、消毒制度和疫病防治措施得到进一步规范化、制度化，各项制度得到了较好的落实。开展体系内技术人员奶牛健康养殖和主要疫病防治技术培训，取得了较好的效果。

四是发展奶产品深加工，构建产加销一体化发展新格局。对发展奶牛养殖实施“发展绿色产业，打造本土品牌”的发展战略，以前进牧业、甘肃三元、甘肃华瑞农业等企业为龙头，大力发展奶产品精深加工，在满足本地市场需求的同时，面向全国积极发展电子商务和物流业，强力推动冷链物流、电子商务等现代服务业发展，将“青藏祁莲牛奶”品牌做成北纬 38° 特色的绿色有机食品。构建“农企对接”“农超对接”的农产品流通网络体系，实行“线上线下”同步销售，拓宽了销售渠道，形成了“农户 + 基地 + 企业 + 市场”的产加销一体化发展新格局，极大地带动了全市草畜产业的快速发展。

（张掖市畜牧技术推广站，胡俊慧）

附表 1　张掖市奶业生产情况调查汇总

统计项目				计量单位	2019 年年底
基本情况	人口		总人口	万人	131.59
			农村人口	万人	77.62
			城镇居民	万人	53.98
	原奶生产情况		奶类总产量	t	222 400.60
			人均奶类占有量	kg	181.30
			牛奶产量（不含牦牛奶）	t	217 368.50
		其中	牦牛奶产量	t	5 032.14
			羊奶产量	t	0
	奶牛存栏		奶牛（含杂种牛）存栏	头	49 471
			成年奶牛（含杂种牛）存栏	头	27 897
		其中	荷斯坦牛存栏	头	47 892
			荷斯坦成母牛存栏	头	26 541
			成年奶牛平均单产	kg	7 871
			原料奶收购价	元 /kg	5.45
	全年及分月牛奶产量		**全年合计**	t	**218 465.60**
			1 月	t	175 96.70
			2 月	t	15 186.50
			3 月	t	16 963.40
			4 月	t	17 641.50
			5 月	t	18 650.20
			6 月	t	19 205.12
			7 月	t	19 567.00
			8 月	t	20 949.00
			9 月	t	20 319.00
			10 月	t	19 033.00
			11 月	t	18 930.00
			12 月	t	18 323.50
牦牛及牦牛奶			牦牛存栏	头	80 867
			成年母牦牛存栏	头	32 281
			牦牛奶总产量	t	5 032.14
			成年母牦牛年均单产	kg	200
			年牦牛奶商品奶产量	t	0
			牦牛奶单价	元 /kg	12

（续）

统计项目			计量单位	2019 年年底
奶牛规模养殖情况（含牦牛）	1~5 头	场户数	个	160
		总存栏量	头	444
		总产量	t	2 080.13
	6~20 头	场户数	个	76
		总存栏量	头	771
		总产量	t	2 963.63
	21~100 头	场户数	个	22
		总存栏量	头	855
		总产量	t	2 744.74
	101~200 头	场户数	个	1
		总存栏量	头	103
		总产量	t	515
	201~500 头	场户数	个	1
		总存栏量	头	491
		总产量	t	905
	501~1 000 头	场户数	个	0
		总存栏量	头	0
		总产量	t	0
	1 001~2 000 头	场户数	个	2
		总存栏量	头	3 219
		总产量	t	6 316
	2 001~3 000 头	场户数	个	6
		总存栏量	头	16 075
		总产量	t	77 484
	3 001 头及以上	场户数	个	5
		总存栏量	头	27 513
		总产量	t	124 008
	合计	**场户数**	**个**	**274**
		总存栏量	**头**	**49 471**
		总产量	**t**	**217 016.50**
奶站情况	机械化奶站（厅）总数		个	15
	机械化挤奶的奶牛数量		头	23 791
	机械化挤奶水平		%	95.40
乳制品加工情况	日处理 10t 规模以上加工企业数量		家	4
	原料奶日处理能力（产能）		t	268.50
奶牛养殖业的经济地位	畜牧业总产值		万元	
	奶牛养殖业产值		万元	
	奶牛养殖业占牧业的产值		%	
	农民人均纯收入		元	
	农民人均从奶业获得的收入		元	
	农民人均奶业收入占农民纯收入		%	
奶业产业化水平	奶农户总数		户	329
	平均规模		头 / 户	76
	养殖小区和规模化牧场		个	19
	规模化养殖比例		%	96.64

青海省

【奶畜养殖】2019年青海省牛存栏572.18万头。其中荷斯坦牛存栏12.65万头，同比增长0.08%，能繁母牛7.4万头，同比增长7.24%。主要分布在西宁市、海东市，存栏分别为8.07万头、2.57万头。牦牛存栏517.85万头，同比增长2.23%，其中能繁母牛261.01万头，同比增长2.36%。主要分布在海北藏族自治州、黄南藏族自治州、海南藏族自治州、果洛藏族自治州、玉树藏族自治州、海西蒙古族藏族自治州，其牦牛存栏分别为46.62万头、54.64万头、58.08万头、101.85万头、172.02万头、34.33万头。

2019年青海省奶类总产量为39.47万t，同比增长6.42%。其中，奶牛奶产量23万t，同比增长8.23%；牦牛奶产量16.47万t，同比增长3.98%。

【乳制品加工】2019年青海省乳制品加工企业主要产品有巴氏杀菌乳、UHT奶、酸奶及乳饮料。年销售收入达108 738.18万元、利润为9 347.67万元、乳制品总产量达91 747.73t。其中，巴氏杀菌乳7 531.15t、UHT奶51 512.3t、酸奶47 107.03t、奶粉617.31t、乳饮料3071t。

【市场消费】2019年全省人均奶类占有量65.78kg，超市主要销售的乳制品品牌为圣湖、小西牛、天露、青藏牧场、伊利、蒙牛、光明、庄园等品牌，巴氏杀菌乳规格为180mL和200mL，价格在2.0~3.0元，UHT乳规格为180mL和250mL，价格在2.5~8.0元，原味酸奶规格为150g和200g，价格在2.5~4.5元，风味酸奶规格为140g和180g，价格在3.5~4.5元。

【奶源基地】2019年规模养殖场农机补贴项目，投资576.561万元，其中中央财政资金516.169万元、省级财政资金60.392万元，主要购置收割机、饲草料加工及挤奶设备等。

2019年规模养殖场建设项目，中央财政投入资金1 350万元，主要用于标准化规模养殖场提升改造建设、粪污资源化利用等。奶牛粪污处理采用“干清粪、粪污防雨防渗集中堆积加工有机肥”技术。通过规模养殖场建设、良种补贴、粪污资源化利用等一系列项目的实施，奶牛散养户和低产牛逐步退出养殖环节，牛群结构进一步得到优化，种养加一体化运营加快推进。

2019年粮改饲项目中央财政投入资金7 281万元。全省种植玉米、燕麦、苜蓿等饲草料共计40 460 hm^2，其中玉米种植面积达12 386.67 hm^2，苜蓿种植面积253.33 hm^2，燕麦种植面积27 820 hm^2，年产青贮玉米、燕麦共计1 213 500t。

2019年，全省各级兽医机构认真贯彻全国动物防控工作视频会议精神，全省未发生区域性重大动物疫情和重大畜产品质量安全事件。

2019年生鲜乳收购年均价格为3.56元/kg；受奶牛养殖成本上涨、牛奶价格下滑等因素影响，青海省奶牛养殖效益有所下滑，产业发展压力较大，奶牛养殖处于持续亏损状态，奶牛养殖依赖政府扶持现象明显。

【奶农组织】省奶业协会积极配合行业主管部门开展良种奶牛引进及生鲜乳质量安全监管等工作，充分发挥行业协会组织作用，积极宣传奶牛养殖、乳制品加工和质量安全监管等方面的成效，举办全省奶牛养殖技术培训班2期、组织考察学习3次，定期发布乳制品质量安全抽检监测信息，保障乳制品质量安全，提升广大群众认可度。

【政策法规】为了增加和规范牦牛奶生产，创建高端牦牛奶品牌，发挥和有效利用牦牛生乳的资源优势，规范牦牛生鲜乳产业的健康发展，2019年根据《国家卫生健康委办公厅关于进一步加强食品安全地方标准管理工作的通知》（国卫办食品函〔2019〕556号）和《青海省食品安全地方标准管理规定》（青卫食品〔2014〕25号），制定并发布了《牦牛生乳食品安全地方标准》（DBS63/0001–2019）。

【质量监管】按照农业农村部的有关要求，积极开展全省生鲜乳质量安全监测工作。

2019年完成了对西宁市、海东市、海南藏族自治州、黄南藏族自治州、海北藏族自治州14个生鲜乳收购站、10辆生鲜乳运输车和22个牦牛养殖专业户111批次的奶牛生鲜乳检测，开展了海南藏族自治州、海北藏族自治州、黄南藏族自治州、玉树藏族自治州、果洛藏族自治州5个市（州）13个县（市、区）的牦牛生乳检测184批次，检测项目共计15项，分别是感观指标、β-内酰胺酶、黄曲霉素M_1、冰点、体细胞、菌落总数、酸度、杂质度、相对密度、蛋白质、脂肪、非脂乳固体、农药（兽药）残留、重金属、工业污染物，生鲜乳样品合格率均为100%。在抽样监测的同时，对全省生鲜乳收购站和生鲜乳运输车，按照生鲜乳收购站、生鲜乳运输车辆标准化管理检查内容和判定标准的要求进行了检查，合格率达100%。另外，积极配合农业农村部安排的异地飞行抽检、第三方检测任务共计达102批次，抽检覆盖率达100%。

2019年全省共有14个生鲜乳收购站和10辆运输车，主要分布在西宁市、海东市、海南藏族自治州的6个县（市、区），其中乳制品加工企业开办的7个、奶牛养殖场（户）开办的7个，机械化挤奶站比例为71.43%。全年对生鲜乳的收购、储存、运输进行进一步规范，督促生鲜乳收购站建立台账，积极开展生鲜乳常规项目检测及统计工作，积极完善档案管理，开展生鲜乳收购站管理系统和农业农村部畜牧业统计监测系统报送，全年进一步加强了信息化建设，完成了14个奶站和10辆运输车的许可证及准运证的出证及信息更新、审核情况，全面提高了管理系统运行及统计监测在线直报数据的准确性和时效性。同时，统一配发了青海省生鲜乳收购站生鲜乳收购、检测记录档案等标准文本，进一步健全和规范了档案管理及生鲜乳质量安全追溯系统。

（青海省畜牧总站，张亚君）

附表 1　青海省奶畜养殖场（小区）名录

序号	名称	供奶企业	全群存栏（头）	成母畜存栏（头）	奶畜品种	成母畜单产（t/年）	年总产量（t）	是否有机奶源基地	有机奶产量（t）
1	青海圣亚高原牧场有限公司	青海青海湖乳业有限责任公司	2 206	1 304	荷斯坦	9.49	13 000	否	
2	青海互邦农业开发有限公司	青海互邦农业开发有限公司	312	262	荷斯坦	7.00	1 036	否	
3	青海藏地堂生物科技开发有限公司	青海好朋友乳业有限公司	322	261	荷斯坦	7.50	1 350	否	
4	万元奶牛养殖基地		115	83	荷斯坦	4.50	320	否	
5	湟源云祥奶牛养殖场		50	50	荷斯坦	2.50	120	否	
6	玉盛奶牛养殖场		200	150	荷斯坦	4.50	300	否	
7	平安兴农奶牛养殖有限公司	平安兴农奶牛养殖有限公司	30	10	荷斯坦	12.00	120	否	
8	青海天露乳业有限责任公司	青海天露乳业有限责任公司	1 860	1 148	荷斯坦	5.50	6 300	否	
9	民和县忠杰奶牛养殖场	民和县忠杰奶牛养殖场	334	171	荷斯坦	2.80	477		
10	民和县鼎辉农牧科技有限公司	民和县鼎辉农牧科技有限公司	400	205	荷斯坦	2.75	564		
11	民和成军养殖专业合作社	民和成军养殖专业合作社	510	261	荷斯坦	2.60	678		
12	互助县发云养殖农民专业合作社	互助县发云养殖农民专业合作社	5	3	荷斯坦	0.40	1.2		
13	互助县恒德茂养殖农民专业合作社	互助县恒德茂养殖农民专业合作社	124	26	荷斯坦	3.20	83		
14	循化县胖子农牧开发有限公司	循化县胖子农牧开发有限公司	148	31	荷斯坦	4.80	148		
15	循化县三江牦生态有限公司	循化县三江牦生态有限公司	60	60		3.20	192		
16	循化县德林农牧开发有限公司	循化县德林农牧开发有限公司	130	38	荷斯坦	5.50	209		
17	贵德天露良种奶牛繁育有限公司	青海天露乳业有限责任公司	650	360	荷斯坦	7.00	3 000	是	3 000
18	达连海世辉奶牛养殖专业合作社	青海雪峰牦牛乳业有限责任公司	275	120	荷斯坦	7.50	540	否	
19	黑马河乡敖包生态畜牧业专业合作社	青海雪峰牦牛乳业有限责任公司	3 459	2 598	牦牛	0.45	1 169	是	1 169
20	贵南黑牦牛养殖有限公司	青海雪峰牦牛乳业有限责任公司	550	301	牦牛	0.47	141	是	141
21	共和县宗隆牦牛养殖专业合作社	青海雪峰牦牛乳业有限责任公司	5 997	3 908	牦牛	0.45	1 759	是	1 759
22	青海金祁连乳业有限责任公司	甘肃华瑞股份有限责任公司	6 000	3 200	荷斯坦、牦牛、娟姗	9.60	30 720	有	15 000

备注：本表所指奶畜包括奶山羊、奶绵羊、奶水牛、牦牛、骆驼、驴等产商品奶家畜。

附表2　青海省主要乳制品生产企业名录

序号	名称	生产地点	生产许可证号码	年收购原奶量（t）	其中：自有奶源量（t）	平均支付价格（元/kg）	日处理生鲜乳能力（t）	年乳制品产量（t）	其中：低温鲜奶（t）	UHT奶（t）	常温酸奶（t）	低温酸奶（t）	原料奶粉（t）	婴幼儿配方奶粉（t）	成人奶粉（t）	奶油（t）	奶酪（t）	乳饮料（t）	冰品（t）	年销售收入（万元）	利润（万元）	有机产品（枚）
1	青海天露乳业有限责任公司	青海省西宁市生物科技产业园经四路16号	SC10563010502579	2 245	29 850	4.10	40	13 494	2 167	10 181	0	1 146	0	0	0	0	0	0		12 304	175	1 405 000
2	青海青海湖乳业有限责任公司	东川工业园区东新路16号	JY16301020045491	13 000	13 000	4.20	60	11 723	0	0	6 533	5 086	2	0	0	0	0	102	0	11 935	218	0
3	青海好朋友乳业有限公司	青海省西宁市南川工业园区同安路附108号	SC10563010302557	17 000	0	4.70	240	2 000	0	8 000	9 000	3 000	0	0	0	0	0	0	0	22 000	1 760	0
4	青海互邦农业开发有限公司	湟中县土门关村互邦生产基地	916301226619015543	1 154	1 036	4 200.00	6	2 190	1 095	0	0	1 095	0	0	0	0	0	0	0	1 600	128	
5	青海金祁连乳业有限责任公司	祁连县	SC105632222010128	4 000	3 900	4.50	60	3 800	0	3 420	380	0	0	0	0	0	0	0	0	5 000	200	
6	青海小西牛生物乳业股份有限公司	青海生物科技产业园	SC10563010502538	43 851	11 789	4.39	300	45 365	17	29 920	45	12 514	0	0	0	0	0	2 869	0	42 057	5 263	
7	青海雪峰牦牛乳业有限责任公司	青海共和	SC10563252101104	10 935	0	4 220.00	120	10 476	4 252		3 022	2 686			515					9 943	1 389	897

备注：本表包括在中国及海外的生产企业。日处理生鲜乳能力指设计加工生鲜乳能力。自有奶源指来自自建和参建（控股、参股）牧场（小区）的原奶。成人奶粉指除婴幼儿配方奶粉以外的学生奶粉、孕妇奶粉、中老年奶粉等终端消费奶粉。冰品包括冰激凌、雪糕等。有机产品数量单位为“枚”，指获得有机标志的数量。

宁夏回族自治区

【奶畜养殖】奶产业是宁夏优势特色产业，也是优化调整农业结构的重点产业。近年来，在各级党委和政府的支持下，在有关企业和社会各方的积极努力下，宁夏奶产业保持了持续、健康、快速发展的良好势头，已成为全国奶业优势产区和优质高端乳制品生产原料的重要基地。

2019 年，宁夏奶牛存栏 43.73 万头，居全国第八位；生鲜乳总产量 183.4 万 t，居全国第七位；人均占有量 265.3kg，居全国第一位；成母牛年均单产 8 500kg，居全国第三位；每万人占有奶牛数 635 头，居全国第二位。全区生鲜乳乳脂率 3.8%，乳蛋白率 3.2%，体细胞数低于 20 万个 /mL，菌落数低于 5 万 CFU/mL。生鲜乳产值 61.4 亿元，占畜牧业总产值的 31.2%，占农业总产值的 10.5%。

宁夏不断优化奶产业区域布局，形成以银川市和吴忠市为核心、石嘴山市和中卫市为两翼的奶产业带，产业带奶牛存栏和生鲜乳产量分别占全区总数的 97.6% 和 98.5%。建成了兴庆区月牙湖、利通区五里坡（一、二、三期）、吴忠市孙家滩和宁夏农垦贺兰山奶业集团 6 个 2 万头以上的养殖基地，奶牛存栏 19.7 万头，占全区总数的 41.6%。利通区和青铜峡市奶牛存栏分别达到 14.4 万头和 5.4 万头，兴庆区、贺兰县和沙坡头区奶牛存栏均超过 3 万头。目前，灵武市白土岗、平罗县河东、利通区五里坡四期 3 个 5 万头以上奶牛养殖基地正在规划建设中。

【乳制品加工】宁夏现有乳制品加工企业 18 家，日加工产能 7 959t，主要分布在银川市和吴忠市。年收购生鲜乳 183.4 万 t，伊利、蒙牛、夏进 3 家企业收购生鲜乳分别为 105.9 万 t、52.4 万 t、16.7 万 t，占全区生鲜乳总量的 90% 以上，君乐宝、光明、小西牛等区外企业收购约 10 万 t；乳制品加工总产值 124.0 亿元，伊利、蒙牛、夏进 3 家企业产值分别达到 61.6 亿元、37.2 亿元、14.5 亿元，占全区乳制品总产值的 91.5%。乳制品总产量 132.6 万 t，其中，UHT 奶 102.2 万 t，占 77%；巴氏杀菌乳 0.7 万 t，占 0.5%；发酵乳 14.8 万 t，占 11%；全脂及配方奶粉 1.0 万 t，占 0.8%；乳饮料 10.5 万 t，占 8%；奶油（稀奶油）等其他产品 3.4 万 t，占 2.7%。生产婴幼儿配方奶粉的企业有 1 家，注册配方数有 9 个。生产有机奶粉 81.5t。

【市场消费】2019 年，宁夏居民人均鲜奶占有量 265.3kg，居全国第一位。主要乳制品品牌及产品有蒙牛（纯牛奶、酸奶、冰激凌）、伊利（纯牛奶、酸奶、冰激凌）、夏进（纯牛奶、酸奶、乳酸菌饮料）、金河（纯牛奶、酸奶、蛋白粉）、北方（纯牛奶、酸奶、乳饮料）等。夏进生产的特色枸杞奶畅销区内外，金河、塞尚生产的奶酪、稀奶油、蛋白粉等精深加工产品，赢得消费者喜爱。

【奶源基地】2019 年，宁夏奶牛存栏 43.73 万头，100 头以上标准化规模奶牛场 232 个，规模养殖比重达到 98% 以上，其中，存栏 1 000 头以下的 64 个，占 6.9%；1 000~5 000 头的 155 个，占 67.5%；5 001~10 000 头的 10 个，占 17.1%；10 000 头以上的 3 个，占 7.5%。

奶牛主产区饲草种植面积 129.2 万亩，饲草产量 403.5 万 t。其中，种植青贮玉米 65.8 万亩，全珠玉米青贮量 348 万 t；苜蓿留床面积 37.2 万亩，产量 37.2 万 t；一年生牧草 26.2 万亩，干草产量 18.3 万 t。

全区规模养殖场奶牛良种率、全混合日粮（TMR）饲喂率、机械化挤奶与冷链储运推广应用率、青贮饲喂率均达到 100%。参加奶牛生产性能测定的牧场 33 个，参测泌乳牛 5.45 万头，305 天产奶量 10 039.3kg。实施养殖大县种养结合整县推进试点和畜禽粪污资源化利用等项目，配套完善奶牛粪污收集、存储、处理、利用等设施设备，推广应用粪污厌氧发酵（沼气工程）、污水清洁回用、粪便垫料利用、粪污全量还田种养结合等 8 种粪污资源化利用主推技术和模式。2019 年，全区畜禽粪污综合利用率达到 90% 以上，设施装备配套率达到 97.1%，大型规模养殖场粪污处理设施装备配套率达到 100%。

2019年宁夏规模奶牛养殖场生鲜乳年均收购价 3.72 元 /kg，成母牛年头均盈利 7 000 元以上。

【法规和政策】2019 年，国家及自治区在奶产业方面给予的扶持政策资金共计 15 619 万元。具体如下。

中央扶持资金 13 700 万元。其中，粮改饲补助资金 9 940 万元，在 19 个县（区）完成粮改饲面积 65.7 万亩、收储全株玉米青贮 187.5 万 t。根据宁夏实际，自治区下达粮改饲种植任务 80 万亩、收储优质全株玉米青贮任务 240 万 t；高产优质苜蓿示范建设补助资金 9 600 万元，种植优质高产苜蓿 16 万亩，每亩补助资金 600 元；实施奶牛家庭牧场升级改造项目，补贴资金 400 万元，在 10 个县（区）改造奶牛家庭牧场 40 个，每个补助 10 万元；

自治区扶持资金 1 919 万元。奶产业发展资金 1 781 万元，重点支持乳制品加工企业扩大生鲜乳收购项目和拓展婴幼儿配方奶粉市场，日收购生鲜乳 200t 以上的企业每吨补贴 100 元，每生产销售 1t 婴幼儿配方奶粉补贴 1 000 元；奶牛节本增效扶持资金 98 万元，建设奶牛节本增效科技示范点 22 个。其中，区级示范点 5 个，每个补助 6 万元；市级示范点 5 个，县级示范点 12 个，每个补助 4 万元。主要推广奶牛良种选育、奶牛高效繁殖、奶牛生产性能测定、优质粗饲料加工利用、高效日粮配制与饲喂、奶牛隐性乳房炎控制、奶公犊持续育肥、奶牛信息化管理、奶牛场粪污资源化利用 9 项技术；畜牧业社会化服务综合试验站建设资金 40 万元，支持 2 个奶牛社会化综合服务示范站建设，每个补助 20 万元。

畜禽粪污资源化利用专项资金。2019 年，农业农村部、财政部下达宁夏农业生产发展畜禽粪污资源化利用项目专项资金5 500万元，一是自治区根据各县（区）规模养殖场未配套建设粪污处理设施情况和集中粪污处理中心建设规划，给惠农、中宁、平罗、吴忠国家农业科技园区等奶业发展县（区）下达资金共计2 060万元。主要对畜禽规模养殖场及第三方处理机构配套建设堆肥发酵、污水储存池、厌氧发酵池、氧化塘、污水深度处理等设施和装备，改（扩）建雨污分流、暗沟污水收集系统、漏缝地板和防渗、防雨、防溢流粪污储存设施等，购置清粪机、固液分离机、粪污拉运车辆设备等进行补助。二是灵武市实施畜禽粪污资源化利用整县推进项目，补贴资金1 500万元。

【质量监管】2019年，宁夏加强组织领导，加大生鲜乳监管力度，认真落实农业农村部生鲜乳专项整治行动工作要求，坚持问题导向，紧盯关键环节，加大抽检力度，强化执法监督，以奶站监管和生鲜乳检测为抓手，层层压实生鲜乳质量安全监管责任，加大监管力度，提升监管水平，全面完成了农业农村部下达的监测任务，生鲜乳监测合格率达到100%，三聚氰胺、β－内酰胺酶、碱类物质、硫氰酸钠和革皮水解物抽检合格率连续6年达到100%，生鲜乳违禁添加物抽检合格率连续10年保持100%。

宁夏现有生鲜乳收购站241个（含婴幼儿配方奶粉奶源3个），生鲜乳运输车428辆，全区所有奶站、运输车辆监管和违禁物品监测实现全覆盖。生鲜乳收购站和运输车全部实现系统备案管理，网上申报审核、在线出证，二维码扫码查询等，生鲜乳质量安全监管信息实现了可追溯。

【奶业大事】2019年3月30日至4月1日，由宁夏奶业协会与青海省奶业协会、甘肃省奶业协会、新疆奶业协会联合举办了“中国（银川）国际奶业展览会”。

2019年5月9日，全区畜禽养殖废弃物资源化利用观摩培训班在吴忠市召开。

2019年5月14日，吴忠市农业农村局和伊利集团共同举办“打造产业共同体，共筑奶业新时代——公斤奶项目，十吨奶工程宣贯会”暨“奶牛科学院牧业精英全国巡回站——牧业经济培训宁夏专场”活动在吴忠市举行。

2019年7月25—26日，全国奶业振兴工作推进会在吴忠召开。来自河北、陕西、内蒙古、辽宁、黑龙江、山东、河南、陕西、宁夏和新疆10个奶业主产省（自治区）农业农村厅分管领导，各省（自治区、直辖市）、新疆生产建设兵团畜牧（奶业）处长，农业农村部畜牧兽医局、全国畜牧总站和中国奶业协会等相关负责同志共计80人参加会议。农业农村部畜牧兽医局副局长王俊勋出席会议并讲话，自治区农业农村厅党组书记、厅长王刚到会致辞，吴忠市人民政府副市长马玉龙致欢迎辞。

2019年8月16日，由吴忠市农业农村局和吴忠市奶牛养殖业协会共同举办“吴忠市青贮制作技术培训会”。

2019年10月23日，宁夏农业育种专项“优质高产奶牛选育”二期项目冻精采购方案讨论会在银川召开。会议确定选购进口奶牛冻精2万支，其中，TPI国际排名前50名和排名51~100名优质验证种公牛冻精各5 000支，GTPI国际排名前100名和排名101~200名优质基因组检测种公牛冻精各5 000支。

2019年11月8日，建立完善的利益联结机制，成立吴忠市生鲜乳价格协调委员会，规范生鲜乳购销合同，引导乳制品加工企业与养殖户形成紧密的利益共享、风险共担、合作共赢的利益联结关系。

2019年12月6日—8日，组织人员参加在广州市举办的“第20次全国动物遗传育种学术讨论会”。宁夏畜牧工作站“DHI测定在宁夏优质高产奶牛选育中的研究与应用”成果荣获“优秀生产与推广成果奖”。

2019年12月11日，吴忠市农业农村局、宁夏伊利乳业有限责任公司、中国（宁夏）奶牛研究院和吴忠市奶牛养殖业协会在吴忠国家农业科技园区中国（宁夏）奶业研究院联合举办“吴忠市奶牛养殖业协会2019年培训会”。

2019年12月11—12日，由农业农村部奶业管理办公室、国家奶牛产业技术体系与蒙牛集团共同举办“中国奶业竞争力提升行动——奶牛金钥匙技术示范走进吴忠”。

2019年，自治区农业育种专项——优质高产奶牛选育项目获自治区科技进步奖一等奖。项目建立了奶牛育种示范场31个，首次组建了宁夏奶牛开放式核心群，构建了宁夏奶牛育种技术体系、早期选育技术体系、主要繁殖障碍性传染病的检测与监测体系、性控胚胎移植繁育技术体系。建成了功能完善的宁夏奶牛育种信息大数据平台，建立了育繁推一体化试验示范基地。

（宁夏回族自治区畜牧工作站，王　瑜、封　元）

吴忠市

【奶畜养殖】2019年，吴忠市规模养殖场106个（表1），规模化率98%，高出全国平均水平37个百分点，奶牛存栏20.8万头，生鲜乳产量达到86.7万t，产值27亿元，占畜牧业产值的38.1%，占农业总产值的18.6%，奶产业已成为促进农业增效、农民增收的主导产业。建成了吴忠国家农业科技园区、利通区五里坡、青铜峡沿山三大奶牛养殖核心区，引进了中国农业大学等6家机构开展技术服务，成立了中国（宁夏）奶业研究院，组建奶业协会1家、联合体1家，奶牛良种率、机械化挤奶率、青贮饲喂率均达100%。生鲜乳平均乳脂率3.92%，乳蛋白率3.37%，体细胞数低于18万个/mL，达到欧盟标准。

吴忠市是宁夏回族自治区的奶牛养殖大市，是《宁夏现代农业“十三五”发展规划》确立的“1+4”特色优势产业奶牛核心区。经过多年的培育和发展，吴忠市奶业已成为促进农业增效、农民增收和优化农业产业结构的主导产业。被伊利集团、蒙牛集团确定为黄金奶源基地，被中国奶牛产业技术体系专家赞誉为“奶牛的天堂、奶业企业的福地”。通过集成与示范推广精准化健康养殖技术，严格对标管理，因地制宜创建适度规模经营模式和种养结合生态养殖模式，实现奶牛养殖“两提一降一控”和奶牛场经营“一缩一降两提高”目标，即“提高牛群单产和生鲜乳理化指标，降低体细胞数，控制生鲜乳细菌数”和“缩短牛群胎间距，降低千克奶生产成本，提高全群牛头均产奶量和牛场总体经济收益”，促进奶业健康和谐发展、奶农稳定持续增收。三产融合发展实现新提升。建成乳制品、塑料品包装企业7家，实现包装纸箱产值7.2亿元，物流年产值2.5亿元，带动就业1.5万余人。奶产业一二三产业深度融合、上下游全产业链融会贯通，全产业链总产值达到120亿元。

表1　2019年吴忠市奶牛养殖情况

	全市	利通区	青铜峡市	红寺堡区	同心县	盐池县	吴忠国家农业科技园区
奶牛存栏（头）	207 703	78 959	54 138	1 690	156	7 960	64 800
产奶乳牛（头）	92 729	35 530	24 362	711	71	2 895	29 160
年产奶量（t）	866 525	313 923	229 350	5 478	602	24 751	292 421
规模养殖场（个）	106	33	34	2	0	3	34
存栏≥1 000头（个）	79	31	26	0	0	2	20
从业人数（人）	4 457	1 852	1 242	48	12	1 123	1 190
单位成本（元）	3.14	3.17	3.14	3.15	3.16	3.10	3.14
奶单价（元/kg）	3.70	3.80	3.65	3.56	3.50	3.82	3.90

【乳制品加工】培育了夏进、雪泉等一批本地乳制品加工企业，招商引进了伊利等国内乳制品龙头企业，目前全市共有乳制品加工企业10家，其中国家级龙头企业2家、自治区级2家，宁夏伊利公司是全球最大的乳制品加工单体工厂。加工带动能力不断提高，乳制品加工企业日收购生鲜乳3 300t。投资20亿元的伊利吴忠三期项目即将建成投产，建成后宁夏伊利总生产能力将达到4 100t，居全球首位。伊利安慕希酸奶、夏进巴氏有机奶、雪泉高档酸奶等高端乳制品已形成新的市场竞争优势。伊利公司乳制品销售收入达到近60亿元，全市乳制品销售收入为78亿元。

【市场消费】2019年全市居民人均奶类（折合成原料奶）占有量635kg，主要乳制品品牌及产品有夏进（巴氏有机奶、爵品、纯牛奶、甜牛奶、酸牛奶、发酵老酸奶、乳制饮料）、伊利（金典有机奶、营养舒化奶、儿童QQ星、安慕希系列酸奶）等。吴忠市实施农业品牌提升行动，引导支持企业争创中国驰名商标、宁夏著名商标和宁夏名牌产品。夏进获中国驰名商标，产品发展到五大系列，销售至全国200多个主要城市；借助伊利品牌优势，宁夏伊利30条液态奶生产线所产安慕希、金典、舒化、QQ星系列等高端产品畅销国内外，实现加工产值78亿元。

【奶源基地】2019年年底，吴忠市共有奶牛养殖场（户）106个，规模化养殖比例达98%，头均单产9.0t以上，头均养殖效益6 800元。实施了奶牛良种工程和科技提升工程，健全了奶牛良种繁育体系、饲料配送体系和疫病防控体系，奶牛良种率达到100%。自标准化建设以来，截至2019年年底，建成国家级标准化示范养殖场4个，自治区级标准化示范养殖场12个；推广了DHI、性控胚胎、精准饲喂、健康养殖等技术，机械化挤奶、全混合日粮（TMR）饲喂、全株玉米青贮饲喂技术推广应用率达到100%，DHI技术在12个规模奶牛场推广应用。在粪污资源化利用方面，重点推广了种养结合、深度处理、垫料回用和集中处理等粪污处理模式，牧场配套建设粪便堆肥发酵、雨污分流、粪污处理等设施。加强兽医社会化服务体系、牧场疫病自防体系、疫病监测预警信息体系、疫病防控可追溯体系的建设，确保奶产业的健康发展。2019年年底，全市奶牛存栏20.8万头，全年青贮饲料需求150万t左右，实际收获青贮面积45万亩，亩产3.5t，加工制作青贮157.5万t，其中本地收获青贮面积28.8万亩，加工制作青贮100.8万t，剩余部分从周边地区及内蒙古、甘肃、陕西等省份外购。

【奶农组织】通过政策扶持，规范了生产、经营、服务行为。奶农专业合作社在协调奶农和企业双方利益，做好奶农生产、技术、资金、信息、销售等服务方面发挥了积极作用，进一步促进了奶农合作社组织的发展。同时，“龙头企业+合作社+奶农”的产加销一体化的紧密利益共同体逐步建立。

【政策法规】2019年中央和自治区扶持资金5 250万元，其中，五里坡标准化奶牛生态养殖基地基础设施建设800万元；奶业科技服务中心功能提升改造建设1 500万元，产业园动物防疫体系体系建设700万元；优质高产苜蓿示范建设项目补贴资金2 250万元。在有灌溉条件下相对集中连片种植500亩为1个补助单元；无灌溉条件下相对集中连片种植1 000亩为1个补助单元。在满足1个补助单元的基础上，按照实际种植面积的整百数给予补助，每亩补助600元。其中，利通区种植面积0.9万亩，补贴资金540万元；吴忠国家农业科技园区种植面积0.45万亩，补贴资金270万元；同心县种植面积2.3万亩，补贴资金1 380万元；红寺堡区种植面积0.1万亩，补贴资金60万元。

2019年，奶牛家庭牧场升级改造项目补助资金140万元。其中，利通区80万元，青铜峡市60万元。鼓励奶牛家庭牧场加快牧场升级改造进度，提升奶牛养殖设施装备。

畜禽粪污资源化利用专项资金1 550万元。其中，红寺堡区200万元、同心县350万元、盐池县500万元、吴忠国家农业科技园区500万元。主要对畜禽规模养殖场及第三方处理机构配套建设设备进行补助。

【质量监管】 严格生鲜乳收购站许可管理，严厉打击非法收购运输“黑窝点”和各种违禁添加行为，加强生鲜乳抽样检测，对全市奶站、运输车辆抽检做到全覆盖。按照“落实制度、严格发证、强化监管、确保质量”的原则，以奶站监管和生鲜乳检测为抓手，层层落实生鲜乳质量安全监管责任，扎实开展生鲜乳违禁物质专项整治行动，三聚氰胺、β-内酰胺酶、碱类物质等抽检合格率达到100%。生鲜乳违禁添加物抽检合格率100%。开展饲料生产和饲喂环节质量安全监测，严厉打击非法、超范围、超剂量添加兽药等违法行为，违法案件查处率达到100%。

（吴忠市畜牧水产中心，周　磊、王　欣）

银川市

奶产业是银川市“1+2+4”优势特色产业中的两强之一，近年来，银川市大力推进养殖业转型升级，提高科学管理水平，奶牛养殖技术和经济效益不断提高，形成了以灵武白土岗、兴庆月牙湖奶牛基地为核心和贺兰洪广镇奶牛养殖区、永宁灌区、平吉堡农场为发展区的奶牛产业集群，已成为我国重要的黄金奶源生产基地。

【奶畜养殖】 截至2019年年底，银川市奶牛存栏12.85万头，与2018年同期相比减少14.9%。其中，贺兰县4.60万头、兴庆区3.19万头，金凤区0.54万头、西夏区1.80万头、永宁县0.56万头、灵武市2.16万头。成母牛7.47万头，与2018年同期相比减少0.5%；牛奶总产量56.9万t，与2018年同期相比增长14.3%。全市奶牛规模化比率达到99%以上，全市牧业总产值319 487万元，奶业总产值占60%以上。

【乳制品加工】 全市有乳制品加工企业8家，分别是蒙牛乳业（银川）有限公司［以下简称蒙牛乳业（银川）］、宁夏金河科技股份公司（以下简称金河）、宁夏平吉堡乳品厂（以下简称平吉堡）、宁夏夏进昊尔乳品有限公司、北方乳业公司（以下简称北方乳业）、银川东君乳业有限公司、宁夏塞尚乳业有限公司（以下简称塞尚乳业）、宁夏亿美生物科技有限公司（以下简称亿美）。8家企业设计日加工能力达到3 610t，年乳制品产量32.5万t，日收购鲜奶2 500t左右。其中，蒙牛乳业（银川）日收购鲜奶1 350t，年乳制品产量达到28.2万t，金河日收购鲜奶20t、塞尚乳业日收购鲜奶40t、北方乳业日收购鲜奶25t、平吉堡酸奶场日收购鲜奶2.5t、亿美日收购鲜奶45t。8家乳制品企业主要产品有奶粉、巴氏杀菌乳、UHT奶、酸奶、乳饮料、奶油、奶酪等，生鲜乳平均收购价为3.4元/kg。

【市场消费】 全市总人口2 225 391人，生鲜乳人均占有量达到320kg，城镇居民年人均奶类消费支出297.95元，农村居民年人均奶类消费支出106.75元。

【奶源基地】 截至2019年年底，全市有规模养殖户65个，奶牛存栏12.85万头。200头以上规模化率达到99.7%。存栏200~999头的规模养殖场28个，奶牛存栏1.86万头，存栏1 000~2 999头规模养殖户27个，奶牛存栏4.79万头，3 000头及以上规模养殖户10个，奶牛存栏6.2万头。机械化挤奶比例100%，全混合日粮（TMR）技术应用100%，有21个牛场参加生产性能测定（DHI），奶牛良种补贴全覆盖。苜蓿和青贮玉米种植面积分别为8.2万亩和21.1万亩，粪污处理以“干湿分离垫料利用+肥水利用”为主，生鲜乳收购年均价格3.4元/kg，养殖场奶业养殖年净收入3 500~6 000元/头。

【政策法规】 一是积极争取国家项目支持，积极组织申报农业部2017—2018年种养结合整县推进试点项目，共争取中央资金5 000万元用于畜禽粪污资源化利用，重点支持贺兰县、兴庆区2个奶牛养殖大县（区）开展辖区规模奶牛养殖场粪污治理。二是2018年启动出户入园工程，要求全市畜禽散养户全部实现集中式养殖。银川市市级预算对完成工作目标的市、县（区）给予奖励，奖励资金5 000万元，并且市财政计划每年投入1 000万元，用于对集中养殖园区的升级改造、畜禽粪污资源化综合利用和标准化建设等方面的扶持。三是对高产苜蓿种植补助，按照自治区要求，对集中连片达到500亩（500亩为1个单元）的，每亩给予600元补助。四是政府在奶牛保险方面共投入资金205.428 1万元，其中，奶牛养殖保险132.122 1万元，基础母牛养殖险23.312 5万元，牛奶价格指数保险49.993 5万元。

【质量监管】 严格实施国务院《乳品质量安全监督管理条例》《生鲜乳生产收购管理办法》，严把生鲜乳收购站的准入关，要求所有生鲜乳收购站做到主体明确、证照齐全。每年定期、不定期开展生鲜乳质量安全隐患排查监测行动。依法严厉打击在生鲜乳中添加有害物质的违法行为，同时加强宣传培训工作，进一步强调和提高守法经营意识及质量安全责任意识。完善和落实各收奶站点卫生和质量安全制度，严防在生产、收购、运输环节添加任何物质，确保了原料奶安全。并且加强对生鲜乳的检测，对辖区内所有奶牛场全覆盖，重点检测三聚氰胺、内酰胺酶、皮革水解蛋白、碱类物质等，奶样送农业农村部、自治区兽药饲料监察所检测化验，检验项目全部符合规定，生鲜乳合格率达到100%。目前，全市现有生鲜乳收购站65个，审核发证的生鲜乳运输车165辆。

（银川市畜牧技术推广服务中心）

附表 1　宁夏回族自治区奶畜养殖场（小区）名录

序号	名称	供奶企业	养殖场	小区	全群存栏（头）	成母畜存栏（头）	奶畜品种	成母畜单产（t/年）	年总产量（t）	有机奶产量（t）
1	宁夏农垦贺兰山奶业有限公司奶牛一场	蒙牛	√		1 647	682	荷斯坦	10.6	7 695	
2	宁夏农垦贺兰山奶业有限公司奶牛二场	蒙牛	√		1 809	713	荷斯坦	10.5	6 866	
3	宁夏农垦贺兰山奶业有限公司奶牛三场	伊利	√		1 223	694	荷斯坦	12.4	7 898	
4	宁夏农垦贺兰山奶业有限公司连湖奶牛场	伊利	√		1 152	643	荷斯坦	10.9	7 197	
5	宁夏贺兰山奶牛原种繁育有限公司	伊利	√		1 404	767	荷斯坦	11.2	8 650	
6	宁夏荷利源奶牛原种繁育有限公司	蒙牛	√		1 618	880	荷斯坦	11.3	9 644	
7	宁夏农垦贺兰山奶业有限公司灵武奶牛三场	蒙牛	√		2 530	815	荷斯坦	11.6	15 752	
8	宁夏农垦贺兰山奶业有限公司平吉堡第六牧场	伊利	√		5 327	2 963	荷斯坦	10.7	29 597	
9	宁夏农垦贺兰山奶业有限公司茂盛牧场	伊利	√		4 909	2 730	荷斯坦	10.8	28 703	
10	宁夏农垦贺兰山奶业有限公司暖泉牧场	伊利	√		7 219	3 706	荷斯坦	10.9	39 280	
11	宁夏农垦贺兰山奶业有限公司简泉牧场	伊利	√		10 822	5 561	荷斯坦	10.2	53 743	
12	宁夏农垦贺兰山奶业有限公司渠口牧场	伊利	√		4 318	2 549	荷斯坦	10.4	25 015	
13	宁夏农垦贺兰山奶业有限公司兴垦牧场	伊利	√		8 374	2 982	荷斯坦	10.9	15 164	
14	青铜峡市康盛牧业有限责任公司	蒙牛	√		1 731	779	荷斯坦	10.0	1 155	
16	贺兰县金牧养殖有限公司	蒙牛	√		960	620	荷斯坦	10.5	6 500	
17	贺兰中地生态牧场有限公司	伊利	√		11 441	6 421	荷斯坦	12.0	76 142	
18	宁夏中地畜牧养殖有限公司	蒙牛	√		10 202	6 548	荷斯坦	11.5	74 206	
19	宁夏夏进综合牧业开发有限公司	夏进	√		8 580	3 861	荷斯坦	11.2	43 359	
20	宁夏金宇浩兴农牧业股份有限公司	伊利	√		7 400	3 330	荷斯坦	11.8	39 294	
21	吴忠优然牧业有限责任公司	伊利	√		1 620	1 009	荷斯坦	10.3	10 393	
22	宁夏启鑫田农牧业有限公司启鑫田奶牛养殖场	伊利	√		3 134	1 410	荷斯坦	10.6	14 946	
23	吴忠市小西牛养殖有限公司	青海小西牛	√		3 793	1 707	荷斯坦	10.1	17 241	

备注：请在养殖场或小区列打勾。

附表2　宁夏回族自治区主要乳制品生产企业名录

序号	名称	生产地点	许可证号	年收购原奶量（t）	其中：自有奶源量（t）	平均支付价格（元/kg）	日处理生鲜乳能力（t）	年乳制品产量（t）	其中：低温鲜奶（t）	UHT奶（t）	发酵乳（t）	原料奶粉（t）	婴幼儿配方奶粉（t）	成人奶粉（t）	奶油（t）	奶酪（t）	乳饮料（t）	冰品（t）	年销售收入（万元）	利润（万元）	有机产品（枚）
1	宁夏伊利乳业有限责任公司	吴忠市	SC10564030200130	1 058 612		3.87	2 476	717 460		616 741	79 426				13 574		7 720		616 556	35 733	
2	蒙牛乳业(银川)（2个企业）	银川市	SC10564010500185	598 965		3.88	1 500	258 208		248 402								9 806	305 688	15 777	
3	宁夏夏进乳业（2个企业）	吴忠市	SC10564030200017	165 000	40 000	3.71	1 000	223 000	500	148 490	14 000	10					60 000		144 700	12 000	
4	宁夏金河科技股份有限公司	银川市	SC10564012200013	13 687	2 730	4.13	200	21 241			10 167						11 074		20 744	89	
5	宁夏塞尚乳业有限公司	银川市	SC10564012200675	31 829		4.22	200	31 382		6 263						19 066	6 053		34 434	2 994	
6	中宁县黄河乳业有限公司	中卫市	SC12964052100985	31 000	31 000	4.10	300	4 400				3 200	1 000	200					18 000	200	110 000
7	宁夏亿美生物科技有限公司	灵武市	SC10264022100300	33 900		3.94	300	9 354				6 854			2 500				27 120	3 850	
8	吴忠恒枫乳业有限公司	吴忠市	SC10564030200269	24 365		3.78	300	3 067				3 067							8 874	716	
9	宁夏北方乳业有限责任公司	银川市	SC10564012100692	9 500	9 500	3.50	100	13 500	1 500	7 300	1 100						3 600		9 758	1 705	
10	银川东君乳业有限公司	银川市	SC10664012200522	100		3.60	100	23 188	100								23 088		14 072	2 038	
11	宁夏雪泉乳业有限公司	吴忠市	SC10564030200734	14 400	8 100	4.00	310	10 816	385	3 600	5 631	1 200							11 324	1 641	
12	宁夏伊友乳业有限公司	吴忠市	SC10564030200130	24 000	24 000	3.00	300	3 000				3 000							6 500	320	
13	宁夏恒大乳业有限公司	吴忠市	SC12964030200112	294		3.20	10	294			294								178	115	
14	宁夏银川平吉堡乳品厂	银川市	SC10564010500048	372	372	3.50	30	372			372								132	18	
15	吴忠市银湖乳品有限公司	吴忠市	SC10564030200662	代加工																	
16	青铜峡市众乐乳业有限公司	吴忠市	SC10564038100455	代加工																	
17	宁夏蓝天乳业有限公司	吴忠市	SC10564030200806	代加工																	
18	宁夏红果乳业有限公司	吴忠市	SC10564030200662	代加工																	

备注：本表包括在中国及海外的生产企业。日处理生鲜乳能力指设计加工生鲜乳能力。自有奶源指来自自建和参建（控股、参股）牧场（小区）的原奶。成人奶粉指除婴幼儿配方奶粉以外的学生奶粉、孕产妇奶粉、中老年奶粉等终端消费奶粉。冰品包括冰激凌、雪糕等。有机产品数量单位为“枚”指获得有机标志的数量。

新疆维吾尔自治区

【**奶畜养殖**】2019年年底，全区奶牛存栏139万头，奶类产量206.9万t。其中，牛奶产量199.8万t，较2018年增长2.5%；其他奶类产量7.2万t，较2018年增长5.9%。生鲜乳平均收购价3.7元/kg，较2018年增长2.0%。奶牛养殖规模化、机械化水平不断提高。2019年，改扩建100头以上规模奶牛养殖场（奶农合作社）129个，新增21个。全区奶牛规模养殖比例达到34.0%，同比提高5.7个百分点。

全区奶牛主要品种为荷斯坦牛、新疆褐牛和西门塔尔牛。荷斯坦牛是全区商品奶的主要来源，存栏44万头，其中能繁母牛23万头，主要分布在昌吉回族自治州、克拉玛依市、伊犁哈萨克自治州伊宁市、乌鲁木齐市、巴音郭楞蒙古自治州焉耆县和喀什疏附县；乳肉兼用型的新疆褐牛是全区奶牛养殖的特色品种，以草原放牧和半舍饲半放牧为主，存栏48万头，能繁母牛约20万头，主要分布在伊犁哈萨克自治州、塔城市和阿勒泰地区，其存栏占全区新疆褐牛的93%；全区乳肉兼用型的西门塔尔牛存栏47万头，能繁母牛约20万头，其中伊犁哈萨克自治州、昌吉回族自治州和阿勒泰地区共分布约15万头，喀什市、阿克苏市共分布约30万头。

【**乳制品加工**】全区乳制品加工企业63家，日处理生鲜乳能力7 000t。其中，国家级龙头企业4家，自治区级龙头企业15家。有天润、麦趣尔、花园、新农4家乳制品企业上市，1家乳制品企业入选国家D20企业，1家乳制品企业为D20观察员企业。乳制品有西域春、天润、花园、麦趣尔、新农、瑞源、金绿成、南达、盖瑞等主要品牌，产品有UHT奶、酸奶、巴氏杀菌乳、奶粉、干酪、婴幼儿配方奶粉及乳饮料等近10个系列200余个品种。

全区乳制品产量约65万t，其中液态奶62.3万t，干乳制品2.7万t。较2018年增长3%。

全区乳制品企业不断加大除新疆以外的国内其他市场开拓，天润、西域春、麦趣尔、花园等知名品牌乳制品外销国内一、二线城市，深受内地消费者青睐，2019年新疆以外地区销量13万t，较2018年增长30%。外销产品主要以酸奶、UHT奶、奶啤及奶粉为主，另有少量干酪、奶茶粉等产品外销。

全区骆驼品种为双峰驼，全区存栏约16万峰。饲养方式以牧民传统放牧为主。驴存栏36.1万头，品种以新疆驴与和田青驴为主，饲养方式以家庭为单位散养为主，大型规模化养殖刚刚起步。全区驼乳生产企业10余家，年销售产品1.1万t。驴乳生产企业9家，年销售产品0.4万t。旺源、骆甘霖、那拉乳业、天驼、中驼及花麒、玉昆仑、梦圆生物等一批驼、驴乳加工企业发展壮大，80%产品销往新疆以外地区，特色乳产品呈现出良好的发展态势。

新疆农牧民有自制手工酸奶和“奶疙瘩”的习惯，奶农、家庭牧场及奶牛养殖合作社办乳制品加工的积极性很高。全区有奶农（合作社）办乳制品加工厂22个，其中，2019年新建14个，主要以风味酸奶、干（湿）奶酪为主，年加工量超10万t。以本地小商超、鲜奶吧、餐饮店、农贸市场及旅游点销售为主，少量销往内地市场。

【**奶源基地**】规模养殖：全区50头以上规模奶牛养殖场（合作社、家庭牧场）303个，存栏14.5万头（荷斯坦牛存栏10.4万头），荷斯坦牛规模养殖占比41.3%，乳肉兼用新疆褐牛、西门塔尔牛规模养殖占比低。其中，千头以上规模养殖场（合作社）28个，主要分布在昌吉回族自治州14个、伊犁哈萨克自治州直辖市县3个、塔城市2个、阿勒泰地区2个（驼、驴）、克拉玛依市2个、乌鲁木齐市1个、巴音郭楞蒙古自治州1个和喀什市3个。千头养殖场中荷斯坦牛养殖场21个、新疆褐牛养殖场3个、西门塔尔牛养殖场2个、特色乳畜养殖场2个，是全区商品奶的主要来源。

饲草料供应：全区青贮饲料产量970万t，苜蓿干草165万t，其中新疆北部区域是全区青贮玉米和苜蓿种植的主产区，年产青贮、苜蓿干草分别占全区的72%和78%。新疆北部区域饲草料相对充裕，在满足现有牲畜饲养所需情况下尚有盈余，部分调往新疆南部。

养殖效益：由于近年来全区人工、饲料、技术服务费用的不断上涨，奶牛养殖成本居高不下，规模养殖场年总成本为2.7万元/头（含人工、饲草料、相关服务、土地、机械设备折旧及各项管理费用等），总产出为2.95万元/头，净利润为0.25万元/头，低于全国平均水平。

【**行业组织**】2019年11月，自治区成立由32个成员单位、51名专家组成的奶业产业技术体系。以充分发挥政府部门、科研院校、涉牧企业、民间团体、农牧养殖场（户）在产业协作生产、科研协同创新、产业链改造升级中的作用，积极参与国家现代农业产业技术体系建设，加速国家相关技术成果的推广应用，促进新疆奶业提质增效。

【**政策法规**】2019年12月，自治区农业农村厅、科技厅等九部门联合印发了《新疆奶业振兴行动方案（2019—2025年）》，确定坚持稳中求进总基调，践行新发展理念，落实高质量发展要求，深入实施乡村振兴战略，进一步明确新疆奶业振兴的目标任务、工作重点、行动举措，积极整合各方面资源，持续加大对奶业的扶持力度，提出到2025年全区牛奶产量达到270万t，新增牛奶产量80万t，全区奶牛规模养殖比例达到65%以上的发展目标，提出了奶业振兴的五大措施。

项目支持：2019年，在扶持家庭牧场（奶农合作社）和高产优质苜蓿示范建设项目中，整合中央财政农业生产发展资金向奶业倾斜，在原定5%和4%的额度基础上上浮20%。家庭牧场（奶农合作社）建设项目资金由3 900万元增加到5 030万元，全区改扩建、新建家庭牧场（奶农合作社）150个，完成投资16 939万元（项目补贴5 030万元、企业自筹11 909万元）；高产优质苜蓿示范建设项目资金由3 100万元增加到3 600万元，新建高产优质苜蓿示范基地4 000 hm^2。

2019年，自治区财政支持奶业生产发展项目资金2 000万元，扶持46个规模养殖场建设。

2019年，自治区设立“自治区重大科技专项——奶业创新项目”，2020—2022年完成项目建设。

【质量监管】2019年年底全区生鲜乳收购站91个，生鲜乳运输车78辆。配合农业农村部生鲜乳质量安全异地抽样检查组完成了2次异地抽检。全区完成抽检生鲜乳3 535批次，其中各地自检3 090批次，自治区抽检生鲜乳445批次，检测合格率99.7%；现场检查生鲜乳收购站及运输车辆达标率100%。

全区参加奶牛生产性能测定的奶牛2.2万头，参测规模化牛场46个，在测奶牛平均日产奶量26kg，平均乳脂率3.7%，平均乳蛋白率3.26%。

（新疆畜牧科学院，胡永青）

新疆生产建设兵团

【奶畜养殖】2019年年底，新疆生产建设兵团奶牛存栏25.31万头，比2018年增加1.90万头，同比增幅8.1%；牛奶年总产量77.60万t，比2018年增加5.90万t，同比增幅8.2%。主要品种为中国荷斯坦牛、西门塔尔牛和新疆褐牛。其中，中国荷斯坦牛存栏21.10万头，占兵团奶牛总存栏的83.3%，主要分布在一师、七师、八师、十二师4个师；西门塔尔牛1.80万头，在各师均有分布；新疆褐牛2.41万头，主要分布在四师、九师和十师。

奶牛主产区一师、七师、八师、十二师，4个师奶牛存栏14.6万头，占兵团奶牛总存栏的57.7%，牛奶总产量57.8万t，占兵团奶产量的74.5%。

2019年兵团原料奶实现产值31.1亿元，占畜牧业产值的15.5%。2019年1—10月生鲜乳收购价格维持在3.6~4.0元/kg，11月以来，生鲜乳收购价格涨至3.8~4.3元/kg，原奶生产成本在3.3~3.6元/kg，奶牛养殖行情较好。

【乳制品加工】2019年兵团辖区共有乳制品加工企业12家(含2家婴幼儿配方奶粉生产企业)，日加工处理鲜奶能力总计3 010t，年加工能力达到85万t以上。产品主要包括UHT奶、酸奶、奶酪、大包装工业奶粉、巴氏灭菌乳等，大包装工业奶粉销往内地，液态奶主要在新疆销售。2019年乳制品企业实际加工鲜奶35.1万t，其中，液态奶26.3万t、固体和半固体乳等1.1万t、生产奶粉0.9万t。兵团区域内规模较大的乳制品企业有石河子花园乳业、新疆天润乳业、新农乳业、石河子娃哈哈启力乳业、石河子乳旺乳业、石河子西牧乳业6家，其中石河子花园乳业、新疆天润乳业和新农乳业为兵团控股上市乳制品企业，石河子花园乳业和石河子西牧乳业是新疆区域内唯一的2家婴幼儿配方奶粉生产许可企业。本地乳制品行业增长缓慢，年总产值增幅降低、利润增幅下降。

【市场消费】2019年兵团人均奶类占有量233kg，人均乳制品(折合成鲜奶)消费34.7kg。其中，纯牛奶26.4kg，酸奶5.9kg，奶粉0.3kg。人均用于奶类消费支出约为426元。

新疆商场、超市乳制品销售品牌及种类繁多，本地的花园、新农、西域春、天润、南达以及蒙牛、伊利、光明、麦趣尔等国内知名品牌均有销售，产品类型主要有UHT奶、酸奶、乳饮料、奶粉、巴氏杀菌乳。

消费者偏爱酸奶，其次是纯牛奶，巴氏杀菌乳排第三位。奶类消费群体主要为婴幼儿和中老年人，其次是中小学生。酸奶和巴氏杀菌乳发展势头良好，市场消费量逐年增加。绝大部分新疆消费者倾向于购买本地乳制品企业生产的液态奶产品。

【奶源基地】2019年兵团荷斯坦牛养殖场(户)共7 856个，存栏21.1万头，其中成母牛13.5万头。1~29头规模养殖场(户)7 440个，存栏7.9万头，其中成母牛4.6万头；30~99头规模养殖场(户)310个，存栏1.9万头，其中成母牛1.3万头；存栏规模达100头以上荷斯坦牛养殖场(户)106个，总存栏量达到11.3万头，其中成母牛7.6万头，奶牛规模化养殖总体水平达到62%。荷斯坦牛养殖场(户)中，100~199头规模养殖场(户)11个，200~499头规模养殖场(户)25个，500~999头规模养殖场(户)27个，1 000~1 999头规模养殖场(户)31个，2 000~4 999头规模养殖场(户)12个。

配备TMR饲喂机械135台(套)，青贮玉米收割机100台，苜蓿收获机械467台，清粪机械112台。机械化挤奶设备150余套，机械化集中挤奶比例达到80%以上。具备粪污处理设施(干粪)的规模养殖场有142个，占比为99%(堆肥腐熟还田处理122个、沼气工艺处理2个、有机肥加工4个、委托处理模式2个、牛床垫料3个、其他9个)，具备污水处理利用的规模养殖场有116个，占比74%。2019年，拨付规模养殖场粪污处理设施设备配套补贴资金4 500万元。

通过落实重大动物疫病防控责任，一年3次集中免疫和月月补免。累计免疫牛口蹄疫101.43万头、免疫抗体平均合格率均达80%以上；兵团各级兽医实验室累计开展牛布鲁氏菌病检测9.90万份，阳性率0.11%；结核病检疫17.03万头，平均阳性率1.18%。对奶牛布鲁氏菌病、结核病，实行一年2次“两病”检测，发现阳性畜进行无害化扑杀处理，净化了奶牛养殖环境。奶牛乳房炎、子宫内膜炎等发病率逐年下降。

饲草料基地建设。2019年种植籽实玉米6.16万hm^2，平均单产935.70kg，青贮玉米正播1.48万hm^2，青贮玉米复播0.91万hm^2，青贮饲草总量191.90万t，苜蓿种植面积2.85万hm^2，平均单产1 194.00kg。种植其他饲草1.93万hm^2，农副产品收储103.80万t，生产混合饲料126.00万t。

农作物秸秆饲料化利用工作实施范围涵盖13个师的129个团场，各师主要以增加农作物种植面积、提高秸秆机械收获率和推广“三贮一化”技术提高秸秆饲料化利用率来增加农作物秸秆饲料化利用量，全兵团共增加6.5万t。

品种改良。奶牛品种改良主要通过人工授精技术，2019实际使用奶牛冻精35.3万剂，参配母牛17.2万头。奶牛性控冻精配种1.9万头。奶牛冻精冷配技术覆盖面达到94%以上。通过冷配项目带动，兵团奶牛良种率达到66%以上。兵团规模化牛场奶牛平均单产7.8t以上。

奶站及运输车管理。截至2019年12月底有生鲜乳收购站102个，均为发证奶站，全年因奶源不足等因素关停6个规模较小的奶站。奶站全部机械集中挤奶，其中，开办主体为加工企业的29个，奶畜养殖场的63个，奶农合作社的10个。兵团现有奶站挤(收)奶厅、储奶间、化验室、设备间等基础设施齐全。生鲜乳收购站布局合理，硬件设施基本完善，可保障兵团范围内生鲜乳的正常收购及其质量安全。对从业人员进行了相关奶业法律培训、生鲜乳生产收购、卫生安全、化学品管理的培训。奶站建立了卫生管理、质量安全保障、工作规程、挤奶操作、留样等制度。

现有运输车57辆，核发了57个生鲜乳准运证，准运证核发比例100%。

【质量监管】根据农业农村部2019年生鲜乳质量安全计划，兵团各级严格从生产、收购和运输3个关键环节进行了生鲜乳监督检查，全年开展现场检查159批次，其中检查收购站102个，检查运输车57辆，对现场抽检的生鲜乳进行检验，共检测三聚氰胺159批次、黄曲霉素$M_1$159批次、β-内酰胺酶159批次、革皮水解物121批次、碱类物质159批次、硫氰酸钠75批次，均为合格。生鲜乳质量安全监测及监管行动覆盖兵团各级奶站，检测指标覆盖卫生部公布的违禁添加物，确保兵团范围内生鲜乳质量安全。

全年兵团共抽取饲料样品447批次，合格率为100%。样品涉及13个师、22个饲料生产厂、173个养殖场（户）和38个饲料经营门店。经营环节抽样56批次，生产环节抽样57批次，使用环节（饲料生产厂）抽样3批次，使用环节抽样（养殖场）331批次。具体抽检结果如下：饲料产品质量安全监测检测样品127批次，其中配合饲料46批次，浓缩饲料54批次（饲料原料3批次，添加剂预混料22批次）。养殖环节饲料中违禁添加物专项监测检测样品163批次（其中禽饲料58批次），所检测项目符合国家饲料标准要求，合格率100%。饲料中（包括蛋白类饲料原料）三聚氰胺专项监测：检测57批次，合格率100%。反刍动物饲料中牛羊源性成分例行监测计划：检测样品100批次，其中反刍动物饲料98批次，蛋白饲料2批次，全部为阴性，未检出牛、羊源性成分。加强兽药“二维码”追溯系统建设，完成了105家全部兽药经营企业注册工作，兽药经营企业追溯实施率达到86%。

（新疆生产建设兵团畜牧兽医工作总站，杨　华）

附表1　2019年新疆生产建设兵团奶畜养殖场（小区）名录

养殖场（小区）名称	全群存栏（头）	成母畜存栏（头）	后备母畜存栏（头）	奶畜品种	是否应用TMR
四团托峰冰川五牧场	1 573	835	738	荷斯坦	√
四团托峰冰川四牧场	1 643	983	660	荷斯坦	√
五团新农奶牛养殖一场	2 127	659	1 468	荷斯坦	√
五团新农奶牛养殖二场	1 440	808	632	荷斯坦	√
五团新农三场	1 017	657	360	荷斯坦	√
五团天润建融一牧场	2 400	1 300	1 100	荷斯坦	√
五团天润建融二牧场	2 193	1 219	974	荷斯坦	√
十团奔丰养殖有限公司	1 548	960	588	荷斯坦	√
30团良种奶牛繁育中心	6 000	4 300	1 700	荷斯坦	√
西部准噶尔牧业股份有限公司	2 757	2 274	483	荷斯坦	√
新疆芳草天润牧业有限公司	2 815	1 884	931	荷斯坦	√
123团一牧场	1 600	1 100	500	荷斯坦	√
124团祥盛通牧业	1 520	781	739	荷斯坦	√
126团天澳四牧场	1 010	600	410	荷斯坦	√
128团六牧场	1 600	1 500	100	荷斯坦	√
129团八牧场	1 439	800	639	荷斯坦	√
130团九牧场	1 559	1 300	259	荷斯坦	√
131团润达牧业	1 392	986	406	荷斯坦	√
121团东润牧业	1 390	1 050	340	荷斯坦	√
133团天盈牧业牛场	1 827	1 275	552	荷斯坦	√
134团西部牧业	1 295	974	321	荷斯坦	√
134团曙瑞牧业	1 623	1 358	265	荷斯坦	√
石河子市祥瑞牧业有限责任公司	1 090	985	105	荷斯坦	√
三盈牧业	2 592	1 556	1 036	荷斯坦	√
畜欣旺牛场	1 548	0	1 548	荷斯坦	√
双鹤牧业	1 592	1 386	206	荷斯坦	√

（续）

养殖场（小区）名称	全群存栏(头)	成母畜存栏(头)	后备母畜存栏(头)	奶畜品种	是否应用 TMR
振新牧业	1 587	283	1 304	荷斯坦	√
天锦牧业	1 928	1 072	856	荷斯坦	√
石总场中心牛场	2 585	2 385	200	荷斯坦	√
泉旺牧业	1 702	1 552	150	荷斯坦	√
利群牧业	1 553	1 366	187	荷斯坦	√
西锦牧业奶牛场	1 213	1 006	207	荷斯坦	√
娃哈哈启力一牛场	1 341	901	440	荷斯坦	√
娃哈哈启力二牛场	1 265	780	485	荷斯坦	√
阜瑞牧业	2 132	1 545	587	荷斯坦	√
梦园牧业	1 144	605	539	荷斯坦	√
五一农场标准化牛场	1 925	1 205	720	荷斯坦	√
天润公司沙湾牛场	1 750	1 020	730	荷斯坦	√
新疆天润北亭牧业有限公司	1 000	400	600	荷斯坦	√
新疆天润西山烽火台示范奶牛场	1 506	669	837	荷斯坦	√

备注：若应用TMR请打勾。

附表 2　2019 年新疆生产建设兵团乳制品生产企业名录

企业名称	日处理鲜奶能力（t）	实际年处理鲜奶量（t）	奶粉产量（t）	UHT 奶产量（t）	巴氏杀菌乳产量（t）	酸奶产量（t）	其他	企业产值（万元）	企业净利润（万元）
兵团合计（10 个）	**3 010**	**351 054**	**48 480**	**130 291**	**3 294**	**137 996**	**20 293**	**240 505**	**7 874**
新农乳业	460	28 600	924	20 707		2 571		22 116	−5 712
大草原乳业	50	11 237				11 142	95	217	70
124 团天天乳业	200	2 550	300					830	50
新疆澳利亚乳业	250	14 367	156		130	13 176		2 000	−49
新疆西部天山乳业	450	0	0	0	0	0	0	0	0
新疆石河子花园乳业	400	46 100	1 500	27 200	300	16 900	2 900	43 440	660
新疆西牧乳业	200	7 300	0	4 300	0	3 100	0	6 902	
石河子娃哈哈启力乳业	200	14 500	1 800	0	0	0	0	0	0
新疆乳旺乳业	300	43 900	43 800	0	0	0	0	15 768	0
新疆天润乳业	500	182 500	0	78 084	2 864	91 012	17 393	149 232	12 855

五、D20奶业

D20 NAIYE

【D20奶业】

内蒙古伊利实业集团股份有限责任公司

【奶源基地】内蒙古伊利实业集团股份有限责任公司（以下简称伊利集团）奶源基地分布在内蒙古、宁夏、黑龙江、河北、山东、河南、陕西、山西等全国27个省（自治区、直辖市）。全国奶牛总存栏约143.9万头，成母牛存栏约76.8万头。年收奶量达693.3万t，其中自有奶源112.3万t，占比为16.2%。有机奶奶源产量约45.6万t，主要分布于内蒙古自治区和黑龙江省。

伊利集团规模化养殖占比、机械化挤奶比例、全混合日粮（TMR）技术应用均已实现100%。

伊利集团在2019年启动甘肃武威、内蒙古呼和浩特、内蒙古呼伦贝尔生产基地布局并配套启动牧场建设项目。2020年在内蒙古巴彦淖尔、兴安盟、通辽、乌兰察布和河南驻马店投资启动生产基地建设项目，并配套启动牧场建设项目，推进种养加一体化发展。

伊利集团2019年自种优质饲草约7万亩，亩产约0.7t，干草总产量约4.9万t。2019年合作供应商收购全株玉米青贮约270万亩，亩产约3t。

伊利集团鼓励和支持牧场大力发展种养一体化循环经济模式。通过种养结合提升优质饲草自给率的同时，实现了粪肥的消纳和土质的有力改善。

【乳制品加工】截至2019年年底，伊利集团共有国内外生产企业50家；2019年伊利集团加工厂设计产能1 185万t；2019年伊利集团乳制品产量如下（表1）。

表1　2019年伊利集团乳制品产量

分产品	产量（t）	产量较2018年同期增减(%)
液态奶	8 758 252	8.03
奶粉及奶制品	181 468	65.76
冷饮产品	410 050	2.90
其他产品	14 104	—

【市场消费】伊利集团各品类乳制品市场占有率具体如下（表2）。

品牌特点及发展趋势。液态奶乳制品：随着消费者健康意识提升和乳制品营养知识普及，促使液态奶类，尤其是白奶类消费需求快速增长，未来随着消费者购买力持续提升，产品的创新升级和渠道拓展，预计液态奶乳制品发展前景良好。

表2　2019年伊利集团各品类乳制品在细分市场中的占有率（基于零售额计算）

品类	市场份额（%）	份额同比增减百分点
液态奶	32.4	1.2%
婴幼儿配方奶粉	6.0	0.4%
成人奶粉（含孕妇奶粉）	23.5	–2.1%

婴幼儿配方奶粉：近年来新生儿出生率走低，婴幼儿配方奶粉继续通过品类多元化、营养服务创新等方面拉动增长。成人奶粉（含孕妇奶粉）：随着人口的老龄化，再加上品类创新速度加快，成人奶粉的市场渗透率保持增长趋势，未来国内成人奶粉市场仍有较好的增长空间。

伊利集团年销售收入及利润。2019年伊利集团实现营业总收入902.2亿元，同比增长13.4%，净利润69.5亿元，同比增长7.7%。各大品类乳制品营收情况详见表3。

表3　2019年伊利集团各大品类乳制品营收情况

品类	主营业务收入（亿元）	利润（亿元）	毛利率（%）
液态奶	737.61	259.60	35.20
奶粉及奶制品	100.55	48.40	48.12
冷饮产品	56.31	26.20	46.51
其他产品	0.62	0.20	34.81

【全球发展】

目前，伊利集团在亚洲、欧洲、美洲、大洋洲等乳业发达地区构建了一张覆盖全球资源体系、全球创新体系、全球市场体系的骨干大网。2019年8月在潘刚董事长“全球健康生态圈”理念的引领下，伊利集团成功收购新西兰第二大乳业合作社威士兰，全球布局再获重大突破。2019年6月，伊利集团新西兰子公司——大洋洲乳业有限公司（Oceania Dairy Limited，ODL）在新西兰两年一届的“汇丰银行－新中贸协中国商业大奖”颁奖典礼上获得新中跨境投资奖，这是ODL首次获得国际性重大奖项，意味着伊利集团海外布局再获国际认可。2019年9月，伊利集团在新加坡举行发布会，宣布旗下高端酸奶品牌安慕希正式在东南亚上市。此次安慕希扬帆出海是伊利集团加速全球布局、更好地服务全球消费者的重大突破，也把伊利集团的品质信条和创新理念带到了更广阔的国际市场舞台。目前，新加坡、缅甸的消费者已经可以在本地市场购买到3种包装、5种口味的6款安慕希产品。

【社会责任】参与小康牛奶行动、扶贫项目、组织奶农培训、捐赠等。

多年来，伊利集团逐步摸索出了“产业基地精准扶贫模式”，持续落实伊利集团党委书记、董事长兼总裁潘刚提出的“党建引领、产业带动、精准发力、全面脱贫”十六字方针，以党建工作引领扶贫工作，结合贫困地区的产业特征，通过发展种植业、养殖业等带动贫困群众拔掉“穷根”，同时积极开展教育扶贫、就业扶持等，实现“精准滴灌”，做到脱真贫、真脱贫，最终实现全面脱贫和不返贫的目标。

社会扶贫：伊利集团深入贫困地区开展走访调研，了解当地资源禀赋、贫困现状，并依托自身产业优势，为贫困地区量身定制发展之策，做实扶贫工作。

2019年，伊利集团开展内蒙古自治区武川县大路壕村专项扶贫，助力全村农产品增收约115万斤，村民收入增加约185万元；对接福建省宁德市寿宁县竹管垅村，通过实地走访调研，了解竹管垅村经济发展情况和主要发展方向，投入50万元资金，支持竹管垅村将美丽乡村建设与特色产业相结合，发展产业兴农等；与呼和浩特市土默特左旗10个村党支部开展党建共建，投入约50万元，围绕产业扶贫兴农、技术扶贫兴农、文化扶贫兴农开展帮扶与共建，联合产业链供应商规划青贮种植收购的产业扶贫项目，共收购青贮30 468t，为结对村农户创造收益约1 000万元。

伊利方舟：伊利集团联合中国西部人才开发基金会，推进“伊利方舟”儿童安全公益项目，落实“安全、成长、梦想”的理念，倡导“最好的保护，是教会孩子自我保护”。项目立足当地学校的实际需要，以安全生态校建设为重点工作，致力于中西部地区儿童安全教育状况改善。2012—2019年，“伊利方舟”累计捐赠爱心善款1 742万元，足迹已涵盖全国25个省（自治区、直辖市）。

2019年，伊利集团投入357.99万元，在福建宁德的109所安全生态校，自主开展155场儿童安全教育和培训活动，内容涵盖防拐、防欺凌、防走失等30多个儿童安全议题，受益师生总人数超10万人。在河北大名54所小学推行“伊利方舟”安全生态校健康食谱，惠及师生2.4万人。

健康扶贫：2019年，“伊利营养2020”精准扶贫项目持续优化“立足产业、立体扶贫、精准担当”一个独有模式，积极落实脱贫攻坚与乡村振兴两大国家战略，持续聚焦“三区三州”深度贫困地区、边境地区、革命老区3个重点地区，持续关注孩子成长、心灵梦想、扶志扶智、彻底脱贫，给予贫困人群营养、健康帮扶，助力2020年全面脱贫、全面小康。截至2019年年底，该项目已经覆盖全国25个省（自治区、直辖市），累计投入近8 000万元，60余万名儿童从中受益。

【奶业大事】2019年2月，由伊利集团主导编制的《内蒙古乳品工业管道及设备安装预算定额》标准正式实施。该标准是国内首个乳制品轻工类行业消耗量计价依据，也是国内首个由内蒙古自治区住建厅组织、住建部参与论证共同审查通过并批准颁布的乳制品专业计价标准。

2019年10月，伊利集团牵手军运会，成为第七届世界军人运动会唯一官方乳制品合作企业。

2019年11月，第二届中国国际进口博览会期间，伊利集团携手利乐、嘉吉和芬美意等13个全球战略合作伙伴，打造行业内首个“可持续发展供应链全球网络”，推动构建全球健康生态圈。

2019年11月，伊利集团启动产城旅一体化大型综合体项目——“伊利现代智慧健康谷”。该项目将开创世界一流的绿色智能制造样板基地、世界一流的工业智慧旅游示范区、世界一流的食品产业研发中心、世界一流的乳业大数据中心、全球第一个草原乳文化主题旅游度假区、全球第一个乳业商圈的城市综合体、中国目前唯一的国家级乳业技术创新中心。

（内蒙古伊利实业集团股份有限公司）

附表1　内蒙古伊利实业集团股份有限公司乳制品生产企业名录

名称	生产地点	生产许可证号码	年收购原奶量（万t）	其中：自有奶源量（万t）	平均支付价格（元/kg）	日处理生鲜乳能力（万t）	年乳制品产量（t）	其中：低温鲜奶（t）	UHT奶（t）	常温酸奶（t）	低温酸奶（t）	原料奶粉（t）	婴幼儿配方奶粉（t）	成人奶粉及其他（t）	奶油（t）	奶酪（t）	乳饮料（t）	冰品（t）	年销售收入（亿万元）	利润（亿万元）	有机产品
内蒙古伊利实业集团股份有限公司	全国	—	693.30	112.30	3.78~4.35	3.95	9 363 874.00	19 154.94	3 007 980.30	1 448 214.91	671 538.30	—	45 046.78	60 635.24	26 324.75	1 271.01	2 667 978.39	410 050.00	902.00	69.50	608 966 538(枚) 158 021.96(t)

备注：本表包括在中国及海外的生产企业。日处理生鲜乳能力指设计加工生鲜乳能力。自有奶源指来自自建和参建（控股、参股）牧场（小区）的原奶。成人奶粉指除婴幼儿配方奶粉以外的学生奶粉、孕妇奶粉、中老年奶粉等终端消费奶粉。冰品包括冰激凌、雪糕等。有机产品数量单位为“枚”，指获得有机标志的数量。

内蒙古蒙牛乳业（集团）股份有限公司

【奶源基地】截至2019年，内蒙古蒙牛乳业（集团）股份有限公司（以下简称蒙牛）奶源生鲜乳日收购量超15 000t，奶牛存栏110多万头，奶牛平均单产8.9t，100%来自规模化、集约化牧场，机械化挤奶率100%，100%TMR科学饲养、100%紫花苜蓿及青贮覆盖。参控股牧业公司有国内知名的现代牧业、富源牧业、圣牧高科，战略参控股原奶供应占比超40%，使得蒙牛在高品质奶源供应方面更具优势。

蒙牛与金融机构累计投入扶持资金140多亿元，辐射全国所有合作牧场，满足合作伙伴购牛、增量、购买设备、转型改造、良种繁育、信息化建设、饲草料购置等多种资金需求。各区域奶业养殖头均年净收入达4 000元，5 000头奶牛场年净收入达2 000万元。蒙牛全国合作牧场苜蓿种植面积300余万亩，青贮玉米种植面积360余万亩。

蒙牛积极推动牛群生产性能（DHI）的测定，以反映牛群及牛只个体的生产性能、饲养管理、繁殖配种、乳房保健及疾病防治等方面的准确信息。科学有效地对牛群进行管理，充分发挥牛群的生产潜力，进而提高经济效益。

疫病防控方面，严格按照国家相关规定、行业标准执行检验检疫。粪肥处理采用发酵、堆肥2种方式处理后形成有机肥进行还田。发酵工艺方面，粪肥发酵后进行干湿分离，沼气发电或作为锅炉燃料使用。沼液作为有机肥还田，沼渣作为牛只卧床垫料使用。堆肥工艺方面，粪肥收集后进行堆肥，发酵后变成有机肥进行还田。

【乳制品加工】蒙牛在中国、大洋洲和东南亚共建立了42个生产基地，61个工厂，年产能超1 000万t。截至2020年6月30日，共有442个系列1 302个婴幼儿配方奶粉配方通过注册批准（不包括已经注销的9个配方）。蒙牛数字化智能工厂以生产订单为核心，以大数据集成与互联互通为基础，将订单需求与物料供应、生产制造、仓储物流、市场分销之间有机整合，形成了供应链管理数据生态圈。

蒙牛奶粉加工采用了最新的乳制品加工和喷雾干燥技术——MSD喷雾干燥塔。MSD喷雾干燥塔是一种多级喷雾干燥塔，将喷雾干燥和流化床干燥技术结合为三级干燥过程，以确保最佳的整体干燥效率和产品质量。与传统的二段干燥塔相比，MSD喷雾干燥塔三段干燥技术，在不同阶段采用不同的温度，减少高温干燥时间，降低热敏性营养物质的热变性。通过降低高温干燥时间、多阶段干燥，实现营养物质的热变性最小化。可以精准控制乳粉颗粒在每个阶段的含水量和停留时间，并有效控制奶粉颗粒的附聚和成形，所得奶粉颗粒度均匀且具有良好的溶解性。

【市场消费】蒙牛2019年销售收入790亿元，净利润41亿元。作为中国领先的乳制品供应商，蒙牛专注于为各国消费者生产营养、健康、美味的乳制品。成立20年来，已形成了液态奶、冰激凌、奶粉、奶酪等多品类的产品矩阵，拥有特仑苏、纯甄、冠益乳、真果粒、优益C、未来星、每日鲜语、蒂兰圣雪等明星产品。蒙牛注重品牌创新和品牌差异化，注重牛奶和体育运动间的关联，2018年蒙牛赞助俄罗斯世界杯带来的品牌影响效应凸显。长期以来，蒙牛一直积极支持国内各项体育赛事，从全国大学生3对3篮球赛，到中国网球公开赛、北京国际马拉松赛，蒙牛成为2020年第14届全国冬运会官方合作伙伴，蒙牛始终致力于通过支持国内赛事，为中国迈向体育强国贡献力量。

奶粉方面，婴幼儿配方奶粉品牌有雅士利、瑞哺恩、多美滋、朵拉小羊等。雅士利集团旗下每个品牌都有独立的系列产品。雅士利品牌的核心产品是婴幼儿配方奶粉，也包括优怡成人奶粉，多个系列冲调产品及婴幼儿营养米粉。瑞哺恩品牌创立于2015年，专注于有机营养品，产品涵盖孕妇、婴幼儿、儿童、学生、成人的有机营养奶粉，给全家安心有机保障。多美滋拥有50多年的母乳研究经验，并对免疫和消化系统进行了长达20多年的研究。自1992年进入中国，多美滋一直致力于为中国宝宝提供世界一流的产品。多美滋产品线覆盖了牛奶和羊奶，打造出了致粹、铂优加、初颖等多个畅销系列。朵拉小羊羊奶粉来自澳大利亚，专为0~3岁的宝宝提供成长所需的营养配方奶粉，含有100%纯羊乳蛋白，天然易消化，肠胃好吸收。此外，成人奶粉方面以蒙牛品牌为主，其中中老年产品针对不同的消费人群及中老年人的身体特点进行配方定制，满足不同人群选择。

【全球发展】蒙牛是中国奶业最早“走出去”的乳制品企业，目前蒙牛海外业务分为两部分：一是从中国出口产品到海外市场的贸易类业务，二是全球投资并购业务。分区域看，主要是集中在东南亚、澳大利亚、新西兰和美国。

2019年蒙牛启动“大海外项目”，成立专业团队，对东南亚市场做全面调研和分析，为未来蒙牛东南亚市场布局及业务拓展做详细科学的规划。

（一）贸易类业务

2011年蒙牛启动境外贸易业务，截至2019年，蒙牛明星产品已出口至中国香港、中国澳门以及新加坡、马来西亚、缅甸、菲律宾、柬埔寨、澳大利亚、加拿大9个市场，出口产品涵盖常温、低温、冰激凌三大品类30多个产品。蒙牛产品深受境外消费者欢迎，并获得了当地政府主管部门、第三方评价机构和客户的认可。目前优益C成长为中国香港乳酸菌市场份额第二品牌，新加坡便利店7-Eleven第一品牌。除此之外，蒙牛多次获得香港销售渠道百佳、惠康、7-Eleven所颁发的多项殊荣。2014年蒙牛在香港获得惠康超市颁发的“十大品牌”奖，2017年开始蒙牛优益C连续3年获得新加坡7-Eleven颁发的“领导品牌”奖，2018—2019年连续2年获得新加坡“Superbrands”奖，这些荣誉的获得印证了消费者对蒙牛产品的信赖，也是对蒙牛品牌的认可。

（二）全球投资并购业务

1. 印度尼西亚产销一体化业务

2018年蒙牛积极响应国家“一带一路”倡议，在印度尼西亚投资建厂，从破土动工到正式投产，仅用了8个月的时间，创造了中国奶业投资印度尼西亚最快速度。印度尼西亚蒙牛乳业—优益C工厂是蒙牛在全球范围内建设的第60个工厂，是蒙牛在东南亚地区投资的第一个工厂，也是中国企业在海外建设的首家液态奶生产基地。优益C工厂占地面积14 733m²，总投资5 000万美元，设计日产能260t，年产值1.6亿美元，主要生产低温酸奶和乳酸菌饮料，未来还将扩展其他多个品类，5年内也将为当地创造1 000个就业机会。2018年12月产品上市到2019年年底，优益C创造了客户布局、渠道拓展、品牌提升、销量增长这4个最快。其中，重点系统销售表现突出，回转良好，产品深受消费者喜爱；品牌目前已提升到行业内第四名，达到19%。2020年年初，蒙牛与印度尼西亚最受欢迎的电视节目Indonesia Idol合作，快速打造优益C品牌融入本地化。

优益C产品目前已在印度尼西亚主要的销售渠道销售，总网点超过5万个。截至2020年年初客户开发已遍及印度尼西亚全境，目前主要业务聚焦在爪哇岛市场，产品在CVS系统的销售额在2年内排名至第四，发展迅速。

2020年新冠肺炎疫情期间，优益C积极向当地医院、政府、军队等捐赠优益C产品，助力印度尼西亚人民抗击疫情，形成良好的社会影响和口碑效应。

优益C未来还将不断扩充产品线，满足不同渠道及消费者需求，同时推进优益C产品出口到新加坡、马来西亚以及中国香港等市场，为全球更多消费者提供优质的产品。

2. 收购贝拉米

贝拉米品牌源自澳大利亚的塔斯马尼亚岛，自2004年创立以来，专注有机婴幼儿配方奶粉和辅食产品的研发与生产，坚持只做有机，100%全线有机，是全球有机品牌的典范，产品均获得澳大利亚有机认证机构（ACO）认证、澳大利亚农业可持续发展联合会（NASAA）认证、中国万泰认证有限公司（WIT）认证、中绿华夏有机食品认证中心（COFCC）认证。

作为蒙牛2019年全资收购的子公司，贝拉米是集团国际事业部的重要一员，同时也是蒙牛国际化战略的重要布局。蒙牛作为国内率先实现全球五大洲合作布局的乳制品企业，践行从奶源到生产再到全产业链的质量管理，并已形成“Global For China”的成熟产业链。在蒙牛的全方位赋能下，贝拉米将坚持追求极致有机、天生有机的品牌定位，用实际行动践行有机承诺，用高品质产品服务更多中国消费者。

由贝拉米控股的Camperdown Powder Pty Ltd工厂位于澳大利亚墨尔本，于2014年建成。贝拉米产品直接或间接销往澳大利亚、新西兰、中国、新加坡、马来西亚、菲律宾和越南等地区，贝拉米已成为澳大利亚第一位的有机婴幼儿品牌。作为全球三大有机奶粉品牌之一，贝拉米未来将继续致力于有机产品的生产与有机生活理念的推广。未来，贝拉米将携全产品矩阵，着力深耕中国有机奶粉和辅食市场。在跨境渠道，贝拉米产品已覆盖婴幼儿、儿童、孕妇等年龄段，形成了奶粉、辅食双产品线。而在线下渠道，贝拉米则将于2020年陆续推出有机米粉和婴幼儿配方奶粉系列，由此完成在中国市场线上、线下的全渠道布局。在拓展和深化渠道下沉的同时，品牌也将重点关注增量的高端市场和细分羊奶粉市场。有机奶业发展迅猛的今天，贝拉米相信在多方合作的契机下，会为全球有机奶业带来更强的发展动力。

蒙牛将一如既往地为国际消费者提供营养健康的乳制品，致力于成为全球与东南亚乳酸菌类与酸奶的领导品牌。

3. 收购Burra Foods

2016年富源国际收购了澳大利亚乳制品加工企业Burra Foods。Burra Foods立足于澳大利亚维多利亚州南部Gippsland地区优质原奶，通过优质技术生产乳制品原料产品。主要产品包括：冷冻浓缩乳、营养奶粉、儿童配方奶粉基粉以及高浓度蛋白产品等。2019年Burra Foods收奶量33.2万t，销售6.3万t，销售收入3.3亿澳元（1澳元约合4.74元人民币，2021），主要销售市场包括日本、东南亚、中国、中东等。

4. 收购Haykingdom（草王）

2016年富源国际收购了上游牧草加工企业Haykingdom（草王）。草王位于美国加利福尼亚州，成立于20世纪80年代，长期以来一直致力于牧草加工、牧草种植和牧草出口等业务，与很多草农保持常年合作。主要产品包括苜蓿草、苏丹草、燕麦草、百慕大草等。2019年销售21.8万t牧草，销售收入7 650万美元，主要销售市场包括中国、日本、韩国、中东等。

5. 新西兰投资建设雅士利新西兰乳业有限公司

雅士利新西兰乳业有限公司（简称雅士利新西兰）成立于2012年7月，为雅士利国际控股有限公司和中国蒙牛乳业有限公司的全资子公司。雅士利新西兰在波基诺镇创建了世界领先的生产基地，投产2.2亿美元生产设备，历时两年半，于2015年开始投产，每年可生产5.2万t优质婴幼儿配方乳制品。波基诺处于新西兰著名的奶源地怀卡托地区，离陶朗加港和奥克兰国际机场距离不远，四通八达的交通让雅士利新西兰在商业上处于优势。从2018年开始，雅士利新西兰设立了研发中心，专注于开发高端市场的奶粉品牌，不仅为雅士利和蒙牛，也为其他商家量身定制品牌。

【社会责任】2019年，蒙牛全面推进可持续发展战略与公司运营目标的融合，围绕经济、社会及环境深入推进公司可持续发展，彰显乳业龙头企业的社会责任担当。

（一）带动产业扶贫

蒙牛形成“产业扶贫＋营养扶贫＋定点扶贫”的蒙牛特色模式，成立以集团党委书记为组长，集团多个部门为支撑的扶贫工作组，制定《2019年蒙牛乳业扶贫工作推进方案》，明确扶贫责任，设立扶贫专款，每季度召开扶贫工作推进会，保证扶贫项目取得良好效果并能发挥长期连贯作用。

2018—2019年，蒙牛创新开展多项产业扶贫项目。

西藏净土乳业项目：2016年6月，蒙牛启动西藏净土乳业项目，在资金援建、奶牛养殖、工厂布局设计、主体设备选型、工艺创新、基建工程把关、流程制度制定等环节，提供全方位、多层次的专业化支持。2018年9月，净土乳业在拉萨市正式投产运营，标志着西藏拥有了首个自主品牌的现代化乳制品加工厂。为实现产业扶贫目标，净土乳业项目每年按5∶3∶2的比例再分配纯利润，50%用于扩大再生产；30%用于贫困群众的分红；20%作为拉萨市城关区扶贫滚动发展资金。同时，该项目可直接提供270余人的就业岗位，间接带动饲草种植、奶牛养殖等产业链其他方面就业2.5万余人，实现农牧民增收致富。2019年，按照中粮集团扶贫工作领导小组文件要求，蒙牛向西藏洛扎县拨付800万元捐赠资金，用于种养殖循环农业项目和洛扎边境小康村建设。

“百企联百村”精准扶贫：呼和浩特市和林格尔县羊群沟乡圪洞坪村成为蒙牛对口帮扶村。扶贫工作组针对蒙牛对口帮扶村呼和浩特市圪洞坪村开展多次慰问、产业项目实地考察、会议沟通等，结合羊群沟乡的生态环境、自然资源优势和养殖、种植优势，蒙牛出资100万元帮扶羊群沟乡发展产业扶贫示范园项目。项目内容主要包括投资80万元以“龙头企业＋合作社＋一般农户＋贫困户”为发展模式的育肥牛羊养殖基地和投资20万元由村委会负责建设的山茶种植示范园。

牧场扶贫、促农增收：自2013年开始，蒙牛与农业农村部奶业管理办公室、国家奶牛产业技术体系等方面合作，开展“牧场主大学”“金钥匙技术示范专场”项目，开展牧场“战略委员会”“大牧业互学”等活动，构建乳业共赢生态圈，通过技术帮扶、人才培养等方式帮助牧场降本增效、提升品质，提升牧场运营水平和能力。截至2019年10月，组建的“3+1”运营小组进驻牧场1 700余场次，累计培训3 000余场次，覆盖范围超过50 000人次，提出改善问题近4 400条，牧场奶成本下降近0.2元/kg，降本增效创造效益1.2亿元，切实帮助农牧民增收。

（二）保障产品质量安全

蒙牛开展“打造质量安全管理体系3.0”项目，推动采供全生命周期质量管理。围绕采供生命周期4个质量管理环节——准入、使用、改善及优化展开梳理。另外，建立产业链安全质量风险管理机制，覆盖食品质量管理的关键流程，致力于逐步构建国际化的食品安全管理体系。2019年，食品安全事故0起，产品召回事件0起。

优质奶源：构建《牧场质量安全管理体系》，设立《蒙牛奶源牧场标准化操作规程（SOP）》覆盖牧场管理全过程、全要素，并实现现代化奶源基地建设。

原料准入：策划了全产业链准入的标准流程，并形成原辅料采供全生命周期质量管理框架，建立对原辅料质量的风险管理体系。

生产管控：围绕质量管理开展有效性评审，针对重点问题开展专项改善，建立覆盖产业链的食品从业人员法规培训体系。

产品检测：统一食品安全评审细则，对终端产品进行全面监控，2019年抽检合格率100%。

全程溯源：使产品追溯覆盖从原奶到终端销售网点的全过程，定期开展追溯演练及考核，打造从供应商（牧场）到经销商的信息化产品追溯体系。

产品召回：制定应急机制，根据不安全产品的危害程度和紧急程度规定产品的召回启动、实施、产品处置及总结。

（三）保障员工健康和福利

蒙牛制定集团、事业部、工厂三级安全管理组织架构，推动双重预防机制建设，对产业链全过程进行安全风险管控和隐患排查治理。截至2019年年底，蒙牛已有27家基层单位通过国家安全生产标准化一级企业评审。同时，蒙牛致力于为员工打造安全的工作环境，避免员工受到职业性危害。针对职业危害因素，公司为一线员工提供相应的劳保用品、护具等，并且每年组织员工进行职业病体检，并出具体检报告，建立员工健康档案，并定期更新员工健康档案。

2019年蒙牛启动“员工幸福计划”，全面覆盖员工食、住、育、孝、医、贫面临的问题及需求，让4万多名员工享受公司发展红利，为员工打造温暖的港湾。“员工幸福计划”包括：“健康计划”即对员工子女及父母进行健康投入，包括为员工家人购买保险；“宿舍计划”即为租房遇到困难的员工提供宿舍，帮助解决住宿问题；蒙牛下发“帮扶计划”即《天生要强基金困难帮扶方案》，帮扶困难员工等。同时，为员工设置蒙牛集团关爱基金和爱心互助基金，帮助患重大疾病、遇到重大意外的员工及直系亲属。2019年，关爱基金共帮扶18名患重大疾病员工及家属，累计帮扶资金47万元。

（四）保护环境

蒙牛不断加强对牧场的管控，协同专业人员对牧场环保设施设备进行全面评估及整改，对牧场的能源与资源消耗进行精细化的管理，通过饲料优化提升消化率以减轻二氧化碳排放，大力推行粪污资源化利用技术实现粪肥还田和沼气发电，以大规模培训引导牧场提高环保理念，同时在2019年为牧场提供3.5亿元扶持资金用于推动牧场改善环保设施。2019年，蒙牛通过与合作牧场开展的节水节电技术改造，实现每头牛每天节水 0.06 t、节电 0.25kW·h，有效降低对环境的影响。

在绿色生产上，蒙牛制定了生态可持续发展系统建设规划，从能源资源节约、生态环境保护、生态可持续发展 3 个方面入手，明确相关指标，完善支撑保障，针对每一项设立 3 年行动方案，打造生态可持续发展。同时，蒙牛积极推动节能减排及低碳运营，开展能源精细管理，推动集团能源信息化建设，以优化能源管理体系、提升能源使用效率。蒙牛积极扩大清洁能源使用占比，并通过绩效合同、责任书、节能环保目标指标管控方案等途径，对碳排放进行实际管控。截至 2019 年，蒙牛已有 9 个国家级绿色工厂和 5 个省级绿色工厂。

在流通环节，蒙牛大力推进绿色储运，通过科学规划仓储以减少因仓储产生的各类资源消耗。同时，蒙牛积极组织各工厂申报绿色物流标准化项目，已成为“全国供应链创新与应用试点企业”。通过绿色物流及产销匹配有效减少了调拨及运输频率。蒙牛率先使用通过 FSC 或 SFI 森林体系认证的无菌可回收包材，目前纸质包装 FSC 认证达 100%。

（五）参与慈善事业

蒙牛积极履行扶贫攻坚捐赠义务，积极参与多种社会公益活动。2019 年，蒙牛公益投入总金额达 4 000 万元。

蒙牛于 2017 年启动“营养普惠计划”公益项目，已连续开展 3 年，为贫困地区儿童捐赠学生奶，同时开展营养健康科普教育，提升贫困地区儿童营养水平。2019 年，蒙牛“营养普惠计划”覆盖 88 个市、122 个县、186 所学校共 52 768 名学生，其中包括 39 652 名贫困生，捐赠牛奶近 20 万提，捐赠产品价值达 900 万元。

2020 年新冠肺炎疫情暴发后，蒙牛第一时间在武汉捐建的“中华慈善总会（蒙牛）疫情防控应急物资中心”，为打通捐助物资通往抗疫一线的“最后一公里”发挥了重要作用。此外，蒙牛先后捐赠价值 7.4 亿元款物，为全国重要医疗机构提供乳制品供应。为了确保全产业链稳定运营，蒙牛为上下游合作伙伴提供预付奶款及金融授信等支持，有效帮助合作伙伴共渡难关。同时，向全社会发出“天天饮奶 健康中国人”倡议，以实际行动诠释了“守护人类与地球的共同健康”，再次展现了蒙牛作为领军民族企业的担当。

【奶业大事】 2019 年 1 月，蒙牛首次受邀出席 2019 达沃斯年会，作为中国奶业唯一代表，蒙牛提出构建“全球乳业共同体”。

2019 年 2 月，蒙牛成为“第 14 届全国冬季运动会”唯一奶业官方合作伙伴；支持“十四冬”，蒙牛以实际行动响应“健康中国”战略。

2019 年 4 月，蒙牛成为第二届“一带一路”高峰论坛唯一签约乳制品企业，成为“一带一路”乳制品企业合作领军者，蒙牛印度尼西亚生产基地成为论坛唯一乳业重点项目。

2019 年 6 月，蒙牛成为奥运会 TOP 合作伙伴，蒙牛成为历史上第一家来自中国消费品领域的 TOP 赞助商，也是目前奥运 TOP 阵营中的第二家中国企业。

2019 年 8 月，“中国乳业产业园”在蒙牛 20 周年庆祝会议启动，推动“中国乳都”向“世界乳都”迈进。

2019 年 9 月，蒙牛成为中超联赛唯一乳制品官方合作伙伴；携手中超，蒙牛致力于传播积极向上的足球文化，传递“天生要强”精神。

2019 年 9 月，蒙牛总裁卢敏放当选 IDF 百年史上唯一中方董事，成功击败美国候选人，发出中国奶业最强音。

2019 年 9 月，蒙牛收购澳大利亚有机婴幼儿配方奶粉领军品牌贝拉米，迈出国际化发展又一重大步伐，向着“世界牛”目标稳步前进。

2019 年 10 月，蒙牛光荣完成国庆阅兵乳制品保障工作，蒙牛用高品质常温、低温产品和高水平物流服务圆满完成任务，彰显了奶业“国家队”的责任担当和品质实力。

2019 年 10 月，蒙牛第五次收获 BrandZ“最具价值中国品牌百强”称号，同时登上“品牌贡献榜”第一名，并摘取 2019 年首次颁发的“最引领潮流中国品牌”奖。

［内蒙古蒙牛乳业（集团）股份有限公司，王俊威、鲁晶晶、朱晓辉、朱国刚、林 笛、宋 丽、王 哲］

光明乳业股份有限公司

光明乳业股份有限公司（以下简称光明乳业）业务渊源始于1911年，已有100多年的历史。公司经过持续创新发展，逐步确立以牧业、乳制品开发、生产和销售为主营业务，致力于成为“中国高端品牌引领者”。在光明乳业“让更多人感受美味和健康的快乐”的企业愿景下，创造出众多家喻户晓的知名品牌和优秀产品。

作为国家级重点龙头企业，拥有中国食品行业唯一一家国家重点实验室的乳业生物技术国家重点实验室，光明乳业不断致力于改革创新，始终践行国有企业的责任与担当，积极参与食品安全社会共治，大力推进从牧场到终端的全产业链质量追溯体系建设，真正确保消费者“舌尖上的安全”，让更多人享受美味和健康的快乐。

【奶源基地】2019年年底奶牛存栏总量69 552头，其中成母牛平均存栏39 163头，原料奶总产量超4.5万t，成母牛年单产超10 000kg，其中有2个牧场成母牛年单产超过12 000kg。牧场养殖分布在8个省份：上海（含崇明）、江苏、浙江、河南、山东、天津、湖北、黑龙江共20个牧场。牧场养殖规模最高13 089头（2月），最少700头，分传统拴系饲养（7个牧场）和现代化散栏饲养（13个牧场）2种模式。

所有牧场均采用全混合日粮（TMR）技术，均为立式TMR设备，分固定式和移动式2种。牧场均采用机械挤奶，包括3种类型：管道式挤奶（传统拴系式牧场）、并列式挤奶、转盘挤奶。所有牧场每月参加奶牛生产性能测定（DHI），均由上海奶牛DHI检测中心进行检测。

2019年生鲜乳质量持续保持良好，远优于欧盟标准。其中乳体细胞16.99万个/mL，原料奶微生物平均0.66万CFU/mL。

2019年光明乳业收储青贮共计46.5万t。其中，2019年青贮麦子种植7 000亩（均为牧场租赁土地，牧场负责种植），青贮麦子总产量超1.5万t；青贮玉米种植近2万亩，青贮玉米总产量超4.5万t。

2019年公司牧场未发生重大动物疫情，牧场主要免疫口蹄疫（O型、A型和亚Ⅰ型），每年免疫3次，免疫后抗体合格率均在95%以上（低于90%全群补免），另外牧场进行梭菌免疫。牧场监控疫病为牛结核病、布鲁氏菌病，每年2次检疫。同时对牛病毒性腹泻病毒（BVDV）、牛呼吸道合胞体病毒（IBRV）、牛副结核进行监控。

牧场粪污处理：牧场产生的粪污首先固液分离，分为固体牛粪和液体污水。固体牛粪处理主要分3种：一是烘干（或者发酵）后作为牛床垫料，干物质达到60%以上；二是由第三方制作有机肥后销售；三是与第三方合作直接还田。固液分离产生的液体处理分以下三种：一是直接纳管处理；二是经氧化塘或沼气发酵后还田处理；三是牧场污水处理达标后排放。

【乳制品加工】光明乳业在全国拥有16家生产企业，主要生产新鲜牛奶、新鲜酸奶、常温牛奶、常温酸奶、奶粉、奶酪等各类乳制品。2019年，公司乳制品总产量近116.8万t，其中液态奶产量约98万t，干乳制品产量18.8万t。

品质为先，以匠心尽责任。2019年，光明乳业秉承“质量是根，品牌为魂”的经营理念，落地实施“18165”品质光明战略，对PAI质量体系通过系统化、制度化升级到EQMS卓越质量体系，对标国际先进食品企业、标杆企业经验，完善光明乳业质量管理体系，开启了公司质量治理体系建设的新篇章。

光明乳业华东中心工厂是国内第一个采用世界级制造(WCM)管理的工厂，在食品安全管理上达到行业内先进水平。截至2019年，光明乳业共有13个工厂启动WCM，其中9个工厂通过日本JIPM优秀奖B类，南京、华东中心工厂获得TPM优秀奖A类，乳品四厂获得TPM优秀继续奖，成为国内首家也是唯一一家荣获此项殊荣的乳制品工厂。在亚太质量组织（APQO）第25届国际会议暨2019年全球卓越绩效奖颁奖典礼上，光明乳业获2019年度“全球卓越绩效奖”（世界级），成为中国乳制品行业中第一家也是唯一一家获此殊荣的企业。光明乳业秉承质量追求无止境的匠心精神，让世界看到了中国乳制品企业对质量管理的执着努力。

【市场消费】“光明”品牌历史悠久，是耳熟能详的“老字号”，在全国范围内有较高的知名度。

光明乳业坚持“价值提升”原则，充分掌握消费品市场需求，依托行业领先的技术开发团队，以“光明”品牌为主，逐步建立了光明乳业品牌体系，推出了致优、优倍、莫斯利安、如实、健能、畅优、优加等一系列明星品牌。在聚焦“光明”主品牌的同时，塑造不同领域的专业属性，全覆盖目标消费群的基础上增加高端产品的区隔与辨识度，为进一步提升企业盈利能力打下了坚实基础。

光明乳业围绕“领鲜”关键词，延展“乐在新鲜”策略，拓展“新鲜战役”，确定以天然美味、高营养价值的低温冷鲜乳制品为主要产品保供上海辐射华东地区，发展常温高端产品拓展华东及全国市场，形成四大品类布局。

光明乳业持续推出优倍浓醇鲜牛奶、致优娟姗鲜牛奶、噜渴酒前一刻等新品。光明新鲜牛奶采用75℃巴氏杀菌工艺，保留牛奶中更多的天然活性蛋白酶，如乳铁蛋白、免疫球蛋白等，给予消费者更多健康。截至2019年已占据36.3%的全国市场份额，成为全国巴氏杀菌乳第一品牌。

光明酸奶坚持捍卫国人肠道健康，提供美味享受。通过乳业生物技术国家重点实验室，光明乳业联合大学机构及专业公司，共同开发推出了更专注于健康、调理肠道的无添加、功能型酸奶。旗下有帮助肠道通畅功能的畅优、捍卫肠道免疫力功能的健能、提供美味享受的赏味、天然无添加的如实等系列产品。2019年光明乳业占据9.2%的全国低温酸奶市场份额。

光明莫斯利安作为国内首创巴氏热处理风味发酵乳，带动整个液态奶品类实现百亿级增长。2019年占据11.8%的全国常温酸奶市场份额。光明莫斯利安坚持推陈出新，迎合当代年轻消费者对产品便利性的需求、口味创新的需求，将乳制品与甜品结合，延展并创新沙拉系列、甄选果粒系列等产品，赢得年轻人的喜爱。

2019年光明乳业营业总收入225.63亿元，实现净利润6.82亿元。其中液态奶（巴氏杀菌乳、UHT奶、酸奶、乳酸菌饮品等）138.02亿元，其他乳制品（婴幼儿配方奶粉、成人奶粉、奶酪）62.87亿元。

【全球发展】光明乳业持续推进公司国际化发展，加强对海外投资实体新莱特乳业有限公司（以下简称新莱特）的管理，不断加大产业升级和创新力度，推动乳制品及品牌国际化，提升公司的国际品牌形象和竞争力。

2019年，新莱特发展历史中第一条液态奶生产线正式落成投产；并通过收购优质资产，获得了每年1.2万t原料奶酪的产能，有效解决了新西兰南岛奶源供应过剩问题；同年新莱特第四号喷粉塔建设完成并顺利通过试车，标志着奶粉产能每年进一步提升了4.5万t。

光明乳业投资十多年来，新莱特的经营情况发生了巨大变化。公司产能扩大，产品结构向高附加值调整；企业员工增长至千人，并带动周边原奶供应的良性发展。截至2019年，新莱特收入增加了近4倍；净利润扭亏为盈，增长了936%。

光明乳业始终积极在全球范围内开展国际合作。中国国际进口博览会上，光明乳业与乌拉圭国家奶农合作社集团Conaprole签订框架合作协议；携手西班牙CLUN公司共同首发高品质牛奶Unicla（优尼格），并作为其独家代理方，通过电商、新零售等渠道把这款极具西班牙特色的高品质牛奶带给广大消费者。光明乳业将国际优质资源对接国内市场，满足国民多元化消费需求。

光明乳业以全球化视野，积极推动国际开放交流，拓展科研平台和合作领域。公司组织团队赴美国、日本、瑞典、法国等地考察，与欧美先进乳制品企业进行交流与合作，促进乳业创新与发展，不断扩大“光明”品牌的国际影响力。同时组织研发人员参加美国、日本和新加坡召开的国际学术会议和国际食品配料展，与全球知名的营养学专家展开充分的探讨和交流，促进产学研交流融合，提升中国乳业和光明乳业的国际影响力。

【社会责任】2019年，光明乳业持续关注未成年人健康饮奶状况，多次携手各地贫困地区开展公益行动。在农业农村部联合中国奶业协会组织以D20企业为主体的中国小康牛奶行动中，光明乳业的涓涓爱心洒向祖国大江南北，从黑龙江到海南、从陕西到江西，共向11个省份贫困地区的340多所学校近10万学生，累计捐赠价值480万元的牛奶，展现了企业的担当和社会责任，提升了品牌影响和社会认知度。

近年来，光明乳业积极参与红十字会事业，助力红十字会公益活动，帮助社会弱势群体，履职尽责服务民生，并荣获红十字会最高荣誉“中国红十字博爱奖”。

光明乳业肩负责任，以温暖创未来。公司携手央视《故事里的中国》栏目，走进习近平总书记提出“精准扶贫”理念的湖南湘西土家族苗族自治州十八洞村，为村民送上“光明”温暖，用实际行动传播公益力量。在引领垃圾分类绿色生活新时尚的上海，光明乳业启动牛奶纸盒回收全城绿色大行动，将牛奶纸盒回收再制物资，赠送给社区，用公益志愿创造绿色未来。截至2019年12月共开展回收活动1.7万多场，有效覆盖50万人次；累计回收牛奶纸盒83万个，纸盒首尾相接堪比14座珠穆朗玛峰，该环保公益案例入选学习强国平台，体现了企业担当，进一步提升了光明品牌传播影响力。

因为“光明”，所以温暖。长期以来，光明乳业坚持承担企业社会责任，以公益之心铸就品牌发展，积极参与抗震救灾、捐资助学、扶危济困、拥军优属等公益事业。光明乳业在为消费者带来营养健康的同时，将一如既往勇担责任，始终践行“让更多人感受美味和健康的快乐”的企业愿景，不忘初心，砥砺前行。

在热心公益的同时，光明乳业持续关注产业链上游的奶农群体。为帮助奶农提高牧场运营效率、降低运营成本、增强奶牛健康，光明乳业于2017年启动奶源“TSCP”行动，致力于通过对奶源供应商进行培训和指导，改变他们在奶牛生产中的理念、管理和操作，从而提升其技术和管理水平，为提高中国奶牛业竞争力做出光明贡献。2019年，光明乳业继续深化拓展“TSCP”行动的开展实效，6月在山东德州承办举行了“中国奶业竞争力提升行动——奶牛金钥匙技术示范”光明乳业专场活动，吸引了来自国内知名的专家、企业负责人、牧场主等近300人参加。3年来，通过不断深入开展“TSCP”行动，光明乳业的奶源供应商管理水平迅速提高，奶源质量也进一步提升。2019年，光明乳业生鲜乳微生物加权值为0.91万CFU/mL，同比下降42%；微生物≤5万CFU/mL的生鲜乳占比98.55%，同比提升5.22%；体细胞加权值18.57万个/mL，同比下降7.7%；体细胞≤30万个/mL的生鲜乳占比96.89%，同比提升3.33%。未来，光明乳业将继续以“TSCP”行动为契机，与各奶源供应商一起携手并进，共赢未来。

【奶业大事】2019年12月24日，光明乳业以7.5亿元成功竞标收购江苏射阳辉山工厂及牧场资产。江苏射阳工厂占地170亩，总建筑面积5.2万m^2，年产能18万t。通过此次并购，进一步优化了光明乳业在华东和华北地区的奶源基地布局，解决了因退养造成的奶牛存栏量下降、奶源不足等问题，并为进一步拓展苏北、山东、安徽等乳制品业务市场奠定了坚实基础。

2019年1月3日，光明乳业召开“领时代，鲜未来”领鲜成果会，发布《光明乳业“18165”品质光明战略2018版质量白皮书》，展现光明乳业“以质量为核心，以品质促品牌”的质量战略；倡导消费者饮用 4℃ 7 天鲜奶；开启光明乳业领鲜版图，继续致力于在产业链、新零售与服务三大板块打造独特的领先优势，踏上“领鲜”新高度。

2019 年 3 月 14 日，光明乳业华东中心工厂成功通过 BRC 的 A 级审核，获得了 BRC 食品安全管理体系证书及新版 FSSC 食品安全管理体系证书。

2019 年 4 月 23 日，光明乳业召开“鲜活新升”光明新鲜品类新品发布会。会上，光明乳业“鲜”发制人，新品频发，势如破竹。

2019 年 6 月 28 日，光明乳业主动积极承担企业社会责任，与各相关部门携手同行，以“垃圾分类 光明未来”为主题，开启牛奶纸盒回收全城绿色大行动。

2019 年 10 月 15 日，光明乳业获 2019 年度“全球卓越绩效奖”（世界级），成为中国乳制品行业中第一家也是唯一一家获此殊荣的企业。

2019 年 11 月 26 日，光明乳业承办首届中国奶业新鲜峰会，发布上海宣言，倡议推动“新鲜巴氏乳”国家标准出台。

2019 年 11 月 27 日，光明乳业承办第五届中国奶业 20 强（D20）峰会。

（光明乳业股份有限公司）

附表1　光明乳业股份有限公司奶牛养殖场（小区）名录

序号	名称	地址	养殖场	小区	全群存栏（头）	成母畜存栏（头）	奶畜品种	成母畜单产（t/年）	年总产量（t）	有机奶产量（t）	备注
1	光明牧业有限公司金山种奶牛场	上海市金山区廊下镇永光路1588号	√		4 750	2 518	荷斯坦	10.32	26 199	0	上海市示范场
2	光明牧业有限公司星火奶牛一场	上海市奉贤区海湾镇海兴路1458号	√		701	447	荷斯坦	9.87	4 482	0	
3	光明牧业有限公司星火奶牛二场	上海市奉贤区海湾镇海农路606号	√		1 167	680	荷斯坦	10.55	7 231	0	
4	光明牧业有限公司申星奶牛场	上海市奉贤区海湾镇随塘河路1505号	√		1 617	896	荷斯坦	9.46	8 162	0	
5	光明牧业有限公司至江奶牛场	上海市崇明区东平镇长江农场东煌181号	√		961	723	荷斯坦	11.28	8 746	0	上海市示范场
6	光明牧业有限公司鸿星奶牛场	上海市崇明区新海镇星村公路318弄116号	√		699	512	荷斯坦	11.57	5 924	0	上海市示范场
7	光明牧业有限公司新东奶牛场	上海市崇明区新海镇北沿公路3126号	√		1 918	1 258	荷斯坦	10.23	13 637	0	国家创建场、上海市示范场
8	光明牧业有限公司跃一奶牛场	上海市崇明区新海镇北沿公路486号	√		1 683	1 056	荷斯坦	10.09	10 858	0	上海市示范场
9	光明牧业有限公司跃二奶牛场	上海市崇明区新海镇北沿公路159号	√		695	522	荷斯坦	9.49	5 186	0	上海市示范场
10	光明牧业有限公司佳辰后备牛场	上海市崇明区东平镇长江农场北沿公路1734弄1号	√		1 430	0	荷斯坦	0.00	0	0	
11	江苏申牛牧业有限公司－海丰奶牛场	江苏省大丰市海丰农场海丰奶牛场五大队民丰路	√		11 624	6 387	荷斯坦	10.65	67 386	0	
12	江苏申牛牧业有限公司－申丰奶牛场	江苏省大丰市海丰农场海丰奶牛场五大队民丰路	√		12 734	6 965	荷斯坦	12.01	84 351	0	
13	浙江光明牧业有限公司	浙江省金华市婺城区汤溪镇九峰山附近的秧垄山石羊村	√		1 465	794	荷斯坦	12.01	9 310	0	
14	浙江光明牧业有限公司	浙江省金华市婺城区汤溪镇九峰山附近的秧垄山石羊村	√		447	240	娟姗	4.69	1 240	0	
15	武汉光明生态示范奶牛场有限公司	湖北省武汉市东西湖区辛安渡农场工业园50号	√		2 873	1 628	荷斯坦	10.50	17 073	0	
16	德州光明生态示范奶牛养殖有限公司	山东省德州市陵县陵城镇马庄村	√		2 938	1 572	荷斯坦	10.78	17 182	0	
17	天津市今日健康乳业有限公司	天津市北辰区双口镇立新园林场内	√		2 984	1 669	荷斯坦	10.04	17 001	0	

（续）

序号	名称	地址	养殖场	小区	全群存栏（头）	成母畜存栏（头）	奶畜品种	成母畜单产（t/年）	年总产量（t）	有机奶产量（t）	备注
18	富裕光明生态示范奶牛养殖有限公司	黑龙江省齐齐哈尔市富裕县友谊乡勤联村，小新民斜对面	√		4 931	2 663	荷斯坦	10.54	29 235	0	
19	富裕县光明哈川奶牛饲养专业合作社	黑龙江省齐齐哈尔市富裕县小哈洲村	√		1 946	1 005	荷斯坦	10.10	10 948	0	
20	黑龙江米特利奶牛场	黑龙江省哈尔滨市双城区长产村102 国道东侧	√		2 699	1 607	荷斯坦	10.42	16 845	0	
21	滑县光明生态示范奶牛养殖有限公司	河南省滑县万古镇武家庄村	√		9 290	6 011	荷斯坦	10.84	63 962	0	
22	江苏银宝光明牧业有限公司	江苏省盐城市射阳县大喇叭海堤线	√		4 241	2 266	荷斯坦	7.70	18 367	0	
23	河南申瑞牛业有限公司	河南省滑县新区南六环外高效农业园核心区东段小濮沱村南	√		2 345	—	荷斯坦	—	0	0	肉用公牛

备注：本表所指奶畜包括奶山羊、奶绵羊、奶水牛、牦牛、骆驼、驴等产商品奶家畜。本表奶畜养殖场指企业在中国及海外自建和参建（控股、参股）牧场（小区）。请在养殖场或小区列中选择打勾。

附表2　光明乳业股份有限公司乳制品生产企业名录

序号	名称	生产地点	生产许可证号码	年收购原奶量（t）	平均支付价格（元/kg）	其中：自有奶源量（t）	日处理生鲜乳能力（t）	年乳制品产量（t）	其中：低温鲜奶（t）	UHT奶（t）	酸奶（t）	奶粉（t）	婴幼儿配方奶粉（t）	奶油（t）	奶酪（t）	乳饮料（t）	产品销售区域	年销售收入（万元）	利润（万元）	有机产品（枚）
1	郑州光明乳业有限公司	河南省新郑市和庄镇神州路南段	SC10541018400032	43 100.9	4.1	19 858	619.00	260 147.35	—	40 846	4 734	—	—	—	—	447	全国	40 530	4 736	—
2	上海永安乳品有限公司	上海市奉贤区海湾镇永华路1号	SC10531012001047	35 480.4	4.7	19 285	732.80	262 531.37	—	16 009	11 823	—	—	—	965	8 419	华东	42 733	4 609	—
3	天津光明梦得乳品有限公司	天津市北辰区风电产业园区永信道16号	SC10512011302613	74 564.1	4.1	605	300.00	16 472.60	—	77 204	—	—	—	—	—	5 696	全国	74 149	3 300	—
4	黑龙江省光明松鹤乳品有限责任公司	黑龙江省齐齐哈尔市富裕县新华南段	SC10523022700877	96 190.0	4.0	44 681	305.56	83 440.42	—	79 617	—	—	2 460	81	—	2 563	全国	89 080	12 953	1
5	光明乳业（泾阳）有限公司	陕西省西咸新区泾河新城泾干大街西段2号	SC10561042300013	17 096.9	4.2		268.00	64 488.89	—	17 901	—	—	—	—	—	4 448	西北、华东	15 023	885	—
6	黑龙江光明佳原乳品有限公司	黑龙江省佳木斯市汤原县汤原镇文化街123号	SC10523082800019	13 395.5	3.8	8 718	210.00	27 046.83	—	12 757	—	—	—	—	—	—	上海、汤原县及汤原县周边	11 550	823	—
7	光明乳业（德州）有限公司	山东省德州市经济开发区晶华大道2157号	SC10637140100137	115 623.0	4.0	14 600	300.00	91 544.45	—	113 094	—	—	—	—	—	5 965	全国	80 418	7 582	—
8	成都光明乳业有限公司	四川省成都市成华区东三环路二段航天路9号	SC10551010800030	14 464.7	4.4		210.00	28 030.36	—	7 196	3 945	—	—	—	—	14 055	四川、云南、贵州、重庆、陕西	19 562	1 666	—
9	北京光明健能乳业有限公司	北京市顺义区林河工业开发区林河大街14号	SC10611130310647	44 759.4	4.0	2 320	670.00	130 448.81	—	26 699	12 101	—	—	—	—	8 428	华北地区（北京、天津、西安、东北、山东）	41 842	3 373	—

（续）

序号	名称	生产地点	生产许可证号码	年收购原奶量（t）	平均支付价格（元 /kg）	其中：自有奶源量（t）	日处理生鲜乳能力（t）	年乳制品产量（t）	其中：低温鲜奶（t）	UHT 奶（t）	酸奶（t）	奶粉（t）	婴幼儿配方奶粉（t）	奶油（t）	奶酪（t）	乳饮料（t）	产品销售区域	年销售收入（万元）	利润（万元）	有机产品（枚）
10	光明乳业华东中心工厂	上海市闵行区紫东路489号	SC10531011200677	296 516.4	4.6	127 737	300.00	13 581.31	—	83 943	82 257	—	—	2 849	—	12 551	上海	276 093	21 693	—
11	武汉光明乳品有限公司	湖北省武汉市东西湖张柏路1号	SC10542011200055	78 848.7	4.5	39 266	550.00	42 374.64	2 089.14	—	79 461	—	—	—	—	32 798	湖北、湖南、江西、河南、四川等	86 108	9 562	—
12	上海乳品四厂有限公司	上海市奉贤区海湾镇海兴路1750号	SC10531012001071	85 883.7	4.9	37 354	450.00	16 898.19	—	—	9 294	—	—	616	—	—	华东	65 575	7 042	—
13	广州光明乳品有限公司	广东省广州市经济技术开发区永和经济区新庄二路38号	SC10544011600445	21 617.2	4.6	18 551	—	—	—	—	41 774	—	—	—	—	12 306	广东、广西、海南、福建	62 351	-4 963	—
14	呼伦贝尔光明乳品有限公司	内蒙古呼伦贝尔市鄂温克族自治旗巴彦托海镇南6公里处	SC10515072400126	1 186.2	3.7		—	—	—	1 418	—	—	—	—	—	—	上海	961	-4 266	—
15	南京光明乳品有限公司	江苏省南京市江宁区禄口街道来凤路2号	SC10532011501911	25 220.1	4.7	4 589	—	—	—	14 348	5 253	—	—	—	—	16 488	全国	37 122	5 037	—
16	湖南光明乳品有限公司	湖南省长沙市望城经济开发区望城大道69号	SC10543011200165	5 225.6	4.4	4 508	—	—	—	—	5 072	—	—	—	—	18 831	湖南	13 952	2 737	—

备注：本表包括在中国及海外的生产企业。自有奶源指来自自建和参建（控股、参股）牧场（小区）的原奶及长期稳定合作牧场的原奶。有机产品数量单位为“枚”，指获得有机标志的数量。有机产品品类指液态奶、酸奶、奶粉、奶酪等大类。

现代牧业（集团）有限公司

【奶源基地】为了高度匹配生鲜乳市场需求，现代牧业（集团）有限公司（以下简称现代牧业）在2014年以前处于牧场建设的高峰时期,但随着市场行情影响,进入2015年以来现代牧业暂缓牧场投建。目前，现代牧业在全国建成万头规模牧场26个，南北方各一半，2019年实现销售总额55.14亿元，现存栏奶牛23万头，年均单产10.55t，日产鲜奶4 200t，年产鲜奶140万t。

质量安全控制方面，现代牧业质量控制整体执行“四不”原则：不合格的客户不合作、不合格的原料不入场、不合格的原料不投喂、不合格的原奶不出场，分别从源头、入场、过程、出场各环节进行严格把控。

源头控制——不合格客户不合作：对提供奶牛饲料的供应商采取现场审核制度，建立合格供应商名录和不合格供应商黑名单，优中择优，与最佳供应商合作。

入场控制——不合格原料不入场：六大真菌毒素检测全覆盖各饲料品类，严于国标的内控标准。

过程控制——不合格原料不投喂：每日对库存原料进行感官、毒素抽检，对TMR饲料原料进行指标监控，确保牛只吃得安全。

出场控制——不合格原奶不出场：严格执行《奶牛标准化规模养殖生产技术规范》，根据实际生产建立以过程为导向的质量管理体系，在关键生产环节建立CCP点，确保原奶质量。原奶出场检测监控18项、日常检测监控24项、第三方检测监控98项，严格的出场监控计划，严苛的企业内控标准，把好最后一道关。

原料质量追溯系统采用质量信息化平台，实现了通过二维码识别，追溯原料从到场入库，再到出库饲喂的质量信息。

此外，现代牧业严格遵守国家规定的药品使用原则，按照产品标签说明正确用药，从严格执行休药期管理等方面着手，坚决杜绝牛奶抗生素残留。通过挤奶前后的乳头消毒、干燥垫料的使用、保持泌乳牛生活环境清洁干燥，降低牛群环境性乳房炎和体细胞。确保原奶优质达标，其中牛奶微生物总数控制在1万CFU/mL以下，牛奶体细胞15万个/mL以下。

企业创新方面，通过牛群精益管理、青年牛体重数据积累等7个方面创新管理，提升原料奶质量。

牛群精益管理：现代牧业在牛群管理上通过精益管理手段，注重科学饲养、精准配方。创新通过全面的牛群管理系统，打破牧场“信息孤岛”，建立高效的信息采集体系，完善牛只从个体、繁殖、饲喂、健康到产奶模块的系统性集成。牧场实现所有牛舍无线覆盖，通过手持设备和App随时随地查询并更新牛群信息；利用低频扫描棒及时准确提示牛只繁育进程，提高牛只受胎率，简化和提升繁育工作；通过计步器和基于低频耳标的测产设备，自动记录并分析牛只的产奶情况，提前识别和预警牛只疾病。综合运用先进的数据分析系统，实现科学决策，提升生产管理水平，实现可持续综合盈利能力。以“高标准、高定位、高起点”为原则，达到“提单产、降成本、优结构”的牛群饲养目标。

TMR调控体系和自动饲喂系统：现代牧业全面实施以TMR全混合日粮为核心的奶牛日粮调控体系，同时采用自动饲喂系统，严格按照饲料配方准确把控各饲料原料的添加量，借助优级搅拌设备，合理组合奶牛日粮所需的各种饲料原料，为奶牛提供优质、稳定、适口性好、营养价值全面的混合日粮，增加奶牛的采食量，从而提高牛奶产量。

青年牛体重数据积累：现代牧业高度重视青年牛的培育，各牧场均建立完整的青年牛培育机制，在不同阶段进行体高和体重测量，及时淘汰不合格牛只，努力完成“断奶体重翻倍、配种前体重达到成年体重的55%和产后体重达到成年体重85%”的生长目标，为头胎牛产后冲刺泌乳高峰打下坚实基础。

保障奶牛福利：现代牧业坚持“高标准，严要求”的工作原则，为打造舒适的牛舍环境拼尽全力。在改善奶牛舒适度方面主要做了以下工作：一是对牛舍设备进行了改造和检修，改善通风环境；二是调整饲喂配方、增加推料频次；三是利用烘干技术提高卧床垫料的干爽标准，提高卧床舒适度；四是提高水槽清洗频次，保证牛只饮水健康。秉承“以牛为本”的宗旨，持续提升牛群健康。

青贮提量保质：玉米青贮和苜蓿青贮是奶牛口粮的“黄金搭档”。玉米青贮转化率高、价格低廉、营养丰富，增加青贮使用量不但有利于奶牛健康，更为饲料成本进一步下降奠定基础。2019年现代牧业共计收购青贮142万t，创下了历史新高。在增加量的同时也不断提升青贮质量，青贮指标全面向好。

数字化牧场推进：数字化管理是未来牧场的发展方向。现代牧业高度重视“食品安全、人员安全、财产安全”的生产理念，通过升级原奶物流系统，确保原奶运输全过程透明监管；利用24小时在线监控，对行驶途中的关键点进行智能预警，综合提高公司生鲜乳销售的核心竞争力。同时，为进一步打造数字化牧场，现代牧业同步推进“一牧云”牧场生产管理系统、质量管理系统、精准饲喂管理系统和牧场施肥管理系统，为提升原奶质量保驾护航。

治疗与繁育：现代牧业在奶牛疾病治疗方面，积极推广使用盲针固定手术方法治疗真胃变位,术后创口小、恢复快、治愈率高。在繁育方面，现代牧业推广实施早期孕检，更早的找出空怀牛进行处理，缩短产犊间隔，降低饲养成本；推广实施一天一次配种，锁牛时间减半，让奶牛有更多躺卧休息时间，减少应激，提高奶牛舒适度。通过基因优选，加快遗传进展。选定优秀牛群作为供体牛，同时采用优秀公牛冻精，通过活体采卵体外生产胚胎的方式，扩大核心牛群。

【社会责任】发展农业循环经济，解决贫困户就业。为积极响应国家“一控两减三基本”的政策，同时解决好奶牛的饲草问题，现代牧业牧场选址多为乡村贫困地区，并在建场后积极吸收当地农民为员工，通过无偿提供技术支持服务、捐赠饲料与牛只等措施，拓宽贫困户就业渠道，解决当地就业。集团各牧场对当地贫困群体开放企业部分岗位，助力扶贫工作及公益事业的开展。

采用绿色环保模式，是循环可持续发展之路。现代牧业立足于“资源化循环利用”的目标，构建“饲草种植—奶牛养殖—粪污处理—沼气发电—粪肥还田”的绿色循环产业链条，每期牧场都配建了大型沼气发电设施和沼肥综合利用设施，采用沼气发酵无害化处理模式，将万头奶牛的牛粪吸收、消化并进行无害化处理，年产沼气 1.5 亿 m^3、粪肥 566 万 t、沼渣 182 万 m^3，沼气转化蒸汽 88 万 t、发电自用 4 555 万 kW·h，每年直接效益 2 亿元；每年减少碳排放 37.3 万 t，碳交易潜力价值 746 万元，实现了生产过程中再生能源的循环利用。为解决好奶牛的饲草问题，公司推行“企业 + 基地 + 农户”的饲草产业化经营模式。目前，企业订单饲草种植面积 107 万 hm^2，辐射带动牧场周边 6 万余户农户从事饲草种植，年收入 6.89 亿元。

持续关注民生，捐粮修路。现代牧业坚持对牧场当地或附近的贫困县、贫困村进行捐赠，从基础的粮油米面，到提升生活质量的牛奶、现金等，同时积极捐款协助政府修建健身广场、清理河道、铺设乡道，为助力地区扶贫攻坚贡献企业力量。

积极助力公益，做爱心企业“鲜”行者。为积极响应农业农村部、中国奶业协会号召，现代牧业积极参加“中国小康牛奶行动”等大型公益活动，并制定了具体、详细的捐赠方案，为贫困地区 115 余所学校的学生捐赠价值 385 万元，累计 64 107 提、近 80 万包的纯牛奶，并多次向贫困地区儿童、困难家庭捐赠牛奶物资。

2020 年新冠肺炎疫情期间，现代牧业积极响应号召，向疫情一线捐赠总计价值 1 000 万元的牧场奶，彰显大企业的担当。

现代牧业一直秉持着“高标准、高定位、高起点，用未来标准做今天的乳业”的企业定位，不断努力创新。未来，现代牧业将紧紧围绕“降本增效、适度增群、稳定增产、有序降债”的战略纲领，坚持“以牛为本”的信念，继续发挥“种养加一体化，零距离 2 小时”的创新模式优势，构建奶业全链条布局，坚持可持续生态化的发展策略，全力打造中国原奶生产第一品牌，为振兴民族奶业贡献最坚实的力量！

【奶业大事】2019 年 1 月 16 日，在深圳举办的 2018“金港股”上市公司评选颁奖典礼上，现代牧业荣膺“最具价值中小市值股公司”大奖。

2019 年 3 月 25 日，立足新起点启航新征程，中国现代牧业控股有限公司（1117.HK）公布 2018 全年业绩。公司各项核心指标实现全面突破：销售收入 49.57 亿元（人民币，下同），其中原奶销售额 48.33 亿元，同比增长 9.87%。现金 EBITDA 录得 15.28 亿元，同比大增 41.3%。公司现金流状况大幅好转，核心指标自由现金流转正趋势继续维持，现金 EBITDA 录得 3.44 亿元。撇开一次性历史因素后，正常经营利润扭亏为盈。

2019 年 4 月 8 日，现代牧业产品“尊贵装纯牛奶”再次捧得 Monde Selection（世界食品品质评鉴大会）金奖，创下六连冠记录，并被授予“国际高质量奖杯”。与此同时，2018 年 8 月上市的“金奖纯牛奶”产品首次参加大会评比，也摘取了金奖的傲人成绩。

2019 年 5 月 5 日，第六届“奶牛营养与牛奶质量”国际研讨会闭幕式上，现代牧业荣获“优质乳工程绿色发展奖”。

2019 年 6 月 18 日，由农业农村部总畜牧师马有祥带队的农业农村部调研组一行来到现代牧业蚌埠牧场，就现代畜牧业发展情况进行调研。

2019 年 7 月 18 日，中国现代牧业控股有限公司（1117.HK）宣布，现代牧业将向新希望乳业股份有限公司（002946.SZ）配售约 2.76 亿股现代牧业股票，并处置持有的质押股票约 3.19 亿股，作价为每股 1.353 5 元港币（1.192 0 元人民币），预期配售及处置质押所得金额约合 7.09 亿元人民币，占现代牧业总股份的 9.28%。

2019 年 7 月 27 日，在海南博鳌举行的“第三届博鳌企业论坛暨 2019 博鳌女性论坛”上，现代牧业荣获“中国十大领军品牌”大奖，总裁高丽娜荣获“中国经济十大影响力女性”大奖，现代牧业作为中国奶牛规模化养殖的领先企业，再次获得了社会各界和专家评审的一致认可。

2019 年 8 月 26 日，中国现代牧业控股有限公司（1117.HK）公布 2019 中期业绩。公司各项核心指标实现全面突破，正式回归盈利轨道：销售收入 25.70 亿元（人民币，下同），同比增长 4.1%，其中原奶销售额同比增长 9.6%。现金 EBITDA 录得 8.65 亿元，同比稳健增长 18.3%。公司归母净利润录得 1.25 亿元，正式扭亏为盈。另外，公司现金流状况保持稳健增长，自由现金流转正趋势维持，现金 EBITDA 录得 3.51 亿元，同比大增 150.7%。

2019 年 9 月 9 日，中国现代牧业控股有限公司（1117.HK）获纳入为深圳与香港股票市场互联互通计划（“深港通”）合资格股份，意味着内地投资者可以通过“深港通”途径购买现代牧业的股票。

［现代牧业（集团）有限公司，齐芳华］

附表1　现代牧业（集团）有限公司奶牛养殖场（小区）名录

序号	名称	地址	牧场	全群存栏（头）	成母畜存栏（头）	奶畜品种	成母畜单产（t/年）	年总产量（t）	是否有机奶源基地	有机奶产量（t）
1	现代牧业（集团）有限公司	安徽省马鞍山市博望区丹阳镇	马鞍山	7 842	4 172	荷斯坦	11.43	46 500		—
2	现代牧业（汶上）有限公司	山东省济宁市汶上县郭仓镇	汶上	8 085	4 361	荷斯坦	10.25	45 178		—
3	现代牧业（商河）有限公司	山东省济南市商河县沙河镇苗家村	商河	23 301	12 625	荷斯坦	11.61	144 214		—
4	现代牧业（合肥）有限公司	安徽省合肥市肥东县白龙镇长王村	合肥	21 170	11 714	荷斯坦	11.30	128 795		—
5	现代牧业（蚌埠）有限公司	蚌埠市五河县朱顶镇新庄	蚌埠	39 856	22 203	荷斯坦	10.57	230 443		—
6	现代牧业洪雅有限公司	四川省眉山市洪雅县东岳镇千秋村	洪雅	6 844	3 807	荷斯坦	10.82	41 064		—
7	现代牧业（宝鸡）有限公司	陕西省宝鸡市眉县青化乡	宝鸡	19 966	10 949	荷斯坦	11.43	120 327		—
8	现代牧业（和林格尔）有限公司	内蒙古自治区呼和浩特市和林格尔县盛乐经济园区东区	和林	11 676	6 374	荷斯坦	11.74	71 914		—
9	现代牧业（察北）恒盛有限公司	河北省张家口市察北管理区白塔管理处	恒盛	4 766	2 830	荷斯坦	10.82	32 318		—
10	现代牧业（察北）有限公司	河北省张家口市察北管理区白塔管理处	察一	7 391	4 171	荷斯坦	11.05	44 947		—
11	现代牧业（察北）有限公司	河北省张家口市察北管理区白塔管理处	察二	15 677	8 320	荷斯坦	10.32	84 998		—
12	现代牧业（塞北）有限公司	河北省张家口市塞北管理区	塞一	8 207	4 544	荷斯坦	10.76	48 326		—
13	现代牧业（塞北）有限公司	河北省张家口市塞北管理区	塞二	11 264	6 245	荷斯坦	10.94	68 360		—
14	现代牧业（塞北）有限公司	河北省张家口市塞北管理区	塞三	11 134	6 161	荷斯坦	10.80	66 115		—
15	现代牧业（塞北）有限公司	河北省张家口市塞北管理区	塞四	11 451	6 299	荷斯坦	11.59	73 022		—
16	现代牧业（通辽）有限公司	内蒙古自治区通辽市辽河镇西乌兰花村	通辽	11 445	6 400	荷斯坦	11.90	77 578		—
17	现代牧业（双城）有限公司	黑龙江省哈尔滨双城区农丰镇永久村	双城	20 201	11 039	荷斯坦	10.92	119 479		—
18	现代牧业（尚志）有限公司	黑龙江省尚志市乌吉密乡	尚志	7 095	3 989	荷斯坦	10.72	42 310		—
19	现代牧业（集团）有限公司	安徽省马鞍山市经济技术开发区红旗南路123号	集团	24 740 000	13 620 000	荷斯坦	11.06	148 590 000		—

备注：本表所指奶畜包括奶山羊、奶绵羊、奶水牛、牦牛、骆驼、驴等产商品奶家畜。本表奶畜养殖场指企业在中国及海外自建和参建（控股、参股）牧场（小区）。如认证为有机奶源基地，请在相应表格中打勾。

附表 2　现代牧业（集团）有限公司乳制品生产企业名录

序号	名称	生产地点	生产许可证号码	年收购原奶量（t）	其中：自有奶源量（t）	平均支付价格（元/kg）	日处理生鲜乳能力（t）	年乳制品产量（t）	其中：低温鲜奶（t）	UHT 奶（t）	常温酸奶（t）	低温酸奶（t）	原料奶粉（t）	婴幼儿配方奶粉（t）	成人奶粉及其他（t）	奶油（t）	奶酪（t）	乳饮料（t）	冰品（t）	年销售收入（万元）	利润（万元）	有机产品（枚）
1	合肥蒙牛现代牧业乳制品有限公司	安徽省合肥市肥东县白龙镇长王村	SC10534012200020	24 791.85		4.22		27 740.14			27 740.14									28 645.75	2 286.13	
2	现代牧业（蚌埠）有限公司	安徽省蚌埠市五河县朱顶镇现代牧业园区	SC10534032200010	59 136.08		4.09		57 164.48												74 667.69	4 913.95	

备注：本表包括在中国及海外的生产企业。日处理生鲜乳能力指设计加工生鲜乳能力。自有奶源指来自自建和参建（控股、参股）牧场（小区）的原奶。成人奶粉指除婴幼儿配方奶粉以外的学生奶粉、孕妇奶粉、中老年奶粉等终端消费奶粉。冰品包括冰激凌、雪糕等。有机产品数量单位为“枚”，指获得有机标志的数量。

石家庄君乐宝乳业有限公司

【奶源基地】截至2019年年底，石家庄君乐宝乳业有限公司（以下简称君乐宝）共有奶源基地178个，奶牛存栏24万头。其中，企业投资自建牧场13个，奶牛存栏7.5万头；合作牧场165个，奶牛存栏16.6万头，规模化养殖比例100%。年生鲜乳收购总量103万t。近五年生鲜乳总产量年均增长22%。生鲜乳质量达到国际先进水平，乳脂肪率3.91%、乳蛋白率3.35%，菌落总数2.91万CFU/mL、体细胞数23万个/mL。

目前君乐宝牧场管理创建了4种模式：一是建设观光牧场，打造“优致牧场模式”。君乐宝拥有4个自建观光牧场（张家口崇礼牧场在建），建立行业标杆，将奶牛科普知识和牧场实景观光相结合，以生动、立体的形式展现中国现代化奶业的先进水平。二是建设国家级奶业园区，实施产业扶贫“金牛模式”。整合政府、企业、农民三方资源，带动4 567名贫困群众每年分红298.26万元，133个村集体增收558.6万元。在邢台威县建成5个万头规模化牧场，1个乳制品深加工厂，2个配套加工基地和1个3A级旅游观光区。三是建设种养加一体化工厂，构建“零距离生产加工模式”。按照“零距离一体化”顶层设计理念，君乐宝在张家口察北牧场建设“牧草种植、饲料加工、奶牛养殖、生产加工”直通一体化，优质的生鲜牛乳从挤奶到加工不到2小时，能够最大限度地保留乳制品中的生物活性物质。四是建设社会牧场，推行“利益共享模式”。君乐宝合作牧场主要分布在河北、河南、山东、江苏、吉林等10余个省份。君乐宝对所有合作的奶牛养殖场建立统一规范的管理制度及标准，实现了奶牛科学养殖、精细化管理和全链条监管保障。“利益共享模式”保障牧场长期收益，奶价形成、结算机制公开透明，严格执行政府指导价和最低保护价且整体高于行业平均水平，为合作牧场提供全方位的金融支持及免费技术培训。

2020年，君乐宝在张家口海拔1 450m的坝上草原自建38万亩大规模专属牧草基地，不对牧草生长进行任何人工干预，让完全原生态的水土滋养牧草生长。君乐宝从种草开始，真正实现了从最源头开始一体化管理，确保质量，这也使君乐宝成为国内主要乳制品企业中唯一真正实现从牧草种植、奶牛养殖到生产加工自有、自控的企业。

【乳制品加工】君乐宝经营保持良性增长，生产规模持续扩大。截至2019年年底，在河北、江苏、河南、吉林等地建有20个生产工厂，年产能共计229万t。其中，液态奶工厂13个，拥有生产线78条，灌装设备187台，产能210万t；奶粉工厂7个，已投产4个，拥有生产线4条，灌装设备5台，产能11万t。

近年来，君乐宝不断引进先进工艺设备，推进工业化、信息化融合发展。其中，液态奶工厂引进世界最先进的德国斯托克无菌冷灌装设备，以及瑞典利乐公司灌装设备，为产品品质提供强有力的保障。奶粉工厂采用丹麦、瑞士、法国、德国、澳大利亚、新西兰等世界领先的婴幼儿配方奶粉生产技术和装备，建设成国际领先水平的全自动配方奶粉生产线，配套全自动仓储物流中心，开创了电商物流自动发运系统，确保了产品以最安全、最便捷、最省时的方式供应给消费者。基于物联网、互联网技术，充分利用、整合多模块数据信息管理工具，实现运营各环节数据的自动生成、自动采集、总结分析、预警等智能管控，使产品安全及高品质得以保障。整合第三方专业信息团队共同研发的食品安全追溯系统，更是实现了每一最小单位产品的双向全链条质量安全可溯源。

【市场消费】近年来，君乐宝集团销售额增长率连续多年在全行业领先。

低温酸奶方面，2019年逆势成长，行业增速第一，市场占有率位居第三；“涨芝士啦”芝士酸奶突破10亿包销量，在芝士酸奶品类中，“涨芝士啦”市场占有率高达84%，市面上每卖出10包芝士酸奶就有8包是“涨芝士啦”；简醇、慢醇、优果酪等新品带动袋装酸奶高速增长，进一步巩固袋装酸奶市场占用率第一的地位。

常温液态奶方面，2019年整体增长30%，白小纯纯牛奶持续发力，增长率突破82%，带动常温奶业绩整体提升。

君乐宝奶粉2019年产销量达到7.5万t，同比增长62%，增速领先行业10倍，全球增速第一，已成为全国配方奶粉市场销量第一品牌。第三方调研显示，君乐宝奶粉复购率高达96%，净推荐率达45%。数据同时显示，君乐宝奶粉上市的6年中，国产奶粉份额由降到升，国产奶粉已经超越进口品牌，逐渐占据市场主导地位。

君乐宝致力于强品牌战略，先后聘请埃森哲、罗兰贝格、里斯、普华永道等国际一流咨询公司，进行企业品牌战略、营销、管理咨询，结合企业实际形成系统的5~10年品牌战略规划与实施路线，逐年提升品牌价值与美誉度。一是加大品牌传播，实施公信力融媒体传播策略，利用大数据科学分析、精细化管理，使用央视索福瑞第三方数据，聘请国际4A凯洛传播公司进行媒介策略分析，采取以品牌目标及市场需求为导向的融媒体整合传播策略，通过科学化大数据测算，优化媒体组合，实现投放成本最优，效果最大化。2017年起公司以提高君乐宝奶粉品牌公信力、知名度、美誉度为目的，连续3年与央视合作，打响全国知名度，媒体投资回报率超过170%。线下体验方面，投资近4.5亿元建设国家4A级旅游观光优致牧场、透明工厂面向全社会免费开放，接受公众观光和监督，游客接待量累计超过400万人次，为提升君乐宝品牌影响力及产品形象奠定了坚实的基础。倡导健康生活，持续冠名赞助郑开、衡水湖、秦皇岛、石家庄等马拉松国际赛事，为品牌注入活力，提升品牌国际影响力和美誉度。二是强化渠道开拓，坚持全渠道运营持续精耕细作。目前拥有经销商3 300个，网点60万个。同时大力推展电商，通过视频、直播等新媒体营销创新，结合客服、物流等综合服务，整合提升线上品牌影响力。君乐宝奶粉以电商破局，颠覆入市，通过创新营销模式带动奶粉整体翻番增长，2019年奶粉销量达7.5万t，同比增长62%，增速领先行业10倍，全球增速第一，已成为全国配方奶粉市场销量第一品牌；低温酸奶逆势成长，行业增速第一。三是扩大消费者知名度。调研显示，2019年君乐宝主营区域知名度91%，目标人群呈现年轻趋势，关联产品凸出奶粉品类，消费者图谱分析上呈现可信可靠的感情联想；企业认知上，消费者认为君乐宝是不断创新、产品丰富的品牌。君乐宝已由区域品牌逐步提升为全国性品牌。

【全球发展】君乐宝一直把科技创新作为企业的核心竞争力，以创新引领高质量发展，建立了国际、国内两个创新平台和全员创新管理体系。一方面，建立了以项目为纽带的产学研国际联合研发平台，与美国范德堡大学、爱尔兰农业与食品发展部、以色列领先油脂、荷兰皇家帝斯曼等全球领先高校、科研院所和领先企业开展合作，推动科技创新和产品研发。另一方面，着力建设高水平的企业科研平台，已建成河北省企业技术中心、国家乳制品专业研发中心、院士工作站、博士后科研工作站等9个省级以上科研平台。此外，建立全员创新管理体系，充分调动创新活力。近五年共完成员工创新项目480多项，采纳合理化建议近万条，创造经济效益8 000多万元。

君乐宝为实现高质量发展，为消费者提供优质乳制品，全球首创了两个模式。一是在全球率先推出全产业链模式，即牧草种植、奶牛养殖、生产加工全产业链一体化生产经营模式，确保产品的安全放心。二是首创了“四个世界级”模式。自建现代化牧场，原奶指标优于欧盟、美国、日本标准；优选全球顶级供应商，与爱尔兰KERRY、荷兰皇家帝斯曼、以色列领先油脂等合作；建设全球领先的工厂，用国际一流的工艺设备做婴幼儿配方奶粉；引进了食品安全全球标准BRC和国际食品安全标准IFS双重管理体系。

【社会责任】企业的生存发展与社会息息相关、与国家命运相连。君乐宝在实现自身发展壮大的同时，积极承担社会责任，采用“产业扶贫+项目扶贫+营养扶贫”模式，努力探索从“输血式”扶贫到“造血式”扶贫的转变，将扶贫“基因”融入企业发展的核心。

在各级党委、政府和主管部门的大力支持下，君乐宝积极开展脱贫攻坚，在威县、行唐、灵寿等地以产业扶贫及项目扶贫等形式助力精准扶贫，通过土地流转增加农民收入、订单农业保障农民收益等多种模式，带动当地经济发展和农民增收。

在企业不断发展壮大的同时，君乐宝一直持续关注青少年健康成长，践行营养扶贫。君乐宝积极响应“中国小康牛奶行动”，2017年以来，累计向贫困地区捐赠价值近2 000万元的优质学生奶。除此之外，自2014年起，君乐宝还连续7年独家支持省中学生“自强之星”大型公益评选活动，为评选出的100多位自强不息、品学兼优的“自强之星”学子捐赠助学金。

2015年，君乐宝发起成立河北省君乐宝公益基金会，近年来为社会捐款捐物超亿元。基金会为非公募基金会，资助内容涉及赈灾、个人家庭援助，解决贫困地区儿童饮奶等社会发展项目，资助贫困学生的助学项目，重大疾病预防及治疗项目等。基金会连续4年举办“牛奶的行走”大型公益活动，募集善款300多万元为河北省贫困地区学生捐赠牛奶。基金会还为灾区、慈善组织以及社会福利机构捐款捐物2 000多万元，连续多年对张家口、邢台、保定等地区开展精准扶贫，并向中国光彩事业基金会捐款100万元用于支持贵州省毕节市织金县修建水窖、发展种植养殖业以及危房改造。

2020年伊始，新冠肺炎疫情袭来，作为民生保障的重点企业，君乐宝在积极响应国家市场监督管理总局发起的“保价格、保质量、保供应”活动的同时，捐赠款物超过1亿元，其中600万元善款用于雷神山医院建设，以及从海外紧急调运的医用口罩、防护服等医疗物资，另有酸奶、牛奶等营养乳制品用于疫情防控人员的营养补充。君乐宝还捐赠了价值7 500余万元的婴幼儿配方奶粉，解决了全国近11万个家庭婴幼儿口粮的燃眉之急。

【奶业大事】2019年1月10日，河北省科学技术奖励暨科技创新大会在石家庄举行，君乐宝荣获“科学技术进步奖（企业技术创新奖）”一等奖。

2019年1月21日，君乐宝总裁魏立华作为全国工商联中国民间商会副会长、改革开放40年百名杰出民营企业家参加民营企业家迎春座谈会。

2019年3月5日，十三届全国人大二次会议在人民大会堂隆重开幕，全国人大代表、君乐宝总裁魏立华参加会议。

2019年6月3日，君乐宝旗帜婴幼儿配方奶粉第三次蝉联“世界食品品质评鉴大会——特别金奖”并被授予国际高质量奖杯。

2019年6月24日，专为中国宝宝设计“骨骼成长配方”的君乐宝至臻奶粉邀请“中国男篮领军人物”易建联出任“至臻形象大使”。

2019年6月26日（当地时间），第13届全球乳制品大会在葡萄牙里斯本举行，君乐宝乐铂K2儿童成长配方奶粉和“悦鲜活”牛奶分获“最佳儿童乳品奖”和“最佳工艺创新奖”两项大奖。

2019年7月11日，君乐宝获评“全国模范劳动关系和谐企业”荣誉称号。

2019年8月10日，新一代活性蛋白牛奶君乐宝“悦鲜活”牛乳上市销售，凭借创新的INF0.09秒超瞬时杀菌技术，产品保留了更多活性蛋白营养。

2019年8月12日，中国食品科学技术学会组织中国工程院院士孙宝国、中国农业大学食品科学与营养工程学院教授胡小松、中国疾病预防控制中心营养与健康所所长丁钢强等权威专家对“悦鲜活”乳制品开发项目进行鉴评，专家委员会一致认为该项目整体技术达到国际先进水平。

2019年8月22日，君乐宝在“2019中国民营企业500强峰会”上入选2019中国民营企业制造业500强。

2019年8月23日，君乐宝在全国工商联十二届三次执委会上入选中国民营企业社会责任优秀案例。

2019年8月29日，君乐宝总裁魏立华荣誉入选非公有制经济人士优秀中国特色社会主义事业建设者名单并受表彰。

2019年9月10日，中共中央政治局常委、中央纪委书记赵乐际在河北调研期间到君乐宝考察。

2019年9月23日，2019年IDF国际乳品峰会(The IDF World Dairy Summit 2019)在土耳其伊斯坦布尔举行，君乐宝总裁魏立华应邀出席大会并发言。

2019年11月15日，新一代鲜牛奶君乐宝“悦鲜活”新品发布会在北京水立方举行，君乐宝首次推出鲜奶产品。

2019年12月10日，君乐宝推出全球首款自有牧场全产业链A2型奶牛奶粉——君乐宝至臻A2奶粉，打破了国外品牌对于A2蛋白奶粉品类的垄断。

2019年12月15日，君乐宝在2019中国品牌强国盛典上入选品牌强国盛典榜样100品牌，并获年度十大新锐品牌。

（石家庄君乐宝乳业有限公司，郭柯宇）

附表 1　石家庄君乐宝乳业有限公司奶牛养殖场（小区）名录

序号	名称	地址	全群存栏（头）	成母畜存栏（头）	奶畜品种	成母畜单产（t/年）	年总产量（t）	是否有机奶源基地	有机奶产量（t）
1	河北乐源牧业有限公司	河北省石家庄市鹿泉区铜冶镇西任村	3 862.00	2 138.00	荷斯坦	10.34	22 109.00		
2	乐源牧业威县有限公司	河北省邢台市威县赵村镇前寺庄村	10 456.00	4 856.00	荷斯坦	10.33	48 674.67		
3	乐源牧业正阳有限公司	河南省驻马店市正阳县兰青乡吴庄村余楼	9 504.00	4 395.00	荷斯坦	11.41	47 337.38		
4	徐州乐源牧业有限公司	江苏省徐州市丰县顺河镇工业大道南	2 878.00	1 344.00	荷斯坦	11.35	15 800.79		
5	乐源君享牧业威县有限公司	河北省邢台市威县侯贯镇西王村	5 727.00	—	荷斯坦	—	—		
6	乐源君宏牧业威县有限公司	河北省邢台市威县赵村乡后赵村西北	7 184.00	488.00	荷斯坦	8.47	245.15		
7	乐源牧业行唐有限公司	河北省石家庄市行唐县南豆庄村北	1 643.00	983.00	荷斯坦	9.55	8 286.41	√	8 286.41
8	旗帜婴儿乳品股份有限公司	河北省张家口市察北管理区旗帜大道 6 号	22 263.00	11 079.00	荷斯坦	9.32	106 661.55		
9	石家庄君盛牧业有限公司	河北省行唐县北河乡安家峪村西南	4 332.00	2 593.00	荷斯坦	11.49	17 654.08		
10	乐源君邦牧业威县有限公司	河北省邢台市威县赵村镇前赵村	9 531.00	5 045.00	荷斯坦	11.91	58 539.56		
11	乐源君康牧业威县有限公司	河北省邢台市威县章台镇掌史村	2 664.00	—	荷斯坦	—	—		

备注：本表所指奶畜包括奶山羊、奶绵羊、奶水牛、牦牛、骆驼、驴等产商品奶家畜。本表奶畜养殖场指企业在中国及海外自建和参建（控股、参股）牧场（小区）。如认证为有机奶源基地，请在相应表格中打勾。

附表 2　石家庄君乐宝乳业有限公司乳制品生产企业名录

序号	名称	生产地点	生产许可证号码	年收购原奶量（t）	其中：自有奶源量（t）	平均支付价格（元/kg）	日处理生鲜乳能力（t）	年乳制品产量（t）	其中：低温鲜奶（t）	UHT 奶（t）	常温酸奶（t）	低温酸奶（t）	原料奶粉（t）	婴幼儿配方奶粉（t）	成人奶粉及其他（t）	奶油（t）	奶酪（t）	乳饮料（t）	冰品（t）	年销售收入（万元）	利润（万元）	有机产品（枚）
1	石家庄君乐宝乳业有限公司	河北省石家庄市石铜路 68 号	SC10513011300130	222 873.83	33 256.78	3.96	619.00	260 147.35		72 599.54		122 953.36	3 565.65		154.15			60 874.65		1 260 585.16	38 564.56	
2	石家庄永盛乳业有限公司	河北省石家庄市石铜路 36 号	SC10513011300017	196 972.40	10 667.83	3.89	732.80	262 531.37				219 183.78						43 347.60				
3	石家庄君乐宝太行乳业有限公司	河北省行唐县太行路 88 号	SC12913012500050	20 199.90	20 199.90	4.31	300.00	16 472.60					2 256.00	13 711.41	505.19							
4	正阳君乐宝乳业有限公司	河南省驻马店市正阳县真阳镇君乐宝大道 68 号	SC10541172400014	57 882.34	33 344.59	4.04	305.56	83 440.42				60 279.58						23 160.85				
5	四平君乐宝乳业有限公司	吉林省四平市铁东区山门镇塔山村南宁路北侧	SC10522030324640	66 696.38		3.98	268.00	64 488.89				55 081.96						9 406.93				
6	保定君乐宝乳业有限公司	河北省保定市七一东路（高新区东区）2192 号	SC10513060500111	32 269.74		3.88	210.00	27 046.83		13 433.74								13 613.09				
7	石家庄君乐宝乐时乳业有限公司	河北省石家庄市鹿泉经济开发区云开路 49 号	SC10513011300084	54 053.40	2 116.14	3.80	300.00	91 544.45				72 493.89						19 050.56				
8	河北君乐宝君源乳业有限公司	河北省石家庄	SC12913011300193	69 324.24	69 324.24	4.20	210.00	28 030.36						26 701.28	1 329.08							
9	江苏君乐宝乳业有限公司	河北省丰县顺河工业园、丰县开发区	SC10532032100036	109 766.46	19 320.88	4.23	670.00	130 448.81		33 932.55	1 261.63	91 037.00						4 217.64				
10	河北君乐宝君恒乳业有限公司	河北省石家庄市鹿泉区铜冶镇火炬路 8 号	SC10513011300662	30 531.65	30 531.65	4.12	300.00	13 581.31					5 008.53	3 299.28	5 273.50							
11	威县君乐宝乳业有限公司	河北省威县赵村乡前寺庄村迎宾大道 6 号	SC10513053300453	43 645.33	22 269.77	4.09	550.00	42 374.64	2 089.14	40 285.50												
12	旗帜婴儿乳品股份有限公司	河北张家口	SC10513070700046	48 175.69	48 175.69	4.01	450.00	16 898.19					1 753.92	13 342.69	1 801.58							

备注：本表包括在中国及海外的生产企业。日处理生鲜乳能力指设计加工生鲜乳能力。自有奶源指来自自建和参建（控股、参股）牧场（小区）的原奶。成人奶粉指除婴幼儿配方奶粉以外的学生奶粉、孕妇奶粉、中老年奶粉等终端消费奶粉。冰品包括冰激凌、雪糕等。有机产品数量单位为“枚”，指获得有机标志的数量。

北京三元食品股份有限公司

【奶源基地】2019 年北京三元食品股份有限公司（以下简称三元食品）奶源供应商年奶牛全群存栏 150 378 头、成母牛存栏 77 466 头，生鲜乳总产量 731 270t。养殖区域主要集中在京津冀地区，有机奶源主要分布在河北省承德市及河北省三河市，2019 年有机原料奶总产量 21 276t。

现有奶牛养殖户按养殖规模统计见表 1，机械化挤奶比例 100%，全混合日粮（TMR）技术应用达到 100%，生产性能测定（DHI）占 88% 以上。疫病防控情况方面，所有奶牛养殖户都能提供春秋两季当地畜牧兽医主管部门出具的两病检疫、免疫证明，粪污处理方式基本实现干湿分离处理方式。生鲜乳收购加工按工厂所在区域划分见表 2，奶业养殖头均年净收入 3 500 元左右（成母牛）。

表 1　规模养殖比例

存栏规模（头）	<200	200~500（含 200）	500~1 000（含 500）	≥ 1 000
存栏范围户数（户）	3	43	41	38
比例 (%)	2.40	34.40	32.80	30.40

表 2　各区域生鲜乳收购年均价格

区域	北京	天津	河北迁安	山东潍坊	河北新乐	河南新乡	江苏连云港	广西柳州
单价（元 /kg）	3.95	3.72	3.78	3.68	3.85	3.94	4.15	4.43

【乳制品加工】三元食品现有 17 个乳制品生产厂，生产液态奶、奶粉、奶酪、冰品及其他奶制品等百余种，日均处理鲜奶约 3 000t；国外生产基地分别为加拿大阿瓦隆乳业公司、艾莱发喜新西兰食品有限公司、法国圣休伯特公司。

三元食品全年乳制品总产量 580 653t，其中低温鲜奶 99 991t，UHT 奶 273 148t，常温酸奶 20 152t，低温酸奶 121 536t，原料奶粉 3 240t，婴幼儿配方奶粉 2 934t，奶油 2 770t，奶酪 8 101t，乳饮料 14 194t。

【市场消费】2019 年三元食品销售收入 81.51 亿元，净利润 15.90 亿元。三元食品北京线下液态奶市场占有率为 28.8%，其重点品类高端白奶占该品类总体的 21.0%，基础白奶占该品类总体的 48.7%，低温鲜奶占该品类总体的 79.7%，基础酸奶占该品类总体的 38.1%，大果粒酸奶占该品类总体的 52.9%，儿童酸奶占该品类总体的 49%，老酸奶占该品类总体的 39.8%，中低端益生菌酸奶占该品类总体的 38.2%。

【全球发展】近几年，三元食品结合企业战略规划，制定了符合自身发展的并购标准，重点围绕"品牌有历史、市场有份额、产品有特色、企业有业绩、行业有规模"等收购标准，依托现有产业政策和行业整合契机，树立振兴民族品牌的目标，加大境内外资源的整合力度；不断深耕打造差异化、健康化、高品质产品，寻找具有发展潜力的拳头产品以及优势品牌，引进专利技术和先进工艺，同时打造国内国外两个市场。

2018 年三元食品收购法国圣休伯特（St Hubert）公司（以下简称圣休伯特）后，其引进的植物基健康产品进一步丰富了三元食品的产品线，树立了高端品牌形象。

尼尔森数据显示，2018 年全球植物基代乳制品年增长率为 9%。其中，植物基酸奶表现抢眼，市场规模为 9.74 亿美元，增长率高达 55%。结合植物基代乳制品的全球增长趋势及中国市场潜力洞察，2019 年年初，圣休伯特在中国设立全资子公司——上海圣尤蓓商贸有限公司（以下简称中国子公司）负责进出口贸易、产品销售及日常运营，进而推进国内植物基市场开发。2019 年 11 月，三元食品成功引进圣休伯特先进生产工艺和专利技术，实现植物基产品本地化生产，联手圣休伯特中国子公司"圣尤蓓"重磅推出 5 款植物基酸奶，力争把握先发优势，抢占中国植物基酸奶的市场先机。

【社会责任】三元食品始终坚持"良心、爱心、责任心"的公益理念，积极推动公益事业，主动承担和履行企业的社会责任，发挥主业优势，用爱心温暖整个社会。

践行社会责任：三元食品连续多年助力农业农村部组织的"中国小康牛奶行动"，在湖南、安徽、河南、河北等地为青少年捐赠牛奶，用实际行动关爱青少年的健康成长。

助老扶幼：三元食品用实际行动践行"取之于社会，回馈于社会"的企业社会责任，通过开展各项公益活动关爱儿童、老人等弱势群体，用实际行动彰显乳制品企业担当。

志愿服务：三元食品大力弘扬责任文化，积极鼓励员工参与志愿活动，通过社区服务、无偿献血等途径奉献爱心、回馈社会，彰显三元食品全体员工的家国情怀。

【奶业大事】2019 年 5 月，由三元食品承办的"北京牛奶文化节"在京开幕。三元食品 70 年匠心坚守，用科技创新引领乳业消费升级，积极弘扬北京奶业文化，讲好中国奶业发展故事，普及牛奶消费知识，提升人民生活品质，为全面建成小康社会和健康中国加油助力。

2019 年 6 月，"世界品牌大会暨中国 500 最具价值品牌发布会"权威发布了 2019 年《中国 500 最具价值品牌》榜单，三元食品品牌价值突破 251 亿元，同比增长25.9%。2019品牌中国建设高峰论坛上，三元极致A2β-酪蛋白纯牛奶以过硬的品质和其运用生命科学技术在奶源上实现的突破创新，斩获“科技创新产品”奖。

2019年7月，第十届中国奶业大会暨2019年展览会上，农业农村部副部长于康震对三元食品在推动奶业科技创新上做出的成绩表示赞许，对一个具有深厚科技积淀的乳业来说，三元食品用科技创新不断提升产品科技含量，保证产品品质安全，带动乳业市场消费升级，实现企业产品转型升级。

2019年10月，三元食品承担国庆阅兵食品供应工作，最终以100%的检验合格率，完成了阅兵食品供应工作，并获得纪念中华人民共和国成立70周年阅兵服务保障单位称号。

2019年11月，中国农垦乳业联盟成员大会上，三元食品在现场举行了乳制品安全风险全程监控项目签约仪式。三元食品始终坚持“以国人健康为己任”，不断推动国民健康升级。

2019年12月，北京市牛奶站（三元）北京老字号授牌仪式在三元食品举行。三元食品伴随着新中国的经济建设和改革发展，做出了历史贡献，留下了宝贵的足迹。三元食品坚持“质量立市、诚信为本”的企业理念，彰显了国有企业的担当和老字号精神的精髓，书写了大国工匠的职责坚守和精益求精的工匠精神。历经70年厚重文化的历史积淀与在时代洪流中的奋勇向前，三元食品一步一个脚印成长为如今消费者信赖与喜爱的民族乳业品牌。在保留优良传统中坚持创新，在坚持创新中不忘初心、坚守品质。有了“北京老字号”的加持，三元食品将继续讲好三元故事，做好三元产品，传承北京老字号的精神并将其发扬光大。

（北京三元食品股份有限公司，夏志春、马煜桐）

附表 1　北京三元食品股份有限公司奶牛养殖场（小区）名录

序号	名称	地址	全群存栏（头）	成母畜存栏（头）	奶畜品种	成母畜单产（t/年）	年总产量（t）	是否有机奶源基地	有机奶产量（t）
1	北京首农畜牧发展有限公司中以牛场	北京市通州区永乐店镇德仁务村东	1 600	787	荷斯坦	11.6	11 682		
2	北京首农畜牧发展有限公司半河牛场	北京市通州区永乐店镇半截河村东	1 443	653	荷斯坦	9.9	7 882		
3	北京首农畜牧发展有限公司渠头牛场	北京市通州区于家务乡渠头村	2 200	1 800	荷斯坦	11.2	20 075		
4	北京首农畜牧发展有限公司三垡牛场	北京市通州区永乐店镇三垡村	1 266	689	荷斯坦	10.8	8 661		
5	北京首农畜牧发展有限公司草厂牛场	北京市通州区漷县镇草厂村东	1 756	944	荷斯坦	11.1	11 833		
6	北京首农畜牧发展有限公司小务牛场	北京市通州区永乐店镇小务村东	1 170	577	荷斯坦	11.8	8 334		
7	北京首农畜牧发展有限公司第一牧场	北京市通州区于家务乡渠头村东	1 897	1 013	荷斯坦、娟姗	11.0	13 959		
8	北京首农畜牧发展有限公司金银岛牧场	北京市大兴区庞各庄镇保安庄村西	2 779	1 445	荷斯坦	11.7	18 200		
9	北京首农畜牧发展有限公司绿牧园牛场	北京市大兴区魏善庄镇苑上村北	720	450	荷斯坦	10.5	4 745		
10	北京首农畜牧发展有限公司长三牛场	北京市房山区长阳镇保合庄村南	1 165	572	荷斯坦	12.1	8 713		
11	北京首农畜牧发展有限公司长四牛场	北京市房山区长阳镇保合庄村南	1 054	521	荷斯坦	10.4	7 162		
12	北京首农畜牧发展有限公司圣兴达牛场	北京市房山区琉璃河镇官庄村南古城道北侧	1 613	840	荷斯坦	10.7	10 588		
13	北京首农畜牧发展有限公司南口二场	北京市昌平区南口镇南口农场南	1 971	1 061	荷斯坦	11.6	12 526		
14	北京首农畜牧发展有限公司南口三场	北京市昌平区南口镇南口农场西南	1 088	561	荷斯坦	11	7 108		
15	北京首农畜牧发展有限公司第二牧场	天津市宝坻区牛道口镇郑各庄村北	3 009	1 673	荷斯坦	11.4	20 072		
16	北京首农畜牧发展有限公司雄特牛场	北京市顺义大孙各庄村东	1 144	585	荷斯坦	11.2	7 453		
17	北京首农畜牧发展有限公司创辉牛场	北京市大兴区采育镇大皮营村南	1 308	660	荷斯坦	11.2	8 437		

（续）

序号	名称	地址	全群存栏（头）	成母畜存栏（头）	奶畜品种	成母畜单产（t/年）	年总产量（t）	是否有机奶源基地	有机奶产量（t）
18	北京首农畜牧发展有限公司里二泗牛场	北京市通州区张家湾镇坨堤村南	1 200	624	荷斯坦	9.9	6 205		
19	北京首农畜牧发展有限公司金鑫园牛场	北京市延庆县沈家营八里店北	644	294	荷斯坦	11.2	4 378		
20	北京首农畜牧发展有限公司顺三牛场	北京市顺义区龙湾屯镇丁甲庄村	267	116	荷斯坦	10.2	2 001		
21	北京首农畜牧发展有限公司小段牛场	北京市顺义区大小孙各庄镇小段村	597	284	荷斯坦	10	3 986		
22	北京首农畜牧发展有限公司良种场	北京市延庆县延庆农场北	1 298	539	荷斯坦	12	8 314		
23	北京首农畜牧发展有限公司河北首农	河北省定州市高棚镇纽店村	18 837	9 801	荷斯坦、娟姗	9.3	101 457		
24	北京首农畜牧发展有限公司滦县分公司	河北省唐山市滦县新城 205 国道北、滦河商厦东侧	8 117	4 558	荷斯坦、娟姗	8.4	35 569		
25	北京首农畜牧发展有限公司邢台分公司	河北省邢台市宁晋县大曹庄管理区东工业园区泰丰路南侧	2 587	1 226	荷斯坦	12.9	14 499		
26	北京首农畜牧发展有限公司山东分公司	山东省寿光市田柳镇东头村北	4 989	2 667	荷斯坦	10.2	27 394		
27	北京首农畜牧发展有限公司河南分公司	河南省延津县新兴农场	4 120	2 266	荷斯坦	9.2	22 425		
28	北京首农畜牧发展有限公司兰考分公司	河南省兰考县许河乡杨桥村北	4 983	2 652	荷斯坦	8.2	4 155		
29	承德三元晓雅奶牛养殖有限责任公司一牧场分公司	河北省围场满族蒙古族自治县黄土坎乡大墒村	1 467	752	荷斯坦	10.3	8 276	√	9 125
30	承德三元有限责任公司御道口奶牛分公司	河北省承德市围场满族蒙古族自治县御道口牧场压岱生产队	720	406	荷斯坦	10.5	805	√	5 000
31	北京长阳益民奶牛专业合作社	北京市房山区长阳镇阳城环路 1 号	400	147	荷斯坦	6.5	962		
32	香河春山养殖有限公司	河北省香河县刘宋镇程官屯村林海巷 6 号	558	238	荷斯坦	10.5	2 499		
33	北京东方古运奶牛养殖有限公司	北京市通州区西集镇武辛庄村	904	421	荷斯坦	8.8	3 700		
34	北京市福乐奶牛场	北京市通州区永乐店镇东河庄村	600	210	荷斯坦	6.6	1 387		
35	北京富农兴牧奶牛养殖中心（普通合伙）	北京市延庆县旧县镇大柏老村	638	379	荷斯坦	8.3	3 141		
36	廊坊市东兴富强牧业有限公司	河北省廊坊市广阳区北甸村北	550	247	荷斯坦	10.3	2 555		

（续）

序号	名称	地址	全群存栏（头）	成母畜存栏（头）	奶畜品种	成母畜单产（t/年）	年总产量（t）	是否有机奶源基地	有机奶产量（t）
37	三河市富祥奶牛养殖有限公司	河北省三河市黄庄镇葛中马坊	1 864	639	荷斯坦	10.4	6 657	√	6 351
38	天津市佳禾牧业有限公司	天津市武清区大碱厂镇洪家庄村	932	467	荷斯坦	9.4	4 401		
39	北京市建雄养殖有限责任公司	北京市延庆县旧县镇旧县村南	322	170	荷斯坦	7.0	1 190		
40	北京金龙腾达养殖场	北京市延庆县旧县镇小柏老村西	216	90	荷斯坦	8.4	758		
41	北京科润维德生物技术有限责任公司	北京市海淀区苏家坨镇前沙涧村东1 000米	142	48	荷斯坦	8.9	428		
42	北京利源永兆养殖中心	北京市延庆县旧县镇大柏老村	1 034	257	荷斯坦	8.1	2 087		
43	北京绿源宇鑫奶牛养殖专业合作社	北京市通州区永乐店镇三垡村村委会东2 000米	437	192	荷斯坦	6.1	1 168		
44	北京民禾诚奶牛专业合作社	北京市顺义区马坡镇肖家坡村村委会南	617	234	荷斯坦	7.3	1 720		
45	农标普瑞纳（廊坊）饲料有限公司霸州养殖分公司	河北省廊坊市霸州市煎茶铺镇七间房村南	244	107	荷斯坦	9.1	976		
46	北京瑞林奶牛养殖中心	北京市延庆区井庄镇井庄村	363	178	荷斯坦	6.3	1 117		
47	三河顺发奶牛养殖有限公司	河北省三河市皇庄镇韶道庵村南	652	389	荷斯坦	9.5	3 702		
48	北京三石奶牛场有限公司	北京市昌平区流村镇西峰山村	415	222	荷斯坦	10.3	2 297		
49	怀来县土木镇银海鑫兴牧场	河北省怀来县土木火车站南50米	1 317	932	荷斯坦	9.9	9 247		
50	北京鑫运奶牛养殖场	北京市延庆县康庄镇郭家堡村东南	542	301	荷斯坦	7.2	2 167		
51	北京延照富民奶牛养殖中心	北京市延庆区延庆镇赵庄村	435	211	荷斯坦	11.5	2 416		
52	固安县柳泉镇振超养殖场	河北省固安县柳泉镇振超养殖场	364	196	荷斯坦	8.4	1 643		
53	北京中加永宏科技有限公司	北京市房山区琉璃河镇赵营村	514	150	荷斯坦	7.1	1 066		
54	恩芝	天津市北辰区双口镇东提村南	519	220	荷斯坦	7.4	1 635		
55	旺达	河北省唐山市玉田县林西镇西迷王会村	750	320	荷斯坦	8.7	2 781		
56	久金	天津市北辰区双口镇杨河村南	480	200	荷斯坦	7.5	1 491		
57	隆达	天津市静海区唐官屯镇靳官屯村	1 207	353	荷斯坦	10.6	3 727		
58	东盛	天津市静海区陈官屯镇吕官屯村铁路东	800	490	荷斯坦	6.2	3 038		
59	凤虎	天津市静海区陈官屯镇潘村	800	400	荷斯坦	6.1	2 440		
60	金源	河北省 沧州市青县木门店镇前吴召村	600	400	荷斯坦	7.7	3 072		
61	耐康	河北省青县流河镇东魏村	1 700	1 000	荷斯坦	8.5	8 542		
62	蓄驰	天津市静海区大邱庄镇巨家庄村	519	291	荷斯坦	6.7	1 963		
63	迁安市广原奶牛养殖科技有限公司	河北省迁安市赵店子镇三港湾村	1 210	720	荷斯坦	8.9	6 408		

（续）

序号	名称	地址	全群存栏（头）	成母畜存栏（头）	奶畜品种	成母畜单产（t/年）	年总产量（t）	是否有机奶源基地	有机奶产量（t）
64	迁安市二牛畜牧养殖有限公司	迁安市太平庄乡东蛇探峪村	1 435	600	荷斯坦	9.6	5 760		
65	迁安市智联农牧有限公司	河北省迁安市大五里乡贯头山村	650	340	荷斯坦	8.7	2 958		
66	迁安市民健农牧有限公司	河北省迁安市建昌营西安村西	163	60	荷斯坦	6.2	372		
67	滦南县海龙奶牛养殖场	河北省滦南县程庄镇潘戴庄村	528	330	荷斯坦	6.9	2 277		
68	滦南县明赫奶牛养殖有限公司	河北省滦南县宋道口镇大二里村东	562	221	荷斯坦	6.5	1 437		
69	滦南县福兴奶牛养殖场	河北省滦南县扒齿港镇东水清庄村东	530	249	荷斯坦	6.0	1 494		
70	河北省滦南县龙顺奶牛养殖场	滦南县扒齿港镇后龙坨村	268	149	荷斯坦	8.9	1 326		
71	昌黎县玉杰奶牛养殖专业合作社	河北省昌黎县朱各庄镇大樊各庄村	430	187	荷斯坦	6.7	1 253		
72	昌黎县鑫丰奶牛养殖专业合作社	河北省昌黎县安山镇党各庄村	456	290	荷斯坦	8.2	2 378		
73	昌黎县青源奶牛养殖专业合作社	河北省昌黎县龙家店镇垂柳庄村	398	145	荷斯坦	7.3	1 059		
74	秦皇岛浩轩生态农业经济示范园（普通合伙）	河北省卢龙县木井镇侯庄子村	1 028	565	荷斯坦	6.6	3 729		
75	遵化市铁厂美富养牛场	河北省遵化市铁厂镇铁厂村	562	201	荷斯坦	8.0	1 608		
76	乐亭县天园奶牛养殖专业合作社	河北省乐亭县古河乡东新庄村	500	234	荷斯坦	6.2	1 451		
77	唐山市丰润区绿欣源畜牧养殖场	河北省唐山市丰润区泉河头镇东孝义村	236	180	荷斯坦	8.6	1 548		
78	唐山市丰润区金明奶农农民专业合作社	河北省唐山市丰润区火石营镇后刘城子村	190	70	荷斯坦	6.1	427		
79	滦县隆泉奶牛养殖专业合作社	河北省滦县王店子镇大高庄村	403	142	荷斯坦	7.8	1 108		
80	滦县店坨泽生牧场	河北省滦县古马镇店坨村	357	178	荷斯坦	7.3	1 300		
81	滦县茂源牧场（普通合伙）	河北省滦县小马庄镇光水坨村北	537	320	荷斯坦	8.5	2 720		
82	高邑县千秋优种奶牛有限公司	河北省高邑县城东 10 公里国营苗圃东临	533	151	荷斯坦	7.1	1 079		
83	石家庄市藁城市河牧奶牛养殖服务专业合作社	河北省藁城市梅花镇许家庄村	235	119	荷斯坦	7.8	928		
84	石家庄市藁城区六合养殖场	河北省藁城市张家庄镇鲍家庄村东	508	338	荷斯坦	8.8	2 990		
85	石家庄市藁城区荣祥奶牛饲养专业合作社	河北省藁城市东桥寨村	506	179	荷斯坦	7.8	1 388		
86	河北红山乳业有限公司	河北省隆尧县尹村镇霍庄村	528	170	荷斯坦	6.2	1 059		
87	晋州市周家庄农牧业有限公司	河北省晋州市周家庄乡北王庄村村西	1 258	543	荷斯坦	8.4	4 561		
88	石家庄茂丛畜牧业有限公司	河北省栾城区南高乡前庄村	327	120	荷斯坦	6.5	781		
89	平山县兴达养殖专业合作社	河北省石家庄平山县上三汲乡郎家村	317	115	荷斯坦	6.0	693		
90	平山县涌森养殖专业合作社	河北省平山县两河乡卢家庄村	347	106	荷斯坦	7.7	818		

（续）

序号	名称	地址	全群存栏（头）	成母畜存栏（头）	奶畜品种	成母畜单产（t/年）	年总产量（t）	是否有机奶源基地	有机奶产量（t）
91	石家庄市诚鑫牧业有限公司	藁城市南孟镇南乡村	547	208	荷斯坦	9.1	1 892		
92	石家庄菁冉牧业有限公司	河北省行唐县王下口村	560	357	荷斯坦	9.2	3 283		
93	行唐县以琳养殖有限公司	河北省行唐县只里乡东家村	600	345	荷斯坦	9.4	3 249		
94	行唐县上方乡东井底村奶牛养殖场	河北省行唐县上方乡东井底村	322	165	荷斯坦	7.4	1 220		
95	行唐县鑫泉养殖小区	河北省行唐县翟营乡康庄村南	396	179	荷斯坦	9.1	1 636		
96	元氏县康顺奶牛养殖场	河北省元氏县因村镇故城村北	780	265	荷斯坦	9.5	2 507		
97	元氏县绿康奶牛养殖场	河北省元氏县杜村	446	204	荷斯坦	6.9	1 400		
98	元氏县铁达奶牛养殖有限公司	河北省元氏县铁屯	711	326	荷斯坦	9.6	3 139		
99	赵县永兴牧业有限公司	河北省赵县北王里镇永兴村东	620	239	荷斯坦	8.6	2 049		
100	正定县旭盛奶牛养殖专业合作社	河北省正定县北早现乡北早现村	465	124	荷斯坦	7.2	888		
101	中元牧业有限公司	河北省新乐市木村乡木村北沙河南岸	18 272	9 437	荷斯坦	10.1	95 000		
102	潍坊恒祥养殖有限公司	山东省潍坊市寒亭区朱里镇西镇村	896	430	荷斯坦	9.0	3 870		
103	潍坊市寒亭区团结奶牛养殖专业合作社	山东省潍坊市寒亭区寒亭街办袁家埠村	337	149	荷斯坦	7.5	1 118		
104	山东世本农业科技股份有限公司	山东省高密市柏城镇横一路路北	237	115	荷斯坦	7.5	863		
105	潍坊照亮奶牛养殖场	山东省潍坊市寒亭区固堤街道办事处李家沿村	372	119	荷斯坦	8.1	964		
106	高青县顺腾奶牛养殖专业合作社	山东省高青县花沟镇庄家村	376	129	荷斯坦	7.8	1 006		
107	高青县光军奶牛养殖专业合作社	山东省高青县黑里寨镇西小王村	331	102	荷斯坦	7.5	765		
108	高青县凤德奶牛养殖场	山东省高青县黑里寨镇店头王村	398	128	荷斯坦	8.1	1 037		
109	青岛犇鑫奶牛养殖场	山东省青岛莱西市望城街道办事处林泉庄村东	557	255	荷斯坦	8.4	2 142		
110	原阳县福源奶牛有限公司	河南省原阳县官厂乡判官村	1 100	700	荷斯坦	8.4	3 472		
111	原阳县富民奶牛养殖有限公司	河南省原阳县福宁集乡张大夫寨村	492	350	荷斯坦	8.1	1 913		
112	新乡市菁宇农牧有限公司	河南省福宁集乡王庄村	410	270	荷斯坦	9.0	1 477		
113	邯郸市邯山区利林奶牛养殖有限公司	河北省邯郸市邯郸县河沙镇南泊村南	800	590	荷斯坦	9.3	3 718		
114	河北圣犇牧业有限公司	河北省邢台市沙河市十里亭镇高店村北	1 150	760	荷斯坦	9.3	4 586		
115	河南省黄河岸边乳业有限公司	河南省原阳县靳堂乡朱庄村	350	230	荷斯坦	8.4	1 180		
116	孟州市华亿畜产养殖有限公司	河南省孟州市西虢镇西逯滩区	328	228	荷斯坦	7.8	919		

（续）

序号	名称	地址	全群存栏（头）	成母畜存栏（头）	奶畜品种	成母畜单产（t/年）	年总产量（t）	是否有机奶源基地	有机奶产量（t）
117	孟州市作谦奶牛养殖场	河南省孟州市会昌办竹园内	360	170	荷斯坦	7.6	587		
118	博爱县鑫恒牧业有限公司	河南省博爱县金城乡刘村北地	350	190	荷斯坦	7.6	845		
119	新乡市新旺牧业有限公司	河南省新乡市凤泉区大块镇闫庄村	420	370	荷斯坦	9.3	1 700		
120	卫辉市牧丰奶牛养殖有限公司	河南省卫辉市孙杏村镇张武店村西头	400	230	荷斯坦	7.5	862		
121	新乡市犇犇奶牛养殖农民专业合作社	河南省新乡市卫滨区平原乡张固城村村南	290	150	荷斯坦	6.0	650		
122	武陟县众犇奶牛场	河南省武陟县三阳乡大聂村	295	165	荷斯坦	6.0	671		
123	江苏三元双宝乳业有限公司奶牛分公司	江苏省连云港市东辛农场	1 850	980	荷斯坦	9.5	9 300	√	800
124	柳州三元天爱乳业有限公司鹧鸪江牛奶场	广西壮族自治区柳州市鹧鸪江路 103 号	671	406	荷斯坦	6.3	2 232		
125	柳州三元天爱乳业有限公司羊角山牛奶场	广西壮族自治区柳州市羊角山路 15 号	443	264	荷斯坦	5.3	1 354		

备注：本表所指奶畜包括奶山羊、奶绵羊、奶水牛、牦牛、骆驼、驴等产商品奶家畜。本表奶畜养殖场指企业在中国及海外自建和参建（控股、参股）牧场（小区）。如认证为有机奶源基地，请在相应表格中打勾。

附表 2　北京三元食品股份有限公司乳制品生产企业名录

序号	名称	生产地点	生产许可证号码	年收购原奶量（t）	其中：自有奶源量（t）	平均支付价格（元/kg）	日处理生鲜乳能力（t）	年乳制品产量（t）	其中：低温鲜奶（t）	UHT 奶（t）	常温酸奶（t）	低温酸奶（t）	原料奶粉（t）	婴幼儿配方奶粉（t）	成人奶粉及其他（t）	奶油（t）	奶酪（t）	乳饮料（t）	冰品（t）	年销售收入（万元）	利润（万元）	有机产品（枚）
1	北京三元食品股份有限公司	北京市	SC10511150810031	250 559		3.95	1 200	259 111	96 993	53 953		81 258	938		1 124	2 025	5 622	200		478 284	1 609	13 440 061
2	北京三元食品股份有限公司乳品四厂	北京市	SC10511140210065					4784					938		1 124	78	2 479	165		101 185	1 379	233 856
3	天津三元乳业有限公司	天津市	SC10512022300241	27 741		3.72	100	27 801		27 801										15 117	126	
4	迁安三元食品有限公司	河北省唐山市	SC10513028300120	41 501		3.78	306	60 187		59 686						428		73		33 858	1 541	
5	河北三元食品有限公司	河北省石家庄市	SC10513018400046	131 546		3.85	1 000	126 009		64 813	8 021	34 421	1 364	2 684	1430	239				182 239	12 155	
6	唐山三元食品有限公司	河北省唐山市	SC12913020900010	604		3.85	125	250						250						2 921	2 102	
7	山东三元乳业有限公司	山东省潍坊市	SC10637070400024	29 336		4.03	250	34 142	0.30	19 982	10 916	130						2 911				
8	江苏三元双宝乳业有限公司	江苏省连云港市	SC10532070300509	7 823	5241	4.15	65	8 081	1 606	4 693		1 653						149		8 994	153	67 882
9	新乡市三元食品有限公司	河南省新乡市	SC10541072500442	37 757		3.94	180	41 128		33 624		2 937						3 880		26 239	498	
10	甘肃三元乳业有限公司	甘肃省张掖市	SC10562070200977	9 963	6436	4.05	300	9 922	4	7 733	1 215	969								7 047	4 968	
11	柳州三元天爱乳业有限公司	广西壮族自治区柳州市	SC10545020500353	2 138	2138	4.43	59	2 706	1 388	689		169						460		4 285	11	
12	湖南太子奶集团生物科技有限责任公司	湖南省株洲市	SC10543020100021					6 533		175								6 355		5 155	4 766	

备注：本表包括在中国及海外的生产企业。自有奶源指来自自建和参建（控股、参股）牧场（小区）的原奶及长期稳定合作牧场的原奶。有机产品数量单位为“枚”，指获得有机标志的数量。有机产品品类指液态奶、酸奶、奶粉、奶酪等大类。

西安银桥乳业（集团）有限公司

【奶源基地】2019年西安银桥乳业（集团）有限公司（以下简称银桥）有奶源基地56个，存栏奶牛超7.5万头，其中成母牛存栏超4.5万头，生鲜乳年产量33.624 8万t；奶源分布区域覆盖陕西、甘肃、宁夏、山西、河南等地区，其中陕西关中4市为主要产区，奶牛养殖重点县（市、区）有西安市临潼区和阎良区、泾阳县、合阳县、华阴市、富平县、眉县、麟游县；自有奶源占比达到25.5%；有机奶源基地位于宁夏吴忠，年产有机生鲜乳6 000t。奶源基地规划扩建牧场2个，改造升级牧场5个。

银桥奶源基地奶牛存栏200头以上规模养殖率达到100%，其中奶牛存栏200~299头的占23.2%，存栏300~499头的占19.6%，存栏500~999头的占37.5%，存栏1 000及头以上的占19.7%；100%实现机械化挤奶，100%实现全混合日粮（TMR）机械饲喂。

DHI参测方面，以银桥奶源基地参加DHI的规模牧场达到46个，覆盖率82.1%。测定牛场305天头均产奶量9 102kg，头均日产奶量29.8kg。305天产奶量在7~8（不含）t的养殖场7个，8~9（不含）t的13个，9~10t的15个，10t及以上的11个。从测定结果来看，平均乳脂率4.17%，平均乳蛋白率3.28%，平均体细胞数为19.1万个/mL，其中体细胞小于50万个/mL的牛场占100%。

饲草种植方面，2019年银桥奶源基地参加陕西高产优质苜蓿示范场建设，种植紫花苜蓿950hm^2，苜蓿干草平均单产12.2t/ hm^2，苜蓿干草总产量1.15万t；种植优质青贮玉米9 450 hm^2，平均单产37.60t/hm^2，青贮玉米总产量达35.53万t。

疫病防控方面，2019年银桥奶源基地积极落实奶牛口蹄疫免疫工作，应免密度达到100%，免疫抗体检测合格率达到100%。进一步规范了奶牛养殖场兽用抗菌药的使用，积极引导牧场开展抗菌药减量工作。

银桥奶源基地粪污处理方式主要有两种，第一种方式是牛粪干清，堆积发酵用作农家肥还田，占比85.7%；第二种方式是用牛粪制作沼气，沼渣经干湿分离、堆积发酵后用于卧床垫料，沼液作为液肥用于还田灌溉，占比14.3%。

2019年银桥生鲜乳收购年均价格3.85元/kg，7~12月奶价持续上涨，达到3.9~4.3元/kg。随着奶价进入上行周期，奶牛养殖效益较好，2019年，规模化养殖场头均年净收入达到5 900元。

【乳制品加工】银桥现有婴幼儿配方奶粉生产工厂2个，旗下共有6个婴幼儿配方奶粉品牌，18个注册配方，包括阳光宝宝、阳光澳嘉、贝多瑞、澳瑞佳4款婴幼儿配方牛奶粉；艾宝瑞、秦俑冠佳2款婴幼儿配方羊奶粉。银桥中心工厂年设计产能60万t。目前已形成常温液态奶、低温酸奶、婴幼儿配方奶粉等100多个品种多元产品矩阵，2019年各类乳制品产量36万t。银桥加快推进智能制造，构建绿色智能工厂，建立健全信息化、数据化、智能化生产加工系统，实现产品的信息可查询、来源可追溯、过程可管控。银桥以“种好草、养好牛、产好奶”为目标，大力推进优质奶源基地和优质牧场建设，加快提升牧场标准化，构建绿色、规范、高效的可持续发展健康之路。

【市场消费】2019年，银桥液态奶在陕西市场的占有率为37%，银桥原点牧场纯牛奶在陕西市场的占有率为29%，银桥核桃牛奶在陕西市场的占有率为27%，银桥原点牧场苗条杯酸奶在陕西市场的占有率为31%，阳光宝宝婴幼儿配方奶粉在全国市场的占有率为0.2%，银桥艾宝瑞婴幼儿配方羊奶粉在全国市场的占有率为1%，秦俑全脂甜牛奶粉在陕西市场的占有率为28%。

银桥2019年乳制品工业总产值450 137万元，2019年销售收入总额392 676万元。

在品牌建设上，为提升消费者对银桥秦俑、阳光宝宝等驰名、著名商标的认知度和信任度，银桥持续加强国外重点区域和国内的商标注册、商标运用及商标全面保护。

银桥形成了以西北市场为中心，辐射全国30多个省级行政区、数万个零售网点的销售网络系统。银桥十分重视客户关系管理。以顾客需求和市场导向为引领，品牌宣传等相关费用占销售收入超过2%，且投入费用不断增长。

为增强客户体验，顺应“互联网+”现代商业模式，银桥还开通企业微博、微信公众号等网络媒体平台，线上线下多角度、全方位、深层次双向互动交流。数据调查统计显示，近三年银桥的顾客满意度和忠诚度的各项关键绩效指标均保持较高水平，并呈稳定提升趋势。

【全球发展】银桥坚持“资源互补、创新协同、开放共赢”，以全球优质资源服务消费需求，以世界一流品质打造民族品牌。近年来，银桥不断加快国际化脚步，与法国、新西兰、澳大利亚等世界乳业发达国家深化全球合作，加强战略对接。

2019年银桥紧抓“一带一路”倡议机遇，与中牧集团达成全面战略合作伙伴关系，围绕畜牧业、乳制品产业上下游业务开展交流与合作，合作涉及科技研发、政策争取、业务合作、人才培训、资本运作等领域；在第二届中国国际进口博览会上，银桥随陕西西安临潼代表团，与丹麦科汉森公司达成全面合作伙伴关系，双方围绕乳制品的益生菌采购、新技术应用、新产品开发等方面开展合作。

【社会责任】2019年，在中央候补委员、中华全国总工会兼职副主席郭明义的见证下，银桥成立郭明义爱心团队·银桥集团分队，成功帮扶西安市下辖县（市、区）共计 130 余户贫困家庭，为 120 余户特困户建档立卡进行精准帮扶，助力西安市脱贫攻坚。

银桥积极响应农业农村部“中国小康牛奶行动”号召，关注贫困地区青少年儿童健康成长，深入参与营养扶贫，持续开展牛奶公益助学。银桥已累计支付奶款达 40 多亿元，累计为社会公益事业投入超 1 亿元。

新冠肺炎疫情以来，累计捐赠物资现金 1 160 余万元。与西北农林科技大学食品科技学院联办“精准帮扶捐资助学”活动。

【奶业大事】2019 年 1 月，银桥旗下阳光宝宝婴幼儿配方奶粉连续 3 年荣获“质量金奖”。

2019 年 2 月，成立郭明义爱心团队·银桥集团分队，中华全国总工会副主席郭明义向银桥集团爱心分队授旗。

2019 年 5 月，银桥与中牧集团签署战略合作协议。

2019 年 7 月，第十届中国奶业展览会在天津开幕，银桥应邀参展，银桥携手中国奶业 D20 联盟成员，共同助力中国奶业高质量发展。

2019 年 9 月，国家市场监管总局局长肖亚庆一行来银桥调研；银桥牛奶连续八届成为“欧亚经济论坛指定乳品”。

2019 年 10 月，积极响应国家市场监管总局号召，作为国内外 12 家大型乳制品企业代表之一，向全社会郑重承诺，努力为消费者提供更优质的产品。

2019 年 11 月，银桥参加中国奶业 20 强（D20）峰会，携手共进，努力当好民族奶业科技研发的排头兵、创新发展的先行者。

［西安银桥乳业（集团）有限公司，闵　杨］

附表 1　西安银桥乳业（集团）有限公司奶畜养殖场（小区）名录

序号	名称	地址	养殖场	小区	全群存栏（头）	成母畜存栏（头）	奶畜品种	成母畜单产（t/年）	年总产量（t）	有机奶产量（t）
1	陕西农得利现代牧业发展有限公司	陕西省西安市临潼区相桥街办姚家村	√		640	395	荷斯坦	9.5	3 752	
2	西安市临潼区永平养殖场	陕西省西安市临潼区相桥街办新李村	√		605	360	荷斯坦	8.4	3 024	
3	西安凯旋奶业有限责任公司	陕西省西安市临潼区相桥街办朝阳村	√		560	340	荷斯坦	9.2	3 128	
4	西安昕洋牧业有限责任公司	陕西省西安市临潼区相桥街办朝阳村	√		950	598	荷斯坦	10.2	6 100	
5	西安市临潼区经社奶牛小区	陕西省西安市临潼区相桥街办朝阳村		√	209	108	荷斯坦	7.6	820	
6	西安市临潼区兴王奶牛三厂	陕西省西安市临潼区相桥街办朝阳村	√		520	295	荷斯坦	8.2	2 419	
7	西安市临潼区银桥科技示范奶牛场	陕西省西安市临潼区相桥街办北王村	√		325	191	荷斯坦	8.6	1 643	
8	西安市临潼区王彭牛场	陕西省西安市临潼区相桥街办朝阳村	√		220	140	荷斯坦	7.9	1 106	
9	西安市临潼区新市奶牛养殖场	陕西省西安市临潼区新市街办新市村	√		445	276	荷斯坦	9.0	2 484	
10	西安市兴盛源牧业有限公司	陕西省西安市临潼区任留街办垣头村	√		780	490	荷斯坦	10.0	4 900	
11	西安市临潼区卫南王逖奶牛场	陕西省西安市临潼区相桥街办朝阳村	√		253	156	荷斯坦	7.8	1 216	
12	西安市阎良区文强奶牛养殖示范园	陕西省西安市阎良区凤凰路街办三贤村三南组	√		475	290	荷斯坦	9.0	2 610	
13	西安阎良区海文养殖专业合作社	陕西省西安市阎良区凤凰路街办三贤村新东组	√		455	298	荷斯坦	10.8	3 218	
14	西安市阎良区牧歌畜牧养殖专业合作社	陕西省西安市阎良区关山镇代家村	√		486	285	荷斯坦	9.8	2 793	
15	西安市阎良区华源奶牛养殖场	陕西省西安市阎良区新兴街道办井家村	√		230	145	荷斯坦	8.0	1 160	
16	西安市阎良区武屯镇随安畜牧养殖专业合作社	陕西省西安市阎良区武屯镇任官村中东组	√		205	112	荷斯坦	7.8	585	
17	户县群星奶牛养殖专业合作社	陕西省西安市户县余下镇东屯村	√		269	130	荷斯坦	7.6	988	
18	咸阳永兴畜牧有限公司	陕西省咸阳市渭城区正阳街道办张闫村	√		280	150	荷斯坦	7.8	1 170	
19	咸阳汉凌农牧有限责任公司	陕西省咸阳市渭城区正阳办马家堡村	√		260	140	荷斯坦	7.7	1 078	
20	三原徐木北鹿奶牛养殖专业合作社	陕西省咸阳市三原县徐木发展服务中心冯家顺村	√		820	468	荷斯坦	8.2	3 838	
21	泾阳县佳丰源牧业有限公司	陕西省咸阳市泾阳县兴隆镇符庄村	√		1 560	854	荷斯坦	9.5	8 113	
22	陕西澳美慧科技有限公司一场	陕西省咸阳市泾阳县三渠镇梁宋村	√		9 913	6 245	荷斯坦	11.0	68 695	
23	陕西澳美慧科技有限公司二场	陕西省咸阳市泾阳县安吴镇	√		3 710	2 175	娟姗牛	8.3	18 052	
24	大荔县华秦牧业有限责任公司	陕西省渭南市大荔县冯村镇冯村街	√		210	85	荷斯坦	8.3	539	
25	蒲城天天奶牛养殖有限公司	陕西省渭南市蒲城县永丰镇坞坭村	√		420	231	荷斯坦	8.0	1 848	
26	华康乳业有限责任公司	陕西省渭南市华阴市岳庙办康营村东南	√		270	180	荷斯坦	7.6	1 368	
27	华阴市宏泰奶牛场	陕西省渭南市华阴市五方管区董城村	√		620	402	荷斯坦	9.5	3 819	

（续）

序号	名称	地址	养殖场	小区	全群存栏（头）	成母畜存栏（头）	奶畜品种	成母畜单产（t/年）	年总产量（t）	有机奶产量（t）
28	西安草滩牧业有限公司	陕西省渭南市华阴市华西镇	√		7 852	5 110	荷斯坦	11.5	58 765	
29	合阳兴隆牧业公司	陕西省渭南市合阳县杨家庄办事处杨家庄村北	√		810	485	荷斯坦	9.5	4 607	
30	韩源牧业有限公司	陕西省渭南市合阳县同家庄镇杨家庄村	√		855	512	荷斯坦	9.5	4 864	
31	合阳县富千家牧业有限公司	陕西省渭南市合阳县同家庄镇新堡村西	√		550	280	荷斯坦	9.0	2 520	
32	合阳县兴隆乳业有限公司	陕西省渭南市合阳县同家庄镇	√		750	403	荷斯坦	8.5	3 425	
33	合阳县翱翔养殖场	陕西省渭南市合阳县路井乡	√		260	170	荷斯坦	7.8	1 326	
34	陕西晟杰实业有限公司	陕西省渭南市合阳县金峪镇解庄村	√		1 120	725	荷斯坦	9.8	7 105	
35	合阳县腾达牧业有限公司	陕西省渭南市合阳县坊镇	√		630	398	荷斯坦	8.0	3 184	
36	富平县隆仁奶牛养殖专业合作社	陕西省渭南市富平县流曲镇碳村	√		551	323	荷斯坦	7.5	2 422	
37	陕西嘉润生态农业有限公司	陕西省渭南市富平县流曲镇大岗村	√		630	356	荷斯坦	9.0	3 204	
38	富平县新胜奶牛养殖专业合作社	陕西省渭南市富平县流曲镇藏村	√		520	355	荷斯坦	7.8	2 769	
39	富平县鑫牛奶牛养殖有限公司	陕西省渭南市富平县流曲镇	√		550	356	荷斯坦	7.9	2 812	
40	富平县佳牧奶牛养殖专业合作社	陕西省渭南市富平县宫里镇大樊村三组	√		260	145	荷斯坦	8.0	1 160	
41	富平县腾龙养殖专业合作社	陕西省渭南市富平县到贤镇庄镇新移村四组	√		230	136	荷斯坦	7.8	1 060	
42	富平县芳蕾农牧发展有限公司	陕西省渭南市富平县到贤镇庄镇村仁义组	√		345	231	荷斯坦	8.1	1 870	
43	现代牧业（宝鸡）有限公司	陕西省宝鸡市眉县横渠镇曹梁村	√		16 450	9 402	荷斯坦	11.5	25 277	
44	麟游县秦牧生态牧业有限公司	陕西省宝鸡市麟游县酒房镇大庄村菜子山组	√		1 620	945	荷斯坦	11.0	10 395	
45	宝鸡凯农现代牧业有限责任公司	陕西省宝鸡市岐山县故郡镇索王村	√		1 100	630	荷斯坦	10.5	6 615	
46	新绛县润泽养殖有限公司	山西省运城市新绛县泽掌镇泽掌村	√		375	214	荷斯坦	8.2	1 754	
47	山西草和牛业有限公司	山西省运城市新绛县龙兴镇仁美村	√		625	398	荷斯坦	9.5	3 781	
48	翼城县长峰农工商实业有限公司	山西省临汾市翼城县唐兴镇治南村	√		1 124	639	荷斯坦	10.0	6 390	
49	翼城县芸翊畜牧业有限公司	山西省临汾市翼城县南梁镇西政村	√		368	225	荷斯坦	8.2	1 845	
50	翼城县富华养殖有限公司	山西省临汾市翼城县里岩镇老官庄村	√		832	503	荷斯坦	9.1	4 580	
51	三门峡市纯厚牧业有限公司	河南省三门峡市湖滨区磁钟乡磁钟村	√		360	219	荷斯坦	7.9	1 730	
52	多多牧业养殖场	河南省三门峡市陕县西张村镇水淆村 10 组	√		495	301	荷斯坦	7.8	2 347	
53	三门峡市人和牧业有限公司	河南省三门峡市陕州区西张村镇窑头村	√		520	324	荷斯坦	7.5	2 430	
54	环县昊乐养殖有限公司	甘肃省庆阳市环县木钵镇高寨村	√		2 167	840	荷斯坦	10.0	8 400	
55	庆阳陇牛养殖农民专业合作社	甘肃省庆阳市宁县米桥镇米桥村七组	√		538	331	荷斯坦	9.5	3 145	
56	宁夏夏进综合牧业开发有限公司	宁夏回族自治区吴忠市利通区孙家滩种畜场	√		7 421	4 560	荷斯坦	10.2	6 000	6 000
57	蒲城县金羊奶山羊养殖专业合作社	陕西省蒲城市蒲城县苏坊镇姚古村		√	8 060	4 621	关中奶山羊	0.7	3 234	

（续）

序号	名称	地址	养殖场	小区	全群存栏（头）	成母畜存栏（头）	奶畜品种	成母畜单产（t/年）	年总产量（t）	有机奶产量（t）
58	富平县利善奶山羊养殖专业合作社	陕西省渭南市富平县张桥镇苏吴村苏西组		√	5 966	3 125	关中奶山羊	0.7	2 125	
59	渭南市临渭区文强奶山羊养殖农民专业合作社	陕西省渭南市临渭区官底镇		√	6 258	3 260	关中奶山羊	0.7	2 282	

备注：本表所指奶畜包括奶山羊、奶绵羊、奶水牛、牦牛、骆驼、驴等产商品奶家畜。本表奶畜养殖场指企业在中国及海外自建和参建（控股、参股）牧场（小区）。请在养殖场或小区列中选择打勾。

附表 2　西安银桥乳业（集团）有限公司乳制品生产企业名录

名称	生产地点	生产许可证号码	年收购原奶量（t）	平均支付价格（元 /kg）	其中：自有奶源量 (t)	年乳制品产量（t）	其中：巴氏杀菌乳（t）	UHT 奶（t）	酸奶（t）	奶粉（t）	婴幼儿配方奶粉（t）	奶油（t）	奶酪（t）	乳饮料（t）	产品销售区域	年销售收入（万元）	利润（万元）	是否为国家学生饮用奶认定企业	有机产品（枚）	有机认证机构	有机产品品类 1 及数量（枚）	有机产品品类 2 及数量（枚）
西安银桥乳业（集团）有限公司	陕西省西安市临潼区经济开发区银桥大道 99 号	SC12961011500930	336 248	3.85	85 743	377 425	15 965	240 799	88 463	9 230	22 968			22 958	全国	451 563	16 786	是	2 705 200	中绿华夏认证中心	有机纯牛奶 2 265 200	常温酸奶 440 000

备注：本表包括在中国及海外的生产企业。自有奶源指来自自建和参建（控股、参股）牧场（小区）的原奶及长期稳定合作牧场的原奶。有机产品数量单位为“枚”，指获得有机标志的数量。有机产品品类指液态奶、酸奶、奶粉、奶酪等大类。

内蒙古圣牧高科牧业有限公司

圣牧坚持以创建全球有机奶第一品牌为目标，开创有机环境、有机草场、有机牧场、有机奶源产业链条，为消费者提供最值得信赖的有机好牛奶。

圣牧坚持“模式领先”，即从源头做起，选址乌兰布和沙漠，从环境、种植、养殖层层把控，生产全过程可追溯，生产出了通过国标和欧盟有机双认证的高品质牛奶。

【奶源基地】截至2019年12月31日，圣牧自建牧场34个，奶牛存栏10.6万头。圣牧持续优化牛群结构，成母牛占比由2018年的65%调整至56%，公司后备牛群储备充足。2019年，奶牛平均年单产为9.62t，2019年生鲜乳总产量为64.2万t。

受益于奶价上涨、单产提升以及有机奶产销比例提升，2019年圣牧公司的财务业绩全面提高，净利润连续两年亏损后实现扭亏为盈，公司实现销售收入27.59亿元。

圣牧积极响应所在地区的各项政策补贴，2019年也享受到了奶业机械购置补贴和规模养殖场改扩建补助，在企业发展中起到了很好的助力作用。

圣牧在奶牛养殖过程中，注重奶牛保健和牛只舒适度，在疾病防控方面防重于治，并不断完善繁育保健、疾病防控管理。自公司建成以来，未发生过规模性疾病或传染性疾病。

“推动生态文明建设，倡导绿色协调发展”是当代民族乳企的职责所在，圣牧通过产业治沙，始终以“种养结合”为核心，有机饲草用于喂牛，牛粪还肥于土地，实现土地开发与沙漠治理并重的效果，以养带种，草蓄配套，推动生产、生态协同发展。

【社会责任】圣牧公司坚持自身发展与履行社会责任并重，在探索新发展模式的同时，积极带动当地奶业发展。通过促进就业、收购青贮、加大运输等带动农牧民增收，以实际行动回馈社会。2019年圣牧继续参与“百企联百村”精准扶贫活动，捐赠安格斯肉犊牛，扶持当地肉牛养殖项目。同时参与志愿者活动的有180人次，志愿者活动共计540h。

圣牧不仅开拓出了中国奶业的一个全新独特品类——沙漠有机奶，同时也在沙漠地区植下了9 500多万株沙生树木，绿化了200km^{2}的沙漠，筑起了一道严密的防沙屏障。

【奶业大事】2019年4月，圣牧奶业51%的股权完成交割归属蒙牛集团，这意味着圣牧的液态奶业务并入了蒙牛集团。作为中国乳业巨头的蒙牛与圣牧展开的合作，也正是看准了圣牧有机奶的良性发展模式和前景。而对于圣牧这种规模的奶企，有蒙牛这样的巨头作为靠山，就更能够大胆放手发展有机奶产业，而不用把有限的精力分散于整个产业链的各个环节。把专业的事交给专业的人做，是圣牧与蒙牛强强联手的核心——圣牧将成品奶业务交由蒙牛，由蒙牛的专业营销团队进行市场推广，同时保留“圣牧”的品牌，将“圣牧”与“有机奶”的标签打造得更醒目。借助蒙牛成熟的销售渠道和专业的销售人才，圣牧以更强势的姿态参与市场竞争。圣牧则致力于奶牛养殖业务的发展，力争种好草、养好牛、产好奶。

圣牧在乌兰布和沙漠建起了自己的有机牧场群，实现高效率的规模化运营。2019年进一步收购了沙漠内12家合资牧场的少数股东权益，继续有效提升牧场高效管理及标准化运营水平。同年5月，中国–丹麦有机示范牧场落户圣牧第27牧场，未来将借助丹麦牧场的先进经验，继续提升圣牧有机乳业的核心竞争力，打造全球优质有机示范牧场。

2019年8月，以色列农业与农村发展部部长乌里·阿里埃勒率考察团赴圣牧第20牧场参观考察，国家林业和草原局相关领导和巴彦淖尔市、磴口县等有关部门负责人陪同考察。经过中以双方考察和反复论证，选定圣牧高科乌兰布和沙漠有机产业园区打造中以现代农业产业园区。

2019年9月，蒙古国色楞格考察团参观了圣牧内大牧场，对圣牧养殖技术的先进经验及牧场规模表示赞赏，并表示，此次参观不仅有助于学习借鉴圣牧的先进养殖经验，还将有力促进内蒙古与色楞格省的友好交流合作。

2019年12月，在第六届内蒙古品牌大会中，圣牧再次荣登内蒙古品牌榜单，品牌价值评估157.12亿元。

【全球发展】

圣牧发展战略是实现三大融合。

一是融合到消费升级的大潮中。精准把握消费市场的需求，依据于此打造优质奶源，才能赢得市场的芳心。作为中国有机原奶的领航者，圣牧始终依托乌兰布和沙漠无可复制的地域资源优势，在沙漠绿洲养健康牛、产放心奶。助力中国奶业品质升级，为全球市场提供更具竞争力的原奶奶源。

二是融入到蒙牛及其他龙头乳企的快速发展中来。蒙牛及其他龙头乳企作为行业发展的引路者，近年来积极响应国家政策，发挥龙头企业的引领作用，激活长板优势，带动产业链合作伙伴共同成长，持续推动现代农牧业高质量发展，为中国奶业的未来发展贡献力量。

因此，圣牧也提出了自己全新的价值探索：圣牧要超越科技时代剧烈变化所带来的影响和变动，更好地抓住机遇，构筑和行业生态互利共赢的价值共生体系，促使民族乳业整体稳步向前。

三是融入到内蒙古巴彦淖尔关于“天赋河套”有机特色区域经济发展中来。近年来，巴彦淖尔大力实施河套地域品牌升级战略，深度挖掘“塞上江南”的独特优势，在“绿色、有机、高端”和“生态、特色、精品”上做文章，通过打造农产品区域公用品牌，整合更多优质农畜产品，激发地域品牌的高附加值和深度价值。

“天赋河套”农产品区域公用品牌对于圣牧品牌价值的挖掘、品牌形象的提升都将起到巨大的推动作用。下一步，圣牧将把“天赋河套”品牌作为推广的重点，将区域公用品牌做大做强，为国人提供高品质的有机乳品。

圣牧在乌兰布和沙漠内自给自足的“沙漠内循环”，已经形成独特的“圣牧模式”，不仅开创出“沙漠有机奶”这一全新品类，同时也为全球的荒漠化防治提供了独特的“中国样本”。

（内蒙古圣牧高科牧业有限公司，张家旺）

附表 1　内蒙古圣牧高科牧业有限公司奶牛养殖场（小区）名录

序号	名称	地址	全群存栏（头）	成母畜存栏（头）	奶畜品种	成母畜单产（t/年）	年总产量（t）	是否有机奶源基地	有机奶产量（t）
1	内蒙古圣牧高科牧业有限公司	内蒙古自治区呼和浩特市如意南区沙尔沁工业园区开放大街	106 074	59 425	荷斯坦	9.62	642 166	是（11 个有机牧场）	266 851

备注：本表所指奶畜包括奶山羊、奶绵羊、奶水牛、牦牛、骆驼、驴等产商品奶家畜。本表奶畜养殖场指企业在中国及海外自建和参建（控股、参股）牧场（小区）。如认证为有机奶源基地等，请在相应表格中打勾。

黑龙江飞鹤乳业有限公司

飞鹤乳业有限公司始建于 1962 年，从丹顶鹤故乡齐齐哈尔起步，是中国最早的奶粉生产企业之一，58 年来专为中国人研制奶粉。

【奶源基地】飞鹤依托齐齐哈尔北纬 47° 黄金奶源带的天然优势和得天独厚的生态优势，建设了涵盖牧草种植、规模化奶牛养殖、奶粉加工、售后服务等各个生产环节的产业集群，实现了产业链全覆盖，质量安全方面也做到了全链绝对可控。

飞鹤坚持将奶源的源头上移，通过布局发展了 4 个紧密合作的专属农场，从源头饲料上保障奶源品质。截至 2019 年年底，飞鹤专属农业公司种植了 2 万 hm^2 玉米、青贮、苜蓿、燕麦等优质饲草，承担着飞鹤专属牧业公司及齐齐哈尔市县域内部分养殖大户与养殖场饲草饲料的供应，率先实现了《奶业振兴意见》中提到的“饲草饲料种植和奶牛养殖配套衔接，就地就近保障饲草料供应”。飞鹤拥有 2 个 20 万 t 的亚洲最先进的饲料加工厂，是专属产业集群的“第一车间”，这使飞鹤成为全国率先把饲草饲料种植、精饲料加工纳入整个产业集群的婴幼儿配方奶粉企业，从源头上解决了奶源安全问题。

在牧场建设上，飞鹤自有牧业公司，即原生态牧业建设了多个国际领先的大型万头示范牧场，开创了中国北方地区生态型奶牛生产新模式，是黑龙江省全群进口优质荷斯坦奶牛养殖规模最大、单产水平最高的第一家香港上市公司。截至 2019 年年底，原生态牧业共有 7 个牧场，分布在克东县、克山县、甘南县 3 个县区。牛群存栏总量 65 000 余头，年产奶量近 36 万 t。生鲜乳微生物低于 5 000CFU/mL、体细胞小于 20 万个 /mL，乳脂、乳蛋白含量分别在 4.2% 和 3.4% 以上，安全性和品质超过欧盟标准，达到世界一流。在牧场建设上，牧场规划和设计尽最大可能使用机械设备，实现自动化，全部采用国际先进挤奶系统，TMR 饲喂系统、自动喷淋送风系统、自动清粪系统，粪污自动处理系统等。制定合理标准饲养管理流程，生产细节全部流程化，做到可追溯核查检验结果。同时，飞鹤注重生态环境保护，在牧场发展过程中积极与当地政府配合，推进粪污转化利用项目，补足企业生态环境的短板。并联合产业集群合作伙伴建设“规模化生物天然气与有机肥循环综合利用项目”，探索出种养加一体的生态循环模式，实现了用地与养地相结合，有效保护生态环境。

【乳品加工】截至 2019 年年底，飞鹤拥有 7 个生产设施，设计年产能合计为 19.24 万 t。由于预期公司将持续强势增长，以及产品需求的持续上升，飞鹤正在扩充现有生产设施中的龙江工厂，同时新建哈尔滨工厂。

为保证产品的品质，飞鹤工厂的生产车间均配备了世界一流的加工设备，实现了生产的管道化、自动化、密闭化和标准化。在生产加工环节上，企业始终坚守“品质不能为任何事情让路”的铁律，坚决执行“不合格原辅料不得入厂，不合格产品不得出厂”准则，对鲜奶、原材料、半成品、成品进行 24h 全程跟踪检验，经过 25 道检验工序、300 逾次检验，确保出厂合格率达 100%，率先实现了《奶业振兴意见》的 2020 年目标。

迈向世界级制造和质量管控。一方面，世界级制造管理效果持续显现，标准化和精细化生产，持续提高生产系统效率，同时提升产品质量，摘得由日本工厂管理协会（JIPM）颁发的 2019 年度 TPM 奖项。另一方面，所有工厂建立并实施了 ISO9001 和 FSSC22000 管理体系，严格落实主体责任，筑牢食品安全防线，飞鹤形成了从牧场和供应商到消费者，覆盖全供应链的飞鹤质量安全管理体系，并通过中国合格评定国家认可委员会认可的实验室的检测数据和检测报告，获得国际实验室认可合作组织（ILAC）、国际认可论坛（IAF）、亚太认可合作组织（APAC）签署互认协定的 100 多个国家和地区认可机构的承认；2019 年，参加英国食品分析能力评价体系（FAPAS）、英国政府化学家实验室（LGC）组织的能力验证 52 项次，全部结果获得满意评价，标志着检测分析能力和技术水平已满足国际要求。

【市场消费】2016—2019 年，飞鹤分别实现营收 37.24 亿元、58.87 亿元、103.92 亿元、137.22 亿元，业绩保持连续增长。

“星飞帆”由飞鹤 2010 年推出上市，目前已成为飞鹤旗下一款超级大单品，“星飞帆”系列产品的收入已由 2016 年的 7.12 亿元增长至 2018 年的 51.08 亿元，复合年增长率达 168%。2015—2019 年，星飞帆获得世界食品品质评鉴大会金奖五连冠；2017—2019 年连续三年入围世界乳制品创新大奖，是中国婴幼儿配方奶粉行业首家获此殊荣的品牌。“臻爱倍护”是飞鹤旗下第二大单品，自上市以来备受消费者青睐，乳铁蛋白是“臻爱倍护”的核心卖点。“臻稚”有机婴幼儿配方奶粉是飞鹤重点培育的第二增长极单品。“臻稚”在牧场、生牛乳、生产、原料等方面获得了国家级的有机认证。

【研发创新】在婴幼儿配方奶粉领域，飞鹤以中国母乳为黄金标准进行研发创新，把技术创新主动权牢牢抓在自己手里，打造了一条“中国式科研创新”之路，除充分利用国内科研资源平台外，在国际合作方面。飞鹤整合全球研发资源，与国内外领先科研机构成立合作平台，与哈佛医学院合作建立了飞鹤 – 哈佛 BIDMC 营养实验室，搭建了美国波士顿、中国北京、中国甘南实验室，构建以企业为主体、产学研深度融合的技术创新体系，不断增强集突破性、引领性、平台化于一体的创新能力。合作平台可以对奶粉原料以及成品的关键性指标进行深入分析与检测，为产品创新和品质保障提供支持。

为突破国内乳企对进口的依赖，创造核心生产能力，飞鹤紧跟国家政策，在乳清粉研发上实现新突破，建成并投产了一条脱盐乳清液生产线，实现乳清粉部分自主掌控，打破了国外乳企脱盐乳清粉垄断中国市场的局面。

【社会责任】多年来，飞鹤持续践行“尽己所能，反哺社会”的企业社会公益理念，在济困、助学、助医等领域，推进健康扶贫和教育扶贫工程，聚焦深度贫困地区和特殊贫困群体，采取精准有效帮扶措施，用企业大爱温暖帮扶受助群体。

在公益的道路上，飞鹤从未停止过自己的脚步。为资助贫困学生，成立了“飞鹤乳业助学基金会”，2018年成立了慈善基金会。近十几年来，飞鹤向社会累计捐赠总金额已近4亿元。

作为中国奶业20强代表，飞鹤积极响应上级政府号召， 自2017—2019年，在小康牛奶行动中，飞鹤共捐赠学生奶粉6 000箱，总价值3 211 200元，惠及学生22 058人次，援助学校66所，涉及7省、20个地区，其中11个为国家扶贫开发工作重点县。

【奶业大事】

2019年11月13日，中国飞鹤乳业有限公司正式在港交所挂牌交易。飞鹤以发行价计市值超过670亿港元，成为港交所历史上首发市值最大的乳品企业。

（黑龙江飞鹤乳业有限公司，邵　娜）

黑龙江省完达山乳业股份有限公司

【奶源基地】完达山乳业奶源基地地处北纬 45°，是世界上仅存的三大黑土带之一，是举世公认的黄金奶源带。多年来，完达山乳业在黑龙江省农垦总局的领导和支持下，不断加大对奶源基地的投入和培育力度，全力推进规模化养殖，奶源基地模式转型升级，目前公司基地规模化养殖比例达 100%。全部实现 TMR 饲喂，机械化挤奶，现奶牛存栏 10 万余头，年产鲜奶 40 余万 t，主要分布在黑龙江垦区内。完达山乳业积极引进和学习世界先进的奶牛饲养管理技术，加大生鲜乳质量安全品质提升，奶牛单产水平、质量指标不断提升，奶牛单产平均达到 8t 以上，牛奶质量达到或者超过欧盟标准，规模牧场平均脂肪 4.0%，蛋白 3.3%，微生物在 10 万 CFU/mL 以内，体细胞在 20 万个 /mL 以内。

【乳品加工】完达山乳业股份有限公司系北大荒集团控股公司，现有 20 家分（子）公司，14 家加工企业，工厂主要分布在黑龙江、河北、天津、辽宁等地。完达山年加工鲜奶能力 113 万 t，年加工乳制品能力 68 万 t。其中粉类工厂年产能 8.9 万 t，液奶工厂年产能 59.3 万 t，主要以生产婴幼儿配方奶粉、成人奶粉、常低温液态奶、米豆制品及保健食品为主，拥有安力聪、元乳、亲蓓、黑沃牧场、艾菲娅、达卡、妍轻等明星产品。2019 年生产加工情况：加工产品 35.28 万 t，其中粉类 3 万 t，液态奶 32.25 万 t。

【市场消费】完达山主销产品为奶粉和液态奶。目前奶粉已经实现全国布局，除西藏、港澳台外，在其他省份均有产品销售。主销渠道为商超、KA、婴童和电商，液态奶主要围绕东北、华北、华东等市场销售，并逐步向华中、西南等地扩展。2019 年销售收入 42.49 亿元，利润 4 028 万元。

【社会责任】完达山高度重视并积极履行社会责任，向地震灾区、向同江市抗洪抢险一线等捐资捐物，并在公司内部开展爱心互助基金和“慈善一日捐”活动等，多次被各级政府评为“爱心企业”。

【奶业大事】2019 年 1 月 19—20 日，中国绿色农业发展年会暨《中国绿色农业发展报告（2018）》蓝皮书首发仪式在北京举行。完达山荣获 2018 绿色农业十佳示范企业，完达山的绿色食品事业作为典型企业案例收录在《中国绿色农业发展报告（2018）》中。

2019 年 6 月 5 日，为期三天的 2019 中国（上海）国际食品博览会拉开帷幕，秉承此次展会“对话·引领·共生——中国食尚、世界共享” 的主题，完达山乳业为中外客商及广大消费者展示了高科技的研发成果及产品结构方向。北大荒农垦集团总公司（农垦总局）党委委员、副总经理，完达山乳业党委书记、董事长王贵出席博览会启动仪式。

2019 年 6 月 11 日，完达山再次与清华大学达成战略合作协议，增加大果粒酸牛奶、乳此新鲜鲜奶、浓缩酸牛奶等产品的供应，这使得清华学子餐桌上的完达山牛奶品类更加丰富。目前，清华大学牛奶配餐全部由完达山乳业天津公司生产供应，牛奶供应包括清华大学各食堂、专家楼、附属中学等校内部门，日均销量 1.2 万份，每月销售额达 40 万元。

2019 年 6 月 26 日，由世界品牌实验室（WBL）主办的 2019 年第十六届“中国 500 最具价值品牌”发布会在北京隆重召开。公司连续 16 年入围榜单，2019 年品牌价值达 366.18 亿元，比 2018 年品牌价值上涨 37.49 亿元。

2019 年 7 月 5 日，公司在哈尔滨国际会展中心召开“新鲜生活 创新探索”新品发布会。行业专家、媒体记者及公司众多合作伙伴齐聚一堂，分享行业发展趋势，共同见证完达山新品“达卡”风味发酵乳、盐芝爆表、甜蜜柚惑、东北仁老酸奶等产品的正式上市发售。

2019 年 7 月 11 日，由北京市妇联、北京市贸促会、国家会议中心共同主办的 2019 中国（北京）国际妇女儿童产业博览会在北京开幕。完达山集中展示了高端婴幼儿配方奶粉、成人奶粉产品以及液奶新品，其中，元乳婴幼儿配方奶粉、菁悦有机孕产妇奶粉和黄金季中老年奶粉荣获优秀新产品奖，达卡风味发酵乳荣获产品创新奖。

2019 年 7 月 24 日，在黑龙江省奶业协会的监督见证下，完达山与国家乳制品质量监督检验中心签署了合作协议，在完成生鲜乳指标检测与培训工作的基础上，探索建立公平合理的生鲜乳购销秩序，利用权威的检测数据，搭建起牧场与乳企互信的桥梁。该协议的签署，也标志着完达山乳业成为全国首家引入第三方生鲜乳检测的乳品企业。

2019 年 9 月 9 日，以“抢滩品牌金融新大陆”为主题的第十四届亚洲品牌盛典在深圳举行。作为中国诚信第一品牌，完达山乳业连续九年入围亚洲品牌 500 强，排名 230 位，并获亚洲十大公信力品牌。北大荒农垦集团总公司（农垦总局）党委委员、副总经理，完达山乳业党委书记、董事长王贵被评为新时代中国品牌创新人物。

2019 年 11 月 24 日，中国农垦乳业联盟成员大会及第三届“中国牛人秀”暨农垦乳业 70 年颁奖盛典在北京召开。王贵等多名完达山领导及员工获奖。

2019 年 11 月 27 日，2019 中国奶业 D20 峰会在上海举办，北大荒农垦集团总公司（农垦总局）党委委员、副总经理，完达山乳业党委书记、董事长王贵，完达山乳业副总经理严利参会。

（黑龙江省完达山乳业股份有限公司）

附表1 黑龙江省完达山乳业股份有限公司奶牛养殖场（小区）名录

序号	名称	地址	全群存栏（头）	成母畜存栏（头）	奶畜品种	成母畜单产（t/年）	年总产量（t）	是否有机奶源基地	有机奶产量（t）
1	黑龙江省北安农垦军弘奶牛养殖专业合作社生鲜乳收购站	黑龙江省黑河市五大连池市二龙山农场第八管理区	656	247	荷斯坦	8	1 620		
2	北安农垦长鑫牧场专业合作社	黑龙江省黑河市北安市长水河农场第二管理区第一居民组	1 694	931	荷斯坦	9	7 980		
3	北安农垦鑫旺牧场专业合作社	黑龙江省黑河市北安市赵光农场第九管理区二十九队	1 449	897	荷斯坦	9	7 200		
4	黑龙江省九三农垦荣达奶牛养殖专业合作社	黑龙江省黑河市嫩江县七星泡农场第一管理区	1 216	751	荷斯坦	10	7 400		
5	九三农垦七星泡农场鑫顺奶牛养殖场	黑龙江省黑河市嫩江县七星泡农场第一管理区奶牛小区牛舍	426	203	荷斯坦	8	962		
6	黑龙江省九三农垦鑫澳奶牛养殖专业合作社	黑龙江省黑河市嫩江县嫩江农场第一畜牧养殖区	1 389	718	荷斯坦	9	6 057		
7	黑龙江省牡丹江农垦隆盛奶牛养殖专业合作社	虎林市庆丰农场第七管理区	4 327	2 303	荷斯坦	10	21 055		
8	黑龙江省牡丹江农垦朝卫奶牛养殖专业合作社	密山市八五七农场第二管理区第七作业站	940	463	荷斯坦	11	4 800		
9	黑龙江省牡丹江农垦互利养牛专业合作社	黑龙江省虎林市850农场第一管理区第一作业站	816	245	荷斯坦	7	1 560		
10	黑龙江省牡丹江农垦千牧奶牛养殖场	黑龙江省密山市八五一一农场第七作业站	1 401	657	荷斯坦	11	7 530		
11	黑龙江省宝泉岭农垦川南奶牛养殖农民专业合作社	黑龙江省鹤岗市萝北县军川农场第三十九居民组南区奶牛场1栋1号	795	400	荷斯坦杂交	8	2 350		
12	哈尔滨完达山奶牛养殖有限公司军川分公司	黑龙江省鹤岗市萝北县军川农场第三十九居民组	1 842	983	荷斯坦奶牛	10	8 283		
13	黑龙江省宝泉岭农垦鸿铭奶牛养殖农民专业合作社	黑龙江省鹤岗市萝北县江滨农场7队	264	139	荷斯坦杂交	5	499		
14	黑龙江红兴隆农垦犇犇奶牛养殖农民专业合作社	黑龙江省双鸭山市宝清县八五二农场第五管理区第六作业站	1 671	936	荷斯坦奶牛	9	8 042		
15	黑龙江省九三农垦广源奶牛养殖专业合作社	黑龙江省农垦总局九三管理局建边农场第二管理区第四居民组	502	328	荷斯坦	11	3 300		
16	黑龙江省九三农垦连新奶牛养殖专业合作社	黑龙江省农垦总局九三管理局嫩北农场第八管理区原十四居民组	562	220	荷斯坦	10	2 400		
17	黑龙江省九三农垦鸿源农牧科技发展有限责任公司	黑龙江省农垦总局九三管理局嫩北农场二队	1 261	738	荷斯坦	9	6 000		

（续）

序号	名称	地址	全群存栏（头）	成母畜存栏（头）	奶畜品种	成母畜单产（t/年）	年总产量（t）	是否有机奶源基地	有机奶产量（t）
18	黑龙江省九三农垦德胜奶牛养殖专业合作社	黑龙江省农垦总局九三管理局山河农场第六管理区	1 010	625	荷斯坦	10	6 410		
19	黑龙江省九三农垦溢生沣牧业管理有限公司鹤源牧场	黑龙江省黑河市嫩江县九三管理局跃进二连	1 419	689	荷斯坦	11	7 000		
20	黑龙江省九三农垦溢生沣牧业管理有限公司红澳牧场	黑龙江省齐齐哈尔市讷河市红五月农场原十六队道南	1 531	855	荷斯坦	10	7 487		
21	黑龙江省九三农垦麒源奶牛养殖专业合作社	黑龙江省黑河市嫩江县大西江农场第五管理区（原12队奶牛场办公室）	1 041	644	荷斯坦	11	6 830		
22	黑龙江省九三农垦荣祥奶牛养殖专业合作社	黑龙江省农垦总局九三管理局荣军农场B区3委3号	323	185	荷斯坦	9	1 250		
23	哈尔滨完达山奶牛养殖有限公司	黑龙江省哈尔滨市松北区对青山镇胜利村	4 300	2 300	荷斯坦	10	22 000	是	4 380
24	黑龙江宝惠农牧有限公司	黑龙江省黑河市嫩江县九三管理局尖山农场22队	1 355	767	荷斯坦	11	8 000		
25	嫩江市鸿旭源牧业有限公司	黑龙江省黑河市嫩江县荣军农场荣福小区车库	1 343	737	荷斯坦	10	9 898		
26	九三农垦荣军农场荣升奶牛养殖牧场	黑龙江省黑河市嫩江县荣军农场第五管理区11队	324	155	荷斯坦	8	1 497		
27	黑龙江省九三农垦洪兴奶牛养殖专业合作社	黑龙江省黑河市嫩江县九三管理局鹤山农场第四畜牧养殖区	601	267	荷斯坦	8	1 903		
28	科菲特牧业（富裕）科技有限公司九三分公司	黑龙江省黑河市嫩江县鹤山农场第一管理区原鹤山二队	2 463	1 390	荷斯坦	10	13 204		
29	黑龙江省牡丹江农垦金澳奶牛饲养合作社	黑龙江省密山市八五五农场16作业站	3 332	1 759	荷斯坦	9	13 288		
30	黑龙江省牡丹江农垦金沙奶牛养殖专业合作社	黑龙江省密山市八五五农场东区	955	485	荷斯坦	8	3 348		
31	黑龙江省牡丹江农垦鑫兴奶牛养殖专业合作社	黑龙江省鸡西市密山市八五一一农场第二管理区第八作业站	1 028	634	荷斯坦	10	5 047		
32	黑龙江省牡丹江农垦安兴奶牛养殖专业合作社	黑龙江省虎林市858农场	1 685	862	荷斯坦	11	9 200		
33	黑龙江省牡丹江农垦将军奶牛养殖专业合作社	黑龙江省鸡西市密山市八五一一农场第三管理区第十一作业站39栋	5 864	2 677	荷斯坦	10	23 760		
34	黑龙江省牡丹江农垦牧丰奶牛养殖专业合作社	黑龙江省八五一零农场杨木林子管理区第五作业站	4 689	2 509	荷斯坦	10	18 778		

（续）

序号	名称	地址	全群存栏（头）	成母畜存栏（头）	奶畜品种	成母畜单产（t/年）	年总产量（t）	是否有机奶源基地	有机奶产量（t）
35	黑龙江省牡丹江农垦云都奶牛养殖专业合作社	黑龙江省虎林市云山农场云都牧场院内	1 165	731	荷斯坦	9	4 675		
36	黑龙江省牡丹江农垦双峰奶牛养殖专业合作社	黑龙江省鸡西市密山市裴德镇农垦牡丹江管理局双峰农场第一管理区第一作业站	1 721	673	荷斯坦	10	8 300		
37	黑龙江省牡丹江农垦振东奶牛养殖专业合作社	黑龙江省鸡西市密山市八五一一农场第一管理区第五作业站	989	410	荷斯坦	11	3 650		
38	黑龙江省牡丹江农垦源泉奶牛养殖专业合作社	黑龙江省鸡西市密山市 8511 农场第一管理区第四作业站	1 677	781	荷斯坦	9	5 906		
39	天津完达山畜牧养殖有限公司	天津市武清区南蔡村镇苏羊坊村	421	182	荷斯坦	9	1 661		
40	恒天然（玉田）牧场有限公司	河北省唐山市玉田县石臼窝镇王建庄村	4 000	2 000	荷斯坦	11	21 900		
41	天津市武清区富泉奶牛养殖场	天津市武清区城关镇西门外	338	168	荷斯坦	10	1 717		
42	天津市静海县文成养殖场	静海县双塘镇杨家园村铁路东	308	175	荷斯坦	11	1 852		
43	青县瑞信奶牛养殖服务专业合作社	青县瑞信奶牛养殖服务专业合作社	265	130	荷斯坦	10	1 281		
44	昌黎县靖安镇大勇奶牛养殖场	昌黎县靖安镇吴各庄村	353	196	荷斯坦	8	1 502		
45	现代牧业（商河）有限公司	山东省济南市商河沙河苗家村	3 000	1 500	荷斯坦	13	19 163		
46	卢龙县鑫园牧业有限公司	河北省秦皇岛市卢龙县木井乡郭佃子村	399	173	荷斯坦	9	1 579		
47	鼎康养殖场	河北省邢台市宁晋县纪昌庄乡砖河村	264	139	荷斯坦	8	1 096		
48	华峰养殖场	河北省邢台市宁晋县徐家河乡泊里庄村	241	140	荷斯坦	9	1 270		
49	华生合作社	河北省衡水市桃城区赵圈镇胡家堂村	252	144	荷斯坦	8	1 131		
50	惠泽牧业	河北省邢台市宁晋县北河庄乡素邱村	274	130	荷斯坦	9	1 183		
51	京辉养殖场	河北省邢台市宁晋县北河庄乡塔底村	121	74	荷斯坦	8	596		
52	祥瑞牧业	河北省石家庄市高邑县中韩镇西韩庄村	334	84	荷斯坦	8	630		
53	新康辉养殖场	河北省邢台市宁晋县纪昌庄乡东和睦村	285	146	荷斯坦	9	1 348		
54	兴农养殖场	河北省邢台市宁晋县徐家河乡盐场后村	258	96	荷斯坦	8	728		
55	众犇养殖场	河北省邢台市宁晋县徐家河乡榆树庄村	109	78	荷斯坦	12	915		
56	保定徐水区天晨养殖场	保定市徐水区户木乡屯庄村	606	354	荷斯坦	9	3 133		
57	保定市清苑区春意隆奶牛养殖场	保定市清苑区臧村镇刘庄村	492	281	荷斯坦	8	2 126		
58	保定孟扬奶牛养殖有限公司	保定市徐水区崔庄镇郑庄村	315	195	荷斯坦	6	1 194		

备注：本表所指奶畜包括奶山羊、奶绵羊、奶水牛、牦牛、骆驼、驴等产商品奶家畜。本表奶畜养殖场指企业在中国及海外自建和参建（控股、参股）牧场（小区）。如认证为有机奶源基地等，请在相应表格中打勾。

附表 2　黑龙江省完达山乳业股份有限公司乳制品生产企业名录

序号	名称	生产地点	生产许可证号码	年收购原奶量（t）	其中：自有奶源量（t）	平均支付价格（元 /kg）	日处理生鲜乳能力（t）	年乳制品产量（t）	其中：低温鲜奶（t）	UHT 奶（t）	常温酸奶（t）	低温酸奶（t）	原料奶粉（t）	婴幼儿配方奶粉（t）	成人奶粉及其他（t）	奶油（t）	奶酪（t）	乳饮料（t）	冰品（t）	年销售收入（万元）	利润（万元）	有机产品（枚）
1	黑龙江省完达山乳业股份有限公司			392 786	306 374	3.85	2 480	352 760		217 133.30		64 860.18	3 434.07	14 429.59	12 270.11	512.18		39 609.70		424 855	4 028	3 055 493

备注：本表包括在中国及海外的生产企业。日处理生鲜乳能力指设计加工生鲜乳能力。自有奶源指来自自建和参建（控股、参股）牧场（小区）的原奶。成人奶粉指除婴幼儿配方奶粉以外的学生奶粉、孕妇奶粉、中老年奶粉等终端消费奶粉。冰品包括冰激凌、雪糕等。有机产品数量单位为“枚”指获得有机标志的数量。

新希望乳业股份有限公司

【奶源基地】新希望乳业股份有限公司（以下简称新乳业），是一家以“鲜战略”为核心价值的城市型联合乳企，致力于为消费者提供“新鲜、优质、安全”的产品，公司旗下共有11家规模化牧场，2019年总存栏19 086头，其中成母牛11 977头。全年牛奶总产量116 755t，牛奶销量113 042t，成母牛年单产9.76t。牛只主要为来自澳大利亚、新西兰和乌拉圭的优质荷斯坦牛、娟珊牛。奶牛养殖区域主要分布在四川、云南、华东、山东与西北片区。有机牧场包括四川洪雅县四川新希望奶牛养殖有限公司和云南洱源县云南新希望蝶泉牧业有限公司两个有机牧场，年产有机奶2 324t。2019年在甘肃永昌县河西堡镇新建万头规模牧场。新希望牧业均为500头以上规模化养殖场，100%机械化挤奶，其中500~1 000头规模化牧场1个；1 000~2 000头规模化牧场7个；2 000~3 000头规模化牧场2个；3 000头以上规模化牧场1个。奶业养殖头均年净收入802元，奶牛场净收入960万元。公司奶牛养殖全部采用国际先进的TMR车（全混合日粮车）进行制作并发放奶牛日粮。自2015年1月起，公司参加奶牛生产性能测定（DHI），持续监控、分析奶牛生产水平与各项牛奶指标。2018年、2019年，公司连续两年享受到农业农村部奶牛生产性能测定政府补贴21.7万元。牧场所购拖拉机等国产奶业机械均享受到农机购置补贴，其中8个牧场享受到规模化养殖场改扩建补贴，从2014年至2019年共享受规模化养殖场改扩建补助1 634万元。

新乳业每年从牧场周边收购玉米青贮149 100t，青贮玉米种植面积约5万hm^2，积极带动周边农户致富。牧场 疫病防控非常严格，牧场工作人员进入生产区需要穿着工作服、工作鞋，经过紫外线和喷雾消毒通道、洗手消毒后方可进入。每周两次对包括牛舍地面、卧床、运动场、道路、挤奶通道和待挤区全面消毒，严格做好牛只“两病”检疫、病原微生物的抗原抗体检测监控、开展疫苗的免疫等工作。牧场通过奶牛场粪污循环利用与种养一体化模式，实现粪污循环利用，构建种养一体化生产模式，促进生态农业和循环农业发展。通过粪便收集、固液分离、发酵、晾晒杀菌，用于有机肥生产与牛床垫料；污水通过氧化塘处理，进行农业灌溉、种养循环。

【奶源规划】新乳业奶源作为乳企最重要的战略资源，新乳业一直致力于奶源质量、结构的升级，通过在各分（子）公司周边自建牧场，帮助、扶持本地社会奶源升级转型，引入大型牧业优质奶源，践行“优质产品源于优质奶源”发展理念。

新乳业现有合作奶源基地180余个，其中自有牧场奶源占比25%，第三方大型牧业奶源占比约45%，奶牛养殖合作社及中小型单体牧场奶源占比约30%。新希望所有奶源基地主要分布在云南、四川、陕西、甘肃、宁夏、安徽、河南、河北、山西、山东等地。新乳业通过多种举措确保优质奶源。

提高自有奶源比重。通过在各分（子）公司周边收购或自建牧场，公司已有自有牧场12家，牛只总存栏近2万头，目前公司正在甘肃、宁夏两地新建两个万头牧场，另计划在云南、河北、山东等地方筹划自建牧场，为后期稳定优质奶源的输入打下坚实基础。

鼓励、优化和发展本地社会奶源。通过“以质论价，优质优价”激励政策和技术帮扶，提高业主养殖积极性，鼓励业主“养好牛、产好奶”，加速本地社会奶源升级、转型，带动本地社会奶源发展，打造良好的奶源供应链生态圈。

开展现代化养殖技术专业培训，转变业主养殖观念，提升奶源基地养殖技术水平与牛只泌乳单产，实现奶源基地增收。其中，云南地区中小牧场牛只年单产从每头4t提高到每头6t。

加强国家食品安全相关法律法规的培训、宣贯，增强业主奶源质量安全意识，使奶源质量得到保障，从而实现奶源基地可持续发展。

为确保优质奶源的补足，2019年新希望与现代牧业签署十年生鲜乳战略合作协议，旨在深耕上游，联动发展，确保优质奶源稳定供应。

【乳品加工】新希望是全国工厂布局的城市型乳企，现有14家生产工厂，遍布8个省12个城市，年度液态奶产能118万t（其中常温奶57万t、低温奶61万t）；2019年液态奶实际产量59.1万t，产能利用率52%。

新希望先后投入18亿元新建了川乳华西、河北天香、安徽白帝3家工厂，自动化先进程度达到国际领先，同时对所有工厂的前处理实施了升级技改，提升自动化水平和防纠错功能；在灌装设备上，推行自动化替换半自动，高速替换低速的升级置换。生产硬件的改善和投入，有效保障并提升了品质的稳定性，提高了效率，降低了成本。

在设备硬件提升的同时，生产通过强化全程标准化管理，严格执行QACP体系，打造透明工厂、美丽产品，产品品质恒定性稳步提升，产品内控精准率同比提升17%，市场投诉率同比下降33%；通过行业对标挖掘潜力，全面推进精益管理，成本效率指标提升明显，劳动效率同比提升7.8%，设备效率同比提升10.8%。在联合工厂管理基础上，2019年在华西乳业推进标杆工厂建设，固化日常管理，建立高效的精益运营体系。

新乳业将在生产端系统推进数字化、智能化工厂建设，让生产过程的管控标准化，数据信息透明化，管理决策智能化，从而进一步提升品质和效率，打造生产科技的核心竞争力。

【市场消费】截至2019年年底，新希望乳业低温鲜奶产品市场占有率 8.9%；常温纯牛奶市场占有率 2.1%；低温酸奶市场占有率 6.1%（出自第三方尼尔森，为不完全统计数据）；2019 年销售收入 56.75 亿元，利润 2.44 亿元。

新希望是中国最具活力与创新的企业之一，短短十几年，立足西南，并在华东、华中、华北深度布局，构建了以“鲜战略”为核心价值的城市型乳企联合舰队。现旗下有 37 家控股子公司、13 个主要乳品品牌、14 家乳制品加工厂、11 个自有牧场。明星产品包括 24 小时鲜奶、活润低温酸奶、初心低温酸奶、澳特兰牛奶。

【全球发展】新希望在大洋洲、欧洲、美洲、东南亚等众多海外区域积极寻找投资及合作机会。2019 年，新乳业战略性参股香港上市公司现代牧业。现代牧业是在中国内地运营的奶牛养殖公司，2019 年收入达 55 亿元，牛只存栏达 23 万头，原料奶产量 139 万头。与现代牧业合作有效补充了新希望的优质奶源供应。

【社会责任】组织奶农培训情况。新希望乳业以现有优势，做奶牛养殖优质、高效、低碳的行业领先者，标杆牧场年单产达 11t，创建国内一流优质源奶供应基地群，运用先进规模化的奶牛养殖技术，年收购玉米青贮达 149 100t，带动 636 户贫困户脱贫。

参与小康牛奶行动的情况。2019 年新希望乳业学生营养项目部捐赠牛奶、学生饮用奶共计 2 720 件，86 080 盒，价值 16.4 万元。截至 2019 年年底，小康牛奶行动捐赠牛奶、学生饮用奶共计 44 997 件、1 100 720 盒，价值 2 519 871 万元。

精准扶贫。2019 年，新希望乳业共帮扶 1 511 人，总投资金额 892.20 万元。其中帮助建档立卡 602 人，帮扶其他贫困及困难人员 909 人。

一是产业扶贫。帮扶 557 人，资金投入 564.46 万元。主要通过产业联合方式进行。公司结合前端奶牛养殖饲草饲料的需求，引导帮扶当地贫困户科学种植青贮玉米，与其签订合作协议，并参与过程帮助其种植及收割，实现创业增收，持续经营。

二是就业扶贫。帮扶 183 人，资金投入 250.27 万元。通过开展贫困户专场招聘及针对性帮扶，符合岗位需求即优先录用，并持续进行培训，提升其职业技能，拓宽其职业发展路径。

三是技术帮扶。技能帮扶培训 60h，30 场次，培训人数 25 人，主要通过奶牛科学饲养的知识和技能的导入，帮助贫困人员了解、熟悉、掌握科学养牛的知识，增强专业技能。

四是公益帮扶。帮扶 771 人，资金投入 77.5 万元。主要通过“希望有你”爱心公益平台帮助贫困山区的孩子改善教学环境，传播并倡导重视和关心青少年健康成长的社会意识。全面开展食育教育活动，持续开展食育乐园，宣传科学膳食营养理念，掌握健康饮食的方法与技巧；组织透明牧场 / 工厂游，培养青少年的健康饮食观念。

五是 2019 年新乳业学生营养项目部捐赠牛奶、学生饮用奶共计 2 720 件，86 080 盒，累计价值 16.4 万元，捐赠粮油、现金等物资共计 2.1 万元，累计总价值 18.5 万元。

【奶业大事】2019 年 1 月 25 日，新希望在深圳中小板挂牌上市。

2019 年 5 月 21 日，新希望品牌战略发布会在成都举行。

2019 年 6 月，在宁夏海原县新建的万头牧场进牛投产。该牧场 2018 年开始建设，占地 1 300 余亩，总投资 4.5 亿元，2019 年年底存栏 1 039 头。

2019 年 7 月 18 日，新希望乳业战略投资现代牧业，并于 2019 年 9 月 20 日完成交割后，新乳业持有现代牧业新发行股份后总发行股本数的 9.28%。

2019 年 8 月 12 日，新希望乳业收购“福州澳牛”55% 的股权协议签署。

2019 年 9 月 18 日，新希望乳业在青岛承办第七届“中国好鲜奶—新鲜盛典”。

2019 年 10 月，在甘肃省永昌县新建一个万头牧场。该牧场占地 1 000 亩，项目总投资 5.3 亿元，于 2020 年 6 月进牛投产。

2019 年 10 月 24 日，新希望乳业董事长席刚出席由证券日报社主办、中国奶业协会指导的第二届中国乳业资本论坛。

2019 年 12 月 25 日，国内一流的乳品研究中心新乳业科技研究院顺利落成，系统科研助力乳业新鲜、新潮、新科技。

2019 年 12 月，杭州新希望双峰乳业有限公司获国家科学技术进步奖二等奖。

（新希望乳业股份有限公司行政部）

附表1　新希望乳业股份有限公司奶牛养殖场（小区）名录

序号	名称	地址	全群存栏（头）	成母畜存栏（头）	奶畜品种	成母畜单产（t/年）	年总产量（t）	是否有机奶源基地	有机奶产量（t）
1	四川新希望奶牛养殖有限公司	四川省洪雅县将军乡阳平村	1 187	734	荷斯坦	8.76	6 244.02	是	1 605
2	石林新希望雪兰牧业有限公司	云南省昆明市石林鹿阜街道办事处老挖村委会老挖村	2 210	1 363	荷斯坦	10.02	14 240.26		
3	陆良新希望雪兰奶牛养殖有限公司	云南省曲靖市陆良县芳华镇戚家山村杨梅沟	3 182	1 971	荷斯坦	10.03	18 704.77		
4	云南新希望雪兰牧业科技有限公司	云南省曲靖市陆良县大莫古镇太平哨村	2 321	1 458	荷斯坦	10.76	16 669.49		
5	云南新希望蝶泉牧业有限公司	云南省洱源县三营镇永乐村委会白沙河以北	1 587	923	荷斯坦	9.57	8 428.39	是	719.30
6	建德新希望牧业有限公司	浙江省建德市更楼街道石岭村	747	412	荷斯坦	10.01	3 723.76		
7	四川新希望华西牧业有限公司	四川省成都市青白江区清泉镇金龙村4.5组	1 318	828	荷斯坦、娟姗	7.91	6 353.36		
8	吴忠新希望牧业有限公司	宁夏吴忠市利通区孙家滩开发区吴家沟村	1 866	1 167	荷斯坦	10.09	16 634.95		
9	靖远新希望牧业有限公司	甘肃省白银市靖远县东升乡东兴村	1 833	1 558	荷斯坦	8.70	13 871.65		
10	山东唯品牧业有限公司	山东省莱阳市沐浴店镇驻地	1 796	1 043	荷斯坦	11.02	10 773.49		
11	海原县新希望牧业有限公司	海原县西安镇园河行政村村委会前排平房（三间）	1 039	520	荷斯坦	8.03	1 110.51		
12	新希望牧业合计		19 086	11 977	荷斯坦、娟姗	9.76	116 754.63		2 324

备注：本表所指奶畜包括奶山羊、奶绵羊、奶水牛、牦牛、骆驼、驴等产商品奶家畜。本表奶畜养殖场指企业在中国及海外自建和参建（控股、参股）牧场（小区）。如认证为有机奶源基地等，请在相应表格中打勾。

附表 2 新希望乳业股份有限公司乳制品生产企业名录

序号	名称	生产地点	生产许可证号码	年收购原奶量（t）	其中：自有奶源量（t）	平均支付价格（元 /kg）	日处理生鲜乳能力（t）	年乳制品产量（t）	其中：低温鲜奶（t）	UHT 奶（t）	常温酸奶（t）	低温酸奶（t）	原料奶粉（t）	婴幼儿配方奶粉（t）	成人奶粉及其他（t）	奶油（t）	奶酪（t）	乳饮料（t）	冰品（t）	年销售收入（万元）	利润（万元）	有机产品（枚）
1	四川新希望乳业股份有限公司	四川省成都市郫都区永兴东路 9 号 四川省洪雅县洪川镇临江路 12 号	SC10551142300017 SC10551012400098"	114 588.78	42 538.90	4.52																
2	西昌新希望三牧乳业有限公司	四川省西昌市安宁镇马坪坝村	SC10551340100016	9 965.93	3 727.20	4.63																
3	昆明雪兰牛奶有限责任公司	云南省昆明市官渡区经济技术开发区云大西路 66 号 云南省昆明经开区阿拉街道办事处海子村委会旁 云南省昆明阳宗海风景名胜区七甸工业园区大哨片区	SC10553011110668 SC10553011113025 SC10553012115057	96 182.54	48 692.11	4.49																
4	云南新希望邓川蝶泉乳业有限公司	云南省大理州洱源县邓川镇新州街 88 号	SC10553293016421	37 591.54	7 688.09	4.39																
5	湖南新希望南山液态乳业有限公司	湖南省长沙市望城区雷锋大道 108 号	SC10543011200116	20 413.84		4.41																

（续）

序号	名称	生产地点	生产许可证号码	年收购原奶量（t）	其中：自有奶源量（t）	平均支付价格（元/kg）	日处理生鲜乳能力（t）	年乳制品产量（t）	其中：低温鲜奶（t）	UHT 奶（t）	常温酸奶（t）	低温酸奶（t）	原料奶粉（t）	婴幼儿配方奶粉（t）	成人奶粉及其他（t）	奶油（t）	奶酪（t）	乳饮料（t）	冰品（t）	年销售收入（万元）	利润（万元）	有机产品（枚）
6	安徽新希望白帝乳业有限公司	安徽省合肥市肥东县肥东经济开发区镇西路55号	SC10534012200126	26 420.30		4.47																
7	杭州新希望双峰乳业有限公司	浙江省杭州市余杭区余杭经济开发区新洲路836号	SC10533011010328	34 373.65	3 543.34	4.46																
8	新希望双喜乳业（苏州）有限公司	江苏省苏州市高新区鹿山路49号	SC10532050500426	17 383.58	2 271.46	4.49																
9	河北新希望天香乳业有限公司	河北省保定市满城区南韩村镇大顾店村新兴产业园区新希望路8号	SC10613060500018	88 734.21		3.84																
10	青岛新希望琴牌乳业有限公司	山东省青岛市胶州市太湖路6号	SC10637028100848	61 620.59	4 999.90	4.09																
11	山东绿源唯品乳业有限公司	山东省烟台市莱阳市沐浴店镇绿源唯品农业园	SC10537068200750		5 494.46	5.76																

备注：本表包括在中国及海外的生产企业。日处理生鲜乳能力指设计加工生鲜乳能力。自有奶源指来自自建和参建（控股、参股）牧场（小区）的原奶。成人奶粉指除婴幼儿配方奶粉以外的学生奶粉、孕妇奶粉、中老年奶粉等终端消费奶粉。冰品包括冰激凌、雪糕等。有机产品数量单位为“枚”指获得有机标志的数量。

中地乳业集团有限公司

【奶源基地】截至 2019 年年底，中地乳业已在国内奶牛养殖的黄金奶源带建立了 9 个现代化、规模化的生态牧场，并配套种养结合的优质饲草基地。牧场覆盖了全国 8 个省自治区、直辖市，分别位于北京顺义、天津大港、河北廊坊、山西天镇、辽宁宽甸、内蒙古商都、宁夏贺兰及山东沂南。奶牛总存栏 64 439 头，其中成母牛存栏 37 082 头，年生鲜乳总产量 381 541t。

近年来，中地乳业狠抓精细化管理和高效率运营，在奶牛存栏、繁殖育种、疫病防控与健康养殖、种养结合与循环农业、智能化管理与高效运营等方面实现了跨越式发展，使得成母牛单产进一步提高，规模化程度明显提升，种养结构不断优化，管理和运营水平明显提高。

为夯实规模化牧场可持续发展基础，公司全部牧场参加奶牛生产性能测定（DHI），建立了“高产、优质、长寿”的育种目标，优化“中地育种指数”和选择评价体系，科学选种选配，使牛群单产水平逐年稳步提高。同时，通过全基因组检测、活体采卵和胚胎移植等技术，进一步加速了牛群的整体遗传进展。

为推进科学营养和精细化管理，公司建立了奶牛粗饲料常规营养指标数据库和生产数据库，搭建了营养评价体系，从原料品质检测、营养标准制定与评估等方面实现了科学营养、精准饲喂和高效养殖，提高了饲料转化效率，提升了生产性能。同时，应用牧场智能化管理系统 -Dairy Comp 305 （DC305），实现了大数据系统对规模化牧场高效运营和精细化管理的指导与支撑作用。

为确保健康养殖对奶产业的保驾护航作用，中地乳业建立了系统的疫病防控体系，在疫病防控、生物安全、牛奶品质、奶牛福利等方面实现了以预防为主，健康养殖的系统化绿色可持续发展。

为提升奶牛养殖现代化水平，提升生产运营效率，公司积极推进牧场装备配置的现代化进程。进一步配置并完善了热应激防控的设施设备和垫料再生系统，实现了稳步增产和生态循环。

为使规模化牧场环境友好协同发展和种养结合提升粪污资源化综合利用，公司着力推进土地流转配套，发展本土化粗饲料。截至 2019 年，公司累计流转土地 5 660hm^2 用于苜蓿、玉米等青贮饲料种植，其中种植苜蓿 3 166hm^2，产量为每公顷 14.4t（折合成干草）；玉米 2 467hm^2，产量为每公顷 49.5t（DM > 30%）。这样不仅实现了种养结合循环发展，同时还保证了粗饲料的有效供给和牛奶食品安全，以及促进农民增收。特别是优质苜蓿青贮的大量使用，不仅提高了牛奶质量和奶牛单产，同时还解决了对进口优质苜蓿的依赖，实现了优质粗饲料本土化，降低了养殖成本。

【乳品加工】近年来，中地乳业依托自有奶源优势，积极布局产业链下游。截至 2019 年正在有力推进乳制品加工项目的相关工作。

【社会责任】作为优质生鲜乳生产基地，中地乳业以食品安全生产为己任，无论是牛奶理化指标还是质量指标均达到行业领先。同时，作为龙头企业，除了示范推广良种良法、标准化流程、数字化管理模式、优质粗饲料加工调制及粪肥资源化综合利用等先进的生产和发展模式外，中地乳业还积极助力扶贫攻坚，通过奶牛托管、提供就业岗位等途径，着力推进并解决建档立卡户脱贫。

未来，中地乳业将继续以高效养殖、优质安全、绿色发展、产业带动为目标，以供给侧结构性改革为主线，以提升奶产业全产业链竞争力为核心，推进经营规模化、生产标准化、管理精准化、发展产业化，构建利益联结机制，多措并举促进奶产业转型升级和提质增效。

（中地乳业集团有限公司，何　举）

附表 1　中地乳业集团有限公司奶牛养殖场（小区）名录

序号	名称	地址	养殖场	小区	全群存栏（头）	成母畜存栏（头）	奶畜品种	成母畜单产（t/年）	年总产量（t）	有机奶产量（t）
1	北京中地畜牧科技有限公司	北京市顺义区大孙各庄镇赵家峪村龙尹路 100 号	√		1 775	611	荷斯坦	10.4	8 193	
2	内蒙古中地乳业有限公司	内蒙古乌兰察布市商都县七台镇西坊子村南	√		5 702	3 254	荷斯坦	11.05	34 065	
3	贺兰中地生态牧场有限公司	宁夏贺兰县洪广镇高荣村西侧爱依河东侧	√		11 441	6 421	荷斯坦	12.4	76 052	
4	宁夏中地畜牧养殖有限公司	宁夏贺兰县洪广镇高荣村西侧爱依河东侧	√		10 202	6 548	荷斯坦	11.75	74 206	
5	宽甸中地生态牧场有限公司	辽宁省宽甸县青椅山镇太平村	√		5 326	3 153	荷斯坦	11.3	27 900	
6	天镇中地生态牧场有限公司	山西省大同市天镇县卅里铺乡二十里铺村东 1 000 米	√		12 123	6 838	荷斯坦	10.78	68 477	
7	廊坊中地生态牧场有限公司	河北省文安县新桥工业区第一生产队（滩里镇刘营村东）	√		11 546	6 688	荷斯坦	10.7	60 736	
8	天津中地畜牧养殖有限公司	天津市滨海新区太平镇窦庄子村东侧大沽洼地段	√		6 324	3 569	荷斯坦	10.4	31 912	

备注：本表所指奶畜包括奶山羊、奶绵羊、奶水牛、牦牛、骆驼、驴等产商品奶家畜。本表奶畜养殖场指企业在中国及海外自建和参建（控股、参股）牧场（小区）。请在养殖场或小区列中选择打勾；如参加 DHI、为学生饮用奶奶源基地、认证为有机奶源基地等，请在相应表格中打勾。布鲁氏菌病、结核净化示范场或创建场请标明疫病净化具体级别。

济南佳宝乳业有限公司

【奶源基地】济南佳宝乳业有限公司现有自营牧场3个，存栏荷斯坦牛1万余头、娟姗高产奶牛1.1万余头，加上合作的养殖小区120个，总计可控奶牛12万余头。其中，成母牛5万头，年总产量40万t。目前自有奶源占比75%，养殖区域主要分布在济南市、章丘区、平阴县、济阳区、商河县和泰安市等区域。佳宝自营三大牧场全部采用机械化挤奶、全混合日粮技术，是DHI参测场，也是国家学生饮用奶奶源基地。为了促进可控奶源稳定提升，公司投资4.5亿元新建万头生态牧场1个，该项目目前正在建设中，设计存养12 000余头高产奶牛。现有牧场疫病防控措施到位，粪污统一机械化、无害化、绿色可循环处理，是布鲁氏菌病及结核净化创建场。各区域生鲜乳收购年平均价格每千克4.15元。

【乳品加工】总投资10亿元的佳宝工业园区是“国家农副产品深加工示范项目”工程，园区占地1 000余亩，拥有三大乳品加工厂，分别为常温奶（超高温灭菌）生产厂、低温巴氏杀菌乳厂和酸奶工厂，年总产量45万t。其中，生产低温巴氏杀菌乳10万t、UHT奶10万t、低温酸奶20万t。含乳饮料5万t，公司通过严格的奶源采购制度和自有奶源的可靠控制，确保原料乳的优质安全。生产车间全部引进世界最先进的进口设备，采用标准化生产，车间投入国际先进的GMP十万级空气净化设备，全力保证产品质量安全，赢得了消费者的信任。现企业及产品通过FSSC22000、HACCP、ISO14001、ISO18001等多体系认证，是国家级农业产业化重点龙头企业、中国名牌产品。公司根据市场变化及时调整产品结构，避开常温奶的市场激烈竞争，加大低温奶市场的开发，现低温奶市场占有率稳步提升。通过精准的市场分析、产品的准确定位，结合疫情后的销售战略调整保证了企业良好的发展势头。

【市场消费】佳宝的乳品主要有巴氏杀菌乳、UHT奶、酸奶和乳饮料四大类。线上销售渠道有天猫旗舰店、有赞商城；传统渠道有市内流通、省市内商超、送奶入户、团购及学生饮用奶等。入户产品以巴氏杀菌乳和酸奶为主，济南市场占有率77%以上；进入商超的产品包括全品项，济南市场占有率22%以上，山东省市场占有率5.9%左右。2019年销售收入28.12亿元，利税4.86亿元，净利润2.45亿元左右。

【全球发展】截至2019年，佳宝乳业合作的国际企业有新西兰恒天然、印尼的澳雅，合作方式主要以产品代工为主。截至2019年，企业尚未在海外建厂，产品也未销往国外。现正在落实中国和爱尔兰农业合作谅解备忘录实施的“一带一路”中爱奶业合作项目（即爱尔兰小镇项目）。

公司将在原生态牧场建设规划内增建产学研综合基地一处，计划投资1亿元，占地约300亩，功能定位是集科学研究、观光体验、教学观摩、成果转化为一体的产学研基地。建成后，设计年接待能力为5万人，带动经济效益每年约2 000万元。同时借鉴国内同类牧场（君乐宝优致牧场）经验申报国家3A级或4A级旅游景区。佳宝乳业爱尔兰示范牧场项目建设获得了中爱奶业可持持续发展中心、中国农业科学院北京畜牧兽医研究所、中国奶业协会、爱尔兰贸易与科技局（Enterprise Ireland）和爱尔兰食品局（Bord Bia）、爱尔兰都柏林大学、爱尔兰食品科学研究院的大力支持。如果项目进展顺利，将在2022年—2023年建设完成。

【社会责任】自2017年以来，佳宝乳业通过小康牛奶行动，每年给多所学校捐赠牛奶2.8万提以上，价值150万元以上。三年共计捐赠牛奶近8.6万提，价值近580万元，受惠学生11.2万人。佳宝乳业积极参与扶贫工作，公司2018年带动农户4 200户，2019年带动农户4 000户，公司对口扶贫15个贫困户。扶贫助农是以合作种植全株玉米青贮饲料项目为主，通过定向收购全株玉米作为自有牧场饲料的方式助农，从玉米选种、种植到收购，佳宝提供一定的技术指导和支持，并按照略高于市场收购价格收购该村的全株玉米，并建议村组织按照每千克青贮玉米提取0.02元建立扶贫专项基金，重点对该村贫困户、五保户进行定向精准帮扶，通过企业定向对口扶贫和村扶贫基金的应用，已帮助建档贫困户脱贫。

探索紧密型合作模式，更好地带动周边农业产业化发展。佳宝乳业经过多方协调与奶农们成立了专业的奶业合作社，创建了“基地+农户”模式，与广大养牛农户签订稳定收购合同，避开市场价格波动，以保护价格长期收购鲜奶，保证奶农们稳定收益。基本思路是：先期政府在规划土地使用方面提供支持，村镇组织农民集资买奶牛、盖牛舍，佳宝乳业出资购买挤奶、冷却贮奶和运奶设备，由佳宝乳业与养牛户签订长期供销服务合同。运营中佳宝乳业委派畜牧技术人员常驻小区，指导奶牛饲养，做好防疫治病、配种方面的工作。每年组织奶农进行业务培训近100场，培训奶农上万人次。

通过产业化青贮环节带动，每年可转化粮食近20万t，约15万hm^2、50多万t农作物秸秆过腹还田，农民增加收入4亿多元，户均增收3万元；同时带动牧草种植近5 000 hm^2，近2万名农民围绕着佳宝乳业产业链条运作，通过带动乳品上下游产业发展，增加了就业机会和人均收入，龙头企业的带动和示范作用得到了充分发挥。

【奶业大事】佳宝乳业是山东省工业旅游示范企业和工业旅游示范基地，每年接待外宾、各级政府、同行以及学生的研学参观交流等近5万人次，是山东省食品行业的形象工程。公司2019年赞助了泉城首届马拉松赛事，参赛选手2万人，观众10万人。本次活动企业组织了数百人方阵参赛，取得良好的宣传效果。

在2020年年初新冠肺炎疫情期间，佳宝乳业为防疫一线医务人员阻击疫情提供支持，先期为济南市中心医院送去价值近10万元的慰问物资，随后又陆续向山东省武警总医院，省、市、区各级疾控中心，济南市长清区公安局和交警队等奋战在防疫一线的工作人员送去营养乳品，累计捐赠各类产品价值近50万元。同时承担疫情前期民生保障重大任务，根据长清区相关政府部门的指示，为了保证疫情期间济南市场乳品的正常供应，公司按要求及时复工复产，生产车间全员到位，生产设备全力运行。自2020年1月27日起，省内300多个佳宝鲜奶屋、6 000余个民生社区服务点全部营业，疫情“绿色通道”运输3 000余名配送员全部到岗，商超供应稳定，出色地完成了疫情期间保民生乳品供应的任务。

（济南佳宝乳业有限公司，张成柱）

附表 1　济南佳宝乳业有限公司奶牛养殖场（小区）名录

序号	名称	地址	养殖场	小区	全群存栏（头）	成母畜存栏（头）	奶畜品种	成母畜单产（t/年）	年总产量（t）	有机奶产量（t）
1	济南佳宝乳业有限公司第一牧场	山东省济南市长清区	3个	120	120 000	50 000	鲜牛奶	9	40万	

备注：本表所指奶畜包括奶山羊、奶绵羊、奶水牛、牦牛、骆驼、驴等产商品奶家畜。本表奶畜养殖场指企业在中国及海外自建和参建（控股、参股）牧场（小区）。请在养殖场或小区列中选择打勾；如参加 DHI、为学生饮用奶奶源基地、认证为有机奶源基地等，请在相应表格中打勾。布鲁氏菌病、结核净化示范场或创建场请标明疫病净化具体级别。

附表 2　济南佳宝乳业有限公司乳制品生产企业名录

序号	名称	生产地点	生产许可证号码	年收购原奶量（t）	平均支付价格（元/kg）	其中：自有奶源量（t）	年乳制品产量（t）	其中：巴氏杀菌奶（t）	UHT 奶（t）	酸奶（t）	奶粉（t）	婴幼儿配方奶粉（t）	奶油（t）	奶酪（t）	乳饮料（t）	产品销售区域	年销售收入（万元）	利润（万元）	有机产品（枚）
1	济南佳宝乳业有限公司	山东省济南市长清区明发路 1999 号	SC10537011300356	40	4.15	30	450 000	100 000	100 000	200 000					50 000	山东省及周边	281 202	24 501	无

备注：本表包括在中国及海外的生产企业。日处理生鲜乳能力指设计加工生鲜乳能力。自有奶源指来自自建和参建（控股、参股）牧场（小区）的原奶。成人奶粉指除婴幼儿配方奶粉以外的学生奶粉、孕妇奶粉、中老年奶粉等终端消费奶粉。冰品包括冰激凌、雪糕等。有机产品数量单位为“枚”指获得有机标志的数量。

中垦乳业股份有限公司

【奶源基地】公司共有奶畜 2.7 万头，奶类产量 24 万 t，其中牛奶产量 16 万 t，养殖分布区域及主要产区在宁夏、陕西、重庆、四川等地，有机奶源产量 8 000 余 t，分布在宁夏、陕西、重庆。公司新建陕西定边 6 万头大型牧场群项目。公司旗下有万头牧场 3 个，千头规模以上的牧场 6 个，全部为规模化养殖，全部采用机械化挤奶、应用全混合日粮（TMR）技术和参加生产性能测定（DHI），年青贮种植面积为 3 066.7hm^2，制作优质青贮 127 857t。各牧场按照“三大标准”体系均建立了完善的疫病防控系统，粪污处理采用“干湿分离 - 沼气发酵 - 沼液还田 - 沼渣制作有机肥”的无害化处理方式。

牧场配置了先进的挤奶设备，设置了自动刮粪板、固液分离、厌氧发酵设备等先进治污设备，同时通过“智慧牧场”项目，建设了 TMR 自动饲喂设备，引进了以色列阿菲金、Feedwatch 精准饲喂系统等先进管理软件，建设了信息采摘及网络体系。通过推行精准饲喂、精准饲养，以及提升牧场的信息化水平和互联网智能化水平，从而提高牧场的经营管理水平，实现可持续发展。

【乳品加工】中垦乳业拥有 3 个现代化的液态奶加工厂和 1 个婴幼儿配方奶粉加工厂，年乳制品加工能力达 60 万 t 以上；建有 1 个省级博士后科研工作站，1 个省级乳品工程中心；拥有 1 个国家级农业产业化重点龙头企业，6 个省级农业产业化重点龙头企业。

质量安全管控体系不断升级。公司乳业全产业链已建立 ISO9001 质量管理体系、ISO22000 食品安全管理体系、食品 HACCP 体系、乳制品 HACCP 体系、良好农业规范（GAP）、良好生产规范（GMP）、ISO14001 环境管理体系、OHSAS18001 职业健康安全管理体系、诚信管理体系、两化融合管理体系等 10 多个管理体系，140 多个质量安全制度，形成了 526 个管理标准、479 个工作标准、744 个技术标准，产品质量经受住了 90 年来重大食品安全事件的考验。

2017 年 4 月 15 日，中垦乳业旗下分公司天友乳业优质乳工程建设成功通过验收，成为全国第一家通过验收的国有乳品企业。2017 年 10 月 14 日，中垦乳业旗下分公司华山牧乳业通过中国优质乳工程验收，成为西北第一家通过验收的乳企。通过实施优质乳工程，中垦乳业生乳标准远高于欧盟标准，巴氏鲜奶中的糠氨酸指标能够控制在 7mg/100g 蛋白质以下，保留更多的活性物质。

以国际乳业前沿技术保障生产质量。中垦乳业加工厂集合了世界一流乳制品加工资源，建成了具有世界一流、国内领先水平的整套全自动、可追溯的乳品加工生产线，产品加工技术水平再上一个新台阶，达到乳制品生产全过程质量控制体系集成方案最高等级。成员企业黄河乳业于 2014 年获得国家食品药品监督管理总局颁布的婴幼儿配方奶粉生产许可；2017 年 11 月，“恬恩”“汇滋力”“英贝儿”3 系列 9 个配方相继通过注册。2019 年中垦乳业旗下“恬恩”奶粉通过 BRC 全球食品技术标准 (BRC Food Technical Standard)、欧盟 IFS 国际食品标准认证（International Food Standard），成为品质安全的最好见证。

强化管理实施食品安全质量追溯和问责。中垦乳业产业链开展农垦质量追溯体系建设，建立详细的饲草料、生鲜奶生产验收、原料奶管理、生产过程控制、添加剂的使用和管理、出厂检验、产品流向等十几个关键环节控制点控制记录，对每一批次产品从所用原料来源到产品加工、配送、销售实施追溯性控制和管理，对产品质量安全实施全程可追溯，进一步保障乳制品质量安全。

“互联网 + 牧场”的大数据网云技术。公司建成了基于大数据和网云技术的乳业全产业链数据共享系统，形成奶牛个体基础信息采集、牛只健康信息分析、个体奶牛整体生产性能判断、饲喂营养配方、异常情况预警提示、远程网络监控、专家远程会诊等养殖全环节的大数据分析系统，提升奶牛养殖全要素生产能力。旗下的牧场宁夏中以合作万头示范牧场使用该技术，奶牛单产超过 11t，乳蛋白含量超过 3.5%，菌落总数低于 2 万 CFU/mL。

科技创新平台打造。中垦乳业的研发中心在渝北基地新建科创中心大楼，并于 2018 年 9 月正式搬迁运营，实验室建筑面积约 4 000m^2。中心是重庆市乳制品工程技术研究中心、市级博士后科研工作站，现有员工 30 人，其中博士 1 人、硕士 11 人，2 人具有副高级职称。长期与重点高校合作，先后与陆军医大、西南大学、江南大学、中国农业大学签订科研合作协议，并成立了第三军医大学・天友乳业乳制品营养与安全研究中心、西南大学研究生培养协同创新基地、江南大学陈卫专家工作站。建成乳制品检测技术中心，配备专业的检测设备和人才队伍，与国际国内先进水平接轨。

智能化生产车间。引进国际、国内一流的灌装生产线，整个前处理的设计、设备安装均由全球知名设备供应商提供，中控室集成前处理所有自动化设备的中央控制枢纽，生产过程中的设备操作均由中控发出指令直接控制，操作简单方便，信息记录详细。整个管理系统具备生产管理、CIP 报表、设备管理、能源管理、配方管理等管理系统，完整记录了生产信息、设备运行情况、能源利用情况等，对合理安排优化生产、设备维护保养、能源节约等提供了科学有效的依据。

灌装间设计达到十万级的洁净标准，最大限度地保证产品质量。灌装、包装设备引进全球著名的德国康美包常温奶自动生产线、意大利 WeightPack 低温 PET 全自动生产线、美国 Evepack 屋顶盒全自动生产线等，包装间由全球知名机器人供应商 Yaskawa 提供的码垛机器人，实现了从灌装间到成品入库全自动化，不仅节约了人力，且有效地提高了生产效率。

坚持以工艺技术创新推动企业发展。瞄准国内同行业的先进工艺技术水平，加大技术改造和设备更新的资金投入和工作力度，不断改善工艺技术装备和工序结构，完善生产过程工艺控制手段；注重原创性创新，截至2019年拥有有效发明专利8项，实用新型专利6项，外观专利31项。

【市场消费】拥有“天友”“华山牧”两大液态奶和“恬恩”等婴幼儿配方奶粉品牌系列产品，其中3个中国驰名商标、4个重庆市省级著名商标。产品销售区域辐射重庆、四川、陕西等20余个省份。2019年，公司年销售收入244 230万元，利润9 632万元。2019年，天友在重庆市场占有率30%，2019年华山牧乳业陕西市场占有率3%。公司产品线逐渐丰富，涵盖“天友”“华山牧”“恬恩”“奶气”四大主力品牌产品，整合了集团德佳“赖记”罐头、跨境电商优质产品，线上SKU达到105个，形成以乳制品为主，其他关联品类为辅的产品体系。着力打造互联网品牌“奶气”，形成酸奶、甜牛奶、乳酸菌等产品矩阵，2018年累计排产392t，产生线上评价5万多条，好评率99%。

【全球发展】公司引入海外优质资源：萨克森—德国品质牛奶品牌、澳滋选—澳大利亚乳业DIAA金奖品牌、埃慕—澳大利亚高端奶酪品牌。

开展海外合作，品牌可控度、产品自主性更高。公司借助澳大利亚品牌Moodale慕黛，完成品牌标识及常温奶、奶粉包装设计，协助进行澳大利亚代工厂的比选和沟通工作。预计2020年三季度完成新产品开发，启动海外生产工作。

【社会责任】中垦乳业自成立以来，切实履行企业社会责任。公司一直积极助力小康牛奶行动，3年共计捐赠35 000箱天友、华山牧牛奶，价值近200万元。中垦乳业走进重庆市、渭南市数个深度贫困乡镇，共计超过80余所乡镇小学，惠及25 000多名学生。2019年7月，中垦乳业旗下天宁牧业积极帮扶中宁县70户特困户和恩和镇42户贫困户，推进中宁县脱贫攻坚工作，帮扶时间为期三年，帮扶费用预计80余万元。

从2020年年初新冠肺炎疫情暴发初期开始，中垦乳业勇于担当，迅速反应，捐献了大批牛奶到防疫一线，为一线防疫人员提供强了有力的后勤营养补给。旗下天友乳业、华山牧乳业、华山牧业、天宁牧业，向重庆、贵州、四川、陕西、宁夏等近150家一线防疫机构，累计捐赠物资300余万元。

【奶业大事】公司积极参与各类大型展会，参与了第十七届中国国际（成都）奶业展览会、第十八届中国西部（重庆）国际农产品交易会、第二届西洽会、2019成都糖酒会、第二届智博会等。

2019年，重庆市委书记陈敏尔调研中垦乳业旗下的天友乳业，对天友全产业链高质量发展给予较高评价。同年，天友乳业荣获由重庆市国资委、市人社局颁布的2013—2017年国企贡献奖。

旗下分公司华山牧乳业紧紧围绕“良品华山牧，鲜活新高度”开展华山牧乳业品牌推广，精准开展体验营销活动，赞助西马等大型推广活动，借助新媒体开展品牌传播，提升在陕西市场的品牌影响力。2019年7月4日，陕西省长刘国中调研华山牧乳业；9月25日，陕西省委书记胡和平赴华山牧乳业进行调研指导，对公司发展给予肯定，勉励公司再创佳绩。

（中垦乳业股份有限公司）

附表 1　中垦乳业股份有限公司奶牛养殖场（小区）名录

序号	名称	地址	全群存栏（头）	成母畜存栏（头）	奶畜品种	成母畜单产（t/年）	年总产量（t）	是否有机奶源基地	有机奶产量（t）
1	重庆市天翼牧业发展有限公司	重庆黔江区白石乡中和村	973	528	中国荷斯坦	9.5	5 032		
2	重庆市天友纵横牧业发展有限公司两江奶牛养殖场	重庆渝北区茨竹镇秦家村	633	335	中国荷斯坦/娟姗牛	9.5	3 017	是	3 000
3	重庆市天合牧业发展有限公司	重庆合川区太和镇金钩村	648	366	荷斯坦	9.3	3 256		
4	宣汉大巴山牧业有限公司	四川达州宣汉七里乡	1421	793	荷斯坦	10.1	7 453		
5	重庆蒙揽农业开发有限责任公司	重庆长寿石堰镇	387	219	中国荷斯坦	7.7	1 233		
6	重庆市新曲奶牛养殖专业合作社	重庆垫江高安镇	180	119	中国荷斯坦	8.1	857		
7	重庆市文顺奶牛养殖场	重庆垫江高峰镇大井村	171	126	中国荷斯坦	7.8	951		
8	巫溪县文鑫农牧有限公司	重庆巫溪县文峰镇长沙村	322	231	中国荷斯坦	8.5	1 452		
9	云阳县林久农牧综合开发有限责任公司	重庆云阳县云安乡	282	127	中国荷斯坦	9	907		
10	重庆市渝西奶牛专业合作社	四川内江市东兴区	331	169	中国荷斯坦	7.7	894		
11	中垦华山牧业有限公司	陕西省大荔县渭南市韦林果园	9464	4 931	荷斯坦	11.25	51 165	是	4 827
12	中垦天宁牧业有限公司	宁夏中宁县恩和镇红梧山	11 040	5 650	荷斯坦	11.78	61 561	否	
13	中垦天鸿牧业有限公司	宁夏红寺堡区	1 306		荷斯坦				
14	中垦定边牧业有限公司	陕西定边县	4 000		荷斯坦			年底 4 000 头进口奶牛进场	

备注：本表所指奶畜包括奶山羊、奶绵羊、奶水牛、牦牛、骆驼、驴等产商品奶家畜。本表奶畜养殖场指企业在中国及海外自建和参建（控股、参股）牧场（小区）。如认证为有机奶源基地等，请在相应表格中打勾。

附表2　中垦乳业股份有限公司乳制品生产企业名录

序号	名称	生产地点	生产许可证号码	年收购原奶量（t）	其中：自有奶源量（t）	平均支付价格（元/kg）	日处理生鲜乳能力（t）	年乳制品产量（t）	其中：低温鲜奶（t）	UHT奶（t）	常温酸奶（t）	低温酸奶（t）	原料奶粉（t）	婴幼儿配方奶粉（t）	成人奶粉及其他（t）	奶油（t）	奶酪（t）	乳饮料（t）	冰品（t）	年销售收入（万元）	利润（万元）	有机产品（枚）
1	重庆市天友乳业股份有限公司乳品一厂	渝北区金石大道99号	SC10550011212179	155 864	19 130.16	4.83	870	229 418.54	25 823	98 121.51	5 416.81	61 617	5 638	821.66	5.34	—	—	36 453	—	188 572	11 412	17 748 696
2	重庆市天友乳品二厂有限公司	重庆市经济技术开发区大石支路6号	SC10550010800608			4.51																
3	中宁县黄河乳制品有限公司	宁夏回族自治区中卫市中宁县	SC12964052100985			3.78																
4	中垦华山牧乳业有限公司	陕西省渭南经济技术开发区中垦大道	SC10561050101686	14 000	14 000	4.185	274	12 918.3	635.78	2 105.07	0	4 995.68	0	0	0	0	0	621	0	11 192	-4 941	58 998

备注：本表包括在中国及海外的生产企业。日处理生鲜乳能力指设计加工生鲜乳能力。自有奶源指来自自建和参建（控股、参股）牧场（小区）的原奶。成人奶粉指除婴幼儿配方奶粉以外的学生奶粉、孕妇奶粉、中老年奶粉等终端消费奶粉。冰品包括冰激凌、雪糕等。有机产品数量单位为“枚”指获得有机标志的数量。

河南花花牛乳业集团股份有限公司

【奶源基地】花花牛始终坚持“养健康奶牛，产优质牛奶，走生态循环现代化农业之路”的理念，现已在河南省拥有14个自有奶源基地，分别为河南瑞亚牧业、平舆瑞亚牧业、新蔡瑞亚牧业、新蔡豫信瑞亚、鲁山瑞亚牧业、汝州瑞亚牧业、郏县发展牧业、河南伊源乳业、河南合源乳业、睢县瑞亚牧业、平舆诚信瑞亚牧业、叶县瑞亚牧业（在建）、扶沟瑞亚牧业（在建）、中牟瑞亚牧业（在建）。

花花牛旗下奶牛总存栏4.24万头，其中成母牛1.87万头；年产鲜奶173 136t。奶牛养殖主要分布在河南省郑州市中牟县，平顶山市宝丰县、汝州市、郏县、鲁山县，驻马店市新蔡县、平舆县、睢县等地。牧场实现了规模化养殖，其规模化和现代化程度处于先进水平。

截至2019年，花花牛养殖事业部正通过奶牛福利环境控制、奶牛生产数字化管理、全混合日粮（TMR）饲养技术和奶牛生产标准化管理体系建设、繁殖育种技术提升等方面的工作，加强对各牧场的整体管控经营，以确保各牧场牛群管理、繁殖管理 、保健管理 、营养及配方、物资管理 、生奶管理的正常。各牧场机械挤奶比例占100%。2019年，花花牛养殖事业部奶业机械购置补贴已批复2 037.7万元。事业部一直致力于加快推动粮改饲、种养结合新模式。目前，订单农业苜蓿草种植面积3 000亩，每亩单产达到0.9 t，总产量0.27万t，订单农业青贮种植面积12万亩，每亩产量达到2.5 t，总产量30万t。

各牧场严格按照“预防为主，防重于治”的疫病防控方针。重点跟踪技术服务，结合实际进行综合会诊，减少淘汰牛以降低损失，提高效益；切实做到隔离、消毒、检测和免疫工作，防疫防控工作切实有效；通过加大SOP流程管控，重点落实各牧场新产牛产前、产后的保健护理，降低发病几率，死亡率控制在合理范围内；加强奶牛血清疫病检测，定期将血清样本送至上级主管部门，由上级主管部门进行检测并出具检测合格报告，切实推进落实“两病净化”工作。

牧场粪污经分离机压榨后，达到固液分离效果，干粪采用堆积发酵，粪水采用厌氧发酵和好氧发酵结合进行处理。干粪在发酵过程中有害菌、寄生虫等都会被杀死，一部分发酵后可作为有机肥用于农田，另一部分作为奶牛卧床垫料，在减少牧场费用的同时，提升卧床舒适度；粪水经发酵后形成沼液，花花牛与周边果园种植户等进行合作，对沼液进行科学还田利用，将畜牧业和种植业有机结合，以农养牧、以牧促农，实行循环经济模式，种养结合环保发展。

2019年奶源基地鲜奶收购年均价格每吨4 100元，养殖奶牛头均年净收入5 975元，牧场头均净收入7 688元。

公司积极探索转变养殖模式，以打造万亩田园综合体为目标。事业部各牧场引进世界先进的饲养管理模式，实现从全群养殖到成母牛专业养殖+散养模式的升级转型，促进了奶牛健康和产品优质。截至2019年，花花牛已计划在扶沟、平舆、叶县、中牟4个已建或新建牧场实施该模式。平舆万亩田园综合体是结合奶牛养殖和目前国家提倡的田园综合体相互融合设计的项目，不仅是循环生态农业与田园综合体的融合实体农牧产业，也是观光示范牧场和有机奶基地的典范。该综合体项目总投资5亿元，由8 000头奶牛规模养殖、2 000头奶牛散养、万亩有机生态牧草循环农业种植园及观光农业等项目组成。中牟新建发展有机牧场项目，将推进种养一体化发展，形成有机农业和有机生态牧场相结合的一体化高端农牧产业链，从而实现有机化土地的改造，实现绿色、低碳、环保、粪污综合利用零排放。

【乳品加工】河南花花牛乳业集团拥有3个乳品加工基地，分别是河南花花牛乳业集团股份有限公司郑州分公司、郑州花花牛乳制品有限公司及新蔡花花牛乳业有限公司（在建）。公司日加工乳制品能力达1 300t，产品涵盖巴氏杀菌乳、发酵乳、灭菌乳、调制乳、乳饮料、乳粉六大类百余个品种，并依托传统零售、现代商超、送奶入户、电子商务等多种渠道，形成了覆盖河南全省并逐步布局全国市场的销售网络。2019年，花花牛乳制品总产量153 392t，其中巴氏杀菌乳3 020t、UHT奶21 376t、酸奶101 319t、乳饮料27 300t。

【市场消费】花花牛以“新鲜”为品牌计划，在以郑州为中心的150km“新鲜半径”之内，产品从原奶收集到加工仅需2h，确保花花牛低温牛奶“新鲜”每一天。自2015年下半年以来，花花牛陆续投入近1亿元，对现有配送车辆及终端冷链进行升级改造，完成冷藏车改造300余辆，终端投放冷柜2万台，实现产品全程冷链无缝运营。走“新鲜”道路，让花花牛打开了中原地区低温酸奶和巴氏鲜奶市场，并实现了高速增长。与此同时，花花牛坚持创新战略，狠抓研发管理，依托河南省乳品工程技术研究中心、中荷奶业发展中心等科研院所，研发出了一系列具有自主知识产权的产品。

2018年，花花牛推出“轻觉”轻体系列功能性乳制品，在上海FBIC展会上荣获新消费创新奖－银奖，是乳品行业功能性产品的佳作。2019年该单品销售额累计达6 000余万元。随着产品性能的提升，花花牛的市场消费潜力也将不断释放。

2019年，花花牛是河南首家通过“国家优质乳工程”验收的公司，标志着花花牛乳业集团巴氏鲜奶已达优质乳营养品质和卫生安全水平。花花牛开始重点培育巴氏鲜奶及推广低温巴氏奶，推出“天养致鲜”系列巴氏杀菌乳，通过多种渠道引导牛奶“新鲜”消费理念。截至2019年花花牛在河南低温市场占比约30%；开发推广新鲜订App，线上“随时订”、线下“即时送”，通过创新营销模式，打通“最后一公里”销售瓶颈，打造“集家政、零售、线下体验为一体的新营销业态”，培养消费新习惯、引导消费新潮流。同时，花花牛常温产品品项逐步丰富，新增利乐钻等高端畅销品项和常温酸奶希可诺等，进一步打开产品销路。

花花牛销售区域覆盖河南全省，辐射周边7省，并已完成华东和华南市场布局，2019年实现销售额19.3亿元，利润总额10 100万元。

未来，花花牛将继续立足“新鲜”战略，强化冷链升级改造，提升科研创新能力，全力推进优质乳工程建设，深度融合线上自媒体和线下实体推广宣传，拓展家政入户、电商平台、传统店商、自动售卖机等多个渠道，搭建新零售模式，夯实省内市场、拓展省外市场，努力为消费者提供更加营养、健康、安全的乳制品，实现区域性乳业品牌向全国性乳业品牌转变，努力为中国奶业振兴贡献力量。

【全球发展】近年来，在国家“一带一路”政策的引领下，中部崛起升腾出新的力量，中原地区将利用既有农业优势，推动“一带一路”农业合作，加大力度实现农产品“走出去”。借助此次机遇，花花牛也积极与国际接轨，与中东以色列等国家展开农业技术交流，研究奶业技术，推动国际产能合作，推动产业结构优化升级；同时，加快品牌推广，推动中国奶业振兴发展。未来，花花牛将搭载“中欧班列”，将品牌故事带到更远的地方，让“新鲜”“营养”惠及更多消费者。

【社会责任】花花牛作为国家级农业产业化重点龙头企业，在企业自身做大做强的同时，始终牢记自己的使命，坚定承担起企业的社会责任，积极参与小康牛奶行动、扶贫攻坚、社会公益等项目来回报党、回报国家、回报社会。

2019年，河南花花牛乳业集团股份有限公司共向太康、新蔡、内乡、扶沟、西平、汝南、平舆等地贫困学生捐赠牛奶16 300件，价值978 000元，援助学校11所，惠及学生33 100人。

为积极响应党和政府脱贫攻坚的号召，发展现代农业产业助力贫困地区脱贫致富，花花牛专门成立扶贫办公室，并按照“产业贴近农业、产区接近农村”的思路，将企业的发展布局融入到政府的脱贫战略当中。公司拥有6家省农业产业化重点龙头企业，在生产经营过程中，坚持生态循环农业发展模式，积极响应国家的精准扶贫号召。一方面，通过牧场建设带动周边农户发展饲草订单种植，累计帮助3万多户农民实现了增收；另一方面，牧场直接聘用大量当地劳动力，帮助他们通过就业获得长期稳定收入，取得了良好的经济效益和社会效益，促进了企业的产业升级和经营发展。河南省省委副书记、省长陈润儿，农业农村部副部长于康震，河南省副省长武国定等领导多次莅临企业牧场进行考察调研，并对企业的精准扶贫工作表示高度的认可。鲁山瑞亚牧业有限公司被当地政府认定为精准扶贫就业基地。2018年，集团董事长关晓彦被先后授予河南省脱贫攻坚奖·奉献奖、改革开放40年——卓越贡献企业家等荣誉称号。

【奶业大事】为提升品牌知名度，增强企业竞争力，也为企业优速优质发展，花花牛决定走上市之路。经过一个时期的上市辅导，花花牛经营管理更加规范，已于2018年12月19日取得河南省证监局辅导备案。截至2019年，上市准备工作正在有条不紊的进行中。

2019年5月7日，河南省常委、组织部长孔昌生莅临河南花花牛乳业集团股份有限公司养殖事业部・鲁山瑞亚牧业有限公司调研。

2019年6月21日，国家奶业科技创新联盟在花花牛召开优质乳工程现场验收会议，花花牛成为河南首家通过国家优质乳工程认证的乳企。同年7月，河南花花牛乳业集团股份有限公司在河南郑州召开了以“优鲜品质・轻赢未来”为主题的轻觉上市暨优质乳工程认证发布会。来自全国各地的领导嘉宾、专家学者、合作伙伴等齐聚一堂，见证了花花牛“优”与“鲜”的新跨越。

2019年7月12日，第十届中国奶业大会暨奶业展览会在天津梅江国际会展中心开幕。河南花花牛乳业集团作为中国奶业20强企业之一，亮相“中国奶业D20企业展示专区”。7月13日上午，农业农村部副部长于康震、天津市人民政府副市长李树起等领导一行莅临花花牛展台参观指导。

2019年7月31日上午，以色列阿非金农业合作公司首席执行官尤华（Yuval Rachmilevitz）、阿非金中国区总裁李鑫及其团队在河南省政府外事办亚非大处处长刘宝、河南省畜牧局奶业管理办公室主任赵玲等领导的陪同下，莅临花花牛中牟瑞亚牧场参观考察。

2019年8月，花花牛成为第十一届全国少数民族体育运动会指定乳品供应商。同月，河南省委书记王国生调研花花牛乳业集团新蔡瑞亚牧业，对花花牛乳业集团生产经营情况和产业带贫工作成效表示肯定。

2019年11月27日上午，以“奶业新未来·责任、创新、融合”为主题的中国奶业20强（D20）峰会在上海东郊宾馆举行。河南花花牛乳业集团股份有限公司总裁董硕峰在论坛上就花花牛实现全产业链质量安全、创新驱动、利益联结的协调融合发展方面做了重要论述。

2019年12月6日，中荷奶业发展中心（英文简称SDDDC）论坛暨SDDDC成立六周年年会庆典在河南省郑州市美盛喜来登酒店举行。本次活动由SDDDC主办，河南花花牛乳业集团股份有限公司承办。

（河南花花牛乳业集团股份有限公司，杨　永）

附表 1　河南花花牛乳业集团股份有限公司奶牛养殖场（小区）名录

序号	名称	地址	养殖场	小区	全群存栏（头）	成母畜存栏（头）	奶畜品种	成母畜单产（t/年）	年总产量（t）	有机奶产量（t）
1	河南合源乳业有限公司	河南省宝丰县闹店镇洼里村	√		2 105	1 079	荷斯坦	9	9 711	
2	郏县发展牧业有限公司	河南省郏县王集乡雨霖头村	√		2 011	765	荷斯坦	9.6	7 344	
3	汝州瑞亚牧业有限公司	河南省汝州市纸坊乡赵东村	√		2 930	1 254	荷斯坦	9.2	11 536.8	
4	鲁山瑞亚牧业有限公司	河南省鲁山县辛集乡清水营村	√		3 965	1 886	荷斯坦	9.7	18 294.2	
5	平舆瑞亚牧业有限公司	河南省平舆县辛店乡黄寨村委（郭尹路西）	√		6 611	2 269	荷斯坦	9.1	20 647.9	
6	河南伊源乳业有限公司	河南省叶县田庄乡东李村（村北生产路东）	√		1 576	0	荷斯坦	0	0	
7	河南瑞亚牧业有限公司	河南省郑州市中牟县官渡镇石井村南	√		4 560	1 823	荷斯坦	9.8	17 865.4	
8	新蔡瑞亚牧业有限公司	河南省新蔡县黄楼镇黄楼村委牛坡黄化路南侧	√		6 173	2 883	荷斯坦	8.9	25 658.7	
9	叶县瑞亚牧业有限公司	河南省叶县水寨乡桃奉宋时南公路南	√		0	0	荷斯坦		0	
10	平舆诚信瑞亚牧业有限公司	河南省平舆县杨埠镇大朱村委大郭庄西侧	√		4 515	800	荷斯坦	9	7 200	
11	扶沟瑞亚牧业有限公司	河南省周口市扶沟县江村镇西冯凌村西侧	√		0	0	荷斯坦		0	
12	睢县瑞亚牧业有限公司	河南省睢县孙聚乡董庄村省道 S211 东侧	√		3 010	2 005	荷斯坦	9.17	18 385.9	
13	新蔡豫信瑞亚牧业有限公司	河南省新蔡县关津乡万庄村 216 省道	√		4 996	3 997	荷斯坦	9.13	36 492.6	
14	中牟县瑞亚牧业有限公司	河南省中牟县官渡镇下吴村西 200 米	√		0	0	荷斯坦	0	0	
合计					42 452	18 761			173 136.5	

备注：本表所指奶畜包括奶山羊、奶绵羊、奶水牛、牦牛、骆驼、驴等产商品奶家畜。本表奶畜养殖场指企业在中国及海外自建和参建（控股、参股）牧场（小区）。请在养殖场或小区列中选择打勾；如参加 DHI、为学生饮用奶奶源基地、认证为有机奶源基地等，请在相应表格中打勾。布鲁氏菌病、结核净化示范场或创建场请标明疫病净化具体级别。

附表2　河南花花牛乳业集团股份有限公司乳制品生产企业名录

序号	名称	生产地点	生产许可证号码	年收购原奶量（t）	平均支付价格（元/kg）	其中：自有奶源量（t）	年乳制品产量（t）	其中：巴氏杀菌奶（t）	UHT奶（t）	酸奶（t）	奶粉（t）	婴幼儿配方奶粉（t）	奶油（t）	奶酪（t）	乳饮料（t）	产品销售区域	年销售收入（万元）	利润（万元）	有机产品（枚）	年销售收入（万元）	利润（万元）	有机产品（枚）
1	河南花花牛乳业集团股份有限公司	河南省郑州市	SC10541010300077 SC10541018400354	150 000	3.93	90 000	153 392	3 020	21 375	119 318					27 300	华北、华中、华东及东南等地区	193 000	10 144				

备注：本表包括在中国及海外的生产企业。自有奶源指来自自建和参建（控股、参股）牧场（小区）的原奶及长期稳定合作牧场的原奶。有机产品数量单位为“枚”指获得有机标志的数量。有机产品品类指液态奶、酸奶、奶粉、奶酪等大类。

南京卫岗乳业有限公司

【奶源基地】卫岗乳业自有奶牛存栏 1.85 万头，其中成母牛 0.87 万头，牧场主要分布在苏皖鲁地区，年产量达 8.6 万 t，自有奶源占比 48%。已规划新建 3 个优质奶源基地，分别为日照鲜纯三期、新沂棋盘牧场和淮安洪泽牧场，存栏可达 20 000 头。

公司旗下牧场规模化养殖程度达 100%（其中 1 000 头以上规模占比 35%、2 000 头以上规模占比 30%、3 000 头以上规模占比 35%）。牧场强化牛群健康管理，除日常消毒防疫工作外，按季度全面开展免疫保健工作，实现疫病安全零事件，饲喂保健实行统一准入、统一饲料、统一兽药、统一评估，饲料和兽药受控率已达 100%。

公司充分利用地域资源，全面对接行业标准，推动规模化养殖与牧草种植一体化科学发展，围绕牧场周边的种草场，现已有草地 5 000 亩，青贮总产量 2.0 万 t。牧场秉持种养结合、草畜一体发展，以及“牧场周边种草场”和“动物福利思想”理念，倾力打造现代化奶牛养殖花园式牧场，采用“生化降解、固液分离、分级沉淀”等粪污处理工艺，实现了牧场粪污生态化处理，资源循环化利用。

各区域采用按质论价的方式收购奶源，自有牧场年均收购价 4.30 元 /kg，社会牧场年均价格 4.36 元 / kg，养殖头均年净收入 43 000 元。

【乳品加工】2019 年卫岗乳业有 3 个生产企业，分别是南京卫岗乳业有限公司（南京市江宁区将军大道 139 号）、徐州卫岗乳品有限公司（江苏省新沂市无锡 - 新沂工业园大桥东路 218 号）、泰州卫岗乳品有限公司（泰州市凤凰东路 40 号）。2019 年乳制品总产量共 238 385.07 t，其中低温鲜奶 109 231.02 t，UHT 奶 45 246.12 t，常温酸奶 8 071.39 t，低温酸奶 60 391.08 t，乳饮料 15 445.46 t。

企业推广应用新技术、新设备、新工艺，不断丰富产品组合，截至 2019 年，拥有瓶装奶系列、纸盒屋型奶系列、新鲜杯系列、袋奶系列、利乐枕系列、利乐砖系列、果汁饮料、塑瓶等 200 多个品种，满足了不同年龄段的消费者的不同营养需要。

在生产端，企业依据技术能力、生产能力、产能布局，实现柔性化生产和快速的客户需求达成。拥有信息化、智能化生产车间，实现数据信息交互，生产设备运行状态数据采集、记录、分析均通过中央控制系统完成，做到了实时记录、实时查询。中控系统对生产设备实时监控，中央控制室在线自动监测前处理所有生产设备运行状态、运行数据，当监测数据与设定数据出现偏离时，会自动报警并记录出现偏离情况，根据记录数据自动分析。公司以 JIT、TPM 精益生产、卓越运营的管理方式构建优质高效的供应链管理体系，实现产、供、销平衡，降低综合管理成本，达到锻造高效精益的供应链，实现提升企业核心竞争力的目的。

【市场消费】2019 年在江苏区域，卫岗乳业低温白奶市场占有率 19.9%，常温白奶市场占有率 4.4%，低温酸奶市场占有率 9.5%，常温酸奶市场占有率 3%（均为 MAT 数值，即滚动年度累计）。2019 年卫岗乳业销售收入为 243 548.73 万元，利润总额为 8 330.25 万元。卫岗乳业将继续坚持新鲜战略，大力发展低温新鲜奶市场，拓展常温白奶市场，为消费者提供新鲜好奶。

【全球发展】研发创新技术评估体系。2019 年卫岗乳业成立了由市场、研发、技术、质量、采购、生产各部门专业人员组成的技术委员会，由研发部牵头，质量和技术创新部联合对现有技术进行评估，从产品开发立项到上市，提供全过程的技术指导。

研发部建设有新品评价立项程序，通过市场调研、新瓶市场前景分析、财务分析、风险与技术可行性分析等综合评价，由技术委员会评议决定项目立项。在产品初步概念形成、前期研究工作、产品稳定性研究和投放市场的各个阶段，只要出现问题应立即调整，或者终止项目，降低研发风险，控制研发成本，提高新产品开发的成功率，实现创新工作的效益最大化。

公司先后开发出 10 余个不同体系的乳制品，在新产品新技术方面取得了不菲的成绩，为我国的乳制品生产和产业化提供了良好的平台。通过产学研合作机制，加强创新、产业化的指导思想，关注产业发展中的关键、共性技术和建立成果转化所需的技术，加快推动具有市场前景的重点科技成果转化，增强江苏省乳品产业的自主开发能力和市场竞争力。

积极引进和吸收国际先进技术和标准，提高技术创新能力。第一，公司通过与国内高等院校和优秀技术供应商合作，研发出酸奶充气技术，并成功应用于公司轻气酸奶开发，丰富了公司产品线。第二，通过参加国内外行业学术会议、技术展会，及时了解乳品行业技术研究进展和发展趋势，并积极寻求与国内外技术先进单位合作，共同实现新技术的突破，加快产品的转型和升级，为广大消费提供安全、美味、价廉的产品。

研发创新资源建设。一是研发队伍建设。卫岗乳业研发中心现有人员 18 人，其中博士 1 人、硕士研究生 7 人，拥有 387m^2 的办公及研发试验场所，设有独立无菌实验室，配置意大利 ESCO 无菌工作台及其配套设施、乳品稳定新分析仪等设备。二是创新平台建设。公司作为优秀的乳制品制造创新公司，江宁开发区核心加工基地——南京卫岗乳品工业园，占地 400 多亩，厂房按照药品 GMP 标准设计，工艺、设备按照国际一流乳业要求配置，环境按照 4A 级景区要求打造。基地整个生产过程实行电脑自动化控制，同时采用脱气、闪蒸、在线标准化等领先的核心技术；基地检测中心于 2015 年获得了国家认可的实验室 CNAS 证书，能够确保每一批、每一盒牛奶生产的安全与品质。

国际合作项目。卫岗乳业面向世界乳品的前沿技术，根据市场需求依托技术创新，逐步提高产品档次和质量水平。公司与国际应用研究机构进行深度合作，与澳大利亚联邦科学工业联合组织进行了奶酪的精度合作项目。

【社会责任】小康牛奶行动。2019年3月，南京卫岗乳业有限公司为安徽寿县张李初中捐赠了价值66万元的卫岗弗瑞希1万箱；2019年4月，卫岗向民进江宁长期合作共建的两个乡村教育服务站——周岗学校、横溪小学分别捐赠价值10万元的新鲜牛奶。

乡村振兴。2019年，公司持续通过股份合作、承包租赁、托管经营等多元合作方式，包括重点扶持奶牛养殖小区、合理保障奶牛利益等，继续合理联结公司与奶农的生产利益，实现奶农收益保障。另外，通过企业的技术优势，开放奶牛大数据平台和应用气象大数据平台，实现产业链上下游信息共享，改变种植、养殖户“望天吃饭”的传统模式，切实服务“三农”。牧场积极吸纳农民入场就业，占牧场职工总数的90%以上，人均月工资收入4 000余元；围绕牧场周边种草场，除自有流转土地外，开设牧草收购站点，与牧场周边签订粮食秸秆收购协议，带动牧场周边6 000余家种粮农户共同发展。每年青贮收购量均达到9万t以上，总额约4 000余万元，户均年收入达6 000余元。为了增强养殖户科学化生产水平，提升可持续发展能力，卫岗乳业每年在全省重点扶持3~4个规模500头以上的奶牛养殖小区，通过定期的技术输出、管理输出、服务输出，实现牧场平均单产提升2kg以上。

同时，企业在江宁区允公小学与周岗学校设立“乡村教育服务站”，建立“留守儿童服务点”和“弹性离校服务点”，联合学校组织各种活动，为学校开设优质课等，助推学校教学质量大幅提高，并依托江宁横溪街道上范村“牛牛的家”，通过融入文化元素、卫岗乳业奶文化特色，将其作为支援乡村教育的示范基地与支援乡村文教设立的第二课堂，大力开展乡村妇女职业培训、农村儿童教育特色等公益项目。

社会公益。2019年1月，卫岗乳业积极响应江苏希望工程“童享阳光”公益计划，向江苏省青少年发展基金会无偿捐赠100万元，帮助6~16岁“事实孤儿”群体健康成长；5月，民进江宁总支会员代表及卫岗乳业职工代表来到结对共建单位——南京市江宁特殊教育学校，开展助学慰问；6月，宜宾长宁地震发生后，卫岗乳业第一时间发起救助行动，捐赠12t价值15万元的学生饮用奶；9月，卫岗乳业在中国第四个“中华慈善日”和“99公益日”期间，联合江苏省妇女儿童福利基金会，累计为参与捐赠的爱心人士免费提供约5万份牛奶；9月，卫岗乳业作为网络爱心企业代表，积极响应南京网络公益联盟“爱心早餐奶”捐赠仪式，为鼓楼区五塘小学捐赠爱心款9万元，价值2万元的爱心牛奶；9月，卫岗乳业赞助的“与爱同行，我们在行动”公益义卖活动在南京国际博览中心正式启动，本次义卖活动所得善款为全省0~16周岁儿童建档立卡，提供大病和意外伤残双重保障；10月，卫岗乳业携手鼓楼区第一中心小学，举办“立壹杯”足球比赛，助力孩子健康成长。

【奶业大事】

1月28日，“中华老字号故宫过大年”活动在故宫隆重开幕，卫岗乳业受邀参加“中华老字号故宫过大年”活动。

3月28日，第二届反刍动物大会暨2019年规模化牧场可持续发展高峰论坛举行，卫岗乳业受邀参会。

4月10—12日，2019全球食品 & 饮料创新大会在上海顺利召开，卫岗乳业整谷专家荣获“新消费创新产品100强”。

4月25日，卫岗乳业举办第四届巴氏鲜奶节暨至淳鲜牛奶新品发布会。

5月3—5日，第六届奶牛营养与牛奶质量国际研讨会召开，卫岗乳业荣获优质乳工程科技创新奖等多个奖项。

5月20日，第二届江苏发展大会暨首届全球苏商大会在南京召开，卫岗乳业董事长白元龙受邀出席。

5月30日，中国奶业全程冷链卫岗乳业示范项目上线仪式正式启动，卫岗乳业成为商务部全国农产品冷链流通监控平台的第一家乳制品企业。

6月28日，2019（第十一届）全球冷链峰会暨“一带一路”贸易与冷链合作论坛闭幕，卫岗乳业天天订公司荣获中国冷链物流百强企业，进入排行榜TOP10。

8月30日，卫岗乳业受邀参加中国乳制品工业协会第二十五次年会暨2019年中国（国际）乳业技术博览会，并荣获以乳扶贫优秀企业奖、技术进步一等奖、振兴中国乳业科技创新带头人奖、振兴中国乳业领军人等多项殊荣。

9月6日，“水韵江苏 相约澳门”江苏文化嘉年华活动在澳门倾情上演，卫岗乳业受邀参与江苏老字号展示。

10月16日，国家市场监管总局举办“提升乳品质量企业公开承诺”活动，卫岗乳业受邀出席，并与到会的其他乳业代表共同签署《提升乳品质量我们共同行动倡议书》。

10月17日，第四届“江苏智造”创新大赛决赛在南京举行，卫岗乳业“基于乳品服务的新零售一体化云平台”荣获“江苏智造”创新大赛三等奖。

10月25日，中华老字号文化创新发展研讨会在故宫建福宫花园顺利召开。卫岗乳业作为国内首批“中华老字号”乳企受邀出席。

11月3—5日，为期三天的2019年两岸企业家紫金山峰会在南京召开，卫岗乳业受邀出席。

11月5日，第二届中国国际进口博览会开幕，卫岗乳业作为中国奶业代表亮相非物质文化遗产暨中华老字号文化展示项目。活动期间，卫岗乳业人员与澳之萃（AUSTREX）达成一致，并在双方合作备忘录上签字。

11 月 15 日，第十七届中国国际农产品交易会在南昌举办，卫岗乳业作为农业产业化国家重点龙头企业，受邀参会。

11 月 19 日，第二届全国智慧气象服务创新大赛颁奖活动在北京举行，卫岗乳业荣获气象服务应用创新奖二等奖。

11 月 19 日， 2019 全国新农民新技术创业创新博览会在南京正式开幕，卫岗乳业亮相南京展区。

11 月 20 日，2019（第二届）中国营养健康产业企业家年会暨中国营养健康品牌影响力论坛在杭州盛大开幕，卫岗乳业荣获 2019 营养健康消费品牌影响力百强企业、2019 营养健康行业百强人物两项大奖。

11 月 27 日，2019 中国奶业 D20 峰会在上海举办，在“高质量发展，领鲜未来”篇章，卫岗乳业董事长白元龙发表主题演讲。

12 月 6—7 日，2019 中国国际冷链流通产业峰会成功举办，卫岗乳业被中国食品土畜进出口商会冷链流通专业委员会授予副理事长单位、全程追溯码标准推广工作组组长单位两项称号。

12 月 12—14 日，2019 中国（昆山）国际物流科技博览会在昆山会展中心拉开帷幕，南京卫岗乳业受邀参会。

12 月 23 日，卫岗乳业发布三项重量级战略合作仪式，分别与日照市岚山区人民政府签订鲜纯生态牧场三期战略合作协议，与新沂市棋盘镇人民政府签约卫岗新沂田园综合体项目，与淮安市洪泽区人民政府签约卫岗洪泽循环农业产业园项目。

12 月 30 日，卫岗乳业在由吴晓波频道主办的“风生物起，国货来潮”2019 新国货盛典中荣获优秀品牌奖。

（南京卫岗乳业有限公司，贾　靖）

附表1　南京卫岗乳业有限公司奶牛养殖场（小区）名录

序号	名称	地址	全群存栏（头）	成母畜存栏（头）	奶畜品种	成母畜单产（t/年）	年总产量（t）	是否有机奶源基地	有机奶产量（t）
1	淮安杰隆牧业有限公司	淮安区丁集镇丁集村	1 153	564	奶牛	10.77	5 652.52	否	0
2	徐州卫岗牧业有限公司	新沂市北沟镇长江路	1 066	514	奶牛	10.75	6 606.69	否	0
3	爱德卫岗现代牧业（泗洪）有限公司	泗洪县上塘镇上东村	3 191	1 514	奶牛	10.86	15 716.73	否	0
4	盱眙卫岗牧业有限公司	盱眙县仇集镇工业集中区	1 587	820	奶牛	10.87	9 277.22	否	0
5	宿迁市兴旺生态奶牛养殖有限公司	泗洪县魏营镇涧圩村	1 155	621	奶牛	11.91	7 266.98	否	0
6	日照鲜纯生态牧业有限公司	山东省日照市岚山区碑廓镇南马家岭村	8 057	2 432	奶牛	11.36	23 461.06	否	0
7	淮安鑫隆牧业有限公司	盱眙县仇集镇克贵居委会工业集中区北卢郢后山	497	227	奶牛	10.50	2 713.20	否	0
8	日照市润生牧业有限公司	日照市岚山区巨峰镇罗川沟村	2 780	1 338	奶牛	11.37	14 798.49	否	0
9	现代牧业（五河）有限公司	五河县朱顶镇现代牧场园区	240 000	180 000	奶牛	13.5	1 642 500		
10	连云港东旺养殖有限公司	连云港市连云区东辛农场东滩分场九十六大队	5 000	2 000	奶牛	12.5	22 000		
11	东营神州澳亚现代牧场有限公司新户分公司	山东省东营市河口区	15 000	9 000	奶牛	14	131 400		
12	山东视界牧业有限公司	山东省德州市禹城市伦镇孙庄村社区大孙村	8 500	3 800	奶牛	13	45 000		
13	宿迁金娥奶牛养殖中心	江苏省宿迁市泗洪县车门乡团结村杜庄	400	280	奶牛	9	1 600		
14	即墨市牧春奶牛场	山东省青岛市即墨区北安街道办事处兰东村	500	400	奶牛	11	2 100		

备注：本表所指奶畜包括奶山羊、奶绵羊、奶水牛、牦牛、骆驼、驴等产商品奶家畜。本表奶畜养殖场指企业在中国及海外自建和参建（控股、参股）牧场（小区）。如认证为有机奶源基地等，请在相应表格中打勾。

附表 2　南京卫岗乳业有限公司乳制品生产企业名录

序号	名称	生产地点	生产许可证号码	年收购原奶量（t）	其中：自有奶源量（t）	平均支付价格（元/kg）	日处理生鲜乳能力（t）	年乳制品产量（t）	其中：低温鲜奶（t）	UHT 奶（t）	常温酸奶（t）	低温酸奶（t）	原料奶粉（t）	婴幼儿配方奶粉（t）	成人奶粉及其他（t）	奶油（t）	奶酪（t）	乳饮料（t）	冰品（t）	年销售收入（万元）	利润（万元）	有机产品（枚）
1	南京卫岗乳业有限公司	江苏省南京市将军大道139号	SC10532011500380	107 786	48 611	4.75	500	138 141.51	95 848.85	646.43	5 051.19	34 895.60	0	0	0	0	0	1 699.45	0	246 551.98	7 873.47	0
2	泰州卫岗乳品有限公司	泰州市凤凰东路80号	SC10632120200061	13 808	5 919	4.75	100	21 886.36	8 217.63	0.00	0.00	13 668.74	0	0	0	0	0	0.00	0	18 112.86	569.75	0
3	徐州卫岗乳品有限公司	新沂市无锡－新沂工业园大桥东路218号	SC10532038100142	44 045	11 606	4.75	300	91 017.63	47 032.05	3 656.01	0.00	28 394.07	0	0	0	0	0	11 935.50	0	52 897.05	558.50	0

备注：本表包括在中国及海外的生产企业。日处理生鲜乳能力指设计加工生鲜乳能力。自有奶源指来自自建和参建（控股、参股）牧场（小区）的原奶。成人奶粉指除婴配粉以外的学生奶粉、孕妇奶粉、中老年奶粉等终端消费奶粉。冰品包括冰激凌、雪糕等。有机产品数量单位为“枚”指获得有机标志的数量。

贝因美婴童食品股份有限公司

【奶源基地】公司奶源基地以引进纯种荷斯坦牛为主，通过采用冻精配种、性控配种手段促进奶牛改良。公司现存栏为11 199头，成母牛5 869头。2019年全年牛奶产量34 672 t。优质生乳实现从原料种植、饲养管理到牛奶品质的全程可追溯。奶牛养殖区域分布于国际公认的北纬45° “黄金奶源带”黑龙江省安达市及大庆周边地区。牧场全部为规模化养殖，其中，1 000头以上的养殖场占17%，5 00~1 000头的占33%，300~500头的占33%，200~300头以下的占17%。

为提高奶牛养殖水平，奶源基地牧场按照统一规划、合理布局、规模适度、相对集中、人畜分离、规范管理、结合实际的要求，通过科学饲养、高效挤奶、粪污处理等先进技术的应用，实现奶牛养殖的规模化、集约化及标准化。

牧场采用综合防控技术，实行封闭性管理，执行严格、有效的消毒管理制度，完善的防疫检疫管理体系，以保证牧场环境卫生。全年口蹄疫疫苗免疫接种3次，强化对牛布鲁氏菌病、牛结核病等的实时监测和净化，确保无人之间疫情发生。加强组织人员进行防治技术培训工作，完善消毒、防疫制度，实现了奶牛养殖场疫病的有效预防和控制。牧场牛舍内全部采用荷兰JOZ刮粪板、美国US自动粪污处理系统，将牛舍内粪污进行二次筛分，固体进行有机堆肥或牛床垫料，在液体厌氧发酵、达标后还田改良草场。

2019年青贮玉米种植面积41 250 hm^2，单产3.5 t/ hm^2，总产量达到14.43t。2019年全年生鲜乳收购均价3.92元/kg，泌乳牛单头年盈利额度约3 000元。由于牧场投入及养殖水平的不一致，整体奶牛场净收入在30万 ~ 300万元。未来公司将对所辖生鲜乳供应方进行专业服务，对公司所辖牧场的管理人员进行专业培训和现场指导，对所有牧场进行巡回诊断、评价、检查，深入各牧场进行服务，全方位提升牧场标准化管理水平。

【乳品加工】贝因美目前在国内外拥有黑龙江安达、杭州母婴、广西北海、湖北宜昌、爱尔兰子公司五大现代化产业基地。

贝因美成立了安达贝佳满乳业集团有限公司，进行生产基地独立经营的模式探索，借助黑龙江安达市的区域优势打造“从牧场到亲子家庭”全产业链系统。与黑龙江康贝牧业管理有限公司共同成立合资公司，结合双方在牧场建设、牧场管理、乳制品加工等方面的优势，提高牧场管理效率、保障鲜奶供应、探索产品合作，实现互利共赢。

公司2019年乳粉产量为21 113t。公司乳品加工以自主生产为主要模式，少量产品通过委外加工、OEM模式生产。自主生产模式按照“市场预测”和“订单方式”相结合的模式进行组织。公司主导产品婴幼儿配方奶粉主要由全资子公司/控股子公司贝因美（黑龙江）乳业、贝因美母婴、宜昌贝因美等工厂生产。婴幼儿营养米粉、葡萄糖等辅食主要由北海贝因美生产，亲子食品通过OEM模式生产。

【市场消费】公司产品主要通过区域代理、KA渠道、婴童渠道、电商等进行全渠道销售，同时部分产品通过总承销模式和包销模式进行销售，公司正在重点打造线上线下融合的新零售业务模式。乳制品销售收入占总销售收入的90.05%。根据尼尔森数据，贝因美的市场占有率约4%，在国产奶粉排名前4位。2019年公司实现营业收入278 547.61万元，较2018年增长11.83%；实现净利润 -10 308.23万元，较2018年下降350.73%；实现扣非净利润 -13 845.55万元，较2018年增长36.11%。

作为中国婴幼儿配方奶粉市场的重要品牌，27年来，公司始终围绕“国际品质、华人配方”的经营理念，通过构建强大的品质、研发和智能制造体系来持续推动品牌战略的实施。公司建立了完善的全球奶源供应链，从原料源头出发来保障产品品质。同时，凭借以“科学配方 + 智造技术 + 国际化标准体系”为核心的小贝智造方程式和行业内领先的追踪追溯系统，以实现让中国妈妈、中国宝宝喝上国际领先品质的放心奶，保障了品牌美誉度。在史上最严奶粉注册制新政背景下，公司共计完成了婴幼儿配方奶粉17个系列51个配方的注册，其中所申报的“特殊医学用途婴儿配方食品无乳糖配方”产品更是一举打破了洋品牌特配粉对国内市场的垄断地位，极大地提升了品牌的竞争力。

2019年公司在重塑品牌形象、优化品牌投资上发力。通过卫视硬广投放、户外广告等方式，强化品牌认知。联动消费者教育活动，推广《亲子公益讲座》，打造专业形象；冠名东方卫视《妈妈咪呀》等节目，树立品牌年轻旗帜；联合凤凰网公益拍摄纪录片《梯田之上》，传递品牌温度。此外，通过网络投放、泛媒体投放、综艺节目贴片，实现品牌曝光及吸粉引流；通过社交媒体及红人双效联合运用，进行全域营销，抢占母婴精准人群，优化品牌投资。

【全球发展】公司一直致力于全球化布局和国际化战略，以此打造和完善全球产业链。

国际化的股东结构。贝因美婴童食品股份有限公司从一家地方企业开始，逐步壮大，变成一家拥有民营股东（贝因美集团，持股29%）、外资股东（恒天然，持股18%）和国资股东（长城国融，持股5%）背景的上市公司。多元国际化的股东结构，为贝因美的国际化奠定了良好的基础。

国际化的产业战略布局。贝因美不仅在国内外拥有五大现代化产业基地，同时还与全球最大的乳制品出口企业恒天然集团、KERRY集团建立了战略合作关系，进行国际化产业布局。2017 年 4 月，贝因美联手一致行动人全资收购美国 SCL 公司，进一步推进全球化布局。

海外研发合作。在研发合作上，公司与以色列施耐德医学中心等机构开展项目合作，充分利用国外优秀研发机构的能力，在创新中不断提升与超越，进一步为国际化提供研发和技术支撑。

公司与爱尔兰百年工厂 KERRY 合作生产了绿爱和红爱婴幼儿系列奶粉产品。该产品严格执行欧盟、爱尔兰标准，并顺利通过了中国奶粉配方注册。2014 年 11 月，爱尔兰政府授信贝因美绿爱 + 为一个“真正代表爱尔兰品质的婴幼儿配方奶粉”。绿爱和红爱该两款产品原装原罐进口后销往国内市场，深受国内消费者的喜爱。

【社会责任】贝因美主张“生命因爱而生，世界因爱而美”，将“帮助宝宝健康成长、帮助妈妈成就母爱、帮助家庭幸福和谐、帮助员工实现梦想”作为贝因美的使命，而这就是贝因美的企业社会责任之大爱观。自创立以来，贝因美累计捐赠财物总价值近 10 亿元。

自“中国小康牛奶行动”启动以来，贝因美积极践行企业社会责任，开展牛奶助学及扶贫等公益行动。共捐赠奶粉 4 788 箱，价值 253.12 万元，惠及学生及贫困人员 2 万余人，援助学校近 90 所。贝因美积极参与扶贫工作，2019 年与湖北省恩施州建始县溙潦村签订了连续两年的对口帮扶框架协议书，约定开展爱心帮扶。

贝因美积极宣贯国家关于发展畜牧业、奶业的方针政策，在标准化、集约化牧场的发展趋势下，积极将奶业发展趋势和奶农实际需求进行密切结合，组织奶农培训。把培训的重点从侧重传统技术培训转变为以牧场综合管理能力为中心，着重培养牧场未来经营管理人才。公司制定了财务、技术、管理等能力的全方位培训计划，邀请工作多年的专家对榨奶、繁育、保健、饲养、设备管理、青贮制作以及牧场经营等方面传授技术实践指导。组织了 30 多场牧场管理专项培训和专题讲座，培训学员 500 人次；进行了 50 余次牧场现场技术指导，不断推进奶源建设升级工作。

【奶业大事】精准发力打造大国品牌，提升品牌声量。

2019 年 3 月 13 日，浙江省食品工业协会召开换届大会，贝因美董事长谢宏当选第五届理事会会长。

2019 年 4 月 1 日，贝因美冠军宝贝营养米粉正式发布上市。

2019 年 5 月 6 日，贝因美与澳大利亚 Bubs 正式签约，进军高端羊奶粉。

2019 年 7 月 2 日，黑龙江省委常委、副省长王永康一行莅临贝因美安达工厂考察指导，省、市相关领导陪同随行现场参观，贝因美安达工厂总经理刘术明接待陪同。

2019 年 7 月 29 日，中国奶粉品牌特殊配方注册“0001 号”贝因美特医婴儿食品正式上市。

2019 年 9 月 18—19 日，国家重点研发计划“基于我国母乳组分的特需乳制品创制及共性关键技术研究”项目通过中期检查。

2019 年 11 月 1 日，贝因美在杭举办了 27 周年庆典，发布了“睛彩”等新产品，并且同步发布了“妈妈星系”计划。

2019 年 11 月 20 日，贝因美联合爱婴岛震撼发布“爱加 2000 天保护力计划”。

2019 年 12 月 6 日，贝因美创始人谢宏先生荣膺“70 年 · 影响中国食业进程企业家” 称号。

2019 年 12 月 11 日，贝因美和京东正式签署战略合作协议，双方就消费者运营、品类布局、场景营销三大领域达成合作共识，在 2020 年将利用各自优势，深入合作，驱动零售业务健康发展。

2019 年 12 月 25 日，贝因美和阿里云达成合作，双方将基于阿里云数字技术、阿里经济体零售生态，共同推动在新零售领域的数字化转型，打造贝因美智慧门店、数据中台及适应企业发展的“最强”业务大脑，建设母婴行业的新零售标杆。

2020 年，贝因美入选 CCTV-1 大国品牌，通过央视媒体投放，提高了品牌在行业与消费者中的权威性、专业性、知名度，借助央视媒体下沉三四五线市场，为整合营销赋能。精准锁定“90 后”至“95 后”，围绕“大国品牌贝因美”品牌主题，结合社群媒体、问答媒体、母婴类垂直平台等，推出大国品牌系列活动，拔高品牌调性。贝因美持续打造以时尚辣妈《妈妈咪呀》节目为代表的 IP，塑造品牌年轻个性。

（贝因美婴童食品股份有限公司）

附表1 贝因美婴童食品股份有限公司奶牛养殖场（小区）名录

序号	名称	地址	全群存栏(头)	成母畜存栏（头）	奶畜品种	成母畜单产（t/年）	年总产量（t）	是否有机奶源基地	有机奶产量（t）
1	安达满满奶牛养殖专业合作社	黑龙江省安达市先源乡红旗村	620	330	荷斯坦	5.4	42		
2	安达市安青奶牛养殖专业合作社	黑龙江省安达市任民镇裕民村	650	390	荷斯坦	5.4	630		
3	安达市昌盛养殖有限公司	黑龙江省安达市昌德村半步道屯	325	240	荷斯坦	5.8	872		
4	安达市德信奶牛养殖专业合作社	黑龙江省安达市先源乡友谊村友谊屯	443	224	荷斯坦	5.2	1 164		
5	安达市红星牧场	黑龙江省安达市先源乡红星村	485	207	荷斯坦	5.4	1 287		
6	安达市洪喜奶牛养殖专业合作社	黑龙江省安达市先源乡友谊村委11-201	610	454	荷斯坦	6.0	1 816		
7	安达市山河养殖场	黑龙江省安达市先源乡青龙河村	300	245	荷斯坦	8.5	1 241		
8	安达市鑫宝牧业有限责任公司	黑龙江省安达市先锋乡红星村八一屯	612	265	荷斯坦	6.7	1 613		
9	黑龙江康贝牧业有限公司	黑龙江省安达市先源乡	4 970	2 512	荷斯坦	6.7	4 326		
10	黑龙江元中园牧业有限公司	黑龙江省安达市先源乡红星村	1 180	400	荷斯坦	6.6	4 224		
11	巨浪牧场业兴奶牛养殖场	黑龙江省大庆市林甸县巨浪牧场兴旺奶牛养殖小区	753	432	荷斯坦	5.8	1 229		
12	青冈县山东屯荷斯坦奶牛繁育场	黑龙江省绥化市青冈县新村乡新村村二屯	976	690	荷斯坦	9.8	4 180		
13	肇州县大华养殖场	黑龙江省大庆市肇州县二井镇实现村养殖小区	275	160	荷斯坦	6.4	1 106		

备注：本表所指奶畜包括奶山羊、奶绵羊、奶水牛、牦牛、骆驼、驴等产商品奶家畜。本表奶畜养殖场指企业在中国及海外自建和参建（控股、参股）牧场（小区）。如认证为有机奶源基地等，请在相应表格中打勾。

附表 2　贝因美婴童食品股份有限公司乳制品生产企业名录

序号	名称	生产地点	生产许可证号码	年收购原奶量（t）	其中：自有奶源量（t）	平均支付价格（元/kg）	日处理生鲜乳能力（t）	年乳制品产量（t）	其中：低温鲜奶（t）	UHT 奶（t）	常温酸奶（t）	低温酸奶（t）	原料奶粉（t）	婴幼儿配方奶粉（t）	成人奶粉及其他（t）	奶油（t）	奶酪（t）	乳饮料（t）	冰品（t）	年销售收入（万元）	利润（万元）	有机产品（枚）
1	黑龙江贝因美乳业有限公司	安达市	SC10523128150184	34 515.1	12 180.16	3.92	1 000	19 836.64					16 425.55	3 226.82	20.12	164.15				66 623.06	844.97	

备注：本表包括在中国及海外的生产企业。日处理生鲜乳能力指设计加工生鲜乳能力。自有奶源指来自自建和参建（控股、参股）牧场（小区）的原奶。成人奶粉指除婴幼儿配方奶粉以外的学生奶粉、孕妇奶粉、中老年奶粉等终端消费奶粉。冰品包括冰激凌、雪糕等。有机产品数量单位为“枚”指获得有机标志的数量。

广东燕塘乳业股份有限公司

2019年，燕塘乳业的新旗舰工厂链条磨合进一步加快，产能平稳释放，经营效率不断提升，其“智能高效、节能环保、行业示范”的优势逐渐显现，同时公司通过奶源体系升级、市场精耕拓展、管理结构优化等措施，进一步夯实优势资源基础，实现了产品销量、销售收入和销售利润的多重增长，巩固了区域乳业的龙头地位。未来，公司将充分利用自有的国家乳制品加工技术研发专业中心和博士后科研工作站的平台优势，抓住粤港澳大湾区科技融合的发展契机，深挖内部潜能，推进科技兴乳，推动公司进入高质量发展的快速轨道。

【奶源基地】2019年，燕塘乳业相继出台《燕塘乳业牧场生产管理规定》和《燕塘乳业牧场饲料管理规定》，并筹建了奶源信息化集团管控平台，进一步推进自有牧场的专业化、集约化、标准化、精细化建设。各自有牧场继续推行循环经济种养模式，管理更趋向规范科学，饲养水平持续提升，产奶量和原奶质量保持较高水平，以重细节、强内涵、高标准的国家“优质乳工程”样板来表率原料奶供给体系。期间，澳新牧业和阳江牧场均通过粤港澳大湾区“菜篮子”生产基地认证，同时澳新牧业被评定为“广东省重点农业龙头企业”，阳江牧场获得广东省五一劳动奖状、广东省现代化美丽牧场、优质乳工程标杆示范牧场等荣誉，并积极主动开展DHI奶牛牛群改良技术及应用，由此，燕塘乳业被评为全国优秀奶源管理示范企业，自有奶源基地建设精益求精。

与此同时，燕塘乳业进一步发挥自有牧场的示范作用，持续加深对省内外十多个合作牧场的战略关系维护，在设施、种牛、防疫、养殖、品质等方面进行重点把控，不定期进行人员培训和技术输出，将其日常管理和奶源保证作为公司内部控制的延伸。此外，燕塘乳业持续在牧场及周边推广全株玉米等青贮配套种植，逐步提高自产饲料种植的供应量，带动青贮种植面积约2 000hm^2，产值4 000余万元。

供应稳定、质量优良的奶源是乳制品加工企业生存发展的基石，燕塘乳业的原料奶来源于自有奶源基地和战略合作奶源基地，有效地保障了公司稳定优质的原料奶来源。2019年全年生鲜乳收购量与2018年基本持平，约10万t（图1），其中，自有牧场与合作牧场各占比50%。虽然自有牧场由于调整升级使得全群存栏及成母畜存栏分别下降了10.8%、16.4%，但其年内的产奶总量依然能获得微弱的增长，这得益于养殖管理水平的提高使得成母畜年均单产为9t。

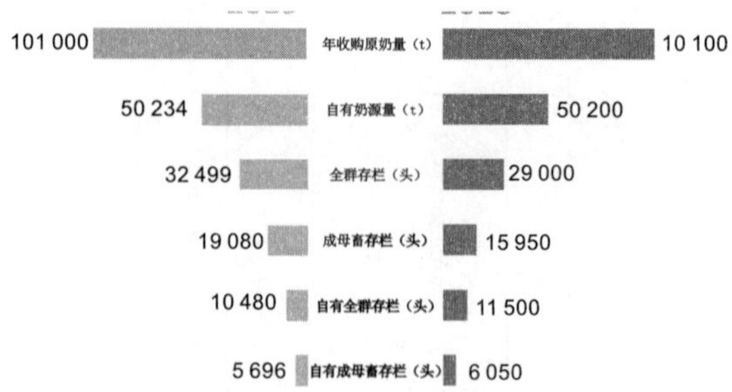

图1 2018年与2019年相关奶牛养殖数据比较

2014—2019年，燕塘乳业在对生鲜乳进行收购时，其价格呈现总体下滑趋势，从2014年的5 978元/t，降至2019年的5 300元/t，6年内降幅达11.3%（图2）。虽然2017年收购价格略有抬升，但近两年，继续保持平稳。

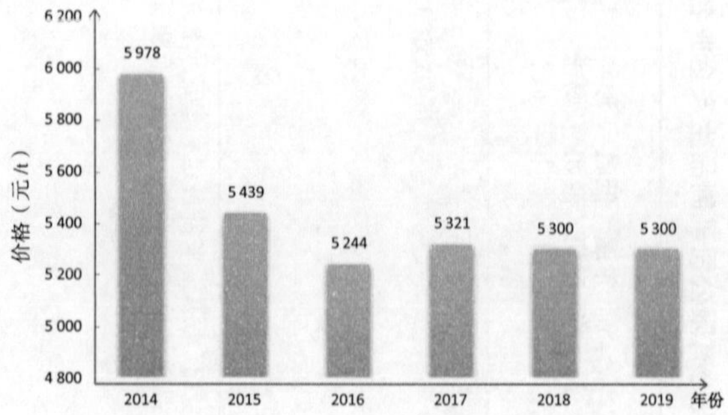

图2 2014—2019年生鲜乳收购年平均价

【乳品加工】2019年，燕塘乳业在继续梳理旗舰工厂生产及管理流程的基础之上，开始迈出了质量控制体系优化提升的步伐。公司旗舰工厂成功通过FSSC22000全球食品安全管理标准认证、ISO14001环境管理体系和ISO45001职业健康管理体系认证，并与国际乳业巨头开展合作，加速与国际先进理念和标准进一步接轨。同时，公司旗舰工厂通过“出口食品生产企业”认证，公司“走出去”发展战略开启新篇章。此外，公司旗舰工厂被国家奶业科技创新联盟评为优质乳工程标杆示范工厂、通过粤港澳大湾区“菜篮子”生产加工企业认证，被广州市工业和信息化局评为“绿色工厂”。公司秉承“以质量求生存，以产品促发展”的方针，在高品质的道路上行稳致远。

2019年，燕塘乳业乳制品产量同比增长了4.2%。分品类来看，低温鲜奶的增长幅度最大，达到了38.4%，是总产量增长的主要贡献源。同时，乳饮料产量的贡献率也有个位数的增长，为4.8%。UHT奶是年内产量降幅最大的品类，达到了20.9%，而酸奶也有4.3%的降幅，如图3所示。

【市场消费】燕塘乳业继续坚持“精耕”与“开拓”并重，在做足终端延展、渠道下沉、市场渗透的同时，不断探索新型营销模式，扩大市场版图，并进一步深化市场辅导、升级服务内涵、提高消费体验，提升消费者对公司产品的认可度与消费黏性。

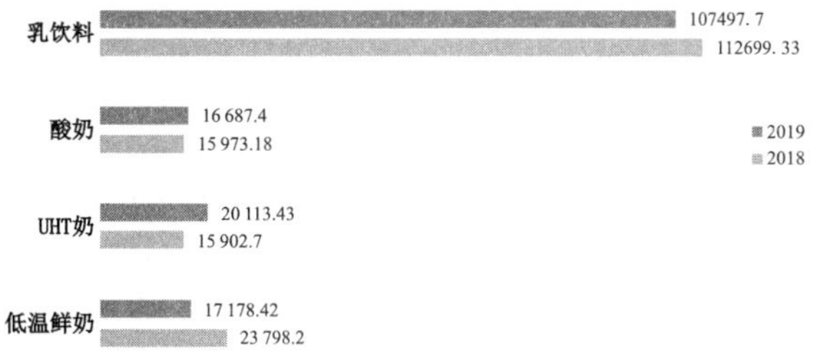

图 3　2019 年与 2018 年部分产品产量对比

2019 年，燕塘乳业一方面推出无蔗糖“老广州”酸奶、杨枝甘露牛奶饮品、常温果粒酸奶及栗子甜筒、海盐芝士甜筒、巧克力牛奶棒等多款冰激凌新品，丰富公司产品线；另一方面以低温产品为主打，对新品、次新品及主推品类开展精准营销，其中“老广州”系列酸奶在促销收紧的同时，仍实现了销量翻番。

此外，燕塘乳业加快整合直营店渠道，推进门店的形象更新与概念重塑，打造优鲜餐饮打卡地，公司位于广州市燕侨大厦，其直营店被评为广州亚洲美食节“推荐餐厅”。燕塘乳业还不断深化与封闭渠道的战略合作，如为社区生鲜连锁店推出渠道专属包装产品，推进优势互融，实现效率与效益双赢，促使渠道销售额实现翻倍增长。燕塘乳业也逐渐加大对省外市场的开拓、渗透，取得了显著效果，特别是海南市场销量稳步提升，成为当地颇具知名度的鲜奶品牌。2019 年，“燕塘”牛奶正式登陆澳门市场，率先成为内地为数不多进军港澳地区的乳企。

【社会责任】燕塘乳业积极响应政策号召，勇于承担企业社会责任，持续开展助学、助残、扶贫等社会公益慈善活动，切实维护职工、消费者、投资者和债权人合法权益，传播社会正能量。同时加强与政府有关部门、公益机构合作，将品牌推广、文化融合与社会责任履行有机融合，进一步提升品牌内涵与企业形象。

在 2019 年春运期间，公司大力支持广州春运志愿服务，捐赠牛奶设立志愿者服务“加油站”，为各志愿服务队提供支持与关怀。作为学生饮用奶定点生产企业，公司秉承“关爱少年儿童成长”的理念，向多家特殊教育学校进行爱心捐赠，扶残助残，传播正能量。

在公司内部，由工会牵头，党员、团员带头捐赠，管理层积极捐赠，普通职工自愿捐赠为来源设立的爱心基金运作愈加规范，“守望互助，同舟共济”的理念已成为企业文化的一部分。公司还为员工购买补充医疗保险，为员工子女购买独生子女保险，对经济困难、大病住院等员工开展定期走访和慰问活动，协助困难职工申请民政认定和社会福利。2019 年，公司爱心基金帮扶困难职工 41 人次，切实解决特需职工的生活问题。

公司继续树立安全发展意识，严格落实安全生产责任制，建立常态化、规范化的安全生产检查机制，紧守安全生产红线，夯实基础，细化责任，同时进一步完善职业健康安全管理体系，不断提高企业本质化安全水平，继续维持全年安全生产零事故的良好记录。

公司下属乳制品工厂、牧场均按国家环境保护法律法规及建设项目环境影响评价要求，配备了污水处理站等配套防治污染设施，严格遵守环保设施与主体工程同时设计、同时施工、同时投入生产使用的“三同时”要求。

【奶业大事】2019 年 1 月 9 日，燕塘乳业获得 SGS 英国有限公司颁发的 FSSC22000 认证证书，成为广东本土第一家全线产品通过该项全球性食品安全管理标准体系认证的乳制品上市公司。

2019 年 1 月 12 日，在第十四届中国上市公司董事会“金圆桌论坛”上，燕塘乳业荣获“金圆桌”奖，一举摘得“优秀董事会”“最具创新力董秘”两项殊荣。

2019 年 3 月 1 日，由《奶牛》杂志 · 奶牛微刊与国家奶牛产业技术体系共同举办的 2019 中国奶业发展高层论坛暨 2018 第三届中国奶业风云榜公益评选活动，燕塘乳业红五月牧场梁旭同志荣获优秀奶厅主管殊荣，是广东省唯一获奖的乳品企业代表。

2019 年 3 月 28 日，广东省人民政府发布关于颁发 2018 年度广东省科学技术奖的通报（粤府〔2019〕26 号），燕塘乳业与华南理工大学等单位联合开展的研究项目“蛋白乳浊体系稳定化及高品质乳制品产业化关键技术”，被授予科技进步奖一等奖，成为本土首家且唯一一家获此殊荣乳品企业。

2019 年 4 月 27 日，广东省五一劳动奖评选结果揭晓，燕塘乳业红五月良种奶牛场分公司生产班组荣获广东省五一劳动奖状，是本次评选中获得该奖项的唯一乳品行业单位。

2019 年 4 月 29 日，泰王国驻广州总领事馆总领事孔雀丽一行，在省农垦集团公司（省农垦总局）副总经理（副局长）吕林汉的陪同下，到燕塘乳业广州开发区旗舰工厂参观考察并举行座谈。

2019 年 7 月 12 日，在天津举行的第十届中国奶业大会暨 2019 中国奶业展览会上，农业农村部副部长于康震、农业农村部农垦局局长邓庆海等领导视察燕塘乳业展区。

2019 年 8 月 10 日，由广东省食品行业协会、香港食品商会、澳门供应商联合会共同主办，燕塘乳业等单位协办的首届“粤港澳食品大会”在潮州市召开。商务部、工信部及广东省工信厅、市场监管局等领导以及粤港澳食品专家、企业家共 500 多人参加盛会。

2019 年 8 月 30 日，在河北石家庄国际会展中心举行的中国乳制品工业协会第二十五次年会暨 2019 中国（国际）乳业技术博览会上，燕塘乳业包揽技术进步奖特等奖、振兴中国乳业领军人（黄宣）、振兴中国乳业科技创新带头人（余保宁）、以乳扶贫优秀企业奖等系列殊荣。

2019 年 10 月 17 日，粤港澳大湾区“菜篮子”生产基地认定名单（第二批）发布，燕塘乳业广州开发区旗舰工厂、阳江红五月牧场荣列其中。这是继湛江燕塘澳新牧业通过首批认定后，乳业公司再次通过认定，成为目前国内唯一一家旗下加工厂和牧场均获得该项生产基地认定的乳制品上市公司。

2019年10月29日，由国家农业科技创新联盟主办，国家奶业科技创新联盟、省农垦集团公司和燕塘乳业联合承办的粤港澳大湾区奶业高质量发展论坛在广州隆重召开，来自全国各地及港澳地区的专家学者，乳品企业代表，以及美国、德国、以色列等乳品发达国家的行业代表近300人齐聚羊城，论剑优质乳。这也是“中国优质乳工程”第一次在华南召开大型主题活动，并发布中国首个“生乳用途分级技术规范”。

2019年11月24日，2019中国农垦乳业联盟成员大会在北京隆重开幕，在同期举行的农垦乳业70年盛典暨中国牛人秀上，燕塘乳业荣获领军人物奖（黄宣）、杰出人物奖（冯立科、吴乘云、邱广）、优秀人物奖（刘楚强、陈松湖）、年度牛人奖（陈六生）、金牛奖（吴汉葵）、铜牛奖（李锐斌）、巾帼牛人奖（蔡玉桃）、最佳兽医师（罗旭）、最佳育犊师（付海珍），燕塘乳业成为获奖最多的单位，再次彰显了在广东农垦城市安全优质食品板块的突出成就。

2019年11月27日，2019中国奶业D20峰会在上海举办，作为华南唯一代表，燕塘乳业携旗下新锐明星产品亮相峰会。

2019年12月6日，中荷奶业发展论坛暨中荷奶业发展中心六周年庆典在河南省郑州市举行。通过此次签约仪式，燕塘乳业将作为SDDDC合作伙伴深度参与奶业科研、技术培训、国际交流、技术示范等各项活动，促进一体化全产业链的全面提升，助力中荷两国奶业合作持续创新发展。

2019年12月13日，泰国农业研究发展局（ARDA）代表团一行到燕塘乳业广州开发区旗舰工厂进行访问交流。

（广东燕塘乳业股份有限公司，吴代锚、翁子帅、庞思源）

附表 1 广东燕塘乳业股份有限公司奶牛养殖场（小区）名录

序号	名称	地址	全群存栏（头）	成母畜存栏（头）	奶畜品种	成母畜单产（t/年）	年总产量（t）	是否有机奶源基地	有机奶产量（t）
1	广东燕塘乳业股份有限公司红五月良种奶牛场分公司	广东省阳江市阳东区红五月农场 17 队	4 287	2 384	荷斯坦、娟姗	8.9	21 217.6		
2	湛江燕塘澳新牧业有限公司	广东省湛江市遂溪县草潭镇草潭大村对面岭	3 949	2 100	荷斯坦、娟姗	9.2	19 320		
3	陆丰市新澳良种奶牛养殖有限公司	广东省陆丰市铜锣湖农场西南管区三连队新点 1 号	2 244	1 212	荷斯坦、娟姗	8	9 696		
4	钟山温氏乳业有限公司	广西壮族自治区钟山县钟山镇龙井村	4 050	2 200	荷斯坦	8.5	18 700		
5	肇庆市鼎湖温氏畜牧有限公司	广东省肇庆市鼎湖区莲花镇大坊村蛇岗布	4 250	2 602	荷斯坦	9	23 418		
6	肇庆市鼎湖温氏乳业有限公司鱼湾奶牛场	广东省英德市东华镇鱼湾青石塘	4 400	2 599	荷斯坦	9	23 391		
7	南平市福延牧业有限公司	福建省南平市来舟镇王富村	1 228	704	荷斯坦	8	5 632		
8	开平市粤顺牧业有限公司	广东省开平市马冈镇黄屋村民委员会陈田新村房屋及山地	766	448	荷斯坦	8.5	3 808		
9	韶关市武江区兴农畜牧有限公司	广东省韶关市武江区龙归镇寺前村委矿塘村民小组庙门口黄泥夫	907	472	荷斯坦	7.5	3 540		
10	南平市富益牧业有限公司	福建省南平市延平区大横镇大横村白沙尾	1 372	759	荷斯坦	8	6 072		
11	甘肃前进牧业科技责任有限公司	甘肃省张掖市甘州区石岗墩开发区	5 046	3 600	荷斯坦	8	28 800		

备注：本表所指奶畜包括奶山羊、奶绵羊、奶水牛、牦牛、骆驼、驴等产商品奶家畜。本表奶畜养殖场指企业在中国及海外自建和参建（控股、参股）牧场（小区）。如认证为有机奶源基地等，请在相应表格中打勾。

附表2　广东燕塘乳业股份有限公司乳制品生产企业名录

序号	名称	生产地点	生产许可证号码	年收购原奶量（t）	其中：自有奶源量（t）	平均支付价格（元/kg）	日处理生鲜乳能力（t）	年乳制品产量（t）	其中：低温鲜奶（t）	UHT 奶（t）	常温酸奶（t）	低温酸奶（t）	原料奶粉（t）	婴幼儿配方奶粉（t）	成人奶粉及其他（t）	奶油（t）	奶酪（t）	乳饮料（t）	冰品（t）	年销售收入（万元）	利润（万元）	有机产品（枚）
1	广东燕塘乳业股份有限公司	广州市黄埔区	SC10544011200503	101 000	50 233.6	5 300	600	168 373.41	23 798.2	15 902.7	1 853.77	14 119.41						112 699.33		179 901.2	14 972.98	

备注：本表包括在中国及海外的生产企业。日处理生鲜乳能力指设计加工生鲜乳能力。自有奶源指来自自建和参建（控股、参股）牧场（小区）的原奶。成人奶粉指除婴幼儿配方奶粉以外的学生奶粉、孕妇奶粉、中老年奶粉等终端消费奶粉。冰品包括冰激凌、雪糕等。有机产品数量单位为“枚”指获得有机标志的数量。

新疆天润乳业股份有限公司

2019 年，天润乳业实现产品销量 18.92 万 t，较 2018 年同期增长 12.57%；实现营业收入 162 659.27 万元，实现归属于上市公司股东的净利润 13 958.33 万元，经营活动产生的现金流量净额 23 922.82 万元，分别较 2018 年同期增长 11.26%、22.25%、9.47%。

天润乳业资产总额 202 480.11 万元、归属于上市公司股东的净资产 102 634.61 万元，分别较 2018 年期末增长 12.07%、11.41%。

【主要业务】牧场管理。公司拥有天澳牧业、沙湾天润、天润烽火台、天润建融牧业、天润北亭、芳草天润 6 家奶牛养殖企业，充分发挥天山北坡黄金奶源的优势，不断提升牧场管理水平，提高自有奶源比例，为公司提供优质可靠的原料奶。

采购模式。公司采购的主要原料包括原料奶和其他原材料两大类。公司根据自身经营战略需求，进行开发及考核供应商、价格核算、商务谈判、合同签订等。公司按年度预算、月采购需求计划，对采购申请、订单下达、入库、发票核销及付款申请等各个采购环节实施管控，为公司采购决策提供依据。

生产模式。公司乳制品生产主要通过下属子公司天润科技、沙湾盖瑞实施，新设立新疆天润唐王城乳品有限公司正在建设中。公司采用“以销定产”生产方式，销售公司根据年度预算和产品实际销售情况制定滚动的月度需求计划，由生产单位制定具体的生产计划和每天的生产进度安排，将生产任务落实到责任人。

销售模式。公司下设销售公司，建立了广泛的营销网络和较为完善的售后服务体系。针对不同的区域客户与产品，公司分别采取直销模式和经销模式，直销模式通过公司自有营销队伍，对快消品主渠道大型连锁商超进行直接销售；经销模式是在主要地区选择经销商，由经销商间接地将公司产品销售给相应区域的终端客户。

【奶源基地】一是牧场与生产基地自然资源优越，具备较强的区位优势。

新疆位于北纬 45° 附近，处在公认的黄金奶源带上。新疆拥有 8.6 亿亩优质草场，集中在天山南北地区，有大量优良奶牛和全国最大的进口良种牛核心群，奶源品质在全国名列前茅。公司牧场与生产基地位于草场资源丰富的地区，较长的日照时间及较大的昼夜温差使牧场具有独特的品性，这为公司奶源的品质提供了得天独厚的自然条件。

同时，新疆是国家“一带一路”倡议及西部大开发战略的重要区域，公司毗邻乌鲁木齐机场，周边公路交通系统发达便捷，且树立了较为牢固的品牌效应，拥有着稳定的消费市场与消费群体，为公司提供了良好的发展环境。

二是稳定、安全的奶源基地。公司是农业产业化国家重点龙头企业，重视奶源基地建设，坚信对行业长期而言，得奶源者得天下。公司原奶采购主要来自自有牧场和可控奶源，供应量与质量稳定，可以有效地保证公司原料奶供应。公司共拥有分布在新疆昌吉、阿克苏、奎屯、沙湾、西山农场、芳草湖农场等地区的 16 个牛场，奶牛总存栏约 2.55 万头，同时对自有奶源基地进行技术升级改造，使其达到标准化的养殖水平。公司拥有 5 个学生饮用奶奶源基地和乌鲁木齐市民生建设“哺育工程”合格奶源基地。经过多年发展，公司坚持自有及可控奶源的经营战略，与公司的产品战略相辅相成，持续提高公司生鲜乳自给率，提升奶源品质，确保奶源安全，进一步巩固了在区域乳制品市场的领先地位。

【乳品加工】优秀的人才团队和精细化管理模式。经过近 20 余年的发展，公司培养了一大批行业内优秀人才，拥有一支与时俱进的管理团队和一批资深的行业专家。同时为了更好地开展科研创新工作，公司先后聘请多位国内专家进行指导与合作。

公司在疆内率先建立了先进、完善、专业的生产和设备管理制度，同时具有完整建设与运营环保、智能、现代化牧场与生产车间的经验。公司经过多年发展，在牧场运营方面，掌握了奶牛规模化散栏饲养、自动化环境控制、数字化精准饲喂管理、粪污无害化处理等现代奶牛饲养先进技术。在生产工厂管理方面，严格执行国家 ISO9001、HACCP22000 管理体系，并通过 FOSS 乳成分分析仪、体细胞仪、沃特世液相等世界先进仪器，全程把控和监督生产的各个环节；同时公司采用定制的 ERP 进行精细化管理，提升了管理效率，成功打造了全面覆盖生产、销售、供应、财务、人力资源、办公自动化等各环节的 ERP 信息系统，提高了各项活动管理的精细化水平。天润乳业牧场与生产管理、运营在疆内处于领先地位。

扎实的行业技术储备与产品创新能力。天润乳业是乳制品行业高新技术企业，重视技术研发和创新，将不断研发适应市场需要的新产品作为保持公司核心竞争力的重要手段。坚持以市场为导向，以原始创新为主体，增强公司软实力。2019 年，公司先后推出苹果义了、花颜巧遇、淘桃自由等口味各异的新产品，同时不断探索，储备了批量新产品，以差异化优良的口感、健康的理念、新颖的包装持续增强市场占有率。

公司重视研发创新精神，将实验室建到大学，长期同中国农业大学、新疆大学等高校开展产学研合作，建立了博士后科研工作站、新疆发酵乳微生物菌种资源开发重点实验室、中德畜牧业技术创新中心中德牛业发展合作项目等；公司自主研发的奶啤拥有国家专利，使用了独特采集的菌种自然发酵；公司“优选新疆酵母菌株及其菌种制备技术与在特色发酵乳制品中的应用”项目获得 2018 年新疆生产建设兵团第十二师科学技术进步奖二等奖，同时天润乳业制定的牛初乳标准被提升为行业标准。目前，公司获国家授权专利 29 项，其中发明专利2项，天润乳业的技术创新能力和创新成果在疆内起到领军示范作用。

全方位、高标准的产品质量控制。天润乳业建立健全了行业内先进成熟的产品质量控制体系，从源头上确保原料奶质量，成立专门的饲草料收购质量督导组，严格收购标准；深化牧场防疫工作，原料奶质量合格率100%，牧业板块所属牧场顺利通过国家级学生饮用奶奶源基地验收；天润乳业通过新的设备工艺，有效控制了原料奶的菌落总数，并且优化乳制品加工工艺，提高设备利用率。

天润乳业坚持从牧场原奶端开始到消费终端的全程质量监控，并配有先进、齐全的检验检测设备，拥有一批经验丰富的质检人员，充分保证了公司产品的质量。先后建立了ISO9001质量管理体系、危害分析和关键控制点（HACCP）、食品安全管理体系（GB/T 22000）和食品工业企业诚信管理体系，顺利通过四大管理体系的认证工作与年度监督审核工作，并于2016年通过了国家乳制品生产许可证（SC）换证审查工作。天润乳业品牌和产品质量赢得了广大消费者的认可，牢固树立了企业的绿色环保形象。

【市场消费】良好的销售体系和客户基础。天润乳业深耕乳业主业20余年，在以客户为中心、以市场为导向的发展战略下，坚持产品、渠道、市场差异化原则，整合优化营销系统。根据不同区域，确立了以乌鲁木齐市场为核心，以新疆为基础的全国市场规划。强化经销商和营销团队两大队伍建设，在全国各地建立市场网络体系，结合发展需求调整管理模式、激励模式及市场策略。同时线上迎合年轻人的消费习惯，借助网络平台等新媒体力量实行全方位营销。

为进一步加快市场布局，天润乳业将继续加大疆外市场投入，把新疆最好的产品不断输送到更多的地方。天润乳业在销售渠道布局方面，由过去的小区便利店、水果店走向快消品主渠道大型连锁商超，目前多款产品已进驻广州大型连锁超市，如永旺、美思佰乐和天虹等，以及华东地区和华北地区的全家、盒马鲜生、罗森等连锁超市，这为公司下游持续稳定的需求带来了良好的保障。

（新疆天润乳业股份有限公司，刘西宏）

福建长富乳品有限公司

【奶源基地】福建长富乳品有限公司2019年奶源基地有14个，存栏荷斯坦牛19 426头，年产生鲜乳9万t。奶源基地主要分布在福建省南平市，其中延平区8个、建阳区2个、建瓯市3个、顺昌县1个。奶源基地全部为千头以上的规模化牧场，其中存栏1 000~1 500头的有9个，占全部牧场64%；1 500~2 000头的有4个，占29%；2 000头以上的有1个，占7%。牧场全部采用机械化挤奶，其中采用转盘式挤奶机11个、并列式挤奶机1个、管道式挤奶机2个。全部应用TMR全混合日粮饲喂设备。目前牧场主要粗饲料为裹包青贮、苜蓿干草、燕麦干草。裹包青贮主要是外购，产地有安徽、河北、河南、天津；苜宿干草主要从西班牙、美国进口；燕麦干草主要来自澳大利亚。全年未发生传染性疫病，并已有两家牧场通过福建省奶牛布鲁氏菌病非免疫净化场认证，一家通过国家级布鲁氏菌病净化示范场和牛结核病净化示范场认证。牧场采用固液分离进行粪污处理，固体牛粪发酵用作卧床垫料或有机肥，液体厌氧发酵无害化后还田利用，以种养结合的方式消纳利用畜禽养殖废弃物。2019年区域生鲜乳收购年均每千克5.01元，奶牛养殖头均年净收入4 500元。

【乳品加工】2019年长富乳制品总产量为10.1万t，其中巴氏杀菌奶57 728.66 t，UHT奶17 321.5t，酸奶11 353.91t，乳饮料14 799.61 t。

公司主要以低温冷链产品为主，其中巴氏杀菌奶占比达到60%以上，巴氏杀菌温度时间控制在75℃ ±0.25℃ /15s，最大限度地保留了牛奶中的天然活性物质，同时使用低温脱气罐，保留了牛奶天然甘甜的口感。

未来，我国消费升级和消费结构的优化也将为乳制品加工企业在低温领域提供新的发展契机。区域性乳企相比全国性乳企，专注于特定区域的渠道和消费者口感需求，在低温领域形成较为显著的本地品牌优势。未来借助消费者驱动，区域性乳企在低温领域的发力，具备长期高速可持续性增长潜力。

【市场消费】长富的巴氏杀菌奶在福建省的入户和商超的市场占有率为90%左右。2019年公司销售总收入为15.03亿元，利润为1.42亿元。

长富开创“先奶源、后市场”的产业模式，依托武夷优质生态牧场，走出一条适度规模养殖、全产业一体化发展之路。公司始终专注巴氏鲜奶等低温产品，建立具有国际水平的冷链管控流程，坚持每日配送、每日新鲜，最大化地保留牛奶的天然营养和生物活性，提倡喝好奶、当天喝，以消费价值夯实品牌内涵。

作为全国首家通过中国优质乳工程“四全”（全牧场、全巴杀线、全品巴杀奶、全冷链）复评审的乳企，长富将继续坚守产业初心定位，致力于发展本土优质奶，坚持为消费者提供一杯优质、安全，富含天然活性营养的好牛奶。

【社会责任】小康牛奶行动。2019年期间，在“中国小康牛奶行动”活动中，长富共向南平市延平区16个乡镇的18所学校累计捐赠了牛奶1万提，总价值65万元，惠及学生1万多人。在给予孩子们身体营养的同时，长富还在各学校及社区举办了营养课堂等公益活动，通过“营养课堂”普及科学饮奶知识，助力孩子们健康成长。

扶贫项目。长富从牧草种植、奶牛饲养、饲料生产和乳品加工、运输、销售等环节共带动相关产业链就业人员2万余人。公司充分开发、利用本地饲料资源，让农民就地创业。长富奶牛养殖年需青贮玉米、狼尾草10万多t，充分开发和利用牧场周边及当地闲置农田地，积极引导农民种植粗饲料，免费提供沼液给农户种植牧草，农户收割的牧草再由牧场收购用于奶牛饲养。种养结合的模式，解决了奶牛主要的粗饲料来源。每年可带动农户3 800多户，种植牧草2万多亩，为农民创收5 700多万元，实现农业增效、农民增收。通过种养结合，实现循环经济、服务农业经营。牧场的牛粪经过发酵处理后，具有蓬松土壤、提升土壤肥力的作用，是种植优质牧草、烟草、果蔬、茶叶、菌菇等农作物不可多得的有机肥。长富牧场每年为农户提供有机肥1.7万t，为农民种植经济作物提供价廉质优的肥料，效益显著提高。同时，种养结合的循环经济体系，真正实现了养殖“零”排放，彻底解决了牧场养殖的污染问题，既保护生态环境，有效推动当地绿色产业可持续发展，又取得了良好的经济、社会和生态效益。

组织奶农培训。2019年公司共组织各类牧场技术培训8场，参加人数达341人次。培训内容主要涉及原料奶质量管理、数据分析应用、奶牛场生物安全等方面。

【奶业大事】重大会议、活动。2019年8月，公司成功举办第三届中国优质乳工程巴氏鲜奶发展论坛；公司被评为优质乳工程标杆示范企业和优质乳工程标杆示范牧场，成为全国首家获得此项殊荣的乳制品生产企业。

重大项目建设。一是生产设备设施的增加和改造。2019年新增设备41台（套）；因年久老化、技术落后等因素，本年度共淘汰、报废设备8台（套），封存设备11台。截至2019年，公司共有设备1 643台（套）。

二是公司对一车间室外奶站实施增容改造，新增两个室外奶罐和配套的阀阵控制系统，和已有的5个室外奶罐配合使用。2019年4月，项目完成投入使用，原料奶处理能力由每天200t提升至500t，收奶能力由每小时32t提升至76t，大幅缩短奶车停留时间。

创新项目。“一种具有果酱纹路的酸奶的混合灌装设备”获得了发明专利；“武夷森林牧场”外包装获得发明专利。

针对“产品异物”的设备改造，在采用强磁捕捉器、自行开发设计的PE膜除杂装置后，又对袋奶灌装机走膜成型桶与底板连接处进行改进，可避免灰尘、纸屑或其他杂质从连接处缝隙进入成型桶内，从而避免进入到成型的袋子中污染产品，效果显著。

（福建长富乳品有限公司，蓝珍妹）

附表 1　福建长富乳品有限公司奶牛养殖场（小区）名录

序号	名称	地址	全群存栏（头）	成母畜存栏（头）	奶畜品种	成母畜单产（t/年）	年总产量（t）	是否有机奶源基地	有机奶产量（t）
1	南平市三田牧业有限公司	福建省南平市延平区长富路 113 号	1 253	692	荷斯坦	8.3	3 372		
2	南平市长源牧业有限公司	福建省南平市延平区炉下镇瓦口村	1 571	882	荷斯坦	9.7	7 562		
3	南平市丰旺畜牧养殖有限公司	福建省南平市延平区峡阳镇浪石村	1 074	602	荷斯坦	10.1	5 575		
4	建瓯市富雅饲草饲料有限公司	福建省建瓯市南雅镇房村	1 295	648	荷斯坦	9.6	5 045		
5	南平市绿盛牧业有限公司	福建省南平市延平区夏道镇徐洋村	1 175	639	荷斯坦	8.6	5 134		
6	建瓯市小雅牧业有限公司	福建省建瓯市南雅镇小雅村	1 521	817	荷斯坦	8.7	6 673		
7	顺昌县富泉农业发展有限公司	福建省顺昌县洋口镇沙墩村	1 770	1 145	荷斯坦	10.4	11 504		
8	南平市富洋牧业有限公司	福建省南平市延平区夏道镇罗坑村	1 231	626	荷斯坦	9.0	5 567		
9	福建南平禾原牧业有限公司	福建省南平市延平区峡阳镇埂头村	1 711	894	荷斯坦	9.8	7 954		
10	福建省南平市南山生态园有限公司	福建省南平市延平区南山镇村尾村	1 160	519	荷斯坦	9.8	5 355		
11	福建省南平市荣发牧业有限公司	福建省南平市延平区西芹镇禾村后甲	1 115	456	荷斯坦	8.9	4 081		
12	建瓯市东源生态牧业有限公司	福建省建瓯市东峰镇井歧村	1 137	652	荷斯坦	9.7	5 509		
13	南平市建阳区嘉远生态农业科技有限公司	福建省南平市建阳区徐市镇	1 353	752	荷斯坦	8.9	6 467		
14	南平市建阳区吉翔牧业有限公司	福建省南平市建阳区水吉镇玉瑶村	2 060	1 086	荷斯坦	10.4	10 254		

备注：本表所指奶畜包括奶山羊、奶绵羊、奶水牛、牦牛、骆驼、驴等产商品奶家畜。请在养殖场或小区列中选择打勾；如认证为有机奶源基地等，请在相应表格中打勾。

附表2　福建长富乳品有限公司乳制品生产企业名录

序号	名称	生产地点	生产许可证号码	年收购原奶量（t）	其中：自有奶源量（t）	平均支付价格（元/kg）	日处理生鲜乳能力（t）	年乳制品产量（t）	其中：低温鲜奶（t）	UHT奶（t）	常温酸奶（t）	低温酸奶（t）	原料奶粉（t）	婴幼儿配方奶粉（t）	成人奶粉及其他（t）	奶油（t）	奶酪（t）	乳饮料（t）	冰品（t）	年销售收入（万元）	利润（万元）	有机产品（枚）
1	福建长富乳品有限公司	福建省南平市延平区	SC10635070200033	97 608.52	90 049.73	5.03	600	101 203.68	57 728.66	17 321.5		11 353.91						14 799.61		101 281.72	14 155.71	

备注：本表包括在中国及海外的生产企业。日处理生鲜乳能力指设计加工生鲜乳能力。自有奶源指来自自建和参建（控股、参股）牧场（小区）的原奶。成人奶粉指除婴幼儿配方奶粉以外的学生奶粉、孕妇奶粉、中老年奶粉等终端消费奶粉。冰品包括冰激凌、雪糕等。有机产品数量单位为“枚”指获得有机标志的数量。

【观察员企业】

辽宁辉山乳业集团有限公司

【奶源基地】辉山乳业总部坐落于中国辽宁，是国内率先践行乳业全产业链模式的乳制品企业之一，并实现奶源100%来自于规模化自营牧场，“从田间至餐桌”全程守护消费者舌尖上的乳品安全。截至2020年年底，辉山自建牧场荷斯坦牛存栏量13万头，自营牧场78个，奶类总产量超70万t。养殖区域主要分布于辽宁省内。辉山所有牧场均应用TMR全混合日粮喂养系统，机械化挤奶比例达100%。

辉山乳业在沈阳市北新区、法库县、康平县、西丰县和义县等地共流转土地近40万hm^2，种植苜蓿饲喂奶牛，实行全程机械化、规模化和现代化的农业耕种模式。

辉山乳业采用内部开发的专有ERP系统保存完整的牧群记录，包括家族史、血统、繁殖记录、疫苗接种史和健康记录等。做好疫病防控工作，严控奶牛健康状况，确保奶源品质。

辉山乳业以产业一体化为核心实现循环经济，纵度垂直开发，在原有农业种植、精饲料加工、奶牛规模化养殖及乳制品加工与销售的基础上，不断进行创新，将产业链条进一步延伸至沼气压缩天然气、有机肥等再生能源领域。公司通过发展循环经济，既解决奶牛“吃”饲料的问题，又解决“排”粪尿的问题，实现了有机肥还田，改变了土壤被污染的现状，真正实现了有机生态的可持续发展。

辉山乳业充分利用现有牛场的牛舍、运动场等资源，发展光牧结合的生态养殖新能源太阳能发电项目。进而将牧场资源集约、综合、高效利用，提高常规太阳能发电的盈利性。力争以最小的资源消耗、最少的废物排放和最小的环境代价来达到最大的经济效益。在促进自身发展的同时，也对地区循环经济的实现起到了重要的模范带头作用。

【乳品加工】目前，辉山的现代化乳品加工生产基地先后从法国、德国、美国、瑞典等国引进先进的乳品生产设备和加工工艺，完善的生产管理系统和先进的技术支持，使辉山乳业的产品品质更有保障。公司依托产业一体化发展模式实现了“从田间到餐桌”的全程信息追溯体系建设，全面推行ISO9001、ISO14001、HACCP、GB/T28001管理体系，对包括苜蓿草与辅助饲料的种植与加工、精饲料加工、奶牛养殖、挤奶至原料奶加工、液态奶加工、奶粉产品以及乳品原料生产在内的整个生产过程，原材料及产品储存和运输等乳业产业链的所有关键环节，实行严格的质量控制和食品安全监控体系。质检中心配备行业先进的检验设备，从原奶验收到产品出厂须经过百余道严密的检验程序，切实践行了辉山乳业给予消费者的品质承诺。

辉山乳业为确保每一滴奶的完美品质，投入巨资打造了完善的全程冷链系统，实现了鲜奶从挤奶、原奶运输、储存到产品生产、产品运输和销售等全程冷链覆盖。辉山乳业原料奶运送车更是配备温控设备，确保原料奶在运输过程中的质量和安全，并且在每次运送后彻底清洗、消毒和检查运奶车。使得鲜奶一直严格处在现代化的冷链系统中，尽可能地延缓了鲜奶的生命代谢过程，时刻保证每一滴辉山奶的新鲜。

【市场消费】依托自营牧场和全产业链发展模式，辉山乳业产品矩阵涵盖婴幼儿配方奶粉、成人粉、灭菌乳、巴氏杀菌奶、发酵乳和乳饮料等多个产品品类。

辉山液态奶产品囊括灭菌乳、巴氏杀菌奶等多个产品品类，其中不乏杰茜牧场、3.7倍鲜、鲜博士巴氏奶、十天酸奶、零添加酸奶等市场占有率高、美誉度好的特色产品。

2019年，辉山推出“0+益生菌酸奶”，在零添加的基础上，甄选意大利进口菌种，纯净有“益”、自然更畅快。

2020年，全球范围的新冠肺炎疫情促使提高免疫力成为最被关注的事。公司研制出“健多士牛奶”，并以经济实惠又方便的利乐枕包装，为每位消费者提供既平价又能提升免疫力的新产品。同时为辽宁援鄂医疗队量身定做爱心鲜奶茶，并在消费者的热情呼吁下正式上市——2054英雄鲜奶茶。

2020年，辉山核桃奶二十年，玻璃瓶小红帽酸奶重出江湖，辉山乳业以“经典复刻”“振兴国潮”的理念，让经典产品焕发新生，提升与消费者的情感互联。并且首次尝试“快闪店”模式，借势网红打卡、自媒体带货等时代趋势，引发数百万人围观，15日销售额破百万元。

【社会责任】2019—2020年，辉山乳业共计捐赠乳品价值约107.91万元。

2020年年初新冠肺炎疫情暴发，辉山乳业作为东北乳制品龙头企业，在全力保障市民乳品供应的同时，一直心系社会，积极主动参与到“抗疫战”中。

辉山乳业率先为辽宁省内中国医科大学附属第一医院、大连第六人民医院、锦州义县疾控中心、本溪第六人民医院、吉林省人民医院、吉林省中医院、长春市传染病医院、长春市传染病医院、长春市公安局经济开发区分局等地共捐赠价值约34.7万元的乳品。

2月17日，将45t产品配送至辽宁省援武汉医疗队12个驻地。

2月23日，价值17.81万元重10t的4.5万包辉山乳品再踏征程，分别送往襄阳市共16个辽宁援襄阳医疗队驻地，为近500名辽宁援襄阳医护人员提供营养支持。

3月20日，辽宁省援鄂的白衣战士陆续返回，辉山乳业再次捐赠价值10.4万元的乳品，连续14天送往医护修整驻地。同时，送上了由辉山专门精心制作的千余瓶原汁原味呈现奶香与茶香的“辽医专供”鲜奶茶。

（辽宁辉山乳业集团有限公司，侯忠岩）

皇氏集团股份有限公司

【奶源基地】皇氏目前在全国共有自营、参股及合作牧场28个，其中直属管理规模牧场9个，合作牧场16个，奶水牛规模牧场3个。公司牧场奶牛存栏总数41 887头，其中奶水牛存栏总数12 126头，荷斯坦牛存栏总数29 761头。

目前，所有牧场全部实现机械化挤奶，其中云南剑川牧场采用60~80头位转盘式挤奶机挤奶，其他牧场采用鱼骨式挤奶机进行挤奶。牧场在饲喂模式上采用全混合日粮饲养技术，实现奶牛日粮配方电脑化、饲料加工机械化、投喂饲料自动化。采用垫料卧床和发酵床饲养模式，不但保证了奶牛躺卧舒适度，还减少了环保污水排放量，解决了养殖场粪污环保处理问题。通过和科研单位合作，所有牧场奶牛参与了生产性能测定，为牛群优化选育提供了科学依据。

在饲料组织来源上，为达成饲料采购保证质量、稳定供应、价格合理的原则，有效降低饲养成本，一是抓好青贮玉米当家饲料的保质稳定供应，各牧场实现就近解决，降低了粗饲料的运输成本；二是充分利用部分基地配套土地优势，通过对土地有效改良进行机械作业，提高种植效率，实现玉米青贮全部自行解决，降低生产成本；三是加强对青贮玉米从选种、种植、收割、储备等一系列过程的规范操作和管理，确保青贮饲料的优质供应。

各牧场成立以牧场长为第一责任人的防疫责任制度，制定严格奶牛年度疫苗免疫接种计划，督促各牧场按流程进行免疫注射，并在对牛群进行疫苗注射后抗体水平检测监控，确保牛只处在有效抗体保护之下。同时配合牧场所在地的疫控中心做好每年的“两病”检疫净化工作，目前所有牧场全部都是两病健康牛场。

在粪污处理方面，一是通过改造牧场饲养方式，加盖防雨淋运动场实现雨污分离，以减少污水的产生；二是通过干湿分离处理技术，实现粪渣堆肥或晾晒重复用于牛床垫料；三是通过污水发酵用于施肥灌溉种植。

根据数据显示，2019年广西荷斯坦牛鲜奶平均价格为5.2元/kg；水牛奶平均价格为10.5元/kg，农户养殖经济效益较好。2019年，公司作为中国农业科学院水牛研究所成果转化示范基地正式挂牌，同时，由于不断提升牧场基础标准和科学化的管理，公司获评2019全国优秀奶源管理示范企业。

【乳品加工】皇氏集团目前在国内有5个现代化乳品加工厂，乳制品总产量约190 856t，销售半径以广西、云南、湖南、遵义及周边省市为主。皇氏是国家学生饮用奶定点生产企业，企业及产品通过HACCP\ISO9001\GMP等多体系认证，是国家级农业产业化重点龙头企业。企业一直在调整和优化产品结构，聚焦大品类和优势产品，大力发展水牛奶和低温酸奶、特色果奶等，比如饭不着爆浆燕麦代餐酸奶、裸酸奶、爱特浓系列、小爱酸奶系列等新产品深受消费者喜爱。2019公司被评为广西企业100强和广西制造业企业50强。

【市场消费】皇氏集团主要有以水牛奶、黑白花牛奶为主要原料的巴氏杀菌奶、无菌奶、水牛奶系列、特色果奶和酸奶等液态乳制品和乳饮料。销售渠道有经销商、市内流通、商超、送奶入户、团购及学生饮用奶等。皇氏集团入户产品以巴氏杀菌奶为主，在南宁市场占有率80%以上，进入商超的产品包括全品项。随着消费市场和消费方式的转变，皇氏集团逐步进行数字化转型升级，借助大数据、云计算、新零售、云仓和现代物流等工具和营销手段，加快传统经营模式向数字化转型。2019年乳制品销售收入164 664.98万元，利润1 252.29万元左右。

【全球发展】皇氏集团在爱尔兰投资成立控股乳制品加工厂，主要以产品代工为主。未来皇氏集团将引入爱尔兰优质奶源和先进的生产加工工艺、产品质量安全的管控方式等，以提升技术含量、创新研发能力和管理水平，把更多爱尔兰纯净高品质乳品带给中国消费者。

【社会责任】多年来，皇氏集团在营养扶贫、牛奶公益的道路上从未停止脚步。2014年参与第一书记献爱心活动，捐赠价值5万元的善款和牛奶到产口村；2015年春节为上思农村困难群众捐赠牛奶与慰问物资；2016年春节为高顶村五保户、孤寡老人、留守儿童捐赠慰问金和爱心奶；2017年为雅安地震灾区捐赠价值12万元的牛奶，向广西大学捐赠100万元助优奖学金。

2018年5月18日，公司捐资50万元兴建的第一所希望小学——南丹皇氏希望小学落成；2018年，为河池凤山县的小学生们送去 价值12.3万元的牛奶；2018年，参加“推普脱贫乡村行”公益活动，为忻城县上浪村的孩子们送去牛奶，携手广西电台新闻910，联合开展公益扶贫助学活动，分别向上林县镇圩瑶族乡怀因小学、东罗小学、正万小学、洋造小学、龙贵小学送去牛奶及数量不等的书包等爱心物资；受邀参与南宁市2018“流动人口关怀关爱健康行——走进园博园”服务活动，为农民工友们献上爱心牛奶；在大化七百弄乡弄呈村建设奶羊示范点羊圈、草地、修建水柜；为河池天峨县八腊瑶族乡五福村平里片区安装太阳能路灯，帮助贫困地区改善基础设施。

2019年，公司向河池市天峨县六排镇令当村部分贫困群众捐赠了10万元现金及牛奶；参加强优民企赴都安、大化县结对帮扶深度贫困村光彩行活动；荣获全国“万企帮万村”精准扶贫行动先进民营企业称号。

2020年1月6日，皇氏集团正式对外发布《企业社会责任报告白皮书》；1月9—10日，皇氏集团的志愿者们再次来到都安县大兴镇梅珠村小学和皇氏南丹希望小学，把精心准备的牛奶、文具、体育用品、教学用具等爱心物资捐赠到每个孩子手中。

面对2020年严峻的防疫形势，皇氏集团总部及各分子公司上下一心、迅速反应，积极参与抗疫。集团快速成立疫情防控领导小组，制定“保安全、保生产、保经营”的工作部署和防控紧急预案，以确保全体皇氏集团员工及家庭成员的健康安全和生产经营稳定。自疫情发生以来，集团集结广西、云南、湖南、贵州、山东、浙江各分子公司各方资源，分别向当地赴湖北支援疫情医疗队、一线防疫医疗工作人员、疫情指挥中心、公安系统和高速公路防疫站点等奋战在抗疫一线的工作人员捐赠了价值总计550多万元的牛奶、巴马活菌等营养物资，用行动守护一线防疫人员的营养和健康。

【奶业大事】2019年5月9日，皇氏巴马益生菌生物科技有限公司荣获第八届中国乳业科技大会“科技创新奖”，菌种采集自世界长寿之乡广西巴马百岁老人的生活环境。产品在保持益生菌原有的健康功能的基础上，还添加了多种健康配料，确保益生菌除在肠道内定植之外，还具有润肠通便、辅助降血脂、预防乳糖不耐等多重功效。

2019年6月20日，皇氏集团的摩拉菲尔纯水牛奶获得香港标准及检定中心（STC）授予的优质“正”印认证。

2019年7月16日，广西壮族自治区党委书记、自治区人大常委会主任鹿心社率全区年中工作会议代表莅临皇氏集团观摩考察，详细了解了华南中央工厂的建设规模、产能布局、各功能区的设置、生产包装流程和智能自动化立体库。

2019年9月4日，皇氏集团与中国农业科学院水牛研究所举行了科技合作签约仪式，合作主要集中在完善皇氏集团水牛奶养殖示范基地和水牛研究所研究成果转化示范基地、联合开展水牛科技创新工作等方面，通过智能制造新模式，使水牛奶上下游产业链，从牧场建设到工厂生产，实现水牛奶产业全流程的智能化和信息化，推动中国的水牛奶产业再上新台阶。

2020年1月11日，社会责任助力质量百分百暨第三届中国乳业质量年会在北京召开。皇氏集团以过硬的产品质量及长期热心关注社会公益事业的工作成效，荣获2019年中国乳业社会责任典范企业称号。

（皇氏集团股份有限公司）

附表1　皇氏集团股份有限公司奶牛养殖场（小区）名录

序号	名称	地址	全群存栏（头）	成母畜存栏（头）	奶畜品种	成母畜单产（t/年）	年总产量（t）	是否有机奶源基地	有机奶产量（t）
1	上思皇氏乳业畜牧发展有限公司	防城港市上思县那琴乡龙楼圩	804	522	荷斯坦牛	9.8	5 115.6		
2	广西皇氏甲天下畜牧有限公司	南宁市江南区根竹坡新村	847	499	荷斯坦牛	8.2	4 091.8		
3	广西皇氏甲天下奶水牛开发有限公司	贵港市桂平市蒙圩镇龙门食品工业集中区	692	358	荷斯坦牛	8.6	3 078.8		
4	广西来宾绿健牧业有限公司	广西来宾市兴宾区桥巩乡	1 480	876	荷斯坦牛	9.5	8 322		
5	广西农垦金光乳业有限公司	广西南宁市西乡塘区坛洛镇金光乳业公司	867	470	荷斯坦牛	7.1	3 337		
6	巍山县云樱牧场	巍山县大仓镇永建村委会	895	404	荷斯坦牛	7.8	3 158.24		
7	剑川县好方向牧业有限公司	剑川县金华镇河东村委会	332	145	荷斯坦牛	10.3	1 779.66		
8	大理感通牧场	云南省大理市大湾庄村委会	123	55	荷斯坦牛	9.6	417.58		
9	大理吉峰牧场	云南省大理市下关	45	29	荷斯坦牛	8.3	95.6		
10	大理孙齐美牧场	云南省大理市凤仪镇大江西村委会	221	93	荷斯坦牛	10.0	649.4		
11	大理李军牧场	云南省大理市下关	89	64	荷斯坦牛	8.5	287.1		
12	湖南优氏牧业科技有限公司	宁乡煤炭坝镇双龙村新横田组	1 100	500	荷斯坦牛	11.0	5475		
13	灵山县本菲拉奶水牛养殖专业合作社	灵山县文利镇文利新城区	4 892	2 491	奶水牛	2.1	5 231.1		
14	灵山县陆屋镇丰顺育畜奶水牛场	广西钦州市灵山县陆屋镇新光农场	385	186	奶水牛	2.3	427.8		
15	来宾市兴宾区宏礼奶水牛养殖场	广西来宾市兴宾区桥巩镇峦山村	586	251	奶水牛	2.8	702.8		
16	北流市梁显奶水牛养殖专业合作社	北流市城西一路三里51号	1 326	552	奶水牛	2.2	1 214.4		
17	广西横县兴云牧业有限公司	横县横州镇长寨村委东屯村禾塘底	1 331	726	奶水牛	2.5	1815		
18	皇氏集团横县摩拉菲尔奶水牛场	横县云表镇旺庄村委武寨经联社	728	352	奶水牛	2.6	915.2		
19	武宣县三里镇旧县村奶水牛养殖小区	武宣县三里镇旧县村	300	160	奶水牛	2.0	320		
20	灵山县伯劳镇盆山村奶水牛养殖小区	灵山县伯劳镇	1 636	652	奶水牛	2.3	1 500		
21	广西南宁雄牛牧业有限公司	南宁市江南区那马镇	386	183	奶水牛	2.8	512.4		
22	北流英辉奶牛场	北流市六靖镇南村新屋组	236	113	奶水牛	1.8	203		
23	横县新平奶水牛养殖场	横县校椅镇新平村	320	137	奶水牛	2.2	301		
	总计		19 621	9 818			48 950.48		

备注：本表所指奶畜包括奶山羊、奶绵羊、奶水牛、牦牛、骆驼、驴等产商品奶家畜。本表奶畜养殖场指企业在中国及海外自建和参建（控股、参股）牧场（小区）。如认证为有机奶源基地等，请在相应表格中打勾。

附表 2　皇氏集团股份有限公司乳制品生产企业名录

序号	名称	生产地点	生产许可证号码	年收购原奶量（t）	其中：自有奶源量（t）	平均支付价格（元/kg）	日处理生鲜乳能力（t）	年乳制品产量（t）	其中：低温鲜奶（t）	UHT 奶（t）	常温酸奶（t）	低温酸奶（t）	原料奶粉（t）	婴幼儿配方奶粉（t）	成人奶粉及其他（t）	奶油（t）	奶酪（t）	乳饮料（t）	冰品（t）	年销售收入（万元）	利润（万元）	有机产品（枚）
1	皇氏集团股份有限公司	广西南宁市高新区丰达路 65 号 云南省大理市大理镇食品工业园区 湖南省长沙市宁乡市宁乡经开区永佳西路 18 号 贵州省遵义市南部新区药业园区 广西来宾市华侨投资区星城路 1 号	SC10553290101054 SC10645011100087 SC10543012400268 SC10545130200321 SC10552030200010	106 879	48 950	5.6	636	190 856.00	42 563	62 436	25 241	57 741					825	2 050		164 664.98	12 522.9	

备注：本表包括在中国及海外的生产企业。日处理生鲜乳能力指设计加工生鲜乳能力。自有奶源指来自自建和参建（控股、参股）牧场（小区）的原奶。成人奶粉指除婴幼儿配方奶粉以外的学生奶粉、孕妇奶粉、中老年奶粉等终端消费奶粉。冰品包括冰激凌、雪糕等。有机产品数量单位为“枚”指获得有机标志的数量。

山东得益乳业股份有限公司

【奶源基地】得益乳业在北纬37°黄金纬度的黄河三角洲湿地，建立一二三产业融合生态循环奶业基地，总占地面积3 000余hm^2，奶牛存栏3.5万头，并配套建立2万hm^2高蛋白美国紫花苜蓿和玉米青贮种植基地。基地先后从澳大利亚引进7 000头纯种荷斯坦青年奶牛，目前已繁育至万头规模。基地采用世界先进的集约化养殖方式，率先提出国内6个100%牧场经营管理体系，实现了100%青贮全覆盖、100%进口冻精繁育、100%全自动TMR喂养、100%全自动清粪、100%全自动挤奶及100%全自动粪污处理，饲草种植、奶牛品种、饲养管理、设施配置等都达到了国际先进水平。

得益乳业奶源采取自有牧场和社会化牧场共同发展的模式，目前自有牧场存栏1.48万头，成母牛单产11t，并全部参加DHI测定；社会化牧场约30个，存栏0.86万头，成母牛单产7.35t，全部采用机械化奶厅挤奶、TMR饲喂，利用公司信息化平台实现奶牛养殖的信息化管理。

原奶从牧场到工厂1h内低温送达，公司通过开发智慧养殖系统平台，引入互联网、物联网和大数据信息化技术，实现从草料药采购、配、育、喂、疾病、挤、售到原奶销售产业链信息化控制，保证原奶品质。优质原奶蛋白含量达到3.5%，菌落总数控制在1万CFU/mL以下，体细胞数控制在每毫20万个以下，指标媲美欧盟标准。

得益乳业一二三产业融合生态循环奶业基地项目依照国际高标准建设，以种养结合为特色，发挥得益乳业“种－养－加－售”一体化战略优势，实现农牧生态可持续发展，是国务院一二三产业融合发展政策支持项目。目前该项目已列入2018年山东省重点项目，成为山东省振兴乡村的齐鲁样板。

【乳品加工】得益乳业专注于国际流行的低温奶生产加工与研发，主营巴氏鲜奶、低温酸奶、低温乳酸菌饮料等系列，共90多个产品。目前产品面向人群已涵盖儿童、青年、中年、老年等所有人群，满足了不同年龄层次人群的营养需求。多年来，得益乳业为100万订奶户提供送奶到家的服务，赢得了千万家庭的共同信赖。

在通过中国优质乳工程认证后，得益乳业与中国奶业创新团队合作，专线生产、精准控制、工艺创新，通过不断优化巴氏杀菌奶杀菌工艺，将牛奶杀菌温度波动在±0.2℃以内；最大限度地保留了牛奶中的天然活性营养物质，产品中的乳铁蛋白含量高达30 mg/L以上。公司在2019年荣获优质乳工程工匠团队奖。

得益乳业与中国农业大学合作对中国本土的益生菌进行筛选后获得1株乳双歧杆菌，菌种具有优异的耐酸性和耐氧性，通过使用严苛的随机双盲测试证明具有润肠通便的效果。公司将研制菌种命名为IU-100益生菌，完成专利菌种保藏（No.CGMCC 12942），并成功研制上市IU100益生菌风味发酵乳。专利菌种的润肠通便效果比市面同功能型产品效果更优，有效地提升了产品的口感、品质和技术差异化。公司通过自主掌握酸奶中核心的菌种技术确保了产品开发的自主性以及产品的稳定性。

【市场消费】得益乳业销售覆盖山东省16个地市，辐射北京、上海、天津、江苏、安徽、河北、河南、山西等周边省市，市场占有率16%以上。现已建成社区、商超、代理流通、直营零售、连锁、特通、团购、电商八大渠道，核心围绕社区、学区建设功能融合的规模性连锁门店，融合线上线下，集品牌宣传、客户服务、零售、投递、即时配送、店内休闲、体验为一体，并在门店周围3~5km范围内开发网点，形成以门店为核心、合作网点为辅助的业务网，同时与KA卖场、流通网点等渠道形成联动，全覆盖市场消费人群并满足饮奶需求。现已覆盖大型商超1 000余家，三星级以上酒店300多个，零售网点数千个，便利连锁店1 000余家，建设益家订服务中心200多个，社区服务店5 000多个，年销售额达10亿元。

【全球发展】公司与意大利帕尔马大学和维罗纳大学共同创建了中国－意大利乳品科学技术研发中心。意大利维罗纳大学的Dellaglio教授荣获山东省淄博市高新区成立以来第一个国际科学技术合作奖。得益乳业积极开展对外合作，开放性引进国际先进技术，先后与瓦赫宁根大学、澳大利亚联邦科工组织、哥本哈根大学、中国农业大学等在内的10余所国内外著名院校、研究机构开展合作交流和项目转化，不断强化自主科研能力。目前拥有有效专利105项，其中授权发明专利6项、实用新型专利8项；拥有自有专利菌种2株；拥有省级企业技术中心和山东省功能性乳制品工程技术研究中心两个省级研发平台。

【社会责任】2018年，得益乳业积极参与中国小康牛奶行动公益活动，走进山东乡村学校，活动已覆盖15所乡村小学。未来，得益乳业还将走进烟台、枣庄、临沂、滨州等地的部分乡村地区，捐赠价值100万元的牛奶。

2019年8月16日，得益乳业与淄博市慈善总会携价值10万元的爱心牛奶赶往受9号台风“利奇马”影响的淄博市桓台县马桥镇、高青县唐坊镇，为受灾群众和现场抗洪救灾人员送去牛奶，以有效缓解灾区群众缺水、缺粮的紧迫现状。

得益乳业与3个农机专业合作社合作，采用“龙头企业＋合作社＋农民”的合作模式，将机械作业、田间管理、安全防护承包给合作社，合作社将承包作业分包至社员，带动了高青县青城镇大于村、刘茹村、刘公顺村、木李镇常家坊村、结网刘村等当地200名农户脱贫致富，年均增收 4 万元。截至目前，已实现周边 12 000 余户农民增收致富，基地通过“粮改饲”优化高青县周边种植结构的土地达 8.4 万亩，增加当地农民收入 500 余万元。

基于合作牧场在生物资产安全、夏季饲喂管理及成本控制等关键环节存在的共性问题，2019 年公司依托自有牧场培训基地，组织合作牧场负责人、场长重要岗位人员，围绕奶牛防疫、夏季饲养管理、奶牛舒适度管理、青贮制作及繁育管理 5 项课程，由得益爱牛牧业专业人员采用“理论 + 实践”的方式进行实操培训。2019 年 1—11 月，开展了 3 期得益“BOSS”班培训，共计培训 19 处牧场、45 人次。

（山东得益乳业股份有限公司）

附表 1　山东得益乳业股份有限公司奶牛养殖场（小区）名录

序号	名称	地址	全群存栏（头）	成母畜存栏（头）	奶畜品种	成母畜单产（t/年）	年总产量（t）	是否有机奶源基地	有机奶产量（t）
1	高青牧场	高青县	14 832	8 306		10.9	88 667		

备注：本表所指奶畜包括奶山羊、奶绵羊、奶水牛、牦牛、骆驼、驴等产商品奶家畜。本表奶畜养殖场指企业在中国及海外自建和参建（控股、参股）牧场（小区）。如认证为有机奶源基地等，请在相应表格中打勾。

附表 2　山东得益乳业股份有限公司乳制品生产企业名录

序号	名称	生产地点	生产许可证号码	年收购原奶量（t）	其中：自有奶源量（t）	平均支付价格（元/kg）	日处理生鲜乳能力（t）	年乳制品产量（t）	其中：低温鲜奶（t）	UHT 奶（t）	常温酸奶（t）	低温酸奶（t）	原料奶粉（t）	婴幼儿配方奶粉（t）	成人奶粉及其他（t）	奶油（t）	奶酪（t）	乳饮料（t）	冰品（t）	年销售收入（万元）	利润（万元）	有机产品（枚）
1	山东得益乳业股份有限公司	山东省淄博市高新区	SC10637039913023	204 783	88 667	3.84		214 353	79 876	8 146		121 977					102	4 252		109 726	6 737	

备注：本表包括在中国及海外的生产企业。日处理生鲜乳能力指设计加工生鲜乳能力。自有奶源指来自自建和参建（控股、参股）牧场（小区）的原奶。成人奶粉指除婴幼儿配方奶粉以外的学生奶粉、孕妇奶粉、中老年奶粉等终端消费奶粉。冰品包括冰激凌、雪糕等。有机产品数量单位为“枚”指获得有机标志的数量。

新疆西域春乳业有限责任公司

【奶源基地】西域春乳业公司系新疆农业农村厅直属牧场呼图壁种牛场的全资子公司。呼图壁种牛场全群奶牛存栏2.5万头，成母牛1.2万头，成母牛平均年单产10t，日产鲜奶280t，年生产优质原料奶10.5万t。西域春乳业公司自有奶源80%以上来自呼图壁种牛场。新疆呼图壁种牛场有限公司共有8个奶牛场，其中7个奶牛场分布在呼图壁种牛场，另一个在玛纳斯县，所有牧场都分布在北纬45°黄金奶源带。

呼图壁种牛场拥有3 000~5 000头规模牧场7个，5 000头以上的规模牧场1个，规模化养殖占比比例100%。购买牧场TMR投料车、挤奶机、运粪车等机械时，在国家补贴名录上的都获得了相应的补贴。部分改扩建项目得到了项目资金支持。苜蓿种植面积2.5万hm^2，单产1 000kg/hm^2，年总产量2.5万t；青贮种植面积3万hm^2，单产4 000kg/hm^2，年总产量12万t。

牧场养殖废弃物全部交由第三方（中广核呼图壁生物能源有限公司）处理。公司把各牧场疫病防控工作放在首位，有正规疫病防控规程，各牧场场区严禁与工作无关的外来人员进入，所有人员、车辆进入场区前要消毒，道路路面、圈舍每天消毒，运动场定期消毒，防检疫工作根据公司年初的制订计划严格执行。如牧场周边出现疫情情况，牧场防疫存在风险时，牧场会进行封闭式管理。

各牧场生鲜乳收购年均价格保持在每千克4元以上，养殖头均净利2 000元左右，8个牧场年净收入约5 000万元左右。

【乳品加工】新疆西域春乳业有限责任公司一直依托呼图壁种牛场打造集饲草料种植、饲料加工、奶牛养殖、乳制品加工与销售为一体的全产业链畜牧龙头企业。公司日加工能力700t，生产的乳制品种类齐全，包括巴氏杀菌奶、调制乳、灭菌乳、发酵乳、乳粉、含乳饮料六大系列。2019年生产乳制品总产量87 168t，其中巴氏杀菌奶3 642t、灭菌乳43 647t、发酵乳37 659t、乳饮料2 000t。公司以加工牛奶和酸奶为主，充分发挥“新鲜、营养”的奶源优势，加大低温酸奶及巴氏鲜奶的推广力度，实现低温奶本地化。

【市场消费】西域春乳业公司凭借优质稳定的产品质量，通过线上、线下销售，不断拓展市场。与本品牌内各类产品相比，超高温灭菌乳销售量占首位，灭菌乳销量为第二位，巴氏杀菌奶销量为第三位。由于巴氏杀菌奶受储存条件的影响，在传统渠道销售较少，主要分布在呼图壁、昌吉、乌鲁木齐等周边城市的商超。超高温灭菌乳、发酵乳主要在商超、便利店销售。

加强宣传引导，提振消费信息。通过参加中国奶业大会暨展览会、中国国际农产品交易会等各类展销会，推广宣传大美新疆，推广宣传西域春乳业产品，利用“亲子游”“红色研学”“户外拓展”等活动，提高消费者对奶牛养殖场、牛奶加工流程的认知，增强对品牌的信任感和安全感。利用乌鲁木齐南航食品公司招投标平台，每日供应西域春酸奶，让更多的消费者有机会品尝西域春乳品，增强西域春乳品市场的影响力，为西域春乳品内地市场的拓展做好铺垫。

2019年销售收入73 258万元，利润3 837万元。

【社会责任】在新疆奶业协会的协助下，地州教育主管部门的大力支持下，2019年西域春乳业向呼图壁县、昌吉州、阜康市、农九师、裕民县等贫困地区中小学、幼儿园捐赠西域春牛奶2.07万箱，价值90.99万元。

【奶业大事】3月26日，公司对三期酸奶车间前处理技术改造，新增日处理加工能力100t。

（新疆西域春乳业有限责任公司，葛建军、何玉婷）

附表 1　新疆西域春乳业有限责任公司奶牛养殖场（小区）名录

序号	名称	地址	全群存栏（头）	成母畜存栏（头）	奶畜品种	成母畜单产（t/年）	年总产量（t）	是否有机奶源基地	有机奶产量（t）
1	新疆呼图壁种牛场有限公司	新疆呼图壁县东郊	25 000	12 000	荷斯坦 / 西门塔尔	10 / 7	105 000		

备注：本表所指奶畜包括奶山羊、奶绵羊、奶水牛、牦牛、骆驼、驴等产商品奶家畜。本表奶畜养殖场指企业在中国及海外自建和参建（控股、参股）牧场（小区）。如认证为有机奶源基地等，请在相应表格中打勾。

附表2　新疆西域春乳业有限责任公司乳制品生产企业名录

序号	名称	生产地点	生产许可证号码	年收购原奶量（t）	其中：自有奶源量（t）	平均支付价格（元/kg）	日处理生鲜乳能力（t）	年乳制品产量（t）	其中：低温鲜奶（t）	UHT奶（t）	常温酸奶（t）	低温酸奶（t）	原料奶粉（t）	婴幼儿配方奶粉（t）	成人奶粉及其他（t）	奶油（t）	奶酪（t）	乳饮料（t）	冰品（t）	年销售收入（万元）	利润（万元）	有机产品（枚）
1	新疆西域春乳业有限责任公司	新疆昌吉州呼图壁县东郊种牛场	916523237760661622	84 773	82 634	4.5	700	87 168	3 642	43 647		37 659						2 000		73 258	3 837	

备注：本表包括在中国及海外的生产企业。日处理生鲜乳能力指设计加工生鲜乳能力。自有奶源指来自自建和参建（控股、参股）牧场（小区）的原奶。成人奶粉指除婴幼儿配方奶粉以外的学生奶粉、孕妇奶粉、中老年奶粉等终端消费奶粉。冰品包括冰激凌、雪糕等。有机产品数量单位为“枚”指获得有机标志的数量。

天津嘉立荷牧业集团有限公司

天津嘉立荷牧业集团有限公司（以下简称嘉立荷牧业）是天津食品集团的全资子公司，注册资本 3.9 亿元，现拥有资产总额 16.64 亿元，下辖 18 家分、子公司，员工 1 300 多人，是全国农业产业化重点龙头企业，也是天津市主要生鲜乳供应商。

【奶源基地】

奶牛存栏数及总产量。截至 2019 年年底，嘉立荷牧业中国荷斯坦牛存栏 34 624 头，成母牛存栏 18 166 头，全年上市生鲜乳 201 167 850kg，成母牛头均年产奶量 11 680kg。

养殖分布区域及规模养殖。嘉立荷牧业所属的各奶牛场集中分布在天津市宝坻区、滨海新区、静海区、宁河区和山东省乐陵市以及河北省唐山市丰润区。其中万头牛场有 2 个，牛群占比 30%；5 000 头牛场有 1 个，牛群占比 15%；存栏 2 000 头以上牛场有 5 个，牛群占比 35%；存栏 2 000 头以下牛场有 7 个，牛群占比 20%。

奶源规划。一是按照天津食品集团有限公司农业板块发展规划，计划在宝坻区打造国家现代农业产业园。嘉立荷牧业规划在产业园内建设天津天食智慧牧场。该牧场设计养殖规模 4 300 头、年产生鲜乳 2.75 万 t，旨在中国—中东欧现代农业示范区内打造一个面向“一带一路”的现代化观光牧场。

二是按照嘉立荷牧业发展战略规划，计划在河北省唐山市丰润区欢喜庄乡建设万头奶牛场，建成后饲养规模约 1 万头，生鲜乳年产量 7 万余 t。

奶业机械购置补贴及规模养殖场改扩建补助。2019 年嘉立荷牧业共申报奶业机械购置补贴 16 万元，共申报奶牛养殖场改扩建补助项目 13 个，补助资金 920 万元。项目内容主要包括后备牛舍扩建、后备牛舍粪污收集系统改造、干奶牛舍改造及排水沟、防疫沟清淤等。

苜蓿和青贮玉米种植面积及产量。嘉立荷牧业公司苜蓿种植面积达到 134hm^2，平均单产 14 100kg/hm^2，年产量 1 892 200kg。青贮玉米种植面积近 235hm^2，平均每公顷单产 18 600kg，年产量 4 370 910kg。

疫病防控情况。嘉立荷牧业设有独立的天津市奶牛营养代谢病实验室和天津市企业技术中心，实验中心分为饲料化验室、微生物实验室和细胞室三部分，拥有国际先进水平的近红外、乳成分分析仪、液相色谱等仪器设备，可为牧场提供优质服务。饲料化验室现承接饲料粗蛋白、灰分、水分、脂肪、钙磷、纤维素、真菌毒素等常规成分化验，为奶牛科学饲料配方提供了强有力的技术支持；微生物实验室主要开展病原微生物分离鉴定、乳房炎诊断、药敏试验等，为奶牛疾病的防治提供了基础数据和解决方法；通过对 IBR、BVD、口蹄疫等传染病血清学检测，为预防奶牛传染病提供了科学指导作用。

粪污处理方式。嘉立荷牧业奶牛场粪污全部通过固液分离、厌氧发酵、氧化塘三级氧化、沼液还田的方式妥善处理，真正实现种养结合、绿色发展。

各区域生鲜乳收购年均价格 3.77 元 /kg; 宝坻区 3.87 元 /kg；静海区 3.89 元 /kg；宁河区 3.89 元 /kg；山东乐陵市 4.01 元 /kg。

（天津嘉立荷牧业集团有限公司，刘小雨、祁敏丽、任　妮、周　雪、于　圳、金苗苗、王　明、狄婷婷）

附表 1　天津嘉立荷牧业集团有限公司奶牛养殖场（小区）名录

序号	名称	地址	全群存栏（头）	成母畜存栏（头）	奶畜品种	成母畜单产（t/年）	年总产量（t）	是否有机奶源基地	有机奶产量（t）
1	天津嘉立荷示范奶牛场分公司	天津市宝坻区大钟庄林钟路	4 722	2 690	荷斯坦	11.62	31 519.66		
2	天津嘉立荷第五奶牛场分公司	天津市静海县良王庄乡西硫城大桥南	3 924	1 168	荷斯坦	12.59	14 211.02		
3	天津嘉立荷第六奶牛场分公司	天津市宝坻区宝芦公路南侧	418	283	荷斯坦	12.54	3 385.82		
4	天津嘉立荷第七奶牛场分公司	天津市宁河县潘庄镇西	2 812	1 544	荷斯坦	11.78	17 102.63		
5	天津嘉立荷第八奶牛场分公司	天津市宝坻区里自沽农场南	982	552	荷斯坦	12.27	6 659.89		
6	天津嘉立荷第九奶牛场分公司	天津市宝坻区里自沽农场南	1 111	543	荷斯坦	12.06	6 330.89		
7	天津嘉立荷第十奶牛场分公司	天津市大港区小王庄镇东	2 320	1 283	荷斯坦	11.42	14 378.91		
8	天津嘉立荷第十一奶牛场分公司	天津市大港区小王庄镇东	2 467	1 216	荷斯坦	11.97	14 735.64		
9	天津嘉立荷第十二奶牛场分公司	天津市宝坻区新安镇大高村东	941	543	荷斯坦	11.87	5 782.60		
10	天津嘉立荷第十四奶牛场分公司	天津市大港区小王镇嘉立荷新建奶牛场	2 582	1 295	荷斯坦	12.39	16 383.33		
11	天津嘉立荷第十五奶牛场分公司	天津市宝坻区林亭口镇南清沟村西	715	513	荷斯坦	12.14	5 487.38		
12	天津嘉立荷第十六奶牛场分公司	天津市宝坻区林亭口镇南清沟村西	738	578	荷斯坦	12.69	6 812.59		
13	嘉立荷山东牧业有限公司	山东省乐陵市大孙乡	10 590	5 782	荷斯坦	11.01	58 377.49		

备注：本表所指奶畜包括奶山羊、奶绵羊、奶水牛、牦牛、骆驼、驴等产商品奶家畜。本表奶畜养殖场指企业在中国及海外自建和参建（控股、参股）牧场（小区）。如认证为有机奶源基地等，请在相应表格中打勾。

六、政策法规

ZHENGCE FAGUI

【国务院发布】

国务院关税税则委员会关于调整对原产于美国的部分进口商品加征关税措施的公告

税委会公告〔2020〕1号

为促进中美经贸关系健康稳定发展，根据《中华人民共和国海关法》《中华人民共和国对外贸易法》《中华人民共和国进出口关税条例》等法律法规和国际法基本原则，国务院关税税则委员会按程序决定，自2020年2月14日13时01分起，调整《国务院关税税则委员会关于对原产于美国的部分进口商品（第三批）加征关税的公告》（税委会公告〔2019〕4号）规定的加征税率。该公告附件1第一、二部分所列270个、646个税目商品的加征税率，由10%调整为5%；第三、第四部分所列64个、737个税目商品的加征税率，由5%调整为2.5%。

除上述调整外，其他对美加征关税措施，继续按规定执行。

国务院关税税则委员会

2020年2月6日

其中种用大豆、青大豆、其他大豆加征关税由10%调整为5%。奶油、酪乳、凝乳、乳酪等乳制品，以及黄大豆加征关税由5%调整为2.5%。

国务院办公厅关于加强草原保护修复的若干意见

国办发〔2021〕7号

各省、自治区、直辖市人民政府，国务院各部委、各直属机构：

草原是我国重要的生态系统和自然资源，在维护国家生态安全、边疆稳定、民族团结和促进经济社会可持续发展、农牧民增收等方面具有基础性、战略性作用。党的十八大以来，草原保护修复工作取得显著成效，草原生态持续恶化的状况得到初步遏制，部分地区草原生态明显恢复。但当前我国草原生态系统整体仍较脆弱，保护修复力度不够、利用管理水平不高、科技支撑能力不足、草原资源底数不清等问题依然突出，草原生态形势依然严峻。为进一步加强草原保护修复，加快推进生态文明建设，经国务院同意，现提出以下意见。

一、总体要求

（一）指导思想

以习近平新时代中国特色社会主义思想为指导，全面贯彻党的十九大和十九届二中、三中、四中、五中全会精神，深入贯彻习近平生态文明思想，坚持绿水青山就是金山银山、山水林田湖草是一个生命共同体，按照节约优先、保护优先、自然恢复为主的方针，以完善草原保护修复制度、推进草原治理体系和治理能力现代化为主线，加强草原保护管理，推进草原生态修复，促进草原合理利用，改善草原生态状况，推动草原地区绿色发展，为建设生态文明和美丽中国奠定重要基础。

（二）工作原则

坚持尊重自然，保护优先。遵循顺应生态系统演替规律和内在机理，促进草原休养生息，维护自然生态系统安全稳定。宜林则林、宜草则草，林草有机结合。把保护草原生态放在更加突出的位置，全面维护和提升草原生态功能。

坚持系统治理，分区施策。采取综合措施全面保护、系统修复草原生态系统，同时注重因地制宜、突出重点，增强草原保护修复的系统性、针对性、长效性。

坚持科学利用，绿色发展。正确处理保护与利用的关系，在保护好草原生态的基础上，科学利用草原资源，促进草原地区绿色发展和农牧民增收。

坚持政府主导，全民参与。明确地方各级人民政府保护修复草原的主导地位，落实林（草）长制，充分发挥农牧民的主体作用，积极引导全社会参与草原保护修复。

（三）主要目标

到2025年，草原保护修复制度体系基本建立，草畜矛盾明显缓解，草原退化趋势得到根本遏制，草原综合植被盖度稳定在57%左右，草原生态状况持续改善。到2035年，草原保护修复制度体系更加完善，基本实现草畜平衡，退化草原得到有效治理和修复，草原综合植被盖度稳定在60%左右，草原生态功能和生产功能显著提升，在美丽中国建设中的作用彰显。到本世纪中叶，退化草原得到全面治理和修复，草原生态系统实现良性循环，形成人与自然和谐共生的新格局。

二、工作措施

（四）建立草原调查体系

完善草原调查制度，整合优化草原调查队伍，健全草原调查技术标准体系。在第三次全国国土调查基础上，适时组织开展草原资源专项调查，全面查清草原类型、权属、面积、分布、质量以及利用状况等底数，建立草原管理基本档案。（自然资源部、国家林草局负责）

（五）健全草原监测评价体系

建立完善草原监测评价队伍、技术和标准体系。加强草原监测网络建设，充分利用遥感卫星等数据资源，构建空天地一体化草原监测网络，强化草原动态监测。健全草原监测评价数据汇交、定期发布和信息共享机制。加强草原统计，完善草原统计指标和方法。（国家林草局、自然资源部、生态环境部、国家统计局等按职责分工负责）

（六）编制草原保护修复利用规划

按照因地制宜、分区施策的原则，依据国土空间规划，编制全国草原保护修复利用规划，明确草原功能分区、保护目标和管理措施。合理规划牧民定居点，防止出现定居点周边草原退化问题。地方各级人民政府要依据上一级规划，编制本行政区域草原保护修复利用规划并组织实施。（国家林草局、自然资源部、生态环境部等按职责分工负责）

（七）加大草原保护力度

落实基本草原保护制度，把维护国家生态安全、保障草原畜牧业健康发展所需最基本、最重要的草原划定为基本草原，实施更加严格的保护和管理，确保基本草原面积不减少、质量不下降、用途不改变。严格落实生态保护红线制度和国土空间用途管制制度。加大执法监督力度，建立健全草原联合执法机制，严厉打击、坚决遏制各类非法挤占草原生态空间、乱开滥垦草原等行为。建立健全草原执法责任追究制度，严格落实草原生态环境损害赔偿制度。加强矿藏开采、工程建设等征占用草原审核审批管理，强化源头管控和事中事后监管。依法规范规模化养殖场等设施建设占用草原行为。完善落实禁牧休牧和草畜平衡制度，依法查处超载过牧和禁牧休牧期违规放牧行为。组织开展草畜平衡示范县建设，总结推广实现草畜平衡的经验和模式。（国家林草局、自然资源部、生态环境部、农业农村部等按职责分工负责）

（八）完善草原自然保护地体系

整合优化建立草原类型自然保护地，实行整体保护、差别化管理。开展自然保护地自然资源确权登记，在自然保护地核心保护区，原则上禁止人为活动；在自然保护地一般控制区和草原自然公园，实行负面清单管理，规范生产生活和旅游等活动，增强草原生态系统的完整性和连通性，为野生动植物生存繁衍留下空间，有效保护生物多样性。（国家林草局、自然资源部、生态环境部等按职责分工负责）

（九）加快推进草原生态修复

实施草原生态修复治理，加快退化草原植被和土壤恢复，提升草原生态功能和生产功能。在严重超载过牧地区，采取禁牧封育、免耕补播、松土施肥、鼠虫害防治等措施，促进草原植被恢复。对已垦草原，按照国务院批准的范围和规模，有计划地退耕还草。在水土条件适宜地区，实施退化草原生态修复，鼓励和支持人工草地建设，恢复提升草原生产能力，支持优质储备饲草基地建设，促进草原生态修复与草原畜牧业高质量发展有机融合。强化草原生物灾害监测预警，加强草原有害生物及外来入侵物种防治，不断提高绿色防治水平。完善草原火灾突发事件应急预案，加强草原火情监测预警和火灾防控。健全草原生态保护修复监管制度。（国家林草局、自然资源部、应急部、生态环境部、农业农村部等按职责分工负责）

（十）统筹推进林草生态治理

按照山水林田湖草整体保护、系统修复、综合治理的要求和宜林则林、宜草则草、宜荒则荒的原则，统筹推进森林、草原保护修复和荒漠化治理。在干旱半干旱地区，坚持以水定绿，采取以草灌为主、林草结合方式恢复植被，增强生态系统稳定性。在林草交错地带，营造林草复合植被，避免过分强调集中连片和高密度造林。在森林区，适当保留林间和林缘草地，形成林地、草地镶嵌分布的复合生态系统。在草原区，对生态系统脆弱、生态区位重要的退化草原，加强生态修复和保护管理，巩固生态治理成果。研究设置林草覆盖率指标，用于考核评价各地生态建设成效。（国家林草局负责）

（十一）大力发展草种业

建立健全国家草种质资源保护利用体系，鼓励地方开展草种质资源普查，建立草种质资源库、资源圃及原生境保护为一体的保存体系，完善草种质资源收集保存、评价鉴定、创新利用和信息共享的技术体系。加强优良草种特别是优质乡土草种选育、扩繁、储备和推广利用，不断提高草种自给率，满足草原生态修复用种需要。完善草品种审定制度，加强草种质量监管。（国家林草局负责）

（十二）合理利用草原资源

牧区要以实现草畜平衡为目标，优化畜群结构，控制放牧牲畜数量，提高科学饲养和放牧管理水平，减轻天然草原放牧压力。半农半牧区要因地制宜建设多年生人工草地，发展适度规模经营。农区要结合退耕还草、草田轮作等工作，大力发展人工草地，提高饲草供给能力，发展规模化、标准化养殖。加快转变传统草原畜牧业生产方式，优化牧区、半农半牧区和农区资源配置，推行“牧区繁育、农区育肥”等生产模式，提高资源利用效率。发展现代草业，支持草产品加工业发展，建立完善草产品质量标准体系。强化农牧民培训，提升科学保护、合理利用草原的能力水平。（农业农村部、国家林草局等按职责分工负责）

（十三）完善草原承包经营制度

加快推进草原确权登记颁证。牧区半牧区要着重解决草原承包地块四至不清、证地不符、交叉重叠等问题。草原面积较小、零星分布地区，要因地制宜采取灵活多样方式落实完善草原承包经营制度，明确责任主体。加强草原承包经营管理，明确所有权、使用权，稳定承包权，放活经营权。规范草原经营权流转，引导鼓励按照放牧系统单元实行合作经营，提高草原合理经营利用水平。在落实草原承包经营制度和规范经营权流转时，要充分考虑草原生态系统的完整性，防止草原碎片化。（国家林草局、自然资源部等按职责分工负责）

（十四）稳妥推进国有草原资源有偿使用制度改革

合理确定国有草原有偿使用范围。由农村集体经济组织成员实行家庭或者联户承包经营使用的国有草原，不纳入有偿使用范围，但需要明确使用者保护草原的义务。应签订协议明确国有草原所有权代理行使主体和使用权人并落实双方权利义务。探索创新国有草原所有者权益的有效实现形式，国有草原所有权代理行使主体以租金、特许经营费、经营收益分红等方式收取有偿使用费，并建立收益分配机制。将有偿使用情况纳入年度国有资产报告。（国家林草局、自然资源部、国家发展改革委、财政部等按职责分工负责）

（十五）推动草原地区绿色发展

科学推进草原资源多功能利用，加快发展绿色低碳产业，努力拓宽农牧民增收渠道。充分发挥草原生态和文化功能，打造一批草原旅游景区、度假地和精品旅游线路，推动草原旅游和生态康养产业发展。引导支持草原地区低收入人口通过参与草原保护修复增加收入。（国家林草局、文化和旅游部、国家乡村振兴局等按职责分工负责）

三、保障措施

（十六）提升科技支撑能力

通过国家科技计划，支持草原科技创新，开展草原保护修复重大问题研究，尽快在退化草原修复治理、生态系统重建、生态服务价值评估、智慧草原建设等方面取得突破，着力解决草原保护修复科技支撑能力不足问题。加强草品种选育、草种生产、退化草原植被恢复、人工草地建设、草原有害生物防治等关键技术和装备研发推广。建立健全草原保护修复技术标准体系。加强草原学科建设和高素质专业人才培养。加强草原重点实验室、长期科研基地、定位观测站、创新联盟等平台建设，构建产学研推用协调机制，提高草原科技成果转化效率。加强草原保护修复国际合作与交流，积极参与全球生态治理。（科技部、教育部、国家林草局等按职责分工负责）

（十七）完善法律法规体系

加快推动草原法修改，研究制定基本草原保护相关规定，推动地方性法规制修订，健全草原保护修复制度体系。加大草原法律法规贯彻实施力度，建立健全违法举报、案件督办等机制，依法打击各类破坏草原的违法行为。完善草原行政执法与刑事司法衔接机制，依法惩治破坏草原的犯罪行为。（国家林草局、自然资源部、生态环境部、司法部、公安部等按职责分工负责）

（十八）加大政策支持力度

建立健全草原保护修复财政投入保障机制，加大中央财政对重点生态功能区转移支付力度。健全草原生态保护补偿机制。地方各级人民政府要把草原保护修复及相关基础设施建设纳入基本建设规划，加大投入力度，完善补助政策。探索开展草原生态价值评估和资产核算。鼓励金融机构创设适合草原特点的金融产品，强化金融支持。鼓励地方探索开展草原政策性保险试点。鼓励社会资本设立草原保护基金，参与草原保护修复。（国家林草局、国家发展改革委、财政部、自然资源部、生态环境部、农业农村部、水利部、人民银行、银保监会等按职责分工负责）

（十九）加强管理队伍建设

进一步整合加强、稳定壮大基层草原管理和技术推广队伍，提升监督管理和公共服务能力。重点草原地区要强化草原监管执法，加强执法人员培训，提升执法监督能力。加强草原管护员队伍建设管理，充分发挥作用。支持社会化服务组织发展，充分发挥草原专业学会、协会等社会组织在政策咨询、信息服务、科技推广、行业自律等方面作用。（国家林草局、自然资源部、人力资源社会保障部、民政部等按职责分工负责）

四、组织领导

（二十）加强对草原保护修复工作的领导

地方各级人民政府要进一步提高认识，切实把草原保护修复工作摆在重要位置，加强组织领导，周密安排部署，确保取得实效。省级人民政府对本行政区域草原保护修复工作负总责，实行市（地、州、盟）、县（市、区、旗）人民政府目标责任制。要把草原承包经营、基本草原保护、草畜平衡、禁牧休牧等制度落实情况纳入地方各级人民政府年度目标考核，细化考核指标，压实地方责任。

（二十一）落实部门责任

各有关部门要根据职责分工，认真做好草原保护修复相关工作。各级林业和草原主管部门要适应生态文明体制改革新形势，进一步转变职能，切实加强对草原保护修复工作的管理、服务和监督，及时研究解决重大问题。

（二十二）引导全社会关心支持草原事业发展

深入开展草原普法宣传和科普活动，广泛宣传草原的重要生态、经济、社会和文化功能，不断增强全社会关心关爱草原和依法保护草原的意识，夯实加强草原保护修复的群众基础。充分发挥种草护草在国土绿化中的重要作用，积极动员社会组织和群众参与草原保护修复。

国务院办公厅

2021年3月12日

关于公布《国家畜禽遗传资源品种名录》的通知

为做好《国家畜禽遗传资源目录》贯彻实施工作，国家畜禽遗传资源委员会组织整理、汇编了《国家畜禽遗传资源品种名录》，包括现有33种畜禽的地方品种、培育品种及配套系、引入品种及配套系，共计897个，其中，17种传统畜禽品种848个，16种特种畜禽品种49个。现予以公布。

附件：国家畜禽遗传资源品种名录

国家畜禽遗传资源委员会办公室

2020年5月29日

附件：关于公布《国家畜禽遗传资源品种名录》的通知－全文

http://www.moa.gov.cn/gk/tzgg_1/tz/202005/P020200529607245479169.pdf

国务院办公厅关于促进畜牧业高质量发展的意见

国办发〔2020〕31号

各省、自治区、直辖市人民政府，国务院各部委、各直属机构：

畜牧业是关系国计民生的重要产业，肉蛋奶是百姓“菜篮子”的重要品种。近年来，我国畜牧业综合生产能力不断增强，在保障国家食物安全、繁荣农村经济、促进农牧民增收等方面发挥了重要作用，但也存在产业发展质量效益不高、支持保障体系不健全、抵御各种风险能力偏弱等突出问题。为促进畜牧业高质量发展、全面提升畜禽产品供应安全保障能力，经国务院同意，现提出如下意见。

一、总体要求

（一）指导思想。以习近平新时代中国特色社会主义思想为指导，全面贯彻党的十九大和十九届二中、三中、四中全会精神，认真落实党中央、国务院决策部署，牢固树立新发展理念，以实施乡村振兴战略为引领，以农业供给侧结构性改革为主线，转变发展方式，强化科技创新、政策支持和法治保障，加快构建现代畜禽养殖、动物防疫和加工流通体系，不断增强畜牧业质量效益和竞争力，形成产出高效、产品安全、资源节约、环境友好、调控有效的高质量发展新格局，更好地满足人民群众多元化的畜禽产品消费需求。

（二）基本原则。

坚持市场主导。以市场需求为导向，充分发挥市场在资源配置中的决定性作用，消除限制畜牧业发展的不合理壁垒，增强畜牧业发展活力。

坚持防疫优先。将动物疫病防控作为防范畜牧业产业风险和防治人畜共患病的第一道防线，着力加强防疫队伍和能力建设，落实政府和市场主体的防疫责任，形成防控合力。

坚持绿色发展。统筹资源环境承载能力、畜禽产品供给保障能力和养殖废弃物资源化利用能力，协同推进畜禽养殖和环境保护，促进可持续发展。

坚持政策引导。更好发挥政府作用，优化区域布局，强化政策支持，加快补齐畜牧业发展的短板和弱项，加强市场调控，保障畜禽产品有效供给。

（三）发展目标。畜牧业整体竞争力稳步提高，动物疫病防控能力明显增强，绿色发展水平显著提高，畜禽产品供应安全保障能力大幅提升。猪肉自给率保持在95%左右，牛羊肉自给率保持在85%左右，奶源自给率保持在70%以上，禽肉和禽蛋实现基本自给。到2025年畜禽养殖规模化率和畜禽粪污综合利用率分别达到70%以上和80%以上，到2030年分别达到75%以上和85%以上。

二、加快构建现代养殖体系

（四）加强良种培育与推广。继续实施畜禽遗传改良计划和现代种业提升工程，健全产学研联合育种机制，重点开展白羽肉鸡育种攻关，推进瘦肉型猪本土化选育，加快牛羊专门化品种选育，逐步提高核心种源自给率。实施生猪良种补贴和牧区畜牧良种补贴，加快优良品种推广和应用。强化畜禽遗传资源保护，加强国家级和省级保种场、保护区、基因库建设，推动地方品种资源应保尽保、有序开发。（农业农村部、国家发展改革委、科技部、财政部等按职责分工负责，地方人民政府负责落实。以下均需地方人民政府落实，不再列出）

（五）健全饲草料供应体系。因地制宜推行粮改饲，增加青贮玉米种植，提高苜蓿、燕麦草等紧缺饲草自给率，开发利用杂交构树、饲料桑等新饲草资源。推进饲草料专业化生产，加强饲草料加工、流通、配送体系建设。促进秸秆等非粮饲料资源高效利用。建立健全饲料原料营养价值数据库，全面推广饲料精准配方和精细加工技术。加快生物饲料开发应用，研发推广新型安全高效饲料添加剂。调整优化饲料配方结构，促进玉米、豆粕减量替代。（农业农村部、国家发展改革委、科技部、财政部、国务院扶贫办等按职责分工负责）

（六）提升畜牧业机械化水平。制定主要畜禽品种规模化养殖设施装备配套技术规范，推进养殖工艺与设施装备的集成配套。落实农机购置补贴政策，将养殖场（户）购置自动饲喂、环境控制、疫病防控、废弃物处理等农机装备按规定纳入补贴范围。遴选推介一批全程机械化养殖场和示范基地。提高饲草料和畜禽生产加工等关键环节设施装备自主研发能力。（农业农村部、国家发展改革委、工业和信息化部、财政部等按职责分工负责）

（七）发展适度规模经营。因地制宜发展规模化养殖，引导养殖场（户）改造提升基础设施条件，扩大养殖规模，提升标准化养殖水平。加快养殖专业合作社和现代家庭牧场发展，鼓励其以产权、资金、劳动、技术、产品为纽带，开展合作和联合经营。鼓励畜禽养殖龙头企业发挥引领带动作用，与养殖专业合作社、家庭牧场紧密合作，通过统一生产、统一服务、统一营销、技术共享、品牌共创等方式，形成稳定的产业联合体。完善畜禽标准化饲养管理规程，开展畜禽养殖标准化示范创建。（农业农村部负责）

（八）扶持中小养殖户发展。加强对中小养殖户的指导帮扶，不得以行政手段强行清退。鼓励新型农业经营主体与中小养殖户建立利益联结机制，带动中小养殖户专业化生产，提升市场竞争力。加强基层畜牧兽医技术推广体系建设，健全社会化服务体系，培育壮大畜牧科技服务企业，为中小养殖户提供良种繁育、饲料营养、疫病检测诊断治疗、机械化生产、产品储运、废弃物资源化利用等实用科技服务。（农业农村部、科技部等按职责分工负责）

三、建立健全动物防疫体系

（九）落实动物防疫主体责任。依法督促落实畜禽养殖、贩运、屠宰加工等各环节从业者动物防疫主体责任。引导养殖场（户）改善动物防疫条件，严格按规定做好强制免疫、清洗消毒、疫情报告等工作。建立健全畜禽贩运和运输车辆监管制度，对运输车辆实施备案管理，落实清洗消毒措施。督促指导规模养殖场（户）和屠宰厂（场）配备相应的畜牧兽医技术人员，依法落实疫病自检、报告等制度。加强动物疫病防控分类指导和技术培训，总结推广一批行之有效的防控模式。（农业农村部、交通运输部等按职责分工负责）

（十）提升动物疫病防控能力。落实地方各级人民政府防疫属地管理责任，完善部门联防联控机制。强化重大动物疫情监测排查，建立重点区域和场点入场抽检制度。健全动物疫情信息报告制度，加强养殖、屠宰加工、无害化处理等环节动物疫病信息管理。完善疫情报告奖惩机制，对疫情报告工作表现突出的给予表彰，对瞒报、漏报、迟报或阻碍他人报告疫情的依法依规严肃处理。实施重大动物疫病强制免疫计划，建立基于防疫水平的养殖场（户）分级管理制度。加强口岸动物疫情防控工作，进一步提升口岸监测、检测、预警和应急处置能力。严厉打击收购、贩运、销售、随意丢弃病死畜禽等违法违规行为，构成犯罪的，依法追究刑事责任。（农业农村部、公安部、交通运输部、海关总署等按职责分工负责）

（十一）建立健全分区防控制度。加快实施非洲猪瘟等重大动物疫病分区防控，落实省际联席会议制度，统筹做好动物疫病防控、畜禽及畜禽产品调运监管和市场供应等工作。统一规划实施畜禽指定通道运输。支持有条件的地区和规模养殖场（户）建设无疫区和无疫小区。推进动物疫病净化，以种畜禽场为重点，优先净化垂直传播性动物疫病，建设一批净化示范场。（农业农村部、国家发展改革委、交通运输部等按职责分工负责）

（十二）提高动物防疫监管服务能力。加强动物防疫队伍建设，采取有效措施稳定基层机构队伍。依托现有机构编制资源，建立健全动物卫生监督机构和动物疫病预防控制机构，加强动物疫病防控实验室、边境监测站、省际公路检查站和区域洗消中心等建设。在生猪大县实施乡镇动物防疫特聘计划。保障村级动物防疫员合理劳务报酬。充分发挥执业兽医、乡村兽医作用，支持其开展动物防疫和疫病诊疗活动。鼓励大型养殖企业、兽药及饲料生产企业组建动物防疫服务团队，提供“一条龙”、“菜单式”防疫服务。（农业农村部、中央编办、国家发展改革委、财政部、人力资源社会保障部等按职责分工负责）

四、加快构建现代加工流通体系

（十三）提升畜禽屠宰加工行业整体水平。持续推进生猪屠宰行业转型升级，鼓励地方新建改建大型屠宰自营企业，加快小型屠宰场点撤停并转。开展生猪屠宰标准化示范创建，实施生猪屠宰企业分级管理。鼓励大型畜禽养殖企业、屠宰加工企业开展养殖、屠宰、加工、配送、销售一体化经营，提高肉品精深加工和副产品综合利用水平。推动出台地方性法规，规范牛羊禽屠宰管理。（农业农村部、国家发展改革委等按职责分工负责）

（十四）加快健全畜禽产品冷链加工配送体系。引导畜禽屠宰加工企业向养殖主产区转移，推动畜禽就地屠宰，减少活畜禽长距离运输。鼓励屠宰加工企业建设冷却库、低温分割车间等冷藏加工设施，配置冷链运输设备。推动物流配送企业完善冷链配送体系，拓展销售网络，促进运活畜禽向运肉转变。规范活畜禽跨区域调运管理，完善“点对点”调运制度。倡导畜禽产品安全健康消费，逐步提高冷鲜肉品消费比重。（农业农村部、国家发展改革委、交通运输部、商务部等按职责分工负责）

（十五）提升畜牧业信息化水平。加强大数据、人工智能、云计算、物联网、移动互联网等技术在畜牧业的应用，提高圈舍环境调控、精准饲喂、动物疫病监测、畜禽产品追溯等智能化水平。加快畜牧业信息资源整合，推进畜禽养殖档案电子化，全面实行生产经营信息直联直报。实现全产业链信息化闭环管理。支持第三方机构以信息数据为基础，为养殖场（户）提供技术、营销和金融等服务。（农业农村部、国家发展改革委、国家统计局等按职责分工负责）

（十六）统筹利用好国际国内两个市场、两种资源。扩大肉品进口来源国和进口品种，适度进口优质安全畜禽产品，补充和调剂国内市场供应。稳步推进畜牧业对外投资合作，开拓多元海外市场，扩大优势畜禽产品出口。深化对外交流，加强先进设施装备、优良种质资源引进，开展动物疫苗科研联合攻关。（农业农村部、国家发展改革委、科技部、商务部、海关总署等按职责分工负责）

五、持续推动畜牧业绿色循环发展

（十七）大力推进畜禽养殖废弃物资源化利用。支持符合条件的县（市、区、旗）整县推进畜禽粪污资源化利用，鼓励液体粪肥机械化施用。对畜禽粪污全部还田利用的养殖场（户）实行登记管理，不需申领排污许可证。完善畜禽粪污肥料化利用标准，支持农民合作社、家庭农场等在种植业生产中施用粪肥。统筹推进病死猪牛羊禽等无害化处理，完善市场化运作模式，合理制定补助标准，完善保险联动机制。（农业农村部、国家发展改革委、生态环境部、银保监会等按职责分工负责）

（十八）促进农牧循环发展。加强农牧统筹，将畜牧业作为农业结构调整的重点。农区要推进种养结合，鼓励在规模种植基地周边建设农牧循环型畜禽养殖场（户），促进粪肥还田，加强农副产品饲料化利用。农牧交错带要综合利用饲草、秸秆等资源发展草食畜牧业，加强退化草原生态修复，恢复提升草原生产能力。草原牧区要坚持以草定畜，科学合理利用草原，鼓励发展家庭生态牧场和生态牧业合作社。南方草山草坡地区要加强草地改良和人工草地建植，因地制宜发展牛羊养殖。（农业农村部、国家发展改革委、生态环境部、国家林草局等按职责分工负责）

（十九）全面提升绿色养殖水平。科学布局畜禽养殖，促进养殖规模与资源环境相匹配。缺水地区要发展羊、禽、兔等低耗水畜种养殖，土地资源紧缺地区要采取综合措施提高养殖业土地利用率。严格执行饲料添加剂安全使用规范，依法加强饲料中超剂量使用铜、锌等问题监管。加强兽用抗菌药综合治理，实施动物源细菌耐药性监测、药物饲料添加剂退出和兽用抗菌药使用减量化行动。建立畜牧业绿色发展评价体系，推广绿色发展配套技术。（农业农村部、自然资源部、生态环境部等按职责分工负责）

六、保障措施

（二十）严格落实省负总责和“菜篮子”市长负责制。各省（自治区、直辖市）人民政府对本地区发展畜牧业生产、保障肉蛋奶市场供应负总责，制定发展规划，强化政策措施，不得超越法律法规规定禁养限养。加强“菜篮子”市长负责制考核。鼓励主销省份探索通过资源环境补偿、跨区合作建立养殖基地等方式支持主产省份发展畜禽生产，推动形成销区补偿产区的长效机制。（国家发展改革委、农业农村部等按职责分工负责）

（二十一）保障畜牧业发展用地。按照畜牧业发展规划目标，结合地方国土空间规划编制，统筹支持解决畜禽养殖用地需求。养殖生产及其直接关联的畜禽粪污处理、检验检疫、清洗消毒、病死畜禽无害化处理等农业设施用地，可以使用一般耕地，不需占补平衡。畜禽养殖设施原则上不得使用永久基本农田，涉及少量永久基本农田确实难以避让的，允许使用但须补划。加大林地对畜牧业发展的支持，依法依规办理使用林地手续。鼓励节约使用畜禽养殖用地，提高土地利用效率。（自然资源部、农业农村部、国家林草局等按职责分工负责）

（二十二）加强财政保障和金融服务。继续实施生猪、牛羊调出大县奖励政策。通过政府购买服务方式支持动物防疫社会化服务。落实畜禽规模养殖、畜禽产品初加工等环节用水、用电优惠政策。通过中央财政转移支付等现有渠道，加强对生猪屠宰标准化示范创建和畜禽产品冷链运输配送体系建设的支持。银行业金融机构要积极探索推进土地经营权、养殖圈舍、大型养殖机械抵押贷款，支持具备活体抵押登记、流转等条件的地区按照市场化和风险可控原则，积极稳妥开展活畜禽抵押贷款试点。大力推进畜禽养殖保险，鼓励有条件的地方自主开展畜禽养殖收益险、畜产品价格险试点，逐步实现全覆盖。鼓励社会资本设立畜牧业产业投资基金和畜牧业科技创业投资基金。（财政部、银保监会、国家发展改革委、农业农村部等按职责分工负责）

（二十三）强化市场调控。依托现代信息技术，加强畜牧业生产和畜禽产品市场动态跟踪监测，及时、准确发布信息，科学引导生产和消费。完善政府猪肉储备调节机制，缓解生猪生产和市场价格周期性波动。各地根据需要研究制定牛羊肉等重要畜产品保供和市场调控预案。（国家发展改革委、财政部、农业农村部、商务部等按职责分工负责）

（二十四）落实“放管服”改革措施。推动修订畜牧兽医相关法律法规，提高畜牧业法治化水平。简化畜禽养殖用地取得程序以及环境影响评价、动物防疫条件审查、种畜禽进出口等审批程序，缩短审批时间，推进“一窗受理”，强化事中事后监管。（司法部、自然资源部、生态环境部、农业农村部、海关总署等按职责分工负责）

国务院办公厅

2020 年 9 月 14 日

国务院关税税则委员会关于对美加征关税商品第一次排除延期清单的公告

税委会公告〔2020〕8号

根据《国务院关税税则委员会关于第一批对美加征关税商品第一次排除清单的公告》（税委会公告〔2019〕6号），第一批对美加征关税商品第一次排除清单将于2020年9月16日到期。国务院关税税则委员会按程序决定，对上述商品延长排除期限。现将有关事项公告如下：

对附件所列16项商品，税委会公告〔2019〕6号规定的排除期限延长一年，即自2020年9月17日至2021年9月16日，继续不加征我为反制美301措施所加征的关税。

附件：对美加征关税商品第一次排除延期清单

国务院关税税则委员会

2020年9月14日

附件：对美加征关税商品第一次排除延期清单

http://www.gov.cn/zhengce/zhengceku/2020-09/15/5543541/files/98ff051b5d404f1b9783474604bfc34b.pdf

国务院关税税则委员会
关于发布《中华人民共和国进出口税则（2021）》的公告

税委会公告〔2020〕11号

根据《中华人民共和国进出口关税条例》及相关规定，现公布《中华人民共和国进出口税则（2021）》，自2021年1月1日起实施。法律、行政法规等对进出口关税税目、税率调整另有规定的，从其规定。

附件：中华人民共和国进出口税则（2021）

国务院关税税则委员会

2020年12月30日

附件：中华人民共和国进出口税则（2021）

http://www.gov.cn/zhengce/zhengceku/2020-12/31/5575817/files/0bd203747da844268ea1a273d8f65328.pdf

【农业农村部发布】

农业农村部关于加快畜牧业机械化发展的意见

农机发〔2019〕6 号

各省、自治区、直辖市及计划单列市农业农村(农牧)、畜牧兽医厅(局、委),新疆生产建设兵团农业农村局,黑龙江省农垦总局、广东省农垦总局:

机械化是畜牧业现代化的重要基础和重要标志。近午来,畜牧业加快向标准化规模养殖转型升级,装备总量持续增长,机械化水平不断提升。但不同地区、畜种、养殖规模和生产环节机械化发展不平衡不充分,畜牧业机械化总体水平还不高,科技创新能力不强、部分技术装备有效供给不足、养殖工程与设施装备集成配套不够等问题突出。为贯彻落实中央农村工作会议精神、《国务院关于加快推进农业机械化和农机装备产业转型升级的指导意见》(国发〔2018〕42 号)和《国务院办公厅关于稳定生猪生产促进转型升级的意见》(国办发〔2019〕44号)的有关部署,推动畜牧业机械化加快发展,现提出以下意见。

一、指导思想和发展目标

(一)指导思想。以习近平新时代中国特色社会主义思想为指导,牢固树立和贯彻落实新发展理念,充分发挥市场在资源配置中的决定性作用和更好发挥政府作用,适应农业高质量发展和供给侧结构性改革要求,以服务乡村振兴战略、满足畜牧业对机械化的需要为目标,以科技创新、机制创新、政策创新为动力,补短板、强弱项、促协调,推进机械装备与养殖工艺相融合、畜禽养殖机械化与信息化相融合、设施装备配置与养殖场建设相适应、机械化生产与适度规模养殖相适应,推动畜牧业机械化向全程全面高质高效转型升级,为畜牧业高质量发展、加快现代化步伐提供有力支撑。

(二)发展目标。统筹设施装备和畜牧业协调发展,着力推进主要畜种养殖、重点生产环节、规模养殖场(户)的机械化。到 2025 年,畜牧业机械化率总体达到 50% 以上,主要畜禽养殖全程机械化取得显著成效。其中,奶牛规模化养殖机械化率达到 80% 以上,生猪、蛋鸡、肉鸡规模化养殖机械化率达到 70% 以上,肉牛、肉羊规模化养殖机械化率达到 50% 以上,大规模养殖场基本实现全程机械化。标准化规模养殖与机械化协调并进的畜牧业发展新格局基本形成,有条件的地区主要畜种规模化养殖率先基本实现全程机械化。

二、主要任务

坚持目标导向和问题导向,集中力量强科技、补短板、推全程、兴主体、保安全、稳供给,突出抓好养殖生产全程机械化,加快提升畜禽养殖废弃物处理机械化水平,积极促进畜牧业机械化转型升级。

(三)推动畜牧机械装备科技创新。聚集优势资源,推进产学研结合,组织调动大专院校和科研院所力量,充分发挥大型骨干设施装备企业作用,加强畜禽健康养殖与疫病防控工艺、畜禽生理与环境控制机理、畜禽行为与养殖装备关系、新材料和信息化技术等基础研究,为突破畜牧业机械化薄弱环节奠定基础。开展畜牧业机械化技术与装备需求调查,发布市场需求目录,引导科研单位和生产企业研发适合养殖场(户)需要、先进适用的畜牧机械装备。通过遴选重大项目、主推技术等方式,积极争取财政、科技等部门的立项支持,研发高效饲草料收获加工、精准饲喂、智能环控、养殖信息监测、疫病防控、畜产品智能化采集加工、高效粪污资源化利用、病死畜禽无害化处理和种畜禽生产性能测定等先进机械装备,加快符合我国国情的绿色智能、立体高效、福利安全的养殖装备科技创新。健全完善畜牧工程与装备重点实验室和科研基地,加强生猪、蛋鸡、肉鸡、奶牛、肉牛、肉羊等产业技术体系相关岗位专家队伍和综合试验站建设,推动建设一批产业技术创新联盟,充实全国农机化科技创新专家组畜牧养殖工程领域力量,为畜牧机械装备的科技创新提供有力支撑。加强国际交流合作,支持引进国际先进技术,引导和支持畜牧机械装备企业及产品“走出去”。

(四)推进主要畜种规模化养殖全程机械化。以生猪、蛋鸡、肉鸡、奶牛、肉牛、肉羊等养殖为主要对象,制定发布规模化养殖设施装备配套技术规范,推进畜种、养殖工艺、设施装备集成配套,加强养殖全过程机械化技术指导,大力推进主要畜种养殖全程机械化。聚焦畜牧业主产区规模养殖场,巩固提高饲草料生产与加工、饲草料投喂、环境控制等环节机械化水平,加快解决疫病防控、畜产品采集加工、粪污收集处理与利用等薄弱环节机械装备应用难题，构建区域化、规模化、标准化、信息化的全程机械化生产模式。组织遴选推介一批率先基本实现养殖全程机械化的规模化养殖场和示范基地，加强典型示范引导。

（五）加强绿色高效新装备新技术示范推广。大力支持工程防疫、智能饲喂、精准环控、畜产品自动化采集加工、废弃物资源化利用等健康养殖和绿色高效机械装备技术试验示范。加快优质饲草青贮、农作物秸秆制备饲料、畜禽粪污肥料化利用等机械化技术推广应用，推动构建农牧配套、种养结合的生态循环模式。积极示范推广先进适用的暖棚、冷库等设施和特产养殖需要的高效专用技术装备。推进畜牧机械装备节能降耗。支持农机试验鉴定机构改善检验检测条件，创新试验鉴定方法，完善试验鉴定大纲，有效提升畜牧机械装备试验鉴定能力，加快主要畜种生产所需机械装备的试验鉴定，及时公布结果，为畜牧业技术装备加快推广应用提供有力支撑。创新畜牧新装备新技术体验式、参与式推广方式，充分调动畜牧设施装备生产企业、养殖场（户）和科研院校、社会团体等参与技术推广的积极性，加快畜牧业机械化新技术推广应用。

（六）提高重点环节社会化服务水平。大力培育发展新型畜牧机械装备经营和服务组织，支持服务组织以市场化、专业化为导向，开展优质饲草料“种、收、贮、加、送”、粪污资源化利用、病死畜禽无害化处理、畜产品贮运、安全净化防疫等环节的社会化服务。积极推进畜牧机械装备社会化服务机制创新，大力发展订单式作业、生产托管、承包服务等新模式、新业态。探索建立“龙头企业＋养殖合作社＋养殖场（户）”的畜牧机械装备租赁体系，提高畜牧机械装备的利用效率和效益。鼓励中小规模养殖场（户）集中区域，建设畜禽养殖废弃物集中收集、无害化处理和资源化利用中心，促进畜牧机械装备共享共用，支持引导中小养殖场（户）向标准化、规模化养殖方向发展。

（七）推进机械化信息化融合。推进“互联网＋”畜牧业机械化，支持在畜禽养殖各环节重点装备上应用实时准确的信息采集和智能管控系统，支持鼓励养殖企业进行物联化、智能化设施与装备升级改造，促进畜牧设施装备使用、管理与信息化技术深度融合。鼓励、支持和引导畜牧养殖和装备生产骨干企业建立畜禽养殖机械化信息化融合示范场，应用畜产品全程可追溯系统。支持有条件的地方建设自动化信息化养殖示范基地，推进智能畜牧机械装备与智慧牧场建设融合发展。推动畜牧业机械化大数据开发应用，为畜牧机械装备研发、试验鉴定、推广应用和社会化服务提供支持。

三、保障措施

（八）加强组织领导。各级农业农村部门要把畜牧业机械化发展纳入农机化、畜牧业发展规划，列入重要议事日程。农机化主管部门和畜牧业主管部门要密切沟通，加强重大事项的会商和协调，组织调动农机试验鉴定和农机化、畜牧技术推广等系统力量，协同推进畜牧业机械化发展。各地要结合实际，突出重点，强化机械化与畜牧业发展目标任务衔接，整合资源，同向发力。加强与财政、科技、工业和信息化、环境保护等相关部门的沟通协调，积极争取支持，形成工作合力，为畜牧业机械化发展创造有利条件。要支持行业协会发挥行业自律、信息交流、教育培训等方面的作用，服务引导畜牧设施装备行业转型升级，助力畜牧业机械化发展。

（九）完善扶持政策。积极争取投入，支持畜牧机械装备基础研究和创新能力建设，加快科技成果转化应用。加大农机购置补贴对畜牧机械装备的支持力度，重点向规模化养殖场倾斜，实行应补尽补。完善养殖场设施用地标准，支持养殖场“宜机化”改造建设，为畜牧业机械化创造良好条件。探索开展畜禽养殖成套装备、设施试验鉴定与推广应用的路径。支持大型成套畜牧机械融资租赁试点。鼓励金融机构开展权属清晰大型畜牧机械装备抵押贷款。鼓励各地通过项目支持、政府购买服务，推动畜牧机械、畜牧养殖科研推广人员与畜牧设施装备生产企业、新型畜牧养殖主体联合建设试验示范基地，开展技术试验、人才培训和推广服务。

（十）壮大人才队伍。引导大专院校在农业工程、畜牧兽医等学科设置畜牧机械相关课程和研究方向，培养创新型、应用型、复合型畜牧业机械化人才。支持相关高校面向畜牧业机械化、畜牧设施装备产业转型升级开展新工科研究与实践，推动实施产教融合、校企合作，支持优势畜牧设施装备生产企业与学校共建共享工程创新基地、实践基地、实训基地，构建产学合作协同育人体系。加大高素质农民培育工作对养殖场（户）、养殖合作社带头人的扶持力度，强化畜牧设施装备知识培训。支持设施装备生产企业、养殖企业、养殖合作社、社会团体培养畜牧机械操作、维修等技能型人才，大力遴选和培养畜牧装备生产、使用及设施装备建设安装、工程监理等一线实用人才。加强对农机化、畜牧业管理及技术人员相关知识培训，壮大畜牧业机械化人才队伍。

（十一）强化公共服务。充分发挥农机化和畜牧业主管部门在推进畜牧业机械化中的引导作用，重点在公共服务等方面提供支持，为市场创造更多发展空间。推进政务信息公开，加强规划政策引导，优化鉴定推广服务，保障安全生产，保护知识产权，切实调动各类市场主体的积极性、主动性和创造性。完善健全畜牧业机械化技术标准体系、设施装备试验鉴定大纲和生产作业规范，构建主要畜禽养殖全程机械化评价指标体系并积极开展动态监测，为畜牧业机械化发展提供有效支撑。加强舆论引导，推介宣传发展典型和经验，努力营造加快推进畜牧业机械化的良好氛围。

农业农村部

2019 年 12 月 25 日

（发布时间：2020 年 2 月 17 日）

农业农村部关于落实党中央、国务院2020年农业农村重点工作部署的实施意见

农发〔2020〕1号

2020年是全面建成小康社会目标实现之年，是全面打赢脱贫攻坚战的收官之年。面对国内外错综复杂环境，做好2020年农业农村工作具有特殊重要意义。各级农业农村部门要以习近平新时代中国特色社会主义思想为指导，全面贯彻党的十九大和十九届二中、三中、四中全会及中央经济工作会议、中央农村工作会议精神，认真落实《中共中央 国务院关于抓好“三农”领域重点工作确保如期实现全面小康的意见》，紧扣打赢脱贫攻坚战和补上全面小康“三农”短板重点任务，坚持新发展理念，坚持稳中求进工作总基调，以实施乡村振兴战略为总抓手，深化农业供给侧结构性改革，推进农业高质量发展，突出保供给、保增收、保小康，着力稳定粮食生产，抓好生猪稳产保供，促进农民持续稳定增收，稳步推进农村改革，保持农村社会和谐稳定，毫不松懈、持续加力，发挥好“三农”压舱石作用，为确保经济社会大局稳定提供有力支撑。

一、千方百计稳定粮食生猪生产，保障重要农产品有效供给

1. 毫不放松抓好粮食生产。着力稳政策、稳面积、稳产量，确保2020年粮食产量稳定在1.3万亿斤以上。落实好稻谷小麦最低收购价等政策，推进稻谷、小麦、玉米完全成本保险和收入保险试点，加大产粮大县奖励力度。巩固结构调整成果，提升优势产区玉米产能，保持玉米面积基本稳定。继续实施大豆振兴计划，支持推广大豆高产品种、玉米和大豆间作新农艺措施应用。创新开展绿色高质高效行动，积极发展优质专用稻谷小麦。强化粮食安全省长责任制落实，研究建立分省监测预警制度。

2. 全力推进生猪稳产保供。深入实施生猪生产恢复发展三年行动，督促落实省负总责和“菜篮子”市长负责制，细化各地区生猪出栏量和自给率承诺目标，确保春节和“两会”期间肉品市场供应，确保年底生猪生产基本恢复到接近常年水平。推动落实好环评、用地、信贷等各项扶持政策，加快清理超范围划定的限养禁养区，及时监测生猪补栏增养情况。支持发展生猪标准化规模养殖，加强对中小养殖场户帮带和技术服务。加快优化猪肉供应链，引导屠宰加工向养殖集中区转移，促进“运猪”向“运肉”转变。推动生猪扶持政策拓展覆盖畜牧业，支持禽类、牛羊生产。

3. 统筹抓好棉油糖奶生产。完善新疆棉花目标价格政策，创新内地棉花扶持政策。在长江流域和黄淮海地区扩大大豆及油菜、花生等油料作物面积。支持推广糖料蔗脱毒种苗和机收作业等良种良法。实施奶业提质增效行动，提升改造中小牧场，鼓励有条件的奶农发展乳制品加工。加强优质饲草生产基地建设，以北方农牧交错带为重点扩大粮改饲面积达到1500万亩。

4. 推进水产健康养殖。全面落实养殖水域滩涂规划制度，依法核发养殖证，保持可养水域面积总体稳定。开展水产健康养殖示范创建，重点发展池塘工程化、工厂化循环水养殖，稳步发展稻渔综合种养和大水面生态渔业，鼓励发展碳汇渔业，支持深远海养殖业发展。规范有序发展远洋渔业。

5. 实施农产品质量安全保障工程。构建县乡村农产品质量安全监管网格，强化“双随机”和“三前”环节抽样，加大禁限用药物查处力度，加强农兽药用药安全培训。试行食用农产品合格证制度，建立生产者自我质量控制、开具合格证和质量安全承诺制度。开展第三批国家农产品质量安全县创建，推进部省农产品追溯体系互联互通。制修订1000项质量安全标准，加强绿色食品、有机农产品、地理标志农产品认证和管理。推动出台发展地理标志农产品的指导意见。开展国家农业品牌营销行动，加强农业品牌规范化管理。

6. 科学做好农业防灾减灾。加强干旱洪涝等灾害监测预警，及早做好技术和物资准备。严防严控草地贪夜蛾等重大病虫害，制定分区防控预案，推广全程专业化统防统治模式。严格落实非洲猪瘟疫情监测排查报告、全产业链监管和餐厨废弃物管理等防控措施，继续开展分区防控试点，及时兑现强制扑杀补助，整合力量加快疫苗研发攻关。统筹抓好口蹄疫、禽流感、布鲁氏菌病等防控。做好渔业安全生产、防汛防台风工作。

7. 促进农业对外合作。实施优势农产品贸易促进

行动，建立农业对外贸易会商及信息发布制度。推进农业对外合作园区建设，制定支持农业走出去企业加快发展政策措施。进一步放宽农业领域外资准入。完善中俄、中非等农业合作机制。加大亚非拉等国家农业人才培训力度，实施农业国际人才培养行动。

二、大力发展富民乡村产业，促进农民持续增收

8. 不折不扣完成脱贫攻坚任务。巩固产业扶贫成果，防止已脱贫人口返贫和边缘人口致贫。深入落实中央脱贫攻坚专项巡视整改要求，进一步推动资金项目人才向"三区三州"等深度贫困地区倾斜。指导贫困地区将扶贫资金更多用于产业扶贫，加强农业基础设施建设，优化产业扶贫项目，防范产业扶贫风险，提升扶贫产业可持续发展能力。加快培育贫困地区新型经营主体和脱贫带头人，完善联贫带贫减贫机制。建立产销对接长效机制，推动龙头企业、批发市场和电商平台与贫困地区形成稳定产销关系，积极推进消费扶贫。继续在贫困县实施农技推广特聘计划，加强产业发展指导员队伍建设，提高产业技术专家帮扶成效。扎实做好定点扶贫工作。研究制定2020年后产业帮扶政策举措。

9. 做大做强农产品加工业。引导龙头企业建设农产品加工技术集成基地和精深加工示范基地，推动加工产能向农产品主产区和重要物流节点布局。支持各地聚焦优势特色主导品种，打造各具特色的农业全产业链，培育一批产值超百亿元的区域优势特色产业集群。认定第四批中国特色农产品优势区、第十批"一村一品"示范村镇。加强马铃薯主食产业推进工作。建设休闲农业重点县，推介一批乡村休闲旅游精品景点线路。

10. 加快建设现代农业产业园和产业强镇。印发推进现代农业产业园建设的意见，梯次开展省、市、县产业园建设。创建和认定一批国家现代农业产业园，引导各地加强政策创新，推动资金、人才、技术等现代要素向园区集中。建设一批主导产业突出、产村融合发展、宜业宜居的农业产业强镇。落实设施农业用地管理措施，研究制定支持农村一二三产业融合发展用地政策意见。推动制定农业及相关产业统计分类并加强统计核算。

11. 促进家庭农场和农民合作社高质量发展。完善家庭农场名录管理制度，把符合条件的种养大户、专业大户纳入家庭农场范围。深入开展农民合作社规范提升行动，扎实推进农民合作社质量提升整县试点。开展示范家庭农场和国家农民合作社示范社评定。打造一批农业产业化联合体，与小农户、家庭农场和农民合作社建立基地共建、资源共享的利益联结机制。

12. 加快发展农业生产性服务业。推动完善农业社会化服务扶持政策，支持面向小农户、大宗农作物和产粮大县开展生产托管服务，完成面积15亿亩次。通过政府购买服务、以奖代补等方式，培育一批农业科技服务企业、服务型农民合作社，支持村集体经济组织开展农业生产性服务。搭建区域性农业社会化服务综合平台，促进服务资源整合。加强服务标准、服务合同管理，推介一批典型模式。

13. 推进农村创新创业。继续实施农村创新创业带头人培育行动，引导各地建设农村创新创业园区和孵化实训基地，推动将符合条件的返乡创业农民工纳入一次性创业补贴范围，吸引社会各类人才返乡入乡创业兴业。支持举办新农民新技术创业创新博览会。研究出台促进社会资本投资农业农村指引。

三、推进农业绿色发展，提高农业生态保护和资源利用水平

14. 大力推进畜禽粪污资源化利用。全面完成大型规模养殖场粪污治理设施建设，对规模养殖场粪污处理设施配套率开展评估，确保达到95%以上。扩大畜禽粪污资源化利用整县推进范围，将具备条件的非畜牧大县逐步纳入。健全畜禽粪污处理利用标准体系，鼓励发展收贮运社会化服务组织，探索粪肥运输、施用引导激励政策。

15. 深入推进化肥农药减量增效。继续保持化肥农药使用量负增长。推进测土配方施肥农企合作，实现配方肥下地。结合粪肥利用，推进果菜茶有机肥替代化肥试点，选择300个粮棉油生产大县开展化肥减量增效试点。实施绿色防控替代化学防治行动，再建设100个绿色防控示范县。积极稳妥淘汰高毒高风险农药，推进农药包装废弃物回收处理。

16. 推进耕地质量提升。继续实施东北黑土地保护利用，以东北玉米主产区为重点，启动东北黑土地保护性耕作行动计划，整县推广秸秆覆盖还田、免（少）耕播种等关键技术，面积达到4000万亩。稳步推进耕地轮作休耕试点，面积稳定在3000万亩。完成耕地土壤环境质量类别划分，健全产地环境质量监测网，在轻中度污染耕地推广安全利用技术，对重度污染耕地实施种植结构调整，全年治理面积5000万亩。建立全国秸秆资源台账，建设一批全域全量利用重点县。在华北、西北等旱作区建立220个高标准旱作节水农业示范区。推进标准地膜普及使用，建设100个地膜回收利用示范县。

17. 强化水生生物资源养护。在长江流域重点水域实行常年禁捕，做好渔民退捕工作。实施海洋渔业资源总量管理，推动沿海省份全面开展限额捕捞试点，完成减船减产目标任务，规范有序发展海洋牧场。推动渔港渔船管理改革，加强渔港经济区建设。持续清理取缔涉渔"三无"船舶和"绝户网"。

18. 推进农业绿色发展支撑体系建设。在82个国家农业绿色发展先行区试点县，集中连片开展绿色种养技术应用试验，探索建立绿色农业技术、标准、产业、经营、政策、数字等体系，建设一批农业绿色发展长期固定观测试验站，总结不同生态类型、不同作物品种的农业绿色发展典型模式。

四、加强现代农业设施建设，改善物质技术装备条件

19. 加大高标准农田建设力度。以粮食生产功能区和重要农产品生产保护区为重点，完成8000万亩高标准农田和2000万亩高效节水灌溉建设任务。建设旱作梯田，加快三江平原地下水超采田间配套工程建设。开展高标准农田建设清查，建设农田管理大数据平台，加快推进统一上图入库。修编全国高标准农田建设规划，分区域、分类型制定建设标准。持续开展耕地质量监测评价，推动建立健全高标准农田设施管护机制。

20. 启动农产品仓储保鲜冷链物流设施建设工程。以特色农产品优势区、鲜活农产品主产区为重点，通过以奖代补、贷款贴息、落实优惠电价等措施，支持农民合作社、家庭农场建设一批田头仓储保鲜、分拣包装、产后初加工等设施，提升农产品产地商品化处理能力。结合"菜篮子"工程，支持在大中城市建设一批农产品骨干冷链物流基地，打造区域农产品冷链物流枢纽，提升肉奶、蔬菜水果等鲜活农产品供应能力。

21. 推进全程全面农业机械化。完善优化农机购置补贴，加大对畜禽水产养殖、设施农业、农产品初加工和丘陵山区贫困地区机械设备补贴力度。加快建设农机具库棚及烘干机塔，遴选推广生猪生产机具装备，建设饲草料加工、饲喂、环境控制、粪污处理等设施。主要农作物全程机械化示范县达到500个。当年深松整地作业1.4亿亩以上。研究制定畜牧业、设施栽培机械化发展的指导意见。

22. 加快提升种业创新能力。开展第三次全国农作物种质资源普查收集，支持地方品种资源保护利用。实施现代种业提升工程，加快国家农业种质资源库（圃、场、区）建设，落实制种大县奖励政策，提升优势制种基地建设水平，扶持创新型种业企业发展。推进重要粮食作物和畜禽水产良种联合攻关，强化植物新品种保护。推动编制南繁硅谷建设规划，加快南繁育种基地和配套服务区建设。

23. 强化农业科技创新与推广。深入实施乡村振兴科技支撑行动，在生物种业、智慧农业等重点领域加强核心技术攻关，深化种业科技成果产权制度改革试点。加强国家农业科创中心和创新联盟建设，扩大现代农业产业技术体系特色优势农产品覆盖范围，打造一批科技引领示范县、示范村镇。建设100个现代农业科技示范展示基地，推广重大引领性技术和主推技术。加快推动国家热带农业科学中心建设。建设一批国家农业科学观测实验站。

24. 开展数字农业农村建设。实施数字农业农村规划，整合资源建设农业农村大数据平台，建设重要农产品全产业链大数据和数字农业创新中心，开展数字农业试点，加快物联网、人工智能、区块链等技术集成应用。深入推进信息进村入户，实施"互联网+"农产品出村进城工程。加强农业农村经济运行分析，健全重要农产品供给保障监测预警制度。

五、加快发展农村社会事业，提升乡村建设和治理水平

25. 扎实做好农村人居环境整治。农村户厕改造重点推进一类县、兼顾二类县，组织实施好农村厕所革命整村推进财政奖补政策。制定完善相关产品标准和技术规范，指导各地因地制宜选择农村改厕技术模式，加强高寒干旱地区关键技术模式试点试验，切实做好厕所粪污处理及资源化利用。以中西部地区为重点，实施农村人居环境整治整县推进工程。统筹推进农村生活垃圾污水治理。以"干干净净迎小康"为主题，深入开展村庄清洁行动，巩固提升"三清一改"成果。指导地方建立完善问题投诉反馈和发现整改机制。

26. 推动提升农村基础设施建设和公共服务水平。配合有关部门推进农村饮水安全、村内道路、信息通讯、能源等基础设施建设，引导健全运行管护机制。促进提高农村基本公共服务质量，推动补强农村教育、医疗、社会保障等薄弱环节。基本完成县域村庄分类，推动具备条件的村庄编制"多规合一"实用性村庄规划。

27. 加强和改进乡村治理。贯彻落实加强和改进乡村治理的指导意见，推动加强农村基层党组织建设，持续整顿软弱涣散村党组织，扎实开展自治、法治、德治相结合的乡村治理体系建设试点示范，抓好示范村镇创建。总结推广各地乡风文明建设经验，推进移风易俗。探索建立区域性农业文化遗产名录，组织申报第六批中国重要农业文化遗产。广泛开展农民体育健康活动，推动下基层进农家。

28. 组织好中国农民丰收节。以"庆丰收、迎小康"为主题，继续下沉县乡村，深化实化节庆内容，支持培育一批地方精品节庆活动，推动成风化俗。举办丰收节产业扶贫产销对接专场，开展"听党话、感党恩、跟党走"宣讲活动，组织乡村振兴国际交流活动，讲好乡村振兴中国故事。加强农业丰收历史文化保护和传承。

六、抓好重点改革任务落实，增强农业农村发展活力

29. 完善农村土地承包管理制度。落实中央关于保持土地承包关系稳定并长久不变的意见，组织开展第二轮土地承包到期后再延长30年试点，研究完善相关配套政策，推动地方制定延包的具体办法。规范农村土地经营权流转，指导地方建立健全工商企业租赁农地的资格审查、项目审核和风险防范制度，推进土地经营权入股发展农业产业化经营试点，加强农村土地承包经营纠纷调解仲裁能力建设。

30. 全面推开农村集体产权制度改革试点。有序开展集体成员身份确认、集体资产折股量化、村集体经济组织登记赋码等工作，建设农村集体资产监管平台。继续扶持2万个村开展壮大集体经济试点示范。集成推广农村改革试验试点成果，推动完善农村集体经营性建设

用地入市配套制度。

31. 稳慎推进农村宅基地制度改革。研究制定农村宅基地管理办法，指导各地规范宅基地审批管理，强化监督。深化农村宅基地制度改革试点，扩大范围、丰富内容，探索宅基地“三权”分置路径办法。开展农村宅基地和农房利用现状调查，积极稳妥盘活利用农村闲置宅基地和农房资源，推动实施农村闲置宅基地复垦试点。

32. 持续推进农垦改革。提升垦区集团化农场企业化改革质量，着力打造一批现代农业企业集团。推进农垦主导优势产业发展，加强农垦公共品牌建设。开展农垦国有农场办社会职能改革第三方评估，妥善解决遗留问题。

七、强化支撑保障，提升“三农”工作效能

33. 强化农业农村法治建设。推动《乡村振兴促进法》《粮食安全保障法》《农村集体经济组织法》立法进程，加快制修订农产品质量安全、动物防疫、渔业及生猪屠宰管理、农作物病虫害防治、新品种保护等法律法规和配套规章，研究出台重要农业科研基础设施保护意见。督促和指导地方加快整合农业行政执法队伍，建立健全省市县农业综合行政执法体系。加强执法能力建设，推进执法统一着装，强化执法装备建设，落实执法经费保障制度，推进规范公正文明执法。深入开展涉农法律法规普及宣传教育活动。

34. 加快建设农业农村人才队伍。实施农村实用人才带头人和高素质农民培育计划，着力向深度贫困地区倾斜，突出产业导向开展分层分类培训。实施百万高素质农民学历提升计划，创建100所乡村振兴人才培养优质校，推动农民培训和学历教育贯通培养。加强县级农业农村部门负责人轮训。推动出台加强农业农村人才队伍建设的指导意见，完善农业农村人才发现、培养、评价、激励机制。

35. 完善农业支持保护制度。落实完善农业支持保护政策意见，研究制定本轮草原生态保护补奖政策到期后的政策，推进渔业油价补贴政策改革。推动出台调整完善土地出让收入使用范围进一步提高用于农业农村比例的意见，纳入地方政府乡村振兴实绩考核范围。推动地方政府在一般债券支出中安排一定规模用于乡村振兴项目建设，扩大专项债发行规模支持乡村振兴。建立激励和约束机制，进一步做大农业信贷担保业务规模。推动制定温室大棚、养殖圈舍、土地经营权等抵押融资的具体办法。做好农业大灾保险试点、优势特色农产品保险奖补试点。推动制定出台普惠金融扶持新型农业经营主体的政策性文件。

36. 加强农业农村基层服务体系建设。健全动物疫病防控体系，加强基层兽医队伍建设，落实防疫人员和经费保障，组织实施生猪大县万名动物防疫专员特聘计划。加强县乡农村经营管理体系建设，打造一支与深化农村改革要求相适应的工作队伍。提升基层农技推广、农产品质量安全监管人员专业水平和服务能力。充实农村人居环境整治、宅基地和集体资产管理等工作力量，乡镇综合设站的做到专人专岗专责，分别设站的保证人员配备，确保事有人干、责有人担。

37. 谋划好“十四五”农业农村发展。完成“十三五”农业农村相关规划确定的目标任务，形成对“十三五”有关规划实施情况的评估，协调推进乡村振兴战略规划重点任务和重大工程计划行动落实。加强“十四五”农业农村重大问题研究，高质量编制农业农村现代化及相关行业专项规划，加强“三农”领域项目库建设，谋划论证一批重大政策、重大工程和重大项目。推动东部沿海发达地区加快农业农村现代化建设，研究建立农业农村现代化监测体系。

各级农业农村部门要深入学习贯彻习近平总书记关于“三农”工作的重要论述，落实《中国共产党农村工作条例》，坚持问题导向、目标导向、结果导向，树立大局意识，强化底线思维，创新工作举措，加强舆论引导，不断提升“三农”工作效能，坚决稳住农业农村发展好势头，为打赢脱贫攻坚战、全面建成小康社会作出新的更大贡献。

（发布时间：2020年2月12日）

农业农村部关于印发2020年饲料兽药生鲜乳质量安全监测计划的通知

农牧发〔2020〕8号

各省、自治区、直辖市农业农村（农牧、畜牧兽医）厅（局、委），新疆生产建设兵团农业农村局：

为提升养殖业产品质量安全水平，加快推进畜牧业绿色发展，根据《农产品质量安全法》《饲料和饲料添加剂管理条例》《兽药管理条例》《乳品质量安全监督管理条例》等法律法规规定，我部制定了《2020年全国饲料质量安全监督抽查计划》《2020年动物及动物产品兽药残留监控计划》《2020年动物源细菌耐药性监测计划》《2020年生鲜乳质量安全监测计划》。现印发给你们，请遵照执行。

附件：1.2020年全国饲料质量安全监督抽查计划（略）

2.2020年动物及动物产品兽药残留监控计划（略）

3.2020年动物源细菌耐药性监测计划（略）

4.2020年生鲜乳质量安全监测计划

农业农村部

2020年2月11日

附件：农业农村部关于印发2020年饲料兽药生鲜乳质量安全监测计划的通知（农牧发〔2020〕8号）

2020年生鲜乳质量安全监测计划

http://www.moa.gov.cn/gk/tzgg_1/tz/202002/P020200220595289906346.ofd

农业农村部关于公布第九次监测合格农业产业化国家重点龙头企业名单的通知

农产发〔2020〕6 号

各省、自治区、直辖市农业农村（农牧）厅（局、委），新疆生产建设兵团农业农村局：

按照《农业产业化国家重点龙头企业认定和运行监测管理办法》规定和《农业农村部办公厅关于开展农业产业化国家重点龙头企业监测工作的通知》（农办产〔2020〕3 号）要求，我部对 2018 年监测合格和递补的农业产业化国家重点龙头企业开展了第九次监测。经各省（区、市）初步监测、农业农村部组织专家评审和全国农业产业化联席会议审议，决定：北京大北农科技集团股份有限公司等 1120 家农业产业化国家重点龙头企业监测合格（名单附后）。123 家企业因达不到规定标准和要求，监测不合格，取消农业产业化国家重点龙头企业资格。

希望监测合格的农业产业化国家重点龙头企业着眼国家发展大局，珍惜荣誉、担当使命，把握新发展阶段，贯彻新发展理念，融入新发展格局，为乡村全面振兴作出新贡献。要引领现代农业生产，加强标准化原料基地建设，开展专业化服务，完善仓储流通设施，保障农产品供给。引领技术集成创新，瞄准技术短板和前沿，加大研发投入，开展协同攻关，提升产业链现代化水平。引领产业融合发展，延伸农业产业链条，发掘乡村功能价值，发展新产业新业态新模式。引领乡土品牌打造，改良品种、提升品质，挖掘价值内涵，提高乡村产业质量效益。引领利益机制完善，组建农业产业化联合体，把产业链增值收益更多留给农民。

各级农业农村部门要加强对农业产业化龙头企业的指导服务，加大扶持力度，强化宣传推介，壮大龙头企业队伍，发挥龙头企业在推进乡村产业基础高级化、产业链现代化建设中的带动作用，助力乡村全面振兴和农业农村现代化。

附件：第九次监测合格农业产业化国家重点龙头企业名单

农业农村部

2020 年 11 月 20 日

附件：第九次监测合格农业产业化国家重点龙头企业名单

http://www.moa.gov.cn/govpublic/XZQYJ/202012/t20201215_6358150.htm

中华人民共和国农业农村部公告

第 279 号

为进一步规范新饲料和新饲料添加剂审定工作，落实“放管服”要求，增加行政审批相对人的选择余地，我部委托全国饲料评审委员会对有关评价机构进行了评估，确定了25家有能力承担饲料和饲料添加剂有效性和耐受性评价试验机构和9家毒理学评价试验机构，现予公布，即日起施行。

附件：1. 饲料和饲料添加剂有效性和耐受性评价试验机构名单

2. 饲料和饲料添加剂毒理学评价试验机构名单

农业农村部

2020年3月18日

附件：公告279（新饲料和新饲料添加剂评价试验机构）

http://www.moa.gov.cn/gk/tzgg_1/gg/202003/P020200324600755865320.ofd

中华人民共和国农业农村部公告

第 298 号

根据《农产品质量安全检测机构考核办法》《农业农村部产品质量监督检验测试机构管理办法》规定，经组织专家考核评审（复审）和相关管理要求，现公告如下。

一、南京农业大学［农业农村部牛冷冻精液质量监督检验测试中心（南京）］等9个质检机构（附件1）符合农产品质量安全检测机构和农业农村部产品质量监督检验测试机构的基本条件与能力要求，特颁发农产品质量安全检测机构考核合格证书和农业农村部审查认可证书，准许刻制并使用农产品质量安全检测考核标志和继续使用部级质检机构印章。

二、农业农村部饲料质量监督检验测试中心（西安）、农业农村部肥料质量监督检验测试中心（西安）和农业农村部农业环境质量监督检验测试中心（西安）（附件2）因与农业农村部农产品质量安全监督检验测试中心（西安）整合，其《考核合格证书》和《审查认可证书》有效期届满且不再申请复审；农业农村部渔业产品质量监督检验测试中心（大连）《考核合格证书》和《审查认可证书》有效期届满且不再申请复审。注销上述4个质检机构《考核合格证书》，撤销其机构并收回《审查认可证书》及印章。

三、农业农村部肥料质量监督检验测试中心（武汉）等机构信息变更（附件3）。

四、农业农村部转基因生物食用安全监督检验测试中心（天津）等机构更名（附件4）。

特此公告。

附件：1. 2020年农产品质量安全检测机构考核合格及农业农村部产品质量监督检验测试中心审查认可名单（第二批）

2. 2020年农产品质量安全检测机构考核合格证书注销及农业农村部产品质量监督检验测试中心审查认可撤销名单（第二批）

3. 2020年农产品质量安全检测机构及农业农村部产品质量监督检验测试中心信息变更情况（第二批）

4. 2020年农产品质量安全检测机构及农业农村部产品质量监督检验测试中心更名情况（第二批）

农业农村部

2020年5月18日

附件：中华人民共和国农业农村部公告298号

http://www.moa.gov.cn/gk/tzgg_1/gg/202005/P020200521654497815559.ofd

中华人民共和国农业农村部公告

第 303 号

根据《全国人民代表大会常务委员会关于全面禁止非法野生动物交易、革除滥食野生动物陋习、切实保障人民群众生命健康安全的决定》和《中华人民共和国畜牧法》规定，我部制定了《国家畜禽遗传资源目录》，经国务院批准，现予公布，自公布之日起施行。

特此公告。

附件：国家畜禽遗传资源目录

农业农村部

2020 年 5 月 27 日

附件：

国家畜禽遗传资源目录

本次公布的畜禽遗传资源目录，所列种为家养畜禽并包括其杂交后代。

一、传统畜禽

（一）猪

略

（二）普通牛、瘤牛、水牛、牦牛、大额牛

地方品种，培育品种及配套系，引入品种及配套系。

（三）绵羊、山羊

地方品种，培育品种及配套系，引入品种及配套系。

（四）马

地方品种，培育品种，引入品种。

（五）驴

地方品种，培育品种，引入品种。

（六）骆驼

地方品种，培育品种，引入品种。

后略

二、特种畜禽

略

中华人民共和国农业农村部公告

第 326 号

为做好兽药研发指导工作，我部组织制定了《防治奶牛乳腺炎的抗微生物药靶动物安全性和有效性试验指导原则》《防治奶牛临床子宫内膜炎的抗微生物药靶动物安全性和有效性试验指导原则》《兽药残留消除试验指导原则》《畜禽用药物靶动物安全性试验指导原则》等4个试验技术指导原则，现予发布，请参照执行。

特此公告。

附件：1. 防治奶牛乳腺炎的抗微生物药靶动物安全性和有效性试验指导原则

2. 防治奶牛临床子宫内膜炎的抗微生物药靶动物安全性和有效性试验指导原则

3. 兽药残留消除试验指导原则

4. 畜禽用药物靶动物安全性试验指导原则

农业农村部

2020 年 8 月 26 日

http://www.moa.gov.cn/govpublic/xmsyj/202008/P020201009595895866180.ofd

中华人民共和国农业农村部公告

第 336 号

为进一步加强动物病原微生物菌（毒）种保藏管理，更好地保护和利用我国微生物资源，推进生物科学技术发展，有效防范和化解生物安全风险，我部依据《中华人民共和国动物防疫法》《病原微生物实验室生物安全管理条例》《兽药管理条例》《动物病原微生物菌（毒）种保藏管理办法》等法律法规规定，指定国家动物病原微生物菌（毒）种保藏机构。各保藏机构要严格按照有关法律法规和农业农村部相关规定要求，做好菌（毒）种保藏管理。我部对保藏机构实行动态管理，将根据保藏管理情况及检查评估结果，适时调整保藏机构名单。

现予以公告。

附件：国家动物病原微生物菌（毒）种保藏机构名单

农业农村部

2020 年 9 月 17 日

附件：农业农村部公告第 336 号

http://www.moa.gov.cn/govpublic/xmsyj/202009/P020200923395749130923.ofd

中华人民共和国农业农村部公告

第 366 号

根据《草种管理办法》《草品种审定管理规定》，2020 年全国草品种审定委员会审定通过了 20 个草品种（见附件），现予公告。

附件：2020 年全国草品种审定委员会审定通过草品种名录

农业农村部

2020 年 12 月 3 日

附件：2020 年全国草品种审定委员会审定通过草品种名录

http://www.moa.gov.cn/govpublic/xmsyj/202012/P020201209286481218231.ofd

中华人民共和国农业农村部公告

第 381 号

湘沙猪等 25 个畜禽和蚕新品种及配套系、玉树牦牛等 5 个畜禽遗传资源，已经国家畜禽遗传资源委员会审定、鉴定通过。根据《畜禽新品种配套系审定和畜禽遗传资源鉴定办法》规定，由国家畜禽遗传资源委员会颁发证书。

特此公告。

附件：1. 畜禽和蚕新品种及配套系目录（略）

2. 玉树牦牛等 5 个畜禽遗传资源目录

农业农村部

2020 年 12 月 31 日

附件 2：

玉树牦牛等 5 个畜禽遗传资源目录

序号	名称	申请单位	发现单位
1	玉树牦牛	青海省农业农村厅	青海省畜牧总站 玉树藏族自治州农牧和科技局 玉树州动物疫病预防控制中心 玉树黄河源良种繁育有限公司 曲麻莱县农牧和科技局 曲麻莱县农牧业综合服务中心 治多县动物疫病预防控制中心 杂多县动物疫病预防控制中心

农业农村部办公厅关于认定首批国家农业科技创新联盟的通知

各省、自治区、直辖市农业农村（农牧）厅（局、委），新疆生产建设兵团农业农村局：

为深入贯彻党中央、国务院关于深化科技体制改革、推动产学研深度融合的决策部署，2014年，农业农村部启动国家农业科技创新联盟（以下简称“联盟”）建设。五年来，围绕“一个产业问题、一个科学命题、一个团队支撑、一套运行机制”的要求，按照“有目标、有任务、有团队、有资金、有考核”的标准，通过创新实体化、一体化、共建共享等运行机制，一批产业性、区域性和专业性联盟先后建立，构建了上中下游协同攻关新模式，创建了共建共享共用的农业科技资源新平台，形成了多学科集成综合解决区域重大问题新途径。

为推动联盟健康发展和高效运行，今年上半年，联盟办公室委托中国科学院第三方评估研究中心，对2017年年底前成立的62个联盟开展第三方评估，重点评估各联盟在激发联盟主体间优势互补和协同协作等方面，在凝练共同任务联合解决重大问题等方面所发挥的示范引领作用。经联盟自评、专家评议、交流评议和综合评议等四个环节，评估中心客观全面分析了各联盟的机制创新情况和联合工作成效，提出了建议的认定联盟名单和标杆联盟名单。经联盟理事会会议审定，决定首批认定34个联盟，其中15个为标杆联盟。现将名单（见附件）予以公布。

希望首批认定联盟切实把解决行业、产业和区域性重大关键问题作为攻关重点，整合优势科技资源，着力创新运行机制，突出发挥协同作用，为农业农村现代化和乡村振兴提供有力支撑。各地农业农村部门和有关单位要强化对首批认定联盟建设的监督和指导工作，并积极给予倾斜支持。

我部将加强联盟监测评价，强化联盟建设指导工作，对建设成效显著、示范引领作用明显的联盟适时给予认定。

附件：首批国家农业科技创新联盟认定名单

农业农村部办公厅

2019年12月31日

抄送：中国农业科学院

附件：首批国家农业科技创新联盟认定名单（共34个）

1. 产业联盟（15个其中涉及奶业2个）

奶业科技创新联盟*

奶牛育种自主创新联盟*

2. 区域联盟（15个略）

3. 专业联盟（4个略）

（带“*”标识的为标杆联盟）

农业农村部办公厅关于维护畜牧业正常产销秩序保障肉蛋奶市场供应的紧急通知

农办牧〔2020〕8号

各省、自治区、直辖市农业农村(农牧、畜牧兽医)厅(局、委),新疆生产建设兵团农业农村局:

2月3日,中共中央政治局常务委员会召开会议,研究加强新型冠状病毒感染的肺炎疫情防控工作,会议要求在加强疫情防控的同时,努力保持生产生活平稳有序,确保蔬菜、肉蛋奶、粮食等居民生活必需品供应,落实"菜篮子"市长负责制,积极组织蔬菜等副食品生产,加强物资调配和市场供应。为维护畜牧业正常产销秩序,保障肉蛋奶市场供应,现就有关事项紧急通知如下。

一、不得拦截仔畜雏禽及种畜禽运输车辆。要畅通仔畜雏禽及种畜禽运输渠道,满足养殖场补栏等生产需求,维护正常生产经营活动,巩固畜牧业基础产能。

二、不得拦截饲料运输车辆。要畅通饲料及玉米等饲料原料运输渠道,鼓励开展"点对点"生产、配送,满足畜禽养殖的饲料需求,避免畜禽"断粮"影响生产和供给。

三、不得拦截畜产品运输车辆。要推动将商品畜禽、禽蛋、生鲜乳等运输车辆纳入重要物资供应绿色通道,协调办理交通通行证,解决运输过程中存在的问题,确保畜产品运得出生产一线、运得到消费一线,防止出现"卖难"和"断供"现象。

四、不得关闭屠宰场。要保证屠宰场正常运转,鼓励建立"点对点"调运制度,强化产销衔接,并严格落实屠宰检疫要求,确保市场供给和产品质量安全。

五、不得封村断路。要严格落实"一断三不断"要求,立即排查乡村公路通行情况,严禁未经县级及以上地方人民政府批准擅自设卡拦截、随意断路封路阻断交通的行为,打通运输梗阻,确保通往畜禽养殖场、畜产品屠宰加工和交易市场等关键场所的道路通畅。

六、支持企业尽早复工。各地要在有效防控疫情的同时,尽快安排饲料、屠宰、种畜禽、畜产品加工包装材料等生产加工企业复工,增加市场供应,保障养殖企业和畜产品加工企业正常运行。

如遇问题,可向农业农村部或所在地交通部门反映,农业农村部联系电话:010—59194768。

农业农村部办公厅

2020年2月4日

附件:农业农村部办公厅关于维护畜牧业正常产销秩序保障肉蛋奶市场供应的紧急通知——农办牧〔2020〕8号

http://www.moa.gov.cn/gk/tzgg_1/tfw/202002/P020200205518901497436.pdf

农业农村部办公厅关于公布热线电话受理新冠肺炎疫情防控期间问题线索的通告

为方便农民群众和涉农企业反映问题，切实做好新冠肺炎疫情防控期间农产品稳产保供，以及春季田管和春耕备耕等工作，我部在前期公布受理电话基础上增设受理电话，现公布如下：

养殖业产销秩序问题受理电话：010—59191471（受理范围：仔畜雏禽及种畜禽、水产苗种、饲料、畜产品、水产品等运输通行，屠宰厂关停，封村断路，饲料、种畜禽养殖企业复工复产问题，010—59194768不再受理以上问题）

种植业产销秩序问题受理电话：010—59191475（受理范围：粮油、蔬菜生产所需种子种苗、肥料、农药、农膜等农资运输通行，农产品采收用工难、用工贵问题）

农产品产销秩序问题受理电话：010—59191478（受理内容：农产品滞销卖难问题）

农业农村部办公厅

2020年2月24日

农业农村部办公厅关于印发《2020年畜牧产业扶贫和援藏援疆行动方案》的通知

农办牧〔2020〕18号

有关省、自治区、直辖市农业农村（农牧、畜牧兽医）厅（局、委），新疆生产建设兵团农业农村局，各有关单位：

2020年是全面打赢脱贫攻坚战收官之年。为统筹推进全年畜牧产业扶贫和援藏援疆工作，聚焦重点，形成合力，确保脱贫攻坚战圆满收官，推进农村同步全面建成小康社会，我部研究制定了《2020年畜牧产业扶贫和援藏援疆行动方案》，现印发你们，请抓好落实。

农业农村部办公厅

2020年3月25日

2020年是全面建成小康社会目标实现之年，是全面打赢脱贫攻坚战收官之年。为深入贯彻习近平总书记关于扶贫工作的重要论述和中央1号文件精神，落实中央脱贫攻坚专项巡视“回头看”反馈意见，助力攻克贫困最后堡垒，巩固脱贫成果防止返贫，我部决定继续组织开展畜牧产业扶贫和援藏援疆行动。为确保行动顺利实施，特制定本方案。

一、持续推进畜牧产业扶贫，实现稳定增收

（一）落实好农牧民补奖政策。在河北、山西、内蒙古、辽宁、吉林、黑龙江、四川、云南、西藏、甘肃、青海、宁夏、新疆等13个省区和新疆生产建设兵团、黑龙江省农垦总局落实好农牧民补奖政策，改善农牧民生产生活水平。深入组织开展调研，为推动新一轮农牧民补奖政策出台打牢基础。（牵头单位：农业农村部畜牧兽医局，参与单位：有关省区农业农村部门、新疆生产建设兵团农业农村局、黑龙江省农垦总局、全国畜牧总站）。

（二）支持贫困地区奶业转型升级。实施中小奶牛养殖场改造项目，支持贫困地区升级改造中小奶牛养殖场，提升粪污处理利用、防疫、质量安全及生产设施装备水平，提高奶牛养殖收益。实施高产优质苜蓿示范建设项目，支持贫困地区建设优质苜蓿生产基地，带动群众种植增收，增加优质饲草料供应能力。实施“中国小康牛奶行动”，开展D20企业牛奶助学公益行动，向贫困地区中小学校捐赠乳制品，提高学生营养健康水平。（牵头单位：农业农村部畜牧兽医局，参与单位：有关省区农业农村部门、新疆生产建设兵团农业农村局、黑龙江省农垦总局、中国奶业协会）。

（三）实施好粮改饲项目。继续支持贫困地区牛羊养殖场户和专业化服务组织实施粮改饲项目，收贮利用青贮玉米等优质饲草，大力发展草食畜牧业。（牵头单位：农业农村部畜牧兽医局，参与单位：有关省区农业农村部门、新疆生产建设兵团农业农村局、黑龙江省农垦总局）。

（四）推进畜禽粪污资源化利用建设。支持36个贫困县开展建设，提升养殖场户绿色养殖设施设备装备水平，实现脱贫增收与生态环境保护双赢。（牵头单位：农业农村部畜牧兽医局，参与单位：有关省区农业农村部门、新疆生产建设兵团农业农村局、黑龙江省农垦总局）。

二、深入开展定点扶贫与联学共建，巩固脱贫成果

（五）加快中蜂产业发展。支持湖北省来凤县、咸丰县和湖南省龙山县发展中蜂养殖，指导当地开展高效优质蜂产业发展示范区建设，协助制定蜂业发展规划；引进优良蜂种资源，在重点乡镇继续扩大饲养规模；帮助龙头企业、蜂农合作社建立蜂产品质量管控技术及开展认证前期技术研究，推广中蜂蜂蜜真实性鉴别技术，支持建设蜂产品加工生产线；开展多种形式的技术服务活动，培训技术骨干，带动增收增效。（牵头单位：中国农业科学院蜜蜂所，参与单位：农业农村部畜牧兽医局、中国养蜂学会、国家蜂产业技术体系）。

（六）加强特色黑猪养殖帮扶。在湖北省咸丰县和贵州省剑河县联学共建点做好黑猪绿色发展技术成果转化及应用推广工作，围绕生猪高效繁育与健康养殖，开展技术培训以及生猪血液抗体测定、种猪选留及繁育等技术服务，延伸生猪特色产业链条，助力培育“恩施黑猪”等特色农产品品牌，打造“猪—茶”“猪—果”和“猪—菜”种养循环结合模式。（牵头单位：中国农业科学院北京畜牧兽医研究所，参与单位：农业农村部畜牧兽医局）。

三、加大对“三区三州”及挂牌督战县帮扶力度，配合完成脱贫摘帽任务

（七）打造宁夏固原草畜产业扶贫新模式。落实农业农村部畜牧兽医局与宁夏回族自治区固原市政府共建草畜产业扶贫示范区合作机制，实施饲草种子基地建设、粮改饲及高产优质苜蓿示范建设项目，建立优质高产牧草科技示范区。针对西吉县等地基层专业技术人员和新型养殖经营主体带头人、养殖大户开展专题技术培训，提升产业发展人才素质，打造发展草畜产业实现增收脱贫典型。（牵头单位：农业农村部畜牧兽医局，参与单位：国家肉牛牦牛产业技术体系、国家牧草产业技术体系）。

（八）落实西藏牛业扶贫项目。在西藏自治区拉萨市实施高海拔地区奶牛适应性生产技术试验示范项目，引进三河牛、娟姗牛开展品种杂交试验，筛选最优生产组合，提高奶牛良种化生产水平，推动西藏奶业发展。在西藏自治区那曲市实施牦牛种业现代农业产业园区项目，依托色尼区羌塘牧业科技扶贫产业园区，以牦牛种业为主导产业，创建集牦牛选育、养殖育肥、屠宰加工、物流销售等一二三产业深度融合的现代农业产业园区，并纳入 2020 年国家级现代农业产业园创建，带动当地牦牛产业发展，助力脱贫攻坚。（牵头单位：农业农村部畜牧兽医局，参与单位：国家奶牛产业技术体系、国家肉牛牦牛产业技术体系、中国农业大学、青海大学、西藏自治区农业农村厅）。

（九）提升“三区三州”草畜产业科技水平。在青海省泽库县、甘德县、囊谦县、曲麻莱县、治多县以及新疆维吾尔自治区和田地区等“三区三州”深度贫困县开展科技帮扶，组织科研团队重点帮扶牦牛、肉羊、牧草等当地特色产业，通过引进优良饲用燕麦和披碱草品种、建立高产示范基地，开展肉羊高效健康养殖技术培训，建立牦牛肉加工安全控制、绿色加工等技术，开展功能性肉制品加工技术研究示范，推广玉树牦牛肉品牌等技术帮扶，切实做好技术服务、技能培训、新品种引进、新技术推广、品牌和产品扶贫、市场开拓扶贫等工作。（牵头单位：中国农业科学院北京畜牧兽医研究所，参与单位：国家肉牛牦牛产业技术体系、国家肉羊产业技术体系、国家牧草产业技术体系）。

（十）培育四川凉山地方特色羊业。在四川省凉山州昭觉县、美姑县实施凉山半细毛羊示范推广项目，推进美姑山羊原种场建设工作，组织开展技术示范与培训，举办肉羊养殖与牧草栽培技术现场观摩会，发掘凉山半细毛羊特色资源优势，提高当地农民养羊收益。（牵头单位：国家肉羊产业技术体系）。

（十一）加强甘肃临夏肉羊产业科技培训。在甘肃省临夏州东乡县以养羊场（大户）为重点帮扶对象，配合地方政府建立“科研院所 + 农技站 + 合作社 + 散养户”的扶贫模式，通过微信群定期开展视频培训讲课；开展玉米青贮发酵、饲草料调制、疫病防治、经济杂交、人工授精、注苗等技术示范和现场培训，免费发放培训资料与生产物资，推进肉羊传统优势产业发展。（牵头单位：国家肉羊产业技术体系）。

（十二）协助新疆南疆发展肉羊产业。在新疆维吾尔自治区巴楚县、于田县开展牛羊良种繁育体系建设行动。协助巴楚县制定肉羊产业发展规划，提供人工授精配套仪器设备，帮助改良站点提升服务能力。向巴楚县和于田县提供优秀西门塔尔肉牛冻精，指导开展肉牛肉羊胚胎移植和人工授精工作，提高牛羊良种覆盖率。组织有关专家开展苜蓿、全株玉米等饲草料种植加工利用技术指导，提高青贮制作水平，为草食畜牧业有效供给提供技术支撑。组织开展巴尔楚克羊、多浪羊等品种保护和开发利用技术指导，加快地方畜禽资源保护利用进程，培育壮大特色产品品牌。以墨玉县科技扶贫基地为抓手，重点推进多胎羊适度规模养殖繁育技术示范推广、湖羊种羊繁育与推广、湖羊养殖综合技术示范、饲料营养产品应用相关技术成果的转化与落地。在伽师县推进饲料加工提质增效计划，通过饲料加工示范和科学养殖技术培训，提升当地贫困村科学养羊水平。（牵头单位：全国畜牧总站，参与单位：国家肉羊产业技术体系）。

（十三）开展金鸡产业扶贫项目建设。在甘肃省宕昌县、礼县、西和县和贵州省威宁县等 4 个国家挂牌督战县以及安徽省利辛县、甘肃省渭源县、古浪县、广西壮族自治区天等县、河北省涞源县，河南省卢氏县、内蒙古自治区卓资县、山西省石楼县等 8 个“三区三洲”深贫县开展金鸡产业扶 贫项目建设，依托蛋鸡产业体系技术优势和国家级龙头企业带动优势，加强与地方政府合作，建设标准化蛋鸡养殖场，吸纳贫困户参与生产，设立村级公益性扶贫岗位，增加村级集体经济实力，探索形成“蛋鸡养殖、蛋品加工、能源和物流服务”一体化的三产融合模式，带动贫困县蛋鸡产业转型升级。（牵头单位：国家蛋鸡产业技术体系，参与单位：北京德青源农业科技股份有限公司）。

（十四）加快新疆南疆肉鸡产业发展。在新疆维吾尔自治区墨玉县、策勒县建立并推广使用杂粕的饲料配方体系，引进内地优质肉鸡品种，通过技术培训和技术指导，提高养殖户和合作社的养殖效益，加快两县肉鸡产业技术升级，促进贫困户增收。（牵头单位：国家肉鸡产业技术体系）。

（十五）支持新疆南疆兔产业发展。在新疆维吾尔自治区和田县、墨玉县、皮山县、洛浦县、策勒县、于田县推进兔养殖产业发展，协助制定《和田地区兔产业发展规划》，派遣专家为当地开展养兔技术培训，提供技术支持。（牵头单位：国家兔产业技术体系）。

四、强化动物疫病防控，保障扶贫产业健康发展

（十六）加强贫困地区重大动物疫病防控。指导贫困地区地方农牧部门有效开展非洲猪瘟、布鲁氏菌病、包虫病等重大动物疫病和人畜共患病防控，切实防止因

病致贫和因病返贫。优先安排定点扶贫、“三区三州”深度贫困地区的动植物保护能力提升工程项目建设，指导推进大兴安岭南麓地区无疫区和贫困地区动物防疫指定通道建设，加强生猪产地检疫、屠宰检疫和运输车辆监管。（牵头单位：农业农村部畜牧兽医局，参与单位：中国动物疫病预防控制中心、中国兽医药品监察所、中国动物卫生与流行病学中心）。

（十七）注重贫困地区兽医人才队伍建设。继续落实援藏援疆培训方案，各类疫病培训班优先安排定点扶贫、深度贫困地区的人员参加，组织跟班技术培训，增强基层技术人员检验检测技术水平和能力。做好对贫困地区群众防疫技术和科学用药指导培训，切实提升动物疫病防治能力，促进贫困地区畜牧业健康发展。继续支持开展援疆科技项目“新疆荒漠地区药用植物分布调查和药用功能应用研究”，做好新疆西藏兽用抗菌药使用减量化行动试点养殖场的技术支持工作。（牵头单位：农业农村部畜牧兽医局，参与单位：中国动物疫病预防控制中心、中国兽医药品监察所、中国动物卫生与流行病学中心）。

五、创新扶贫模式，实现增产增效

（十八）建立贫困地区畜牧产业技术顾问制度。根据各区域产业发展特点和技术需求，依托国家畜牧业产业技术体系，分别组建畜禽育种、动物营养、兽医诊疗、产品加工和饲草料生产等不同领域扶贫专家顾问组，实行专家—县区定点技术帮扶，深入扶贫一线，开展科技扶贫调研，分析不同地区亟须解决的问题，进行精准帮扶。（牵头单位：国家畜牧业产业技术体系）。

（十九）深化金融支持扶贫产业发展试点。依托农业农村部畜牧兽医局与中国人民财产保险股份有限公司合作机制，以环京津贫困地区和青海、甘肃“三区三州”地区为重点，加大金融支持畜牧业发展扶贫创新试点工作力度，支持草食畜牧业发展资源优势突出的贫困县参与“保险＋融资”合作扶贫，加大政策支持，充分发挥保险风险保障和融资增信功能，强化地方政府产业扶贫项目与保险、融资的融合联动，探索实践产业扶贫新模式新机制。（牵头单位：农业农村部畜牧兽医局，参与单位：中国人民财产保险股份有限公司）。

（二十）鼓励龙头企业积极参与扶贫。组织协调15家大型生猪养殖企业与湖南、湖北、广东、广西、四川、重庆、贵州、云南、陕西等9个省（市）16个市（州）合作开展“龙头企业带万户生猪产业扶贫”活动，提升贫困地区生猪标准化规模化组织化水平，培育当地脱贫攻坚主导产业，保障群众稳定增收。（牵头单位：农业农村部畜牧兽医局，参与单位：有关省市农业农村部门、有关龙头企业）。

（二十一）做好扶贫产业营销工作。在今年9月举办的中国畜牧业博览会上设置贫困地区畜产品展销专区，对“三区三州”等贫困地区企业和农民专业合作社参展给予优惠，免除展位费。推动与阿里巴巴、京东等大型电商合作，积极打造扶贫产品网上营销平台，提升贫困地区特色畜产品知名度。（牵头单位：中国畜牧业协会，参与单位：农业农村部畜牧兽医局）。

六、加强宣传示范，营造良好氛围

（二十二）组织好畜牧产业扶贫宣传。组织畜牧兽医行业参与产业扶贫各有关单位，深入挖掘畜牧业精准扶贫的好做法好经验，认真总结梳理，广泛宣传典型经验模式。支持行业协会开展畜牧业优秀扶贫成果评选推介和龙头企业社会责任评选等活动，推介畜牧产业扶贫优秀单位，加大宣传力度，激励龙头企业等经营主体自觉承担社会责任，积极参与产业扶贫。（牵头单位：农业农村部畜牧兽医局，参与单位：全国畜牧总站，中国畜牧业协会、中国奶业协会，国家畜牧业产业技术体系）。

农业农村部办公厅关于做好《国家畜禽遗传资源目录》贯彻实施有关工作的通知

农办种〔2020〕10号

为贯彻实施好《国家畜禽遗传资源目录》（以下简称《目录》），规范畜牧业监督管理，促进畜禽养殖业健康发展，农业农村部就有关事宜通知如下。

一、充分认识《目录》公布的重要意义。按照《全国人民代表大会常务委员会关于全面禁止非法野生动物交易、革除滥食野生动物陋习、切实保障人民群众生命健康安全的决定》（以下简称《决定》）和《中华人民共和国畜牧法》（以下简称《畜牧法》）的规定，经国务院批准，《目录》已正式公布。《目录》的制定和实施，是贯彻党中央、国务院决策部署、落实《决定》和《畜牧法》的重要举措，对正确处理好资源保护利用与产业发展的关系，促进畜禽养殖业健康发展，保障人民群众生命健康安全具有重要意义。各级农业农村部门要提高认识，统一思想，细化工作举措，狠抓贯彻落实。

二、加快理清各地畜禽品种情况。国家畜禽遗传资源委员会将公布与《目录》配套的《国家畜禽遗传资源品种名录》，明确33种畜禽的地方品种、培育品种、引进品种及配套系，在农业农村部官网公开。各地以此为依据，进一步摸清当地的品种分布、种群规模、生产性能、经营主体等情况，为畜禽种业规范管理、分类指导、精准施策打牢基础。

三、加强畜禽遗传资源保护利用与行业监管。要健全畜禽遗传资源保护体系，强化保护责任落实，开展畜禽遗传资源登记，规范进出境管理，加强地方特色资源产业化开发。落实畜禽遗传改良计划，推进畜禽良种联合攻关，加快培育突破性畜禽新品种。加强种畜禽生产经营许可管理，健全良种繁育、饲养管理、产品加工、疫病防控等体系，严格动物卫生监督，持续推进畜禽粪污资源化利用。强化特种畜禽养殖管理，健全管理制度，规范技术要求，强化政策规划指导，严禁以食用为目的的毛皮动物胴体经营利用行为。主动与林草部门做好衔接，确保特种畜禽管理不缺位。

四、加强政策解读与宣传引导。创新方式方法，统筹做好《目录》宣传解读，宣传畜禽在保障畜产品有效供给、提高人民生活水平方面的作用，增进公众对畜禽养殖业的了解，及时回应社会关切。开展畜禽健康养殖、疫病防控专业技术和法律法规等专题培训，推广各地的好经验好做法，提高养殖者饲养管理水平。

五、积极配合做好禁食野生动物善后处置工作。国家林业和草原局、地方政府已出台了禁食野生动物善后处理等相关政策，明确了工作要求。各级农业农村部门要在当地党委、政府统一领导下，积极配合相关部门做好禁食野生动物善后处置和受影响农户调整、转变生产经营活动等工作。

各地于11月30日前，将《目录》贯彻实施情况报农业农村部种业管理司。

2020年5月29日

农业农村部关于印发《牛结节性皮肤病防治技术规范》的通知

农牧发〔2020〕30号

各省、自治区、直辖市及计划单列市农业农村(农牧、畜牧兽医)厅(局、委),新疆生产建设兵团农业农村局:

为做好牛结节性皮肤病防控工作,保障养牛业持续健康发展,我部组织制定了《牛结节性皮肤病防治技术规范》。现印发给你们,请遵照执行。

农业农村部

2020年7月10日

附件:农牧发〔2020〕30号

http://www.moa.gov.cn/govpublic/xmsyj/202007/P020200714572515677810.ofd

农业农村部办公厅关于印发《2020年国家动物疫病监测与流行病学调查计划》的通知

农办牧〔2020〕35号

各省、自治区、直辖市及计划单列市农业农村(农牧、畜牧兽医)厅(局、委),新疆生产建设兵团农业农村局,部属有关事业单位,各有关单位:

为加强非洲猪瘟等动物疫病防控,做好疫病监测和流行病学调查工作,我部组织制定了《2020年国家动物疫病监测与流行病学调查计划》,现印发你们,请遵照执行。

农业农村部办公厅

2020年7月22日

附件:农办牧〔2020〕35号

http://www.moa.gov.cn/govpublic/xmsyj/202007/P020200724341361205232.ofd

农业农村部办公厅关于成立全国动物营养指导委员会的通知

农办牧〔2020〕49号

各位委员及有关单位：

为加强对我国动物营养与饲料工作的统筹和指导，引导行业大联合、大协作、大共享，系统开展饲料营养价值数据库构建和动物营养需要量评定等基础性工作，加快推广饲料精准配方技术体系，促进饲料和养殖行业节本提质增效，农业农村部决定成立全国动物营养指导委员会（以下简称“委员会”）。经各方面提名推荐，委员会首批入选委员38人，李德发院士任主席，麦康森院士、印遇龙院士、姚斌院士任副主席，谯仕彦教授任秘书长，秘书处设在中国农业大学。委员会拟按养殖动物品种设立分会，由熟悉相关领域的委员负责筹建。

委员会将建立动态增补和退出机制，及时吸收有能力、有意愿参与动物营养与饲料公益事业的专家学者加入。请委员会秘书处负责拟定《全国动物营养指导委员会章程》，分会筹建负责人提出分会组建方案，经全体委员大会讨论通过后，报我部畜牧兽医局备案。

附件：全国动物营养指导委员会首批入选委员名单

农业农村部办公厅

2020年11月2日

附件：全国动物营养指导委员会首批入选委员名单

http://www.moa.gov.cn/govpublic/xmsyj/202011/P020201105426293533800.docx

农业农村部办公厅关于深入推进动物疫病强制免疫补助政策实施机制改革的通知

农办牧〔2020〕53号

各省(自治区、直辖市)农业农村(农牧、畜牧兽医)厅(局、委),新疆生产建设兵团农业农村局,部属有关事业单位:

为进一步落实和完善动物疫病强制免疫补助政策实施机制,服务生产经营主体需求和适应畜牧业高质量发展要求,维护养殖健康安全和降低系统性风险,农业农村部拟在全国开展深入推进动物疫病强制免疫补助政策实施机制改革。现将有关事项通知如下。

一、深刻认识改革的重要意义

2016年7月,我部和财政部联合印发《关于调整完善动物疫病防控支持政策的通知》(农医发〔2016〕35号),探索调整完善强制免疫补助政策实施机制,允许养殖场户自主采购疫苗、自行开展免疫,免疫合格后申请财政直补(以下简称"先打后补")。2019年12月,农业农村部印发《2020年国家动物疫病强制免疫计划》(农牧发〔2019〕44号),部署推进"先打后补"工作。从近期调度情况看,"先打后补"政策向社会释放了明确的改革信号,取得了阶段性进展,但由于配套措施不系统,第三方服务提供不充分,加上部分地方认识不统一,改革总体进展较慢,覆盖面较低。

近年来,我国畜禽养殖标准化规模化水平大幅提升,养殖场户自主免疫意识明显提高。生产服务社会化有了长足发展,为解决中小场户自行免疫难题创造了有利条件。监管信息化能力大幅增强,为提高补助资金在线审核管理效率提供了技术支撑。"放管服"改革不断深化,事中事后监管进一步强化,有效激发了市场活力。"先打后补"前期探索积累了一定成功经验,为后期全面推行改革奠定了实践基础。当前和今后一段时期,进一步改革和完善动物疫病强制免疫补助政策实施机制,是服务养殖主体和适应畜牧业高质量发展的迫切要求,是推进简政放权和降低系统性风险的必然选择,也是保障养殖业生产安全和公共卫生安全的重要抓手。

二、明确改革的思路目标

着眼于化解强制免疫补助政策落实过程中存在的突出问题与风险,巩固并提升强制免疫效果和财政资金使用效率,推行疫苗流通市场化,放开强免疫苗经营,实行养殖场户自主采购;支持免疫服务主体多元化,养殖场户自行免疫、第三方服务主体免疫、政府免疫服务等多种形式并举;促进免疫责任明晰化,落实养殖场户防疫主体责任,谁生产谁负责,谁受益谁付费;实现免疫管理信息化,推行强免疫苗补助"自主申报、在线审核、直补到户"。

2020—2021年,在河北、吉林、浙江、安徽、福建、江西、山东、湖南、云南、宁夏10个省份的规模养殖场户开展深入推进"先打后补"改革试点,其他省份根据本地实际自行确定试点范围和对象;2022年,全国所有省份的规模养殖场户实现"先打后补",年底前政府招标采购强免疫苗停止供应规模养殖场户;2025年,逐步全面取消政府招标采购强免疫苗。树立"生产者防疫、受益者付费"理念,支持市场机制在强免疫苗经销、采购、免疫服务等环节起决定性作用,加快建立富有活力、高效规范、监管有力的强制免疫补助政策实施机制。

三、强化法律法规配套

加快修订和贯彻落实《动物防疫法》,进一步明确养殖场户强制免疫的主体责任和义务。修订《兽用生物制品经营管理办法》,放开强免疫苗经营渠道,允许疫苗生产企业及其委托的兽药经营企业面向养殖场户销售疫苗,加快培育充分竞争和有市场活力的强免疫苗产销体系。允许开展试点的养殖场户或第三方服务主体向疫苗生产、经营企业购买强免疫苗产品,具体办法由省级畜牧兽医行政主管部门制定。各省份要根据本地实际,制定出台地方性配套法规政策,确保"先打后补"改革顺利推进。

四、强化信息支撑保障

各省份要依托现有的省级畜牧兽医管理信息平台,开发建设"强免疫苗直补"信息管理模块,实现养殖场户"自主申报、在线审核、直补到户"。养殖场户或第三方服务主体完成强免疫苗免疫接种后,借助手机App、小程序等信息化手段,据实填报强免疫苗使用量和畜禽饲养量,扫描疫苗二维码、上传疫苗包装照片,结合国家兽药产品追溯信息系统数据、强免效果监测评价和产地检疫等凭证，作为发放补助资金依据。中国动物疫病预防控制中心要加强技术指导服务，牵头制定强免效果监测评价规范和信息管理模块数据格式规范，供各地免费使用；研究推广信息化智能化入场采样监测技术设备，避免因采样监测造成养殖场动物疫病传播。

五、强化效果监测评价

各省份要组织动物疫病预防控制机构，加强养殖环节疫苗使用效果跟踪监测和评价，定期公布监测评价结果，确保强免疫苗安全有效。养殖场户或第三方服务主体根据疫苗使用和效果监测评价情况，自行选择购买国家批准的强免疫苗。逐步打通“强免疫苗直补”管理系统与国家兽药产品追溯、动物免疫档案、疫病防控、检疫出证等信息系统数据，实现全国联网、动态交换和在线监测。将强制免疫情况与产地检疫、财政补助等政策措施挂钩，对不按规定要求进行免疫的养殖场户，其饲养畜禽在检疫中按照不合格处理，不予发放补助，确保财政资金使用效率。

六、强化服务管理责任

各省份要支持、鼓励各地发展社会化免疫服务组织，推动、引导养殖场户自行开展免疫或向第三方服务主体购买免疫服务，督促养殖场户落实强制免疫主体责任。对拒不履行强免义务、因免疫不达标引发动物疫情的养殖场户或第三方服务主体，依法依规严肃处理。建立村级防疫员和特聘动物防疫专员工作责任制，量化强制免疫工作任务，明确考核指标，加强监督检查，确保应免尽免。结合春防秋防、包村包场排查、入场采样监测等工作，定期抽查核实强免疫苗使用量、畜禽饲养量、检疫出证量等数据的一致性以及强制免疫效果。

对目前暂不符合条件的养殖场户，继续实施省级集中招标采购强免疫苗，强化招标疫苗质量监管，谁招标谁负责，出了问题要追责。加强畜牧兽医系统政风行风建设，严肃查处疫苗招标使用过程中以单位或个人名义“吃拿卡要”等违法违规行为。

请各省份按照通知要求，结合本地实际，制定改革具体实施方案，于2020年12月10日前报我部备案;2021年7月31日、12月31日前，分别将改革阶段性进展和总体情况报我部畜牧兽医局，我部将适时进行监督抽查。

联 系 人：畜牧兽医局防疫处

联系电话：010-59192858、2861(传真)

电子邮箱：syjfyc@163.com

通信地址：北京市朝阳区农展南里11号

农业农村部办公厅

2020年11月18日

【海关总署发布】

海关总署关于进口尼日利亚饲用高粱植物检疫要求的公告

〔2020〕7号

根据我国相关法律法规和《中华人民共和国海关总署和尼日利亚联邦共和国农业检疫局关于尼日利亚饲用高粱输华植物检疫要求议定书》规定，自本公告发布之日起，允许符合相关要求的尼日利亚饲用高粱进口。现将尼日利亚饲用高粱输华植物检疫要求予以公布（附件）。

特此公告。

附件：进口尼日利亚饲用高粱植物检疫要求

http://www.customs.gov.cn/customs/302249/302266/302267/2837565/2020011517192864924.doc

海关总署

2020年1月13日

海关总署关于2020年自澳大利亚进口两类农产品触发水平数量的公告

〔2020〕8号

根据《中华人民共和国政府和澳大利亚政府自由贸易协定》和海关总署公告2019年第207号，我国对自澳大利亚进口的两类8个税号农产品（以下简称两类农产品）实施特殊保障管理措施。现将2019年度两类农产品适用协定税率进口数量和2020年度进口触发水平数量予以公布（详见附件）。

两类农产品进口时仍按照海关总署公告2019年第207号的规定办理相关手续。

特此公告。

附件：2020年自澳大利亚进口两大类农产品进口触发水平数量

http://www.customs.gov.cn/customs/302249/302266/302267/2858704/2020020717084011074.doc

海关总署

2020年1月14日

海关总署关于进口哈萨克斯坦共和国乳品检验检疫要求的公告

〔2020〕13号

根据我国相关法律法规和《中华人民共和国海关总署和哈萨克斯坦共和国农业部关于哈萨克斯坦共和国输华乳品检验检疫要求议定书》规定，自本公告发布之日起，允许符合相关要求的哈萨克斯坦乳品进口。现将进口哈萨克斯坦乳品检验检疫要求予以公布（附件）。

特此公告。

附件：进口哈萨克斯坦乳品检验检疫要求

http://www.customs.gov.cn/customs/302249/302266/302267/2858728/2020020717223989971.doc

海关总署

2020年1月22日

海关总署关于进口斯洛伐克乳品检验检疫要求的公告

〔2020〕19号

根据我国相关法律法规和《中华人民共和国海关总署和斯洛伐克共和国国家兽医和食品监管总局关于斯洛伐克输华乳品动物卫生和公共卫生条件议定书》规定，允许自公告发布之日起生产的、符合相关要求的斯洛伐克乳品进口。现将进口斯洛伐克乳品检验检疫要求予以公布（附件）。

特此公告。

附件：进口斯洛伐克乳品检验检疫要求

http://www.customs.gov.cn/customs/302249/302266/302267/2858759/2020020717341763047.doc

海关总署

2020年2月5日

海关总署关于进口德国甜菜粕检验检疫要求的公告

〔2020〕33 号

根据我国相关法律法规和《中华人民共和国海关总署与德意志联邦食品和农业部关于德国甜菜粕输华卫生与植物卫生要求议定书》规定，自本公告发布之日起，允许符合相关要求的德国甜菜粕进口。现将具体检验检疫要求予以公布（附件）。

特此公告。

附件：进口德国甜菜粕检验检疫要求

http://www.customs.gov.cn/customs/302249/302266/302267/2879948/2020030910320213456.doc

海关总署

2020 年 2 月 21 日

海关总署关于进口美国苜蓿干草块和颗粒、扁桃壳颗粒、梯牧干草植物检疫要求的公告

〔2020〕66 号

根据我国相关法律法规和《中华人民共和国海关总署与美利坚合众国农业部关于美国苜蓿干草块和颗粒输华植物检疫要求议定书》《中华人民共和国海关总署与美利坚合众国农业部关于美国扁桃壳颗粒输华植物检疫要求议定书》《中华人民共和国海关总署与美利坚合众国农业部关于美国梯牧干草输华植物检疫要求议定书》规定，自本公告发布之日起，允许符合相关要求的美国苜蓿干草块和颗粒、扁桃壳颗粒和梯牧干草进口。现将具体植物检疫要求予以公布（附件）。

特此公告。

附件：1. 进口美国苜蓿干草块和颗粒植物检疫要求

http://www.customs.gov.cn/customs/302249/302266/302267/3073188/2020052216520999530.doc

2. 进口美国扁桃壳颗粒植物检疫要求

http://www.customs.gov.cn/customs/302249/302266/302267/3073188/2020052216521853664.doc

3. 进口美国梯牧干草植物检疫要求

http://www.customs.gov.cn/customs/302249/302266/302267/3073188/2020052216522782265.doc

海关总署

2020 年 5 月 13 日

海关总署关于进口克罗地亚乳品检验检疫要求的公告

〔2020〕87号

根据我国相关法律法规和《中华人民共和国海关总署和克罗地亚共和国农业部关于克罗地亚输华乳品动物卫生和公共卫生条件议定书》的规定，自本公告发布之日起，允许符合相关要求的克罗地亚乳品进口。现将进口克罗地亚乳品检验检疫要求予以公布（附件）。

特此公告。

附件：进口克罗地亚乳品检验检疫要求

http://www.customs.gov.cn/customs/302249/302266/302267/3224181/2020080409280118552.doc

海关总署

2020年7月23日

海关总署公告关于修订中俄乳品双向贸易检验检疫要求的公告

〔2020〕89号

根据海关总署与俄罗斯联邦兽医和植物卫生监督局达成的共识，现将重新修订的《关于中俄乳品双向贸易检验检疫要求》(附件)予以发布，自发布之日起施行。

特此公告。

附件： 中俄乳品双向贸易检验检疫要求

http://www.customs.gov.cn/customs/302249/302266/302267/3269321/2020090316154595163.doc

海关总署

2020年8月10日

海关总署公告关于进口塞尔维亚乳品检验检疫要求的公告

〔2020〕90号

根据我国相关法律法规和《中华人民共和国海关总署与塞尔维亚共和国农业、林业和水资源管理部关于塞尔维亚共和国输华乳品检验检疫条件议定书》的规定，自本公告发布之日起，允许符合相关要求的塞尔维亚乳品进口。现将进口塞尔维亚乳品检验检疫要求予以公布（附件）。

特此公告。

附件：进口塞尔维亚乳品检验检疫要求

http://www.customs.gov.cn/customs/302249/302266/302267/3269353/2020090316202755753.doc

海关总署

2020年8月12日

海关总署关于2021年度自新西兰进口有关农产品触发水平数量的公告

〔2020〕123号

根据《中华人民共和国政府和新西兰政府自由贸易协定》，我国对自新西兰进口的四大类12个税号农产品(以下简称四大类农产品)实施特殊保障措施。现将2020年度四大类农产品适用协定税率进口数量和2021年度进口触发水平数量予以公布(附件)。

其中，2020年我国以在途方式进口的原产于新西兰的第一类农产品(税则号列04012000、04014000、04015000)已达到2021年度进口触发水平数量，因此2021年度进口新西兰第一类农产品不能适用协定税率。此外，2021年是对原产于新西兰的第一类、第三类和第四类农产品实施特殊保障措施的最后一年，2022年已无可扣减数量，特殊保障措施触发后，有关在途产品不再适用协定税率。

特此公告。

附件：2020年度四大类农产品适用协定税率进口数量和2021年度进口触发水平数量情况表

https://sme.miit.gov.cn/api-gateway/jpaas-web-server/front/document/file-download?fileUrl=/cms_files/filemanager/1242059809/attach/202012/d19a8218fa1741e7a3f7be627145505d.doc&fileName=2020%E5%B9%B4%E5%BA%A6

海关总署

2020年12月2日

【国家市场监督管理总局发布】

商标印制管理办法（2020年修订版）

（1996年9月5日国家工商行政管理局令第57号公布，1998年12月3日国家工商行政管理局令第86号第一次修订，2004年8月19日国家工商行政管理总局令第15号第二次修订，2020年10月23日国家市场监督管理总局令第31号第三次修订）

第一条 为了加强商标印制管理，保护注册商标专用权，维护社会主义市场经济秩序，根据《中华人民共和国商标法》《中华人民共和国商标法实施条例》(以下分别简称《商标法》《商标法实施条例》)的有关规定，制定本办法。

第二条 以印刷、印染、制版、刻字、织字、晒蚀、印铁、铸模、冲压、烫印、贴花等方式制作商标标识的，应当遵守本办法。

第三条 商标印制委托人委托商标印制单位印制商标的，应当出示营业执照副本或者合法的营业证明或者身份证明。

第四条 商标印制委托人委托印制注册商标的，应当出示《商标注册证》，并另行提供一份复印件。

签订商标使用许可合同使用他人注册商标，被许可人需印制商标的，还应当出示商标使用许可合同文本并提供一份复印件；商标注册人单独授权被许可人印制商标的，还应当出示授权书并提供一份复印件。

第五条 委托印制注册商标的，商标印制委托人提供的有关证明文件及商标图样应当符合下列要求：

（一）所印制的商标样稿应当与《商标注册证》上的商标图样相同；

（二）被许可人印制商标标识的，应有明确的授权书，或其所提供的《商标使用许可合同》含有许可人允许其印制商标标识的内容；

（三）被许可人的商标标识样稿应当标明被许可人的企业名称和地址；其注册标记的使用符合《商标法实施条例》的有关规定。

第六条 委托印制未注册商标的，商标印制委托人提供的商标图样应当符合下列要求：

（一）所印制的商标不得违反《商标法》第十条的规定；

（二）所印制的商标不得标注“注册商标”字样或者使用注册标记。

第七条 商标印制单位应当对商标印制委托人提供的证明文件和商标图样进行核查。

商标印制委托人未提供本办法第三条、第四条所规定的证明文件，或者其要求印制的商标标识不符合本办法第五条、第六条规定的，商标印制单位不得承接印制。

第八条 商标印制单位承印符合本办法规定的商标印制业务的，商标印制业务管理人员应当按照要求填写《商标印制业务登记表》，载明商标印制委托人所提供的证明文件的主要内容，《商标印制业务登记表》中的图样应当由商标印制单位业务主管人员加盖骑缝章。

商标标识印制完毕，商标印制单位应当在15天内提取标识样品，连同《商标印制业务登记表》《商标注册证》复印件、商标使用许可合同复印件、商标印制授权书复印件等一并造册存档。

第九条 商标印制单位应当建立商标标识出入库制度，商标标识出入库应当登记台账。废次标识应当集中进行销毁，不得流入社会。

第十条 商标印制档案及商标标识出入库台账应当存档备查，存查期为两年。

第十一条 商标印制单位违反本办法第七条至第十条规定的，由所在地市场监督管理部门责令其限期改正，并视其情节予以警告，处以非法所得额三倍以下的罚款，但最高不超过三万元，没有违法所得的，可以处以一万元以下的罚款。

第十二条 擅自设立商标印刷企业或者擅自从事商标印刷经营活动的，由所在地或者行为地市场监督管理部门依照《印刷业管理条例》的有关规定予以处理。

第十三条 商标印制单位违反第七条规定承接印制业务，且印制的商标与他人注册商标相同或者近似的，属于《商标法实施条例》第七十五条所述的商标侵权行为，由所在地或者行为地市场监督管理部门依《商标法》的有关规定予以处理。

第十四条 商标印制单位的违法行为构成犯罪的，所在地或者行为地市场监督管理部门应及时将案件移送司法机关追究刑事责任。

第十五条 本办法所称“商标印制”是指印刷、制作商标标识的行为。

本办法所称“商标标识”是指与商品配套一同进入流通领域的带有商标的有形载体，包括注册商标标识和未注册商标标识。

本办法所称“商标印制委托人”是指要求印制商标标识的商标注册人、未注册商标使用人、注册商标被许可使用人以及符合《商标法》规定的其他商标使用人。

本办法所称“商标印制单位”是指依法登记从事商标印制业务的企业和个体工商户。

本办法所称《商标注册证》包括国家知识产权局所发的有关变更、续展、转让等证明文件。

第十六条 本办法自2004年9月1日起施行。国家工商行政管理局1996年9月5日发布的《商标印制管理办法》同时废止。

市场监管总局关于发布《特殊食品注册现场核查工作规程（暂行）》的公告

为规范特殊食品注册现场核查工作，依据《中华人民共和国食品安全法》《保健食品注册与备案管理办法》《婴幼儿配方乳粉产品配方注册管理办法》《特殊医学用途配方食品注册管理办法》等法律规章，市场监管总局制定了《特殊食品注册现场核查工作规程（暂行）》，现予发布，自公布之日起施行。

附件：特殊食品注册现场核查工作规程（暂行）

http://gkml.samr.gov.cn/nsjg/tssps/202011/W020201126445585260815.docx

市场监管总局

2020 年 11 月 25 日

市场监管总局关于印发《乳制品质量安全提升行动方案》的通知

国市监食生〔2020〕195 号

各省、自治区、直辖市及新疆生产建设兵团市场监管局（厅、委），总局食品审评中心：

为落实《中共中央 国务院关于深化改革加强食品安全工作的意见》《国务院办公厅关于推进奶业振兴保障乳品质量安全的意见》《国务院食品安全委员会关于印发 2020 年食品安全重点工作安排的通知》等文件要求，进一步督促企业落实主体责任，提升乳制品质量安全水平，推动乳制品产业高质量发展，市场监管总局制定《乳制品质量安全提升行动方案》，现印发给你们，请结合实际认真贯彻落实。

市场监管总局

2020 年 12 月 20 日

乳制品质量安全提升行动方案

近年来，市场监管部门深入贯彻党中央、国务院决策部署，严格落实“四个最严”要求，把乳制品作为食品安全监管工作重点，着力加强质量安全监管，乳制品质量安全总体水平不断提升，但仍存在企业自主研发能力不足、食品安全管理能力不强、产品竞争力和美誉度不高等问题。为深入推进奶业振兴工作，提升乳制品质量安全水平，制定本方案。

一、总体目标

到 2023 年，乳制品质量安全监管法规标准体系更加完善，乳制品质量安全监管能力大幅提升，监督检查发现问题整改率达到 100%，乳制品监督抽检合格率保持在 99% 以上。乳制品生产企业质量安全管理体系更加完善，规模以上乳制品生产企业实施危害分析与关键控制点体系达到 100%。乳制品生产企业原辅料、关键环节与产品检验管控率达到 100%，食品安全自查率达到 100%，发现风险报告率达到 100%，食品安全管理人员监督抽查考核合格率达到 100%。婴幼儿配方乳粉生产企业质量管理体系自查与报告率达到 100%。乳制品生产企业自建自控奶源比例进一步提高，产品研发能力进一步增强，产品结构进一步优化，生产工艺进一步改进，乳制品消费信心进一步增强。

二、重点任务

（一）强化法规标准体系建设

1. 围绕落实国务院关于推进奶业振兴保障乳品质量安全的有关要求，积极推动修订《乳品质量安全监督管理条例》，构建更加科学、合理的监管法规体系。

2. 积极配合农业农村部、国家卫生健康委修订生乳、灭菌乳、巴氏杀菌乳、婴幼儿配方食品等食品安全国家标准，制定完善加工工艺标准、检测方法标准。鼓励行业协会制定团体标准，提升乳品安全指标、品质指标。

3. 研究修订乳制品生产许可审查细则，支持企业采用新技术、新工艺生产新产品，鼓励企业使用生鲜乳生产乳制品，强化奶酪、黄油等干乳制品研发。

4. 组织研究制定乳制品生产企业食品安全信息记录规范，督促企业真实、准确、完整记录进货、投料、生产、检验、贮存、运输、销售、自查、召回等关键环节和关键岗位食品安全信息，推动企业建立食品安全追溯体系。

（二）强化落实企业主体责任

1. 督促企业加强食品安全管理。乳制品企业主要负责人要增强全面负责食品安全工作的责任意识，有效落实食品安全管理制度，建立健全食品安全管理机构，设立食品安全管理岗位，配备专业技术人员和食品安全管理人员，并组织培训、考核合格。

2. 督促企业加强全过程控制。加强奶源管理，提高自建自控奶源比例，开展牧场审核，严格奶牛养殖环节饲料、兽药等投入品使用管理，尽量缩短生鲜乳运输距离，对生鲜乳收购、运输实行精准化、全时段管理。加强原辅料管控，建立供应商审核、原辅料验收贮存管理、不合格原辅料处置等制度，强化进口商资质、原辅料合格证明等文件审核。加强过程管理，全面实施良好生产规范、危害分析与关键控制点体系，加强生产过程中原辅料称量、投料、杀菌、灌装等关键点控制。

3. 督促企业加强风险防控。加强食品安全自查，定期对产品研发、原辅料采购贮存、生产条件、设备状态、产品检验、标签标识、生产记录等方面食品安全状况进行检查评价并报告食品安全事故潜在风险。婴幼儿配方乳粉生产企业还要定期对质量管理体系运行情况进行自查，并提交自查报告。集团公司应定期对所属工厂进行检查。鼓励企业选择食品安全专业机构开展第三方检查评价。加强食品安全突发事件处置，对监督检查、抽检监测、媒体报道、投诉举报等反映的问题立即进行排查分析，及时消除风险隐患。加强食品召回演练，对上市销售的不符合食品安全标准或者有证据证明可能危害人体健康的乳制品，立即停止生产销售并实施召回，及时告知消费者，最大限度地减少食品安全危害。

4. 督促企业加强检验把关。严格落实原辅料把关和产品出厂检验义务，加强原辅料、半成品、成品以及生产卫生状况的检验检测。鼓励生产企业探索基于产品研发、原料把关、过程监控、定期监测等控制措施，合理设定低温短保质期乳制品微生物等检验项目和频次。鼓励集团公司设立中心实验室，对所属乳制品工厂统一进行检验把关，提高效率、节约资源、降低成本。婴幼儿配方乳粉生产企业要对出厂产品按照食品安全标准实施全项目逐批检验，不得实施委托检验，加强对质量安全风险指标的检验检测。

5. 引导企业加强创新研发。加强低温乳制品冷链储运设施建设，发展智慧物流，建设信息化平台，整合末端配送销售网点，全程监控储运和销售温度，确保产品安全与品质。加大企业信息化建设投入力度，鼓励企业采用信息化手段建立、完善食品安全追溯体系，实现产品全程可追溯。加大研发投入，加强产品创新，增品种提品质，优化加工工艺，做大做强主打产品，提升企业竞争力。鼓励集团公司整合技术力量统一设立研发部门，独立或者通过产学研相结合的方式开展科研创新。

（三）强化质量安全监督管理

1. 加强乳制品企业许可审查。加强乳制品生产许可审查培训，提高材料审查与现场核查质量。严格新建工厂、生产条件发生变化工厂的现场核查，强化生产场所、设备设施、设备布局和工艺流程、原辅料采购与使用管理、人员管理、管理制度及其执行等方面检查，督促乳制品生产企业持续符合食品生产许可条件。加大对婴幼儿配方乳粉生产许可的审查力度，重点审核与产品配方注册内容的符合性，特别是产品配方注册申请的设备设施、生产工艺是否发生变化，审核企业食品安全管理制度以及质量管理体系建立情况。

2. 加强婴幼儿配方乳粉产品配方注册。修订《婴幼儿配方乳粉产品配方注册管理办法》，明确不予注册的情形，要求企业具有完整生产工艺，不得使用已符合食品安全国家标准的婴幼儿配方乳粉作为原料申请配方注册；进一步加强对婴幼儿配方乳粉产品配方科学性、安全性材料和研发报告的审查，对配方科学依据不足，提交材料不支持配方科学性、安全性的一律不予注册；加大现场核查和抽样检验力度，重点核查申请人是否具备与所申请配方相适应的研发能力、生产能力、检验能力以及与申请材料的真实性、一致性。

3. 加强乳制品企业监督检查。将乳制品生产企业作为监督检查重点，根据企业风险等级合理确定检查频次，重点检查进货查验、原辅料使用、产品检验记录和标签标识等是否符合规定要求。建立健全婴幼儿配方乳粉生产企业体系检查制度，重点检查企业生产质量管理体系建立运行、按配方注册和生产许可要求组织生产等情况。省级市场监管部门原则上对辖区内婴幼儿配方乳粉生产企业每年至少开展一次体系检查，并督促企业对体系检查发现问题整改到位，指导基层加强日常监管。加大对农村、城乡结合部等重点区域和超市、批发市场、母婴用品店、网络等乳制品经营场所的日常监督检查力度，重点检查进货查验、产品标签标识、温度控制和记录等，以及婴幼儿配方乳粉专区专柜销售、标签说明书是否与注册批准的一致等内容。

4. 加强乳制品抽检监测。加大乳制品抽样检验和风险监测力度，以问题为导向，加强对不合格产品生产企业的抽检。监督检查人员对乳制品生产企业开展监督检查时，根据需要可对原料、半成品、成品进行抽样检验。婴幼儿配方乳粉的抽检，按照“企业和检验项目全覆盖”的原则开展，每月在流通环节对已获配方注册且在售的全部国产和进口婴幼儿配方食品企业生产的产品进行抽检，及时公布抽检结果。加大乳制品抽检监测后处置工作力度，及时消除食品安全风险，督促企业整改到位，实现食品安全闭环管理。加强风险监测数据收集、分析、研判，开展乳制品风险交流工作，及时向相关部门通报监测情况。

三、主要措施

（一）加大违法违规行为打击力度。严厉打击使用不合格原辅料、非法添加非食用物质、滥用食品添加剂、虚假夸大宣传、生产假冒伪劣乳制品等违法行为。严厉查处分装、未按规定注册备案或未按注册备案要求组织生产婴幼儿配方乳粉等违法违规行为。严格落实复原乳标识制度，依法查处使用复原乳不作出标识的企业。严格按照法律法规要求，依法从严落实“处罚到人”要求。

（二）加大正面宣传引导力度。定期发布乳制品监督抽检信息，积极宣传乳制品生产加工和质量安全监管成效。倡导乳制品生产企业开展公众参观活动，普及灭菌乳、巴氏杀菌乳、奶酪、婴幼儿配方乳粉等乳制品营养知识。鼓励新闻媒体准确客观报道乳制品质量安全问题，有序开展食品安全舆论监督。

（三）积极推进社会共治。畅通投诉举报渠道，加大举报奖励力度。鼓励社会各界特别是企业内部人员、媒体、消费者等举报或提供乳制品质量安全问题线索，曝光企业违法行为。鼓励企业建立内部员工发现食品安全隐患奖励制度。支持行业协会加强行业自律，引导乳制品企业自觉维护和规范市场竞争秩序，充分发挥行业协会诚信建设、科普宣传作用。

四、实施步骤

（一）部署推动阶段(2020年12月底前)。各省级市场监管部门根据本方案，结合各地实际情况，细化目标、分解任务，制定完善工作方案。深入开展动员部署，统一思想认识。采取多种形式，强化社会宣传，营造良好氛围。

（二）深入推进阶段(2021年1月至2023年6月)。各级市场监管部门要加强督促指导，定期组织评价乳制品质量安全提升行动工作进展情况，及时分析新问题、研究新情况、出台新措施，深入推进乳制品质量安全提升行动。

（三）总结提升阶段(2023年7月至2023年12月)。各省级市场监管部门在全面完成乳制品质量安全提升行动目标任务的基础上，认真总结工作成效，研究进一步提升乳制品质量安全水平的意见建议，探索加强乳制品质量安全监管举措。

五、工作要求

（一）加强组织领导。各省级市场监管部门要认真分析辖区乳制品质量安全基本情况，掌握当地乳制品产业发展特点，制定完善更加符合实际的乳制品质量安全提升措施，进一步明确工作目标，合理分解工作任务，加大工作推进力度，狠抓贯彻落实，做到责任到位、措施到位、落实到位。

（二）加强督促指导。各省级市场监管部门要加强对基层监管部门的工作指导，推动落实属地监管责任，一级抓一级，层层抓落实，确保各项任务落到实处。

（三）密切协调配合。各级市场监管部门要主动加强与农业农村、卫生健康、工业和信息化等部门及行业组织的沟通联络，发挥各自优势，形成工作合力，研究解决实施中遇到的问题，协同推动各项工作落实。

（四）加强工作总结。各级市场监管部门要及时总结典型做法和先进经验，查找工作中的问题和不足，及时组织开展阶段性总结，分析原因，制定措施，持续推动各项任务落实。工作推进情况每年12月底报送总局食品生产司。

【国家卫生健康委员会发布】

国家卫生健康委关于发布脱蛋白乳矿物乳糖粉（乳制品渗透物粉）适用标准（暂行）的公告

2020年第3号

根据《中华人民共和国食品安全法》规定，经对相关国际食品法典和食品安全国家标准研究，并审查通过，发布脱蛋白乳矿物乳糖粉（乳制品渗透物粉）适用标准（暂行，详见附件）。

特此公告。

附件：脱蛋白乳矿物乳糖粉（乳制品渗透物粉）适用标准（暂行）

http://www.nhc.gov.cn/sps/s3594/202005/3217a8c8278747c9ab190e86cb3a828a/files/e5b932d18c1944d6abc08e25d63fa283.doc

国家卫生健康委

2020年5月12日

关于瑞士乳杆菌R0052等53种“三新食品”的公告

2020年第4号

根据《食品安全法》规定，审评机构组织专家对瑞士乳杆菌R0052等4种新食品原料、三赞胶等21种食品添加剂新品种、辛酸锌等28种食品相关产品新品种的安全性评估材料审查并通过。

特此公告。

附件：瑞士乳杆菌R0052等4种新食品原料、三赞胶等21种食品添加剂新品种、辛酸锌等28种食品相关产品新品种公告文本

http://www.nhc.gov.cn/sps/s7890/202006/d8e8073a2f064faf8496fea654835784.shtml

国家卫生健康委

2020年5月20日

关于蛋白质谷氨酰胺酶等21种“三新食品”的公告

2020年 第6号

根据《食品安全法》规定，审评机构组织专家对蛋白质谷氨酰胺酶等5种食品添加剂新品种、微纤化纤维素纸浆等16种食品相关产品新品种的安全性评估材料审查并通过。

特此公告。

附件: 蛋白质谷氨酰胺酶等5种食品添加剂新品种、微纤化纤维素纸浆等16种食品相关产品新品种公告文本

http://www.nhc.gov.cn/sps/s7890/202008/093a12a711a04ff98bfd2b10be90f2db/files/12158359893749c5869c1c595d3188f1.pdf

国家卫生健康委

2020年7月30日

国民营养健康指导委员会办公室关于征求餐饮食品营养标识等4个指南意见的函

国卫食品营便函〔2020〕136号

国民营养健康指导委员会成员单位，各省、自治区、直辖市和新疆建设兵团卫生健康委食品营养相关处，委内相关司局，委有关直属联系单位，有关学会、协会：

为推动实施《国民营养计划（2017—2030年）》《健康中国行动（2019—2030年）》之合理膳食行动，国民营养健康指导委员会办公室组织制定了餐饮食品营养标识等4个技术指南。现征求贵单位意见，请于6月30日前将盖章后的反馈意见和相关说明一并反馈我司。逾期不反馈，视为无意见。

附件：1-1 餐饮食品营养标识指南　指南文本（征求意见稿）

1-2 餐饮食品营养标识指南　编制说明（征求意见稿）

2-1 营养健康餐厅创建与技术评价指南　指南文本（征求意见稿）

2-2 营养健康餐厅创建与技术评价指南　编制说明（征求意见稿）

3-1 营养健康食堂创建与评价技术指南　指南文本（征求意见稿）

3-2 营养健康食堂创建与评价技术指南　编制说明（征求意见稿）

4-1 营养与健康示范学校创建与评价技术指南　指南文本（征求意见稿）

4-2 营养与健康示范学校创建与技术评价指南　编制说明（征求意见稿）

http://www.nhc.gov.cn/sps/s7887k/202006/37993e19a60a4f8594d38508945bd8b4.shtml

国民营养健康指导委员会办公室

2020年6月24日

【国家林业和草原局发布】

国家林业和草原局
关于进一步加强草原禁牧休牧工作的通知

林草发〔2020〕40号

各有关省、自治区林业和草原主管部门，新疆生产建设兵团林业和草原主管部门：

草原是我国面积最大的生态系统和自然资源，是生态文明建设的主阵地，对维护国家生态安全、促进草原地区经济社会发展具有重要作用。禁牧休牧制度是草原生态保护的一项基本制度。近年来，各地认真落实草原禁牧休牧制度，取得了明显成效。但一些地方禁牧休牧制度落实不到位，禁而不止、休而不息、监管弱化虚化等问题比较突出。为进一步加强草原禁牧休牧工作，加快草原生态恢复，巩固草原保护成果，现将有关事项通知如下。

一、提高认识，高度重视草原禁牧休牧工作

禁牧是指对草原实行一年以上禁止放牧利用的保护措施；休牧是指在一年内的特定时段禁止放牧的措施，一般在春季牧草返青期和秋季牧草结实期实行休牧。禁牧休牧是加强草原保护修复的重要途径，是促进退化草原休养生息、加快恢复草原植被的主要措施，是山水林田湖草系统治理的必然要求。各地要以习近平生态文明思想为指导，坚持保护优先、自然恢复为主的方针，从维护国家生态安全、建设生态文明的高度，充分认识加强草原禁牧休牧工作的重要意义，切实把禁牧休牧工作放在更加突出的位置，列入重要议事日程，积极推进禁牧休牧工作。

二、建章立制，积极完善草原禁牧休牧制度

《草原法》规定，对严重退化、沙化、盐碱化、石漠化的草原和生态脆弱区的草原，实行禁牧、休牧制度。各地要加强禁牧休牧制度建设，明确划分禁牧休牧区域的原则、实施禁牧休牧的措施以及加强禁牧休牧监管的办法。对违反禁牧休牧规定行为进行处罚尚无法规依据的地方，要积极协调当地立法部门，加快推进相关法规规章的制定工作，完善相关法规依据，为建立完善和落实禁牧休牧制度提供法律保障。

三、因地制宜，科学组织实施禁牧休牧

草原禁牧休牧是一项必须长期坚持的工作。各地要因地制宜、科学划定禁牧区和休牧区，对严重退化、沙化、盐碱化、石漠化的草原和生态脆弱区的草原，自然保护地和生态红线内禁止生产经营活动的草原要依法实行禁牧封育。禁牧区以外的草原应根据草原保护要求和生产利用方式开展季节性休牧，并结合当地气象条件、牧草物候期科学确定季节性休牧的具体区域和期限，并及时向社会公布。休牧期草原管理要同禁牧期管理执行同等的标准。要编绘县乡两级禁牧休牧草原分布图，明确禁牧休牧草原的四至界线、面积。草原面积较大的县级以上林业和草原主管部门要积极促请当地人民政府，及时发布禁牧休牧令。禁牧休牧草原要设立明显的禁牧区和休牧区标志，明确范围、时间、措施、责任人等事项，便于农牧民知晓，便于社会监督。要做好动员和宣传，并协调相关部门组织农牧民做好饲草料储备工作。

四、强化保障，不断提高禁牧休牧成效

禁牧休牧期间，各地要在机构、人员、车辆和经费等方面给予大力保障。要积极推进草原确权承包，依法赋予农牧民长期稳定的草原承包经营权，为禁牧休牧工作奠定基础。要健全监测体系，为禁牧休牧区域、期限设定提供科学的决策依据，及时掌握禁牧休牧成效，对禁牧休牧工作作出评价。禁牧休牧涉及农牧民的生产生活，要做好草原生态保护补助奖励政策的有效衔接，加强协调，联合相关部门，争取加大饲草料基地、舍饲棚圈等基础设施建设力度，强化技术服务，为顺利开展禁牧休牧工作创造有利条件。要充分调动广大农牧民开展禁牧休牧的自觉性、主动性，引导完善村规民约，将禁牧休牧等草原管理作为牧区村规民约的重要内容，鼓励村民开展自我监督、自我管理。要充分利用各种媒体，采取农牧民喜闻乐见的宣传方式，积极向农牧民和社会各界宣传禁牧休牧政策，引导农牧民自觉配合开展好草原禁牧休牧，营造良好的社会氛围。

五、落实责任，切实加强监督管理

各地要把落实草原禁牧休牧作为林草执法监督的重要内容，整合林草系统执法监督力量，加大执法力度，加强执法巡查，落实执法监督责任；没有设置专业执法机构的地方，要协调相关综合执法机构，争取支持，加强配合，形成执法合力。要加大信息化建设力度，运用智能监控、无人机、大数据等科技手段，加强对草原的监管，弥补专业执法力量的不足。要加强草原管护员队伍建设，落实管护经费，建立与禁牧休牧落实成效密切挂钩的考评奖励机制，调动管护员的工作积极性，充分发挥管护员的监督作用。要向社会公布禁牧休牧举报电话，发挥社会监督作用。要层层压实责任，将禁牧休牧责任落实到乡、村、牧户。对违反禁牧休牧制度者进行警告和教育，及时制止偷牧、滥牧行为，情节严重的要依法予以查处。

当前，草原已进入春季返青期，各地要克服新冠肺炎疫情的影响，扎实做好全年禁牧休牧工作。各专员办要加大监督力度，开展督查检查。

请各省级林业和草原主管部门于2020年11月30日前将当年禁牧休牧工作总结上报我局。

特此通知。

国家林业和草原局

2020年4月2日

国家林业和草原局关于印发《草原征占用审核审批管理规范》的通知

林草规〔2020〕2号

各省、自治区、直辖市林业和草原主管部门，内蒙古森工集团，新疆生产建设兵团林业和草原主管部门，国家林业和草原局各司局、各派出机构、各直属单位、大兴安岭林业集团：

为加强草原征占用的监督管理，规范草原征占用的审核审批，保护草原资源和生态环境，根据《中华人民共和国草原法》规定，我局研究制定了《草原征占用审核审批管理规范》（附件）。现印发给你们，请遵照执行。

特此通知。

附件：草原征占用审核审批管理规范

国家林业和草原局

2020年6月19日

http://www.gov.cn/gongbao/content/2020/content_5541499.htm

国家林业和草原局关于印发《退耕还林还草作业设计技术规定》和《退耕还林还草档案管理办法》的通知

林退发〔2020〕98号

各有关省、自治区、直辖市林业和草原主管部门，新疆生产建设兵团林业和草原主管部门：

为进一步规范退耕还林还草管理，满足新时期退耕还林还草事业高质量发展的需要，我局研究制定了《退耕还林还草作业设计技术规定》和《退耕还林还草档案管理办法》（附件1、2），现印发给你们，请遵照执行。

特此通知。

附件：1. 退耕还林还草作业设计技术规定 附表

2. 退耕还林还草档案管理办法

http://www.forestry.gov.cn/main/5461/20201106/145338828842284.html

国家林业和草原局

2020年11月3日

【国家统计局发布】

国家统计局令

第 32 号

《农业及相关产业统计分类（2020）》已经2020年11月23日国家统计局第14次局常务会议通过。现予公布，自公布之日起实施。

附件：农业及相关产业统计分类（2020）

http://www.gov.cn/zhengce/zhengceku/2020-12/30/5575377/files/1ebb1fb4b9f341a48aab32fd5238b2c0.doc

2020 年 12 月 4 日

【工信部发布】

工业和信息化部办公厅关于公布2020年国家技术创新示范企业复核评价结果的通知

工信厅科函〔2020〕220号

有关省、自治区、直辖市及计划单列市工业和信息化主管部门，有关中央企业：

根据工业和信息化部、财政部《技术创新示范企业认定管理办法（试行）》（工信部联科〔2010〕540号）和《工业和信息化部办公厅关于开展2020年国家技术创新示范企业复核评价工作的通知》（工信厅科函〔2020〕53号）要求，我部对2017年认定及通过复核的196家国家技术创新示范企业组织开展了复核评价。其中，史丹利农业集团股份有限公司等190家企业通过复核评价；晶龙实业集团有限公司、东旭集团有限公司、安徽双园集团有限公司、宁夏红枸杞产业集团有限公司、浪潮集团有限公司5家企业未按要求报送材料放弃复核，南靖万利达科技有限公司未通过复核评价，撤销上述6家企业的国家技术创新示范企业称号。

希望通过复核评价的企业切实发挥示范引领作用，持续完善制度建设，加大技术创新投入，加强关键核心技术攻关，不断提升自主创新能力。

附件：通过2020年复核评价的国家技术创新示范企业名单

http://www.gov.cn/zhengce/zhengceku/2020-09/22/5545627/files/4390b8174735430d97cc4975ad868c31.doc

工业和信息化部办公厅

2020年9月16日

【最高人民法院发布】

最高人民法院关于审理食品安全民事纠纷案件适用法律若干问题的解释（一）

法释〔2020〕14号

《最高人民法院关于审理食品安全民事纠纷案件适用法律若干问题的解释（一）》已于2020年10月19日由最高人民法院审判委员会第1813次会议通过，现予公布，自2021年1月1日起施行。

最高人民法院

2020年12月8日

最高人民法院关于审理食品安全民事纠纷案件适用法律若干问题的解释（一）

（2020年10月19日最高人民法院审判委员会第1813次会议通过，自2021年1月1日起施行）

为正确审理食品安全民事纠纷案件，保障公众身体健康和生命安全，根据《中华人民共和国民法典》《中华人民共和国食品安全法》《中华人民共和国消费者权益保护法》《中华人民共和国民事诉讼法》等法律的规定，结合民事审判实践，制定本解释。

第一条 消费者因不符合食品安全标准的食品受到损害，依据食品安全法第一百四十八条第一款规定诉请食品生产者或者经营者赔偿损失，被诉的生产者或者经营者以赔偿责任应由生产经营者中的另一方承担为由主张免责的，人民法院不予支持。属于生产者责任的，经营者赔偿后有权向生产者追偿；属于经营者责任的，生产者赔偿后有权向经营者追偿。

第二条 电子商务平台经营者以标记自营业务方式所销售的食品或者虽未标记自营但实际开展自营业务所销售的食品不符合食品安全标准，消费者依据食品安全法第一百四十八条规定主张电子商务平台经营者承担作为食品经营者的赔偿责任的，人民法院应予支持。

电子商务平台经营者虽非实际开展自营业务，但其所作标识等足以误导消费者让消费者相信系电子商务平台经营者自营，消费者依据食品安全法第一百四十八条规定主张电子商务平台经营者承担作为食品经营者的赔偿责任的，人民法院应予支持。

第三条 电子商务平台经营者违反食品安全法第六十二条和第一百三十一条规定，未对平台内食品经营者进行实名登记、审查许可证，或者未履行报告、停止提供网络交易平台服务等义务，使消费者的合法权益受到损害，消费者主张电子商务平台经营者与平台内食品经营者承担连带责任的，人民法院应予支持。

第四条 公共交通运输的承运人向旅客提供的食品不符合食品安全标准，旅客主张承运人依据食品安全法第一百四十八条规定承担作为食品生产者或者经营者的赔偿责任的，人民法院应予支持；承运人以其不是食品的生产经营者或者食品是免费提供为由进行免责抗辩的，人民法院不予支持。

第五条 有关单位或者个人明知食品生产经营者从事食品安全法第一百二十三条第一款规定的违法行为而仍为其提供设备、技术、原料、销售渠道、运输、储存或者其他便利条件，消费者主张该单位或者个人依据食品安全法第一百二十三条第二款的规定与食品生产经营者承担连带责任的，人民法院应予支持。

第六条 食品经营者具有下列情形之一，消费者主张构成食品安全法第一百四十八条规定的“明知”的，人民法院应予支持：

（一）已过食品标明的保质期但仍然销售的；

（二）未能提供所售食品的合法进货来源的；

（三）以明显不合理的低价进货且无合理原因的；

（四）未依法履行进货查验义务的；

（五）虚假标注、更改食品生产日期、批号的；

（六）转移、隐匿、非法销毁食品进销货记录或者故意提供虚假信息的；

（七）其他能够认定为明知的情形。

第七条　消费者认为生产经营者生产经营不符合食品安全标准的食品同时构成欺诈的，有权选择依据食品安全法第一百四十八条第二款或者消费者权益保护法第五十五条第一款规定主张食品生产者或者经营者承担惩罚性赔偿责任。

第八条　经营者经营明知是不符合食品安全标准的食品，但向消费者承诺的赔偿标准高于食品安全法第一百四十八条规定的赔偿标准，消费者主张经营者按照承诺赔偿的，人民法院应当依法予以支持。

第九条　食品符合食品安全标准但未达到生产经营者承诺的质量标准，消费者依照民法典、消费者权益保护法等法律规定主张生产经营者承担责任的，人民法院应予支持，但消费者主张生产经营者依据食品安全法第一百四十八条规定承担赔偿责任的，人民法院不予支持。

第十条　食品不符合食品安全标准，消费者主张生产者或者经营者依据食品安全法第一百四十八条第二款规定承担惩罚性赔偿责任，生产者或者经营者以未造成消费者人身损害为由抗辩的，人民法院不予支持。

第十一条　生产经营未标明生产者名称、地址、成分或者配料表，或者未清晰标明生产日期、保质期的预包装食品，消费者主张生产者或者经营者依据食品安全法第一百四十八条第二款规定承担惩罚性赔偿责任的，人民法院应予支持，但法律、行政法规、食品安全国家标准对标签标注事项另有规定的除外。

第十二条　进口的食品不符合我国食品安全国家标准或者国务院卫生行政部门决定暂予适用的标准，消费者主张销售者、进口商等经营者依据食品安全法第一百四十八条规定承担赔偿责任，销售者、进口商等经营者仅以进口的食品符合出口地食品安全标准或者已经过我国出入境检验检疫机构检验检疫为由进行免责抗辩的，人民法院不予支持。

第十三条　生产经营不符合食品安全标准的食品，侵害众多消费者合法权益，损害社会公共利益，民事诉讼法、消费者权益保护法等法律规定的机关和有关组织依法提起公益诉讼的，人民法院应予受理。

第十四条　本解释自2021年1月1日起施行。

本解释施行后人民法院正在审理的一审、二审案件适用本解释。

本解释施行前已经终审，本解释施行后当事人申请再审或者按照审判监督程序决定再审的案件，不适用本解释。

最高人民法院以前发布的司法解释与本解释不一致的，以本解释为准。

最高人民法院关于审理食品药品纠纷案件适用法律若干问题的规定

（2013年12月9日由最高人民法院审判委员会第1599次会议通过，根据2020年12月23日最高人民法院审判委员会第1823次会议通过的《最高人民法院关于修改〈最高人民法院关于在民事审判工作中适用《中华人民共和国工会法》若干问题的解释〉等二十七件民事类司法解释的决定》修正）

为正确审理食品药品纠纷案件，根据《中华人民共和国民法典》《中华人民共和国消费者权益保护法》《中华人民共和国食品安全法》《中华人民共和国药品管理法》《中华人民共和国民事诉讼法》等法律的规定，结合审判实践，制定本规定。

第一条 消费者因食品、药品纠纷提起民事诉讼，符合民事诉讼法规定受理条件的，人民法院应予受理。

第二条 因食品、药品存在质量问题造成消费者损害，消费者可以分别起诉或者同时起诉销售者和生产者。

消费者仅起诉销售者或者生产者的，必要时人民法院可以追加相关当事人参加诉讼。

第三条 因食品、药品质量问题发生纠纷，购买者向生产者、销售者主张权利，生产者、销售者以购买者明知食品、药品存在质量问题而仍然购买为由进行抗辩的，人民法院不予支持。

第四条 食品、药品生产者、销售者提供给消费者的食品或者药品的赠品发生质量安全问题，造成消费者损害，消费者主张权利，生产者、销售者以消费者未对赠品支付对价为由进行免责抗辩的，人民法院不予支持。

第五条 消费者举证证明所购买食品、药品的事实以及所购食品、药品不符合合同的约定，主张食品、药品的生产者、销售者承担违约责任的，人民法院应予支持。

消费者举证证明因食用食品或者使用药品受到损害，初步证明损害与食用食品或者使用药品存在因果关系，并请求食品、药品的生产者、销售者承担侵权责任的，人民法院应予支持，但食品、药品的生产者、销售者能证明损害不是因产品不符合质量标准造成的除外。

第六条 食品的生产者与销售者应当对于食品符合质量标准承担举证责任。认定食品是否安全，应当以国家标准为依据；对地方特色食品，没有国家标准的，应当以地方标准为依据。没有前述标准的，应当以食品安全法的相关规定为依据。

第七条 食品、药品虽在销售前取得检验合格证明，且食用或者使用时尚在保质期内，但经检验确认产品不合格，生产者或者销售者以该食品、药品具有检验合格证明为由进行抗辩的，人民法院不予支持。

第八条 集中交易市场的开办者、柜台出租者、展销会举办者未履行食品安全法规定的审查、检查、报告等义务，使消费者的合法权益受到损害的，消费者请求集中交易市场的开办者、柜台出租者、展销会举办者承担连带责任的，人民法院应予支持。

第九条 消费者通过网络交易第三方平台购买食品、药品遭受损害，网络交易第三方平台提供者不能提供食品、药品的生产者或者销售者的真实名称、地址与有效联系方式，消费者请求网络交易第三方平台提供者承担责任的，人民法院应予支持。

网络交易第三方平台提供者承担赔偿责任后，向生产者或者销售者行使追偿权的，人民法院应予支持。

网络交易第三方平台提供者知道或者应当知道食品、药品的生产者、销售者利用其平台侵害消费者合法权益，未采取必要措施，给消费者造成损害，消费者要求其与生产者、销售者承担连带责任的，人民法院应予支持。

第十条 未取得食品生产资质与销售资质的民事主体，挂靠具有相应资质的生产者与销售者，生产、销售食品，造成消费者损害，消费者请求挂靠者与被挂靠者承担连带责任的，人民法院应予支持。

消费者仅起诉挂靠者或者被挂靠者的，必要时人民法院可以追加相关当事人参加诉讼。

第十一条 消费者因虚假广告推荐的食品、药品存在质量问题遭受损害，依据消费者权益保护法等法律相关规定请求广告经营者、广告发布者承担连带责任的，人民法院应予支持。

其他民事主体在虚假广告中向消费者推荐食品、药品，使消费者遭受损害，消费者依据消费者权益保护法等法律相关规定请求其与食品、药品的生产者、销售者承担连带责任的，人民法院应予支持。

第十二条 食品、药品检验机构故意出具虚假检验报告，造成消费者损害，消费者请求其承担连带责任的，人民法院应予支持。

食品、药品检验机构因过失出具不实检验报告，造成消费者损害，消费者请求其承担相应责任的，人民法院应予支持。

第十三条 食品认证机构故意出具虚假认证，造成消费者损害，消费者请求其承担连带责任的，人民法院应予支持。

食品认证机构因过失出具不实认证，造成消费者损害，消费者请求其承担相应责任的，人民法院应予支持。

第十四条 生产、销售的食品、药品存在质量问题，生产者与销售者需同时承担民事责任、行政责任和刑事责任，其财产不足以支付，当事人依照民法典等有关法律规定，请求食品、药品的生产者、销售者首先承担民事责任的，人民法院应予支持。

第十五条 生产不符合安全标准的食品或者销售明知是不符合安全标准的食品，消费者除要求赔偿损失外，依据食品安全法等法律规定向生产者、销售者主张赔偿金的，人民法院应予支持。

生产假药、劣药或者明知是假药、劣药仍然销售、使用的，受害人或者其近亲属除请求赔偿损失外，依据药品管理法等法律规定向生产者、销售者主张赔偿金的，人民法院应予支持。

第十六条 食品、药品的生产者与销售者以格式合同、通知、声明、告示等方式作出排除或者限制消费者权利，减轻或者免除经营者责任、加重消费者责任等对消费者不公平、不合理的规定，消费者依法请求认定该内容无效的，人民法院应予支持。

第十七条 消费者与化妆品、保健食品等产品的生产者、销售者、广告经营者、广告发布者、推荐者、检验机构等主体之间的纠纷，参照适用本规定。

法律规定的机关和有关组织依法提起公益诉讼的，参照适用本规定。

第十八条 本规定所称的“药品的生产者”包括药品上市许可持有人和药品生产企业，“药品的销售者”包括药品经营企业和医疗机构。

第十九条 本规定施行后人民法院正在审理的一审、二审案件适用本规定。

本规定施行前已经终审，本规定施行后当事人申请再审或者按照审判监督程序决定再审的案件，不适用本规定。

【多部委联合发布】

中华人民共和国农业农村部
中华人民共和国海关总署公告

第256号

为防范动物传染病、寄生虫病传入，保护我国畜牧业及渔业生产安全、动物源性食品安全和公共卫生安全，根据《中华人民共和国动物防疫法》《中华人民共和国进出境动植物检疫法》等法律法规，农业农村部会同海关总署组织修订了《中华人民共和国进境动物检疫疫病名录》（以下简称《名录》），现予以发布。该《名录》自发布之日起生效，2013年11月28日发布的《中华人民共和国进境动物检疫疫病名录》（农业部、国家质量监督检验检疫总局联合公告第2013号）同时废止。

农业农村部和海关总署将在风险评估的基础上对《名录》实施动态调整。

特此公告。

农业农村部

海关总署

2020年1月15日

附件：中华人民共和国进境动物检疫疫病名录

http://www.moa.gov.cn/nybgb/2020/202007/202008/t20200810_6350143.htm

农业农村部办公厅　交通运输部办公厅
公安部办公厅关于确保“菜篮子”
产品和农业生产资料正常流通秩序的紧急通知

农办牧〔2020〕7号

各省、自治区、直辖市农业农村（农牧）厅（局、委）、交通运输厅（局、委）、公安厅（局），新疆生产建设兵团农业农村局、交通运输局、公安局：

近期，因防范新型冠状病毒感染的肺炎疫情，一些地方“菜篮子”产品和农业生产资料运输受阻，出现蔬菜等“菜篮子”产品出不了村、进不了城，畜禽养殖所需饲料难以及时补充，种畜禽无法调运等问题。为确保“菜篮子”产品市场供应和农业生产稳定发展，现就有关事项通知如下。

一、严格执行“绿色通道”制度。各地要坚决落实《交通运输部 国家发展改革委 财政部关于进一步优化鲜活农产品运输“绿色通道”政策的通知》（交公路发〔2019〕99号）要求，确保鲜活农产品运输畅通。

二、保障“菜篮子”产品和农业生产资料正常流通秩序。严禁未经批准擅自设卡拦截、断路阻断交通等违法行为，维护“菜篮子”产品和农业生产资料正常流通秩序。要加强“菜篮子”产品价格变动和市场供求的监测，积极协调产区和销区构建稳定的对接关系，强化调运组织管理，确保重点地区“菜篮子”产品有效供给。饲料生产和屠宰企业在做好新型冠状病毒感染的肺炎疫情防控的基础上，要加快生产恢复、满足畜禽养殖饲料需求，增加畜禽产品有效供给。要做好生产指导和技术服务，加强动植物疫病防控，全力保障农产品稳定生产。

三、加强宣传引导。要充分认识保证当前农产品市场供应充足和价格基本稳定，对于维护老百姓正常生活秩序、有效防控疫情的极端重要性。通过多种渠道、多种形式，广泛宣传防控疫情的科学措施，为“菜篮子”产品流通和农产品生产创造必要的便利条件，确保“菜篮子”产品产得出、运得走、供得上。

农业农村部办公厅 交通运输部办公厅 公安部办公厅

2020年1月30日

农业农村部办公厅　教育部办公厅　科学技术部办公厅　国家卫生健康委办公厅　海关总署办公厅　国家林业和草原局办公室　中国科学院办公厅关于加强动物病原微生物实验室生物安全管理的通知

农办牧〔2020〕15号

各省、自治区、直辖市农业农村（农牧、畜牧兽医）厅（局、委）、教育厅（教委）、科技厅（委、局）、卫生健康委，各直属海关，林草局，中国科学院各相关研究院所：

为深入贯彻落实总体国家安全观，切实推进国家生物安全，进一步加强动物病原微生物实验室生物安全管理，依据《中华人民共和国动物防疫法》（以下简称《动物防疫法》）《中华人民共和国传染病防治法》（以下简称《传染病防治法》）《病原微生物实验室生物安全管理条例》（以下简称《条例》）等有关法律法规和规章，现就做好动物病原微生物实验室生物安全管理工作有关事项通知如下。

一、充分认识做好病原微生物实验室生物安全管理工作的重要性

病原微生物实验室生物安全是国家生物安全的重要组成部分，事关养殖业生产安全、动物源性食品安全和公共卫生安全，事关国家经济发展和社会稳定。近年来，各地各有关部门认真贯彻落实《动物防疫法》《传染病防治法》《条例》等有关法律法规，密切合作，不断加强病原微生物实验室生物安全管理工作，取得积极成效，实验室生物安全水平明显提高。但是，部分实验室生物安全管理工作仍存在一些问题和隐患。各地各有关部门要切实增强做好病原微生物实验室生物安全管理的责任感和使命感，强化安全意识，健全管理措施，落实管理责任，有效防范和化解实验室生物安全风险。

二、加强动物病原微生物实验室设立与备案管理

各地畜牧兽医主管部门要加强部门合作，切实做好包括新建、改建、扩建生物安全一级、二级实验室在内的动物病原微生物实验室（含第三方实验室）的备案管理，建立完善实验室电子备案及信息化系统。配合做好新建、改建、扩建生物安全三级、四级实验室审查。建立和完善部门间生物安全三级、四级实验室管理信息交流机制，共同推动实验室依法依规建设。实验室设立的法人单位在实验室建设项目开工前，应当依法开展环境影响评价。

三、加强动物病原微生物实验活动监管

一是规范实验活动行政许可。生物安全三级、四级实验室需要从事某种高致病性动物病原微生物或者疑似高致病性动物病原微生物实验活动的，应当按照《条例》《高致病性动物病原微生物实验室生物安全管理审批办法》《农业农村部关于进一步规范高致病性动物病原微生物实验活动审批工作的通知》等规定，报省级以上畜牧兽医主管部门批准。严格实验活动生物安全承诺制度和实验活动情况报告制度。任何单位和个人未经批准不得从事相关实验活动。对海关为了检验检疫工作紧急需要从事相关实验活动的，按照《条例》第二十四条规定执行。紧急实验活动结束后，应依法停止开展相关实验活动；拟继续从事相关实验活动的，应依法获得相应实验活动行政许可。二是加强实验活动监督检查。各地畜牧兽医主管部门要加强对辖区内动物病原微生物实验室及其实验活动的生物安全监督管理。严格监督执法，对未经批准从事高致病性动物病原微生物实验活动的，要依法严肃查处，对由此产生的任何科研成果均不予认可。对实验室能力条件发生变化，不再符合国家标准或有关规定的，要及时暂停或取消实验活动许可。三是加强相关科研成果发表管理。各有关部门要按照《科技部教育部农业农村部卫生部中科院中国科协关于加强我国病毒研究成果发表管理的通知》（国科发社〔2012〕921号）要求，加强对所属科研院所、大专院校、出版机构有关高致病性病原微生物研究成果发表的管理，将实验室生物安全管理情况纳入相关绩效评价工作。

四、加强动物病原微生物菌（毒）种保藏保存管理

依据《条例》《动物病原微生物菌（毒）种保藏管理办法》（以下简称《办法》）等规定，国家对具有保藏价值的实验活动用动物病原微生物菌（毒）种和样本实行集中保藏。除农业农村部指定的菌（毒）种保藏机构和相关专业实验室外，其他单位和个人不得保藏高致病性病原微生物菌（毒）种和样本。各保藏机构和相关专业实验室要严格按照《办法》规定要求，做好菌（毒）种和样本的收集、保藏、供应、销毁管理，建立健全生物安全和安保管理制度，确保菌（毒）种和样本安全。对于违规保存菌（毒）种和样本的，当地畜牧兽医主管部门应当监督其就地销毁或送农业农村部指定的保藏机构保存。

从事有关动物疫情监测、疫病检测诊断、检验检疫和疫病研究等相关实验室及其设立单位要切实履行实验室生物安全管理主体责任，加强菌（毒）种和样本的采集、运输、接收、使用、保存、销毁的全链条安全管理和对外交流管理。其中，对于运输高致病性动物病原微生物菌（毒）种或者样本的，应依据《条例》严格实施调运审批制度。需要运往国外的，由出发地省级畜牧兽医主管部门进行初审后，报农业农村部批准。其中，涉及《生物两用品及相关设备和技术出口管制清单》所列的菌（毒）种和样品的，申请单位还应依据《中华人民共和国生物两用品及相关设备和技术出口管制条例》及相关规章规定，获得商务部相应行政许可。从境外引进动物病原微生物菌（毒）种或者样本的，引进单位应当报农业农村部批准。其中，因科学研究等特殊需要，引进《中华人民共和国进出境动植物检疫法》第五条第一款所列禁止进境物的，还应向海关申请办理禁止进境物特许检疫审批手续。

五、加强动物病料采集和使用监管

各有关单位和个人采集病原微生物样本，应当具备《条例》第九条规定的相应设备、人员、措施、技术方法和手段等条件。对于重大动物疫病或疑似重大动物疫病，应当由动物防疫监督机构采集病料。其他单位和个人采集病料的，应当具备《重大动物疫情应急条例》第二十一条第一款规定的相应条件。采集高致病性病原微生物样本的工作人员在采集过程中应当防止病原微生物扩散和感染，并对样本的来源、采集过程和方法等作详细记录。各地畜牧兽医主管部门要加强病料采集和使用的安全监管。各实验室及其设立单位应加强相关实验活动废弃物的处置监管，保证灭菌有效、流向可追溯。

六、加强相关科研项目审查管理

各地畜牧兽医主管部门要切实做好高致病性动物病原微生物科研项目生物安全审查工作。实验室申报或者接受与高致病性动物病原微生物有关的科研项目，应当符合科研需要和生物安全要求，具备相应生物安全防护水平，并经农业农村部审查同意。教育、科技等有关部门在设立、申报和审批与高致病性动物病原微生物相关科研项目时，应当将实验室生物安全管理要求纳入相关内容。

各地各有关部门要加强协调配合，按照职责分工，切实做好动物病原微生物实验室生物安全管理工作。一是加强组织领导。按照《条例》等规定要求，切实履行好实验室生物安全管理责任，在各自职责范围内抓好实验室及其实验活动的生物安全管理工作，确保生物安全责任落实到部门、落实到单位、落实到具体人员。二是加强信息化管理。建立健全协调机制，进一步完善实验室生物安全管理信息通报制度，强化资源信息共享。三是加强宣传培训。广泛宣传病原微生物实验室的生物安全政策法规和标准，加强技术指导与服务，督促实验室健全规章制度，强化实验室人员生物安全意识，提高生物安全防范能力。四是加强实验室安全保卫工作。督促生物安全三级、四级实验室向当地公安机关备案，并接受公安机关有关实验室安全保卫工作的监督指导。

本通知由农业农村部负责解释。

农业农村部办公厅　教育部办公厅
科学技术部办公厅 国家卫生健康委办公厅
海关总署办公厅 国家林业和草原局办公室
中国科学院办公厅
2020年2月9日

农业农村部办公厅　国家发展改革委办公厅 交通运输部办公厅 关于解决当前实际困难加快养殖业复工复产的紧急通知

农办牧〔2020〕14号

各省、自治区、直辖市农业农村（农牧）、畜牧兽医、海洋与渔业厅（局、委），发展改革委，交通运输厅（局、委），新疆生产建设兵团农业农村局、发展改革委、交通运输局：

肉蛋奶和水产品是居民生活必需品。新冠肺炎疫情发生以来，养殖业发展遇到新的困难，饲料供不上、物资运不进、产品销不出、用工回不来等问题普遍存在，如不迅速妥善解决，不仅会影响产业稳定发展，而且很快会影响城乡居民基本生活和新冠肺炎疫情防控大局。各地各部门要坚决贯彻习近平总书记重要指示批示精神和党中央、国务院决策部署，针对养殖业面临的特殊困难，采取特别的支持帮扶措施解决问题堵点，推动养殖业立即复工复产。现将有关事项通知如下。

一、加快饲料企业和畜禽屠宰加工企业复工复产

除武汉等疫情严重的城市外，各地都要允许饲料和畜禽屠宰加工企业复工，不得设置审查核准等限制条件。优先保障相关企业的人员防护物资需求和水、电、气等供应。优先安排相关企业用工返程返岗，地方政府统一组织的返岗包车纳入疫情防控应急运输绿色通道政策范围，免收高速公路通行费。建立饲料原料供需调度机制，推动当地粮库与饲料企业紧密对接，增加政策性玉米投放供应，适时调配投放库存稻谷、小麦等替代原料。加快豆粕等上游原料生产企业开工，充分调动相关行业协会力量，促进豆粕等饲料原料产销对接。各地对湖北等疫情严重地区提出的饲料原料采购需求，要采取特别保障措施实施“点对点”支持。

二、确保物资和产品运输畅通

将饲料产品及玉米、豆粕等饲料原料、种畜禽、仔猪禽苗、水产苗种、出栏畜禽、生鲜乳、乳制品、鲜活水产品、冷鲜猪肉、转场蜜蜂等纳入生活必需品应急运输保障范围，切实落实绿色通道政策，除必要的对司机快速体温检测外，确保“三不一优先”，便捷快速通行。尽快打通养殖业所需物资下乡和产品进城进厂的运输通道，不得拦截仔畜、雏禽及种畜禽、饲料原料及产品、畜禽水产品运输车辆。对一些县、乡、村封村封路、一概劝返等不恰当做法，要坚决予以纠正。各地有关部门要公布联系电话，安排专人接听群众来电，及时解决所反映的具体问题。

三、千方百计推进当前养殖业解困

家禽业要突出解决好养殖缺饲料、禽苗运不出和禽肉禽蛋卖难问题，帮助重点养殖场（户）和饲料企业、屠宰企业建立对接机制，协调金融机构解决家禽养殖企业流动资金贷款，落实活禽交易市场分类管理、不搞一刀切，确保饲料不断供、产品不滞压、资金不断流，必要时地方政府要采取禽肉、禽蛋产品临时收储措施。生猪要合力抓好生产恢复发展，“点对点”协调解决好建筑用工问题，加大建筑材料供应和保障力度，确保各地新建和改扩建生猪养殖项目尽快开工复工、投产达产。奶业要防止出现生鲜乳限收拒收特别是倒奶现象，督促收购生鲜乳的乳品加工企业用好用足产能，严格履行生鲜乳购销合同，敞开收购生鲜乳，支持采取生鲜乳喷粉等应急措施。水产养殖要解决好对虾、罗非鱼、小龙虾等产品压塘严重问题，协调主产区和大中城市构建销售流通对接关系，充分发挥电商等渠道优势，帮助重点水产加工企业尽快复工复产。

四、促进畜禽水产品产销衔接

加强畜禽水产品产销调度分析，充分发挥行业协会等作用，建立产销衔接平台，收集发布产销信息，引导及时精准对接，解决产品“卖不出”和“买不到”的问题。重点解决贫困地区特色养殖产品销路问题，组织开展多种形式的产销对接活动，确保贫困群众的养殖产品有销路、卖得出。加强对家禽产品消费的科学宣传和正确引导，促进市场消费恢复正常。

五、把复工复产支持政策落实到企业

各地要组织饲料、养殖、屠宰加工和水产品加工等骨干企业按要求积极申报，纳入疫情防控重点保障企业

名单，组织开展银企对接，将国家专项再贷款和贴息政策落实到位，争取享受税收减免等政策。疫情防控期间，对相关企业用电、用水、用气实施阶段性缓缴费用。对因疫情影响导致生产经营困难的企业给予稳岗补贴，实施“五险一金”费用缓缴和阶段性减免。

各地要高度重视养殖业当前面临的困难，接到本通知后立即落实政策措施。相关部门要各司其职，强化协作，形成工作合力。省级农业农村部门要会同有关部门建立重点企业特别是龙头企业联系平台，县级农业农村部门要对辖区内所有规模生猪和家禽养殖场、饲料、屠宰加工和水产品加工企业指定联络员，及时掌握生产经营情况，协调解决面临的困难，推动本通知各项支持政策落实落地，确保养殖业基础生产能力不受损失，确保养殖业稳定发展，确保肉蛋奶和水产品有效供给，为打赢新冠肺炎疫情防控的总体战、阻击战作出贡献。

农业农村部办公厅

国家发展改革委办公厅

交通运输部办公厅

2020 年 2 月 15 日

农业农村部 财政部关于公布2020年优势特色产业集群建设名单的通知

农产发〔2020〕2号

各省、自治区、直辖市、计划单列市农业农村（农牧）、畜牧兽医、渔业厅（委、局）、财政厅（局），新疆生产建设兵团农业农村局、财政局，黑龙江省农垦总局、广东省农垦总局：

为贯彻落实2020年中央1号文件和《国务院关于促进乡村产业振兴的指导意见》要求，大力促进乡村产业振兴，2020年农业农村部、财政部开展优势特色产业集群建设。经各省（区、市）申报、农业农村部和财政部审核，批准建设50个优势特色产业集群。现将有关事项通知如下。

1. 把握建设要求。紧扣乡村产业振兴目标，细化举措，坚持全产业链开发路径，培育结构合理、链条完整、聚集度高、竞争力强的优势特色产业集群。要建设优势特色标准化生产基地，提升农产品生产基地规模化、标准化、商品化生产水平，打造标准化的“原料车间”。要发展优势特色农产品加工营销，鼓励发展农产品初加工，引导龙头企业发展农产品精深加工，创建区域公用品牌和知名商标，建立顺畅的营销体系。要健全经营组织体系，支持龙头企业进行市场开拓和品牌营销，支持农民合作社发展订单农业，支持家庭农场、农户参与组织化生产，形成差异化竞争、功能互补格局。要加强要素集聚支撑。搭建信息服务平台，对接各类金融机构，引导推动资本、科技、人才、土地等要素向产业集群集聚。要建立健全利益联结机制。培育布局合理、功能互补的农业产业化联合体，带动农户参与产业发展，让农民分享产业发展红利。

2. 强化组织协调。省级农业农村、财政部门要成立项目工作组，明确一位厅局级领导牵头负责，组成一个工作专班，制定一套工作方案，加强工作指导。构建项目协调推进机制，加强工作部署，及时协调解决问题，推进工作有序开展。优势特色产业集群项目所涉及的县（市）要成立由政府分管负责同志任组长的协调指导组，并建立协作机制，按照项目建设方案要求，目标同向、力量同聚，构建多方协同、多元投入的发展格局。

3. 聚集资源要素。发挥财政资金的撬动作用，创新资金使用方式，加强资金统筹整合，引导社会资本、金融保险、风投创投等投入优势特色产业集群建设。协调落实好项目实施中的加工流通设施建设用地。加强联系科研院所，建立优势特色产业集群专家团队，加快集成技术推广，提升生产技术和装备水平。

4. 规范资金使用。中央财政奖补资金安排要围绕产业集群建设目标，保障农民充分受益、促进产业发展，确保资金使用高效安全。省级农业农村、财政部门要严格按照中央转移支付资金、农业生产发展资金等有关管理办法，及时下拨项目资金，加强资金使用监督管理，提高中央财政资金使用效益。要制定专门管理办法，明确资金使用标准，规范资金使用程序，加强资金运行管理，确保资金高效使用。中央财政奖补资金对企业的投入原则上要带动三倍及以上的社会资本投入。严禁将建设资金用于兴建楼堂馆所或变相搞房地产开发。对于已有普惠性政策渠道支持的建设内容，原则上中央财政奖补资金不再支持。要及时完善实施方案，于6月15日前报农业农村部、财政部备案，电子版同步上传至农业农村部农业转移支付项目管理系统。

5. 加强调度考核。省级农业农村、财政部门要健全考核机制，强化过程调度和绩效监控，结合本地实际细化量化考核指标，及时开展绩效自评，形成自评估报告，于2020年底前将省级绩效自评估结果报农业农村部、财政部。农业农村部、财政部将适时开展绩效考核评价，评价结果将作为后续资金安排的重要依据。

附件：2020年优势特色产业集群建设名单

农业农村部 财政部

2020年5月15日

附件：2020年优势特色产业集群建设名单

（涉及奶产业集群建设名单3家）

2 天津都市型奶业产业集群

42 陕西关中奶山羊产业集群

44 青海牦牛产业集群

http://www.moa.gov.cn/gk/tzgg_1/tz/202005/P020200713610979483982.docx

财政部 海关总署 税务总局
关于不再执行20种商品停止减免税规定的公告

2020年第36号

经国务院同意，自公告之日起，不再执行《国务院批转关税税则委员会、财政部、国家税务总局关于第二步清理关税和进口环节税减免规定意见的通知》（国发〔1994〕64号）中关于20种商品“无论任何贸易方式、任何地区、企业、单位和个人进口，一律停止减免税”的规定。

20种商品包括电视机、摄像机、录像机、放像机、音响设备、空调器、电冰箱和电冰柜、洗衣机、照相机、复印机、程控电话交换机、微型计算机及外设、电话机、无线寻呼系统、传真机、电子计算器、打字机及文字处理机、家具、灯具、餐料（指调味品、肉禽蛋菜、水产品、水果、饮料、酒、乳制品）。

自公告之日起，现行相关政策规定与本公告内容不符的，以本公告为准。

财政部

海关总署

税务总局

2020年8月5日

农业农村部　国家发展改革委　财政部　商务部　中国人民银行　国家税务总局　中国证券监督管理委员会　中华全国供销合作总社关于递补128家企业为农业产业化国家重点龙头企业的通知

农产发〔2020〕8号

各省、自治区、直辖市、计划单列市、新疆生产建设兵团农业农村（农牧）厅（局、委）、发展改革委、财政厅（局）、商务厅（委、局）、供销合作社，中国人民银行上海总部、各分行、营业管理部、各省会（首府）城市中心支行，国家税务总局各省、自治区、直辖市和计划单列市税务局，中国证监会各派出机构：

按照《农业产业化国家重点龙头企业认定和运行监测管理办法》规定和《农业农村部办公厅关于开展农业产业化国家重点龙头企业监测工作的通知》（农办产〔2020〕3号）要求，农业农村部会同国家发展改革委、财政部、商务部、中国人民银行、国家税务总局、中国证券监督管理委员会、中华全国供销合作总社对2018年监测合格和递补的农业产业化国家重点龙头企业开展了监测。经各省（区、市）遴选推荐、农业农村部组织专家评审、全国农业产业化联席会议审议和公示，决定递补中化现代农业有限公司等128家企业为农业产业化国家重点龙头企业。

希望递补的农业产业化国家重点龙头企业珍惜荣誉、勇于担当，着眼国家发展大局，以促进乡村全面振兴为己任，贯彻新发展理念，融入新发展格局，在推进乡村产业高质量发展中发挥引领作用。要加强全产业链建设，做优原料基地、做强加工转化、做活商贸物流，构建上下游产业和前中后环节紧密相连的有机整体。注重产业融合发展，推进科技创新、装备创制、品牌创建，加快在农业中融入科技、人才、资本、信息等现代产业要素，大力发展新产业新业态。强化联农带农，完善契约式、分红式、股权式利益联结机制，与农民合作社、家庭农场和小农户建立联合体，实现抱团发展、共同富裕。承担社会责任，以信建企、以信兴产、以信立业，将质量和信誉凝聚一体。依法依规生产经营，坚守法律道德底线，为各类经营主体起到良好示范作用。

各级农业农村等部门要加强统筹协调，完善扶持政策，优化发展环境，强化对递补国家重点龙头企业的指导服务，培育壮大龙头企业队伍，提升产业链现代化水平，为乡村全面振兴和农业农村现代化奠定坚实基础。

附件：递补农业产业化国家重点龙头企业名单

农业农村部
国家发展改革委
财　政　部
商　务　部
中国人民银行
国家税务总局
中国证券监督管理委员会
中华全国供销合作总社
2020年11月25日

附件：递补农业产业化国家重点龙头企业名单

http://www.moa.gov.cn/govpublic/XZQYJ/202012/t20201215_6358153.htm

海关总署　农业农村部
关于解除博茨瓦纳牛传染性胸膜肺炎禁令的公告

〔2020〕26号

根据风险评估结果，自本公告发布之日起，解除博茨瓦纳牛传染性胸膜肺炎禁令，允许符合中国法律法规要求的牛及相关产品输华。原动植物检疫局《关于暂停从博茨瓦纳进口牛及牛产品的紧急通知》（动植检动字〔1996〕30号）同时废止。

特此公告。

海关总署　农业农村部

2020年1月24日

海关总署　农业农村部
关于解除博茨瓦纳部分地区口蹄疫禁令的公告

〔2020〕27号

根据风险评估结果，自本公告发布之日起，认可博茨瓦纳东北区、杭济区、卡拉哈迪区、南部区、东南区、奎嫩区、卡特伦区及部分中部区为口蹄疫非免疫无疫区（区划图见附件），允许符合中国法律法规要求的偶蹄动物及其产品输华。原质检总局、原农业部2006年第651号公告同时废止。

特此公告。

附件：博茨瓦纳口蹄疫无疫区区划图

http://www.customs.gov.cn/customs/302249/302266/302267/2867125/2020022413574278630.pdf

海关总署 农业农村部

2020年1月23日

海关总署　农业农村部
关于防止孟加拉国牛结节性皮肤病传入我国的公告

〔2020〕41 号

2020 年 3 月 5 日，孟加拉国官方向世界动物卫生组织（OIE）通报，近期该国境内发生 1 起牛结节性皮肤病疫情。为保护我国畜牧业安全，防止疫情传入，根据《中华人民共和国海关法》《中华人民共和国进出境动植物检疫法》及其实施条例等有关法律法规的规定，现公告如下：

一、禁止直接或间接从孟加拉国输入牛及其相关产品（源于牛未经加工或者虽经加工但仍有可能传播疫病的产品）。

二、禁止寄递或携带来自孟加拉国的牛及其相关产品。一经发现一律作退回或销毁处理。

三、进境船舶、航空器、公路车辆和铁路列车等运输工具上，如发现有来自孟加拉国的牛及其相关产品，一律作封存处理，且在我国境内停留或者运行期间，未经海关许可，不得启封动用。其废弃物、泔水等，一律在海关的监督下做无害化处理，不得擅自抛弃。

四、对边防等部门截获的非法入境的来自孟加拉国的牛及其相关产品，一律在海关的监督下作销毁处理。

五、凡违反上述规定者，由海关依照《中华人民共和国海关法》《中华人民共和国进出境动植物检疫法》及其实施条例有关规定处理。

六、各海关、各级动物疫病预防控制机构及动物卫生监督机构要分别按照《中华人民共和国海关法》《中华人民共和国进出境动植物检疫法》《中华人民共和国动物防疫法》等有关规定，密切配合，做好检疫、防疫和监督工作。

本公告自发布之日起实施。

特此公告。

海关总署　农业农村部

2020 年 3 月 17 日

海关总署　农业农村部
关于防止以色列绵羊痘和山羊痘传入我国的公告

〔2020〕82号

2020年7月3日，世界动物卫生组织（OIE）公布以色列北部区（Hazafon）发生1起绵羊痘和山羊痘疫情。为保护我国畜牧业安全，防止疫情传入，根据《中华人民共和国海关法》《中华人民共和国进出境动植物检疫法》及其实施条例等有关法律法规的规定，现公告如下：

一、禁止直接或间接从以色列输入绵羊、山羊及其相关产品（源于绵羊或山羊未经加工或者虽经加工但仍有可能传播疫病的产品）。

二、禁止寄递或携带来自以色列的绵羊、山羊及其产品入境。一经发现，一律作退回或销毁处理。

三、进境船舶、航空器、公路车辆和铁路列车等运输工具上，如发现有来自以色列的绵羊、山羊及其产品，一律作封存处理，且在我国境内停留或者运行期间，未经海关许可，不得启封动用。其废弃物、泔水等，一律在海关的监督下作无害化处理，不得擅自抛弃。

四、对边防等部门截获的非法入境的来自以色列的绵羊、山羊及其产品，一律在海关的监督下作销毁处理。

五、凡违反上述规定者，由海关依照《中华人民共和国海关法》《中华人民共和国进出境动植物检疫法》及其实施条例有关规定处理。

六、各海关、各级动物疫病预防控制机构及动物卫生监督机构要分别按照《中华人民共和国海关法》《中华人民共和国进出境动植物检疫法》《中华人民共和国动物防疫法》等有关规定，密切配合，做好检疫、防疫和监督工作。

本公告内容自发布之日起实施。

特此公告。

海关总署　农业农村部

2020年7月6日

海关总署　农业农村部
关于防止卢旺达口蹄疫传入我国的公告

〔2020〕83 号

据卢旺达农业和动物资源部声明，该国东部省卡永扎区发生牛口蹄疫疫情。为保护我国畜牧业安全，防止疫情传入，根据《中华人民共和国海关法》《中华人民共和国进出境动植物检疫法》及其实施条例等有关法律法规的规定，现公告如下：

一、禁止直接或间接从卢旺达输入偶蹄动物及其相关产品（源于偶蹄动物未经加工或者虽经加工但仍有可能传播疫病的产品）。

二、禁止寄递或携带来自卢旺达的偶蹄动物及其产品。一经发现一律作退回或销毁处理。

三、进境船舶、航空器、公路车辆和铁路列车等运输工具上，如发现有来自卢旺达的偶蹄动物及其产品，一律作封存处理，且在我国境内停留或者运行期间，未经海关许可，不得启封动用。其废弃物、泔水等，一律在海关的监督下作无害化处理，不得擅自抛弃。

四、对边防等部门截获的非法入境的来自卢旺达的偶蹄动物及其产品，一律在海关的监督下作销毁处理。

五、凡违反上述规定者，由海关依照《中华人民共和国海关法》《中华人民共和国进出境动植物检疫法》及其实施条例有关规定处理。

六、各海关、各级动物疫病预防控制机构及动物卫生监督机构要分别按照《中华人民共和国海关法》《中华人民共和国进出境动植物检疫法》《中华人民共和国动物防疫法》等有关规定，密切配合，做好检疫、防疫和监督工作。

本公告自发布之日起实施。

特此公告。

海关总署 农业农村部
2020 年 7 月 3 日

海关总署　农业农村部
关于防止莫桑比克口蹄疫传入我国的公告

〔2020〕96号

2020年8月14日，世界动物卫生组织（OIE）公布莫桑比克马普托省（Maputo）发生1起牛口蹄疫。为保护我国畜牧业安全，防止疫情传入，根据《中华人民共和国海关法》《中华人民共和国进出境动植物检疫法》及其实施条例等有关法律法规的规定，现公告如下：

一、禁止直接或间接从莫桑比克输入偶蹄动物及其相关产品（源于偶蹄动物未经加工或者虽经加工但仍有可能传播疫病的产品）。

二、禁止寄递或携带来自莫桑比克的偶蹄动物及其产品。一经发现一律作退回或销毁处理。

三、进境船舶、航空器、公路车辆和铁路列车等运输工具上，如发现有来自莫桑比克的偶蹄动物及其产品，一律作封存处理，且在我国境内停留或者运行期间，未经海关许可，不得启封动用。其废弃物、泔水等，一律在海关的监督下作无害化处理，不得擅自抛弃。

四、对边防等部门截获的非法入境的来自莫桑比克的偶蹄动物及其产品，一律在海关的监督下作销毁处理。

五、凡违反上述规定者，由海关依照《中华人民共和国海关法》《中华人民共和国进出境动植物检疫法》及其实施条例有关规定处理。

六、各级海关、动物疫病预防控制机构及动物卫生监督机构要分别按照《中华人民共和国海关法》《中华人民共和国进出境动植物检疫法》《中华人民共和国动物防疫法》等有关规定，密切配合，做好检疫、防疫和监督工作。

本公告自发布之日起实施。

特此公告。

海关总署　农业农村部

2020年8月20日

七、科学技术

KEXUE JISHU

国家奶牛产业技术体系 2019 年建设情况

国家奶牛产业技术体系（以下简称“奶牛体系”）建设依托单位是中国农业大学，李胜利教授为首席科学家。“十三五”期间，奶牛体系下设 32 名岗位科学家（128 名团队成员）、20 个综合试验站（80 名团队成员）；综合试验站涵盖 115 个示范县、200 个示范辐射牛场、345 名技术推广骨干。

2019 年，根据农业农村部部署安排，奶牛体系紧紧围绕奶牛高产高效、生态养殖技术研究与集成示范、奶牛重要疾病防控关键技术研究与示范推广等主要体系任务，以及扶贫任务等全面落实推进各项工作。

一、总体情况

2019 年，奶牛体系在科学研究、服务产业、推动农业供给侧改革、农业绿色发展等方面全面推进，引领奶业科技创新，推动产业提质增效，技术支撑政府决策。其中，取得新技术 29 项，新规程 6 项，新工艺 9 项，新设备 14 项，新产品 8 项，7 项国家标准（报批），24 项行业和团体标准（报批），14 项地方标准（获批），计算机软件 25 项，专利 69 项，论文 308 篇，其中 SCI 65 篇，著作 19 部，4 人入选省部级人才，获得省部级奖励 10 项，举办培训班 544 场，培训 2 万多人次，推广主推品种 9 项，主推技术 51 项，进行各种技术咨询和应急服务 63 次。

二、强化基础研究，引领奶业科技创新

1.DHI 测定工作稳步推进，成效显著

2018 年 12 月至 2019 年 11 月 DHI 参测牛场 72 个，参测泌乳牛 87 101 头，获得有效数据 580 441 条，上报中国奶业协会数据平台的数据质量有效率达 90% 以上。参测牛只系谱完整率达 88.0%，其中一胎牛系谱完整率达 95.1%。参测牛日均产奶量由 32.8 kg 提高到 33.9 kg，305 天产奶量达到 10t 以上，乳脂率和乳蛋白率维持在较高范围，体细胞数由 25.8 万个 /mL 下降到 24.8 万个 /mL。

2. 形成了成熟的中国荷斯坦牛自主培育种公牛

经过 8 年时间，建立了国内首家能够实施全性状定期遗传评估、具有自主选择指数、不断自主培育优秀种公牛的平台，2019 年实现了平台自动抓取数据，实施 2 次全性状遗传评估。具有国内最大的系谱数据库（公牛 12 401 头，母牛 437 459 头），包括生产性能（2 819 628 条 DHI 测定记录，6 个性状）、体型（173 678 条记录，29 个性状）、繁殖（364 763 条产犊事件、1 167 579 条输精事件及 344 386 条出生事件，9 个性状）、长寿（305 445 条离群事件）等记录的全性状数据库。已经完成 4 次评估，为荷斯坦牛自主培育种公牛奠定了基础。

3. 活体采卵 – 体外胚胎生产（OPU–IVP）产业化技术取得了较好的效果

OPU–IVP 技术是继人工授精、超数排卵后又一次繁育技术革命。奶牛体系在活体采卵 – 体外胚胎生产（OPU–IVP）产业化应用及奶牛核心种质创新方面取得重大突破：一是优化程序并研制了采卵等相关仪器，达到低成本高效率的采卵效果；二是优化了育成牛采卵激素处理方案，使头均回收卵母细胞数达到 17.6 枚 /（头・次），可用卵母细胞可达 15.5 枚 /（头・次）。三是优化了卵母细胞体外受精体系。利用 OPU–IVP 技术结合常规和全基因组选择技术，以其优秀的母牛为供体，生产体外胚胎 2 158 枚，其中性控胚胎 1 512 枚，移植 1 069 枚，受胎率 42%，达到国际先进水平，极大地加快了奶牛育种进程。

4. 奶牛营养需要研究进展

蛋白质需要量研究方面，发现 3~4 月龄犊牛日粮蛋白质适宜水平为 19%；发酵玉米蛋白粉可以在断奶前提高犊牛的生长性能，缓解犊牛腹泻，促进瘤胃发酵，丰富粪便和瘤胃内微生物的多样性；发现低蛋白饲粮添加过瘤胃蛋氨酸能够提高奶牛的产奶量、乳蛋白率和乳蛋白产量。泌乳牛日粮中将 Zinpro–Cu170 作为铜源添加，添加量以 3.5 mg/kg 为宜，安全系数为 5 倍；在奶牛日粮中以纳米硒替代亚硒酸钠（亚硒酸钠 0.30 mg Se/kg DM vs. Nano–se 0.30 mg Se/kgDM），纳米硒在改善奶牛的抗氧化状态和增加奶牛乳腺中的 *Sel* 基因表达中起着重要作用；泌乳牛添加氨基酸螯合锌可改善生产性能。

5. 奶牛营养调控和标准化养殖技术推进我国奶牛饲养水平向着国际一流迈进

针对我国奶牛养殖在数量增长向质量效益型转变过程中的产业瓶颈问题，在奶牛营养调控和标准化养殖技术方面取得重要突破：一是揭示了奶牛关键阶段胃肠道微生物和营养代谢调控机理；二是研制开发了以新型绿色饲料添加剂以及奶牛健康养殖营养调控技术，创制的过瘤胃烟酸和过瘤胃胆碱等营养调控产品打破了长期以来进口产品垄断市场的局面，过瘤胃烟酸在国内牛场的使用率达到90%以上，包膜产品打开了美国、荷兰和日本等发达国家的市场；三是建立了以高产奶牛和后备奶牛标准化饲养体系，首次制定了《后备奶牛饲养技术规范》国家标准，修订了《高产奶牛饲养管理规范》行业标准，推动我国后备牛培育达到世界领先水平。技术支撑879家牛场获得农业农村部标准化示范场称号，技术辐射率达70%，推动我国奶业标准化转型升级。奶牛饲料转化效率提升技术研究与应用：通过精准饲养等技术提高奶牛饲料转化效率

6. 节能减排的营养调控技术研发与集成进展

营养调控方面，发现提高日粮蛋白质水平，甲烷排放有下降趋势，提高日粮淀粉水平，甲烷排放有上升趋势；发现添加Mg改变奶牛甲烷菌结构，通过减少碳水化合物降解菌抑制瘤胃发酵和饲料消化。建立了奶牛养殖系统减排技术并在示范场取得显著效果。大规模奶牛场奶牛养殖节能减排技术模式：应用苜蓿与青贮玉米最佳配比、日粮中添加酶制剂、青贮窖管理（防止废液生产温室气体）、粪污管理；小规模奶牛场奶牛养殖节能减排技术模式：应用苜蓿与青贮玉米最佳配比、日粮中添加酶制剂、粪污管理、种养结合。

7. 建立“两病”净化规程，并取得“两病”净化场验收资格

“两病”造成奶牛养殖业巨大经济损失，2019年体系在“两病”净化方面取得了重大进展：①改进了布鲁氏菌病荧光微球诊断技术，可区分布鲁氏菌病疫苗免疫或自然感染产生的抗体。②应用5种免疫学方法对牧场进行联合检疫，建立结核病综合诊断策略：SIT、CIT、IFN-γ 试验和PPD点眼反应、ELISA中两者及两者以上方法检测均为阳性者判定为后期感染牛。③制定“两病”定制化净化方案：形成集检测技术、优化检测程序、加强生物安全建设等综合措施为一体的两病净化方案。农业农村部畜牧兽医局2019年通过了《国家奶牛产业技术体系布鲁氏菌病和牛结核病净化场评估验收工作细则》，授权同意国家奶牛产业技术体系对体系试验站开展奶牛场“两病”评估验收工作；建立了“一场一策”的“两病”净化定制化方案，2019年带动青岛5家奶牛养殖场通过省级验收；通过实施净化，每个场每年节省阳性牛处置费用70万～100万元，经济效益明显。

8. 奶牛重要病毒病诊断技术和抗病毒制剂研究进展

优化3种常见的致腹泻病毒病多重PCR检测方法；评估1种多重核酸检测以及1种显色培养法的乳腺炎病原菌快速检测方法；建立奶牛常见呼吸道病毒四重荧光和奶牛呼吸道细菌三重荧光定量PCR方法；“牛支原体环介导等温扩增检测试剂盒”通过复核检验。研制1种广谱抗病毒新制剂干扰素和牛细小病毒亚单位疫苗。

9. 牛奶中兽药及其他有害物残留检测技术研究进展

调查牛奶中潜在有害化合物种类及残留污染现状，建立牛奶有害化合物风险监测预警技术平台；制备磺胺类药物的广谱识别单克隆抗体、磺胺类药物受体、己烯雌酚多克隆抗体；制备双酚A免疫亲和柱、双酚A及其类似物五合一复合免疫亲和柱；开发上市磺胺类药物快速检和黄曲霉毒素 M_1 快速检测试剂盒；建立牛奶中恩诺沙星的定值方法；建立牛奶中四环素类、磺胺类和喹诺酮类抗菌药物残留量检测方法。

10. 奶及奶制品安全控制与质量提升关键技术从源头上保障了我国乳制品的质量和安全

针对我国牛奶质量安全科技储备不足、风险数据缺乏，难以支撑奶业安全监管和高质量发展的需求，构建了奶产品质量安全与营养品质基础数据库，揭示了霉菌毒素共存的危害机理，建立了风险数据交流的权威平台；研发出乳及乳制品中主要风险因子同步检测技术，开发出违禁添加物检测标准，制定了生产过程中安全控制技术规范；制定国际上首个复原乳鉴定标准，研发出乳及乳制品的品质评价方法，集成构建质量提升技术，引领国产奶业从安全向优质升级。2018年27家企业通过优质乳工程验收，生产优质巴氏杀菌乳产品31.7万t，占全国规模企业巴氏杀菌乳产量的60%以上。

11. 研发本土化奶牛卧床再生垫料

将牛粪处理生产牛床垫料，不仅可从根本上解决垫料来源问题，还可以缓解土地消纳粪污的压力。国外的滚筒式牛粪垫料再生系统由于价格昂贵、不耐腐蚀、维护困难、运行不稳定等原因在国内使用受到限制。2019年奶牛体系研发了“本土化”牛粪再生垫料安全生产工艺技术研究和设备，采用一分一挤二级分离方式，很好地控制了物料的含水率，确保了垫料品质的稳定性和安全性；并形成了“粪污处理与垫料供应”相结合的循环经济产业模式。奶牛卧床垫料再生系统成果通过了黑龙江省科学技术委员会和机械工程学会鉴定，被列为“黑龙江省粪污处理主推产品”；成套设备已在黑龙江、新疆、内蒙古等省份的牧场稳定运行，得到了普遍认同和好评；在1000头规模奶牛场使用，年节省垫料支出70万~80万元，经济、生态效益显著。

12. 研发功能膜绿色智能型好氧发酵装备技术并在全国推广应用

针对我国奶牛粪污好氧发酵局部厌氧产生较多的温室气体以及氨气容易逸出造成氮素大量损失这一问题，近6年来率先在国内聚焦绿色生产和装备智能化，创新研发了适用于牛粪等养殖粪污，以及不同农业生物质原料的完全拥有自主知识产权的节能环保型分子膜好

氧发酵成套技术装备，可用于生产优质牛床垫料、有机肥和农林基质，并在全国推广，有效促进和实现了奶牛养殖粪污有效转化和资源化利用。目前，通过专利授权实施许可转让和学校、企业合作，上述装备已应用于我国近20个省市40个地市县的奶牛养殖粪污等好氧发酵生产优质有机肥、牛床再生垫料和基质，年处理粪污量千万吨以上，生产成本每吨降低100元以上，直接经济效益上亿元，综合效益显著；得到国家领导人、农业农村部等有关部委的高度肯定。

13. 研发“互联网＋养殖环境”在线监测与智能管控平台

研发“互联网＋养殖环境”在线监测与智能管控平台。平台具备以下特点：可同时采集氨气、二氧化碳、硫化氢、甲烷、温度、湿度、光照和粉尘8种环境参数，并可灵活定制；可对畜禽舍环境进行智能分析，自动控制风机、光源、湿帘等设备的开启与关闭；可通过手机、PC机实时进行远程监测与调控。养殖场注册即可使用该平台，无需增加额外硬件投入、降低平台使用门槛。平台运行后，用户只需坐在办公室或者用手机随时随地查看畜禽舍环境参数，了解畜禽舍的情况，当环境参数超标后，系统会自动对环境进行调控，而无需人为手动的进行控制，极大地提高了工作效率，并能够有效地改善畜禽舍的环境。该平台已在北京首农畜牧、双城雀巢培训中心、双城上禾牧业、黑龙江九三农垦鑫海奶牛养殖专业合作社、黑龙江九三农垦鑫源奶牛养殖专业合作社、依兰县润发牧业、牡丹江庆财牧业、齐齐哈尔龙江元盛牧业、哈尔滨洪福猪场、佳木斯藏香猪养场进行实际应用，取得了良好的应用效果。

14. 继续扩充乳酸菌库，开发新型乳制品

继续开展乳酸菌分离、鉴定及保存工作，使内蒙古农业大学乳酸菌菌种资源库中保藏的乳酸菌数量达到18 551株。采用PacBio SMRT测序技术，完成新疆地区传统酸马奶中乳酸菌多样性分析。在前期研究的基础上，筛选出具有调节宿主肠道菌群的益生菌，分别与基础发酵剂复配，推出了具有缓解便秘功能特性的益生菌发酵乳新产品。

15. 特色乳制品开发取得进展

在稀奶油研究方面，发现游离钙离子浓度变化是影响稀奶油乳浊液稳定的关键；卡拉胶与乳蛋白质一定程度的交联有助增加稀奶油体系黏度，通过改变界面性质从而影响稀奶油体系的品质。在干酪研究方面，通过以自主筛选获得的具有蛋白酶和脂酶水解活性乳杆菌、无细胞裂解液制作酶改性干酪，开发酶改性干酪粉新产品；利用三代测序技术分析乳扇中微生物的种类、数量和多样性，改良传统乳扇的生产工艺，开发乳扇新产品；以自主分离功能性乳酸菌为附属发酵剂，开发出切达干酪新产品。

三、服务产业实际，推动养殖提质增效

2019年，奶牛体系继续落实奶业竞争力提升行动，深入推进农业科技快速进村入场，采取现场指导、技术示范、座谈走访、小型座谈以及大型培训等多样化的培训方式，开展奶牛场高级人才研修班、“金钥匙”现场示范会等培训活动。奶牛体系32位岗位科学家和20个综合试验站在2019年共计培训544场，培训岗位人员15000余人次。

1. 科技服务机制

（1）依托奶牛“金钥匙”平台，对大型养殖企业进行现场“问诊”

2009年由农业部奶业管理办公室和国家奶牛产业技术体系联合创建了奶牛“金钥匙”技术示范现场会。“金钥匙”以产业和技术需求为导向，通过政－产－学（研）－推的推广模式，推出适应不同学习对象的特色鲜明的四个推广培训模块，包括现场检测诊断示范、昼会技术报告、晚会技术沙龙、答疑解惑。专家团队敢于深入现场，全面介入不同地区、不同生产水平的奶牛场，通过“望、闻、问、切”诊断各种类型的问题和根源，切实提出可行性、有针对性、令其信服的解决方案。

2019年“金钥匙”共举办10期，走访牧场20个，技术报告70个，答疑解惑300多个，培训人次2 500人次。

（2）为企业提供定制化跟踪服务

针对规模养殖企业集团技术需求，选派技术团队开展为期两到三天的专项牛场诊断评估，出具评估报告，就双方关心的技术问题开展科研验证试验，后续持续跟踪问题解决和技术提升情况，解决大牧场生产成本较高、持续亏损等难题。已经开展合作的企业包括现代牧业、黑龙江农垦、天润乳业、得益乳业等，并且取得了突出的效果。

（3）通过“现代奶牛场高级人才研修班”，实现牛场人员再教育

随着我国奶牛养殖规模化进程的加快，奶牛场职业场长、营养师、育种师、兽医师、岗位技工等出现严重短缺。奶牛场之间互相挖人才墙脚，挖来挖去搞得奶牛场关键岗位人员不稳定，从而导致奶牛生产不稳定，奶牛场都成了重要管理人员非正常流动的受害者。

为解决奶牛场人才短缺的现实问题，2012年国家奶牛产业技术体系奶牛“金钥匙”技术专家团队创办的“现代奶牛场高级人才研修班”应运而生，发挥研究团队科研和产业优势，建立了理论联系实际、突出现场实践教学的“理论学习－牧场实践－案例教学－结业考核”模块式培训方式，为中国奶业培养了大批高级管理和技术人才，被业内誉为“奶业黄埔军校”。2019年举办2期研修班，培训学员有76位奶牛场高级管理和技术人才。

2. 工作开展成效

（1）推动企业节本增效

“金钥匙”专项技术服务对奶牛养殖的科技支撑不断强化，生产水平逐年提高，推动了服务企业节本增效，提高了企业竞争力。根据对示范场的监测显示2019年公斤奶全成本3.31元，基本保持稳定；成母牛年单产

将比 2018 年提高 200kg，达到 8.9t。在“金钥匙”专场服务中，现代牧业推动饲料转化效率管控，2 个牧场年实现节本增效 1 100 万元。“金钥匙”专家连续 3 年对天润天澳牧业的生产经营进行评估和指导，诊断问题、制定措施，天澳已经诞生了 10t 单产的牛场，为新疆最高，养殖板块从微利状态到实现盈利 1 000 多万元。

（2）企业经济效益显著提升

“金钥匙”技术示范奶牛 340 万头次，实现增产 470 万 t，“金钥匙”的科技贡献率按 15% 计算，估测示范奶牛实现新增经济效益 25 亿元。其中与战略合作单位蒙牛集团合作，“金钥匙”技术示范实现新增经济效益 10 亿元左右。

（3）疾病发生率明显减少

协助山东省推进“两病”净化示范场创建工作，已通过省级验收，每个牛场每年节省阳性牛处置费用 70 万~100 万元。在北京、河北等 10 家规模化牛场进行“奶牛乳头消毒剂示范推广”，显著降低奶牛的体细胞数，减少乳腺炎常见致病菌感染，改善乳头皮肤状况，带来直接效益 55 万元；在甘肃临夏燎原乳业开展奶牛隐性乳腺炎综合防治技术，降低了临床乳腺炎发生率，减少抗生素用量，带来直接效益 35 万元。

四、发布奶业资讯，支撑行业发展决策参考

1. 定期发行奶业资讯和形势分析

奶业经济研究室定期编辑和发行《中国奶业经济月刊》（12 期）、《中国奶业贸易月刊》（12 期）、《国际奶业市场动态周报》（双周）（24 期）、《中国奶业经济调查研究》，主要收集国内外奶业生产、加工及行业发展动态、奶业国际贸易、政策和趋势等相关信息，目前已成为农业农村部、各奶业优势省区主管领导、企业家和学者了解我国奶业和国际奶业发展、贸易情况的案头参考资料，受到政府、协会、企业界的广泛赞誉，电子版发行量逐期增加。

2. 通过网络、微信、纸媒、电视节目进行宣传

2019 年，一方面利用电视纸媒等传统媒体进行体系培训等报道，另一方面继续利用“国家奶牛产业技术体系”和奶牛“金钥匙”等新媒体公众号平台以及各岗位和试验站的地方宣传平台等开展工作和技术宣传及对外交流信息。

3. 提供政策咨询和建议

2019 年，积极参与农业农村部举行的各种行业形势分析会议，配合农业农村部完成各种调研活动，向行业主管部门提供国内饲料资源利用情况、奶牛养殖情况、奶业发展现状和趋势以及国际贸易情况，为主管领导了解国内和国际奶业动态、把握全国局势提供了第一手资料和数据，深受领导好评。同时，奶牛体系办公室每月都整理分析奶业发展动态，增加了领导及公众对当前我国奶业形势的了解，加大了奶牛体系的宣传力度。

2019 年体系完成《牧场提质增效典型案例》《2019 年奶业形势预测报告》《贸易战前后粗饲料策略变化》《宁夏奶业调研报告》《新疆奶业调研报告》《关于开展养殖环节病死牛羊禽无害化处理情况的调研报告》《关于布病现状和防疫情况报告》《奶业技术预测与需求》《2019 年我国退出奶牛养殖场调研报告》《〈生乳〉国标中的乳指标的修订建议》《苜蓿生产形势分析》《科教司关于〈奶业振兴意见〉2019 年工作总结和 2020 年计划》《2008—2018 奶牛发展需要梳理的主要情况和指标》《以农地经营权配置与保护为核心的农地制度——法国经验与启示》《中国居民食物消费结构演变的趋势与特征——基于 CHNS 数据的分析》《全球奶牛养殖牧场水足迹比较及其影响因素分析——基于 IFCN 数据的分析》《主要国家生鲜乳购销关系研究报告》《奶牛养殖粪污资源化利用模式、成本效益与可持续性》《以色列发展的组织制度与技术服务调研报告》《黑龙江秸秆综合利用及区域性补偿制度试点调查报告》《完善收益分配机制，提升奶业振兴的养殖基础》等报告，并上报国家行业主管部门；同时为地区发展提供咨询，技术支撑（中国）宁夏奶业科研院的建设，制定《宁夏吴忠现代农业产业示范区设计规划》。

4. 应急性工作

按照农业农村部的要求，针对中美贸易摩擦苜蓿草进口关税提高，奶牛饲养成本升高，动员体系专家及行业资源，就苜蓿草在贸易摩擦情况下对中国奶业的制约，以及可能的替代品等方面进行了调研，并提出了措施和建议，先后完成了《苜蓿生产形势变化》《贸易摩擦前后粗饲料策略变化》，为农业农村部政策的制定建言献策。

针对非洲猪瘟在国内蔓延，为防患奶牛行业输入性疾病进入国内，体系办联合疾病研究室对国内、国外奶牛行业常见疾病的发病情况与原因进行了大量的调研、比对和分析，完成了《关于开展养殖环节病死牛羊禽无害化处理情况的调研报告》《关于布病现状和防疫情况报告》，上报主管部门，传达生产一线，指导奶业的生产经营。

五、服务脱贫攻坚大局，助力奶农养殖增收

根据农业农村部脱贫攻坚工作部署和《农业农村部办公厅关于印发“三区三州”和定点扶贫县科技服务团及联络员名单的通知》（农办科〔2019〕15 号）有关要求，奶牛体系重点组织相关岗位科学家开展了西藏、新疆、甘肃地区扶贫工作，同时对燕山－太行山地区进行扶贫。

1. 在西藏地区进行对口扶贫

（1）推动拉萨奶业发展和农牧民增收

为深入贯彻落实习近平总书记大力发展农业现代化的重要精神，以及时任国务院副总理汪洋同志 2015 年 8 月 14 日在拉萨城关区高标准奶牛繁育中心视察时提出“各相关部门要大力支持西藏拉萨发展农牧业产业”的重要指示，城关区委、区政府高度重视农牧业现代化发展工作。2015 年下半年国家奶牛产业技术体系和“金钥匙”团队赴拉萨开展技术合作和扶贫工作，开始了对

西藏的对口扶贫工作，解决了制约高原地区奶牛饲养的关键技术难题，有效降低了奶牛因高原病死亡带来的经济损失。2019 年 4 月 2 日，奶牛体系首席科学家组织国内最大体量的万头牧场高级管理和技术人员组成专家组在西藏拉萨举办了奶牛“金钥匙”技术示范活动，对当地高标准奶牛养殖中心和嘎巴生态牧场开展精准技术服务。从牛场设施设备、各阶段奶牛饲养管理和营养配方提出了整改建议。

（2）西藏自治区山南市扎囊县科技精准扶贫工作及成效

为解决本土农牧业专门人才和先进适用农业科技的缺乏瓶颈，2017 年 6 月，中国农业大学新农村发展研究院西藏扎囊教授工作站正式落户西藏。该工作站依托国家奶牛产业技术体系岗位科学家韩鲁佳教授团队、西藏山南市扎囊县人民政府和厦门市江平生物基质技术股份有限公司三方共建，旨在对扎囊县的现代农牧业、循环农业、生态农业建设提供技术服务，助推扎囊县与全国同步建成小康社会。2019 年 5 月 5 日，新华社拉萨电以“智力援藏：中国农业大学教授定点扶贫送智慧助力脱贫攻坚”为题报道了教授工作站有关工作。报道称在坚决打赢脱贫攻坚战的当下，如何变“输血式”扶贫为“造血式”扶贫？产业扶贫是关键举措和重要保障，既能促进贫困人口较快增收达标，也有助于巩固长期脱贫成果。

2. 在甘肃临夏区开展人员培训和技术服务

2019 年派出科研人员 20 余次，为临夏区燎原乳业及周边奶牛场持续开展 DHI 检测服务、检测乳腺炎和犊牛腹泻样品，并开展中兽药治疗工作；通过牛场现场评估，以小型会议的方式为奶牛养殖技术人员系统培训，协助建立一套疾病防控体系。依托兰州牧药所实验室平台，针对口蹄疫、布鲁氏菌病和犊牛腹泻，通过开展养殖技术培训和现场指导帮助养殖户进行规范的口蹄疫免疫和布鲁氏菌病防控，帮助贫困地区解决实际生产问题。

3. 全面技术支撑新疆贫困区奶业发展

2019 年新疆地区团队共计提供繁育、饲养、饲料加工技术服务 41 人次。与喀什市进行对接，协助南达完成有机产品的认证工作；协助农户进行“三区分离”的指导工作，完成了生活区、养殖区和种植区的分离，宣传和普及疾病防控措施。配合和田畜牧兽医站，协助完成了当地 2 246 头西门塔尔牛的良种繁育工作；协助建立了 3 个奶牛养殖合作社，将当地分散饲养的西门塔尔牛进行集中饲喂、集中管理；协助技术指导了一个 3 000 头标准化奶牛场的建设。

4. 饲料资源开发利用，帮扶兰考产业脱贫

针对我国十项精准扶贫工程之一的构树扶贫工作饲料化开发、奶牛饲喂价值方面的技术、标准缺乏问题，奶牛体系联合中国奶业协会等单位，筹划制定构树饲料化开发利用标准和方案计划，并于 2018 年被国务院扶贫办聘为“全国构树扶贫工程专家组”成员，2019 年构树研究取得重要进展，构树青贮可以作为奶牛粗饲料使用，不会对产奶量产生负面影响，而且会降低成本。

奶牛体系建设依托单位是中国农业大学，李胜利教授为首席科学家。奶牛体系岗位的设置综合考虑了成员研究领域、知识层次、年龄结构以及奶牛场示范辐射效应，基本保证了我国奶业研究的主要大学和科研单位都有岗位科学家，优势产区设有试验站的布局，为构建国家奶牛科研与推广的产业技术体系打下了坚实基础。其主要机构及组成情况如下（表 1 和表 2）。

奶牛产业技术研发中心由 6 个功能研究室组成。每个功能研究室设研究室主任 1 名和岗位成员若干：遗传改良研究室（7 名）、营养与饲料研究室（9 名）、疾病防控研究室（6 名）、生产与环境控制研究室（4 名）、加工研究室（5 名）、产业经济研究室（1 名），共计 31 名岗位科学家和 112 名团队成员。

奶牛产业技术研发中心下设 21 个综合试验站，每个综合试验站设站长 1 名（84 名团队成员）。综合试验站涵盖 115 个示范县、210 个示范辐射牛场、345 名技术推广骨干。

体系还设立了由体系首席科学家、岗位科学家和试验站站长代表共 13 人组成的执行专家组，以及由知名专家组成的咨询专家组（4 名）和首席科学家办公室（6 名）。

（国家奶牛产业技术体系首席科学家　李胜利）

表1　2019年度国家奶牛产业技术体系人员名单

首席科学家：李胜利

国家奶牛产业技术研发中心人员：曹志军、杨敦启、王雅晶、姚琨、夏建民、都文

岗位科学家

研究室名称	岗位专家	岗位名称	所在单位
营养与饲料研究室	刘建新（主任）	泌乳生理与调控	浙江大学
	李胜利	泌乳牛饲养管理	中国农业大学
	李建国	营养需求与饲养标准	河北农业大学
	高　民	粗饲料资源开发与利用	内蒙古自治区农牧业科学院
	张永根	饲料营养价值评定	东北农业大学
	王中华	饲料安全监测	山东农业大学
	高腾云	奶牛环境营养	河南农业大学
	蒋永清	后备牛饲养管理	浙江省农业科学院
	赵国琦	饲料配制与工艺	扬州大学
疾病防控研究室	李建喜（主任）	传统中兽医兽药防治	中国农业科学院兰州畜牧与兽药研究所
	高明春	病毒性传染病防控	东北农业大学
	范伟兴	细菌性传染病防控	中国动物卫生与流行病学中心
	吴文学	奶牛场生物安全与综合防控	中国农业大学
	杨宏军	繁殖病防控	山东省农业科学院奶牛研究中心
	沈建忠	兽药残留检测	中国农业大学
生产与环境控制研究室	王加启（主任）	生鲜乳质量控制与安全检测	中国农业科学院北京畜牧兽医研究所
	施正香	牛舍设计与养殖装备	中国农业大学
	余　雄	环境控制与奶牛福利	新疆农业大学
	韩鲁佳	粪污处理与利用（肥料化）	中国农业大学
遗传改良研究室	沈维政	智能化养殖	沈阳农业大学
	张胜利（主任）	后裔测定与遗传评估	中国农业大学
	王雅春	育种规划与核心群建立	中国农业大学
	孟庆勇	育种技术与方法	中国农业大学
	史远刚	奶牛品种资源评价	宁夏大学
	杨利国	繁殖技术	华中农业大学
	朱化彬	胚胎工程	中国农科院畜牧所
加工研究室	仲跻峰	良种扩繁与生产技术	山东农科院
	张和平（主任）	乳酸菌及发酵乳加工	内蒙古农业大学
	张列兵	乳粉及液态奶加工	中国农业大学
	李盛钰	干酪加工	吉林省农业科学院农产品加工研究所
	郑　楠	质量安全与营养品质评价	中国农业科学院北京畜牧兽医研究所
产业经济研究室	刘长全（主任）	产业经济	中国社会科学院农村发展研究所

表 2　综合试验站

试验站名称	站长	所在省份	所在单位
哈尔滨综合试验站	张维银	黑龙江	黑龙江省奶业协会
齐齐哈尔综合试验站	王永信	黑龙江	黑龙江克东瑞信达原生态牧业股份有限公司
鞍山综合试验站	谢振全	辽宁	鞍山市恒利奶牛场
保定综合试验站	孙凤莉	河北	河北省畜牧兽医研究所
石家庄综合试验站	张新同	河北	河北省农林科学院
济南综合试验站	赵　鲲	山东	济南佳宝乳业有限公司
大同综合试验站	马　腾	山西	山西省大同市良种奶牛有限责任公司
呼图壁综合试验站	葛建军	新疆	新疆呼图壁种牛场有限公司
克拉玛依综合试验站	邹阿玲	新疆	克拉玛依绿成农业开发有限责任公司
西安综合试验站	党东河	陕西	西安现代农业综合开发总公司
银川综合试验站	赵国丽	宁夏	宁夏正鑫牧业科技发展有限公司
三元综合试验站	李锡智	北京	北京首农畜牧发展有限公司
延庆综合试验站	任师喜	北京	北京市归原农业生态有限公司
北辰综合试验站	于　静	天津	天津市梦得牧业发展有限公司
武清综合试验站	贾春涛	天津	天津市武清区海林养殖场
上海综合试验站	袁耀明	上海	光明牧业有限公司
伊利综合试验站	韩吉雨	内蒙古	内蒙古伊利实业集团股份有限公司
哈尔滨农垦综合试验站	甘文平	黑龙江	黑龙江省农垦科学院畜牧兽医研究所
大理综合试验站	张克强	云南	农业农村部环境保护科研监测所
拉萨综合试验站	尼玛穷达	西藏	西藏自治区拉萨市城关区净土农业发展有限公司

2019年度国家牧草产业技术体系工作总结

2019年国家牧草产业技术体系在农业农村部的指导下，紧紧围绕乡村振兴战略、农业供给侧结构性改革、脱贫攻坚战略部署，针对牧草产业存在的重大科技需求开展了一系列技术研发、集成示范与培训工作，加强了全国牧草全产业链发展的重大科技创新工作，并取得了显著成效。

（一）积极完成科研创新，推动草牧业提质增效

2019年牧草体系获得审定新品种16个，形成牧草新技术、新规程、新材料、新工艺53套，研制新设备3套，开发草产品相关软件90项；获批发明专利25件，实用新型专利75件，制定技术标准58篇，获得新品种登记和奖励26项，出版专著16部，发表论文285篇，牧草科技创新大幅度提升了草牧业科技水平，为我国牧草产业发展提供了重要的科技引领和技术支撑。

（二）注重品种培育，供给产区急需

"十三五"之初，牧草体系围绕我国牧草"一带两区"对适宜牧草品种的重大科技需求，组织体系育种研究室及相关试验站顶层设计和联合攻关，并取得了重大进展。2019年育成了支撑各区域牧草产业发展和粮改饲建设需求的一批优良牧草品种。育成的高产优质"中苜9号"苜蓿新品种，比大面积推广的高产苜蓿品种"中苜2号"提高产量10%以上，可持续推动黄淮海、华北、西北地区优质苜蓿产业的高质量发展；育成的抗寒、耐盐碱"龙牧809"紫花苜蓿在东北地区有积雪覆盖时温度在-45℃时可安全越冬，越冬率达到95%~100%，可有效解决北方寒区苜蓿越冬率低的重大瓶颈；育成的"吉农1号"羊草新品系发芽率和抽穗率分别达到65%和20.1%，有效解决了羊草"三低"问题和东北退化羊草草地改良品种缺乏的问题；育成的高产、耐盐"冀草6号"高丹草干物质消化率比普通饲草高粱提高19.8%~31.6%，标志着国内率先实现了BMR基因型高丹草"三系"配套选育技术和饲用高粱品种国产化；育成的高产优质"都脉"苇状羊茅、"英迪米特"燕麦助推了西南区国家粮改饲建设的实施；育成的抗旱、耐寒"民大1号"老芒麦为青藏高寒区生态修复和藏区草牧业可持续发展提供了优良牧草品种；育成的耐重金属性、高产的"热研24号"柱花草比"热研21号"柱花草增产12.19%，对低质土壤的复耕利用具有重要的应用价值。

（三）集成应用饲草高效种植模式，推进国家粮改饲建设

体系紧扣农业供给侧结构性改革工作主线，聚焦推动国家粮改饲建设的重大技术需求，组织全体系科技力量，规划产业布局，研究建立了适宜华北黄淮海区、东北平原区、西北干旱区、青藏高原高寒区和西南湿润区的饲草高产高效"粮改饲"种植模式，为转型期区域农业产业结构调整及国家"粮改饲"政策的科学实施提供科技支撑。在东北平原区建立了青贮玉米与大豆轮作、青贮玉米复种草木樨绿肥模式；在黄淮海区建立了苜蓿套种夏玉米、青贮玉米复种毛叶苕子模式，氮肥减施20%左右，充分利用夏季高热高湿气候资源，系统产量提高15%左右；在青藏高原高寒区建立了燕麦与箭筈豌豆混播、青稞与油菜和箭筈豌豆轮作模式，可保障土地内生肥力稳定与可持续发展；在西北半干旱区建立了高丹草与拉巴豆混播、青贮玉米与高丹草间作、高丹草复种小黑麦等模式，提高了土壤养分资源和水分资源利用率，大幅增加了单位面积饲草产量，提升了区域饲草生产供给能力；在西南地区建立了稻田冬季复种多花黑麦草、杂交狼尾草/青贮玉米与光叶紫花苕轮作、青贮玉米与杂交狼尾草间作等种植模式，带动区域草牧业高质量发展。

（四）运用自身科技支撑力，助力国家脱贫攻坚

1.体系专家团队助力宁夏回族自治区固原市脱贫攻坚

宁夏固原市地处黄土高原六盘山集中连片贫困区，牧草产业是促进当地社会经济发展和脱贫攻坚的优势主导产业。2019年3月19日，牧草体系与宁夏固原市人民政府正式签订《国家牧草产业技术体系专家团队助力宁夏回族自治区固原市脱贫攻坚框架协议》，并为"国家牧草产业技术体系助力固原脱贫攻坚专家工作站"揭牌。一是首席科学家张英俊教授做了题为"牧草产业与脱贫攻坚"专题讲座，为固原市牧草产业发展提出了具有前瞻性的发展思路；二是体系专家团队审定了固原市各县区《2019年"一棵草"试验示范及推广工作实施方案》，为固原市牧草产业发展规划提供了技术指导，制定了固原市优质高产苜蓿和苜蓿良种基地建设实施方案。三是张英俊教授带领体系专家两次与固原市种草养畜龙头企业进行了座谈和技术需求对接，在固原市泾源县军盛草畜合作社建立了放牧型人工草地建植与放牧利用的技术示范220余亩，肉牛放牧单位公顷增重达到479kg，每亩实现利润958元；四是在助力固原市脱贫攻坚中，充分发挥龙头企业宁夏荟峰公司的带动作用，建立优质高产牧草科技示范区2个，举办培训班3次，带动苜蓿新品种及机械化生产加工新技术示范推广23万亩，新增产值3 680万元，积极探索出科技与产业发展、脱贫富民有效对接的新模式。

2. 举全体系之力深入“三区三州”贫困区开展牧草科技帮扶

积极部署和组织了所在贫困区的全部试验站、岗位专家深入到“三区三州”脱贫攻坚第一线，以种草养畜科技支撑带动贫困地区脱贫致富，取得了显著成效。体系专家深入到南疆和田、阿克苏、喀什地区和克州等深度贫困地区开展了饲草产业精准扶贫、精准脱贫的科技服务创新活动100余人次，技术培训24次，推广优质牧草品种4个，发放良种38t，牧草新技术示范8 000亩；深入到藏区青海省达日县、泽库县、贵南县、海晏县、同仁县、玛沁县等深度贫困地区进行饲草品种选择、牧草种植、草产品加工、畜牧养殖技术服务；深入到云南曲靖市会泽县采用夏播马铃薯与秋播燕麦轮作模式，为农户增加一季收入，每亩土地可实现年收入4 500元。深入到秦巴山区、阿坝州、甘孜州等5个县多个贫困村开展科技扶贫调研及技术服务，集中对贫困户进行饲草种植加工技术示范，赠送牧草种子13.71t，牧草新品种、新技术示范8 000亩，技术培训5次，农民每亩节本增收500元以上；体系多位岗位专家作为农业农村部“三区三州”扶贫对接点的对接专家，深入甘肃临夏州康乐县、青海省玉树州囊谦县等深度贫困地区对口帮扶专题调研，对当地轮作种植、土壤培肥改良、饲用玉米施肥等方面的技术问题多次进行了现场技术咨询和指导。

（五）积极为国家及地方政府决策和政策制定提供技术支持

依托体系科技力量，积极向国家及地方政府建言献策，为政府部门在草牧业发展方面的决策和政策制定提供科学依据，凸显了牧草产业技术体系在推进农业现代化建设和发展方面的重要作用，特别在国家层面上。一是张英俊教授联合病害防控岗位南志标院士、养分管理岗位李向林研究员等13名草业、畜牧业专家向人民日报内参提交《从国家层面大力发展栽培草地畜牧业的建议》，于11月获得胡春华副总理的批示。二是披碱草无芒雀麦品种改良岗位张博教授、种子扩繁与生产技术岗位毛培胜教授等专家开展了我国西北地区建设草种子专业化生产带可行性研究，8月通过中国科协向国务院提交了《关于建设与发展我国草种子专业化生产带的建议》，支撑国家牧草良种扩繁建设。三是牧草体系助力宁夏固原市脱贫攻坚工作纳入了《固原市2019年农业农村工作指导意见》，并作为固原市2019年产业扶贫工作报告的重要进展内容；四是苜蓿育种岗位专家应内蒙古自治区农牧业厅和鄂尔多斯市农牧局邀请，为乌审旗三个旗县的草牧业试点项目规划和实施方案提供技术支持。

（国家牧草产业技术体系首席科学家　张英俊）

附表：

牧草体系人员名单

序号	岗位名称	姓名
1	种质资源收集与评价	王　赞
2	苜蓿品种改良	杨青川
3	羊草品种改良	徐安凯
4	披碱草无芒雀麦品种改良	张　博
5	黑麦草三叶草品种改良	张新全
6	狼尾草柱花草品种改良	刘国道
7	青藏高原牧草育种	周青平
8	种子扩繁与生产技术	毛培胜
9	栽培生理与高产栽培	孙启忠
10	草地改良	刘　刚
11	土壤改良与产地环境治理	肖　燕
12	养分管理	李向林
13	草田轮作	师尚礼
14	放牧草地管理与草畜平衡	张英俊
15	人工草地生态评价	辛晓平
16	牧区混播栽培	宝音陶格涛
17	青藏高原牧草栽培	沈禹颖
18	病害防控	南志标
19	虫害防控	张泽华
20	毒杂草防控	孙　娟
21	播种机械化	刘贵林
22	青贮机械化	王德成
23	干草生产机械化	布　库
24	青贮技术	玉　柱
25	干草调制贮藏	格根图
26	成型草产品加工利用	史莹华
27	质量安全与营养品质评价	张福金
28	产业经济	王明利
29	遥感监测与智能管理	梁天刚

序号	试验站名称	姓名
1	沧州综合试验站	刘忠宽
2	衡水综合试验站	刘贵波
3	张家口综合试验站	刘贵河
4	朔州综合试验站	石永红
5	呼伦贝尔综合试验站	徐丽君
6	乌兰察布综合试验站	殷国梅
7	鄂尔多斯综合试验站	王育青
8	赤峰综合试验站	梁庆伟
9	白城综合试验站	赖宪明
10	绥化综合试验站	陈积山
11	齐齐哈尔综合试验站	刘学峰
12	东营综合试验站	王国良
13	恩施综合试验站	刘　洋
14	云阳综合试验站	张　健
15	阿坝综合试验站	白史且
16	资阳综合试验站	林超文
17	黔南综合试验站	莫本田
18	德宏综合试验站	薛世明
19	拉萨综合试验站	多吉顿珠
20	榆林综合试验站	杨培志
21	海北综合试验站	刘文辉
22	盐池综合试验站	张　蓉
23	昌吉综合试验站	李学森
24	石河子综合试验站	马春晖

八、国际奶业

GUOJI NAIYE

【国际概况】

2019年全球奶业形势

2019年，全球原料奶（包含所有物种）产量比上年增长2.2%，接近自2010年以来的年均增长率。这一增长主要由于印度牛奶和水牛奶产量的动态变化，这两种原料奶增量占到2018—2019年总增量的60%以上。多年来，牛奶产量占到全球奶类总产量的81%（2019年为7.14亿t），而水牛奶和山羊奶的增长率较高，反映出它们的需求量在不断增长。

全球牛奶供应量的增长速度（增长0.7%）低于10年来的平均水平（增长1.6%）。这是由于不同原因导致的，主要是出口国的供应量增长受限。大洋洲南部春季干旱炎热的天气条件导致澳大利亚和新西兰的供应量都有所减少。2019年上半年，美国（牛存栏数下降）和欧盟（天气条件差和饲料水平低）的奶供应量显著下降。这一情况在下半年有所改善，因此欧盟和美国的年度增幅分别为0.7%和0.4%。

总体而言，加工商更倾向于生产黄油和无水奶油（增长3.0%）和奶酪（增长1.4%），这些产品的需求一直都很强劲。脱脂奶粉产量稳定（增长0.1%），原因是欧盟委员会的公共库存被售出，以及美国的私人库存量下降。

随着消费习惯的改变，发展中国家人均收入不断增加，再加上世界人口增长9 200万人，2019年全球奶类人均消费量达到114.7kg，增长了1.2%。尽管亚洲的奶类总消费量位居世界领先，占到全球总消费量的47%，但人均消费量远低于北美和欧洲。

由于主要出口地区原料奶供应量有限，乳制品全球贸易量温和增长，增速略超过1%，达到约8 210万t奶当量，占到全球奶产量的9%以上。在欧盟和白俄罗斯出口增长的带动下，奶酪的贸易量增长了2.8%。由于中国需求旺盛，黄油和无水黄油出口量也强劲增长（增长3.9%）。但脱脂奶粉表现逊色（减少0.8%），原因是欧盟和新西兰的出口量激增，而美国和澳大利亚的出口量却在下降。欧盟仍然是世界最大的出口国，在全球贸易中占29%的份额，在奶酪和脱脂奶粉中处于领先地位。其次是新西兰（占乳品总贸易量的25%），是全脂奶粉和黄油及无水奶油类别的领导者。

2019年，由于乳蛋白质价格的复苏和乳脂肪价格的进一步下降，乳脂肪和蛋白质价格再次出现平衡。2019年黄油需求回落，给价格带来压力，但价格仍高于长期平均水平。对于脱脂奶粉，欧盟全面清除干预库存推动了市场复苏，2019年年底的价格接近历史水平。

2020年的前景光明，呈现需求旺盛和供应适度的局面。但是新冠肺炎疫情和所有流行病控制措施已经扰乱了乳业行业。不过影响结果低于预期，特别是对贸易的影响，但这种形势带来的不确定性对大宗商品价格产生了重大影响，即在下半年部分恢复之前大幅下跌。

一、奶类生产

（一）概况

2019年，全球奶类产量保持稳定增长，增幅略高于2%。其中两个增长因素与前几年保持一致。一个是由于本地需求增长强劲，再加上总体有利的奶价，推动了亚洲缺奶地区和其他新兴乳业市场奶产量的增长。另一个增长因素是水牛奶产量在2010—2019年的年增长率为4.0%，是牛奶产量增长率（1.9%）的两倍多。水牛奶产量的持续高增长导致其在2019年全球奶类总产量中所占份额增加到15%（2010年为13%）。

（二）牛奶

欧盟、美国和大洋洲传统出口地区的牛奶产量增长在全球供应格局中一直微不足道。近几年，这些地区和国家对加大投资和扩张的意愿不强烈。在过去两年西方国家专业奶牛场的奶价水平一直稳定在盈亏平衡点附近。

一些国家的养殖系统与该价格水平是相适应的，而另一些则不是。如果气候条件良好，爱尔兰、波兰和波罗的海国家等低成本地区的产量仍会增长。但新西兰、澳大利亚、美国（加利福尼亚州）、法国、荷兰、德国和意大利等几个传统大国的牛奶产量在2018年和2019年出现倒退或仅少量增加。各国提高产量意愿不强烈的原因各不相同，但在过去两年，与气候变化相关的异常天气、环境限制，以及挑战增加、生产成本上升和银行资金支持不足等综合因素对传统出口地区的产量增长造成不利影响。以上提到的几个因素可能是结构性的，并将导致世界一些重要奶业地区更多的人退出奶牛养殖行业。

以上这些将不可避免地刺激世界上牛奶缺乏地区的牛奶产量增长。大部分产量增长发生在亚洲，而在该地区印度是一个重要的组成部分，其牛奶产量和增长率（增长 7.8%）都有增长。2019 年，中国（增长 4.1%）和巴基斯坦（增长 3.8%）的牛奶产量也均有增长。另一个主要的牛奶缺乏地区非洲仅实现了少量增加（该地区增长 0.7%）。

拉丁美洲牛奶产量保持了自身的内部平衡，但经济稳定性差抑制了该地区的供应和需求潜力。2019 年，该地区产量最大的国家巴西牛奶产量有所增加。阿根廷的牛奶产量有所下降，尽管在 2019 年下半年出现了复苏。

（三）水牛奶

由于水牛奶的两个主要生产国印度（增长 5.3%）和巴基斯坦（增长 3.0%）的水牛奶产量持续强劲增长，使 2019 年全球水牛奶产量增长率达到 4.6%。尼泊尔是另一个水牛奶生产国，该国产量持续上升，但其他地区的水牛奶产量大多停滞不前。

（四）绵羊奶、山奶羊和其他动物奶

山羊奶逐渐成为一个有吸引力的利基市场，在传统乳业行业和婴幼儿营养领域都表现出喜人的增长率。亚洲和非洲可能是最大的山羊群集聚地区，但专业化加工主要集中在欧盟和大洋洲。由于中国等一些国家和地区对羊奶的需求量不断增长，而且较高的利润率也吸引了亚洲本土的专业化投资。2019 年，全球山羊奶产量增长了 2.0%。

其他动物奶的产量也有所上升，但增长幅度不大。绵羊奶产量增长了 0.8%，其他动物奶产量增长了 0.3%。

二、乳品加工

（一）牛奶供应

在这份涵盖 50 多个国家的报告中，奶牛场向乳品企业的供奶情况信息是来自 IDF 国家委员会和其他参与组织收集到数据，以及公开发布的信息。

2019 年，全球牛奶供应量增长了 0.7%。与长期的增长速度（2010—2019 年期间平均每年增长 1.6%）相比明显放缓。在主要的乳品出口地区，增速放缓幅度更大。

在大洋洲，新西兰的牛奶供应量略有下降（降低 0.7%）。澳大利亚在 2020 年上半年表现良好（增长了 5.4%），导致 2019 年的乳业供需（统计至 2020 年 6 月）接近平衡。

欧盟 2019 年的增长率（增长 0.7%）与 2018 年相比略有放缓。德国和法国这两个主要生产国的供应量维持在 2018 年的水平（分别增长 0.1% 和降低 0.1%）。在荷兰，由于土壤磷含量限制法规导致产量显著下降后，2019 年下半年供应量出现反弹。然而，荷兰 2019 年全年的收奶量仍低于 2018 年的水平（降低 0.6%）。

爱尔兰、英国、波兰、西班牙和比利时等国家的（牛奶）产量增长率超过 1.5%，其中爱尔兰增幅高达 5.3%，推动欧洲牛奶供应量增长。

在其他欧洲国家，俄罗斯 2019 年的牛奶供应量连续第二年显著增长（增长 4.4%）。另外，乌克兰的供奶量持续大幅下降（减少 9.1%）。同时瑞士和挪威 2019 年的供奶量也出现下滑。

在北美，尽管牛奶价格全年都在上涨，但与长期的增长速度（2010—2019 年平均每年增长 1.4%）相比，美国 2019 年的牛奶供应量增长非常有限（增长 0.4%）。2019 年墨西哥的牛奶收奶量持续增长（增长 1.3%），而加拿大的收奶量有所下滑（下降 0.8%）。

2019 年，南美洲大多数国家的牛奶供应量出现下降。除了该地区最大的生产国巴西（增长 2.3%），超过其过去 9 年的年均增长率（增长 2.0%）。该地区其他国家多数在 2019 年初遭遇干旱，导致交奶量显著下降，特别是哥伦比亚（下降 7.5%）和乌拉圭（下降 4.4%）在 2018 年交奶量有所增长后便出现大幅回落。

亚洲的牛奶供应量出现了适度增长。2019 年，中国牛奶供应量显著增长（增长 6.2%），而日本和韩国的供应量仅小幅增长。由于奶牛场和奶牛数量持续减少，以色列的牛奶供应量有所下降。尽管牛奶产量持续增长，但土耳其的牛奶供应量与 2018 年的创纪录水平相比大幅下降（降低 4.7%）。

（二）乳制品产量概况

这里列出的乳制品生产数据是基于国家统计数据汇总得来，它们至少能够反映全球总产量的 75%~90%。鲜乳制品是一个例外，因为很大一部分鲜乳产品通过非正规的全球市场生产和销售，而且通常被官方统计数据排除在外。然而，本报告对来自 50 多个国家的鲜乳产品数据进行了分析，以使我们能够估算产量和增长趋势。

由于 2019 年的牛奶供应量增长有限，与长期趋势相比，乳制品总产量增长有限，但不同产品类别之间表现差异显著。总体来说，加工商更倾向于生产黄油和无水奶油、奶酪和淡奶油。液态奶和发酵产品产量与 2018 年相比几乎没有变化，而奶粉产量有所下降。

1. 液态奶和鲜乳制品

2019 年，全球包装奶的产量连续第二年下降（下降 0.3%），而自 2010 年以来其产量平均每年增长 1.1%。在 2018 年大幅下降（下降 6.9%）之后，中国的产量再次回升（增长 1.3%）。印度合作社的产量持续增长（增长 3.8%），但增速低于过去 9 年的平均增长率（平均每年增长 6.0%）。

然而，大多数西方国家和俄罗斯的液态奶产量在连续两年增长后出现下滑（下降 1.4%）。传统最强生产地区欧盟 28 国的产量下降了 2.6%。由于饮食结构变化导致人均消费量下降，欧洲各国的消费量也在下降。美

国的情况也类似（下降1.7%），加拿大和澳大利亚（均下降1.1%）的情况稍好一些，原因也是消费量下降。墨西哥的液态奶产量增长了5.3%，但其他一些拉丁美洲国家的产量却大幅下降，如阿根廷（下降9.2%）、智利（下降5.9%）和乌拉圭（下降1.7%）等国家。巴西的液态奶产量也连续第二年小幅下降（下降0.4%）。

发酵产品的表现则令人满意，自2010年以来的年均增长率约为3.4%，但产量在2019年趋于稳定（增长0.3%）。2019年，全球最大的生产国欧盟28国的产量略有下降（下降0.4%），而第二大生产国中国，由于消费需求增长，其产量增长了2.1%。其他主要生产国（俄罗斯、美国、土耳其和日本）产量都有所减少，而印度合作社的产量则显著增长（提高22.4%）。

随着人们饮食营养水平的改善，发展中国家的液态奶和鲜乳制品的生产量预计将继续增长。

2. 黄油和其他乳脂肪

全球每年生产超过1 100万t的黄油和其他乳脂肪，如无水奶油和酥油（以黄油当量表示）。2019年的产量增长率达到3.0%，与自2010年以来的年均增长率持平。

乳脂肪产量主要由印度主导，其产量占到全球产量的一半以上（53%），在15年前就已经超过了欧洲，印度的产量比当时已经增加了一倍多，达到580多万t。2019年，印度的黄油和酥油产量又增长了4.5%。世界第二大黄油生产国欧盟产量比印度低50%以上。2019年，欧洲黄油产量增长了2.4%。主要出口国美国和新西兰的黄油产量也分别增长了1.3%和2.7%。中国的黄油产量剧增（增长24.7%），而澳大利亚的产量连续第五年下降（下降23.4%）。

3. 奶酪

2019年的全球奶酪总产量估计略低于2 400万t（为避免重复计算，不包括加工奶酪）。本章节内容中是指天然牛奶奶酪，在天然奶酪中占到近90%。其余则包括其他物种奶酪（水牛、山羊和绵羊）以及没有出现在国家统计数据中的家庭自制奶酪和农场加工奶酪。2019年，全球奶酪产量增长1.4%，明显低于2010年以来的2.2%的年平均增长率。

世界上两个主要的生产国是欧盟28国和美国。欧盟产量占全球牛奶奶酪产量的44%，美国占27%。2019年，欧盟奶酪产量增长1.2%，美国增长0.8%。欧盟28国中，荷兰（增长4.9%）、西班牙（增长4.0%）、爱尔兰（增长3.3%）和德国（增长2.1%）的奶酪产量显著增长，法国（增长0.8%）略有增长，而意大利和英国的奶酪产量分别下降了2.6%和1.2%。

其次主要生产国巴西和土耳其则远远落后，年产量分别为1 001万t和707万t。巴西2019年的奶酪产量增长了2.4%，增量超过100万t，巩固了世界第三大奶酪生产国的地位。相反，土耳其奶酪产量相比2018年的高位水平显著下降（下降1%）。在全球奶酪其他重要生产国，墨西哥、埃及和白俄罗斯生产增长趋势有所增强，在2019年实现了两位数的增长，俄罗斯的产量在2018年表现疲软后有所恢复。加拿大、阿根廷和大洋洲的产量有所下降。

4. 奶粉

自2010年以来，全脂和半脱脂奶粉产量的年平均增长率为1.7%，但2019年下降了2.2%，产量为468万t。这是自2016年以来首次出现下滑。主要生产国新西兰的产量增加了3.4%。中国占据全球需求量的主导地位，2019年中国全脂奶粉进口量持续增长，但其产量大幅下降13.0%。第三大生产国欧盟28国的产量保持稳定（下降0.1%），各成员之间表现差异明显。荷兰（增长8.1%）、丹麦（增长10.7%）和波兰（增长31.6%）表现出强劲增长。德国的产量基本稳定（增长0.3%），而自2010年以来的年平均增长率为7.2%。法国在多年前就已退出全脂奶粉市场，其产量进一步下降（下降6.0%），爱尔兰产量也大幅下降（下降59.8%）。拉丁美洲则呈现出不同的发展趋势，巴西（增长4.6%）和墨西哥（增长2.4%）的产量上升，但阿根廷（下降2.3%）和乌拉圭（下降6.6%）的产量下降。

2019年全球脱脂奶粉产量稳定在480万t（增长0.1%）。欧盟28国的产量略有增加（增长0.4%），同时在2019年年中欧盟委员会的上市股票售出，欧盟在国际市场占据良好的竞争地位。在美国，尽管出口量有所下降，但脱脂奶粉产量上升了3.7%。而且因内需增加，商业库存呈现下降。印度脱脂奶粉产量持续增长（增长5.0%），接近2010年以来的年平均增长率（5.8%）。在新西兰和澳大利亚，由于加工商青睐其他产品，两个国家的脱脂奶粉产量均大幅下降（分别下降8.5%和25.6%）。

5. 炼乳

据估计，2019年全球炼乳和淡奶产量超过500万t。该市场由美国和欧盟主导，它们几乎占到全球产量的一半。美国的产量保持回落趋势，在2016年的剧烈下降之后呈现适度下降。2019年，欧盟的产量有所增长（增长3.5%），恢复至2015年的水平。其他重要的生产国包括巴西、秘鲁、俄罗斯，还有中国占很小比例。

6. 乳清产品

液体乳清主要是奶酪生产的副产品（占80%以上，其余来自酪蛋白生产），因此主要产自奶酪的主产地区，如欧盟28国和美国。目前，欧盟是全球最大的乳清粉生产国，其产量为220万t，占本报告所涉及国家总产量的69%。2019年，由于国际市场对乳清粉需求量下降，美国产量下降2.2%。欧盟2019年的产量增长了4.0%，主要是因为荷兰（增长13.1%）和意大利（增长12.3%）的强劲增长。俄罗斯乳清粉产量增长7.2%，与该国奶酪生产的增长趋势保持一致。

将乳清加工成乳清衍生物（乳清浓缩蛋白和乳清分离蛋白）的趋势继续加强。由于与婴幼儿配方奶粉、营养食品和医疗用途关系紧密，乳清原料成为一个日益增长的全球市场。然而，自2018年年底以来和2019年全年中国的非洲猪瘟，导致该国养猪量大幅减少，这对用于动物饲料的乳清粉出口产生了重大影响。

三、乳业产业

（一）2019年世界乳业巨头

2019年，全球乳业25强排名略有变化。美国液态奶领军企业迪恩食品公司（Dean Foods）于2019年12月申请破产。爱尔兰乳业领军企业（Glanbia plc）取代了它的位置。

2019年，大多数总部位于欧盟的乳业巨头以美元表示的营业额都有所下降。这是欧元贬值的结果，在一年内欧元对美元汇率下降了5%。在该趋势中例外的是法国的拉克塔利斯（Lactalis）和爱尔兰的格兰比亚（Glanbia），由于营业收入增长显著抵消了货币贬值的影响。

尽管人民币对美元的汇率下降（下降4%），但中国乳业巨头的伊利和蒙牛再次保持了过去几年的稳定增长。在世界其他一些地区，当地货币兑美元汇率并没有发生巨大变化。因此，对总部设在这些地区的乳业巨头来说，营业额的潜在波动与汇率关系不大。

由于2018年美国牛奶价格大幅上涨，同时也得益于与圣奥尔本合作乳品厂（St Albans Cooperative Creamery）的合并，美国大型乳品企业美国奶农（DFA）的营业额增长了17%。美国合作企业兰奥湖（Land O' Lakes）的低迷表现则有所缓和（增长3%）。除中国和美国之外，印度的（Amul）（增长15%）和加拿大的萨普托（Saputo）（增长9%）的营业额显著增长。最近的收购推动了萨普托（Saputo）的增长。2019年，该公司收购了英国的Dairy Crest，还从澳大利亚狮乳饮料公司（Lion Dairy and Drinks）手中收购了两家奶酪公司。

（二）2019年和2020年年初的主要合作与并购

1. 大洋洲

在过去几个月，澳大利亚乳品行业的重组步伐加快。2019年，总部位于中国的贝因美以9 000万美元的价格将其位于达纳姆的婴幼儿配方奶粉工厂51%的股份出售给达纳姆公园有限公司（Darnum Park Pty Ltd）。婴幼儿配方奶粉生产商Bubs宣布以2 600万美元收购Deloraine Dairy公司。中国的健康与幸福国际控股有限公司收购了位于悉尼的Farmland Dairy乳品厂，以合生元为品牌生产山羊奶婴幼儿配方奶粉。新西兰Keytone乳业公司收购了Omniblend。中国蒙牛以10.4亿美元收购了婴幼儿配方奶粉制造商贝拉米（Bellamy）。加拿大萨普托（Saputo）以2.1亿美元收购了Lion Dairy和Drinks Pty Ltd公司的特色奶酪业务，其中包括位于塔斯马尼亚洲的两个加工厂。Blend and Pack是一家位于墨尔本的乳制品加工和包装工厂，澳大利亚婴幼儿配方奶粉公司握尔康（Wattle Health）以3 400万美元的价格将其对Blend and Pack的持股比例从5%增加到51%。总部位于新加坡的丰益国际（Wilmar International）以1.8亿美元的价格从澳大利亚Goodman Fielder手中收购了剩余的50%股权。

2020年上半年，贝斯顿全球食品公司以2 800万美元的价格将其位于甘比尔山的4个奶牛场出售给奥罗拉奶牛场。日本明治控股（Meiji Holdings）从新加坡Japfa手中收购了澳大利亚子公司澳亚投资控股（ausasia Investment Holdings）25%的股份，澳亚投资控股在中国拥有乳品业务。澳大利亚最大的犊牛乳替代品供应商ProviCo Australia从恒天然手中收购了其在丹宁顿的生产基地。

在新西兰，恒天然以2.6亿美元的价格将其Farm Source的畜牧业务出售给carfields，然后将Tip Top冰激凌业务出售给总部位于英国的Froneri。Synlait以7 400万美元收购了奶酪生产造商Dairyworks。最后，中国伊利以4.05亿美元收购了Westland的资产。

2020年上半年，魁北克公共服务养老基金管理公司PSP Investments的子公司Sooke Investments收购了恒天然最大供应商Dairy Holdings四分之一的股份。Synlait Milk公司斥资1 700万美元在其Dunsandel加工厂附近建设了一个占地582hm^{2}的奶牛场。

2. 欧洲

在奥地利，总部位于瑞士的艾美（Emmi）收购了有机绵羊奶和山羊奶专业公司Leeb Biomilch 66%的股份。2020年上半年，德国Megggle将其在SalzburgMilch公司41.65%的股份出售给了其三个持股合作伙伴。

在波罗的海地区，爱沙尼亚乳品公司E-Piim与拉脱维亚乳品公司Piena Cels合并，创建了一个名为SCE Piim的新乳业集团。

在比利时，法国乳业企业Laitnaa收购了Solarec 3%的股份。

在白俄罗斯，Savushkin Product公司接手了别列佐夫斯基奶酪工厂。

在法国，贝尔维尔收购了Fromag è re de La Brie。达能将其在米歇尔和奥古斯丁的持股比例增加到95%。乳品贸易商Fit收购了Union Laiti è re de la Venise。Isigny Sainte Mère乳业公司收购了太妃糖制造商Caramels d 'Isigny。Laiterie Collet收购了酸奶制造商Laiterie Baïko。萨文西亚（Savencia）接管了罗克弗特的生产商帕比隆（Papillon）。索地雅（Sodiaal）从圣元手中接管了位于卡尔哈伊的婴幼儿配方奶粉工厂的一部分业务。总部位于比利时的Vache Bleue收购了Sengelé，该公司负责埃芒塔尔奶酪的研磨、包装和分销业务。在2020年上半年，贝尔收购了植物专业公司All In Foods。Coopérative laitière du Beaufortain收购了奶酪制造商ducg－goninaz。

在德国，Conzima食品有限公司收购了破产的Kohrener Landmolkerei。总部位于卢森堡的CVC收购了恒天然在德国DFE Pharma公司的股份。DFE Pharma是荷兰菲仕兰campina和恒天然出资相同比例成立的一家合资企业，为制药行业生产辅料。DMK收购了婴幼儿配方奶粉品牌 Alete 的权益。霍克瓦尔德接管了阿米尔。美国糖果集团玛氏（Mars）从恒天然（Fonterra）手中收购了德国营养公司 Foodspring 的大部分股权。比利时 Vache Bleue 从 Arla 食品公司手中收购了位于 Bad Wörishofen 的奶酪工厂。在 2020 年上半年，Lidl 从 DMK 收购了位于瓦尔德福伊赫特的一家冰激凌工厂。恒天然成为植物专业公司 YFood 的股东。Ostmilch Handelsgesellschaft 公司从瑞士霍希多夫（Hochdorf）集团手中收购了 Uckermärker Milch 公司 60% 的股份，成为该公司的唯一股东。

在希腊，德国 Hochland 收购了希腊羊乳酪制造商希腊家庭农场（Greek Family Farm）25% 的股份。

在爱尔兰，LacPatrick 乳业公司和 Lakeland 乳业公司于 2019 年 4 月 1 日正式合并。新公司冠名为 Lakeland Dairies Co-operative Society。

在意大利，总部位于法国的 Pan-European 私人股份公司 Argos Wityu 收购了 e Caseificio Moro。总部位于瑞士的 Emmi 接管了甜点制造商 Pasticceria Quadrioglio。Granarolo 对奶酪生产商 Venchiaredo 的投资比例从 24% 增加到 57.5%。拉克塔利斯（Lactalis）以 3.2 亿美元收购了 Nueva Castelli。

在荷兰，DMK 收购英国 Volac 的股权后，成为乳清专业公司 DV Nutrition 的唯一股东。菲仕兰 Campina 出售了其子公司 cream Creation，同时收购了奶酪切割和包装专家 Bakker Kaashandel。范德特尔（Vandersterre）从比利时乳业集团米尔科贝尔（Milcobel）手中收购了其子公司荷兰杜邦芝士（DupontCheese netherlands）。2020 年上半年，菲仕兰 campina 将其在发酵专业公司 CSK Food Enrichment 的 82.3% 股份出售给了帝斯曼。

在波兰，波尔姆莱克参股了 Lacpol。

在罗马尼亚，德国 Müller 集团将其在当地的子公司出售给了以色列饮料集团 Central Bottling Company。

在俄罗斯，EkoNiva 收购了卡卢加地区的几个农场，其中包括一家名为 Detchinskoye 的大型农业企业。

在西班牙，巴斯克地区政府以 700 万美元收购了 Kaiku Corporacion Alimentaria 7.3% 的股份。Queserías 公司接管了 PDO 曼彻格奶酪制造商 Lordi。在 2020 年上半年，Capsa 收购了 Lácteas Flor de Burgos 50% 的股份。Vascolac 接管了 Quesería Berta de Villarcayo。

在瑞士，霍赫多夫（Hochdorf）以 1 亿美元的价格将其在 Pharmalys Laboratories 的 51% 股权出售给 Pharmalys investment Holding。

在乌克兰，百事公司出售了位于哈尔科夫地区的乳品厂。

在英国，意大利安布罗西（Ambrosi）公司收购了奶酪和高档食品分销商安东尼·洛克利夫（Anthony Rowcliffe）。First Milk 在收购恒天然 51% 的股份后，成为了乳清加工商 Fast Forward 的唯一股东。McQueens Dairies 收购了位于基尔布莱德东部的 Müller 工厂。加拿大萨普托（Saputo）以 13.1 亿美元收购了 Dairy Crest。

3. 亚洲

在中国，蒙牛以 6.05 亿美元的价格出售了其对婴幼儿配方奶粉制造商君乐宝 51% 的持股。新希望乳业投资 1.57 亿美元将对现代乳业的持股增至 9.3%。圣牧有机奶有限公司斥资 4 300 万美元收购了 12 个有机牧场。婴幼儿配方奶粉生产商圣元国际完成了对阿尔福贝塔乳业公司的收购。

2020 年上半年，光明乳业以 1.09 亿美元收购了辉山乳业的部分资产。法国达能（Danone）收购了加拿大萨普托（Saputo）在中国的婴幼儿配方奶粉工厂美瑞古尔本（Murray Goulburn Dairy）。蒙牛成为圣牧高科的唯一股东，并持有豐豐饮食有限公司 5% 的股份。该公司还与美国饮料巨头可口可乐成立了合资企业，在中国生产和销售低温乳制品。新希望乳业以 2.45 亿美元收购了欢美乳业 60% 的股份。

在印度，达能参股了酸奶制造商 Epigamia。拉克塔利斯（Lactalis）以 2.5 亿美元的价格收购了 Prabhat 的乳制品业务。

在以色列，总部位于英国的 Froneri 收购了雀巢的子公司 Noga Ice Creams。

在马来西亚，弗雷泽 & 尼夫（Fraser & Neave）投资 3 800 万美元在楚平附近购买了 4 450hm^2 的土地，建设了一个该国最大的奶牛场。

在中东，Arla Foods 与 Mondeléz 达成协议，授权其在该地区使用卡夫品牌，为期 12 年。

在沙特阿拉伯，Almarai 以 2 800 万美元的价格将其对 United Farmers Holding 公司 33% 的股份转让给 SALIC 公司。

在乌兹别克斯坦，雀巢将其乳制品和饮用水业务出售给了拉克塔利斯（Lactalis）。

在越南，Vinmilk 收购了 GTN Foods 75% 的股份，该公司拥有一家名为 Moc Chau 的乳品公司。

4. 拉丁美洲

在阿根廷，Arcor 投资 1 200 万美元将其在 Mastellone Hermanos 的股份增加到 47.5%。SanCor 将其奶酪品牌 Thorem 出售给法国的 Savencia。Santa Clara 被 Ciro Echesortu 领导的一家资本投资公司收购。

在巴西，总部位于瑞士的艾美（Emmi）将其对 Laticinios Porto Alegre 的持股从 40% 增加到 70%。雀巢向 Bela Vista 出售了两个 UHT 奶品牌，将 Ninho 儿童牛奶和 Molico 脱脂牛奶品牌授权给该公司，为期 10 年。在 2020 年上半年，美国的 Leprino Foods 将其在 Lactojara 的持股增加到 100%。资产管理公司 Aqua Capital 旗下的巴西奶酪制造商 Ultracheese 收购了位于圣保罗的水牛马苏里拉奶酪生产商 Bufalo Dourado。

在智利，恒天然以 1 900 万美元的价格将其在 Prolesur 的持股从 86.6% 增加到 99.9%。

在哥伦比亚，投资基金 Mesoamerica 收购了 Alquería 35% 的股份。

在委内瑞拉，恒天然以 1 100 万美元的价格将其对 Inlaca 的权益转让给了 Mirona 集团。

5. 北美洲

在加拿大，Gay Lea Foods 收购了 Thronloe Cheese。

在美国，投资基金博格曼资本（Borgman Capital）收购了奶酪加工制造商吉尔曼奶酪公司（Gilman cheese Corp）。加利福尼亚乳业从 Hilmar Cheeses 收购了其位于 Turlock（CA）的奶粉工厂。法国达能收购了植物性食品公司 Forager Project 的一部分股权，并增持了燕麦产品制造商 Hälsa Foods 的股份。荷兰 Denkavit 公司收购了 Grober Nutrition LLC。总部位于瑞士的艾美（Emmi）公司从五大湖奶酪公司收购了位于西摩（WI）的蓝奶酪工厂。新西兰恒天然（Fonterra）收购了替代食品公司 Motif components 的一小部分股权。荷兰合作社菲仕兰 Campina 与美国亚利桑那州的 United Dairymen 合作在美国生产乳铁蛋白。总部位于英国的 Froneri 以 48 亿美元收购了雀巢在美国的冰激凌业务。卡夫亨氏（Kraft Heinz）投资 350 万美元收购奶酪替代品制造商 New Culture。克罗格将旗下拥有 38 家食品厂（包括 19 家乳品厂）的 Turkey Hill 食品业务出售给了投资基金 Peak Rock Capital。法国拉克塔利斯（Lactalis）集团收购了埃尔曼的酸奶业务，其中包括两个加工厂。百事可乐收购了运动和健康产品制造商 Muscle Milk。St. Albans Cooperative Creamery 于 2019 年 8 月与 DFA 合并。Upstate Niagara 合作社接管了位于巴达维亚（纽约）的 Alpina 酸奶厂。Wells Enterprises Inc. 收购了联合利华位于 Henderson (NE) 的冰激凌工厂和 Eden Dairy 的 Halo Top 品牌。

2020 年上半年，申请破产保护的波登乳业（Borden dairy）被私人股份公司 Capitol Peak Partners 和 KKR 收购。可口可乐将其在 Fairlife 的持股比例从 42.5% 增加到 100%。法国达能投资 1 000 万美元收购了植物性食品制造商 Laird Superfood 的部分股份。DFA 以 4.33 亿美元收购了 Dean Foods 的 44 个工厂，同时 Prairie Farms 以 7 500 万美元另外收购了 8 个工厂和 2 个仓库。Turkey Hill 从 Yarnell Ice Cream 收购了位于 Searcy （AR）的一家工厂。

6. 非洲

在安哥拉，刚果民主共和国的 Webcor 集团收购了 Lactiangol。

在埃及，法国的拉克塔利斯（Lactalis）收购了奶酪制造商绿地（Green Land）。

在肯尼亚，总部位于美国的 TPG capital 收购了乳品加工企业 Maziwa 33.9% 的股份。

在马达加斯加，投资基金 Adenia 出售了其在乳品公司 Socolait 的股权。

在尼日利亚，已经持有 Chi 有限公司 40% 股份的可口可乐公司成为该公司的大股东。2020 年上半年，菲仕兰 Campina 的子公司 Wamco 从英国 PZ Cussons 手中收购了其果汁和乳饮料加工厂 Nutricima。

在南非，由以色列的 Central Bottling Co（以色列可口可乐公司）主要控股的 Milco 收购了 Clover。

在乌干达，总部位于美国的 Rise Fund LP 收购了 Pearl Dairy Farms 34% 的股权。

四、消费

本章节内容中所提到的乳和乳制品消费是一种表观消费。在全球范围内，目前还没有针对基于实际购买消费行为的研究。此外，非正规市场在全球乳制品市场中占有相当大的比重。因此，总消费量只能基于贸易调整后的产量和可获得的库存变化数字来估计。

（一）全球奶类消费

2019 年，全球奶产量保持了自 2010 年以来的增长趋势，增长了 2.2%，达到 8.8 亿 t 左右。由于需求旺盛和市场价格回暖，欧盟抛售了其库存奶粉。总体而言，需求量超过了生产量，导致库存减少，表观消费量增加。

2019 年，世界人口增加了 9 200 万人，总数达到 77 亿人。全球人均乳制品消费量为 114.7kg 奶当量（包括库存变化，依据非脂肪固体含量奶当量法计算），较 2018 年增长了 1.2%。2005—2019 年，每年的人均奶类消费量增加了 13kg，增长了近 15%。

（二）各地区奶类消费

全球每年人均 114.7kg 的数字显然不能反映消费类型的区域差异。其中一方面与人均收入的差异相关，而且不同地区和国家之间，消费习惯和趋势也有很大的差异。例如，印度比一些欧洲国家更倾向于消费牛奶和发酵产品，但奶酪消费量远远低于欧盟的平均值。总的来说，根据粮农组织对区域乳制品总产量和贸易量的估计，年人均消费量范围从非洲的 42kg 到欧洲和北美的近 275kg 不等。

亚洲是全球主要的奶类消费地区，占全球总消费量的 47%。虽然乳制品在亚洲地区的消费习惯中越来越常见，但亚洲的人均年消费量仅为 87kg。另外，虽然大洋洲是世界上主要的奶类出口地区，但其消费量仅占全球总消费量的 1%。

（三）单项产品的消费

全球近 50% 的奶类产量不是通过工业化渠道加工的，而是来自小规模和非正规的经营者。这种非正规的生产——无论是未经许可和不受监管意义上的生产，还是被官方统计数字排除在外的简单生产——都没有被统计在内。据粮农组织预测，这些可能占到发展中国家奶类产量的 80% 以上。因此，很难得出到达终端消费者手中的乳制品的确切数量和种类。

《世界奶业形势报告》中的奶类供应和加工数据占到奶类总产量的 52%。以干物质含量为基础的牛奶当量计算方法能够使我们对全球的奶类消费形式建立一个较为合理的分类。这个计算中不包括非正式渠道的奶产量；这些产量也可以这样分类，预计占到全球奶产量的 48%。在世界范围内，奶主要以新鲜产品的形式消费，即液态奶和发酵奶、酸奶、奶油等（15%），其次是黄油（14%）和奶酪（14%）。

在此报告中，各国的总消费量和人均消费量是根据各国机构提供的液态奶、黄油和奶酪统计数字计算的。报告中的国家生产、加工和贸易数据能够使我们推算出他们的消费数据。需要注意到，各国家数据不包括除液态奶、黄油和奶酪以外的乳制品类别。在某些国家，数据还不包括非正式渠道生产的乳制品，这可能导致对消费数据的严重低估。

从各国的液态奶、黄油、无水黄油和奶酪人均消费量分布情况来看，澳大利亚、新西兰以及一些北欧国家的液态奶（一些国家还有发酵产品）年度消费量最高，人均超过100kg。从年度数据来看，欧洲也是全球最大的黄油消费地区，法国人均高达8kg，德国和丹麦人均为6kg。南美洲和亚洲的黄油消费量较低。印度是个例外，人均消费量为4kg，黄油、酥油是消费者习惯的重要组成部分。全球主要的奶酪消费地区是欧洲、北美和以色列。在近一半的欧洲国家中，每年的人均奶酪消费量都超过20kg。

（四）未来消费趋势

根据经合组织－粮农组织《2020—2029年农业展望》，由于人口持续增长（人口咨询局预测到2050年人口将达到99亿人）、收入增加和饮食结构变化，乳制品的需求量将继续增长。2017—2029年期间，预计奶类总消费量（基于牛奶和蛋白质固体含量法计算的牛奶当量）将增长25%，鲜乳产品（+30%）和黄油（+26%）的增长速度更快。

一方面，由于人口数量和人均收入的增长，发展中国家的奶类消费更将持续增长（2017—2029年期间年均增长2.5%）。另一方面，发达国家的奶类消费增长比较有限，因为他们的人均消费量已经很高，并受到提高可持续发展和责任关注的影响，以及来自植物性饮料和产品的竞争日益激烈。

五、世界乳制品贸易

（一）供应量驱动世界贸易发展放缓

2019年，世界乳品贸易（不包括欧盟内部贸易）的发展受到一定限制，原因是几个主要乳品出口地区奶类生产发展停滞。与此同时，国际市场的总体需求发展良好，特别是非洲和亚洲等奶类缺乏地区。

因此，2019年世界乳品贸易温和增长略高于1%，达到约8 210万t奶当量。这个增长速度远远落后于近年来的年平均增长率，2015—2018年的年平均增长率远高于2%。因此自2015年以来，世界贸易总量增长了9%以上。这相当于700多万t奶当量，从另一个角度来看大致相当于西班牙或日本等国每年的牛奶产量。

2019年，乳业市场在很大程度上取决于蛋白质价格的强劲复苏。这使得欧洲脱脂奶粉的干预库存迅速和完全清除，供需回归到正常机制。另一方面，黄油价格在今年大部分时间里都处于下行，而且将继续下跌，这一趋势在上一年就已经开始了。因此，2019年全年黄油的平均价格水平低于2018年，而奶酪和奶粉的价格水平较高。从逻辑上讲，价格发展趋势加剧了市场上蛋白质和脂肪的价格差，这在一定程度上决定了全球乳业公司的产量和贸易重点。

总体而言，世界贸易在全球奶类生产中的份额在9%以上。这表明，出口通常只占生产量的一小部分，而全球奶类大部分都是在当地消费的，没有跨地区。

尽管如此，国际贸易对全球奶类经济仍然至关重要。这是因为，各国乳业都在不断发展，但贸易在调整全球乳品生产和消费区域不平衡方面仍发挥着必要的作用。

（二）欧盟和新西兰重新主导全球市场

全球乳品贸易的温和增长反映在除脱脂奶粉外大多数产品类别贸易量的积极发展。在世界主要的传统贸易类别中，相对增长最大的是黄油和无水奶油（增长3.9%），奶酪（增长2.8%）和全脂奶粉（增长2.1%）也显示出强劲增长。与此同时，脱脂奶粉贸易仍然停滞不前（减少0.8%）。原料奶和奶油的增长显著（增长11.5%）。

从出口国来看，2019年世界贸易增长主要来自欧盟和新西兰的出口增长。到目前为止，澳大利亚和新西兰仍是全球乳品供应的主导力量。总的来说，欧盟是全球最大的乳品出口国，占世界贸易的29%。其中近一半的贸易量是来自荷兰、德国和法国的出口。新西兰紧随其后，占据全球贸易的25%。对该国来说，2019年成为一些产品类别出口业绩相对疲软之后的复苏之年。

与此同时，包括美国、澳大利亚、阿根廷和乌拉圭在内的其他几个主要出口国在2019年出口量总体下降。虽然澳大利亚和南美洲的出口表现是由于不利的气候条件，但美国出口量的减少更多与国内市场有关，即国内对乳脂的需求强劲，尽管一些贸易谈判也没有在此发挥作用。这尤其导致了黄油和全脂奶粉出口量的大幅下降，同时全脂奶粉出口表现也不尽如人意。南美洲（阿根廷和乌拉圭）的原料奶供应减少尤其造成全球全脂奶粉市场的不景气。

除欧盟和新西兰外，白俄罗斯和土耳其也表现出了出口增长。白俄罗斯出口增加得益于奶酪和黄油产量的强劲增长，出口目标是其传统市场俄罗斯。土耳其在世界贸易中只占1%的份额，是全球出口国行列中的一个相对小国。尽管如此，土耳其出口（生鲜产品、脱脂奶粉和奶酪）在过去几年表现出强劲势头，而且2019年的增长相对较大（增长20%）。作为东西方之间的枢纽，土耳其的出口国范围广泛，尤其是在中东，但也包括亚洲和非洲。

从供应角度看，2019年的总体形势再次证实，国际乳业市场仍然相当集中，因此存在不稳定性，前5大出口国贸易量占到全球出口总量的近80%。与此同时，需求仍然更加分散。

乳制品市场的增长机会越来越取决于中国以及中东和非洲等地区的发展。鉴于中国巨大的市场规模，中国的需求发展对国际市场来说一直十分重要。2019年，全球需求的发展喜忧参半，但总体上仍相对乐观。中国、俄罗斯联邦、菲律宾和印度尼西亚对国际市场需求的增长作出了重大贡献。另一方面，还部分抵消了阿尔及利亚、阿拉伯联合酋长国、伊拉克和越南等国的供应下降。

从长远来看，国际贸易将继续发挥重要作用，尽管各发展中国家的自主供应能力不断加强，但总体上不太可能赶上人口增长，特别是在非洲和亚洲部分地区。

（三）不同产品类别的发展

1. 奶酪

2019年世界奶酪贸易量增长速度高于整体平均水平，达到260多万t（增长2.8%）。大多数主要奶酪出口国的发展形势与此一致，除了澳大利亚的原料奶供应减少导致贸易量减少，埃及也略有降低。

欧盟仍然是全球市场上最大的奶酪供应国，出口份额占到全球总量的33%。2019年，欧盟出口增速加快，高于平均水平（增长5%）。对几个主要出口目的地（如美国、日本、韩国）的出口额显著增加。2019年对乌克兰的出口引人注目，出口量剧增70%，达到近2.4万t，使乌克兰成为欧盟的第七大出口目的地。这反映出自2016年深度全面自由贸易区（DCFTA）生效后，推动了东欧国家（从俄罗斯到欧盟）对贸易关系的重新定位。

美国出口量增长近3%，与近年来的平均增长率持平。尽管对主要市场墨西哥的出口量保持稳定，对其他几个主要目的地（澳大利亚和中国）的出口量也有所下降，但对其他市场的出口额增长大大抵消了这一缺口。这些国家主要是日本和韩国，还包括美洲和中东的多个国家。

新西兰从2018年的出口相对疲软中有所复苏，增长了4%。这主要是由于新西兰对中国的出口强劲，对其他一些主要目的地（韩国、沙特阿拉伯）的出口也很旺盛。

在全球前五大出口国中，白俄罗斯的增长率最高（增长16%）。由于白俄罗斯的大部分新增出口量都销往俄罗斯，因此白俄罗斯再次稳固了其对邻国市场主要供应国的地位，其在俄罗斯奶酪进口总量中占有86%的份额。

大多数主要奶酪市场的需求稳定或增长，反映出全球对奶酪的需求长期稳定增长。尽管在2019年，俄罗斯这个传统顶级市场的需求表现出显著增长，但最有潜力的还是亚洲，韩国和中国是领先的需求增长市场。在经历平和的一年之后，中国的需求强劲增长，使中国首次跻身全球五大奶酪出口目的国之列。

2. 黄油和无水奶油

2019年，黄油和无水奶油的世界贸易量进一步增长，达到100万t黄油当量（增长3.9%）。国际市场乳脂供应高度集中，前十大出口国占世界贸易总量的94%以上。

到目前为止，这类贸易中全球最大的出口国是新西兰，占世界贸易总量的一半。2019年，新西兰出口量温和增长，但增速落后于过去十年的年平均增长率（2%）。新西兰出口总量中近19%的份额主要销往中国，9.4万t的贸易量是全球贸易中该产品类别最大的贸易流。但这仍然大大低于前一年的贸易量（减少14%）。与此同时，2019年新西兰出口增长的主要原因是美国和俄罗斯，这两个国家的进口量都超过1.7万t，远远超过前几年。

对2019年世界贸易增长贡献最大的出口国是欧盟（增长35%）和印度（增长43%）。欧盟对多个国家的出口量都有所增加，特别是土耳其、阿拉伯联合酋长国、美国和埃及。印度出口的主要目的地是亚洲和中东地区。对印度来说，2019年的主要增长来自对土耳其的出口。在过去的几年，印度作为世界领先和增长最快的乳脂生产国，已迅速发展成为一个主要的乳脂出口国。

与此同时，主要出口国白俄罗斯、美国和乌克兰的出口量大幅下降。白俄罗斯对哈萨克斯坦的出口量大幅下降，而对主要目的国俄罗斯的贸易量则出现强劲复苏。美国出口量的下降反映了其国内市场需求紧张，这也导致该国的黄油进口量迅猛增长（增长52%）。

黄油（脂肪）产品通常出口到许多国家，其中大多数在亚洲、北非和中东。中国和俄罗斯是全球市场最主要的进口国，共占到全球贸易总量的五分之一以上。2019年中国的需求量有所下降，与俄罗斯相关的贸易有所恢复，而俄罗斯也注重国内生产。俄罗斯传统上的大部分进口来自白俄罗斯（55%），新西兰、阿根廷和乌拉圭对其出口也有所加强。

3. 全脂奶粉（WMP）

2019年，世界全脂奶粉贸易量增加了2%以上，达到260多万t，这主要受益于主要市场中国需求的进一步增长。其中近59%的贸易量是由新西兰提供的，因此稳固了其在该产品类别中无可争议的全球市场领导者的地位。

中国、其他一些亚洲目的地、阿尔及利亚和几个关键的海湾国家传统上是全球全脂奶粉贸易的焦点。2019年，这十大全脂奶粉出口目的地占到全球需求的60%。中国的需求量猛增，而阿尔及利亚和几个海湾国家的进口量却下降，这在一定程度上反映了国际油价持续低迷的局面。

中国需求的进一步增长对国际贸易增长至关重要。全球对中国的出口量大幅增长19%，该类产品达到了约70.5万t的巨大贸易量。由此，中国市场进口量占到世界贸易的27%。

对华贸易的增长主要来自市场领导者新西兰，在2019年新西兰主导了该市场90%的份额，向中国出口的全脂奶粉占其出口总额的近42%。除了新西兰，只有少数几个出口国通过扩大出口，从日益增长的中国市场中分得了一杯羹，尤其是乌拉圭和乌克兰。

对比新西兰出口的发展繁荣，其他几个主要的全脂奶粉出口国由于不同的原因全年出口疲软。欧盟出口在国际市场上缺乏竞争力，阿根廷和乌拉圭等南美供应国由于不利的天气条件导致供应不足，出口也有所回落。澳大利亚也一直存在天气（干旱）的问题，而美国是由于价格原因导致全脂奶粉出口下降，从而转向国内黄油生产。美国全脂奶粉出口商也受到与中国贸易争端的负面影响，因此失去了一个前景光明的市场。

马来西亚是除新西兰以外为数不多的出口繁荣的主要国家之一，该国保持了长期的增长趋势，出口增长了26%。马来西亚的出口销往亚洲和非洲的许多国家。2019年，马来西亚对阿尔及利亚、苏丹和安哥拉的出口贸易量增加。

与此同时，阿联酋和阿曼等国似乎既是重要的进口国，也是重要的出口国，由此反映出它们在中东地区贸易中心的地位。

4. 脱脂奶粉（SMP）

2019年，脱脂奶粉的全球贸易总量略有下降，约为260万t（减少0.8%）。不同国家的发展形势不同。美国、澳大利亚、加拿大、墨西哥和印度等国出口量的大幅下降抵消了欧盟、新西兰和土耳其出口的增长。

欧盟、美国和新西兰继续主导这类产品的全球市场，共占全球出口总量的近80%。

2019年，欧盟出口量剧增，呈现两位数增长（增长11%）。这在一定程度上是由于价格回暖导致干预库存减少，而且对多个地区一些国家的出口量大幅增加。在亚洲和中东，中国、沙特阿拉伯、菲律宾和印度尼西亚是欧盟出口增长的主要推动力。欧盟出口增长的非洲目的国是尼日利亚和埃及，而在中美洲，欧盟贸易商仅对墨西哥的出口量就增加了近3.1万t。

欧盟对墨西哥出口量增加部分是由于美墨（贸易）争端的结果，刺激墨西哥（暂时）减少从美国进口脱脂奶粉，而转向其他供应国。然而，应该指出的是，这只是象征性的，因为到目前为止，美国出口墨西哥仍然是脱脂奶粉市场的主导力量，占总量的89%。与此同时，美国对华出口量也因贸易争端有所下降。而对亚洲其他主要目的地（如印度尼西亚和越南）和其他地区的出口量有所增加。总的来说，2019年美国出口量总体略有下降（减少2%）。

新西兰脱脂奶粉出口量增长了4%，其对多个贸易伙伴国的出口发展形势各有不同。新西兰对日益增长的主要市场中国的出口量增加。新西兰是中国最大的供应国，占据40%的出口市场份额，领先于欧盟。

与原料奶供应下降相一致，2019年澳大利亚的脱脂奶粉出口量大幅下降（减少18%）。在不同的原因下，加拿大的情况也是如此，由于国家乳业政策的约束，加工商选择了缩减生产，这导致脱脂奶粉出口量减少（减少29%）。

全球前十大脱脂奶粉出口国中排名第二位的是土耳其，其出口增幅在59%以上。其主要出口目的地是亚洲和中东地区。

5. 牛奶和奶油

鉴于牛奶和奶油的性质，传统上牛奶和奶油贸易更多地集中在本区域的邻近目的地，而与全球范围的贸易联系不大。然而，市场形势加上牛奶加工技术和物流的发展，使得牛奶长途运输成为世界贸易中日益重要的相关因素。

2019年，全球的牛奶和奶油贸易量，包括更多的区域内贸易量，达到320多万t以上。这反映出年贸易量同比增长近12%，增长33.6万t。因此，牛奶和奶油类贸易量的大幅增长推动了2019年全球贸易的增长。

欧盟占世界贸易的三分之一以上，是目前这类产品贸易中最大的出口国。在欧盟之后的是新西兰、澳大利亚、白俄罗斯和沙特阿拉伯。欧盟、新西兰和澳大利亚大部分产品的出口目的国距离遥远，尤其是亚洲（中国）和中东。白俄罗斯和沙特阿拉伯的出口更具有区域特征，前者主要针对俄罗斯联邦，后者基本上供应海湾地区的相邻国。与整体出口形势发展一致，大多数主要供应国都增加了出口，除了白俄罗斯因受到俄罗斯需求下降的影响，其出口量减少。

牛奶和奶油类产品的出口量快速增长，在过去10年尤为迅猛，这与中国市场需求的急剧增长密切相关。在2018年基本稳定后，2019年对中国的出口量增加了33%，达到94.7万t。这比2015年的水平高出76%，在世界贸易总量的份额达到29%，创历史新高。

在对华的所有出口国中，大部分（55%）来自欧盟28国，尤其是德国、波兰和法国。欧盟也受益于2019年中国需求的激增，其对中国的出口量增加了70%。因此欧盟收回了2018年被新西兰抢占的市场份额。

虽然总体上中国的需求是该类别产品发展形势的主要驱动力，但事实上，其他多个前十大进口国在2019年也表现了坚实的增长，尤其是菲律宾、新加坡等东南亚国家以及中国台湾。与此同时，持续的不稳定形势造成社会经济混乱，严重影响了各国对利比亚的出口。

六、价格

（一）乳业市场价格

总体而言，2019年的特点是乳脂肪和蛋白质价格水平再次达到平衡，原因是蛋白质价格回升和脂肪价格进一步下降。

2019年前几个月，由于主要出口地区的奶类供应不足，国际乳业大宗商品价格大幅上涨，而需求依然坚挺，乳制品贸易持续增长。粮农组织乳品价格指数通过市场份额加权，测算了脱脂奶粉、全脂奶粉、黄油和奶酪的国际价格的变化，在2018年12月至2019年5月期间上涨了11个点。

在2019年6月以后，不同乳制品的价格变化也不均衡。由于欧盟脱脂奶粉干预库存完全清除，缓解了市场压力，蛋白质价格在经过近两年低点后强劲反弹。这导致脱脂奶粉、奶酪和全脂奶粉的年平均价格与2018年相比有所上涨。

与此同时，脂肪价格下跌，尤其是在欧盟相比于

2018年的高位。2019年一吨黄油与一吨脱脂奶粉（大洋洲离岸价）的价格比值平均为1.7，而在2017年为2.6，2018年为2.5，在2010—2015年期间也未超过1.1。

在2019年1—4月，黄油价格（大洋洲离岸价）上涨了33%，接近2018年的峰值水平，但随后下降，到2019年年底降至约4 000美元。受国内消费量减少和黄油产量增加的影响，欧洲黄油价格逐渐下降，直到2019年最后几个月稳定在每吨4 000美元左右，这是自2016年以来的最低水平。与2018年相比，全年平均下来大洋洲离岸价下降了8%，每吨降至4 510美元，西欧离岸价下降了27%，每吨降至4 390美元。

国际脱脂奶粉需求保持稳定，欧洲库存清除加上出口国奶产量减少，使得脱脂奶粉价格得以回升。大洋洲离岸价一年上涨了37%，至每吨3 000美元。欧洲的价格发展趋势相同，但价格水平较低，尤其是今年上半年，这是由于干预库存的脱脂奶粉相比新生产奶粉折价出售。全年平均来看，大洋洲离岸价（2 640美元）和西欧离岸价（2 400美元）分别比2018年上涨32%和34%。

全脂奶粉价格上涨得益于需求旺盛。全年平均来看，大洋洲离岸价较2018年上涨5%，达到每吨3 140美元。全脂奶粉价格（西欧离岸价）和南美价格均同比上涨2%，分别达到3 300美元和3 140美元。

国际切达干酪价格（大洋洲离岸价）在5月达到每吨4 630美元的峰值（与1月相比上涨了33%），这是自2014年以来的最高水平，其主要原因是对原料奶酪的需求旺盛。受脂肪价格下降的不利影响，奶酪价格随后迅速回落，在11月跌至每吨3 670美元，但仍高于2018年的水平。全年平均来看，每吨为3 220美元，比2018年增长7%。根据欧洲牛奶市场观察（European Milk Market Observatory）的数据，2019年伊丹（Edam）和豪达（Gouda）价格保持坚挺。全年平均增速分别比2018年增长2%和1%。

2019年，乳清粉价格受到2018年8月起爆发的非洲猪瘟的影响，导致动物饲料用乳清粉的需求减少。然而，由于欧盟出口受益于中美贸易摩擦，西欧离岸价仅比2018年下降2%。

（二）农场收奶价格

1.LTO农场收奶价

LTO国际奶价比较网站（www.zuivelnl.org/en/milkprices）提供了欧盟、美国和新西兰农场收奶价的分析。LTO欧盟奶价是基于欧洲16家大型乳业公司支付给养殖场的平均收奶价。美国和新西兰奶价分别是基于美国农业部的三级价格和全球最大乳品出口商恒天然支付的奶价。LTO奶价是以4.2%脂肪和3.4%蛋白质标准化后的价格。

2.2019年的奶价

2019年的奶价较前一年平均下降0.5%，至每100kg标准奶34.06欧元（1欧元≈7.63人民币，2021年）。因此，2019年又是奶价平均年。2019年奶价与2010—2019年的平均价格基本一致。

与欧盟奶价的发展趋势相反，美国和新西兰的奶价有所上涨。

以美国农业部公布的所有牛奶价格为基础的美国奶价从2018年的每100磅*（cwt）16.28美元上涨至2019年的18.63美元。这是自2014年以来的最高价。

根据最近更新的数据（2020年7月17日），2019—2020年产奶季的恒天然收奶价为每千克乳固体（脂肪和蛋白质）7.15新西兰元（1新西兰元=4.5人民币，2021），比2018—2019年度增加0.80新西兰元，上涨12.6%。最新预测的2020—2021年度产奶季农场收奶价为每千克乳固体6.40新西兰元（即5.90~6.90新西兰元的中位值）。

3.2020年上半年的发展

欧盟奶价自2020年3月以来已有显著回落。尽管新冠肺炎疫情有一定影响，但该时期的奶价下跌与正常的产奶量季节性增加有关。由于年初市场表现良好，所以没有预料到价格下跌。平均而言，欧盟2020年前7个月的奶价比2019年低1.8%。

值得注意的是，这关系到平均奶价。各乳业公司之间一直就存在差异，2020年由于新冠肺炎疫情差异更大了。对于某些细分市场，例如国外市场，需求暂时停滞，而同时零售量增加。乳品加工企业因此受到不同形式的影响，这取决于他们的产品组合和营销渠道。

新冠肺炎疫情在美国的影响比欧盟更严重。由于新冠肺炎疫情，奶酪的销售价格开始大幅波动。这在美国的第三级奶价中得到了体现，这是基于加工成奶酪的牛奶价格。第三级奶价从5月的每100磅12.14美元上涨至7月的24.54美元。与5月相比，全国所有牛奶的平均价格（不是所有的牛奶都加工成奶酪）在6月上涨了51%，达到每100磅18.10美元。

2020年1-7月，所有牛奶的平均价格为每100磅17.59美元，比2019年平均价低5.6%。

从4月大批美国奶农被迫倒奶这一事实中就可以看出，在个别情况下，奶价波动的幅度有多大。

七、新冠肺炎疫情对奶业的影响

（一）概况

新冠肺炎疫情仍在持续，还能看到在疫情头几个月对乳品行业带来的影响。同所有其他行业一样，乳品行业也受疫情影响。作为一项基本服务，从牛奶生产到消费者的乳业链一直在持续生产，并没有中断。乳品行业表现出一定的弹性和创造力以适应新的市场形势，同时提供安全和有营养的食品。

奶农收入有所减少，而且预计市场形势不利于奶价迅速恢复到新冠肺炎疫情前的水平。每个国家受到的影

*100磅≈45kg。——编者注

响不同，因为疫情不是同时开始的，而且政府采取的措施不同。疫情的长期影响、购买力以及由此产生的消费者行为仍有待观察。

（二）奶产量

与2018年和2019年相比，2020年开年时生产形势较为有利，奶价有望更好。截至2020年第一季度末，全球主要出口地区的奶产量基本实现1.5%~2.0%的同比增长。然而，在2020年4、5月，供奶量增幅降至较低水平。欧盟的干旱天气抑制了高峰产奶量，而新冠肺炎疫情造成的供应链中断是主要原因。在北半球供奶旺季，收奶、经营、销售和贸易的中断造成了非常不稳定的环境。

美国的奶产量下降相当快，主要是由于生产能力的下降。由于在新冠肺炎疫情前几周（第二季度）建立了合作基地计划，奶农调整了饲养策略和配方，以降低日产奶量。在2020年7、8月奶产量迅速回升，同比出现强劲增长。美国奶农获得直接补贴支持，以抵消春季奶价的下跌。在封锁措施解除后，第三级奶价强劲上涨提振了奶农的信心，因为之前预测的三级综合奶价在2020年年底前都将处于紧张状态。但其他加工类别的奶价要低得多，因此在多种加工类别的地区，奶农得到的实际奶价不会像典型的第三级（奶酪生产）地区那么高。

大洋洲的供应在新奶季开始时保持稳定。在澳大利亚，由于饲料、水源、能源投入成本低等有利条件保障了年初的盈利。尽管冬季气候条件良好，春季预测也不错，但新西兰牛奶供应量预计只略高于2019年，这得益于产奶季开始时更有利的条件。

由于气候条件良好和奶价合适，拉丁美洲地区新产奶季开端形势喜人。2020年下半年的增长率可能有所下降，但只是相对于2019年同期的强劲发展。人们普遍认为新冠肺炎疫情将影响当地需求，并将持续好几个月，该地区可出口的盈余量预计将比前两年略高。

欧盟的奶价也呈现复苏，比2020年1月降低，但明显高于5月和6月疫情期间水平。8月的热应激及其影响已经过去，而且奶价和气候有利于奶产量在2020年剩下几个月实现1.5%左右的增长。因此，主要出口地区的全球供应量增长率有望达到略高于1%的水平，高于2018年和2019年。

（三）乳品加工

许多国家实施的封锁或隔离措施以及关闭大多数餐饮服务部门，导致公司零售渠道的销售增加，而且家庭烹饪食材和保质期较长的产品成为焦点，因为许多人开始囤积食品，特别是在疫情前几周。餐饮服务设计产品则失去了很多市场份额，而且恢复非常不均衡。乳业公司还面临一些物流困难，原因是库存积压、劳动力供应不足和乳业公司工人安全规程以及运输不畅。

企业对产品结构进行了一些调整，将加工重点放在需求高的产品和/或容易长期储存的产品上。

欧盟的一个显著变化是液态奶产量的增长（与2019年上半年相比增长3.0%），此前一直持续下降（2010–2019年年均下降0.9%）。这是由于人们在家给孩子喝奶增多和在家用餐次数增多，导致对UHT奶的需求不断增长。限制措施放宽后，需求趋于稳定，但在许多国家仍保持积极发展。上半年，欧盟发酵产品的产量增速加快（增长1.6%），高于过去9年（每年增长0.4%）。2020年上半年，黄油产量增长1.7%，而脱脂奶粉产量停滞（减少0.1%）。相比长期趋势，两者增速都有所放缓。相反，奶酪产量接近长期增长率（增长1.7%），全脂奶粉产量增长了4.7%，而长期的增长率每年不超过1.4%。

美国液态奶产量在3月也出现激增，打破长期下降的趋势，但并没有持续下去。2020年的前5个月，液态奶产量仅略高于上一年水平（增长0.2%）。与过去几年相比，更多的牛奶被加工成黄油和脱脂奶粉。2020年上半年脱脂奶粉产量增长3.4%，与长期增长率一致。黄油产量激增了7.0%，远高于长期的增长率（增长2.7%）。黄油增量不仅能满足不断增长的国内需求，还将库存量补充至新高水平（5月为170 490t，比2019年5月增加了20%）。奶酪总产量的增速远低于过去几年（增长0.5%）。切达奶酪产量有所提高，但被其他奶酪产量的减少部分抵消，尤其是用于餐饮服务业的奶酪。

在全球范围内，许多国家的黄油产量都有所增加，但新西兰除外（只能分析新西兰出口形势）。大多数国家的奶酪产量也有所增加，但对餐饮服务业和旅游业依赖度较高的国家，奶酪产量有所下降。与长期趋势相比，脱脂奶粉产量明显下降。全脂奶粉的生产形势喜忧参半。由于奶产量下降，新西兰的全脂奶粉产量可能低于2019年。第二大生产国中国的全脂奶粉产量也大幅下降。另一方面，欧盟和阿根廷的全脂奶粉产量强劲增长。

2020年，由于主要奶业生产国的供奶量增加，乳制品产量预计也将有所增长。一些国家乳制品生产结构可能也发生变化，这取决于国内市场的发展，特别是餐饮服务业和国际市场需求。库存也可能会影响乳制品的供应。许多国家的库存量是未知的，也很难估测。然而，欧洲的脱脂奶粉、黄油和奶酪的库存量估计没有达到令人担忧的高水平。美国库存量已经开始下降，但仍然很高，尤其是黄油。

（四）乳制品贸易

在2020年上半年，全球贸易量（以奶当量计算）与2019年同期基本持平。根据主要出口国的发展情况，贸易量仅比2019年上半年下降0.2%。

长期以来，不同国家的发展也有所不同。例如，白俄罗斯和美国贸易量呈现大幅增长，分别增长6%和17%。其他重要的出口国，如新西兰（减少4%）、澳大利亚（减少7%）和欧盟（减少2%，包括英国）都出现了下降。不同的产品类别呈现不同的发展形势。一方面，奶粉的全球贸易量下降（全脂奶粉下降2%，脱脂奶粉下降 3%），而另一方面奶酪（增长 4%）、黄油和无水奶油（增长 4%）以及牛奶和奶油（增长 2%）的全球出口量增加。

由于需求下降，奶粉受到的影响最大。主要是墨西哥脱脂奶粉进口量减少，促使主要供应国美国更多地关注其他市场。尽管对墨西哥的销量下降，美国仍然设法通过降价大幅增加脱脂奶粉出口（增长 25%）。这对欧盟出口带来不利影响，欧盟出口量在 2020 年上半年减少了 16%。在全脂奶粉方面，新西兰的出口量回落幅度最大，但在中国的销量仍然保持稳定。欧盟全脂奶粉的出口量大幅增加。

欧盟的奶酪、牛奶和奶油，以及黄油和无水奶油的销量增长也十分强劲。对于黄油和无水奶油，欧盟出口量显著增加 60% 以上，抢占了更多的市场份额，而新西兰、美国和澳大利亚的出口量大幅下降。

显然，新冠肺炎疫情对世界贸易产生了影响，但主要是行政和官僚方面的影响。逻辑上讲，对世界贸易流动的影响很小，而且不同进出口国的影响不同。但也可以这么说，如果没有遭受这场危机，全球贸易量可能会显著增长。总之从目前看来，2020 年全球贸易将保持相当稳定水平，尽管担心的第二波疫情对后几个月可能带来严重的威胁。

（五）市场价格

在 2019 年年底，展望 2020 年的前景向好，而且预计乳制品价格将上涨。但新冠肺炎疫情带来的运输、物流和市场中断，以及气候因素的严重不确定性，导致国际乳制品价格下跌，主要是在 3 月底和 4 月。疫情发生在北半球奶产量的季节性高峰期，而接近南半球的季节性低点，因此南半球乳制品商品价格受到的影响较小。

在疫情期间，乳制品大宗商品价格没有下降到最低点，而且从 5 月开始反弹，原因是主要出口国减产，国际需求迅速恢复，而且区域性出台了一些支持乳业市场措施（欧盟的私人存储，美国政府大力投资购买乳制品以支持食品业等）。在撰写本文时，国际市场较为平衡，没有人们担心的那么低迷。但在未来几个月，可能会出现新限制措施，以及预期缓慢复苏中出现空前衰退，尤其在发达国家，这将会对乳品需求和市场繁荣构成严重威胁。

脱脂奶粉西欧离岸价在 2020 年 1–4 月期间下降了 38%。由于大洋洲离岸价跌幅相对较小（下跌 17%），欧盟和大洋洲之间的价格差达到了创纪录水平（每吨 800 美元）。另一方面，美国价格下跌更严重，加工商希望清除大量库存。然而，脱脂奶粉价格在 8 月基本回升至每吨 2 510 美元（西欧离岸价）和 2800 美元（大洋洲离岸价），前 8 个月平均价格同比分别上涨 5% 和 9%。尽管这在 4 月已经预测到是不可避免的，但欧盟的价格并没有跌至干预水平，并且公共库存未被启用。欧盟私人储存计划只签订了 18 000t 的合同，主要是在德国和荷兰。

国际全脂奶粉价格（大洋洲离岸价）在 1–5 月期间下跌了 15%，降至每吨 2 715 美元，但在 7 月完全恢复。与 2019 年相比，前 8 个月平均价格下降了 5%。

2020 年年初，大洋洲黄油价格呈上升趋势，在 3 月达到每吨 4 210 美元，之后逐渐回落至 8 月的每吨 3 440 美元（下跌 19%）。西欧的黄油价格从 1–5 月大幅下跌（下跌 36%），但从 6 月开始反弹，并在 8 月恢复到 1 月的水平。从 2020 年前 8 个月的平均值来看，黄油的大洋洲离岸价比 2019 年低 17%，西欧离岸价比 2019 年低 24%，接近历史水平。

国际切达干酪价格（大洋洲离岸价）在 4 月前一直上涨，增至每吨 4 400 美元的历史高点，之后逐渐回落至 8 月的每吨 3 530 美元，这主要是受到脂肪价格下降的不利影响。2020 年前 8 个月平均价格比 2019 年上涨了 2%。在欧盟内部，豪达和伊丹的价格趋势类似，发展更为平缓，但从 7 月开始出现反弹，并且 8 个月的平均价格略高于去年。美国切达干酪价格波动性十分显著，4 月创历史新低，7 月又创历史新高。由于大部分奶酪通常销往餐饮行业，而且在封锁结束和政府采购支持市场前，奶酪库存首次创下新高，因此国内需求受到了严重干扰。

（六）中期前景

乳业行业最近几年充满挑战，而且价格波动性明显。后者作为一个结构因素，还有乳脂价格与其他乳固体之间的分离，使得乳品企业的管理和战略制定以及对乳业市场的分析更为复杂化。此外，新冠肺炎疫情也给国内外乳业链带来了挑战。乳品行业能够得以迅速恢复，原因是第一次疫情带来的影响低于人们的预期。但新限制措施的威胁，尤其是疫情引发的全球经济衰退，将给未来几年的乳制品需求带来阴影。

国际货币基金组织（IMF）6 月预测，2020 年全球 GDP 将收缩 4.9%（发达国家降低 8.0%，新兴市场和发展中国家降低 3.0%），之后 2021 年将增长 5.4%。目前，经合组织和粮农组织的中期经济预测也是如此。

未来 10 年，业内人士仍一致认为乳业行业前景光明。在其《农业展望 2020—2029》的出版物中，经合组织和粮农组织认为，非洲、东南亚和中东 / 北非的乳制品消费量增长将超过产量增长，从而推高进口需求。预计乳制品贸易将不断增加，因为欧盟、新西兰和美国仍将出口大部分新增产量。

他们认为未来 10 年乳制品的价格趋势有望积极发展。与 2017—2019 年的平均价格相比，黄油的价格将略有下降（2029 年下降 4%，2017—2018 年已是历史最高水平），而其他类别，如奶酪（增长 20%）、脱脂奶粉（增长 59%）和全脂奶粉（增长 27%）价格预计将显著上涨。

（七）结论

随着艰难而难忘的 2020 年接近尾声，一些国家正面临第二波新冠肺炎疫情，全球乳业行业已为应对危机做好了更充分的准备，但未来仍将存在大量不确定性。

（资料来源：IDF）

九、奶业大事记

NAIYE DASHIJI

2020年奶业大事记

1月

3日 农业农村部畜牧兽医局二级巡视员王俊勋一行到中国奶业协会调研并座谈交流，中国奶业协会副会长兼秘书长刘亚清、农业农村部奶及奶制品质量监督检验测试中心主任王加启、中国农业科学院北京畜牧兽医研究所研究员卜登攀参加座谈并发言。农业农村部畜牧兽医局奶业处处长邓兴照、副处长卫琳等陪同调研并参加座谈。

5日 广西水牛奶业发展工作座谈会在南宁举行。近两年来，广西将水牛奶产业作为优势特色产业推进，自治区财政安排资金4 000多万元，支持水牛品种改良和生态养殖示范场建设，做大做强水牛奶产业。2020年，广西水牛奶产业产值预计实现50亿元。广西水牛研究所在水牛繁殖生物技术领域方面获得了11项世界第一的重大成果，先后成立“中国—意大利水牛联合研究中心”“中国—巴基斯坦水牛联合研究中心”。目前，全区主要从事水牛奶加工的企业有17家，商品水牛奶产量占全国50%，产值效益显著提升。

5—6日 中国奶业协会在重庆召开第七届理事会第三次会议，中国奶业协会名誉会长高鸿宾，原中国农业科学院党组书记陈萌山，中国工程院院士、中国奶业协会会长李德发，原农业部党组成员、农业部办公厅主任毕美家，中国工程院院士、中国农业大学动物医学院院长沈建忠，中国工程院院士、中国农业大学教授任发政，农业农村部畜牧兽医局二级巡视员王俊勋，重庆市农业农村委副主任刘保国，重庆市农投集团董事长何勇等出席会议。本次会议分别由中国奶业协会副会长兼秘书长刘亚清、副秘书长张智山和中国农业大学教授李胜利主持。

刘亚清受中国奶业协会会长李德发委托向理事会作工作报告。会议增补沈建忠、李鹏程、王贵、包秀飞、刘讧、高继伟、吴仁波7位为副会长，免去吴文婷、王景海、黄焘、马光辉4位副会长；增补杨文敏、方军涛、吕小琳等11位为常务理事。

会议审议通过《2019年中国奶业协会工作报告》《中国奶业协会专业委员会管理办法（修订草案）》《中国奶业协会奶业科技奖章程》《中国奶业协会团体标准管理办法》以及新增会员单位（65个）和理事单位（18个）等提案。

会议同意新增战略发展工作委员会、专家工作委员会、营养与消费专业委员会、质量安全与标准检测专业委员会和产品创新专业委员会5个分支机构及负责人选。中国奶业协会战略发展工作委员会由高鸿宾担任名誉主任，陈萌山、毕美家担任名誉副主任，刘亚清担任副主任。会议同时举办了战略发展工作委员会成立启动仪式。中国奶业协会专家工作委员会由李德发担任主任，任发政、刘亚清担任副主任。

会议审议通过原十个专业委员会主任和职能，同时将乳品工业专业委员会主任由任发政变更为毛学英。分别由农业农村部食物与营养研究所研究员孙君茂、内蒙古蒙牛乳业（集团）股份有限公司副总裁杨志刚、光明乳业股份有限公司副总裁罗海担任营养与消费专业委员会、质量安全与标准检测专业委员会和产品创新专业委员会主任。

6日 农业农村部办公厅印发《关于做好“三农”领域补短板项目库建设工作》的通知，项目储备重点领域共十项，其中之一为奶业提质增效建设工程。

同日 奶协报道，2019年乳企市值排行榜，超百亿元的有7个。分别是伊利股份1 886亿元、蒙牛乳业1 110.4亿元、中国旺旺809.7亿元、中国飞鹤730亿元、澳优乳业162亿元、光明乳业155.4亿元、新乳业107.2亿元。

同日 据美国中文网报道，美国历史最悠久、规模最大的乳品公司之一的博登乳业公司(Borden Dairy Co.)申请破产。

8日 中国奶业协会经协会第七届理事会三次会议审议通过，向各会员单位发布《中国奶业协会团体标准管理办法》。

10日 河北奶协乳品质量安全工作委员会成立大会在石家庄召开。河北省市场监督管理局稽查专员刘江海到会讲话；君乐宝乳业集团副总裁柴艳兵当选委员会首任轮值主任。会议由河北省奶业协会副会长兼秘书长袁运生主持。

同日 陕西省奶业协会在泾阳县召开“2020年第一季度生鲜乳价格协商会议”。经与会委员充分协商确定2020年第一季度全省生鲜牛乳交易参考价为：每千克基准价3.98元，可上下浮动5%。执行时限2020年1月1日至3月31日。

12日 湖北省十三届人大三次会议在武汉开幕，王晓东省长作政府工作报告。报告在2020年工作总体要求和重点任务里明确提出：加大社会保障力度，稳步扩大国家“学生饮用奶计划”覆盖范围。

15日 农业农村部官网公布了52家农业产业化国家重点龙头企业名单，包括5家乳制品生产制造企业，分别是光明乳业股份有限公司、内蒙古伊利实业集团股份有限公司、甘肃华羚乳品股份有限公司、北京三元食品股份有限公司、内蒙古蒙牛乳业（集团）股份有限公司，都被评为“良好”。

同日 黑龙江省奶业协会2019年理事会议在飞鹤（泰来）有限公司召开。黑龙江省农业农村厅一级调研员张毅力，黑龙江省奶业协会常务副会长张维银，黑龙江飞鹤乳业有限公司副总裁张永久，泰来县常务副县长东宇辉出席会议并致辞。中国奶业协会副秘书长周振峰代表中国奶业协会副会长兼秘书长刘亚清对本次理事会的召开表示祝贺，并作奶业发展形势交流报告。

23日 在疫情防控应急响应期间，浙江省对省内家禽和生鲜牛奶重点收购加工企业实施一次性临时补助，省内乳品收购加工企业按原订单（合同）收购价或不低于当地政府确定的保护价收购省内奶农投售合格生鲜牛奶的，省财政按其实际收购量给予一次性临时补助，补助标准为每吨500元。

30日 农业农村部办公厅、交通运输部办公厅、公安部办公厅联合发出紧急通知，要求各地确保“菜篮子”产品市场供应和农业生产稳定发展。

31日 中国奶业协会向各地奶（乳）业协会、奶牛养殖场、乳品加工企业，发出关于防范新冠肺炎疫情期间开展奶牛养殖及加工企业生产销售影响监测的通知。

2月

1日 交通运输部部长李小鹏，以中央和国家机关特急明电的形式，签发关于切实保障疫情防控应急物资运输车辆顺畅通行的紧急通知。

3日 中共中央政治局常务委员会召开会议，听取中央应对新冠肺炎疫情工作领导小组和有关部门关于疫情防控工作情况的汇报，研究下一步疫情防控工作。中共中央总书记习近平主持会议并发表重要讲话。中央政治局常委会会议指出：要确保蔬菜、肉蛋奶、粮食等居民生活必需品供应。

同日 中国奶业协会倡议全行业严格按照党中央的要求、国务院的部署，积极行动起来，保障乳品供给，奉献营养健康，促进人民生命安全和身体健康，有效助力新冠肺炎疫情防控。

4日 农业农村部办公厅印发紧急通知，要求各地不得以防疫为由，违规拦截仔畜雏禽及种畜禽运输车辆、饲料运输车辆和畜产品运输车辆，不得关闭屠宰场，不得封村断路，维护畜牧业正常产销秩序，保障肉蛋奶市场供应。

同日 中国奶业协会正式加入人民网人民好医生公益援助联盟，旨在全力宣传奶业在新冠肺炎疫情中的救助行动，彰显行业担当、展现行业力量、弘扬行业正能量。

5日 全国农业农村系统应对新冠肺炎疫情视频调度会在京召开。国务院副总理、中央农村工作领导小组组长胡春华出席会议并讲话。他强调，要深入贯彻习近平总书记重要指示精神，按照中央应对疫情工作领导小组和国务院联防联控机制的部署，全力推动防控措施在农村落实，扎实做好“菜篮子”等农产品供应保障，抓紧抓好农业生产。要加强蔬菜、肉蛋奶、粮食等生活必需品的生产供应，落实“菜篮子”市长负责制，搞好供需对接，畅通供应渠道，坚决防止脱销断档。

6日 国务院关税税则委员会发布公告，自2020年2月14日13时01分起，调整《国务院关税税则委员会关于对原产于美国的部分进口商品（第三批）加征关税的公告》（税委会公告〔2019〕4号）规定的加征税率，其中种用大豆、青大豆、其他大豆加征关税由10%调整为5%。奶油、酪乳、凝乳、乳酪等乳制品，以及黄大豆加征关税由5%调整为2.5%。

同日 中国奶业协会法务部律师团整理提供疫情期间企业可能涉及的法律问题41条，以供奶业行业企业参考。

7日 山东省畜牧总站、山东省奶业协会发布《新型冠状病毒感染肺炎疫情防控期间奶牛场安全生产指导意见》。

9日 为了帮助奶农共渡难关，光明乳业主动承担企业社会责任，在全行业率先承诺：对于签订采购协议的合作牧场，不拒收一滴奶。除了承诺不拒收合作牧场一滴奶外，光明乳业还保证不会随意降低原奶收购价格，严格按照合同约定去执行。

10日 中国奶业协会向社会公布“六大举措”助力做好新冠肺炎疫情防控和乳品稳产保供，为其他行业提供抗疫借鉴。

11日 农业农村部印发《2020年饲料兽药生鲜乳质量安全监测计划》通知。

同日 中国奶业协会发出《关于倡导进一步做好稳产保供、促进消费工作，助力实现疫情防控和经济社会发展双胜利》的通知。一是要求深入调研乳制品市场供给和消费情况；二是强化宣传乳品营养和人类健康；三是引导创新销售和配送模式；四是加强稳产保供行动、创新销售和消费模式的案例宣传与交流。

同日 光明乳业随心订全面上线蔬菜肉类配送服务，将新鲜蔬菜、肉类送到消费者手中，送奶上门服务再度升级。

12日 国务院应对新冠肺炎疫情联防联控机制发布通知，要求压实“菜篮子”市长负责制，做好农产品稳产保供工作。通知提出，要落实好鲜活农产品运输“绿色通道”政策。把粮油、蔬菜、肉蛋奶、水产品等农产品纳入疫情防控期间生活必需品保障范围。

16日 蒙牛提出稳定信心、守护上游五大保障举措，维护奶业振兴发展。

18日 国家发展和改革委员会为财政部和国家税务总局提供疫情防控重点保障物资具体范围。奶被列为疫情防控重点保障物资之一。

同日 中国奶业协会联合内蒙古伊利实业集团股份有限公司积极行动，编写了《奶牛场新冠肺炎疫情防控手册》。

20日 为了帮助国内奶牛场战胜疫情，“牛人配方”软件宣布免费注册使用一年，为奶牛场战胜疫情提供技术支持。

22日 全国工商联水产业商会、中国畜牧业协会、中国奶业协会、中国果品流通协会、中国蔬菜流通协会、中国调味品协会、中国种子贸易协会、中国仓储与配送协会，向全体会员单位以及全国农产品生产、经营与物流企业发出稳企业稳供应、共同维护正常经济社会秩序的联合倡议。

26日 全国卫生产业企业管理协会、中国营养学会、中国奶业协会、中国乳制品工业协会联合发布《中国居民奶及奶制品消费指导》。

同日 河北省农业农村厅下发《关于纾解乳品加工企业困难对收购生鲜乳进行补贴的紧急通知》。

3月

2日 中国奶业协会消息，黑龙江省农业农村厅、黑龙江省财政厅共同制定《应对新型冠状病毒肺炎疫情支持农业稳产保供的政策意见实施细则》。根据《细则》，疫情期间正常收购生鲜乳并持续生产的乳制品加工龙头企业，且符合相关条件的给予奖励。奖励标准为日收奶量100t以上的一次性奖励不超过100万元；日收奶量50~100t的一次性奖励不超过50万元。

6日 光明乳业党委收到企业全体女职工的请战书：今年“3.8”不休假，志愿为抗疫复工请战。

同日 应伊拉克方面要求，中国红十字会总会派遣的志愿专家团队一行7人乘坐伊拉克交通部提供的总理专机，携带核酸检测试剂盒等医疗用品和设备、中成药等人道救援物资，顺利抵达巴格达国际机场。此批援助物资中，伊利金领冠奶粉是随机送去的唯一营养物资。

9日 中国飞鹤（06186 HK）正式纳入港股通。中国飞鹤盘面最高12.24港元，最终报收于11.66港元，市值1 042亿港元，相较于上市之初的670亿港元涨幅高达55.52%。

12日 中荷奶业发展中心举办第二期“乳事说”《牛奶到底应该怎么卖》线上直播活动。中国奶业协会副会长兼秘书长刘亚清出席并作主旨报告。

15日 中办国办复工复产调研工作组一行赴皇氏集团华南中央工厂开展实地调研，深入了解因疫情冲击给企业带来的用工短缺、资金紧张、供应链不畅等困难和问题，倾听企业在复产中提出的需求，助力企业全面复工复产工作。皇氏集团华南乳品公司总经理王鹤飞陪同调研组一行到生产现场查看乳品生产线的复工复产情况及疫情防控工作推进情况，并向调研组详细介绍皇氏乳业在复工复产过程中的人流、物流、资金流及产能恢复进度等情况。

同日 “3·15”国际消费者权益日，蒙牛集团正式发布了《持续卓越》的质量文化手册。

23日 中国现代牧业控股有限公司（1117.HK）公布2019全年业绩。公司销售收入55.14亿元人民币，同比增长11.2%。净利润录得3.50亿元，同比大幅增长8.56亿元。

23日 中国飞鹤（06186 HK）披露2019年业绩报告，公司全年实现营业收入137.22亿元，较上年同比增长32.0%，实现净利润39.35亿元，同比增长75.5%。

25日 中国飞鹤获日本JIPM评审委员会颁发的全球卓越制造大奖TPM奖。2017年中国飞鹤率先引进WCM世界级制造体系，是国内为数不多的推行该体系的婴幼儿配方奶粉企业，并于2016年成功入选国家智能制造项目。

26日 伊利集团再捐1.8亿元，购买京东购物卡赠送给援鄂医疗队员，向他们提供全年营养支持；向钟南山院士、李兰娟院士、程京院士团队捐赠1 500万元，感谢科研工作者做出的突出贡献，共同推动健康领域的科研攻关。

27日 中地乳业发布2019年业绩公告显示，其收入为14.99亿元，同比增长5.2%；生物资产公允价值调整后净利为1.04亿元，同比增长65.11%。

30日 中国圣牧发布了2019年年度报告。2019年中国圣牧销售收入达27.59亿元，较上年下滑4.4%；实现毛利10.09亿元，同比增长7.5%；年内溢利达1.36亿元，实现扭亏。此前，中国圣牧于2018年录得除所得税后亏损23.11亿元。

31日 内蒙古自治区市场监管局召开座谈会，研究推动民族传统乳制品产业发展，加大扶持力度，支持传统乳制品生产加工发展壮大。

4月

1日 中国奶业协会国际奶业专委会、中国农业科学院北京畜牧兽医研究所联合发布国际奶业舆情监测报告。

2日 食品安全国家标准审评委员会秘书处发函征求乳粉等6项食品安全国家标准（征求意见稿）意见。

同日 由兴安盟行政公署、《乳业时报》主办，兴安盟区域经济合作局承办的“兴安盟奶业合作招商云推介会议”成功举办。会议就兴安盟经济社会概况、伊利绿色健康产业创新示范园区项目进展及万头奶牛养殖牧场招商有关情况做了介绍。中国奶业协会副秘书长张智山致辞。

同日 中国奶协消息，利乐呼和浩特工厂荣膺中国首个TPM（Total Productive Maintenance，全员生产维护）

世界级奖。

6日 现代牧业收到2020年第59届世界食品品质评鉴大会评委会喜报：现代牧业尊贵纯牛奶、金奖纯牛奶、高钙牛奶3支产品均捧得大会金奖！其中尊贵和金奖纯牛奶已创下金奖七连冠记录！高钙牛奶自2019年1月上市后，2020年就获得该项金奖的荣誉！

7日 蒙牛集团总裁卢敏放赴宁夏回族自治区灵武市，深入一线考察奶源基地，重点探访了新澳牧场。

8日 “世界食品品质评鉴大会”评选结果揭晓，中国飞鹤高端婴幼儿配方奶粉“星飞帆”第六次蝉联大会金奖，旗下臻稚有机奶粉等20个品类产品更是加冕国际荣誉。银桥乳业荣获欧盟BRC“A”级认证，银桥乳业的阳光澳嘉婴幼儿配方奶粉、艾宝瑞婴幼儿配方羊奶粉荣获2020年世界食品品质评鉴大会国际高质量金奖，银桥阳光宝宝婴幼儿配方奶粉、阳光宝宝贝多瑞婴幼儿配方奶粉同时荣获大奖。

同日 中国奶协消息，国产奶粉品牌完达山启动“中国宝宝口粮无忧计划”，以“保安全、保供应、保营养”为宗旨，从复工、复产、营养供给到最后一公里送达，全方位地为中国宝宝口粮提供服务。

同日 中国奶协消息，北京三元食品股份有限公司总经理张学庆，做客媒体节目时，提出关于对未来乳业呈现健康化、互联网化、家庭化发展的提法。

9日 赣江新区海关销毁了50t不合格进口乳制品，这是南昌口岸首次集中销毁大批量进口乳制品。据了解，该批乳制品来自白俄罗斯，装载在两个40尺集装箱中，共计2 000袋，重50t，货值3.24万美元，经南昌铁路口岸入境。赣江新区海关关员实施单证核查后，抽取代表性样品进行实验室安全卫生项目监测。实验室检测结果显示，该批乳制品检出沙门氏菌，不符合我国《食品安全国家标准乳清粉和乳清蛋白粉》要求。

14日 现代牧业集团总裁高丽娜在快手现代牧业官方账号上，为大家带来“云游牧场”的直播首秀。快手官方号粉丝数上涨500%，共获3.5万个粉丝真诚点赞，获安徽省时段热度第一。

同日 三元食品消息，三元及递遍布全市的500多个奶站已全部复工，1 300余名送奶工复工率已达95%。

同日 伊利向荷兰乌德勒支省安全中心捐赠1万个KN95口罩。

同日 皇氏集团发布2019年年度报告，实现主营业务收入22.53亿元，同比下降3.54%，剔除影视业务大幅下降的因素，公司乳业、信息两大业务板块分别同比增长11.74%和28.33%；归属于上市公司股东的净利润4 862.58万元，上年度为净亏损6.16亿元；基本每股收益0.058 1元，拟每10股派发现金红利0.1元（含税）。

15日 全国畜牧总站公布2015—2019年种公牛冷冻精液质量抽检合格企业名单。

16日 中国奶业协会组织召开了新增学生饮用奶试点产品团体标准网络在线预审会，审议研究了3个新增学生饮用奶试点产品为《学生饮用奶巴氏杀菌乳》《学生饮用奶发酵乳》和《学生饮用奶再制干酪》。中国奶业协会副会长兼秘书长刘亚清出席并讲话。中国奶业协会乳品工业专委会高级工程师顾佳升，中国农科院农产品加工所研究员吕加平，中国农业大学食品科学与营养工程学院教授毛学英，中国疾病预防控制中心营养与健康所研究员张倩，中国农科院北京畜牧兽医研究所副研究员张养东，利乐中国项目经理柴彤涛等评审专家出席会议。出席会议的团体标准起草单位有关负责人有：蒙牛集团执行总裁李鹏程，伊利集团副总裁刘春喜，光明乳业副总裁黄黎明，君乐宝乳业副总裁朱宏，卫岗乳业常务副总裁谭玲，新希望乳业副总裁林永裕，三元食品总经办主任夏志春。中国奶业协会副秘书长李栋主持会议。

同日 据中国奶业协会不完全统计，自2020年1月30日以来，中央及相关部委累计发布奶业相关政策72条，其中47条（包括17次重要会议、30条重要通知）与疫情防控期间企业稳产保供直接相关。

17日 “选新鲜、饮健康、优生活”卫岗第五届巴氏鲜奶节在线上举行。中国奶业协会副会长兼秘书长刘亚清在云致辞中表示，要满足市场需求，加快产品结构调，整统筹发展液态乳制品和干乳制品，因地制宜发展奶酪和巴氏杀菌乳。卫岗集团董事长白元龙向大家分享了卫岗在消费升级的大背景下如何抓住市场机遇，以及后疫情时代对乳企发展方向的思考。

同日 新华社为光明乳业在疫情期间坚持生产、坚持市场供应的光明精神点赞，并进行专题报道。

19日 国务院联防联控机制召开新闻发布会，聚焦介绍抓好春季农业生产和农产品保供工作情况。农业农村部畜牧兽医局副局长魏宏阳就肉蛋奶生产形势回答媒体提问。

20日 农业农村部办公厅、财政部办公厅印发（农办计财〔2020〕7号）《关于开展优势特色产业集群建设的通知》，公布了2020年优势特色产业集群建设名单，天津都市型奶业产业集群、陕西关中奶山羊产业集群名列其中。

同日 内蒙古自治区市场监管局印发《婴幼儿配方乳粉及食盐经营规范管理清单》。

同日 光明乳业发布2019年年度业绩报告，报告期内实现营业总收入225.63亿元，同比增加7.52%；实现净利润6.82亿元，同比增加29.60%；实现归属于母公司所有者的净利润4.98亿元，同比增加45.84%；实现净资产收益率9.03%，同比增加2.75个百分点。

21日 “激荡2020——吴晓波疫情特别演讲”网络直播在杭州举行。在这场长达90分钟的演讲中，知名财经作家吴晓波带来了关于疫情后中国经济复苏形势的预测，并解读了“新基建”对经济发展的意义。演讲中，吴晓波连线蒙牛CIO张决，解析蒙牛在数字化转型中的探索和实践。

22日 中国奶协消息，伊利集团向乌拉圭捐赠的

10万个一次性医用口罩已抵达乌拉圭驻华大使馆，此次伊利向乌拉圭捐赠，是继捐赠伊拉克20万元营养物资后的第二次海外驰援行动。

24日 内蒙古自治区金融精准服务奶业振兴推进会在呼和浩特召开。自治区党委副书记、自治区主席布小林，自治区副主席艾丽华、李秉荣、黄志强出席会议，中国奶业协会副会长兼秘书长刘亚清作奶业专题演讲，介绍了奶业行业现状和高质量发展方向，并对内蒙古奶业振兴发展提出建议。会议还举行了签约仪式。56个奶业融资项目在主会场和各盟市分会场同步签约，签约金额达216亿元，签约项目覆盖奶业产业链各个环节。自治区金融办、农牧厅、财政厅、扶贫办与建行内蒙古分行、大地保险、农担公司、股权中心以及伊利集团、蒙牛集团政金企三方共同签署《金融精准服务奶业振兴合作备忘录》。建行、农行等6家金融机构，伊利、蒙牛等12家乳牧企业参会。

同日 山东省奶业协会印发《进一步提升鲜奶吧乳品质量安全水平的指导意见》。

26日，光明乳业集团2020年“与爱同行”学生饮用奶捐赠仪式在丹凤县举行。光明乳业集团再次向陕西省9个贫困县学校捐赠总价值235万元学生饮用奶。陕西省委教育工委副书记、省教育厅厅长王建利出席仪式并致辞。

27日 农业农村部消息，宁夏农业农村厅组织召开银企现场沟通会，协商解决全区奶牛养殖企业“融资难”“贷款难”的问题。宁夏农业农村厅、中国光大银行银川分行、蒙牛乳业银川有限公司、宁夏伊利乳业有限公司、西部（银川）担保有限公司相关负责人参加了会议。

同日 贝因美披露2019年业绩报告，2019年实现营业收入约27.85亿元，同比实现双位数的增长达约11.83%。

同日 位于新疆乌鲁木齐市西山农场烽火台小镇的天润丝路云端牧场好奶牛科普馆开始试营业。

28日 伊利股份公布年报，2019年公司实现营业总收入902.23亿元，同比增长13.41%，净利润70亿元，同比增长7.73%，连续六年创亚洲乳业第一。

5月

1日 值“五一”国际劳动节之际，中国奶业协会发出致全国奶业同仁的一封信，表示将继续秉承服务行业之宗旨，携手全体奶业同仁，抓牢中国奶业发展机遇，承担历史使命，共同开创中国奶业新的春天。

同日 中国奶业协会消息，协会自2020年1月1日起在微信公众号正式推出《奶业大视野》栏目。在新冠肺炎疫情期间，第一时间启动“战疫情奶业特别报道”，报道奶企大爱援助、稳产保供、服务创新、提质增效等行动，分享政策措施、观点见解、法律讲堂、形势趋势，以及营养健康、解密奶业、智慧哲思、管理常识等知识。据不完全统计，1月25日至4月30日，栏目无间断发布各类信息1 251个，阅读人数达数十万人次。

6日 《经济日报》报道，2019年年底，宁夏全区奶牛存栏43.73万头，牛奶总产量183.4万t，占全国日产鲜牛奶的10.7%；成年母牛年均单产8 500kg，比全国平均水平高1 000kg，居全国第三位；人均鲜奶占有量265.3kg，居全国第一位。宁夏在全国牛奶总产量中的占比增幅位列全国第二位，国内新奶源地产业优势突出。

同日 上海市市场监管局印发《上海市婴幼儿配方乳粉生产企业原料及标签备案管理办法（试行）》。

8日 伊利集团携伊利泰国Chomthana公司和泰国华裔联合会将170 400个口罩等防疫物资分别交付泰国卫生部、泰国警察总署和普吉府警察总局、泰国红十字会、巴吞他尼府公立医院。首批物资正式交付泰国卫生部和泰国红十字会，泰国副总理兼公共卫生部长阿努廷·参威拉恭、泰国红十字会COVID-19志愿者委员会与医学治理基金会差越·武泰湾主席出席捐赠仪式。

同日 欧盟食品饲料类快速预警系统（RASFF）发布2020.1951号通报，瑞士通过RASFF通报本国出口的硬质未熟奶酪不合格，因为产品受到了李斯特菌的污染。据通报，不合格产品分销至比利时和德国。

9日 中国奶业协会报道，伊利集团通过海外公司（伊利绿色亚洲食品印尼有限公司）向印度尼西亚总统办公室捐赠10万个医用口罩、2 000套防护服和2 000个护目镜。捐赠物资交付仪式在总统办公室举行。

10日 中央广播电视总台财经节目中心特别策划“我的复工大单”大型直播活动，伊利集团应邀参加。伊利集团执行总裁张剑秋在直播中表示，疫情暴发之初，牧场防疫物资缺乏，伊利立即将10多万个口罩、2万多套防护服、20多t消毒液送到他们手中；牧场资金短缺，伊利又开通融资绿色渠道，在不到50天的时间，为上游牧场融资6.7亿元，预计全年的融资额度将突破50亿元，为加快复工复产打下坚实的基础。

同日 以《品牌链动中国》为主题的央视财经频道晚间《对话》栏目与君乐宝乳业集团董事长兼总裁魏立华连线，洞察特殊时期经济复苏，共话中国品牌的责任与担当。据悉，君乐宝奶粉产销量比2018年同期增长50%以上。2019年，君乐宝奶粉全年产销量达到7.5万t，超过1亿罐，同比增长62%。欧睿调研数据显示：2019年，君乐宝奶粉成为国产奶粉销量第一品牌。

11日 《人民日报》推出特别报道，蒙牛集团总裁卢敏放在本次报道中发表署名文章《助力复工复产 诠释责任担当》，讲述蒙牛作为复工复产的“领头羊”是如何在抗疫中做出自己特有贡献的。

12日 国家卫健委发布脱蛋白乳矿物乳糖粉（乳制品渗透物粉）适用标准（暂行）公告。

13日 宁夏回族自治区政府与伊利集团签订战略合作框架协议，共同打造宁夏伊利千亿元奶产业链集群项目。自治区党委书记陈润儿、自治区主席咸辉在银川会见了伊利集团董事长潘刚一行，并共同见证签约。根据协议，双方将在乳制品加工、奶源基地打造、饲草料种植、精准扶贫等方面开展全方位、多层次合作。预计到2026年奶牛存栏达到107万头，原奶产量及供应突破16 000t，宁夏伊利奶产业链总产值实现1 000亿元。

同日 福布斯发布第18期全球企业2000强榜单。中国共有367家企业上榜，其中包括4家乳制品生产企业，分别是伊利股份、蒙牛乳业、中国飞鹤、中国旺旺，排名依次是第792名、1026名、1382名、1809名。

同日 海关总署发布公告，允许美国苜蓿干草块和颗粒、扁桃壳颗粒和梯牧干草进口。

14日 宁夏伊利百亿基地竣工投产暨新项目签约仪式在吴忠市金积工业园区举行，该项目总投资38.5亿元，2011年一期投产至今已实现液态奶日产能2 800t，日收奶量3 400t。整体达产后将实现日产能4 700t，年销售收入突破100亿元。

同日 兴安盟金融精准服务奶牛、肉牛产业推进会在乌兰浩特召开。中国银行乌兰浩特分行与科右前旗、科右中旗政府现场签署精准服务奶牛肉牛产业银证合作协议。

15日 香港恒生指数公司宣布，将蒙牛乳业（2319.HK）纳入恒生中国企业指数，于6月8日起生效。

16日 中国乳业产业园东部中心10万头奶源基地项目在科尔沁草原腹地通辽珠日河正式开工。内蒙古自治区人民政府副主席李秉荣、蒙牛集团党委书记孟凡杰、通辽市委书记冯玉臻、农业银行内蒙古分行行长张春林等出席开工仪式。

17日 中国副食流通协会发布《儿童零食通用要求》，系国内首个儿童零食团体标准发布。营养专家们给出了零食的分类等级，第一级为可经常食用的零食，包括奶及奶制品，标注其含有优质蛋白，有益生长发育、增强骨密度。

同日 全国人大代表、内蒙古伊利实业集团股份有限公司质量检测控制中心主任李翠枝对澎湃新闻表示，今年两会她提交《将“一生饮奶计划”纳入国家重要战略，为全民健康保驾护航的建议》。建议全面推广“国家学生饮用奶”计划，扩大普及面，实现从幼儿园到高中阶段全面覆盖，并对贫困地区学校加大扶持力度。

18日 中国工程院院士、中国奶业协会会长李德发携专家团走访卫岗集团，详细了解集团发展情况和卫岗牛奶90余年波澜壮阔的奋进之路，集团董事长白元龙热情接待。专家团一行先后参观了集团供应链馆与卫岗历史展陈馆。专家团对集团的产业布局和战略规划进行了深入了解，并对集团全程供应链服务和现代化田园综合体及自主研发的大数据平台给予好评。

同日 中国乳业产业园核心区10万头奶源基地项目在“中国乳都”核心区和林格尔正式启动开工。呼和浩特市副市长、市政府党组成员云新明，中国银行内蒙古分行行长陈志能，中国农业银行内蒙古分行行长张春林，内蒙古自治区农村信用社联合社理事长郭大勇，中国建设银行内蒙古分行副行长宋宝崧，呼和浩特市农牧局局长刘月平，蒙牛集团副总裁赵杰军等共同出席了开工仪式。

19日 在上海市科学技术奖励大会上，由光明牧业有限公司与上海奶牛育种中心共同申报的“上海奶牛生产性能测定（DHI）创新体系的建立与应用”项目荣获上海市科技进步二等奖，该奖项为畜牧生产类唯一的获奖项目。

20日 爱养牛平台在“中国乳都”呼和浩特召开新闻发布会，正式宣布平台升级2.0，面向全行业开放，并将每年的5月20日定为“爱养牛日”。中国奶业协会副会长兼秘书长刘亚清现场连线表示祝贺并致辞，来自蒙牛奶源全国五大区的奶业协会领导、奶业从业者及媒体记者在线上参加了会议。

21日 澎湃新闻消息，今年全国两会，全国人大代表、飞鹤乳业董事长冷友斌提交了关于东北黑土地耕地保护和支持奶牛养殖的建议。全国人大代表、中粮集团总裁于旭波认为，我国奶酪等干乳制品比例极低，乳铁蛋白、乳糖、乳清等深加工产品几乎处于空白状态，这些都是婴幼儿配方奶粉必需原料和配料。国家可以考虑设立专项政策扶持计划，在中国乳业产业园开展先行先试。

22日 十三届全国人大三次会议在京开幕。蒙牛研发创新部的全国人大代表史玉东在建议中提出，通过加快发展乳酪产业、鼓励企业生产经营浓缩乳、提升乳品深加工水平等措施。魏立华建议，由农业农村部、财政部等相关部委牵头，协调建立大包奶粉国家长效收储机制，并对疫情期间积压的大包粉予以补贴收储。

23日 全国政协委员、国家食物与营养咨询委员会主任、中国农业科学院原党组书记陈萌山接受中国农村杂志社与人民网联合采访，呼吁新冠肺炎疫情过后，要大力推进营养导向型食物生产发展，引导城乡居民重视合理膳食，构筑人体免疫的健康防线。

同日 天友新鲜宠粉节全球直播全网累计观看人气超过1 500万人，其中仅看点直播单平台人气就突破1 029万人，直播当天线上成交金额达到228.9万元，焕新升级的鲜活时速全渠道热卖超1万份。新鲜透明产业链直播累计观看量超过100万人次。

26日 辽宁省奶业协会发出关于加强婴幼儿配方乳粉生产企业管理的通知。

27日 河南省黄河滩区草业带建设推进会在兰考县举行。与会人员观摩了兰考县东坝头镇苜蓿基地，并对相关工作进行了研究探讨。会上宣布兰考将在黄河滩区建设6 666. 67hm² 优质饲草产业带。

28日 在飞鹤高端奶粉星飞帆创新升级云发布现场，飞鹤公布了调研机构弗若斯特沙利文的权威认证：飞鹤星飞帆系列已跻身2019年中国婴幼儿配方奶粉市场零售额第一产品系列。中国奶业协会副会长兼秘书长刘亚清出席发布会并致辞。此次云发布，飞鹤特邀协会领导、科研专家，品牌形象大使章子怡，以及体育、演艺、教育等领域的数位明星作为陪伴观察员，分享飞鹤

5.28 中国宝宝日倡导成立三年来自身陪伴成果。

同日 十三届全国人大三次会议闭幕。蒙牛总裁卢敏放与媒体面对面，就中国乳业如何克服疫情冲击、乳企发展新机遇、奶业振兴等话题进行了深度讨论。

同日 蒙牛乳业（唐山）有限责任公司三期项目在河北省唐山市丰润区正式开工。项目总投资 10 亿元，占地 17.33 hm²，计划新上高端乳制品生产线 12~15 条，主要生产高端乳制品及其他高附加值常温液态奶，日处理鲜奶能力 1 500t，产品年产能近 40 万 t，预计 2021 年 12 月底全面建成投产。项目建成后，蒙牛乳业（唐山）有限责任公司将成为亚洲单体最大的常温乳制品生产企业。

同日 天津嘉立荷牧业集团唐山市丰润区新建万头奶牛场项目正式开工。项目总投资 7.5 亿元，饲养规模 1.1 万奶牛头，2020 年 12 月投产。全面达产后，预计日产鲜奶 200t，年产鲜奶 7 万多 t，全部用于当地乳品企业生产高端乳制品，并配套种植优质牧草 66.67 hm²，远期将达到 2 000 hm²。

同日 上海奶业行业协会第八届二次理事会在光明乳业股份有限公司总部召开。理事会聘任光明乳业股份有限公司唐新仁为上海奶业行业协会第八届理事会常务副会长。大会通过上海纽贝滋营养乳品有限公司、上海申烨奶牛专业合作社、上海益民一厂有限公司等 12 家会员单位增补为协会副会长单位。同意上海景牧农业科技有限公司、北京绿摇饲料科技有限公司、上海优圣食品有限公司、上海妙可蓝多食品科技股份有限公司等 10 家企业加入上海奶业行业协会。同时表彰奖励了 2019 年上海奶业行业协会实验室能力测试（安全类、营养类）优胜乳品企业。会议由上海奶业行业协会会长濮韶华主持。上海奶业行业协会秘书长钱建国总结了上海奶协 2019 年的工作，并对 2020 年协会工作要点和 2019 年协会财务收支情况作了报告。

29 日 河南省奶业振兴工作座谈会在兰考县召开。河南省农业农村厅副厅长王承启、总畜牧师任心俊出席会议。与会人员现场参观了河南花花牛农牧奶牛基地、首农兰考第一万头奶牛场、黄河滩区苜蓿种植基地等，各省辖市、省直管县业务负责人汇报交流了奶业振兴工作推进情况。

6 月

1 日 蒙牛“营养普惠计划”2020 年全国启动仪式在京举行。蒙牛集团宣布将携手中国青少年发展基金会，向全国 24 个省市自治区约 500 余所学校捐赠 480 万盒学生饮用奶，受惠学生人数超 70 万人。中国奶业协会副会长兼秘书长刘亚清出席启动仪式并表示：“蒙牛营养普惠计划，助力全国青少年营养健康，抓住了根本，抓住了关键，功在当代，利在千秋。”农业农村部畜牧兽医局二级巡视员王俊勋在启动仪式上指出：“蒙牛营养普惠计划已经发展成为多维立体的公益合伙人平台，形成了营养科普、健康饮食习惯培养、乡村教师帮扶、营养支持的多元化帮扶路径，具有重要的标杆意义，在行业内也形成了示范效应。”中国青少年发展基金会理事长郭美荐、中国青少年发展基金会副秘书长梅峰、蒙牛集团执行总裁李鹏程等出席仪式。

2 日 内蒙古土左旗政府与内蒙古优然牧业有限责任公司举行万头奶牛养殖示范牧场项目签约仪式。

3 日 中国农业机械化协会、中国畜牧业协会、中国奶业协会发文征集养殖场机械化消毒防控模式。

7 日 国务院食品安全委员会办公室会同公安部、农业农村部、国家卫生健康委、海关总署、市场监管总局在京举办 2020 年“世界食品安全日”中国主场活动。国务院食安办主任、市场监管总局局长肖亚庆，国家卫生健康委副主任李斌，海关总署副署长张际文，农业农村部总畜牧师马有祥，公安部食品药品犯罪侦查局局长吕武钦出席活动并致辞。市场监管总局食品安全总监王铁汉通报：2019 年我国乳制品抽检合格率 99.7%，婴幼儿配方奶粉抽检合格率为 99.8%。国务院食安办副主任、市场监管总局副局长孙梅君主持活动。伊利集团董事长潘刚作为食品生产企业的唯一代表发言。伊利集团携手阿里巴巴、物美集团等食品产业链上的领军企业与专业机构共同发起成立“中国食品安全联盟”。

8 日 蒙牛酸奶文化节发布会在北京举行。中国奶业协会副会长兼秘书长刘亚清，全国卫生产业企业管理协会会长窦熙照，国家市场监督管理总局食品生产安全监督管理司司长马纯良，国家食品安全风险评估中心研究员、总顾问、中国工程院院士陈君石，中国营养学会理事长杨月欣，中国乳制品工业协会常务副理事长兼秘书长刘美菊，蒙牛集团总裁卢敏放等分别致辞。首届酸奶文化节发布会现场同时启动“让爱发酵 守护健康”公益活动，中国青少年发展基金会副秘书长梅峰讲话。蒙牛还联合中国营养学会、益生菌益生元与健康分会，发布《国人肠道健康 2020 年报告》。

9 日 青海省奶业协会在西宁市举办了全省生鲜乳质量安全检测技术培训班，全省 10 家中大型乳品企业、各生鲜乳收购站负责人及相关管理人员近 40 人参加了培训。

10 日 山西省雁门关农牧交错带示范区建设领导小组办公室印发《山西省雁门关农牧交错带示范区建设 2020 年行动计划》。在畜牧产业提升工程中提到，提升乳品产业、提升肉制品产业，以古城、牧同等企业为核心，建设乳品养殖加工一体化园区，形成乳品深加工产业集群，打造雁门关黄金奶源带。2020 年规模牧场奶牛单产达到 7.5t 以上，规模场奶牛存栏数占到全省奶牛总量的 70% 以上，奶类产量达到 70 万 t，占到全省奶产量的 70% 以上。

11 日 2020 中国飞鹤“中国小康牛奶行动”爱心助学健康扶贫公益行动在贵州省台江县启动。农业农村部畜牧兽医局二级巡视员王俊勋，中国奶业协会副秘书长李栋，中国飞鹤有限公司副总裁、中国飞鹤助学基金会理事长卢光分别致辞。启动现场，中国飞鹤向贵州省台江县捐赠500箱价值总额达33万元的优质学生奶品。

12日 来自哈萨克斯坦的3.5t骆驼奶粉顺利运抵兰州新区综合保税区，这是哈萨克斯坦乳制品首次进入中国西北地区市场。

15日 光明乳业牛奶纸盒回收绿色大行动在江苏全省13个地级市，济南市、杭州市等垃圾分类重点城市全面启动。

16日 君乐宝乳业集团董事长兼总裁魏立华参加“总裁带货”网络直销公益活动，在京东、快手等11家平台上带货直播首秀，主持人方琼倾情助阵，河北省工业和信息化厅厅长龚晓峰为君乐宝点赞。多平台累计观看量超过1 800万人次，在京东直播中稳居榜首。当日，君乐宝线上销售额超过2 500万元。

同日 2020年“蒙牛营养普惠计划”广西学龄前儿童营养改善捐赠落地仪式在广西壮族自治区靖西市举行。在农业农村部的支持下，联合国世界粮食计划署（WFP）携手广西农业农村厅、靖西市政府以及蒙牛集团，为推进广西学龄前儿童营养改善试点项目进行深度合作，在本次蒙牛未来星学生饮用奶的捐赠仪式上，广西农业外资项目管理中心书记王辉武，联合国世界粮食计划署驻华代表屈四喜表达了对蒙牛营养普惠计划的感谢和支持。2020年蒙牛营养普惠计划与中国青少年发展基金会开展深度合作，覆盖24个省市自治区的500余所学校，将480万盒未来星学生饮用奶送到70万余学生手中。

同日 河北省邢台市政府与内蒙古伊利实业集团股份有限公司签署战略合作框架协议。伊利集团将在邢台市内丘县投资建设奶牛养殖及乳制品深加工项目。

17日 光明乳业股份有限公司、中卫市政府、宁夏农业投资集团三方签订战略合作协议，共同投资建设奶产业种、养、加全产业链项目。宁夏回族自治区各级领导及光明乳业高层领导共同见证战略合作协议签订。

同日 “伊利现代智慧健康谷——敕勒川30万头奶牛生态牧场示范项目暨国家奶牛核心育种基地”开工仪式在呼和浩特市土默特左旗举行。该项目不仅将打造国际一流的“绿色智能”规模化牧场集群，还将诞生一座全国规模最大的奶牛育种基地。当天活动现场，“伊起小康——伊利集团助力土左旗脱贫攻坚”项目同期举行了签约仪式。

18日 中国奶业协会发布《现代奶业评价 奶牛场定级与评价》团体标准。

同日 河南省纪委书记任正晓赴河南花花牛乳业集团新蔡瑞亚牧场调研企业生产经营、产业振兴及带贫工作情况。

20日 蒙牛集团联合中国银行、中国建设银行、中国农业银行及草、牧、奶等奶业生态圈伙伴，在巴彦淖尔市、呼和浩特市、通辽市三地联动，召开“奶业振兴生态共赢——奶业生态圈助力中国乳业产业园高质量发展招商会”。来自内蒙古自治区农牧厅、内蒙古自治区金融办、中国银行内蒙古分行、中国建设银行内蒙古分行、中国农业银行内蒙古分行、内蒙古农村信用社、平安银行呼和浩特市分行的主要领导，来自全国各地的奶产业链的国内外企业代表或到场或线上参会。

22日 光明牧业与天康生物战略合作签约仪式在上海举行。光明乳业股份有限公司党委书记、董事长濮韶华，光明乳业股份有限公司副总裁，光明牧业有限公司党委书记、董事长、总经理王赞，天康生物股份有限公司党委书记、董事长杨焰等领导出席签约仪式。

23日 中国奶业协会消息，凯度消费者指数发布了《2020亚洲品牌足迹报告》，伊利凭借超高的消费者触及数、渗透率等获五连冠“战绩”。

同日 由中国奶业协会和荷兰皇家菲仕兰联合主办的2020年中荷奶农交流项目启动会在线上举行。中国奶业协会副秘书长陈绍祜，荷兰皇家菲仕兰全球奶业发展和原奶品类总监艾业荣（Joroen Elfers），政府事务负责人刘小虎，河南省农业农村厅奶业处副处长宋洛文，河北省畜牧良种工作总站站长倪俊卿，河南省畜牧总站站长睢富根，以及以河南省奶牛生产性能测定中心主任张震研究员和河北省畜牧良种工作总站马亚宾研究员为代表的专家团队出席。会议由中国奶业协会养殖业发展部主任闫青霞主持。

同日 第四届“健康中原—牛奶伴您行”奶业知识竞赛圆满收官。竞赛历时一个月，共4轮、8天比赛，大赛的7 000件奖品全部“名花有主”。比赛共吸引全国60多个城市的48.7万网友参赛。奶业知识竞赛由河南省农业农村厅与大河报联合主办。

24日 国家卫健委公布了《营养与健康示范学校创建与评价技术指南（征求意见稿）》。规定学生餐每餐供应的食物应包括谷薯类、蔬菜水果类、鱼禽肉蛋类、奶大豆及坚果类四类食物中的三类及以上。食物种类每天应至少达到12种，每周至少25种。学校应落实国家学生饮用奶计划相关要求，使学生每个学习日在校饮用奶及乳制品达200mL。学校有完整学生饮用奶管理制度并责任到人。

同日 中国奶业协会消息，国际奶农联盟IFCN出炉了2019年全球奶牛养殖TOP10榜单，以奶牛养殖集团年产奶量计，蒙牛近年来战略投资的现代牧业以128万t的年产量位居全球第二位，圣牧高科以66万t位列全球第九位，两家合计已达到了全球TOP10牧场产量的22%。

同日 在陕西定边县，中垦乳业总投资22亿元兴建的6万头奶牛养殖基地项目举行奠基仪式，重庆农投集团总经理王千六、陕西农垦集团董事长郭剑、中共定边县委书记胡统金、中垦乳业股份有限公司董事长邱太明出席奠基仪式。

同日 中瑞奶业合作全国奶业提质增效项目（2020—2021）示范牧场创建工作会议在“云上”召开。农业农村部畜牧兽医局奶业处处长卫琳、科学技术部农村中心项目专员王小龙、中国奶业协会副秘书长张智山、中国农业大学教授张胜利、利拉伐（天津）有限公司总经理沙云飞，以及28个乳业集团、牧业集团、牧业企业的33个牧场代表共计60余人参加了会议。

同日 常州鸣源牧业有限公司奠基仪式在江苏省常州市金坛区举行。一鸣公司董事长朱立科，常州市金坛区区委副书记刘国新，金坛区委常委董龙庆，金坛区人民政府副区长朱霞等领导共同出席奠基仪式。常州鸣源牧业有限公司总投资1.2亿元，奶牛基地占地面积13.33hm²，奶牛存栏量3 000头，周边配套266.67hm²牧草种植基地，形成绿色有机生态循环产业链。项目投产后，预计年产生鲜乳18 000t，带动周边农户共同发展。

27日 黑龙江瑞弘达牧业有限公司万头奶牛标准化规模养殖基地建设项目在泰来县开工建设。项目总投资5.4亿元，计划存栏1.2万头，占地总面积66.76万m²。项目达产后年可生产鲜奶7.6万t，实现销售收入3.2亿元，安置就业人数240人。

29日 天牧乳业公司举行奶牛养殖二期项目开工仪式。天牧乳业奶牛养殖二期项目是2020年度甘肃省农垦集团公司重大项目和金昌市招商引资重大项目。项目占地面积53.2hm²，规划规模为1.1万头奶牛养殖。预算总投资4.1多亿元，项目将于2021年9月底全部完工。

30日 江西省奶业发展协会成立大会在南昌市召开。选举江西阳光乳业集团有限公司董事长胡霄云为协会理事长，江西牛牛乳业有限责任公司董事长郑建民为协会副理事长。中国奶业协会副会长兼秘书长刘亚清、江西省农业农村厅总畜牧兽医师钟新福分别致辞。

同日 由上海市拥军优属基金会、光明食品集团主办，光明乳业承办的“光明营养计划”公益项目全市启动大会举办。自7月1日起，上海市16个区3 880名烈属，将获赠光明乳业高品质乳制品。上海市拥军优属基金会理事长周太彤，上海市人民政府副秘书长赵祝平，上海市退役军人事务局副局长丁振，光明食品集团董事长是明芳，光明食品集团总裁刘平，光明乳业董事长濮韶华，光明乳业总裁罗海及拥军优属各基金分会代表、优抚干部代表、烈属代表等出席大会。

同日 中国奶业协会征集2020年度第一批团体标准制修订项目。

7月

1日 内蒙古自治区副主席李秉荣一行赴磴口调研蒙牛集团中国乳业产业园西部中心奶源基地，实地考察乌兰布和二期奶产业园项目。蒙牛集团副总裁赵杰军向李秉荣一行介绍了蒙牛集团、圣牧高科圣牧草业发展现状，就中国乳业产业园西部中心奶源基地项目进展以及未来规划进行了汇报。

6日 央视《新闻联播》报道，内蒙古推动农牧业优化升级，努力打造更多专业化、规模化的产业集群，促进奶业振兴。

同日 上海市市场监督管理局发布《奶牛场牛结核病、布鲁氏菌病风险评估分级规程》等5项地方标准。

同日 陕西省宝鸡市举行现代奶畜产业高质量发展座谈会。2019年宝鸡全市畜牧业全产业链产值突破220亿元，以奶山羊、奶牛为重点的畜牧业发展取得显著成效。奶山羊存栏达到85.2万只，羊奶产量突破15万t，分别占全省30%、25%，规模化养殖率、良种率位居全省第一。座谈会上，千阳县与正大集团签订奶山羊全产业链示范项目战略合作协议，项目总投资约11亿元。

7日 上海奶业行业协会常务副会长唐新仁在上海奶业协会秘书长钱建国的陪同下，分别到光明牧业星火奶牛一场、二场、申星牧场，就生产经营状况、安全、环保现状、粪污处理、职工生活等方面进行调研；同时深入上海乳品四厂和永安乳品厂生产车间，查看企业产品，了解企业研发、生产、销售等方面的情况。

8日 由黑龙江省畜牧总站、黑龙江省奶业协会和黑龙江省杜蒙县政府共同组织的“站县共建奶牛育种基础工作推进项目签约仪式”在黑龙江省杜蒙县举行。黑龙江省畜牧总站站长聂德宝、副站长张闯，黑龙江省奶业协会常务副会长张维银，杜蒙县副县长任维全等相关领导参加签约仪式。

10日 君乐宝乳业集团在石家庄宣布其旗下的全球首款自有牧场全产业链A2型奶牛奶粉——君乐宝至臻A2奶粉正式上市，打破了国外品牌对于A2蛋白奶粉品类的垄断。中国奶业协会名誉会长高鸿宾、中国工程院院士任发政、国家奶牛产业技术体系首席科学家李胜利、河北省农业农村厅副巡视员顾传学与君乐宝乳业集团董事长兼总裁魏立华等共同启动君乐宝至臻A2奶粉正式上市。

14日 天津市奶业协会会员代表大会在天津举行。协会会员、理事、常务理事、副会长等80余人参加会议。会议决定由魏武任天津市奶业协会秘书长，徐练海任协会法定代表人。天津市农业发展服务中心副主任孟庆江应邀出席会议并讲话。

17日 中国奶业协会印发新增专业委员会组织机构、人员及职能定位的通知。新增四个专业委员会，分别是中国奶业协会战略发展工作委员会、中国奶业协会专家工作委员会、中国奶业协会乳品产品创新专业委员会、中国奶业协会质量安全与标准检测专业委员会。

同日 江苏光明银宝乳业工厂开业活动、江苏银宝光明牧业牧场揭牌仪式在江苏盐城射阳县举行。落地建成后的光明银宝乳业工厂，占地11.33 hm²，建筑面积5.8万m²，设计日产能500t、年产18万t牛奶；落地建成后的银宝光明牧场，占地近80 hm²，牧场存栏4 612头奶牛，是长三角区域最大娟姗牛奶源基地。

18日 “金健乳业20年，‘好牧场，更新鲜’——暨金健桃花源生态观光牧场游”启动仪式在湖南常德举行。湖南省奶业协会秘书长刘海林、金健乳业副总裁李启盛等出席，并与参加启动仪式的嘉宾一道参观金健乳业工厂和金健桃花源生态观光牧场。

21日 内蒙古自治区举办推动民族传统乳制品产业发展新闻发布会，启动民族传统乳制品产业发展试点示范工作，并公布了首批160个试点示范单位名单。内蒙古自治区有16家民族传统乳制品生产企业、746户注册登记的加工坊。每天加工鲜奶能力9 560.7t，日均实际加工鲜奶量393.3 t，年产值近6.1亿元，就业人数在2 000人左右。

同日　内蒙古自治区市场监督管理局发布《含乳固态成型制品生产许可审查细则（2020版）》《生乳制民族传统奶制品生产许可审查细则（2020版）》公告。

同日　中国飞鹤与美的集团在顺德美的集团总部正式签订战略合作协议。中国飞鹤董事长冷友斌、美的集团董事长兼总裁方洪波等双方领导共同参加了此次签约仪式。

26日　君乐宝全智能化未来家庭示范牧场在河北省石家庄市赞皇县开工建设，这是全国首家采用智能化全机器人养殖的家庭示范牧场。项目颠覆传统牧场建设模式，打造全机器人饲喂、挤奶，全智能化管理的世界一流智慧家庭示范牧场。

同日　中国国际进口博览会乳业专委会由展盟企业自愿发起成立，共有9家企业参加，雀巢公司任会长单位，恒天然和阿拉福兹任副会长单位，其余六家单位为达能、惠氏营养品、A2、澳优乳业、萨普托乳业和纽仕兰。

27日　财富中文网对外发布了2020年的《财富》中国500强排行榜。荣登500强的乳品企业有三家，分别为内蒙古伊利实业集团股份有限公司位列113位，较去年提升6位，收入902.23亿元，较2019年（795.53亿元）增长13.41%；中国蒙牛乳业有限公司位列129位，较去年上升3位，收入790.3亿元，较2019年（689.77亿元）增长14.57 %；光明乳业股份有限公司位列413，较2019年下降19位，收入225.63亿元，较2019年（209.86亿元）增长7.52%。

28日　为进一步了解奶业发展形势，研究解决奶业发展问题，征集行业发展建议，吉林省畜牧业管理局召开全省奶业座谈会。吉林省畜牧业管理局党组书记、局长张国华出席座谈会。

同日　美国食品药品监督管理局（FDA）宣布更改乳制品和婴幼儿配方奶粉公司向中国出口产品的出口上市程序。

29日　由中国奶业协会主办，以“创新引领，传递信任，协同发展”为主题的现代奶业评价体系建设启动会在北京举行。中国奶业协会名誉会长、原农业部副部长高鸿宾，中国工程院院士、中国奶业协会副会长沈建忠，农业农村部畜牧兽医局二级巡视员王俊勋，中国奶业协会副会长兼秘书长刘亚清等领导出席会议并讲话。中国农业大学教授、国家奶牛产业技术体系首席科学家李胜利分别从现代奶牛场评价的八个方向出发，用数据阐明了奶牛场的现状及发展趋势。伊利副总裁刘春喜、蒙牛执行总裁李鹏程、光明乳业副总裁王赞、现代牧业总裁高丽娜、北京首农畜牧董事长兼总裁乔绿、中鼎牧业总裁孙国强、中地乳业副总经理宋乃社等企业代表分别从奶牛养殖和乳品加工环节，对现代奶业评价工作进行了肯定，并结合各自特点进行了展望和计划。部分地方奶协和奶业上下游重点企业的主要负责人参加了此次会议。

30日　黑龙江飞鹤乳业有限公司向齐齐哈尔市公安民警救助基金会捐助仪式举行。飞鹤乳业慈善基金会理事长朱天龙代表企业向市公安民警救助基金会捐款100万元。

31日　中地乳业公布公司拟向认购方香港金港商贸控股（由伊利股份全资拥有）配售4.33亿股新股，占经扩大后公司股份约16.6%，每股发行价为0.47港元，较7月31日收市价0.58港元折让约18.97%。认购方应付总代价为2.03亿港元。

8月

1日　山东卫视新闻联播节目报道了得益专注低温战略，打造乡村振兴齐鲁样板，展现得益的引领创新和社会担当精神。

同日　伊利集团优然万头奶牛养殖示范牧场项目破土开工，项目总投资5.4亿元，主要建设1.2万头优质奶牛养殖示范牧场，投产后每天能产出优质牛奶300t以上，产值突破3亿元。

5日　由世界品牌实验室（WorldBrand Lab）主办的（第十七届）“世界品牌大会”在北京举行，会上发布了2020年《中国500个最具价值品牌》分析报告。在这份报告中，食品饮料行业占据了85个席位，占总入选品牌数的17%。其中包括了伊利、蒙牛、娃哈哈、光明等10个乳制品品牌，品牌总价值达4 416.33亿元。

同日　山东省奶业协会第三届会员代表大会在山东东营召开。王成武当选为山东省奶业协会会长，汪玲莉为秘书长，王洪波等33名同志当选为山东省奶业协会副会长，孙波等6名同志当选为山东省奶业协会副秘书长。中国奶业协会副秘书长张智山、山东省畜牧兽医局副局长戴文超出席会议并讲话。

6日　飞鹤与阿里云达成战略合作。阿里巴巴集团董事局主席张勇、中国飞鹤董事长冷友斌等在中国飞鹤有限公司出席战略合作签约仪式。

7日　农业农村部种业管理司、全国畜牧总站发布2020年中国乳用种公牛遗传评估结果。

8日　君乐宝推出首款全维度营养儿童奶粉——小小鲁班诠维爱儿童配方奶粉。中国奶业协会副会长兼秘书长刘亚清表示“小小鲁班诠维爱儿童配方奶粉科学搭配、精准营养，是技术和市场的开拓创新。”南京医科大学公共卫生学院教授、中国营养学会妇幼营养分会主任委员汪之顼，首都儿科研究所生长发育研究室副主任医师孙淑英，爱尔兰KERRY集团全球副总裁John Reilly纷纷表示祝贺。

同日　安徽东方天合生物技术有限责任公司“安尼优生产线”投产仪式在安徽省固镇县铜陵现代产业园区东方天合生产基地举行。农业农村部全国畜牧总站饲料行业指导处处长闫奎友、中国奶业协会副秘书长邵明君、安徽省奶业协会秘书长王志耕致辞，北京东方天合李寰旭董事长参加投产仪式。

10日，国家奶业科技创新联盟在福建举办发布会，宣布福建长富全部巴氏鲜奶顺利通过中国优质乳工程验收，成为全国首家全部巴氏鲜奶连续通过中国优质乳工程复评审的企业。

11日　长春博瑞农牧集团股份有限公司与宁夏农垦集团有限公司合作签约仪式在长春举行。宁夏农垦集团董事长金生平，贺兰山奶业公司董事长宁晓波，博瑞集团董事长孙武文、总裁郭运库，宁夏博瑞董事长鲁宝杰，宁夏博瑞总经理尹文出席签约仪式。

13日　山东省市场监督管理局组织全省66家乳制品生产企业开展“提升乳品质量、企业公开承诺”活动，得益、圣元、伊利、佳宝4家大型乳企负责人在省市场监管局主会场作出郑重承诺，严格落实主体责任，确保乳制品质量安全，接受社会监督。山东省乳制品工业协会代表全省乳制品生产企业发出了“提升乳品质量 我们共同行动”倡议。

14日　蒙牛（02319.HK）以其在可持续发展方面的突出表现，入选恒生可持续发展企业指数（HSSUS）成分股，跻身港股可持续发展表现排名前30名。

17日　首届中国高原牧场鲜奶峰会在甘肃兰州举行。甘肃省乳品协会会长，庄园牧场董事长马红富，中国奶业协会副秘书长周振峰，甘肃省农业农村厅一级巡视员阎奋民分别致辞。中国农业农村部食物与营养发展研究所所长王加启，兰州大学草地农业科技学院教授李发弟，上海睿农营销咨询创始人候军伟，新希望乳业股份有限公司董事长席刚分别做专题报告。

18日　北京市奶业协会第七届理事会第六次会议在北京圆山饭店召开。会议审议并通过了北京市奶业协会会长、首农食品集团副总经理常毅向大会做的2019年度工作报告，并对推荐的理事会、监事会候选人名单进行表决。大会由北京市奶业协会秘书长廖晨星主持。

20日　河北省奶业协会发布《活性蛋白牛乳（牛奶）》团体标准。

21日　中国奶业协会消息，中国（宁夏）奶业研究院举行了奶牛营养与饲料实验室（检测中心）启用仪式，美国嘉吉公司已入驻该研究院。

同日　中国奶业协会消息，中国农业科学院北京畜牧兽医研究所奶产品质量与风险评估科技创新团队在生乳中假单胞杆菌耐药性研究方面取得新进展，发现生乳假单胞杆菌存在多样的抗性决定簇以及获得性耐药基因，为生乳质量安全风险评估提供了支撑。相关研究成果已经发表在《微生物学前沿（Frontiers in Microbiology）》上。

24日　陕西省农业农村厅举行2020年全省优势特色产业集群建设启动视频会，正式拉开陕西省黄土高原苹果产业集群和关中奶山羊产业集群建设帷幕。

27日　山东省潍坊市人民政府与内蒙古伊利实业集团股份有限公司战略合作协议签署仪式在济南举行。山东省省长李干杰，省人大常委会副主任王随莲，内蒙古伊利实业集团股份有限公司董事长潘刚出席仪式。

27—28日　第七届勃林格奶牛论坛在上海举办。农业农村部食物与营养发展研究所所长、国家奶业科技创新联盟理事长王加启，中国奶业协会副秘书长李栋，中国社会科学院农村发展研究所研究员刘玉满，北京大学国家发展研究院副院长余森杰等出席论坛并作报告。中国奶业协会秘书长助理兼《中国奶牛》主编丁芳，上海奶牛研究所有限公司总经理苏衍菁，现代牧业（集团）有限公司副总裁韩春林，光明牧业首席畜牧师、总经理助理刘光磊等乳品行业专家、国际关系与经济专家、各牧业集团精英等近200人齐聚浦东，共同讨论后新冠时代下的牛奶质量提升，分析疫情常态化防控形势下奶业发展问题。该论坛由勃林格殷格翰动保公司主办。

28日　呼伦贝尔市政府与中国建设银行内蒙古分行举行金融服务乡村振兴座谈会暨奶业全产业链战略合作签约仪式。呼伦贝尔市市长姜宏、中国建设银行总行乡村振兴部总经理吴敏、建设银行内蒙古分行行长张连钢、自治区金融办副主任吴光飙出席会议并讲话，副市长施强与建设银行内蒙古分行副行长李金才签订《奶业全产业链战略合作协议》，副市长、阿荣旗委书记栾天猛主持座谈会和签约仪式。

同日　中国奶业协会报道，由宁夏回族自治区畜牧工作站主持，与中国农业大学、宁夏大学、宁夏农林科学院等9家高校、科研院所、奶牛生产企业联合攻关的“优质高产奶牛选育技术研究与应用”项目荣获宁夏回族自治区科学技术进步一等奖。

28—29日　由中国奶业协会主办的奶牛生产性能测定数据交流活动在兰州市举行。出席此次交流活动的有农业农村部畜牧兽医局奶业处、全国畜牧总站奶业与畜产品加工处、甘肃省农业农村厅、甘肃省畜牧兽医局、中国农业科学院兰州畜牧与兽药研究所有关领导和专业人士。活动由中国奶业协会副秘书长陈绍祜主持，采用线上线下相结合的方式，对全国各地DHI中心的主要负责人、技术人员进行交流和培训。

29日　荷兰合作银行年度全球乳业20强排名公布。亚洲乳企排名显著提前，中国最大的乳企——伊利集团，上升至全球第五位，同比增长将近20%；中国第二大乳企蒙牛集团，排名往前了2位，从全球第十位上升到第八位。

同日　山东省委副书记、省长李干杰一行到得益乳业调研，察看生产车间、检测中心、安全监控中心、开发实验室等场所，仔细了解得益乳业奶牛存栏量、养殖基地土地流转、市场开拓、技术标准、运营成本等情况。

同日　国家奶业科技创新联盟工作会议在京举行。会议总结和通报了国家优质乳工程最新进展和成果，截至8月30日共有30家乳企通过国家优质乳工程验收。会上还发布了《中国奶产品质量安全研究报告》。

31日　河北奶业协会奶农委员会（扩大）会议在石家庄正定召开。河北奶业协会奶农委员会主任李广成、副主任何丙仁、副主任司建强及省内30家牧场代表参会。河北奶业协会副会长、河北一然生物科技有限公司董事长赵林森，副总经理杨玉红，河北奶协副会长兼秘书长袁运生出席会议并讲话。

9月

1日 内蒙古自治区政府办公厅召开全区奶业振兴主题新闻发布会，自治区农牧厅副厅长刘永志就内蒙古自治区奶业振兴整体情况做了介绍。自治区工业和信息化厅副厅长张德、市场监管局二级巡视员彭万臻等出席会议。

同日 《蒙古族传统奶制品术语》等8项地方标准审定会在呼和浩特市召开。自治区市场监管局二级巡视员彭万臻出席审定会并讲话。

3—4日 陕西省市场监督管理局特殊食品监管处处长向军、二级调研员刘国富深入陇县检查督导婴幼儿配方奶粉生产企业食品安全主体责任落实及规范体系自查工作。

6日 农业农村部新闻办公室发布消息，中国农业产业化龙头企业协会联合农民日报社、南方农村报社公布《2019年全国农产品加工业100强企业名单》。有5家乳制品生产企业上榜，分别是内蒙古伊利实业集团股份有限公司位列第4位；内蒙古蒙牛乳业（集团）股份有限公司位列第5位；光明乳业股份有限公司位列第30位；北京三元食品股份有限公司位列第41位；石家庄君乐宝乳业有限公司位列第52位。

同日 中国飞鹤（06186.HK）发布公告称，拟委托中信里昂向原生态牧业提出自愿性有条件现金要约，每股定价0.63港元，同时以现金换取注销所有尚未行使的购股权。本次要约成功后，飞鹤将成为原生态牧业的控股股东，同时将维持原生态牧业的上市地位。

7日 上海市发展和改革委员会、市场监督管理局、经济和信息化委员会、农业农村委员会、卫生健康委员会、商务委员会、上海海关联合发布《上海市实施国产婴幼儿配方乳粉提升行动工作方案》。

8日 河北省第三届奶农大会暨奶农与乳企对接活动在石家庄市举行。本次大会聚焦家庭牧场发展，瞄准制约家庭牧场发展的奶牛繁殖育种、饲养和管理信息化开展了10项专题讲座，共有400多个奶牛场和6家乳品企业参加。河北省农业农村厅副巡视员顾传学、全国畜牧总站体系建设与推广处处长王志刚、中国奶业协会副秘书长陈绍祜、河北省农业农村厅畜牧业处处长陈东来等出席活动。

10日 中共中央政治局委员、国务院副总理胡春华在黑龙江哈尔滨主持召开大型农业龙头企业座谈会。伊利集团董事长潘刚作为行业代表出席会议并发言，他从奶业龙头企业的实践出发，总结了近年来伊利在振兴中国奶业、引领行业发展方面积累的经验。

15日 国务院关税税则委员会关于对美加征关税商品第一次排除延期清单公告发布，对美进口苜蓿在内的16项商品，税委会公告〔2019〕6号规定的排除期限延长一年，即自2020年9月17日至2021年9月16日，继续不加征我为反制美301措施所加征的关税。

同日 从内蒙古自治区农牧厅等部门获悉，2020年内蒙古安排3 000万元资金，重点支持100个民族乳制品手工坊进行标准化升级改造。全区现有登记注册的民族传统乳制品加工坊1 000多家。

同日 第十四届全运会、第十一届残疾人全运会暨第八届特殊奥林匹克运动会倒计时一周年系列活动在西安举行。西安银桥乳业集团签署《第十四届全运会乳制品独家供应商》协议。银桥系列产品作为“十四运会官方指定乳制品”亮相活动现场。

16日 由中国农业农村部对外经济合作中心与土耳其驻华使馆商务参赞办公室联合举办的中国－土耳其奶业促进活动以线上会议形式进行，54家土耳其企业和40余家中国企业同时在线交流。土耳其驻华使馆商务参赞办公室介绍了土耳其乳业的主要情况和优势。中国奶业协会国际部主任、首席经济分析师陈兵介绍了中国奶业现状和发展趋势，以及土耳其乳制品的市场机会。

18日 宁夏吴忠市推进黄河流域生态保护和高质量发展先行区重大项目暨孙家滩10万头奶牛养殖区项目启动仪式在吴忠市孙家滩举行。

20日 宁夏现代畜牧业数字信息化建设启动暨平罗县5G未来牧场创新中心揭牌仪式在宁夏平罗县举办。宁夏回族自治区党委常委、统战部部长白尚成与中国农业科学院北京畜牧兽医研究所所长秦玉昌为5G未来牧场创新中心揭牌。宁夏回族自治区农业农村厅副厅长王生林、平罗县委书记蒋哲文、中国农业科学院北京畜牧兽医研究所党委书记马莹出席仪式。

21日 适逢北京冬奥会开幕倒计时500天，伊利在北京召开北京冬奥会倒计时500天纪念暨六万伊利人誓师大会。北京冬奥组委会副秘书长徐志军、北京冬奥组委市场开发部副部长顾灏宁、中国奶业协会副会长兼秘书长刘亚清、花样滑冰世界冠军庞清佟健夫妇、伊利集团执行总裁张剑秋及社会各界人士，共同见证了这一历史性时刻。

同日 宁夏农垦集团与蒙牛集团（灵武）奶业全产业链高质量发展百亿集群项目合资签约活动在灵武市举行，宁夏农垦集团董事长金生平，蒙牛集团副总裁赵杰军，宁夏农垦集团总经理徐军，灵武市委书记夏斌、市长马自忠、市政协主席杨文炯参加签约活动。

23日 兴安盟·伊利集团绿色健康产业创新示范区暨内蒙古兴安伊利5G+互联网应用智能制造示范项目开工仪式在兴安盟科右前旗工业园区举行。内蒙古自治区党委常委、盟委书记张恩惠，自治区副主席、盟委副书记、盟长奇巴图，伊利集团执行总裁张剑秋，盟委、行署有关领导出席开工仪式，旗县市有关领导和盟直有关部门负责同志参加开工仪式。盟行署副盟长刘树成主持开工仪式。

同日 宁夏中卫市2020年第三季度重大项目开工活动在中卫市沙坡头区常乐镇举行。宁夏壮族自治区副主席王和山出席并宣布项目开工，中卫市委书记何健、中卫市市长李晓波、光明乳业总裁罗海、光明乳业监事会主席叶建东、光明牧业董事长王赞等出席活动。光明万头奶牛养殖全产业链项目正式在中卫市落地开工。

同日 由中央网信办网络新闻信息传播局主办，中国网、山东省委网信办承办，山东广播电视台、山东黄河河务局、淄博市委网信办等协办的“中国梦·黄河情——黄河流域生态保护和高质量发展”暨“黄河落天走东海”网络主题活动走进得益乳业。来自中央重点新闻网站、省重点新闻网站的40余名编辑记者来到得益乳业第二牧场，探寻新鲜纯净的牛奶源头，了解行业领先的系统生态全产业链优势。

23—24日 全国奶业振兴工作现场会在山东省青岛市召开，会议总结交流各省奶业振兴工作的做法与经验，分析研判当前奶业发展形势，梳理问题，部署下一步重点工作。来自有关省、自治区、直辖市农业农村部门代表参加会议，并参观学习了青岛市奶酪加工及奶农发展乳制品加工的典型做法。

24日 国家市场监管总局科技财务司一级巡视员丁吉柱赴陕西省富平县，对陕西省羊乳产品质量监督检验中心申请筹建国家羊乳产品质量监督检验中心工作进展情况进行现场调研。陕西省市场监管局党组副书记、副局长潘洁陪同。

27日 甘肃省张掖市与蒙牛集团、张掖市黑河水电公司、甘肃前进牧业科技有限责任公司签署战略合作协议，仪式在张掖市甘州区举行。

28日 江苏省市场监督管理局消息，国家市场监管总局特殊食品安全监管司在无锡市召开婴幼儿配方奶粉、特殊医学用途配方食品监管工作研讨会。总局特殊食品司副司长马福祥、江苏省市场监督管理局二级巡视员冯兴汉出席研讨会。国家市场监管总局特殊食品司有关处室负责人，全国19个省（市、区）市场监管局部门婴幼儿配方奶粉、特殊医学用途配方食品监管处室负责人、部分省市的特殊食品流通处室负责人和2020年婴幼儿配方奶粉体系检查承担支撑机构负责人参加研讨会。

29日 河南省兰考县人民政府与蒙牛乳业集团、花花牛乳业集团齐聚郑州市，在河南省农业农村厅签署了战略合作协议，三方将共同推进河南省20万头奶牛养殖基地建设。

10月

11—13日 第十一届中国奶业大会暨2020中国奶业展览会在河北省石家庄市召开。农业农村部总畜牧师马有祥作主旨演讲，中国工程院院士、中国奶业协会会长李德发，河北省农业农村厅厅长王国发，工业和信息化部消费品工业司司长高延敏，国家市场监督管理总局食品生产安全监督管理司司长马纯良分别致辞。农业农村部畜牧兽医局局长杨振海，全国畜牧总站站长王宗礼，中国动物疫病预防控制中心主任陈伟生，农业农村部种业管理司副司长孙好勤，中国农垦经济发展中心副主任陈忠毅，农业农村部畜牧兽医局二级巡视员王俊勋，中国农业科学院北京畜牧兽医研究所所长秦玉昌应邀出席会议。君乐宝乳业集团董事长兼总裁魏立华，蒙牛集团总裁卢敏放，光明乳业党委书记、董事长濮韶华代表企业在大会发言。

中国奶业协会副会长兼秘书长刘亚清主持大会并宣读《中国奶业协会关于通报表扬抗疫捐赠奶业企业的决定》和《中国奶业协会关于公布〈2020中国奶业“融智创优”品牌企业名录〉入选企业名单的决定》。中国奶业协会原会长刘成果，中国奶业协会名誉会长高鸿宾，国家食物与营养咨询专家委员会主任、中国奶业协会战略发展工作委员会名誉副主任陈萌山，中国工程院院士、中国奶业协会会长李德发，中国奶业协会战略发展工作委员会名誉常务副主任毕美家，中国工程院院士、中国奶业协会副会长沈建忠，中国工程院院士、中国奶业协会副会长任发政，中国奶业协会副会长兼秘书长刘亚清分别为161家奶业企业颁发爱心牌匾，为201家优质品牌企业颁发《名录》入选证书。

会上，陈萌山名誉副主任宣读《关于推进奶业企业社会责任建设工作的指导意见》要点。中国奶业协会副秘书长张智山， 农业农村部食物与营养发展研究所所长王加启，中国疾病预防控制中心营养与健康所副所长赖建强，国家食物与营养咨询委员会副秘书长孙君茂，中国学生营养与健康促进会秘书长孟文瑞，中国食品工业协会副秘书长徐坚，中国农业大学食品科学与营养工程学院教授毛学英，中国营养保健食品协会办公室主任任蓓，中国饭店协会副会长张景富作为倡议代表登台，宣读《促进乳品消费升级 践行健康中国战略倡议书》。

中国奶业协会重磅发起“中国乳品消费节”。任发政院士致开幕词，高鸿宾名誉会长宣布“中国乳品消费节”开幕。刘亚清秘书长特邀阿里巴巴同城零售事业群母婴美妆总经理李虹女士、天猫乳饮冰行业运营总监袁明祥先生、苏宁红孩子总裁钱家祥先生、苏宁快消集团食品公司总经理李雪成先生、光明随心订营销中心总经理李秀坤先生、多点生活品牌商务经理邹梦玲女士、家乐福线上运营经理曹欣女士、北国超市事业部总经理吕国华女士、美食林商贸集团经理张帅云先生登台，为“乳品新国货”代言。人民网人民健康副总经理赵娟、新华网快消事业部总经理刘洋、伊利副总裁刘春喜、蒙牛执行总裁李鹏程、光明副总裁王赞、君乐宝副总裁仲岩、三元食品常务副总经理陈历俊、飞鹤副总裁卢光、澳优执行董事吴少虹、海河董事长王穆峰、湖南南山乳业董事长姚慧共同见证了这一精彩时刻。

大会同期举办了16个奶业专题高端论坛和2020中国奶业展览会，展览会展商530家，展览面积7万m^2，特设中国优质品牌乳品展区、中国奶业20强展区和6个国家展区。本届展会除鲜牛奶、液态奶、酸奶、奶酪、奶粉等常规乳制品外，还吸引了牦牛奶、水牛奶、羊奶、骆驼奶等特色奶企参展。陕西省农业农村厅和广西奶业协会还分别组织了羊奶特色展区和水牛奶特色展区。奶业展小程序日浏览量在10万次以上。展会吸引了美国、新西兰、澳大利亚、荷兰、加拿大、西班牙等奶业发达国家以国家展团的方式参展。

11日 奶业荐新论坛——挤奶设备创新技术研究启动仪式及奶业新技术论坛在石家庄国际会展中心举办。论坛由中国奶业协会主办，中国奶业协会编辑部承办。中国奶业协会副会长高继伟，中国奶业协会副秘书长张智山，农业农村部农机鉴定总站、农机推广总站养殖机械处处长金红伟，利拉伐公司中国及韩国市场区域总裁沙云飞共同启动挤奶设备创新技术研究项目，伊利集团副总裁刘春喜等重要领导出席该论坛。中国奶业协会秘书长助理兼编辑部主任丁芳主持仪式及论坛，来自利拉伐、京鹏畜牧、诺伟司、伊利奶牛科学研究院、天康生物等的多名专家在会上作专题报告。

12日 由中国奶业协会主办的2020中国奶业20强（D20）峰会在河北石家庄召开。峰会由农业农村部总畜牧师马有祥主持。农业农村部副部长于康震作主旨演讲，中国奶业协会会长李德发院士、河北省人民政府副省长时清霜分别致欢迎辞，国家市场监督管理总局食品生产安全监督管理司司长马纯良讲话。

刘成果会长和李德发院士为大型画册《引领发展》揭幕。杨振海局长介绍“中国小康牛奶行动”推广成效。陈萌山、毕美家名誉副主任为D20企业和观察员企业颁发牛奶助学公益行动爱心证书。刘亚清秘书长解读《2020中国奶业质量报告》，同时与沈建忠院士、任发政院士、王加启所长、李胜利教授共同发布了《2020中国奶业质量报告》。

峰会特别播放了大型纪录片《风雨兼程 光荣绽放—中国奶业20强峰会五周年巨献》，并为D20企业《三年行动实施方案》隆重启幕。李德发会长宣读了中国奶业协会组织制定的《中国奶业20强企业“赋能产业链供应链稳定性和竞争力”三年行动计划》要点。20位奶业D20企业领导和5位奶业D20观察员企业代表签字发布企业《三年行动实施方案》。君乐宝乳业集团总裁魏立华、伊利集团执行总裁张剑秋及蒙牛集团总裁卢敏表态发言。

农业农村部有关司局、事业单位负责人，各省、自治区、直辖市农牧管理部门负责同志，各省奶业协会会长及秘书长，其他奶业企业代表、行业专家和新闻媒体朋友共同出席本届峰会。

15—17日 431名蒙牛员工齐聚遵义，三天两夜的挑战之旅重走长征路，最后将5万盒牛奶赠送给贵州遵义石板镇中心小学、罗汉镇凉水小学、罗汉镇金禧希望小学、罗汉镇罗汉小学的孩子们。

17日 内蒙古全区推进奶业振兴暨民族传统乳制品产业发展现场会在锡林郭勒盟镶黄旗召开，内蒙古自治区党委副书记、自治区主席布小林，国家市场监督管理总局副局长孙梅君，内蒙古自治区副主席欧阳晓晖及各盟市、各有关厅局负责同志出席活动。与会人员共同见证了镶黄旗乳香飘乳业公司制作的礼仪乳酪盘获得“大世界基尼斯之最”纪录认证。会议现场还举行了线上线下销售签约仪式。

20日 甘肃前进牧业3万头奶牛产业基地建设项目落户甘肃省白银市景泰县。项目预计总投资额12亿元，计划分两期实施，占地面积约486.67hm^2。

23日 新疆喀什地区巴楚县人民政府与天润乳业合作建设5 000头奶牛养殖场项目，签约仪式在巴楚县举行。巴楚县委书记药宁、天润乳业董事长刘让出席签约仪式。

29日 第十六届中国·企业社会责任论坛在京举行，蒙牛集团总裁卢敏放获颁“年度责任人物”荣誉。

31日 2020中国学生营养与健康发展大会暨蒙牛未来星学生饮用奶公益主题活动在河北省张家口市崇礼区举行。“中小学生饮奶与健康评估项目”也在会上正式启动。中国学生营养与健康促进会会长陈永祥，中国青少年发展基金会副秘书长梅峰，内蒙古蒙牛乳业（集团）股份有限公司执行总裁李鹏程，中国奶业协会副秘书长李栋，利乐中国商务副总裁石涤非，内蒙古蒙牛乳业（集团）股份有限公司学生饮用奶业务部总经理刘永胜共同启动项目。

11月

3—6日 呼和浩特市农牧局组织市动物疫病防控中心和动物卫生监督所相关工作人员组成联合专项检查组，对2020年之后全市4个旗县11个奶牛场4 066头进口奶牛进行牛结节性皮肤病排查检查。

5—10日 2020第三届中国国际进口博览会在上海举办，由展盟企业自愿发起成立的乳业专委会发布《中国乳制品进口情况报告》。

6日 由内蒙古阿巴嘎旗照富经贸有限责任公司起草的《传统乳制品马奶片》《传统乳制品马乳清饮料》《传统乳制品马奶粉》《策格（酸马奶）软冰激凌》《策格（酸马奶）软冰激凌预拌粉》5项企业标准通过专家审定，填补了国内该类产品标准空白。

11日 越秀集团重组辉山乳业启动大会在沈阳召开。同日，越秀集团与沈阳市政府签订战略合作协议，双方将在农业食品、综合开发和金融服务等领域开展全方位合作。

12日 农业农村部公示，拟递补128家企业为农业产业化国家重点龙头企业。其中，黑龙江贝因美乳业有限公司、上海妙可蓝多食品科技股份有限公司、安徽达诺乳业股份有限公司、中地乳业集团有限公司、新疆石河子花园乳业有限公司5家乳企入选。

12—13日 由中国社科院社会责任百人论坛主办的北京责任展在北京举行。会上，蒙牛获颁“责任金牛奖–责任战疫奖”、中国食品行业企业社会责任指数第二名，蝉联乳业社会责任第一名。

16日 中国奶业协会发布《牛体外胚胎高效生产技术规程》等11项团体标准立项公告。

17日 据土耳其《世界报》报道，土耳其乳制品于2020年5月获得对华出口许可后，在5个月内对中国出口超过700万美元，中国成为土耳其乳制品出口第六大国。其他五个国家为伊拉克、沙特阿拉伯、阿拉伯联合酋长国、科威特和埃及。

同日 辽宁省奶业协会携手腾讯区域发展部－大辽，邀请区域内18家奶企，在腾讯·大辽网总部举办辽宁城市乳品市场倍增计划培训会。辽宁省奶业协会会长徐环宇出席培训会并致辞，腾讯区域用户营销总监、腾讯·大辽网总裁陈亚勇等发言。辽宁省奶业协会秘书长佟艳主持培训会。

19日 由网易财经主办的“2020网易新能量·乳制品行业峰会”在北京举行。中国奶业协会副会长兼秘书长刘亚清出席峰会并发表讲话。伊利集团执行总裁张剑秋、蒙牛集团执行总裁李鹏程、澳优乳业董事局主席颜卫彬发言，现代牧业、君乐宝、三元、飞鹤等多家乳企代表参会交流。

同日 农业行业标准预审会在中国农业科学院北京畜牧兽医研究所召开。全国畜牧业标准化技术委员会专家组对牧医所奶业创新团队主持制定的《生乳生产技术规范》《巴氏杀菌乳生产技术规范》《超高温瞬时灭菌（UHT）乳生产技术规范》《生牛乳质量分级》《乳及乳制品中乳铁蛋白的测定 高效液相色谱法》5项农业行业标准进行了预评审。

22日 满载中卫高品质生牛乳的货运包机在宁夏中卫市顺利起飞，光明乳业开创性地将国内黄金奶源带宁夏中卫市鲜奶3小时空运至上海。

24日 全国劳动模范和先进工作者表彰大会在北京人民大会堂举行，11位乳业人荣获全国劳动模范和先进工作者称号。他们是北京三元食品股份有限公司常务副总经理、教授级高级工程师陈历俊；天津嘉立荷牧业集团有限公司副总经理、高级兽医师周娟；宁夏农垦贺兰山奶业有限公司副总经理、高级畜牧师李艳艳；蒙牛乳制品（天津）有限责任公司酸奶生产车间主任、中级工张三子；内蒙古伊利实业集团股份有限公司奶粉事业部质量管理部质量副总监、助理工程师、高级工孟根花；肇州县裕达奶牛养殖专业合作社理事长郑伟国；南京卫岗乳业南京加工厂三工段包装组班长、技师田利民；蒙牛乳业（焦作）有限公司党委副书记、副总经理白杨；温氏食品集团股份有限公司董事长、高级畜牧师温志芬；固原市隆德县新何养牛专业合作社理事长齐永新；西藏高原之宝牦牛乳业股份有限公司奶源部经理次仁顿珠。

同日 安徽省马鞍山市人民政府与内蒙古蒙牛乳业（集团）股份有限公司《深入合作打造“双百亿”产业集群战略协议》签约仪式在北京举行。蒙牛乳业集团总裁卢敏放率蒙牛乳业集团高层领导，马鞍山市市长袁方率马鞍山副市长杨善斌、马鞍山市政府党组成员易茂林、市经开区管委会主任龚玉芝、管委会副主任魏邦军及相关市直部门负责同志出席。副市长杨善斌代表马鞍山市人民政府与蒙牛乳业集团执行总裁李鹏程签约。

同日 我国探月工程嫦娥五号任务在中国文昌航天发射场成功实施发射，国家航天局探月与航天工程中心在海南文昌举办授牌仪式，确认中国飞鹤成为“嫦娥五号”婴幼儿配方食品官方合作伙伴。同时，国家航天局探月与航天工程中心与中国飞鹤还共同启动了“听飞鹤讲月亮的故事”系列公益活动。

26日 伊利集团与江苏省农垦集团战略合作备忘录签约仪式在南京举行，打造华东地区最大的优质奶源基地。江苏省委副书记任振鹤出席并见证签约仪式。伊利集团董事长潘刚、江苏省农垦集团董事长魏红军出席仪式并发言。

同日 2020君乐宝“小康牛奶行动”公益捐助活动在江西省赣州市上犹县营前镇中心小学举行，农业农村部畜牧兽医局二级巡视员王俊勋、中国奶业协会副秘书长张智山、江西省农业农村厅党委委员吴国昌、赣州市农业农村局局长吴至海、君乐宝乳业集团党委副书记赵占威，以及地方有关部门领导出席捐助仪式。会议由上犹县委常委、宣传部长陈济才主持。此次活动君乐宝为营前镇中心小学捐赠学生饮用奶3500提，价值21万元。

28日 在第十八届中国国际农产品交易会第二场推介会上，原农业部党组成员、农业部办公厅主任、中国农村合作经济管理学会理事长毕美家与中国奶业协会副会长兼秘书长刘亚清共同发布推介10家乳品类企业优秀品牌。这10家企业包括内蒙古伊利实业集团股份有限公司、内蒙古蒙牛乳业（集团）股份有限公司、光明乳业股份有限公司、君乐宝乳业集团、黑龙江飞鹤乳业有限公司、北京三元食品股份有限公司、黑龙江省完达山乳业股份有限公司、现代牧业（集团）有限公司、西安银桥乳业（集团）有限公司和福建长富乳品有限公司。10家企业负责人依次上台进行品牌推介，发布最新研发的新产品，并在现场进行线上直播。

29日 云南省委常委、曲靖市委书记李文荣率队到陆良县专题调研蒙牛集团西南高原特色奶业全产业链项目，李文荣一行先后来到万头奶牛现代化牧场、年产33万t饮料及乳制品生产项目现场，详细了解项目规划和建设进度。蒙牛集团西南高原特色奶业全产业链项目，于2018年12月18日签约，2019年6月14日举行开工仪式。该项目由内蒙古蒙牛乳业（集团）股份有限公司联合内蒙古富源国际实业（集团）有限公司在陆良县投资建设，预计总投资16.5亿元，包括工厂区和牧场区两部分。

30日 优然牧业两个万头高产奶牛示范项目在山东省潍坊市滨海区、寿光市举行开工仪式，潍坊市副市长马清民出席仪式。潍坊·优然牧业滨海万头高产奶牛示范项目总投资超过5.3亿元，建设用地约100hm²。潍坊·优然牧业（寿光）万头高产奶牛示范项目总投资5.3亿元，总建筑面积约18万m²，规划年产优质原奶8万t。

12月

2日 现代奶业评价管理办公室在南京举办了现代奶牛场定级评价师首期培训班。现代奶业评价管理办公室特聘内蒙古伊利实业集团股份有限公司奶科院营养中心主任韩吉雨，内蒙古蒙牛乳业（集团）股份有限公司奶源事业部技术支持中心运营高级工程师王培嘉，现代牧业（集团）有限公司副总裁韩春林，江苏鲜淳农业发展有限公司总经理田雨，光明牧业有限公司首席畜牧师、总经理助理刘光磊，北京首农畜牧发展有限公司总裁助理郭刚和华中农业大学教授杨利国为现代奶牛场定级与评价标准宣贯讲师。中国奶业协会副秘书长、现代奶业评价管理办公室主任陈绍祜在开班仪式上致开班词，中国奶业协会养殖业发展部主任闫青霞，《现代奶业评价奶牛场定级与评价》标准宣贯讲师郭刚、韩吉雨、王培嘉、田雨对相关标准及管理办法进行了讲解。参加此次培训班的学员是来自大型企业、中小牧场、DHI中心、乳品检验检测机构、科研院所、行业协会及行业相关管理机构的从业人员。培训结束后，符合现代奶牛场定级评价师要求的学员自愿参加了首次考核。

同日 甘肃泰川牧业有限公司5万头奶牛循环发展产业化建设项目开工奠基仪式在景泰县漫水滩乡富民村举行。甘肃省政府参事、省农业农村厅一级巡视员阎奋民在开工仪式上讲话，景泰县县长张文玲宣布项目开工，甘肃前进牧业科技有限责任公司董事长马志祥出席仪式，甘肃泰川牧业总经理常毓巍介绍项目基本情况。景泰县人大常委会主任郝维功、县政协主席陈其勇及四大班子领导参加开工奠基仪式。

3日 蒙牛集团与深圳市恒晖公益基金会于北京举行捐赠仪式，蒙牛宣布向“传薪计划”公益项目捐赠670万元，用于资助在抗击新冠肺炎疫情不幸牺牲的一线工作者子女。其中，蒙牛将为“传薪计划”项目160名英雄子女提供长达22年的特仑苏牛奶支持，并为15名家庭特别困难的英雄子女提供22年成长所需的全部教育资金、公益陪伴费用。

4—5日 2020中国企业家博鳌论坛在海南博鳌举行。蒙牛集团执行总裁李鹏程在接受新华网专访时表示，持续升级的国内消费要求中国乳企必须走国际化的道路，能否掌握稳定的全球供应链已成为中国乳制品高质量发展的关键。数据统计显示，在2020年抗击新冠肺炎疫情的过程中，蒙牛集团积极捐款捐物，先后捐赠款物7.4亿元。此外，蒙牛在武汉建立了应急物资转运中心，转运了全球捐赠的物资4 012多万件。在疫情期间，上游牧场遇到很大的困难，蒙牛集团提供了30亿元免息贷款、100亿元授信，帮助上游牧场度过疫情难关。

8日，甘肃省委副书记、代省长任振鹤在甘肃庆阳市视频连线庆环公司进行调研，甘肃省政协副主席、庆阳市委书记贠建民，甘肃省政府秘书长李志勋一同调研。庆环公司总经理李国智带领众人参观公司即将投入使用的中国大陆第一套牛羊用自动饲喂机器人。这台设备是萃欧立中国销售的国内第一台肉羊饲喂机器人。

8日 澳华生科（山东）生物技术有限公司在山东河口成功举办动物体外受精胚胎实验室启动仪式。山东省畜牧兽医局局长唐建俊、东营市副市长韩利学、中国奶业协会副秘书长邵明君、中国农业大学教授张沅、新加坡澳亚投资控股集团CEO艾格·考林等领导和专家出席仪式。唐建俊局长和澳华生科（山东）生物技术有限公司阿里斯迪尔·皮尔森董事长为胚胎实验室揭牌。该项目由澳华生科（山东）生物技术有限公司与澳亚集团合作开展。

9日 由全国会展工作委员会主办的中国会展品牌发展大会在北京举办。中国奶业大会暨中国奶业展览会等各行各业顶尖知名展会凭借卓越的行业影响力、口碑及服务，荣膺“2019—2020年度中国会展品牌展览会”称号。

同日 甘肃武威优然牧业1.2万头奶牛养殖示范园建成投运。项目总投资5.32亿元，总占地面积124.4hm²，总建筑面积约31万m²。

10日 全国畜牧总站在广西南宁召开2020年全国奶牛生产性能测定（DHI）项目工作会。广西壮族自治区农业农村厅副厅长梁纪豪，农业农村部畜牧兽医局奶业处孙永健，全国畜牧总站奶业与畜产品加工处处长闫奎友，中国奶业协会副秘书长陈绍祜，广西壮族自治区农业农村厅畜牧与饲料处处长罗军，广西壮族自治区畜禽品种改良站站长王国利，中国农业科学院北京畜牧兽医研究所研究员卜登攀，以及各省（自治区、直辖市）DHI实验室负责人等参加会议。

同日 联合国全球契约中国网络在北京举办2020实现可持续发展目标中国企业峰会。伊利荣获2020实现可持续发展目标企业最佳实践证书，潘刚董事长入选“2020联合国可持续发展目标中国先锋”。

10—11日 由中国奶业协会主办的奶牛生产性能测定数据总结交流活动在广西南宁举办。全国各地DHI中心的主要负责人、技术人员参会。中国农业大学动物科技学院张胜利、王雅春教授，南京丰顿科技有限公司副总经理曹福存，FOSS公司高级工程师金永强分别作报告。

11日 中荷奶业发展中心（SDDDC）成立7周年庆典暨网络论坛在线上举办。中国奶业协会副会长兼秘书长刘亚清通过视频发表致辞，指出七年来中荷中心发展合作伙伴11个，示范中心3个，资助课题40项，资助8名博士生和5名青年教师继续深造，组织23期340人赴荷奶业考察，举办24期“奶牛大学”培训班、14期“奶牛信号学”培训师和10期全产业链相关内容的培训班，培训人员900多人次，培养220位有国际资质的奶牛信号学培训师，出版相关书籍9部，拍摄专题片5集，中荷奶业发展中心已成为一张行业亮丽的名片。

15日 内蒙古自治区奶业振兴新闻发布会在北京举行。自治区党委副书记、自治区主席布小林出席发布会。自治区副主席李秉荣、农业农村部总畜牧师马有祥致辞。中国奶业协会副会长兼秘书长刘亚清发布内蒙古奶业振兴推进情况。发布会上，伊利集团、蒙牛集团、优然牧业、锡林浩特市蜂花奶食品公司代表围绕打造产业集群、助力专、精、特、新加工企业培育、民族传统乳制品加工提档升级等内容作了发言。

14—16日，2020利拉伐智汇牧场高峰论坛在海南举办。利拉伐亚太区执行总裁Johan Ledel、利拉伐中国及韩国市场区域总裁沙云飞分别致开幕词。论坛由利拉伐中国市场发展与销售支持CG&SAT总监白军、AM&S总监富光俊、亚太区牛奶质量与动物保健及牧场服务总监黄鸿威共同主持。中国奶业协会秘书长助理兼编辑部主任丁芳应邀出席论坛。在为期两天的论坛上十多位中外知名专家汇聚一堂带来精彩的专题报告。论坛前，利拉伐还举办了牧场创新技术方案及产品推介会，会上利拉伐与济宁三强乳业签约，这也宣告首家双药浴（前后药浴）机器人智能奶厅落地中国。

16日　奶业产业发展问题研讨会在北京召开。国家奶牛产业技术体系首席科学家李胜利，国家牧草产业技术体系首席科学家张英俊，国家草产业科技创新联盟理事长卢欣石，农业农村部畜牧兽医局奶业处孙永健，全国畜牧总站奶业与畜产品加工处处长闫奎友，全国畜牧总站高级畜牧师李竞前，国家牧草产业技术体系岗位科学家王明利，中国农业科学院草原研究所研究员孙启忠，北京农学院院长助理曹志军，中国农业科学院北京畜牧兽医研究所副研究员赵连生等相关人员参加了会议。会议侧重于奶业的前端苜蓿产业的发展，聚焦高产优质苜蓿示范建设项目的调研评估。

17日　现代牧业15周年盛典在安徽蚌埠举办。中国林学会理事长、亚太森林组织董事会主席赵树丛，中国奶业协会名誉会长高鸿宾，蚌埠市委书记汪莹纯，蒙牛集团总裁、现代牧业董事会主席卢敏放出席盛典并致辞。现代牧业总裁高丽娜作主旨演讲，现代牧业常务副总裁孙玉刚现场解读现代牧业新的“五年领跑计划”。中国奶业协会原会长刘成果，中国奶业协会副会长兼秘书长刘亚清，中国奶业协会战略发展工作委员会名誉常务副主任毕美家，安徽省委原副秘书长丁海中，五河县委书记常言龙、可口可乐大中华区乳业总经理Edward Burger等领导共同为现代牧业五年领跑计划正式启程。蚌埠市市长王诚出席盛典。现代牧业原董事长邓九强与现代牧业现任总裁高丽娜获现代牧业终身荣誉奖；国家奶牛产业技术体系首席科学家李胜利教授、农业农村部食物与营养发展研究所所长王加启教授获现代牧业专家支持奖；10家中外企业获十佳战略合作伙伴奖；15名现代牧业精英荣获十五年贡献奖。

21日　内蒙古通辽市政府、科左后旗政府与河北认养一头牛乳业有限公司举行乳业产业园项目战略合作协议签约仪式，通辽市市委书记冯玉臻主持仪式。通辽市副市长张海峰，认养一头牛乳业有限公司董事长徐晓波，市区域经济合作局党组书记梁铁宝，科左后旗委副书记、旗长何志伟出席仪式。该项目总投资50亿元，规划在科左后旗建设乳业产业园项目。

22日　由中国奶业协会主办的国家“学生饮用奶计划”实施20年暨现代奶业评价体系建设推进会在北京举办。中国奶业协会名誉会长高鸿宾、国家食物与营养咨询专家委员会主任陈萌山、中国奶业协会会长李德发、农业农村部畜牧兽医局二级巡视员王俊勋、中国学生营养与健康促进会副会长马军出席会议并讲话。中国奶业协会副会长兼秘书长刘亚清作国家“学生饮用奶计划”实施20年总结报告。中国奶业协会战略发展工作委员会名誉常务副主任毕美家对《国家“学生饮用奶计划”推广规划（2021—2025年）》进行解读。现代奶业评价工作领导小组副组长、中国农业科学院食物与营养发展研究所所长王加启对现代奶业评价体系建设的情况作阶段性的总结。国家奶牛产业技术体系首席科学家李胜利宣读《中国奶业协会关于通报表扬中国学生饮用奶“学生营养改善贡献企业”的决定》。原教育部体卫艺司巡视员廖文科出席会议。

中国奶业协会战略发展工作委员会名誉常务副主任毕美家，中国奶业协会副秘书长张智山，中国奶业协会战略发展委员会常务副秘书长刘琳，农业农村部畜牧兽医局奶业处孙永健，中国奶业协会副秘书长李栋，中国农业大学教授毛学英，中国疾病预防控制中心营养与健康所研究员张倩，中国农业大学教授曹志军共同发布《国家“学生饮用奶计划”推广规划（2021—2025年）》（以下简称《规划》）。利乐公司大中华区总经理朱屹东作为全程参与国家“学生饮用奶计划”的代表发言，伊利集团、蒙牛乳业、光明乳业、三元食品、北大荒完达山乳业、广州风行乳业等企业领导分享了《规划》落实报告。中国奶业协会学生饮用奶推广工作负责人、各省（自治区、直辖市）学生饮用奶工作机构及有关单位负责人、各学生饮用奶生产企业负责人、国家“学生饮用奶计划”专家代表、供应商企业家代表及新闻媒体代表参会。中国经济网进行全程直播。

23日　黑龙江省奶业协会2020年理事会议在黑龙江飞鹤乳业克东公司召开。黑龙江省农业农村厅畜牧处二级调研员王金胜致辞，黑龙江省奶业协会秘书长杜海涛向全体理事汇报了2020年协会重点工作和2020年工作计划，黑龙江省奶业协会常务副会长张维银总结讲话。齐齐哈尔市农业农村局畜牧兽医局局长李大心，黑龙江省奶牛协同创新与推广体系首席科学家张永根，国家奶牛产业技术体系岗位科学家沈维政，以及黑龙江省科研院所有关领导，北大荒完达山乳业股份有限公司、黑龙江飞鹤乳业有限公司等企业领导参会。会上，黑龙江省奶业协会与黑龙江酬勤律师事务所签署战略合作协议。会议还进行了有关表彰奖励。

25日　福建长富2020年“中国小康牛奶行动”公益助学捐赠暨学生巴氏鲜奶进校园启动仪式，在南平市延平区实验小学新城分校举行，捐赠牛奶价值65万元。中国奶业协会副秘书长张智山参加仪式并致辞，福建省奶业协会副会长兼秘书长吴大新、延平区政府副区长蔡剑心、延平区教育局局长郑铭雄、长富副总经理蔡永辉、延平区实验小学新城分校校长王加兵等出席此次活动。

27—29 日 国家市场监管总局乳制品质量安全提升工作推进会在西安举行。国家市场监管总局食品生产司市场稽查专员毕玉安主持会议并讲话，陕西省市场监管局副局长姜敏致辞。来自全国 12 个省份和新疆生产建设兵团市场监管局食品生产负责人，国家市场监管总局食品审评中心、中国检验检疫科学研究院、国家乳业工程技术研究中心、上海市质量监督检验技术研究院、安徽省质量和标准化研究院、中国食品发酵工业研究院 6 家技术机构的乳制品质量安全方面技术专家，以及陕西省相关地市监管人员参加会议。

28 日 浙江一鸣食品股份有限公司（股票代码：605179）在上海证券交易所主板上市，正式登陆 A 股市场。温州市人民政府副市长殷志军，平阳县委书记董智武，浙江一鸣食品股份有限公司董事长朱立科共同开市。温州市政府、温州市农业农村局、温州市市场监管局、中信证券股份有限公司、浙江一鸣食品股份有限公司等相关领导共同出席上市仪式。一鸣食品本次发行价格为每股 9.21 元，发行数量 6 100 万股，发行股份均为新股，募集资金总额 5.6 亿元，上市首日开盘价达 13.26 元，涨幅 43.97%。

31 日 河北省奶业协会批准发布《婴儿配方乳粉》（标准编号为 T/DAHEB008—2020）、《较大婴儿配方乳粉》（标准编号为 T/DAHEB009—2020）、《幼儿配方乳粉》（标准编号为 T/DAHEB010—2020）3 项团体标准，实施日期为 2021 年 2 月 1 日。

十、行业统计

HANGYE TONGJI

【奶业发展趋势走势图】

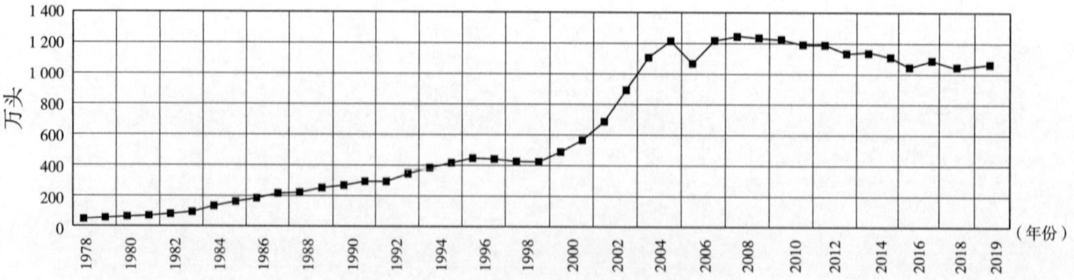

图1 1978—2019年我国奶牛存栏走势

数据来源：国家统计局。

注：本图2016-2018年数据为根据第三次全国农业普查情况做相应修正。

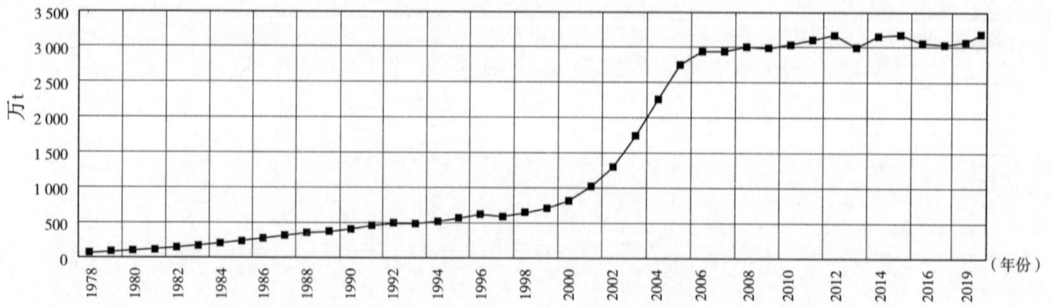

图2 1978—2019年我国牛奶产量走势

数据来源：国家统计局。

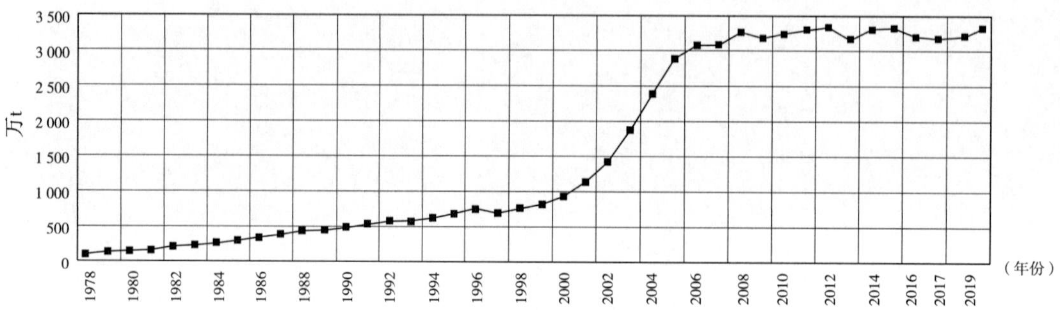

图3 1978—2019年我国奶类产量走势

数据来源：国家统计局。

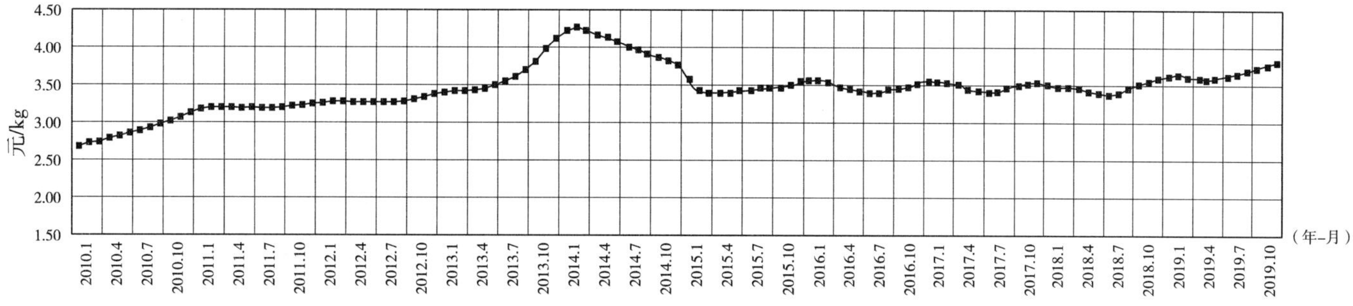

图4　2010—2019年全国主产省份生鲜乳价格情况

数据来源：农业农村部。

注：生鲜乳主产省份统计范围为河北、山西、内蒙古、辽宁、黑龙江、山东、河南、陕西、宁夏、新疆。

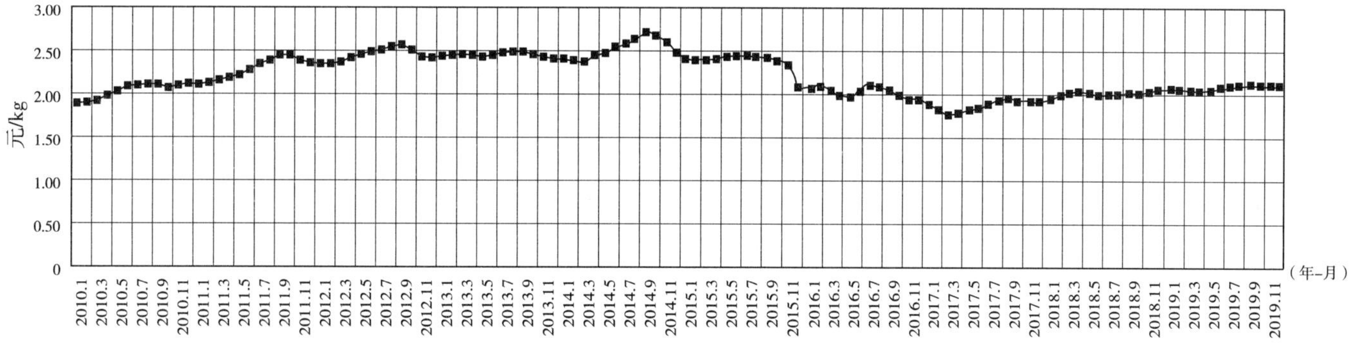

图5　2010—2019 年全国玉米价格变动情况

数据来源：农业农村部。

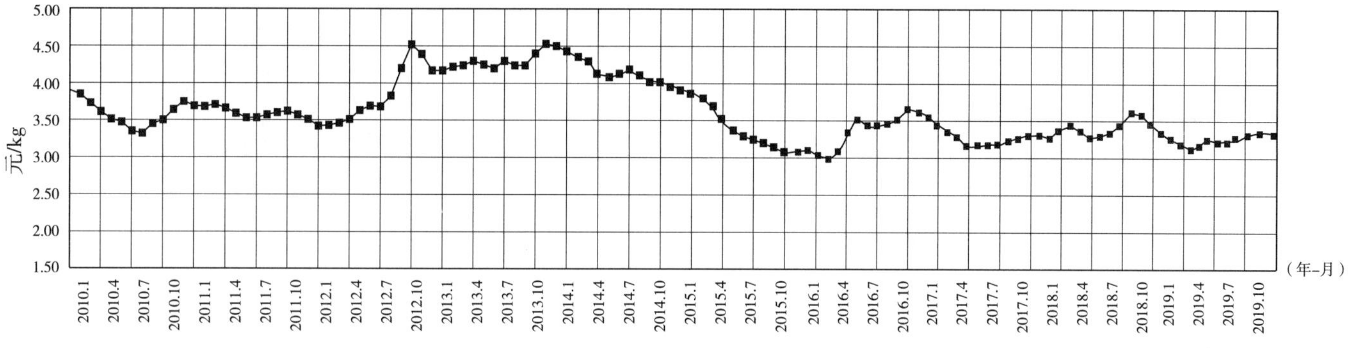

图6　2010—2019年全国豆粕价格变动情况

数据来源：农业农村部。

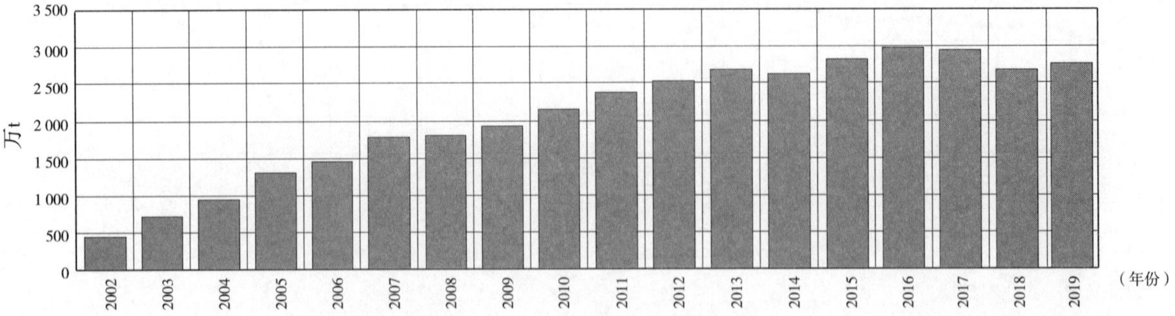

图7　2002—2019年我国乳制品产量

数据来源：国家统计局。

注：统计口径为规模以上乳企。

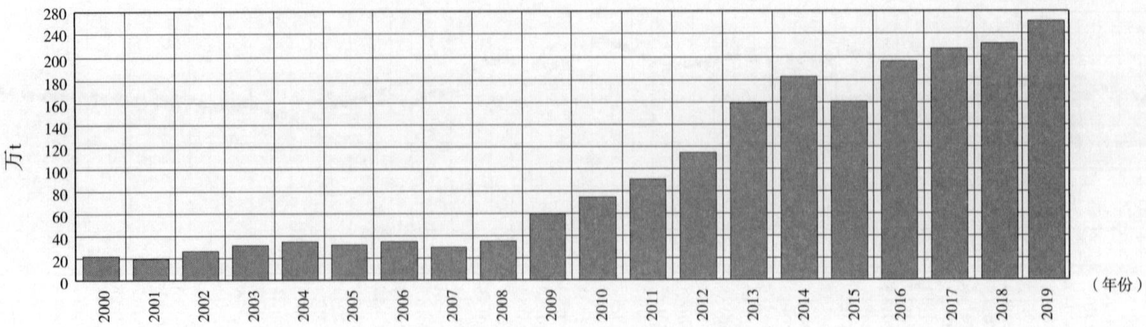

图8　2000—2019年我国乳制品进口数量

数据来源：海关总署。

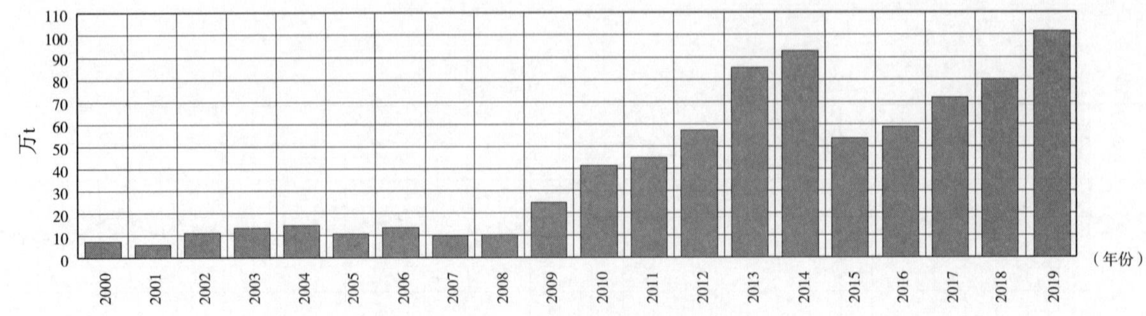

图9　2000—2019年我国原料奶粉进口数量

数据来源：海关总署。

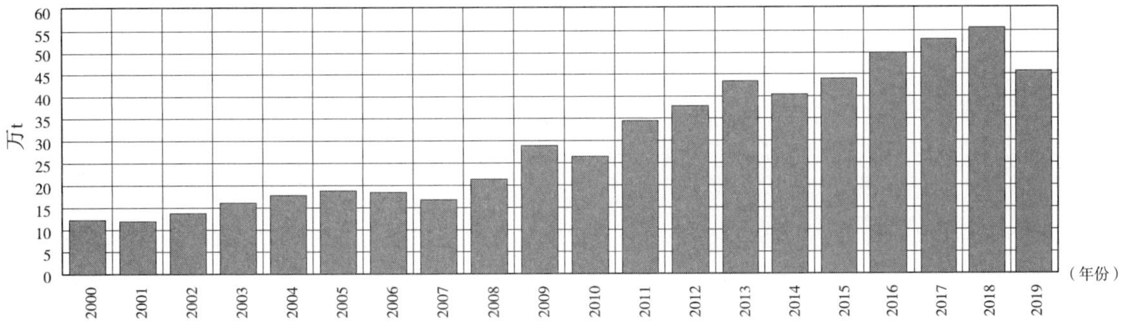

图10　2000—2018年我国乳清进口数量

数据来源：海关总署。

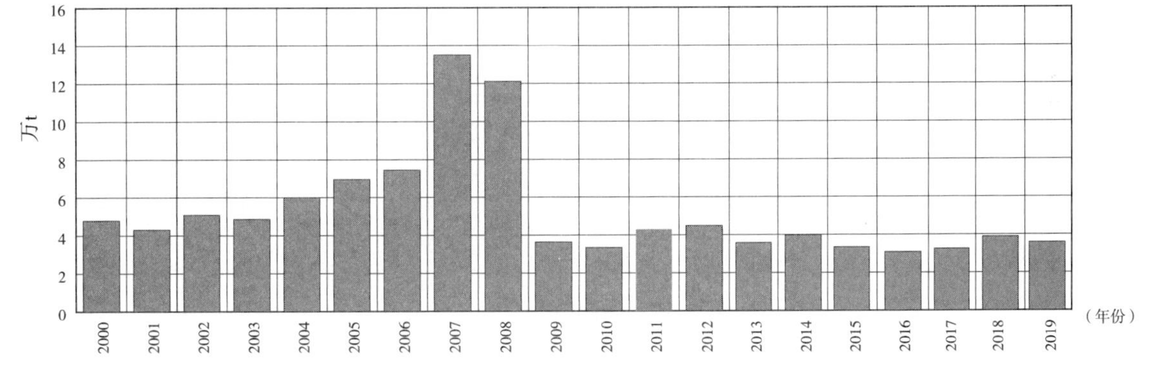

图11　2000—2019年我国乳制品出口数量

数据来源：海关总署。

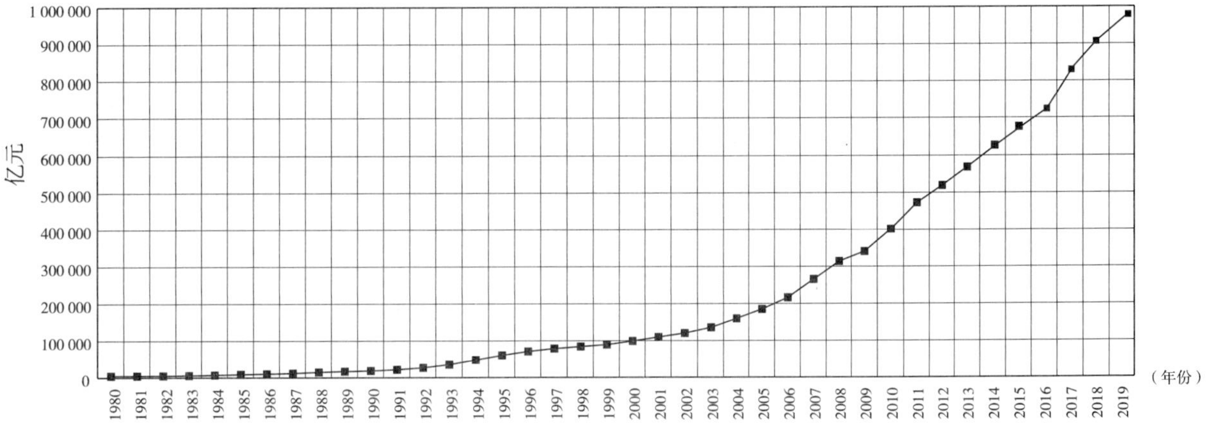

图12　1980—2019年国内生产总值

数据来源：国家统计局。

【综合情况】

中国奶业基本情况

项 目	单位	2015 年	2016 年	2017 年	2018 年	2019 年
奶畜资源						
奶牛存栏数	万头	1 099.4	1 037.0	1 079.8	1 037.7	1 044.7
原料奶产量						
奶类产量	万 t	3 295.5	3 173.9	3 148.6	3 176.8	3 297.6
牛奶产量	万 t	3 179.8	3 064.0	3 038.6	3 074.6	3 201.2
乳制品加工 [1]						
乳制品产量	万 t	2 783	2 993	2 935	2 687	2 719
其中：液态奶产量	万 t	2 521	2 737	2 692	2 506	2 538
乳制品进出口						
其中进口						
液奶	t	460 084	634 096	667 557	673 294	890 684
酸奶	t	10 316	20 940	34 156	30 859	33 743
奶粉	t	547 243	604 209	717 399	801 489	1 014 843
炼乳	t	10 908	20 013	25 648	27 523	34 724
乳清	t	435 752	497 340	529 629	557 245	453 572
黄油	t	71 259	81 865	91 566	87 190	85 591
干酪	t	75 581	97 177	108 035	108 278	114 862
其中出口						
液奶	t	24 582	22 825	23 162	27 123	24 796
酸奶	t	516	844	2 161	2 850	3 867
奶粉	t	4 869	3 530	2 843	3 135	1 784
炼乳	t	1 805	2 342	2 341	2 757	2 996
乳清	t	27	90	184	592	293
黄油	t	1 379	1 052	1 721	1 380	2 424
干酪	t	146	133	156	190	119
奶牛进口 [2]	头	153 309	133 177	99 482	131 268	168 085

注：1. 乳制品产量及液态奶产量的统计范围是规模以上乳制品企业；

2. 2015 年、2016 年为进口种用牛数量，2017—2019 年为进口奶牛数量。

2015—2019 年全国各地区奶业概况——北京

项 目	单位	2015 年	2016 年	2017 年	2018 年	2019 年
地区概况						
人口数	万人	2 171	2 173	2 171	2 154	2 154
城镇人口比重	%	86.50	86.50	86.50	86.50	86.60
地区生产总值	亿元	23 014.6	25 669.1	28 014.9	30 320.0	35 371.3
社会消费品零售总额[1]	亿元	10 338.0	11 005.1	11 575.4	14 422.3	15 063.7
奶畜资源						
奶牛存栏数	万头	12.4	9.9	8.4	7.5	5.7
原料奶生产						
奶类产量	万 t	57.2	45.7	37.4	31.1	26.4
牛奶产量	万 t	57.2	45.7	37.4	31.1	26.4
乳制品加工						
乳制品产量	万 t	62.1	62.2	59.7	56.0	55.4
其中：液态奶产量	万 t	58.7	59.0	56.8	53.6	52.7
奶粉产量	t	15 705.8	11 164.1	8 199.2	5 144.3	8 102.0
乳制品进口						
液态奶	t	91 040	86 467	93 363	75 327	40 275
液奶	t	90 289	82 964	87 406	70 876	39 192
酸奶	t	751	3 503	5 958	4 452	1 083
干乳制品	t	181 834	147 682	167 015	144 412	89 799
奶粉	t	26 545	30 548	50 505	46 609	33 587
炼乳	t	1 133	1 008	445	325	2 659
乳清	t	131 258	92 829	94 098	75 948	36 904
奶油	t	7 374	6 491	4 436	4 317	4 190
奶酪	t	15 524	16 804	17 530	17 214	12 460

注 1：根据第四次全国经济普查结果对 2018 年社会消费品零售总额进行了修订，2019 年相应进行调整。

2015—2019年全国各地区奶业概况——天津

项 目	单位	2015年	2016年	2017年	2018年	2019年
地区概况						
人口数	万人	1 547	1 562	1 557	1 560	1 562
城镇人口比重	%	82.64	82.93	82.93	83.15	83.48
地区生产总值	亿元	16 538.2	17 885.4	18 549.2	18 809.6	14 104.3
社会消费品零售总额	亿元	5 257.3	5 635.8	5 729.7	4 231.2	4 218.2
奶畜资源						
奶牛存栏数	万头	14.9	10.7	11.9	11.3	11.0
原料奶生产						
奶类产量	万t	50.0	50.0	52.1	48.0	47.4
牛奶产量	万t	50.0	50.0	52.1	48.0	47.4
乳制品加工						
乳制品产量	万t	81.3	62.8	60.1	57.6	60.2
其中：液态奶产量	万t	32.8	30.9	30.6	50.4	50.8
奶粉产量	t	0.0	3 622.0	3 056.0	2 521.6	2 753.4
乳制品进口						
液态奶	t	11 232	32 058	34 418	41 567	99 074
液奶	t	11 108	31 638	32 833	40 547	94 603
酸奶	t	124	420	1 585	1 020	4 472
干乳制品	t	138 733	177 831	209 865	317 821	362 053
奶粉	t	90 299	87 075	116 543	182 195	218 200
炼乳	t	4	19	90	251	155
乳清	t	40 873	68 368	72 195	108 992	107 055
奶油	t	3 736	8 951	8 078	10 084	10 199
奶酪	t	3 821	13 417	12 959	16 299	26 444

2015—2019 年全国各地区奶业概况——河北

项 目	单位	2015 年	2016 年	2017 年	2018 年	2019 年
地区概况						
人口数	万人	7 425	7 470	7 520	7 556	7 592
城镇人口比重	%	51.33	53.32	55.01	56.43	57.62
地区生产总值	亿元	29 806.1	32 070.5	34 016.3	36 010.3	35 104.5
社会消费品零售总额	亿元	12 990.7	14 364.7	15 907.6	11 973.9	12 985.5
奶畜资源						
奶牛存栏数	万头	196.3	119.8	124.6	105.9	114.8
原料奶生产						
奶类产量	万 t	401.3	373.9	388.3	391.1	433.8
牛奶产量	万 t	393.5	366.4	381.0	384.8	428.7
乳制品加工						
乳制品产量	万 t	346.0	371.3	372.9	365.3	356.8
其中：液态奶产量	万 t	335.4	361.2	362.0	357.4	347.1
奶粉产量	t	60 146.6	50 585.6	50 507.8	49 919.5	67 725.2
乳制品进口						
液态奶	t	40	51	148	0	4 031
液奶	t	40	51	148	0	3 967
酸奶	t	0	0	0	0	64
干乳制品	t	4 180	6 939	7 595	6 517	4 300
奶粉	t	3 979	6 612	5 036	4 527	3 865
炼乳	t	0	0	0	0	–
乳清	t	25	152	2 377	1 845	277
奶油	t	176	176	182	146	115
奶酪	t	0	0	0	0	43

2015—2019年全国各地区奶业概况——山西

项 目	单位	2015年	2016年	2017年	2018年	2019年
地区概况						
人口数	万人	3 664	3 682	3 702	3 718	3 729
城镇人口比重	%	55.03	56.21	57.34	58.41	59.55
地区生产总值	亿元	12 766.5	13 050.4	15 528.4	16 818.1	17 026.7
社会消费品零售总额	亿元	6 033.7	6 480.5	6 918.1	6 523.3	7 030.5
奶畜资源						
奶牛存栏数	万头	34.6	26.6	32.9	31.7	31.9
原料奶生产						
奶类产量	万t	92.7	79.4	78.1	81.7	92.3
牛奶产量	万t	91.9	78.6	77.4	81.1	91.8
乳制品加工						
乳制品产量	万t	47.9	57.4	47.2	45.5	51.6
其中：液态奶产量	万t	45.0	56.0	46.9	45.2	50.9
奶粉产量	t	28 968.0	13 894.0	3 582.0	3 260.0	6 634.2
乳制品进口						
液态奶	t	0	0	0	0	60
液奶	t	0	0	0	0	60
酸奶	t	0	0	0	0	–
干乳制品	t	0	0	0	0	221
奶粉	t	0	0	0	0	221
炼乳	t	0	0	0	0	–
乳清	t	0	0	0	0	–
奶油	t	0	0	0	0	–
奶酪	t	0	0	0	0	–

2015—2019 年全国各地区奶业概况——内蒙古

项 目	单位	2015 年	2016 年	2017 年	2018 年	2019 年
地区概况						
人口数	万人	2 511	2 520	2 529	2 534	2 540
城镇人口比重	%	60.30	61.19	62.02	62.71	63.37
地区生产总值	亿元	17 831.5	18 128.1	16 096.2	17 289.2	17 212.5
社会消费品零售总额	亿元	6 107.7	6 700.8	7 160.2	4 852.3	5 051.1
奶畜资源						
奶牛存栏数	万头	237.2	120.5	123.4	120.8	122.5
原料奶生产						
奶类产量	万 t	812.2	592.9	559.6	571.8	582.9
牛奶产量	万 t	803.2	585.7	552.9	565.6	577.2
乳制品加工						
乳制品产量	万 t	293.6	336.5	263.4	254.8	289.3
其中：液态奶产量	万 t	276.4	313.8	246.8	237.1	272.5
奶粉产量	t	154 098.8	139 845.0	80 629.3	95 887.1	83 104.1
乳制品进口						
液态奶	t	0	0	187	0	0
液奶	t	0	0	187	0	0
酸奶	t	0	0	0	0	–
干乳制品	t	60 978	56 708	46 187	36 476	47 995
奶粉	t	53 830	50 603	41 897	33 091	36 021
炼乳	t	0	0	0	0	–
乳清	t	6 953	6 003	4 056	3 301	11 318
奶油	t	195	101	226	84	587
奶酪	t	0	1	8	0	70

2015—2019年全国各地区奶业概况——辽宁

项 目	单位	2015年	2016年	2017年	2018年	2019年
地区概况						
人口数	万人	4 382	4 378	4 369	4 359	4 352
城镇人口比重	%	67.35	67.37	67.49	68.10	68.11
地区生产总值	亿元	28 669.0	22 246.9	23 409.2	25 315.4	24 909.5
社会消费品零售总额	亿元	12 787.2	13 414.1	13 807.2	9 112.8	9 670.6
奶畜资源						
奶牛存栏数	万头	33.6	24.7	27.5	29.2	27.4
原料奶生产						
奶类产量	万t	122.1	123.4	120.7	132.6	134.7
牛奶产量	万t	119.8	122.2	119.7	131.8	133.9
乳制品加工						
乳制品产量	万t	92.8	85.0	75.2	74.9	76.3
其中：液态奶产量	万t	90.7	84.0	72.3	73.0	75.7
奶粉产量	t	3 349.0	1 636.0	8 911.6	18 420.5	4 601.0
乳制品进口						
液态奶	t	11 926	6 088	3 743	2 869	6 289
液奶	t	11 909	6 039	3 448	2 667	6 270
酸奶	t	17	49	295	201	18
干乳制品	t	21 802	69 285	62 158	60 868	52 965
奶粉	t	7 336	8 688	10 295	12 701	18 631
炼乳	t	57	209	863	1 083	1 140
乳清	t	12 159	56 788	49 565	46 425	32 493
奶油	t	398	861	126	301	347
奶酪	t	1 852	2 739	1 310	358	355

2015—2019 年全国各地区奶业概况——吉林

项 目	单位	2015 年	2016 年	2017 年	2018 年	2019 年
地区概况						
人口数	万人	2 753	2 733	2 717	2 704	2 691
城镇人口比重	%	55.31	55.97	56.65	57.53	58.27
地区生产总值	亿元	14 063.1	14 776.8	14 944.5	15 074.6	11 726.8
社会消费品零售总额	亿元	6 651.9	7 310.4	7 855.8	4 073.8	4 212.9
奶畜资源						
奶牛存栏数	万头	26.2	9.1	14.0	15.1	15.3
原料奶生产						
奶类产量	万 t	36.2	36.6	34.4	39.0	40.0
牛奶产量	万 t	35.7	36.0	34.0	38.8	39.9
乳制品加工						
乳制品产量	万 t	17.6	16.7	16.2	17.1	20.6
其中：液态奶产量	万 t	14.4	12.4	11.5	16.1	16.7
奶粉产量	t	32 139.6	43 279.0	46 803.0	9 191.7	17 785.1
乳制品进口						
液态奶	t	0	12	3	46	22
液奶	t	0	12	3	46	22
酸奶	t	0	1	0	0	–
干乳制品	t	115	70	0	254	225
奶粉	t	0	12	0	2	225
炼乳	t	0	0	0	0	–
乳清	t	115	57	0	0	–
奶油	t	0	0	0	0	–
奶酪	t	0	0	0	252	0

2015—2019年全国各地区奶业概况——黑龙江

项 目	单位	2015年	2016年	2017年	2018年	2019年
地区概况						
人口数	万人	3 812	3 799	3 789	3 773	3 751
城镇人口比重	%	58.80	59.20	59.40	60.10	60.90
地区生产总值	亿元	15 083.7	15 386.1	15 902.7	16 361.6	13 612.7
社会消费品零售总额	亿元	7 640.2	8 402.5	9 099.2	5 275.0	5 603.9
奶畜资源						
奶牛存栏数	万头	144.7	128.1	124.1	105.0	107.6
原料奶生产						
奶类产量	万t	495.8	473.4	468.4	458.5	467.0
牛奶产量	万t	491.9	470.7	465.2	455.9	465.2
乳制品加工						
乳制品产量	万t	191.4	196.1	158.6	155.3	164.2
其中：液态奶产量	万t	140.7	140.3	114.1	118.0	129.0
奶粉产量	t	504 830.2	553 970.4	434 769.3	365 253.6	351 036.8
乳制品进口						
液态奶	t	14	48	0	23	170
液奶	t	14	39	0	23	61
酸奶	t	0	10	0	0	109
干乳制品	t	19 513	13 589	30 524	30 963	38 700
奶粉	t	6 265	9 214	12 796	14 199	16 112
炼乳	t	0	0	0	0	10
乳清	t	13 249	4 370	17 726	16 753	22 563
奶油	t	0	0	0	10	15
奶酪	t	0	5	1	1	–

2015—2019 年全国各地区奶业概况——上海

项 目	单位	2015 年	2016 年	2017 年	2018 年	2019 年
地区概况						
人口数	万人	2 415	2 420	2 418	2 424	2 428
城镇人口比重	%	87.60	87.90	87.70	88.10	88.30
地区生产总值	亿元	25 123.5	28 178.7	30 633.0	32 679.9	38 155.3
社会消费品零售总额	亿元	10 131.5	10 946.6	11 830.3	14 874.8	15 847.6
奶畜资源						
奶牛存栏数	万头	5.8	7.9	6.5	5.6	5.2
原料奶生产						
奶类产量	万 t	27.7	36.0	36.4	33.4	29.7
牛奶产量	万 t	27.7	36.0	36.4	33.4	29.7
乳制品加工						
乳制品产量	万 t	50.0	46.5	44.6	44.6	46.9
其中：液态奶产量	万 t	48.5	45.5	43.7	43.6	45.8
奶粉产量	t	9 997.7	7 340.1	6 757.9	6 619.0	7 295.9
乳制品进口						
液态奶	t	246 739	289 296	295 775	337 036	448 878
液奶	t	242 513	277 862	276 296	320 021	433 248
酸奶	t	4 227	11 434	19 479	17 015	15 630
干乳制品	t	224 667	241 686	285 128	351 621	478 892
奶粉	t	91 087	107 550	143 004	181 981	304 159
炼乳	t	4 620	6 953	6 215	7 223	8 815
乳清	t	68 024	73 054	89 766	100 046	87 029
奶油	t	27 430	23 645	18 947	28 417	33 579
奶酪	t	33 506	30 484	27 197	33 955	45 310

2015—2019年全国各地区奶业概况——江苏

项 目	单位	2015年	2016年	2017年	2018年	2019年
地区概况						
人口数	万人	7 976	7 999	8 029	8 051	8 070
城镇人口比重	%	66.52	67.72	68.76	69.61	70.61
地区生产总值	亿元	70 116.4	77 388.3	85 869.8	92 595.4	99 631.5
社会消费品零售总额[1]	亿元	25 876.8	28 707.1	31 737.4	35 472.6	37 672.5
奶畜资源						
奶牛存栏数	万头	20.0	12.7	13.9	13.4	12.5
原料奶生产						
奶类产量	万t	59.6	48.3	49.0	50.0	62.4
牛奶产量	万t	59.6	48.3	49.0	50.0	62.4
乳制品加工						
乳制品产量	万t	154.4	160.2	161.2	158.0	116.0
其中：液态奶产量	万t	141.3	148.5	145.4	155.2	108.4
奶粉产量	t	23 803.9	17 745.7	13 423.0	10 537.4	61 640.2
乳制品进口						
液态奶	t	19 227	29 880	13 367	12 832	34 679
液奶	t	17 352	29 800	12 630	11 985	33 129
酸奶	t	1 876	80	737	847	1 551
干乳制品	t	32 742	37 277	45 242	44 656	44 486
奶粉	t	23 899	27 846	34 976	35 629	38 823
炼乳	t	0	0	23	11	0
乳清	t	7 864	8 054	8 882	7 874	4 633
奶油	t	701	1 314	1 257	1 134	1 006
奶酪	t	278	64	103	7	23

2015—2019 年全国各地区奶业概况——浙江

项 目	单位	2015 年	2016 年	2017 年	2018 年	2019 年
地区概况						
人口数	万人	5 539	5 590	5 657	5 737	5 850
城镇人口比重	%	65.80	67.00	68.00	68.90	70.00
地区生产总值	亿元	42 886.5	47 251.4	51 768.3	56 197.2	62 351.7
社会消费品零售总额	亿元	19 784.7	21 970.8	24 308.5	25 161.9	27 343.8
奶畜资源						
奶牛存栏数	万头	4.1	3.7	3.3	3.2	3.1
原料奶生产						
奶类产量	万 t	16.0	14.8	14.3	15.8	15.5
牛奶产量	万 t	16.0	14.8	14.3	15.7	15.5
乳制品加工						
乳制品产量	万 t	49.8	62.5	69.6	66.7	73.2
其中：液态奶产量	万 t	43.1	56.7	63.9	61.7	68.2
奶粉产量	t	39 130.2	25 470.1	20 288.0	17 247.0	21 941.0
乳制品进口						
液态奶	t	18 361	33 528	29 223	31 735	40 624
液奶	t	17 754	33 142	27 797	30 471	38 634
酸奶	t	606	387	1 426	1 265	1 990
干乳制品	t	96 495	119 221	117 463	82 217	65 954
奶粉	t	66 795	100 648	101 149	65 991	57 745
炼乳	t	93	281	93	5	371
乳清	t	24 938	11 655	12 367	12 083	4 457
奶油	t	3 533	5 702	3 650	3 856	3 141
奶酪	t	1 137	935	204	282	240

2015—2019年全国各地区奶业概况——安徽

项目	单位	2015年	2016年	2017年	2018年	2019年
地区概况						
人口数	万人	6 144	6 196	6 255	6 324	6 366
城镇人口比重	%	50.50	51.99	53.49	54.69	55.81
地区生产总值	亿元	22 005.6	24 407.6	27 018.0	30 006.8	37 114.0
社会消费品零售总额	亿元	8 908.0	10 000.2	11 192.6	16 156.2	17 862.1
奶畜资源						
奶牛存栏数	万头	13.0	11.4	12.9	12.8	14.5
原料奶生产						
奶类产量	万t	30.6	30.5	29.8	30.8	33.8
牛奶产量	万t	30.6	30.5	29.8	30.8	33.8
乳制品加工						
乳制品产量	万t	94.4	106.2	105.1	113.8	125.6
其中：液态奶产量	万t	88.1	101.2	98.3	107.4	123.4
奶粉产量	t	10 930.0	15 948.0	22 586.0	20 721.0	21 208.0
乳制品进口						
液态奶	t	6 534	3 243	65	9 925	–
液奶	t	6 534	3 243	65	9 925	–
酸奶	t	0	0	0	0	–
干乳制品	t	52 818	20 544	32 019	35 242	26 465
奶粉	t	20 630	9 177	12 265	13 509	11 173
炼乳	t	40	0	90	0	–
乳清	t	31 843	11 229	19 382	21 633	15 191
奶油	t	69	11	0	0	100
奶酪	t	236	127	282	99	–

2015—2019年全国各地区奶业概况——福建

项 目	单位	2015年	2016年	2017年	2018年	2019年
地区概况						
人口数	万人	3 839	3 874	3 911	3 941	3 973
城镇人口比重	%	62.60	63.60	64.80	65.82	66.50
地区生产总值	亿元	25 979.8	28 810.6	32 182.1	35 804.0	42 395.0
社会消费品零售总额	亿元	10 505.9	11 674.5	13 013.0	17 178.4	18 896.8
奶畜资源						
奶牛存栏数	万头	5.0	3.4	3.9	4.1	4.3
原料奶生产						
奶类产量	万t	15.4	13.4	13.5	14.3	15.0
牛奶产量	万t	15.0	12.9	13.1	13.8	14.5
乳制品加工						
乳制品产量	万t	16.3	19.1	17.6	18.4	20.3
其中：液态奶产量	万t	10.1	12.4	12.7	17.5	19.4
奶粉产量	t	56 795.3	61 118.5	42 536.6	6 691.0	5 486.8
乳制品进口						
液态奶	t	10 181	8 426	47 338	17 147	3 102
液奶	t	10 174	8 418	47 288	17 114	3 094
酸奶	t	7	8	49	32	7
干乳制品	t	64 626	65 116	93 379	69 888	47 066
奶粉	t	16 654	14 772	14 135	15 031	25 341
炼乳	t	43	75	153	30	18
乳清	t	38 621	38 672	39 528	32 974	19 418
奶油	t	1 497	3 903	19 958	21 853	119
奶酪	t	7 811	7 694	19 605	0	2 170

2015—2019年全国各地区奶业概况——江西

项 目	单位	2015年	2016年	2017年	2018年	2019年
地区概况						
人口数	万人	4 566	4 592	4 622	4 648	4 666
城镇人口比重	%	51.62	53.10	54.60	56.02	57.42
地区生产总值	亿元	16 723.8	18 499.0	20 006.3	21 984.8	24 757.5
社会消费品零售总额	亿元	5 925.5	6 634.6	7 448.1	9 045.7	10 068.1
奶畜资源						
奶牛存栏数	万头	7.2	3.4	3.2	3.7	3.5
原料奶生产						
奶类产量	万t	13.0	10.0	9.5	9.6	7.3
牛奶产量	万t	13.0	10.0	9.5	9.6	7.3
乳制品加工						
乳制品产量	万t	33.2	20.7	23.6	17.5	17.8
其中：液态奶产量	万t	29.7	16.6	18.8	17.2	17.5
奶粉产量	t	35 578.6	41 592.0	47 482.0	3 249.8	3 440.0
乳制品进口						
液态奶	t	0	284	0	0	–
液奶	t	0	24	0	0	–
酸奶	t	0	0	0	0	–
干乳制品	t	1 362	1 715	1 821	14 044	2 590
奶粉	t	1 362	1 455	1 353	1 784	2 340
炼乳	t	0	0	0	0	–
乳清	t	0	260	468	0	250
奶油	t	0	0	0	0	–
奶酪	t	0	0	0	12 260	–

2015—2019 年全国各地区奶业概况——山东

项　目	单位	2015 年	2016 年	2017 年	2018 年	2019 年
地区概况						
人口数	万人	9 847	9 947	10 006	10 047	10 070
城镇人口比重	%	57.01	59.02	60.58	61.18	61.51
地区生产总值	亿元	63 002.3	68 024.5	72 634.1	76 469.7	71 067.5
社会消费品零售总额	亿元	27 761.4	30 645.8	33 649.0	27 480.3	29 251.2
奶畜资源						
奶牛存栏数	万头	133.4	87.8	93.1	91.4	89.9
原料奶生产						
奶类产量	万 t	284.9	233.8	231.3	232.5	234.5
牛奶产量	万 t	275.4	225.3	223.5	225.1	228.0
乳制品加工						
乳制品产量	万 t	250.9	259.9	251.1	204.4	217.8
其中：液态奶产量	万 t	242.2	243.6	243.3	197.2	208.0
奶粉产量	t	35 889.4	37 739.1	56 417.4	39 164.3	50 514.5
乳制品进口						
液态奶	t	12 316	50 709	37 771	18 897	22 381
液奶	t	12 070	50 341	37 340	18 632	22 141
酸奶	t	246	368	432	264	241
干乳制品	t	56 450	50 593	70 257	60 611	56 567
奶粉	t	32 676	20 557	32 006	27 066	31 270
炼乳	t	33	220	39	0	11
乳清	t	18 253	20 184	24 134	20 914	13 600
奶油	t	5 353	7 651	13 163	11 050	10 589
奶酪	t	136	1 980	915	1 581	1 096

2015—2019年全国各地区奶业概况——河南

项 目	单位	2015年	2016年	2017年	2018年	2019年
地区概况						
人口数	万人	9 480	9 532	9 559	9 605	9 640
城镇人口比重	%	46.85	48.50	50.16	51.71	53.21
地区生产总值	亿元	37 002.2	40 471.8	44 552.8	48 055.9	54 259.2
社会消费品零售总额	亿元	15 740.4	17 618.4	19 666.8	21 268.0	23 476.1
奶畜资源						
奶牛存栏数	万头	37.2	30.4	33.7	34.3	35.6
原料奶生产						
奶类产量	万t	233.7	223.3	212.9	208.9	208.5
牛奶产量	万t	223.6	213.5	202.9	202.7	204.1
乳制品加工						
乳制品产量	万t	236.9	306.5	351.4	251.6	198.9
其中：液态奶产量	万t	236.3	305.9	350.7	251.6	198.9
奶粉产量	t	5 536.2	6 179.8	6 297.6	546.3	442.0
乳制品进口						
液态奶	t	1 335	985	1 671	3 158	4 671
液奶	t	1 333	934	1 575	2 864	4 241
酸奶	t	2	51	96	294	430
干乳制品	t	827	2 720	1 245	2 039	1 473
奶粉	t	502	554	1 177	1 008	1 365
炼乳	t	9	0	1	0	1
乳清	t	186	2 093	3	999	0
奶油	t	0	0	0	0	–
奶酪	t	131	73	64	32	107

2015—2019 年全国各地区奶业概况——湖北

项 目	单位	2015 年	2016 年	2017 年	2018 年	2019 年
地区概况						
人口数	万人	5 852	5 885	5 902	5 917	5 927
城镇人口比重	%	56.85	58.10	59.30	60.30	61.00
地区生产总值	亿元	29 550.2	32 665.4	35 478.1	39 366.6	45 828.3
社会消费品零售总额	亿元	14 003.2	15 649.2	17 394.1	20 598.2	22 722.3
奶畜资源						
奶牛存栏数	万头	6.9	4.0	4.5	4.5	4.6
原料奶生产						
奶类产量	万 t	16.9	13.4	12.8	12.8	13.4
牛奶产量	万 t	16.9	13.4	12.8	12.8	13.4
乳制品加工						
乳制品产量	万 t	102.6	114.0	109.4	103.7	98.3
其中：液态奶产量	万 t	99.6	112.5	108.2	101.8	86.2
奶粉产量	t	2 422.0	5 201.7	2 902.0	9 419.0	6 729.0
乳制品进口						
液态奶	t	47	1 383	3 108	3 821	9 573
液奶	t	47	1 173	3 108	3 821	9 547
酸奶	t	0	0	0	0	26
干乳制品	t	120	295	619	1 870	4 659
奶粉	t	1	0	0	1 216	4 036
炼乳	t	0	0	0	96	1
乳清	t	0	0	0		220
奶油	t	118	210	505	501	395
奶酪	t	1	85	114	56	7

2015—2019年全国各地区奶业概况——湖南

项 目	单位	2015年	2016年	2017年	2018年	2019年
地区概况						
人口数	万人	6 783	6 822	6 860	6 899	6 918
城镇人口比重	%	50.89	52.75	54.62	56.02	57.22
地区生产总值	亿元	28 902.2	31 551.4	33 903.0	36 425.8	39 752.1
社会消费品零售总额	亿元	12 024.0	13 436.5	14 854.9	15 134.3	16 683.9
奶畜资源						
奶牛存栏数	万头	15.5	3.7	5.7	5.8	6.0
原料奶生产						
奶类产量	万t	9.7	6.4	6.1	6.2	6.3
牛奶产量	万t	9.7	6.4	6.1	6.2	6.3
乳制品加工						
乳制品产量	万t	29.5	28.1	28.2	28.8	40.5
其中：液态奶产量	万t	24.4	22.1	22.7	23.0	34.8
奶粉产量	t	41 794.6	50 565.5	43 487.9	39 793.4	39 364.2
乳制品进口						
液态奶	t	121	12 318	325	192	363
液奶	t	121	673	325	192	363
酸奶	t	0	0	0	0	–
干乳制品	t	9 183	17 844	15 717	18 020	15 993
奶粉	t	5 959	5 616	7 170	14 353	13 385
炼乳	t	0	0	0	0	–
乳清	t	3 224	11 646	8 531	3 666	2 608
奶油	t	0	177	0	0	–
奶酪	t	0	406	15	0	–

2015—2019 年全国各地区奶业概况——广东

项 目	单位	2015 年	2016 年	2017 年	2018 年	2019 年
地区概况						
人口数	万人	10 849	10 999	11 169	11 346	11 521
城镇人口比重	%	68.71	69.20	69.85	70.70	71.40
地区生产总值	亿元	72 812.6	80 854.9	89 705.2	97 277.8	107 671.1
社会消费品零售总额	亿元	31 517.6	34 739.1	38 200.1	39 767.1	42 951.8
奶畜资源						
奶牛存栏数	万头	5.3	5.9	6.0	6.0	6.0
原料奶生产						
奶类产量	万 t	12.9	13.6	13.9	13.9	13.9
牛奶产量	万 t	12.9	13.6	13.9	13.9	13.9
乳制品加工						
乳制品产量	万 t	66.4	69.1	77.3	91.7	97.8
其中：液态奶产量	万 t	45.7	49.2	59.4	62.6	82.6
奶粉产量	t	23 187.8	14 617.5	4 614.1	4 005.0	11 438.7
乳制品进口						
液态奶	t	37 671	109 725	138 620	144 837	205 217
液奶	t	35 216	105 204	134 617	139 374	197 128
酸奶	t	2 456	4 521	4 004	5 462	8 088
干乳制品	t	152 276	249 535	265 390	301 542	330 959
奶粉	t	88 187	108 433	117 013	126 893	171 829
炼乳	t	4 877	11 209	17 405	17 823	21 012
乳清	t	32 380	87 996	83 213	100 288	91 209
奶油	t	16 405	19 687	20 225	30 810	20 592
奶酪	t	10 429	22 209	27 534	25 729	26 317

2015—2019年全国各地区奶业概况——广西

项 目	单位	2015年	2016年	2017年	2018年	2019年
地区概况						
人口数	万人	4 796	4 838	4 885	4 926	4 960
城镇人口比重	%	47.1	48.1	49.2	50.2	51.1
地区生产总值	亿元	16 803.1	18 317.6	18 523.3	20 352.5	21 237.1
社会消费品零售总额	亿元	6 348.1	7 027.3	7 813.0	7 663.5	8 200.9
奶畜资源						
奶牛存栏数	万头	5.2	3.1	5.0	5.1	5.2
原料奶生产						
奶类产量	万t	10.1	7.8	8.1	8.9	8.7
牛奶产量	万t	10.1	7.8	8.1	8.9	8.7
乳制品加工						
乳制品产量	万t	37.7	43.4	45.9	34.8	28.5
其中：液态奶产量	万t	37.6	43.3	45.5	32.5	27.4
奶粉产量	t	1 665.1	175.9	2 563.3	3 441.6	3 210.0
乳制品进口						
液态奶	t	2	0	43	183	67
液奶	t	1	0	43	183	67
酸奶	t	1	0	0	0	–
干乳制品	t		104	0	258	254
奶粉	t	0	9	0	38	1
炼乳	t	0	0	0	0	0
乳清	t	200	95	0	220	253
奶油	t	0	0	0	0	–
奶酪	t	0	0	0	0	–

2015—2019 年全国各地区奶业概况——海南

项 目	单位	2015 年	2016 年	2017 年	2018 年	2019 年
地区概况						
人口数	万人	911	917	926	934	945
城镇人口比重	%	55.12	56.78	58.04	59.06	59.23
地区生产总值	亿元	3 702.8	4 053.2	4 462.5	4 832.1	5 308.9
社会消费品零售总额	亿元	1 325.1	1 453.7	1 618.8	1 852.7	1 951.1
奶畜资源						
奶牛存栏数	万头	0.1	0.3	0.1	0.1	0.1
原料奶生产						
奶类产量	万 t	0.2	0.4	0.5	0.2	0.2
牛奶产量	万 t	0.2	0.4	0.5	0.2	0.2
乳制品加工						
乳制品产量	万 t	0.5	0.4	0.3	0.2	0.3
其中：液态奶产量	万 t	0.4	0.3	0.3	0.2	0.2
奶粉产量	t	0.0	0.0	0.0	0.0	0.0
乳制品进口						
液态奶	t	0	0	0	85	–
液奶	t	0	0	0	85	–
酸奶	t	0	0	0	0	–
干乳制品	t	76	241	278	846	783
奶粉	t	76	204	133	172	252
炼乳	t	0	37	146	674	531
乳清	t	0	0	0		–
奶油	t	0	0	0	0	–
奶酪	t	0	0	0	0	–

2015—2019年全国各地区奶业概况——重庆

项 目	单位	2015年	2016年	2017年	2018年	2019年
地区概况						
人口数	万人	3 017	3 048	3 075	3 102	3 124
城镇人口比重	%	60.94	62.60	64.08	65.50	66.80
地区生产总值	亿元	15 717.3	17 740.6	19 424.7	20 363.2	23 605.8
社会消费品零售总额	亿元	6 424.0	7 271.4	8 067.7	10 705.2	11 631.7
奶畜资源						
奶牛存栏数	万头	1.8	1.5	1.5	1.2	1.1
原料奶生产						
奶类产量	万t	5.4	5.2	5.1	4.9	4.2
牛奶产量	万t	5.4	5.2	5.1	4.9	4.2
乳制品加工						
乳制品产量	万t	20.5	24.7	22.9	21.2	24.1
其中：液态奶产量	万t	19.5	24.7	22.9	21.2	24.1
奶粉产量	t	0.0	0.0	0.0	0.0	0.0
乳制品进口						
液态奶	t	792	934	1 323	1 926	2 232
液奶	t	786	934	1 312	1 926	2 230
酸奶	t	6	0	11	1	2
干乳制品	t	2 294	999	335	4 237	4 414
奶粉	t	1 252	37	333	4 050	3 109
炼乳	t	0	0	2	1	0
乳清	t	1 043	962	0	176	1 300
奶油	t	0	0	0	5	4
奶酪	t	0	0	0	5	–

2015—2019 年全国各地区奶业概况——四川

项 目	单位	2015 年	2016 年	2017 年	2018 年	2019 年
地区概况						
人口数	万人	8 204	8 262	8 302	8 341	8 375
城镇人口比重	%	47.69	49.21	50.79	52.29	53.79
地区生产总值	亿元	30 053.1	32 934.5	36 980.2	40 678.1	46 615.8
社会消费品零售总额	亿元	13 877.7	15 601.9	17 480.5	19 340.7	21 343.0
奶畜资源						
奶牛存栏数	万头	17.8	80.3	79.0	76.9	79.8
原料奶生产						
奶类产量	万 t	67.5	62.8	63.8	64.3	66.8
牛奶产量	万 t	67.5	62.8	63.7	64.2	66.7
乳制品加工						
乳制品产量	万 t	104.9	123.4	146.2	110.4	112.5
其中：液态奶产量	万 t	95.5	109.7	128.0	101.4	104.2
奶粉产量	t	1 673.0	2 192.2	3 947.2	3 728.0	1 390.6
乳制品进口						
液态奶	t	2 071	3 509	282	554	369
液奶	t	2 071	749	282	550	362
酸奶	t	0	0	0	4	8
干乳制品	t	19 368	18 919	17 808	21 010	25 055
奶粉	t	9 900	13 691	14 535	18 699	22 508
炼乳	t	0	0	0	0	–
乳清	t	4 543	2 760	2 953	1 502	1 875
奶油	t	4 276	2 443	310	762	613
奶酪	t	648	25	11	48	60

2015—2019年全国各地区奶业概况——贵州

项 目	单位	2015年	2016年	2017年	2018年	2019年
地区概况						
人口数	万人	3 530	3 555	3 580	3 600	3 623
城镇人口比重	%	42.01	44.15	46.02	47.52	49.02
地区生产总值	亿元	10 502.6	11 776.7	13 540.8	14 806.5	16 769.3
社会消费品零售总额	亿元	3 283.0	3 709.0	4 154.0	7 105.0	7 468.2
奶畜资源						
奶牛存栏数	万头	6.1	2.0	5.9	6.0	1.3
原料奶生产						
奶类产量	万t	6.2	4.3	4.4	4.6	5.3
牛奶产量	万t	6.2	4.3	4.4	4.6	5.3
乳制品加工						
乳制品产量	万t	8.2	10.6	11.1	11.3	13.0
其中：液态奶产量	万t	8.2	10.6	11.1	11.3	13.0
奶粉产量	t	0.0	0.0	0.0	0.0	0.0
乳制品进口						
液态奶	t	0	102	77	34	45
液奶	t	0	0	0	34	45
酸奶	t	0	102	77	0	–
干乳制品	t		1 275	2 056	0	9
奶粉	t	0	700	1 346	0	9
炼乳	t	0	0	0	0	–
乳清	t	0	88	113	0	–
奶油	t	0	487	538	0	–
奶酪	t	0	0	59	0	–

2015—2019 年全国各地区奶业概况——云南

项 目	单位	2015 年	2016 年	2017 年	2018 年	2019 年
地区概况						
人口数	万人	4 742	4 771	4 801	4 830	4 858
城镇人口比重	%	43.33	45.03	46.69	47.81	48.91
地区生产总值	亿元	13 619.2	14 788.4	16 376.3	17 881.1	23 223.8
社会消费品零售总额	亿元	5 103.2	5 722.9	6 423.1	9 197.3	10 158.2
奶畜资源						
奶牛存栏数	万头	17.1	15.9	16.1	16.5	16.9
原料奶生产						
奶类产量	万 t	62.5	61.2	64.5	65.7	66.7
牛奶产量	万 t	55.0	54.0	56.8	58.2	59.9
乳制品加工						
乳制品产量	万 t	57.5	66.4	63.2	67.3	63.2
其中：液态奶产量	万 t	56.8	65.8	62.8	67.0	62.6
奶粉产量	t	3 397.8	3 442.4	2 312.5	992.1	3 924.8
乳制品进口						
液态奶	t	0	0	0	0	–
液奶	t	0	0	0	0	–
酸奶	t	0	0	0	0	–
干乳制品	t	0	0	0	0	2
奶粉	t	0	0	0	0	2
炼乳	t	0	0	0	0	–
乳清	t	0	0	0	0	–
奶油	t	0	0	0	0	–
奶酪	t	0	0	0	0	–

2015—2019年全国各地区奶业概况——西藏

项 目	单位	2015年	2016年	2017年	2018年	2019年
地区概况						
人口数	万人	324	331	337	344	351
城镇人口比重	%	27.74	29.56	30.89	31.14	31.54
地区生产总值	亿元	1 026.4	1 151.4	1 310.9	1 477.6	1 697.8
社会消费品零售总额	亿元	408.5	459.4	523.3	711.8	773.4
奶畜资源						
奶牛存栏数	万头	37.6	37.2	38.0	42.3	44.0
原料奶生产						
奶类产量	万t	35.0	38.4	42.0	40.8	48.2
牛奶产量	万t	30.0	33.4	37.1	36.4	42.4
乳制品加工						
乳制品产量	万t	0.9	1.0	1.0	1.3	1.0
其中：液态奶产量	万t	0.8	0.9	0.9	1.1	0.8
奶粉产量	t	0.0	0.0	0.0	1 121.0	0.0
乳制品进口						
液态奶	t	0	0	0	0	–
液奶	t	0	0	0	0	–
酸奶	t	0	0	0	0	–
干乳制品	t	0	0	0	0	–
奶粉	t	0	0	0	0	–
炼乳	t	0	0	0	0	–
乳清	t	0	0	0	0	–
奶油	t	0	0	0	0	–
奶酪	t	0	0	0	0	–

2015—2019年全国各地区奶业概况——陕西

项 目	单位	2015年	2016年	2017年	2018年	2019年
地区概况						
人口数	万人	3 793	3 813	3 835	3 864	3 876
城镇人口比重	%	53.92	55.34	56.79	58.13	59.43
地区生产总值	亿元	18 021.9	19 399.6	21 898.8	24 438.3	25 793.2
社会消费品零售总额	亿元	6 578.1	7 367.6	8 236.4	9 510.3	10 213.0
奶畜资源						
奶牛存栏数	万头	43.5	25.9	28.4	27.9	27.4
原料奶生产						
奶类产量	万t	189.9	160.5	156.9	159.7	159.7
牛奶产量	万t	141.2	156.9	107.3	109.7	107.8
乳制品加工						
乳制品产量	万t	161.7	143.7	143.4	106.8	120.1
其中：液态奶产量	万t	134.7	120.7	113.5	84.2	94.7
奶粉产量	t	266 610.0	220 787.1	249 307.8	221 193.6	249 289.5
乳制品进口						
液态奶	t	754	881	854	425	423
液奶	t	754	856	854	423	397
酸奶	t	0	0	0	3	25
干乳制品	t	82	417	527	798	494
奶粉	t	12	207	437	596	335
炼乳	t	0	0	0	0	–
乳清	t	0	25	0	100	–
奶油	t	0	56	0	0	–
奶酪	t	71	129	90	102	159

2015—2019年全国各地区奶业概况——甘肃

项 目	单位	2015年	2016年	2017年	2018年	2019年
地区概况						
人口数	万人	2 600	2 610	2 626	2 637	2 647
城镇人口比重	%	43.19	44.69	46.39	47.69	48.49
地区生产总值	亿元	6 790.3	7 200.4	7 459.9	8 246.1	8 718.3
社会消费品零售总额	亿元	2 907.2	3 184.4	3 426.6	3 435.6	3 700.3
奶畜资源						
奶牛存栏数	万头	30.0	27.1	29.8	29.9	30.7
原料奶生产						
奶类产量	万t	39.9	41.0	41.0	41.1	44.7
牛奶产量	万t	39.3	40.3	40.4	40.5	44.1
乳制品加工						
乳制品产量	万t	33.3	34.2	36.0	32.5	36.5
其中：液态奶产量	万t	31.4	32.1	33.3	30.6	34.5
奶粉产量	t	8 752.0	13 289.1	13 988.3	6 271.1	6 362.2
乳制品进口						
液态奶	t	0	0	0	0	–
液奶	t	0	0	0	0	–
酸奶	t	0	0	0	0	–
干乳制品	t	0	0	0	0	0
奶粉	t	0	0	0	0	0
炼乳	t	0	0	0	0	–
乳清	t	0	0	0	0	–
奶油	t	0	0	0	0	–
奶酪	t	0	0	0	0	–

2015—2019年全国各地区奶业概况——青海

项 目	单位	2015年	2016年	2017年	2018年	2019年
地区概况						
人口数	万人	588	593	598	603	608
城镇人口比重	%	50.30	51.63	53.07	54.47	55.52
地区生产总值	亿元	2 417.1	2 572.5	2 624.8	2 865.2	2 966.0
社会消费品零售总额	亿元	691.0	767.3	839.0	899.9	948.5
奶畜资源						
奶牛存栏数	万头	25.6	23.7	24.7	22.4	19.1
原料奶生产						
奶类产量	万t	32.7	32.9	33.2	33.5	35.5
牛奶产量	万t	31.5	31.7	32.4	32.6	34.9
乳制品加工						
乳制品产量	万t	19.8	19.4	16.0	8.6	9.1
其中：液态奶产量	万t	19.8	19.4	16.0	8.5	9.0
奶粉产量	t	0.0	0.0	0.0	0.0	0.0
乳制品进口						
液态奶	t	0	0	0	0	–
液奶	t	0	0	0	0	–
酸奶	t	0	0	0	0	–
干乳制品	t	0	0	0	0	–
奶粉	t	0	0	0	0	–
炼乳	t	0	0	0	0	–
乳清	t	0	0	0	0	–
奶油	t	0	0	0	0	–
奶酪	t	0	0	0	0	–

2015—2019年全国各地区奶业概况——宁夏

项 目	单位	2015年	2016年	2017年	2018年	2019年
地区概况						
人口数	万人	668	675	682	688	695
城镇人口比重	%	55.23	56.29	57.98	58.88	59.86
地区生产总值	亿元	2 911.8	3 168.6	3 443.6	3 705.2	3 748.5
社会消费品零售总额	亿元	789.6	850.1	930.4	1 330.1	1 399.4
奶畜资源						
奶牛存栏数	万头	35.4	39.8	40.8	40.1	43.7
原料奶生产						
奶类产量	万t	142.5	145.6	160.1	169.4	183.4
牛奶产量	万t	142.5	145.6	160.1	168.3	183.4
乳制品加工						
乳制品产量	万t	77.3	92.5	95.9	117.4	130.2
其中：液态奶产量	万t	72.7	87.8	90.4	109.9	126.5
奶粉产量	t	28 602.0	25 678.6	15 190.3	12 911.7	7 770.0
乳制品进口						
液态奶	t	0	0	0	0	–
液奶	t	0	0	0	0	–
酸奶	t	0	0	0	0	–
干乳制品	t	0	0	0	0	–
奶粉	t	0	0	0	0	–
炼乳	t	0	0	0	0	–
乳清	t	0	0	0	0	–
奶油	t	0	0	0	0	–
奶酪	t	0	0	0	0	–

2015—2019 年全国各地区奶业概况——新疆

项 目	单位	2015 年	2016 年	2017 年	2018 年	2019 年
地区概况						
人口数	万人	2 360	2 398	2 445	2 487	2 523
城镇人口比重	%	47.23	48.35	49.38	50.91	51.87
地区生产总值	亿元	9 324.8	9 649.7	10 882.0	12 199.1	13 597.1
社会消费品零售总额	亿元	2 606.0	2 825.9	3 044.6	3 429.1	3 617.0
奶畜资源						
奶牛存栏数	万头	214.0	156.6	157.1	158.0	154.0
原料奶生产						
奶类产量	万 t	163.8	195.0	200.3	201.7	209.4
牛奶产量	万 t	155.8	186.7	191.9	194.9	204.4
乳制品加工						
乳制品产量	万 t	43.2	52.7	60.8	49.4	53.3
其中：液态奶产量	万 t	40.6	50.1	58.8	48.1	52.2
奶粉产量	t	24 499.6	23 081.0	16 678.4	10 742.5	9 165.4
乳制品进口						
液态奶	t	0	7	0	1 535	1 883
液奶	t	0	0	0	1 535	1 883
酸奶	t	0	7	0	0	–
干乳制品	t	0	0	264	1 658	1 221
奶粉	t	0	0	0	150	300
炼乳	t	0	0	0	0	–
乳清	t	0	0	264	1 508	921
奶油	t	0	0	0	0	–
奶酪	t	0	0	0	0	–

【奶牛养殖】

奶牛存栏

1978—2019年我国奶牛存栏、奶类产量、牛奶产量[1]

年 份	奶牛存栏（万头）	奶类产量（万t）	牛奶产量（万t）
1978	47.5	97.1	88.3
1979	55.7	130.2	106.5
1980	64.1	136.7	114.1
1981	69.8	154.9	129.1
1982	81.7	195.9	161.8
1983	95.1	221.9	184.5
1984	133.6	259.6	218.6
1985	162.7	289.4	249.9
1986	184.6	332.9	289.9
1987	216.4	378.8	330.1
1988	222.2	418.9	366.0
1989	252.6	435.8	381.3
1990	269.1	475.1	415.7
1991	294.6	524.3	464.6
1992	294.2	563.9	503.1
1993	345.1	563.7	498.6
1994	384.3	608.9	528.8
1995	417.3	672.8	576.4
1996	447.0	735.9	629.4
1997	442.0	681.1	601.1
1998	426.5	745.4	662.9
1999	424.1	806.7	717.6
2000	489.0	918.9	827.4
2001	566.2	1 122.6	1 025.5
2002	687.5	1 400.4	1 299.8
2003	893.2	1 848.6	1 746.3
2004	1 108.0	2 368.4	2 260.6
2005	1 216.1	2 864.8	2 753.4
2006	1 068.9	3 051.6	2 944.6
2007	1 213.1	3 055.2	2 947.1
2008	1 230.5	3 236.2	3 010.6
2009	1 220.8	3 153.9	2 995.1
2010	1 210.8	3 211.3	3 038.9
2011	1 178.1	3 262.8	3 109.9
2012	1 178.8	3 306.7	3 174.9
2013	1 122.9	3 118.9	3 000.8
2014	1 127.8	3 276.5	3 159.9
2015	1 099.4	3 295.5	3 179.8
2016	1 037.0	3 173.9	3 064.0
2017	1 079.8	3 148.6	3 038.6
2018	1 037.7	3 176.8	3 074.6
2019	1 044.7	3 297.6	3 201.2

数据来源：国家统计局。

注1：本栏表格根据第三次全国农业普查情况作相应修正。

2015—2019 年全国各地区奶牛存栏数[1]

单位：万头

地　区	2015 年	2016 年	2017 年	2018 年	2019 年
全　国	1 099.4	1 037.0	1 079.8	1 037.7	1 044.7
北　京	12.4	9.9	8.4	7.5	5.7
天　津	14.9	10.7	11.9	11.3	11.0
河　北	196.3	119.8	124.6	105.9	114.8
山　西	34.6	26.6	32.9	31.7	31.9
内蒙古	237.2	120.5	123.4	120.8	122.5
辽　宁	33.6	24.7	27.5	29.2	27.4
吉　林	26.2	9.1	14.0	15.1	15.3
黑龙江	144.7	128.1	124.1	105.0	107.6
上　海	5.8	7.9	6.5	5.6	5.2
江　苏	20.0	12.7	13.9	13.4	12.5
浙　江	4.1	3.7	3.3	3.2	3.1
安　徽	13.0	11.4	12.9	12.8	14.5
福　建	5.0	3.4	3.9	4.1	4.3
江　西	7.2	3.4	3.2	3.7	3.5
山　东	133.4	87.8	93.1	91.4	89.9
河　南	37.2	30.4	33.7	34.3	35.6
湖　北	6.9	4.0	4.5	4.5	4.6
湖　南	15.5	3.7	5.7	5.8	6.0
广　东	5.3	5.9	6.0	6.0	6.0
广　西	5.2	3.1	5.0	5.1	5.2
海　南	0.1	0.3	0.1	0.1	0.1
重　庆	1.8	1.5	1.5	1.2	1.1
四　川	17.8	80.3	79.0	76.9	79.8
贵　州	6.1	2.0	5.9	6.0	1.3
云　南	17.1	15.9	16.1	16.5	16.9
西　藏	37.6	37.2	38.0	42.3	44.0
陕　西	43.5	25.9	28.4	27.9	27.4
甘　肃	30.0	27.1	29.8	29.9	30.7
青　海	25.6	23.7	24.7	22.4	19.1
宁　夏	35.4	39.8	40.8	40.1	43.7
新　疆	214.0	156.6	157.1	158.0	154.0

注 1：根据第三次农业普查结果，国家统计局修订了 2014—2016 年的全国奶牛存栏数据，但并未公布分地区数据。

2015—2019年全国各地区奶类产量[1]

单位：万t

地区	2015年	2016年	2017年	2018年	2019年
全国	3 295.5	3 173.9	3 148.6	3 176.8	3 297.6
北京	57.2	45.7	37.4	31.1	26.4
天津	68.0	68.0	52.1	48.0	47.4
河北	480.9	448.0	388.3	391.1	433.8
山西	92.7	95.9	78.1	81.7	92.3
内蒙古	812.2	741.3	559.6	571.8	582.9
辽宁	142.6	144.2	120.7	132.6	134.7
吉林	52.8	53.4	34.4	39.0	40.0
黑龙江	574.4	548.6	468.4	458.5	467.0
上海	27.7	26.0	36.4	33.4	29.7
江苏	59.6	59.0	49.0	50.0	62.4
浙江	16.5	15.3	14.3	15.8	15.5
安徽	30.6	32.7	29.8	30.8	33.8
福建	15.4	15.9	13.5	14.3	15.0
江西	13.0	13.5	9.5	9.6	7.3
山东	284.9	276.8	231.3	232.5	234.5
河南	352.3	336.6	212.9	208.9	208.5
湖北	16.9	16.9	12.8	12.8	13.4
湖南	9.7	10.1	6.1	6.2	6.3
广东	12.9	13.0	13.9	13.9	13.9
广西	10.1	9.7	8.1	8.9	8.7
海南	0.2	0.2	0.5	0.2	0.2
重庆	5.4	5.5	5.1	4.9	4.2
四川	67.5	62.8	63.8	64.3	66.8
贵州	6.2	6.4	4.4	4.6	5.3
云南	62.5	64.1	64.5	65.7	66.7
西藏	35.0	34.7	42.0	40.8	48.2
陕西	189.9	189.1	156.9	159.7	159.7
甘肃	39.9	40.7	41.0	41.1	44.7
青海	32.7	34.2	33.2	33.5	35.5
宁夏	136.5	139.5	160.1	169.4	183.4
新疆	163.8	164.4	200.3	201.7	209.4

注1：根据第三次农业普查结果，国家统计局修订了2014—2016年的全国奶类产量，但并未公布分地区数据，因此本表仅修订了相应的全国数据。

2015—2019年全国各地区牛奶产量[1]

单位：万t

地区	2015年	2016年	2017年	2018年	2019年
全 国	3 754.7	3 602.2	3 038.6	3 074.6	3 201.2
北 京	57.2	45.7	37.4	31.1	26.4
天 津	68.0	68.0	52.1	48.0	47.4
河 北	473.1	440.5	381.0	384.8	428.7
山 西	91.9	95.1	77.4	81.1	91.8
内蒙古	803.2	734.1	552.9	565.6	577.2
辽 宁	140.3	143.1	119.7	131.8	133.9
吉 林	52.3	52.8	34.0	38.8	39.9
黑龙江	570.5	545.9	465.2	455.9	465.2
上 海	27.7	26.0	36.4	33.4	29.7
江 苏	59.6	59.0	49.0	50.0	62.4
浙 江	16.5	15.3	14.3	15.7	15.5
安 徽	30.6	32.7	29.8	30.8	33.8
福 建	15.0	15.4	13.1	13.8	14.5
江 西	13.0	13.5	9.5	9.6	7.3
山 东	275.4	268.4	223.5	225.1	228.0
河 南	342.2	326.8	202.9	202.7	204.1
湖 北	16.9	16.9	12.8	12.8	13.4
湖 南	9.7	10.1	6.1	6.2	6.3
广 东	12.9	12.9	13.9	13.9	13.9
广 西	10.1	9.7	8.1	8.9	8.7
海 南	0.2	0.2	0.5	0.2	0.2
重 庆	5.4	5.5	5.1	4.9	4.2
四 川	67.5	62.8	63.7	64.2	66.7
贵 州	6.2	6.4	4.4	4.6	5.3
云 南	55.0	56.9	56.8	58.2	59.9
西 藏	30.0	29.7	37.1	36.4	42.4
陕 西	141.2	140.2	107.3	109.7	107.8
甘 肃	39.3	40.0	40.4	40.5	44.1
青 海	31.5	33.0	32.4	32.6	34.9
宁 夏	136.5	139.5	160.1	168.3	183.4
新 疆	155.8	156.1	191.9	194.9	204.4

注1：根据第三次农业普查结果，国家统计局修订了2014—2016年的全国牛奶产量，但并未公布分地区数据，因此本表仅修订了相应的全国数据。

1985—2019 年我国人均牛奶产量

单位：kg

年 份	牛 奶	年 份	牛 奶
1985	2.4	2011	23.1
1990	3.7	2012	23.5
1995	4.8	2013	22.2
2000	6.6	2014	23.2
2005	21.1	2015	23.2
2006	22.5	2016	22.2
2007	22.4	2017	21.9
2008	22.7	2018	22.1
2009	22.5	2019	22.9
2010	22.7		

数据来源：国家统计局。

2019 年全国各地区人均牛奶产量

单位：kg

地 区	牛 奶	地 区	牛 奶
北 京	12.3	湖 北	2.3
天 津	30.3	湖 南	0.9
河 北	56.6	广 东	1.2
山 西	24.7	广 西	1.8
内蒙古	227.5	海 南	0.2
辽 宁	30.7	重 庆	1.3
吉 林	14.8	四 川	7.5
黑龙江	123.7	贵 州	1.5
上 海	12.3	云 南	12.4
江 苏	7.7	西 藏	122.1
浙 江	2.7	陕 西	28.5
安 徽	5.3	甘 肃	16.7
福 建	3.7	青 海	57.6
江 西	1.6	宁 夏	265.2
山 东	22.7	新 疆	81.6
河 南	21.2		

2005—2019 年奶牛规模养殖情况表

养殖规模	2005 年	2006 年	2007 年	2008 年	2009 年	2010 年	2011 年	2012 年	2013 年	2014 年	2015 年	2016 年	2017 年	2018 年	2019 年
年存栏 1~4 头	45.6%	42.8%	39.7%	32.4%	28.1%	26.4%	24.0%	22.5%	21.8%	20.8%	20.3%	19.0%			
年存栏 5 头以上	54.4%	57.2%	60.3%	67.6%	71.9%	73.6%	76.0%	77.5%	78.2%	79.2%	79.7%	80.8%			
年存栏 20 头以上	27.7%	28.8%	26.1%	36.1%	42.6%	46.5%	51.1%	55.7%	57.0%	59.9%	62.5%	65.6%			
年存栏 50 头以上													64.8%	66.0%	68.7%
年存栏 100 头以上	11.2%	13.1%	16.4%	19.5%	26.8%	30.6%	32.9%	37.3%	41.1%	45.2%	48.3%	52.3%	58.3%	61.4%	64.0%
年存栏 200 头以上	7.9%	9.3%	12.1%	15.5%	22.9%	26.5%	28.4%	32.3%	35.3%	38.8%	42.3%	46.6%	54.4%	59.1%	60.8%
年存栏 300 头以上															
年存栏 500 头以上	4.8%	5.6%	7.5%	10.1%	16.0%	19.4%	20.8%	25.0%	27.7%	30.7%	34.0%	38.5%	45.7%	50.7%	53.2%
年存栏 1 000 头以上	2.3%	3.0%	3.9%	5.5%	8.3%	10.4%	12.1%	15.4%	17.8%	20.2%	23.6%	28.1%	34.3%	38.9%	42.0%
年存栏 2 000 头以上													23.3%	27.8%	30.1%
年存栏 5 000 头以上													11.4%	14.6%	16.1%

注：此表比重指不同规模年存栏数占全部存栏数比重。

（本章节以上表格由中国奶业协会国际部陈兵汇总整理）

奶牛育种

2014年全国各地区生产性能测定奶牛场性能概况

地　区	牛场数（个）	奶牛头数（头）	测定日平均产奶量（kg）	测定日平均乳脂肪率（%）	测定日平均蛋白率（%）	测定日平均体细胞数（万个/mL）
总计/平均	1 178	723 636	25.8	3.78	3.28	38.7
北　京	62	44 881	31.2	3.69	3.16	26.9
天　津	32	22 956	31.2	3.91	3.31	22.1
河　北	165	82 886	24.7	3.94	3.31	31.6
山　西	74	25 576	23.8	3.58	3.27	50.9
内　蒙	39	48 588	28.1	4.03	3.38	44.4
辽　宁	38	40 294	23.3	3.97	3.38	23.9
吉　林	5	749	35.6	4.35	3.74	11.6
黑龙江	97	114 379	23.4	3.73	3.34	58.1
上　海	99	50 829	28.3	3.71	3.22	40.2
江　苏	13	6 286	26.6	3.72	3.29	45.4
浙　江	4	2 892	24.6	3.97	3.29	44.8
安　徽	3	1 231	24.2	3.73	3.23	48.3
福　建	6	5 118	25.6	3.81	3.3	64.4
山　东	137	57 660	26.3	3.74	3.32	37.9
河　南	167	74 483	23.0	3.57	3.18	35.1
湖　北	20	17 603	26.7	3.44	3.31	29.0
湖　南	16	6 358	18.1	3.54	3.18	17.1
广　东	5	6 389	25.4	3.91	3.31	27.3
广　西	3	1 615	21.0	3.91	3.26	49.4
云　南	39	12 188	19.6	3.57	3.20	49.9
重　庆	3	1 154	23.4	3.78	3.31	36.7
陕　西	51	29 529	25.5	3.94	3.36	29.9
宁　夏	50	33 994	29.1	3.88	3.21	33.7
新　疆	50	35 998	25.4	3.80	3.19	37.8

数据来源：中国奶业协会。

2015年全国各地区生产性能测定奶牛场性能概况

地　区	牛场数（个）	奶牛头数（头）	测定日平均产奶量（kg）	测定日平均乳脂肪率（%）	测定日平均蛋白率（%）	测定日平均体细胞数（万个/mL）
总计/平均	1 302	794 969	27.1	3.76	3.23	34.3
北　京	72	49 434	31.5	3.77	3.12	26.7
天　津	34	24 631	31.9	3.78	3.21	23.1
河　北	171	89 601	26.8	3.89	3.25	24.4
山　西	66	25 135	25.1	3.62	3.24	37.0
内　蒙	33	58 656	28.8	3.99	3.29	37.0
辽　宁	31	36 447	23.3	3.79	3.27	21.4
吉　林	5	3 900	34.1	4.44	3.79	27.1
黑龙江	108	110 120	27.6	3.73	3.34	52.9
上　海	110	52 639	30.0	3.67	3.14	34.8
江　苏	20	9 911	28.6	3.62	3.25	42.9
浙　江	8	4 120	25.2	4.01	3.19	41.5
安　徽	3	1 369	27.0	3.73	3.17	41.3
福　建	11	8 196	27.0	3.84	3.29	57.4
山　东	194	79 342	27.2	3.68	3.27	33.5
河　南	203	91 508	23.6	3.68	3.13	32.5
湖　北	19	13 854	27.2	3.47	3.21	27.7
湖　南	18	7 650	18.6	3.54	3.19	27.5
广　东	5	6 197	23.6	4.08	3.36	28.9
广　西	2	890	20.9	3.84	3.27	46.8
云　南	36	11 607	20.0	3.44	3.13	52.5
重　庆	1	369	21.1	3.54	3.37	58.5
四　川	4	2 968	26.6	3.76	3.22	24.5
陕　西	50	31 810	25.7	4.00	3.20	27.1
宁　夏	45	40 147	31.1	3.69	3.15	24.5
新　疆	53	34 468	25.1	3.75	3.19	38.5

数据来源：中国奶业协会。

2016年全国各地区生产性能测定奶牛场性能概况

地　区	牛场数（个）	奶牛头数（头）	测定日平均产奶量（kg）	测定日平均乳脂肪率（%）	测定日平均蛋白率（%）	测定日平均体细胞数（万个/mL）
总计/平均	1 543	1 005 496	28.1	3.83	3.30	29.6
北　京	63	43 205	32.3	3.88	3.22	29.3
天　津	39	28 514	31.8	3.61	3.27	20.5
河　北	313	139 869	27.3	3.88	3.31	25.8
山　西	66	29 083	27.5	3.64	3.33	29.1
内蒙古	61	110 968	29.8	3.98	3.40	41.4
辽　宁	33	31 506	24.2	4.03	3.25	22.8
吉　林	6	6 223	37.7	4.66	4.12	6.4
黑龙江	115	157 035	28.3	3.80	3.35	33.8
上　海	98	42 444	31.2	3.56	3.18	27.4
江　苏	29	27 011	31.4	3.70	3.21	29.3
浙　江	10	4 923	29.2	3.84	3.24	36.6
安　徽	10	4 949	29.3	3.08	3.30	33.2
福　建	13	11 585	30.1	3.73	3.27	34.5
山　东	202	83 476	27.1	3.74	3.33	25.3
河　南	249	114 916	25.9	4.02	3.28	29.1
湖　北	24	16 253	28.2	3.66	3.33	23.2
湖　南	19	7 588	19.4	3.54	3.26	50.5
广　东	5	6 298	24.7	3.78	3.25	24.6
广　西	3	3 425	25.1	3.75	3.23	39.3
四　川	4	3 805	27.7	3.78	3.20	20.3
贵　州	1	768	22.4	3.77	3.24	35.6
云　南	28	13 791	24.4	3.74	3.22	24.0
陕　西	46	22 673	27.3	3.97	3.33	22.4
宁　夏	43	40 720	31.9	3.73	3.29	22.7
新　疆	63	54 468	25.4	3.68	3.23	36.8

数据来源：中国奶业协会。

2017 年全国各地区生产性能测定奶牛场性能概况

地　区	牛场数（个）	奶牛头数（头）	测定日平均产奶量（kg）	测定日平均乳脂肪率（%）	测定日平均蛋白率（%）	测定日平均体细胞数（万个 /mL）
总计 / 平均	1611	1 220 498	29	3.89	3.35	28.7
北　京	62	45 072	32.5	3.91	3.3	32.3
天　津	42	31 347	31.8	3.69	3.29	23.4
河　北	368	194 914	28.3	3.92	3.35	34.2
山　西	76	45 518	29.1	4.08	3.47	32.6
内蒙古	68	144 074	31.3	3.75	3.44	22
辽　宁	43	40 800	25.4	4.02	3.27	25.6
吉　林	7	5 756	31.7	3.66	3.4	63.2
黑龙江	119	160 671	28.4	3.88	3.33	33.5
上　海	73	38 231	31.5	3.63	3.23	25.8
江　苏	36	37 068	32	3.84	3.26	29.5
浙　江	11	5 550	29.3	3.74	3.3	35.7
安　徽	10	7 210	28.8	3.43	3.43	51.8
福　建	14	12 897	30.9	3.86	3.32	37
山　东	177	106 203	29.8	3.84	3.38	25.2
河　南	249	124 199	26.9	4.22	3.34	30.8
湖　北	22	15 692	28.5	3.86	3.32	22.9
湖　南	20	8 021	20	3.53	3.24	46.5
广　东	8	10 631	25.1	3.79	3.32	31.2
广　西	4	4 410	25.7	3.82	3.24	34.5
四　川	7	5 483	29	4.03	3.29	20
贵　州	1	1 853	23.9	3.98	3.26	33.9
云　南	28	15 798	25	3.73	3.26	32.8
重　庆	3	1 365	29.2	4.04	3.27	21.8
陕　西	52	30 701	29.5	4.11	3.43	26.6
甘　肃	1	233	33.3	4.16	3.64	11.7
宁　夏	46	61 889	31.9	3.89	3.37	20.2
新　疆	64	64 912	25.9	3.74	3.28	21.3

数据来源：中国奶业协会。

2018 年全国各地区生产性能测定奶牛场性能概况

地 区	牛场数（个）	奶牛头数（头）	测定日平均产奶量（kg）	测定日平均乳脂肪率（%）	测定日平均蛋白率（%）	测定日平均体细胞数（万个 /mL）
总计 / 平均	1454	1 237 660	30.0	3.94	3.36	26.2
北 京	53	39 351	32.5	4.09	3.33	22.8
天 津	57	41 786	31.8	3.94	3.36	23.2
河 北	344	215 842	29.8	3.97	3.38	30.1
山 西	61	45 635	29.8	4.13	3.49	27.2
内蒙古	62	163 827	30.9	3.90	3.43	21.2
辽 宁	30	35 288	25.3	3.96	3.29	24.1
黑龙江	129	176 999	29.3	3.92	3.35	29.7
上 海	51	32 913	31.3	3.64	3.21	25.2
江 苏	36	43 238	33.0	3.82	3.22	24.9
浙 江	13	6 944	29.7	3.79	3.26	31.4
安 徽	8	7 635	29.4	3.57	3.40	52.7
福 建	6	4 611	30.8	3.83	3.30	28.2
江 西	1	371	24.7	3.89	3.25	61.9
山 东	154	109 135	31.0	3.91	3.36	23.3
河 南	211	109 570	27.7	4.12	3.35	27.1
湖 北	18	14 536	28.3	3.88	3.35	21.1
湖 南	22	7 355	23.3	3.77	3.31	48.3
广 东	11	11 406	26.8	3.93	3.34	29.2
广 西	8	6 021	25.8	3.87	3.26	44.9
四 川	10	7 720	29.2	3.74	3.32	34.5
贵 州	3	5 368	24.4	4.43	3.49	45.2
云 南	26	14 738	27.8	3.82	3.29	23.6
重 庆	3	1 553	26.6	4.14	3.33	24.9
陕 西	40	30 576	29.8	4.14	3.41	24.2
宁 夏	41	62 650	33.1	3.87	3.35	20.5
新 疆	56	42 592	26.1	3.81	3.26	29.8

数据来源：中国奶业协会。

2019年全国各地区生产性能测定奶牛场性能概况

地　区	牛场数（个）	奶牛头数（头）	测定日平均产奶量（kg）	测定日平均乳脂肪率（%）	测定日平均蛋白率（%）	测定日平均体细胞数（万个/mL）
总计/平均	1364	1 277 421	31.2	3.96	3.34	24.2
北　京	51	39 509	33.8	4.09	3.29	21.7
天　津	50	45 586	32.6	3.91	3.28	23.1
河　北	366	244 668	30.5	3.95	3.37	25.7
山　西	54	46 693	30.8	4.07	3.45	25.2
内蒙古	64	161 736	32.2	4.07	3.40	20.7
辽　宁	26	33 992	28.0	3.81	3.33	23.9
吉　林	3	2 330	17.7	4.06	3.26	20.9
黑龙江	125	160 256	30.9	4.00	3.37	25.3
上　海	36	26 958	32.4	3.62	3.20	24.9
江　苏	34	48 772	33.4	3.90	3.26	23.3
浙　江	11	7 062	30.3	3.76	3.28	31.8
安　徽	7	7 395	31.5	3.74	3.37	42.6
福　建	12	9 758	30.9	4.01	3.37	27.3
江　西	1	420	28.1	3.80	3.14	43.0
山　东	120	112 469	33.1	3.87	3.31	23.7
河　南	193	104 978	29.5	4.04	3.34	25.1
湖　北	12	14 046	27.6	3.87	3.34	26.3
湖　南	6	3 190	25.8	3.81	3.33	24.7
广　东	14	18 787	27.5	3.90	3.24	32.9
广　西	10	8 816	26.7	3.84	3.18	44.8
四　川	12	9 596	29.6	3.78	3.27	29.9
贵　州	1	1 838	21.0	4.44	3.36	38.9
云　南	14	11 895	30.6	3.91	3.25	21.1
重　庆	3	1 567	28.0	4.10	3.34	23.5
陕　西	38	30 695	31.2	4.11	3.39	24.5
甘　肃	3	12 551	33.2	4.35	3.35	10.1
宁　夏	35	59 010	34.4	3.89	3.30	19.2
新　疆	63	52 848	28.9	3.87	3.24	30.2

数据来源：中国奶业协会。

2014年全国各地区不同规模生产性能测定奶牛场性能概况

规 模 （奶牛存栏）	牛场数 （个）	测定日 平均产奶量 （kg）	测定日 平均乳脂肪率 （%）	测定日 平均蛋白率 （%）	测定日 平均体细胞数 （万个 /mL）
＜ 50	34	16.4	3.86	3.38	49.2
50~99	76	21.4	3.54	3.24	49.0
100~199	214	22.1	3.63	3.29	48.0
200~499	411	24.0	3.71	3.26	41.3
500~999	264	25.6	3.72	3.23	36.2
≥ 1 000	179	26.9	3.85	3.32	38.2

数据来源：中国奶业协会。

2015年全国各地区不同规模生产性能测定奶牛场性能概况

规 模 （奶牛存栏）	牛场数 （个）	测定日 平均产奶量 （kg）	测定日 平均乳脂肪率 （%）	测定日 平均蛋白率 （%）	测定日 平均体细胞数 （万个 /mL）
＜ 50	23	16.3	3.57	3.24	54.3
50~99	63	21.1	3.42	3.14	40.4
100~199	232	23.5	3.58	3.22	39.4
200~499	486	25.0	3.65	3.20	34.0
500~999	320	27.0	3.76	3.19	33.8
≥ 1 000	178	28.5	3.82	3.26	34.3

数据来源：中国奶业协会。

2016年全国各地区不同规模生产性能测定奶牛场性能概况

规 模 （奶牛存栏）	牛场数 （个）	测定日 平均产奶量 （kg）	测定日 平均乳脂肪率 （%）	测定日 平均蛋白率 （%）	测定日 平均体细胞数 （万个 /mL）
＜ 50	14	20.7	3.26	3.32	30.9
50~99	62	22.3	3.37	3.31	35.9
100~199	277	24.8	3.55	3.32	31.3
200~499	593	26.2	3.70	3.29	29.8
500~999	360	28.1	3.88	3.27	28.1
≥ 1 000	237	29.0	3.87	3.33	30.1

数据来源：中国奶业协会。

2017 年全国各地区不同规模生产性能测定奶牛场性能概况

规 模（奶牛存栏）	牛场数（个）	测定日平均产奶量（kg）	测定日平均乳脂肪率（%）	测定日平均蛋白率（%）	测定日平均体细胞数（万个/mL）
＜ 50	19	20.2	3.79	3.31	35.6
50~99	36	22.6	3.69	3.33	42.9
100~199	234	24.9	3.7	3.38	40.0
200~499	609	27.1	3.81	3.34	35.1
500~999	417	28.4	4.01	3.33	31.5
≥ 1 000	296	29.9	3.87	3.36	25.4

数据来源：中国奶业协会。

2018 年全国各地区不同规模生产性能测定奶牛场性能概况

规 模（奶牛存栏）	牛场数（个）	测定日平均产奶量（kg）	测定日平均乳脂肪率（%）	测定日平均蛋白率（%）	测定日平均体细胞数（万个/mL）
＜ 50	6	22.3	3.71	3.37	50.6
50~99	35	24.6	3.72	3.45	40.8
100~199	171	25	3.79	3.4	37.3
200~499	546	27.8	3.88	3.35	31.6
500~999	387	29.1	4.01	3.34	29.5
≥ 1 000	309	30.9	3.93	3.37	23.7

数据来源：中国奶业协会。

2019 年全国各地区不同规模生产性能测定奶牛场性能概况

规 模（奶牛存栏）	牛场数（个）	测定日平均产奶量（kg）	测定日平均乳脂肪率（%）	测定日平均蛋白率（%）	测定日平均体细胞数（万个/mL）
＜ 50	14	21.8	3.62	3.41	36.1
50~99	43	23.3	3.78	3.40	40.1
100~199	133	25.4	3.83	3.38	34.2
200~499	471	28.4	3.88	3.33	29.1
500~999	356	30.4	4.01	3.32	27.2
≥ 1 000	347	32.2	3.96	3.35	22.3

数据来源：中国奶业协会。

（“奶牛育种”表格由中国奶业协会养殖业发展部闫青霞汇总整理）。

成　本

2019年各地区散养

项　　目	单位	平均	山西	吉林	河南
每头					
主产品产量	kg	5 424.12	5 752.67	5 187.67	4 575.60
产值合计	元	23 956.54	34 555.72	17 355.66	15 874.25
主产品产值	元	21 469.62	32 194.77	15 806.33	13 658.81
副产品产值	元	2 486.92	2 360.95	1 549.33	2 215.44
总成本	元	17 061.85	18 852.73	14 723.58	16 595.49
生产成本	元	17 015.91	18852. 73	14 723.58	16 595.49
物质与服务费用	元	12 794.81	14 484.62	9 569.54	11689. 11
人工成本	元	4 221.10	4 368.11	5 154.04	4 906.38
家庭用工折价	元	4 131.38	4 037.31	5 154.04	4 906.38
雇工费用	元	89.72	330.80		
土地成本	元	45.94			
净利润	元	6 894.69	15 702.99	2 632.08	-721.24
成本利润率	%	40.41	83.29	17.88	-4.35
每50kg主产品					
平均出售价格	元	197.91	279.82	152.35	149.26
总成本	元	140.95	152.66	129.25	156.04
生产成本	元	140.57	152.66	129.25	156.04
净利润	元	56.96	127.16	23.10	-6.78
附					
每头用工数量	日	48.58	49.53	59.67	56.80
平均饲养天数	日	365.00	365.00	365.00	365.00

数据来源：国家发展和改革委员会价格司。

注：年成本收益表中散养、小规模、中规模、大规模分别指10头以下（含10头）、10头以上50头以下（含50头）、50头以上

收　益

奶牛成本收益情况

湖南	广西	陕西	新疆
4 529.50	5 663.63	6 040.00	6 219.74
18 336.58	31 253.89	26 465.78	23 853.88
15 853.25	27 891.63	24 318.11	20 564.43
2 483.33	3 362.26	2 147.67	3 289.45
15 309.90	22 109.99	18 909.99	12 931.66
15273. 65	21 857.66	18 909.99	12 898.63
12 593.28	17 489.60	13 667.67	10 069.97
2 680.37	4 368.06	5 242.32	2 828.66
2 680.37	4 368.06	5 242.32	2 531.45
			297.21
36.25	252.33		33.03
3 026.68	9 143.90	7 555.79	10 922.22
19.77	41.36	39.96	84.46
175.00	246.23	201.31	165.32
146.11	174.19	143.84	89.62
145.77	172.20	143.84	89.39
28.89	72.04	57.47	75.70
31.03	50.57	60.69	31.74
365.00	365.00	365.00	365.00

500 头以下（含 500 头）、500 头以上。

2019年各地区散养奶牛

项　　目	单 位	平均	山 西	吉 林	河 南
一、每头物质与服务费用	元	12 794.81	14 484.62	9 569.54	11 689.11
（一）直接费用	元	10 602.26	11 948.63	8 350.21	9 703.30
1. 仔畜费	元				
2. 精饲料费	元	7 684.93	9 112.15	7 016.67	6 335.76
3. 青粗饲料费	元	2 332.18	2 129.69	1 078.33	2 748.23
4. 饲料加工费	元	46.26	54.05	21.78	51.42
5. 水费	元	37.50	51.22	15.99	39.99
6. 燃料动力费	元	93.85	126.34	22.85	132.56
电费	元	55.82	109.87	10.75	90.36
煤费	元	37.88	16.47	12.10	42.20
其他燃料动力费	元	0.15			
7. 医疗防疫费	元	140.66	157.96	21.56	174. 05
8. 死亡损失费	元	79.65	85.00	10.68	26.90
9. 技术服务费	元	13.58		10.89	
10. 工具材料费	元	37.86	56.35	9.88	26.69
11. 修理维护费	元	28.41	35.19	8.25	29.65
12. 其他直接费用	元	107.38	140.68	133.33	138.05
（二）间接费用	元	2 192.55	2 535.99	1 219.33	1 985.81
1. 固定资产折旧	元	2 056.90	2 402.20	1 219.33	1 939.50
2. 保险费	元	57.14			
3. 管理费	元	8.87			
4. 财务费	元				
5. 销售费	元	69.64	133.79		46.31
二、每头人工成本	元	4 221.10	4 368.11	5 154.04	4 906.38
1. 家庭用工折价	元	4 131.38	4037. 31	5 154.04	4 906.38
家庭用工天数	日	47.83	46.74	59.67	56.80
劳动日工价	元	86.38	86.38	86.38	86.38
2. 雇工费用	元	89.72	330.80		
雇工天数	日	0.75	2.79		
雇工工价	元	119.63	118.57	130.00	84.00
三、附					
1. 仔畜重量	kg				
2. 精饲料数量	kg	2 752.46	3 213.87	2 581.67	2 333.99
3. 耗粮数量	kg	2 000.67	2 302.77	1 807.17	1 669.82

数据来源：国家发展和改革委员会价格司。

费用和用工情况

湖 南	广 西	陕 西	新 疆
12 593.28	17 489.60	13 667.67	10 069.97
10 608.24	14 077.10	10 336.00	9 192.43
8 030.14	9 950.93	7 365.86	5 982.99
2 246.07	3 123.70	2 248.44	2 750.81
		68.61	127.96
33.25	48.61	40.22	33.24
50.43	100.34	195.67	28.81
40.63	78.86	50.11	10.17
9.80	21.48	145.56	17.57
			1.07
38.55	383.33	183.33	25.83
100.00	212.30	47.70	75.00
29.25	29.13	20.14	5.63
27.50	93.70	24.90	26.00
18.05	44.75	31.43	31.54
35.00	90.31	109.70	104.62
1 985.04	3 412.50	3 331.67	877.54
1 432.72	3 195.33	3 331.67	877.54
400.00			
	62.11		
152.32	155.06		
2 680.37	4 368.06	5 242.32	2 828.66
2 680.37	4 368.06	5 242.32	2 531.45
31.03	50.57	60.69	29.31
86.38	86.38	86.38	86.38
			297.21
			2.43
120.00	100.00	110.00	122.31
2 410.67	3 284.66	2 955.80	2 486.56
2 109.33	2217. 31	2 157.73	1740. 59

2019年各地区小规模

项　　目	单 位	平 均	河 北	山 西	内蒙古	辽 宁
每头						
主产品产量	kg	5 534.85	5 941.48	5 335.75	6 938.50	5 627.82
产值合计	元	23 818.31	25 549.75	22 020.22	19 062.73	25 724.70
主产品产值	元	21 123.30	21 844.52	20 198.13	16 495.60	22 068.16
副产品产值	元	2 695.01	3 705.23	1 822.09	2 567.13	3656. 54
总成本	元	17 038.57	17 395.90	15 673.78	19 109.93	18 082.63
生产成本	元	16 977.67	17 366.97	15 657.73	19 043.83	18 082.63
物质与服务费用	元	13 508.52	15 207.96	12 075.84	14 574.18	13 729.45
人工成本	元	3 469.15	2 159.01	3 581.89	4 469.65	4 353.18
家庭用工折价	元	2 771.68	1 865.81	2 663.44	682.40	3 846.07
雇工费用	元	697.47	293.20	918.45	3 787.25	507.11
土地成本	元	60.90	28.93	16.05	66.10	
净利润	元	6 779.74	8 153.85	6 346.44	−47.20	7 642.07
成本利润率	%	39.79	46.87	40.49	−0.25	42.26
每 50kg 主产品						
平均出售价格	元	190.82	183.83	189.27	118.87	196.06
总成本	元	136.50	125.16	134.72	119.16	137.82
生产成本	元	136.02	124.96	134.58	118.75	137.82
净利润	元	54.32	58.67	54.55	−0.29	58.24
附						
每头用工数量	日	38.12	24.64	38.46	43.97	49.67
平均饲养天数	日	365.00	365.00	365.00	365.00	365.00

数据来源：国家发展和改革委员会价格司。

奶牛成本收益情况

吉 林	黑龙江	福 建	山 东	河 南	湖 南	广 西	云 南	宁 夏
5 115.09	5 810.38	4 687.33	6 315.00	5 277.81	4 584.37	5 970.90	4 697.77	5 650.86
23 837.33	20 097.55	38 629.00	22 356.00	18 002.88	19 411.79	33 724.59	17 714.20	23 507.24
21 708.99	18 200.36	37 077.33	18 313.50	15 753.16	17 043.47	29 914.72	14 606.47	21 378.49
2 128.34	1 897.19	1 551.67	4 042.50	2 249.72	2 368.32	3 809.87	3 107.73	2 128.75
14 806.06	15 338.37	19 942.57	17 649.61	16 426.09	14 769.21	22 823.81	13 775.91	15 707.51
14 792.01	15 329.87	19 900.84	17 597.66	16 386.90	14 680.40	22557. 81	13 623.48	15 689.51
11 188.50	12 605.51	13 731.41	14 820.85	13 018.17	12 552.00	18 280.53	10 726.15	13 100.27
3 603.51	2 724.36	6 169.43	2 776.81	3 368.73	2 128.40	4 277.28	2 897.33	2 589.24
3 603.51	1 969.98	3 887.10	2 366.81	3 368.73	2 128.40	4 277.28	2 782.90	2 589.24
	754.38	2 282.33	410.00				114.43	
14.05	8.50	41.73	51.95	39.19	88.81	266.00	152.43	18.00
9 031.27	4 759.18	18 686.43	4 706.39	1576. 79	4 642.58	10 900.78	3 938.29	7 799.73
61.00	31.03	93.70	26.67	9.60	31.43	47.76	28.59	49.66
212.21	156.62	395.51	145.00	149.24	185.89	250.50	155.46	189.16
131.81	119.53	204.19	114.47	136.17	141.43	169.53	120.90	126.40
131.68	119.47	203.76	114.14	135.84	140.58	167.56	119.56	126.25
80.40	37.09	191.32	30.53	13.07	44.46	80.97	34.56	62.76
41.72	29.93	58.67	31.97	39.00	24.64	49.52	33.36	29.98
365.00	365.00	365.00	365.00	365.00	365.00	365.00	365.00	365.00

2019年各地区小规模

项　　目	单 位	平均	河 北	山 西	内蒙古	辽 宁	吉 林
一、每头物质与服务费用	元	13 508.52	15 207.96	12 075.84	14 574.18	13 729.45	11 188.50
（一）直接费用	元	11 077.35	12 832.50	10 171.75	11 992.33	11 173.36	8 357.35
1. 仔畜费	元						
2. 精饲料费	元	7 902.63	10 418.43	7 706.97	8 385.91	8 179.93	6 638.79
3. 青粗饲料费	元	2 557.07	2 062.79	1 886.08	3 002.13	2 297.51	1 257.92
4. 饲料加工费	元	26.69		63.92	25.44	93.47	16.27
5. 水费	元	41.08	28.78	53.84	38.88	20.34	31.00
6. 燃料动力费	元	124.38	62.01	105.01	237.03	161.74	99.46
电费	元	87.27	62.01	55.09	94.55	107.97	70.66
煤费	元	29.81		49 92	95.63	53.77	28.80
其他燃料动力费	元	7.30			46.85		
7. 医疗防疫费	元	163.04	118.81	63.25	90.33	90.08	75.24
8. 死亡损失费	元	59.36		67.25		137.83	25.92
9. 技术服务费	元	9.33		24.17	7.88	2.12	
10. 工具材料费	元	37.89	26.63	58.75	29.20	36.51	21.43
11. 修理维护费	元	32.31	17.22	37.09	29.28	24.22	39.75
12. 其他直接费用	元	123.57	97.83	105.42	146.25	129.61	151.57
（二）间接费用	元	2 431.17	2 375.46	1 904.09	2 581.85	2 556.09	2 831.15
1. 固定资产折旧	元	2 242.96	2 348.99	1 834.17	2 187.75	2 337.04	2 353.48
2. 保险费	元	52.93			200.00		
3. 管理费	元	13.58	26.47	45.92			
4. 财务费	元	0.23					0.48
5. 销售费	元	121.47		24.00	194.10	219.05	477.19
二、每头人工成本	元	3 469.15	2 159.01	3 581.89	4 469.65	4 353.18	3 603.51
1. 家庭用工折价	元	2 771.68	1 865.81	2 663.44	682.40	3 846.07	3 603.51
家庭用工天数	日	32.09	21.60	30.83	7.90	44.53	41.72
劳动日工价	元	86.38	86.38	86.38	86.38	86.38	86.38
2. 雇工费用	元	697.47	293.20	918.45	3 787.25	507.11	
雇工天数	日	6.03	3.04	7.63	36.07	5.14	
雇工工价	元	115.67	96.45	120.37	105.00	98.66	110.00
三、附							
1. 仔畜重量	kg						
2. 精饲料数量	kg	3 030.56	3 503.25	2 831.00	3 111.50	2 989.84	2 425.69
3. 耗粮数量	kg	2 107.04	2 479.41	2 035.89	2 294.58	2 072.08	1 696.96

数据来源：国家发展和改革委员会价格司。

奶牛费用和用工情况

黑龙江	福 建	山 东	河 南	湖 南	广 西	云 南	宁 夏
12 605.51	13 731.41	14 820.85	13 018.17	12 552.00	18 280.53	10 726.15	13 100.27
10 563.18	10 569.07	12 152.90	11 168.55	10 650.27	14 658.04	8 701.76	11 014.42
6 799.36	8 117.70	7 531.90	7 829.66	8 116.02	10 357.53	4 566.81	8 085.24
3 182.35	1 695.00	3 647.50	2 671.40	2 305.18	3 267.98	3 443.09	2 522.92
35.94			36.47			48.00	27.43
16.39	147.00	28.65	32.74	32.03	55.37	25.82	23.17
84.53	131.70	258.25	145.14	48.73	125.32	133.10	24.87
62.12	131.70	251.60	99.66	38.93	95.00	42.77	22.45
22.41		6.65	45.48	9.80	30.32	42.33	2.42
						48.00	
135.89	195.67	297.50	208.98	40.10	364.01	267.37	172.33
91.33	58.30	63.00	50.03		237.58	40.45	
6.02			6.31	37.82	30.91	6.00	
20.68	31.00	75.60	33.12	13.95	88.66	29.48	27.53
27.48	2.70	50.50	29.01	27.69	43.81	67.49	23.83
163.21	190.00	200.00	125.69	28.75	86.87	74.15	107.10
2 042.33	3 162.34	2 667.95	1 849.62	1 901.73	3 622.49	2 024.39	2 085.85
1 985.24	2 835.67	2 654.75	1 792.65	1 434.92	3 362.82	2 002.72	2 028.33
37.75				400.00		14.40	36.00
13.90			30.44		57.20	2.67	
						2.47	
5.44	326.67	13.20	26.53	66.81	202.47	2.13	21.52
2 724.36	6 169.43	2 776.81	3 368.73	2 128.40	4 277.28	2 897.33	2 589.24
1 969.98	3 887.10	2 366.81	3 368.73	2 128.40	4 277.28	2 782.90	2 589.24
22.81	45.00	27.40	39.00	24.64	49.52	32.22	29.98
86.38	86.38	86.38	86.38	86.38	86.38	86.38	86.38
754.38	2 282.33	410.00				114.43	
7.12	13.67	4.57				1.14	
105.95	166.96	89.72	88.28	120.00	100.00	100.38	96.67
2 437.00	3 355.00	2 836.60	2 721.73	2 531.87	3 184.09	4 354.83	3 114.92
1 870.89	2 247.85	2 042.35	1 952.37	2 215.39	2 154.32	2 149.00	2 180.44

2019年各地区中规模

项　　目	单位	平均	河北	山西	内蒙古	辽宁	吉林	黑龙江	江苏	浙江
每头										
主产品产量	kg	6 418.83	6 204.50	5 985.25	6 564.06	6 226.70	5 350.00	6 234.84	5 680.31	6 610.00
产值合计	元	29 892.33	26 184.87	24 940.27	24 556.69	24 413.70	26 755.00	23 011.60	24 483.10	31 950.00
主产品产值	元	26 989.08	22 980.53	22 934.02	21 327.64	20 873.70	24 075.00	21 065.26	22 720.56	28 750.00
副产品产值	元	2 903.25	3 204.34	2 006.25	3 229.05	3 540.00	2 680.00	1 946.34	1 762.54	3 200.00
总成本	元	21 821.76	18 373.61	15 557.42	23 298.38	20 578.12	14 773.00	16 933.11	18 584.10	28 096.00
生产成本	元	21 735.20	18 339.81	15 542.07	23 252.80	20 550.62	14 737.00	16 916.11	18 500.40	28 031.00
物质与服务费用	元	18 373.70	16 266.69	13 103.08	18 776.29	16 461.59	12 582.00	13 911.10	15 295.40	22 931.00
人工成本	元	3 361.50	2 073.12	2 438.99	4 476.51	4 089.03	2 155.00	3 005.01	3 205.00	5 100.00
家庭用工折价	元	326.17	2 073.12	295.85	502.90			577.71		
雇工费用	元	3 035.33		2 143.14	3 973.61	4 089.03	2 155.00	2 427.30	3 205.00	5 100.00
土地成本	元	86.56	33.80	15.35	45.58	27.50	36.00	17.00	83.70	65.00
净利润	元	8 070.57	7 811.26	9 382.85	1 258.31	3 835.58	11 982.00	6 078.49	5 899.00	3 854.00
成本利润率	%	36.98	42.51	60.31	5.40	18.64	81.11	35.90	31.74	13.72
每50kg主产品										
平均出售价格	元	210.23	185.19	191.59	162.46	167.61	225.00	168.93	199.99	217.47
总成本	元	153.47	129.95	119.51	154.14	141.28	124.24	124.31	151.80	191.24
生产成本	元	152.86	129.71	119.39	153.83	141.09	123.93	124.18	151.12	190.80
净利润	元	56.76	55.24	72.08	8.32	26.33	100.76	44.62	48.19	26.23
附										
每头用工数量	日	31.21	24.00	22.56	39.78	41.54	21.55	28.84	38.12	37.00
平均饲养天数	日	365.00	365.00	365.00	365.00	365.00	365.00	365.00	365.00	365.00

数据来源：国家发展和改革委员会价格司。

奶牛成本收益情况

安徽	山东	河南	广西	重庆	四川	云南	陕西	甘肃	宁夏	新疆
6 750.00	5 621.03	5 781.44	2 636.00	6 533.69	8 500.00	6 100.00	6 296.50	7 059.66	5 909.57	8 100.00
33 081.00	24 226.96	20 929.09	36 322.00	34 730.04	40 977.30	38 850.00	25 216.00	31 208.66	25 741.32	33 430.00
27 675.00	20 261.77	18 561.55	31 632.00	32 432.54	38 420.00	36 600.00	23 140.00	28 238.64	22 390.25	30 780.00
5 406.00	3 965.19	2 367.54	4 690.00	2 297.50	2 557.30	2 250.00	2 076.00	2 970.02	3 351.07	2 650.00
18 440.00	17 431.44	17 343.55	16 217.80	22 517.54	36 711.29	22 690.00	21 931.05	24 077.22	17 823.68	25 280.00
18 262.00	17 415.09	17 295.33	16 217.80	22 373.80	36 351.29	22 490.00	21 898.05	23 905.76	17 774.87	25 280.00
16 707.00	15 333.28	14 049.80	13 817.50	18 450.15	30 751.29	18 980.00	16 448.05	21 405.76	14 674.90	22 580.00
1 555.00	2 081.81	3 245.53	2 400.30	3 923.65	5 600.00	3 510.00	5 450.00	2 500.00	3 099.97	2 700.00
	911.31	148.75							2 014.55	
1 555.00	1 170.50	3 096.78	2 400.30	3 923.65	5 600.00	3 510.00	5 450.00	2 500.00	1 085.42	2 700.00
178.00	16.35	48.22		143.74	360.00	200.00	33.00	171.46	48.81	
14 641.00	6 795.52	3 585.54	20 104.20	12 212.50	4 266.01	16 160.00	3 284.95	7 131.44	7 917.64	8 150.00
79.40	38.98	20.67	123.96	54.24	11.62	71.22	14.98	29.62	44.42	32.24
205.00	180.23	160.53	600.00	248.19	226.00	300.00	183.75	200.00	189.44	190.00
114.27	129.68	133.03	267.90	160.92	202.47	175.21	159.81	154.30	131.17	143.68
113.17	129.55	132.66	267.90	159.89	200.49	173.67	159.57	153.20	130.81	143.68
90.73	50.55	27.50	332.10	87.27	23.53	124.79	23.94	45.70	58.27	46.32
21.50	20.05	37.10	26.67	34.39	41.00	39.00	45.95	17.36	35.41	18.00
365.00	365.00	365.00	365.00	365.00	365.00	365.00	365.00	365.00	365.00	365.00

2019年各地区中规模

项　目	单位	平均	河北	山西	内蒙古	辽宁	吉林	黑龙江	江苏	浙江
一、每头物质与服务费用	元	18 373.70	16 266.69	13 103.08	18 776.29	16 461.59	12 582.00	13 911.10	15 295.40	22 931.00
（一）直接费用	元	14 933.71	13 412.55	10 851.88	15 539.34	13 535.59	10 260.65	11 708.00	13 107.60	16 806.00
1. 仔畜费	元									
2. 精饲料费	元	9 120.73	11 120.50	8 342.15	9 240.67	8 977.73	8 025.00	7 459.26	7 500.17	8 400.00
3. 青粗饲料费	元	4 727.09	1 947.34	1 876.45	5 472.46	3 530.70	1 642.50	3 640.61	4 813.64	5 600.00
4. 饲料加工费	元	38.46		26.75		117.65		37.50	9.12	61.00
5. 水费	元	80.59	22.09	45.20	37.13	61.13	48.00	21.60	35.19	310.00
6. 燃料动力费	元	287.22	52.97	138.46	248.46	214.08	121.00	93.44	182.01	710.00
电费	元	197.51	52.97	77.28	115.20	139.95	121.00	54.81	149.46	710.00
煤费	元	37.39		61.18	86.80	74.13		38.63	32.55	
其他燃料动力费	元	52.32			46.46					
7. 医疗防疫费	元	257.61	150.50	86.63	138.87	117.25	95.00	132.41	255.69	720.00
8. 死亡损失费	元	78.10		85.38	93.35	203.25	59.00	68.08	47.62	30.00
9. 技术服务费	元	42.71	1.72	23.50	5.78	54.25		11.99	124.64	
10. 工具材料费	元	73.92	20.55	53.93	63.09	63.75	85.00	39.83	45.43	250.00
11. 修理维护费	元	80.59	10.50	57.18	113.57	39.05	25.15	28.56	47.24	175.00
12. 其他直接费用	元	146.69	86.38	116.25	125.96	156.75	160.00	174.72	46.85	550.00
（二）间接费用	元	3 439.99	2 854.14	2 251.20	3 236.95	2 926.00	2 321.35	2 203.10	2 187.80	6 125.00
1. 固定资产折旧	元	2 876.77	2 685.84	2 166.45	2 501.97	2 728.50	1 941.00	2 074.64	1 965.24	5 200.00
2. 保险费	元	182.00	148.75		350.00	32.50		38.00	55.25	225.00
3. 管理费	元	211.06	19.55	43.00	21.87	125.25	69.61	37.33	75.81	500.00
4. 财务费	元	97.73			48.98		27.00		25.12	200.00
5. 销售费	元	72.43		41.75	314.13	39.75	283.74	53.13	66.38	
二、每头人工成本	元	3 361.50	2 073.12	2 438.99	4 476.51	4 089.03	2 155.00	3 005.01	3 205.00	5 100.00
1. 家庭用工折价	元	326.17	2 073.12	295.85	502.90			577.71		
家庭用工天数	日	3.78	24.00	3.43	5.82			6.69		
劳动日工价	元	86.38	86.38	86.38	86.38	86.38	86.38	86.38	86.38	86.38
2. 雇工费用	元	3 035.33		2 143.14	3 973.61	4 089.03	2 155.00	2 427.30	3 205.00	5 100.00
雇工天数	日	27.43		19.13	33.96	41.54	21.55	22.15	38.12	37.00
雇工工价	元	110.66	90.00	112.03	117.01	98.44	100.00	109.59	84.08	137.84
三、附										
1. 仔畜重量	kg									
2. 精饲料数量	kg	3 215.91	3 835.73	2 944.25	3 110.46	3 178.67	2 790.00	2 696.73	2 679.53	3 100.00
3. 耗粮数量	kg	2 268.60	2 685.01	2 156.33	2 225.84	2 200.81	2 008.80	2 083.27	1 956.06	2 170.00

数据来源：国家发展和改革委员会价格司。

奶牛费用和用工情况

安徽	山东	河南	广西	重庆	四川	云南	陕西	甘肃	宁夏	新疆
16 707.00	15 333.28	14 049.80	13 817.50	18 450.15	30 751.29	18 980.00	16 448.05	21 405.76	14 674.90	22 580.00
11 861.00	12 618.28	12 069.36	10 731.50	12 515.63	25 390.22	16 180.00	13 050.65	17 370.02	11 948.65	18 100.00
8 468.00	7 085.57	8 452.24	1 936.00	6 665.22	14 022.50	11 520.00	9 386.00	10 851.47	8 571.52	10 788.00
2 608.00	4 789.85	2 874.54	8 124.00	4 854.00	8 460.00	3 800.00	2 782.00	5 683.20	2 772.48	5 763.00
		48.66			360.00		59.30		49.31	
83.00	37.35	57.62		47.07	74.00	160.00	61.80	76.66	46.34	24.00
230.00	198.00	147.88	144.30	164.00	811.87	120.00	268.20	144.70	110.62	1 015.00
205.00	198.00	100.61	144.30	117.50	473.44	120.00	195.00	144.70	56.54	145.00
		47.27					73.20		54.08	280.00
25.00				46.50	338.43					590.00
75.00	341.21	190.92	48.40	88.00	1 041.05	280.00	205.00	275.48	203.10	210.00
140.00		61.58	135.70	75.20	99.80	120.00	64.00	112.50		60.00
		20.16	18.00	370.67	110.00					75.00
15.00	11.00	25.86	85.00	89.97	130.00	33.00	60.70	15.25	43.93	55.00
92.00	5.30	28.52	195.40	55.00	193.00	65.00	73.65	9.78	38.02	60.00
150.00	150.00	161.38	44.70	106.50	88.00	82.00	90.00	200.98	113.33	50.00
4 846.00	2 715.00	1 980.44	3 086.00	5 934.52	5 361.07	2 800.00	3 397.40	4 035.74	2 726.25	4 480.00
4 079.00	2 715.00	1 908.32	2 718.00	4 697.00	4 276.00	2 300.00	2 906.50	2 279.77	2 511.51	3 600.00
360.00				500.00	60.00	500.00	93.50	500.00	36.00	600.00
125.00		42.57	362.00	427.00	677.67		353.00	423.73	43.13	
282.00				310.52	347.40		44.40	277.55	96.08	260.00
		29.55	6.00					554.69	39.53	20.00
1 555.00	2 081.81	3 245.53	2 400.30	3 923.65	5 600.00	3 510.00	5 450.00	2 500.00	3 099.97	2 700.00
	911.31	148.75							2 014.55	
	10.55	1.72							23.32	
86.38	86.38	86.38	86.38	86.38	86.38	86.38	86.38	86.38	86.38	86.38
1 555.00	1 170.50	3 096.78	2 400.30	3 923.65	5 600.00	3 510.00	5 450.00	2 500.00	1 085.42	2 700.00
21.50	9.50	35.38	26.67	34.39	41.00	39.00	45.95	17.36	12.09	18.00
72.33	123.21	87.53	90.00	114.09	136.59	90.00	118.61	144.01	89.78	150.00
2 920.00	2 615.81	2 921.10	622.00	4 025.57	4 175.50	3 600.00	3 800.00	3 682.55	2 997.98	3 720.00
2 044.00	1 988.02	2 131.92	435.40	2 177.70	2 922.85	2 700.00	2 774.00	2 577.79	2 098.59	2 604.00

2019年各地区大规模

项　　目	单 位	平 均	河 北	山 西	内蒙古	辽 宁	黑龙江	上 海
每头								
主产品产量	kg	7 734.11	8 201.67	6 204.25	7 355.87	5 493.00	6 687.78	9 808.80
产值合计	元	34 527.81	32 745.51	25 621.98	31 691.61	27 043.00	24 771.20	48 506.20
主产品产值	元	31 469.70	29 998.84	23 647.54	28 169.91	23 418.50	22 701.20	43 912.90
副产品产值	元	3 058.11	2 746.67	1 974.44	3 521.70	3 624.50	2 070.00	4 593.30
总成本	元	27 065.28	22 477.55	15 529.78	26 581.33	20 810.50	18 312.50	37 984.92
生产成本	元	26 989.48	22 433.13	15 513.30	26 545.15	20 758.00	18 287.30	37 792.32
物质与服务费用	元	23 602.93	19 164.29	12 934.96	22 143.11	18 171.00	15 545.29	33 373.23
人工成本	元	3 386.55	3 268.84	2 578.34	4 402.04	2 587.00	2 742.01	4 419.09
家庭用工折价	元	82.49	1 004.17		23.06		76.01	
雇工费用	元	3 304.06	2 264.67	2 578.34	4 378.98	2 587.00	2 666.00	4 419.09
土地成本	元	75.80	44.42	16.48	36.18	52.50	25.20	192.60
净利润	元	7 462.53	10 267.96	10 092.20	5 110.28	6 232.50	6 458.70	10 521.28
成本利润率	%	27.57	45.68	64.99	19.23	29.95	35.27	27.70
每50kg主产品								
平均出售价格	元	203.45	182.88	190.58	191.48	213.17	169.72	223.84
总成本	元	159.48	125.53	115.51	160.60	164.04	125.47	175.29
生产成本	元	159.03	125.29	115.39	160.39	163.63	125.30	174.40
净利润	元	43.97	57.35	75.07	30.88	49.13	44.25	48.55
附								
每头用工数量	日	27.50	26.22	20.17	32.14	22.85	26.35	31.75
平均饲养天数	日	365.00	365.00	365.00	365.00	365.00	365.00	365.00

数据来源：国家发展和改革委员会价格司。

奶牛成本收益情况

江 苏	浙 江	安 徽	福 建	山 东	河 南	广 东	甘 肃	青 海	新 疆
9 039.01	8 412.00	8 476.33	9 261.50	9 032.00	6 094.90	4 200.00	9 591.07	6 397.59	9 490.05
39 605.83	40 457.00	43 513.97	46 684.38	36 580.05	24 633.66	23 230.00	38 766.64	29 411.97	39 182.09
37 555.70	36 012.00	40 195.97	44 371.38	32 857.55	22 064.33	21 420.00	35 650.01	24 310.84	37 228.59
2 050.13	4 445.00	3 318.00	2 313.00	3 722.50	2 569.33	1 810.00	3 116.63	5 101.13	1 953.50
31 608.98	38 015.00	34 487.20	34 602.83	29 391.45	18 890.62	22 942.00	28 726.32	27 651.48	25 031.17
31 194.87	37 967.00	34 284.18	34 582.83	29 345.45	18 841.55	22 902.00	28 726.32	27 626.22	25 031.17
28 717.03	32 381.00	30 820.53	32 056.33	27 151.25	15 368.16	17 652.00	26 029.89	24 256.62	21 882.02
2 477.84	5 586.00	3 463.65	2 526.50	2 194.20	3 473.39	5 250.00	2 696.43	3 369.60	3 149.15
									215.95
2 477.84	5 586.00	3 463.65	2 526.50	2 194.20	3 473.39	5 250.00	2 696.43	3 369.60	2 933.20
414.11	48.00	203.02	20.00	46.00	49.07	40.00		25.26	
7 996.85	2 442.00	9 026.77	12 081.55	7 188.60	5 743.04	288.00	10 040.32	1 760.49	14 150.92
25.30	6.42	26.17	34.91	24.46	30.40	1.26	34.95	6.37	56.53
207.74	214.05	237.11	239.55	181.90	181.01	255.00	185.85	190.00	196.15
165.80	201.13	187.92	177.56	146.15	138.81	251.84	137.72	178.63	125.31
163.62	200.88	186.82	177.45	145.92	138.45	251.40	137.72	178.46	125.31
41.94	12.92	49.19	61.99	35.75	42.20	3.16	48.13	11.37	70.84
31.10	38.50	27.98	25.00	23.00	39.70	35.00	15.75	21.60	22.80
365.00	365.00	365.00	365.00	365.00	365.00	365.00	365.00	365.00	365.00

2019年各地区大规模

项　目	单位	平均	河北	山西	内蒙古	辽宁	黑龙江	上海
一、每头物质与服务费用	元	23 602.93	19 164.29	12 934.96	22 143.11	18 171.00	15 545.29	33 373.23
（一）直接费用	元	19 764.38	16 166.03	10 578.26	18 026.17	14 243.00	13 193.23	29 569.02
1. 仔畜费	元							
2. 精饲料费	元	10 939.07	12 418.38	8 040.68	10 906.70	8 000.50	8 094.22	14 148.72
3. 青粗饲料费	元	6 948.83	3 201.48	1 917.22	6 195.45	5 418.00	4 420.80	12 822.37
4. 饲料加工费	元	20.40		14.17	14.40	77.00	20.36	
5. 水费	元	104.11	27.52	61.19	47.79	102.50	27.65	246.31
6. 燃料动力费	元	452.02	66.59	141.33	223.08	166.90	120.45	722.13
电费	元	356.50	66.59	87.00	135.26	132.00	89.11	722.13
煤费	元	54.16		54.33	60.12	34.90	31.34	
其他燃料动力费	元	41.36			27.70			
7. 医疗防疫费	元	485.84	191.17	82.06	181.14	141.00	170.01	649.00
8. 死亡损失费	元	164.62		79.61	81.29	123.00	81.64	269.40
9. 技术服务费	元	15.91		40.33	17.99		23.20	30.22
10. 工具材料费	元	239.96	26.94	49.83	75.24	54.60	40.47	295.25
11. 修理维护费	元	140.38	21.45	45.17	133.58	36.50	48.79	163.77
12. 其他直接费用	元	253.24	212.50	106.67	149.51	123.00	145.64	221.85
（二）间接费用	元	3 838.55	2 998.26	2 356.70	4 116.94	3 928.00	2 352.06	3 804.21
1. 固定资产折旧	元	3 195.93	2 904.34	2 241.36	3 350.50	3 601.00	2 221.80	2 470.20
2. 保险费	元	86.93	68.50		463.85			163.05
3. 管理费	元	406.96	25.42	55.50	57.53	195.50	35.26	1 080.93
4. 财务费	元	74.91		15.67	59.55	53.50		90.03
5. 销售费	元	73.82		44.17	185.51	78.00	95.00	
二、每头人工成本	元	3 386.55	3 268.84	2 578.34	4 402.04	2 587.00	2 742.01	4 419.09
1. 家庭用工折价	元	82.49	1 004.17		23.06		76.01	
家庭用工天数	日	0.96	11.63		0.27		0.88	
劳动日工价	元	86.38	86.38	86.38	86.38	86.38	86.38	86.38
2. 雇工费用	元	3 304.06	2 264.67	2 578.34	4 378.98	2 587.00	2 666.00	4 419.09
雇工天数	日	26.54	14.59	20.17	31.87	22.85	25.47	31.75
雇工工价	元	124.49	155.22	127.83	137.40	113.22	104.67	139.18
三、附								
1. 仔畜重量	kg							
2. 精饲料数量	kg	3 738.61	3 973.67	3 137.19	3 555.68	3 090.50	2 846.00	4 500.76
3. 耗粮数量	kg	2 696.42	2 909.60	2 285.91	2 697.98	2 109.97	2 169.58	3 150.54

数据来源：国家发展和改革委员会价格司。

奶牛费用和用工情况

江 苏	浙 江	安 徽	福 建	山 东	河 南	广 东	甘 肃	青 海	新 疆
28 717.03	32 381.00	30 820.53	32 056.33	27 151.25	15 368.16	17 652.00	26 029.89	24 256.62	21 882.02
24 828.85	26 098.00	25 100.08	28 197.55	22 473.60	12 993.41	15 802.00	21 346.25	19 359.02	18 255.64
13 130.93	11 689.00	13 515.32	12 578.94	10 397.43	8 955.64	9 505.00	12 391.59	8 366.42	12 885.69
8 467.17	11 431.00	9 773.17	10 873.78	8 832.39	3 186.92	4 380.00	7 737.26	8 628.72	3 895.52
	54.00	55.00	40.50		50.90				
134.46	492.00	95.98	11.50	45.20	50.29	108.00	106.28	2.79	106.25
1 060.59	638.00	546.73	921.12	862.42	195.02	715.00	265.42	219.96	367.56
591.83	638.00	529.23	921.12	641.89	131.78	673.00	197.38	38.89	108.81
346.36		17.50			63. 24				258.75
122.40				220.53		42.00	68.04	181.07	
220.72	925.00	393.83	1 867.73	767.72	233.83	502.00	235.91	810.32	402.05
165.00		232.33	212.26	190.33	72.29	250.00	137.30	675.88	63.63
			31.15		18.20	25.00		47.86	20.59
682.52	229.00	238.34	997.36	624.38	33.26	130.00	111.06	136.94	114.24
397.11	210.00	73.30	309.71	369.63	34.27	95.00	44.94	155.18	107.72
570.35	430.00	176.08	353.50	384.10	162.79	92.00	316.49	314.95	292.39
3 888.18	6 283.00	5 720.45	3 858.78	4 677.65	2 374.75	1 850.00	4 683.64	4 897.60	3 626.38
2 801.14	5 956.00	4 950.45	1 935.50	4 348.32	2 223.83	1 490.00	3 601.33	4 360.58	2 678.45
23.00	54.00	360.00				45.00		213.40	
959.04	238.00	346.45	1 284.28	316.73	58. 52	290.00	706. 75	323.62	537.79
75.00	35.00	31.05	626.36		53.13	10.00			149.26
30.00		32.50	12.64	12.60	39.27	15.00	375.56		260.88
2 477.84	5 586.00	3 463.65	2 526.50	2 194.20	3 473.39	5 250.00	2 696.43	3 369.60	3 149.15
									215.95
									2.50
86.38	86.38	86.38	86.38	86.38	86.38	86.38	86.38	86.38	86.38
2 477.84	5 586.00	3 463.65	2 526.50	2 194.20	3 473.39	5 250.00	2 696.43	3 369.60	2 933.20
31.10	38.50	27.98	25.00	23.00	39.70	35.00	15.75	21.60	20.30
79.67	145.09	123.79	101.06	95.40	87.49	150.00	171.20	156.00	144.49
4 648.11	3 727.00	4 472.35	4 547.75	3 701.00	3 077.97	2 580.00	4 200.54	3 293.87	4 465.37
3 292.55	2 646.17	3 130.65	3 638.20	2 516.68	2 288.09	1 935.00	2 940.38	2 305.71	3 125.76

生 产 价 格

2013—2019 年我国奶类生产价格指数

上年 =100

季 度	2013 年	2014 年	2015 年	2016 年	2017 年	2018 年	2019 年
第一季度	107.70	118.40	90.30	95.40	102.30	101.00	103.70
第二季度	108.10	122.10	91.80	95.30	99.20	100.00	104.90
第三季度	111.20	103.70	92.60	95.60	101.60	100.80	105.80
第四季度	114.30	96.80	94.40	98.90	100.00	102.40	106.70

2008—2019 年全国生鲜乳各月收购价格

单位：元 /kg

年 份	1 月	2 月	3 月	4 月	5 月	6 月	7 月	8 月	9 月	10 月	11 月	12 月
2008	2.77	2.90	2.93	2.86	2.85	2.85	2.77	2.76	2.76	2.69	2.69	2.68
2009	2.62	2.57	2.49	2.43	2.37	2.32	2.32	2.31	2.36	2.43	2.52	2.60
2010	2.68	2.73	2.74	2.79	2.82	2.86	2.89	2.93	2.98	3.02	3.07	3.13
2011	3.18	3.20	3.20	3.20	3.19	3.20	3.19	3.19	3.20	3.22	3.23	3.25
2012	3.26	3.28	3.28	3.27	3.27	3.27	3.27	3.27	3.28	3.31	3.34	3.38
2013	3.40	3.42	3.42	3.43	3.45	3.50	3.55	3.61	3.70	3.81	3.98	4.12
2014	4.23	4.26	4.23	4.21	4.16	4.08	4.00	3.95	3.92	3.90	3.84	3.79
2015	3.56	3.44	3.42	3.40	3.40	3.41	3.41	3.41	3.44	3.47	3.50	3.54
2016	3.56	3.56	3.54	3.47	3.46	3.42	3.40	3.39	3.44	3.45	3.47	3.52
2017	3.54	3.54	3.53	3.50	3.45	3.42	3.41	3.41	3.46	3.48	3.50	3.52
2018	3.49	3.47	3.46	3.45	3.41	3.39	3.37	3.39	3.45	3.51	3.55	3.59
2019	3.61	3.62	3.59	3.54	3.53	3.55	3.59	3.65	3.71	3.78	3.83	3.84

【饲料工业】

行 业 情 况

2015—2019 年全国饲料加工业基本经营情况

分 项	单位	2015 年	2016 年	2017 年	2018 年	2019 年
企业数量	个	4 117	4 232	4 296	4 354	4 109
亏损企业数	个	411	524	561	802	873
营业收入	亿元	11 052.8	11 533.6	11 244.2	9 405.2	9 009.1
利润总额	亿元	536.2	560.3	555.3	441.9	377.1
资产总计	亿元	4 250.5	4 679.0	5 317.5	5 138.0	4 978.2
负债合计	亿元	1 929.3	2 159.3	2 618.8	2 700.4	2 681.4

数据来源：国家统计局。

2011—2015 年全国各地区配合、混合饲料合计产量

单位：万 t

地　区	2011 年	2012 年	2013 年	2014 年	2015 年
全　国	15 304.19	17 957.69	19 813.05	21 791.64	22 120.64
北　京	169.80	165.68	162.61	166.69	142.77
天　津	171.56	117.33	157.96	181.21	140.54
河　北	946.43	926.33	1 013.12	1 119.37	1 183.17
山　西	180.64	203.30	213.00	258.56	244.45
内蒙古	463.39	419.15	389.28	441.10	427.45
辽　宁	1 387.10	1 573.35	1 663.14	1 648.13	1 453.12
吉　林	622.51	637.28	644.20	707.84	708.66
黑龙江	118.37	196.91	263.18	259.50	298.13
上　海	92.14	98.74	92.57	103.44	104.35
江　苏	317.83	872.95	478.66	614.56	653.34
浙　江	362.24	423.70	439.09	412.37	345.97
安　徽	350.03	395.62	429.31	459.34	482.96
福　建	549.23	602.96	748.85	826.31	910.72
江　西	865.40	1 053.95	1 272.87	1 340.52	1 401.27
山　东	1 689.11	2 488.62	2 678.47	2 915.02	2 757.29
河　南	1 168.72	1 186.94	1 409.40	1 551.02	1 611.62
湖　北	438.39	730.23	950.29	1 215.79	1 327.57
湖　南	1 179.03	1 202.29	1 302.40	1 329.51	1 333.57
广　东	1 425.10	1 457.80	1 694.63	1 969.20	2 087.87
广　西	943.25	1 143.54	1 330.69	1 445.60	1 558.49
海　南	139.45	158.98	179.95	167.58	172.65
重　庆	157.22	196.33	235.19	258.13	270.51
四　川	937.28	921.54	1 091.22	1 247.84	1 201.35
贵　州	82.76	69.56	91.42	115.81	118.67
云　南	146.28	201.43	238.86	267.62	326.03
西　藏			0.74	2.80	0.87
陕　西	162.95	210.83	258.75	348.65	374.90
甘　肃	86.92	115.38	141.54	135.51	150.11
青　海	0.40	3.11	3.36	4.16	4.00
宁　夏	29.35	31.60	32.38	37.52	34.55
新　疆	121.30	152.25	205.90	240.95	293.69

数据来源：国家统计局。

2016年全国及各地区饲料、配合饲料、混合饲料产量

单位：万t

地区	饲料	配合饲料	混合饲料
全国	**29 051.57**	**16 350.21**	**6 397.33**
北京	166.02	86.03	58.19
天津	374.91	132.53	10.12
河北	1 345.91	664.80	519.58
山西	284.36	136.54	118.31
内蒙古	527.09	157.95	309.41
辽宁	1 082.41	441.41	374.84
吉林	765.95	340.48	314.85
黑龙江	513.83	220.51	123.11
上海	175.08	83.79	15.69
江苏	976.78	518.41	187.35
浙江	399.23	320.49	22.55
安徽	1 021.45	417.01	118.53
福建	1 416.13	1 001.04	68.38
江西	1 809.42	1 059.34	395.15
山东	3 275.14	2 160.62	633.86
河南	2 268.09	1 083.91	499.46
湖北	2 000.41	1 174.66	332.83
湖南	1 819.69	965.04	467.59
广东	2 929.18	1 928.71	457.02
广西	1 931.67	1 377.88	336.13
海南	226.83	162.07	34.98
重庆	488.37	244.80	58.86
四川	1 568.45	859.51	351.30
贵州	164.55	98.56	45.22
云南	394.08	269.74	88.61
西藏	2.76	1.99	0.77
陕西	469.00	183.43	153.83
甘肃	185.59	103.92	59.24
青海	18.71	7.77	
宁夏	41.54	22.72	13.51
新疆	408.94	124.57	228.06

数据来源：国家统计局。

2017年全国及各地区饲料、配合饲料、混合饲料产量

单位：万t

地　区	饲料	配合饲料	混合饲料
全　国	28 465.46	15 879.88	5 977.54
北　京	168.93	81.06	62.43
天　津	323.86	108.86	8.96
河　北	1 386.21	656.81	533.14
山　西	278.20	109.29	127.61
内蒙古	269.66	68.81	97.16
辽　宁	1 163.55	452.04	398.24
吉　林	821.10	371.96	320.01
黑龙江	420.71	167.23	115.14
上　海	146.59	71.19	10.96
江　苏	1 083.50	599.61	187.95
浙　江	360.74	278.35	22.79
安　徽	846.26	357.18	92.88
福　建	1 515.75	1 038.16	57.77
江　西	2 016.64	1 200.84	424.88
山　东	2 923.05	1 786.50	607.30
河　南	2 486.75	1 164.62	452.41
湖　北	1 716.17	922.93	275.70
湖　南	1 717.12	985.99	375.81
广　东	2 826.22	1 895.55	466.66
广　西	2 076.02	1 421.82	356.58
海　南	253.54	186.47	33.54
重　庆	482.56	280.02	61.64
四　川	1 582.36	875.85	346.52
贵　州	182.70	116.47	50.12
云　南	398.59	272.23	78.88
西　藏	2.72	1.98	0.74
陕　西	452.82	191.28	139.56
甘　肃	126.88	55.73	49.31
青　海	11.04	4.78	–
宁　夏	42.91	21.42	15.01
新　疆	382.35	134.81	207.83

数据来源：国家统计局。

2018年全国及各地区饲料、配合饲料、混合饲料产量

单位：万t

地　区	饲料	配合饲料	混合饲料
全　国	**24 213.26**	**13 517.16**	**4 144.25**
北　京	140.57	69.18	46.75
天　津	592.22	97.19	11.37
河　北	709.10	424.50	112.47
山　西	274.46	130.68	110.09
内蒙古	181.19	58.33	99.97
辽　宁	1 214.97	486.36	409.01
吉　林	511.06	214.98	159.49
黑龙江	372.32	114.38	84.35
上　海	111.96	54.73	7.14
江　苏	862.39	348.95	110.83
浙　江	307.24	213.93	19.66
安　徽	699.52	379.70	85.39
福　建	1 322.13	818.73	82.13
江　西	2 005.33	1 088.05	540.65
山　东	2 289.89	1 469.14	255.19
河　南	1 274.56	531.26	183.50
湖　北	1 399.38	696.61	236.96
湖　南	1 577.24	1 000.30	262.29
广　东	2 896.48	2 139.01	282.51
广　西	1 779.76	1 228.15	218.09
海　南	272.19	167.20	34.50
重　庆	459.19	245.87	68.80
四　川	1 492.01	803.13	272.90
贵　州	151.98	110.53	15.07
云　南	394.02	261.48	78.41
西　藏	1.66	1.49	0.17
陕　西	385.73	172.52	124.41
甘　肃	112.63	34.44	43.76
青　海	5.75	2.38	0.00
宁　夏	49.79	22.32	19.80
新　疆	366.55	131.63	168.58

数据来源：国家统计局。

2019年全国及各地区饲料、配合饲料、混合饲料产量

单位：万t

地　区	饲料	配合饲料	混合饲料
全　国	26 184.00	14 880.09	3 383.22
北　京	125.47	60.87	45.48
天　津	603.83	85.25	17.69
河　北	675.73	371.47	88.99
山　西	298.49	169.38	86.50
内蒙古	187.19	71.77	99.14
辽　宁	1 487.48	510.02	386.10
吉　林	563.14	209.56	115.81
黑龙江	504.12	199.11	80.26
上　海	121.76	64.28	5.15
江　苏	1 232.41	511.08	105.73
浙　江	331.39	222.03	20.52
安　徽	793.66	425.18	73.73
福　建	1 423.74	869.15	75.68
江　西	1 827.98	1 392.82	47.79
山　东	2 822.89	1 778.28	247.65
河　南	1 517.99	595.63	159.44
湖　北	1 538.25	798.80	257.18
湖　南	1 732.90	975.56	289.61
广　东	2 896.43	2 256.62	270.02
广　西	1 578.43	1 068.95	188.70
海　南	265.66	237.38	28.28
重　庆	447.38	291.57	47.17
四　川	1 426.33	827.08	181.48
贵　州	169.89	106.47	18.17
云　南	424.35	290.02	70.70
西　藏	3.13	3.13	0.00
陕　西	449.21	207.00	140.82
甘　肃	137.65	51.70	50.96
青　海	19.80	13.78	0.77
宁　夏	60.60	25.80	23.20
新　疆	516.71	190.33	160.52

数据来源：国家统计局。

2015—2019 年全国饲料生产量（月度）

单位：万 t

月 份	2015 年		2016 年		2017 年		2018 年		2019 年	
	配合饲料	混合饲料	配合饲料	混合饲料	配合饲料	混合饲料	配合饲料	混合饲料	配合饲料	混合饲料
1–2	2 070.72	873.61	2 169.17	867.20	2 341.94	905.38	2 024.11	760.99	1 956.11	544.01
3	1 204.02	494.85	1 262.66	506.89	1 372.88	521.72	1 181.37	430.80	1 083.58	309.13
4	1 144.62	488.43	1 235.29	499.80	1 291.31	512.12	1 128.57	375.24	1 078.39	287.30
5	1 209.66	512.20	1 340.75	533.21	1 399.63	536.82	1 155.27	353.92	1 138.64	312.95
6	1 356.25	574.22	1 436.15	571.15	1 492.23	564.82	1 205.41	384.33	1 177.13	324.16
7	1 327.19	552.01	1 378.33	521.83	1 406.16	534.57	1 181.90	360.58	1 189.98	272.13
8	1 366.05	566.97	1 454.95	538.34	1 469.80	546.79	1 293.34	380.19	1 255.83	285.83
9	1 433.89	615.91	1 547.48	582.07	1 567.05	585.68	1 262.30	393.07	1 320.99	308.98
10	1 449.64	597.27	1 475.65	587.99	1 526.43	603.11	1 261.28	412.47	1 293.28	311.54
11	1 403.03	609.87	1 499.79	597.19	1 424.92	572.25	1 183.53	386.44	1 300.13	313.02
12	1 511.04	591.57	1 490.51	604.88	1 364.00	578.95	1 213.80	385.48	1 355.99	332.20

数据来源：国家统计局。

饲料价格

2015—2019年全国玉米、豆粕收购价格（月度）

单位：元/kg

月份	2015年		2016年		2017年		2018年		2019年	
	玉米	豆粕	玉米	豆粕	玉米	豆粕	玉米	豆粕	玉米	豆粕
1	2.43	3.73	2.10	3.08	1.90	3.64	1.98	3.33	2.06	3.35
2	2.41	3.60	2.09	3.10	1.86	3.56	2.01	3.31	2.05	3.26
3	2.42	3.59	2.04	3.03	1.83	3.47	2.05	3.39	2.02	3.12
4	2.44	3.54	1.98	2.98	1.85	3.39	2.07	3.46	2.01	3.05
5	2.46	3.47	1.97	3.08	1.88	3.33	2.04	3.39	2.03	3.08
6	2.47	3.33	2.03	3.35	1.90	3.21	2.02	3.31	2.09	3.23
7	2.47	3.31	2.11	3.54	1.94	3.22	2.03	3.33	2.11	3.20
8	2.46	3.30	2.08	3.45	1.96	3.23	2.03	3.37	2.12	3.21
9	2.37	3.25	2.04	3.44	1.97	3.23	2.04	3.46	2.13	3.28
10	2.23	3.24	1.95	3.47	1.95	3.27	2.04	3.63	2.12	3.32
11	2.13	3.18	1.94	3.53	1.94	3.30	2.06	3.60	2.12	3.36
12	2.14	3.10	1.95	3.68	1.95	3.34	2.08	3.48	2.10	3.30

数据来源：农业农村部。

【乳品加工】

行 业 情 况

2015—2019 年全国液体乳及乳制品制造业基本经营情况

分 项	单位	2015 年	2016 年	2017 年	2018 年	2019 年
企业数量[1]	个	638	627	611	587	565
亏损企业数	个	103	104	110	121	127
资产总额	亿元	2 565.0	2 792.0	2 972.5	3 145.8	3 616.9
负债总额	亿元	1 314.2	1 388.7	1 540.0	1 576.4	1 938.5
主营业务收入	亿元	3 328.5	3 503.9	3 590.4	3 398.9	3 947.0
利润总额	亿元	241.7	259.9	244.9	230.4	379.3

注 1：指规模以上企业数量

数据来源：国家统计局

乳 制 品 产 量

2009—2019 年度全国乳制品产量

单位：万 t，%

年 份	乳制品		其 中		
			液态奶		干乳制品
	产量	同比	产量	同比	产量
2009	1 935.1	12.88	1 641.7	13.49	293.5
2010	2 159.4	11.18	1 845.6	11.10	313.8
2011	2 387.5	13.99	2 060.8	13.47	326.7
2012	2 545.2	8.10	2 146.6	8.10	398.6
2013	2 698.0	5.15	2 336.0	7.01	362.1
2014	2 651.8	−1.23	2 400.1	−0.91	251.7
2015	2 782.5	4.60	2 521.0	4.72	261.5
2016	2 993.2	7.68	2 737.2	8.53	256.1
2017	2 935.0	4.17	2 691.7	4.53	243.4
2018	2 687.1	4.43	2 505.6	4.34	181.5
2019	2 719.4	5.58	2 537.7	5.81	181.7

数据来源：国家统计局。

2015—2019年全国各地区乳制品产量

单位：万t

地　区	2015年	2016年	2017年	2018年	2019年
全　国	2 782.53	2 993.23	2 935.04	2 687.10	2 719.40
北　京	62.13	62.19	59.67	56.00	55.38
天　津	81.26	62.76	60.13	57.62	60.23
河　北	346.00	371.27	372.85	365.29	356.83
山　西	47.91	57.40	47.24	45.48	51.55
内蒙古	293.55	336.52	263.41	254.82	289.34
辽　宁	92.85	85.01	75.22	74.92	76.30
吉　林	17.58	16.72	16.15	17.05	20.64
黑龙江	191.40	196.08	158.57	155.34	164.17
上　海	49.97	46.50	44.65	44.64	46.90
江　苏	154.39	160.21	161.16	158.01	116.01
浙　江	49.82	62.54	69.61	66.74	73.19
安　徽	94.37	106.17	105.14	113.79	125.56
福　建	16.32	19.06	17.58	18.45	20.29
江　西	33.24	20.71	23.59	17.49	17.81
山　东	250.90	259.87	251.11	204.37	217.85
河　南	236.87	306.54	351.37	251.62	198.94
湖　北	102.60	113.99	109.43	103.68	98.33
湖　南	29.52	28.13	28.21	28.84	40.53
广　东	66.43	69.13	77.29	91.72	97.83
广　西	37.72	43.35	45.95	34.79	28.47
海　南	0.49	0.42	0.28	0.24	0.31
重　庆	20.45	24.74	22.91	21.18	24.15
四　川	104.90	123.42	146.24	110.44	112.46
贵　州	8.18	10.57	11.07	11.26	12.98
云　南	57.47	66.41	63.22	67.30	63.20
西　藏	0.94	1.02	0.99	1.25	1.02
陕　西	161.66	143.73	143.42	106.78	120.12
甘　肃	33.28	34.22	35.96	32.52	36.47
青　海	19.80	19.38	15.95	8.58	9.05
宁　夏	77.28	92.51	95.88	117.42	130.16
新　疆	43.23	52.67	60.78	49.44	53.33

数据来源：国家统计局。

2015—2019年全国各地区液体乳产量

单位：万 t

地　区	2015年	2016年	2017年	2018年	2019年
全　国	2 521.00	2 737.17	2 691.66	2 505.59	2 537.67
北　京	58.71	58.98	56.76	53.59	52.72
天　津	32.81	30.87	30.62	50.38	50.83
河　北	335.44	361.18	362.03	357.42	347.14
山　西	45.01	56.01	46.88	45.15	50.89
内蒙古	276.37	313.84	246.79	237.10	272.46
辽　宁	90.70	84.00	72.25	73.00	75.68
吉　林	14.37	12.39	11.47	16.13	16.71
黑龙江	140.73	140.30	114.05	118.01	129.03
上　海	48.49	45.48	43.70	43.65	45.83
江　苏	141.26	148.52	145.40	155.19	108.40
浙　江	43.14	56.69	63.95	61.72	68.16
安　徽	88.06	101.15	98.35	107.44	123.44
福　建	10.06	12.41	12.72	17.47	19.36
江　西	29.68	16.55	18.84	17.17	17.46
山　东	242.17	243.60	243.30	197.23	208.02
河　南	236.29	305.89	350.71	251.57	198.89
湖　北	99.57	112.54	108.25	101.75	86.17
湖　南	24.36	22.13	22.74	22.99	34.78
广　东	45.72	49.25	59.39	62.56	82.61
广　西	37.55	43.34	45.53	32.54	27.36
海　南	0.42	0.34	0.28	0.24	0.22
重　庆	19.48	24.74	22.91	21.18	24.15
四　川	95.54	109.69	128.03	101.40	104.22
贵　州	8.18	10.57	11.07	11.26	12.98
云　南	56.78	65.77	62.77	67.00	62.56
西　藏	0.85	0.90	0.88	1.14	0.79
陕　西	134.72	120.71	113.50	84.20	94.68
甘　肃	31.44	32.08	33.30	30.59	34.49
青　海	19.80	19.38	15.95	8.54	9.01
宁　夏	72.67	87.78	90.44	109.86	126.48
新　疆	40.63	50.11	58.78	48.10	52.15

数据来源：国家统计局。

2013—2019年全国乳制品生产量（月度）

单位：万t

月 份	2013年	2014年	2015年	2016年	2017年	2018年	2019年
1-2	403.70	402.82	409.41	423.50	591.66	430.22	436.18
3	214.70	204.55	213.33	236.38	246.95	208.86	213.50
4	213.78	208.80	213.74	233.45	233.77	216.16	204.93
5	224.79	222.04	228.53	242.89	253.03	225.03	219.78
6	247.60	242.00	248.81	299.79	290.09	236.28	234.32
7	217.60	222.95	228.03	255.60	258.68	235.98	231.47
8	219.40	217.58	236.91	255.07	265.40	235.80	234.70
9	233.60	226.02	254.28	270.66	287.42	236.02	231.18
10	229.70	233.13	246.46	265.42	266.44	221.51	227.39
11	232.50	234.10	241.55	269.81	251.98	212.36	228.06
12	246.06	232.44	251.07	279.77	254.47	232.82	258.93

数据来源：国家统计局。

2013—2019年全国液态奶生产量（月度）

单位：万t

月 份	2013年	2014年	2015年	2016年	2017年	2018年	2019年
1-2	332.70	354.37	366.59	383.96	553.48	399.14	204.65
3	180.88	179.69	188.20	213.89	223.22	192.68	195.67
4	186.20	185.38	190.74	212.25	211.92	197.12	189.64
5	194.28	198.70	205.04	219.30	230.68	208.80	204.51
6	206.65	216.76	224.27	275.30	263.67	219.83	218.27
7	185.22	199.74	206.48	234.17	237.96	220.84	216.63
8	188.63	197.24	215.27	235.95	243.80	221.10	220.69
9	198.27	203.19	231.00	249.68	265.41	220.99	216.75
10	196.72	211.33	224.29	241.98	245.11	206.64	212.91
11	200.42	211.31	218.01	245.77	230.74	197.94	212.61
12	212.02	208.98	224.77	254.03	232.08	216.40	242.74

数据来源：国家统计局。

2013—2019 年全国奶粉生产量（月度）

单位：万 t

月 份	2013 年	2014 年	2015 年	2016 年	2017 年	2018 年	2019 年
1–2	19.53	20.28	19.68	20.38	17.72	16.73	14.48
3	14.40	11.33	10.28	10.93	10.85	8.35	9.06
4	12.00	10.41	10.12	10.51	9.95	8.32	8.88
5	12.98	12.00	11.12	11.30	10.50	8.24	8.61
6	17.89	13.78	12.18	12.99	12.27	8.39	9.26
7	14.53	12.77	11.47	12.29	10.35	7.51	8.69
8	12.33	12.76	11.44	10.58	11.37	7.79	7.33
9	14.68	13.21	13.07	12.12	11.96	8.18	7.63
10	14.32	13.66	12.89	12.61	12.15	8.11	8.08
11	13.77	14.81	14.07	13.94	11.92	8.25	9.31
12	13.32	15.70	15.84	16.13	12.69	9.80	10.15

数据来源：国家统计局。

奶 业 贸 易

2014—2019 年全国改良种用牛进口量值（来源地）

单位：头、万美元

来源地	2014 年		2015 年		2016 年		2017 年		2018 年		2019 年	
	进口量	进口额	进口量	进口额	进口量	进口额	进口量	进口额	进口量	进口额	进口量	进口额
总　计	215 405	61 780.9	153 309	38 265.5	133 177	24 155.3	79 410	16 099.5	40 951	7 394.8	64 697	11 603.7
澳大利亚	101 821	27 406.5	102 876	24 835.3	95 516	16 712.3	42 316	7 992.0	29 882	5 417.2	43 668	7 615.9
新西兰	79 775	24 524.2	23 819	6 787.0	37 661	7 443.0	27 166	6 375.3	11 069	1 977.6	21 029	3 987.8
智　利			22 817	5 699.7			9 628	1 678.2				
乌拉圭	33 809	9 850.1	3 797	943.6			300	54.0				

数据来源：海关总署。

2015—2019 年全国改良种用牛进口量值（月度）

单位：头、万美元

月 份	2015 年		2016 年		2017 年		2018 年		2019 年	
	进口量	进口额	进口量	进口额	进口量	进口额	进口量	进口额	进口量	进口额
合 计	153 309	38 265	133 177	24 157	79 410	16 099	40 951	7 395	64 697	11 597.7
1	32 633	10 081	2 566	486	8 294	1 491	3 015	619	6 419	1 000.8
2	8 058	2 291	3 290	536	12 812	2 214	1 471	340	5 182	925.1
3	6 474	2 133	12 791	2 132	1 020	183	4 086	778	10 354	1 917.0
4	11 082	3 101	26 459	4 940	12 012	2 468	3 300	611	6 024	1 218.5
5	5 900	1 683	628	127	3 156	539	1 601	294	4 150	875.2
6	171	82	12 553	2 164			2 068	357	2 897	507.7
7	9 281	2 304	9 486	1 603	11 002	2 154	5 343	911	8 167	1 365.6
8	20 938	4 364	15 143	3 560	12 699	3 650	450	101	4 579	810.8
9	22 092	5 296	14 269	2 260	4 200	739	7 950	1 447	8 340	1 440.1
10	7 485	1 336	3 000	1 039	6 345	1 055	3 862	649	4 128	704.7
11	7 588	1 407	8 163	1 345	6 290	1 258	5 799	968	4 457	832.2
12	21 607	4 187	24 829	3 965	1 580	348	2 006	320		

数据来源：海关总署。

2017—2019年我国进口奶牛数量（月度）

单位：头

日期	澳大利亚	新西兰	乌拉圭	智利
2017年1月	0	0	0	0
2月	9 405	4 362		2 939
3月	0	0	0	0
4月	10 878	0	0	0
5月	0	3 151	0	0
6月	3 615	0	0	0
7月	19 179	0	0	0
8月	0	12 723	6 704	0
9月	0	4 175	0	6 345
10月	0	0	0	0
11月	9 004	0	0	0
12月	3 043	0	0	3 959
2018年1月	12 801	0	0	0
2月	0	2 449	0	0
3月	6 286	0	0	0
4月	5 728	3 300	0	0
5月	6 269	0	0	0
6月	6 518	0	4 070	0
7月	6 417	3 678	9 265	0
8月	7 680	0	0	0
9月	20 181	0	0	0
10月	3 411	0	4 119	0
11月	9 633	3 810	0	0
12月	11 982	3 671	0	0
2019年1月	16 333	0	0	0
2月	0	0	0	0
3月	11 842	0	0	0
4月	12 883	8 795	0	0
5月	18 022	2 296	0	0
6月	3 647	0	0	0
7月	12 583	0	0	0
8月	11 992	5 400	0	0
9月	8 316	0	0	0
10月	17 187	7 769	6 484	0
11月	7 065	7 306	0	0
12月	10 165	0	0	0

数据来源：海关总署。

牧 草 国 际 贸 易

2008—2019 年我国苜蓿干草进口量值

单位：t、万美元、美元 /t

年 份	进口量	进口额	进口单价
2008	17 613	513	291
2009	74 185	2 003	270
2010	218 058	5 906	271
2011	275 564	9 960	361
2012	442 696	17 416	393
2013	755 598	28 060	371
2014	884 513	34 249	387
2015	1 210 030	46 859	387
2016	1 387 775	44 613	321
2017	1 399 125	42 363	303
2018	1 383 388	44 626	323
2019	1 356 104	45 983	339

数据来源：海关总署。

2012—2019 年我国苜蓿干草进口量值（分月）

单位：t、万美元

月 份	2012 年		2013 年		2014 年		2015 年		2016 年		2017 年		2018 年		2019 年	
	进口量	进口额	进口量	进口额	进口量	进口额	进口量	进口额	进口量	进口额	进口量	进口额	进口量	进口额	进口量	进口额
1	24 570	1 009.6	58 026	2 223.3	66 126	2 409.0	78 796	3 179.1	102 548	3 489.9	108 608	3 250.4	131 825	4 133.2	112 258	3 559.9
2	32 542	1 343.3	26 779	1 027.9	33 235	1 213.2	60 758	2 442.1	52 775	1 852.5	94 524	2 798.8	77 562	2 464.6	45 255	1 497.8
3	33 687	1 419.7	61 514	2 362.5	72 150	2 626.2	71 213	2 929.3	125 908	4 378.7	138 138	4 077.0	144 852	4 626.6	77 917	2 581.3
4	33 630	1 402.1	58 634	2 233.4	89 345	3 276.4	112 501	4 572.4	103 980	3 525.7	127 783	3 800.6	121 062	3 874.8	81 302	2 763.8
5	38 668	1 614.3	65 380	2 482.4	82 499	3 075.8	112 892	4 635.8	121 581	3 923.3	154 414	4 547.1	156 267	5 020.5	97 742	3 336.5
6	33 611	1 371.1	49 176	1 830.6	62 218	2 362.7	131 343	5 287.7	115 040	3 625.2	144 831	4 384.3	121 384	3 963.7	81 497	2 868.3
7	37 815	1 490.6	52 898	1 937.6	73 543	2 903.1	124 568	4 863.0	136 280	4 299.3	119 819	3 665.5	115 722	3 893.4	88 785	3 103.3
8	38 508	1 449.5	63 422	2 297.9	70 676	2 831.4	115 793	4 369.3	156 947	4 972.8	110 739	3 381.4	108 738	3 734.6	124 983	4 289.7
9	52 052	1 922.8	83 531	3 029.5	89 653	3 606.1	126 558	4 744.0	134 744	4 265.8	103 741	3 230.8	116 846	3 832.7	168 002	5 656.3
10	44 827	1 662.4	87 043	3 170.6	79 122	3 253.7	83 366	3 031.1	105 619	3 295.6	86 126	2 656.2	119 676	3 775.0	171 409	5 789.1
11	39 733	1 482.4	71 847	2 626.3	72 176	2 929.5	100 098	3 541.0	107 472	3 270.4	110 994	3 468.1	82 238	2 572.2	175 603	5 973.2
12	33 053	1 248.8	77 349	2 838.0	93 771	3 762.1	92 145	3 264.6	124 882	3 713.4	99 410	3 103.1	87 215	2 734.9	131 350	4 563.4

数据来源：海关总署。

2008—2019 年我国燕麦干草进口量值

单位：t、万美元、美元/t

年 份	进口量	进口额	进口单价
2008	1 546	48	314
2009	1 448	37	257
2010	8 991	240	267
2011	12 726	395	310
2012	17 525	620	354
2013	42 812	1 581	369
2014	120 953	4 064	336
2015	151 490	5 280	349
2016	222 688	7 307	328
2017	307 922	8 623	280
2018	293 641	7 973	272
2019	240 901	8 637	359

数据来源：海关总署。

2012—2019年我国燕麦干草进口量值（分月）

单位：t、万美元

月份	2012年		2013年		2014年		2015年		2016年		2017年		2018年		2019年	
	进口量	进口额	进口量	进口额	进口量	进口额	进口量	进口额	进口量	进口额	进口量	进口额	进口量	进口额	进口量	进口额
1	679	23.6	951	33.9	4 337	148.2	10 187	341.2	20 064	663.6	18 103	528.9	28 841	776.1	22 928	755.6
2	1 109	37.8	74	2.4	3 639	123.5	8 749	309.7	12 421	409.2	21 219	607.5	7 823	212.7	14 305	488.9
3	1 577	55.5	1 156	43.7	8 588	292.1	15 042	529.6	20 924	692.8	26 048	733.0	24 892	661.2	13 127	464.3
4	1 459	52.8	2 411	95.0	8 321	281.4	11 470	404.1	19 291	640.7	22 040	642.9	21 780	577.5	17 280	614.9
5	2 083	73.0	3 737	146.6	10 186	349.1	14 432	503.1	17 916	599.1	24 361	678.7	24 977	660.1	17 564	626.1
6	2 301	81.8	3 249	125.5	10 394	355.9	14 521	505.9	18 051	598.7	30 983	865.9	23 033	616.3	19 792	714.2
7	1 794	65.2	3 962	157.3	11 299	384.4	16 271	576.9	17 362	576.7	27 918	784.2	21 533	583.1	27 108	984.9
8	1 985	71.1	3 475	132.4	13 648	462.6	11 666	414.1	22 435	742.5	27 817	784.5	26 750	700.3	24 819	919.8
9	2 117	75.4	8 026	289.2	13 955	460.1	12 836	452.6	19 757	650.5	28 890	810.6	32 725	877.3	23 039	847.6
10	437	14.8	4 609	162.5	12 597	408.0	9 818	344.2	15 196	499.3	26 230	707.5	33 121	912.4	22 651	842.3
11	694	24.8	4 676	167.4	14 265	474.5	9 048	314.3	15 234	493.4	31 464	852.2	30 136	855.0	14 759	532.3
12	1 290	44.7	6 486	224.9	9 723	323.8	17 451	584.4	24 038	741.0	22 849	627.0	18 030	540.7	23 529	846.0

数据来源：海关总署。

乳制品贸易

2015—2019年全国乳制品进口情况

单位：t、万美元、美元/t

品种	2015年			2016年			2017年			2018年			2019年		
	进口量	进口额	平均单价	进口量	进口额	平均单价	进口量	进口额	平均单价	进口量	进口额	平均单价	进口量	进口额	平均单价
乳制品	1 611 166	318 145	1 975	1 955 640	337 125	1 724	2 173 991	481 857	2 216	2 312 017	529 424	2 290	2 628 019	593 648	2 259
液态奶	470 423	51 336	1 091	655 036	68 180	1 041	701 713	94 623	1 348	704 153	97 347	1 382	924 427	116 028	1 255
液奶	460 107	48 560	1 055	634 096	63 971	1 009	667 557	87 935	1 317	673 294	91 269	1 356	890 684	110 145	1 237
酸奶	10 316	2 776	2 691	20 940	4 208	2 010	34 156	6 688	1 958	30 859	6 078	1 970	33 743	5 883	1 743
干乳制品	1 140 743	266 809	2 339	1 300 605	268 945	2 068	1 472 278	387 234	2 630	1 607 864	432 078	2 687	1 703 592	477 620	2 804
奶粉	547 243	150 690	2 754	604 209	147 843	2 447	717 399	216 175	3 013	801 489	242 866	3 030	1 014 843	312 433	3 079
炼乳	10 908	2 240	2 053	20 013	3 645	1 821	25 648	4 635	1 807	27 523	4 867	1 768	34 724	5 559	1 601
乳清	435 752	52 534	1 206	497 340	45 206	909	529 629	66 635	1 258	557 245	63 334	1 137	453 572	60 765	1 340
黄油	71 259	26 548	3 726	81 865	30 315	3 703	91 566	50 016	5 462	113 330	69 691	6 149	85 591	46 663	5 452
奶酪	75 581	34 796	4 604	97 177	41 936	4 315	108 035	49 772	4 607	108 278	51 319	4 740	114 862	52 201	4 545
婴幼儿配方奶粉	175 976	247 120	14 043	221 326	301 014	13 600	296 014	398 008	13 446	323 096	474 976	14 701	345 434	519 166	15 029
其他相关制品															
乳糖	89 527	8 357	933	87 080	7 026	807	87 870	9 348	1 064	117 236	9 858	841	92 856	10 220	1 101
酪蛋白	21 152	17 216	8 139	21 071	13 534	6 423	18 651	14 542	7 797	24 499	17 834	7 279	24 440	18 263	7 473
白蛋白	17 229	15 740	9 135	19 585	12 872	6 572	23 084	20 255	8 774	29 351	23 486	8 002	30 014	31 025	10 337
冰激凌	17 713	6 472	3 654	16 536	6 068	3 670	18 199	6 775	3 723	21 601	8 906	4 123	24 703	10 276	4 160

数据来源：海关总署。

2015—2019年全国乳制品出口情况

单位：t、万美元、美元/t

品种	2015年			2016年			2017年			2018年			2019年		
	出口量	出口额	平均单价	出口量	出口额	平均单价	出口量	出口额	平均单价	出口量	出口额	平均单价	出口量	出口额	平均单价
乳制品	33 323	4 521	1 357	30 935	4 754	1 537	32 569	4 784	1 469	38 792	5 676	1 463	36 281	5 238	1 444
液态奶	25 098	2 476	987	23 669	2 155	910	25 323	2 436	962	29 974	3 107	1 037	28 664	3 011	1 050
液奶	24 582	2 419	984	22 825	2 020	885	23 162	2 065	892	27 123	2 504	923	24 797	2 127	858
酸奶	516	57	1 103	844	135	1 596	2 161	371	1 716	2 851	604	2 118	3 867	883	2 284
干乳制品	8 225	2 045	2 486	7 266	2 600	3 578	7 246	2 348	3 241	8 818	2 568	2 912	7 617	2 228	2 925
奶粉	4 869	1 098	2 255	3 615	1 618	4 476	2 842	948	3 334	3 137	984	3 137	1 783	694	3 893
炼乳	1 805	443	2 452	2 342	512	2 187	2 341	478	2 043	2 757	468	1 698	2 996	479	1 600
乳清	27	6	2 068	90	19	2 145	185	38	2 057	592	144	2 431	293	65	2 202
黄油	1 379	400	2 899	1 086	364	3 351	1 721	761	4 423	2 139	848	3 964	2 425	899	3 708
奶酪	145	99	6 820	133	86	6 480	157	123	7 861	193	124	6 436	120	91	7 547
婴幼儿配方奶粉	507	684	13 483	1 913	2 914	15 231	4 574	7 362	16 095	15 404	30 361	19 710	18 115	37 884	20 913
其他相关制品															
乳糖	890	445	4 995	650	264	4 069	451	294	6 514	1 103	331	3 002	1 418	372	2 622
酪蛋白	231	236	10 228	431	329	7 631	769	442	5 753	546	320	5 866	935	517	5 525
白蛋白	245	403	16 454	4	156	390 694	33	127	38 375	15	264	175 936	16	514	321 528
冰激凌	7 187	1 555	2 163	17 876	3 234	1 809	31 981	4 702	1 470	31 448	5 004	1 591	19 658	2 983	1 518

数据来源：海关总署。

2015—2019年全国液奶进口量值（来源地）

单位：t、万美元

来源地	2015年		2016年		2017年		2018年		2019年	
	进口额	进口量	进口额	进口量	进口额	进口量	进口额	进口量	进口额	进口量
总计	48 455.0	459 555	63 973.5	634 104	87 935.2	667 556	91 259.2	673 363	110 144.3	890 685
新西兰	11 514.1	74 735	18 845.5	131 792	37 762.1	209 962	37 451.7	232 995	45 918.3	283 917
德　国	15 200.8	204 661	15 818.9	221 310	15 406.4	195 458	14 746.7	175 007	20 000.0	258 383
澳大利亚	6 479.0	62 402	6 619.8	73 169	6 909.4	76 187	8 069.5	81 121	9 620.2	103 189
波　兰	747.1	11 713	1 078.7	19 417	1 214.9	18 273	2 287.3	32 297	4 852.4	77 271
法　国	6 797.0	36 221	12 997.5	107 154	16 436.8	91 873	15 897.0	68 106	14 352.7	60 684
比利时	468.3	5 072	832.4	9 215	846.0	9 164	1 362.9	12 276	1 916.7	18 540
英　国	1 424.5	12 263	2 234.4	16 440	3 315.3	16 091	4 097.1	16 156	4 137.3	16 594
奥地利	253.3	3 138	430.7	6 086	368.4	5 869	626.8	9 854	1 111.6	15 075
爱尔兰	169.4	1 494	560.5	6 413	685.1	6 661	1 459.4	9 542	1 768.3	11 055
韩　国	1 737.0	8 870	1 623.7	8 693	1 415.2	7 793	1 618.1	8 876	1 912.4	10 539
其　他	3 664.5	38 986	2 931.3	34 415	3 575.5	30 225	3 642.6	27 133	4 554.3	35 438

数据来源：海关总署。

2015—2019年全国酸奶进口量值（来源地）

单位：t、万美元

来源地	2015年		2016年		2017年		2018年		2019年	
	进口额	进口量	进口额	进口量	进口额	进口量	进口额	进口量	进口额	进口量
总计	2 776.0	10 275	4 216.7	20 990	6 687.8	34 157	6 060.9	30 819	5 882.9	33 743
德国	449.9	2 482	1 769.3	10 632	4 130.9	23 114	3 871.1	21 313	3 703.9	25 352
奥地利	7.8	16	25.6	210	97.4	778	289.4	2 108	514.2	3 397
新西兰	955.6	2 947	1 016.4	4 571	1 083.8	4 331	586.8	2 665	459.8	1 613
法国	74.9	192	69.4	164	178.2	699	280.3	891	432.6	1 220
西班牙	397.8	1 908	346.4	1 603	297.2	1 397	349.6	1 461	122.4	558
澳大利亚	185.0	453	174.0	415	181.8	428	204.3	428	240.8	536
瑞士	338.9	740	302.4	667	248.6	580	157.4	358	196.0	487
美国	65.5	252	136.3	623	123.2	599	68.5	248	78.4	164
波兰	41.5	140	45.2	258	121.3	1 052	114.2	830	23.1	125
英国	6.0	24	3.2	2	1.1	1	1.8	2	12.2	49
其他	253.2	1 121	328.6	1 845	224.2	1 178	137.6	515	99.6	242

数据来源：海关总署。

2015—2019 年全国奶粉进口量值（来源地）

单位：t、万美元

来源地	2015 年		2016 年		2017 年		2018 年		2019 年	
	进口额	进口量	进口额	进口量	进口额	进口量	进口额	进口量	进口额	进口量
总计	150 692	547 317.0	147 817	604 219.0	216 175	717 398.0	242 846	801 459.0	312 358	1 014 803.0
新西兰	119 742	447 772.0	116 385	503 561.0	165 129	549 822.0	178 247	587 797.0	226 334	754 962.0
澳大利亚	10 671	26 609.0	12 103	26 696.0	17 928	45 968.0	22 752	52 765.0	33 360	68 231.0
德　国	3 554	14 129.0	2 700	11 735.0	5 678	24 239.0	4 132	20 685.0	7 094	29 654.0
法　国	3 183	11 953.0	3 510	13 441.0	6 399	21 481.0	6 308	18 639.0	7 065	26 253.0
爱尔兰	1 372	4 802.0	959	4 167.0	1 275	4 854.0	2 003	9 259.0	4 276	18 342.0
芬　兰	1 073	4 657.0	1 512	7 695.0	2 241	9 763.0	2 196	12 034.0	3 778	18 155.0
白俄罗斯	–	–	–	–	194	695.0	3 465	16 110.0	3 100	15 413.0
乌拉圭	150	602.0	777	3 300.0	62	200.0	2 750	9 126.0	3 493	11 800.0
丹　麦	492	2 011.0	403	1 810.0	1 005	3 774.0	1 685	8 185.0	2 711	11 321.0
瑞　典	797	3 297.0	922	4 601.0	1 774	7 516.0	1 795	9 569.0	2 033	9 355.0
其　他	9 658	31 485.0	8 545	27 213.0	14 491	49 086.0	17 512	57 290.0	19 114	51 317.0

数据来源：海关总署。

2015—2019年全国炼乳进口量值（来源地）

单位：t、万美元

来源地	2015年		2016年		2017年		2018年		2019年	
	进口额	进口量	进口额	进口量	进口额	进口量	进口额	进口量	进口额	进口量
总计	2 247	10 943.0	3 645	20 013.0	4 635	25 648.0	4 867	27 648.0	5 559	34 724.0
澳大利亚	146	555.0	731	4 711.0	1 205	7 837.0	1 467	9 780.0	2 201	16 377.0
荷　兰	1 613	8 050.0	2 323	12 019.0	2 475	12 921.0	2 676	13 709.0	2 527	13 536.0
德　国	168	1 019.0	190	1 226.0	451	2 503.0	318	1 779.0	357	1 988.0
马来西亚	–	–	9	71.0	40	343.0	168	1 402.0	220	1 805.0
立陶宛	–	–	–	–	66	416.0	39	235.0	55	326.0
卢森堡	13	57.0	41	185.0	170	644.0	54	172.0	33	108.0
比利时	0	–	27	239.0	26	121.0	17	42.0	27	88.0
波　兰	6	21.0	0	1.0	13	53.0	14	66.0	25	78.0
美　国	23	69.0	18	44.0	9	32.0	4	14.0	12	59.0
其　他	279	1 172.0	306	1 517.0	180	778.0	108	449.0	103	359.0

数据来源：海关总署。

2015—2019 年全国乳清进口量值（来源地）

单位：t、万美元

来源地	2015 年		2016 年		2017 年		2018 年		2019 年	
	进口额	进口量	进口额	进口量	进口额	进口量	进口额	进口量	进口额	进口量
总计	**52 544.2**	**435 756**	**45 238.7**	**497 220**	**66 635.1**	**529 631**	**63 333.2**	**557 235**	**60 764.8**	**453 573**
美　国	18 144.0	229 373	18 620.6	283 885	28 082.5	290 499	20 557.6	261 938	11 668.6	161 664
法　国	8 808.1	49 602	7 773.0	53 607	11 337.7	61 579	10 733.3	63 020	10 993.1	54 622
白俄罗斯	42.3	450	57.5	800	425.1	5 250	1 888.6	25 218	2 868.4	36 673
荷　兰	4 149.5	23 572	3 697.3	32 080	6 433.9	40 805	6 749.0	49 907	5 557.5	34 265
德　国	4 031.8	23 907	2 592.9	20 094	3 388.5	16 124	3 785.7	21 119	6 176.7	30 935
波　兰	3 073.7	29 404	1 950.2	27 648	3 070.9	30 742	2 835.9	33 008	2 732.1	29 709
阿根廷	3 400.0	28 107	2 060.9	24 838	1 629.5	15 092	2 130.4	22 977	2 397.5	22 658
爱尔兰	3 076.2	16 828	2 412.9	16 149	2 815.5	18 066	3 328.7	19 164	4 092.0	21 308
芬　兰	2 128.9	11 725	1 415.5	10 048	1 597.6	10 934	1 780.2	12 314	1 935.7	11 902
乌克兰	51.6	925	229.6	3 700	1 253.4	13 600	1 324.2	16 376	917.6	10 904
其　他	5 638.2	21 863	4 428.4	24 371	6 600.5	26 940	8 219.5	32 194	11 425.7	38 933

数据来源：海关总署。

2015—2019年全国黄油进口量值（来源地）

单位：t、万美元

来源地	2015年		2016年		2017年		2018年		2019年	
	进口额	进口量	进口额	进口量	进口额	进口量	进口额	进口量	进口额	进口量
总计	**26 548**	**71 259.0**	**30 315**	**81 864.0**	**50 016**	**91 568.0**	**69 691**	**113 330.0**	**46 660**	**85 544.0**
新西兰	21 263	60 929.0	24 864	70 807.0	41 738	78 837.0	60 326	100 444.0	37 244	70 985.0
法　国	1 988	3 250.0	2 431	4 336.0	3 877	5 589.0	4 028	5 019.0	3 914	5 133.0
比利时	949	1 811.0	1 072	2 153.0	1 595	2 305.0	1 576	1 852.0	1 422	2 106.0
荷　兰	251	568.0	374	896.0	791	1 323.0	771	1 135.0	1 155	2 023.0
澳大利亚	1 109	2 613.0	831	1 996.0	1 070	1 956.0	1 257	1 965.0	1 070	1 709.0
德　国	0	0.0	159	338.0	268	374.0	381	542.0	521	887.0
爱尔兰	72	138.0	66	163.0	109	222.0	165	271.0	278	544.0
英　国	6	4.0	4	3.0	70	141.0	8	7.0	211	430.0
阿根廷	382	872.0	196	475.0	117	197.0	239	391.0	182	354.0
丹　麦	338	678.0	152	332.0	125	199.0	249	315.0	227	349.0
其　他	190	396.0	165	365.0	257	425.0	692	1 389.0	436	1 024.0

数据来源：海关总署。

2015—2019年全国奶酪进口量值（来源地）

单位：t、万美元

来源地	2015年		2016年		2017年		2018年		2019年	
	进口额	进口量	进口额	进口量	进口额	进口量	进口额	进口量	进口额	进口量
总计	34 796	75 580.0	41 941	97 177.0	49 772	108 032.0	51 317	108 391.0	52 201	114 864.0
新西兰	16 172	36 779.0	21 639	51 116.0	24 424	54 887.0	24 782	54 975.0	28 429	66 831.0
澳大利亚	6 477	15 277.0	7 695	19 968.0	8 723	21 107.0	8 667	19 810.0	7 185	17 130.0
美　国	5 341	11 658.0	4 098	8 956.0	6 023	12 905.0	5 584	12 018.0	3 667	7 533.0
丹　麦	1 265	2 427.0	1 471	3 103.0	2 098	4 095.0	2 360	4 487.0	2 479	4 669.0
意大利	1 282	1 899.0	1 564	2 585.0	2 032	3 281.0	2 402	3 775.0	2 339	3 809.0
法　国	1 393	1 889.0	2 103	3 493.0	2 233	3 150.0	2 357	3 108.0	2 408	3 396.0
爱尔兰	126	211.0	114	245.0	162	346.0	267	538.0	1 033	2 523.0
德　国	646	1 486.0	881	2 460.0	906	2 032.0	912	1 922.0	979	2 239.0
英　国	44	49.0	234	575.0	359	786.0	483	1 056.0	612	1 325.0
荷　兰	469	881.0	342	611.0	546	865.0	577	874.0	638	1 015.0
其　他	1 582	3 024.0	1 799	4 065.0	2 266	4 578.0	2 926	5 828.0	2 433	4 394.0

数据来源：海关总署。

2015 年全国乳制品进口量（月度）

单位：t

月 份	乳制品	液态奶			干乳制品						婴幼儿配方乳粉
		合计	液奶	酸奶	合计	奶粉	炼乳	乳清	黄油	奶酪	
合 计	1 610 682	469 830	459 557	10 274	1 140 852	547 317	10 941	435 754	71 259	75 581	175 976
1	174 229	27 741	27 335	406	146 488	102 556	1 239	28 699	8 090	5 904	11 867
2	110 061	13 819	13 482	337	96 242	65 987	208	20 928	4 593	4 526	8 044
3	128 858	33 967	33 522	445	94 891	51 836	952	30 592	4 737	6 774	13 158
4	133 053	33 656	33 147	509	99 397	50 673	726	35 848	5 296	6 854	14 688
5	126 618	32 088	31 481	608	94 529	42 992	1 006	38 996	5 280	6 255	12 468
6	125 751	39 089	38 237	852	86 661	29 979	1 144	44 412	4 772	6 355	14 742
7	144 993	40 428	39 133	1 295	104 565	41 503	883	48 696	5 993	7 491	12 151
8	127 475	43 640	42 652	988	83 835	35 206	791	37 276	5 533	5 029	14 378
9	130 273	47 117	45 919	1 199	83 155	32 254	1 100	37 830	6 030	5 940	18 075
10	109 637	43 522	42 721	800	66 115	19 670	1 114	34 211	5 393	5 728	14 025
11	141 269	50 834	49 347	1 488	90 435	39 834	943	35 685	6 583	7 390	17 808
12	158 467	63 928	62 580	1 348	94 539	34 827	836	42 582	8 959	7 334	24 573

数据来源：海关总署。

注：各种乳制品加总不等于合计数，由四舍五入造成，未对数据进行调整，并非数据错误。下同。

2015 年全国乳制品进口额（月度）

单位：万美元

月 份	乳制品	液态奶			干乳制品						婴幼儿配方乳粉
		合计	液奶	酸奶	合计	奶粉	炼乳	乳清	黄油	奶酪	
合 计	318 058	51 231	48 455	2 776	266 827	150 692	2 247	52 544	26 548	34 796	247 120
1	44 482	3 663	3 529	134	40 819	29 843	260	4 819	2 872	3 025	15 973
2	26 908	1 762	1 676	86	25 147	18 131	44	3 282	1 572	2 117	10 858
3	27 827	3 969	3 837	132	23 858	14 077	196	4 626	1 732	3 228	17 709
4	27 382	3 879	3 735	144	23 503	13 185	153	4 799	2 151	3 214	20 897
5	25 768	3 637	3 437	200	22 131	11 798	217	4 992	2 235	2 889	17 813
6	23 164	4 232	3 977	255	18 932	8 589	250	5 077	2 119	2 896	20 111
7	28 519	4 621	4 235	386	23 898	11 727	175	6 128	2 478	3 390	17 141
8	22 941	4 468	4 210	258	18 472	9 342	154	4 445	2 194	2 337	19 586
9	22 571	5 038	4 733	305	17 532	8 357	223	4 006	2 246	2 700	25 571
10	17 848	4 456	4 218	238	13 392	5 215	224	3 380	1 945	2 628	19 818
11	24 925	5 409	5 059	349	19 516	10 738	194	3 267	2 169	3 148	26 321
12	25 723	6 096	5 808	289	19 627	9 689	156	3 721	2 838	3 223	35 322

数据来源：海关总署。

2016年全国乳制品进口量（月度）

单位：t

月份	乳制品	液态奶			干乳制品						婴幼儿配方乳粉
		合计	液奶	酸奶	合计	奶粉	炼乳	乳清	奶油	奶酪	
合计	1 955 583	655 089	634 100	20 988	1 300 495	604 217	20 013	497 221	81 865	97 179	221 372
1	272 096	48 008	46 623	1 385	224 088	154 047	1 470	43 980	14 807	9 784	16 620
2	122 511	28 675	27 079	1 597	93 836	53 442	634	24 907	7 847	7 006	11 060
3	189 463	63 592	61 667	1 925	125 870	69 042	1 855	42 074	5 630	7 269	16 956
4	149 764	59 701	57 916	1 784	90 063	43 218	2 161	33 301	4 853	6 531	15 506
5	169 976	68 231	66 406	1 824	101 745	45 978	1 601	42 980	4 321	6 865	16 766
6	159 307	56 558	55 036	1 522	102 749	42 109	1 640	44 172	6 716	8 113	17 636
7	158 546	54 182	52 825	1 357	104 363	37 844	1 563	46 718	8 004	10 233	20 201
8	158 721	57 501	55 663	1 838	101 220	34 683	1 675	49 173	7 448	8 242	19 630
9	128 174	51 103	49 951	1 152	77 072	16 380	1 995	47 322	5 016	6 358	18 308
10	122 231	52 101	50 751	1 350	70 130	19 539	957	37 280	4 385	7 969	18 605
11	170 123	62 067	58 395	3 671	108 056	42 562	2 517	45 681	6 328	10 968	23 479
12	154 671	53 370	51 788	1 582	101 301	45 373	1 943	39 634	6 510	7 841	26 606

数据来源：海关总署。

2016 年全国乳制品进口额（月度）

单位：万美元

月 份	乳制品	液态奶			干乳制品						婴幼儿配方乳粉
		合计	液奶	酸奶	合计	奶粉	炼乳	乳清	奶油	干酪	
合 计	337 146	68 190	63 973	4 217	268 956	147 817	3 645	45 239	30 315	41 941	301 014
1	54 097	4 934	4 642	291	49 163	35 733	306	4 155	4 892	4 078	23 599
2	24 629	3 417	3 042	375	21 212	13 014	122	2 388	2 697	2 992	15 217
3	32 187	6 411	6 017	394	25 776	16 531	344	3 609	2 105	3 188	25 095
4	25 690	6 225	5 848	377	19 465	10 952	425	3 241	1 999	2 848	19 415
5	26 324	6 606	6 234	372	19 718	11 105	294	3 634	1 750	2 935	22 666
6	26 925	6 054	5 736	318	20 870	10 962	316	3 631	2 540	3 421	23 582
7	26 030	5 917	5 602	314	20 114	8 863	277	3 827	2 850	4 296	27 124
8	24 972	5 745	5 390	355	19 227	8 229	286	4 343	2 780	3 588	26 411
9	19 196	5 613	5 339	274	13 583	4 122	333	4 234	2 040	2 854	25 087
10	19 378	5 553	5 304	249	13 826	4 751	161	3 548	1 759	3 607	25 679
11	29 458	6 374	5 756	619	23 083	11 085	451	4 347	2 491	4 710	32 021
12	28 262	5 343	5 064	278	22 919	12 470	331	4 282	2 413	3 423	35 118

数据来源：海关总署。

2017年全国乳制品进口量（月度）

单位：t

月 份	乳制品	液态奶			干乳制品						婴幼儿配方乳粉
		合计	液奶	酸奶	合计	奶粉	炼乳	乳清	奶油	干酪	
合 计	2 173 991	701 713	667 557	34 156	1 472 278	717 399	25 648	529 629	91 566	108 035	296 014
1	233 985	36 257	35 050	1 206	197 728	141 161	1 232	34 586	11 087	9 663	15 091
2	173 157	40 279	38 358	1 921	132 878	74 514	1 582	40 589	6 638	9 555	15 250
3	170 681	50 793	47 902	2 890	119 889	54 775	2 370	47 544	6 286	8 914	22 511
4	155 051	48 556	46 906	1 650	106 496	48 673	1 868	41 393	6 494	8 067	20 744
5	162 629	54 180	51 499	2 681	108 449	45 382	2 109	42 957	7 817	10 184	22 803
6	204 360	60 997	58 487	2 509	143 364	64 434	2 642	55 157	8 870	12 261	25 485
7	190 771	57 120	53 740	3 380	133 651	67 112	2 345	46 854	8 589	8 750	23 956
8	204 950	68 941	65 429	3 512	136 009	62 078	2 158	45 143	15 018	11 613	27 785
9	170 582	74 311	70 802	3 509	96 271	41 008	2 464	43 172	3 847	5 779	28 195
10	156 766	67 557	64 033	3 524	89 208	36 246	1 927	38 197	4 433	8 405	27 297
11	187 496	74 428	70 279	4 148	113 069	49 671	2 418	46 870	5 586	8 524	34 362
12	163 563	68 295	65 070	3 225	95 268	32 348	2 533	47 167	6 901	6 319	32 533

数据来源：海关总署。

2017年全国乳制品进口额（月度）

单位：万美元

月 份	乳制品	液态奶			干乳制品						婴幼儿配方乳粉
		合计	液奶	酸奶	合计	奶粉	炼乳	乳清	黄油	奶酪	
合 计	502 870	94 623	87 935	6 688	408 246	216 175	25 648	66 635	50 016	49 772	398 117
1	56 883	4 214	3 998	216	52 669	38 271	1 232	4 361	4 655	4 150	21 569
2	40 317	4 870	4 511	360	35 447	21 947	1 582	4 832	2 988	4 099	20 647
3	38 085	5 812	5 217	595	32 273	17 118	2 370	5 631	3 127	4 027	29 518
4	35 445	6 253	5 934	319	29 192	15 573	1 868	4 895	3 309	3 546	27 764
5	38 407	7 062	6 529	533	31 345	14 447	2 109	6 185	4 013	4 591	30 050
6	48 028	8 623	8 088	535	39 405	19 399	2 642	7 048	4 775	5 542	35 178
7	45 133	7 988	7 332	655	37 145	19 644	2 345	6 289	4 765	4 101	31 670
8	51 452	9 230	8 560	670	42 222	19 179	2 158	6 496	8 776	5 613	38 415
9	37 177	10 565	9 843	722	26 612	13 138	2 464	5 668	2 594	2 748	40 040
10	34 064	9 318	8 647	671	24 747	11 340	1 927	4 510	2 856	4 113	38 238
11	41 903	10 572	9 789	783	31 331	15 616	2 418	5 385	3 759	4 152	43 458
12	35 976	10 116	9 488	628	25 860	10 503	2 533	5 336	4 399	3 090	41 569

数据来源：海关总署。

2018年全国乳制品进口量（月度）

单位：t

月份	乳制品	液态奶			干乳制品						婴幼儿配方乳粉
		合计	液奶	酸奶	合计	奶粉	炼乳	乳清	黄油	奶酪	
合计	2 635 113	704 153	673 294	30 859	1 607 865	801 489	27 523	557 245	113 330	108 278	323 096
1	358 760	69 543	65 653	3 891	269 193	185 660	2 627	50 025	16 576	14 304	20 024
2	169 467	36 827	35 094	1 733	114 533	66 278	399	37 181	5 231	5 446	18 107
3	196 472	58 218	55 642	2 576	114 801	46 068	2 817	49 571	9 374	6 971	23 453
4	187 823	48 874	46 513	2 361	117 683	50 265	2 189	45 844	10 788	8 599	21 266
5	232 021	57 808	55 488	2 320	142 543	58 988	1 772	56 383	13 623	11 778	31 670
6	204 301	53 118	50 013	3 105	121 145	49 348	1 770	52 367	9 590	8 071	30 037
7	214 710	53 612	51 551	2 061	135 538	64 917	2 578	44 483	14 615	8 944	25 560
8	235 706	61 786	58 908	2 878	142 860	65 164	2 386	47 249	15 964	12 097	31 060
9	179 166	53 897	51 129	2 769	97 311	39 889	2 397	45 353	4 263	5 409	27 958
10	189 567	61 802	59 166	2 636	95 532	42 491	2 368	38 956	4 562	7 155	32 233
11	240 684	74 843	72 683	2 159	135 109	70 996	3 449	45 357	5 733	9 574	30 732
12	226 438	73 825	71 454	2 371	121 617	61 427	2 771	44 477	3 012	9 930	30 996

数据来源：海关总署。

2018 年全国乳制品进口额（月度）

单位：万美元

月 份	乳制品	液态奶			干乳制品						婴幼儿配方乳粉
		合计	液奶	酸奶	合计	奶粉	炼乳	乳清	黄油	奶酪	
合 计	1 004 398	97 346	91 269	6 077	432 077	242 867	4 867	63 333	69 692	51 318	474 975
1	117 314	8 311	7 555	756	80 099	56 769	471	5 517	10 583	6 759	28 904
2	61 825	5 321	4 972	349	29 403	19 460	94	3 904	3 357	2 588	27 101
3	70 753	7 714	7 191	523	28 628	13 899	521	5 075	5 760	3 373	34 411
4	69 670	6 780	6 308	472	31 556	15 367	390	5 048	6 505	4 246	31 334
5	96 658	7 722	7 244	478	38 442	18 833	314	5 830	8 060	5 405	50 494
6	85 619	7 682	7 084	598	30 777	15 059	356	5 619	5 873	3 870	47 160
7	83 092	7 878	7 462	416	38 751	19 736	461	5 426	8 892	4 236	36 463
8	95 311	9 018	8 471	547	42 236	20 943	393	5 481	9 843	5 576	44 057
9	71 456	8 009	7 480	529	23 251	12 121	405	5 300	2 757	2 668	40 196
10	80 720	9 299	8 747	552	24 046	12 726	396	4 683	2 810	3 431	47 375
11	87 733	10 094	9 669	425	34 636	20 023	581	6 090	3 427	4 515	43 003
12	84 247	9 518	9 086	432	30 252	17 931	485	5 360	1 825	4 651	44 477

数据来源：海关总署。

2019 年全国乳制品进口量（月度）

单位：t

月 份	乳制品	液态奶			干乳制品						婴幼儿配方乳粉
		合计	液奶	酸奶	合计	奶粉	炼乳	乳清	黄油	奶酪	
合 计	2 628 014	924 425	890 683	33 743	1 703 589	1 014 841	34 723	453 572	85 591	114 861	345 435
1	394 016	72 080	69 068	3 012	321 935	241 174	3 403	49 117	14 145	14 096	28 448
2	168 614	48 320	46 411	1 909	120 294	77 022	2 371	30 021	4 934	5 946	18 825
3	193 754	77 867	74 850	3 017	115 887	65 006	1 544	36 184	5 549	7 604	27 066
4	218 524	83 674	80 471	3 203	134 850	78 963	3 529	34 225	7 859	10 274	32 631
5	196 470	85 439	81 911	3 528	111 031	62 157	2 711	28 490	7 432	10 241	29 153
6	182 614	67 605	64 932	2 673	115 009	64 252	2 554	30 411	6 866	10 927	29 732
7	217 563	85 564	82 189	3 375	131 999	76 018	2 981	39 060	5 856	8 084	32 244
8	213 116	75 291	72 276	3 015	137 825	68 604	2 670	45 562	7 868	13 121	33 844
9	188 536	88 241	85 541	2 700	100 295	49 491	2 579	39 812	3 163	5 250	26 933
10	182 608	81 167	78 241	2 926	101 441	50 255	3 136	35 516	4 087	8 447	26 757
11	238 059	81 647	79 351	2 296	156 412	87 958	3 566	41 475	11 922	11 491	34 671
12	234 141	77 531	75 443	2 088	156 610	93 941	3 679	43 699	5 910	9 381	25 132

数据来源：海关总署。

2019 年全国乳制品进口额（月度）

单位：万美元

月 份	乳制品	液态奶			干乳制品						婴幼儿配方乳粉
		合计	液奶	酸奶	合计	奶粉	炼乳	乳清	黄油	奶酪	
合 计	593 570	116 027	110 144	5 883	477 543	312 358	5 559	60 765	46 660	52 201	518 958
1	98 325	9 467	8 910	556	88 858	68 152	575	6 201	7 554	6 377	43 403
2	36 683	6 113	5 783	330	30 570	21 125	376	3 826	2 618	2 625	28 408
3	40 432	9 640	9 105	535	30 792	18 946	248	5 133	3 028	3 437	44 184
4	46 780	9 675	9 138	537	37 105	23 186	612	4 755	4 035	4 516	49 115
5	44 562	11 063	10 470	593	33 499	19 963	445	4 697	3 900	4 496	45 737
6	42 713	8 600	8 162	438	34 112	20 420	403	4 560	3 873	4 856	45 658
7	47 185	10 141	9 524	617	37 044	23 762	519	5 652	3 487	3 624	49 070
8	49 435	9 587	9 029	558	39 849	22 189	429	6 049	4 922	6 260	47 573
9	38 412	11 390	10 917	473	27 022	16 780	412	5 453	1 866	2 511	40 306
10	38 569	10 071	9 578	493	28 498	17 312	475	4 433	2 309	3 968	41 431
11	56 690	10 985	10 579	406	45 705	29 124	484	4 903	5 954	5 240	48 030
12	53 783	9 296	8 949	346	44 488	31 398	582	5 103	3 113	4 292	36 044

数据来源：海关总署。

2015年全国乳制品出口量（月度）

单位：t

月 份	乳制品	液态奶			干乳制品						婴幼儿配方乳粉
		合计	液奶	酸奶	合计	奶粉	炼乳	乳清	黄油	奶酪	
合 计	36 277	28 662	24 795	3 868	7 615	1 785	2 995	293	2 423	119	506
1	3 092	2 458	2 245	214	634	185	244	–	188	17	12
2	1 878	1 465	1 302	163	413	143	193	24	48	4	100
3	2 897	2 134	1 946	188	763	245	247	7	248	15	53
4	2 802	2 265	1 960	305	537	136	219	50	114	18	13
5	3 025	2 363	2 063	300	662	109	266	32	250	6	28
6	2 962	2 445	2 050	395	516	96	193	10	204	13	20
7	3 295	2 558	2 099	459	737	183	447	15	84	8	5
8	3 207	2 561	2 192	369	646	107	254	100	160	25	78
9	2 914	2 437	2 115	322	477	98	139	50	188	2	12
10	3 196	2 487	2 132	355	709	17	289	–	401	2	15
11	3 230	2 566	2 126	440	664	89	267	–	304	4	31
12	3 779	2 923	2 566	357	856	377	236	5	233	5	139

数据来源：海关总署。

2015 年全国乳制品出口额（月度）

单位：万美元

月 份	乳制品	液态奶			干乳制品						婴幼儿配方乳粉
		合计	液奶	酸奶	合计	奶粉	炼乳	乳清	黄油	奶酪	
合 计	4 521	2 476	2 419	57	2 045	1 098	443	6	400	99	684
1	418	195	193	3	223	99	39	0	79	7	12
2	322	201	200	1	121	58	36	0	22	5	108
3	529	214	211	4	315	248	42	1	18	5	60
4	453	190	187	2	263	154	45	2	55	7	20
5	402	225	217	8	177	100	32	0	25	20	59
6	284	197	193	4	87	46	23	0	13	5	54
7	400	233	225	8	167	98	31	0	27	10	15
8	273	202	198	4	71	13	35	0	19	5	132
9	348	219	207	12	128	49	60	0	14	6	18
10	353	195	192	3	158	83	51	0	17	7	6
11	302	184	179	4	119	64	14	2	25	15	48
12	437	220	218	2	217	87	36	0	87	7	149

数据来源：海关总署。

2016年全国乳制品出口量（月度）

单位：t

月份	乳制品	液态奶			干乳制品						婴幼儿配方乳粉
		合计	液奶	酸奶	合计	奶粉	炼乳	乳清	黄油	奶酪	
合计	30 935	23 669	22 825	844	7 266	3 615	2 342	90	1 086	133	1 913
1	2 313	1 875	1 827	48	437	199	122	0	97	19	20
2	2 143	1 587	1 558	29	556	138	228	0	185	4	4
3	2 104	1 562	1 509	54	541	288	110	13	119	11	57
4	2 360	1 805	1 757	48	555	201	302	0	34	18	76
5	2 688	2 123	2 051	72	565	291	232	10	22	11	108
6	2 645	2 073	2 002	71	572	281	204	20	48	19	134
7	2 618	2 167	2 066	101	450	170	139	4	129	8	122
8	2 553	2 079	2 016	63	474	258	162	1	34	17	175
9	2 738	2 035	1 976	59	702	445	168	35	43	10	138
10	2 749	2 039	1 967	72	710	381	158	2	169	0	105
11	2 709	1 974	1 905	69	735	429	177	2	114	14	607
12	3 317	2 350	2 191	158	967	534	339	2	91	0	367

数据来源：海关总署。

2016 年全国乳制品出口额（月度）

单位：万美元

月 份	乳制品	液态奶			干乳制品						婴幼儿配方乳粉
		合计	液奶	酸奶	合计	奶粉	炼乳	乳清	黄油	奶酪	
合 计	4 754	2 155	2 020	135	2 600	1 618	512	19	364	86	2 914
1	314	170	164	6	144	77	30	0	23	14	17
2	331	143	139	4	188	77	51	0	59	2	11
3	331	141	133	8	190	111	26	5	41	7	84
4	345	165	158	7	180	96	62	0	11	11	163
5	402	195	186	10	206	144	46	1	6	9	155
6	381	191	179	12	190	114	47	2	15	12	230
7	344	198	183	16	145	70	32	2	37	5	191
8	359	187	179	9	171	115	34	1	11	9	238
9	414	184	173	11	230	168	40	4	12	6	243
10	489	183	172	11	306	200	36	1	68	0	196
11	470	178	166	12	292	200	39	1	41	11	739
12	574	218	188	30	356	246	68	2	40	1	646

数据来源：海关总署。

2017年全国乳制品出口量（月度）

单位：t

月 份	乳制品	液态奶			干乳制品						婴幼儿配方乳粉
		合计	液奶	酸奶	合计	奶粉	炼乳	乳清	黄油	奶酪	
合 计	32 569	25 323	23 162	2 161	7 246	2 843	2 341	185	1 721	156	4 574
1	1 917	1 362	1 297	65	554	196	251	0	98	8	181
2	2 268	1 737	1 638	100	531	136	303	0	91	0	235
3	2 538	1 820	1 752	68	718	329	239	27	121	3	335
4	2 692	1 803	1 648	155	889	570	157	1	151	10	149
5	2 883	2 172	1 872	300	711	345	201	55	108	2	213
6	2 566	2 159	1 899	260	407	181	117	15	53	41	315
7	2 428	2 057	1 810	247	371	138	92	34	91	17	368
8	2 954	2 340	2 072	269	613	154	307	23	110	19	470
9	3 206	2 569	2 375	194	637	223	166	9	220	18	579
10	2 868	2 365	2 164	201	502	111	208	0	169	14	640
11	3 091	2 304	2 139	165	787	342	155	2	273	15	630
12	3 159	2 633	2 495	139	526	117	147	18	235	9	460

数据来源：海关总署。

2017 年全国乳制品出口额（月度）

单位：万美元

月 份	乳制品	液态奶			干乳制品						婴幼儿配方乳粉
		合计	液奶	酸奶	合计	奶粉	炼乳	乳清	黄油	奶酪	
合 计	4 785	2 436	2 065	371	2 349	948	478	38	761	123	7 362
1	298	119	108	10	179	76	56	0	43	4	337
2	299	154	139	15	145	38	63	0	44	0	362
3	341	160	146	14	181	61	52	8	56	4	629
4	415	168	140	28	247	139	35	1	65	7	252
5	430	212	160	52	218	116	40	9	50	3	393
6	337	204	160	44	133	60	24	3	26	21	325
7	352	194	156	38	157	77	18	4	42	16	549
8	416	232	190	43	183	60	56	4	52	11	753
9	519	286	250	36	233	93	30	3	93	15	931
10	421	232	195	37	190	32	43	0	96	18	971
11	501	226	197	28	276	133	24	1	103	14	1 034
12	456	249	224	25	206	65	36	5	91	10	827

数据来源：海关总署。

2018 年全国乳制品出口量（月度）

单位：t

月 份	乳制品	液态奶			干乳制品						婴幼儿配方乳粉
		合计	液奶	酸奶	合计	奶粉	炼乳	乳清	黄油	奶酪	
合 计	53 475	29 973	27 123	2 850	23 502	3 135	2 758	592	2 139	190	14 688
1	3 584	1 850	1 718	132	1 734	208	221	–	152	18	1 135
2	2 862	2 115	1 953	163	747	112	128	4	107	15	381
3	3 825	2 378	2 132	246	1 448	245	171	49	178	5	800
4	3 872	2 459	2 190	269	1 413	161	345	160	185	16	546
5	4 101	2 561	2 259	302	1 540	502	226	66	132	31	582
6	4 810	2 498	2 206	292	2 312	394	350	30	221	13	1 305
7	4 782	2 878	2 615	263	1 904	164	187	107	281	15	1 152
8	4 823	2 653	2 372	281	2 171	399	208	117	190	5	1 251
9	4 623	2 584	2 345	239	2 039	239	186	0	275	30	1 309
10	5 886	2 482	2 311	171	3 404	278	235	–	144	21	2 726
11	4 601	2 549	2 296	254	2 052	174	244	7	138	5	1 485
12	5 705	2 966	2 727	240	2 738	260	257	52	137	16	2 017

数据来源：海关总署。

2018年全国乳制品出口额（月度）

单位：万美元

月 份	乳制品	液态奶			干乳制品						婴幼儿配方乳粉
		合计	液奶	酸奶	合计	奶粉	炼乳	乳清	黄油	奶酪	
合 计	34 753	3 108	2 504	604	31 645	983	471	142	846	120	29 083
1	2 503	192	166	26	2 311	70	38	–	61	11	2 131
2	994	219	184	35	775	32	26	2	41	10	664
3	1 927	253	204	49	1 674	68	34	8	66	3	1 495
4	1 525	266	209	57	1 259	63	59	45	78	11	1 003
5	1 603	282	220	62	1 321	135	29	12	56	20	1 069
6	2 665	275	208	67	2 390	109	58	5	85	7	2 126
7	3 550	293	239	54	3 257	65	35	39	113	8	2 997
8	3 981	281	218	63	3 700	119	33	20	78	3	3 447
9	3 384	259	210	49	3 125	88	32	–	108	18	2 879
10	5 539	241	202	39	5 298	81	38	–	57	15	5 107
11	3 064	255	203	52	2 809	36	41	1	50	3	2 678
12	4 018	292	241	51	3 726	117	48	10	53	11	3 487

数据来源：海关总署。

2019年全国乳制品出口量（月度）

单位：t

月 份	乳制品	液态奶			干乳制品						婴幼儿配方乳粉
		合计	液奶	酸奶	合计	奶粉	炼乳	乳清	黄油	奶酪	
合 计	36 277	28 663	24 796	3 867	7 614	1 787	2 994	293	2 422	118	18 115
1	3 093	2 459	2 245	214	634	185	244	–	188	17	2 611
2	1 878	1 465	1 302	163	413	144	193	24	48	4	1 414
3	2 896	2 134	1 946	188	762	245	247	7	248	15	2 001
4	2 802	2 265	1 960	305	537	136	219	50	114	18	1 258
5	3 026	2 363	2 063	300	663	110	266	32	250	5	1 468
6	2 961	2 445	2 050	395	516	96	193	10	204	13	792
7	3 295	2 558	2 099	459	737	183	447	15	84	8	1 326
8	3 207	2 561	2 192	369	646	107	254	100	160	25	1 527
9	2 914	2 437	2 115	322	477	98	139	50	188	2	1 617
10	3 196	2 487	2 132	355	709	17	289	–	401	2	1 653
11	3 230	2 566	2 126	440	664	89	267	–	304	4	1 318
12	3 779	2 923	2 566	357	856	377	236	5	233	5	1 130

数据来源：海关总署。

2019 年全国乳制品出口额（月度）

单位：万美元

月 份	乳制品	液态奶			干乳制品						婴幼儿配方乳粉
		合计	液奶	酸奶	合计	奶粉	炼乳	乳清	黄油	奶酪	
合 计	5 238.3	3 010.5	2 127.5	883.0	2 227.8	694.1	479.3	64.5	899.3	90.6	37 884.2
1	444.4	251.0	203.1	47.8	193.4	57.4	46.9	–	77.7	11.4	5 328.2
2	232.0	146.3	116.6	29.7	85.7	29.1	26.0	7.7	17.4	5.5	3 057.4
3	423.9	215.1	173.0	42.1	208.8	72.9	46.3	0.8	77.9	10.9	3 628.6
4	418.8	244.8	168.3	76.6	174.0	85.3	32.0	11.5	32.4	12.8	2 472.7
5	438.1	247.5	177.4	70.2	190.6	56.0	38.3	2.7	88.4	5.2	2 952.3
6	461.8	266.3	173.5	92.8	195.5	72.2	24.1	11.2	78.0	10.0	1 439.5
7	466.4	289.0	180.6	108.4	177.4	60.7	70.5	1.8	35.6	8.9	2 657.0
8	441.1	276.8	186.9	89.9	164.3	33.9	43.8	15.8	59.6	11.1	3 488.2
9	406.0	247.5	176.5	71.0	158.6	47.9	28.6	12.5	68.6	0.9	3 570.3
10	485.4	260.9	177.2	83.7	224.5	6.1	48.0	–	168.1	2.3	3 543.2
11	488.4	275.0	178.2	96.7	213.5	57.8	36.2	–	114.3	5.2	3 027.6
12	531.9	290.2	216.1	74.1	241.7	115.0	38.7	0.6	81.1	6.2	2 719.2

数据来源：海关总署。

2009—2019年全国原料奶粉进口量值表

单位：t、万美元、美元/t

年份	奶粉			其中：脱脂奶粉			其中：全脂淡奶粉			其中：全脂甜奶粉		
	数量	金额	单价	数量	金额	单价	数量	金额	单价	数量	金额	单价
2009	246 787	58 041	2 352	70 443	15 601	2 215	174 969	41 953	2 398	1 375	486	3 537
2010	414 040	138 810	3 353	88 544	27 403	3 095	324 708	110 431	3 401	788	976	12 389
2011	449 542	164 544	3 660	129 805	45 564	3 510	318 049	117 848	3 705	1 687	1 132	6 710
2012	572 875	192 739	3 364	167 593	55 397	3 305	402 387	135 490	3 367	2 896	1 852	6 396
2013	854 416	358 473	4 196	235 019	95 850	4 078	617 798	261 485	4 233	1 599	1 137	7 111
2014	923 697	443 686	4 803	252 840	112 520	4 450	670 043	330 630	4 934	814	535	6 574
2015	547 243	150 690	2 754	200 220	51 717	2 583	342 620	95 238	2 780	4 403	3 735	8 483
2016	604 217	147 817	2 446	184 469	39 619	2 148	415 724	105 354	2 534	4 024	2 844	7 067
2017	717 399	216 175	3 013	247 304	60 043	2 428	463 408	149 407	3 224	6 688	4 871	7 284
2018	801 489	242 866	3 030	280 488	60 931	2 172	512 641	174 667	3 407	8 360	7 268	8 694
2019	1 014 803	312 358	3 078	343 616	87 077	2 534	664 012	217 603	3 277	7 175	7 678	10 701

数据来源：海关总署。

2009—2019 年全国原料奶粉出口量值表

单位：t、万美元、美元/t

年份	奶粉			其中：脱脂奶粉			其中：全脂淡奶粉			其中：全脂甜奶粉		
	数量	金额	单价	数量	金额	单价	数量	金额	单价	数量	金额	单价
2009	9 738	3 086	3 169	0	0	3 372	8 051	2 561	3 181	1 687	525	3 112
2010	2 970	943	3 175	189	69	3 649	606	198	3 274	2 175	675	3 106
2011	9 327	3 711	398	199	91	4 569	6 562	2 360	360	2 566	1 260	4 909
2012	9 703	3 984	4 106	345	166	4 816	5 999	2 076	4 106	3 359	1 742	5 185
2013	3 318	1 622	4 889	359	149	4 148	1 000	347	3 473	1 958	1 126	5 749
2014	8 125	3 228	3 973	2 356	826	3 507	4 931	1 868	3 788	838	534	6 372
2015	4 869	1 098	2 255	1 178	246	2 086	3 030	455	1 502	661	397	6 008
2016	3 530	1 605	4 547	655	196	2 986	1 383	563	4 073	1 491	846	5 672
2017	2 843	948	3 333	1 047	233	2 222	1 271	392	3 086	524	323	6 151
2018	3 135	982	3 133	1 375	334	2 429	1 350	399	2 955	411	250	6 082
2019	1 783	694	3 893	713	187	2 620	727	338	4 656	343	169	4 924

数据来源：海关总署。

【乳品消费】

2015—2019年居民人均奶类消费量

单位：kg

指标	2015年	2016年	2017年	2018年	2019年
全国居民	12.1	12.0	12.1	12.2	12.5
城镇居民	17.1	16.5	16.5	16.5	16.7
农村居民	6.3	6.6	6.9	6.9	7.3

1990—2012年城镇居民人均鲜奶消费量

单位：kg

指标	1990年	1995年	2000年	2005年	2010年	2011年	2012年
鲜 奶	4.6	4.6	9.9	17.9	14.0	13.7	14.0

1990—2012年农村居民人均奶及奶制品消费量

单位：kg

指标	1990年	1995年	2000年	2005年	2010年	2011年	2012年
奶及制品	1.1	0.6	1.1	2.9	3.6	5.2	5.3

注：2012年及以前数据来源于国家统计局农村住户调查。

2019 年分地区居民家庭人均奶类消费量

单位：kg

地区	居民	城镇居民	农村居民
全　国	12.5	16.7	7.3
北　京	28.9	31.1	14.6
天　津	17.0	18.4	10.2
河　北	14.5	20.5	8.4
山　西	16.8	21.3	11.7
内蒙古	24.0	29.9	15.2
辽　宁	16.0	21.3	5.7
吉　林	10.8	14.9	5.7
黑龙江	9.8	13.6	4.6
上　海	20.8	21.6	13.8
江　苏	14.7	16.8	10.6
浙　江	13.5	15.1	10.4
安　徽	12.0	14.3	9.7
福　建	10.7	12.3	8.1
江　西	11.0	15.8	6.1
山　东	16.9	21.8	10.7
河　南	13.1	19.1	8.0
湖　北	7.4	9.8	4.3
湖　南	6.9	10.1	3.7
广　东	8.8	10.8	4.5
广　西	5.0	8.1	2.3
海　南	4.5	6.6	2.0
重　庆	13.3	17.0	7.8
四　川	11.6	15.1	8.5
贵　州	4.6	8.3	2.0
云　南	5.8	10.1	2.6
西　藏	11.6	20.3	8.4
陕　西	14.5	20.8	7.7
甘　肃	15.9	29.7	5.9
青　海	18.8	23.0	14.6
宁　夏	14.6	19.7	8.7
新　疆	21.1	33.0	10.8

数据来源：国家统计局。

2016—2019年分地区居民人均可支配收入

单位：元

地区	2016年	2017年	2018年	2019年
全国	23 821.0	25 973.8	28 228.0	30 732.8
北京	52 530.4	57 229.8	62 361.2	67 755.9
天津	34 074.5	37 022.3	39 506.1	42 404.1
河北	19 725.4	21 484.1	23 445.7	25 664.7
山西	19 048.9	20 420.0	21 990.1	23 828.5
内蒙古	24 126.6	26 212.2	28 375.7	30 555.0
辽宁	26 039.7	27 835.4	29 701.4	31 819.7
吉林	19 967.0	21 368.3	22 798.4	24 562.9
黑龙江	19 838.5	21 205.8	22 725.8	24 253.6
上海	54 305.3	58 988.0	64 182.6	69 441.6
江苏	32 070.1	35 024.1	38 095.8	41 399.7
浙江	38 529.0	42 045.7	45 839.8	49 898.8
安徽	19 998.1	21 863.3	23 983.6	26 415.1
福建	27 607.9	30 047.7	32 643.9	35 616.1
江西	20 109.6	22 031.4	24 079.7	26 262.4
山东	24 685.3	26 929.9	29 204.6	31 597.0
河南	18 443.1	20 170.0	21 963.5	23 902.7
湖北	21 786.6	23 757.2	25 814.5	28 319.5
湖南	21 114.8	23 102.7	25 240.7	27 679.7
广东	30 295.8	33 003.3	35 809.9	39 014.3
广西	18 305.1	19 904.8	21 485.0	23 328.2
海南	20 653.4	22 553.2	24 579.0	26 679.5
重庆	22 034.1	24 153.0	26 385.8	28 920.4
四川	18 808.3	20 579.8	22 460.6	24 703.1
贵州	15 121.1	16 703.6	18 430.2	20 397.4
云南	16 719.9	18 348.3	20 084.2	22 082.4
西藏	13 639.2	15 457.3	17 286.1	19 501.3
陕西	18 873.7	20 635.2	22 528.3	24 666.3
甘肃	14 670.3	16 011.0	17 488.4	19 139.0
青海	17 301.8	19 001.0	20 757.3	22 617.7
宁夏	18 832.3	20 561.7	22 400.4	24 411.9
新疆	18 354.7	19 975.1	21 500.2	23 103.4

数据来源：国家统计局。

2016—2019 年分地区居民人均消费支出

单位：元

地 区	2016 年	2017 年	2018 年	2019 年
全　国	**17 110.7**	**18 322.1**	**19 853.1**	**21 558.9**
北　京	35 415.7	37 425.3	39 842.7	43 038.3
天　津	26 129.3	27 841.4	29 902.9	31 853.6
河　北	14 247.5	15 437.0	16 722.0	17 987.2
山　西	12 682.9	13 664.4	14 810.1	15 862.6
内蒙古	18 072.3	18 945.5	19 665.2	20 743.4
辽　宁	19 852.8	20 463.4	21 398.3	22 202.8
吉　林	14 772.6	15 631.9	17 200.4	18 075.4
黑龙江	14 445.8	15 577.5	16 994.0	18 111.5
上　海	37 458.3	39 791.9	43 351.3	45 605.1
江　苏	22 129.9	23 468.6	25 007.4	26 697.3
浙　江	25 526.6	27 079.1	29 470.7	32 025.8
安　徽	14 711.5	15 751.7	17 044.6	19 137.4
福　建	20 167.5	21 249.3	22 996.0	25 314.3
江　西	13 258.6	14 459.0	15 792.0	17 650.5
山　东	15 926.4	17 280.7	18 779.8	20 427.5
河　南	12 712.3	13 729.6	15 168.5	16 331.8
湖　北	15 888.7	16 937.6	19 537.8	21 567.0
湖　南	15 750.5	17 160.4	18 807.9	20 478.9
广　东	23 448.4	24 819.6	26 054.0	28 994.7
广　西	12 295.2	13 423.7	14 934.8	16 418.3
海　南	14 275.4	15 402.7	17 528.4	19 554.9
重　庆	16 384.8	17 898.1	19 248.5	20 773.9
四　川	14 838.5	16 179.9	17 663.6	19 338.3
贵　州	11 931.6	12 969.6	13 798.1	14 780.0
云　南	11 768.8	12 658.1	14 249.9	15 779.8
西　藏	9 318.7	10 320.1	11 520.2	13 029.2
陕　西	13 943.0	14 899.7	16 159.7	17 464.9
甘　肃	12 254.2	13 120.1	14 624.0	15 879.1
青　海	14 774.7	15 503.1	16 557.2	17 544.8
宁　夏	14 965.4	15 350.3	16 715.1	18 296.8
新　疆	14 066.5	15 087.3	16 189.1	17 396.6

数据来源：国家统计局。

2016—2019年分地区城镇居民人均可支配收入

单位：元

地区	2016年	2017年	2018年	2019年
全国	33 616.2	36 396.2	39 250.8	42 358.8
北京	57 275.3	62 406.3	67 989.9	73 848.5
天津	37 109.6	40 277.5	42 976.3	46 118.9
河北	28 249.4	30 547.8	32 977.2	35 737.7
山西	27 352.3	29 131.8	31 034.8	33 262.4
内蒙古	32 974.9	35 670.0	38 304.7	40 782.5
辽宁	32 876.1	34 993.4	37 341.9	39 777.2
吉林	26 530.4	28 318.7	30 171.9	32 299.2
黑龙江	25 736.4	27 446.0	29 191.3	30 944.6
上海	57 691.7	62 595.7	68 033.6	73 615.3
江苏	40 151.6	43 621.8	47 200.0	51 056.1
浙江	47 237.2	51 260.7	55 574.3	60 182.3
安徽	29 156.0	31 640.3	34 393.1	37 540.0
福建	36 014.3	39 001.4	42 121.3	45 620.5
江西	28 673.3	31 198.1	33 819.4	36 545.9
山东	34 012.1	36 789.4	39 549.4	42 329.2
河南	27 232.9	29 557.9	31 874.2	34 201.0
湖北	29 385.8	31 889.4	34 454.6	37 601.4
湖南	31 283.9	33 947.9	36 698.3	39 841.9
广东	37 684.3	40 975.1	44 341.0	48 117.6
广西	28 324.4	30 502.1	32 436.1	34 744.9
海南	28 453.5	30 817.4	33 348.7	36 016.7
重庆	29 610.0	32 193.2	34 889.3	37 938.6
四川	28 335.3	30 726.9	33 215.9	36 153.7
贵州	26 742.6	29 079.8	31 591.9	34 404.2
云南	28 610.6	30 995.9	33 487.9	36 237.7
西藏	27 802.4	30 671.1	33 797.4	37 410.0
陕西	28 440.1	30 810.3	33 319.3	36 098.2
甘肃	25 693.5	27 763.4	29 957.0	32 323.4
青海	26 757.4	29 168.9	31 514.5	33 830.3
宁夏	27 153.0	29 472.3	31 895.2	34 328.5
新疆	28 463.4	30 774.8	32 763.5	34 663.7

数据来源：国家统计局。

2016—2019年分地区城镇居民人均消费支出

单位：元

地 区	2016年	2017年	2018年	2019年
全 国	23 078.9	24 445.0	26 112.3	28 063.4
北 京	38 255.5	40 346.3	42 925.6	46 358.2
天 津	28 344.6	30 283.6	32 655.1	34 810.7
河 北	19 105.9	20 600.3	22 127.4	23 483.1
山 西	16 992.8	18 404.0	19 789.8	21 159.0
内蒙古	22 744.5	23 637.8	24 437.1	25 382.5
辽 宁	24 995.9	25 379.4	26 447.9	27 355.0
吉 林	19 166.4	20 051.2	22 393.7	23 394.3
黑龙江	18 145.2	19 269.8	21 035.5	22 164.9
上 海	39 856.8	42 304.3	46 015.2	48 271.6
江 苏	26 432.9	27 726.3	29 461.9	31 329.1
浙 江	30 067.7	31 924.2	34 597.9	37 507.9
安 徽	19 606.2	20 740.2	21 522.7	23 781.5
福 建	25 005.5	25 980.5	28 145.1	30 945.5
江 西	17 695.6	19 244.5	20 760.0	22 714.3
山 东	21 495.3	23 072.1	24 798.4	26 731.5
河 南	18 087.8	19 422.3	20 989.2	21 971.6
湖 北	20 040.0	21 275.6	23 995.9	26 421.8
湖 南	21 420.0	23 162.6	25 064.2	26 924.0
广 东	28 613.3	30 197.9	30 924.3	34 424.1
广 西	17 268.5	18 348.6	20 159.4	21 590.9
海 南	19 015.5	20 371.9	22 971.2	25 316.7
重 庆	21 030.9	22 759.2	24 154.2	25 785.5
四 川	20 659.8	21 990.6	23 483.9	25 367.4
贵 州	19 201.7	20 347.8	20 787.9	21 402.4
云 南	18 622.4	19 559.7	21 626.4	23 454.9
西 藏	19 440.5	21 087.5	23 029.4	25 636.7
陕 西	19 368.9	20 388.2	21 966.4	23 514.3
甘 肃	19 539.2	20 659.4	22 606.0	24 453.9
青 海	20 853.2	21 473.0	22 997.5	23 799.2
宁 夏	20 364.2	20 219.5	21 976.7	24 161.0
新 疆	21 228.5	22 796.9	24 191.4	25 594.2

数据来源：国家统计局。

2016—2019 年分地区农村居民人均可支配收入

单位：元

地 区	2016 年	2017 年	2018 年	2019 年
全 国	12 363.4	13 432.4	14 617.0	16 020.7
北 京	22 309.5	24 240.5	26 490.3	28 928.4
天 津	20 075.6	21 753.7	23 065.2	24 804.1
河 北	11 919.4	12 880.9	14 030.9	15 373.1
山 西	10 082.5	10 787.5	11 750.0	12 902.4
内蒙古	11 609.0	12 584.3	13 802.6	15 282.8
辽 宁	12 880.7	13 746.8	14 656.3	16 108.3
吉 林	12 122.9	12 950.4	13 748.2	14 936.0
黑龙江	11 831.9	12 664.8	13 803.7	14 982.1
上 海	25 520.4	27 825.0	30 374.7	33 195.2
江 苏	17 605.6	19 158.0	20 845.1	22 675.4
浙 江	22 866.1	24 955.8	27 302.4	29 875.8
安 徽	11 720.5	12 758.2	13 996.0	15 416.0
福 建	14 999.2	16 334.8	17 821.2	19 568.4
江 西	12 137.7	13 241.8	14 459.9	15 796.3
山 东	13 954.1	15 117.5	16 297.0	17 775.5
河 南	11 696.7	12 719.2	13 830.7	15 163.7
湖 北	12 725.0	13 812.1	14 977.8	16 390.9
湖 南	11 930.4	12 935.8	14 092.5	15 394.8
广 东	14 512.2	15 779.7	17 167.7	18 818.4
广 西	10 359.5	11 325.5	12 434.8	13 675.7
海 南	11 842.9	12 901.8	13 988.9	15 113.1
重 庆	11 548.8	12 637.9	13 781.2	15 133.3
四 川	11 203.1	12 226.9	13 331.4	14 670.1
贵 州	8 090.3	8 869.1	9 716.1	10 756.3
云 南	9 019.8	9 862.2	10 767.9	11 902.4
西 藏	9 093.8	10 330.2	11 449.8	12 951.0
陕 西	9 396.4	10 264.5	11 212.8	12 325.7
甘 肃	7 456.9	8 076.1	8 804.1	9 628.9
青 海	8 664.4	9 462.3	10 393.3	11 499.4
宁 夏	9 851.6	10 737.9	11 707.6	12 858.4
新 疆	10 183.2	11 045.3	11 974.5	13 121.7

数据来源：国家统计局。

2016—2019年分地区农村居民人均消费支出

单位：元

地 区	2016年	2017年	2018年	2019年
全 国	10 129.8	10 954.5	12 124.3	13 327.7
北 京	17 329.0	18 810.5	20 195.3	21 881.0
天 津	15 912.1	16 385.9	16 863.3	17 843.3
河 北	9 798.3	10 535.9	11 382.8	12 372.0
山 西	8 028.8	8 424.0	9 172.2	9 728.4
内蒙古	11 462.6	12 184.4	12 661.5	13 816.0
辽 宁	9 953.1	10 787.3	11 455.0	12 030.2
吉 林	9 521.4	10 279.4	10 826.2	11 456.6
黑龙江	9 423.8	10 523.9	11 416.8	12 494.9
上 海	17 070.8	18 089.8	19 964.7	22 448.9
江 苏	14 428.2	15 611.5	16 567.0	17 715.9
浙 江	17 358.9	18 093.4	19 706.8	21 351.7
安 徽	10 287.3	11 106.1	12 748.1	14 545.8
福 建	12 910.8	14 003.4	14 942.8	16 281.4
江 西	9 128.3	9 870.4	10 885.2	12 496.7
山 东	9 518.9	10 342.1	11 270.1	12 308.9
河 南	8 586.6	9 211.5	10 392.0	11 546.0
湖 北	10 938.3	11 632.5	13 946.3	15 328.0
湖 南	10 629.9	11 533.6	12 720.5	13 968.8
广 东	12 414.8	13 199.6	15 411.3	16 949.4
广 西	8 351.2	9 436.6	10 617.0	12 045.0
海 南	8 921.2	9 599.4	10 955.8	12 417.5
重 庆	9 954.4	10 936.1	11 976.8	13 112.1
四 川	10 191.6	11 396.7	12 723.2	14 055.6
贵 州	7 533.3	8 299.0	9 170.2	10 221.7
云 南	7 330.5	8 027.3	9 122.9	10 260.2
西 藏	6 070.3	6 691.5	7 452.1	8 417.9
陕 西	8 567.7	9 305.6	10 070.8	10 934.7
甘 肃	7 487.0	8 029.7	9 064.6	9 694.0
青 海	9 222.2	9 902.7	10 352.4	11 343.1
宁 夏	9 138.4	9 982.1	10 789.6	11 464.6
新 疆	8 277.0	8 712.6	9 421.3	10 318.4

数据来源：国家统计局。

1978—2019年居民消费水平

年份	绝对数（元）			城乡消费水平对比（农村居民=1）	指数（上年=100）			指数(1978=100)		
	全体居民	城镇居民	农村居民		全体居民	城镇居民	农村居民	全体居民	城镇居民	农村居民
1978	183	387	138	2.8	104.1	102.2	104.5	100.0	100.0	100.0
1980	237	482	178	2.7	109.2	109.2	108.2	116.9	113.8	115.2
1985	437	734	345	2.1	112.6	109.0	113.8	181.3	140.9	191.6
1990	825	1 389	623	2.2	102.8	101.8	103.3	227.4	169.6	238.5
1995	2 317	4 699	1 342	3.5	108.3	109.5	105.1	340.2	294.9	287.8
2000	3 698	6 808	1 931	3.5	110.5	109.7	106.7	493.3	390.2	379.7
2001	3 954	7 109	2 048	3.5	105.9	103.6	104.7	522.4	404.1	397.6
2002	4 256	7 498	2 175	3.4	108.2	106.0	106.6	565.1	428.5	423.9
2003	4 542	7 812	2 313	3.4	105.4	103.1	104.7	595.6	441.6	443.6
2004	5 056	8 565	2 540	3.4	106.6	105.6	103.8	635.1	466.2	460.4
2005	5 671	9 472	2 805	3.4	109.5	108.3	106.8	695.7	505.2	491.8
2006	6 302	10 329	3 095	3.3	108.0	105.9	107.5	751.4	534.8	528.7
2007	7 434	11 981	3 579	3.3	112.5	111.0	109.0	844.9	593.9	576.0
2008	8 483	13 527	4 012	3.4	107.5	106.7	104.4	908.0	633.9	601.1
2009	9 226	14 447	4 341	3.3	110.5	108.4	110.5	1 003.7	686.9	663.9
2010	10 550	16 260	4 851	3.4	107.5	105.6	105.7	1 079.4	725.6	701.7
2011	12 646	18 968	5 996	3.2	109.8	107.4	111.5	1 185.6	779.3	782.1
2012	14 075	20 759	6 667	3.1	109.3	107.9	107.6	1 295.7	840.9	841.3
2013	15 615	22 583	7 524	3.0	108.1	106.1	109.8	1 400.9	891.9	923.4
2014	17 271	24 508	8 508	2.9	108.5	106.4	110.9	1 519.7	949.4	1 024.0
2015	18 929	26 413	9 365	2.8	109.6	107.7	110.1	1 665.8	1 022.8	1 127.9
2016	20 877	28 600	10 493	2.7	108.2	105.7	111.6	1 801.7	1 081.6	1 258.4
2017	23 070	30 959	11 940	2.6	106.7	104.5	110.2	1 922.9	1 130.0	1 386.4
2018	25 378	33 308	13 689	2.4	107.5	105.1	112.1	2 066.5	1 187.2	1 554.5
2019	27 563	35 625	15 163	2.3	106.0	104.3	108.2	2 190.2	1 238.7	1 682.5

数据来源：国家统计局。

注：1. 城乡消费水平对比没有剔除城乡价格不可比的因素（相关表同）。

2. 居民消费水平指按常住人口计算的人均居民消费支出（相关表同）。

2019年分地区居民消费价格分类指数

上年 =100

地区	总指数	食品烟酒	食品	奶类
全　国	102.9	107.0	109.2	101.6
北　京	102.3	105.2	106.2	101.0
天　津	102.7	104.6	106.0	101.6
河　北	103.0	105.9	107.6	100.4
山　西	102.7	106.3	108.0	101.0
内蒙古	102.4	105.4	107.1	100.2
辽　宁	102.4	106.1	107.8	101.6
吉　林	103.0	107.5	109.4	101.5
黑龙江	102.8	107.4	109.6	100.5
上　海	102.5	105.0	106.4	101.6
江　苏	103.1	107.1	109.5	104.0
浙　江	102.9	106.2	108.0	102.5
安　徽	102.7	107.1	109.6	100.8
福　建	102.6	107.3	110.0	102.4
江　西	102.9	107.8	110.6	101.3
山　东	103.2	107.9	110.6	101.0
河　南	103.0	107.4	110.0	100.6
湖　北	103.1	107.0	109.4	102.3
湖　南	102.9	107.3	109.9	100.9
广　东	103.4	108.1	110.3	101.9
广　西	103.7	109.5	112.9	101.3
海　南	103.4	108.1	110.5	99.2
重　庆	102.7	106.8	109.6	100.9
四　川	103.2	108.9	112.1	101.8
贵　州	102.4	106.4	108.3	100.0
云　南	102.5	106.6	109.1	100.3
西　藏	102.3	103.3	103.9	102.4
陕　西	102.9	105.6	107.2	103.0
甘　肃	102.3	105.4	107.5	101.3
青　海	102.5	105.3	106.3	97.9
宁　夏	102.1	104.8	106.0	101.5
新　疆	101.9	104.9	106.3	104.0

数据来源：国家统计局。

1978—2019年居民人均可支配收入和指数

单位：kg

年 份	全国居民人均可支配收入		城镇居民人均可支配收入		农村居民人均可支配收入	
	绝对数（元）	指数(1978=100)	绝对数（元）	指数(1978=100)	绝对数（元）	指数(1978=100)
1978	171.2	100.0	343.4	100.0	133.6	100.0
1980	246.8	131.6	477.6	127.0	191.3	139.0
1985	478.6	213.2	739.1	160.4	397.6	268.9
1990	903.9	243.8	1 510.2	198.1	686.3	311.2
1995	2 363.3	347.6	4 283.0	290.3	1 577.7	383.6
2000	3 721.3	500.7	6 255.7	382.3	2 282.1	489.6
2001	4 070.4	543.8	6 824.0	414.1	2 406.9	512.3
2002	4 531.6	610.4	7 652.4	469.1	2 528.9	539.2
2003	5 006.7	666.3	8 405.5	510.6	2 690.3	564.9
2004	5 660.9	725.1	9 334.8	549.0	3 026.6	606.1
2005	6 384.7	803.4	10 382.3	600.9	3 370.2	646.6
2006	7 228.8	896.2	11 619.7	662.5	3 731.0	697.6
2007	8 583.5	1 015.4	13 602.5	742.2	4 327.0	767.7
2008	9 956.5	1 112.2	15 549.4	803.5	4 998.8	833.1
2009	10 977.5	1 234.8	16 900.5	881.0	5 435.1	908.3
2010	12 519.5	1 363.3	18 779.1	948.5	6 272.4	1 012.1
2011	14 550.7	1 503.3	21 426.9	1 028.1	7 393.9	1 127.4
2012	16 509.5	1 662.5	24 126.7	1 126.8	8 389.3	1 248.1
2013	18 310.8	1 797.1	26 467.0	1 205.4	9 429.6	1 364.5
2014	20 167.1	1 940.5	28 843.9	1 287.1	10 488.9	1 490.5
2015	21 966.2	2 084.4	31 194.8	1 371.5	11 421.7	1 602.3
2016	23 821.0	2 216.1	33 616.2	1 448.0	12 363.4	1 702.1
2017	25 973.8	2 378.4	36 396.2	1 541.6	13 432.4	1 825.5
2018	28 228.0	2 532.1	39 250.8	1 627.6	14 617.0	1 945.3
2019	30 732.8	2 679.7	42 358.8	1 708.4	16 020.7	2 066.0

数据来源：国家统计局。

注：1. 本表2013-2019年人均可支配收入来源于住户收支与生活状况调查，1978—2012年数据是根据历史数据按住户收支与生活状况调查可比口径推算获得。可支配收入绝对数按当年价计算，指数按可比价计算。

2. 全国居民人均收入是根据全国十几万户抽样调查基础数据，依据每个样本户所代表的户数加权汇总而成。由于受城镇化和人口迁移等因素影响，各时期的分城乡、分地区人口构成发生变化，有时会导致全国居民收入增速超出分城乡居民收入增速区间的现象发生。全国居民收入增速快于分城乡居民收入增速的原因主要是在城镇化过程中，一部分在农村收入较高的人口进入城镇地区，但在城镇属于较低收入人群，他们的迁移对城乡居民收入均有拉低作用；但无论在城镇还是农村，其收入增长效应都会体现在全体居民收入增长中。

2017年全国各地区零售鲜奶平均价格（纯牛奶 利乐枕240mL月度）

单位：元

地区	1月	2月	3月	4月	5月	6月	7月	8月	9月	10月	11月	12月
北京	2.54	2.54	2.54	2.54	2.54	2.54	2.54	2.46	2.36	2.49	2.49	2.49
天津	1.98	1.97	1.96	2.04	2.06	1.99	1.84	2.03	1.97	2.09	1.80	2.05
河北	2.11	2.08	2.07	2.03	2.05	2.04	2.03	2.04	2.08	2.13	2.06	2.06
山西	2.49	2.49	2.49	2.50	2.52	2.52	2.52	2.52	2.52	2.52	2.52	2.56
内蒙古	2.54	2.53	2.53	2.53	2.54	2.53	2.53	2.53	2.54	2.53	2.53	2.52
辽宁	2.30	2.32	2.32	2.32	2.32	2.30	2.30	2.30	2.30	2.29	2.29	2.30
吉林	2.56	2.56	2.56	2.56	2.56	2.56	2.56	2.56	2.56	2.56	2.56	2.56
黑龙江	2.17	2.17	2.15	2.15	2.15	2.15	2.15	2.15	2.15	2.14	2.15	2.19
上海	2.75	2.83	2.89	2.89	2.69	2.69	2.69	2.69	2.69	2.79	2.72	2.72
江苏	2.43	2.43	2.42	2.42	2.42	2.38	2.39	2.40	2.48	2.40	2.40	2.40
浙江	2.17	2.16	2.15	2.17	2.14	2.14	2.13	2.14	2.15	2.15	2.15	2.16
安徽	2.46	2.46	2.46	2.45	2.45	2.45	2.45	2.45	2.45	2.48	2.50	2.48
福建												
江西	2.33	2.33	2.33	2.33	2.33	2.33	2.33	2.33	2.37	2.47	2.50	2.55
山东	2.55	2.55	2.55	2.55	2.55	2.55	2.55	2.55	2.55	2.55	2.55	2.55
河南	2.40	2.40	2.40	2.41	2.41	2.41	2.41	2.41	2.41	2.41	2.41	2.41
湖北	2.41	2.41	2.41	2.41	2.41	2.41	2.41	2.41	2.41	2.40	2.41	2.45
湖南	2.44	2.44	2.44	2.44	2.44	2.44	2.44	2.44	2.44	2.44	2.44	2.44
广东	2.65	2.53	2.53	2.58	2.62	2.68	2.70	2.65	2.78	2.77	2.68	2.65
广西	2.71	2.74	2.82	2.76	2.76	2.73	2.71	2.64	2.63	2.66	2.67	2.65
海南	2.86	2.84	2.82	2.83	2.87	2.87	2.87	2.96	2.96	2.91	2.86	2.86
重庆	2.32	2.32	2.32	2.32	2.32	2.32	2.32	2.32	2.32	2.32	2.32	2.32
四川	2.48	2.48	2.49	2.48	2.48	2.49	2.49	2.50	2.50	2.50	2.50	2.50
贵州	2.36	2.36	2.33	2.39	2.43	2.45	2.52	2.53	2.52	2.58	2.45	2.48
云南	2.70	2.70	2.74	2.78	2.75	2.69	2.70	2.70	2.70	2.70	2.70	2.70
西藏												
陕西	1.99	1.99	1.99	2.03	2.06	2.01	2.05	2.11	2.14	2.11	2.12	2.02
甘肃	2.45	2.46	2.46	2.46	2.50	2.50	2.50	2.50	2.48	2.40	2.40	2.39
青海	2.22	2.17	2.20	2.20	2.20	2.20	2.20	2.25	2.25	2.25	2.25	2.25
宁夏	2.23	2.23	2.23	2.23	2.23	2.24	2.24	2.24	2.24	2.24	2.24	2.24
新疆	2.14	2.15	2.14	2.12	2.12	2.12	2.12	2.12	2.12	2.13	2.14	2.13

数据来源：国家发改委。

2017年全国各地区零售鲜奶平均价格（纯牛奶 盒装250mL月度）

单位：元

地 区	1月	2月	3月	4月	5月	6月	7月	8月	9月	10月	11月	12月
北 京	2.95	2.82	2.74	2.74	2.73	2.73	2.73	2.86	2.92	2.98	3.01	3.01
天 津	2.56	2.72	2.67	2.92	2.56	2.47	2.25	2.25	2.50	2.63	2.39	2.40
河 北	2.89	2.88	2.90	2.90	2.88	2.78	2.77	2.76	2.76	2.79	2.78	2.78
山 西	2.67	2.67	2.67	2.74	2.78	2.78	2.78	2.78	2.78	2.78	2.78	2.80
内蒙古	3.62	3.69	3.75	3.73	3.75	3.71	3.70	3.70	3.72	3.70	3.75	3.72
辽 宁	2.78	2.79	2.79	2.78	2.76	2.74	2.74	2.74	2.72	2.77	2.77	2.77
吉 林	3.18	3.18	3.18	3.18	3.18	3.18	3.18	3.18	3.18	3.18	3.18	3.18
黑龙江	2.70	2.70	2.70	2.70	2.70	2.70	2.70	2.70	2.69	2.64	2.67	2.70
上 海	3.46	3.45	3.44	3.48	3.48	3.43	3.43	3.45	3.45	3.46	3.45	3.46
江 苏	3.35	3.35	3.34	3.37	3.37	3.30	3.30	3.29	3.27	3.30	3.28	3.30
浙 江	2.78	2.77	2.77	2.74	2.76	2.76	2.74	2.73	2.73	2.73	2.73	2.74
安 徽	2.76	2.76	2.76	2.73	2.71	2.71	2.71	2.71	2.71	2.70	2.69	2.66
福 建	2.74	2.78	2.79	2.76	2.78	2.77	2.76	2.74	2.78	2.87	2.90	2.90
江 西	3.00	3.00	3.00	3.00	3.00	3.00	3.00	3.00	3.04	3.16	3.21	3.27
山 东	2.93	2.93	2.93	2.93	2.93	2.93	2.93	2.93	2.93	2.93	2.93	2.93
河 南	2.79	2.79	2.79	2.79	2.79	2.79	2.79	2.79	2.79	2.79	2.79	2.79
湖 北	2.83	2.83	2.83	2.83	2.84	2.83	2.83	2.82	2.83	2.83	2.83	2.82
湖 南	2.55	2.55	2.55	2.55	2.55	2.55	2.55	2.55	2.55	2.55	2.55	2.55
广 东	2.66	2.62	2.64	2.69	2.71	2.72	2.77	2.77	2.80	2.78	2.77	2.79
广 西	2.71	2.76	2.82	2.76	2.75	2.73	2.77	2.81	2.81	2.81	2.78	2.77
海 南	2.77	2.82	2.85	2.84	2.86	2.86	2.86	2.82	2.79	2.86	2.79	2.76
重 庆	3.18	3.18	3.18	3.18	3.18	3.18	3.18	3.18	3.18	3.18	3.18	3.18
四 川	2.70	2.70	2.74	2.76	2.76	2.75	2.73	2.72	2.71	2.69	2.69	2.69
贵 州	2.65	2.61	2.66	2.61	2.59	2.69	2.69	2.68	2.69	2.69	2.67	2.72
云 南	3.03	3.03	3.03	3.03	3.02	3.02	3.02	3.02	3.00	3.01	3.01	3.01
西 藏	3.50	3.50	3.50	3.50	3.50	3.50	3.50	3.50	3.50	3.50	3.50	3.50
陕 西	2.63	2.63	2.63	2.64	2.62	2.66	2.62	2.62	2.58	2.63	2.62	2.61
甘 肃	3.34	3.34	3.34	3.34	3.20	3.13	3.13	3.13	3.12	3.09	3.16	3.28
青 海	3.10	3.18	3.06	2.84	3.05	3.23	3.25	3.25	3.25	3.25	3.25	3.25
宁 夏	2.85	2.85	2.85	2.85	2.85	2.86	2.86	2.86	2.86	2.86	2.86	2.86
新 疆	2.79	2.79	2.79	2.63	2.54	2.54	2.54	2.54	2.54	2.53	2.53	2.53

数据来源：国家发改委。

2017年全国各地区零售盒装婴幼儿配方乳粉平均价格（国产三段400g月度）

单位：元

地 区	1月	2月	3月	4月	5月	6月	7月	8月	9月	10月	11月	12月
北 京	52.50	52.50	52.50	52.50	52.17	52.11	52.00	51.78	51.67	51.56	51.53	51.70
天 津	61.59	60.67	60.84	56.75	61.84	61.84	61.84	59.16	61.84	61.62	61.84	61.84
河 北	69.67	69.75	69.65	69.60	69.60	69.60	69.60	69.60	69.60	69.60	69.60	69.70
山 西	68.77	68.77	68.77	68.77	68.77	68.77	68.77	68.77	68.77	68.77	68.77	68.75
内蒙古	54.46	54.46	54.46	54.46	54.46	54.46	54.46	54.46	54.46	54.46	54.46	54.46
辽 宁	62.79	62.58	62.58	62.58	62.58	62.58	62.58	62.58	62.58	62.88	62.88	62.88
吉 林	64.50	64.50	64.50	64.50	64.50	64.50	64.50	64.50	64.50	64.50	64.50	64.50
黑龙江	70.90	70.90	70.90	70.90	70.90	70.90	70.90	70.90	70.90	70.90	70.90	70.90
上 海	52.50	52.50	52.50	52.50	52.50	52.50	52.50	50.30	52.50	52.50	52.50	52.50
江 苏	59.02	59.02	59.00	61.29	62.19	63.09	63.22	62.94	62.12	62.62	63.15	63.44
浙 江	65.97	65.97	65.96	65.93	65.93	65.93	86.46	97.35	97.88	97.88	97.95	98.09
安 徽	56.51	56.51	56.51	58.77	60.36	59.50	59.50	59.50	59.50	59.39	59.34	59.01
福 建	55.78	55.78	55.80	56.53	56.53	56.35	55.97	55.97	55.97	55.97	56.53	56.53
江 西	61.09	61.09	61.09	61.09	61.09	61.09	61.09	61.09	60.97	60.56	60.23	59.64
山 东	59.24	59.24	59.24	59.24	59.24	59.24	59.24	59.24	59.24	59.24	59.24	59.24
河 南	65.01	65.01	65.01	74.41	93.29	93.29	64.91	64.91	64.91	65.10	66.03	66.99
湖 北	63.24	63.38	63.42	62.85	62.69	62.74	62.77	62.85	62.93	62.93	62.91	62.91
湖 南	54.57	54.57	54.57	54.57	54.57	54.57	54.57	54.57	54.57	54.57	54.57	54.57
广 东	58.43	59.36	59.03	60.14	63.19	63.44	63.16	63.01	62.99	63.14	63.45	63.17
广 西	68.36	68.36	68.33	68.25	68.11	67.99	67.71	67.69	67.72	67.72	67.72	67.81
海 南	72.79	72.79	72.62	72.62	72.54	72.54	72.74	72.74	72.79	72.79	72.79	72.93
重 庆	64.84	64.84	64.84	64.84	64.84	64.84	64.84	64.84	64.84	64.84	64.84	64.84
四 川	61.63	62.41	62.41	62.41	62.41	62.41	62.41	62.41	62.41	62.41	62.41	62.41
贵 州	70.44	72.62	72.62	72.62	72.62	72.94	75.78	75.78	75.78	75.78	72.75	72.75
云 南	88.64	88.55	88.62	88.62	88.62	88.62	88.62	88.70	88.87	88.87	88.74	88.57
西 藏	76.65	76.65	76.65	76.65	76.65	76.65	76.65	76.65	76.65	76.65	76.65	76.65
陕 西	72.00	72.00	72.00	72.94	72.94	72.34	72.71	72.38	72.99	73.02	73.07	73.59
甘 肃	100.56	100.56	100.56	100.56	100.56	102.97	102.97	102.97	102.97	102.97	102.97	102.97
青 海	42.50	42.50	42.50	42.50	42.50	42.50	42.50	42.50	42.50	42.50	42.50	42.50
宁 夏	82.45	82.45	83.20	83.20	83.20	83.20	83.20	83.20	83.14	83.03	83.03	83.03
新 疆	76.07	76.49	77.07	76.95	77.10	77.10	77.10	77.10	77.10	77.17	77.83	77.83

数据来源：国家发改委。

2017年全国各地区零售盒装婴幼儿配方乳粉平均价格(进口三段 400g 月度)

单位：元

地　区	1月	2月	3月	4月	5月	6月	7月	8月	9月	10月	11月	12月
北　京	74.56	74.56	74.56	74.56	74.39	74.28	74.06	74.23	74.12	74.34	74.00	73.84
天　津	90.59	91.70	92.25	92.25	92.25	91.29	91.29	91.29	91.28	91.25	91.25	91.89
河　北	79.89	79.89	79.89	79.89	79.89	79.89	79.89	79.89	79.89	79.89	79.89	80.72
山　西	80.96	80.96	80.96	80.96	80.96	80.96	80.96	80.96	80.96	80.96	80.96	80.96
内蒙古	100.37	100.37	100.37	100.37	100.37	100.37	100.37	100.37	100.37	100.37	100.37	100.37
辽　宁	76.99	76.74	76.74	76.74	77.02	77.59	77.59	77.59	77.59	77.70	77.70	77.70
吉　林	72.25	72.25	72.25	72.25	72.25	72.25	72.25	72.25	72.25	72.25	72.25	72.25
黑龙江	89.67	89.67	89.67	89.67	89.67	89.67	89.67	89.67	89.67	89.67	89.39	89.39
上　海	75.68	76.20	76.20	76.20	76.20	76.20	76.20	76.20	76.20	76.20	76.20	76.20
江　苏	72.36	72.36	71.99	70.08	69.44	69.81	70.43	69.74	69.57	69.31	70.17	70.57
浙　江	92.15	92.15	92.14	92.25	93.09	93.09	118.27	129.36	130.92	130.92	131.05	131.33
安　徽	77.18	77.18	77.18	82.70	86.62	82.99	82.99	82.99	82.99	82.99	82.99	83.24
福　建	73.46	73.33	73.33	73.31	73.08	72.44	73.37	73.42	73.05	72.87	72.15	72.07
江　西	72.90	72.90	72.90	72.90	72.90	72.90	72.90	72.90	72.81	72.38	72.17	71.58
山　东	73.15	73.15	73.15	73.15	73.15	73.15	73.15	73.15	73.15	73.15	73.15	73.15
河　南	81.20	81.20	81.20	83.85	85.56	85.56	85.56	85.56	85.56	85.73	86.62	86.89
湖　北	81.14	81.14	81.14	81.14	81.79	81.79	81.65	81.58	81.79	81.79	81.79	81.79
湖　南	70.11	70.11	70.11	70.11	70.11	70.11	70.11	70.11	70.11	70.11	70.11	70.11
广　东	74.58	74.79	74.90	74.90	75.77	75.77	75.67	75.77	75.69	75.77	76.26	75.84
广　西	96.23	94.98	94.98	95.53	96.75	96.74	96.74	96.83	96.80	96.80	96.72	96.90
海　南	74.94	75.34	75.93	75.34	74.68	74.68	75.25	75.25	75.25	75.25	75.30	75.20
重　庆	87.96	87.96	87.96	87.96	87.96	87.96	87.96	87.96	87.96	87.96	87.96	87.96
四　川	72.09	72.20	72.20	72.20	72.20	73.20	73.20	73.20	73.20	73.20	73.20	73.20
贵　州	106.58	111.50	111.67	114.50	114.50	114.50	114.50	114.50	114.50	114.50	114.50	113.50
云　南	156.79	156.79	156.79	156.79	156.54	156.54	156.54	156.54	156.54	156.54	156.54	156.54
西　藏	141.20	141.20	141.20	141.20	141.20	141.20	141.20	141.20	141.20	141.20	141.20	141.20
陕　西	95.61	95.61	95.61	94.77	95.03	95.40	95.40	95.41	95.42	95.42	94.91	94.28
甘　肃	137.67	137.67	137.67	137.67	137.67	137.67	137.67	137.67	137.67	137.67	137.67	137.67
青　海	57.71	59.18	59.18	59.18	59.18	59.18	59.18	59.18	59.18	59.18	59.18	59.18
宁　夏	130.39	130.39	131.39	131.39	131.39	131.39	131.39	131.39	131.83	132.72	132.72	132.72
新　疆	101.70	99.35	105.71	105.71	105.71	104.75	104.96	106.02	105.04	105.79	105.67	105.67

数据来源：国家发改委。

2018年全国各地区零售鲜奶平均价格（纯牛奶 利乐枕240mL月度）

单位：元

地　区	1月	2月	3月	4月	5月	6月	7月	8月	9月	10月	11月	12月
北　京	2.49	2.49	2.49	2.49	2.36	2.40	2.36	2.36	2.29	2.29	2.31	2.33
天　津	2.09	2.08	1.90	1.88	1.83	1.86	1.86	1.96	1.77	1.89	1.98	2.03
河　北	2.12	2.11	2.09	2.10	2.08	2.04	2.04	2.07	2.14	2.20	2.22	2.23
山　西	2.59	2.58	2.58	2.64	2.62	2.57	2.53	2.53	2.53	2.53	2.53	2.53
内蒙古	2.52	2.52	2.52	2.52	2.53	2.53	2.53	2.52	2.54	2.54	2.58	2.60
辽　宁	2.30	2.30	2.30	2.32	2.35	2.35	2.35	2.34	2.34	2.35	2.36	2.36
吉　林	2.56	2.56	2.56	2.56	2.56	2.56	2.57	2.54	2.54	2.57	2.57	2.57
黑龙江	2.19	2.19	2.21	2.18	2.18	2.17	2.19	2.19	2.17	2.17	2.16	2.15
上　海	2.72	2.72	2.72	2.78	2.72	2.72	2.67	2.64	2.67	2.72	2.77	2.77
江　苏	2.36	2.39	2.39	2.42	2.43	2.43	2.43	2.43	2.43	2.42	2.41	2.41
浙　江	2.16	2.16	2.15	2.15	2.20	2.15	2.13	2.15	2.15	2.11	2.07	2.04
安　徽	2.49	2.48	2.48	2.49	2.49	2.49	2.49	2.49	2.48	2.48	2.49	2.48
福　建												
江　西	2.60	2.61	2.62	2.53	2.78	2.79	2.90	2.97	2.97	2.92	2.83	2.83
山　东	2.55	2.55	2.55	2.55	2.54	2.54	2.54	2.54	2.54	2.54	2.53	2.54
河　南	2.41	2.41	2.41	2.41	2.40	2.39	2.39	2.39	2.39	2.39	2.39	2.39
湖　北	2.45	2.46	2.46	2.46	2.46	2.46	2.46	2.49	2.50	2.57	2.58	2.58
湖　南	2.45	2.45	2.45	2.45	2.55	2.56	2.56	2.54	2.53	2.54	2.54	2.54
广　东	2.85	2.95	2.72	2.42	2.38	2.52	2.73	2.32	2.20	2.20	2.20	2.23
广　西	2.69	2.62	2.69	2.72	2.68	2.73	2.72	2.70	2.70	2.72	2.66	2.64
海　南	2.90	2.87	2.87	2.89	2.86	2.86	2.86	2.86	2.86	2.90	2.96	2.96
重　庆	2.32	2.32	2.32	2.32	2.32	2.32	2.32	2.32	2.32	2.32	2.32	2.32
四　川	2.50	2.53	2.53	2.53	2.53	2.53	2.53	2.53	2.53	2.53	2.53	2.53
贵　州	2.54	2.59	2.55	2.56	2.53	2.49	2.47	2.47	2.47	2.47	2.48	2.51
云　南	2.70	2.71	2.70	2.71	2.73	2.84	2.86	2.83	2.83	2.83	2.83	2.83
西　藏												
陕　西	2.01	2.01	2.01	2.01	1.97	1.97	1.99	1.99	1.98	2.05	2.05	2.05
甘　肃	2.46	2.47	2.43	2.44	2.45	2.46	2.46	2.45	2.51	2.53	2.51	2.49
青　海	2.25	2.25	2.25	2.28	2.28	2.26	2.26	2.19	2.25	2.25	2.25	2.25
宁　夏	2.24	2.24	2.24	2.23	2.23	2.23	2.23	2.20	2.20	2.20	2.19	2.18
新　疆	2.14	2.14	2.15	2.17	2.20	2.18	2.18	2.19	2.19	2.16	2.16	2.16

数据来源：国家发改委。

2018年全国各地区零售鲜奶平均价格（纯牛奶 盒装250mL月度）

单位：元

地 区	1月	2月	3月	4月	5月	6月	7月	8月	9月	10月	11月	12月
北 京	3.44	3.44	3.44	3.42	3.39	3.39	3.26	3.26	3.14	3.14	3.01	3.01
天 津	2.67	2.92	2.68	2.96	2.84	2.77	2.65	2.71	2.60	2.64	2.82	2.59
河 北	2.62	2.66	2.68	2.75	2.75	2.70	2.72	2.75	2.76	2.79	2.87	2.87
山 西	2.81	2.81	2.81	2.83	2.80	2.79	2.79	2.79	2.79	2.79	2.79	2.79
内蒙古	3.69	3.63	3.63	3.65	3.66	3.68	3.66	3.66	3.63	3.65	3.68	3.68
辽 宁	2.77	2.77	2.77	2.77	2.77	2.77	2.77	2.81	2.81	2.82	2.83	2.83
吉 林	3.18	3.18	3.18	3.18	3.18	3.18	3.18	3.18	3.18	3.18	3.18	3.18
黑龙江	2.70	2.71	2.68	2.71	2.69	2.69	2.69	2.69	2.71	2.71	2.73	2.73
上 海	3.46	3.49	3.48	3.46	3.49	3.48	3.48	3.48	3.49	3.50	3.49	3.49
江 苏	3.32	3.32	3.31	3.36	3.35	3.40	3.40	3.40	3.41	3.40	3.40	3.49
浙 江	2.75	2.79	2.79	2.79	2.80	2.80	2.79	2.84	2.87	2.88	2.91	2.88
安 徽	2.62	2.65	2.65	2.66	2.66	2.66	2.66	2.66	2.67	2.67	2.67	2.69
福 建	2.86	2.85	2.82	2.79	2.77	2.82	2.84	2.88	2.92	2.93	2.93	2.93
江 西	3.31	3.33	3.34	3.45	3.18	3.17	3.05	2.99	2.99	2.99	2.99	2.99
山 东	2.93	2.93	2.93	2.93	2.93	2.93	2.93	2.94	2.96	2.96	2.96	2.96
河 南	2.79	2.79	2.79	2.79	2.78	2.77	2.77	2.77	2.78	2.79	2.79	2.79
湖 北	2.83	2.83	2.79	2.84	2.84	2.84	2.84	2.84	2.85	2.84	2.85	2.85
湖 南	2.56	2.56	2.56	2.56	2.56	2.57	2.58	2.58	2.58	2.58	2.58	2.58
广 东	2.76	2.78	2.78	2.71	2.61	2.57	2.61	2.65	2.65	2.70	2.70	2.73
广 西	2.81	2.73	2.78	2.85	2.81	2.87	2.86	2.84	2.82	2.85	2.87	2.88
海 南	2.89	2.96	2.96	3.03	3.03	3.02	3.05	3.04	3.04	3.04	3.02	3.02
重 庆	3.16	3.13	3.13	3.13	3.13	3.13	3.10	3.10	3.10	3.13	3.15	3.15
四 川	2.69	2.69	2.69	2.69	2.69	2.69	2.69	2.69	2.69	2.69	2.69	2.69
贵 州	2.69	2.67	2.68	2.78	2.80	2.74	2.74	2.74	2.74	2.74	2.74	2.74
云 南	3.02	3.02	3.02	3.02	3.00	3.46	3.25	3.18	3.18	3.18	3.18	3.18
西 藏	3.50	3.50	3.50	3.50	3.50	3.50	3.50	3.50	3.50	3.50	3.50	3.50
陕 西	2.54	2.52	2.55	2.52	2.51	2.55	2.54	2.53	2.55	2.55	2.55	2.55
甘 肃	3.32	3.31	3.35	3.35	3.25	3.21	3.22	3.31	3.28	3.30	3.30	3.30
青 海	3.25	3.10	3.18	3.25	3.25	3.25	3.25	3.24	3.23	3.23	3.23	3.23
宁 夏	2.86	2.86	2.86	2.86	2.86	2.86	2.86	2.74	2.74	2.70	2.69	2.68
新 疆	2.53	2.53	2.58	2.55	2.55	2.55	2.55	2.56	2.56	2.58	2.58	2.58

数据来源：国家发改委。

2018年全国各地区零售盒装婴幼儿配方乳粉平均价格(国产三段 400g 月度)

单位：元

地区	1月	2月	3月	4月	5月	6月	7月	8月	9月	10月	11月	12月
北京	51.81	51.70	51.81	51.70	51.92	51.56	51.37	51.09	50.92	52.42	53.17	53.17
天津	61.84	61.45	61.84	62.81	61.84	61.84	61.84	61.84	61.84	61.84	61.84	61.11
河北	69.75	69.75	69.75	69.75	69.00	65.00	66.80	65.00	65.00	65.00	65.00	65.00
山西	68.75	68.75	68.75	68.75	68.75	68.75	68.75	68.75	68.75	68.75	68.75	68.75
内蒙古	55.29	55.63	55.85	55.96	55.96	55.96	56.90	57.13	57.29	57.29	57.29	57.29
辽宁	62.92	63.12	63.21	63.21	63.21	63.21	63.21	63.41	63.41	63.41	63.41	63.71
吉林	64.50	64.50	64.50	64.50	64.50	64.50	64.50	64.50	64.50	64.50	64.50	64.50
黑龙江	70.96	70.96	70.96	70.96	71.17	71.27	71.27	71.27	71.67	72.48	72.77	72.92
上海	52.50	52.50	52.50	52.50	52.50	52.50	52.50	52.50	52.50	52.50	52.50	52.50
江苏	63.55	66.79	72.14	72.88	73.22	74.58	74.58	74.53	73.97	74.98	74.60	74.79
浙江	98.09	97.84	98.26	98.26	92.00	91.13	90.90	90.55	90.55	90.71	90.60	90.55
安徽	58.20	59.48	60.46	60.37	60.37	60.37	60.37	60.31	60.18	59.32	58.87	58.87
福建	56.56	56.62	55.96	54.18	54.06	54.10	55.30	54.17	54.12	54.27	54.55	54.27
江西	60.44	61.91	63.31	71.24	72.68	72.09	69.45	63.58	63.58	63.58	63.58	63.58
山东	59.24	59.24	59.24	59.24	59.24	59.24	59.24	59.31	59.50	59.81	60.36	60.36
河南	67.33	67.33	67.96	68.28	69.73	70.57	70.57	70.57	70.57	70.57	70.57	70.57
湖北	62.99	63.11	63.11	62.77	62.65	62.65	62.65	63.74	64.82	64.96	65.24	65.51
湖南	54.57	54.57	54.57	54.57	54.64	54.68	54.68	54.74	54.75	54.75	54.75	54.75
广东	63.45	63.45	63.42	63.45	63.84	63.59	63.59	63.59	63.59	63.59	63.59	63.61
广西	67.86	67.47	67.85	67.97	67.88	67.86	67.86	67.86	67.86	68.04	68.01	67.96
海南	72.79	72.79	72.79	72.79	72.79	72.79	72.79	72.79	72.79	72.79	72.79	72.79
重庆	64.84	64.84	64.84	64.84	64.84	64.84	64.84	64.84	64.84	64.84	64.84	64.84
四川	62.41	62.60	62.99	62.99	62.99	63.16	63.10	62.99	62.99	63.24	63.24	63.24
贵州	71.20	71.48	72.07	71.14	70.44	70.99	71.77	72.21	71.87	71.21	71.87	71.84
云南	91.99	80.73	80.75	80.75	80.75	73.25	71.26	81.39	81.39	82.10	82.10	82.36
西藏	76.65	76.65	76.65	78.98	83.65	83.65	83.65	83.65	83.65	83.65	83.65	83.65
陕西	73.32	72.98	74.06	73.06	73.00	72.98	72.78	72.93	72.93	72.78	73.17	73.85
甘肃	95.10	89.40	80.84	80.84	102.11	102.11	102.11	102.11	100.62	101.09	101.09	103.50
青海	42.50	42.50	42.50	42.50	42.50	42.50	42.50	45.17	46.50	46.50	46.50	44.20
宁夏	83.03	84.87	84.59	84.03	84.03	84.03	84.03	84.03	84.03	84.03	84.09	84.20
新疆	78.33	78.91	79.08	79.20	79.35	79.33	78.58	99.03	140.18	142.49	142.49	142.49

数据来源：国家发改委。

2018年全国各地区零售盒装婴幼儿配方乳粉平均价格(进口三段 400g 月度)

单位：元

地区	1月	2月	3月	4月	5月	6月	7月	8月	9月	10月	11月	12月
北京	73.84	73.84	73.67	73.62	73.73	73.84	73.95	73.56	73.56	73.56	73.56	73.56
天津	78.60	73.23	73.23	73.23	73.46	73.93	73.93	73.93	73.93	73.93	73.93	73.93
河北	82.39	82.39	82.39	82.39	81.83	81.55	81.46	81.55	81.55	81.55	81.55	81.55
山西	80.96	80.96	80.96	80.96	80.96	80.96	80.96	80.96	80.96	80.96	80.96	80.96
内蒙古	100.37	100.37	100.37	100.37	100.37	100.37	100.37	100.37	100.37	100.37	100.37	100.37
辽宁	77.74	77.94	78.03	78.03	78.03	78.03	78.03	79.03	79.03	79.06	79.13	79.63
吉林	72.25	72.25	72.25	72.25	72.25	72.25	72.25	72.25	72.25	72.25	72.25	72.25
黑龙江	88.76	88.75	88.72	88.72	88.72	88.72	88.72	88.72	88.72	88.75	88.76	88.76
上海	76.20	76.20	76.20	76.20	72.75	71.90	71.90	71.90	71.90	71.90	71.90	71.90
江苏	70.84	70.22	71.22	71.96	72.91	73.89	74.66	74.52	74.56	74.77	74.56	74.56
浙江	131.33	131.36	131.54	131.60	123.01	121.67	121.67	119.04	119.04	119.05	118.39	118.17
安徽	83.87	83.14	92.18	96.84	96.84	96.84	96.84	97.04	97.44	99.31	100.33	100.56
福建	72.18	72.11	73.20	73.32	73.33	74.65	74.50	74.93	74.42	74.54	74.54	74.47
江西	72.77	74.79	76.08	81.71	96.05	95.55	93.35	86.31	86.31	86.31	86.31	86.31
山东	73.15	73.15	73.15	73.15	73.13	73.12	73.12	73.23	73.63	76.32	81.51	81.51
河南	87.16	87.70	87.85	87.92	92.85	95.31	95.31	95.31	95.31	95.31	95.31	95.31
湖北	81.96	82.38	82.69	82.16	82.16	82.16	81.89	83.46	83.89	84.08	83.96	83.96
湖南	70.11	70.11	70.11	70.11	70.11	70.11	70.11	70.11	70.11	70.11	70.83	70.93
广东	75.80	75.91	76.09	75.88	76.67	76.21	76.90	76.90	76.90	76.90	76.90	77.04
广西	96.62	96.80	100.51	100.27	100.40	100.47	100.40	100.47	100.47	100.40	100.47	100.52
海南	75.68	75.39	75.12	75.09	75.33	75.87	76.09	76.28	76.28	76.40	78.59	79.48
重庆	87.96	87.96	87.96	87.96	87.96	87.96	87.96	87.96	87.96	87.96	87.96	87.96
四川	73.20	73.35	73.42	73.42	73.31	73.09	73.09	73.09	73.09	72.75	72.75	72.75
贵州	114.50	114.50	113.72	112.17	112.17	114.56	114.50	114.50	114.50	114.50	114.50	114.50
云南	158.04	161.79	161.79	161.79	161.79	137.50	130.72	162.21	162.21	163.59	163.67	165.57
西藏	141.20	141.20	141.20	141.20	141.20	141.20	141.20	141.20	141.20	141.20	141.20	141.20
陕西	95.08	95.44	95.57	95.54	95.54	95.55	95.43	95.52	95.44	94.52	94.64	95.07
甘肃	140.31	140.81	137.35	137.49	153.32	153.32	153.32	153.32	153.32	153.32	153.32	153.32
青海	59.18	59.18	59.18	57.23	57.23	57.23	57.23	57.23	57.23	57.23	57.23	57.23
宁夏	132.72	132.72	133.61	141.28	145.22	145.22	145.22	133.39	133.39	133.39	133.39	133.39
新疆	105.67	105.67	103.47	102.37	104.46	103.47	105.67	122.60	154.63	153.71	156.46	154.63

数据来源：国家发改委。

2019年全国各地区零售鲜奶平均价格（纯牛奶 利乐枕240mL 月度）

单位：元

地区	1月	2月	3月	4月	5月	6月	7月	8月	9月	10月	11月	12月
北京	2.49	2.49	2.44	2.29	2.30	2.31	2.30	2.43	2.40	2.42	2.44	2.41
天津	2.09	2.19	2.09	2.08	2.13	2.05	1.92	1.97	2.10	2.19	2.38	2.31
河北	2.23	2.23	2.17	2.08	2.07	2.07	2.07	2.10	2.25	2.27	2.25	2.22
山西	2.53	2.53	2.53	2.53	2.53	2.53	2.53	2.53	2.53	2.53	2.53	2.53
内蒙古	2.66	2.65	2.65	2.66	2.65	2.63	2.60	2.59	2.63	2.63	2.62	2.63
辽宁	2.37	2.38	2.38	2.38	2.38	2.38	2.38	2.38	2.39	2.40	2.41	2.41
吉林	2.57	2.57	2.57	2.57	2.57	2.57	2.57	2.57	2.57	2.57	2.57	2.57
黑龙江	2.15	2.16	2.16	2.17	2.17	2.18	2.20	2.18	2.20	2.16	2.12	2.13
上海	2.85	2.82	2.79	2.78	2.78	2.78	2.78	2.78	2.78	2.81	2.83	2.83
江苏	2.41	2.41	2.41	2.37	2.38	2.38	2.38	2.40	2.40	2.41	2.42	2.43
浙江	2.03	2.03	2.03	2.03	2.03	2.03	2.03	2.06	2.06	2.08	2.08	2.08
安徽	2.49	2.49	2.49	2.48	2.49	2.57	2.53	2.55	2.59	2.59	2.59	2.61
福建												
江西	2.83	2.83	2.83	2.83	2.84	2.84	2.84	2.84	2.84	2.84	2.84	2.84
山东	2.54	2.56	2.56	2.56	2.57	2.57	2.57	2.57	2.57	2.57	2.57	2.57
河南	2.39	2.39	2.39	2.39	2.39	2.39	2.36	2.36	2.30	2.30	2.30	2.27
湖北	2.58	2.58	2.57	2.60	2.60	2.62	2.60	2.60	2.60	2.61	2.62	2.63
湖南	2.54	2.54	2.54	2.54	2.54	2.56	2.58	2.58	2.58	2.58	2.51	2.51
广东	2.25	2.25	2.22	2.12	2.20	2.40	2.53	2.68	2.75	2.73	3.22	2.92
广西	2.66	2.64	2.64	2.61	2.61	2.62	2.62	2.63	2.66	2.67	2.69	2.68
海南	3.02	3.05	3.01	3.05	3.04	3.02	2.99	3.01	3.01	3.01	3.01	3.02
重庆	2.32	2.32	2.32	2.32	2.32	2.32	2.32	2.32	2.32	2.32	2.32	2.32
四川	2.53	2.53	2.54	2.57	2.62	2.63	2.64	2.62	2.61	2.62	2.61	2.61
贵州	2.50	2.49	2.55	2.59	2.57	2.60	2.60	2.58	2.63	2.64	2.63	2.64
云南	2.83	2.83	2.83	2.83	2.95	3.02	2.97	2.83	2.83	2.83	2.83	2.83
西藏												
陕西	2.05	2.04	2.03	2.04	2.03	2.04	2.04	2.05	2.05	2.05	2.04	2.04
甘肃	2.51	2.55	2.48	2.51	2.49	2.50	2.47	2.47	2.47	2.50	2.53	2.55
青海	2.25	2.25	2.25	2.25	2.25	2.25	2.25	2.25	2.25	2.25	2.25	2.25
宁夏	2.18	2.18	2.18	2.18	2.18	2.18	2.18	2.18	2.18	2.18	2.18	2.19
新疆	2.13	2.13	2.13	2.13	2.13	2.13	2.13	2.13	2.13	2.13	2.13	2.13

数据来源：国家发改委。

2019年全国各地区零售鲜奶平均价格（纯牛奶 盒装250mL月度）

单位：元

地区	1月	2月	3月	4月	5月	6月	7月	8月	9月	10月	11月	12月
北京	3.23	3.30	3.30	3.02	3.09	3.13	3.02	2.99	3.08	3.10	3.07	3.01
天津	2.40	2.41	2.41	2.57	2.63	2.68	2.75	2.61	2.44	2.75	2.85	2.60
河北	2.85	2.85	2.83	2.92	2.93	2.91	2.92	2.90	3.02	3.04	3.01	3.02
山西	2.79	2.79	2.79	2.79	2.79	2.79	2.79	2.79	2.79	2.79	2.79	2.79
内蒙古	3.92	3.77	3.70	3.72	3.61	3.60	3.61	3.75	3.78	3.78	3.69	3.64
辽宁	2.83	2.83	2.83	2.83	2.83	2.83	2.83	2.83	2.83	2.82	2.83	2.83
吉林	3.18	3.18	3.18	3.18	3.18	3.18	3.18	3.18	3.18	3.18	3.18	3.18
黑龙江	2.73	2.74	2.75	2.75	2.75	2.75	2.76	2.75	2.71	2.70	2.71	2.71
上海	3.59	3.65	3.67	3.63	3.61	3.61	3.61	3.61	3.61	3.61	3.61	3.61
江苏	3.45	3.47	3.44	3.51	3.51	3.50	3.47	3.48	3.48	3.50	3.50	3.52
浙江	2.91	2.90	2.91	2.89	2.80	2.78	2.85	2.85	2.85	2.87	2.85	2.83
安徽	2.69	2.69	2.69	2.69	2.70	2.81	2.82	2.84	2.84	2.84	2.83	2.85
福建	2.93	2.92	2.87	2.84	2.85	2.84	2.93	2.92	2.96	2.98	2.98	2.93
江西	2.99	2.99	3.02	3.09	3.11	3.11	3.11	3.11	3.12	3.13	3.12	3.12
山东	2.97	2.97	2.96	2.96	2.97	2.97	2.97	2.97	2.97	2.97	2.97	2.97
河南	2.79	2.79	2.79	2.79	2.79	2.79	2.79	2.81	2.79	2.80	2.80	2.78
湖北	2.85	2.85	2.83	2.84	2.82	2.82	2.82	2.82	2.80	2.80	2.82	2.86
湖南	2.60	2.60	2.60	2.60	2.60	2.59	2.59	2.58	2.58	2.61	2.66	2.66
广东	2.72	2.70	2.68	2.66	2.65	2.66	2.69	2.68	2.65	2.70	2.69	2.73
广西	2.89	2.87	2.87	2.86	2.86	2.86	2.87	2.86	2.88	2.84	2.85	2.84
海南	3.08	3.12	3.07	3.09	3.09	3.07	3.04	3.07	3.07	3.09	3.09	3.10
重庆	3.15	3.15	3.13	3.13	3.16	3.18	3.18	3.18	3.18	3.18	3.18	3.18
四川	2.69	2.69	2.70	2.72	2.77	2.78	2.77	2.76	2.78	2.80	2.78	2.79
贵州	2.77	2.76	2.72	2.76	2.80	2.80	2.79	2.79	2.79	2.79	2.80	2.77
云南	3.18	3.18	3.18	3.18	3.18	3.19	3.18	3.18	3.18	3.18	3.18	3.18
西藏	3.50	3.50	3.50	3.50	3.50	3.50	3.50	3.50	3.50	3.50	3.50	3.50
陕西	2.55	2.55	2.55	2.55	2.55	2.56	2.56	2.56	2.56	2.55	2.55	2.54
甘肃	3.30	3.30	3.10	3.11	3.11	3.08	3.12	3.13	3.13	3.14	3.14	3.14
青海	3.23	3.23	3.23	3.23	3.23	3.23	3.23	3.23	3.23	3.23	3.23	3.23
宁夏	2.68	2.68	2.68	2.68	2.68	2.68	2.68	2.68	2.68	2.68	2.68	2.69
新疆	2.61	2.61	2.61	2.61	2.57	2.55	2.55	2.55	2.55	2.55	2.55	2.55

数据来源：国家发改委。

2019年全国各地区零售盒装婴幼儿配方乳粉平均价格（国产三段400g 月度）

单位：元

地 区	1月	2月	3月	4月	5月	6月	7月	8月	9月	10月	11月	12月
北 京	53.17	53.17	53.17	53.17	53.17	53.17	53.17	53.17	53.67	53.84	54.17	54.17
天 津	57.88	57.88	59.27	60.26	57.57	57.29	57.29	59.97	60.56	58.75	59.17	60.00
河 北	65.00	65.00	65.00	64.73	64.60	64.60	64.60	64.60	64.60	64.60	64.60	64.60
山 西	68.75	68.75	68.75	68.75	68.75	68.75	68.75	68.75	68.75	68.75	68.75	68.75
内蒙古	57.29	57.29	57.29	57.29	57.29	57.29	57.29	57.29	57.29	57.40	57.46	57.46
辽 宁	63.71	63.71	63.71	63.71	63.71	63.71	63.71	63.87	63.95	63.95	63.95	63.95
吉 林	64.50	64.50	64.50	64.50	64.50	64.50	64.50	64.50	64.50	64.50	64.50	64.50
黑龙江	72.75	72.67	72.67	72.67	72.67	72.67	72.67	72.77	72.84	72.48	72.30	72.30
上 海	52.50	52.50	52.50	52.50	52.50	52.50	52.50	52.50	52.50	52.50	52.50	52.50
江 苏	75.00	75.00	74.26	74.40	74.41	74.44	74.50	74.54	74.57	74.59	74.59	75.05
浙 江	89.84	90.53	90.55	90.53	90.49	90.67	90.67	90.38	90.65	90.79	90.92	90.92
安 徽	58.87	58.87	58.87	59.05	59.14	59.14	57.93	57.93	58.33	58.33	58.33	58.33
福 建	56.02	56.15	57.25	56.05	59.42	53.92	56.07	57.66	57.44	55.59	56.09	55.32
江 西	63.58	63.58	63.58	63.58	63.58	63.58	63.58	63.58	63.69	63.75	63.75	63.75
山 东	60.45	60.61	60.61	60.95	60.95	61.48	62.96	62.96	62.96	62.96	65.25	65.25
河 南	70.57	70.57	70.82	70.93	70.93	70.93	71.54	67.51	77.84	82.66	85.98	85.73
湖 北	65.77	65.77	65.77	65.77	65.73	64.82	65.78	65.77	65.77	65.77	65.82	65.93
湖 南	54.75	54.75	54.75	54.75	54.75	54.75	54.75	54.81	55.03	55.03	55.03	55.03
广 东	63.62	63.62	63.49	63.37	63.62	63.03	63.41	63.74	63.87	63.87	63.87	63.87
广 西	68.04	68.04	68.07	67.92	67.89	67.51	66.75	66.96	66.98	66.97	66.98	67.00
海 南	72.79	72.79	72.84	72.79	72.79	72.79	72.79	74.15	75.12	75.23	74.65	75.02
重 庆	66.59	66.59	66.59	66.59	66.59	66.59	68.84	68.84	68.84	68.84	68.84	68.84
四 川	63.24	63.24	63.13	62.85	62.72	62.80	62.80	62.80	62.74	62.72	62.71	62.71
贵 州	72.58	72.76	69.88	67.87	69.93	69.90	70.06	71.33	71.40	71.37	71.02	70.45
云 南	82.14	82.14	82.14	82.39	82.56	83.50	83.31	83.31	83.31	83.47	83.54	83.52
西 藏	83.65	83.65	83.65	83.65	83.65	83.65	83.65	83.65	83.65	83.65	83.65	83.65
陕 西	73.31	73.28	73.20	73.21	73.38	73.64	73.98	74.02	74.02	74.02	73.97	73.96
甘 肃	103.50	103.50	103.50	103.50	103.50	102.70	102.72	102.75	103.24	106.64	108.13	108.09
青 海	46.50	46.50	46.50	47.58	49.58	50.67	53.50	56.58	56.75	56.75	56.75	56.75
宁 夏	84.20	84.20	84.20	84.20	84.20	84.20	84.20	84.20	84.20	84.20	84.20	84.01
新 疆	140.97	140.12	141.99	141.99	141.99	141.83	142.74	142.74	142.74	142.74	142.74	142.74

数据来源：国家发改委。

2019年全国各地区零售盒装婴幼儿配方乳粉平均价格（进口三段 400g 月度）

单位：元

地区	1月	2月	3月	4月	5月	6月	7月	8月	9月	10月	11月	12月
北京	73.56	73.56	73.56	81.14	82.81	82.81	83.14	83.31	87.67	93.73	96.65	99.98
天津	73.93	73.93	73.93	73.38	73.10	73.10	73.10	73.10	73.10	73.10	73.10	73.10
河北	81.55	81.55	81.55	81.55	81.55	81.55	81.55	81.55	81.55	81.55	81.55	81.55
山西	80.96	80.96	80.96	80.96	80.96	80.96	80.96	80.96	80.96	80.96	80.96	80.96
内蒙古	100.37	100.37	100.37	100.37	100.37	100.37	100.37	100.37	100.37	100.37	100.37	100.37
辽宁	79.63	79.63	79.63	79.63	79.63	79.63	79.63	79.77	79.84	79.84	79.84	79.84
吉林	72.25	72.25	72.25	72.25	72.25	72.25	72.25	72.25	72.25	72.25	72.25	72.25
黑龙江	89.29	89.13	88.92	88.92	88.92	88.87	88.92	89.36	89.94	89.80	89.69	90.27
上海	71.90	71.90	71.90	71.90	71.90	71.90	71.90	71.90	71.90	71.90	71.90	71.90
江苏	74.56	74.56	74.56	74.11	74.59	75.77	75.77	75.33	74.92	75.33	75.77	75.77
浙江	118.17	118.17	118.25	121.72	128.54	128.54	128.54	128.57	128.62	128.68	128.72	128.97
安徽	100.70	100.70	100.70	100.96	101.09	100.89	101.02	101.09	101.09	101.09	101.09	101.09
福建	75.07	74.79	74.87	74.02	74.80	74.84	74.77	74.44	73.71	74.08	73.67	73.75
江西	86.31	86.31	86.53	86.98	86.98	86.98	86.98	86.98	86.98	86.98	87.59	87.89
山东	81.61	81.81	82.14	82.14	82.16	86.32	94.96	95.68	96.04	96.04	107.29	107.29
河南	95.33	95.36	95.66	95.79	95.79	95.79	95.79	96.23	134.22	139.19	139.56	139.86
湖北	83.96	83.96	83.96	83.93	83.90	83.17	83.87	83.87	83.87	83.87	83.87	83.87
湖南	71.15	71.23	71.23	71.23	71.23	71.24	71.27	71.30	71.36	71.36	71.36	71.36
广东	77.63	78.59	78.59	78.59	78.59	78.59	78.59	78.47	78.47	78.47	77.97	77.97
广西	99.39	100.47	100.47	99.88	99.81	99.67	99.39	99.39	99.39	99.37	99.39	99.34
海南	82.14	83.48	85.18	83.48	83.48	83.48	83.48	84.67	85.73	85.73	85.73	88.80
重庆	86.81	86.81	86.81	86.81	86.81	86.81	86.81	86.81	86.81	86.81	86.81	86.81
四川	72.75	72.75	72.48	71.84	71.80	71.80	72.55	72.70	72.86	72.86	72.86	72.86
贵州	114.50	119.94	154.58	162.21	144.93	144.86	146.03	147.25	144.89	145.18	144.85	144.03
云南	168.79	168.79	168.79	169.54	160.68	161.70	168.88	168.89	168.89	169.22	169.39	169.39
西藏	141.20	141.20	141.20	141.20	141.20	141.20	141.20	141.20	141.20	141.20	141.20	141.20
陕西	94.99	94.96	95.16	95.06	95.23	95.70	96.02	95.99	95.99	95.99	95.99	95.99
甘肃	153.32	153.32	153.32	153.32	153.32	155.60	161.16	163.07	163.07	162.77	163.07	163.07
青海	57.23	57.23	57.23	58.31	60.31	61.56	64.48	67.56	67.73	67.73	67.73	67.73
宁夏	133.39	133.39	133.39	133.39	133.39	133.39	133.39	133.39	133.39	133.39	133.39	133.31
新疆	163.21	162.29	162.36	162.36	162.28	162.24	162.24	162.24	161.45	159.86	160.69	162.36

数据来源：国家发改委。

【含乳饮料和植物蛋白饮料制造业】

2012—2019 年全国含乳饮料和植物蛋白饮料制造业基本经营情况

分 项	单位	2012 年	2013 年	2014 年	2015 年	2016 年	2017 年	2018 年	2019 年
企业单位数	个	202	211	246	265	286	297	293	270
亏损企业数	个	15	11	13	15	14	20	40	37
资产总计	亿元	439.4	570.8	658.2	741.6	817.4	798.2	859.5	804.1
负债合计	亿元	177.2	242.5	261.6	306.8	370.5	335.4	327.4	328.1
营业收入	亿元	748.9	895.2	1 039.2	1 132.9	1 147.9	1 164.7	978.3	972.8
利润总额	亿元	100.7	125.4	126.3	149.6	159.3	133.6	116.7	95.0

资料来源：国家统计局。

【社会经济综合指标】

1978—2019年国内生产总值

单位：亿元

年 份	国民总收入	国内生产总值	按产业分				人均国内生产总值（元）	人均国民总收入（元）
			第一产业	第二产业	第三产业	农林牧渔业		
1978	3 678.7	3 678.7	1 018.5	1 755.1	905.1	1 027.5	385	385
1979	4 100.5	4 100.5	1 259.0	1 925.3	916.1	1 270.2	423	423
1980	4 587.6	4 587.6	1 359.5	2 204.7	1 023.4	1 371.6	468	468
1981	4 933.7	4 935.8	1 545.7	2 269.0	1 121.1	1 559.4	497	496
1982	5 380.5	5 373.4	1 761.7	2 397.6	1 214.0	1 777.3	533	533
1983	6 043.8	6 020.9	1 960.9	2 663.0	1 397.1	1 978.3	588	591
1984	7 314.2	7 278.5	2 295.6	3 124.7	1 858.2	2 316.0	702	705
1985	9 123.6	9 098.9	2 541.7	3 886.4	2 670.8	2 564.3	866	868
1986	10 375.4	10 376.2	2 764.1	4 515.1	3 097.0	2 788.6	973	973
1987	12 166.6	12 174.6	3 204.5	5 273.8	3 696.3	3 232.9	1 123	1 122
1988	15 174.4	15 180.4	3 831.2	6 607.2	4 742.0	3 865.2	1 378	1 377
1989	17 188.4	17 179.7	4 228.2	7 300.7	5 650.8	4 265.8	1 536	1 537
1990	18 923.3	18 872.9	5 017.2	7 744.1	6 111.6	5 061.8	1 663	1 667
1991	22 050.3	22 005.6	5 288.8	9 129.6	7 587.2	5 341.9	1 912	1 916
1992	27 208.2	27 194.5	5 800.3	11 725.0	9 669.2	5 866.2	2 334	2 336
1993	35 599.2	35 673.2	6 887.6	16 472.7	12 313.0	6 963.3	3 027	3 021
1994	48 548.2	48 637.5	9 471.8	22 452.5	16 713.1	9 572.1	4 081	4 073
1995	60 356.6	61 339.9	12 020.5	28 676.7	20 642.7	12 135.1	5 091	5 009
1996	70 779.6	71 813.6	13 878.3	33 827.3	24 108.0	14 014.7	5 898	5 813
1997	78 802.9	79 715.0	14 265.2	37 545.0	27 904.8	14 440.8	6 481	6 406
1998	83 817.6	85 195.5	14 618.7	39 017.5	31 559.3	14 816.4	6 860	6 749
1999	89 366.5	90 564.4	14 549.0	41 079.9	34 935.5	14 768.7	7 229	7 134
2000	99 066.1	100 280.1	14 717.4	45 663.7	39 899.1	14 943.6	7 942	7 846
2001	109 276.2	110 863.1	15 502.5	49 659.4	45 701.2	15 780.0	8 717	8 592
2002	120 480.4	121 717.4	16 190.2	54 104.1	51 423.1	16 535.7	9 506	9 410
2003	136 576.3	137 422.0	16 970.2	62 695.8	57 756.0	17 380.6	10 666	10 600
2004	161 415.4	161 840.2	20 904.3	74 285.0	66 650.9	21 410.7	12 487	12 454
2005	185 998.9	187 318.9	21 806.7	88 082.2	77 430.0	22 416.2	14 368	14 267
2006	219 028.5	219 438.5	23 317.0	104 359.2	91 762.2	24 036.4	16 738	16 707
2007	270 704.0	270 092.3	27 674.1	126 630.5	115 787.7	28 483.7	20 494	20 541
2008	321 229.5	319 244.6	32 464.1	149 952.9	136 827.5	33 428.1	24 100	24 250
2009	347 934.9	348 517.7	33 583.8	160 168.8	154 765.1	34 659.7	26 180	26 136
2010	410 354.1	412 119.3	38 430.8	191 626.5	182 061.9	39 619.0	30 808	30 676
2011	483 392.8	487 940.2	44 781.5	227 035.1	216 123.6	46 122.6	36 302	35 963
2012	537 329.0	538 580.0	49 084.6	244 639.1	244 856.2	50 581.2	39 874	39 782
2013	588 141.2	592 963.2	53 028.1	261 951.6	277 983.5	54 692.4	43 684	43 329
2014	644 380.2	643 563.1	55 626.3	277 282.8	310 654.0	57 472.2	47 173	47 233
2015	686 255.7	688 858.2	57 774.6	281 338.9	349 744.7	59 852.6	50 237	50 047
2016	743 408.3	746 395.1	60 139.2	295 427.8	390 828.1	62 451.0	54 139	53 922
2017	831 381.2	832 035.9	62 099.5	331 580.5	438 355.9	64 660.0	60 014	59 967
2018	914 327.1	919 281.1	64 745.2	364 835.2	489 700.8	67 558.7	66 006	65 650
2019	988 528.9	990 865.1	70 466.7	386 165.3	534 233.1	73 567.1	70 892	70 725

数据来源：国家统计局。

注：1980年以后国民总收入（原称国民生产总值）与国内生产总值的差额为国外净要素收入。

1978—2019年农林牧渔业总产值及指数

单位：亿元

年 份	绝对数（亿元）					指 数（上年 =100)				
	农林牧渔业总产值	农业	林业	牧业	渔业	农林牧渔业总产值	农业	林业	牧业	渔业
1978	1 397.0	1 117.5	48.1	209.3	22.1					
1980	1 922.6	1 454.1	81.4	354.2	32.9	101.4	99.7	112.2	107.0	107.7
1985	3 619.5	2 506.4	188.7	798.3	126.1	103.4	99.8	104.5	117.2	118.9
1990	7 662.1	4 954.3	330.3	1 967.0	410.6	107.6	108.0	103.1	107.0	110.0
1995	20 340.9	11 884.6	709.9	6 045.0	1 701.3	110.9	107.9	105.0	114.8	119.4
2000	24 915.8	13 873.6	936.5	7 393.1	2 712.6	103.6	101.4	105.4	106.3	106.5
2005	39 450.9	19 613.4	1 425.5	13 310.8	4 016.1	105.7	104.1	103.2	107.8	106.5
2006	40 810.8	21 522.3	1 610.8	12 083.9	3 970.5	105.4	105.4	105.6	105.0	106.0
2007	48 651.8	24 444.7	1 889.9	16 068.6	4 427.9	103.9	103.7	109.8	103.2	104.0
2008	57 420.8	27 679.9	2 180.3	20 354.2	5 137.5	105.6	104.6	108.0	106.7	105.8
2009	59 311.3	29 983.8	2 324.4	19 184.6	5 514.7	104.6	103.4	106.7	105.5	105.6
2010	67 763.1	35 909.1	2 575.0	20 461.1	6 263.4	104.4	104.3	103.5	104.2	105.4
2011	78 837.0	40 339.6	3 092.4	25 194.2	7 337.4	104.4	105.6	107.6	101.7	104.1
2012	86 342.2	44 845.7	3 407.0	26 491.2	8 403.9	104.9	104.3	106.7	105.2	105.0
2013	93 173.7	48 943.9	3 847.4	27 572.4	9 254.5	104.0	104.4	107.4	102.0	105.1
2014	97 822.5	51 851.1	4 190.0	27 963.4	9 877.5	104.3	104.9	106.4	102.6	104.0
2015	101 893.5	54 205.3	4 358.4	28 649.3	10 339.1	104.0	105.4	106.1	100.5	104.3
2016	106 478.7	55 659.9	4 635.9	30 461.2	10 892.9	103.5	104.2	108.2	101.1	102.9
2017	109 331.7	58 059.8	4 980.6	29 361.2	11 577.1	104.0	104.7	106.9	102.1	102.8
2018	113 579.5	61 452.6	5 432.6	28 697.4	12 131.5	103.5	103.9	106.5	101.7	102.7
2019	123 967.9	66 066.5	5 775.7	33 064.3	12 572.4	102.8	104.6	105.2	97.9	102.5

数据来源：国家统计局。
注：本表绝对数按当年价格计算，指数按可比价格计算。2003 年起总产值包括农林牧渔服务业产值。

2019年分地区农林牧渔业总产值及指数

单位：亿元

地区	绝对数（亿元）					指数（上年=100）				
	农林牧渔业总产值	农业	林业	牧业	渔业	农林牧渔业总产值	农业	林业	牧业	渔业
北京	281.7	102.3	115.6	49.3	5.3	93.7	89.2	121.6	63.5	86.2
天津	414.4	202.9	24.9	100.4	71.4	100.6	103.2	195.8	83.5	97.9
河北	6 061.5	3 114.9	231.4	2 035.4	212.5	101.9	101.7	104.8	100.4	100.6
山西	1 626.5	936.8	101.3	478.6	6.9	102.0	102.5	102.2	100.7	100.2
内蒙古	3 176.3	1 606.3	100.9	1 390.5	27.8	102.1	103.4	101.0	100.9	93.3
辽宁	4 368.2	1 912.0	117.4	1 479.5	669.6	103.0	105.6	85.3	101.4	104.5
吉林	2 442.7	1 014.1	68.1	1 239.6	40.1	102.3	105.5	94.5	99.7	102.7
黑龙江	5 930.0	3 774.5	193.9	1 671.8	123.1	102.5	102.5	105.1	101.7	103.9
上海	284.8	145.8	18.3	48.2	55.0	92.7	92.2	111.4	80.9	100.1
江苏	7 503.2	3 828.6	162.0	1 213.0	1 741.0	100.7	102.8	105.2	92.3	99.3
浙江	3 355.2	1 595.0	185.5	395.2	1 080.9	101.8	102.5	102.3	94.3	102.2
安徽	5 162.1	2 365.4	351.3	1 628.9	521.3	102.3	103.4	104.3	98.2	103.3
福建	4 636.6	1 774.8	417.3	914.4	1 361.7	103.6	104.0	104.1	100.5	104.3
江西	3 481.3	1 624.3	342.8	888.9	476.5	103.0	104.0	105.1	100.6	101.1
山东	9 671.7	4 914.4	197.7	2 412.1	1 397.4	100.8	103.1	109.2	95.4	97.4
河南	8 541.8	5 408.6	140.8	2 316.5	118.2	103.0	105.2	105.9	94.8	109.9
湖北	6 681.9	3 257.9	258.5	1 521.5	1 152.7	103.5	103.9	109.7	97.1	106.7
湖南	6 405.1	3 052.1	430.7	2 003.1	441.8	103.2	103.7	109.5	98.1	106.9
广东	7 175.9	3 530.2	408.5	1 404.1	1 524.8	103.5	105.8	105.1	94.8	103.8
广西	5 498.8	3 102.3	410.5	1 189.7	538.9	104.8	107.4	107.3	96.1	106.2
海南	1 689.4	819.6	106.4	300.8	390.9	102.6	105.4	105.3	93.9	100.7
重庆	2 337.8	1 397.5	113.1	679.5	105.3	102.8	105.5	110.8	94.0	102.8
四川	7 889.3	4 395.0	372.2	2 647.9	263.5	102.6	105.5	102.1	96.6	104.1
贵州	3 889.0	2 535.7	275.4	829.6	57.7	105.9	108.4	108.0	98.5	106.4
云南	4 935.7	2 680.2	395.5	1 600.7	105.4	105.6	108.7	101.6	101.6	104.0
西藏	212.8	94.9	3.5	108.4	0.4	107.7	106.6	109.4	109.0	103.5
陕西	3 536.8	2 445.8	106.1	757.2	31.4	104.3	106.3	107.3	97.0	104.7
甘肃	1 887.6	1 306.4	38.1	395.6	2.0	105.8	106.6	109.4	104.2	102.9
青海	454.4	181.3	11.3	250.8	3.9	104.6	104.6	108.1	104.5	107.5
宁夏	584.8	330.8	11.2	197.8	17.4	103.1	104.0	120.5	101.0	96.8
新疆	3 850.6	2 616.3	65.6	915.3	27.5	103.5	104.9	99.5	99.5	90.8

数据来源：国家统计局。

注：本表绝对数按当年价格计算，指数按可比价格计算。2003年起总产值包括农林牧渔专业及辅助性活动产值。

1978—2019年全国社会消费品零售总额

单位：亿元

年 份	社会消费品零售总额	市	县	县以下
1978	1 558.6	505.2	380.4	673.0
1979	1 800.0	584.7	347.5	867.8
1980	2 140.0	733.6	399.4	1 007.0
1981	2 350.0	843.3	431.9	1 074.8
1982	2 570.0	920.5	471.3	1 178.2
1983	2 849.4	1 057.3	520.8	1 271.2
1984	3 376.4	1 348.7	586.4	1 441.3
1985	4 305.0	1 874.5	737.2	1 693.3
1986	4 950.0	2 018.0	902.0	2 030.0
1987	5 820.0	2 427.0	1 030.0	2 363.0
1988	7 440.0	3 260.8	1 264.3	2 914.9
1989	8 101.4	3 666.8	1 329.5	3 105.1
1990	8 300.1	3 888.6	1 337.4	3 074.1
1991	9 415.6	4 529.8	1 491.2	3 394.6
1992	10 993.7	5 470.3	1 689.8	3 833.6
1993	14 270.4	7 138.1	2 090.1	5 042.2
1994	18 622.9	9 387.8	2 558.7	6 676.4
1995	23 613.8	12 979.4	3 366.3	7 268.1
1996	28 360.2	16 199.2	3 759.7	8 401.3
1997	31 252.9	18 499.5	4 011.6	8 741.8
1998	33 378.1	20 294.1	4 220.2	8 863.8
1999	35 647.9	22 201.8	4 460.8	8 985.3
2000	39 105.7	24 555.2	4 831.1	9 719.4
2001	43 055.4	27 379.1	5 251.4	10 424.9
2002	48 135.9	31 376.5	5 566.5	11 192.9
2003	52 516.3	34 608.3	6 011.8	11 896.2
2004	59 501.0	39 695.7	6 636.0	13 169.3
2005	67 176.6	45 094.3	7 485.4	14 596.9
2006	76 410.0	51 542.6	8 477.9	16 389.5
2007	89 210.0	60 410.7	9 943.8	18 855.5
2008	114 830.1	73 734.9	12 212.8	22 540.0
2009	132 678.4	85 133.0	–	–
2010	156 998.4	–	–	–
2011	183 918.6	–	–	–
2012	210 307.0	–	–	–
2013	242 842.8	–	–	–
2014	271 896.1	–	–	–
2015	300 930.8	–	–	–
2016	332 316.3	–	–	–
2017	366 261.6	–	–	–
2018	377 783.1	–	–	–
2019	408 017.2	–	–	–

数据来源：国家统计局。

注：根据第四次全国经济普查结果对2018年社会消费品零售总额进行了修订，2019年相应进行调整。

2015—2019年全国各地区社会消费品零售总额

单位：亿元、%

地 区	2015年	2016年	2017年	2018年	2019年	同比增长
全 国	300 930.8	332 316.3	366 261.6	377 783.1	408 017.2	8.0
北 京	10 338.0	11 005.1	11 575.4	14 422.3	15 063.7	4.4
天 津	5 257.3	5 635.8	5 729.7	4 231.2	4 218.2	−0.3
河 北	12 990.7	14 364.7	15 907.6	11 973.9	12 985.5	8.4
山 西	6 033.7	6 480.5	6 918.1	6 523.3	7 030.5	7.8
内蒙古	6 107.7	6 700.8	7 160.2	4 852.3	5 051.1	4.1
辽 宁	12 787.2	13 414.1	13 807.2	9 112.8	9 670.6	6.1
吉 林	6 651.9	7 310.4	7 855.8	4 073.8	4 212.9	3.4
黑龙江	7 640.2	8 402.5	9 099.2	5 275.0	5 603.9	6.2
上 海	10 131.5	10 946.6	11 830.3	14 874.8	15 847.6	6.5
江 苏	25 876.8	28 707.1	31 737.4	35 472.6	37 672.5	6.2
浙 江	19 784.7	21 970.8	24 308.5	25 161.9	27 343.8	8.7
安 徽	8 908.0	10 000.2	11 192.6	16 156.2	17 862.1	10.6
福 建	10 505.9	11 674.5	13 013.0	17 178.4	18 896.8	10.0
江 西	5 925.5	6 634.6	7 448.1	9 045.7	10 068.1	11.3
山 东	27 761.4	30 645.8	33 649.0	27 480.3	29 251.2	6.4
河 南	15 740.4	17 618.4	19 666.8	21 268.0	23 476.1	10.4
湖 北	14 003.2	15 649.2	17 394.1	20 598.2	22 722.3	10.3
湖 南	12 024.0	13 436.5	14 854.9	15 134.3	16 683.9	10.2
广 东	31 517.6	34 739.1	38 200.1	39 767.1	42 951.8	8.0
广 西	6 348.1	7 027.3	7 813.0	7 663.5	8 200.9	7.0
海 南	1 325.1	1 453.7	1 618.8	1 852.7	1 951.1	5.3
重 庆	6 424.0	7 271.4	8 067.7	10 705.2	11 631.7	8.7
四 川	13 877.7	15 601.9	17 480.5	19 340.7	21 343.0	10.4
贵 州	3 283.0	3 709.0	4 154.0	7 105.0	7 468.2	5.1
云 南	5 103.2	5 722.9	6 423.1	9 197.3	10 158.2	10.4
西 藏	408.5	459.4	523.3	711.8	773.4	8.7
陕 西	6 578.1	7 367.6	8 236.4	9 510.3	10 213.0	7.4
甘 肃	2 907.2	3 184.4	3 426.6	3 435.6	3 700.3	7.7
青 海	691.0	767.3	839.0	899.9	948.5	5.4
宁 夏	789.6	850.1	930.4	1 330.1	1 399.4	5.2
新 疆	2 606.0	2 825.9	3 044.6	3 429.1	3 617.0	5.5

数据来源：国家统计局。

1978—2019年全国城乡人口数及比重

单位：万人、%

年份	年底人口数	城镇人口数	比重	乡村人口数	比重
1978	96 259	17 245	17.92	79 014	82.08
1979	97 542	18 495	18.96	79 047	81.04
1980	98 705	19 140	19.39	79 565	80.61
1981	100 072	20 171	20.16	79 901	79.84
1982	101 654	21 480	21.13	80 174	78.87
1983	103 008	22 274	21.62	80 734	78.38
1984	104 357	24 017	23.01	80 340	76.99
1985	105 851	25 094	23.71	80 757	76.29
1986	107 507	26 366	24.52	81 141	75.48
1987	109 300	27 674	25.32	81 626	74.68
1988	111 026	28 661	25.81	82 365	74.19
1989	112 704	29 540	26.21	83 164	73.79
1990	114 333	30 195	26.41	84 138	73.59
1991	115 823	31 203	26.94	84 620	73.06
1992	117 171	32 175	27.46	84 996	72.54
1993	118 517	33 173	27.99	85 344	72.01
1994	119 850	34 169	28.51	85 681	71.49
1995	121 121	35 174	29.04	85 947	70.96
1996	122 389	37 304	30.48	85 085	69.52
1997	123 626	39 449	31.91	84 177	68.09
1998	124 761	41 608	33.35	83 153	66.65
1999	125 786	43 748	34.78	82 038	65.22
2000	126 743	45 906	36.22	80 837	63.78
2001	127 627	48 064	37.66	79 563	62.34
2002	128 453	50 212	39.09	78 241	60.91
2003	129 227	52 376	40.53	76 851	59.47
2004	129 988	54 283	41.76	75 705	58.24
2005	130 756	56 212	42.99	74 544	57.01
2006	131 448	58 288	44.34	73 160	55.66
2007	132 129	60 633	45.89	71 496	54.11
2008	132 802	62 403	46.99	70 399	53.01
2009	133 450	64 512	48.34	68 938	51.66
2010	134 091	66 978	49.95	67 113	50.05
2011	134 735	69 079	51.27	65 656	48.73
2012	135 404	71 182	52.57	64 222	47.43
2013	136 072	73 111	53.73	62 961	46.27
2014	136 782	74 916	54.77	61 866	45.23
2015	137 462	77 116	56.10	60 346	43.90
2016	138 271	79 298	57.35	58 973	42.65
2017	139 008	81 347	58.52	57 661	41.48
2018	139 538	83 137	59.58	56 401	40.42
2019	140 005	84 843	60.60	55 162	39.40

数据来源：国家统计局。

2011—2019 年分地区年底城镇人口比重

单位：%

地 区	2011 年	2012 年	2013 年	2014 年	2015 年	2016 年	2017 年	2018 年	2019 年
全 国	51.27	52.57	53.73	54.77	56.10	57.35	58.52	59.58	60.60
北 京	86.20	86.20	86.30	86.35	86.50	86.50	86.50	86.50	86.60
天 津	80.50	81.55	82.01	82.27	82.64	82.93	82.93	83.15	83.48
河 北	45.60	46.80	48.12	49.33	51.33	53.32	55.01	56.43	57.62
山 西	49.68	51.26	52.56	53.79	55.03	56.21	57.34	58.41	59.55
内蒙古	56.62	57.74	58.71	59.51	60.30	61.19	62.02	62.71	63.37
辽 宁	64.05	65.65	66.45	67.05	67.35	67.37	67.49	68.10	68.11
吉 林	53.40	53.70	54.20	54.81	55.31	55.97	56.65	57.53	58.27
黑龙江	56.50	56.90	57.40	58.01	58.80	59.20	59.40	60.10	60.90
上 海	89.30	89.30	89.60	89.60	87.60	87.90	87.70	88.10	88.30
江 苏	61.90	63.00	64.11	65.21	66.52	67.72	68.76	69.61	70.61
浙 江	62.30	63.20	64.00	64.87	65.80	67.00	68.00	68.90	70.00
安 徽	44.80	46.50	47.86	49.15	50.50	51.99	53.49	54.69	55.81
福 建	58.10	59.60	60.77	61.80	62.60	63.60	64.80	65.82	66.50
江 西	45.70	47.51	48.87	50.22	51.62	53.10	54.60	56.02	57.42
山 东	50.95	52.43	53.75	55.01	57.01	59.02	60.58	61.18	61.51
河 南	40.57	42.43	43.80	45.20	46.85	48.50	50.16	51.71	53.21
湖 北	51.83	53.50	54.51	55.67	56.85	58.10	59.30	60.30	61.00
湖 南	45.10	46.65	47.96	49.28	50.89	52.75	54.62	56.02	57.22
广 东	66.50	67.40	67.76	68.00	68.71	69.20	69.85	70.70	71.40
广 西	41.80	43.53	44.81	46.01	47.06	48.08	49.21	50.22	51.09
海 南	50.50	51.60	52.74	53.76	55.12	56.78	58.04	59.06	59.23
重 庆	55.02	56.98	58.34	59.60	60.94	62.60	64.08	65.50	66.80
四 川	41.83	43.53	44.90	46.30	47.69	49.21	50.79	52.29	53.79
贵 州	34.96	36.41	37.83	40.01	42.01	44.15	46.02	47.52	49.02
云 南	36.80	39.31	40.48	41.73	43.33	45.03	46.69	47.81	48.91
西 藏	22.71	22.75	23.71	25.75	27.74	29.56	30.89	31.14	31.54
陕 西	47.30	50.02	51.31	52.57	53.92	55.34	56.79	58.13	59.43
甘 肃	37.15	38.75	40.13	41.68	43.19	44.69	46.39	47.69	48.49
青 海	46.22	47.44	48.51	49.78	50.30	51.63	53.07	54.47	55.52
宁 夏	49.82	50.67	52.01	53.61	55.23	56.29	57.98	58.88	59.86
新 疆	43.54	43.98	44.47	46.07	47.23	48.35	49.38	50.91	51.87

注：2010 年数据为当年人口普查数据推算数；其余年份数据为年度人口抽样调查推算数据。

【国际奶业】

2010—2019年全球原料奶产量

单位：万t

原料奶种类	2010年	2015年	2017年	2018年	2019年	2019年增长率	2010—2019年复合增长率
牛　奶	60 068.4	66 791.8	68 724.5	70 099.0	71 399.4	1.9%	1.9%
水牛奶	9 315.4	10 912.1	12 079.6	12 711.8	13 295.9	4.6%	4.0%
山羊奶	1 664.5	1 820.3	1 950.4	1 937.1	1 975.4	2.0%	1.9%
绵羊奶	987.5	1 015.0	1 073.3	1 052.4	1 061.1	0.8%	0.8%
其　他	380.1	377.8	389.7	413.0	414.2	0.3%	1.0%
全球总产量	72 415.8	80 916.9	84 217.5	86 213.3	88 146.0	2.2%	2.2%

数据来源：IDF。

2010—2019年全球各地区牛奶产量

单位：万t

地区	2010年	2015年	2017年	2018年	2019年	2019年增长率	2010—2019年复合增长率
亚　洲	15 811.0	19 076.5	20 517.0	21 438.5	22 476.8	4.8%	4.0%
欧盟28国	14 974.2	16 308.1	16 542.7	16 681.7	16 755.3	0.4%	1.3%
北美和中美[1]	11 207.7	12 068.0	12 523.4	12 672.4	12 732.3	0.5%	1.4%
南美洲	6 052.1	6 706.8	6 419.8	6 532.8	6 652.3	1.8%	1.1%
其他欧洲国家	5 906.2	5 731.3	5 761.7	5 777.2	5 790.0	0.2%	−0.2%
非　洲	3 452.4	3 742.6	3 846.2	3 873.0	3 900.6	0.7%	1.4%
大洋洲	2 664.6	3 158.4	3 113.8	3 123.5	3 092.1	−1.0%	1.7%
全　球	60 068.4	66 791.8	68 724.5	70 099.0	71 399.4	1.9%	1.9%

注：1包括加勒比海地区。

2010—2019年世界主要国家奶牛存栏

单位：万头

国家	2010年	2015年	2017年	2018年	2019年	2019年增长率	2010—2019年复合增长率
印　度	4 275.5	4 716.5	5 090.5	5 284.2	5 472.1	3.6%	2.8%
巴基斯坦	1 011.2	1 216.7	1 310.1	1 359.5	1 400.0	3.0%	3.7%
土耳其	438.4	553.5	596.9	633.7	658.0	3.8%	4.6%
蒙　古	50.9	79.7	92.6	99.0	107.4	8.5%	8.7%
日　本	96.4	87.0	85.2	84.7	83.9	−0.9%	−1.5%
韩　国	24.5	25.0	24.2	24.2	24.0	−0.8%	−0.2%
巴　西	2 292.5	2 111.1	1 685.2	1 635.8	1 523.5	−6.9%	−4.4%
阿根廷	174.9	177.0	172.0	172.6	162.3	−6.0%	−0.8%
智　利	53.6	43.6	43.6	44.6	45.2	1.3%	−1.9%
乌拉圭	42.8	45.2	43.8	44.4	42.9	−3.5%	0.0%
欧盟28国	2 326.0	2 326.2	2 311.7	2 277.7	2 244.8	−1.4%	−0.4%
德　国	418.2	428.5	419.9	410.1	401.1	−2.2%	−0.5%
法　国	371.2	365.8	359.1	354.8	348.2	−1.9%	−0.7%
波　兰	252.9	213.4	215.3	221.4	216.4	−2.3%	−1.7%
英　国	184.7	190.1	189.8	188.1	186.9	−0.6%	0.1%
意大利	174.6	182.6	179.1	169.3	168.1	−0.7%	−0.4%
荷　兰	147.9	162.2	169.4	162.2	157.8	−2.7%	0.7%
爱尔兰	100.7	124.0	134.3	136.9	142.6	4.1%	3.9%
丹　麦	57.3	57.0	57.5	57.0	56.3	−1.2%	−0.2%
瑞　典	34.8	34.0	32.2	31.9	30.6	−4.1%	−1.4%
立陶宛	34.5	30.1	27.2	25.7	24.1	−6.2%	−3.9%
美　国	911.9	931.4	940.6	939.8	933.6	−0.7%	0.3%
墨西哥	237.5	245.8	250.6	253.0	256.4	1.3%	0.9%
加拿大	96.6	94.8	95.7	97.0	96.9	−0.1%	0.0%
俄罗斯	884.4	837.9	795.1	794.2	796.2	0.3%	−1.2%
乌克兰	255.7	216.7	201.8	191.9	178.9	−6.8%	−3.9%
白俄罗斯	147.8	151.2	150.0	149.8	149.5	−0.2%	0.1%
新西兰	440.0	501.8	486.1	499.3	494.6	−0.9%	1.3%
澳大利亚	158.9	156.2	154.7	144.0	139.7	−3.0%	−1.4%
全　球	25 861.5	27 420.7	27 444.6	27 306.8	27 411.9	0.4%	0.6%

数据来源：IDF。

2010—2019 年世界主要国家牛奶产量

单位：万 t

国 家	2010 年	2015 年	2017 年	2018 年	2019 年	2019 年增长率	2010—2019 年复合增长率
印度[1]	5 490.3	7 364.5	8 377.0	8 983.4	9 687.6	7.8%	6.5%
巴基斯坦	1 290.6	1 552.9	1 672.2	1 735.3	1 800.7	3.8%	3.8%
土耳其	1 241.9	1 693.4	1 876.2	2 003.7	2 078.2	3.7%	5.9%
蒙 古	25.0	52.8	55.6	57.0	77.5	35.9%	13.4%
日 本	772.1	737.9	727.7	728.9	731.4	0.3%	–0.6%
韩 国	207.3	216.8	205.8	204.1	204.9	0.4%	–0.1%
欧盟 28 国	14 974.2	16 308.1	16 542.7	16 681.7	16 755.3	0.4%	1.3%
德 国	2 962.9	3 268.5	3 259.8	3 308.7	3 309.8	0.0%	1.2%
法 国	2 401.0	2 580.0	2 503.4	2 503.4	2 491.0	–0.5%	0.4%
英 国	1 385.2	1 545.7	1 540.9	1 545.4	1 569.6	1.6%	1.4%
波 兰	1 227.9	1 323.6	1 369.4	1 417.1	1 448.5	2.2%	1.9%
荷 兰	1 182.9	1 352.2	1 450.1	1 409.0	1 401.1	–0.6%	1.9%
意大利	1 100.5	1 154.9	1 228.0	1 234.0	1 235.3	0.1%	1.3%
爱尔兰	535.0	660.4	749.9	783.1	824.6	5.3%	4.9%
丹 麦	490.9	535.6	557.3	569.0	569.0	0.0%	1.7%
瑞 典	286.2	293.3	281.7	276.0	270.5	–2.0%	–0.6%
立陶宛	173.7	173.9	156.7	157.2	158.4	0.8%	–1.0%
巴 西	3 163.7	3 564.8	3 431.2	3 485.5	3 564.2	2.3%	1.3%
阿根廷	1 061.7	1 242.3	1 040.0	1 084.2	1 065.3	–1.7%	0.0%
智 利	260.6	265.9	271.9	262.7	260.1	–1.0%	0.0%
乌拉圭	191.0	231.4	217.1	230.4	221.1	–4.0%	1.6%
美 国	8 747.4	9 461.8	9 776.1	9 868.7	9 905.6	0.4%	1.4%
墨西哥	1 099.7	1 173.7	1 212.1	1 236.6	1 264.4	2.3%	1.6%
加拿大	843.4	901.2	990.2	1 017.6	1 010.0	–0.7%	2.0%
俄罗斯	3 150.8	2 988.8	3 018.5	3 061.1	3 133.8	2.4%	–0.1%
乌克兰	1 097.7	1 035.9	1 028.1	1 006.4	966.3	–4.0%	–1.4%
白俄罗斯	659.5	703.0	730.4	732.9	737.9	0.7%	1.3%
新西兰	1 716.9	2 159.3	2 151.0	2 215.5	2 186.0	–1.3%	2.7%
澳大利亚	945.5	997.0	960.4	905.7	903.9	–0.2%	–0.5%
全 球	**60 068.4**	**66 791.8**	**68 724.5**	**70 099.0**	**71 399.4**	**1.9%**	**1.9%**

注：1. 奶业年度为 4 月 1 日至次年 3 月 31 日。

2.2015 年、2017 年、2018 年不包括属地数据。

3. 奶业年度为 7 月 1 日至次年 6 月 30 日。

（以上各章节表格由中国奶业协会国际部陈兵汇总整理）

十一、索 引

SUOYIN

说 明

一、本索引采用分析索引方法，按英文字母顺序的汉语拼音排列，汉语拼音同音字按声调排列。

二、“奶业大事记”“行业统计”未作索引，可结合目录检索。

三、索引采用数字和字母表示，数字表示该内容所在的页码，字母(a、b)表示该页自左至右的栏别。单独数字(没有字母组合的)，表示为该内容在本页的通栏中或左右栏中都有。

J

K

L

M

N

O

P

T

X

Y

Z

DeLaval
"浴"见利润
独有人工智能，精准识别乳头
利拉伐智能药浴机器人
TSR
DeLaval
99%
药浴准确率高达99%
40›››100
满足从40到100位转台的前后自动药浴
完全取代人工操作
◀扫一扫关注
利拉伐公众号
利拉伐中国
北京经济技术开发区东环南路15号
邮编：100176
电话：+86 10 5730 2800
传真：+86 10 5730 2999
www.delaval.cn
以上数据来自利拉伐

MODERN FARMING
现代牧业
好牛自然
产好奶
2021世界食品品质评鉴大会现代牧业满载而归
再夺四金奖
喜提八连冠
SINCE 1961
MONDE SELECTION
BRUXELLES
2021
INTERNATIONAL QUALITY INSTITUTE
GOLD
AWARD
纯牛奶
高钙牛奶
HIGH CALCIUM MILK
纯牛奶
PURE MILK
脱脂牛奶
0脂肪
问鼎金奖
实力见证
全球严选
优质奶牛
纯净生态
饲喂奶牛
牛奶对标
欧盟标准
以上数据来自现代牧业

伊利
BEIJING 2022
北京2022年冬奥会官方合作伙伴
不忘品质初心
携手朝气向前
伊利品牌代言人 李现
100
一杯牛奶 百分用心
纯牛奶
净含量:250mL

越秀
YUEXIU
辉山
Huishan
1951
辉山
越秀辉山新启航
牛在身边
奶更新鲜
Huishan
1951
风行
SINCE 1927
长城
源于1956
专注乳业70年 专业全产业链

澳优
Ausnutria
CTA
中国网球协会
中国国家网球队合作伙伴
China National Tennis Team Partner
全球营养
呵护成长
NOURISHING LIFE & GROWTH
COMBINE GLOBAL NUTRITION AND WISDOM
PROVIDE A BETTER START FOR GROWTH AND HEALTH
集全球优质营养与智慧
让成长与健康更加美好
扫描关注"澳优"了解更多

Boehringer Ingelheim
勃林格殷格翰
metacam®
美达佳
（美洛昔康注射液）
危机四伏 美刻守护
美达佳让奶牛远离乳房炎危机
降低淘汰风险 / 降低体细胞数 / 提升细菌学治愈率 / 缓解乳房炎疼痛
国兽药广审（文）2020080096号
兽药证号：（2018）外兽药证字57号
详情请咨询各区域勃林格技术服务销售代表
勃林格殷格翰动物保健（上海）有限公司
地址：上海市静安区南京西路1601号越洋广场29层
电话：021-5288 0000
BI牛事
牛气学院

京鹏畜牧
KINGPENG HUSBANDRY
DAIRYMASTER
Dairymaster智慧挤奶，
帮您提高牛奶产量和动物健康
Dairymaster公司
国际一流的挤奶设备制造商，拥有高科技、高效率、
高舒适度、适合动物习性的成套挤奶设备。
Dairymaster挤奶机
爱尔兰75%的牧场使用的是Dairymaster的挤奶机。
Dairymaster挤奶原理
全程仿生挤奶原理，无限接近犊牛吮吸。
Dairymaster升降地板
根据身高不同，可调节地板高度，更佳的站姿，
更舒适的工作。
Dairymaster入口闸机
独特的转盘入口竞争机制，快速、有序地引导
奶牛进入，拉开奶牛距离减少转盘停车。减少人工
干预、减少奶牛应激，提高识别率和准确率。
Dairymaster人机交互
无接触式人机交互，所有信息一目了然，语音辅助功能
您的第三只眼睛。
Dairymaster厅内补饲
与识别系统联动工作，根据泌乳天数及体况等自动改变饲喂量，
吸引奶牛更快进入转盘，让奶牛挤奶时更放松、下奶更快，
还可提高产奶量和挤奶效率。
Dairymaster套杯自动感应系统
智能感应，无须按钮，自动开启真空。
Dairymaster杯组反冲洗系统
至臻的奶杯组清洁技术，有效预防乳房炎交叉感染。
Dairymaster出口激励系统
与挤奶大师无缝集成，自动识别挤奶状态，鼓励未及时离开的
奶牛退出转盘，而未挤完的牛可安静地进行第二圈挤奶。
北京京鹏环宇畜牧科技股份有限公司
BEIJING KINGPENG GLOBAL HUSBANDRY TECHNOLOGY CO.,LTD.
地址：北京市海淀区丰慧中路七号新材料创业大厦7层
电话：010-58711352
传真：010-58714752 网址：www.jpxm.com
邮箱：bjjpxm@sina.com
官方微博：http：//weibo.com/jpxm
中国区战略合作伙伴
以上数据来自京鹏畜牧

CLARIFIDE
育种，
从犊码
开始...
更多技术资讯
关注奶牛育种前沿
健康动物 健康你我
zoetis 硕腾

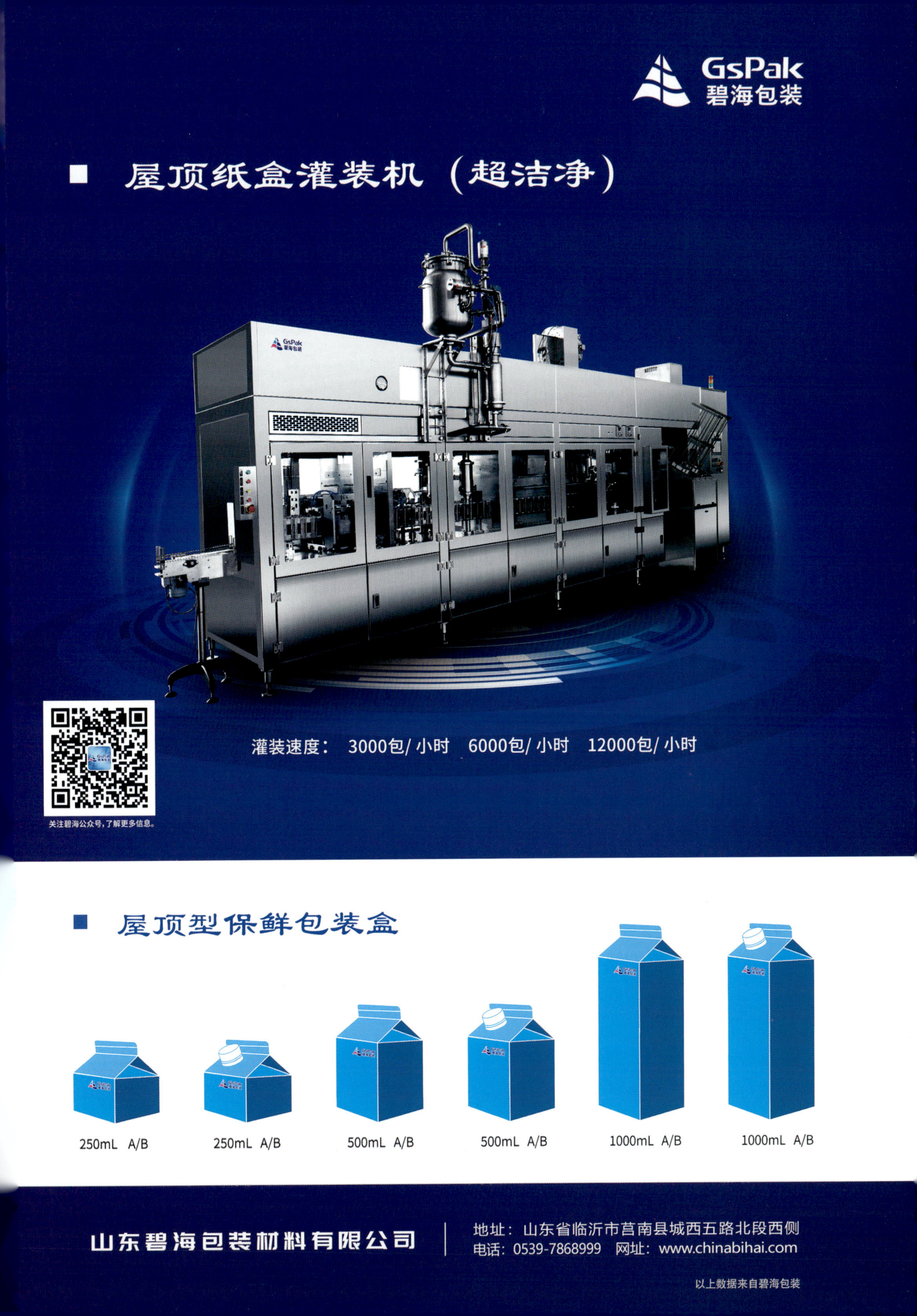
GsPak
碧海包装
屋顶纸盒灌装机（超洁净）
灌装速度：3000包/小时 6000包/小时 12000包/小时
关注碧海公众号，了解更多信息。
屋顶型保鲜包装盒
250mL A/B
250mL A/B
500mL A/B
500mL A/B
1000mL A/B
1000mL A/B
山东碧海包装材料有限公司
地址：山东省临沂市莒南县城西五路北段西侧
电话：0539-7868999 网址：www.chinabihai.com
以上数据来自碧海包装

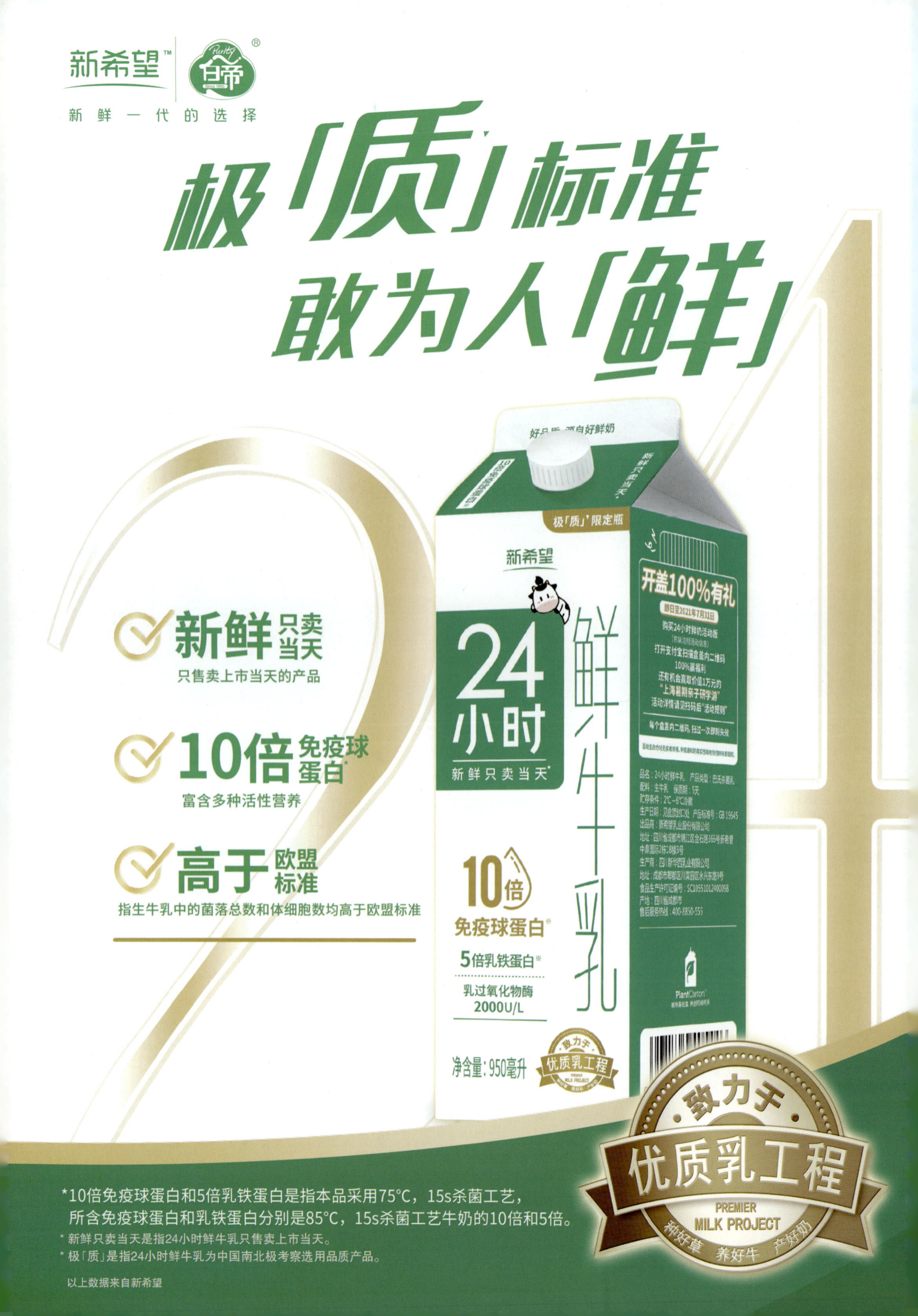
新希望™
白帝
新鲜一代的选择
极「质」标准
敢为人「鲜」
新鲜 只卖当天
只售卖上市当天的产品
10倍 免疫球蛋白*
富含多种活性营养
高于 欧盟标准
指生牛乳中的菌落总数和体细胞数均高于欧盟标准
好品质 源自好鲜奶
极「质」限定瓶
新希望
24小时
鲜牛乳
新鲜只卖当天*
10倍
免疫球蛋白*
5倍乳铁蛋白*
乳过氧化物酶
2000U/L
净含量:950毫升
开盖100%有礼
即日至2021年7月31日
致力于
优质乳工程
PREMIER
MILK PROJECT
种好草 养好牛 产好奶
*10倍免疫球蛋白和5倍乳铁蛋白是指本品采用75°C，15s杀菌工艺，
所含免疫球蛋白和乳铁蛋白分别是85°C，15s杀菌工艺牛奶的10倍和5倍。
* 新鲜只卖当天是指24小时鲜牛乳只售卖上市当天。
* 极「质」是指24小时鲜牛乳为中国南北极考察选用品质产品。
以上数据来自新希望

益益乳业®
YIYI DAIRY
本地牧场更新鲜
源自1956年的安徽省“老字号”品牌益益乳业，拥有专业的奶牛养殖和乳制品生产经验，先后荣获优质奶源基地、绿色食品基地、学生奶定点奶源生产基地等荣誉称号，是安徽省唯一一家拥有婴幼儿配方乳粉生产资质的乳企。
益益
原味酸奶
益益
牧场鲜牛奶
美思雅
茁益
菁能
幼儿配方奶粉
（12-36月龄，
美初儿
幼儿配方乳粉
（12-36月龄，3段）
3段
净含量:800克
纯牛奶
鲜牛奶
YOGURT
优酪乳
鲜酪乳
风味酸乳
六十五年品质如一
以上数据来自益益乳业

大国品牌
贝因美®
CCTV.《大国品牌》企业
大国品牌
冠军宝贝
恬睡
奶米糊
Milk Cereal
净含量：268克
婴幼儿高蛋白谷物辅助食品
贝因美
贝因美爱加
3
净含量:900克
幼儿配方奶粉(12-36月龄,3段)
贝因美绿爱
幼儿配方奶粉
(12-36月龄，3段)
国食注字YP20175083
3
段
净含量:800克
30年母乳研究数据运用·国家“十三五”多项成果转化
以上数据来自贝因美

妙可蓝多
MILKGROUND
奶酪就选 妙可蓝多
PAW PATROL
nickelodeon
高钙美味 助力成长
汪汪队立大功正版授权商品
©&TM Spin Master Ltd. All rights reserved.
SPIN MASTER
nickjr.tv/paw-patrol
扫码发现 更多奶酪
奶酪棒
高钙美味 助力成长
• 细腻酪香
• 富含钙质
• 全国销量领先
数据来源：根据央视市场研究股份有限公司之凯度消费者指数，即针对全国具有代表性的40000个样本户在2020年9月12日至2021年2月26日购买奶酪行为的研究

宁夏农垦
引领健康生活
种优质草
养健康牛
产放心奶
纯牛奶
PURE MILK
早餐奶
酸牛奶饮品
益生菌
宁乐宝乳品体验店
地址:宁夏银川市金凤区银啤巷金地花园44#-11号营业房
销售热线:0951-2162952 18195162229

两大权威品牌书刊
助推新时代奶业振兴发展
中国奶业协会编辑部
中国奶牛
1
2021
CHINA DAIRY CATTLE
中华人民共和国农业农村部 主管
中国奶业协会 主办
中华人民共和国农业农村部 主管
中国奶业年鉴编辑委员会 编
中国奶业年鉴
2019
中国农业出版社
ZHONGGUONAINIU
为奶业科技荐新致用！
《中国奶牛》
中国核心学术期刊，
历史悠久、影响力强、
覆盖面广、发行量大。
《中国奶业年鉴》
权威产业年鉴，
记述奶业发展历程，
提供详实数据和专业技术。
微信公众号
科技展示平台，精彩内容推送。
知识丰富、形式灵活、视角独特，
行业敏锐的分析家与传播者。
中国奶业协会
DAC
中国奶业协会编辑部
地址：北京市海淀区圆明园西路2号中国农科院北京畜牧兽医研究所
牧医3号楼（奶业楼）
电话：010-62673764
邮编：100193
网址：www.zgnn.org.cn
Email：zgnn@dac.org.cn
微信公众号：ZHONGGUONAINIU

2020 2020 2020